LOIX

ET

CONSTITUTIONS

DES COLONIES FRANÇOISES

DE L'AMÉRIQUE SOUS LE VENT.

LOIX
ET
CONSTITUTIONS
DES COLONIES FRANÇOISES
DE L'AMÉRIQUE SOUS LE VENT;

SUIVIES,

1°. D'un Tableau raisonné des différentes parties de l'Administration actuelle de ces Colonies: 2°. d'Observations générales sur le Climat, la Population, la Culture, le Caractere et les Mœurs des Habitans de la Partie Françoise de Saint-Domingue : 3°. d'une Description Physique, Politique et Topographique des différens Quartiers de cette même Partie; le tout terminé par l'Histoire de cette Isle et de ses dépendances, depuis leur découverte jusqu'à nos jours.

PAR M. MOREAU DE SAINT-MÉRY, Avocat au Parlement, Ancien Avocat au Conseil Supérieur du Cap François, Secrétaire de la Chambre d'Agriculture, et Membre du Cercle des Philadelphes de la même Ville, Vice-Président du Musée de Paris, &c. &c.

TOME TROISIEME,

Comprenant les Loix et Constitutions depuis 1722 jusqu'en 1749 inclusivement.

Rien ne doit être si cher aux Hommes que les Loix destinées à les rendre Bons, Sages & Heureux.

MONTESQUIEU.

A PARIS,

Chez
- l'Auteur, rue Plâtriere, N°. 12.
- MOUTARD, Imprimeur-Libraire de la REINE, rue des Mathurins.
- BARROIS l'aîné, Quai des Augustins.
- MEQUIGNON jeune, Libraire au Palais, à l'Ecu de France.
- Les frères LABOTTIERES, à Bordeaux.
- DESPILLY, Libraire à Nantes.

AVEC APPROBATION ET PRIVILÈGE DU ROI.

MINISTRES ET SECRÉTAIRES D'ÉTAT,

Ayant le Département de la Marine.

Sept. 1715. LE Conseil de Marine. V. *le second Volume.*

17 Mars 1723. M. de Fleuriau, Comte de Morville, Secrétaire d'État.

11 Août 1723. M. de Phelippeaux, Comte de Maurepas, Secrétaire d'État, Ministre en 1737.

11 Mai 1749. M. de Rouillé, Secrétaire d'État.

V. *la suite au 4e Volume.*

GOUVERNEURS GÉNÉRAUX des Isles sous le Vent.

1er Sept. 1718. M. le Marquis de Sorel. V. *le second Volume.*

11 Déc. 1722. M. *le Chevalier de la Rochalard, & de l'Ordre Militaire de St. Louis, Gouverneur & Lieutenant-Général pour le Roi des Isles sous le Vent de l'Amérique, à St. Domingue*, remplace M. le Marquis de Sorel.

Reçu au Conseil du Petit-Goave, le 6 Décembre 1723.

Et à celui du Cap, le 3 Février 1724.

7 Sept. 1723. M. *le Comte d'Esnos Champmeslin, Commandeur de l'Ordre Militaire de St. Louis, Chef-d'Escadre des Armées Navales, Lieutenant-Général & Commendant-Général pour le Roi dans toutes les Mers, Isles & Terre Ferme de l'Amérique Méridionale.*

Reçu au Conseil du Petit-Goave, le 6 Décembre 1723.

Et à celui du Cap, le 3 Février 1724.

M. le Comte de Champmeslin repasse en France en Avril 1724, après avoir rempli la mission particulière dont il étoit chargé pour St. Domingue,

5 Févr. 1731. M. *le Marquis de Vienne, Chevalier de l'Ordre Militaire de St. Louis, Gouverneur et Lieutenant-Général pour le Roi.*

On a mis en Italique dans cette Liste, comme dans la suivante, les noms & les qualités des Gouverneurs Généraux & Intendans.

des Isles sous le Vent de l'Amérique, remplace M. le Chevalier de la Rochalard.

Reçu au Conseil du Cap, le 8 Octobre 1731.

Et à celui du Petit-Goave, le 5 Novembre suivant.

Il meurt au Fort Dauphin, le 4 Février 1732.

4 Févr. 1732. *Interim.* M. *Etienne de Chastenoye, Chevalier de l'Ordre Militaire de St. Louis, Gouverneur de l'Isle de Sainte-Croix et du Cap, Commandant en Chef aux Isles Françoises de l'Amérique sous le Vent*, prend l'interim.

24 Avril 1732. M. *le Marquis de Fayet, Chevalier de l'Ordre Militaire de St. Louis, Gentilhomme de la Chambre du Roi d'Espagne, Lieutenant-Général des Isles de l'Amérique sous le Vent, Chef des deux Conseils Supérieurs de St. Domingue*, remplace M. le Marquis de Vienne.

Reçu au Conseil du Cap, le 27 Octobre 1732.

Et à celui du Petit-Goave, le premier Décembre suivant.

Il meurt au Petit-Goave, le 11 Juillet 1737.

11 Juillet 1737. *Interim.* M. *Etienne de Chastenoye, Chevalier de l'Ordre militaire de St. Louis, Gouverneur de l'Isle de Sainte-Croix et du Cap., Commandant en chef aux Isles Françoises de l'Amérique sous le Vent*, prend ce nouvel Interim.

1er Juin 1737. M. *Charles Brunier, Marquis de Larnage, Capitaine de Vaisseau, Chevalier de l'Ordre militaire de Saint Louis, Gouverneur et Lieutenant-Général des Isles Françoises de l'Amérique sous le Vent*, remplace M. le Marquis de Fayet.

Reçu au Conseil du Petit-Goave, le 11 Novembre 1737.

Et à celui du Cap, le 2 Décembre suivant.

Il meurt à Léogane, le 19 Novembre 1746.

19 Nov. 1746. *Interim.* M. *Etienne de Chastenoye, Chevalier de l'Ordre militaire de Saint-Louis, Lieutenant au Gouvernement Général des Isles Françoises de l'Amérique sous le Vent, Commandant en chef auxdites Isles*, prend encore cet Interim.

1er Mai 1747. M. *le Comte de Conflans, Chevalier de l'Ordre Royal et militaire de Saint Louis, Chef d'Escadre des Armées Navales, Gouverneur et Lieutenant-Général pour le Roi des Isles Françoises de l'Amérique sous le Vent*, remplace M. le Marquis de Larnage.

Reçu au Conseil du Cap, le 12 Août 1748.

Et à celui de Léogane, le 9 Septembre suivant.

V. *la suite au quatrième Volume.*

INTENDANS DES ISLES SOUS LE VENT.

6 Mai 1720. M. Duclos. V. *le second volume.*

6 Oct. 1720. M. *François de Montholon*, *Chevalier*, *Conseiller du Roi en ses Conseils*, *Intendant de Justice*, *Police*, *Finances* & Marine *des Isles sous le Vent de l'Amérique*; il étoit du Corps de l'Administration de la Marine.

Reçu au Conseil de Léogane, le 18 Mars 1722.

Et à celui du Cap, le 4 Mai suivant.

Il meurt à Léogane, le 17 Décembre 1725.

17 Déc. 1725. *Interim.* *Le sieur de Godemar*, *Commissaire Ordonnateur*, *faisant fonction d'Intendant des Isles sous le Vent de l'Amérique*, prend l'Interim.

Il meurt à Ouanaminthe, le 20 Mai 1726.

20 Mai 1726. *Interim.* M. *Jacques-Pierre Tesson de St. Aubin*, *Contrôleur de la Marine*, *Ordonnateur*, *faisant fonction d'Intendant des Isles sous le Vent de l'Amérique*; succède à l'Interim de M. de Godemar, attendu l'absence de M. Duclos, alors en France.

28 Déc. 1726. M. *Jean-Baptiste Duclos*, *Commissaire-Général de la Marine*, *faisant fonction d'Intendant de Justice, Police et Finances des Isles sous le Vent de l'Amérique*, revenu de France, prend l'Interim que remplissoit M. de St. Aubin.

Reçu au Conseil du Cap, le 28 Décembre 1726.

Et à celui du Petit-Goave, le 13 Janvier 1727.

21 Avril 1729. M. *Jean-Baptiste Duclos*, *Conseiller du Roi en ses Conseils*, *Intendant de Justice*, *Police*, *Finances et de la Marine des Isles Françoises sous le Vent de l'Amérique.*

Reçu (en cette nouvelle qualité) au Conseil du Petit-Goave, le 7 Novembre 1729.

Et à celui du Cap, le 19 Octobre 1731, au retour du nouveau voyage de France pour lequel il étoit parti, le 6 Février 1730.

6 Févr. 1730. *Interim.* M. *Jacques-Pierre Tesson de St. Aubin*, *Conseiller du Roi en ses Conseils*, *Commissaire de la Marine*, *Ordonnateur en chef*, *et Subdélégue à l'Intendance des Isles Françoises de l'Amérique sous le Vent*, prend l'Interim pendant l'absence de M. Duclos.

INTENDANS-GÉNÉRAUX.

5 Oct. 1731. M. Duclos reprend ses fonctions d'Intendant.

5 Fév. 1735. M. *Daniel Henry de Besset, Chevalier, Seigneur de la Chapelle, Conseiller du Roi en ses Conseils, Intendant de Justice, Police, Finances et de la Marine aux Isles Françoises de l'Amérique sous le Vent*, remplace M. Duclos.

Reçu au Conseil du Cap, le 20 Février 1736.

Et à celui du Petit-Goave, le 30 du même mois.

Il meurt au Petit-Goave, le 9 Novembre 1737.

9 Nov. 1737. *Interim.* *M. Pierre de Sartre, Commissaire de la Marine, Ordonnateur, faisant fonction d'Intendant des Isles Françoises*, prend l'Interim.

M. de Ferriol d'Argental, Conseiller au Parlement de Paris, est nommé le premier Janvier 1738, pour remplacer M. de la Chapelle; mais il se démet le premier Juin suivant.

1er Juil. 1738. M. *Simon-Pierre Maillart, Conseiller du Roi en ses Conseils, Intendant de Justice, Police, Finances et de la Marine des Isles Françoises de l'Amérique sous le Vent*, remplace M. de la Chapelle.

Reçu au Conseil de Léogane, le 5 Janvier 1739.

Et à celui du Cap, le 7 Avril suivant,

Voyez la Suite au quatrième Volume.

Suite de la Liste de Messieurs les Souscripteurs.

Voyez au quatrième Volume, donné au Public le même jour que celui-ci.

FAUTES ESSENTIELLES À CORRIGER.

Cette marque — signifie au lieu de.

Pag. 12, à la note du bas de la page, ajoutez, & le XII.
82, ligne 6, — *de la même Ville*, mettez, de la même Cour.
117, 20, ajoutez, & au Mirebalais.
195, antépénultième, — 1727, mettez 1726.
pénultième, — 1726 mettez 1727.
291, 21, — *& à celui du Port au Prince*, mettez : Et refusé à l'enregistrement à celui du Port au Prince au mois de Janvier 1759.
500, 25, — *Conseil du Petit-Goave*, mettez Conseil de Léogane.
714, 1er, — *Conseil du Port au Prince*, mettez, Conseil de Léogane
780, 12, — *1er Mars*, mettez, 1er Mai.

Quant aux fautes Typographiques, le Lecteur est prié d'y suppléer.

LOIX

ET

CONSTITUTIONS

DES COLONIES FRANÇOISES

DE L'AMÉRIQUE SOUS LE VENT.

ARRÊT du Conseil du Cap, portant qu'il y aura quatre Huissiers pendant les séances de la Cour, et un chaque Dimanche et Fête à l'Eglise, à l'entrée de son Banc, pour en garder l'entrée.

Du 3 Février 1722.

SUR la représentation faite par le Procureur-général du Roi, que les Huissiers de la Jurisdiction Royale de cette Ville ne se trouvent point aux jours ordinaires du Conseil, malgré toutes les défenses qui leur ont été déjà faites d'y manquer: LE CONSEIL, ayant égard à ladite représentation, a condamné et condamne les Huissiers désignés en 50 liv. d'amende chacun, applicable à la bâtisse du palais; leur enjoint de se trouver quatre d'eux aux séances dudit Conseil, à peine d'être cassés; à l'exception cependant de ceux qui pourront avoir des affaires à signifier dans les plaines, par ordre des sieurs Juge et Procureur du Roi de ladite Jurisdiction; en outre, ordonne qu'il y aura un Huissier d'eux, tous les jours de Dimanches et Fêtes, à la porte du Banc destiné pour le Conseil, pour empêcher d'y entrer, à peine de 100 liv. d'amende, et ce suivant l'ordre du tableau; et que l'Arrêt, ci-devant rendu à ce sujet, sera de nouveau publié et affiché.

ARRÊT du Conseil du Cap, qui condamne un Particulier à faire une réparation à un Procureur du Roi.

Du 3 Février 1722.

ENTRE Me Gérard Carbon, Conseiller du Roi, et son Procureur au Siége Royal de cette Ville, Demandeur d'une part; et le Sieur Marlot de Merville, Défendeur d'autre part. Vu le Mémoire, en forme de plaintes, présenté par ledit sieur Procureur du Roi, l'Enquête faite en vertu de ladite Ordonnance, pardevant M. de Chavanne; après avoir ouï ledit Sieur Marlot et le Procureur-Général du Roi, prenant le fait et cause dudit Procureur du Roi, LE CONSEIL a condamné ledit Sieur Marlot à se rendre à la premiere tenue de l'Audience, et là dire audit Procureur du Roi, le chapeau bas, qu'il est fâché d'avoir tenu et proféré les discours et termes d'injustice qu'il lui rendoit, et qu'il lui en fait excuses.

ORDONNANCE du Gouverneur du Cap, et du Subdélégué de M. l'Intendant, portant que les Habitans du haut de la Soufrière, continueront à dépendre de la Paroisse du Limbé.

Du 12 Février 1722.

VU la Requête du sieur Celleron, Commandant du quartier du Limbé, sur le sujet des Habitans établis au haut de la Soufrière, où il expose que, pour éviter les frais de la bâtisse d'une nouvelle Eglise audit Limbé, ils veulent cette année s'en soustraire et s'incorporer dans la Paroisse de l'Acul, quoiqu'ils aient, les années précédentes, payé les droits Curiaux, & fait le service du Roi audit Limbé, et qu'il soit ordonné auxdits Habitans de la Soufrière d'apporter leurs recensemens, de payer les droits Curiaux et faire le service du Roi comme ci-devant. Vu aussi les Titres et Certificats du R. P. Lallemand, Jésuite, desservant ladite Paroisse du Limbé, qui atteste et déclare que les Habitans du haut de la Soufrière du Limbé s'adressent à lui pour leur administrer les Sacremens en leurs maladies, et qu'ils apportent leurs enfans en sa Paroisse pour recevoir le Baptême, ainsi qu'on peut le voir sur les Registres; Nous, après avoir vu et examiné les circonstances du fait, ordonnons que lesdits Habitans du haut de la Soufrière donneront incessamment leurs recensemens audit sieur Celleron, ou à ceux nommés pour cet effet; qu'ils feront le service audit quartier du Limbé, paieront les droits Curiaux, et autres imposés ou à imposer, jusqu'à ce qu'il en soit autrement ordonné; et que partage et limite d'entre ledit quartier du Limbé et de la Paroisse de l'Acul, soit réglé. DONNÉ au Cap, le 12 Février 1722. *Signés*, LE COMTE D'ARQUIAN ET ROBINEAU.

R. au Greffe de la Subdélégation, le 28 Décembre 1769.

ARRÊT du Conseil du Cap, qui ordonne une réparation publique d'injures atroces dites par une femme, contre le Procureur-Général.

Du 2 Mars 1722.

MR le Procureur-Général du Roi étant entré en ce Conseil, et ayant représenté un Procès-verbal, fait le 23 Février dernier, par le nommé Clémenson, Huissier, en présence des nommés Gorin et Dumont, par lequel il est griévement outragé par la nommée Daguerre, ayant proféré des paroles contre lui très-injurieuses, lesquelles sont insérées dans ledit Procès-verbal (*): LE CONSEIL, serment préalablement pris desdits Clémenson, Gorin et Dumont, lesquels ont affirmé ledit Procès-verbal contenir vérité, et les paroles injurieuses y insérées, avoir été proférées par ladite Daguerre, a ordonné et ordonne, que ladite Daguerre sera conduite ès prisons de cette Ville, jusqu'au premier jour du Conseil assemblé, et ensuite conduite desdites prisons, par les Huissiers, dans la Chambre dudit Conseil, où,

(*) *Il porte qu'elle a dit, que si le Procureur-Général avoit été P**** dès qu'il l'avoit mérité, il n'auroit pas la peine de faire faire la saisie.*

étant arrivée, elle dira à genoux, que faussement et sans raison elle a proféré les paroles injurieuses contre M. le Procureur-Général, insérées dans ledit Procès-verbal de Clémenson, et qu'elle lui en demande pardon, à Dieu, au Roi et à la Justice; LE CONSEIL lui fait, en outre, défenses de récidiver, sous peine de punition corporelle.

EXTRAIT de la Lettre du Conseil de Marine à M. de Sorel, sur ce qu'il connoît des contestations Judiciaires.

Du 4 Mars 1722.

LE CONSEIL a été informé que vous jugiez des Procès, et que vous rendiez des Ordonnances à ce sujet: que, non-content de faire en cela choses qui ne vous regardent pas, et dont vous ne devez pas vous mêler, vous donniez des mains-levées de saisies ordonnées par justice, ou vous accordiez des surséances, ce qui est précisément contre la Loi; ce pouvoir n'appartient qu'au Roi, qui ne vous l'a point communiqué.

Il est persuadé que vous êtes tombé dans ce cas, faute de connoître jusqu'où s'étendoit votre autorité; et il veut bien vous avertir que vous n'en avez aucune sur ces sortes de choses, que vous ne devez vous mêler d'aucuns Procès, et que personne n'est en droit dans la Colonie d'arrêter le cours de la Justice.

RÉGLEMENT DU ROI, au sujet des Matelots et Passagers embarqués, sans être portés sur le Rôle.

Du 8 Mars 1722.

DE PAR LE ROI.

SA MAJESTÉ étant informée que les Capitaines des Vaisseaux Marchands de ses sujets, embarquent des Matelots qui ne sont point compris dans le Rôle de leur Equipage; que d'autres débarquent des Matelots compris sur ce Rôle, et en prennent d'autres pour mettre à leurs places, sans faire mention de ces changemens, & qu'il y en a aussi qui embarquent des Passagers sans qu'il en soit fait aucune mention sur lesdits Rôles; et

Sa Majesté, desirant empêcher la continuation d'un pareil abus, de l'avis de M. le Duc d'Orléans, Régent, Elle a fait le présent Réglement, qu'Elle veut être exécuté en son contenu.

ART. Ier. Fait défenses à tous Capitaines, Patrons et Maîtres de Navire, d'embarquer, sur les Navires et autres Bâtimens de mer qu'ils commandent, aucun Matelot qui ne soit compris dans le rôle d'Equipage, à peine de soixante livres d'amende pour chaque Matelot embarqué.

ART. II. Leur défend aussi Sa Majesté, de débarquer des Matelots contenus sur leurs rôles d'Equipage, et d'en embarquer d'autres, sans faire mention au Bureau des Classes, des changemens, à peine de 60 liv. d'amende pour chaque Matelot embarqué.

ART. III. Leur défend de prendre aucun Passager, sans en faire mention au bas du rôle de leurs Equipages, à peine de 60 liv. d'amende pour chaque Passager embarqué.

ART. IV. Toutes les amendes mentionnées au présent Réglement, seront solidaires, tant contre les Capitaines, Patrons et Maîtres, que contre les Propriétaires des Bâtimens, et seront poursuivies à la Requête des Procureurs de Sa Majesté des Amirautés.

ART. V. Le tiers desdites amendes appartiendra au Dénonciateur.

ART. VI. Le Commissaire de Marine, Commis principaux et ordinaires, ayant le détail des Classes dans le Département et Quartier, donneront avis aux Procureurs de Sa Majesté des Amirautés, chacun dans leurs districts, de ceux qu'ils sauroient avoir contrevenu au présent Réglement; et sur leurs avis, les sieurs Procureurs de Sa Majesté seront tenus de faire les poursuites nécessaires à leur requête. Mande et ordonne Sa Majesté à M. le Comte de Toulouse, etc.

R. En l'Amirauté du Cap, en Juin 1722.

DÉCLARATION DU ROI, concernant les formalités à remplir par les Capitaines Marchands, qui chargent pour France les Marchandises des Colonies Françoises.

Du 14 Mars 1722.

LOUIS, etc.; par l'Article vingt-six de nos Lettres-Patentes du mois d'Avril 1717, portant Réglement pour le Commerce des Isles et Colonies, nous avions défendu très-expressément aux Habitans desdites Isles et

Colonies, et aux Négocians de notre Royaume, de transporter dans les pays étrangers, etc. : disons, statuons et ordonnons, voulons et nous plaît, que l'Art. 26 de nos Lettres-Patentes du mois d'Avril 1717, soit exécuté selon sa forme et teneur ; et en conséquence, que les Maîtres des Bâtimens revenans des Isles et Colonies Françoises, soient tenus de représenter, à leur arrivée en France, un Etat, signé et certifié des Commis du domaine d'Occident, des Marchandises qu'ils auront chargées auxdites Isles et Colonies. Ordonnons que, faute par lesdits Maîtres de remettre dans les 24 heures de leur arrivée dans les Ports de France, aux Commis des Bureaux de nos Fermes, ledit Etat de chargement, ou faute de rapporter les Marchandises conformes audit Etat, suivant la vérification qui en sera faite par lesdits Commis, ils soient réputés avoir fait commerce des Marchandises desdites Isles avec l'Etranger, et en conséquence que les Vaisseaux et Marchandises soient confisqués, les Propriétaires desdites Marchandises, et les Capitaines et Maîtres desdits Bâtimens, condamnés solidairement en l'amende de 1000 liv., et aux peines portées par ledit Article 26 de nos Lettres-Patentes du mois d'Avril 1717. Si donnons en mandement à nos amés et féaux Conseillers, les Gens tenans nos Cours de Parlement et des Aydes à Paris, etc.

R. au Parlement de Paris, le 30 Mars 1722 ; et en la Cour des Aydes, le 9 Mars suivant.

ARRÊT du Conseil d'Etat, portant que les Marchandises d'Amérique, même celles provenantes de la traite des Noirs, payeront les trois pour cent du Domaine d'Occident.

Du 26 Mars 1721.

VU par le Roi, étant en son Conseil, les Mémoires respectivement présentés par les Négocians qui font le commerce de Guinée, d'une part ; et les Intéressés généraux des Fermes-unies, d'autre ; et tout considéré : ouï le rapport, le Roi étant en son Conseil, de l'avis de Monsieur le Duc d'Orléans, Régent, conformément auxdites Lettres-Patentes du mois d'Avril 1717, a ordonné et ordonne, que toutes les Marchandises du crû des Isles et Colonies Françoises, même celles provenantes de la traite des Noirs, payeront au Fermier du Domaine d'Occident, à leur arrivée dans tous les Ports du Royaume, même les Ports francs, et dans ceux réputés des Provinces étrangères, une fois seulement, trois pour cent en nature ou de leur valeur, quand même elles seroient déclarées pour être transportées en pays étrangers. FAIT au Conseil d'Etat, etc.

ORDONNANCE *du Juge de Police du Cap, qui enjoint de tenir les Rues propres, et de porter les immondices sur la nouvelle Chaussée de la Ville, & qui renouvelle, au surplus, les dispositions de celle du 16 Septembre précédent.*

Du 1er Avril 1722.

ARRÊT *du Conseil du Cap, portant que le Chirurgien-Major fera l'examen des Chirurgiens avec le Médecin du Roi, et qu'il assistera aux rapports en Chirurgie.*

Du 7 Avril 1722.

VU par le Conseil, la Requête de François Leclairin Deslauriers; et ouï le Procureur-Général du Roi : LE CONSEIL a ordonné & ordonne, que le Brevet de Chirurgien-Major, accordé audit sieur Deslauriers, sera enregistré au Greffe d'icelui, pour jouir, par ledit sieur Deslauriers, des prérogatives et droits attribués audit Brevet ; en conséquence qu'il, sera appelé à tous les examens qui seront faits des Chirurgiens qui seront reçus, conjointement avec le Médecin du Roi et un autre Chirurgien, en outre, appelé à tous les rapports concernant la Chirurgie qui seront faits dans cette Ville.

Voyez l'Arrêt du 5 Octobre suivant.

ARRÊT *du Conseil du Cap, qui ordonne que les droits suppliciés continueront à être perçus, et que le Receveur rendra incessamment son compte au Conseil.*

Du 13 Avril 1722.

ARRÊT du Conseil du Cap, qui juge, 1°. que les causes qui intéressent les Fabriques, doivent être portées de plano *en la Cour; et 2°. que le Procureur du Roi est mal fondé à s'opposer aux délibérations de Paroisses où le Procureur-Général a assisté.*

Du 14 Avril 1722.

VU par le Conseil, la Requête du sieur Gaubert, demeurant au Trou, ancien Marguillier et Trésorier dudit lieu, et exécuteur-testamentaire de feu Jacques Thirion, ensemble les délibérations faites les 22 Mars 1720, et 8 Février dernier; l'Arrêt rendu en icelui sur ladite Requête, par lequel le Conseil a confirmé lesdites délibérations, et vente de l'Habitation faite au sieur Deprés par ledit sieur Gaubert, et ordonné que les Noirs et autres biens, restans de la succession dudit défunt Thirion, seront vendus en la manière accoutumée, au plus offrant et dernier enchérisseur; le tout à la diligence dudit sieur Gaubert, exécuteur-testamentaire, qui en rendra compte dans les délais de l'Ordonnance : signification desd. requête et Arrêt, à la requête du père Ramez, Curé, et desdits Marguilliers, au sieur Gérard Carbon, Conseiller du Roi, et son Procureur au Siége Royal de cette Ville; la réponse étant ensuite, faite à l'instant par ledit Procureur du Roi, par laquelle il déclare qu'il est opposant à l'exécution dudit Arrêt, et empêche formellement qu'il soit passé outre pour les causes et raisons qu'il déduira en temps et lieu, protestant, etc. Autre Requête desdits sieurs Curé et Marguilliers du Trou, ensuite de laquelle est l'Arrêt, par lequel il est ordonné qu'icelle Requête sera signifiée audit Me Carbon, pour venir déduire les raisons qu'il a de s'opposer à l'exécution de l'Arrêt; la réponse à la signification étant ensuite, et faite à l'instant par ledit Procureur du Roi, par laquelle il conclud à ce que la cause jugée par ledit Arrêt, soit renvoyée à la Jurisdiction où elle est pendante, pour être jugée en première instance, sauf l'appel au Conseil, se réservant à déduire ses moyens et griefs suivant l'Ordonnance. Vu aussi l'Arrêt rendu le 8 Février dernier, qui homologue le Testament dudit Thirion, et en infirmant la Sentence rendue en ladite Jurisdiction; et ouï ledit sieur Carbon, qui s'est rendu à ladite assignation à lui donnée le jour d'hier, en ses moyens d'opposition : LE CONSEIL, sans y avoir égard, attendu la présence du Procureur-Général du Roi en ladite délibération, faite le 8 Février dernier, l'a débouté et déboute dans ses moyens d'opposition, et ordonne que lesdits Arrêts sortiront leur plein et entier effet.

ORDONNANCE

ORDONNANCE *des Administrateurs, qui défend les Jeux de hasard, & déclare nulles toutes les obligations qui en proviendront.*

Du 30 Avril 1722.

LE Marquis de Sorel, etc.

François de Montholon, etc.

AYANT été informés qu'au mépris des Ordonnances de Sa Majesté, contre les Jeux de hasard, plusieurs Habitans et autres Particuliers de cette Colonie, se seroient ingérés de permettre des assemblées chez eux, à dessein de jouer tous les Jeux défendus de Dés et de Cartes, comme *Pharaon*, *Bassette*, *Lansquenet*, *Quinquenove*, *Biriby*, etc.; ce qui auroit causé la ruine de plusieurs familles, par les pertes considérables où plusieurs Habitans et Commissionnaires se seroient plongés, en perdant non-seulement tout leur argent, ou celui qui leur a été confié par leurs commettans, mais même en faisant leurs billets à ordre, ou au porteur, pour déguiser d'autant mieux l'origine de leurs engagemens illicites; et étant nécessaire de réprimer cet abus dans la suite, et prévenir de semblables malheurs dans cette Colonie, nous faisons expresses défenses et inhibitions à toutes Personnes, de quelque rang et qualités qu'elles soient, de jouer de semblables Jeux, et de permettre qu'on y joue chez eux; à tous les gens tenant Auberge, Café et Académie, de souffrir pareillement que l'on joue dans leurs maisons aucun Jeu de Pharaon, Bassette, Quinquenove, Lansquenet, Biriby, et généralement tous Jeux défendus par les Ordonnances du Roi, à peine, contre les contrevenans, de 500 liv. d'amende pour la première fois, et de plus grande en cas de récidive; lesquelles condamnations seront prononcées par Nous, à la poursuite des Procureurs du Roi des Jurisdictions de cette Colonie, sur les informations qu'ils en auront faites; déclarons toutes les dettes dont l'origine sera prouvée une perte causée par le Jeu, nulles et sans effet. Ordonnons que la présente sera lue et affichée par-tout où besoin sera, afin que personne n'en prétende cause d'ignorance. Mandons à MM. les Gouverneurs, tant de la partie du Nord que de la partie de l'Ouest et du Sud, et à tous les Commandans de cette Colonie, de nous en certifier la Publication, et de tenir la main à son exécution, conjointement avec tous les Officiers de Justice et de Police des Quartiers établis de cette Colonie, chacun en droit soi. DONNÉ à Léogane, etc.

R. au Greffe du Siége Royal du Cap, le 27 Juin suivant.

ARRÊT du Conseil du Cap, portant qu'il s'assemblera chez le Gouverneur pour aller à un TE DEUM.

Du 4 Mai 1722.

VU par le Conseil la Lettre écrite par M. de Sorel à M. le Comte d'Arquian, le 15 Avril dernier, au sujet d'un Ordre du Roi à lui adressé par Sa Majesté, le 12 Août de l'année dernière 1721, dont il a envoyé copie en ce Conseil; ensemble une copie de la Lettre écrite par le Conseil de Marine, et adressée à mondit sieur de Sorel, ledit Ordre étant pour faire chanter le *Te Deum*, au sujet du rétablissement de la santé du Roi: oui le Procureur-Général du Roi, LE CONSEIL a ordonné et ordonne, qu'il s'assemblera au Gouvernement, chez M. le Comte d'Arquian, demain à six heures du soir, pour se rendre en l'Eglise de cette Ville, y assister au *Te Deum* qui doit y être chanté, & ordonne que ledit Ordre du Roi dudit jour 12 Août, sera enregistré au Greffe d'icelui.

ARRÊT du Conseil du Cap, portant que les Baux à Ferme courent du jour de l'Adjudication.

Du 1er Juin 1722.

ENTRE le sieur Stapleton, habitant à la petite Anse, Appellant, d'une part; et le sieur Lebray, Tuteur des Mineurs le Febvre, Intimé, d'autre part; ordonne en outre ledit Conseil, qu'à l'avenir il sera fait mention dans les Adjudications, que les Baux à ferme commenceront du jour desdites Adjudications, soit que l'Adjudicataire entre en possession ou non, et ce pour éviter les difficultés qui arrivent à ce sujet.

ORDONNANCE *des Administrateurs, touchant les droits sur les Cuirs.*

Du 13 Juin 1722.

LE Marquis de Sorel, etc.

François de Montholon, etc.

AYANT été informés que depuis deux ou trois ans, il s'est établi dans le Quartier du Cap, deux ou trois Tanneries, où l'on passe les cuirs que l'on traite avec les Espagnols, et que les Marchands chargent dans leurs Vaisseaux par préférence à ceux en poil, qu'ils étoient en habitude d'embarquer, avant l'établissement desdites Tanneries, pour le retour de leurs cargaisons, et qu'ils en achètent en poil, sans en faire leurs déclarations justes, ne pouvant reconnoître, lorsqu'ils sont tannés, s'ils sont de Bœufs, de Vaches ou Bouvarts, et lesdits Marchands prétendant, sur ce prétexte, faire passer toujours huit côtés desdits cuirs tannés pour une bannette de Vache, et ne payer que vingt sols de droit pour icelle, quoiqu'il s'en trouve la plupart du temps de Bœuf ou de Bouvart, dont il ne faudroit que quatre ou six côtés pour faire la bannette, ce qui cause une diminution sensible de la recette desdits droits sur les cuirs ; à quoi étant nécessaire de remédier pour prévenir la continuation de cet abus, nous ordonnons à l'avenir à tous Capitaines, Marchands, Commissionnaires et Chargeurs, qui voudront envoyer des cuirs tannés en France, soit pour leurs comptes particuliers, ou celui de leurs Commettans, de payer, entre les mains du Receveur de l'Octroy, pour chaque côté de cuir tanné, la somme de cinq sols, sans avoir égard s'ils sont de Vache, de Bœuf ou de Bouvart, n'entendant, par ce présent Réglement, que d'évaluer les droits sur lesdits cuirs, suivant qu'ils ont été réglés par le Mémoire du Conseil, et ne prétendant rien innover sur ceux des cuirs en poil, dont les droits se perçoivent à l'ordinaire, et de la manière qu'il se pratiquoit par le passé ; ordonnons au sieur Dulangot de se conformer à l'avenir au présent Réglement, qui sera lu et affiché par-tout où besoin sera, pour que personne n'en prétende cause d'ignorance, et de faire à l'avenir deux articles distingués sur les Livres de la Recette desdits cuirs, dont l'un fera mention des cuirs tannés dont on lui aura fait déclaration sur le pied de cinq sols chaque côté, et l'autre des cuirs en poil, à raison de vingt sols la bannette tiers Vache, tiers Bœuf et tiers Bouvart, suivant qu'il s'est toujours pratiqué ; enjoignons à M. le Comte d'Arquian, Gouverneur de

Ste Croix, Commandant au Cap, et Duclos, Commissaire-Ordonnateur de la Marine, de veiller chacun en droit soi, à l'exécution de la présente. DONNÉ à Léogane, etc.

R. au Siège Royal du Cap, le 27 Juin 1722.

RÉGLEMENT *du Gouverneur et de l'Ordonnateur du Cap, pour les terreins du Quartier du Dondon.*

Du 18 Juin 1722.

LE Comte d'Arquian, etc.

Jean-Baptiste Duclos, etc.

VU par Nous, le Plan figuratif des établissemens du Quartier du Dondon, fait par le sieur d'Atour, Arpenteur du Roi, les concessions desdits établissemens et titres des Parties, et les Procès-verbaux de l'Arpentage que ledit sieur d'Atour a voulu faire desdits établissemens, à quoi il n'a pu parvenir; la grandeur et les bornes desdits terreins étant mal expliquées dans lesdites concessions, dans quelques-unes desquelles il n'en est point fait mention du tout, ce qui auroit déjà causé quantité de discussions, et pourroit encore en causer davantage, la plupart de ceux qui ont pris des concessions en ce Quartier, ne sachant où se placer: Nous avons cru nécessaire, pour éviter toutes discussions, de déterminer, limiter et borner toutes les concessions de ce Quartier qui ne le sont pas, pour cet effet de faire le Réglement qui suit (*).

ART. XI. Et pour ce qui concerne la Dame Minguet, vu par Nous toutes les concessions qui lui ont étés accordées par MM. les Gouverneurs précédens, qui lui ont donné des terreins immenses en ce Quartier, en considération des services que son mari rendoit au Public, et ce dans un temps que personne ne demandoit à s'y établir, lesquelles concessions ont été ratifiées par M. de Blénac, à condition qu'il n'en jouiroit que sa vie durant; et nous paroissant que ce Quartier a très-besoin d'un grand nombre d'Habitans pour le voisinage où il est des Espagnols, contre lesquels ils serviroient de remparts, s'il s'en trouvoit suffisamment pourvu; nous

---

(*) *Les dix premiers Articles fixent l'étendue des concessions de différens Particuliers.*

avons cru devoir fixer ce qui en appartiendra en propre auxdits sieur et dame Minguet, sans cependant vouloir déroger aux concessions à elle accordées, et aux Réglemens qui ont été faits ; en conséquence, entendant que ceux qui se sont établis dans les terreins renfermés dans lesdites concessions, lui payeront ce qu'ils sont convenus avec ledit sieur ou dame Minguet, mais qu'à l'avenir elle jouira en propriété, savoir, d'une place de quinze cent pas en quarré, borné à l'Est de la Ravine des Essentes; à l'Ouest, des Mornes; au Nord, de la place du nommé le Tellier; au Sud, de Terres non concédées; sur laquelle place où elle est établie, passe la Rivière de Pimantier; en outre d'une autre place de 1000 pas en quarré, située à la Guille, du côté de ses cases et établissemens ; bornée au Sud de la Rivière de la Guille ; au Nord, des Mornes ; à l'Est, de la Rivière de la Porte ; et à l'Ouest, des Mornes ; sans préjudice de la concession à elle accordée par M. de Paty, en date du 25 Juillet 1711, qui pourra cependant être réduite lorsqu'il sera jugé nécessaire.

ART. XIII. Et en treizième et dernier lieu, que tous les Habitans ci-dessus mentionnés, et tous ceux qui ont des concessions dans ledit Quartier, seront obligés d'y mettre les blancs ordonnés par les Réglemens de Sa Majesté, à peine des punitions portées dans les Ordonnances du Roi ; et en outre, attendu le besoin que ce Quartier a de blancs, à peine de réunion au Domaine du Roi de leurs terreins, qui seront concédés de nouveau à ceux qui s'obligeront d'y en entretenir le nombre ordonné, en indemnisant par eux les frais des établissemens faits, suivant qu'il sera estimé par arbitres. Enjoignons au sieur d'Atour, Arpenteur du Roi, et à tous les Habitans de ce Quartier, de se conformer au présent Réglement ; et mandons à tous Commandans qu'il appartiendra, de tenir la main à son exécution, le tout sauf l'appel pardevant MM. le Général et l'Intendant ; laquelle présente Ordonnance sera enregistrée au Greffe de la Juridiction du Cap, pour y avoir recours en cas de besoin. FAIT au Cap, ce 18 Juin 1722. *Signés*, LE COMTE D'ARQUIAN et DUCLOS.

DÉCLARATION DU ROI, *pour ne plus envoyer de Vagabonds & gens sans aveu aux Colonies.*

Du 5 Juillet 1722.

LOUIS, etc. Salut. Le feu Roi, notre très-honoré Seigneur et Bisayeul, a fixé par plusieurs Déclarations, et notamment par celles des 25 Juillet 1700, et 27 Août 1701, les différentes peines qui doivent être prononcées contre les Vagabonds et gens sans aveu, contre les Mendians, et contre ceux qui, pendant le temps de leur bannissement, se retireroient dans notre Ville, Prévôté et Vicomté de Paris, ou à la suite de notre Cour; le besoin que nous avons eu de faire passer des Habitans dans nos Colonies, nous avoit porté à permettre à nos Cours et Juges, par nos Déclarations des 8 Janvier et 12 Mars 1719, d'ordonner que les hommes seroient transportés dans nos Colonies, pour y servir, comme engagés, au défrichement et à la culture des terres, dans les cas où les Ordonnances, Edits et Déclarations, avoient prononcé la peine des Galères contre lesdits Vagabonds et Bannis, ce que Nous avons permis aussi par la Déclation du 8 Janvier 1719, par rapport aux hommes qui seroient repris faute d'avoir gardé leur ban, et pareillement pour ceux qui ayant été condamnés aux Galères ou au bannissement, se retireroient dans notre bonne Ville de Paris, et Fauxbourgs d'icelle, même après le temps de leur condamnation expiré. Mais les Colonies se trouvant à présent peuplées par un grand nombre de familles qui y ont passé volontairement, plus propres à entretenir un bon commerce avec les naturels du pays, que ces sortes de gens, qui y portoient avec eux la fénéantise et leurs mauvaises mœurs; Nous avons estimé à propos, tant pour le bon ordre de notre Royaume, que pour le plus grand avantage de nos Colonies, de rétablir à cet égard l'exécution des Déclarations des 25 Juillet 1700, et 27 Août 1701, et des Déclarations données contre ceux qui ne garderont pas leur ban. A ces causes, etc. Disons, déclarons et ordonnons, voulons et nous plaît, que les Déclarations des 31 Mai 1682, et 29 Avril 1687, contre ceux ou celles qui ne gardent pas leur ban, ensemble celles des 25 Juillet 1700, et 27 Août 1701, contre les Mendians et Vagabonds, soient exécutées selon leur forme et teneur, sans qu'il puisse être permis à l'avenir à nos Cours et Juges d'ordonner que les contrevenans auxdites Déclarations soient transportés dans nos Colonies, révoquant à cet égard nos Déclarations, etc.

R. au Parlement de Paris, le 26 Août 1722.

ARRÊT du Conseil du Cap, qui condamne un Huissier à payer son Billet sur l'heure, et en trois jours de prison et 10 liv. d'amende, pour avoir fait appel de la condamnation de payer ledit Billet, valeur en Marchandises d'une Cargaison.

Du 7 Juillet 1722.

DÉCLARATION DU ROI, qui exempte les Commis principaux et ordinaires des Classes, Ecrivains, Gardes-Magasins, Maîtres d'ouvrages, et autres entretenus pour le service de la Marine, de Tutelle, Curatelle et autres Charges.

Du 13 Juillet 1722.

LOUIS, etc. Salut. Nous étant fait représenter l'Edit du mois de Juin 1673, par lequel il est ordonné que tous les Officiers Mariniers, Matelots et Gens de mer, jouiront, pendant l'année de leur service, de l'exemption de logement des gens de guerre, du guet et gardes des portes de villes et châteaux, de tutelle et curatelle, de la collecte des tailles, séquestre et garde de biens et régie de fruits, tant à l'égard de nos affaires que de celles des Particuliers; et étant informé que, sous prétexte que dans ledit Edit, les Commis principaux et ordinaires des Classes, Ecrivains et autres entretenus pour le service de la Marine, n'y sont point nommément compris, nos Juges et ceux des Seigneurs particuliers, prétendent les assujétir auxdites charges, ce qui seroit très-préjudiciable à notre service, et les mettroit hors d'état de remplir leurs fonctions, qui demandent une assiduité continuelle dans nos Ports, ou les obligent à faire de fréquens voyages, soit à la mer ou dans les forêts, dans les forges et autres lieux où leur présence est nécessaire pour le service. A ces causes, etc. Ordonnons, voulons et nous plaît, qu'à l'avenir les Commis principaux et ordinaires des Classes, Ecrivains, Gardes-Magasins, Maîtres d'ouvrages et autres entretenus pour le service de la Marine, jouissent de l'exemption de logement de gens de guerre, du guet et gardes des portes de villes et châteaux, de tutelle, curatelle, de la collecte des tailles, séquestre et garde de biens et régie de fruits, tant à l'égard de nos affaires que de celles des Particuliers. Si donnons en mandement à nos amés et féaux Conseillers les Gens tenans notre Cour de Parlement à Paris, etc.

R. au Parlement de Paris, le 26 Août 1722. Et au Contrôle de la Marine à S. Domingue, le 19. Février 1762.

ORDONNANCE DU ROI, *concernant la diminution des Espèces étrangères, et leur réduction au poids.*

Du 3 Août 1722.

SA MAJESTÉ s'étant fait représenter les Ordres qu'Elle a donnés concernant le cours et la valeur des Espèces aux Isles Françoises de l'Amérique, et les Ordonnances rendues au sujet du prix desdites Espèces, par les sieurs Chevalier de Feuquiere, Gouverneur et Lieutenant-Général aux Isles du Vent, et Besnard, Intendant; les sieurs Marquis de Sorel, Gouverneur et Lieutenant-Général de l'Isle de S. Domingue, et Duclos, Commissaire-Ordonnateur; Elle a résolu, de l'avis de M. le Duc d'Orléans, Régent, de diminuer le prix des Espèces étrangères aux Isles, et de régler, par la présente Ordonnance, le cours et la valeur desdites Espèces étrangères auxdites Isles, ainsi qu'il suit :

ART. Ier. La Piastre de poids aura cours pour sept livres 10 sols.

ART. II. La Pistole de poids y aura cours pour trente livres.

ART. III. La Piastre sera réputée de poids, quand il n'en faudra que neuf au marc.

ART. IV. La Pistole sera réputée de poids, quand il ne faudra que trente-six Pistoles un quart au marc.

ART. V. Les Piastres qui ne seront point de poids, auront aussi cours, mais seulement pour la valeur de ce qu'il y aura de matière, eu égard au prix réglé par l'Art. 2 pour la Piastre de poids.

ART. VI. Les Pistoles qui ne seront pas de poids, auront aussi cours, mais seulement pour la valeur de ce qu'il y aura de matière, eu égard au prix reglé par l'Art. 3 pour la Pistole de poids.

ART. VII.

ART. VII. Les autres monnoies d'Argent étrangères, comme demie Piastre, quart de Piastre, huitième, ou Réal, seizième, ou demi Réal, auront aussi cours, mais seulement pour la valeur de ce que chacune desdites pièces de monnoie contiendra de matière, eu égard au prix reglé pour la Piastre de poids, art. 2.

ART. VIII. Les autres monnoies d'Or étrangères, comme Quadruples, doubles Pistoles et demies Pistoles, auront aussi cours, mais seulement pour la valeur de ce que chaque pièce de monnoie contiendra de matière, eu égard au prix reglé pour la Pistole de poids, par l'article 3.

ART. IX. Veut Sa Majesté, qu'à commencer du jour de la Publication de la présente Ordonnance, toutes les différentes pièces de monnoie qui y sont mentionnées, soient reçues dans ses Colonies des Isles du Vent & Isle S. Domingue, suivant le prix reglé pour chacune desdites Espèces. Mande et ordonne, Sa Majesté, à ses Gouverneurs et Lieutenans-Généraux & Intendans en l'Amérique Méridionale, et à tous autres qu'il appartiendra, de tenir la main à l'exécution de la présente Ordonnance, qui sera lue, publiée et affichée, par-tout ou besoin sera, et enregistrée aux Greffes des Conseils Supérieurs des Isles du Vent et Isle S. Domingue. FAIT à Versailles, etc.

R. au Conseil de Léogane, le 20 Novembre 1722.
Et à celui du Cap, le 29 du même mois.
Voyez l'Ordonnance du 19 Novembre 1722.

ARRÊT du Conseil de Léogane, sur une recousse faite par un Bâtiment de Sa Majesté, & qui condamne un Capitaine Marchand en l'amende, pour avoir embarqué des Passagers, sans congé ni permission.

Du 10 Août 1722.

LOUIS, &c. Salut. Entre Fernandes Blanco, Capitaine et Maître du Bateau Espagnol, nommé la Ste Croix de Baracou, Demandeur en requête, d'une part; contre les Officiers et l'Equipage de notre Vaisseau l'Atalante, Défendeurs et Défaillans, d'autre part.

Vu par notre Conseil, la Requête présentée par le Demandeur, expositive, que, sondit Bateau avec le chargement d'icelui, ayant été pris par les Pirates, et sur iceux repris par l'Equipage de notre Vaisseau, il requéroit qu'il plût à notredite Cour, ordonner que sondit Bateau, ensemble le Négre Esclave et Marchandises de son chargement, lui fussent remis, et délivrés; interrogatoire subi par le Demandeur duquel apert, qu'icelui Demandeur auroit embarqué, sans Passeport ni congé, lesdits Caux et Gautreaux, dans sondit Bateau, pour les passer à l'Isle de Cube; déclaration du sieur Morion, Sous-Lieutenant d'Artillerie sur notredit Vaisseau l'Atalante, faite pardevant Me Simon Dufourq faisant fonction de Lieutenant-Général de l'Amirauté du Petit Goave; par laquelle apert, que ledit Déclarant, embarqué sur le Bateau la Marie-Anne, par ordre du sieur de Fayet, comman dant notredit Vaisseau l'Atalante, avec vingt hommes d'Equipages d'icelui, pour chasser sur les Pirates, et traiter le long de la côte, auroit trouvé, le 14 dudit mois et an, un Bateau forban, armé de huit hommes qui auroient pris le Bateau où ils étoient, sous le Moule S. Nicolas, duquel, ledit Déclarant s'étant saisi et rendu maître, il fut rejoindre ledit sieur de Fayet, vers le fond de l'Isle à Vache, et qu'il se seroit rendu avec lui, la veille dudit jour 22 Mai, au port du Petit Goave, que tous les effets qui étoient dans ledit Bateau auroient été consignés dans notredit Vaisseau l'Atalante, ès-mains de l'Ecrivain d'icelui, et qu'inventaire en auroit été fait. Arrêt de la Cour du 16 dudit mois, qui ordonne, avant faire droit, qu'estimation dudit Bateau la Ste Croix, sera faite par Bonneau et Conil, Maîtres de Navires, en présence de Me Gabet, pardevant lequel ils prêteront serment, pour ce fait être ledit Bateau remis ès-mains dudit Fernandes Blanco: ordonne, en outre, que le sieur Morion, Officier, commandant le Bateau la Marie anne, Preneur, armé par ledit sieur de Fayet, ensemble, le Maître qni étoit sur icelui, l'Ecrivain, les Maîtres Pilottes et Patron de Chaloupe de notredit Vaisseau l'Atalente, sur le Mémoire produit par notre Procureur-Général, seront interrogés et repétés dans leur interrogatoire, par le Lieutenant-Général de l'Amirauté du Cap François, où, pour lors, étoit mouillé notredit Vaisseau. Mémoire de notre Procureur-Général, pour l'interrogatoire desdits Morion, Maîtres et Patron de Chaloupe, et Ecrivain de notre Vaisseau. Lettres Missives du sieur Duclos, Commissaire de la Marine au Cap François, adressées au sieur de Montholon, notre Intendant de S. Domingue, en date du 31 Juillet audit an, par laquelle, en accusant la réception de l'Arrêt de notredit Conseil du 16 dudit mois et an, réquisition de notre Procureur-Général et Paréatis y joint; ledit sieur Duclos déclare, qu'ayant communiqué le tout audit sieur de Fayet, icelui sieur de Fayet lui auroit remis et donné par écrit une réponse en forme de Mémoire, qui auroit fait juger, audit sieur Duclos, qu'il seroit inutile de faire remettre au Lieutenant-Général de l'Amirauté du Cap, lesdits Arrêt et Paréatis, pour procéder aux interrogatoires demandés par notredit Conseil, puisqu'il ne vouloit pas les permettre, et se réservoit de rendre compte de sa conduite à notre Conseil de Marine : autre écrit dudit sieur Duclos, inclus dans ladite Lettre, par lequel il déclare, que ledit sieur de Fayot lui auroit dit en conversation, que le pillage, fait par ses Matelots dans ledit Bateau la Ste Croix, pouvoit monter à la somme de 2500 livres, que, cependant, notredit Intendant pouvoit retenir, sur la part reférente à sondit Equipage, pour raison des prises, faites par notredit Vaisseau l'Atalante, la somme de 3000 livres, pour icelle être donnée et remise audit Fernandes Blanco ; autre écrit, portant pour titre, *Mémoire pour le sieur Duclos, au sujet des papiers qu'il m'a envoyés hier à bord de l'Atalante, et qui lui ont été envoyés de Léogane par le sieur de Montholon* ; ledit écrit ou Mémoire, daté du Cap, le 25 Juillet 1722, signé *pour copie, Duclos* ; contenant que ledit sieur de Fayet avoit promis à son Equipage, de lui abandonner le pillage des forbans qu'il pourroit prendre durant le cours de son voyage, à l'exception de l'argent ; qu'en conséquence de ladite promesse, il auroit laissé prendre, à sondit Equipage, les effets trouvés dans ledit Bateau la Ste Croix, réclamé par ledit Fernandes Blanco, dont partie auroit été dissipée par les Forbans, durant le temps qu'ils ont été en possession dudit Bateau ; qu'après tout, il ne lui conviendroit point de permettre, que nos officiers et autres, embarqués sur notredit Vaisseau, subissent interrogatoire pardevant les Juges de l'Amirauté de Léogane, ni du Cap, se réservant de rendre compte de sa conduite à notre Conseil de Marine. Conclusions du Procureur-Général ; le tout, vu et considéré, et murement examiné ; oui le rapport de Me Bornat, Conseiller, notredit Conseil à condamné les Défendeurs à la restitution des effets et marchandises chargés dans ledit Bateau, ou au montant d'icelles, suivant la liquidation qui en sera faite par Me Gabet, Conseiller séant, que la Cour a nommé Commissaire en cette partie, sur les pièces et interrogatoires produites au Procès, ordonne que sur la somme liquidée, sera défalqué un tiers pour la récousse, dont notredite Cour a déclaré les Défendeurs déchus, et l'adjuge à notre profit ; faisant droit sur les conclusions de notre Procureur-Général, a condamné le Demandeur en 1500 livres d'amende envers nous, pour avoir embarqué, dans sondit Bateau, lesdits Jean Gautreau, dit la Terreur, et André Caux, François, sans congés ni passeports ; et les Défendeurs aux dépens. DONNÉ, etc.

MÉMOIRE DU ROI aux Administrateurs, concernant l'incompatibilité de la charge de Conseiller avec celle de Receveur de l'Octroi.

Du 17 Août 1722.

SA MAJESTÉ s'est fait rendre compte de la Lettre des sieurs de Sorel et Duclos, au sujet du refus que le Conseil supérieur du Cap a fait de recevoir le sieur Dulangot, que Sa Majesté avoit pourvu d'une place de Conseiller audit Conseil; ce refus étant fondé sur un Arrêt rendu par ledit Conseil, par lequel la place de Conseiller a été jugée incompatible avec celle de Receveur de l'Octroi, Sa Majesté l'a approuvé, et Elle a jugé qu'il ne convient point que ces deux places soient occupées par la même personne; son intention est, qu'à l'avenir cet emploi de Receveur de l'Octroi à S. Domingue ne soit point occupé par des Conseillers; Elle veut bien cependant, que le sieur Gabet, Conseiller au Conseil supérieur de Léogane, continue d'exercer, comme par le passé, celui de Receveur de l'Octroi à Léogane, sans que cela tire à conséquence pour un autre.

A l'égard du sieur du Langot, Sa Majesté trouvera bon qu'il opte, ou de se faire recevoir Conseiller, en quittant son emploi de Receveur, ou de le garder; s'il prend ce dernier parti, Elle veut que vous retiriez les provisions qui lui ont été accordées, et que vous les renvoyez au Conseil de Marine. Vous tiendrez la main à l'exécution des intentions de Sa Majesté, et vous les ferez enregistrer au Greffe du Conseil Supérieur de Léogane, afin qu'il s'y conforme, lorsque l'emploi de Receveur de l'Octroi du district de ce Conseil viendra à vaquer, et à celui du Cap.

R. au Conseil du Cap, le 6 Septembre 1723, en vertu d'Arrêt qui donne Acte au sieur du Langot, de sa démission de la charge de Conseiller, pour conserver l'emploi de Receveur de l'Octroi, et qui ordonne qu'il remettra ses provisions entre les mains de M. Duclos.

R. au Conseil du Petit Goave, le 9 Décembre suivant.

ORDONNANCE des Administrateurs, qui rejette la demande de plusieurs Habitans de rester réunis à la Paroisse du Trou, plutôt que de passer à celle nouvelle des Terriers-Rouges.

Du 27 Août 1722.

LE Comte d'Arquian, etc.

Jean-Baptiste Duclos, etc.

Vu la Requête à Nous présentée par une partie des habitans de Jacquesy, tendante à ce qu'il Nous plût ne point les séparer de la Paroisse du Trou, pour les unir à la nouvelle des Terriers Rouges, que la trop grande étendue du quartier a obligé d'établir, et ce, pour les causes et raisons qui y sont énoncées; notre apointement au pied qui renvoie ladite Requête à MM. le Comte d'Arquian, Gouverneur de Ste Croix, Commandant au Cap, et Duclos, Commissaire-Ordonnateur audit lieu, avec injonction à eux de faire assembler les Habitans intéressés à la chose, pour délibérer ès-presbitère du R. P. Supérieur des Jésuites, et dire leurs sentimens sur ce qui est plus convenable, et plus commode au Quartier, dans l'établissement de ladite Eglise, & dans le choix du lieu pour la construire. La précédente Requête, présentée à M. le Marquis de Sorel, Gouverneur et Lieutenant-Général pour le Roi, des Isles de dessous le Vent, et Duclos, Ordonnateur pour lors de la Colonie, par les Habitans des Terriers-Rouges, Grand-Bassin, Grand-Acul, Belle-Hotesse, Savanne-Quarrée et Fond-Blanc, par laquelle ils représentent, que leur grand éloignement de la Paroisse du Trou, dont ils sont Paroissiens, les privent, la plupart du temps, des secours spirituels, et qu'en cette considération ils supplient très-humblement qu'on les réunisse en une Paroisse particulière et plus à portée d'eux, dont partie des Habitans de la Paroisse du Trou en soient détachés, pour composer avec eux, ladite nouvelle Paroisse, et que les limites en soient réglées incessamment pour commencer, sans délai, cette entreprise, et faire la cotisation nécessaire entr'eux pour y parvenir; au pied de laquelle Requête est rendue une Ordonnance de MM. le Marquis de Sorel et Duclos, par laquelle, faisant droit à la demande desdits Habitans, ils ordonnent la séparation de ladite Paroisse du Trou en deux, et le démembrement des Habitans qui sont aux deux côtés des deux chemins dudit Jacquesy, pour ne former, avec lesdits Habitans des Terriers Rouges, qu'une seule Paroisse. Vu aussi l'Extrait des registres de la nouvelle Paroisse des Terriers Rouges, faisant mention qu'après signification faite aux Paroissiens du Trou, des Ordonnances de MM. le Marquis de Sorel et Duclos, et jour pris pour déterminer l'endroit le plus convenable pour la construction de ladite Eglise nouvelle, les Habitans seroient convenus, en présence du père Lein, Curé, de la placer sur un terrein entre deux raques de bois, sises dans la Savanne à Goyave, au Nord du grand chemin neuf, et de la case de la Hate de feu le sieur Petrau, et au Sud du reste des Savannes ; et finalement, ladite délibération desdits Habitans, par Nous ordonnée, et tenue en présence du R. P. Larcher, Supérieur des Jésuites, qui confirme tout ce qui a été fait immédiatement dans l'assemblée du 26 Octobre 1721 ; et l'avis du sieur Marigot, Arpenteur. Le tout vu et considéré, Nous avons débouté la partie des Habitans de Jacquesy, opposée à cette nouvelle érection de Paroisse des fins de leurs Requête, et confirmant le démembrement, ci-devant fait des Habitans des deux côtés des deux chemins de Jacquesy et des Terriers Rouges, est le lieu qui a été choisi pour la construction de l'Église et du Presbytère ; ordonnons que l'ouvrage commencé sera continué sans remise ni délai, et mis à sa perfection et décence convenable pour y pouvoir célébrer le sacrifice de la Ste Messe, si déjà n'a été fait conformément, et dans le temps marqué par les Ordonnances sur ce, rendues par MM. le Marquis de Sorel et Duclos, les 18 Mai et 25 Août 1721, et que, pour y parvenir d'autant plus aisément, tous les Habitans, désignés pour être de ladite nouvelle Paroisse, se cotiseront, et y contribueront au prorata de leurs forces et moyens, et remettront ès-mains des Marguilliers ou Syndics, les sommes auxquelles chacun d'eux aura été taxé. Mandons à MM. le Comte d'Arquian et Duclos, de tenir, chacun en droit soi, la main à l'exécution de la présente, qui sera lue, publiée, affichée et regiſtrée, par-tout où besoin sera. DONNÉ à Léogane, etc.

R. au Siége Royal du Cap, le 7 Septembre suivant.

ARRÊT du Conseil du Cap, qui juge qu'une Négresse qui meurt du Suicide avant que son Procès lui soit fait, meurt pour le compte de son Maître.

Du 7 Septembre 1722.

VU la Requête du sieur Dominique de Vezien, contenant qu'une de ses Négresses, nommée Marthe, se seroit coupé la gorge en revenant de Marronage, suivant la déclaration qu'en a faite le Suppliant, et l'abandon d'icelle, les 13 et 28 Avril dernier; ce qui l'auroit autorisé à présenter sa Requête à M. le Juge, le 28 dudit mois, sur laquelle Requête il n'a pu être fait aucune poursuite, rapport à la mort de ladite Négresse, arrivée huit jours après son arrivée aux prisons de cette Ville; c'est pourquoi le Suppliant a recours a lui, pour qu'il lui plaise, vu les pièces ci-jointes, ordonner qu'il sera payé du prix de ladite Négresse sur les deniers Publics. Ouï le Procureur-Général, LE CONSEIL a débouté ledit sieur de Vezien, des fins de la présente Requête.

ORDONNANCES DU ROI, dont la première contient prolongation jusqu'à la fin des six premiers mois de 1723 de l'Amnistie accordée aux Pirates par l'Ordonnance du 5 Septembre 1718; et la seconde fait participer à cette Amnistie ceux qui se seront déjà rendus à S. Domingue.

Du 29 Septembre 1722.

R. au Conseil de Léogane, le 4 Mars 1723.

ARRÊT du Conseil du Cap, qui défend au Chirurgien du Roi de travailler pour le Public, à moins qu'il ne se fasse recevoir Maître-Chirurgien de la Ville.

Du 5 Octobre 1722.

VU par le Conseil, la Requête des Maîtres Chirurgiens de cette Ville, ensemble l'Ordonnance de soit communiqué au Procureur-Général du Roi, LE CONSEIL, en expliquant son Arrêt rendu le 7 Septembre dernier, a défendu audit sieur Desloriers, de travailler pour le Public, à moins qu'il ne se fasse recevoir Maître Chirurgien, comme les autres Chirurgiens et Maîtres en cette Ville, conformément aux Arrêts ci-devant rendus, lesquels sortiront leur plein et entier effet.

Voyez l'Ordonnance du Roi du 23 Août 1723.

ARRÊT du Conseil du Cap, qui condamne en l'amende de 10 liv. une partie entrée en veste et un mouchoir à la tête, en la chambre dudit Conseil.

Du 5 Octobre 1722.

ENTRE le nommé Maubuisson, appelant, présent en personne, d'une part; et le nommé Bouilly, anticipant, aussi présent en personne, d'autre part; LE CONSEIL, avant faire droit, etc.; et sur le réquisitoire du Procureur-Général du Roi, portant que ledit Bouilly se seroit ingéré d'entrer en la chambre dudit Conseil en veste et un mouchoir à la tête, ce qui est porter irrévérence à la Cour; ledit Conseil l'a condamné en 10 liv. d'amende, défenses à lui de récidiver, sous plus grosses peines.

ORDONNANCE des Administrateurs, pour continuer la Chaussée du Cap.

Du 10 Novembre 1722.

LE Marquis de Sorel, etc.

François de Montholon, etc.

Sur ce qui Nous a été représenté, que les travaux de la Chaussée du Cap, ordonnés le 20 Mars 1721, en conséquence de la demande et prière qui Nous en a été faite par les Habitans et Négocians de ladite Ville du Cap, et par les Capitaines Marchands qui étoient, pour lors, mouillés en Rade, étoient interrompus par faute de fonds qui se sont trouvés consommés, et par le défaut de pieux qui n'ont pas été fournis dans la quantité suffisante pour la perfection dudit ouvrage, et étant nécessaire de finir ladite Chaussée par l'utilité qui en revient auxdits Habitans et Corps des Marchands, à cause de la commodité qui s'y trouve pour l'embarquement et et débarquement de leurs Marchandises, qui autrement se trouveroient avariées et mouillées. Nous en conséquence, et ayant à cœur la fin de cet ouvrage encommencé ; et, pour y parvenir et suppléer au défaut desdits fonds et desdits pieux, Nous ordonnons ;

1°. Qu'il sera levé, sur tous les Habitans magazaniers du Cap, une cotisation nouvelle de 25 liv. par chaque emplacement de soixante pieds, et des autres à proportion, que les propriétaires seront tenus de payer incessamment, entre les mains du sieur Dulangot, Receveur des Octrois, suivant la liste qui en sera faite et arrêtée. 2°. Que tous les Négocians et autres Personnes, faisant commerce dans ladite Ville du Cap, payeront, outre la taxe de leurs Magasins, une cotisation particulière, comme étant plus intéressés à la chose, à proportion du plus ou moins de commerce qu'ils font, suivant la liste qui en sera faite, et qui sera pareillement de Nous visée et arrêtée. 3°. Nous ordonnons à tous les habitans des plaines, suivant qu'il est expliqué dans notre Ordonnance du 26 Mars 1721, de faire couper des pieux de la grosseur et longueur qu'il a été réglé ci-devant par l'Ingénieur du Roi, et de les faire transporter à leurs embarcadaires, et d'y faire apposer leurs étampes, et d'en retirer un reçu de l'Officier de Milices chargés du soin de les recevoir, et ce, à raison d'un pieux pour vingt Négres, et dans l'espace de deux mois, après la publication de la présente. 4°. Nous ordonnons à tous les Capitaines marchands, d'envoyer chercher lesdits pieux aux embarcadaires où ils auront été transportés par lesdits Habitans, et les rendre sur le Quai de ladite Ville du Cap, à la consignation du sieur Raoul, Capitaine de Port, qui leur en fournira une décharge, et de leur faire faire la pointe par leurs Charpentiers, à peine, et en cas de refus, de payer ce qu'il en aura coûté pour faire faire ladite pointe par les Charpentiers de ladite Ville. 5°. Ordonnons à tous les Habitans des plaines qui ont manqué de fournir leur contingent des pieux, de le fournir incessamment, et sans délai, outre ceux qu'ils sont obligés de fournir présentement pour la perfection dudit ouvrage, à raison d'un pieux par vingt Négres, à peine contre les contrevenans de 100 liv. d'amende qui ne pourra être diminuée, pour quelque raison que ce puisse être. Au surplus, ordonnons que notre Ordonnance du 26 Mars 1721 sera exécutée dans toute sa forme et teneur, tant pour la fourniture des Négres des Habitans de ladite Ville du Cap, employés aux travaux, que pour la recette des fonds desdits pieux, et pour les dépenses qui seront arrêtées à la fin dudit ouvrage, suivant et conformément qu'il a été ci-devant arrêté ; enjoignons à MM. le Comte d'Arquian, Gouverneur et Commandant au Cap, et Duclos, Commissaire-Ordonnateur audit lieu, de tenir la main à l'exécution de la présente, de la faire lire et publier par-tout où besoin sera, afin que personne n'en prétende cause d'ignorance, et de la faire enregistrer au Greffe de la Jurisdiction, pour y avoir recours, en cas de besoin. DONNÉ à Léogane, etc.

R. au Siége Royal du Cap, le 10 Novembre 1722.

ARRÊT du Conseil de Léogane, en addition à celui de 1706, sur les fonctions et les droits des Officiers de Justice.

Du 11 Novembre 1722.

SUR ce que le Procureur-Général du Roi a remontré au Conseil; LE CONSEIL, après avoir pris lecture du Mémoire dudit Procureur-Général, et de l'Arrêt de Réglement du 12 Avril 1706, et ouï le rapport de MM. Nicolas Haran, et Nicolas Petit, Conseillers, Commissaires à ce députés, la matière mise en délibération, a ordonné et ordonne, que l'arrêt de Réglement du 12 Avril 1706 sera exécuté selon sa forme et teneur; et interprétant l'Article IV dudit Réglement, defend au Juge de commettre, pour les fonctions du Substitut du Procureur-Général, lorsqu'il sera absent, ou qu'il ne pourra vaquer ou connoître de la cause, autre personne que le Lieutenant, s'il est présent ou à portée d'agir; ce qui sera pareillement observé dans les matières d'Amirauté, ensorte que les Officiers des Siéges servent en l'absence les uns des autres, sans qu'il soit permis au Juge de commettre d'autres Personnes, à peine d'interdiction, et de plus grande peine, suivant le cas.

En expliquant pareillement l'Article VI dudit Réglement, ordonne que, lorsque les Lieutenans auront instruit les procès Criminels, ou en plus grande partie, et qu'ils assisteront aux Jugemens définitifs, ils auront les deux tiers des Epices du total de la procédure; et lorsque les Juges auront instruits les Procès, ou en plus grande partie, et que les Lieutenans assisteront au Jugement définitif, en ce cas lesdits Lieutenans auront seulement le tiers des Epices.

En expliquant pareillement l'Article 47 dudit Réglement, concernant les Curateurs aux successions vacantes, ordonne qu'ils auront pour leurs droits, des sommes qui se trouveront en Espèces, deux et demi pour cent.

Pour les obligations, billets, cédules et comptes, cinq pour cent.

Et lorsqu'ils n'auront pas fait le recouvrement desdits obligations, billets, cédules et comptes, que les Débiteurs seront solvables, et qu'il paroîtra de leurs diligences, deux et demi pour cent.

Pour les baux des meubles, lorsqu'ils auront fait le recouvrement, cinq pour cent.

S'ils n'ont pas fait le recouvrement desdits baux, deux et demi pour cent.

Pour la vente, tant des meubles que des immeubles, lorsqu'ils en auront fait le recouvrement, dix pour cent.

S'ils n'ont pas fait le recouvrement, cinq pour cent.

Enjoint le Conseil auxdits Curateurs, de se conformer à l'Arrêt du 10 Juillet 1721, pour les avis qu'ils sont tenus de donner aux Héritiers des successions dont ils se trouvent chargés, et de certifier le Procureur-Général de leurs diligences, à peine de radiation de leurs droits, et de plus grande peine, suivant le cas.

En expliquant pareillement l'article 52 dudit Réglement, concernant les Gardiataires établis aux saisies, ordonne que quand les meubles ne seront pas déplacés, lesdits Gardiataires auront pour salaires quarante sols par jour, et nourris.

Si lesdits Gardiataires se nourrissent, ils auront cinq livres par jour.

Il en sera usé de même pour les Gardiataires établis aux saisies réelles, et pour la perception des fruits.

Les Geoliers prendront pour leurs salaires d'écrou des Personnes libres, six livres avec l'extrait d'écrou.

Pour la nourriture des Personnes libres, trente sols.

Pour recommandation avec l'extrait, quatre livres.

Pour écrou des Esclaves, trois livres.

Pour nourriture des Esclaves, quinze sols.

Ordonne le Conseil, qu'il sera passé par les Commissaires et par les Juges, en procédant à la liquidation des dépens pour les journées dans les voyages des Parties,

SAVOIR;

Au Gouverneur hors la Cour, ſoixante livres.

Au Lieutenant de Roi hors la Cour, cinquante livres.

Aux Majors hors la Cour, quarante livres.

Aux Conseillers hors la Cour, quarante livres.

Aux Sénéchaux, Gentilhommes, Capitaines de Milice, à chacun même taxe de vingt livres,

Aux Substituts du Procureur-Général, Lieutenans des Siéges, Lieutenans d'Infanterie, Aides-Majors et Lieutenans de Milice, à chacun même taxe de quinze livres.

Aux notables Habitans, douze livres.

A toutes autres Personnes de cheval, huit livres.

Il sera passé en la Cour, savoir, un seul voyage pour les Procès d'audience, et deux jours de séjour pour Procès par écrit ; trois voyages pour la présentation, production et levée d'Arrêt, deux jours à chaque voyage.

Et pour les pièces par écrit, comme Factums, Griefs et autres, soit au Raporteur et aux Conseillers, sera passé un messager à cinq livres.

Laisse le Conseil à la prudence des Commissaires et des Juges, en taxe de dépens, les écrits des Parties qui ne savent point écrire, et sont obligés de les faire faire à leurs dépens.

Nouvelle Echelle des lieues.

Echelle des lieues sur laquelle les Huissiers se conformeront à l'avenir pour leurs voyages.

De la Ville de Léogane à la grande Rivière, deux lieues.

De ladite jusqu'à la petite Plaine, environ une lieue.

De ladite au Lamentin, trois lieues.

Dudit au trou Bordet, une lieue.

Dudit au Boucassin, six lieues.

Dudit aux Vazes, quatre lieues.

Dudit à Montrouis, six lieues.

Dudit à Saint Marc, six lieues.

Dudit au Détroit, deux lieues.

Dudit à la Paroisse du Tapion, trois lieues.

Dudit à la petite Rivière de l'Artibonnite, deux lieues.

Dudit à la Savanne brûlée, deux lieues.

Du Bourg du Tapion, et de la petite Rivière au Boucan de la Fête, quatre lieues.

Dudit à la grande Rivière, deux lieues.

De la petite Rivière à la plaine des Malminières, quatre lieues.

De la Paroisse de la petite Rivière aux Gonaïves, dix lieues.

Du Cul-de-Sac aux Orangers, quatre lieues.

Dudit aux Bretelles, deux lieues.

Dudit à la Paroisse de Mirebalais, six lieues.

Dudit à la Paroisse du Tapion de l'Artibonnite, quinze lieues.
De la Ville de Léogane au grand Goave, six lieues.
Dudit au petit Goave, trois lieues.
Dudit à l'Acul du Petit Goave, une lieue.
Dudit au Pont de Miragoane, quatre lieues.
Dudit à l'Eglise du Fond des Négres, quatre lieues.
Dudit au Morne d'Açquin, quatre lieues.
Dudit à la Rivière Dormante, trois lieues.
Dudit à la Rivière d'Acquin, trois lieues.
Dudit à la Baye Saint George, trois lieues.
Dudit à la Ville Saint Louis, deux lieues.
Dudit à l'Eglise de Cavaillon, quatre lieues.
Dudit à la Paroisse du Fond de l'Isle à Vache, sept lieues.
De la Ville du petit Goave à Nippe, dix lieues.
Dudit à l'Anse à Veau, deux lieues.
Dudit au Petit Trou, quatre lieues.
Du Petit Trou à la Rivière des Baradaires, trois lieues.
De la Ville de Léogane au Bourg de Jacquemel, eu égard aux mauvais chemins, quinze lieues.
Dudit aux Cayes, quatre lieues.
Dudit à Felle, trois lieues.
De Jacmel à Benet, dix lieues.
De Léogane à Benet, dix-huit lieues.

Et sera le présent Arrêt lu, publié et registré en tous les Siéges ressortissans, et exécuté selon sa forme et teneur, etc.

ARRÊT du Conseil de Léogane, sur la présentation de plusieurs Arrêts du Conseil d'Etat, par le Directeur de la Compagnie des Indes, subrogée aux droits de la Compagnie de S. Domingue.

Du 17 Novembre 1722.

VU par le Conseil, la Requête présentée par le sieur Jean Grenon, Directeur-Général de la Compagnie des Indes en la partie du Sud de cette Isle, Expositive, qu'étant porteur de plusieurs Arrêts du Conseil d'Etat du Roi, concernant l'établissement de ladite Compagnie au lieu et place de celle de S. Domingue, dont elle a acquis les droits; l'Exposant desireroit faire publier et registrer, au Greffe de la Cour, lesdits Arrêts, pour être exécutés selon leur forme et teneur ; pourquoi requéroit qu'il plût au Conseil l'ordonner ainsi ; Arrêt de la Cour, étant au bas d'icelle, en date du 12 du présent mois, qui nomme Me Bornat, Conseiller séant, Rapporteur, ordonne que ladite Requête, ensemble les Arrêts du Conseil d'Etat du Roi, et autres pièces mentionnées en icelles, seront communiqués au Procureur-Général du Roi ; Arrêt du Conseil d'Etat du Roi, qui subroge la Compagnie des Indes aux droits et prétentions, appartenant à la Compagnie de S. Domingue, tant en France qu'à l'Amérique et autres lieux, avec privilège exclusif de fournir à cette Isle S. Domingue trente mille Négres, tirés de l'étranger ; icelui, daté du 10 Septembre 1720, contenant 16 articles principaux qui réglent les priviléges de ladite Compagnie ; autre Arrêt du Conseil d'Etat du Roi, du 27 des mêmes mois et an, qui accorde et réunit à perpétuité, à la Compagnie des Indes, le privilége exclusif pour le commerce à la côte de Guinée, contenant dix articles par lesquels sont réglées les conditions dudit privilége ; autre Arrêt du Conseil d'Etat du Roi, portant l'établissement de la Compagnie Royale de S. Domingue, donné à Versailles, au mois de Septembre de l'année 1698 ; autre Arrêt, Extrait des registres du Conseil, par lequel Sa Majesté, de l'avis de M. le Duc d'Orléans, Régent, a commis, et commet le sieur de Boismorand, faisant fonctions de Commissaire-Ordonnateur de la Marine au Quartier de S. Louis, de cette Isle de S. Domingue, pour juger en dernier ressort toutes les contestations mues et à mouvoir, pour raison du récouvrement qui doit être fait pour le compte de la Compagnie des Indes, par les sieurs Grenon et de la Pommeray, préposés à cet effet par ladite Compagnie des Indes, des droits et effets qui ont appartenu ci-devant à la Compagnie de S. Domingue, circonstances et dépendances, et ce, jusqu'à la somme de 3000 liv. seulement ; ordonnant Sa Majesté, que les appellations des Jugemens qui seront rendus pour somme excédente ladite somme de 3000 livres, seront portés pardevant les Commissaires du Conseil, nommés pour la régie et administration de la Compagnie des Indes, et que lesdits Jugemens, en cas d'appel, seront exécutés nonobstant et sans préjudice d'icelui ; ledit Arrêt donné à Paris, Sa Majesté étant en son Conseil, le deuxième jour de Juin dernier ; Lettre d'attache, donnée par sa Majesté le même jour, *Signé*, Louis ; et plus bas, par le Roi, le Duc d'Orléans, Régent, présent ; *Signé*, Feuriau, Scellée du grand Sceau de cire jaune, par laquelle Sa Majesté ordonne, audit sieur de Boismorant, de procéder à l'exécution de l'Arrêt susdaté ; autre Arrêt, Extrait des registres du Conseil d'Etat, donné le même jour deuxième Juin dernier; *Signé*, Fleuriau, par lequel Sa Majesté, de l'avis de M. le Duc d'Orléans, Régent, ordonne, que ledit Arrêt du 10 Septembre 1720 sera exécuté selon sa forme et teneur; et en conséquence que les effets, appartenant à ladite Compagnie de S. Domingue, qui ont été déposés dans les Magasins de Sa Majesté, entre les mains du sieur Ciron, seront par lui, à la première requisition du sieur Grenon, remis entre ses mains, et qu'il sera par lui fait, pour le recouvrement tant desdits effets que des sommes dues à ladite Compagnie, toutes poursuites et diligences nécessaires; enjoignant, Sa Majesté, au sieur Duclos, Commissaire-Ordonnateur de la Marine en cette Colonie, de tenir la main à l'exécution dudit Arrêt; Lettre d'Attache, jointe à icelui, adressée audit sieur Duclos, donnée le même jour deuxième Juin dernier, Scellée du grand Sceau de cire jaune, au bas de laquelle est écrit, par le Roi, le Duc d'Orléans, Régent, présent, *Signé*, Fleuriau, par laquelle est enjoint et ordonné, au sieur Duclos, de procéder et tenir la main à l'exécution dudit Arrêt, tout vu et considéré; ouï le Procureur-Général du Roi en ses conclusions verbales, et le rapport de M. Bornat, Conseiller. LE CONSEIL a débouté le Suppliant des fins et conclusions de sa requête, afin d'enregistrement des Arrêts du Conseil d'Etat du Roi susdatés; donne acte au Procureur-Général du Roi, de son opposition à l'exécution de l'article XIII, de l'Arrêt du 10 Septembre 1720; en conséquence, ordonne, que très-humbles représentations seront faites à Sa Majesté, au sujet dudit article XIII; enjoint au Directeur de la Compagnie des Indes, de bailler et fournir aux Bureaux ordinaires, établis pour la perception des droits de sortie des Marchandises de cette Colonie, des déclarations exactes de la quantité, poids et qualité des Marchandises de la Colonie, qu'ils chargeront sur les Vaisseaux de ladite Compagnie, et à fret dans les Vaisseaux des Particuliers, suivant et conformément au Réglement, porté ès-Lettres-Patentes de Sa Majesté du mois d'Avril de l'année 1717. FAIT et donné en Conseil extraordinairement assemblé, à la Requête dudit sieur Grenon, à Léogane, le 17 Novembre 1722, etc.

ORDONNANCE *des Administrateurs, qui surseoit à l'exécution des Articles VI, VII, VIII, de l'Ordonnance du Roi du 3 Avril précédent, sur les monnoies.*

Du 19 Novembre 1722.

LE Marquis de Sorel, etc.

François de Montholon, etc.

SUR les représentations qui Nous ont été faites, par tous les notables Habitans et Négocians de cette Colonie, de l'impossibilité qui se trouve dans l'exécution des articles VI, VII, VIII, de l'Ordonnance de Sa Majesté, du 3 Août 1722, concernant la diminution des Espèces étrangères d'or et d'argent, qui prescrit de ne les recevoir dans les paiemens qui en seront faits, que suivant la valeur de ce que chacune desdites pièces de monnoie contiendra de matière, eu égard au prix réglé pour la Piastre et Pistole de poids, par les articles II et III de ladite Ordonnance, attendu l'enlevement qui s'en feroit par tous les Marchands qui viennent commercer à cette côte, et l'épuisement où tomberoit dans peu cette Colonie, qui, venant ensuite à manquer d'Espèces, seroit forcée de livrer ses denrées à ces mêmes Marchands, pour les besoins les plus pressans de la vie, pour le prix qu'ils imposeroient sur les denrées, et causeroient par ce moyen la perte générale de cette Colonie, et l'anéantissement du commerce. Nous, ayant égard auxdites représentations, et aux conséquences fâcheuses qui s'ensuivroient, avons suspendu l'exécution des articles VI, VII et VIII, de ladite Ordonnance, jusqu'à ce que nous ayons informé Sa Majesté, du préjudice qu'ils causent au commerce et à cette Colonie. Ordonnons, qu'à l'avenir les paiemens se feront, comme par le passé, et avant la publication de ladite Ordonnance, sans égard au poids seulement, et conformément à la diminution des Espèces exprimées en icelle, savoir, que la Piastre aura cours sur le pied de 7 liv. 10 sols; les demies Pistoles, doubles Réaux, Réaux, et demis Réaux, à proportion; la Pistole sur le pied de 30 liv.; les Quadruples, doubles Pistoles, demies Pistoles, à proportion. Mandons à tous Gouverneurs, Commissaires-Ordonnateurs, Commandans particuliers des Quartiers, et tels autres qu'il appartiendra, de faire incessamment lire, publier et afficher la présente, par-tout où besoin sera, et enregistrer. DONNÉ à Léoganne, etc.

R. au Conseil de Léogane, le lendemain.

Et à celui du Cap, le 29 du même mois.

ORDONNANCE

ORDONNANCE DU ROI, *touchant les fonctions des Premiers Conseillers, et du plus ancien Conseiller, en l'absence de l'Intendant.*

Du 6 Décembre 1722.

SA MAJESTÉ ayant été informée des difficultés qui étoient survenues .... Sa Majesté déclara sa volonté par son Ordre du 17 Novembre de la même année, adressé au Conseil Supérieur de Léogane; et comme pareille difficulté est survenue dans le Conseil Supérieur de la Martinique, Elle estime convenable de pourvoir, tant par rapport audit Conseil Supérieur que par rapport à ceux de la Guadeloupe et du Cap, ainsi et de la même manière qu'il est porté par ledit Ordre du 17 Novembre, et conformément à icelui. Sa Majesté, de l'avis de M. le Duc d'Orléans, Régent, a ordonné et ordonne, que les premiers Conseillers des Conseils Supérieurs de la Martinique, la Guadeloupe et du Cap, continueront à prendre séance, ainsi qu'il est réglé par ledit Ordre du 29 Avril, et que les Conseillers desdits Conseils, continueront aussi d'avoir séance après les Lieutenans de Roi et Majors. Défend Sa Majesté .... Mande et ordonne Sa Majesté, aux Officiers des Conseils Supérieurs de la Martinique, la Guadeloupe et du Cap, de se conformer au présent Ordre, qui sera registré aux Greffes desdits Conseils. FAIT à Versailles, le six Décembre mil sept cent vingt-deux. *Signé*, LOUIS, *et plus bas*, FLEURIAU. (*)

R. au Conseil du Cap, le 5 Juillet 1723.

(*) Nous avons marqué par des points tout ce qui est mot à mot dans l'Ordre du 17 Novembre précédent.

PROVISIONS de Gouverneur et Lieutenant-Général des Isles sous le Vent de l'Amérique à S. Domingue, pour M. le Chevalier de la Rochalart, Capitaine de Vaisseau.

Du 11 Décembre 1722.

LOUIS, etc. Le Gouvernement général des Isles sous le Vent de l'Amérique étant vacant, par la permission que Nous avons accordée au sieur Marquis de Sorel, de repasser en France, etc.

Le reste de ces provisions est conforme à celles de M. le Marquis de Chateaumorant, du 1.er Janvier 1716.

R. au Conseil du Petit Goave, le 6 Décembre 1723.
Et à celui du Cap, le 3 Février 1724.

ORDONNANCE DU ROI, qui défend les Jeux de hasard dans les Colonies de l'Amérique.

Du 15 Décembre 1722.

DE PAR LE ROI.

SA MAJESTÉ ayant été informée qu'au mépris de ses Ordonnances, concernant les Jeux de hasard, plusieurs Habitans et autres Particuliers des Isles et Colonies Françoises de l'Amérique, même des Commerçans de France qui vont auxdites Isles, et leurs Commissionnaires, y jouent des Jeux de hasard, dont l'injuste inégalité excite des différends et querelles entre les Joueurs, donne lieu à des usures odieuses, et par ce moyen cause la ruine de plusieurs familles, en engageant les jeunes gens dans la débauche et le libertinage. A quoi voulant pourvoir, de l'avis de M. le Duc d'Orléans, Régent, Elle a fait et fait très-expresses inhibitions et défenses à toutes Personnes, de quelque qualité et condition qu'elles soient, de jouer ni de donner à jouer dans leurs maisons, aux Jeux de *Bassette*, *Pharaon*, *Lansquenet*, *Hoca*, *Quinquenove*, *Biribi*, aux dés, et autres Jeux de hasard; comme aussi à tous Hôtelliers, Cabaretiers, Aubergistes, Limonadiers et autres, de souffrir qu'on joue dans leurs maisons, à peine de 500 liv. d'amende contre chacun des contrevenans, pour la première fois, et de plus grande somme en cas de récidive, applicables, lesdites amendes, un quart au Dénonciateur, l'autre quart à l'Hôpital le plus prochain, et l'autre moitié aux ouvrages publics. Veut Sa Majesté, qu'au défaut de Dénonciateur, le quart qui doit revenir soit aussi appliqué aux ouvrages publics, et que lesdites amendes soient prononcées par l'Intendant desdites Colonies, Commissaires-Ordonnateurs, ou leurs Subdélégués en leur absence, à la poursuite et diligence des Procureurs de Sa Majesté dans les Jurisdictions. Mande et ordonne Sa Majesté, aux Lieutenans-Généraux, ses Gouverneurs dans ses Colonies de l'Amérique Septentrionale et Méridionale, Intendans, Gouverneurs particuliers, Commissaires-Ordonnateurs, et à tous autres des Officiers et Justiciers qu'il appartiendra, de tenir, chacun en droit soi, la main à l'exécution de la présente Ordonnance, qui sera lue, publiée, affichée, etc. à ce que personne n'en ignore, et registrée ès-Greffes des Jurisdictions de ses Colonies. FAIT à Versailles, etc.

ORDONNANCE *des Administrateurs, touchant l'embarquement des Préposés de la Compagnie des Indes.*

Du 27 Décembre 1722.

LE Marquis de Sorel, etc.

François de Montholon, etc.

Sur ce qu'il Nous est revenu des murmures que les Habitans faisoient contre les Directeurs de la Compagnie, et étant informés des assemblées qui se font dans les Quartiers circonvoisins, qui tendent à des malheurs et à des désordres infinis; suivant l'esprit de bonté qui nous anime toujours pour les Colonies, et sur les instances réitérées qui nous en ont été faites; Nous avons, dans le même esprit, donné un Ordre pour l'embarquement desdits Directeurs, dans le Vaisseau la Jolie de Nantes, Capitaine Aluisy: Nous avons cru par-là rendre le calme dans cette Colonie; mais nous apprenons avec chagrin, que les murmures continuent; et voulant de nouveau leur donner des assurances de notre amitié et de notre affection, Nous avons commis et commettons les sieurs Dubois, Commandant au Cal de Saq, Meslier, Pomier et Deslandes, Capitaines de Milices de ce

Quartier, en qui ces Habitans ont de la confiance, et Nous aussi, pour les assurer de notre part, que notre intention n'est autre chose que de prévenir les malheurs, en ayant donné l'ordre d'embarquer lesdits Directeurs; et comme nous ne pouvons prévoir ce qui cause les divers attroupemens qui se font dans les différens Quartiers, Nous donnons pouvoir auxdits sieurs Dubois, Meslier, Pomier et Deslandes, de prendre les mesures nécessaires auprès du Peuple pour le calmer, en lui accordant ce qu'il demanderoit, sans blesser l'autorité du Roi, et que notre honneur soit compromis; ce que Nous promettons d'approuver et ratifier quand besoin sera. DONNÉ à Léogane, etc.

R. au Conseil de Léogane, le 1er Mars 1723.

TRAITÉ entre les Administrateurs et les Habitans, sur le mécontentement de ces derniers, relativement à la Compagnie des Indes (*).

Des 28 et 29 Décembre 1722.

R. au Conseil de Léogane, le 1er Mars 1723, en vertu d'Arrêt, portant qu'en attendant qu'il ait plû à Sa Majesté de statuer sur ledit Traité, il sera et demeurera enregistré, et que, conformément à icelui, l'entrée du Conseil sera accordée aux Députés des Quartiers.

Rayé et Biffé le 7 Décembre 1723, en vertu des Ordres du Roi.

(*) *Nous ne faisons mention de ce Traité ici, que pour justifier de notre exactitude, et nous renvoyons, pour le faire connoître, à la partie historique, dont il dépend naturellement.*

DÉCLARATION DU ROI, qui fixe à un an le temps des Entrepôts des Marchandises destinées pour les Isles de l'Amérique.

Du 19 Janvier 1723.

NOMINATION, faite par les Habitans du Quartier du Cul-de-Sac, des sieurs Duvivier et Robion, pour représenter ledit Quartier au Conseil Supérieur de Léogane.

Du 19 Janvier 1723.

R. au Conseil de Léogane, le 1er Mars 1723.
Rayée, Biffée en vertu des Ordres du Roi, le 7 Decembre suivant.

Cette pièce se trouvera à la vraie place dans sa partie Historique.

NOMINATION des sieurs de Champflour et Meugnier, pour Députés du Quartier de l'Artibonite.

Du 20 Janvier 1723.

R. au Conseil de Léogane, le 1er Mars suivant.
Rayée, Biffée par Ordre du Roi, le 7 Décembre de la même année.

NOMINATION des sieurs Rousseau et Roux, pour Députés du Quartier de Léogane.

Du 21 Janvier 1723.

R. au Conseil de Léogane, le 1er Mars.
Rayée, Biffée le 7 Décembre suivant.

NOMINATION des sieurs Deschamps et Beaudumeau, pour Députés du Quartier du Mirebalais.

Du 24 Janvier 1723.

R. au Conseil de Léogane, le 1er Mars 1723.
Rayée, Biffée le 7 Décembre suivant.

DÉCISION du Gouverneur-Général, touchant le droit des Majors de Milices aux funérailles des Officiers de ce Corps.

Du 25 Janvier 1723.

IL est dans la règle, et même dans l'usage, que le Major de Milices qui assiste aux funérailles des Officiers desdites Milices, tant d'Infanterie que de Cavalerie, morts, ait seulement droit honoraire de l'épée; et lorsque ledit Major de Milices ne se trouve pas auxdites funérailles, l'Aide-Major assistant aura les mêmes droits, sans que l'un ni l'autre puissent prétendre le cheval, harnois, ni pistolets des Officiers de Cavalerie morts, ce droit n'appartenant qu'au Major des Troupes du Roi, lors du décès d'un Gouverneur ou Officier-Général. A Léogane, le 25 Janvier 1723. *Signé*, LE MARQUIS DE SOREL.

NOMINATION des sieurs de la Reyrie & Baubouin, pour Députés des Quartiers de Jacmel, des Cayes de Jacmel et de Beynet.

Du 2 Février 1723.

R. au Conseil de Léogane, le 1er Mars 1723.
Rayée, Biffée le 7 Décembre suivant.

NOMINATION des sieurs Beausire et de Musaine, pour Députés du Quartier du Fond de l'Isle à Vache, et assister au Conseil de Léogane.

Des 14 et 17 Février 1723.

R. au Conseil de Léogane, le 1er Mars 1723.
Rayée, Biffée le 7 Décembre suivant.

LIT de Justice, tenu par le Roi LOUIS XV, au Parlement de Paris, pour déclarer que, suivant la Loi de l'Etat, il veut désormais en prendre le Gouvernement.

Du 22 Février 1723.

R. au Conseil du Cap, le 5 Juillet suivant.

NOMINATION du sieur Belin, pour Député du Quartier d'Aquin.

Du 24 Février 1723.

R. au Conseil de Léogane, le 1er Mars 1723.
Rayée, Biffée le 7 Décembre suivant.

NOMINATION du sieur Millon, pour Député du Quartier du Petit Goave.

Du 25 Février 1723.

R. au Conseil de Léogane, le 1er Mars suivant.
Rayée, Biffée le 7 Décembre de la même année.

ARRÊT du Conseil de Léogane, qui défend les Actes et Discours séditieux.

Du 1er Mars 1723.

VU par le Conseil, le premier article des demandes portées au cahier des Députés des Quartiers du ressort de la Cour, par eux présenté le matin de ce jour, contenant que, pour remédier aux abus qui se sont commis et commettent journellement par de mauvais génies, amateurs du désordre, et perturbateurs du repos public, par des Lettres anonymes, Placards, Affiches et Libelles diffamatoires, sous le nom de *Colonies*,

Sans-Quartier, *l'Ange Raphaël*, et autres souscriptions de pareille nature, qui tendent toutes à émouvoir les peuples; la Cour étoit suppliée par l'Arrêt qui interviendroit sur ledit article, faire défenses à toutes personnes, etc. Sur quoi la matière mise en délibération, et ouï sur ce le Procureur-Général du Roi, dans ses conclusions; LE CONSEIL a fait et fait très-expresses inhibitions et défenses à toutes Personnes, de quelque qualité et condition qu'elles puissent être, de débiter ni insinuer, directement ou indirectement, aucunes mauvaises nouvelles, de dicter, écrire, ou faire courir aucune Lettres ou Billets anonymes, tendans à troubler le repos public, de mettre ou afficher aucun desdits Billets, ou Placards, qui puisse émouvoir et porter les peuples à désordre et sédition, et ce, sous peine de la vie contre les contrevenans : Ordonne à tous Commandans et Officiers des Quartiers, d'arrêter gens masqués ou autres, porteurs desdits Billets anonymes, même ceux qui débiteroient quelques nouvelles, ou discours séditieux; fait aussi défenses, sous les mêmes peines, à toutes Personnes de tirer l'alarme, sans une permission expresse de l'Officier, Commandant du Quartier; ordonne qu'à la diligence des Substituts du Procureur-Général, il sera informé contre les contrevenans au présent Arrêt, et leur Procès fait et parfait, comme à perturbateurs du repos public; et qu'il sera lu, publié et affiché par-tout où besoin sera, et registrés ès-Greffes des Jurisdictions ressortissantes.

Cet Arrêt fut rendu les Députés des Quartiers opinans.

ARRÊT *du Conseil de Léogane, qui défend à toutes Personnes, de quelque qualité et condition qu'elles soient, d'acheter en gros les cargaisons des Négres pour les revendre, à peine de confiscation des Négres, ou du prix de la vente, et de 20,000 livres d'amende pour la première fois; et permet néanmoins aux Capitaines, après avoir détaillé la majeure partie de leurs Négres, de vendre en gros ceux de rebut.*

Du 1er Mars 1723.

Cet Arrêt fut rendu les Députés des Quartiers opinans.

Rayé, Biffé le 7 Décembre suivant.

EXTRAIT

EXTRAIT de la Lettre de S. E. le Cardinal Dubois, Premier Ministre, aux Administrateurs, portant que les affaires de la Marine et des Colonies seront administrées par un Secrétaire d'Etat, comme du temps du feu Roi.

Du 20 Mars 1723.

JE vous envoie, etc. Depuis ce temps, Sa Majesté a décidé que les affaires de la Marine et des Colonies seroient administrées par un Secrétaire d'État, comme du temps du feu Roi, et Elle en a chargé M. le Comte de Morville, auquel vous rendrez compte à l'avenir, comme vous faisiez au Conseil de Marine; j'aurai par lui connoissance de ce qui se passera dans les Colonies, je contribuerai auprès de Sa Majesté à tout ce qui pourra être avantageux à leur commerce et à leur augmentation, et je procurerai avec plaisir de l'avancement et des grâces à ceux qui y serviront bien.

Vous rendrez cette dépêche publique, afin que ceux qui peuvent avoir des affaires, sachent qu'il faut s'adresser à MM. le Comte de Morville. Je vous prie d'être persuadés MM., que je vous honore très-parfaitement. *Signé*, LE CARDINAL DUBOIS.

R. au Conseil du Cap, le 5 Juillet suivant.

ARRÊT du Conseil du Cap, qui nomme quatre Habitans notables, pour vérifier, avec des Conseillers-Commissaires, les comptes des Droits Suppliciés de Maréchaussée, et de la Jetée faite au Cap.

Du 24 Mars 1723.

MRS de Beauval Barbé et le Rat, Conseillers-Commissaires nommés par le Conseil, pour arrêter la levée des droits des Négres suppliciés, sont entrés en la Chambre dudit Conseil, et ont représenté que cette recette étant d'un grand détail, il seroit à propos de nommer quatre Notables Habitans, versés en ce fait, pour vérifier les recettes et dépenses faites à ce sujet, comme aussi celles de la Maréchaussée et de la Chaussée; sur quoi la matiere mise en délibération, LE CONSEIL, faisant droit à ladite représentation, a nommé et nomme les sieurs de Vaulezard, Lalande-Gayon, Le Seigneur et le Jeune, et ordonne en outre au Receveur de fournir en même-temps les comptes concernant les deniers de la Maréchaussée et de la Jetée, pour être semblablement arrêtés, et iceux rapportés en ce Conseil, être ordonné ce qu'il appartiendra.

ORDONNANCE des Administrateurs, qui transfère le Conseil Supérieur de Léogane au Petit Goave.

Du 11 Avril 1723.

LE Marquis de Sorel, etc.

François de Montholon, etc.

Ayant jugé nécessaire, pour d'importantes raisons dont nous avons rendu compte au Roi, d'établir et de fixer à l'avenir notre principale résidence dans la Ville du Petit Goave, jusqu'à nouvel ordre de Sa Majesté, et notre attention particulière et continuelle pour le bien des peuples, nous excitant à ne vouloir apporter aucun retardement dans l'administration de la Justice que nous leur devons rendre, tant par les Jurisdictions Royales, que par le Conseil-Supérieur dont Sa Majesté nous a établis les Chefs, et nous a prescrit d'y assister en personnes: Nous, en vertu du pouvoir qui nous a été confié par le Roi, avons ordonné et ordonnons, qu'à commencer du troisième Mai prochain, les Séances du Conseil seront tenues dorénavant dans la Ville du Petit Goave; et en conséquence, ordonnons que toutes les assignations qui ont été données, et pourroient l'être par la suite, avant la Séance du prochain Conseil, pour comparoître à Léogane, vaudront et serviront comme si elles avoient été données pour comparoître au Petit Goave. Enjoignons à M. le Procureur-Général du Roi, de faire lire, publier, afficher et enregistrer à la diligence de ses Substituts ressortissans audit Conseil et Sièges, la présente Ordonnance, à ce que personne n'en ignore, en observant aussi d'en donner avis à tous les Officiers qui ont séance audit Conseil. DONNÉ, au Petit Goave, etc.

R. au Conseil du Petit Goave, le 3 Mai suivant.

V. un Arrêt dudit jour 3 Mai.

SOMMATION du Procureur-Général du Conseil de Léogane, aux Conseillers de cette Cour, avec la Réponse de ces derniers, relativement à la notification, faite par lui, d'un Ordre du Roi, & d'une Ordonnance des Administrateurs, portant qu'il sera chanté un TE DEUM.

Du 30 Avril 1723.

L'AN 1723, le 30e jour d'Avril, à la requête de M. Brice Lemaître, Conseiller du Roi, et son Procureur-Général au Conseil Souverain, demeurant en son hôtel, quartier des Sources, où il fait son domicile : je, Pierre Martin, Huissier audit Conseil, demeurant en la Ville du Petit Goave, ai bien et duement déclaré à Me Haran, Conseiller audit Conseil, demeurant en son hôtel, quartier de la grande Rivière, où il fait son domicile ordinaire, que mondit sieur le Procureur-Général lui ayant ci-devant fait voir et communiqué la lettre du Roi, écrite de Reims le 26 Octobre dernier, à Mgr. le Marquis de Sorel, Général de cette Isle, par laquelle Sa Majesté lui ordonne de faire chanter le *Te Deum*, et d'y faire assister le Conseil, avec une Ordonnance rendue par mondit Seigneur le Général, et Monseigneur de Montholon, Intendant, datée du Petit Goave, le onze du courant, par laquelle ils déclarent avoir établi leur résidence audit lieu du Petit Goave, pour des raisons dont ils ont rendu compte au Roi, et assignent la prochaine Séance du Conseil, au trois Mai prochain, en ladite Ville du Petit Goave; et une lettre commune, écrite par mesdits Seigneurs, à mondit sieur le Procureur-Général, datée du Petit Goave le même jour, par laquelle ils lui mandent de communiquer la lettre du Roi, et Ordonnance ci-dessus, aux Officiers du Conseil, et de les avertir que, pour leur commodité, la Cérémonie du *Te Deum* et Feu de joie, a été différée au dimanche deux Mai prochain, et de les inviter à s'y trouver : de tout quoi néanmoins mondit sieur Me Haran voudroit ignorer sous de vains prétextes, quoique cet usage soit établi depuis la création du Conseil, que le Procureur-Général reçoit les ordres du Président, pour les communiquer et notifier aux Officiers du Conseil, lorsqu'ils doivent s'assembler extraordinairement, ou assister à une Cérémonie ; pourquoi il somme mondit sieur Me Haran de reconnoître qu'il a eu communication de ce que dessus, et que faute par lui de se trouver à la Cérémonie et au Conseil, comme dit est ci-dessus, mondit sieur Procureur-Général prend acte de se pourvoir ainsi qu'il appartiendra ;

et afin que mondit sieur Me Haran n'en prétende cause d'ignorance, je lui ai baillé et laissé cette copie en son domicile, parlant à sa personne. *Signé*, MARTIN.

De la part de MM. Haran, Guerrin, Lemaire, Bizoton, Nicolas, Bornat, Sevré et Barbaud, tous Conseillers au Conseil Supérieur de Léogane, en répondant à la sommation qui leur a été faite et signifiée par exploit de Martin, Huissier, de ce jour, à la requête du Procureur-Général audit Conseil, a été dit et déclaré que, mal-à-propos ledit Procureur-Général avance leur avoir ci-devant communiqué la lettre de Sa Majesté, du 26 Octobre dernier; qu'il est bien vrai qu'il a seulement fait voir à une partie de ces MM. une copie de ladite lettre, qui lui ont répondu qu'ils étoient prêts, comme ils le sont, d'assister à la Cérémonie du *Te Deum*, ordonné par ladite lettre de Sa Majesté, aussitôt qu'elle aura été communiquée en original au Conseil, afin d'en ordonner l'enregistrement, et à tous les Officiers de cette Cour, d'assister à cette auguste Cérémonie, au jour indiqué par M. le Général, ainsi qu'il est d'usage dans toutes les Cours Supérieures du Royaume.

Qu'à l'égard de l'Ordonnance de MM. de Sorel et Montholon, du 11 de ce mois, qu'elle leur a été communiquée à chacun par ledit Procureur-Général, ils lui ont déjà répondu, que dans le particulier n'ayant pas de voix, elle devoit, comme elle doit, être communiquée au Conseil en corps, pour délibérer sur l'exécution d'icelle, pourquoi ils persistent dans les réponses ci-devant faites, et protestent de nullité contre tout ce qui pourroit être fait et requis au préjudice des présentes, jusqu'à ce que le Conseil en ait délibéré. *Signés*, Haran, Guerrin, Lemaire, Bizoton, Nicolas, Bornat, Sevré, et Barbaud de Rangeville.

L'an 1723, et le 30 du mois d'Avril après midi, à la requête de MM. Haran, Guerrin, Lemaire, Bizoton, Nicolas, Bornat, Sevré, Barbaud de Rangeville, Conseillers audit Conseil-Supérieur de Léogane, résidant audit quartier; j'ai, Huissier au Siége Royale de Léogane, y résidant, soussigné, duement signifié les réponses ci-dessus et de l'autre part, à Me. Brice Lemaître, Procureur-Général audit Conseil, à ce qu'il n'en ignore. Fait et délaissé autant du présent à mondit sieur Lemaître, en son domicile, parlant au sieur Festu, avec injonction requise lesdits jour et an, *Signé*, DEMONTEL.

ARRÊTÉ du Conseil de Léogane, *sur l'Ordre qui transfère cette Cour au Petit Goave.*

Du 3 Mai 1723.

L'AN 1723, le lundi 3 Mai, du matin; Nous, Nicolas Haran, Robert Guerrin, Charles Lemaire, Charles-Nicolas Bizoton, Gabriel-Nicolas, Jean-Jacques Bornat, Jean Sevré et Jean-Baptiste Barbaud, tous Conseillers au Conseil Supérieur de Léogane: Nous sommes transportés en la Ville de Léogane, pour assister à la Séance ordinaire du Conseil indiqué par Sa Majesté à ladite Ville de Léogane, ou étant prêts à monter l'escalier du Palais, le sieur l'Ecossois, Major audit quartier de Léogane, seroit venu à notre rencontre, et auroit rémis à M. Haran un ordre de MM. de Sorel, Lieutenant-Général en cette Colonie, et de Montholon, Intendant, et nous auroit fait défenses verbales, de par le Roi, et de mesdits sieur de Sorel et de Montholon, de tenir la Séance ordinaire; à quoi répondant que nous étions obligés de monter au Palais pour y prendre lecture dudit ordre, et ensuite prendre les mesures en tel cas requises, Nous nous serions rendus dans la Chambre ordinaire du Palais, où étant, Nous aurions fait lecture d'un ordre daté du Petit Goave, du deuxième du présent mois de Mai, *Signé*, LE MARQUIS DE SOREL et MONTHOLON, dont la teneur s'ensuit:

DE PAR LE ROI.

LE Marquis de Sorel, etc.

François de Montholon, etc.

Nous voyons avec douleur, qu'une grande partie des Conseillers du Conseil-Supérieur continuant dans leur opiniâtreté et mauvais préjugé, refusent d'obéir à notre ordre du 11 Avril dernier, par lequel Nous avons fixé notre résidence ordinaire au Petit Goave, et établi les Séances du Conseil en ladite Ville: ne pouvant plus douter de la formelle désobéissance, des sieurs Haran, Guerrin, Lemaire, Bornat, Bizoton, Nicolas Sevré et Barbaud; vu les protestations qu'ils ont eu la témérité de faire signifier au Procureur-Général du Roi dudit Conseil, par Demontel, Huissier, en date du 30 Avril dernier, contre la sommation faite à sa requête auxdits Conseillers, à chacun en particulier, de se rendre au Petit Goave, le 2 Mai courant, au *Te Deum*, que nous avons eu ordre de faire chanter, et aux Séances des Conseils, conformément à notre susdite Ordonnance; ce qui est une preuve convaincante de leur mauvaise disposition; Nous ne saurions prendre de trop justes mesures pour arrêter les suites d'une conduite si irrégulière; et ne devant plus compter sur le zèle et retenue desdits Conseillers, pour prévenir les assemblées illicites qu'ils voudroient s'aviser de faire, sous l'ombre de tenir un vrai Conseil, désordre dont il ne pourroit arriver que des suites et conséquences fâcheuses pour les clients, qui, séduits sous l'apparence d'un Tribunal juridique, feroient quelque fonds sur les Arrêts qui en pourroient émaner, et dont il naîtroit une source de Procès et de nullités fort préjudiciables au repos des familles et à l'intérêt public: Nous ordonnons au Sieur l'Ecossois, Major et Commandant à Léogane, de s'opposer, au nom du Roi, à toutes assemblées desdits Conseillers, et particulièrement à celles qu'ils voudroient former au Palais de Léogane; et de leur déclarer de notre part, et à tout le peuple, que tout ce qu'ils pourroient faire et statuer, sera regardé comme nul, abusif et non-avenu; et que nous leur défendons très-expressément de s'assembler d'aucune manière, pour quelque prétexte que ce soit, sous peine de désobéissance et de contravention à nos ordres. DONNÉ au Petit Goave. *Signé*, LE MARQUIS DE SOREL, DE MONTHOLON.

Sur quoi la matière mise en délibération, Nous aurions tous dit et déclaré, que quoiqu'il n'appartenoit qu'à Sa Majesté seule de supprimer les Séances de cette Cour supérieure, qu'Elle a fixée et établie à Léogane, que nous trouvant huit Conseillers servans assemblés, outre M. Petit, qui n'a pu assister avec nous, à cause de la maladie qui le retient au lit depuis plus de deux mois; que conséquemment, composant plus des deux tiers du Corps, Nous aurions été en droit de continuer les Séances, sans avoir égard à l'ordre ci-dessus transcrit, contre lequel nous protestons de nullité; puisqu'un Conseil-Supérieur ne doit reconnoître que ceux de Sa Majesté et de son Conseil; cependant, pour obvier aux désordres qui pourroient en naître, et de la multiplicité des Arrêts émanés de ce Conseil, et des prétendues Séances que l'on s'ingère contre l'autorité du Roi, de tenir au Petit Goave, et desirant tous d'appaiser les rumeurs dans lesquelles ces nouveautés mettent les peuples, en prévenir les suites, et donner à Sa Majesté des preuves de notre obéissance respectueuse, et du zèle qui nous excite à concourir autant qu'il nous est possible au bien et à la tranquillité publique; plutôt que de soutenir le privilége de cette Cour avec la fermeté que nous ferions paroître en toute autre occasion, si le service du Roi et le bien de ses sujets ne s'y trouvoient pas intéressés; Nous avons délibéré et statué de nous retirer, et de cesser toutes Séances du Conseil et actes de

Justice, jusqu'à ce qu'il ait plû à Sa Majesté d'en ordonner; protestant contre qui il appartiendra, de tout ce qui peut arriver du retardement de l'administration de la Justice, à l'effet de quoi-très-humbles remontrances seront faites à Sa Majesté par ce Conseil; et pour y travailler, avons nommé MM. Nicolas et Sevré, Conseillers séans. Ordonnons que l'ordre ci-transcrit sera de Nous paraphé, et restera annexé aux minutes du Greffe de la Cour, ensemble la réponse par Nous faite à la sommation du Procureur-Général, du 30 Avril dernier. FAIT en Conseil, les jour et an que dessus. *Signés*, Harran, Guerrin, Lemaire, Bornat, Bizoton, Nicolas, Sevré et Barbaud.

Signifié le même jour, à la requête des Conseillers, au Procureur-Général, par l'Audiencier.

Rayé, biffé en vertu des ordres du Roi, le 7 Décembre suivant.

V. l'Arrêt suivant, rendu le même jour par le Conseil séant au Petit Goave.

ARRÊT du Conseil du Petit Goave, *qui nomme le Médecin du Roi, et le Lieutenant particulier du Siége de la même Ville, pour suppléer le nombre des Conseillers Titulaires, en cas d'insuffisance.*

Du 3 Mai 1723.

SUR ce qui a été judicieusement remontré au Conseil, par le Procureur-Général du Roi, que, par l'absence et le défaut de la plupart des Officiers du Conseil, qui ne se sont point rendus pour assister aux séances, prétendant s'en soustraire sous divers prétextes, il seroit nécessaire d'appeler deux notables, pour avoir séance et voix délibérative au Conseil, afin que les sujets du Roi ne souffrent aucun retardement dans l'administration de la Justice, de tout quoi il a requis acte. LE CONSEIL, la matière mise en délibération, a donné acte au Procureur-Général de sa remontrance; en conséquence, a nommé et nomme le sieur Michel Depas, Conseiller, Médecin ordinaire du Roi en cette Colonie, et Me Simon Dufourcq, Lieutenant de Juge du Siége du Petit Goave, pour prendre séance et voix délibérative au Conseil, lorsqu'il n'y aura pas nombre suffisant d'Officiers titulaires, et lesdits MM. Lopès-Depas et Simon Dufourcq, ayant été appelés, ont, en présence du Procureur-Général, prêté le serment en tel cas requis et accoutumé, à la charge, par le sieur

Dufourcq, de s'abstenir et se déporter dans les causes et instances desquelles il aura connu, en qualité d'Officier du Siége dudit lieu du Petit Goave.

Et ledit jour, troisième Mai mil sept cent vingt-trois, en exécution de l'Arrêt ci-dessus, MM. Lopes Depas et Michel Dufourcq ont pris séance.

Le Conseil commença alors à se tenir au Petit Goave, par ceux des Membres qui obéirent à l'Ordonnance du 11 Avril précédent, dont ils ordonnèrent l'enregistrement ledit jour 3 Mai.

CONTRAT de Vente, par la Compagnie Royale de S. Domingue, au Roi, d'un terrein, pour y construire le Bourg de S. Louis.

Du 10 Mai 1723.

R. au Conseil du Petit Goave, le 4 Mai 1723.

ARRÊT du Conseil du Cap, qui condamne, sans autre Procédure, un Négre, Chef de Bande, au dernier supplice; les Officiers de la Jurisdiction siégeant audit Conseil.

Du 4 Juin 1723.

Me Gérard Carbon, Conseiller du Roi en ce Conseil, faisant les fonctions de Procureur-Général du Roi, est entré, et a dit: qu'il y avoit dans les prisons le Négre, nommé *Colas Jambes Coupées*, Esclave du sieur Doze, si connu, depuis quatre à cinq années, par ses Maronages à l'Espagnol, avec séduction et enlèvement d'autres Négres; chef de Cabale avec port d'Armes; voleur de grand chemin, tant de jour que de nuit, dans le Quartier du Bois de Lance et Morne à Mantègre, attaquant jusques aux Blancs, ayant plusieurs intelligences et correspondances secrètes pour abolir les Colonies; fauteur ou complice impliqué dans les cabales de Cézar, Jupiter, Louis et Chéri, qui ont été punis du dernier supplice; *accusé, en outre, de sorcilége et magie, pour s'être, nombre de fois, échappé des fers et prisons*, et avoir empoisonné plusieurs Négres. Et comme tous ses crimes

crimes et sa vie sont connus de tout le Quartier, et de chacun des meilleurs Particuliers, et que son Procès se trouve fait et jugé par différens Arrêts de ce Conseil, dont il n'a point subi la peine faute d'avoir été pris; ledit Procureur-Général conclut et requiert pour le Roi, et pour tout le Quartier du Cap, que ledit Colas soit déclaré et reconnu chef de Cabales, et séducteur de Négres, voleur de grand chemin, tant de jour que de nuit, et comme tel condamné d'être rompu vif, etc. Vu par le Conseil le présent réquisitoire, et y ayant égard: LE CONSEIL a ordonné et ordonne, que le Négre Colas sera amené des prisons de cette Ville en la Chambre d'icelui, et qu'il sera procédé au Jugement dudit Procès, sans autre délai; à l'effet de quoi les Officiers de la Jurisdiction seront extraordinairement mandés pour y être présens, et donner leur voix délibérative comme en première instance, attendu l'importance et l'exigence du cas; et après que ledit Colas a été amené en la Chambre dudit Conseil, par Thomas, Huissier, et les Officiers de ladite Jurisdiction, entrés et pris séance, et ledit Négre Colas ouï et entendu sur les faits mentionnés audit réquisitoire, LE CONSEIL a déclaré ledit Négre Colas dûement atteint et convaincu d'être chef de Cabales et séducteur de Négres, voleur de grand chemin, tant de jour que de nuit; pour réparation de quoi, ledit Conseil l'a condamné d'être rompu vif par l'Exécuteur de la Haute Justice, sur un échafaud qui sera à cet effet dressé au Quartier du Bois de Lance et Morne à Mantègre, où il expirera, et son corps demeurera exposé pour l'exemple public des Négres qui sont dans sa correspondance; renvoie la présente exécution pardevant le Procureur du Roi, qui se trouvera présent à ladite exécution, avec deux Huissiers qu'il prendra pour cet effet, ainsi qu'il conviendra.

LETTRES-PATENTES en faveur des Juifs Portugais des Généralités de Bordeaux et d'Auch.

Du mois de Juin 1723.

LOUIS, etc. Salut. Par l'Arrêt de notre Conseil, du 21 Février 1722, Nous aurions ordonné que, par les sieurs Intendans et Commissaires départis pour l'exécution de nos Ordres dans les Généralités de Bordeaux & d'Auch, à la poursuite et diligence du sieur Pressigny, il seroit incessamment dressé, par chacun desdits sieurs Intendans, Commissaires départis dans les Généralités de Bordeaux et d'Auch, des états de tous les Juifs qui y sont actuellement établis et domiciliés, lesquels états contiendront les lieux et le temps qu'il y a qu'ils y demeurent, le nombre d'enfans de l'un et de l'autre sexe, dont chaque famille est composée, aussi bien que le nombre des domestiques, soit Chrétiens ou Juifs, qu'ils ont à leur service; comme aussi le principal commerce dont ils se mêlent, les biens-fonds qu'ils ont acquis et dont ils jouissent; lesquels biens-fonds, appartenans auxdits Juifs, de quelque nature qu'ils soient et puissent être, seront saisis et mis sous notre main, en conséquence des Ordonnances qui seroient rendues à cet effet par lesdits sieurs Intendans et Commissaires départis dans lesdites deux Généralités, à la requête, poursuite et diligence du sieur de Pressigny; et qu'à l'égard des biens-fonds ci-devant possédés par lesdits Juifs, dont ils pourroient avoir disposé avant la publication dudit Arrêt, notamment depuis le premier Octobre 1722, les Acquéreurs d'iceux seroient tenus de rapporter, devant lesdits sieurs Intendans et Commissaires départis, les titres de propriété en vertu desquels ils possèdent lesdits biens; défenses leur étant faites, ainsi qu'auxdits Juifs, de disposer desdits biens jusqu'à ce qu'autrement Nous en eussions ordonné; pour lesdits états, titres de propriété envoyés à notre Conseil, rapportés et vus en icelui, être par Nous ordonné ce qu'il appartiendroit. Mais les Juifs desdites Généralités, connus et établis en notre Royaume sous le titre de Portugais, autrement Nouveaux Chrétiens, nous ayant très-humblement fait supplier de leur permettre de nous représenter que, bien loin qu'ils n'aient pu ni ne puissent s'établir et acquérir un domicile fixe dans notre Royaume, ni en aucun cas y posséder des biens-fonds, ce qui fait l'unique fondement de l'incapacité que suppose en eux ledit Arrêt de notre Conseil, du 21 Février 1722; tout au contraire, par Déclaration du Roi Henri II, du mois d'Août 1550, il a été permis, et cette Déclaration confirmée par Lettres-Patentes du Roi Henri III, des 11 Novembre 1574, et 19 Avril 1580, et par autres du feu Roi, notre très-honoré Seigneur et Bisayeul, du mois de Décembre 1656, et ledit Arrêt de notre Conseil du 21 Février 1722, pouvant être regardé comme un trouble fait à la permission qu'ont lesdits Portugais, par lesdites Déclarations et Lettres-Patentes de confirmation, de s'établir, résider et demeurer en notre Royaume, Pays, Terres et Seigneuries de notre obéissance, ensemble aux droits qu'ils ont d'y posséder toutes sortes de biens, et d'y négocier, ainsi que peuvent faire tous Regnicoles et naturels François: il Nous a paru juste de révoquer ledit Arrêt de notre Conseil, du 21 Février 1722, et en même-temps, par une nouvelle disposition, de conserver lesdits Portugais dans les mêmes permissions, facultés, droits, priviléges et franchises accordés par lesdites Déclarations et Lettres-Patentes de confirmation des Rois nos prédécesseurs, à quoi Nous nous sommes portés d'autant plus volontiers, que lesdits Portugais, en leurdite qualité de Regnicoles, Nous payeront une somme de cent mille livres, et les deux sols pour livre, en faveur de notre joyeux avénement à la Couronne : et desirant traiter favorablement lesdits Portugais, résidens actuellement dans l'étendue desdites Généralités de Bordeaux et d'Auch, et ceux qui, dans la suite, pourront s'y retirer et habituer, ensemble leurs femmes, enfans, familles, commis et facteurs. A ces causes, etc. Disons, statuons et ordonnons, voulons et Nous plaît, qu'en payant, par lesdits Portugais, résidens, établis et domiciliés en France, dans l'étendue des Généralités de Bordeaux et d'Auch, la somme de cent mille, livres et les deux sols pour livre d'icelle, en faveur de notre joyeux avénement à la Couronne, ils soient et demeurent confirmés et maintenus, comme par ces présentes Nous les confirmons et maintenons, et en tant que de besoin pourroit être de nouveau, leur avons octroyé et octroyons par cesdites présentes, tant pour ceux actuellement résidens, établis et domiciliés dans lesdites Généralités de Bordeaux et d'Auch, que ceux qui voudront à l'avenir s'y habituer, et qui se feront immatriculer pardevant les Juges des lieux de leur résidence, que pour leurs femmes, enfans, familles, commis et facteurs, et leurs successeurs, la permission et le droit d'y demeurer, vivre, trafiquer et négocier, avec les mêmes franchises et libertés qu'avant ledit Arrêt de notre Conseil, du 21 Février 1722; lequel Nous avons révoqué et révoquons comme nul et de nul effet, le tout ainsi que font nos sujets naturels: Voulons aussi qu'ils puissent disposer de leurs biens entre-vifs, ou à cause de mort, par donation, vente, ou autrement, qu'ils aviseront, en faveur de qui bon leur semblera, et généralement qu'ils jouissent de tout le contenu aux Déclarations et Lettres-Patentes des mois d'Août 1550, Novembre 1574, 19 Avril 1580, et du mois de Décembre 1656, sans qu'ils soient tenus de prendre d'autres lettres de naturalité, et déclaration de Nous ou des Rois nos Successeurs; voulons pareillement qu'ils jouissent du bénéfice des présentes, tant qu'ils demeureront en notre Royaume, Pays, Terres et Seigneuries de notre obéissance, à la charge, à l'égard de leurs héritiers, successeurs ou ayant-causes, en faveur desquels ils disposeront de leurs biens, qu'ils soient Regnicoles. Si donnons en mandement à nos amés et féaux les gens tenant notre Cour de Parlement à Bordeaux, que ces présentes ils ayent à faire lire, publier, enregistrer, et du contenu en icelles faire jouir et user pleinement et paisiblement lesdits Portugais, résidens actuellement, ou qui résideront dans la suite, et seront immatriculés, dans toute l'étendue desdites Généralités de Bordeaux et d'Auch, ensemble leurs femmes, enfans, familles, facteurs et commis, sans souffrir leur être fait ni donné aucun trouble ou empêchement, en quelque sorte et manière que ce puisse être, ni qu'ils soient recherchés en façon quelconque pour raison de leur vie, ou autrement inquiétés en leurs personnes et biens, sous quelque prétextes que ce soit; nonobstant toutes Ordonnances, Lettres et autres choses à ce contraires, auxquelles Nous avons dérogé et dérogeons par ces présenses, et aux dérogatoires des dérogatoires. DONNÉ à Meudon, au mois de Juin, l'an de grace mil sept cent vingt-trois, et de notre Régne le huitième. *Signé*, LOUIS, *et plus bas*, Par le Roi; PHELYPEAUX. Vu au Conseil, DODUN: et scellées du grand Sceau de cire verte. (*)

R. au Parlement de Bordeaux, le 11 Septembre suivant.

(*) Voyez la Note sur les Lettres-Patentes du mois d'Août 1550.

ARRÊT du Conseil du Cap, touchant le paiement des Négres suppliciés, et les frais de leur procédure; et qui charge les Marguilliers de la recette des droits suppliciés.

Du 5 Juillet 1723.

VU par le Conseil, le Réquisitoire et Remontrance présentés en icelui cejourd'hui, par le Procureur-Général du Roi; LE CONSEIL, après avoir délibéré sur les cinq articles mentionnés en ladite Remontrance, a ordonné et ordonne, à l'égard des premier et second articles: 1°. que les Négres qui seront ci-après suppliciés, seront payés aux Propriétaires sur le pied que lesdits Négres vaudront à bord des Vaisseaux Négriers, lors de l'Arrêt rendu pour leur exécution, par le Receveur des deniers pour les suppliciés, à l'exception des défectueux, et auxquels il manqueroit un bras ou une jambe, etc., le prix desquels sera réglé pour lors par le Conseil; et 2°. que, sur ladite somme pour le prix desdits Négres suppliciés, il sera retenu, par ledit Receveur, tous les frais faits pour parvenir à l'exécution d'iceux; ledit Conseil ordonne en outre que le quatrième article de ladite Remontrance, sera exécuté selon sa forme et teneur; et en conséquence, que les Marguilliers seront tenus, envers ledit Receveur, du total de l'imposition faite dans leurs Paroisses pour les Négres suppliciés, à moins qu'ils ne justifient les poursuites qu'ils auront faites contre les insolvables ; et qu'en considération de leurs peines et soins pour la perception desdits droits, ils en seront exempts pendant l'année de leur charge ; et pour ce qui regarde les trois et cinquième articles, pour que la levée des droits suppliciés n'ait lieu que sur les Négres travaillans, ledit Conseil n'a pas jugé à propos de rien changer à ce qui s'est pratiqué jusqu'à présent, et ordonne que le présent Arrêt sera lu, publié par-tout où besoin sera, etc.

V. L'Ordonnance du 5 Juillet suivant.

ARRÊT du Conseil du Cap, portant que les Curés et Vicaires déposeront les Testamens chez un Notaire du lieu, huitaine après la mort des Testateurs, à peine de saisie de leur temporel ; et qu'ils déposeront, suivant l'Ordonnance, les Registres de Baptêmes, Mariages et Sépultures.

Du 13 Août 1723.

VU par le Conseil, la Requête en forme d'appel, interjeté par le R. P. Larcher, de la Compagnie de Jésus, Supérieur, le 5 Juillet dernier, de l'Ordonnance du Siége Royal de cette Ville, par laquelle il est fait défenses à tous Curés, Vicaires de cette dépendance, de garder, pardevers eux, aucunes minutes de Testamens et Codicilles qu'il reçoivent, leur enjoignant de les déposer au Greffe de la Jurisdiction aussitôt le décès des Testateurs, à peine d'y être contraints par toutes les voies dues et raisonnables, même par saisie de leur temporel ; et que cette Ordonnance seroit signifiée audit Père Larcher, à ce qu'il n'en ignore. Vu le rapport de M. de Chavanne, et les conclusions du Procureur-Général du Roi ; le tout mûrement examiné : LE CONSEIL ordonne que ladite Ordonnance dont est appel, sortira son plein et entier effet, à la réserve néanmoins que les Curés ou Vicaires auront huit jours après la mort des Testateurs, pour remettre la minute des Testamens et Codicilles qu'ils recevront, à l'étude d'un Notaire Royal, qui en délivrera des grosses aux Parties intéressées, conformément à l'article VIII de l'Edit du mois de Décembre 1691 ; et à l'égard des Régistres des Baptêmes, Mariages et Sépultures, ledit Conseil ordonne pareillement auxdits Curés et Vicaires, de se conformer exactement aux articles VIII, IX, X et XI du titre XX de l'Ordonnance de 1667, sous les peines portées par l'article XIII du même titre, et que le présent Arrêt sera registré dans toutes les Paroisses de ce ressort, afin que les Curés qui les desserviront, n'en puissent prétendre cause d'ignorance. Ordonne, en outre, ledit Conseil, que le R. P. Larcher payera 12 liv. au Roi pour l'amende ordinaire.

LETTRE DU ROI aux Conseils de S. Domingue, pour leur annoncer l'acceptation de l'emploi de Principal Ministre, par Monseigneur le Duc d'Orléans, et leur enjoindre de lui obéir en cette qualité.

Du 14 Août 1723.

DE PAR LE ROI.

NOS amés et féaux : notre très-cher et très-amé Oncle, le Duc d'Orléans, ayant bien voulu accepter l'emploi de Principal Ministre de notre Etat sous notre autorité, Nous nous voyons, avec une satisfaction singulière, assurés de la continuation des secours que Nous recevons de son zèle et de ses lumières depuis que Nous gouvernons par Nous-mêmes, et dont Nous avons fait une si heureuse épreuve pendant notre Minorité; et voulant qu'il soit reconnu de tous nos Officiers et Sujets en cette qualité, et obéi en toutes les fonctions qui en dépendent; Nous vous en donnons connoissance, et vous mandons de suivre ce qui est en cela de notre volonté, si n'y faite faute; car tel est notre plaisir. Donné à Versailles, etc.

R. au Conseil du Petit Goave, le 5 Janvier 1724.
Et à celui du Cap, le 4 Février suivant.

ORDONNANCE des Administrateurs, qui suspend l'exécution du Réglement du Conseil, du 5 Juillet précédent, portant que les Négres suppliciés seront payés suivant l'estimation.

Du 17 Août 1723.

LE Marquis de Sorel, etc.
François de Montholon, etc.

Sur ce qui Nous est revenu, que le Conseil-Supérieur du Cap, avoit de son mouvement, sans nous en prévenir, et sans notre consentement et participation, rendu un Arrêt en forme de réglement, le 5 Juillet dernier, portant que les Négres esclaves criminels, qui seroient à l'avenir suppliciés, seroient payés au même prix que les Négres venans de Guinée, vaudront dans les navires lors de l'exécution, ce qui va au moins à 1200 liv. dans le tems présent. Ce nouveau Réglement est directement contraire aux Réglemens ci-devant faits de l'avis ou consentement du Gouverneur-Général, et de l'Intendant, tant dans le Conseil du Petit Goave, que dans celui du Cap, par lesquels le prix de chacun des Négres suppliciés dans les Quartiers du Conseil du Petit Goave, est réglé à 600 liv., en payant par les maîtres des esclaves les frais de géole et de nourriture, et à 500 liv. pour chacun des Négres suppliciés dans les quartiers du Conseil du Cap, dans lesquels les propriétaires desdits esclaves, ne sont point chargés des frais de géolage et de nourriture; le Conseil du Cap n'a pas dû changer ni donner d'atteinte à l'exécution dudit réglement, les prétextes n'en peuvent être que spécieux; l'augmentation survenue dans le prix des Négres, qui sont apportés de Guinée dans cette Colonie, n'est point une considération assez forte pour donner lieu à ce changement, ni pour Nous engager à autoriser ce nouveau réglement, elle se trouve même balancée et détruite par les réflexions suivantes; car en souffrant l'exécution de ce réglement nouveau, c'est donner ouverture à plusieurs des Habitans propriétaires de Négres, de déférer leurs esclaves en Justice, dès qu'ils ne les trouveront pas aussi bons travailleurs qu'ils le desireroient, dans la vue de se les faire payer un prix au-dessus de leur juste valeur, et beaucoup au-delà de celle portée par le précédent réglement, en les faisant périr par des accusations, sur des sujets innocens ou souvent très-légers, qu'ils ont volontiers dissimulés, lorsqu'ils ont vu ne pouvoir en être payés que sur le prix de 500 liv. conformément au réglement; il s'ensuivroit aussi que les propriétaires des Négres qui se trouveroient avoir des esclaves criminels, seroient trop favorablement traités d'en avoir des prix considérables, tandis que, vû les mauvaises qualités desdits esclaves, leur valeur est trop payée de 500 liv; d'ailleurs, se seroit faire dégénérer la vigilance que les maîtres desdits esclaves doivent avoir de veiller sur eux, et à les contenir dans une négligence sur leur conduite, également fatale et à charge à l'intérêt public, dans l'idée particulière qu'ils prendroient qu'il leur seroit indifférent que leurs esclaves devinssent voleurs ou meurtriers, parce qu'ils auroient l'avantage d'être payés de ces mauvais sujets à un prix aussi fort que vaut le meilleur Négre qu'ils pourroient choisir dans les navires Négriers, pendant que le peu d'attention des maîtres à les veiller et à les contenir, seroit la source et la cause du désordre dans lequel ces esclaves tomberoient, ce qui montre qu'il est d'une conséquence infinie de ne rien changer à l'exécution du réglement ci-devant rendu au Conseil du Cap, qui fixe le prix des Négres suppliciés à 500 liv., lequel a toujours été exécuté jusqu'au jour dudit Arrêt en forme de réglement nouveau, lequel le Conseil du Cap n'a pas dû rendre. A ces causes, et pour plusieurs bons et louables motifs, par Nous mûrement considérés et examinés, Nous déclarons suspendre l'exécution dudit Arrêt du Conseil du Cap, en forme de réglement, par lequel il a été ordonné que le prix des Négres esclaves suppliciés seroit payé sur le pied que les Négres vaudroient, lors de l'exécution, dans les navires venus de Guinée à la côte et rade du Cap, et ce au moins jusqu'à ce qu'il ait plû à Sa Majesté d'en ordonner autrement ; à l'effet de quoi Elle sera incessamment informée de notre part, de l'ancien réglement du Cap, qui fixe le prix des Négres à 500 liv. dudit nouveau réglement, et de notre présente Ordonnance; et comme depuis ledit Arrêt du Conseil du Cap, en forme de réglement nouveau, il peut avoir été supplicié quelques Négres, dont le prix auroit été payé au-delà de 500 liv. conformément à l'ancien réglement, Nous ordonnons que les propriétaires des Négres qui ont été suppliciés depuis ledit réglement nouveau, seront tenus de restituer incessamment les ſommes qu'ils ont pu toucher pour le prix d'iceux, excédant celle de 500 liv. à ce faire contraints par toute voie, même par corps, et fera la poursuite nécessaire pour parvenir à ladite reſtitution faite ſans délai, à la requête de M. le Procureur-Général dudit Conseil du Cap : Mandons à M. le Comte d'Arquian, Gouverneur particulier, Commandant au Cap, ou au Commandant, en cas d'absence ou maladie, & à M. Duclos, Commissaire de la Marine, Ordonnateur au Cap, de tenir, chacun en droit soi, la main à l'exécution de la présente Ordonnance, sans permettre ni souffrir qu'il y soit contrevenu. Ordonnons qu'elle sera lue, etc., audit Conseil du Cap à la première Séance, à la diligence de M. le Procureur-Général du Roi, en icelui, qui Nous en certifiera au mois, à l'effet de quoi le duplicata d'icelui lui en sera adressé : Mandons pareillement à MM. les Officiers composant ledit Conseil, de procéder incessamment à l'enregiſtrement de ladite Ordonnance, et de s'y conformer, nonobstant tous prétextes ou empêchemens quelconques. DONNÉE au Petit Goave, le 17 Août 1723. *Signé*, LE MARQUIS DE SOREL et DE MONTHOLON.

R. au Conseil du Cap, le 4 Février 1724.

ORDONNANCE

ORDONNANCE DU ROI, pour transférer au Petit Goave le Conseil Supérieur qui tenoit ses Séances à Léogane.

Du 20 Août 1723.

SA MAJESTÉ estimant qu'il convient que le Conseil-Supérieur, établi par ses Lettres-Patentes du mois d'Août 1685, tienne ses séances au Petit Goave, au lieu de les tenir à Léogane; Elle veut et entend que ledit Conseil-Supérieur, résidant à présent audit Léogane, tienne à l'avenir ses séances au Petit Goave, conformément auxdites Lettres-Patentes de son établissement, du mois d'Août 1685, et ainsi qu'il s'est pratiqué pendant plusieurs années: ordonne Sa Majesté, aux Officiers de guerre et de justice qui composent ledit Conseil-Supérieur, de se rendre au Petit Goave pour y tenir les séances dudit Conseil, dérogeant à cet effet Sa Majesté, à toutes Ordonnances qui peuvent avoir permis la translation dudit Conseil à Léogane: Mande et ordonne Sa Majesté, au sieur Comte de Champmeslin, Chef d'Escadre, etc. au sieur Chevalier de la Rochalard, Gouverneur, etc. au sieur de Montholon, Intendant, et aux Officiers dudit Conseil-Supérieur, de se conformer à la présente Ordonnance, qui sera registrée au Greffe dudit Conseil, et exécutée selon sa forme et teneur, jusqu'à ce qu'il en ait été autrement ordonné par Sa Majesté. FAIT à Versailles, etc.

R. au Conseil du Petit Goave, le 6 Décembre suivant.

ORDONNANCE DU ROI, sur l'exercice de la Chirurgie dans les Colonies par les Chirurgiens-Majors brevetés, et l'examen des Aspirans à exercer la Chirurgie par lesdits Chirurgiens-Majors.

Du 23 Août 1723.

SA MAJESTÉ étant informée que les Chirurgiens établis dans ses Colonies, prétendent que les Chirurgiens-Majors des troupes, ayant brevet de Sa Majesté, sont obligés de subir un examen devant eux, et de se faire recevoir dans les Colonies pour pouvoir exercer l'Art de Chirurgie pour le Public : voulant ne point priver les Habitans de secours, et Sa Majesté desirant pourvoir, non seulement à ce qu'il ne soit plus fait de pareilles difficultés aux Chirurgiens-Majors des troupes desdites Colonies, mais encore remédier aux abus qui pourroient naître à l'occasion des Sujets qui se présentent dans lesdites Colonies pour exercer la Chirurgie ; Elle a ordonné et ordonne, que les Chirurgiens-Majors de ses troupes, pourvus par brevet de Sa Majesté, seront examinateurs-nés, conjointement avec le Médecin de Sa Majesté auxdites Colonies, de tous les Sujets qui se présenteront pour s'y établir, lesquels seront par eux examinés avec les autres Chirurgiens desdites Colonies ; veut et entend Sa Majesté, que lesdits Chirurgiens-Majors puissent exercer la Chirurgie pour le Public lorsqu'ils seront appelés, et qu'ils pourront y vaquer, sans manquer au service qu'ils doivent aux troupes ; et qu'en conséquence leurs rapports soient reçus en Justice, de même que ceux des autres Chirurgiens ; faisant Sa Majesté, très-expresses inhibitions et défenses auxdits Médecins, Chirurgiens-Majors, et autres Chirurgiens établis dans les autres Colonies, d'exiger, pour raison des examens et réceptions qui seront faits à l'avenir desdits Chirurgiens, aucun droit de bien-venue ni repas, sous quelque dénomination ou prétexte que ce puisse être, nonobstant tous Arrêts, Réglemens et Usages à ce contraires. Mande et ordonne Sa Majesté, etc.

ARRÊT du Conseil du Cap, qui juge qu'un Receveur des Octrois et des Droits Suppliciés est exempt de Tutelle.

Du 6 Septembre 1723.

VU la Requête présentée par le sieur Dassance, Receveur des Octrois et des Négres suppliciés de cette dépendance, tendante à être déchargé de la tutelle des Mineurs de défunt le sieur Dussau Mercier, à laquelle il a été nommé par ledit Mercier, par son Testament, passé au rapport du révérend Père Hervé, Curé de Limonade, attendu son emploi qui le décharge de toute Tutelle, et l'en exempte ; ouï le Procureur-Général du Roi, LE CONSEIL a déchargé ledit sieur Dassance de ladite Tutelle, et ordonne qu'il sera procédé à la nomination d'un autre Tuteur, à sa diligence et à ses frais, etc.

PROVISIONS de Lieutenant-Général du Roi, et Commandant-Général dans les Isles, Mers et Terre-ferme de l'Amérique Méridionale, pour M. le Comte d'Esnos Champmeslin, avec pouvoir de prendre connoissance des causes des mouvemens arrivés dans la Colonie de S. Domingue.

Du 7 Septembre 1723.

LOUIS, etc. Salut. Nous n'avons pu apprendre sans déplaisir, les émotions arrivées dans notre Colonie de S. Domingue, à l'occasion des priviléges et exemptions accordés à la Compagnie des Indes, et qui, sous prétexte du bien de notre service et de l'intérêt public, se sont opposées à ce qui étoit ordonné à cet égard; les auteurs de cette émotion ont poussé les choses à un tel excès, qu'ils ont forcé les Habitans d'exiger de notre Gouverneur et Lieutenant-Général, et de l'Intendant, des conditions attentatoires à notre autorité. Une conduite si éloignée du respect et de l'obéissance qu'ils doivent à nos ordres, et aux Chefs à qui Nous avons confié notre autorité, a excité notre indignation contre ces peuples, que le Feu Roi, notre très-honoré Seigneur et Bisayeul, et Nous, depuis notre avénement à la Couronne, avons favorisés d'une protection particulière: Nous les avons affranchis des droits du Domaine, établis dans nos autres Isles, et Nous sommes contentés d'un tribut volontaire, sous le nom d'Octroi, tel que les Habitans ont voulu se l'imposer, dont Nous ne Nous sommes rien réservé à notre profit, et qui n'est employé qu'à payer les Officiers et les Troupes que Nous y entretenons pour la défense de la Colonie; Nous avons même envoyé jusqu'à présent pour ces troupes, les farines et l'habillement nécessaires. Le souvenir de tant de bienfaits, Nous a fait trouver leur désobéissance plus criminelle; et si Nous n'avions écouté que la sévérité des loix, Nous nous serions déterminé à faire exercer sur ces réfractaires à nos ordres, une punition telle qu'ils la méritent; elle auroit servi d'exemple aux peuples rebelles aux droits sacrés de l'autorité; mais Nous avons voulu faire une distinction de ces Habitans abusés et forcés, d'avec les Auteurs de cette émotion, et faire ressentir aux uns les effets de notre clémence, et aux autres le poids de notre justice: le compte qui Nous a été rendu de ces émotions, ne nous désigne point les véritables coupables, et la crainte d'envelopper les Habitans que Nous voulons bien regarder comme innocens, avec ceux qui méritent punition, retient notre juste colère. C'est pour donner des marques de nos bontés à nos fidèles sujets, en assurant leur repos, en rétablissant le calme dans ladite Colonie, et pour exécuter au surplus ce qui sera de nos intentions, que Nous avons fait choix du sieur Comte d'Esnos-Champmeslin, Chef-d'Escadre de nos Armées Navales, Commandeur de l'Ordre Militaire de S. Louis, pour commander dans notredite Colonie de S. Domingue, en qualité de Lieutenant-Général, et Commandant-Général dans toutes les Mers, Isles et Terre-ferme de l'Amérique Méridionale, qui sont sous notre obéissance. Ses qualités et vertus personnelles, Nous répondent d'une sage administration, et Nous avons reçu en différentes occasions des preuves de sa prudence, de sa fidélité, de son zèle pour notre service, et de son expérience et capacité au fait des armes. A ces causes et autres considérations, à ce Nous mouvant : Nous avons ledit Sieur Comte d'Esnos-Champmeslin, constitué, ordonné et établi, constituons, ordonnons et établissons, par ces présentes signées de notre main, notre Lieutenant-Général et Commandant-Général dans les Isles, Mers et Terre-ferme de l'Amérique Méridionale soumises à notre obéissance, pour en ladite qualité, avoir commandement sur tous les autres Gouverneurs et Lieutenant-Généraux, par Nous établis dans lesdites Isles et Terre-ferme de l'Amérique Méridionale, comme aussi sur tous les Officiers et Conseils établis dans lesdites Isles, & sur les Vaisseaux François qui navigueront audit pays, soit de guerre à Nous appartenans, ou Marchands ; faire prêter nouveau serment de fidélité, tant aux Gouverneurs et Conseils-Supérieurs, qu'aux autres Habitans desdites Isles. Enjoignons auxdits Gouverneurs et Officiers, comme à ceux des Conseils Supérieurs, et autres, de reconnoître ledit Comte d'Esnos-Champmeslin, & lui obéir en tout ce qu'il ordonnera ; assembler, quand besoin sera, les Milices, leur faire prendre les armes ; composer et accommoder tous les différends nés et à naître dans lesdites Isles et terre-ferme, entre les Habitans ; assiéger et prendre des places sur nos ennemis, suivant la nécessité qu'il y aura de le faire, y faire conduire et exploiter des pièces d'Artillerie ; établir des garnisons où l'importance des lieux le demandera ; faire, suivant les occurrences, paix ou trève avec les nations de l'Europe, ou avec les Naturels du pays, qui occupent les Isles voisines, y faire des descentes pour y établir de nouvelles Colonies, et pour cet effet donner combat et se servir des autres moyens qu'il jugera à propos pour de telles entreprises ; commander à tous nos sujets Ecclésiastiques, Nobles, Gens de guerre, et autres, de quelque condition qu'ils soient, y demeurans; défendre lesdits lieux de tout son pouvoir; rétablir, maintenir et conserver les peuples en paix, repos et tranquillité; commander tant par mer que par terre, ordonner et faire exécuter tout ce que lui, ou ceux qu'il commettra, jugeront devoir et pouvoir faire pour la tranquillité et conservation desdites Isles et Terre-ferme sous notre autorité et notre obéissance: de ce faire donnons pouvoir et autorité, mandement spécial audit sieur Comte d'Esnos-Champmeslin, comme aussi de déposer tous Officiers, tant de guerre que de nos Conseils-Supérieurs, et des Justices ordinaires, suivant qu'il l'estimera convenir au bien de notre service, et à la tranquillité de la Colonie, et de les remplacer par d'autres sujets, auxquels il délivrera des lettres de commission, ce que Nous promettons d'agréer; lui donnons aussi pouvoir de lever l'interdiction des Officiers de guerre qu'il aura interdits, sans attendre sur ce nos ordres; et de la même autorité que dessus, voulons que ledit sieur Comte d'Enos-Champmeslin, en qualité de Lieutenant-Général et Commandant-Général desdites Isles et Terre-ferme, préside aux Conseils-Supérieurs desdites Isles, et que l'Intendant continue cependant d'y faire les mêmes fonctions que par le passé; voulons aussi que le sieur Comte d'Esnos-Champmeslin, prenne connoissance des véritables causes des mouvemens arrivés dans notredite Colonie de S. Domingue, qu'il en fasse rechercher les moteurs et instigateurs, et fasse procéder contre eux, à la poursuite et diligence de nos Procureurs-Généraux ou autres qu'il nommera d'office, pour, sur l'instruction et le rapport qui en sera fait par notre Intendant audit pays, être jugé par ledit sieur Comte d'Enos-Champmeslin, le sieur de la Rochalard, Gouverneur, et notre Lieutenant-Général en notredite Isle de S. Domingue, le sieur Montholon, Intendant, les Officiers-Majors qui ont séance et voix délibérative dans les Conseils de S. Domingue, et cinq Conseillers desdits Conseils, que ledit sieur Comte d'Esnos-Champmeslin appellera, de ce faire leur donnons pouvoir, autorité et mandement spécial. Déclarons téméraires, séditieuses, les propositions faites à notre Gouverneur et Lieutenant-Général et à l'Intendant dudit pays, en date du 28 Décembre 1722; ordonnons qu'à la diligence de nos Procureurs-Généraux, et de la Jurisdiction ordinaire, elles soient biffées sur les registres des Conseils-Supérieurs et Jurisdictions ordinaires où elles pourront être registrées, comme aussi tous autres actes attentatoires à notre autorité, qui pourroient avoir été faits avant, pendant et après lesdits mouvemens; à l'effet de quoi, voulons que les présentes Lettres de provision soient registrées aux Conseils-Supérieurs de Léogane et du Cap, et aux Jurisdictions qui en dépendent; voulons que la

Compagnie des Indes jouisse du droit exclusif de l'introduction des Négres; cependant, comme notre intention n'a pas été, en accordant ce droit à ladite Compagnie, d'y joindre des exemptions qui puissent être nuisibles à nos intérêts et à ceux des Habitans de ladite Colonie, Nous donnons pouvoir audit sieur Comte d'Esnos-Champmeslin, de faire, avec les sieurs Chevalier de la Rochalard, de Montholon, Intendant, et de Chazel, Commissaire-Général de la Marine, l'examen des exemptions accordées à ladite Compagnie, par les Arrêts de notre Conseil, des 19 et 27 Septembre 1720, dont il Nous rendra compte, pour être par Nous ordonné ce que nous estimerons convenable au bien de notre service, & à l'avantage de notre Colonie. Donnons en outre pouvoir audit sieur d'Esnos-Champmeslin, de faire tous les réglemens qu'il estimera nécessaires pour maintenir notre autorité dans ladite Colonie, assurer la tranquillité de nos fidèles sujets, et les mettre à couvert de toutes séditions et pratiques qui ne tendent qu'au renversement de la subordination et du bon ordre, lesquels réglemens Nous voulons être exécutés comme s'ils étoient rendus par Nous-mêmes, et généralement ordonner et faire exécuter ce qu'il estimera de plus avantageux à notre service et à ladite Colonie. Si donnons en mandement à tous les Gouverneurs et Lieutenans-Généraux dans toutes les Isles et Terre-ferme de l'Amérique Méridionale, soumises à notre obéissance, aux Officiers des Conseils-Supérieurs établis dans lesdites Isles, et à tous nos autres Justiciers et Officiers, chacun en droit soi, ainsi qu'il appartiendra, que ledit sieur Comte d'Esnos-Champmeslin, duquel Nous nous sommes réservé le serment en tel cas requis et accoutumé, ils ayent à reconnoître et obéir, faire et laisser jouir dudit état et charge. Mandons à notre très-cher et très-amé Oncle Louis de Bourbon, Comte de Toulouse, Amiral de France, aux Vice-Amiraux, Lieutenans-Généraux, Chefs d'Escadres, et autres Officiers de Marine, qu'il appartiendra, de faire reconnoître ledit sieur d'Esnos-Champmeslin, en ladite qualité de Lieutenant-Général et Commandant-Général dans toutes les Isles et Terre-ferme de l'Amérique Méridionale, en ladite qualité de lui obéir et entendre ès choses concernant ladite charge, à peine de désobéissance, car tel est notre plaisir. Prions et requerons tous Rois, Potentats, Princes, Etats, et autres nos bons Amis, Alliés et Confédérés, leurs Ministres, Officiers et tous autres, à Nous non sujets, de lui donner, et à ceux qui seront par lui commis et délégués, toute aide, faveur et assistance dont ils seront requis pour l'exécution de ce que dessus, offrant en cas pareil de faire le semblable pour ceux qui Nous seront recommandés de leur part : en témoin de quoi, Nous avons fait mettre notre scel à cesdites présentes. DONNÉES à Versailles, le 7 Septembre, l'an de grâce 1723, et de notre règne le 9. *Signé* LOUIS, et sur le repli, *par le Roi*, PHELIPEAUX.

R. au Conseil du Petit Goave, le 6 Décembre suivant.
Et à celui du Cap, le 3 Février 1724.

LETTRES de Commission pour M. le Chevalier de la Rochalard, Gouverneur-Général, à défaut de M. le Comte d'Esnos-Champmeslin.

Du 7 Septembre 1723.

LOUIS, etc. Au sieur Chevalier de la Rochalard, etc. Salut. Nous n'avons pu apprendre sans déplaisir.......................... et de son expérience et capacité au fait des armes. A ces causes et autres considérations, à ce Nous mouvant, au défaut dudit sieur Comte d'Esnos-Champmeslin, Nous vous donnons pouvoir de déposer tous Officiers, tant de guerre.............. sans attendre sur ce nos ordres; et de la même autorité que dessus, voulons que vous preniez connoissance des véritables causes.................. être jugé par vous, le sieur de Montholon, Intendant, les Officiers-Majors .... à l'effet de quoi voulons que nos présentes Lettres de Commission .... et à ceux des Habitans de notredite Colonie; Nous vous donnons pouvoir de faire, avec ledit sieur de Montholon, Intendant, et de Chazel, Commissaire-Général de la Marine, l'examen des exemptions .... avantageux à notre service et à ladite Colonie. Si mandons et ordonnons à tous Gouverneurs, Lieutenans, Officiers des Conseils-Supérieurs, établis dans notredite Colonie de S. Domingue, à tous nos Justiciers, Officiers et autres nos Sujets qu'il appartiendra, d'obéir et entendre audit sieur Chevalier de la Rochalard, au contenu ès-présentes Lettres de Commission, et dans les cas y mentionnés, à peine de désobéissance; car tel est notre plaisir. DONNÉES à Versailles, etc.

R. au Conseil du Petit Goave, le 6 Décembre 1723.
Et à celui du Cap, le 3 Février 1724.

Nous avons ponctué dans cette pièce, tout ce qui est copié des provisions de M. le Comte d'Esnos-Champmeslin, qui la précédent immédiatement.

PROVISIONS de Lieutenant au Gouvernement-Général de S. Domingue, pour M. de Paty.

Du 7 Septembre 1723.

M. de Paty étant mort le 17 Octobre 1723, en repassant de S. Domingue en France, ses héritiers firent enregistrer ces provisions au Conseil du Petit Goave, le 5 Janvier 1724. Elles ont servi à dresser celles de M. de Charitte, du 28 Janvier 1716.

LETTRES-PATENTES accordées à M. de Chazel, Commissaire-Général de la Marine, pour servir sur l'Escadre de M. le Comte d'Esnos-Champmeslin, avec rang dans les Conseils-Supérieurs de S. Domingue avant les Gouverneurs Particuliers.

Du 7 Septembre 1723.

R. au Conseil du Petit Goave, le 6 Décembre 1723.
Et à celui du Cap, le 3 Février 1724.

PROVISIONS de Gouverneur de Ste Croix, Commandant du Quartier du Cap et dépendances, pour M. de Chatenoye, au lieu et place de M. le Comte d'Arquian.

Du 7 Septembre 1723.

R. au Conseil du Cap, le 3 Février 1724.

Ces Provisions sont conformes à celles de M. de Galliffet, du 15 Février 1698.

DÉCLARATION

DÉCLARATION DU ROI, sur l'Octroi, les Receveurs publics, leurs comptes, et les pouvoirs donnés par Sa Majesté, à M. le Comte de Champmeslin, par rapport aux exemptions accordées à la Compagnie des Indes, etc.

Du 7 Septembre 1723.

LOUIS, etc. Salut. Estimant nécessaire de déclarer nos intentions au sujet de la levée, perception et comptes des droits d'Octroi dans notre Colonie de S. Domingue, et ce, conformément à notre Mémoire du 2 Août 1718, registré au Conseil-Supérieur de Léogane, le 6 Mars 1719, et nos Lettres-Patentes du 8 Avril 1721, aussi registrées audit Conseil, ensemble sur les droits Curiaux, et ceux des Négres suppliciés; A ces causes, etc. Disons, déclarons et ordonnons, voulons et Nous plaît ce qui suit :

ART. I. L'Octroi établi dans notre Colonie de S. Domingue, continuera d'être levé, ainsi qu'il a été ordonné par notredit Mémoire du 2 Août 1718, et Lettres-Patentes du 8 Avril 1721, registrés aux Conseils-Supérieurs de S. Domingue.

ART. II. Les Habitans de S. Domingue continueront d'être exempts, au moyen du paiement dudit Octroi, des droits du Domaine qui se payent dans les autres Isles; et il ne sera établi dans aucun cas des Fermiers dans la Colonie.

ART. III. Les Receveurs dudit Octroi seront nommés par les Conseils-Supérieurs de S. Domingue, chacun dans les lieux de son ressort.

ART. IV. Lesdits Receveurs remettront tous les deux mois les deniers provenans dudit Octroi, entre les mains des Commis des Trésoriers-Généraux de la Marine à S. Domingue, lesquels en donneront leurs reçus.

ART. V. Les deniers provenans dudit Octroi, seront employés, en la manière accoutumée, aux dépenses de la Colonie, portées sur nos Etats, sans qu'ils puissent, sous aucun prétexte, être employés à d'autres usages.

ART. VI. Les Habitans qui n'auront que quatre Négres et au-dessous, seront exempts du paiement du droit d'Octroi imposé sur chaque tête de Noir, et ceux qui commenceront à établir de nouvelles habitations, seront aussi exempts du même droit pendant les deux premières années, pour les Négres qu'ils emploieront audit défrichement de ces nouveaux établissemens.

ART. VII. Les comptes de la levée et perception dudit Octroi, seront rendus par les Receveurs, pardevant l'Intendant de S. Domingue, et deux Conseillers qu'il appellera; ils seront arrêtés doubles par ledit Intendant et les deux Conseillers, auxdits Receveurs, lesquels seront tenus de déposer un desdits comptes au Greffe du Conseil-Supérieur, et d'en retirer actes, qui leur seront délivrés gratis par le Greffier. A l'égard des comptes des Commis des Trésoriers-Généraux de la Marine à S. Domingue, ils seront rendus pardevant ledit sieur Intendant seul, et arrêtés seulement par lui.

ART. VIII. Les droits Curiaux continueront d'êtres imposés et levés en la maniére accoutumée, et le compte desdits droits sera rendu, suivant l'usage, pardevant le Conseiller ou autres, chargés de l'examen et recette des comptes des Marguilliers des Paroisses.

ART. IX. Les Receveurs des deniers pour les Négres suppliciés, continueront d'êtres nommés par les Conseils-Supérieurs de S. Domingue, chacun dans le district de leur ressort, et ils rendront compte pardevant lesdits Conseils, ainsi qu'il a toujours été pratiqué.

ART. X. Voulons que notre présente Déclaration soit exécutée selon sa forme et teneur; nonobstant toutes choses à ce contraires, et notamment l'Arrêt de notre Conseil-Supérieur de Léogane, du 2 Mars 1723, que Nous avons cassé et annullé, cassons et annullons; ordonnons en outre que ledit Arrêt sera biffé sur les registres dudit Conseil, étant contraire à nos intentions, connues audit Conseil par notre Mémoire du 2 Août 1718, et Lettres-Patentes du 8 Avril 1721, registrées audit Conseil; enjoignons aux Conseillers dudit Conseil, de se conformer à notre Réglement du 26 Août 1721, au sujet des recensemens de ladite Colonie.

ART. XI. Donnons pouvoir au sieur Comte de Champmeslin, Commandeur de l'Ordre Militaire de S. Louis, Chef d'Escadre de nos Armées Navales, notre Lieutenant-Général, et Commandant-Général en l'Amérique Méridionale, de décider sur les exemptions accordées à la Compagnie des Indes, par nos Arrêts des 10 et 27 Septembre 1720, et sur la faculté attribuée à la Compagnie, d'introduire trente mille Négres étrangers dans ladite Colonie, et d'y faire venir des Vaisseaux étrangers, pour y charger les sucres et denrées à elle appartenans, ensemble sur le cours des monnoies d'Espagne à la piéce ou au poids; après avoir pris l'avis du sieur

Chevalier de la Rochalard, Gouverneur, et notre Lieutenant-Général en l'Isle de S. Domingue, du sieur de Montholon, Intendant, et du sieur de Chazel, Commissaire-Général de la Marine, voulons que ce qui sera ainsi fait, soit exécuté. Si donnons en mandement à nos amés et féaux les gens tenant nos Conseils-Supérieurs du Petit Goave et du Cap, que la présente notre Déclaration ils ayent à faire lire, etc. DONNÉE à Versailles, le 7 Septembre 1723. *Signé*, LOUIS.

R. au Conseil du Petit Goave, le 9 Décembre 1723.
A celui du Cap, le 4 Février suivant.

ARRÊT du Conseil du Cap, qui, attendu le départ des Officiers de la Jurisdiction du même lieu, nomme M. Durocher, Conseiller en la Cour, pour juger en première instance.

Du 8 Novembre 1723.

ARRÊT du Conseil du Cap, touchant l'Administration d'un bien possédé par indivis, et le droit d'habitation des Propriétaires.

Du 8 Novembre 1723.

ENTRE le sieur Audon, Appelant d'une part, et le sieur Tabois, d'autre part; Parties ouies, et M. Pillat, Conseiller, faisant fonctions de Procureur-Général du Roi; LE CONSEIL a ordonné et ordonne, en corrigeant et réformant ladite Sentence dont est appel, que lesdites Parties conviendront entr'elles d'un Econome, qui gérera la place en question, sous les ordres dudit sieur Audon, lequel sera payé aux frais communs desdites Parties, sinon, et à faute de quoi, en sera nommé un d'office; au surplus ordonne que le contrat de Mariage dudit Tabois (*), sera exécuté selon sa forme et teneur; défend auxdites Parties de soustraire ni détourner aucuns Négres, bestiaux, et autres choses dépendantes de ladite place; et les renvoie, pour leurs comptes respectifs, pardevant tels Arbitres qu'ils

(*) *Il lui accordoit le droit de résider sur l'habitation.*

jugeront à propos, et dont ils conviendront; sinon en sera pareillement nommé d'office, dépens compensés.

LETTRES-PATENTES portant établissement des Religieux de l'Ordre des Frères-Prêcheurs, dans la partie du Sud de l'Isle S. Domingue.

Du 9 Novembre 1723.

LOUIS, etc. par nos Lettres-Patentes du mois de Septembre 1721, Nous avons approuvé, autorisé et confirmé l'établissement de l'Ordre des Frères-Prêcheurs en l'Isle de S. Domingue, et la réunion faite dudit établissement à la Province de Toulouse, sous le titre de Mission de la Congrégation du S. Rosaire, à la charge de desservir les Cures depuis les Quartiers des Gonaives et de l'Artibonite, inclusivement, jusques et joignant les terres concédées ci-devant à la Compagnie de S. Domingue, et depuis réunies à notre Domaine. La satisfaction que nous avons du zèle avec lequel les Religieux de cet Ordre se comportent dans les Missions confiées à leurs soins, Nous a engagé à écouter favorablement les propositions qui nous ont été faites par le Provincial dudit Ordre de la Province de Toulouse, de se charger de faire desservir les Cures des terres dépendantes du Gouvernement du Fort S. Louis, et ci-devant concédées à ladite Compagnie de S. Domingue, et depuis réunies à notre Domaine. A ces causes :

ART. I. Nous avons approuvé et autorisé, et par ces présentes, signées de notre main, approuvons et autorisons l'établissement desdits Religieux de l'Ordre des Frères-Prêcheurs de la Province de Toulouse, dans la partie du Sud de l'Isle de S. Domingue, appelée le Fort S. Louis, Jacmel, Isle à Vache, et autres Quartiers qui en dépendent, et qui avoient été ci-devant concédés à la Compagnie de S. Domingue, formés ou à former, pour y avoir seul les soins spirituels, et y desservir les Cures, suivant leurs constitutions et privilèges, sans qu'aucuns autres Prêtres Missionnaires, réguliers ou séculiers, puissent s'ingérer d'y faire aucunes fonctions, sinon du consentement desdits Religieux, à l'exception, toutefois, de l'Aumônier du Fort S. Louis, dont Nous avons bien voulu les dispenser de se charger.

ART. II. Voulons que lesdits Religieux fournissent des Missionnaires de leur Ordre, non-seulement pour les Cures déjà établies, mais encore pour celles qu'il sera jugé nécessaire d'établir par la suite dans lesdits

Quartiers, et ce de telle manière que lesdites Cures soient toujours remplies d'un Missionnaire.

ART. III. Ordonnons que, pour la subsistance de chacun de ceux qui seront employés à faire les fonctions Curiales dans lesdits Quartiers, il soit payé 900 liv. par le Syndic de chaque Paroisse, suivant l'usage, au Supérieur ou au Procureur, Syndic d'icelles, et que les Habitans desdits Quartiers soient tenus de fournir auxdits Religieux qui y desserviront les Cures, une Eglise dans chaque Paroisse, avec un logement commode, et en état d'y contenir au moins deux Religieux, et autant de Domestiques, d'entretenir et réparer les Eglises et Presbytères, et fournir les ornemens et luminaires, avec les autres dépenses nécessaires et ordinaires des Eglises, sans que lesdits Religieux soient tenus d'y contribuer en quelque manière que ce soit, sauf à eux, après qu'il en aura été fait Procès-Verbal en leur présence, et en celle des Officiers et des Syndics, lors de la prise de possession, de les augmenter si bon leur semble.

ART. IV. En considération de l'établissement desdits Religieux dans ladite partie de l'Isle S. Domingue, et des fonctions Curiales qu'ils y feront, Nous leur avons accordé, dans le lieu qui leur conviendra desdits Quartiers, un terrein non-concédé, pour y bâtir leur Maison principale, et un autre dans le fond de l'Isle à Vache, pour y établir une habitation de cent Négres travaillans, en cas qu'il reste du terrein à concéder dans ledit Quartier; et s'il ne s'en trouve point, ledit terrein pourra être pris dans un autre endroit, excepté la Baye du Mêle, et le Quartier S. George.

ART. V. Les deux terreins, dont la Compagnie des Indes a consenti par sa délibération, prise en l'assemblée générale de son Administration, tenue le 22 Octobre dernier, que Nous fassions la concession, encore que les terres desdits Quartiers lui appartiennent aux termes de l'Arrêt du 10 Septembre 1720, seront concédés par notre Gouverneur, Lieutenant-Général à S. Domingue, et l'Intendant audit Pays.

ART. VI. Lesdits Religieux jouiront de l'exemption de tous droits de Capitation, d'Octrois, de Corvées, de Guet et Garde, pour trente Négres travaillans sur l'habitation qu'ils feront sur le terrein qui leur sera concédé, et pour ceux qui seront employés à leur service, savoir, pour la Maison principale, de douze Négres, et pour chaque Curé le nombre de trois, outre et par-dessus pareilles exemptions dont ils jouissent en considération de leur établissement dans le Quartier de Léogane, et dans ceux qui sont circonvoisins, où ils desservent les Cures.

ART. VII. Pour les autres Négres qui appartiendront auxdits Religieux, lesquels ne se trouveront point compris dans lesdites exemptions, ils seront sujets aux mêmes droits que les Négres des autres Habitans.

ART. VIII. Accordons auxdits Religieux le droit de pêche et de chasse, à l'exclusion de tous autres, ensemble le droit de recueillir les herbages, et toutes autres choses qui se trouveront sur les rives de leurs habitations, par l'ouverture des eaux et des marées, dont, autant que besoin seroit, Nous leur avons fait et faisons don, à l'exception, toutefois, des mines, que nous réservons.

ART. IX. Voulons que, conformément à nos Lettres-Patentes en forme d'Edit, du mois d'Août 1721, lesdits Religieux ne puissent faire aucunes acquisitions, soit de terres ou maisons, sans notre permission expresse et par écrit, à peine de réunion à notre Domaine; et en cas que Nous jugions à propos, pour de bonnes et justes considérations, de leur accorder nosdites permissions, ils seront tenus de payer les droits d'amortissement, et autres droits qu'ont accoutumés de payer les Religieux établis dans notre Royaume.

Si donnons en mandement à nos amés et féaux les gens tenant notre Conseil-Supérieur au Petit Goave, côte S. Domingue, que ces présentes ils ayent à faire regiſtrer, et le contenu en icelles garder et observer, etc. DONNÉES à Versailles, etc.

R. au Conseil du Petit Goave, le 5 Juillet 1724.

LETTRE du Ministre, à MM. de la Rochalard et de Montholon, sur l'envoi des Faux-Sauniers aux Isles.

Du 10 Novembre 1723.

IL a été depuis peu expédié des Ordres du Roi, qui deſtinent plusieurs Faux-Sauniers à passer dans la Colonie pour y servir en qualité d'Engagés. Partie de ces Faux-Sauniers seront conduits incessamment à Bordeaux; et quoique S. M. ait décidé ci-devant qu'il ne seroit plus envoyé de prisonniers dans la Colonie de S. Domingue; cependant, comme ceux-ci ne sont prévenus d'aucun crime que de Faux-saunage, son intention eſt qu'ils soient envoyés indifféremment dans toutes les Colonies.

Ces Prisonniers sont de bons hommes, et capables de travail; je suis persuadé que les Habitans en tireront un bon service : il faudra avoir soin de les faire établir quand ils auront fini leur temps. Je leur ai fait dire que S. M. accorderoit le passage de leurs femmes et enfans, si elles vouloient les aller joindre.

ORDONNANCE des Administrateurs, portant défenses de vendre aucunes Armes à feu et munitions de Guerre aux Etrangers et gens non domiciliés, à peine des Galères.

Du 11 Novembre 1723.

LE Marquis de Sorel, etc.

François de Montholon, etc.

Etant informés que quelques Marchands du Quartier du Cap, et autres lieux de cette Colonie, trop avides de gain, vendent, malgré les défenses ci-devant faites et réitérées, toutes sortes de munitions de Guerre, comme fusils, pistolets, balles, poudre, plomb à tirer et en table, étain travaillé ou non, aux Etrangers et autres Personnes non-domiciliés, dans l'étendue de la Colonie; cette prévarication procède aussi du peu d'exemples faits contre les contrevenans auxdites défenses, qui ne portoient que la peine de 300 livres d'amende; et comme ce commerce fait prévoir des inconvéniens très-dangereux, Nous nous sommes déterminés à employer l'autorité qui nous est confiée pour le Roi, pour empêcher la continuation de ce commerce illicite, par la sévérité des peines, en Nous conformant en quelque façon aux Ordonnances Militaires sur le trafic des Armes aux Etrangers. A ces causes, Nous défendons très-expressément à tous Marchands, Négocians, Habitans, Officiers de Navires Marchands, Officiers Mariniers, ou autres Personnes, domiciliées ou non domiciliées en cette Colonie, de vendre, sous quelque prétexte que ce soit, aucune munition de Guerre, Armes à feu, poudre, balles, plomb à tirer, ou en table, étain travaillé ou non, ou de quelque matière que ce soit, même quelques sortes d'Armes offensives ou défensives que ce puisse être, à aucun Etranger, ou gens non-domiciliés; leur permettons seulement de vendre desdites Armes et munitions de Guerre, aux Habitans ou autres Personnes domiciliées dans la Colonie, sur les permissions que les acheteurs obtiendront des sieurs Lieutenans de Roi, et Officiers-Commandans, en leur absence, et des

Commissaires de la Marine dans les lieux des garnisons de la Colonie ; lesquelles permissions ne pourront servir au-delà de huit jours. Ordonnons auxdits Négocians, Marchands et autres ci-dessus dénommés, vendeurs desdites armes & munitions, de tenir des livres en forme, dans lesquels ils inscriront la date des ventes qu'ils feront des armes à feu et autres ci-dessus expliquées, poudre, balles, plomb à tirer ou en table, étain travaillé ou non, le nom des acheteurs desdites armes et munitions, la quantité, qualité et le prix pour lequel ils auront vendu, lesquels livres ils seront tenus de représenter tous les quinze jours auxdits sieurs Commandans et Commissaires, pour être par eux sur le champ examinés, visés, et rendus s'ils n'y trouvent aucune contravention, le tout à peine de confiscation de biens & des galères contre les contrevenans, lesquels seront poursuivis extraordinairement dans les Siéges des Juridictions où la contravention aura été faite, et ensuite par appel dans les Conseils-Supérieurs d'où ils relèvent, et ce à la diligence des Procureurs du Roi des Siéges, en première instance, et sur l'appel à celle des Procureurs-Généraux desdits Conseils. Mandons à MM. de Chastenoye et Duclos, Lieutenans de Roi, Commandans au Cap, et Commissaires-Ordonnateurs dudit lieu, et à tous autres Officiers de cette qualité dans les quartiers et garnisons de cette Colonie, de tenir la main à l'exécution de la présente Ordonnance, sans permettre qu'il y soit contrevenu ; et à ce que personne n'en ignore, ordonnons qu'elle sera publiée au son du tambour, dans tous les coins et carrefours des Villes et chefs-lieux aussitôt la réception, dont lesdits sieurs Lieutenans de Roi, Commissaires et Officiers, nous donneront avis ; ordonnons qu'elle sera pareillement lue, publiée et registrée dans les Conseils-Supérieurs de la Colonie, à leur première Séance, à la diligence de MM. les Procureurs-Généraux en iceux, et par eux incessamment envoyée par duplicata avec l'Arrêt d'enregistrement, dans les Siéges de leur ressort, pour y être registrés, à l'effet de quoi il en sera par Nous envoyé des copies en forme auxdits sieurs Procureurs-Généraux, lesquels Nous certifieront du tout au mois. DONNÉE au Petit Goave, le 11 Novembre 1723. *Signé*, LE MARQUIS DE SOREL et DE MONTHOLON.

R. au Conseil du Cap, le 6 Décembre suivant.

LETTRE

LETTRE du Ministre, à MM. de la Rochalard et de Montholon, pour procurer toutes les facilités, et faire ouvrir les dépôts publics à un Jacobin qui projette de travailler à l'Histoire de S. Domingue.

Du 23 Novembre 1723.

LE Père Vassal, Jacobin, qui va à S. Domingue pour être Supérieur de la Mission que les Religieux de cet Ordre vont établir dans le Quartier S. Louis, est dans le dessein de travailler à l'Histoire de S. Domingue; comme il aura besoin de prendre des titres dans les Greffes des Conseils-Supérieurs et des Juridictions, l'intention du Roi est qu'ils lui soient communiqués, et qu'il puisse en prendre des Copies ou des Extraits, et que vous lui donniez d'ailleurs les facilités nécessaires pour l'exécution de cet ouvrage.

Cette Recommandation, qui montre l'intérêt que prenoit le Gouvernement à cet ouvrage, paroît n'avoir produit aucun fruit, puisque le Père Vassal n'a rien donné au Public sur S. Domingue.

LETTRE DU ROI aux Conseils de S. Domingue, pour leur donner avis de la mort de Mgr. le Duc d'Orléans, et de la nomination de Mgr. le Duc de Bourbon à l'emploi de Principal Ministre.

Du 3 Décembre 1723.

NOS amés et féaux: notre très-cher et très-amé Oncle, le Duc d'Orléans, étant mort le deux de ce mois, Nous avons jugé à propos de remettre à notre très-cher et très-amé Cousin, le Duc de Bourbon, l'emploi de Principal Ministre de notre Etat, sous notre autorité; & voulant qu'il soit reconnu de tous nos Officiers et Sujets en cette qualité, et obéi en toutes les fonctions qui en dépendent, Nous vous en donnons connoissance, et vous mandons de suivre ce qui est sur cela de notre volonté, si n'y faites faute; car tel est notre bon plaisir. Donné à Versailles, etc.

Cette pièce étoit accompagnée d'une Lettre d'envoi de M. le Comte de Maurepas, Ministre de la Marine, en date du même jour.

R. au Conseil du Cap, le 7 Août 1724.

ARRÊT du Conseil du Petit Goave, touchant la Radiation du Traité d'entre les Habitans et les Administrateurs.

Du 7 Décembre 1723.

LE Procureur-Général du Roi est entré, et a remontré que Sa Majesté ayant ordonné que l'Ecrit que l'on a fait signer à MM. le Marquis de Sorel et de Montholon, en date des 28 et 29 Décembre 1722, attentatoire à son autorité, seroit rayé et biffé dans tous les Greffes où ledit Ecrit auroit été registré; pourquoi il requéroit, etc. Vu par le Conseil ladite Remontrance, etc. LE CONSEIL, faisant droit sur ladite Remontrance, a ordonné et ordonne que le Traité fait au Cul-de-Sac, des 28 et 29 Décembre 1722, ensemble les trois Arrêts, des 1er et 2 Mars suivant, et tout ce qui s'en est ensuivi, seront rayés et biffés des Registres, tant du Conseil que des Jurisdictions en ressortissantes, et ce en présence de MM. le Maire et Sevré, Conseillers séans, que la Cour a nommés Commissaires pour cet effet, et du Procureur-Général du Roi, tant sur les Registres de la Cour que sur ceux des Jurisdictions du Petit Goave et Léogane; et à l'égard des Jurisdictions de S. Louis et de Jacmel, ordonne le Conseil, aux Officiers desdits Siéges, de rayer et biffer de leurs Registres, lesdits Traité et Arrêts, et feront, tant lesdits Commissaires que Juges susdits, mention en marge desdits Regìstres de ladite radiation, en conséquence des Ordres du Roi, et de l'Arrêt de ce jour; de tout quoi ledit Procureur-Général et ses Substituts, certifieront le Conseil au mois. Fait en Conseil, etc.

ARRÊT du Conseil du Cap, qui admet un Chirurgien reçu Maître en France, et le dispense de l'examen.

Du 8 Décembre 1723.

VU par le Conseil, la Requête du sieur Durocher, natif de S. Malo, ayant été reçu Maître Chirurgien-juré pour la Ville et Fauxbourgs de S. Servan et lieux en dépendans, et depuis reçu Maître pour la Ville et Sénéchaussée Royale de Hennebond, et même Maître pour toutes sortes de Navigations;

remontrant le Suppliant que, depuis plus de 25 ans, il a eu l'honneur de faire quantité de voyages dans les Vaisseaux de Sa Majesté, en guerre contre les ennemis de l'Etat, même avoir fait quatre Campagnes aux grandes Indes Orientales et dans le Pérou, et pour la Compagnie ci-devant établie à S. Malo; comme il a l'honneur de le faire voir par les Lettres de Maîtrise, Certificats de Service, et autres pièces justifiantes ci-attachées, ensemble les pièces y jointes; et ouï le Procureur-Général: LE CONSEIL a permis audit sieur Durocher, d'exercer la profession de Chirurgien dans tout le ressort de ce Conseil, le dispense de passer à l'examen ordonné aux autres Chirurgiens, attendu les services qu'il a rendus ci-devant dans ladite profession, suivant qu'il paroît par lesdites pièces.

ARRÊT du Conseil du Petit Goave, qui nomme le Sénéchal de Léogane, Commissaire à l'effet d'instruire le Procès d'un des Moteurs des troubles de la Colonie.

Du 9 Décembre 1723.

SUR la Remontrance faite par le Procureur-Général du Roi, que le nommé Fortier étoit accusé d'être un des principaux Moteurs des troubles arrivés en cette Colonie, pour raison de quoi M. le Marquis de Sorel, Gouverneur et Lieutenant-Général de cette Colonie, avoit signé un ordre à toutes Personnes de cette Isle de courre-sus, et de l'arrêter mort ou vif; et comme M. le Comte d'Esnos-Champmeslin, Lieutenant-Général, et Commandant Général des Mers, Isles et Terre-Ferme de l'Amérique Méridionale, auroit, dans le discours qu'il a fait au Conseil à la dernière séance, demandé que le Procès dudit Fortier lui fût fait, nonobstant son évasion, et que d'ailleurs il est important qu'un tel crime ne demeure pas impuni; pourquoi il requiert, etc. Vu la Remontrance du Procureur-Général du Roi, le CONSEIL y faisant droit, a nommé M. Belin de la Caillère, Sénéchal de Léogane, pour Commissaire en cette partie, pour par lui procéder au Procès-Criminel que le Procureur-Général du Roi entend faire contre ledit Fortier; enjoint au Substitut du Procureur du Roi au Siége de Léogane, de faire les poursuites nécessaires pour parvenir à l'instruction dudit Procès, jusqu'à jugement définitif exclusivement, que le Conseil s'est réservé.

ORDONNANCE de M. de Champmeslin, qui attribue au Conseiller du Petit Goave, Commissaire nommé pour l'instruction du Procès d'un des Moteurs des Troubles de la Colonie, tout pouvoir et autorité, même hors du ressort du Conseil du Petit Goave, pour raison dudit Procès.

Du 10 Décembre 1723.

LE Comte d'Esnos-Champmeslin, etc.

Le Conseil Supérieur du Petit-Goave ayant, en conséquence des Ordres du Roi, nommé M. Gabet, Conseiller audit Conseil, pour procéder, en qualité de Commissaire, à l'instruction du Procès que Sa Majesté entend être fait au sieur de Champflour, accusé d'être un des principaux auteurs des troubles arrivés dans cette Colonie; et comme il se peut trouver des témoins à entendre hors du ressort du Conseil du Petit Goave, et que les Officiers des Jurisdictions qui n'en ressortissent pas, pourroient faire difficulté d'obéir aux ordres et Commission que ledit sieur Commissaire pourroit décerner : Nous, en vertu du pouvoir à Nous donné par Sa Majesté, avons, par ces présentes, donné et attribué, donnons et attribuons audit sieur Commissaire, toute Jurisdiction et autorité nécessaires pour raison dudit Procès, sur les Jurisdictions dépendantes du ressort du Conseil du Cap; enjoignons à tous Officiers de Justice, Habitans et autres qu'il appartiendra, de tenir état et obéir aux Ordonnances et Commissions que ledit Commissaire donnera aux fins des présentes. Mandons aux Gouverneurs, Lieutenans-de-Roi, et autres Officiers-Commandans dans cette Colonie, qu'il appartiendra, de prêter, chacun en droit soi, tous les secours et assistance dont ils seront requis, à l'effet de quoi la présente Ordonnance sera, à la diligence du Procureur-Général du Roi au Conseil du Petit Goave, sur l'ordonnance dudit Commissaire, registrée ès-Registres du Greffe dudit Conseil, pour y avoir recours s'y besoin est. DONNÉE au Petit Goave sous le cachet de nos armes et le contre-seing de l'un de nos Secrétaires. *Signé*, D'ESNOS-CHAMPMESLIN.

Nous, M. Jérôme Gabet, sur la Requête à Nous présentée par le Procureur-Général du Roi, expositive que M. le Comte d'Esnos lui auroit remis aujourd'hui une Ordonnance par lui rendue et signée, par laquelle il Nous attribue jurisdiction dans toute l'étendue de cette Colonie pour l'instruction du Procès du sieur de Champflours, moteur des troubles arrivés dans cette Colonie, et qu'il est ordonné par icelle qu'elle sera enregistrée au Greffe de ce Conseil, et par-tout ailleurs, ladite Requête signée le Maire : Nous ordonnons que ledit ordre, ci dessus daté et signé, sera enregistré ès-Registres du Conseil, pour y avoir recours si besoin est. FAIT au Petit Goave, le dix Janvier mil sept cent vingt-quatre. *Signé*, GABET.

R. le même jour.

ARRÊT du Conseil d'Etat, qui ordonne le Paiement des Dettes concernant le service de Sa Majesté dans les Colonies.

Du 28 Décembre 1723.

LE ROI ayant, par Arrêt de son Conseil du 27 Septembre 1720, ordonné que les dettes concernant son service, restantes à acquitter dans les Colonies, de tout le passé jusqu'à la mort du feu Roi, seroient incessamment payées en certificats, lettres-de-change ou récépissés des Commis, des Trésoriers-Généraux de la Marine, et que lesdits certificats, lettres-de change ou récépissés expédiés ou à expédier, seroient rapportés auxdits Trésoriers pour en délivrer leurs reconnoissances à la décharge du Garde du Trésor-Royal, dont le montant seroit payé aux porteurs, à la déduction du cinquième & des fractions; lesquelles reconnoissances seroient ensuite rendues auxdits Trésoriers pour leur valeur entière sur leurs quittances comptables à la décharge du Garde du Trésor-Royal, lequel seroit tenu de faire recette au profit de Sa Majesté du cinquième déduit & des fractions, en vertu dudit Arrêt seulement; & Sa Majesté étant informée que quoique le tems qui s'est écoulé depuis la date de cet Arrêt, ait été plus que suffisant pour faire toutes les conversions, néanmoins plusieurs particuliers, porteurs des certificats, lettres-de-change ou récépissés des Commis des Trésoriers-Généraux de la Marine, pour dépenses desdites Colonies jusqu'au premier Septembre 1715, ont négligé de les rapporter auxdits Trésoriers pour être convertis en leurs reconnoissances à la décharge du Garde du Trésor-Royal; que même d'autres particuliers, après en avoir fait la conversion, négocient sur la place les reconnoissances de ces Trésoriers, au lieu de les porter au Trésor-Royal, parce qu'il n'y a point de tems limité pour les y recevoir, ce qui empêche & empêcheroit lesdits Trésoriers de compter définitivement des recettes & dépenses desdites Colonies, s'il ne plaisoit à Sa Majesté de fixer un tems pour le rapport & la consommation desdits effets. A quoi desirant pourvoir, oui le rapport du sieur Dodun, Conseiller Ordinaire au Conseil Royal, Contrôleur-Général des Finances, Sa Majesté étant en son Conseil, a ordonné & ordonne que, conformément à l'Arrêt rendu en icelui le 27 Septembre 1720, les dettes concernant son service, restantes à acquitter dans les Colonies, de tout le passé jusqu'à la mort du feu Roi, seront payées en la forme & manière prescrites par ledit Arrêt, & que les certificats, lettres-de-change ou récépissés des Commis des Trésoriers-Généraux, expédiés ou à expédier en conséquence, seront, par les porteurs d'iceux, rapportés auxdits Trésoriers dans le courant de l'année 1724, & les six premiers mois de la suivante, pour tout délai & sans espérance d'aucun autre, pour être convertis en leurs reconnoissances à la décharge du Garde du Trésor-Royal, auquel lesdites reconnoissances seront pareillement et dans le même délai, rapportées par les Porteurs d'icelles, pour en recevoir le montant à la déduction du cinquième et des fractions, ainsi qu'il a été ci-devant ordonné; après lequel temps passé, et à compter du 1er Juillet 1725, Sa Majesté a ordonné et ordonne que tous les certificats, lettres-de-change ou récépissés des Commis desdits Trésoriers, pour dépenses desdites Colonies, jusqu'au 1er Septembre 1715, qui n'auront point été convertis en leurs reconnoissances, et les reconnoissances desdits Trésoriers qui n'auront point été rapportées au Trésor-Royal dans le dernier jour du mois de Juin 1725 inclusivement, seront et demeureront nuls, éteints et supprimés au premier Juillet de ladite année, sans que les Porteurs en puissent prétendre ni répéter aucune valeur, sous quelque prétexte que ce soit, du montant desquels certificats, lettres-de-change, récépissés et reconnoissances non rapportés dans ce délai, lesdits Trésoriers-Généraux seront, chacun en droit soi, tenus de faire recette au profit de Sa Majesté, en vertu du présent Arrêt seulement, et sur les états d'eux certifiés et visés par le sieur Lhottellier, Commissaire de la Marine, que Sa Majesté a commis et commet pour faire la vérification desdits effets, au moyen de quoi lesdits Trésoriers en demeureront, ainsi que leurs Commis, bien et valablement quittes et déchargés. FAIT au Conseil d'Etat du Roi, Sa Majesté y étant, tenu à Versailles, etc.

Publié et affiché à S. Domingue.

ORDONNANCE DU ROI, portant que les Gouverneurs-Généraux, Intendans et Gouverneurs particuliers des Isles du Vent et de S. Domingue, ne jouiront point, pendant leur absence desdites Isles, de ce qui peut leur revenir du Droit de deux pour cent attribué sur les Négres.

Du 28 Décembre 1723.

DE PAR LE ROI.

SA MAJESTÉ ayant bien voulu permettre à ses Gouverneurs-Généraux, Intendans et Gouverneurs particuliers de ses Colonies des Isles de l'Amérique, de recevoir deux pour cent sur les Négres qui seroient introduits auxdites Colonies, pour leur être remis, après la régulation faite en pièces d'Inde, de tous les Négres, Négresses, Négrillons et Négrittes que chaque Navire aura apportés, ensorte que, si la régulation des Négres d'un Vaisseau qui aura porté 300 Négres ne monte qu'à 250 Négres, pièces d'Inde, ils ne recevront que cinq Négres aussi pièces d'Inde, pour être lesdits Négres partagés entr'eux, savoir, un pour cent au Gouverneur-Général, demi pour cent à l'Intendant, et pareil demi pour cent au Gouverneur particulier de l'Isle ou Quartier où les Négres seront vendus; et voulant prévenir les difficultés qui pourroient arriver de la part desdits Gouverneurs Généraux, Intendans et Gouverneurs particuliers, lesquels pourroient prétendre jouir desdits Noirs, quoiqu'absens de leurs Gouvernemens et Intendances; Sa Majesté a ordonné et ordonne, que les Gouverneurs-Généraux, Intendans et Gouverneurs particuliers des Isles du Vent, ne jouiront point, pendant leur absence desdites Isles du Vent, de ce qui peut leur revenir desdits deux pour cent, comme aussi que les Gouverneurs-Généraux, Intendans et Gouverneurs particuliers de l'Isle de S. Domingue, ne jouiront point aussi, pendant leur absence de ladite Isle, de ce qui peut leur revenir desdits deux pour cent; et Elle veut que ceux qui feront leurs fonctions pour le Commandement ou pour l'Intendance, jouissent, pendant leur absence, de ce qui peut leur revenir desdits deux pour cent; et sera la présente Ordonnance registrée aux Bureaux des Intendances desdites Isles. FAIT à Versailles, etc.

ARRÊT du Conseil du Cap, portant qu'il persévère à surseoir l'enregistrement d'une Ordonnance des Administrateurs sur les Négres suppliciés.

Du 3 Janvier 1724.

LE PROCUREUR GÉNÉRAL du Roi est entré en la Chambre de ce Conseil, et a représenté à la Cour qu'il auroit reçu une Lettre de Messieurs le Chevalier de la Rochalard et Montholon, Général et Intendant, datée au petit Goave, le 11 Décembre dernier, par laquelle ils le prient de requérir l'enregistrement de l'Ordonnance rendue par M. de Sorel et mondit sieur Montholon, le 17 Août aussi dernier, au sujet des Négres suppliciés, suivant l'Arrêt qui a été rendu en forme de Réglement, le 5 Juillet aussi dernier, duquel il a été ordonné surséance par ladite Ordonnance; et après que la Cour a eu pris lecture d'icelle et de ladite lettre, et oui le Procureur-Général du Roi, en demandant et requérant l'enregistrement, le Conseil ayant mis ladite affaire en délibération, il a été dit à la pluralité des voix qu'il seroit sursis à l'enregistrement de ladite Ordonnance, jusqu'à l'arrivée de M. le Comte de Champmeslin, ou s'il ne venoit point, jusqu'à celle de mesdits sieurs de la Rochalard et Montholon, auxquels ledit Conseil se propose de faire voir les bonnes et justes raisons qu'il a eues de rendre ledit Arrêt du cinq Juillet dernier, et que néanmoins l'exécution dudit Arrêt sera pareillement sursise.

M. le Comte de Champmeslin fit enregistrer cette Ordonnance le 4 Février 1724.

ARRÊT du Conseil du Cap, qui reçoit Jean Felix Robien, Huissier en la Cour, pour le ressort du Port de Paix.

Du 3 Janvier 1724.

ORDONNANCE

ORDONNANCE DU ROI, portant que les Minutes des Notaires destitués par autorité de Justice ou autrement, ainsi que celles des Notaires décédés ou qui se seroit démis, seront déposées aux Greffes des Jurisdictions du ressort desdits Notaires.

Du 4 Janvier 1724.

LOUIS, ect. Salut. Par notre Déclaration du 2 Août 1717, rendue au sujet des dépôts des Minutes des Notaires dans nos Colonies de l'Amérique, Nous aurions, entre autres choses, ordonné que les Minutes des Notaires qui décéderoient ou qui se démettroient de leurs emplois, seroient déposées aux Greffes de nos Jurisdictions ordinaires, ou de celles des Seigneurs dans le ressort desquelles lesdits Notaires seroient établis; Nous avons depuis été informés qu'il est survenu une contestation au Conseil Supérieur de la Guadeloupe, à l'occasion des Minutes du nommé Neys, Notaire en la Jurisdiction de la Basse-Terre de ladite Isle, qui a été destitué de son emploi par Arrêt dudit Conseil Supérieur, du 4 Mars dernier, et dont les Minutes ont été déposées au Greffe dudit Conseil Supérieur en vertu dudit Arrêt; et estimant convenable que toutes les Minutes des Notaires décédés, de ceux qui se démettront volontairement ou qui seront destitués, soient déposées en un même Greffe. A CES CAUSES, Nous, en interprétant en tant que de besoin notre Déclaration du 2 Août 1717: disons, déclarons et ordonnons, voulons et nous plaît que les Minutes des Notaires destitués par autorité de Justice ou autrement, ainsi que celles des Notaires décédés ou qui se seront démis de leurs emplois, seront déposées aux Greffes des Jurisdictions, dans le ressort desquelles lesdits Notaires auront été établis, en se conformant aux formalités prescrites par notredite Déclaration dudit jour 2 Août 1717, laquelle sera exécutée selon sa forme et teneur. Voulons en conséquence, que sans s'arrêter audit Arrêt du Conseil Supérieur de la Guadeloupe, les Minutes dudit Neys, destitué par ledit Arrêt, soient remises au Greffe de la Jurisdiction ordinaire de la Basse-Terre de ladite Isle, et que toutes autres Minutes des Notaires qui auroient pû être destitués de leur emploi par autorité de Justice ou autrement, dans l'étendue de nosdites Colonies, soient pareillement remises, (si fait n'a été) aux Greffes des Jurisdictions de leur district: à ce faire les dépositaires contraints, quoi faisant, déchargés; SI DONNONS en mandement à nos Amés et Féaux les Gens tenant nos Conseils Supérieurs dans nos Colonies, que ces présentes ils ayent à faire publier et registrer, ect. Donnée à Versailles, etc.

R. au Conseil du Petit Goave, le 6 Juillet 1724.
Et à celui du Cap, le 7 Août suivant.

INTERDICTION *prononcée dans le Conseil du Petit Goave, contre MM. Bornat et Sevré, Conseillers de la même Ville, par M. le Comte d'Esnos-Champmeslin.*

Du 5 Janvier 1724.

M le Comte de Champmeslin les rétablit le 5 Mars suivant. Nous donnerons les détails de ces faits dans la Partie historique.

ARRÊTÉ *du Conseil du Petit Goave, portant qu'il assistera en corps au Service pour M. de Paty, décédé de Commandant des parties de l'Ouest et du Sud, et qui venoit d'être nommé Lieutenant au Gouvernement Général, et que les Officiers des Jurisdictions assisteront de même à ceux qui seront faits dans leurs dépendances.*

Du 7 Janvier 1724.

SERMENT *prêté par le Conseil du Cap et la Jurisdiction de la même Ville, entre les mains de MM. le Comte de Champmeslin, et le Chevalier de la Rochalard.*

Du 3 Février 1724.

LE CONSEIL assemblé, a prêté le serment de fidélité entre les mains de M. le Comte de Champmeslin, et en celles de M. de la Rochalard, en la forme et manière qui suit :

Messieurs, « Je jure par le Très-haut Nom de Dieu, et promets au » Roi de lui être, tant que je vivrai, fidèle Sujet et serviteur, que je » procurerai son service et le bien de son État, de tout mon pouvoir, » et que je ne me trouverai en aucun mauvais dessein, conseil ni en- » treprise au préjudice de Sa Majesté; et au contraire, s'il en vient à

» ma connoissance, je le ferai savoir à M. le Général ou Commandant:
» ainsi me soit Dieu en aide et ses saints Evangiles. »

Ledit serment a été prononcé, ainsi que dit est, par M. de Beauval, Doyen dudit Conseil. *Signé*, le Chevalier de la Rochalard et d'Esnos-Champmeslin.

Ledit Conseil assemblé ayant mandé les Officiers de la Jurisdiction, lesquels, après être entrés dans la Chambre d'icelui, ont prêté le serment de fidélité entre les mains de mondit sieur le Comte de Champmeslin, et de mondit sieur de la Rochalard, lequel a été prononcé par le sieur le Maître, Sénéchal de ladite Jurisdiction, en la forme et manière qui suivent.

(Il est dans les mêmes termes que celui du Doyen du Conseil.)

ORDONNANCE *de M. le Comte d'Esnos-Champmeslin, au sujet des droits que doit payer la Compagnie des Indes pour l'introduction des Négres, Vaisseaux, Marchandises, etc. et de la monnoie d'Espagne.*

Du 14 Février 1724.

LE Comte d'Esnos-Champmeslin, ect.

Ayant examiné, suivant les ordres de Sa Majesté, les exemptions de droits accordées à la Compagnie des Indes par les Arrêts des 10 et 27 Septembre 1720; la faculté accordée par l'Arrêt du 10 Septembre, d'introduire 30000 Négres étrangers dans la Colonie de S. Domingue, et de faire venir des Vaisseaux étrangers pour charger ses sucres et autres denrées; ensemble les raisons qui peuvent déterminer à faire recevoir les espèces d'Espagne à la pièce ou au poids; et ayant pouvoir, par la Déclaration de Sa Majesté, du 7 du mois de Septembre dernier, de décider ce que Nous jugerons de plus convenable au bien de son service et à l'avantage de la Colonie: après avoir pris sur ce l'avis de M. de la Rochalard, Gouverneur et Lieutenant-Général, de M. de Montholon, Intendant, de M. Chazel, Commissaire Général de la Marine: NOUS, en vertu du pouvoir à Nous donné, et après avoir pris l'avis desdits Sieurs de la Rochalard, Montholon et de Chazel, avons réglé que la Compagnie des Indes payera les droits d'Octroi de toutes les denrées et Marchandises qu'elle fera sortir de la Colonie, ainsi et de la même manière que les Habitans et Négocians les payent, qu'elle ne pourra introduire aucuns Négres étrangers dans la Colonie, à peine de confiscation desdits Négres; qu'elle ne pourra aussi faire venir aucuns Vaisseaux étrangers dans la Colonie, pour quelque cause et prétexte que ce soit, à peine de confiscation desdits Vaisseaux, et des Marchandises de leur chargement; en outre, pour ce qui regarde les Négres et Vaisseaux étrangers, d'être assujétis aux autres peines portées par les Ordonnances et Réglemens de Sa Majesté, contre ceux qui font le Commerce étranger: avons réglé aussi que la monnoie d'Espagne continuera d'avoir cours, à la piéce et non au poids, ainsi qu'il s'est pratiqué depuis l'établissement de la Colonie; et pour l'exécution de tout ce que dessus, notre présente Ordonnance sera lue, publiée et affichée partout où besoin sera, et registrée aux Conseils Supérieurs de St. Domingue, et aux Jurisdictions qui y ressortissent. Donnée au Cap-François, Isle et Côte St. Domingue, le 14 Février 1724. *Signé*, D'ESNOS-CHAMPMESLIN.

R. au Conseil du Cap le même jour.
Et à celui du Petit Goave, le 11 Mars suivant.

COMMISSION *de Conseiller au Conseil du Cap, donnée par M. le Comte d'Esnos-Champmeslin.*

Du 14 Février 1724.

LE Comte d'Esnos Champmeslin, ect.

Etant informé qu'il y a plusieurs places de Conseillers vacantes dans le Conseil Supérieur du Cap; ensorte qu'il arrive souvent, lors des Séances d'icelui, qu'il n'y a pas un nombre de Conseillers suffisant pour la décision et jugement des affaires, tant civiles que criminelles, ce qui cause la remise des Séances et le retardement des affaires, dont les Parties souffrent beaucoup; et comme nous connoissons qu'il n'est rien de plus important pour le bien public, que de rendre, autant qu'il est possible, le Corps dudit Conseil complet, et étant aussi bien informés de la capacité, suffisance, expérience et probité du sieur Carbon, Avocat en Parlement de Paris, et de son attachement au service du Roi, dont il a donné des preuves dans les fonctions de Procureur du Roi dans les Sièges ordinaires et de l'Amirauté du Cap. Nous, en vertu de l'autorité à Nous donnée par le Roi, par ses Lettres-Patentes du sept Septembre mil sept cent vingt-trois, registrées dans ledit Conseil, et de l'avis de MM. le Chevalier de la Rochalard, Gouverneur et Lieutenant-Général pour Sa Majesté des Isles de l'Amérique sous le vent, et de Montholon, Chevalier, Conseiller du Roi en ses Conseils, Intendant de Justice, Police et Finances et de la Marine audit Pays : Avons par ces présentes, sous le bon plaisir de Sa Majesté, établi et établissons ledit sieur Carbon aux fonctions de Conseiller au Conseil Supérieur du Cap, avec séance et voix délibérative, pour en jouir ainsi qu'en jouissent les autres pourvus de pareilles places, et jusqu'à ce qu'il ait plû à Sa Majesté de lui en envoyer les provisions : en témoin de quoi nous avons signé ces présentes, auxquelles a été apposé le cachet de nos armes, et icelles fait contresigner par notre Secrétaire. Donnée au Cap, le 14 Février 1724. *Signé*, D'ESNOS-CHAMPMESLIN.

R. au Conseil du Cap le lendemain.

Nous rapportons cette Commission comme une preuve de l'autorité universelle de M. le Comte d'Esnos-Champmeslin, dont le nom n'a cependant pas été placé jusqu'ici dans la liste Chronologique des Gouverneurs de Saint-Domingue, publiée chaque année dans l'Almanach de cette Colonie.

ORDONNANCE *du Roi, au sujet des Engagés.*

Du 15 Février 1724.

DE PAR LE ROI.

SA MAJESTÉ ayant, par son Réglement du 16 Novembre 1716, assujeti les Négocians des Ports de France, qui envoyent des Vaisseaux dans les Colonies Françoises de l'Amérique et de la Nouvelle France en Canada, d'y embarquer un certain nombre d'Engagés, à proportion de la force de leurs Bâtimens : Et ordonné que lesdits Engagés qui sauroient les métiers de Maçon, Tailleur de pierres, Forgeron, Serrurier, Menuisier, Tonnelier, Charpentier, Calfat et autres métiers utiles dans les Colonies, seroient passés pour deux engagés. Elle auroit aussi, par son Ordonnance du 20 Mai 1721, permis aux Négocians desdits Ports de payer soixante livres entre les mains du Trésorier de la Marine, pour tenir lieu de chaque engagé qu'ils n'embarqueroient pas! Mais ayant été informée qu'il se commet de fréquens abus sur l'embarquement desdits engagés, la plupart des Armateurs présentant au Bureau des Classes du port de leur embarquement, des particuliers qu'ils font passer pour engagés, quoiqu'ils ne le soient pas, et qu'ils renvoyent après les avoir fait passer en revue, pour la décharge desquels ils se contentent de rapporter des certificats de désertion, ensorte qu'il a été remarqué qu'il n'a point passé aux Colonies, l'année dernière, un tiers des engagés qui avoient été embarqués dans un des Ports de France; ce qui auroit pu déterminer Sa Majesté à ordonner que ceux qui ne rapporteroient point de certificats de remise desdits engagés aux Colonies, seroient condamnés à deux cent livres d'amende, aux termes dudit Réglement, encore qu'ils rapportassent des certificats de désertion; mais ne voulant pas les traiter avec tant de rigueur, attendu qu'il peut y avoir des engagés qui désertent sans que les Armateurs des Vaisseaux ou les Officiers y donnent les mains, quoiqu'il y ait toujours de la faute des Officiers, qui peuvent les en empêcher quand ils auront sur eux l'attention qu'ils doivent; Sa Majesté étant aussi informée que quelques-uns de ces Armateurs ont présenté pour engagés des Particuliers qu'ils disoient être gens de métier, quoiqu'ils n'en eussent aucun; et voulant remédier à de pareils abus, Sa Majesté a ordonné et ordonne que les Capitaines et Propriétaires des Vaisseaux assujétis à porter des engagés aux Colonies Françoises de l'Amérique, seront tenus de payer entre les mains du Trésorier Général de la Marine en exercice, un mois après l'arrivée de leurs Vaisseaux dans le Port du débarquement, la somme de soixante livres pour chaque engagé qu'ils n'auront pas remis dans lesdites Colonies, et dont ils ne rapporteront pas certificat, conformément audit Réglement, encore même qu'ils rapportent des certificats de désertion desdits engagés, auxquels Sa Majesté défend d'avoir égard; Et que pour les engagés de métier qu'ils ne remettront point, comme dit est, ils payent la somme de cent vingt livres. Veut et entend Sa Majesté, que faute d'avoir payé dans le temps prescrit, ils soient poursuivis pardevant les Juges d'Amirauté, et condamnés au payement desdites sommes, et en outre à une amende d'une somme égale à celle à laquelle ils seront condamnés. Ordonne Sa Majesté que les Armateurs qui présenteront à l'avenir pour engagés des gens des métiers de Maçon, Tailleur-de-pierre, Forgeron, Serrurier, Menuisier, Tonnelier, Charpentier, Calfat, et autres métiers utiles dans les Colonies, pour leur tenir lieu de deux engagés, seront tenus de rapporter au Bureau des Classes un certificat des Maîtres de chaque métier dont ils disent que ces sortes d'engagés sont, portant qu'ils sont capables d'exercer le métier sous le titre duquel ils sont présentés, lesquels Maîtres de métiers seront indiqués auxdits Capitaines et Propriétaires des Vaisseaux. Et seront au surplus lesdits Réglemens du 16 Novembre 1716, et Ordonnance du 20 Mai 1721, exécutés selon leur forme et teneur. MANDE Sa Majesté à Monsieur le Comte de Toulouse, Amiral de France, aux Gouverneurs et Lieutenans-Généraux, Intendans, Gouverneurs particuliers aux Colonies Françoises de l'Amérique, de tenir chacun en droit soi la main à l'exécution de la présente Ordonnance, qui sera lue, publiée et affichée.

ORDONNANCE *du Roi, concernant la diminution des espèces d'or et d'argent d'Espagne.*

Du 15 Février 1724.

SA MAJESTÉ, par Arrêt du 4 du présent mois, ayant ordonné une diminution sur les espèces d'or et d'argent fabriquées dans son Royaume, Elle juge convenable de régler aussi une diminution sur les pistoles et piastres d'Espagne qui ont cours aux Isles et Colonies de l'Amérique; et desirant expliquer ses intentions à ce sujet, Sa Majesté a ordonné et ordonne qu'à commencer du jour de la publication de la présente Ordonnance, les pistoles d'Espagne qui ont actuellement cours dans ces Isles et Colonies de l'Amérique pour trente livres, n'y auront plus cours que pour [illegible]-huit livres pièce, et les demies à proportion; et que les piastres qui ont actuellement cours pour sept livres dix sols, n'y auront plus cours que pour sept livres; les demi-quarts, réaux et demi-réaux à proportion. MANDE ET ORDONNE SA MAJESTÉ, à ses Gouverneurs et Lieutenans-Généraux et Intendans de l'Amérique Méridionale, et tous autres qu'il appartiendra, de tenir la main à l'exécution de la présente Ordonnance, qui sera lue, publiée et affichée partout où besoin sera, et registrée au Greffe des Conseils Supérieurs des Isles du Vent et de Saint-Domingue, et par-tout où besoin sera : Ordonne Sa Majesté à tous ses Sujets de s'y conformer. Fait à Versailles, etc.

R. au Conseil du Petit Goave, le 18 Juillet 1724.
Et à celui du Cap, le 7 Août suivant.

ARRÊT du Conseil du Petit-Goave, qui condamne les nommés C... et F.... à être pendus, comme moteurs de troubles de la Colonie, & confisque leurs biens au profit de Sa Majesté.

Du 10 Mars 1724.

Cet Arrêt fut exécuté le même jour en effigie.

DON fait par M. le Comte d'Esnos-Champmeslin, à la famille des moteurs des troubles de la Colonie, des biens de ces derniers confisqués au profit du Roi.

Du 11 Mars 1724.

R. au Conseil du Petit Goave, le même jour.

ARRÊT du Conseil d'État, portant une nouvelle diminution sur les espèces et matières d'or et d'argent.

Du 27 Mars 1724.

R. au Conseil du Petit-Goave, le 18 Juillet 1724.
Et à celui du Cap, le 7 Août suivant.

EDIT servant de Réglement pour le Gouvernement et l'Administration de la Justice, Police, Discipline et le Commerce des Esclaves Négres, dans la Province et Colonie de la Louisiane.

Du mois de Mars 1724.

LOUIS, etc. Salut. Les Directeurs de la Compagnie des Indes Nous ayant représenté que la Province et la Colonie de la Louisiane est considérablement établie par un grand nombre de nos Sujets, lesquels se servent

servent des Esclaves Négres pour la culture des terres ; Nous avons jugé qu'il étoit de notre autorité et de notre justice, pour la conservation de cette Colonie, d'y établir une Loi et des régles certaines, pour y maintenir la discipline de l'Eglise Catholique, Apostolique et Romaine, et pour ordonner de ce qui concerne l'état et la qualité des Esclaves ; et desirant y pourvoir et faire connoître à nos Sujets qui y sont habitués et qui s'y établiront à l'avenir, qu'encore qu'ils habitent des climats infiniment éloignés, Nous leur sommes toujours présens, par l'étendue de notre puissance, et par notre application à les secourir. A ces causes, etc. Voulons et Nous plaît ce qui suit :

ART. Ier. II, III et IV.

Voyez les articles Ier, II, III et IV, de l'Edit du mois de Mars 1685, *touchant la Police des Isles.*

ART. V.

Enjoignons à tous nos Sujets............ dans le travail ; pourront néanmoins envoyer leurs Esclaves aux marchés.

Voyez l'article VI de l'Edit de 1685.

ART. VI.

Défendons à nos Sujets Blancs, de l'un et de l'autre sexe, de contracter Mariages avec les Noirs, à peine de punition et d'amende arbitraire ; et à tous Curés, Prêtres ou Missionnaires, séculiers ou réguliers, et même aux Aumôniers des Vaisseaux, de les marier. Défendons aussi à nosdits Sujets blancs, même aux Noirs affranchis ou nés libres, de vivre en concubinage avec des Esclaves ; voulons que ceux qui auront eu un ou plusieurs.......... amende de 300 liv. et s'ils sont maîtres de l'Esclave.......... Lorsque l'homme Noir affranchi ou libre, qui n'étoit point marié........... rendus libres et légitimes.

Voyez, pour ce qui est ponctué, l'article 9 *de l'Edit de* 1685.

ART. 7, 8, 9, 10, 11, 12, 13 et 14.

V. les articles 10, 11, 12, 13, 14, 15, 16 *et* 17, *de l'Edit de* 1685.

ART. XV.

Défendons aux Esclaves d'exposer en vente.......... pour la nourriture des bestiaux, ni aucune espèce de grains ou autres marchandises, hardes ou nippes, sans permission expresse......... contre les acheteurs par rapport aux fruits, légumes, bois à brûler, herbes, fourrages et grains; voulons que, par rapport aux marchandises, hardes ou nippes, les contrevenans acheteurs soient condamnés à 1500 liv. d'amende, aux dépens, dommages et intérêts, et qu'ils soient poursuivis extraordinairement comme voleurs-recéleurs.

V. l'Article 19 de l'Edit de 1685.

ART. XVI.

Voulons à cet effet.......... par les Officiers du Conseil Supérieur, ou des Justices inférieures, pour............. Maîtres, dont ils seront porteurs.

V. l'article 20 de l'Edit de 1685.

ART. XVII.

V. l'article 21 de l'Edit de 1685.

ART. XVIII.

Voulons que les Officiers de notre Conseil Supérieur de la Louisiane, envoyent leurs avis sur la quantité de vivres, et la qualité de l'habillement qu'il convient que les Maîtres fournissent à leurs Esclaves; lesquels vivres doivent leur être fournis par chacune semaine, et l'habillement par chacune année, pour y être statué par Nous; et cependant, permettons auxdits Officiers de régler par provision lesdits vivres et ledit habillement; défendons aux Maîtres desdits Esclaves, de donner aucune sorte d'eau-de-vie pour tenir lieu de ladite subsistance et habillement.

ART. XIX.

C'est le 24e de l'Edit de 1685.

ART. XX.

Les Esclaves qui ne seront point nourris................ avis au Procureur-Général dudit Conseil, ou aux Officiers des Justices inférieures, et mettre leurs Mémoires.......... poursuivis à la requête dudit Procureur-Général, et sans frais......... Esclaves.

V. l'article 26 de l'Edit de 1685.

ART. XXI.

Les Esclaves infirmes.......... chacun Esclave, pour le paiement de laquelle somme ledit Hôpital aura privilége sur les habitations des Maîtres, en quelques mains qu'elles passent.

V. l'article 27 de l'Edit de 1685.

ART. XXII.

V. l'article 28 *de l'Edit de* 1685.

ART. XXIII.

Voulons néanmoins.......... auront préposés ; et en cas que leurs Maîtres n'ayent donné aucun ordre, et ne les ayent point préposés, ils seront tenus seulement.......... tourné à leur profit ; et si rien n'a tourné au profit des Maîtres, le pécule desdits Esclaves........... Créanciers.

V. l'article 29 *de l'Edit de* 1685.

ART. XXIV.

Ne pourront les Esclaves............ aucun négoce, ni être arbitres ou experts ; ne pourront aussi être témoins, tant en matière civile que criminelle, à moins qu'ils ne soient témoins nécessaires, et seulement à défaut de Blancs ; mais dans aucuns cas ils ne pourront servir de témoins pour ou contre leurs maîtres.

V. l'article 30 *de l'Edit de* 1685.

ART. XXV.

Ne pourront aussi les Esclaves........... ni être Parties civiles en matière criminelle, sauf à leurs Maîtres d'agir et de les défendre en matière civile, et de poursuivre en matière criminelle.......... contre leurs Esclaves.

V. l'article 31 *de l'Edit de* 1685.

ART. XXVI.

Pourront les Esclaves........... Personnes libres, aux exceptions ci-après.

V. l'article 32 *de l'Edit de* 1685.

ART. XXVII.

L'Esclave qui aura frappé son Maître, sa Maîtresse, le mari de sa Maîtresse, ou leurs enfans........ sera puni de mort.

V. l'article 33 *de l'Edit de* 1685.

ART. XXVIII et XXIX.

V. les articles 34 *et* 35 *de l'Edit de* 1685.

ART. XXX.

Les vols de moutons, chèvres, cochons, volailles, grains, fourrages, pois, féves, ou autres légumes et denrées, fait par les Esclaves.................. Fleur-de-Lys.

V. l'article 36 de l'Edit de 1685.

ART. XXXI et XXXII.

V. les articles 37 et 38 de l'Edit de 1685.

ART. XXXIII.

Voulons que les Esclaves qui auront encouru les peines du fouet, de la Fleur-de-Lys et des oreilles coupées, soient jugés, en dernier ressort, par les Juges ordinaires, et exécutés, sans qu'il soit nécessaire que tels Jugemens soient confirmés par le Conseil Supérieur, nonobstant le contenu en l'article 26 des présentes, qui n'aura lieu que pour les Jugemens portant condamnation de mort ou du jarret coupé.

ART. XXXIV.

Les affranchis ou Négres libres qui auront donné.......... en une amende de 30 liv. par chacun jour de rétention; et les autres Personnes libres qui leur auront donné pareille retraite, en 10 livres d'amende, aussi par chacun jour de rétention; et faute par lesdits Négres affranchis ou libres, de pouvoir payer l'amende, ils seront réduits à la condition des Esclaves, et vendus; et si le prix de la vente passe l'amende, le surplus sera delivré à l'Hôpital.

Voyez l'article 39 de l'Edit de 1685.

ART. XXXV.

Permettons à nos Sujets dudit pays qui auront des Esclaves fugitifs en quelque lieu que ce soit, d'en faire faire la recherche par telles Personnes et à telles conditions qu'ils jugeront à propos, ou de la faire eux-mêmes, ainsi que bon leur semblera.

ART. XXXVI.

L'Esclave condamné à mort........... Il sera imposé par notre Conseil-Supérieur sur chaque tête de Négre, la somme........ et levée par ceux qui seront commis à cet effet.

Voyez l'article 40 de l'Edit de 1685.

ART. XXXVII.

Défendons à tous Officiers de notredit Conseil, et autres Officiers de Justice établis audit pays, de prendre aucune taxe.........., concussion.

V. l'article 41 de l'Edit de 1685.

ART. XXXVIII.

Défendons aussi à tous nos Sujets desdits pays, de quelque qualité et condition qu'ils soient, de donner ou faire donner, de leur autorité privée, la question ou torture à leurs Esclaves, sous quelque prétexte que ce soit; ni de leur faire ou faire faire aucune mutilation de membre, à peine de confiscation des Esclaves, et d'être procédé contr'eux extraordinairement; leur permettons seulement, lorsqu'ils croiront que leurs Esclaves l'auront mérité, de les faire enchaîner et battre de verges ou de cordes.

ART. XXXIX.

Enjoignons aux Officiers de Justice établis dans ledit pays, de procéder criminellement contre les Maîtres et les Commandeurs qui auront tué leurs Esclaves, ou leur auront mutilé les membres, étant sous leur puissance ou sous leur direction, et de punir le meurtre selon l'atrocité des circonstances; et en cas qu'il y ait lieu à l'absolution, leur permettons de renvoyer tant les Maîtres que les Commandeurs, sans qu'ils ayent besoin d'obtenir de Nous des Lettres de grâce.

ART. XL et XLI.

V. les articles 44 *et* 45 *de l'Edit de* 1685.

ART. XLII.

Les formalités prescrites par nos Ordonnances et par la Coutume de Paris pour les saisies des choses mobiliaires, seront observées dans les saisies des Esclaves. Voulons que les deniers........... autres choses mobiliaires.

V. l'article 46 *de l'Edit de* 1685.

ART. XLIII.

V. l'article 47 *de l'Edit de* 1685.

ART. XLIV.

Voulons aussi que les Esclaves âgés de 14 ans et au-dessus, jusqu'à 60 ans, attachés à des fonds ou habitations, et y travaillant actuellement, ne puissent être saisis pour autres dettes que pour ce qui sera dû du prix............ saisis réellement; auquel cas Nous enjoignons de les comprendre dans la saisie réelle; et défendons, à peine de nullité.......... et y travaillant actuellement.

V. l'article 48 *de l'Edit de* 1685.

ART. XLV et XLVI.

V. les articles 49 et 50 de l'Edit de 1685.

ART. XLVII.

Il comprend à lui seul les deux articles 51 et 52 de l'Edit de 1685, qu'on y trouve l'un à la suite de l'autre.

ART. XLVIII et XLIX.

V. les articles 53 et 54 de l'Edit de 1685.

ART. L.

Les Maîtres âgés de 25 ans, pourront affranchir leurs Esclaves par tous actes entre vifs ou à cause de mort : et cependant, comme il se peut trouver des Maîtres assez mercenaires pour mettre la liberté de leurs Esclaves à prix, ce qui porte lesdits Esclaves au vol et au brigandage ; défendons à toutes Personnes, de quelque qualité et condition qu'elles soient, d'affranchir leurs Esclaves sans en avoir obtenu la permission par Arrêt de notredit Conseil Supérieur ; laquelle permission sera accordée sans frais, lorsque les motifs qui auront été exposés par les Maîtres paroîtront légitimes. Voulons que les affranchissemens qui seront faits à l'avenir sans ces permissions, soient nuls, et que les Affranchis n'en puissent jouir ni être reconnus pour tels : ordonnons au contraire, qu'ils soient tenus, censés et réputés Esclaves ; que les Maîtres en soient privés, et qu'ils soient confisqués au profit de la Compagnie des Indes.

ART. LI.

V. l'article 56 de l'Edit de 1685.

ART. LII.

Déclarons les affranchissemens faits dans les formes ci-devant prescrites, tenir lieu de naissance dans notredite Province de la Louisiane, et les Affranchis n'avoir besoin............... pays étrangers ; déclarons cependant lesdits Affranchis, ensemble les Négres libres, incapables de recevoir des Blancs aucune donation entre vifs à cause de mort ou autrement : Voulons qu'en cas qu'il leur en soit fait aucune, elle demeure nulle à leur égard, et soit appliquée au profit de l'Hôpital le plus prochain.

V. l'article 57 de l'Edit de 1685.

ART. LIII.

V. l'article 58 de l'Edit de 1685.

ART. LIV.

Octroyons aux Affranchis.......... à nos autres Sujets, le tout cependant aux exceptions portées par l'article 52 des présentes.

V. l'article 59 de l'Edit de 1658.

ART. LV.

Déclarons les confiscations........... appartenir à ladite Compagnie des Indes............ à la recette de ses droits et revenus. Voulons...... ..... où elles auront été adjugées.

Si donnons en mandement à nos amés et féaux les Gens tenans notre Conseil Supérieur de la Louisiane, etc. DONNÉ à Versailles au mois de Mars 1724. *Signé*, LOUIS, et plus bas, *par le Roi*, PHELIPEAUX. Vu au Conseil, DODUN.

L'exécution de cet Edit est ordonnée par plusieurs Jugemens des Tribunaux de S. Domingue, et même par Sa Majesté; nous y reviendrons ailleurs.

Nous avons cru qu'il seroit inutile de répéter tout ce que cet Edit a emprunté de celui du mois de Mars 1685, auquel nous renvoyons article par article, afin qu'on rétablisse au besoin ce que nous avons ponctué. Il faut cependant observer que dans l'Edit de 1685, on se sert de l'expression Isles, *tandis que dans celui de 1724 on use de celle-ci*, Pays.

ARRÊT du Conseil du Cap, portant que les Conseillers ne pourront être élus Tuteurs que de leur consentement, et qui en conséquence décharge M. Beauval Barbé, Doyen, d'une Tutelle.

Du 3 Avril 1724.

V. l'Arrêt du 1er Septembre 1721.

RÉGLEMENT fait par le Gouverneur du Cap, pour la Compagnie des Négres-Libres de la dépendance de la même Ville.

Du 29 Avril 1724.

NOUS, Chevalier de l'Ordre Militaire de Saint-Louis, Gouverneur de l'Isle Sainte-Croix, & Commandant au Cap-François & dépendances.

Pour remédier au libertinage, insurbordination & désordre des Nègres Libres, qui vont jusqu'au point que l'on n'en peut trouver pour le service, soit lorsqu'il est nécessaire de faire des détachemens pour aller après les Nègres-Marons, ou envoyer autre part, & même pour venir à l'ordonnance chez le Commandant : Nous avons jugé nécessaire, pour réprimer de pareils abus, de renouveler et tenir la main exactement à l'exécution d'une ancienne Ordonnance rendue à ce sujet.

SAVOIR:

1°. Lesdits Négres-Libres, de quelque endroit qu'ils soient, se rangeront toujours au quartier Saint-Louis *, pour y passer en revue aux jours marqués pour cela, & suivront la Compagnie d'Infanterie, ci-devant commandée par feu M. de Pardieu, à la suite de laquelle cettedite Compagnie de Négres-Libres a toujours été, à moins qu'il ne leur soit ordonné autrement.

2°. Il sera dressé un rôle de ladite Compagnie sur une grande feuille de papier pliée en deux, où il sera marqué en marge, et à côté du nom de chaque Nègre, le lieu de sa résidence, ou s'il n'en a point ; et ils seront pris à tour de rôle pour faire le service, sans exception d'aucun que de ceux qui seront infirmes et vieux, au moins au-dessus de 60 ans.

3°. Les Officiers de ladite Compagnie, ** Capitaine, Major, Lieutenant et Enseigne, iront tour-à-tour, une fois dans la semaine, chez M. le Gouverneur ou Commandant, voir s'il y a un Négre d'ordonnance.

4°. Ladite Compagnie sera partagée en trois ou quatre escouades ; et chaque Officier aura soin de celle qui lui sera marquée : ce sera le Commandant de l'escouade qui viendra une fois par semaine chez M. le Gouverneur lorsque sadite escouade fournira, et ainsi des autres Officiers.

(*) *Vulgairement nommé Quartier Morin.*

(**) *Ils étoient Négres aussi.*

5°. Chaque

5°. Chaque Officier aura, pour le soulager, un Sergent sous lui dans son escouade.

6°. Tous les Négres-Libres obéiront aveuglément aux Commandans des quartiers où ils demeureront, sans que cela les dispense de venir passer en revue au quartier Saint-Louis, à moins qu'ils ne se trouvent détachés pour le service par lesdits Commandans de leurs quartiers.

7°. Aucun Officier et Négre-Libre de ladite Compagnie ne sortira des quartiers de la dépendance du Cap, sous quelque raison et prétexte que ce puisse être, sans une permission par écrit du Commandant de son quartier, dont il avertira le Major de ladite Compagnie, afin qu'ils puissent rendre compte de l'absence dudit Négre au cas de revue ou autre occasion de service.

8°. Les Officiers de ladite Compagnie qui contreviendront à tout ce qui leur est prescrit ci-dessus, seront cassés et mis au cachot pour un mois, et les Négres-Libres deux mois à la chaîne; pendant lequel tems ils seront employés aux travaux du Roi; ou s'il n'y en avoit point, à nétoyer et sarcler les environs du Corps-de-garde et des Casernes; et au cas de récidive, ils resteront l'espace de six mois auxdits travaux, toujours à la chaîne, et ne seront point élargis qu'ils n'ayent payé de leur argent, leur nourriture à celui qui est chargé de la fournir aux prisonniers.

Enjoignons à tous les Commandans des quartiers de la dépendance de ce Gouvernement, ou à leur défaut, aux Officiers de Milices, de tenir la main à l'exécution du présent ordre, qui sera lu et publié à la tête de ladite Compagnie, afin qu'aucun Négre n'en puisse prétendre cause d'ignorance. Fait au Cap, ce 29 Avril 1724. *Signé*, DE CHASTENOYE.

ORDRE DU ROI, *qui donne le Commandement des Isles à M. de Chastenoye, en l'absence du Gouverneur, Lieutenant-Général desdites Isles.*

Du premier Mai 1724.

SA MAJESTÉ estimant nécessaire, pour le bien de son service, de donner le commandement des Isles sous le vent de l'Amérique, en l'absence et à défaut du Gouverneur, Lieutenant-Général desdites Isles, à une personne dont la fidélité, l'expérience et la capacité lui sont connues, Elle a fait choix du sieur de Chastenoye, Gouverneur de Sainte-Croix, Commandant au Cap-François, côte Saint-Domingue, pour lui donner le Commandement des Isles sous le vent de l'Amérique, en l'absence et au défaut du Gouverneur et Lieutenant-Général auxdites Isles. Veut Sa Majesté que ledit sieur de Chastenoye soit reconnu et obéi de tous ceux, ainsi qu'il appartiendra. Fait à Versailles, etc.

R. au Conseil du Cap, le 3 Mars 1732.
Et à celui du Petit Goave, le 7 Mai suivant.

ARRÊT du Conseil du Cap, qui renvoye à se pourvoir pardevant MM. les Général & Intendant, pour solliciter l'abrogation des formes imposées aux Saisies Réelles, s'il y a lieu.

Du 8 Mai 1724.

VU par le Conseil, la Requête de M. Gérard Carbon, Conseiller du Roi, tendante à ce qu'il plût audit Conseil, vû le dépérissement des biens saisis, et attendu l'impossibilité de faire les actes et procédures d'une poursuite de criées, vente et adjudication par décret en forme, permettre au Suppliant de faire vendre et adjuger lesdits biens saisis, issue d'audience du Siège Royal de la Jurisdiction, après trois publications seulement, de huitaine en huitaine, au plus offrant et dernier enchérisseur, en la manière accoutumée, suivant l'usage reçu et de tout tems usité en cette Colonie, pour le prix qui en proviendra, être remis et délivré au Suppliant, sur et tant moins, et jusqu'à concurrence de son dû en principaux, intérêts, frais et dépens. Le Réquisitoire dudit Procureur-Général, le Conseil a renvoyé ledit sieur Carbon à se pourvoir pardevant MM. les Gouverneur et Intendant, pour obtenir d'eux, s'ils le jugent à propos, un réglement à ce sujet qui établisse une Jurisprudence qui puisse s'exécuter en ce pays. *Le besoin de cette Loi dérogatoire subsiste encore.*

ARRÊT du Conseil du Petit-Goave, qui annulle l'adjudication faite sans nécessité d'un immeuble dépendant d'une succession, et interdit le Procureur du Roi, comme s'étant fait adjuger ledit immeuble sous nom interposé.

Du 12 Mai 1724.

ENTRE les cohéritiers de feu Michel Achard, Appelans ;

CONTRE Me Nicolas Petit, Conseiller du Roi en ce Conseil, au nom et comme gérant la succession de Nicolas de la Fitte, Intimé, d'autre part ;

ET encore contre Me Florens Flos, Lieutenant de Juge à Léogane, Intimé, d'autre part.

Vu, par le Conseil, la Requête présentée au sieur Juge de Léogane par de la Fitte, comme Syndic des créanciers de feu Michel Achard, tendante à ce qu'il soit permis de faire mettre en vente certain magasin appartenant à ladite succession. Ordonnance du Juge, qui permet de faire mettre en vente ledit magasin. Adjudication dudit magasin faite à Joseph-Cyprien Renaud, Négociant, demeurant en ladite Ville de Léogane ; oui sur ce Me Florens Flos, pour lors Substitut du Procureur-Général du Roi audit Siège, et du consentement dudit de la Fitte, pour et moyennant la somme de 9700 liv. Un livre brouillard tenu par ledit de la Fitte pour les affaires de la succession dudit Achard, coté et paraphé par le Juge dont est appel, par lequel il appert, folio vingt-cinq, recto ; que ledit Me Florens Flos est débité de la somme de 9700 liv. aux termes portés en l'adjudication susdatée, et qu'il a payé ledit jour à valoir sur le premier terme de 3233 liv. 10 f., 1500 liv. 15 f. Autre livre de caisse tenu par feu Fruchart, ci-devant Syndic de ladite succession, par lequel il appert que le premier Janvier 1716, il y avoit en caisse à ladite succession la somme de 31,124 liv. 9 f., suivant la vérification faite par ledit Florens Flos, Substitut du Procureur Général du Roi audit Siège, ledit jour. Autre livre de caisse pour ladite succession, tenu par ledit René de la Fitte, par lequel il appert que le 20 dudit mois de Mai audit an, ledit René la Fitte a reçu ladite somme de l'inventaire fait lors de la mort dudit Fruchart, qu'ils étoient en caisse. Reconnoissance qu'a donnée ledit Florens Flos audit la Fitte, de la remise et possession du magasin en question, et conformément à la vente faite en faveur de Cyprien Renaud, qui l'a rétrocédé audit Me. Florent Flos, aux mêmes conditions; Rétrocession du susdit magasin, faite par ledit Joseph-Cyprien Renaud audit Mathurin-Florens Flos, aux mêmes clauses et conditions portées en ladite adjudication susdatée, au rapport de Marchand, Notaire à Léogane. Autre Sentence du 6 Février 1723, entre Pierre Cadou, Me Nicolas Petit et le sieur Mathurin Flos, qui déboute ledit Cadou du premier article de ses débats, concernant la vente judiciaire faite par ledit feu de la Fitte, du magasin dudit feu Achard, sauf à lui à se pourvoir par appel en cassation de l'adjudication susdatée, et jusqu'à ce, qu'il soit sursis à la liquidation du compte dudit Me Petit. Lettres d'appel; les conclusions du Procureur-Général du Roi, du 27 Avril 1724; et oui le rapport de Me Jean-Baptiste Matges, Conseiller séant, le tout vu et considéré, et mûrement examiné; LE CONSEIL a mis et met l'appellation et Sentence du 6 Février 1723 au néant; émendant, ordonne que la somme de 9700 liv. portée en recette au premier article du compte que rend Me Petit audit Appelant, provenante du prix d'un Magasin appartenant à la succession de feu Michel Achard, sera rayée dudit compte; renvoie au surplus les Parties sur l'instance dudit compte pardevant le même Juge, sauf l'appel, s'il y échoit; et faisant droit sur l'appel interjeté par ledit Cadou, d'Ordonnance sur requête obtenue par ledit feu la Fitte, du sieur Juge dont est appel, portant permission de faire crier et vendre le magasin dudit feu sieur Achard à la barre du Siége, ensemble de la Sentence d'adjudication d'icelui audit Me Flos, sous le nom de Cyprien Renaud, du 22 Mai suivant, a cassé ladite Ordonnance et Sentence d'adjudication: ordonne que ledit Me Petit, en sa qualité, remboursera ladite somme de 9700 liv. audit Me Flos, qui l'a payée audit feu la Fitte pour le prix dudit magasin, en conséquence condamne ledit Me Flos de déguerpir dudit magasin, et remettre l'Appelant en la possession et jouissance d'icelui, et à lui en payer les loyers à dire d'Arbitres, dont les Parties conviendront devant le sieur Juge des lieux, sinon par lui nommés d'office, depuis le premier Juin 1716, jusqu'au jour qu'il remettra ledit Appelant en possession, et en tous les dépens, l'amende remise audit Appelant; et faisant droit sur les conclusions du Procureur-Général, condamne ledit Me Flos à aumôner la somme de trois mille livres à la Fabrique de l'Eglise Paroissiale de cette ville, et l'a interdit des fonctions de son office, jusqu'à ce que Sa Majesté en ait autrement ordonné. Mande le Juge dont est appel, à comparoir au prochain Conseil, pour y recevoir la mercuriale. FAIT en Conseil, ect.

V. l'Arrêt du Conseil d'État, du 10 *Août* 1726.

ARRÊT du Conseil du Cap, contre les Auteurs, Complices, etc. d'un Placard mis à la porte de l'Eglise du Cap, ayant trait aux troubles antérieurs de la Colonie.

Du 27 Juin 1724.

LE Procureur-Général du Roi est entré en ce Conseil, extraordinairement assemblé par la convocation faite par M. de Chastenoye, Gouverneur, et M. Duclos, Commissaire-Ordonnateur, et Premier Conseiller dudit Conseil, lequel a dit et remontré au Conseil, que sa mémoire lui est assez récente des désordres arrivés en l'étendue de cette Colonie, vers la fin de l'année 1722, etc.; que le 23 de ce mois, M. Perrier, Enseigne des Vaisseaux de Roi, commandant la Fregate le Prince de Conti, après avoir fait son expédition de la prise de l'Isle et de la forteresse d'Ariane, avec l'escadre qu'il commandoit, est revenu à l'Isle de Gorée, a renvoyé ses autres vaisseaux en Europe, a fait prendre environ trois cent cinquante Noirs qui sont dans sa deuxième Frégate, et a entré en ce port ledit jour vingt-troisième du courant, pour y en faire faire la vente. Le lendemain matin, Fête de la S. Jean, on a trouvé un Placard attaché et affiché à la porte de l'Eglise Cathédrale de cette ville. M. le Févre, Major, en ayant eu avis, a fait arracher ledit placard par le nommé Saint-Germain, Caporal d'une des Compagnies en garnison en ce lieu, écrit en ces termes: « De la part de la Colonie; défenses à tous les Bourgeois et » Habitans, de quelque condition qu'ils soient, d'acheter aucuns Négres » de la Compagnie, sous peine d'être brûlés sans miséricorde; défendons, » sous les mêmes peines, au sieur Villenouveaux, ni aucun autre, de gé- » rer ni vendre aucun Nègre de ladite Compagnie, signé, *La Colonie.* » Et comme ce Placard et Affiche n'a été mis que par certains quidams qui voudroient faire quelques séditions, et y entraîner ceux qui n'en connoissent point la conséquence, faire soulever des esprits foibles et autres gens sans aveu et vagabonds, pour éviter les désordres qui pourroient en arriver par la suite, ledit Procureur-Général s'est déterminé d'en porter sa plainte au Conseil; et requiert pour le Roi le repos et la tranquillité publique; qu'il plaise au Conseil lui décerner acte de sa plainte, et en même-temps de rendre son Arrêt, par lequel il sera dit que ce quidam, adhérens et complices, si aucuns il y a, seront déclarés dès-lors, comme à présent, factieux, séditieux, perturbateurs du repos public, et criminels de lèze-Majesté, et comme tels condamnés d'être pendus et étranglés jusqu'à ce que mort s'ensuive, au lieu patibulaire de cette ville, par l'Exécuteur de la Haute-Justice; leurs biens acquis et confisqués, moitié pour le Roi, et l'autre pour le dénonciateur ; ce qui sera exécuté sur la preuve qui en sera donnée, sans autre formalité de procédure que l'Arrêt qui sera prononcé, lequel sera commun, et subsistera contre tous ceux qui pourroient afficher ou faire afficher de semblables écrits, ou tendans aux mêmes fins, sans que la peine puisse être commuée ni modérée sous quelque prétexte que ce soit ; que l'Arrêt sera lu, publié et affiché en toutes les Paroisses de ce district, etc.

Le Conseil a donné acte audit Procureur-Général du Roi de sa plainte et réquisition ; ordonne qu'elle sera exécutée selon sa forme et teneur ; en conséquence qu'elle sera lue, publiée et affichée dans toutes les Paroisses dépendantes de ce ressort, à la diligence des Substituts dudit Procureur-Général du Roi, qui en certifieront la Cour au mois ; ordonne en outre, qu'à la diligence dudit Procureur-Général et de ses Substituts, il sera fait perquisition et recherche de ceux qui peuvent avoir fait et attaché ledit Placard, qui demeurera déposé au Greffe de ce Conseil, pour y avoir recours en cas de besoin.

Arrêt du Conseil du Cap, portant qu'un Lieutenant de Juge sera entendu en témoignage dans une instance en séparation de corps.

Du 3 Juillet 1724.

VU par le Conseil la Requête de Guillaume Lecomte, et oui le Procureur-Général du Roi, la Cour a permis et permet audit Lecomte de faire preuve pardevant le sieur Juge du Port de paix, des faits exposés en ladite Requête, et en outre de faire entendre le Lieutenant de Juge pardevant lui, pour ladite Requête, ensemble ledit interlocutoire joint au procès, être ordonné ce que de raison.

Voyez l'Arrêt du 2 Octobre suivant.

ARRÊT du Conseil du Cap, qui ordonne, en vertu d'un Arrêt du Conseil d'Etat, un inventaire des minutes des Greffes, & qu'on brûlera les anciens procès criminels des Négres, & autres pièces inutiles.

Du 3 Juillet 1724.

LE Procureur-Général du Roi est entré ence Conseil, qui a dit qu'il y a un Arrêt du Conseil d'Etat du Roi, qui ordonne qu'il sera procédé à un inventaire général, tant des minutes du Greffe que des Notaires pour la sûreté des familles, auquel on n'a point encore procédé, et requiert, etc. Le Conseil ayant égard à ladite réquisition, a ordonné et ordonne que sous quatre mois il sera procédé audit inventaire, tant dans cette Jurisdiction, que dans celle du Port de Paix, des minutes des Greffes desdits Siéges et de celles des Notaires, par MM. les Juges et Procureurs du Roi desdites Jurisdictions; et que les vieux procès criminels des Noirs et autres piéces inutiles, seront jetés et brûlés après qu'il en aura été fait u état.

ORDONNANCE du Gouverneur & de l'Ordonnateur du Cap, qui permet au Capitaine de Port de la même ville, d'établir un Pilote sur un terrein près la Roche de Picolet.

Du 22 Juillet 1724.

A Messieurs de Chastenoye et Duclos, etc.

Le sieur Raoulx a l'honneur de vous représenter que sur le faîte du morne où est en bas la batterie du Roi, la Roche de Picolet, il y peut avoir en roche et terre environ quatre cent pas de terrein, partie propre à faire quelques vivres pour Négres, borné au Sud de la Dame Foëzon; au Nord, du nommé Tremblé, qu'il a habitué depuis peu, que l'on dit avoir été donné ci-devant au sieur François, Marchand de cette ville; et comme sa veuve n'y a jamais habitué, le sieur Raoulx vous représente et vous requiert ledit terrein pour le bien du service du Roi et de ses vaisseaux et de ceux du public, attendu qu'il y mettra un Pilote qui servira de vigie tant au Nord, qu'à l'Est-Sud-Est, qui aura vue à la mer, et de plus qu'il sera prêt à sortir, ayant canot et équipage dans l'enfoncement de ladite Dame Foëzon; ce que l'on ne peut faire étant à la ville du Cap, étant une lieue loin de l'entrée desdits vaisseaux; et de plus, ne pouvant les voir quand ils viennent par derrière ladite roche venant de Léogane ou du Nord; preuve, M. de Vienne, qui a été forcé d'entrer le vaisseau du Roi sans Pilote, qui a pensé lui faire des affaires; il ose requérir que ledit terrein soit et demeure pour le service du Roi et du public, et que le Capitaine de Port y mette un Pilote, canot et équipage pour le bien du service, et ferez justice. *Signé*, RAOULX.

Permis au sieur Raoulx, Capitaine de Port, et à ses successeurs, d'établir un Pilote sur le terrein mentionné en la présente Requête, à la charge d'en obtenir une concession en forme, attendu le bien du service pour l'entrée des vaisseaux du Roi et autres. Au Cap, ce 22 Juillet 1724. *Signés*, DE CHASTENOYE et DUCLOS.

R. au Siége Royal du Cap, le 15 Décembre 1725.

ORDONNANCE du Roi, en interprétation de celle du 3 Avril 1718, au sujet des Vaisseaux qui font la traite des Négres aux Isles Françoises de l'Amérique.

Du 25 Juillet 1724.

DE PAR LE ROI.

SA MAJESTÉ s'étant fait représenter l'Ordonnance par Elle rendue le 3 Avril 1718, par laquelle il est fait défenses à tous Capitaines des Vaisseaux qui porteront des Négres dans les Isles de l'Amérique, de descendre à terre, ni de permettre à leurs Equipages d'y aller; comme aussi d'avoir aucune fréquentation avec les habitans, tant par eux que par les personnes de leurs Equipages, qu'ils n'en ayent auparavant obtenu la permission de celui qui commandera dans l'endroit où ils arriveront, laquelle permission leur sera accordée s'il n'y a point de maladies contagieuses dans leur bord; et en cas qu'il y en ait, il leur sera indiqué un endroit où ils pourront mettre les malades à terre, pour les y faire traiter, sans que pendant le temps que lesdites maladies dureront, ils puissent avoir communication avec les habitans. Et Sa Majesté ayant été informée que des Capitaines de Vaisseaux négriers vendent leurs Négres aux habitans desdites Isles avant que la visite de santé ait été faite, et la permission de mettre les Négres à terre accordée,

accordée, ce qui donne occasion aux Capitaines de vendre en fraude des Négres qu'ils prétendent leur appartenir comme pacotilles : A quoi étant nécessaire de remédier, SA MAJESTÉ, en interprétant en tant que de besoin l'Ordonnance dudit jour 3 Avril 1718, qui sera au surplus exécutée selon sa forme et teneur, a fait et fait très-expresses inhibitions et défenses aux Capitaines desdits Vaisseaux négriers, de vendre aucuns Négres; et aux habitans desdites Isles, de quelque qualité et condition qu'ils soient, d'en acheter d'eux, avant que la visite de santé desdits Bâtimens ait été faite, et la permission de mettre les Négres desdits Navires à terre accordée, à peine, contre chacun des contrevenans, de mille livres d'amende applicable au profit du dénonciateur, et en outre contre les Capitaines, d'être déclarés incapables de commander. MANDE et ordonne Sa Majesté à Monseigneur le Comte de Toulouse, Amiral de France, aux Gouverneurs et ses Lieutenans-Généraux en l'Amérique Méridionale, Gouverneurs particuliers et autres Officiers, etc.

R. au Siége du Port de Paix, le 30 Juin 1725.

ORDONNANCE du Roi, qui déclare le nommé Gilles Robin, Capitaine du Navire le Saint-Michel du Hâvre, incapable de monter à l'avenir aucun Bâtiment destiné pour les Colonies, pour avoir fait le Commerce étranger à Saint-Domingue.

Du 25 Juillet 1724.

DE PAR LE ROI.

SA MAJESTÉ étant informée qu'au préjudice des défenses si souvent réitérées, de faire le commerce étranger dans les Isles de l'Amérique, plusieurs Capitaines marchands font des renversemens dans leurs Navires de marchandises étrangères qui leur sont apportées par des Bâtimens étrangers dans les rades desdites Isles, ce qui non-seulement est contraire au commerce du Royaume, mais cause encore la ruine des Armateurs; ces Capitaines consommant dans le long séjour qu'ils font dans les Colonies pour ce commerce frauduleux, le bénéfice que les Armateurs auroient pu retirer si leur voyage étoit plus court : le nommé Gilles Robin, commandant le Navire le Saint-Michel du Hâvre, armé pour Léogane, Côte de Saint-Domingue, a été surpris au mois de Février dernier, faisant, pendant la nuit, le commerce étranger avec un petit Bâtiment anglois; pour raison de quoi son procès lui ayant été fait en l'Amirauté dudit lieu, ses marchandises ont été confisquées, et ledit Gilles Robin condamné à deux mille livres d'amende et à six mois de prison. Et Sa Majesté estimant qu'il est très-nécessaire de réprimer de pareils abus par des exemples qui puissent contenir dans la suite les Capitaines des Vaisseaux marchands qui tomberoient en pareil cas, Elle a déclaré et déclare ledit Gilles Robin incapable de monter à l'avenir aucun Navire destiné pour les Colonies. MANDE SA MAJESTÉ à Monseigneur le Comte de Toulouse, Amiral de France, aux Gouverneurs et Lieutenans-Généraux en l'Amérique, Intendans de Marine servant dans ses Ports et dans ses Colonies, Commissaires de Marine, Commis principaux et ordinaires des Classes, de tenir, chacun en droit soi, la main à l'exécution de la présente Ordonnance, qui sera registrée aux Greffes des Amirautés des Ports qui ont permission d'armer pour lesdites Isles et Colonies, lue, publiée et affichée dans lesdits Ports. FAIT à Chantilly, etc.

ARRÊT du Conseil du Cap, qui condamne un Particulier en l'amende et en une réparation, pour avoir imputé à un Juge d'avoir prévariqué dans une procédure.

Du 7 Août 1724.

VU l'Arrêt rendu en ce Conseil le 3 Juillet dernier, par lequel il est ordonné, avant faire droit, que le sieur Bion, Juge du Port de paix, seroit assigné pour en venir en ce Conseil cejourd'hui, et apporteroit avec lui la procédure concernant l'instance qui étoit pendante en la Jurisdiction du Port-de-Paix, contre le nommé Vaze: Vu aussi la Requête présentée par ledit Picard, sur laquelle ledit Arrêt est intervenu, ensemble toutes les pièces de la procédure en question; ouï ledit sieur Bion et ledit Picard, et le Procureur-Général du Roi: LE CONSEIL a débouté et déboute ledit Picard des fins de sa Requête; ordonne qu'elle sera rayée et biffée comme fausse et injurieuse, le condamne à quinze jours de prison, et en mille livres de dommages et intérêts envers ledit sieur Bion, Juge, et à lui faire réparation à l'Audience du Port-de Paix, des termes injurieux portés par ladite Requête; ordonne que la procédure sera continuée par ledit sieur Juge, suivant les derniers erremens, et ledit Picard en tous les dépens.

EDIT de création de deux Sénéchaussées, l'une à Saint-Marc, et l'autre à Saint-Jean du Trou, dans la Colonie de Saint-Domingue.

Du mois d'Août 1724.

LOUIS, etc. SALUT. Par nos Lettres-Patentes en forme d'Édit, du mois de Décembre 1721, Nous aurions, pour les causes et considérations y contenues, créé dans notre Colonie de Saint-Domingue, deux Siéges ordinaires, sous le titre de Sénéchaussées, dans les quartiers du Fort S. Louis et de Jaquemel; mais cette Colonie s'augmentant tous les jours par les nouveaux établissemens qui se font dans différens quartiers, et étant nécessaire, par cette raison, d'y établir deux autres Siéges ordinaires sous le titre de Sénéchaussées, et de les composer d'un nombre d'Officiers suffisant pour rendre la Justice en notre nom: A CES CAUSES, ect. Nous avons par le présent Édit, perpétuel et irrévocable, créé, érigé et établi deux de nos Siéges et Sénéchaussées, dans l'étendue de ladite Colonie de Saint-Domingue; savoir, une Sénéchaussée à Saint-Marc, dans la partie de Léogane, qui comprendra les quartiers de Saint-Marc, de l'Artibonite, des Gonaves et de Mirebalais; et une autre Sénéchaussée à Saint-Jean du Trou, dans la partie du Cap, qui comprendra les quartiers de Saint-Jean-du-Trou, de Jaquesy, de Maribaroux, du Terrier Rouge, et de Bayaha; chacune desquelles Jurisdictions sera composée d'un notre Conseiller-Sénéchal, d'un Lieutenant dudit Sénéchal, d'un Procureur pour Nous, et d'un Greffier Garde des Minutes, lesquels Officiers ne pourront exercer qu'en vertu des provisions que Nous leur ferons expédier; attribuons auxdits Juges, et en leur absence à leurs Lieutenans, la connoissance en première instance de tous procès Civils et Criminels, mûs et à mouvoir entre nos Sujets de leur ressort, et de toutes autres causes personnelles, réelles ou mixtes, jusqu'à jugement définitif, en la même forme et manière que les autres Officiers des Sénéchaussées de notredite Colonie de Saint-Domingue, et suivant les Ordonnances et Réglemens de notre Royaume, et à la charge de se conformer à la Coutume de la Prévôté et Vicomté de notre bonne Ville de Paris, suivant laquelle lesdits habitans pourront contracter, sans qu'ils puissent en introduire d'autres, pour éviter la diversité, à peine de nullité des conventions qui pourroient être contraires à ladite Coutume, à condition que les appellations des Sentences et Jugemens rendus par les Officiers desdites Sénéchaussées, seront portées et relevées en toutes matières; savoir, pour ladite Sénéchaussée de Saint-Marc, en notre Conseil Supérieur de Léogane, et pour celle de Saint-Jean du Trou, en notre Conseil Supérieur établi au Cap; et afin de donner moyen auxdits Officiers d'exercer leurs charges avec honneur et désintéressement, nous voulons qu'ils jouissent et usent des mêmes honneurs dont jouissent les Officiers des autres Sénéchaussées établies dans ladite Isle. SI DONNONS en mandement à nos amés et féaux les gens tenans nos Conseils Supérieurs au Petit-Goave et au Cap, que le présent Édit ils ayent à faire lire, publier et registrer, et le contenu en icelui garder, observer et exécuter en ce qui concerne chacun desdits Conseils Supérieurs. Donné à Versailles, au mois d'Août 1724. *Signé* LOUIS : Et plus bas, *par le Roi*, PHELIPEAUX, Visa, FLEURIAU.

R. au Conseil du Petit-Goave, le 8 Janvier 1725.
Et à celui du Cap, le 5 Février 1725.

Nota. *La Jurisdiction du Trou a été installée le Jeudi onze Octobre 1725, par M. de Beauval Barbé, Conseiller-Commissaire & Doyen du Conseil du Cap, nommé à cet effet, accompagné du Greffier de ladite Cour, et de l'Audiencier, à la réquisition et en présence du Procureur-Général.*

BREVET qui conserve à M. Bizoton les droits & priviléges de Conseiller au Conseil du Petit-Goave, malgré sa nomination à l'Office de Sénéchal de Saint-Marc.

Du 15 Août 1724.

AUJOURD'HUI 15 Août 1724, le Roi étant à Versailles, ayant accordé au sieur Bizoton, Conseiller au Conseil Supérieur du Petit-Goave, l'État et l'Office de Conseiller-Sénéchal en la Jurisdiction de Saint-Marc, établi par Édit du présent mois; et voulant lui conserver audit Conseil, l'entrée, rang, séance et voix délibérative dans les affaires où il ne s'agira point de l'appel de ses Sentences : Sa Majesté veut et entend que ledit sieur Bizoton, quoique pourvu de l'Office de Conseiller-Sénéchal à Saint-Marc, ait entrée, séance et voix délibérative audit Conseil, dans les affaires où il ne s'agira point de l'appel de ses Sentences, et qu'il y ait le même rang et séance qu'il y occupoit étant

Conseiller audit Conseil : mande Sa Majesté, aux Officiers dudit Conseil Supérieur, de faire jouir ledit sieur Bizoton du contenu au présent Brevet, nonobstant toutes Ordonnances, Réglemens et usages à ce contraires, auxquels Sa Majesté a dérogé pour ce regard seulement, et sans tirer à conséquence ; et pour témoignage de sa volonté, Elle m'a ordonné d'expédier le présent Brevet, ect.

R. au Conseil du Petit-Goave, le 8 *Janvier* 1725.

LETTRES d'Amortissement en faveur des Religieux de la Charité, établis à l'Ester.

Du mois d'Août 1724.

LOUIS, ect. Par nos Lettres-Patentes du mois de Mars 1719, Nous aurions confirmé et autorisé l'établissement ci-devant fait d'une Maison, Couvent et Hôpital pour les Religieux de la Charité, sous l'invocation de Saint-Jean-de-Dieu, dans le Bourg de l'Ester, quartier de Léogane, côte Saint-Domingue, pour y exercer l'hospitalité envers les pauvres malades et blessés du sexe masculin ; et pour faciliter auxdits Religieux les moyens de rendre cet établissement solide, nous leur aurions, entre-autres choses, par l'article V de nosdites Lettres, permis d'acquérir des maisons, terres, possessions, cens et rentes, et autres biens meubles et immeubles, et faire construire des moulins et autres engins et machines à l'usage du Pays, recevoir les legs et donations qui leur seront faits pour employer à ladite hospitalité, en obtenant de Nous des Lettres d'amortissement nécessaires, sans que pour raison de ce qu'ils possédent, appartenant audit Hôpital de l'Ester, ils soient tenus de nous payer ou à nos Fermiers aucuns droits d'amortissement, indemnités ou autres, dont Nous leur avons fait don et remise ; et par nos Lettres Patentes en forme d'Édit, du mois d'Août 1721, Nous aurions, entr'autres choses, ordonné que les Religieux établis dans l'Isle de Saint-Domingue, ne pourroient à l'avenir faire aucunes acquisitions, soit terres ou maisons, sans notre permission expresse et par écrit, à peine de réunion à notre Domaine ; et en cas que nous jugions à-propos, pour de bonnes et justes considérations, de leur accorder nosdites permissions, ils soient tenus de payer les droits d'amortissement et autres droits qu'ont coutume de payer les Religieux établis dans notre Royaume. Et lesdits Religieux de la Charité établis à l'Ester, Nous ayant fait représenter qu'il leur avoit été adjugé par Sentence par décret du Juge de Léogane, du 19 Février 1722, sous le nom de la veuve la Vache, qui en a fait déclaration à leur profit, une habitation appartenante aux Mineurs Maillet, située audit Pays, au quartier des Sources, borné d'un bout par les héritages du sieur Barbaut et sa ravine, du bout d'en-bas par des marécages, d'un côté par le grand chemin, et de l'autre par la veuve Chavannes ou la Pinoterie, ainsi qu'elle se consiste et comporte, moyennant la somme de trente-deux mille livres, payables un tiers comptant, et les deux autres tiers dans les années suivantes; laquelle acquisition ils n'ont fait que pour subvenir plus aisément à l'entretien des pauvres malades qui sont reçus audit Hôpital; que lorsque ladite habitation leur a été adjugée, ils n'avoient aucune connoissance de nosdites Lettres-Patentes du mois d'Août 1721, qui font défenses auxdits Religieux établis à Saint-Domingue, de faire des acquisitions sans notre permission, lesquelles, à cause du grand éloignement; n'ont pu être regîstrées en notre Conseil Supérieur de Léogane que l'année suivante, le 3 Mars 1722, postérieurement à ladite adjudication, ainsi qu'il paroît par le Certificat que leur en a délivré le sieur de Montholon, Intendant des Isles sous le Vent; et ils Nous auroient très-humblement fait supplier, sans nous arrêter auxdites Lettres-Patentes du mois d'Août 1721, qui ne pourront leur nuire ni préjudicier, de vouloir les faire jouir de l'effet desdites Lettres-Patentes du mois de Mars 1719, et en conséquence leur accorder nos Lettres d'amortissement nécessaires pour l'habitation mentionnée en ladite adjudication, qui n'a été faite comme dit est, que pour subvenir à l'entretien des pauvres malades dudit Hôpital; et voulant favorablement traiter lesdits Exposans: A CES CAUSES, après avoir fait voir à notre Conseil, copie collationnée de ladite adjudication, et ledit Certificat du sieur de Montholon y attaché sous le contre-scel de notre Chancellerie, sans Nous arrêter à ce qui est porté par nos Lettres-Patentes du mois d'Avril 1721, que Nous ne voulons nuire ni préjudicier auxdits Exposans, et dont en tant que de besoin est ou seroit, Nous les avons rélevés et dispensés pour ce regard seulement, et sans tirer à conséquence, de notre grace spéciale, pleine puissance et autorité Royale, Nous, en agréant et confirmant ladite adjudication, avons amorti, et par ces présentes signées de notre main, amortissons à perpétuité ladite habitation, circonstances et dépendances, comme chose dédiée et consacrée à Dieu, pour en jouir par lesdits Religieux de la Charité de l'Hôpital du Bourg de l'Ester et leurs successeurs, en toute propriété, sans qu'ils soient tenus de vuider leurs mains, nous bailler homme vivant et mourant, de nous payer ou à nos successeurs Rois, aucunes finances ou indemnités, droits de lods et ventes, franchises, nouveaux acquêts ni autres droits, dont Nous avons affranchi et affranchissons ladite habitation, circonstances et dépendances, et à quelque somme qu'ils puissent monter, Nous leur en avons fait et faisons don et remise. Si donnons en mandement à nos amés et féaux les gens tenans notre Conseil Supérieur à Léogane, et à tous autres nos Officiers et Justiciers qu'il appartiendra, que ces présentes ils ayent à faire registrer, et du contenu en icelles faire jouir et user lesdits Religieux établis à l'Hôpital de l'Ester, et leurs Successeurs, pleinement, paisiblement et perpétuellement; cessant et faisant cesser tous troubles et empêchemens, nonobstant lesdites Lettres-Patentes du mois d'Août 1721, et tous autres Edits, Déclarations, Réglemens, Arrêts et autres choses à ce contraires, auxquels Nous avons dérogé et dérogeons par cesdites présentes; car tel est notre plaisir, etc. DONNÉ à Versailles, etc.

R. au Conseil du Petit Goave, le 14 Mars 1726.

ARRÊT du Conseil du Petit Goave, concernant les Concierges des prisons, et les plaintes des Maîtres contre leurs Esclaves pour Maronage.

Du 4 Septembre 1724.

VU par notre Conseil Supérieur du Petit Goave, le Procès extraordinairement instruit à la requête du Substitut de notre Procureur-Général au Siége Royal de Léogane, Demandeur et Accusateur en réparation du crime de Maronage par récidive, contre le Négre Claude, Négre-Esclave appartenant à la dame veuve Chouppes, Prisonnier ès-prisons de la Cour, Défendeur et Accusé.

Et encore entre ledit Substitut, Appelant, contre ledit Claude, Intimé.

Vu par le Conseil, la Sentence, etc. LE CONSEIL a mis et met l'appellation et Sentence au néant: émendant, renvoie l'Accusé absous, ordonne qu'il sera renvoyé à sa Maîtresse; et faisant droit sur les conclusions du Procureur-Général du Roi, enjoint aux Concierges des prisons des Siéges du ressort, de spécifier, sur leur Registre d'écrous, les Personnes à la recommandation de qui ils écroueront à l'avenir les Prisonniers, et par qui ils leur seront remis, ensemble les noms et surnoms desdits

Prisonniers, ou marques des Esclaves qui ne sauront point leur nom; ordonne qu'à l'avenir les plaintes faites contre les Esclaves pour raison de Maronage, seront signées par les Maîtres desdits Esclaves, ou par quelqu'un ayant pouvoir spécial, adhoc, d'eux ou de leurs Procureurs; ordonne que l'Arrêt du 3 Septembre 1714, sera de nouveau lu, publié, affiché et registré, si fait n'a été; et sera le présent Arrêt lu, publié, affiché, etc.; enjoint aux Juges du ressort de s'y conformer, etc.

LETTRE du Ministre à M. de Montholon, touchant le renvoi des Habitans en France, et leur départ de la Colonie, dans les cas ordinaires.

Du 5 Septembre 1724.

J'AI reçu la lettre que vous m'avez écrite le 15 du mois de Mai dernier: J'avoue qu'il peut arriver des inconvéniens, en laissant la liberté au Gouverneur Général de renvoyer en France les personnes qu'il croit ne pouvoir convenir dans la Colonie, et qu'il peut agir dans cette oacasion par passion et par animosité; mais il me paroît qu'il y en auroit un bien plus grand d'ôter cette liberté à un homme qui doit répondre à S. M. de la Colonie qui lui a été confiée, ou même de l'assujétir à ne pouvoir rien faire en ce fait qu'avec l'Intendant.

C'est au dernier, qui est principalement établi pour faire rendre la justice, à informer S. M. si le Gouverneur-Général n'a point agi dans ces sortes de renvois par prévention, ou pour contenter l'animosité de quelqu'un; en ce cas S. M. y mettra l'ordre convenable.

Au surplus, on ne sauroit sortir des Colonies sans avoir fait publier son départ; et quand il n'y a point d'oppositions de la part des créanciers, si le Gouverneur-Général n'observe point cet ordre, vous aurez soin d'en donner avis.

ARRÊTÉ

ARRÊTÉ du Conseil du Petit Goave, portant sursis à régler la séance des Conseillers-honoraires, jusqu'aux ordres du Roi.

Du 5 Septembre 1724.

AUJOURD'HUI 5 Septembre 1724, le Conseil assemblé au Siége du Petit Goave, et les Conseillers étant prêts de prendre leur séance, M. Me Matges, Conseiller-honoraire audit Conseil, ayant voulu prendre rang immédiatement au-dessus du plus ancien Conseiller servant, M. Me Robert Guérin, qui s'est trouvé le plus ancien des Conseillers actuellement au Conseil, s'y est opposé formellement, prétendant que le rang des Conseillers-honoraires est précisément après celui du Conseiller qui se trouve le plus ancien ; de laquelle opposition il a requis acte, et a signé ; ainsi, *signé*, GUÉRIN.

Et ledit M. Me Matges a pareillement requis acte, que le Roi, par les provisions qu'il lui a plu lui accorder, après vingt-deux ans de service, lui conserve le même rang qu'il a ci-devant occupé ; que le Conseil a enregistré ses provisions sans aucune opposition ; et qu'enfin MM. de Vernon et le Lievre l'ont toujours précédé, quoiqu'il fût Doyen, après qu'ils o[illegible] obtenu des Lettres d'honoraire ; qu'ainsi c'est un usage établi en ce Conseil, et qui est conforme aux volontés du Roi ; qu'il espére de Sa Majesté qu'en étant informée, Elle l'y maintiendra, et a signé ; ainsi, *signé*, MATGES.

Sur quoi, la matière mise en délibération, et oui sur ce le Procureur-Général du Roi, le Conseil a donné acte auxdits M. Robert Guérin et Me Jean-Baptiste Matges de leurs dires et réquisitions ci-dessus et des autres parts, et ordonné qu'ils attendront sur ce les ordres du Roi.

ORDONNANCE des Administrateurs pour la diminution des espèces d'Espagne.

Du 9 Septembre 1724.

VU l'Ordonnance du Roi, donnée à Versailles le 11 Avril dernier, signée Louis, et plus bas, Phelippeaux, à Nous adressée, par laquelle Sa Majesté ayant, par Arrêt de son Conseil, du 27 Mars dernier, ordonné une diminution sur les espèces d'or et d'argent fabriquées dans son Royaume, et jugeant convenable de régler aussi une diminution sur les espèces d'Espagne, qui ont cours aux Isles de l'Amérique, auroit ordonné que les pistoles d'Espagne qui ont actuellement cours pour vingt-huit livres, n'y auront plus cours que pour vingt-deux livres huit sols pièce, et les autres espèces d'or et d'argent d'Espagne à proportion; et que les piastres qui ont actuellement cours pour sept livres, n'y auront plus cours que pour cinq livres douze sols; les demi-quarts, réaux et demi-réaux à proportion. Ayant égard aux représentations qui Nous ont été faites par le Conseil, que la récolte des sucres de la présente année est finie, que celle des indigos a été exactement dérangée par les ouragans, les débordemens des rivières, et par les pluies continuelles, de manière qu'il s'en fera très-peu dans le courant de l'année, et qu'une si grande diminution mettroit les habitans de cette Colonie hors d'état de pouvoir acquitter leurs dettes, et feroit un tort très-considérable à son commerce, et autres considérations, Nous engageant à suspendre l'enregistrement de ladite Ordonnance du Roi, et entière exécution de ses ordres, jusqu'à ce qu'il lui ait plu de statuer sur ce autrement: Nous ordonnons qu'à commencer du jour de notre présente Ordonnance, lesdites espèces d'or et d'argent d'Espagne n'auront plus cours dans l'étendue de cette Colonie; savoir, les pistoles, que pour vingt-quatre livres, les doubles, les quadruples et les demies à proportion, les piastres que pour six livres, les demies, quarts, réaux et demi-réaux à proportion; ordonnons que la présente Ordonnance sera lue, publiée et registrée ès Greffes des Conseils Supérieurs, et à l'audience extraordinairement tenante dans chaque Siége de Jurisdiction de cette Colonie, à l'effet de laquelle les Officiers desdits Siéges s'assembleront sur le champ, le tout à la diligence du Procureur du Roi; et le même jour de l'arrivée du Courier dans chacun desdits lieux, et partout ailleurs où besoin sera, par un Huissier, au son du tambour, à ce que personne n'en ignore; et desdites publications et enregistremens dans lesdits Siéges, ensemble des publications faites par un Huissier au son du tambour, il Nous sera envoyé par le retour des Couriers, et à la diligence de chacun desdits Procureurs du Roi ou leurs Substituts, où il n'y a pas de Procureur du Roi, ou autres personnes qui seront chargées de l'exécution de notre présente Ordonnance dans les lieux où il n'y a point de Siége ni de Substituts, des expéditions et actes en forme, le tout par duplicata, un pour Monsieur le Général, et l'autre pour M. l'Intendant.

Mandons à MM. les Gouverneurs particuliers, Lieutenans-de-Roi, Majors et autres Officiers Commandans pour le Roi, Commissaires-Ordonnateurs et ordinaires de la Marine, ou faisant leurs fonctions, Subdélégués de M. l'Intendant, Officiers de Justice, et tous autres qu'il appartiendra, de tenir la main, chacun en ce qui le concerne, à l'exécution de la présente Ordonnance.

Enjoignons aux Commis de MM. les Trésoriers-Généraux de la Marine, aux Receveurs de l'Octroi, et autres droits y annexés, aux Receveurs des amendes, adjudications et autres droits y joints, aux Receveurs des deshérences, aubaines, bâtardises et confiscations et à leurs Commis, aux Receveurs des amendes et confiscations pour cause de commerce étranger, aux Curateurs des successions vacantes, aux Receveurs des deniers publics, des droits curiaux, Trésoriers des Eglises, Marguilliers, Fabriciens, Dépositaires des deniers, soit par consignation ou autrement, Directeurs de postes, et à tous autres Receveurs et Comptables dans l'étendue de ce Gouvernement général, qui prétendront avoir dans leurs caisses des deniers dépendans de leurs exercices, recettes ou dépôts, de représenter ledit jour de la publication de la présente Ordonnance, dans chacun desdits chefs-lieux, aux sieurs Juges et Procureurs du Roi du Siége de leur établissement, leurs livres ou registres de recette et dépense, avec les espèces qu'ils auront dans leurs caisses dépendantes de leurdit exercice, recette ou dépôt, pour être du tout et sur le champ fait procès-verbal, qui sera remis en minute dans chacun desdits Greffes, contenant la balance de leur recette et dépense, et des espèces qui seront représentées et comptées, à peine contre chacun desdits Receveurs, Comptables et Dépositaires, qui n'observeront pas la présente disposition, de ne pouvoir employer dans la dépense de leur compte qu'ils rendront devant M. l'Intendant, ou à telle autre personne qu'il appartiendra, aucune diminution sur les espèces qu'ils prétendroient avoir en caisse dépendantes de leur exercice, recette ou dépôt, au jour de la publication de la présente Ordonnance; et dans les lieux où il n'y a point de Siéges établis, les Substituts du Procureur du Roi, comme à l'Artibonite et à Nippes, au Cul-de-Sac, le sieur Fontetay, et au Fond de l'Isle-à-Vache, le sieur Martin, feront, chacun à leur égard, les Procès-Verbaux ci-dessus ordonnés, dans le même temps et dans la même forme.

Enjoignons pareillement auxdits sieurs Juges et Procureurs du Roi de chacun desdits Siéges, Substituts ou autres Personnes ci-dessus dénommées, d'envoyer incessamment à M. l'Intendant, des Expéditions en forme des Procès-Verbaux qu'ils auront faits en conformité des précédentes dispositions. DONNÉE au Petit Goave, etc.

R. au Conseil du Petit Goave, le même jour.

Et à celui du Cap, le 17 du même mois.

LETTRE du Ministre à M. le Chevalier de la Rochalard, Gouverneur-Général, sur ses pouvoirs.

Du 12 Septembre 1724.

JE vous écrivis, le 11 Avril dernier, sur le peu de fondement que vous aviez de prétendre de mettre votre attache aux commissions que M. de Montholon pourroit donner pour remplir les places de Garde Magasins qui viendroient à vaquer, et je vous observai que vos fonctions et les siennes étoient bien expliquées dans la Dépêche du Roi, qui vous fut écrite en commun le 7 Septembre de l'année dernière, et je ne croyois pas qu'il dût y avoir aucune difficulté entre vous.

J'ai été informé depuis, que vous prétendiez être en droit de donner, conjointement avec l'Intendant, les commissions de Notaires, de viser celles d'Huissiers, d'empêcher que les Greffiers n'enregistrassent rien que par vos ordres, quoiqu'ils eussent ceux de l'Intendant, et en un mot que vous cherchiez à le dégrader de toutes manières. J'avoue que j'ai appris tout cela avec peine, et que je ne l'attendois pas d'un homme aussi sage que vous. Si le Roi ne s'étoit pas expliqué aussi précisément qu'il l'a fait par sa Dépêche du 7 Septembre 1723, on pourroit penser que vous avez cru que vos prérogatives pouvoient s'étendre sur toutes les parties qui composent l'Administration du pays; et j'ai lieu de croire, par les prétentions que vous avez formées, que vous n'avez point lu, ou que vous avez lu avec peu d'attention tout ce que Sa Majesté vous a prescrit à l'un et à l'autre sur vos fonctions; car j'ai trop bonne opinion de vous pour penser que vous eussiez agi comme vous avez fait si vous y aviez réfléchi. Vous verrez, par la lettre que je vous écris en commun, une nouvelle explication des intentions de Sa Majesté à cet égard; que l'Intendant seul doit donner les commissions des Garde-magasins, des Notaires, des Huissiers, et même pourvoir à la place de Trésorier si elle vaquoit, sans que vous soyez en droit d'y mettre votre attache. C'est à lui aussi à faire faire les enregistremens aux Greffes. J'ajouterai que vous n'avez point droit de faire faire seul ces enregistremens, puisque vous n'avez point de titre pour rendre seul des Ordonnances.

Je ne doute point que cette nouvelle décision ne fasse cesser tous les sujets de plainte que vous avez justement donnés à M. de Montholon, et que vous ne le laissiez jouir tranquillement de ses fonctions; cela est d'autant plus nécessaire, qu'outre que c'est l'intention de Sa Majesté, ce sera le moyen d'entretenir l'union entre vous, si nécessaire au bon exemple que les Chefs doivent aux autres. Je suis persuadé que M. de Montholon ne manquera jamais aux égards qui sont dus à la dignité que S. M. vous a conférée, et j'espère que, de votre part, vous maintiendrez celle qui lui a été donnée, bien loin de chercher à l'avilir. Je ne puis trop vous recommander d'y avoir attention. Par la lettre que je vous écris en commun, le Roi vous permet de commettre conjointement aux places de Juges, Lieutenans de Juges, Procureurs du Roi et Greffiers qui viendront à vaquer, jusqu'à ce que S. M. y pourvoie sur la demande que vous en ferez aussi conjointement. S. M. vous donne par-là une part dans la nomination, et même dans la promotion des Offices de Justice, que l'Intendant, qui en est le Chef, n'a point dans les Offices de Guerre que vous proposez seul ; et il convient que dans les occasions où il s'agira de ces emplois de justice, vous ayez grand égard pour ceux que M. de Montholon proposera ; et à moins que vous ne les connoissiez pour mauvais sujets, vous devez les agréer.

EXTRAIT de la Lettre du Ministre à M. de Montholon, touchant les Places de Procureurs-Généraux à S. Domingue, l'établissement d'un Etat-Major à l'Artibonite, et le logement pour l'Intendant.

Du 15 Septembre 1724.

IL ne convient pas d'envoyer de France des Sujets pour remplir les places de Procureurs-Généraux des Conseils. Il faut donner ces places à des gens établis dans le Pays, et qui y ayent du bien, et choisir les plus honnêtes et les plus capables.

Sa Majesté a jugé à propos d'établir un Etat-Major avec une garnison dans les Quartiers de l'Artibonite et de Mirebalais, un Major avec un Détachement de cinquante hommes au fond de l'Isle-à-Vache, et de rétablir les quatre compagnies qui avoient été réformées en 1721. Vous trouverez ci-joint la liste des Officiers qui ont été avancés à cette occasion.

Sur le compte que j'ai rendu à S. M. de la demande que vous avez faite pour votre logement, Elle a bien voulu vous continuer les 2600 liv. par an, prix auquel vous aviez loué la maison que vous occupiez à Léogane. J'ai contribué avec plaisir à vous procurer cette douceur.

***Ordonnance** de Police du Juge du Port-de-Paix, sur l'Egoût des Indigoteries.*

Du 16 Septembre 1724.

VU la Requête des Habitans du Port-de-Paix : conclusions du Procureur du Roi ; défendons à tous Propriétaires des habitations qui sont situées sur les bords de la Rivière du Port-de-Paix, de lâcher les eaux de leurs Indigoteries dans ladite Rivière, à peine de 20 liv. d'amende pour la première fois, et de plus grosse en cas de récidive ; pourquoi lesdits Propriétaires feront des Puits perdus, ou feront ensorte que leurs Indigoteries n'ayent aucun égoût ni communication à ladite Rivière, et ce sous huit jours de la publication de la présente ; laquelle sera enregistrée en ce Greffe pour y avoir recours, et publiée demain, issue de la Messe Paroissiale, à ce que personne n'en prétende cause d'ignorance. FAIT le 16 Septembre 1724. *Signé*, BION.

R. le 26.

***Procès-Verbal** de descente chez un Libraire du Cap.*

Du 25 Septembre 1724.

L'AN 1724, et le 25 Septembre, sur les 6 heures du matin, Nous Claude de Clérambaut, Conseiller du Roi, et son Procureur au Siége-Royal du Cap, procédant de notre office, et en conséquence des ordres de M. le Général, portés par sa Lettre-missive ci-dessus, dont M. de Chastenoye, Gouverneur, nous a délivré extrait, daté du Petit Goave, le 14 du présent mois, Nous serions transportés dans un Magasin, situé en cette Ville, près le Palais, appartenant au sieur Bonnefoi, occupé par le sieur Joseph Payen, Libraire à Paris, établi en cette Ville depuis le mois de Mai dernier, où étant, en la présence du R. P. Pierre Larcher, Supérieur de la Mission, et du sieur Louis Fontaine, ancien Médecin du Roi au Cap, Nous aurions fait perquisition de tous les Livres, Exemplaires, et autres choses appartenans audit sieur Payen, et n'aurions rien trouvé en évidence; mais seulement aurions trouvé une caisse de bois de sapin, deux grands coffres de pareil bois avec une barrique, et une malle que ledit sieur Payen nous a déclaré lui appartenir, desquels Nous avons fait faire ouverture, et dans ladite caisse Nous aurions trouvé différens Livres et Manuscrits, lesquels, après avoir été examinés tome par tome, par Nous et lesdits R. P. Larcher et sieur Fontaine, ils n'auroient trouvé aucun Livre dont l'usage ne soit permis, mais seulement le Tableau de l'Amour, duquel Nous aurions trouvé soixante-onze exemplaires, dix exemplaires des Contes de la Fontaine, avec six autres exemplaires des Elégies ou Amours d'Ovide; et dans lesdits coffres, Nous aurions trouvé des ustensiles d'Imprimerie, avec d'autres effets à l'usage du sieur Payen, ainsi que dans ladite malle, et dans ladite barrique du papier blanc pour l'Imprimerie; après quoi ledit sieur Payen Nous ayant déclaré qu'il est sur le point de partir pour Léogane, et qu'il n'attend que l'occasion de s'embarquer avec tous ses effets, Nous lui avons laissé le tout en sa garde et possession, ainsi qu'il le reconnoît, à la charge par lui de représenter à M. le Général, ou à telles autres personnes qu'il lui plaira, lesdits soixante et onze tomes du Tableau de l'Amour, les Elégies et Contes, pour, par mondit sieur le Général, ordonner ce qu'il jugera convenable; et pour le regard de quelques autres Livres et Estampes indécentes, dont Nous avons eu depuis peu avis par la voie publique, que ledit sieur Payen avoit distribués dans le Public, ce qu'il a formellement rénié, Nous réservons d'en faire les perquisitions nécessaires, pour être sur ce ordonné ce qu'il appartiendra, dont et de quoi avons dressé le présent Procès-Verbal, etc.

Le sieur Payen étoit passé dans la Colonie pour y établir une Imprimerie. Il y imprima même quelques pièces, et notamment l'Edit du mois de Mars 1685, appelé le Code Noir, avec des notes de M. Gabet, Conseiller du Petit Goave. Mais M. le Chevalier de la Rochalard, Gouverneur, le renvoya en France.

ARRÊT du Conseil du Cap, qui prononce une Séparation de Corps et de Biens.

Du 2 Octobre 1724.

ENTRE Blanche Thibaud, épouse de Guillaume Lecomte, Appelante, d'une part; et ledit Guillaume Lecomte, son mari, Intimé, d'autre part: Vu etc., et vu les conclusions par écrit de M. Gérard Carbon, Conseiller, faisant les fonctions de Procureur-Général : LA COUR a mis et met l'appellation et Sentence dont est appel au néant ; émandant, a ordonné que ladite Blanche Thibaud sera et demeurera séparée de Corps et de Biens d'avec ledit Guillaume Lecomte, son mari ; lui fait défenses de la fréquenter contre son gré, ni de lui causer aucun trouble en sa personne et biens, à condition, par ladite Thibaud, de se comporter en femme de vertu dans l'endroit de sa demeure ; en conséquence ordonne qu'il sera procédé à l'Inventaire, partage et division des biens de la communauté, pour être donné à chacune des Parties, sa part desdits biens, et en jouir séparément, suivant et au desir de la Coutume de Paris et de leur contrat de Mariage ; et condamne ledit Intimé aux dépens, tant des causes principale que d'appel.

Ce fut la première séparation de Corps prononcée par le Conseil du Cap, qui avoit proscrit plusieurs demandes du même genre.

ARRÊT de Réglement du Conseil du Cap, touchant les Dettes en Cargaison.

Du 4 Octobre 1724.

SUR ce qui a été représenté par le Procureur-Général du Roi, qu'il a été informé, par différentes plaintes, que les Juges des Amirautés ressortissantes en ce Conseil, condamnent indistinctement et sans nécessité, les Particuliers qui sont Débiteurs, pour le paiement de partie ou du total des cargaisons de Vaisseaux prêts à faire voile pour retourner en France, et ce par corps, quoique par l'art. II du titre III *des Procédures et Jugemens*, des Lettres-Patentes sur le Réglement concernant les Siéges d'Amirautés établis dans les Colonies, du 12 Janvier 1717, Sa Majesté ordonne que lesdits débiteurs et détempteurs de marchandises, seront contraints par la vente de leurs effets, et par corps en cas de besoin, ce qui est un abus contraire à l'Ordonnance de Sa Majesté ; pourquoi ledit Procureur-Général, qui doit tenir la manutention à la lettre et à l'esprit desdites Ordonnances, requiert, etc. La matière mise en délibération, LE CONSEIL a ordonné et ordonne que les Juges des Amirautés de ce ressort, se conformeront audit Réglement du 12 Janvier 1717, dans les condamnations qui se pourront prononcer pour le paiement de partie ou du total des cargaisons des Vaisseaux prêts à faire voile pour retourner en France, à l'effet l'effet de quoi le présent Arrêt sera envoyé auxdits Siéges des Amirautés de ce ressort, pour y être lu, publié et enregistré, à la diligence des Substituts du Procureur-Général du Roi, etc.

ORDONNANCE DU ROI, concernant la diminution des Espèces d'Espagne ayant cours à Saint-Domingue, et Ordonnance des Administrateurs en conséquence.

Des 10 Octobre 1724, et 23 Avril 1725.

SA MAJESTÉ, par Arrêt du 22 du mois de Septembre dernier, ayant ordonné une diminution sur les espèces d'or et d'argent fabriquées dans son Royaume ; par Edit du même mois, Elle a aussi ordonné une refonte générale des monnoies d'argent, et fabrication d'écus, demis, quarts, huitièmes et seizièmes d'écus ; Elle a jugé aussi convenable de régler une diminution sur les pistoles et piastres d'Espagne qui ont cours à Saint-Domingue ; et desirant expliquer ses intentions, tant au sujet de la monnoie étrangère, que par rapport aux espèces fabriquées dans le Royaume, tant en vertu des précédens Edits, que de celui du mois de Septembre dernier, Sa Majesté a ordonné et ordonne, qu'à commencer du jour de la publication de la présente Ordonnance, les pistoles d'Espagne, dont le prix a été réglé par l'Ordonnance du 11 Avril dernier, à vingt-deux livres huit sols, n'auront plus cours à Saint-Domingue que pour dix neuf livres pièce les doubles et les demies à proportion, et que les piastres dont le prix a été réglé par ladite Ordonnance du 11 Avril dernier à cinq livres douze sols, n'auront plus cours que pour quatre livres quinze sols, les demi-quarts, réaux, demi-réaux à proportion. Veut Sa Majesté que les louis d'or qui avoient cours avant l'Arrêt du 22 du mois dernier pour vingt livres, n'ayent plus cours que pour seize livres, les doubles et demis à proportion, conformément audit Arrêt, et ceux des anciennes fabriques à proportion ; que les écus qui seront fabriqués en vertu de l'Édit du mois dernier, de dix et trois huitièmes au marc, ayent cours pour quatre livres; les demi-quarts, huitième et un seizième à proportion, conformément audit Edit, et les monnoïes d'argent des précédentes fabrications à proportion. Mande et ordonne Sa Majesté au Gouverneur et Lieutenant-Général, et à l'Intendant desdites Isles sous le vent de l'Amérique méridionale, et à tous autres qu'il appartiendra, de tenir la main à la présente Ordonnance, qui sera lue, publiée et enregistrée ès Greffes des Conseils Supérieurs de Saint-Domingue, et partout où besoin sera.

Fait à Fontainebleau, etc.

Le Chevalier DE LA ROCHALARD, etc.
FRANÇOIS DE MONTHOLON, etc.

Vu l'Ordonnance du Roi, etc. *Cette Ordonnance répète absolument les dispositions de celle de Sa Majesté.*

R. au Conseil du Petit Goave, le 23 *Avril* 1725.
Et à celui du Cap, le .....

LETTRE du Ministre à M. de Montholon, touchant la demande d'une Prévôté de Marine, & l'établissement de quatre Hoquetons - Huissiers de l'Intendance.

Du 17 Octobre 1724.

J'AI rendu compte au Roi de la demande que vous aviez faite, qu'il fût établi à Saint-Domingue une Prévôté de Marine composée d'un Prévôt, d'un Exempt et de huit Archers, pour l'exécution des ordres de l'Intendant en ladite Isle, ou bien quatre Hoquetons; Sa Majesté n'a point jugé que l'Intendant eût besoin d'une Jurisdiction prévôtale, et n'y en ayant jamais eu aux Isles, cette nouveauté pourroit exciter du murmure dans la Colonie, qui regarderoit cet établissement comme un instrument propre à exciter des violences sur les habitans. Elle a cependant estimé nécessaire d'établir quatre Archers seulement, deux pour servir auprès de l'Intendant, un auprès du Commissaire-Ordonnateur au Cap, et le quatrième auprès de celui qui fera les fonctions de Commissaire à Saint-Louis, sans aucune supériorité entre-eux, que le droit d'ancienneté. Sa Majesté les fera employer sur l'état des dépenses de Saint-Domingue de l'année prochaine, sur le pied de quarante livres de gage chacun par mois. Vous aurez soin de m'envoyer les noms de ceux que vous aurez choisis, et je leur ferai expédier des ordres de Sa Majesté pour leur tenir lieu de Commission.

Son intention seroit que ces Archers fussent reçus Huissiers pour l'exécution des affaires de Sa Majesté seulement, ne voulant point qu'ils puissent exploiter pour les particuliers, ni pour le recouvrement de l'Octroi, parce que cela feroit tomber sur l'Intendant la haine des exécutions qu'ils feroient, et que cela ne convient point dans les circonstances présentes. Vous tiendrez la main que les intentions de Sa Majesté soient ponctuellement exécutées.

LETTRE du Ministre à MM. de la Rochalard & de Montholon, pour faire ordonner des Jetées dans les Ports du Cap & de Léogane, pour embarquer & débarquer.

Du 17 Octobre 1724.

JE suis informé que ce qui cause la grande mortalité des équipages des Vaisseaux qui vont commercer à Saint-Domingue, est que ces Equipages sont obligés de se jeter à l'eau pour le débarquement et l'embarquement des marchandises, ce qui n'arriveroit point si on avoit fait des digues avancées à la mer assez pour qu'une chaloupe pût l'accoster, et y débarquer ses marchandises. Il y en a eu une de faite à Léogane; mais elle est mal construite, et l'on n'a point eu soin de l'entretenir. Ces ouvrages sont cependant absolument nécessaires, et l'intention de S. M. est que vous en fassiez faire dans les embarcadaires les plus fréquentés; vous devez observer que chaque digue puisse être assez large pour que deux chaloupes y puissent débarquer à la fois. Vous commencerez à faire travailler à celles de Léogane et du Cap, et vous obligerez les Capitaines des Navires qui auront du lest, de le débarquer dans ces digues. Aussitôt que l'une de ces digues sera faite, vous rendrez une Ordonnance pour défendre de débarquer les marchandises comme on fait aujourd'hui, et vous me l'enverrez, afin que je vous en remette une du Roi qui la confirme.

ARRÊT du Conseil du Petit Goave, qui homologue la Délibération de la Paroisse des Cayes, pour la construction d'une Eglise.

Du 6 Novembre 1724.

SUR la remontrance de M. Gabet, Conseiller au Conseil, et Syndic général des Paroisses du ressort dudit Conseil; et vu la Délibération des habitans de la Paroisse de Notre-Dame de Bon-Secours des Cayes, en date du 21 Janvier 1722, par laquelle lesdits habitans ont délibéré et arrêté de construire une Eglise conforme au plan et devis fait par le sieur Frezier, Ingénieur en chef de cette Colonie, au bas de laquelle Délibération est la soumission de plusieurs habitans de ladite Paroisse pour la construction de ladite Eglise et d'un Presbytère. Le plan et le devis de l'Eglise à bâtir, *signé*, DE PATY et FRAIZIER: Oui sur ce le Procureur-Général du Roi, le Conseil a confirmé ladite Délibération; en conséquence ordonne que lesdits habitans de ladite Paroisse, qui ont fait leur soumission au pied de ladite Délibération, payeront aux Marguilliers en exercice, à la première demande, la moitié des sommes auxquelles ils se sont obligés, et l'autre moitié dans six mois de ce jour; et à l'égard de ceux qui ne se sont point cotisés, qu'ils seront tenus de faire leurs soumissions dans trois semaines du jour de la publication du présent Arrêt, qui sera lu au prône de ladite Paroisse; et seront, à cet effet, les habitans convoqués à se trouver à l'issue de la Messe paroissiale, pendant les trois Dimanches consécutifs d'après celui de la publication, pour y recevoir la soumission de ceux qui ne se sont point cotisés; passé lequel tems, il sera dressé un état par le Curé et les Marguilliers de ladite Paroisse, de ceux des habitans qui ne se seront point cotisés, ou qui ne l'auront pas fait à proportion de leur faculté, pour ledit état remis au Conseil, être lesdits défaillans taxés ainsi qu'il sera avisé.

ARRÊT du Conseil du Cap, touchant des plaintes respectives du Juge et du Procureur du Roi de la Jurisdiction de la même Ville, & leur autorité sur les autres Officiers qui leur sont subordonnés.

Du 7 Novembre 1724.

VU par le Conseil les plaintes respectives portées en icelui par les sieurs Juge et Procureur du Roi du Siége Royal du Cap, à l'encontre l'un de l'autre, le jour d'hier; les conclusions en réparation d'honneur dudit sieur Juge, contre ledit Procureur du Roi, au sujet des malversations et prévarications par lui avancées dans le public, expliquées en la Requête du sieur Juge, tendante que Vendredi dernier, 3 du présent, de relevée, en procédant à la vente des meubles de feu M. Robineau, la Dame sa veuve réclama une paire de chandeliers d'argent, donnée par les sieur et demoiselle Cahouet, à demoiselle Barthe Robineau, sa fille, dont elle requéroit que distraction fût faite au profit de ladite Dame ; ce que le Suppliant ne voulant pas ordonner, se contenta de prendre le consentement de la demoiselle Cahouet, et renvoya la contestation à en être délibéré lors du partage, à laquelle Ordonnance le Procureur du Roi crut être en droit de protester et de s'opposer, et de dicter ses moyens d'opposition ; mais le Suppliant, qui pense que lui seul doit dicter au Greffier quand il exerce ses fonctions, s'y opposa, demanda audit Procureur du Roi quels étoient ses moyens d'opposition et de protestation pour les dicter lui-même au Greffier ; qu'ayant dit quels étoient ſes moyens d'opposition, le Suppliant les auroit dictés au Greffier, et auroit interpellé ledit Procureur du Roi de les signer ; ce qu'il auroit refusé de faire, ainsi que de signer la fin de la ſéance, ſans en vouloir dire les raiſons, ce qui ayant donné lieu à quelques paroles de part et d'autre, ledit Procureur du Roi s'emporta juſqu'à dire au Suppliant qu'il étoit Juge & Partie dans cette affaire, qu'il lui apprendroit ſon devoir et ſon métier, et poussa même la choſe ſi loin en gesticulant des doigts et de la main avec menace, etc. Ce conſidéré, donner acte audit Suppliant de la plainte qu'il forme contre ledit Procureur du Roi ; ordonner qu'il ſera mandé, qu'il déclarera, le Conſeil assemblé, les prévarications et malversations qu'il peut avoir apprises dans la personne du Suppliant ; en conſéquence de quoi, ordonner que ledit Procureur du Roi lui fera réparation d'honneur, audience tenante, le reconnoîtra pour être incapable d'aucunes malverſations ni prévarications ; qu'en outre il ſera interdit des fonctions de ſon emploi ; le condamner en 1000 liv. d'amende applicable aux pauvres de cette Ville, et lui faire défenſes de récidiver sous peine de cassation. L'Ecrit adressé audit Conseil pour ledit Procureur du Roi, qualifié de plainte au nom du Roi, contenant qu'il a assisté à l'apposition des scellés, à la levée d'iceux et à l'inventaire, comme auſſi à la vente des meubles qui se sont trouvés au Cap dans le magaſin qu'occupoit ledit feu sieur Robineau. Que c'est lors de cette vente que tout le public a été témoin de la manière dont M. Lemaître s'est comporté ; et voyant la partialité avec laquelle il agissoit, il voulut faire des protestations au bas du procès-verbal, ainſi que les Parties, mais il leur dit qu'il n'y avoit que lui qui pouvoit dicter au Greffier, et qu'il n'étoit pas endroit de lui dicter ; ces protestations lui interdirent la parole, ainsi qu'aux Parties, et empêcha même le Commis-Greffier de les écrire, et il empêcha au tuteur, qui fait pour les mineurs, de ſigner, ce qui a empêché la clôture de cette vacation : qu'ayant besoin de cette pièce pour justifier ce qu'il a l'honneur d'avancer audit Conseil, il a été plusieurs fois Samedi dernier, au Greffe pour lever le Procès-verbal de vente ; et

M. Lemaître s'y trouvant, empêcha au Greffier de l'expédier, ce qui l'obligea de vouloir sommer le Greffier ; le Greffier s'en alla, voyant Dupuis, Huissier, se mettre en devoir de dresser l'acte dans le Greffe même, lequel Huissier s'en alla chez lui, et y ayant passé pour savoir si cette sommation étoit faite, l'Huissier lui répondit qu'il ne la feroit pas. Ce fait étant constaté par témoins même, en cas que M. Lemaître le niât, est attentoire à l'autorité du Roi, puisqu'il en est le dépositaire, étant revêtu de la charge de son Procureur et joint avec M. le Procureur-Général, lui donne par conséquent l'inspection, même sur sa conduite, d'abord qu'il s'écartera de sa charge. C'est cependant ce que M. Lemaître a de la peine à comprendre ; et voulant régler toutes les affaires sans lui, en faisant mention de lui dans les Sentences, il se voit confondu dans des affaires où il sembleroit qu'il auroit trempé dans la faveur que M. Lemaître voudroit faire, ou par ignorance ; que toutes ces raisons étant plus que suffisantes, lui font espérer que le Conseil aura égard à ses justes plaintes ; et que tout considére, il lui plût ordonner que M. Lemaître paroîtra en personne, cejourd'hui, pardevant lui, pour entendre la plainte qu'il fait au nom du Roi, en demandant la jonction de M. le Procureur-Général, pour être ladite plainte examinée par M. le Commissaire qu'il lui plaira de nommer à cet effet, devant lequel il lui sera permis de faire entendre les témoins au sujet de sa plainte mentionnée dans la présente Requête, des circonstances et dépendances, (dont il demande par provision acte, et l'interdiction du sieur Duport, Greffier, et de Dupuis, Huissier, attendu leur refus) et d'autres faits sur lesquels il sera informé pardevant mondit sieur le Commissaire, pour ce fait, être le tout communiqué à M. le Procureur-Général, pour, sur ses conclusions, être ordonné par la Cour ce qu'il appartiendra : Tout considéré, et après qu'il en a été communiqué à M. Gérard Carbon, Conseiller, en ce Commissaire, faisant les fonctions de Procureur-Général du Roi, et qu'il a été sur ce ouï en ses conclusions verbales en l'Audience de cejourd'hui ; LE CONSEIL, faisant droit sur le tout, a déclaré ledit sieur Juge du Cap d'une réputation entière et hors d'atteinte, et l'écrit dudit Procureur du Roi, informe, vague et inconsidéré ; ordonne que ledit écrit sera et demeurera de nul effet comme non fait, et qu'il sera fait mention à la marge du présent Arrêt, auquel le Commissaire l'a joint avec la Requête dudit sieur Juge, et toutes pièces secrettes ; fait très-expresses inhibitions et défenses audit Procureur du Roi de présenter pareil écrit à l'Audience, ni de tenir de semblables discours, sous telles peines qu'il appartiendra ; lui enjoint de se comporter avec circonspection et prudence dans les fonctions de son emploi, et audit sieur Juge de lui laisser dicter les Réquisitoires, et ordonner, de son office, au Greffier et autres Officiers du Siége à eux subordonnés; leur enjoint pareillement de travailler et concourir à expédier les affaires pendantes en leur Siége, avec exactitude et célérité, et de traiter les habitans avec honnêteté et douceur, ensorte qu'il n'en revienne aucune plainte.

ORDONNANCE DU ROI, portant que le produit du dixième des Prises qui seront faites à l'avenir en commerce étranger dans les Colonies, continuera d'être déposé entre les mains du Commis du Trésorier de la Marine, pour être employé suivant les ordres particuliers de Sa Majesté.

Du 14 Novembre 1724.

R. au Conseil du Cap, le .... 1725.

RÉGLEMENT du Gouverneur et de l'Ordonnateur du Cap, concernant les Terreins du Quartier du Dondon.

Du 20 Novembre 1724.

LE Chevalier de Chastenoye, Commandant au Cap et dépendances.

Jean-Baptiste Duclos, Commissaire-Ordonnateur audit Pays.

Vu par Nous le Réglement fait par MM. le Comte d'Arquian, Gouverneur, et Duclos, Commissaire-Ordonnateur, le 18 Juin de l'année 1722, pour placer toutes les concessions accordées dans le Quartier du Dondon, le Plan figuratif fait en ce temps-là, par le sieur d'Atour, Arpenteur du Roi, des habitations dudit Quartier; et après Nous être transportés sur les lieux la semaine dernière, avoir examiné lesdites habitations par Nous-mêmes, et visité tous le Quartier, dans lequel Nous n'avons trouvé qu'environ douze Habitans ou Blancs, encore très-mal armés et équipés, dont la plupart même n'y font pas leur demeure ordinaire, contre ce qui est expressément porté par ledit Réglement du 18 Juin 1722, dans lequel il est ordonné, à tous ceux qui ont des concessions dans ledit Quartier, d'y entretenir les Blancs ordonnés par Sa Majesté, à peine de réunion au Domaine de leurs terreins, qui seront concédés à de nouveaux Habitans ; et connoissant qu'il est extrêmement important, pour la sûreté et tranquillité de ce Quartier, d'y en établir le plus grand nombre qu'il se pourra, à cause de la proximité où il est des Espagnols, contre lesquels, en cas de quelques mauvaises et subites entreprises de leur part, il est absolument nécessaire qu'ils soient en état de se défendre par eux-mêmes, au moins jusqu'à ce qu'on ait le temps de leur envoyer du secours ; Nous avons jugé à propos de réduire et partager toutes les concessions accordées dans ce Quartier, qui Nous ont paru trop grandes, attendu qu'on n'y pourra jamais faire de Sucreries, mais bien Indigo, Tabac ou Cacao, et à cet effet de faire le Réglement qui suit :

1°. Nous ordonnons qu'un seul et même Habitant ne pourra posséder plus d'un terrein de 600 pas quarrés au plus dans ledit Quartier, et en conséquence que ceux qui en ont davantage, soit par concession, achat ou autrement, choisiront ledit terrein de 600 pas en quarré qu'ils jugeront à propos, et que le surplus sera concédé à de nouveaux Habitans, en payant par eux au Propriétaire, les établissemens qui pourront être faits sur lesdits terreins de surplus, suivant qu'il sera estimé par arbitres, sans que lesdits Propriétaires puissent avoir aucuns recours sur leurs vendeurs, et ce faute par lesdits Propriétaires d'avoir entretenu sur lesdits terreins, les Blancs ordonnés par Sa Majesté, et dont les Vendeurs ne sont pas cause ; Nous exceptons cependant de cet article, le sieur Pletz, que Nous maintenons dans le terrein dont il est présentement en possession, attendu le commandement qui lui a été accordé sur ledit Quartier, qui mérite quelque distinction, son habitation n'étant pas considérable ; l'habitation des Mineurs la Case, que Nous maintenons pareillement dans la concession qui leur a été accordée, attendu leur qualité de Mineurs, que leur place est très-bien habituée, et qu'il y a plusieurs Blancs dessus ; et encore plus la dame Minguet, laquelle Nous maintenons aussi dans les deux places qui lui ont été conservées par préférence au Pimantier et à la Guille, sur lesquelles elle demeure avec ses enfans, par les mêmes raisons qui les lui ont fait accorder, lesquelles subsistent toujours, c'est-à-dire, à cause des services que le sieur Minguet a rendus au pubilc, et l'obligation qu'on lui a d'avoir conservé et maintenu ce Quartier-là aux François.

2°. Que tous ceux qui ont des concessions dans le Quartier, seront obligés d'y demeurer ou d'y entretenir les Blancs ordonnés, en état de servir, armés et équipés d'un cheval avec ses harnois, d'un fusil, une paire de pistolets, une épée ou sabre, manchettes, lance, poudre, balles,

balles, etc. conformément aux Ordonnances, le tout à peine de voir leurs terreins concédés à de nouveaux Habitans, malgré les établissemens qu'ils pourroient y avoir faits, lesquels leur seront cependant payés suivant qu'il sera estimé par arbitres, ainsi qu'il est dit dans le premier article.

3°. Que tous ceux à qui on accordera dans la suite des concessions dans ledit Quartier, seront tenus d'y faire leur demeure ordinaire et principale, armés et équipés comme est dit dans l'article précédent, et sous les mêmes peines.

4°. Que les concessions accordées au sieur Silvecanne, qui n'y demeure pas, et n'y tient aucun Blanc, seront réduites, conformément à l'article premier, à 600 pas en quarré, qu'il choisira par préférence à l'endroit où il a fait ses établissemens, et le surplus de ses 600 pas en quarré, sera concédé de nouveau.

5°. Et attendu que quelques concessions ne peuvent se partager en place de 600 pas quarrés, conformément à l'article premier, attendu les mauvais terreins, et la nécessité qu'il y a que chaque habitation soit bornée de la Rivière pour la nécessité de l'eau; Nous ordonnons que le terrein appartenant ci-devant au sieur Martin, et présentement au sieur Maucler, sera partagé en deux par une ligne tirée E. S. E. et O. N. O., dont la moitié du côté où sont ses établissemens, demeurera et appartiendra audit Maucler, et l'autre sera concédée de nouveau.

6°. Que les terreins des sieurs Stapleton et Linche, qui n'y ont aucun Blanc, et n'y ont fait aucuns établissemens, étant même actuellement l'un et l'autre en France, seront partagés chacun par la moitié, pour être concédés à quatre nouveaux Habitans, par une ligne paralelle aux lisières qui les séparent de leurs voisins.

7°. Que le sieur Philippe Garaud se conformera pour toutes les concessions qu'il a par achat, échange ou autrement, à l'article premier.

8°. *Idem, de l'habitation du sieur Péré, qui sera partagée en deux.*

9°. *Idem, de l'habitation de la veuve Foretier.*

10°. *Idem, de l'habitation des sieurs Lasalle et Paquet.*

11°. *Idem, de celle du sieur Fleury.*

12°. *Idem, de celles des sieurs Pierre Garrault, Laurent Garrault, Fortin et Pirly.*

13°. Et en cas que les établissemens se trouvent faits dans le milieu des habitations que Nous ordonnons être partagées, le partage ne laissera pas d'être fait, ainsi qu'il a été ordonné, en payant au Propriétaire, par le nouveau concessionnaire, les établissemens qui pourront se trouver sur le terrein qui lui sera accordé.

14°. Que tous ceux qui peuvent avoir des concessions dans ledit Quartier, dont il n'est point fait mention dans le présent Réglement, se conformeront à l'article premier.

15°. Nous défendons à tous ceux qui auront un terrein dans ledit Quartier, d'en acheter de nouveaux, pour quelque raison que ce puisse être, à peine de perdre le prix de leurs acquisitions, et le terrein qu'ils auront acheté: enjoignons au premier Arpenteur du Roi sur ce requis, de mettre à exécution le présent Réglement pour les bornes et arpentages mentionnés en icelui, au sieur Pletz, Commandant, et à tous autres qu'il appartiendra, d'y tenir la main; et sera le présent Réglement, ainsi que celui du 18 Juin 1722, enregistré au Greffe de la Jurisdiction du Cap, pour y avoir recours en cas de besoin. Fait au Cap, ce 20 Novembre 1724. *Signés*, DE CHASTENOYE et DUCLOS.

LETTRES-PATENTES en interprétation de l'art. 24 de celles du mois de Mars 1696, qui accordent une gratification de 13 liv. par tête de Négres introduits dans les Isles & Colonies de l'Amérique par la Compagnie Royale du Sénégal & Côtes d'Afrique.

Du 2 Décembre 1724.

LOUIS, etc. A nos amés et féaux Conseillers, les Gens tenans notre Chambre des Comptes à Paris: Salut. Les anciens Directeurs de la Compagnie Royale du Sénégal et côté d'Afrique, établie par nos Lettres-patentes du mois de Mars 1696, registrées où besoin a été, nous ont fait représenter que par l'art. 24 de nosdites Lettres-patentes, Nous avons accordé à ladite Compagnie, par forme de gratification, la somme de 13 liv. par chaque tête de Négres qu'elle introduiroit dans nos Isles et Colonies de l'Amérique, laquelle seroit payée à ladite Compagnie par le Garde de notre Trésor Royal, sur les certificats de notre Intendant desdites Isles et de nos Gouverneurs, en son absence, etc. A CES CAUSES, etc. Ordonnons en outre, en interprétant, en tant que de besoin, l'art. 24 de nos Lettres-patentes du mois de Mars 1696, qu'en l'absence de notre Intendant ou Gouverneur de nosdites Isles de l'Amérique, les certificats signés de nos principaux Officiers des ports où lesdits Négres ont été et seront débarqués, sur lesquels nos Ordonnances ont été ou seront délivrées, serviront de bonnes et valabes décharges aux Gardes de notre Trésor Royal, et la dépense passée et allouée sans difficulté dans leurs états et comptes, en vertu desdits certificats; dérogeant à cet égard auxdits Lettres-patentes du mois de Mars 1696. Si vous mandons, etc. Donné à Versailles, etc.

R. en la Chambre des Comptes le 17 Mars 1725.

ORDONNANCE *des Administrateurs, touchant les Equipages des Bâtimens étrangers arrêtés faisant le commerce dans la Colonie.*

Du 3 Janvier 1725.

LE Chevalier de la Rochalard, etc.

François de Montholon, etc.

Vu la lettre du Roi, datée à Chantilly le 25 Juillet dernier, signée Louis, et plus bas Phelipeaux, contenant que Sa Majesté étant informée que les Equipages des Vaisseaux étrangers qui sont arrêtés dans sa Colonie de Saint-Domingue, et condamnés à six mois de prison, conformément au Réglement rendu par le feu Roi, le 20 Août 1698, ne peuvent contenir dans les prisons, étant en trop grand nombre, ce qui oblige de les faire garder dans les corps-de-garde, d'où souvent ils échappent et enlevent des barques et bateaux pour se sauver, et se rendre forbans, après avoir fait des vols et des désordres dans la Colonie; que même il est presque impossible qu'ils puissent rester pendant ce temps sans y contracter des maladies qui obligent de les mettre dans des hôpitaux: Sadite Majesté a jugé à propos de nous donner le pouvoir de faire embarquer partie de ces Equipages, quoique condamnés à six mois de prison, pour servir en qualité de Matelots sur les Navires françois qui en auront besoin pour faire leur retour en France, dont lesdits Equipages pourront retourner dans les pays d'où ils sont, sans cependant que, parmi les Equipages, il soit embarqué d'autres gens que ceux propres à la navigation, et du consentement des Capitaines François. Nous ordonnons que lesdits Equipages des Vaisseaux étrangers qui seront arrêtés en cette Colonie, et condamnés à six mois de prison, conformément au Réglement dudit jour 20 Août 1698, seront embarqués en tout ou partie sur les Navires françois qui en auront besoin, pour y servir en qualité de Matelots pendant le retour desdits Navires en France, dont lesdits Equipages pourront retourner dans les pays d'où ils sont, en observant cependant de ne faire embarquer que ceux desdits Equipages qui seront propres à la navigation, et du consentement des Capitaines des Vaisseaux françois. Ordonnons que la présente Ordonnance sera lue et publiée, l'audience tenante, dans les Siéges d'Amirauté de cette Colonie, et enregistrée aux Greffes desdits Siéges, à ce que personne n'en ignore; enjoignons à chacun des Procureurs du Roi desdits Siéges, de nous certifier desdites publications, etc.

R. en l'Amirauté du Cap, le 27 du même mois.

ARRÊT du Conseil du Cap, qui défend les Accaparemens de Farine.

Du 5 Février 1725.

M. Gerard Carbon, Conseiller, faisant les fonctions de Procureur-Général du Roi, est entré, et a dit: qu'il a entendu plusieurs plaintes dans le public contre certains Marchands qui ont acheté toutes les farines qui sont dans cette Ville, à un prix fort modique, et qui les vendent actuellement à un prix exorbitant, ce qui cause beaucoup de murmure, et mérite d'être réglé par la Cour, pour prévenir les inconveniens, et arrêter l'injustice desdits Marchands; pourquoi requiert acte de la plainte qu'il rend contre lesdits Marchands; ordonner qu'il en sera informé, et que visite et perquisition seront faites dans tous les magasins des Marchands de cette Ville, des farines qui y sont enfermées, dont sera dressé un état, le tout par le sieur Juge ordinaire à la diligence du Procureur du Roi; qu'il sera par eux procédé suivant les rigueurs des Ordonnances de Police, et que le prix desdites farines sera fixé et modéré, eu égard au prix des marchés et achats qui en ont été faits, à l'effet de quoi lesdits Marchands seront tenus d'en représenter les factures et livres d'achats, sauf audit Procureur du Roi à prendre telles conclusions qu'il appartiendra, et l'appel en ce Conseil des jugemens qui interviendront. Le Conseil a donné acte audit Procureur Général de sa plainte, a ordonné et ordonne qu'elle sera exécutée selon sa forme et teneur.

ORDONNANCE du Gouverneur et de l'Ordonnateur du Cap, touchant les Bâtimens à caréner, et ceux condamnés dans la rade de cette Ville.

Du 23 Février 1725.

ETIENNE de Chastenoye, etc.

Jean-Baptiste Duclos, etc.

Vu la Requête présentée par le sieur Raoulx, et ayant égard à l'exposé en icelle, qui tend au bien du commerce, et par conséquent du public, Nous ordonnons à tous ceux qui ont des Bâtimens en carène sur la chaussée ou proche, de les faire retirer, et passer à l'endroit destiné pour le carénage; comme aussi à tous ceux qui ont des Bâtimens condamnés, de les faire passer dans les endroits qui leur seront indiqués par M. Raoulx, Capitaine de Port, sous huit jours de la communication de la présente Ordonnance, qui leur sera donnée par M. Raoulx, le tout à peine de 500 liv. d'amende applicable à la confection de ladite Chaussée; au paiement desquelles, passé lesdits huit jours, ils seront contraints par toutes voies dûes et raisonnables, sans remise; défendons pareillement de plus à l'avenir caréner aucun Bâtiment sur ou proche de ladite chaussée, ni de laisser aucun Navire condamné dans le Port plus de quinze jours, sous les mêmes peines. Au Cap, etc. *Signé*, CHASTENOYE et DUCLOS.

R. en l'Amirauté du Cap, le 23 Février 1725.

ARRÊT du Conseil du Cap, touchant un achat de Livres de Judicature pour l'usage de la Cour.

Du 6 Mars 1725.

SUR la remontrance verbale faite cejourd'hui en ce Conseil, par Me Gerard Carbon, Conseiller, faisant les fonctions de Procureur-Général du Roi, qu'il seroit nécessaire d'acheter quelques Livres de Judicature qui se trouvent en vente, et que la Cour a jugé nécessaires pour mettre dans l'armoire qui a été achetée * pour la conservation des minutes du Greffe,

(*) *Du montant des Vacations d'un Conseil extraordinaire, tenu pour une affaire entre des Particuliers, le 28 Décembre 1724.*

dudit Conseil; à quoi ayant égard, LE CONSEIL a ordonné et ordonne que les Livres en question seront achetés, et le prix d'iceux payé par le Receveur des amendes sur l'ordre qui en sera délivré pour cet effet, par M. Duclos, Commissaire-Ordonnateur, suivant la facture qui en sera donné, laquelle restera déposée en ce Greffe.

ARRÊT du Conseil du Petit Goave, touchant la Masse Curiale des Paroisses de la Jurisdiction de Jacmel, & la construction des Eglises desdites Paroisses.

Du 8 Mars 1725.

VU par le Conseil le Mémoire de M. Jérôme Gabet, Conseiller, Syndic des Paroisses de ce ressort, concernant les Paroisses de la Jurisdiction de Jacmel, les conclusions du Procureur-Général du Roi sur ledit Mémoire, et oui M. Charles le Maire, Conseiller séant, Rapporteur: LE CONSEIL faisant droit, a ordonné et ordonne que les Paroisses des Cayes de Jacmel et Beynet, seront mises à la masse commune, du jour de la réunion de la concession de Saint-Louis au Domaine de Sa Majesté, duquel jour les droits Curiaux ne seront levés que sur le pied de quarante sols par tête de Négres travaillans, ainsi que dans les autres Paroisses du ressort; et que s'il se trouve qu'il ait été levé une plus grosse somme, l'excèdent sera appliqué aux deniers de la Fabrique desdites Paroisses; et où la Paroisse de Beynet n'auroit pas fait de levée pour lesdits droits Curiaux, ordonne le Conseil, que par le Marguillier en charge il sera levé la somme de quarante sols par tête de Négres par chaque année que les droits Curiaux n'auront point été perçus suivant le recensement desdites années, pour ce fait être lesdits deniers rapportés à la masse, et sur iceux payé la somme pour laquelle la Paroisse de Beynet est employée dans le Réglement du mois de Juillet 1721, ainsi que les Paroisses de Jacmel et des Cayes.

Ordonne qu'à la diligence du Substitut du Procureur-Général du Roi du Siége de Jacmel, Gilles Renaud, Exécuteur-Testamentaire de Marin Charrier, sera contraint de payer au Marguillier en charge de la Paroisse de Jacmel, la somme de cinq cent livres, léguée à ladite Paroisse par ledit Charrier; si mieux n'aime ledit sieur Renaud, rendre compte pardevant le Juge des lieux de ladite succession; condamne Louis Lavocat, ci-devant habitant aux Cayes, de remettre ès-mains du Marguillier en charge de ladite Paroisse, le connoissement et facture du chargement par lui fait, de la somme de trois mille livres, léguée par François Lavocat, son frère, à la Paroisse des Cayes, par Testament, ainsi que ledit Louis Lavocat y a été condamné par Arrêt de la Cour, du douze Janvier 1722, et qu'il s'y est soumis au pied de la sommation à lui faite par Coulon, Huissier, le 13 Juin 1722, et de remettre audit Marguillier les ordres nécessaires pour qu'il puisse faire toucher en France ladite somme, et la faire employer, ainsi qu'il est ordonné; et à faute de ce faire, à la première sommation qui lui en sera faite, le Conseil condamne ledit Lavocat, et par corps, à remettre audit Marguillier en charge, pareillement à la première sommation qui lui en sera faite, une Lettre de change, sur France, bonne et valable, de ladite somme de trois mille livres; si mieux n'aime ledit Lavocat remettre ici audit Marguillier ladite somme de trois mille livres en argent, avec le change d'icelle, à dire d'Experts, qui seront pour ce nommés d'office par le Juge des lieux, devant lequel ils prêteront serment; condamne en outre ledit Lavocat, et par corps, à payer audit Marguillier en charge, les intérêts de ladite somme de trois mille livres, du jour de la première demande en Justice, jusqu'au jour du parfait payement, sur lesquels intérêts sera déduit la somme de deux cent trente livres pour la cloche, et façon d'un clocher, avancée par ledit Lavocat à ladite Paroisse, moyennant lesquels payemens ledit Marguillier en charge donnera quittance audit Lavocat desdites sommes, et s'obligera de faire faire dans ladite Paroisse le Service porté au Testament dudit feu Lavocat.

Ordonne en outre que la solde des deniers publics perçus par le sieur Bonnat avant la réunion de la concession de Saint-Louis au Domaine du Roi dans la Paroisse de Jacmel et des Cayes, sera remise aux Marguilliers en charge desdites Paroisses, chacun au prorata de ce qu'elles ont contribué auxdits deniers publics, lesquelles sommes entreront dans les deniers de la Fabrique desdites Paroisses. Enjoint le Conseil aux Habitans de la Paroisse des Cayes, de se conformer à l'Arrêt rendu sur la délibération par eux faite au sujet de la construction d'une Eglise et Presbytère; enjoint au Substitut du Procureur-Général du Roi du Siége dudit lieu, de certifier la Cour, à la Séance prochaine, de ce qui aura été fait en conséquence dudit Arrêt.

Ordonne aux Habitans de Beynet, de s'assembler pour délibérer sur la construction d'une Eglise et Presbytère dans leur Paroisse, et de faire leur soumission à cet effet pardevant les Officiers de la Jurisdiction dudit lieu, auquel le Conseil mande d'indiquer le jour et le lieu le plus commode et convenable pour l'assemblée, et de s'y transporter pour dresser procès-verbal de ladite délibération, et recevoir les soumissions de ceux qui en feront, et état de ceux qui n'en voudront pas faire, pour le tout fait être envoyé au Greffe du Conseil, à la diligence du Substitut du Procureur-Général du Roi, et à lui communiqué et rapporté, être ordonné ce qu'il appartiendra. Et sera le présent Arrêt, lû, publié, enregistré au Greffe du Siége Royal de Jacmel, pour être exécuté selon sa forme et teneur, et affiché par tout où besoin sera.

ARRÊT du Conseil du Petit Goave, concernant les Marguilliers.

Du 8 Mars 1725.

SUR ce qui Nous a été remontré par le Procureur-Général du Roi, que malgré l'Arrêt de Réglement du 11 Juillet 1721, qui enjoint aux Marguilliers des Paroisses du ressort, de rendre compte de leur gestion dans les deux premiers mois après l'exercice de leur année; cependant tous les Marguilliers, à la réserve de ceux du Cul-de-Sac, et peu d'autres, n'ont point satisfait audit Arrêt, etc. LE CONSEIL, faisant droit sur ladite Remontrance, a ordonné et ordonne à tous les Marguilliers des Paroisses du ressort qui ont été en charge, et qui n'ont point rendu compte de leur gestion, de rendre incessamment lesdits comptes, et d'en apporter les soldes au Conseiller-Syndic, conformément au susdit Réglement, et ce à la première sommation qui leur en sera faite, à la requête des Substituts du Procureur-Général du Roi, à peine de 500 liv. d'amende, et huitaine après contrainte par corps sans autres formalités: enjoint le Conseil aux Officiers des Jurisdictions du ressort, chacun à leur égard, de tenir la main à l'exécution dudit Réglement, et d'envoyer au Conseiller-Syndic lesdits comptes, conformément au Réglement, dans la quinzaine du mois d'Avril prochain au plus tard, sous peine d'interdiction; et seront copies du présent Arrêt envoyées ès-Siéges du ressort, etc.

ORDONNANCE DU ROI, qui impose la peine des Galères aux Matelots et autres gens de Mer qui s'engageront, tant dans les Troupes de Terre que dans celles de la Marine, s'ils ne déclarent être Classés.

Du 27 Mars 1725.

SA MAJESTÉ s'étant fait représenter son Ordonnance du 4 Février 1717, qui impose la peine des Galères aux Matelots et autres gens de Mer qui s'engageront dans les Troupes de Terre, sans avoir déclaré qu'ils sont enrôlés dans les Classes; et voulant imposer la même peine à ceux qui s'engageront dans les Compagnies franches de la Marine, et leur donner cependant le temps de se reconnoître pour faire cette déclaration, attendu qu'ils peuvent s'engager étant pris de boisson; Sa Majesté a ordonné et ordonne que les Matelots et autres gens de Mer qui s'engageront, tant dans les Troupes de Terre que dans celles de la Marine, sans déclarer qu'ils sont enrôlés dans les Classes, seront punis de la peine des Galères: veut cependant Sa Majesté, qu'en faisant par eux cette déclaration dans les vingt-quatre heures de leur engagement, ils ne soient point assujétis à ladite peine des Galères. Mande et ordonne Sa Majesté à M. le Comte de Toulouse, Amiral de France, etc.

MÉMOIRE DU ROI aux Administrateurs, sur la préséance que doit avoir le Doyen de service sur le Conseiller honoraire.

Du 10 Avril 1725.

SA MAJESTÉ a été informée de la contestation qu'il y a eu entre le sieur Matges, Conseiller honoraire au Conseil Supérieur du Petit Goave, et le sieur Guérin, Conseiller audit Conseil, qui, s'étant trouvé l'ancien en service dans la séance du 5 Septembre de l'année derniere, ledit sieur Matges prétendit prendre sa place au-dessus dudit sieur Guérin, à cause qu'il a ci-devant été Doyen dudit Conseil, et que dans ses Lettres d'honoraire il y est fait mention qu'il aura le même rang dont il jouissoit avant sa démission; la prétention dudit sieur Matges étant contraire à la régle et à l'usage qui se pratique dans toutes les Cours Supérieures du

Royaume, où les pourvus d'honoraire ne prennent séance qu'après le Doyen des Conseillers de service, et en sorte qu'il y a toujours un Conseiller de service avant eux, Sa Majesté souhaite que la même chose s'observe à Saint-Domingue; et son intention est que le sieur Matges, ni les autres, qui auront été Doyens, tant au Conseil du Petit Goave qu'à celui du Cap, et qui auront obtenu des Lettres d'honoraires, ne puissent prendre séance dans les assemblées desdits Conseils où ils se trouveront, qu'immédiatement après le Doyen actuellement en service, ou le plus ancien Conseiller, lorsque le Doyen ne sera pas présent. Les sieurs Chevalier de la Rochalard et de Montholon, expliqueront les intentions de Sa Majesté à ce sujet aux deux Conseils Supérieurs du Petit Goave et du Cap, y feront registrer le présent Mémoire, et tiendront la main à ce qu'il soit exécuté. FAIT à Versailles, etc. *Signé*, LOUIS, *et plus bas*, PHELIPEAUX.

R. au Conseil du Petit Goave, le 3 Septembre 1725.
Et à celui du Cap, le 5 Novembre suivant.

EXTRAIT *de la Lettre du Ministre à M. le Chevalier de la Rochalard, touchant la modification et la suspension des Ordonnances et Ordres du Roi par les Administrateurs, sans pouvoir particulier de Sa Majesté.*

Du 17 Avril 1725.

IL ne convient point que l'exécution des Ordonnances et des Ordres que Sa Majesté envoie dans les Colonies, soit ni modifiée ni suspendue par les Généraux et les Intendans, à moins qu'Elle ne leur en donne le pouvoir, comme il est arrivé quelquefois, lors qu'Elle l'a jugé à propos; cela est contre l'autorité de S. M. et les principes d'un bon Gouvernement. Il en arriveroit aussi des inconvéniens très-considérables; et dans le cas dont il s'agit (Ordonnance du Roi, du 11 Avril 1724, concernant la diminution du prix des Pistoles et des Piastres), la même Ordonnance est exécutée dans son entier à la Martinique, et modifiée à Saint-Domingue; par conséquent la Martinique qui a obéi, se trouve la maltraitée.

EXTRAIT de la Lettre du Ministre à M. de Montholon, touchant l'enregistrement des Brefs du Pape, et le passage des Religieux en France sur les Vaisseaux du Roi.

Du 24 Avril 1715.

J'ÉCRIS à M. de la Rochalard, que S. M. a approuvé qu'il ait empêché que le P. Dumay n'ait fait enregistrer au Conseil Supérieur du Petit Goave, le Bref du Pape qui l'avoit établi Préfet Apostolique. Vous devez savoir qu'aucuns Brefs des Papes, ne doivent être enregistrés, qu'ils ne soient revêtus de Lettres d'attache de S. M., et vous aurez soin d'y tenir la main. Je lui marque aussi qu'il ne doit point refuser permission aux Jacobins et aux Religieux de la Charité, qui auront des obédiences de leurs Supérieurs pour venir en France; et que Sa Majesté trouvera bon que vous ordonniez le passage sur ses Vaisseaux, de ceux qui seront dans ce cas.

ARRÊT en Réglement du Conseil du Petit Goave, concernant l'imposition à faire pour le remboursement des Négres suppliciés.

Du 11 Mai 1715.

AUJOURD'HUI onzième Mai 1715, le Procureur-Général est entré, et a dit: que sur l'examen qu'il a fait du nombre d'Esclaves qui ont été exécutés dans le ressort du Conseil, et de ceux qui ont été tués dans le chasses publiques, depuis la reddition des comptes de M. Branda, il paroît être dû aux Propriétaires desdits Esclaves, pour remboursement d'iceux, environ 12 à 13 mille livres; à quoi étant nécessaire de pourvoir, etc. LE CONSEIL a ordonné que, pour fournir au remboursement des Négres suppliciés, il sera levé sur chaque tête de Négres du ressort, payant droits, un scalin, valant aujourd'hui 11 sols 6 deniers et demi, lequel sera perçu par le Receveur ci-après nommé, pour être la somme provenante de la présente imposition, ensemble les restans à payer desdits deniers, portés en reprise dans le compte rendu par le sieur Branda, employé à payer les Négres qui ont été suppliciés, et qui le seront ci-après, suivant les Arrêts de remboursement qui ont été et seront rendus à cet effet par la Cour, lesquels dits Arrêts le Receveur sera obligé de rapporter, avec les quittances des Parties sur ce suffisantes pour la justification de sa dépense; et pour percevoir ladite imposition et en faire la dépense, le Conseil a nommé le sieur François Labergerie, Lieutenant de Juge au Siége de Léogane, à la charge par lui de fournir bonne et suffisante caution, laquelle fera sa soumission au Greffe de la Cour, pardevant Me. Jérôme Gabet, Conseiller séant, commis à cet effet, en présence et du consentement du Procureur-Général du Roi; auquel dit sieur Labergerie, le Conseil passe les mêmes droits, pour frais de sa recette, qu'avoit le sieur Branda, dernier Receveur, suivant le dernier compte par lui rendu.

ORDONNANCE *des Administrateurs, qui défend aux Capitaines des Navires mouillés dans la Rade du Cap, de tuer des bœufs, des moutons, ect, si ce n'est uniquement pour la consommation de leurs propres Vaisseaux.*

Du 9 Juin 1725.

A NOSSEIGNEURS le Marquis de la Rochalard, &c. et de Montholon, &c.

SUPPLIE HUMBLEMENT André Lambert, Fermier des Boucheries du Cap et dépendances, tant en son nom, qu'en celui de ses Associés: DISANT, que dans le Bail judiciaire desdites Boucheries, en date du 4 Novembre dernier, les conditions qui y sont insérées, et sur lesquelles on s'est fondé pour faire monter ladite ferme au prix où elle est aujourd'hui, sont telles, qu'il est défendu à telles personnes, de telle qualité et condition qu'elles soient, de faire tuer ni débiter sans la permission de l'Adjudicataire, aucune viande, soit bœuf, veau, mouton et cochon, et que ledit Adjudicataire seul la distribuera à l'État-Major, au Public, aux Vaisseaux du Roi et Marchands, au prix qui lui est fixé par le tarif ou conditions signées par M. Duclos, Commissaire-Ordonnateur, faisant fonction d'Intendant, en date du 8 Octobre dernier; savoir, aux Habitans et Vaisseaux Marchands, le bœuf à six sols la livre; le veau, mouton et cochon, à huit sols la livre; aux Officiers de l'État-Major et équipages des Vaisseaux du Roi, le bœuf, à quatre sols la livre; le veau, mouton et cochon à six sols; et aux Soldats et Officiers des troupes, le bœuf à trois sols ; le veau, mouton et cochon, comme aux Habitans et Vaisseaux Marchands, à huit sols la livre ; à quoi les Supplians se sont conformés, et se conformeront dans la suite. Ces clauses, et l'espérance que les Supplians avoient d'un débit considérable aux Vaisseaux de la rade, dont la consommation emporte plus que le débit qui se fait aux Habitans, leur a fait monter cette ferme de 11,350 livres de plus qu'elle étoit affermée les années précédentes à Me Jucheriau et Associés, qui payoient celle de 3,765 liv. Cependant, malgré les défenses ci-dessus citées et l'attention que se donnent les Supplians de fournir à gros frais au Public et aux Vaisseaux de la rade, les viandes suffisantes à la demande de tous, plusieurs Capitaines se liguent journellement ensemble, à la sollicitation de quelques Habitans mal intentionnés, qui trouvent leur profit dans la vente qu'ils leur font des bestiaux vivans, leur en fournissent la quantité qu'ils leur en demandent ; et les Capitaines, non-contens d'en tuer la quantité suffisante pour la consommation qui se fait dans leur bord, se la partagent entre eux, et font ainsi une boucherie publique en rade ; en outre, l'Agent de la Compagnie établie en cette Ville, trouve un autre secret pour nuire aux Supplians, en achetant sous son nom des bestiaux vivans desdits Habitans ci-devant cités, en outre les fait élever à un endroit qu'on nomme *la Fossette*, et journellement tue et débite aux Vaisseaux de la Compagnie, et en toute apparence à plusieurs Vaisseaux Marchands : on a voulu même dire que ledit sieur Agent faisoit tuer lesdits bestiaux pour son compte, et les portoit aux comptes des dépenses de ses Vaisseaux, sur le même pied que les Supplians la débitent dans leur Boucherie. Quand bien même cet article ne seroit pas ainsi, et qu'il se contenteroit de tuer pour le compte de la Compagnie, cela seroit encore contraire aux intentions du Roi, celle de M. de Champmeslin et les vôtres, Messieurs, puisqu'il est dit, par la Déclaration de M. de Champmeslin, enregistrée au Conseil de Léogane et du Cap, que ladite Compagnie n'aura dans cette Colonie aucun privilége, et qu'elle et ses Agens y feront leur Commerce comme simples particuliers. Si, par votre autorité, &c.

Vû la Requête ci-dessus, le Bail de la Boucherie du Cap adjugé au Siége Royal dudit lieu en faveur du Suppliant, le 4 Novembre 1724, les conditions auxquelles ledit Bail a été adjugé, étant ensuite d'icelui rapportées, signé Duclos, Copie de la Déclaration et du discours de M. de Champmeslin, concernant les priviléges de la Compagnie des Indes : Nous ordonnons que ledit Bail et les conditions auxquelles il a été adjugé au Suppliant, seront exécutées selon leur forme et teneur, à la charge par l'Adjudicataire de remplir ses obligations, conformément auxdites conditions; et en conséquence, faisons défenses aux Capitaines des Navires Marchands, étant dans la rade du Cap, de tuer aucun bœuf, veau, mouton et cochon, au-delà de ce qu'ils ont besoin pour leur équipage étant à leur bord, chacun à leur égard, sans que, sous quelque prétexte que ce soit, il puisse en être distribué d'un Navire à un autre, ni envoyé à terre, à peine de trois cent livres d'amende pour chaque contravention, applicable moitié au Roi, et moitié audit Adjudicataire: Défendons pareillement et sous les mêmes peines, au Commissionnaire ou Agent de la Compagnie des Indes audit Cap, d'en faire tuer ailleurs que dans le lieu appelé *la Fossette* (*), et pour la subsistance des Négres de ladite Compagnie qui s'y trouveront, et de ceux qui y résideront, pour en prendre soin seulement, sans que, sous quelque prétexte que ce soit, il puisse en être envoyé ou distribué aux Navires de la Compagnie qui se trouveront dans ladite rade, ni aux autres Navires, ni aux Particuliers domiciliés à terre; bien entendu que les Capitaines des Navires de ladite Compagnie pourront en faire tuer à leur bord, ainsi que ceux des Navires Marchands, et conformément à ce qui est ci-dessus ordonné à leur égard, et sous les mêmes peines en cas de prévarication. Ordonnons que la présente Ordonnance sera publiée, registrée à l'audience du Siége Royal de l'Amirauté du Cap tenant, à la première réquisition du Suppliant, à ce que personne n'en ignore. MANDONS aux sieurs Officiers desdits Siéges, &c. Fait au Petit Goave, &c. *Signé*, LE CHEVALIER DE LA ROCHALARD et DE MONTHOLON.

R. en l'Amirauté du Cap, le 21 Juin 1725.

(*) *Cette permission de faire tuer des bestiaux à la Fossette fut ôtée à la Compagnie des Indes, en vertu d'une Lettre du Ministre, du* 8 *Juillet* 1727, *sauf à tuer à bord ceux nécessaires aux Bâtimens de la Compagnie seulement.*

EDIT portant confirmation des Priviléges accordés, Concessions & Aliénations faites à la Compagnie des Indes.

Du mois de Juin 1725.

LOUIS, &c. SALUT. Une de nos principales attentions à notre avénement à la Couronne, ayant été d'augmenter et faire fleurir le Commerce de notre Royaume, Nous avons, au mois d'Août 1717, créé et établi une Compagnie de Commerce maritime, sous le nom de Compagnie d'Occident : depuis cela, ayant reconnu que diverses autres Compagnies de Commerce, établies sous le régne du feu Roi, notre très-honoré Seigneur et Bisayeul, étoient tombées dans un tel anéantissement, que nos Sujets étoient obligés de tirer des Etrangers les Marchandises que ces Compagnies auroient dû leur procurer ; Nous avons jugé qu'il convenoit au bien de notre Etat, de réunir les différens Priviléges du commerce exclusif, ci-devant concédés à ces Compagnies particulières, à celle d'Occident, que Nous avons nommée Compagnie des Indes, afin que toutes ces parties réunies pussent respectivement se soutenir ; et Nous avons la satisfaction de voir l'utilité de cette réunion, par la situation actuelle de ces mêmes parties de commerce, bien différente de ce qu'elle étoit lors de leur division ; reconnoissant d'ailleurs qu'il est de notre justice d'assurer la fortune d'un grand nombre de nos sujets de tous états et conditions, qui se trouvent intéressés dans la Compagnie des Indes, par les engagemens qu'ils n'ont pu se dispenser de prendre dans les différentes opérations dont elle a été chargée pendant notre Minorité : Nous avons fait examiner en notre Conseil les moyens d'affermir et soutenir de plus en plus la Compagnie des Indes, en confirmant en la forme la plus authentique, les Priviléges exclusifs de différens Commerces que Nous lui avons concédés jusqu'à présent, qui sont de nature à ne pouvoir être utiles s'ils étoient libres, sans que ladite Compagnie puisse en prétendre aucun autre à l'avenir ; notre intention étant qu'elle serve à l'accroissement du commerce de notre Royaume, sans affoiblir celui des Négocians particuliers, et sans pouvoir s'immiscer en aucun temps dans nos Finances ; en établissant pour toujours le gouvernement et l'administration des affaires de cette Compagnie, de manière que nos Sujets ayent une entière confiance à un établissement que Nous sommes résolus de soutenir de toute notre autorité. A CES CAUSES et autres, à ce Nous mouvans, et de notre certaine science, pleine puissance et autorité Royale, Nous avons, par le présent Edit, perpétuel et irrévocable, dit, statué et ordonné, disons, statuons et ordonnons, voulons et Nous plaît :

ARTICLE PREMIER.

QUE la Compagnie des Indes créée sous le nom de Compagnie d'Occident par nos Lettres-Patentes du mois d'Août 1717, jouisse à perpétuité des Concessions et Priviléges que Nous lui avons accordés, tant par lesdites Lettres-Patentes, que par nos Edits, Déclarations et Arrêts de notre Conseil, rendus depuis en sa faveur ; desquelles Concessions et Priviléges, Nous voulons que ladite Compagnie jouisse de la manière que les Compagnies qui ont eu ces mêmes priviléges, en ont joui ou dû jouir, sauf les articles auxquels il sera dérogé, ou qui seront plus amplement expliqués par le présent Edit.

ART. II.

LA Compagnie des Indes jouira du Privilége exclusif du Commerce dans toutes les Mers des Indes, et au-delà de la Ligne, des Isles de Bourbon et de France, et de toutes les Colonies et Comptoirs établis et à établir dans les différens Etats d'Asie et de la Côte Orientale d'Afrique, depuis le Cap de Bonne-Espérance jusqu'à la Mer rouge, ainsi qu'en a joui ou dû jouir la Compagnie des Indes Orientales, établie par Édit du mois d'Août 1664, pour cinquante années, dont les Priviléges ont été confirmés et augmentés par la Déclaration du mois de Février 1685, et prorogés pour dix autres années, à commencer du premier Avril 1715, par Déclaration du 29 Septembre 1714, et autres Déclarations et Arrêts; ensemble des Priviléges accordés à la Compagnie particulière de la Chine, par Arrêt de notre Conseil, du 28 Novembre 1712, et Lettres-Patentes expédiées en conséquence, le 19 Février 1713. Défendons à tous nos Sujets, de quelque qualité et condition qu'ils puissent être, de faire aucun commerce, directement ni indirectement, dans lesdites Mers et Pays de la Concession de la Compagnie des Indes, à peine de confiscation des Vaisseaux et Marchandises au profit de ladite Compagnie, ni de prendre aucun intérêt dans des Armemens particuliers qui pourroient se faire pour lesdites Mers et Pays, même sous le Passeport et Bannière d'aucun Prince étranger, à peine de désobéissance.

ART. III.

LADITE Compagnie jouira du commerce exclusif de la Traite des Négres, Poudre d'or, et autres Marchandises à la Côte d'Afrique, depuis la Rivière de Serre-Lyonne, inclusivement, jusqu'au Cap de Bonne-Espérance, ainsi qu'en a joui ou dû jouir la Compagnie de Guinée, qui avoit été établie par Lettres-Patentes du mois de Janvier 1685, et conformément aux Arrêts de notre Conseil, des 27 Septembre 1720, et 14 Décembre 1722.

ART. IV.

LADITE Compagnie ayant acquis, le 15 Décembre 1718, le Privilége et les Effets de la Compagnie du Sénégal, établie par Lettres-Patentes

tes du mois de Mars 1696, elle jouira seule du Commerce de la Traite des Négres, Cuir, Morfil, Poudre d'or, et autres Marchandises, depuis le Cap blanc jusqu'à la Rivière de Serre-Lyonne, exclusivement, ainsi et de la même manière que ladite Compagnie du Sénégal en a joui ou dû jouir.

ART. V.

JOUIRA pareillement ladite Compagnie, de la Concession de la Colonie de la Louisiane, et du Commerce exclusif du Castor, conformément à nos Lettres-Patentes du mois d'Août 1717, et Édit du mois de Décembre de la même année, rendus en faveur de ladite Compagnie.

ART. VI.

LA Compagnie des Indes jouira du Privilége du Commerce de la Côte de Barbarie, ainsi et de la même façon qu'en ont joui les Compagnies auxquelles elle a été subrogée dans ledit Commerce.

Les treize derniers articles de cet Édit n'intéressent en rien les Colonies.

ARRÊT du Conseil du Cap, qui déclare le Capitaine du Port de la même Ville, garant de ses Pilotes, et ordonne qu'à l'avenir ces derniers seront assermentés en l'Amirauté.

Du 6 Août 1725.

ENTRE le sieur Resin, Capitaine, Commandant le Navire la Suzanne, de Nantes, de présent mouillé en ce Port, Appelant, présent en personne, d'une part; et le sieur Raoulx, Intimé, Défendeur, d'autre part.

Vû par le Conseil la Déclaration faite par ledit sieur Resin; la Requête présentée par ledit sieur Resin au Lieutenant-Général de l'Amirauté, tendante à ce qu'il lui plût lui permettre de faire appeler par extraordinaire ledit sieur Raoulx, pour se voir condamner, comme garant et responsable de l'ignorance de son Pilote, à prendre ledit Navire et Marchandises avariées, en payer la valeur, suivant les us et coutumes du Pays, et ainsi qu'il est plus au long porté en ladite Requête; Sentence par défaut contre ledit sieur Raoulx, par laquelle, attendu que ledit sieur Resin est actuellement sur son départ pour Léogane, il est ordonné à telle fin que de raison, qu'il fourniroit un état de lui certifié véritable, des frais et dépenses qu'il a faits depuis le jour de son échouement, et qu'il pourroit faire en cette Ville jusqu'à celui de son départ, comme aussi qu'il seroit fait une estimation du montant des avaries causées audit Navire par ledit échouement, et des dommages et intérêts qu'il pourroit prétendre pour son retardement, au cas qu'il lui en soit adjugés, et ce par les sieurs Grandmont, Geslin et Elye, qui ont été nommés d'office à cet effet, pour le tout rapporté et affirmé, valoir ce qu'il appartiendra. Vû aussi une Requête à ce Conseil, par ledit sieur Resin, tendante, pour les raisons y contenues, à ce qu'il plaise à la Cour, ayant égard au retardement dudit Navire et dépérissement desdites Marchandises de sa cargaison, ordonner audit sieur Juge, sans aucun délai, de juger ladite affaire. L'Ordonnance rendue en conséquence, par laquelle il est ordonné audit Juge de finir l'instance commencée, sous peine d'en répondre en son nom, et d'en rendre compte au premier Conseil. La signification desdites Requêtes et Ordonnances, faite audit sieur Juge. La Sentence rendue le premier Août, par laquelle, attendu la Lettre écrite par M. le Général audit sieur Juge, le 13 du mois de Juillet dernier, il est sursis à faire droit sur les conclusions portées dans la Requête du Demandeur. Autre Requête présentée par ledit sieur Resin, à ce qu'il plût à la Cour lui permettre d'appeler de ladite Sentence. Vû aussi toutes les autres pièces résultantes dudit procès, et sur lesquelles ladite Sentence est intervenue ; ensemble le compte des dépenses et frais faits pour ledit Navire la Susanne, par ledit Demandeur, de lui certifié véritable. Et oui ledit sieur Resin, présent en personne, et Me Thomas-Michel le Rat, Conseiller, faisant les fonctions de Procureur-Général du Roi en cette partie : Le Conseil a ordonné défaut contre ledit sieur Raoulx, non comparant, et pour le profit d'icelui a mis et met l'appellation & ce dont est appel au néant ; émandant, en évoquant le principal, a condamné ledit sieur Raoulx, en qualité de Pilote et Lamaneur, de payer audit sieur Resin, pour tous dépens, dommages et intérêts par lui demandés, la somme de six mille livres, à laquelle le Conseil a taxé et modéré d'office ; les conclusions prises par ledit sieur Resin, par sa Requête du onze Juin dernier. Ordonne ledit Conseil audit sieur Raoulx de se conformer aux Ordonnances du Roi, et de n'employer aucunes personnes pour Pilotes, qu'ils n'ayent été examinés et reçus à l'Amirauté, et ce dans trois mois pour la réception d'iceux, et a condamné ledit sieur Raoulx aux dépens, tant des causes principale que d'appel. Fait au Cap, ect.

V. la Lettre du Ministre, du 2 Novembre 1727.

ARRÊT du Conseil du Cap, qui condamne un Particulier à faire réparation à un Conseiller, auquel il imputoit d'avoir défendu à un Huissier de lui signifier un acte.

Du 6 Août 1725.

Vu la Requête présentée en ce Conseil, par Me Pierre Asselin, Conseiller en icelui, tendante, entr'autres choses, à ce qu'il plaise à la Cour lui permettre de faire assigner Dupuy, Huissier, pour être oui sur les faits contenus en icelle, et le sieur Lejeune, pour se voir condamner à lui faire une réparation aussi authentique que l'offense qu'il lui a faite; qu'en conséquence ledit sieur Lejeune sera obligé de dire et déclarer à haute et intelligible voix, que témérairement et malicieusement, il a accusé ledit sieur Asselin d'avoir défendu audit Dupuy de lui signifier ce dont ledit sieur Lejeune l'avoit chargé: qu'en outre, ledit sieur Lejeune sera condamné en 3,000 liv. d'amende pour les réparations du Palais, et en 3,000 liv. encore pour les Pauvres de l'Hôpital-Général, sauf au Procureur-Général du Roi, dont ledit sieur Asselin demande la jonction pour le maintien de l'ordre et l'honneur des Magistrats, à prendre contre ledit sieur Lejeune telles conclusions qu'il avisera. Et oui Me Michel le Rat, Conseiller, faisant les fonctions de Procureur-Général du Roi : Le Conseil, après avoir pris le serment dudit Dupuy, qui a déclaré que ledit sieur Asselin ne lui a jamais défendu de lui signifier, ordonne que ledit sieur Lejeune comparoîtra au premier jour de Conseil, pour y faire la réparation demandée par ledit sieur Asselin; et en outre le condamne en deux cent livres d'amende envers le Roi, pour s'être servi de termes injurieux envers ledit sieur Asselin, et fait défenses audit sieur Lejeune et à toute autre personne de récidiver, sous plus grandes peines.

ARRÊT du Conseil du Cap, qui autorise toutes Personnes à tenir Boucherie, faute par les Fermiers de satisfaire aux besoins du Public.

Du 3 Septembre 1725.

LETTRE du Ministre à MM. de la Rochalard et de Montholon, qui déclare incompatibles les places de Greffier et de Secrétaire des Administrateurs.

Du 21 Octobre 1725.

J'AI procuré au sieur de la Cour, Secrétaire de M. le Chevalier de la Rochalard, la place de Greffier en chef du Conseil Supérieur du Petit Goave, vacante par la mort du sieur Bonté; et au sieur Boileau, Secrétaire de M. de Montholon, celle de Greffier-Notaire de la Jurisdiction de S. Louis, vacante par la mort du sieur Langlois; vous en trouvérez ci-joint les provisions, que vous aurez agréable de leur remettre.

Le Roi, en accordant ces deux places, m'a ordonné de vous expliquer que son intention est que, du jour que le sieur de la Cour aura été reçu au Conseil Supérieur, il cesse de faire les fonctions de Secrétaire de M. de la Rochalard, que M. de Montholon en use de même par rapport au sieur Boileau, qui doit résider à S. Louis, pour y remplir les fonctions de Greffier. Je vous recommande de vous conformer exactement aux intentions de S. M., parce que, s'il en étoit autrement, Elle disposeroit de ces deux places en faveur d'autres sujets, ces différentes fonctions étant incompatibles.

ARRÊT du Conseil du Cap, touchant l'exercice de la Médecine, de la Chirurgie et de l'Accouchement.

Du 5 Novembre 1725.

VU par le Conseil, la Requête de M. Duvalin, Médecin du Roi au Cap; et oui Me Gerard Carbon, Conseiller, faisant les fonctions de Procureur-Général du Roi: LE CONSEIL ayant égard à ladite Requête, a fait défenses à toutes personnes, de quelque condition qu'elles soient, de pratiquer la profession de Chirurgie dans le Cap, et de Médecin dans les plaines, sans au préalable avoir subi les examens ordonnés par les Arrêts rendus en ce Conseil, et été jugés capables et avoir obtenu des Lettres de Maîtrise en la forme accoutumée; comme aussi aux femmes de pratiquer les accouchemens sans avoir été instruites sur ladite matière, et sans la présence d'un Maître Chirurgien, qui, en cas d'accident fâcheux, puisse remédier aux difficultés qui se présenteront. Fait aussi mêmes défenses aux Maîtres Chirurgiens de cette Ville, de visiter et prescrire des remèdes dans les maladies internes, faire les opérations de conséquence, sans y appeler un des Médecins qui sont en cettedite Ville, hors l'absence desdits Médecins, et dans les cas pressans; fait en outre défenses ledit Conseil, aux Chirurgiens de Navires, de descendre aucun malade de leur bord à terre, sans en avertir les Médecins du Roi, ou un autre Médecin, en son absence, et ce en conformité des Ordonnances et Déclarations du Roi, enregistrées au Greffe de ce Conseil; et ordonne que le présent Arrêt sera lu et publié partout où besoin sera.

ORDONNANCE *des Administrateurs, touchant les exemptions des Religieux de la Charité.*

Du 13 Novembre 1725.

LE Chevalier de la Rochalard, &c.

François de Montholon, &c.

Vu la Requête présentée par le Frère-Armand, Supérieur des Religieux de la Charité de l'Hôpital Royal du Cap-François, et l'extrait des Lettres-Patentes accordées par Sa Majesté aux Religieux de la Charité du Cap, enregistré au Conseil Supérieur dudit lieu, portant exemption pour 50 de leurs Négres : Nous ordonnons au sieur Lescarmoutier, Receveur-Général dudit Conseil pour les droits d'Octroi, de passer ladite exemption auxdits Religieux, qu'il emploiera en reprise dans ses comptes, en rapportant la présente Ordonnance et ledit extrait ci-joint. Fait à Léogane, &c.

R. au Conseil du Cap.

ARRÊT du Conseil du Cap, portant que toutes les affaires relatives aux Habitans de la nouvelle Jurisdiction du Trou, et antérieures à sa création, continueront à être jugées par le Juge du Cap.

Du 3 Décembre 1725.

VU par le Conseil la Requête présentée cejourd'hui en ce Conseil par les Négocians, Marchands et autres Habitans demeurans en cette Ville, tendante, &c.; et ouï Me Gérard Carbon, Conseiller, faisant les fonctions de Procureur-Général du Roi; LE CONSEIL, ayant égard à ladite Requête, ordonne que toutes les affaires faites et contractées en ce Quartier, avant l'installation de la Jurisdiction du Trou, par les Habitans dudit Quartier, seront poursuivies et jugées en ladite Jurisdiction du Cap; ordonne, en outre, que toutes les Sentences qui seront rendues à cet effet, ensemble les autres Sentences et Jugemens qui ont été ci-devant rendus en ladite Jurisdiction du Cap, seront exécutés, sans qu'il soit besoin de permission ni paréatis du Juge de ladite Jurisdiction du Trou, et que le présent Arrêt servira en temps que de besoin de paréatis, sans qu'il en soit besoin d'autre; lequel sera enregistré, lu et publié es-dites Jurisdictions du Cap et du Trou, l'Audience tenante, &c.

ARRÊT du Conseil du Cap, portant défenses de troubler le cours et les fonctions de la Justice.

Du 3 Décembre 1725.

ENTRE le sieur Albepart, Notaire-Royal du Quartier de Bayaha, d'une part; et Me Gérard Carbon, Procureur-Général du Roi, prenant le fait et cause de M. Pagny de Lys, Procureur du Roi de la Jurisdiction du Trou; Vu, &c. LE CONSEIL, &c. Au surplus, faisant droit sur les conclusions dudit Procureur-Général du Roi, fait très-expresses inhibitions et défenses à toutes Personnes que ce soit, de troubler le cours et les fonctions de la Justice, &c.

ARRÊT du Conseil du Cap, touchant la Boucherie des Cochons.

Du 3 Décembre 1725.

ENTRE les nommés Giraudet et Cadet, Demandeurs, présens en personnes, d'une part; et le sieur André Lambert, Fermier de la Boucherie, Défendeur, aussi présent en personne, d'autre part; vue la Requête par eux présentée en ce Conseil, tendante à ce qu'il plaise à la Cour leur permettre de vendre et distribuer du Cochon pour gagner leur vie, n'ayant autre moyen pour pouvoir vivre, et ainsi qu'il est plus au long porté en ladite Requête; vu aussi une Ordonnance rendue par M. de Chastenoye, ce-jourd'hui : Parties ouies, et le Procureur-Général du Roi; LE CONSEIL ayant égard à ladite Requête, a permis et permet auxdits Giraudet et Cadet de tuer des cochons, et de les vendre toutes les fois qu'il ne s'en trouvera point à la Boucherie.

ARRÊT du Conseil du Cap, portant qu'à l'égard des Assemblées de Paroisse pour choses qui ne sont pas de l'exercice courant, l'Etat-Major et le Conseil en seront préalablement prévenus pour y venir donner leur avis.

Du 7 Janvier 1726.

LE Procureur-Général du Roi est entré, et a dit: qu'il s'est trouvé le jour d'hier, à l'issue des Vêpres, à une assemblée de MM. les Curé, Marguilliers et Paroissiens de cette Ville, où il auroit été surpris que l'on auroit proposé de créer un Marguillier d'honneur dans la Paroisse, et cela sans en avoir communiqué à MM. de l'Etat-Major, à MM. du Conseil, Chefs principaux de la Paroisse; et comme cette proposition est une nouveauté, et chose extraordinaire qui ne peut se faire canoniquement sans l'avis des principaux Chefs, les délibérations ordinaires n'étant que pour le courant de l'exercice et fonctions des Marguilliers; pourquoi ledit Procureur-Général du Roi requiert, &c. Sur quoi le Conseil a ordonné qu'il ne pourra être fait aucunes délibérations dans les affaires nouvelles et extraordinaires, qui pourront être proposées dans ladite Paroisse, sans que les Officiers de l'Etat-Major et le Conseil en ayent été au préalable informés, pour y donner leur avis ; déclare les deux délibérations des premier et six du présent mois, nulles et irrégulières, fait défenses d'en faire à l'avenir de semblables ; ordonne qu'il sera fait mention du présent Arrêt à la marge du Livre où sont lesdites délibérations, sans préjudice à l'usage ordinaire pour ce qui est de l'exercice courant desdits Marguilliers, &c.

ARRÊT en Réglement, du Conseil du Petit Goave, concernant le Receveur de l'Octroi.

Du 7 Janvier 1726.

CEJOURD'HUI, Me Jérôme Gabet, Conseiller en la Cour, est entré au Conseil, et a dit : MM., les pertes que nous avons eu le malheur de faire de M. de Montholon, notre Intendant, et de M. Haran, notre Doyen, ne me permettant pas d'exercer plus long-temps l'emploi de Receveur-Général de l'Octroi, dont le Conseil me chargea en 1715, et qu'il a plû à Sa Majesté de me conserver, malgré l'incompatibilité qu'Elle déclare entre la charge de Conseiller et cet emploi ; je vous prie donc, MM., de recevoir la démission que j'en fais aujourd'hui entre vos mains. Trop heureux si, par mon attention à remplir les fonctions du Décanat, je puis persuader le Conseil de mon respect et de ma reconnoissance, et de l'estime la plus parfaite que je ne cesserai jamais d'avoir pour ceux qui le composent.

LE CONSEIL sur ce, ouï le Procureur-Général du Roi, a donné acte audit Me Gabet de sa démission de l'emploi de Receveur de l'Octroi ; et sur les conclusions verbales du Procureur-Général du Roi, a ordonné qu'à l'avenir ledit emploi ne sera exercé que pendant cinq années consécutives par le même Sujet, lesquelles commenceront du premier de ce mois, et que celui qui sera préposé à ladite recette, fournira caution de la somme de 50,000 liv. pardevant un des Conseillers de la Cour, à la diligence et en présence du Procureur-Général du Roi ; qu'expéditions de la présente délibération, et des Ordres et Déclarations du Roi au sujet de l'Octroi, en date des 2 Août 1718, 8 Avril 1721 et 7 Septembre 1723, seront délivrées aux Commis des Trésoriers-Généraux de la Marine en cette Colonie, pour veiller en ce qui regarde à leur exécution, et en ce qu'il sera tenu de faire ; et procédant à la nomination d'un sujet capable de de remplir les fonctions dudit emploi ; LE CONSEIL, à la pluralité des voix, a nommé le sieur François-Séraphin Jacquet de Cauray, etc.

ARRÊT du Conseil du Petit Goave, qui rejette la demande des Chirurgiens, afin d'enregistrement de leurs statuts, & leur enjoint d'appeler des Médecins pour les Maladies internes.

Du 11 Janvier 1726.

VU par le Conseil, la Requête présentée par les Chirurgiens du ressort, expositive qu'au mépris d'un Arrêt rendu le 7 Septembre 1711, ils reçoivent tous les jours des plaintes publiques des fautes que commettent nombre de Chirurgiens, soi-disans qui désertent des Vaisseaux, et vont s'établir où il leur plaît, exerçant l'Art de Chirurgie sans avoir donné aucunes preuves de la capacité requise et si utile au bien public, méprisant même avec audace les avertissemens qu'on leur donne sur cela ; ce qui cause un dommage notable à la Colonie, et déshonore la Compagnie, la privant de se grossir de meilleurs Sujets, qui se feroient honneur d'y donner leurs services, s'ils ne trouvoient les places prises par ces sortes de gens ; dont les Habitans ne se défont pas aisément, par les grands besoins qu'ils en ont ; pourquoi requièrent qu'il plaise à la Cour ordonner l'établissement des statuts qu'elle a l'honneur de lui présenter, leur donner force de loi, en en ordonnant la lecture et l'exécution dans tous les Quartiers de cette Colonie ; les observations de Me Aillot, Médecin du Roi, l'Arrrêt du Conseil susdaté, en forme de Réglement. Vu les conclusions du Procureur-Général du Roi, et oui le rapport de Me Lopes Depas, Conseiller, et tout considéré : LE CONSEIL a débouté les supplians des fins et conclusions de leur Requête ; leur enjoint de se conformer à l'Arrêt du 7 Septembre 1711, qui sera exécuté selon sa forme et teneur, à la diligence du Procureur-Général du Roi, qui en certifiera la Cour ; et faisant droit sur ses conclusions, enjoint aux Chirurgiens d'avertir les malades d'appeler un Médecin sur les maladies internes qu'ils auront à traiter dans les Villes et Bourgs, et ce dans le troisième jour de leur maladie.

ARRÊT du Conseil du Petit Goave, sur la fourniture du bois de Chauffage pour le Gouverneur-Général.

Du 16 Janvier 1726.

VU par le Conseil, la Requête présentée par Louis Bonnaventure Saintard, tendante à ce que, pour les raisons y contenues, il lui soit payé les fournitures des bois de chauffage qu'il a faites pour la maison de M. le Général; un certificat de M. de Nolivos sur ce sujet; vu aussi l'extrait du Mémoire du Roi, en date du 9 du mois de Novembre 1721, et ouï le Procureur-Général du Roi en ses conclusions verbales, et le rapport de Me Lopes Depas, Conseiller séant: tout vu et considéré: LE CONSEIL ordonne que, sur les deniers provenans des amendes non appliquées au Roi, il soit pris les sommes nécessaires pour payer au sieur Saintard les bois par lui fournis jusqu'à ce jour, suivant le compte qui en sera par lui produit, et arrêté par Me Lopes Depas, que le Conseil a nommé Commissaire à cet effet, et que sur lesdits deniers il sera aussi, par ledit Commissaire, employé la somme de quatre mille livres en Négres pièces d'Inde, moitié hommes et moitié femmes, lesquels seront remis à l'Intendant, suivant la destination qui en a été faite par S. M. en son Mémoire du 9 Novembre 1721, dont l'extrait, signé, pour Copie, DE MONTHOLON, sera registré au Greffe de la Cour, pour y avoir recours, au moyen duquel remplacement le public demeurera déchargé à perpétuité de ladite fourniture de bois au Gouvernement, conformément audit Mémoire. Fait en Conseil, le seizième Janvier mil sept cent vingt-six.

ARRÊT du Conseil d'Etat, qui permet aux Négocians François de porter en droiture des Isles Françoises de l'Amérique dans les Ports d'Espagne, les Sucres de toute espèce, à l'exception des Sucres bruts; ensemble toutes les autres Marchandises du crû desdites Isles Françoises.

Du 27 Janvier 1726.

LE ROI voulant favoriser de plus en plus le Commerce des Isles Françoises de l'Amérique, se seroit fait représenter en son Conseil l'Arrêt du 20 Juin 1698, & les Lettres-Patentes du mois d'Avril 1717, portant Réglement pour le Commerce des Colonies Françoises: Et Sa Majesté ayant jugé convenable au bien & à l'avantage desdites Colonies, de permettre le transport des Sucres et autres Marchandises du crû des Isles Françoises, directement dans les Ports d'Espagne: Oui le Rapport du sieur Dodun, Conseiller ordinaire au Conseil Royal, Contrôleur-Général des Finances, SA MAJESTÉ ÉTANT EN SON CONSEIL, a permis et permet aux Négocians François, de porter en droiture des Isles Françoises de l'Amérique dans les Ports d'Espagne, les Sucres de toute espèce, à l'exception néanmoins des Sucres bruts; ensemble toutes les autres Marchandises du crû des Isles Françoises de l'Amérique; dérogeant à cet effet aux articles II et XXVI des Lettres-patentes du mois d'Avril 1717, en faveur des Négocians du Royaume seulement, sans que la présente permission puisse avoir lieu pour les habitans des Isles et Colonies Françoises. Veut Sa Majesté, que les Navires François qui auront transporté des Marchandises directement des Isles en Espagne, soient tenus de revenir dans les Ports de France d'où ils seront partis, sous les peines portées par l'article II des Lettres-Patentes de 1717. Veut aussi Sa Majesté que les Négocians François qui auront fait ce commerce, soient tenus de rapporter à leur retour en France l'état des Marchandises qu'ils auront chargées aux Isles, certifié par les principaux Employés des Fermes; et en outre l'état du déchargement fait en Espagne, certifié par le Consul de France; sur la vérification desquels états certifiés, les droits du Domaine d'Occident seront acquittés. Et sera le présent Arrêt lû, publié et affiché par-tout où besoin sera, pour être exécuté selon sa forme et teneur, jusqu'à ce qu'autrement par Sa Majesté en ait été ordonné. FAIT au Conseil d'Etat, &c.

***Édit** qui ordonne une nouvelle fabrication d'espèces d'or et d'argent.*

Du mois de Janvier 1726.

R. au Conseil du Petit Goave, le premier Juillet 1726.
Et à celui du Cap, le 7 Août suivant.

V. l'Ordonnance du Roi, du 11 Juin 1726.

***Ordonnance** du Gouverneur du Cap, qui défend d'envoyer prendre du bois sur le terrein dépendant de l'Hôpital du Cap.*

Du 4 Février 1726.

A MONSIEUR de Chastenoye, &c. Supplient très-humblement les Religieux de l'Hôpital Royal de la Charité du Cap, disant que tous les Hatans du Cap, ou la plus grande partie d'iceux, envoient journellement leurs Esclaves faire du bois sur le terrein dudit Hôpital, et que lesdits Habitans font couper indifféremment par leurs Esclaves les bois d'ouvrages de charpente, jeunes bois et autres, sans avoir égard que le terrein ne leur appartient pas, non plus que le bois. Lesdits Religieux auroient chassé de dessus leur terrein jusqu'à quarante Esclaves tous d'une fois, appartenans auxdits Habitans. L'intention de Sa Majesté étant d'établir son Hôpital à perpétuité, comme il appert par ses Lettres-patentes, il seroit de la prudence des Religieux à ce dessein de conserver leurs bois pour l'entretien dudit Hôpital, sans compter que lesdits Habitans n'auroient aucune hypothèque sur le terrein desdits Religieux. Vous auriez eu la bonté de faire droit à la présente Requête ci-dessus en son temps, en faisant battre un ban dans le Cap, et auriez fait défenses auxdits Habitans d'envoyer dorénavant leurs Esclaves abattre du bois sur le terrein desdits Religieux; les Habitans méprisent vos ordres, persévèrent à faire abattre les bois desdits Religieux, ravagent, gâtent et ruinent leur terrein; même la plûpart desdits Habitans le vendent et debitent journellement dans le Cap, et autorisent si bien leurs Esclaves dans le vol, que lesdits Esclaves auroient l'insolence de s'attrouper dans le bois desdits Religieux, et faire main-basse sur les Blancs et Noirs commis par lesdits Religieux pour garder leurs bois. Ce considéré, &c.

Vû la présente Requête, et ayant égard à l'exposé en icelle, Nous renouvellons les défenses déjà faites, et défendons aux Habitans d'envoyer faire du bois sur les dépendances de la Maison Royale de l'Hôpital, à peine de cinquante livres d'amende contre les Maîtres des Négres qui seront pris en contravention du présent ordre, lequel sera lu, publié et affiché partout où besoin sera, afin que personne n'en ignore; et sur la représentation qui Nous a été faite par le R. P. Armand le Canut, Supérieur de ladite Maison, les Ordonnances qui lui avoient déjà été accordées sur ce sujet, Nous lui avons accordé une Sauve-garde des troupes du Roi de cette garnison, pour tenir la main à l'exécution dudit ordre. Donné au Cap. *Signé* CHASTENOYE.

R. au Siége Royal du Cap, le lendemain.

EXTRAIT de la Lettre du Ministre à M. le Chevalier de la Rochalard, touchant les Forbans, le traitement des Equipages, son refus d'admettre un Imprimeur aux Isles, et le payement de dettes réclamées sur des Habitans François, par ceux des Isles étrangères.

Du 5 Février 1726.

SA MAJESTÉ a approuvé l'Arrêt du Conseil Supérieur du Petit Goave, qui a condamné à la mort les quatre Matelots Forbans qui vous avoient été renvoyés par M. le Duc de Portland, Gouverneur de la Jamaïque. Ces exemples pourront contenir ceux qui auront du goût pour un aussi détestable métier.

SA MAJESTÉ a approuvé aussi que, sur la harangue faite au lieu de l'exécution par l'un d'eux, vous ayez fait examiner la conduite que tiennent les Capitaines des Navires Marchands. Il est certain que les désertions des Matelots proviennent en partie de la dureté avec laquelle ils sont traités, et des mauvais vivres qu'on leur donne. Si à cette occasion il y avoit quelque condamnation à porter contre les Capitaines, cela regarde l'Intendant ou les Juges ordinaires.

SA MAJESTÉ a approuvé tout ce que vous avez fait à l'occasion de la conduite du nommé Payen, Libraire à Metz, et porteur de Lettres-patentes portant privilége exclusif d'Imprimeur et Libraire à Saint-Domingue.

Elle a approuvé ce que vous avez fait au sujet du payement d'une ancienne dette d'un habitant de la Jamaïque, sur un habitant de Saint-Domingue, dont M. de Portland vous avoit prié de faciliter le recouvrement. En pareil cas, il convient de bien examiner la nature de ces dettes, qui proviennent ordinairement du Commerce Etranger. Il ne faut jamais donner les mains à ce que celles de cette espèce soient payées, parce qu'en agissant autrement, ce seroit encourager ce commerce, pour la destruction duquel Sa Majesté vous recommande de mettre tout en usage.

EXTRAIT *de la lettre du Ministre à M. le Chevalier de la Rochalard, sur son refus de donner son avis siégeant au Conseil du Petit Goave.*

Du 5 Février 1726.

IL m'est revenu que, dans les séances du Conseil Supérieur du Petit Goave, vous avez quelquefois refusé de donner votre avis; quoique je sois persuadé que cela ne vous est pas arrivé, je suis bien aise de vous dire, en cas que vous eussiez une pareille prétention, qu'elle est contre toute sorte de régles et d'usages; que, quoique la place que vous occupez au Conseil soit de grande dignité, elle ne vous dispense pas d'opiner dans les affaires qui s'y traitent: les Fils de France et les Princes du Sang donnent leur avis au Parlement quand ils y vont prendre séance.

EXTRAIT *de la lettre du Ministre à M. de Montholon, sur sa proposition de ne point laisser aux Officiers-Majors voix délibérative dans les Conseils Supérieurs, lors de la décision des procès.*

Du 5 Février 1726.

A l'égard de la proposition que vous avez faite d'ôter aux Officiers-Majors la voix délibérative dans les Conseils, à l'exception des affaires qui intéresseront le Roi et le Public, S. M. ne l'a point approuvée; et je vous observerai sur cela que, s'il y a des tems où il conviendroit qu'ils s'abstinssent de se trouver aux séances, il y a en d'autres où il est nécessaire qu'ils y soient, parce qu'un Intendant qui se donne la peine de bien faire instruire les procès, se sert utilement d'eux pour rendre la justice, et y trouve moins de partialité que parmi les Conseillers.

DÉCLARATION DU ROI, touchant les Libres qui recèlent des Esclaves, et les Donations faites aux Gens de couleur par les Blancs.

Du 8 Février 1726.

LOUIS, &c. Le feu Roi, notre très-honoré Seigneur et Bisayeul, auroit, par ses Lettres-Patentes en forme d'Édit, du mois de Mars 1685, établi une loi et des règles certaines sur ce qui concerne l'état et la qualité des Esclaves aux Isles de l'Amérique ; mais sur les représentations qui Nous ont été faites, qu'il convient au bien et à l'avantage de mesdites Colonies, d'ajouter à certaines dispositions dudit Édit ; et d'en retrancher d'autres, eu égard aux circonstances présentes : A CES CAUSES, en interprétant, en tant que de besoin est, ledit Édit du mois de Mars 1685, déclarons et ordonnons, voulons et nous plaît ce qui suit : Que l'article 39 dudit Édit soit exécuté selon sa forme et teneur ; et en conséquence, que les Affranchis qui auront donné retraite dans leurs maisons aux Esclaves fugitifs, soient condamnés par corps envers le Maître, en l'amende de trois cent livres de sucre par chaque jour de rétention ; et les autres personnes libres qui leur auront donné retraite, en dix livres tournois d'amende, pour chaque jour de rétention ; et en ajoutant à cet article, ordonnons que, conformément à ce qui a été porté par notre Édit de ce mois 1724, qui sert de loi pour notre Province de la Louisiane, faute par lesdits Affranchis ou Libres, qui auront donné retraite auxdits Esclaves, de pouvoir payer ladite amende de trois cent livres de sucre par chacun jour de rétention des esclaves fugitifs, ils soient réduits à la condition d'esclave, et, comme tels, vendus au plus offrant et dernier enchérisseur, à la diligence de notre Procureur en la Jurisdiction de laquelle ils seront demeurans ; voulons que, si le prix provenant de la vente qui en sera faite, excède l'amende encourue, le surplus soit adjugé au profit de l'hôpital le plus prochain. Voulons aussi que, conformément à ce qui est porté par l'article 52 de notre Édit du mois de Mars 1724, tous

Esclaves affranchis, ou Négres Libres, leurs enfans et leurs descendans, soient incapables à l'avenir de recevoir des Blancs aucune donation entrevifs, ou à cause de mort, ou autrement, sous quelque dénomination ni prétexte que ce puisse être; nonobstant ce qui est porté par les articles 56, 57 et 59 dudit Édit du mois de Mars 1685, auxquels Nous avons dérogés et dérogeons par ces Présentes, pour cet égard seulement; et ordonnons qu'en cas qu'il soit fait auxdits Négres affranchis ou libres, ou à leurs enfans, ou descendans, aucuns dons ou legs, en quelque manière que ce soit, ils demeurent nuls à leur égard, et soient appliqués au profit de l'hôpital le plus prochain. Ordonnons au surplus que notre Édit du mois de Mars 1685, soit exécuté selon sa forme et teneur, &c.

LETTRES-PATENTES, portant que les Commissaires & Contrôleurs de la Marine aux Isles, auront séance & voix délibérative dans les Conseils Supérieurs, après les Officiers-Majors.

Du 12 Février 1726.

LOUIS, &c. A nos amés et féaux les Gens tenans nos Conseils Supérieurs de l'Amérique, SALUT: Nous avons estimé qu'il convenoit au bien de notre service, d'accorder aux Commissaires et Contrôleurs de la Marine, servans dans nos Isles et Colonies, l'entrée, séance et voix délibérative dans nos Conseils Supérieurs, ainsi qu'il a été accordé aux Officiers-Majors de nosdites Colonies, par les Édits de création de nos Conseils Supérieurs, et aux Majors par des Commissions particulières de Nous. A CES CAUSES, Nous avons ordonné, et par ces Présentes, signées de notre main, ordonnons que les Commissaires et Contrôleurs de la Marine, ayant commission de Nous, et servant dans nosdites Colonies, auront dorénavant entrée, rang, séance et voix délibérative dans nos Conseils Supérieurs des lieux de leur résidence, immédiatement après les Officiers-Majors qui ont séance auxdits Conseils; et que dans les cérémonies où lesdits Conseils assisteront, ils ayent le même rang. Si vous mandons que ces Présentes vous ayez à faire registrer, et le contenu en icelles garder et exécuter selon leur forme et teneur; et que du contenu en icelles, vous fassiez jouir et user lesdits Commissaires et Contrôleurs de la Marine, en prêtant serment en tel cas requis et accoutumé, et ce nonobstant tous Édits, Déclarations et Réglemens,

Réglemens, Arrêts, et autres choses à ce contraires, auxquelles Nous avons dérogé et dérogeons pour ce regard seulement. Donné à Marly, &c.

R. au Conseil du Cap, le 28 Décembre 1726.
Et à celui du Petit Goave, le 13 Janvier 1727.

RÉGLEMENT DU ROI, *pour établir à Saint-Domingue une Compagnie d'Ouvriers d'Artillerie, suivant les propositions du sieur Carpeau du Sansay, qui en sera le Capitaine.*

Du 18 Février 1726.

EXTRAIT *d'une Lettre du Ministre à M. Blondel de Jouvencourt, Intendant des Isles du Vent, touchant la présentation du Pain-Béni.*

Du 5 Mars 1726.

J'AI vu la copie de la Lettre écrite par le Supérieur des Carmes de la Guadeloupe à M. le Chevalier de Feuquieres, sur la prétention du sieur Ducharmoy, que le Pain-Béni soit présenté aux Officiers du Conseil avant le Major, conformément au Réglement du 30 Septembre 1713, lorsqu'ils sont dans leur banc; il s'agit de savoir si le banc en question est placé dans la Paroisse où se tient le Conseil, en ce cas il n'y a pas de difficulté de présenter, conformément à ce Réglement, le Pain-Béni aux Officiers du Conseil qui s'y trouvent, quand même il n'y en auroit qu'un; mais si ce n'est pas la Paroisse où se tient le Conseil, il ne doit pas y avoir de distinction pour les Conseillers. *Signé*, MAUREPAS; collationné, BLONDEL DE JOUVENCOURT.

Pour copie, *Signé*, DUCLOS.

R. au Conseil du Cap, le 7 Septembre 1726.

ARRÊT du Conseil de Léogane, touchant les Négres Marons faute de vivres chez leurs Maîtres, et ceux déjà repris de Justice.

Du 11 Mars 1726.

LE CONSEIL enjoint au Juge de Saint-Louis, de joindre dorénavant aux procédures qui se feront contre les Négres-Marons par récidive, la Sentence qui les condamne à avoir les oreilles coupées, et d'être flétris d'une Fleur-de-Lys pour la première fois; lui ordonne aussi, lorsque les Négres-Esclaves, accusés de Maronage, déclareront y avoir été forcés par le manque de vivres sur les habitations de leurs Maîtres, qu'il procède à la vérification du fait par l'audition des deux plus proches voisins qui sera jointe au Procès; et sera le présent Arrêt enregistré aux Greffes des Siéges du ressort, pour être exécuté selon sa forme et teneur, &c.

LETTRE du Ministre à M. le Chevalier de la Rochalard, touchant un François Forban, jugé à la Jamaïque, et remis par le Gouverneur de cette Isle, et ce qu'il convient d'observer à l'égard d'Anglois prévenus de crimes & condamnés à Saint-Domingue.

Du 12 Mars 1726.

J'AI reçu la Lettre que vous m'avez écrite le 17 Mai de l'année dernière, au sujet du nommé Gabriel Guerrier, dit la Guerre, soldat des troupes à Saint-Domingue, qui ayant ci-devant déserté, étoit rentré dans le service en vertu de l'amnistie accordée par le Roi, et qui ayant été reconnu à la Jamaïque, dans le détachement que vous avez donné au Navire la Susanne, pour avoir fait le métier de Forban pendant le temps qu'avoit duré sa désertion, fut condamné à mort par le Conseil de cette Isle, sans égard pour l'amnistie accordée, prétendant qu'elle ne le dispensoit pas de subir les Loix d'Angleterre, et qui cependant vous a été renvoyé par M. le Duc de Portland, Gouverneur, par considération pour la Nation, dont Sa Majesté a été satisfaite. J'ai approuvé que de concert avec feu M. de Montholon, vous ayez fait rembourser au sieur Guiton les 29 pistoles d'or qu'il avoit payées pour les frais de la détention de ce soldat, et les droits que les Officiers de ce Conseil ont exigé pour l'expédition de la grace; c'est une dépense extraordinaire qui doit être employée dans le compte des dépenses de la Colonie.

A l'égard des ordres que vous avez demandés pour, en pareil cas, agir en représailles, l'intention de Sa Majesté est que lorsqu'il se trouvera à Saint-Domingue des Anglois prévenus de crimes contre les François, on leur fasse subir toute la rigueur des Loix du Royaume, quand même ils auroient eu grace du Roi d'Angleterre, en observant cependant de faire surseoir l'exécution et d'en rendre compte. Je donnerai des ordres en conformité à l'Intendant qui sera nommé pour remplacer M. de Montholon.

ARRÊT de Réglement du Conseil du Petit Goave, qui fait défenses à toutes personnes de prendre des Négres en nantissement de sommes prêtées.

Du 14 Mars 1726.

LE Procureur-Général du Roi est entré, et a dit: qu'il s'est apperçu qu'il s'introduisoit dans le ressort du Conseil une usure, d'autant plus affreuse, qu'elle est colorée d'un prétexte spécieux d'hypothèque, au moyen de laquelle ceux qui sont dans l'indigence trouvent à se libérer des frais qu'entraîneroient les poursuites de leurs Créanciers, ce qu'ils évitent en empruntant de certaines gens les sommes dont ils ont besoin, en leur donnant un certain nombre de Négres, sous le nom spécieux d'hypothèque, ce qui réellement est un gage et non une hypothèque, qui ne met point le Créancier en la possession et jouissance actuelle du bien ou du meuble hypothéqué, et qui, au contraire, doit rester en celle du propriétaire, jusqu'à ce que l'hypothèque soit purgée; au lieu que les prétendus prêteurs à hypothèque, contre lesquels ledit Procureur-Général est obligé d'employer aujourd'hui son ministère, prennent non-seulement des Négres en hypothèque bien au-dessus de la valeur des sommes qu'ils prêtent, mais encore forcent ceux que le dérangement de leurs affaires contraint de recourir à de telles ressources, de leur remettre ces mêmes Négres hypothéqués, qu'ils font travailler chez eux, sans en payer aucun loyer ni encourir aucuns risques, de sorte que le débiteur se trouve non-seulement privé du fruit qu'il retireroit de son Esclave ainsi hypothéqué, mais même dans la nécessité d'en fournir un autre en cas de mort, ce qui fait une usure si énorme, qu'il réquiert le Conseil d'employer son autorité pour la réprimer par les peines ordinaires que les Ordonnances Royaux ont fulminées en semblables cas. L'affaire mise en délibération, le Conseil a fait très-expresses inhibitions et défenses à toutes personnes, de quelque qualité et condition qu'elles soient, de prêter de l'argent en exigeant du débiteur un ou plusieurs Négres, à ses risques, et celà par forme d'hypothèque; déclare tels prêts prohibés et usuraires. Enjoint au Procureur-Général et à ses Substituts dans les Jurisdictions du ressort de la Cour, de poursuivre extraordinairement ceux qu'ils sauront ou qui leur seront dénoncés être dans le cas, conformément aux Ordonnances contre les Usuriers; et sera le présent Arrêt lu, publié, affiché et enregistré dans tous les Siéges du Ressort, &c.

COMMISSION de Commissaire Général de la Marine, pour M. Duclos.

Du 15 Mars 1726.

R. au Conseil du Cap, le 28 Décembre 1726.
Et à celui du Petit Goave, le 13 Janvier 1727.

LETTRE du Roi à M. Duclos, pour lui dire qu'il l'a destiné à servir aux Isles sous le Vent, en qualité de Commissaire-Général de la Marine.

Du 15 Mars 1726.

R. au Conseil du Cap, le 28 Décembre suivant.
Et à celui du Petit Goave, le 13 Janvier 1727.

COMMISSION qui accorde à M. le Gentil, Commissaire de la Marine, Ordonnateur au Cap, entrée et voix délibérative au Conseil de la même Ville.

Du 9 Avril 1726.

LOUIS, &c. Salut. A nos amés et feaux les Gens tenans notre Conseil Supérieur du Cap, côte Saint-Domingue: Nous aurions, par notre ordre du 9 du présent mois d'Avril, fait choix du sieur le Gentil, pour faire les fonctions de Commissaire de la Marine, Ordonnateur à Saint-Domingue au Cap, et étant informé de sa capacité et expérience au fait de la Judicature, y servir en cette qualité, sous les ordres du sieur Duclos, Commissaire-Général de la Marine, Ordonnateur à Saint-Domingue. Nous avons ordonné, et par ces présentes, signées de notre main, ordonnons que ledit sieur le Gentil aura en ladite qualité, rang, séance et voix délibérative dans notre Conseil Supérieur du Cap, immédiatement après les Officiers-Majors, et avant le Doyen dudit Conseil, lequel, en l'absence de l'Intendant et du premier Conseiller dudit Conseil, continuera d'en faire les fonctions. Voulons aussi que dans les cérémonies où ledit Conseil assistera, ledit sieur Gentil ait le même rang. SI VOUS MANDONS que ces présentes vous ayez à faire registrer, et qu'après avoir pris et reçu dudit sieur Gentil le serment en tel cas requis et accoutumé, vous ayez à le faire jouir et user du contenu en icelle; et le faire reconnoître de tous ceux et ainsi qu'il appartiendra, nonobstant toutes choses à ce contraires, &c.

R. au Conseil du Cap, le 28 Décembre, 1726.

EXTRAIT de la lettre du Ministre à M. le Chevalier de la Rochalard, touchant l'Épée des Officiers Suisses qui meurent à Saint-Domingue, & la Justice particulière au Corps de cette Nation.

Du 9 Avril 1726.

M. le Chevalier Karrer s'est plaint que le Major de la Martinique vouloit exiger l'épée des Officiers Suisses qui meurent dans cette Isle, et le sol pour livre sur le produit de leurs hardes. Sur le compte que j'en ai rendu au Roi, S. M. l'a désapprouvé, d'autant que dans les places de France ni dans les armées, cela ne se pratique point, les Majors ne se mêlant point de ce qui regarde les Officiers Suisses. J'ai, par son ordre, écrit à M. le Chevalier de Feuquieres de faire cesser cette prétention, et j'ai jugé à propos de vous donner avis des intentions de S. M. à ce sujet, afin que vous puissiez vous y conformer, en cas que les Majors de Saint-Domingue formassent la même demande.

L'intention de S. M. est aussi, que les Suisses qui sont en garnison à Saint-Domingue, exercent leur justice suivant les privilèges de leur Nation, et que lors de l'exercice, ils ne soient point mêlés avec les François. La plupart n'entendant pas la langue, il convient qu'ils soient exercés par leurs Officiers.

Arrêt du Conseil du Petit Goave, contre plusieurs Esclaves voleurs et assassins, & qui met à prix la tête de plusieurs autres.

Du 6 Mai 1726.

ENTRE le Substitut du Procureur-Général du Roi au Siége Royal de cette Ville, Demandeur et Accusateur, Appelant de la Sentence rendue audit Siége, le onze Avril dernier; Contre trente Négres, Négresses et Mulâtresses, Esclaves, Intimés.

Vu la Sentence susdatée qui déclare, &c. Le Conseil a mis et met l'appellation et Sentence au néant; émandant, déclare Baptiste, Négre esclave appartenant à la veuve Boisdron, duement atteint et convaincu d'avoir été l'auteur du vol fait sur le grand chemin au nommé Raulin; d'avoir le premier porté la main sur lui; de l'avoir désarmé; d'avoir fait le partage des effets volés, et d'avoir été en la compagnie des Négres-Marons, et complice avec eux du vol fait au Corail des FF. de la Charité, et autres cas mentionnés au procès. Pour réparation de quoi, le condamne à faire amende honorable, à avoir le poing coupé au-devant de l'Eglise du Grand Goave; après quoi, sera mené par l'Exécuteur en la Place publique du Bourg du Grand Goave, pour y être rompu vif, son corps mort porté sur le grand chemin qui conduit du Grand Goave à Léogane, pour y être exposé sur une roue, à l'endroit appelé *le Trou Jean Roger*; ledit Baptiste, préalablement appliqué à la question ordinaire et extraordinaire. Déclare Colin, Paul, Phaëton, Joseph et Pierrot, Négres esclaves, complices dudit Baptiste; pour réparation de quoi, les condamne à être rompus vifs. Déclare le nommé Jeannot Congue, duement atteint et convaincu d'avoir été Maron en la compagnie des nommés Forban, la Rose, Bernard, Maligne et Gabriel, d'avoir été complice avec eux du vol fait au Corail des FF. de la Charité, d'y avoir amarré et battu le nommé Charles, Commandeur Blanc de la veuve Vasche, et Bernard, Commandeur Négre des FF. de la Charité, et d'avoir commis plusieurs autres vols et excès dont est fait mention au procès; pour réparation de quoi le condamne à faire amende honorable, à avoir le poing coupé et à être rompu vif. Déclare François, Négre, duement atteint et convaincu d'avoir été Maron en la compagnie dudit Jeannot Congue, et des nommés Forban, la Rose, Bernard, Maligne et Gabriël; pour réparation de quoi, le condamne à être présent au supplice dudit Jeannot Congue, ensuite être battu et fustigé nud de verges sur les épaules par l'Exécuteur de la Haute-Justice, dans les carrefours du Bourg du Grand Goave, et à l'un d'iceux être flétri d'un fer chaud marqué d'une fleur de lys sur l'épaule droite; ce fait, renvoyé à son maître, avec défenses de récidiver sous peine de la vie. Déclare le procès suffisamment instruit contre le nommé Jacques, Négre esclave, appartenant à la veuve Boisdron, et les faits mentionnés au procès suffisamment établis; en conséquence le déclare, duement atteint et convaincu d'avoir retiré dans sa case les nommés Forban, la Rose, Bernard, Maligne, Gabriël et leurs complices, de leur avoir fourni des vivres, de les avoir incités à commettre plusieurs vols, et de les avoir partagés avec eux; pour réparation de quoi le condamne à être rompu vif. Déclare Jean Goudy, Négre, duement atteint et convaincu d'avoir volé plusieurs effets sur l'habitation du sieur Gressier, sise au petit Étang de ce quartier, en compagnie des autres Négres-Marons, et d'avoir été complice et partagé plusieurs autres vols avec eux; pour réparation de quoi le condamne à être rompu vif. Déclare Marie, Négresse esclave, duement atteinte et convaincue d'avoir été Maronne avec Jeannot Congue, son mari, et les nommés Forban, la Rose, Bernard, Maligne, Gabriël et complices, d'avoir participé aux vols qu'ils ont faits, et partagé avec eux les effets volés; pour réparation de quoi, la condamne à être pendue et étranglée jusqu'à ce que mort s'ensuive. Déclare Marie Goyo, Esclave, Marie Yaya et Madeleine, Négresses, duement atteintes et convaincues d'avoir fréquenté et retiré les nommés Forban, la Rose et Bernard, d'avoir eu un commerce avec eux, et d'en avoir reçu divers effets volés, dont est fait mention au procès; pour réparation de quoi, les condamne à être pendues et étranglées jusqu'à ce que mort s'ensuive. Déclare Marion, Mulâtresse esclave, appartenante au sieur Berson, duement atteinte et convaincue d'avoir reçu quelque présent du nommé Gabriël; pour réparation de quoi, la condamne à être présente au supplice des nommées Marie, Marie Goyo, Marie Yaya et Madeleine; ensuite être battue et fustigée nue de verges sur les épaules, par l'Exécuteur de la Haute Justice, dans les carrefours du Bourg du Grand Goave, et à l'un d'iceux être flétrie d'un fer chaud, marqué d'une fleur de Lys sur l'épaule droite; ce fait renvoyée à son Maître, avec défenses à elle de récidiver sous peine de la vie.

Ordonne qu'à la diligence du Substitut du Procureur-Général du Roi au Siége Royal de cette Ville, et par le Juge dont est appel, il sera plus amplement informé, *quò usque et manentibus indiciis*, des cas mentionnés au procès, et autres s'il y échoit, contre les nommés Jacquet, Clavier, Pierrot, Cossy, Berthol et Catau, François, Louis, Jérôme et Marguerite, Jeannot, Domingue et autre Marguerite, pour être la procédure instruite contre les susnommés, jusqu'au jugement définitif, sauf l'appel; et que cependant lesdits accusés tiendront prison close jusqu'à ce qu'autrement en ait été ordonné par le Conseil. Déclare la contumace bien instruite à l'encontre de Forban, la Rose, Gabriël, Bernard et Maligne, Négres et Esclaves; et adjugeant le profit d'icelle, les déclare duement atteints et convaincus d'attroupement avec port d'armes, d'avoir volé et arrêté divers particuliers sur le grand chemin; d'avoir nuitamment assassiné les nommés Manuel Poirier, et René le Begue, Cabaretiers, demeurans au Grand Goave, et ensuite volé les meubles de leurs maisons, et autres cas mentionnés au procès; pour réparation de quoi, les condamne à faire amende honorable, à avoir le poing coupé au-devant de l'Eglise; après quoi, seront menés par ledit Exécuteur en la Place publique du Bourg du grand Goave, pour y être *tirés et écartelés à quatre chevaux*; ce fait, leurs membres jetés au feu, et leurs cendres au vent, et leurs têtes exposées sur des poteaux qui seront plantés vis-à-vis du cabaret où a été commis l'assassinat; lesdits accusés préalablement appliqués à la question ordinaire et extraordinaire: ce qui sera exécuté par effigie en un tableau qui sera attaché à une potence par l'Exécuteur de la Haute Justice, en la Place publique dudit Bourg du Grand Goave. Ordonne que le prix desdits Esclaves condamnés à mort, sera remboursé à leurs maîtres et maîtresses par le Receveur des deniers publics, en la manière accoutumée. Et faisant droit sur les Requêtes présentées par divers particuliers qui ont été volés par les accusés, et qui sont jointes au procès, ordonne, pour aucunes bonnes considérations, et sans tirer à conséquence, qu'ils seront remboursés des effets à eux volés sur la caisse des deniers publics; à l'effet de quoi ils seront tenus de présenter et affirmer par serment, leurs mémoires pardevant le Rapporteur du procès qui en fera la liquidation. Et faisant droit sur les conclusions du Procureur-Général du Roi, à l'encontre du nommé Jacquet, Négre Esclave, appartenant à la veuve Boisdron, fugitif des prisons de la Cour, et des nommés Gabriël, Maligne, la Rose, Bernard et Forban, contumax, le Conseil a mis et met leur tête à prix; permet en conséquence à toutes personnes de toute condition, soit libres ou esclaves, de leur courir sus, et de les arrêter morts ou vifs. Ordonne que, pour récompense, il sera donné aux personnes

nes de condition libre, la somme de trois cent livres par chacun desdits Négres qu'ils remettront vifs ès prisons du ressort, et celle de cent cinquante livres par chaque tête et étampes desdits Négres qui seront remises ès Greffes des Siéges du ressort, duement reconnues, lesquelles sommes seront prises sur la caisse des deniers publics; et à l'égard des Esclaves, donne la liberté à celui qui amenera un desdits Négres mort ou vif, et sera le prix dudit Esclave, devenu libre par ce moyen, remboursé à son Maître par le Receveur des deniers publics, suivant l'estimation qui en sera faite par arbitres et gens connoissant ledit Esclave; et sera le présent Arrêt lu, publié et registré aux Greffes des Siéges du ressort, et affiché partout où besoin sera, à la diligence des Substituts du Procureur-Général du Roi, qui en certifieront la Cour au mois; renvoie l'exécution du présent Arrêt au sieur Juge dont est appel. Fait en Conseil, &c.

V. l'Arrêt du Conseil d'Etat, du 30 Décembre suivant.

ARRÊT du Conseil du Cap, pour le choix d'un Geolier au concours.

Du 7 Mai 1726.

SUR ce qui a été représenté par Me. Gérard Carbon, Procureur-Général du Roi, qu'en attendant que l'on soit en commodité d'avoir des prisons comme il convient, qu'il seroit à propos d'avoir un Geolier qui pût se charger et répondre au Public et aux Juges, des Prisonniers qui pourroient être consignés, et garder une police comme il se pratique dans les prisons en France; pour à quoi parvenir, il seroit à propos de faire afficher, &c. LE CONSEIL a ordonné qu'il sera publié et affiché aux carrefours des rues de cette Ville, à la prochaine séance du Conseil, que toutes Personnes, connues de bonne vie et mœurs, pourront se transporter pour être Geolier et prendre soin des prisons, et donner un état de la manière dont elles pourront administrer lesdites prisons et répondre des Prisonniers, ainsi que des droits et prérogatives qu'elles demanderont; à quoi elles seront reçues, et la préférence donnée à celle qui sera agréée par le Conseil, et qui fera les conditions les plus raisonnables.

COMMISSION de Contrôleur de la Marine & des Fortifications à Saint-Domingue, pour M. Tesson de Saint-Aubin.

Du 11 Juin 1726.

LOUIS, &c. A notre cher et bien amé le sieur Tesson de Saint-Aubin, Salut. Suivant notre ordre du 12 Décembre 1724, Nous vous aurions établi Contrôleur de la Marine et des Fortifications de Saint-Domingue, sur la connoissance que Nous avons de votre expérience, de votre fidélité et affection pour notre service; et étant satisfait de ceux que vous nous avez rendus jusqu'à présent, Nous voulons vous traiter aussi honorablement que les Contrôleurs de nos Ports et Arsenaux de Marine. A CES CAUSES, Nous vous avons fait expédier la présente pour, en vertu d'icelle, continuer à servir en ladite qualité de Contrôleur de la Marine et des Fortifications en ladite Isle, et pour cet effet tenir registre de la recette et dépense de la Marine et des Fortifications de ladite Isle, signer les marchés, réceptions d'ouvrages, contrôler les quittances des parties prenantes, et faire les autres fonctions de Contrôleur, de même que ceux de la Marine établis en France dans nosdits Ports et Arsenaux, et aux mêmes honneurs, pouvoirs et prérogatives. Mandons à notre Gouverneur et notre Lieutenant-Général de ladite Isle, et au Commissaire-Général d'icelle, de vous faire reconnoître en ladite qualité de Contrôleur, de tous ceux ainsi qu'il appartiendra; car tel est notre plaisir. A Versailles, le 11 Juin 1726. *Signé*, LOUIS, &c.

R. au Conseil du Cap, le 28 Décembre 1726.

ORDONNANCE du Roi, qui règle le prix que doivent avoir les pistoles et les piastres d'Espagne, et les espèces de France à S. Domingue, et Ordonnance du Gouverneur Général en conséquence.

Des 11 Juin & 9 Septembre 1726.

DE PAR LE ROI.

SA MAJESTÉ ayant, par Arrêt du 26 du mois dernier, ordonné une augmentation sur les espèces d'or et d'argent fabriquées dans son Royaume, en vertu de l'Édit du mois de Janvier dernier, Elle a jugé aussi convenable de régler une augmentation sur les pistoles d'Espagne qui ont cours à Saint-Domingue; et desirant expliquer ses intentions, tant au sujet de ces monnoies étrangères, que par rapport aux espèces fabriquées dans le Royaume, tant en vertu des précédens Édits, que de celui du mois de Janvier dernier, Sa Majesté a ordonné et ordonne qu'à commencer du jour de la publication de la présente Ordonnance, les pistoles d'Espagne, dont le prix a été réglé, par l'Ordonnance du 10 Octobre 1724, à 19 liv., auront cours à Saint-Domingue pour 24 liv.; les doubles et demies à proportion, conformément audit Arrêt; et que les piastres, dont le prix a été réglé par ladite Ordonnance à 4 liv. 15 sols, auront cours pour 6 liv., les demi-quarts, réaux et demi-réaux, à proportion. Veut Sa Majesté que les louis d'or, qui avoient cours avant l'Arrêt du 26 du mois dernier pour 20 liv. ayent cours pour 24 livres; les doubles et demis à proportion, conformément audit Arrêt, et ceux des précédentes fabrications à proportion; que les écus qui avoient cours avant ledit Arrêt pour cinq livres, ayent cours pour six livres; les demis, cinquièmes, dixièmes, et vingtièmes à proportion, conformément audit Arrêt; et les monnoies d'argent des précédentes fabrications à proportion. Mande et ordonne Sa Majesté, au Gouverneur et Lieutenant-Général, à l'Intendant ou Commissaire Ordonnateur des Isles sous le Vent de l'Amérique Méridionale, et à tous autres qu'il appartiendra, de tenir la main à l'exécution de la présente Ordonnance, &c.

Le Chevalier de la Rochalard, &c.

Vu l'Ordonnance du Roi, donnée à Versailles le 11 Juin 1726, à Nous adressée, par laquelle Sa Majesté, &c. Nous ordonnons en conséquence que du jour de la publication de la présente Ordonnance, les pistoles d'Espagne vaudront 24 liv. pièce, les doubles, demies à proportion, les piastres 6 liv., les demi-quarts, réaux et demi-réaux à proportion, et les autres espèces d'or et d'argent fabriquées dans le Royaume, ainsi qu'il est ci-devant dit; et sera la présente registrée, &c. Mandons à MM. les Gouverneurs Particuliers, Lieutenans de Roi, &c. de tenir la main, &c. Enjoignons à tous Trésoriers, Receveurs, Comptables et Dépositaires des deniers Royaux, publics ou particuliers, de représenter le jour de la publication, aux Commissaires-Ordonnateurs ou faisant fonctions, aux Subdélégués de l'Intendant ou aux Juges et Procureurs du Roi; leurs Livres avec les espèces qu'ils auront dans leurs caisses, à peine d'être chargés de telles augmentations que de droit, &c. Donné au Petit Goave, &c. *Signé*, le Chevalier DE LA ROCHALARD.

R. au Conseil du Petit Goave, le 9 Septembre 1726.
Et à celui du Cap, le 16 du même mois.

Il faut remarquer que la dernière Ordonnance est rendue par M. le Chevalier de la Rochalard seul, attendu la mort de M. de Montholon, Intendant, et l'absence de M. Duclos, Ordonnateur, étant alors en France.

LETTRE du Roi aux Conseils de Saint-Domingue, pour leur annoncer la suppression du titre de principal Ministre.

Du 14 Juin 1726.

R. au Conseil du Cap, le 28 Décembre suivant.
Et à celui du Petit Goave, le 13 Janvier 1727.

EXTRAIT de la Lettre du Ministre à MM. de la Rochalard et Duclos, touchant la prétention d'un faisant fonctions de Contrôleur de la Marine, et celle d'un Ecrivain Principal, aux fonctions de la place vacante d'Ordonnateur.

Du 18 Juin 1726.

LE sieur de St. Aubin n'ayant qu'un ordre pour faire les fonctions de Contrôleur, n'a point été en droit de faire celles d'Ordonnateur, qui regardoient le sieur Godemar, pourvu d'un brevet d'Ecrivain Principal, en vertu duquel il étoit bien fondé, n'y ayant point de Commissaire de la Marine à S. Domingue, et le sieur St. Aubin n'ayant point de commission de Contrôleur. Cependant le Roi, à qui j'ai rendu compte de ce qui s'étoit passé à cet égard, a approuvé les raisons qui ont déterminé M. de la Rochalard, sans décider la question, de faire rester le sieur Godemar pour continuer ses fonctions au Cap, et les mesures qu'il a prises pour que cette discussion n'interrompît point le service, et l'exécution des opérations dont le sieur de St. Aubin est chargé.

EXTRAIT de la Lettre du Ministre à M. le Chevalier de la Rochalard, qui défend d'accorder des permissions pour aller acheter des Bâtimens dans les Pays étrangers.

Du 18 Juin 1726.

J'AI reçu, avec la Lettre que vous m'avez écrite le 31 Mars dernier, la Requête qui vous a été présentée par le sieur Desmarattes, Négociant établi dans la Colonie, pour vous demander la permission d'aller acheter un Vaisseau à la Jamaïque ; vous avez très-bien fait de la lui refuser ; et il auroit été à souhaiter que vous en eussiez usé de même pour celle que vous marquez avoir accordée aux sieurs Ciron et Girard, Commissaires de la Compagnie des Indes, quoique je sois très-persuadé que vous l'avez fait à bonne fin, et que vous n'avez eu en cela ni en autres choses vues d'intérêt : mais vous devez être en garde sur de pareilles propositions, qui ne tendent qu'à faire le commerce étranger, que vous devez empêcher.

Il est vrai qu'il est permis aux Négocians du Royaume d'acheter des Navires dans les Pays étrangers, et de les faire venir en France; mais il y a bien de la différence : ils ne peuvent faire aucune fraude au moyen des précautions que prennent les Fermiers pour l'empêcher : il n'en est pas de même dans les Colonies, où il n'y a point de pataches ni de gardes des fermes comme dans les Ports de France, et où les Habitans mettent tout en usage pour parvenir à faire le commerce défendu.

COMMISSION de Subdélégué à l'Intendance au Cap, donnée par le Gouverneur-Général à M. de St. Aubin, Contrôleur de la Marine.

Du 28 Juin 1726.

LE Chevalier de la Rochalard, &c. et Chef des Conseils.

Le décès du sieur Godemar, faisant fonctions de Commissaire de la Marine, et de Subdélégué de l'Intendance au Cap et au Port-de-Paix, depuis le départ de M. Duclos, actuellement en France, laissant ces deux places vacantes, et considérant l'importance et la nécessité de charger des détails de ce département, une personne capable d'y entretenir et même d'y rétablir le bon ordre, dont la longue maladie du sieur Godemar pourroit avoir occasionné le dérangement : Nous nous sommes déterminés, pour le grand bien du service de Sa Majesté, en attendant son ordre, à y faire passer le sieur de St. Aubin, Contrôleur de la Marine en cette Colonie, quelque nécessaire qu'il fût près de Nous, lequel, en sa qualité et celle d'Ordonnateur, dont il a hérité par la mort de M. de Montholon, a tout droit d'ordonner ainsi et au même titre que ses prédécesseurs, conformément à l'Ordonnance, pour le détail de la Marine, les magasins du Roi, la caisse des Trésoriers, et celles des autres comptables, dont les fonds doivent rentrer au Trésor du Roi; et voulant, pour rendre son séjour au Cap plus utile, qu'il y fasse toutes les fonctions de Subdélégué; Nous ordonnons qu'il sera reconnu en cette qualité, et en conséquence qu'il connoîtra, conjointement avec M. de Chastenoye, Gouverneur, de toutes les affaires concernant les droits du Roi, de celles qui regardent les pensions des Curés, et de celles qui concernent les dettes de cargaisons des Vaisseaux Marchands mouillés au Cap, que Nous lui recommandons particuliérement, pour ne point causer de retardement à leur départ, qu'il donnera toutes condamnations requises et nécessaires contre les refusans, lesquelles, aussi bien que les Ordonnances et Jugemens par lui rendus, seront mis à exécution par les Huissiers ressortissans du Conseil du Cap, auxquels Nous ordonnons ainsi le faire, sauf l'appel devant Nous desdites condamnations, à l'exception de celles concernant les dettes de cargaisons qui ne doivent souffrir, ainsi qu'il est dit ci-dessus, aucun retardement; donnons en outre pouvoir audit sieur de St. Aubin, de recevoir aussi, conjointement avec M. de Chastenoye, les Requêtes qui leur seront présentées pour affaires purement civiles, soit pour renvoyer aux Juges celles qui les regarderont, soit pour se réserver la connoissance de celles qu'ils voudront juger eux-mêmes; de commettre les Arpenteurs dudit lieu du Cap, dans les affaires où les Parties auront besoin de leur ministère pour l'éclaircissement de leurs contestations; d'ordonner le transport desdits Arpenteurs dans les Quartiers, autant qu'il sera possible, pour, sur leurs Procès-verbaux, Plans figuratifs des lieux, concessions et pièces justificatives, juger desdites contestations, les Parties présentes ou duement appelées, sauf les cas de réunion, qui seront réservés à notre Jugement, sans qu'il puisse être formé opposition ou appellation des Ordonnances et Jugemens qu'ils rendront, pardevant d'autres Juges que Nous; et sera la présente Commission enregistrée au Conseil Supérieur du Cap, à ce que personne n'en ignore. DONNÉE au Petit Goave, sous le cachet de nos armes et le contre-seing de notre Secrétaire, le 28 Juin 1726. *Signé*, LE CHEVALIER DE LA ROCHALARD.

R. au Conseil du Cap, le 7 Août suivant.

ORDONNANCE *du Gouverneur-Général, pour le paiement, sous un mois, des droits d'Octroi arriérés.*

Du 2 Juillet 1726.

R. au Conseil du Petit Goave, le même jour.

ARRÊTS du Conseil du Cap, touchant la condamnation d'un Négre malade dans les prisons de la Jurisdiction du Trou, et qui défendent aux Maîtres de souffrir que leurs Esclaves soient armés.

Des 2 et 8 Juillet 1726.

SUR ce qui a été représenté par le Procureur-Général du Roi, qu'il a eu avis que le 20 du mois dernier, les Négres du sieur Lagrange seroient venus aux Cases à Négres de l'habitation du sieur le Cœur, au quartier de Bayaha, armés de gros bâtons, où étant, la dame le Cœur, son épouse, ayant entendu du bruit, seroit venue pour tâcher de l'appaiser; mais que le nommé Colas, Négre Esclave du sieur Lagrange, qui étoit le Chef de cet attroupement, auroit levé son bâton pour en frapper ladite Dame le Cœur, ce qu'il auroit fait, si un Blanc, qui passoit, ne l'en eût empêché par un coup de pistolet qu'il lui auroit tiré dans le corps; et comme ledit Négre est en danger de mourir, avant de pouvoir instruire son procès, et de subir la peine que mérite son crime, ce qui seroit d'une dangereuse conséquence, parce que les Négres qui en ont connoissance, et qui peuvent même y être complices, pourroient s'imaginer qu'il n'y auroit point de punition à craindre dans pareil cas: que de plus, les faits dont il est accusé sont de notoriété publique dans tout le quartier; ils n'ont pas besoin d'une preuve plus authentique, étant même insérés dans la Lettre que M. Charmette, Commandant du Quartier, écrit à M. de Chastenoye, laquelle en contient le détail: pourquoi ledit Procureur-Général du Roi requiert que, pour prévenir l'impunité de ce crime, que la mort dudit Négre pourroit causer, il soit par le Conseil nommé tels de Messieurs qu'il lui plaira, pour se transporter aux prisons du Trou, où ledit Négre Colas est détenu Prisonnier, et lui faire son Procès définitivement, sans autre formalité, attendu l'exigence du cas; sur quoi LE CONSEIL ayant égard à la remontrance dudit Procureur-Général du Roi, et vu la notoriété du crime dont ledit Colas, Négre, est accusé, et l'importance qu'il y a d'en donner un exemple, a nommé et nomme MM. de Beauval, Chavanne, Maisoncelle et le Rat, Conseillers, pour Commissaires en cette partie, qui se transporteront audit Quartier du Trou, et y jugeront définitivement en dernier ressort ledit accusé, sans autre formalité que celles qu'ils jugeront indispensables, attendu l'exigence du cas.

Vu

Vu par lesdits sieurs Commissaires, le Procès criminel extraordinairement fait et instruit à la requête du Procureur-Général du Roi, Demandeur et Accusateur, à l'encontre de Colas, Négre-Esclave du sieur de la Grange; la plainte dudit sieur Lecœur, et la remontrance du sieur Bornat, Greffier de la Jurisdiction, faisant fonctions de Procureur du Roi; l'Arrêt dudit Conseil, du deuxième de cedit mois, avec l'extrait de la Lettre du sieur Charmettre, Commandant de Bayaha, écrite à M. le Gouverneur, la procédure commencée par le Juge dudit Siége Royal du Trou, à la requête dudit Lecœur, le Procureur du Roi joint, les conclusions dudit Procureur du Roi, et le décret de prise de corps étant ensuite, l'interrogatoire subi par l'accusé devant ledit Juge, qui sont toutes les procédures faites audit Siége, attendu la maladie desdits Juges et Procureur du Roi, et l'absence du Lieutenant particulier, l'interrogatoire subi sur la sellette par ledit accusé, cejourd'hui, en la chambre du Greffe de la Jurisdiction, contenant ses confessions, dénégations et réponses pardevant M. de Chavanne, Conseiller, l'un desdites Commissaires, Rapporteur du Procès, et conclusions verbales dudit Procureur-Général du Roi: Nous, Commissaires susdits, avons déclaré ledit Négre Colas duement atteint et convaincu d'avoir été, avec attroupement de Négres armés de bâtons, sur l'habitation dudit sieur Lecœur, et d'y avoir levé le bâton sur la dame Lecœur, son épouse, pour la frapper, et des autres faits mentionnés au Procès; pour réparation de quoi l'avons condamné et condamnons à être rompu vif par l'Exécuteur de la haute justice, en place publique du Bourg du Trou, et d'y demeurer tant qu'il plaira à Dieu lui conserver la vie, la face tournée vers le ciel; ordonne que les sieurs la Grange et le Cœur enverront chacun ſix Négres de leur attelier, pour assister à ladite exécution et en voir l'exemple.

Leur enjoint et à tous Habitans, d'empêcher leurs Négres de s'attrouper ni porter bâtons, couteaux droits, pointus, ni autres instrumens défendus, à peine de répondre, en leur propre et privé nom, des événemens qui en pourroient arriver, et sur les autres peines portées par les Ordonnances et les Réglemens; et sera un extrait du présent Arrêt lu, publié et affiché partout où besoin sera, afin que personne n'en ignore, et l'exécution du présent Arrêt renvoyée à mondit sieur de Chavanne, Commissaire-Rapporteur.

EXTRAIT de la Lettre du Ministre à M. le Chevalier de la Rochalard, pour qu'il y ait des Trompettes, et non pas des Tambours battant à la dragonne, dans les Compagnies des Dragons-Milices.

Du 6 Août 1726.

LORSQUE, le 29 Août 1724, S. M. rendit l'Ordonnance pour permettre qu'il y eût dans chaque Compagnie de Cavalerie de Milices, un Tambour qui battroit la marche à la Dragonne, ce fut sur les représentations que fit M. le Comte de Champmeslin, qu'on ne pourroit point trouver de Trompettes dans la Colonie, et parce qu'il parut alors indifférent que ces Compagnies eussent des Tambours ou des Trompettes. Les réflexions que vous avez faites sur cela, et les inconvéniens que vous avez prévus que cette permission pourroit avoir, ont paru justes, et S. M. a approuvé que vous n'ayez pas rendu cette Ordonnance publique : son intention est qu'elle ne soit point exécutée, avec d'autant plus de raison que, suivant ce que vous m'avez marqué, il n'y a pas plus de difficulté de trouver des Trompettes que des Tambours, et qu'il convient, autant qu'il est possible, d'arrêter la licence de la jeunesse. Vous aurez agréable de me renvoyer cette Ordonnance.

LETTRES-PATENTES, qui ordonnent la Translation de la Sénéchaussée de S. Jean du Trou à Bayaha.

Du 7 Août 1726.

LOUIS, &c. Salut. Par notre Edit du mois d'Août 1724, Nous aurions créé deux Sénéchaussées ; savoir, une à S. Marc, dans la partie de Léogane, côte Saint-Domingue, et une autre à S. Jean du Trou, dans la partie du Cap qui comprend les Quartiers de S. Jean du Trou, de Jaquesy, de Maribaroux, Terrier-Rouge et de Bayaha ; et ayant été informé depuis que la situation du Quartier de S. Jean du Trou n'est point propre à faire un établissement considérable, qu'il ne convient point, par cette raison, d'y laisser subsister le Siége de ladite Sénéchaussée ; qu'au contraire, la situation de Bayaha est très-avantageuse, que son

Port, qui est le plus beau qu'il y ait dans la partie du Nord de la côte Saint-Domingue, ne contribuera pas peu à y fournir promptement un grand établissement, surtout lorsque le Siége de la Sénéchaussée y sera établi : A ces causes, &c. Disons, déclarons et ordonnons que ladite Sénéchaussée, créée et érigée par notredit Edit du mois d'Août 1724, dans le Quartier du Cap, sous le nom de S. Jean du Trou, soit et demeure à l'avenir érigée et établie, comme nous l'érigeons et établissons par cesdites présentes, sous le nom de Bayaha, laquelle comprendra les Quartiers de Bayaha, de S. Jean du Trou, de Jaquesy, de Maribaroux et du Terrier-Rouge ; ordonnons à cet effet que le Siége de cette Sénéchaussée se tiendra à l'avenir dans le lieu de Bayaha, sans qu'il puisse être transféré ailleurs, sous quelque prétexte que ce soit ; dérogeant à cet effet, et pour ce regard seulement, à notredit Edit du mois d'Août 1724, lequel sera au surplus exécuté selon sa forme et teneur, en ce qui n'est point contraire à ces présentes. Si donnons en mandement à nos amés et féaux les gens tenans notre Conseil du Cap, &c.

R. au Conseil du Cap, le 28 Décembre 1726.

Cette Translation a eu lieu le 9 Janvier 1727, suivant le Procès-Verbal de MM. de Chavanne et le Rat, Conseillers-Commissaires du Conseil du Cap, à la réquisition de M. Gérard Carbon, faisant fonctions de Procureur-Général, en présence des Commandans, Officiers et notables Habitans de la Juridiction.

ARRÊT du Conseil du Cap, qui ordonne la publication des Ordonnances concernant l'exécution des Jugemens, attendu les violences exercées contre les Huissiers.

Du 7 Août 1726.

VU par le Conseil, la Requête des soussignés, Huissiers de la Jurisdiction Royale du Cap, contenant que depuis quelque temps, il leur seroit, pour ainsi dire, impossible de mettre aucune Sentence de la Jurisdiction en exécution, ni même les Arrêts par lui rendus, attendu les rébellions continuelles que les Habitans de ce ressort font auxdits Huissiers, lorsqu'ils vont chez eux, et même se transportent et s'attroupent, et vont sur les grands chemins les attendre, pour les faire retourner sur leurs pas : LE CONSEIL ordonne que les Ordonnances concernant les exécutions des

Jugemens et Arrêts, seront lues, publiées et affichées dans tous les Quartiers de cette dépendance, à l'issue des Messes Paroissiales, à ce que personne n'en ignore, et n'ait à y contrevenir sous les peines à ce introduites, et d'être poursuivi extraordinairement en cas de contravention.

ARRÊT du Conseil d'Etat, sur la demande en Cassation d'un Arrêt du Conseil du Petit Goave, contre le sieur Flos, Lieutenant de Léogane, et contre le Sénéchal de la même Ville.

Du 10 Août 1726.

SUR la Requête présentée au Roi, étant en son Conseil, par le sieur Florent Flos, Lieutenant de la Sénéchaussée de Léogane, contenant, &c. Autre Requête présentée à S. M. par le sieur Belin de la Caillere, Sénéchal du Siége Royal de Léogane, contenant, &c. Vu aussi les motifs dudit Arrêt, du 12 Mai 1724, envoyés par le sieur Depas, Conseiller au Conseil Supérieur du Petit Goave, faisant les fonctions de Procureur-Général; oui le rapport, et tout considéré: S. M. étant en son Conseil, ayant aucunement égard à la Requête dudit sieur Flos, en confirmant l'ordre de S. M. du 5 Juin 1725, qui le relève de l'interdiction de son office, l'a déchargé et décharge de l'aumône de 3000 liv. prononcée contre lui par ledit Arrêt du 12 Mai 1724, laquelle lui sera rendue et restituée, lesdits sieurs Flos et Belin de la Caillere, déboutés de leur demande en cassation dudit Arrêt, lequel sera exécuté selon sa forme et teneur, en ce qui n'est pas contraire au présent Arrêt.

MÉMOIRE DU ROI, qui, 1°. veut que tous les Comptables, excepté les Commis des Trésoriers de la Marine, ne puissent être en exercice plus de cinq années; 2°. règle la fourniture de bois à brûler au Gouverneur-Général, et 3°. interdit l'emploi des amendes aux Conseils.

Du 20 Août 1726.

SA MAJESTÉ a été informée qu'à l'occasion de la démission que le sieur Gabet a donnée, de l'emploi de Receveur des droits d'Octroi du ressort du Conseil Supérieur du Petit Goave, le Conseil, qui a nommé le sieur de Curray à cet emploi, a, sur la demande du sieur Chevalier de la Rochalard, rendu un Arrêt, le 7 du mois de Janvier dernier, par lequel il a ordonné qu'à commencer par le sieur de Curray, ceux qui seroient pourvus de cet emploi, ne pourroient en jouir que pendant cinq ans, et qu'ils fourniroient caution, ce que Sa Majesté a approuvé, parce que, par ce moyen, il y aura moins de difficulté à faire compter finalement chaque Receveur de sa gestion; son intention est que pareille chose s'observe dans le ressort du Conseil du Cap, et que celui qui se trouvera pourvu de cet emploi, ne puisse en jouir que pendant cinq ans, à compter du premier Janvier dernier, et qu'il soit tenu de fournir caution de son maniement; Elle veut que la même régle s'observe par les Procureurs aux biens vacans, Receveurs des amendes et consignations des confiscations pour commerce étranger, Receveurs et Directeurs des Postes, et généralement tous comptables, excepté les Commis des Trésoriers-Généraux de la Marine. Les sieurs de la Rochalard et Duclos feront enregistrer au Conseil Supérieur les ordres de Sa Majesté à ce sujet, et tiendront la main à leur exécution.

Sa Majesté avoit approuvé, par sa Dépêche du 9 Novembre 1721, l'achat des Négres qui avoit été fait pour fournir du bois à la cuisine du Gouverneur et Lieutenant-Général, qu'Elle régla à quatre charretées par semaine; Elle avoit ordonné en même-temps que cette fourniture subsisteroit tant qu'il y auroit suffisamment de ces Négres, et des enfans qui en proviendroient pour en fournir cette quantité; mais que s'il arrivoit qu'au moyen de ce qui restoit de ces Négres, il n'y eût pas de quoi fournir ces quatre charretées de bois, et même qu'on n'en pût plus fournir, le Gouverneur acheteroit celui dont il auroit besoin, Sa Majesté ne voulant faire aucunes dépenses à cet égard. Elle a appris avec surprise, que le Conseil Supérieur du Petit Goave ait, sans ordre, vendu, le 2 Octobre 1721, au nommé Perrier, les quatre Négres qui restoient du premier achat, à condition de fournir, pour le prix d'iceux, le bois pendant deux années; Elle a vu aussi l'Arrêt rendu par le Conseil, le 16 Janvier 1726, par lequel il a ordonné que sur les deniers provenans des amendes non appliquées à Sa Majesté, il seroit pris les sommes nécessaires pour payer le bois fourni depuis que le nommé Perrier avoit cessé cette fourniture, et en outre une somme de 4000 liv. pour être employée en achat de Négres, pour être remis à l'Intendant, au moyen de quoi le public demeureroit déchargé à perpétuité de la fourniture de bois au Gouverneur et Lieutenant-Général.

Le sieur Gabet, Doyen de ce Conseil, a expliqué que les motifs de cet Arrêt étoient, que les Conseils Supérieurs de Saint-Domingue n'étant pas autorisés à faire d'autres impositions que celles des deniers publics destinés au remboursement des Négres justiciés, et entretien des Prévôts et Archers, et la Colonie n'ayant aucuns deniers patrimoniaux, le Conseil Supérieur n'avoit pu destiner d'autres fonds que ceux des amendes non-appliquées à Sa Majesté, dont le plus solide provient d'un Réglement du même Conseil, qui, sur les trop fréquens appels interjetés par les Débiteurs de leurs propres Billets à ordre, afin d'éluder, au moins pendant quatre mois, le paiement, statua, pour couper court à ces détours de chicane, que tout Plaideur, appelant de son propre Billet, seroit mulcté d'une amende de 150 liv., laquelle, attendu que le fait ne mérite pas les peines qu'attire après soi la moindre amende envers Sa Majesté, ne pourroit lui être appliquée par le jugement.

Sa Majesté a également désapprouvé que le Conseil ait vendu les Négres qui restoient du premier achat, qu'il ait aussi ordonné un nouvel achat sur les fonds des amendes non appliquées, et qu'il ait fait payer le fournisseur du bois sur ce même fonds; il a excédé son pouvoir dans l'un et l'autre cas, n'ayant pu faire la vente sans ordre de Sa Majesté, et n'ayant pu disposer des amendes, lesquelles, n'ayant point de destination, appartiennent à Sa Majesté; au surplus, comme il ne convient point que ni le Gouverneur, ni l'Intendant, ni autres, soient chargés des Négres qui pourroient être destinés pour cette fourniture, son intention est qu'en cas qu'en exécution de l'Arrêt du Conseil Supérieur du Petit Goave, il en ait été acheté, qu'ils soient vendus, et qu'à l'avenir il soit fourni au Gouverneur et Lieutenant-Général quatre charretées de bois par semaine, dont la dépense devant regarder la Colonie, l'imposition en sera faite avec celle destinée au remboursement des Négres justiciés; les sieurs de la Rochalard et Duclos tiendront la main à l'exécution des ordres de S. M. à cet égard, qu'ils feront enregistrer au Conseil Supérieur, afin que cette affaire soit en règle, et qu'il n'y soit point contrevenu.

Pour copie conforme à l'original : *signé*, LE CHEVALIER DE LA ROCHALARD et DUCLOS.

R. au Conseil du Cap, le 28 *Décembre* 1726.
Et à celui du Petit Goave, le 13 *Janvier* 1727.

EXTRAIT de la Lettre du Ministre à M. Duclos, sur quelques prérogatives de la place d'Intendant, et la réception des Officiers de l'Etat-Major dans les Conseils.

Du 20 Août 1726.

SA MAJESTÉ vous attribuant l'administration des Finances et des Magasins dans la Colonie, Elle a réglé que dans les occasions où il vaqueroit des places de Gardes-Magasins et de Commis des Trésoriers, vous y commettiez seul jusqu'à ce qu'Elle ait pourvu aux premières, et les Trésoriers de la Marine aux secondes. Je vous recommande d'avoir grande attention au choix des Sujets; et lorsque M. le Chevalier de la Rochalard souhaitera d'être informé des farines et munitions qui seront dans les Magasins, et des fonds qu'il y aura en caisse, de donner les ordres nécessaires pour que les états lui en soient remis le plus promptement qu'il sera possible; il conviendra même, pour cimenter l'union, que dans le cas que vous serez obligé de nommer à l'emploi de Trésorier, ou à quelque place de Garde-Magasin, vous consultiez M. le Chevalier de la Rochalard sur le choix que vous ferez des Sujets. C'est une déférence à laquelle il sera sensible, et qui est en quelque manière dûe à la place qu'il occupe, à son zèle pour le service, et qui ne diminue rien des attributs que S. M. vous donne, au moyen desquels vous y commettrez seul.

Je ne vous répéterai point le contenu de cette Dépêche; je me contenterai de vous recommander de vous y conformer exactement. M. de Montholon m'avoit ci-devant marqué que, lorsque le sieur Buttet fut fait Major du Petit Goave, et qu'en cette qualité il dût prendre séance au Conseil Supérieur, il l'avertit qu'il falloit qu'il présentât sa Requête pour être admis, mais que M. le Chevalier de la Rochalard le lui ayant défendu, il se présenta sans avoir satisfait à cette formalité; que pour éviter l'éclat, M. de Montholon engagea le Conseil à le recevoir. Il est d'usage, lorsqu'un Officier-Major se présente pour avoir séance au Conseil, il doit présenter une Requête, laquelle est communiquée sur le champ au Procureur-Général, et l'Officier admis à la séance après ses conclusions. Je l'explique à M. de la Rochalard, et je lui marque que S. M. veut que cela soit exécuté; vous aurez soin d'y tenir la main.

En conséquence de cette Dépêche du Ministre, M. de la Sallehabas, Major du Petit Goave, donna sa Requête au Conseil du même lieu en 1728.

EXTRAIT du Mémoire du Roi à MM. de la Rochalard et Duclos, sur l'Administration de la Colonie, et leurs pouvoirs communs ou particuliers.

Du 20 Août 1726.

SA MAJESTÉ estimant nécessaire à son service, à la tranquillité des Habitans, et au bien de la Colonie, que le sieur Chevalier de la Rochalard et le sieur Duclos vivent en union et bonne intelligence; Elle commencera cette dépêche par leur recommander d'y apporter réciproquement leur attention.

Les différens sentimens dont ils pourroient se trouver, par rapport aux affaires confiées à leurs soins, ne doivent point causer d'altération à cette union, et lorsqu'ils penseront différemment, S. M. veut qu'ils s'expliquent entr'eux sans aigreur ni passion; et que quand ils ne pourront point convenir, ils lui rendent compte de leurs raisons, sur lesquelles Elle leur enverra ses ordres.

Un des meilleurs moyens de conserver l'union entr'eux, c'est d'éviter d'entreprendre sur leurs fonctions particulières, et de ne rien faire l'un sans l'autre dans celles qui leur sont communes. Il y a bien des gens dans la Colonie qui, par intérêt particulier, et dans la vue d'interrompre la bonne intelligence, chercheront à leur persuader que leur autorité est plus grande qu'elle n'est en effet, qu'ils peuvent agir seuls dans les affaires qui les regardent en commun, ou que l'un deux peut se mêler, en se servant d'un prétexte spécieux, de celles qui ne le regardent point; c'est contre ces gens-là qu'ils doivent être en garde: il ne faut point qu'ils croyent augmenter leur autorité en sortant de la règle: la véritable autorité consiste à faire ce que l'on doit; et quand on passe ces bornes, ce n'est plus une autorité légitime qui agit.

Pour qu'ils se renferment l'un et l'autre dans leurs fonctions, S. M. a jugé nécessaire de leur expliquer celles qui les regardent chacun en particulier, et celles qui leur sont communes.

Tout ce qui regarde le Militaire et la dignité du Gouvernement, appartient au Gouverneur et Lieutenant-Général; c'est à lui à donner les ordres aux Troupes et aux Milices, et à avoir attention que les unes et les autres soient bien disciplinées pour servir utilement en cas d'occasion.

Pour cet effet, il doit souvent se faire rendre compte par les Officiers de l'état de leurs Troupes, et entrer avec eux dans des détails qui leur fassent

fassent connoître qu'il a à cœur qu'il y soit observé une exacte discipline. L'intention de S. M. est qu'il empêche les Officiers de faire injustice aux Soldats en leur retenant leur farine ou leur solde, ce qui n'arrive ordinairement que quand on les tolère, et cessera (si quelqu'un est dans le cas) lorsque le sieur Chevalier de la Rochalard punira l'Officier, et que le sieur Duclos lui fera restituer ce qu'il aura pris au Soldat.

Le sieur Chevalier de la Rochalard aura grande attention sur les congés qu'il donnera aux Sergens et aux Soldats ; il doit éviter de se laisser surprendre par les Capitaines, et même les Chirurgiens-Majors qui pourroient tirer de l'argent pour les faire obtenir. L'intention de S. M. est qu'il n'en soit congédié aucun que par ses ordres, à moins qu'il ne soit Invalide, ou qu'il ait mérité par ses services d'être congédié pour se faire Habitant.

Il doit, par rapport aux Milices, avoir attention qu'il n'y ait aucun Habitant, Domestique ou Ouvrier qui n'y soit compris ; et s'il se trouve des Gentilshommes qui ne veulent point y prendre des places d'Officiers, il faut qu'ils y servent comme Soldats.

Les Huissiers doivent y servir, excepté les Huissiers-audienciers des Conseils Supérieurs et des Jurisdictions ; les autres n'ont aucun titre pour s'en exempter, et il ne doit y avoir d'autres exempts que les Officiers pourvus de commissions et brevets.

La Police générale regarde aussi en commun les sieurs Chevalier de la Rochalard et Duclos ; à l'égard de la police particulière, c'est à la Justice ordinaire à la faire, et au sieur Duclos d'obliger les Juges d'y donner leurs soins et leur attention.

Les sieurs de la Rochalard et Duclos, doivent les leurs à des objets plus importans, tels que sont l'augmentation des cultures dans la Colonie, celle des Habitans, et celle du commerce.

Le sieur Chevalier de la Rochalard y parviendra, en traitant les peuples avec douceur et humanité, en empêchant qu'il ne leur soit fait aucune vexation, ni mauvais traitement par les Officiers-Majors et ceux des Milices qui commanderont dans les Quartiers, et en tenant la main que ces mêmes Officiers n'exigent point, des Négocians qui viendront de France, leurs Marchandises à meilleur marché.

Le sieur Duclos y parviendra aussi de son côté, en traitant avec douceur les Habitans, en entrant dans leurs besoins, et leur facilitant les moyens de leurs établissemens, en empêchant que le petit Habitant ne soit vexé par le puissant, en empêchant aussi que les Officiers de Justice ne se servent de leur pouvoir pour se dispenser de payer leurs dettes et vexer leurs voisins, en tenant la main qu'ils rendent une prompte justice, et la rendant lui-même le plus sommairement qu'il se pourra, aux Facteurs et Capitaines qui auront vendu dans la Colonie les cargaisons des Vaisseaux de France.

L'avantage du commerce et l'intérêt de la Colonie demandant qu'il ne soit mis aucun taux, ni sur les marchandises ni sur les denrées, tant de France que de la Colonie, c'est dans cet esprit que les sieurs de la Rochalard et Duclos doivent agir; et en cas que les Conseils Supérieurs ou d'autres personnes, voulussent leur insinuer des sentimens contraires, ils ne doivent avoir aucun égard à leurs représentations, et ils doivent les regarder comme gens suspects, qui cherchent ou leur intérêt particulier, ou qui voudroient se faire un mérite en insinuant aux peuples qu'ils cherchent à leur procurer les denrées et les marchandises à bon marché: ils doivent toujours avoir pour principe que le commerce ne se soutient qu'autant qu'il est libre. Il n'y a que les profits qu'on y peut faire qui encouragent à l'entreprendre et à le continuer, souvent malgré les pertes qu'on y fait: en ôter les risques, c'est en retrancher tout l'appât, ce qui l'anéantiroit insensiblement.

S. M. ne peut finir l'article qui concerne le commerce, sans renouveler aux sieurs de la Rochalard et Duclos, les défenses si souvent réitérées sur le fait du commerce étranger. Il est si absolument nécessaire de le détruire, et S. M. l'a si fort à cœur, qu'Elle ne peut trop leur recommander d'y donner tous leurs soins et leur attention, non-seulement en s'abstenant d'accorder, sous quelque prétexte que ce puisse être, aucune permission de traiter, mais encore en mettant tous les moyens en usage pour découvrir celui qui se fait clandestinement, et en faisant punir avec la dernière sévérité, ceux qui seront convaincus de contravention.

S. M. est informée que les Etrangers introduisent beaucoup de Négres, de marchandises et du comestible dans la Colonie, qu'ils y portent même des réaux si légers, qu'il y a un bénéfice pour eux de plus de 70 pour cent. Tout ce commerce, au moyen duquel ils enlevent les Sucres, les Indigots, les Pistoles, les Piastres de poids, et même les Espèces de France qu'il peut y avoir dans la Colonie, ruinera insensiblement les Habitans, qui, séduits par l'appât d'un prix plus fort, consentent que les Anglois leur donnent de mauvais Négres, et une monnoie qui n'a pas la moitié de sa valeur; une pareille conduite dégoûtera les Négocians de France à un point qu'ils s'abstiendront d'envoyer leurs Vaisseaux à la Colonie: il est aisé de penser l'état misérable où elle seroit alors réduite. On pourroit objecter qu'alors on feroit ouvertement le commerce avec les Etrangers ; mais, outre que S. M. prendroit de justes mesures pour l'empêcher, les Anglois, prévenus de la nécessité d'avoir recours à eux pour le commerce, feroient la loi aux Habitans, n'enleveroient que ce qui leur conviendroit et au prix qu'ils voudroient, en profiteroient de manière qu'on auroit tout lieu de se repentir d'avoir jamais eu affaire à eux.

S. M. a été bien aise d'entrer dans ce détail, pour attirer davantage l'attention des sieurs de la Rochalard et Duclos ; ils ne peuvent rien faire qui lui fût plus agréable, ni qui soit plus important pour le commerce du Royaume et l'avantage des Habitans, que de faire tout ce qui pourra dépendre d'eux pour détruire le commerce des Étrangers, dont les suites ne peuvent être que très-funestes à la Colonie.

S. M. excepte de la défense le commerce qu'on peut faire avec les Espagnols, que les sieurs de la Rochalard et Duclos doivent exciter par toutes sortes de voies, parce qu'autant que celui des autres nations est pernicieux, celui des Espagnols est avantageux à l'État et à la Colonie. L'augmentation ordonnée par l'Ordonnance de S. M. du 11 Juin dernier, sur les monnoies d'Espagne, doit être un grand véhicule pour augmenter ce commerce.

L'administration de la justice regarde particuliérement le sieur Duclos ; c'est à lui à faire appeler les causes, à recueillir les voix, à prononcer les Arrêts, à indiquer les Conseils extraordinaires ; et lorsqu'il jugera nécessaire d'en tenir, il aura soin d'en faire avertir le sieur Chevalier de la Rochalard par le premier Huissier.

S. M. souhaite que la Justice soit fidélement administrée, et Elle ordonne aux sieurs Chevalier de la Rochalard et Duclos, de lui rendre compte des Officiers qui composent les Conseils, et les Jurisdictions qui ne se conduiront pas suivant les intentions de S. M., et de proposer d'autres Sujets à leur place.

Dans le cas où il sera nécessaire de nommer des Assesseurs dans les Conseils Supérieurs, de pourvoir par intérim aux places de Juge, Lieutenant de Juge, Procureur du Roi et Greffier dans les Jurisdictions, S. M. veut que les sieurs de la Rochalard et Duclos y pourvoient conjointement, et qu'ils en rendent compte en commun : ils pourvoiront aussi conjointement aux emplois de Notaires et Huissiers dans les Quartiers où ils estimeront nécessaire d'en établir, et ils observeront dans toutes ces nominations, de n'y commettre que des personnes dont la probité et les talens leur soient connus, et de n'en pas multiplier le nombre sans nécessité.

Lorsque quelques Membres de la Justice demanderont des congés pour venir en France, soit pour leurs affaires, soit pour le rétablissement de leur santé, ils le donneront conjointement; mais à l'égard des Officiers de plume, c'est au sieur Duclos seul à les accorder, et au sieur de la Rochalard à leur donner la permission, sur le fondement que personne ne doit sortir de la Colonie sans la permission de celui qui y commande.

Elle leur recommande de laisser un libre cours à la Justice, et en particulier au sieur Chevalier de la Rochalard, de ne s'en point mêler, que lorsqu'il sera requis de donner main-forte pour l'exécution des Jugemens, auquel cas il détachera un Sergent et des Soldats pour accompagner les Huissiers. A l'égard de ses gardes, ils ne doivent point être employés à cet usage, ni à aller chez les Habitans en qualité d'Huissiers. Ils sont établis pour faire respecter l'autorité de S. M. en la personne du Gouverneur, et ne doivent être employés que contre ceux qui manqueront à l'obéissance qu'ils doivent par rapport au service de S. M., et dans les affaires du point d'honneur, dont le sieur Chevalier de la Rochalard est le seul Juge. Il se conformera dans ces sortes d'affaires aux Réglemens rendus à ce sujet.

S. M. veut que les Arrêts des Conseils Supérieurs soient exécutés conformément aux loix, que les Conseillers ayent une liberté entière dans leurs suffrages; mais Elle veut aussi qu'ils reçoivent ses ordres avec respect, qu'ils les fassent registrer lorsqu'ils leur seront présentés, et les fassent exécuter.

Elle observe aux sieurs de la Rochalard et Duclos, que ces Conseils ne doivent se mêler en nulle façon, directement ni indirectement, de ce qui regarde le Gouvernement. S. M. leur a communiqué une partie de son autorité pour rendre la justice à ses Sujets; c'est à quoi ceux qui les composent doivent s'appliquer, et en faire toute leur attention.

S. M. a réglé le nombre des Gardes du Gouverneur et Lieutenant-Général des Isles sous le Vent à dix; Elle ne souhaite point qu'il en ait davantage. Ces gardes doivent être exempts de guet, gardes et corvées pour leurs personnes seulement, et ils ne doivent rien prétendre au-delà.

Le rang du Gouverneur-Lieutenant-Général et de l'Intendant, ayant été réglé par l'Ordonnance du 30 Septembre 1713, S. M. ne leur répétera point ce qui y est contenu.

L'Administration des fonds, des vivres, munitions, et généralement tout ce qui a rapport aux Finances et aux Magasins, regarde le sieur Duclos: il ne doit être fait aucun paiement, consommation, vente ni autre chose que sur ses ordres; si cependant le sieur Chevalier de la Rochalard juge à propos de faire faire quelque dépense extraordinaire pour le service, S. M. veut que le sieur Duclos l'ordonne, et qu'ils en rendent compte l'un et l'autre. Elle recommande au sieur de la Rochalard de ne s'y point déterminer sans une nécessité absolue.

Lorsqu'il vaquera quelque emploi de Garde-Magasin, S. M. veut que le sieur Duclos y commette seul, et que ceux qu'il commettra, puissent exercer jusqu'à ce que S. M. y ait pourvu; et qu'il en soit de même pour l'emploi des Commis des Trésoriers-Généraux de la Marine, jusqu'à ce qu'ils y ayent pourvu. Elle recommande au sieur Duclos d'avoir une grande attention dans le choix des Sujets qu'il commettra à ces places.

DÉCLARATION DU ROI, touchant les Déguerpissemens.

Du 24 Août 1726.

LOUIS, &c. Il a été établi, par les Ordonnances des Rois nos Prédécesseurs, et par différentes Coutumes, des régles certaines pour parvenir aux saisies réelles et décrets des Biens-fonds dans l'étendue de notre Royaume. Nos Isles du Vent de l'Amérique, qui sont régies par la Coutume de notre bonne Ville, Prévôté et Vicomté de Paris, sont assujéties aux mêmes formalités; mais informé qu'il se fait de fréquentes mutations auxdites Isles, par les ventes, reventes des Biens-fonds, auxquels sont attachés des Esclaves et Bestiaux pour l'entretien de différentes Manufactures qui sont établies dessus; que, nonobstant les conventions avantageuses, et les longs termes qui sont accordés aux Acquéreurs des fonds, pour satisfaire à leurs engagemens, ils éludent très-souvent le paiement du prix desdits fonds et dépendances, par l'assurance où ils sont qu'ils ne peuvent être troublés dans la possession et propriété desdites acquisitions, que par voie de saisies réelles, à quoi les Vendeurs ne se déterminent presque jamais, dans l'appréhension de perdre leur dû; cette sorte de procédure entraînant infailliblement, par la mauvaise Administration des Commissaires ou des Fermiers judiciaires, la perte et la désertion desdits Négres, qui sont le principal objet des habitations, sans lesquels les Manufactures ne peuvent se soutenir, joint aux longues procédures, aux frais immenses, et à la difficulté d'observer les formalités prescrites par les Ordonnances et par la Coutume, dont la plupart sont ignorées auxdites Isles; et voulant prévenir les abus qui arrivent à l'occasion desdites mutations; et établir auxdites Isles une Jurisprudence qui enlève les difficultés prescrites par lesdites Ordonnances et Coutume ; assurer auxdits Vendeurs leur paiement, ou la faculté de rentrer dans leurs fonds, faute par les Acquéreurs d'avoir satisfait à leurs engagemens dans le temps prescrit : A ces causes, &c. Disons, déclarons et ordonnons, voulons et Nous plaît que, dans le cas où les Acquéreurs de Biens-fonds auxdites Isles du Vent de l'Amérique, seront en défaut de payer dans le temps prescrit par leurs engagemens, il soit loisible aux Vendeurs de les poursuivre en déguerpissement et résolution de vente, ensemble pour les dommages et intérêts qui pourront résulter, eu égard à l'état des Biens lors de la vente, et à celui où ils se trouveront lors du déguerpissement, à dire d'arbitres, qui seront choisis par les Parties, sinon nommés d'office par nos Juges des Jurisdictions où les Biens seront situés ; voulons en ce cas que les arbitres ayent égard, tant au dépérissement qu'aux améliorations qui auront été faites sur lesdits Biens, et que, sur les uns ou sur les autres, ainsi que sur les jouissances, nos Juges prononcent suivant l'exigence du cas, sauf l'appel au Conseil Supérieur établi auxdites Isles ; ordonnons pareillement que les déguerpissemens et résolutions de vente puissent avoir lieu, quand même les Vendeurs auroient reçu un ou plusieurs paiemens à-compte, lesquels, en ce cas, ils seront tenus de rendre à l'Acquéreur dans les mêmes termes et délais qu'ils les auront reçus, déduction faite des dommages et intérêts prononcés, ainsi que dit est ; dérogeant à toutes Ordonnances, Usages et Coutumes à ce contraires, pour ce regard seulement ; n'entendons néanmoins, par ces présentes, priver les Vendeurs de la voie de saisie réelle et décret pour parvenir au paiement de ce qui pourra leur être dû pour raison des ventes par eux faites, auquel cas ils seront tenus de se conformer aux formalités prescrites par lesdites Coutumes et Ordonnances, sous les peines y portées. Si donnons en mandement à nos amés et féaux les Gens tenans nos Conseils Supérieurs établis à la Martinique et à la Guadeloupe, que ces présentes ils ayent à faire lire, publier et registrer, &c.

L'exécution de cette Déclaration est ordonnée dans les Isles sous le Vent, par une autre Déclaration du Roi, du 12 Janvier 1734. Voyez cette derniere à sa date.

ARRÊT du Conseil du Cap, qui interdit un Notaire, pour avoir confié la Minute d'un Testament.

Du 2 Septembre 1726.

SUR ce qui a été représenté par Me Gérard Carbon, Conseiller, faisant les fonctions de Procureur-Général du Roi, qu'il y auroit plusieurs plaintes contre le sieur Albepart, Notaire Royal du Siége du Trou, tant pour sa conduite dans ses fonctions de Notaire, que pour le peu d'attention qu'il a lorsqu'il travaille; notamment qu'il avoit confié la Minute d'un Testament de Guillaume Senese, au sieur Jourdan, Porteur d'une Requête qu'il auroit présentée au Conseil pour l'homologation d'icelui; ce qui est d'une dangereuse conséquence, et contraire à l'attention qu'un Notaire doit avoir pour garder ses Minutes, et ne point s'en désaisir, puisque, quand il y a des Ordonnances de Justice pour les apporter, il est de son devoir de les représenter en personne; laquelle Minute le Procureur-Général auroit retirée dudit sieur Jourdan, et l'auroit représentée en Conseil; pourquoi requiert, &c. LE CONSEIL a interdit ledit Albepart des fonctions de Notaire, lui fait défenses d'en faire aucunes à l'avenir, à peine de faux, et des dépens, dommages et intérêts des Parties; lui enjoint de remettre toutes les Minutes de ses actes au Greffe de la Jurisdiction Royale du Trou, dont il sera tenu d'en retirer une décharge par état du Greffier dudit Siége, et sera pareillement la Minute dudit Testament remise audit Greffe; enjoint au Substitut du Procureur-Général du Roi, de faire signifier le présent audit Albepart, et de tenir la main à l'exécution d'icelui, &c.

Nota. *Le Conseil rétablit cependant ce Notaire par grâce, suivant autre Arrêt du 5 Novembre suivant.*

LETTRES-PATENTES, portant que le sieur Duclos, Commissaire-Général de la Marine, Ordonnateur, aura rang et séance aux Conseils Supérieurs de Saint-Domingue, immédiatement après le Gouverneur et Lieutenant-Général.

Du 3 Septembre 1726.

LOUIS, &c. Salut. Les services que le sieur Duclos, Commissaire-Ordinaire de la Marine, et notre premier Conseiller auxdits Conseils, nous a rendus en ladite qualité, Nous auroient déterminé de le faire Commissaire-Général de la Marine, le 15 Mars de la présente année, et de lui accorder un ordre pour faire les fonctions d'Ordonnateur en ladite Isle; et voulant qu'il ait auxdits Conseils, dont il est premier Conseiller, le même rang et séance qu'a occupé le feu sieur de Chazel, aussi Commissaire-Général de la Marine: A CES CAUSES, ordonnons, voulons et Nous plaît que ledit sieur Duclos ait rang et séance auxdits Conseils Supérieurs de Saint-Domingue, établis au Petit Goave et au Cap, immédiatement après notre Gouverneur et Lieutenant-Général, et avant les Gouverneurs Particuliers en ladite Isle, et ce nonobstant tous Édits, Déclarations, Réglemens et Ordonnances à ce contraires, auxquels nous avons dérogé et dérogeons pour ce regard seulement. Si vous mandons que ces Présentes vous ayez à faire registrer, &c. Fait à Fontainebleau, le 3 Septembre 1726. *Signé*, LOUIS, *et plus bas*, PHELIPEAUX.

R. au Conseil du Cap, le 28 Décembre 1726.
Et à celui du Petit Goave, le 13 Janvier 1727.

ORDRE DU ROI, qui donne rang à M. Duclos dans les Marches et Cérémonies publiques et particulières, comme à l'Intendant.

Du 3 Septembre 1726.

DE PAR LE ROI.

SA MAJESTÉ ayant choisi le sieur Duclos, Commissaire-Général de la Marine, pour faire les fonctions d'Ordonnateur dans l'Isle de Saint-Domingue, et lui ayant attribué aussi le rang et séance dans les Conseils Supérieurs

Supérieurs de ladite Isle, immédiatement après le Gouverneur et Lieutenant-Général, et avant les Gouverneurs Particuliers; Sa Majesté veut et entend que dans les Marches, Cerémonies publiques et particulières, et dans les Eglises, ledit sieur Duclos jouisse des mêmes honneurs et rangs dont jouiroit l'Intendant, et ce pendant qu'il fera les fonctions d'Ordonnateur en ladite Isle. Mande Sa Majesté au sieur Chevalier de la Rochalard, Gouverneur et Lieutenant-Général audit Pays, de tenir la main à l'exécution du présent Ordre, et à tous autres ses Officiers et Justiciers qu'il appartiendra, de s'y conformer. Fait à Fontainebleau, &c.

R. au Conseil du Cap, le 28 Décembre 1726.
Et à celui du Petit Goave, le 13 Janvier 1727.

ARRÊT du Conseil d'État, concernant le Commerce des Isles Françoises de l'Amérique.

Du 3 Septembre 1726.

SUR ce qui a été représenté au Roi, étant en son Conseil, qu'il seroit très-utile au bien de son Etat d'augmenter le Commerce des Isles Françoises de l'Amérique: Sa Majesté auroit permis, par Arrêt du 27 Janvier de la présente année, aux Négocians François, de porter à droiture desdites Isles Françoises de l'Amérique, dans les Ports d'Espagne, les Sucres de toute espèce, à l'exception néanmoins des Sucres bruts, ensemble toutes les autres Marchandises du crû desdites Isles: Et Sa Majesté étant depuis informée qu'Elle procureroit un débit avantageux et certain des Marchandises et Denrées du crû desdites Isles, si Elle vouloit accorder auxdits Négocians qui font le Commerce des Colonies, la liberté de les porter directement dans quelque Port du Royaume, pour être, celles desdites Marchandises et Denrées qui ne pourront être consommées en France, transportées plus avantageusement en Pays étrangers; ce qui établiroit une parité de commerce entre les Négocians des Ports qui ont la faculté d'envoyer des Bâtimens dans les Colonies, et principalement pour ceux de la Province de Bretagne. Vu sur ce les représentations des Négocians de la Province de Bretagne, les observations des Fermiers Généraux, ensemble l'avis des Députés du Commerce: Oui le Rapport du sieur le Pelletier, Conseiller ordinaire au Conseil Royal, Contrôleur-Général des Finances,

Le Roi étant en son Conseil, a permis et permet aux Négocians François qui armeront pour les Isles et Colonies Françoises de l'Amérique, de porter toutes les Marchandises et Denrées qu'ils auront chargées auxdites Isles, en droiture à Marseille, à condition de payer au Bureau de recette du Domaine d'Occident, établi dans ladite Ville, les mêmes droits que lesdits Négocians acquitteroient dans les Ports où ils auront armé, s'ils y faisoient leur retour. Permet pareillement Sa Majesté aux Négocians des Ports de Saint-Malo, Morlaix, Brest et Nantes, lesquels auront armé pour l'Amérique, de faire leurs retours, venans desdites Isles et Colonies Françoises, dans tel desdits Ports de ladite Province qu'ils aviseront; Sa Majesté dérogeant, quant à ce, aux Lettres-Patentes du mois d'Avril 1717, qui seront au surplus exécutées selon leur forme et teneur, comme aussi celles des mois de Février 1719, et Octobre 1721, qui ont accordé à la Ville de Marseille et à celle de Dunkerque, le privilége et la liberté de faire le commerce auxdites Isles, ensemble l'Arrêt du Conseil du 27 Janvier de la présente année. Fait au Conseil d'Etat, &c.

ARRÊT du Conseil du Petit Goave, concernant les Comptes des Receveurs des amendes, épaves, &c.

Du 6 Septembre 1726.

VU par le Conseil le compte rendu par le sieur Jean Sibert, Receveur-Général des amendes, épaves, confiscations et adjudications du ressort du Conseil, de la recette et dépense par lui faite des deniers provenans de ladite recette, depuis le premier Octobre 1722: Vu et examiné les pièces au soutien, etc.: Faisant droit sur les conclusions incidemment prises par le Procureur-Général du Roi; ordonne, le Conseil, qu'à sa poursuite et diligence, 1°. Me Jean Drouillard, ci-devant Receveur des amendes, rendra sous deux mois, pour tout délai, le compte des amendes, épaves, adjudications et confiscations pendant son exercice; 2°. que les Substituts du Procureur-Général du Roi ès Sièges du ressort, rendront pareillement compte, dans le même délai, des confiscations et autres recettes dont ils peuvent avoir été chargés; 3°. enjoint aux Greffiers du Conseil et à ceux des Jurisdictions du Petit Goave et de Léogane, de dresser des états séparés des amendes, confiscations, épaves et adjudications, depuis le premier Janvier 1707, jusqu'à ce jour, lesquels ils remettront, avant le premier Janvier prochain, ès mains du Procureur-Général du Roi. Leur enjoint pareillement, ainsi qu'aux Greffiers desdites Jurisdictions, de remettre à l'avenir tous les trois mois de pareils états, ès mains du Receveur desdits deniers, qui sera tenu de les retirer dans ledit tems, à peine aux contrevenans de répondre des non-valeurs en leurs propres et privés noms. 4°. Ordonne que dorénavant les Receveurs rendront leurs comptes tous les ans, lesquels ils seront tenus de présenter aux séances du Conseil de Mars, à commencer en l'année que l'on comptera 1728. 5°. Fait défenses auxdits Receveurs de faire aucun payement sur les amendes non appliquées au Roi, qu'en vertu des Arrêts du Conseil, sous peine d'en répondre en leur propre et privé nom, à l'effet de quoi il tiendra deux registres, dont l'un sera pour les amendes au profit de Sa Majesté, et l'autre pour celles qui ont des destinations particulières. Et sera le présent Arrêt lu, publié, &c.

ARRÊT du Conseil du Petit Goave, qui ordonne l'imposition et levée de deux livres cinq sols par tête de Négres payans droits, pour les droits suppliciés, lesquels seront portés par les habitans aux Bureaux du Receveur desdits droits.

Du 9 Septembre 1726.

ORDRE du Roi au sieur de Nolivos, pour commander dans le Quartier de l'Ouest, et celui de Jaquemel aux Isles sous le Vent.

Du 9 Septembre 1727.

R. au Conseil du Petit Goave, le 13 Janvier 1726.

Jusques-là Jaquemel avoit dépendu du Gouvernement de Saint-Louis.

LETTRE DU ROI au Conseil Supérieur du Petit Goave, portant que le Conseil n'est censé en Corps que dans le lieu de ses séances.

Du 15 Septembre 1726.

DE PAR LE ROI.

NOS amés et féaux, Nous avons été informés qu'à l'occasion des Processions et Cérémonies publiques dans les Paroisses de Léogane, quelques Officiers de notre Conseil Supérieur du Petit Goave y ont assisté en Corps, et Nous vous faisons cette Lettre pour vous dire que les Officiers qui composent notredit Conseil, ne peuvent faire Corps, en quelque nombre qu'ils soient, que dans le lieu où notredit Conseil tient ses séances par nos ordres; et que lorsque les Officiers ou partie de ceux qui les composent, se trouveront dans d'autres endroits du ressort, ils ne pourront assister en Corps aux Processions, ni dans aucunes autres Cérémonies publiques: Vous vous conformerez en ce qui est de nos intentions; si n'y faites faute. Car tel est notre plaisir. Donné à Fontainebleau, le 15 Septembre 1726. *Signé*, LOUIS, *et plus bas*, PHELIPEAUX.

R. au Conseil du Petit Goave, le 13 Janvier 1727.
Et au Contrôle de la Marine, le 19 Février 1762.

ARRÊT du Conseil d'État, qui en casse un du Conseil du Petit Goave, par lequel il mettoit des têtes à prix.

Du 30 Septembre 1726.

LE ROI étant informé qu'il a été rendu un Arrêt par le Conseil Supérieur du Petit Goave, du 6 Mai dernier, à la requête, poursuite et diligence du Substitut du Procureur-Général de Sa Majesté, Demandeur et Accusateur, portant condamnation de mort, et d'autres peines, contre plusieurs Négres et Négresses-Esclaves, convaincus de vol et d'assassinat; que ce même Arrêt a mis à prix les têtes de plusieurs autres Négres fugitifs et contumaces, et permis en conséquence à toute personne de conditions, soit libre ou esclave, de les arrêter morts ou vifs, accordant aux personnes libres la somme de trois cent livres pour chaque Négre vif qu'ils ameneront, et celle de cent cinquante livres pour chaque tête de Négre, et avec promesse d'accorder la liberté aux Esclaves qui ameneront lesdits Négres morts ou vifs, estimant qu'outre que ledit Conseil Supérieur a excédé son pouvoir, en mettant à prix les têtes desdits Négres fugitifs et contumaces, et promettant la liberté aux Esclaves qui en ameneroient, il pourroit s'ensuivre de grands désordres dans la Colonie de la part des Esclaves, qui, pour acquérir cette liberté, abandonneroient les travaux des habitations de leurs Maîtres, et s'armeroient en troupes sous ce prétexte. Vu ledit Arrêt, oui le rapport, Sa Majesté étant en son Conseil, a cassé et annullé, casse et annulle ledit Arrêt du Conseil Supérieur du Petit Goave, dudit jour 6 Mai dernier, seulement en ce qu'il met à prix les têtes des Négres fugitifs contumaces, et qu'il accorde la liberté aux Esclaves qui en ameneroient quelques-uns, morts ou vifs. Ordonne au surplus que ledit Arrêt sortira son plein et entier effet, et sera le présent Arrêt registré au Greffe du Conseil Supérieur, et mention faite d'icelui sur le Registre à la marge dudit Arrêt du 6 Mai dernier, &c.

R. au Conseil du Petit Goave, le 13 Janvier 1727.

EXTRAIT de la Lettre du Ministre à MM. de la Rochalard et Duclos, portant que les Négres peuvent être envoyés aux Galères en France.

Du premier Octobre 1726.

QUANT à la demande que M. le Chevalier de la Rochalard a faite, si les Esclaves seroient reçus aux Galères, je vous dirai que, quoique ces sortes de gens ne soient pas de très-bonne acquisition pour les chiourmes, à cause de leur malpropreté, ils y seront cependant reçus lorsqu'ils y auront été condamnés, parce qu'il est nécessaire que justice soit faite, et qu'il ne convient point que les crimes où il n'y aura point de preuves qui puissnt mériter la mort, restent entiérement impunis.

ARRÊT du Conseil du Cap, portant qu'une Blanche sera retirée de chez son Tuteur Mulâtre.

Du 14 Octobre 1726.

SUR ce qui a été représenté par le Procureur-Général du Roi, qu'il a été informé que Barthélemi Loppes, Mulâtre, Tuteur des Mineurs Dubreuil, faute de capacité, et par une trop grande confiance en quelques Personnes de son Quartier qui le conseillent, néglige les intérêts de cette Tutelle, et prête les deniers à ces Personnes mêmes qui l'abusent, et cela sans aucune sûreté, et sans les faire profiter, comme il y est obligé; ce qui tend à la ruine desdits Mineurs et à la sienne propre, dont il ne s'apperçoit pas, ne tenant aucun ordre ni état de ladite Tutelle, pour laquelle il s'en rapporte aveuglément à ces Personnes, qui ne cherchent que leurs intérêts à son préjudice; de plus, qu'il ne reste plus de ces Mineurs qu'une fille d'environ neuf ans, qui est chez lui sans éducation, dans un état qui ne convient pas à une Blanche qui a du bien considérablement, et d'heureuses dispositions pour être dans quelques années un Parti hors du commun; pourquoi requiert qu'il plaise à la Cour ordonner que ledit Loppes sera tenu de justifier sous huitaine au Procureur du Roi du Trou, de l'état présent de sa Tutelle, par un bordereau ou mémoire, avec les pièces au soutien, dont ledit Procureur du Roi Nous informera, sauf, après ladite justification, à être pourvu d'un autre Tuteur à ladite Mineure, s'il y échet, et être par Nous pris telles conclusions qu'il appartiendra; et cependant que ladite Mineure sera envoyée en cette Ville, et remise chez la veuve Guiman, pour lui être donné éducation nécessaire, jusqu'à ce qu'elle soit pourvue par mariage, ou envoyée en France avec une pension convenable qui sera réglée avec Nous: LE CONSEIL ayant égard audit réquisitoire, a ordonné et ordonne qu'il sera exécuté selon sa forme et teneur, &c.

ARRÊT du Conseil du Cap, qui défend aux Juges Inférieurs de donner des Vacances dans leurs Siéges.

Du 14 Octobre 1726.

SUR ce qui a été représenté par le Procureur-Général du Roi que, depuis quelques années, les Officiers des Jurisdictions de ce ressort, prennent, de leur autorité, des vacations de plusieurs semaines consécutives, ce qui forme un abus qui pourroit s'introduire sans autorité Supérieure, et au préjudice du Public, dont les affaires sont retardées, ou instruites par des extraordinaires qui le constituent en des frais qui ne sont pas légitimes; joint d'ailleurs que les Audiences ordinaires n'étant que de huitaine en huitaine, elles suffisent à peine pour la quantité des affaires publiques, dont il s'en trouve plusieurs qui ne peuvent souffrir de retard. A ces Causes, requiert, &c. LE CONSEIL, ayant égard audit réquisitoire, a ordonné et ordonne qu'il sera exécuté selon sa forme et teneur; en conséquence, enjoint aux Officiers des Jurisdictions de ce ressort, de tenir les Audiences aux lieux, jours et heures accoutumés, au moins tous les huit jours, sans aucune interruption ni vacations que des Fêtes gardées qui pourront se rencontrer, et ce suivant leur institution, à peine d'interdiction; leur enjoint, en outre, de rendre tous les droits qu'ils ont perçus à titre d'extraordinaires pendant lesdites vacations; et afin que ce soit chose stable et notoire au Public, ordonne que le présent Arrêt sera lu, publié et affiché, &c.

ARRÊT du Conseil du Cap, touchant les Boucheries.

Du 14 Octobre 1726.

SUR ce qui a été représenté par le Procureur-Général du Roi que, malgré tous les avertissemens qui ont été faits et donnés en différens temps, aux Fermiers de la Boucherie, de se conformer aux clauses et conditions de leur Bail, pour la distribution de la viande de boucherie au Public, qui est de donner deux livres et demie de viande pour un Réal, et de garnir la grande Boucherie suffisamment pour la subsistance du Public ; néanmoins lesdits Fermiers, ou leurs préposés, ne donnent que deux livres de viande pour un Réal ; et pour faire un plus grand profit, dégarnissent la grande Boucherie, et envoyent la jeune viande à la petite Boucherie, où le Public est obligé d'aller la prendre, faute d'autre, à un Réal la livre qu'ils la font payer, ce qui est une concussion et une vexation qui fait murmurer le Public, et mérite d'être réprimée ; que de plus, lesdits Fermiers ne tuent ni moutons, ni cochons, ce qui cause la disette du bœuf et du veau : pourquoi requiert, &c. LE CONSEIL ayant égard audit Réquisitoire, a ordonné et ordonne qu'il sera exécuté selon sa forme et tenour ; en conséquence, enjoint au Fermier de ladite Boucherie, de se conformer à son Bail, et de garnir toujours la grande Boucherie de bonne viande, et suffisamment pour la fourniture du Public, à un Réal les deux livres et demie, à peine de 1000 écus d'amende, applicable aux réparations de l'Auditoire ; enjoint aussi aux Sous-Fermiers dans les plaines, de se conformer audit Bail, et au présent Arrêt de Réglement ; et au premier Huissier, ou tout autre sur ce requis, de tenir la main à l'exécution d'icelui ; à l'effet de quoi il sera lu, publié, &c.

ARRÊT du Conseil du Cap, touchant les Tutelles mal administrées.

Du 14 Octobre 1726.

SUR ce qui a été représenté par le Procureur-Général du Roi, qu'il a été informé que le sieur Giraud, Habitant au Terrier-Rouge, Tuteur de la Mineure Fouquet, néglige beaucoup les intérêts de ladite Tutelle, et que les biens et revenus ne sont pas assurés entre ses mains, étant fort dérangé dans ses affaires : pourquoi ledit Procureur-Général du Roi requiert qu'il plaise à la Cour ordonner que ledit sieur Giraud sera tenu de justifier, sous huitaine, au Procureur du Roi, de l'état présent de ladite Tutelle, par un Bordereau ou Mémoire, avec les pièces au soutien, dont ledit Procureur du Roi Nous informera ; ce qu'il pourra aussi exiger des autres Tuteurs de son Quartier qui sont dérangés, pour, après ladite justification, être pourvu d'autres Tuteurs, s'il y échet, et être par Nous pris telles conclusions qu'il appartiendra : LE CONSEIL, ayant égard audit Réquisitoire, a ordonné et ordonne qu'il sera exécuté selon sa forme et tenour, &c.

ORDONNANCE

ORDONNANCE du Juge de Police de S. Marc, portant défenses de faire travailler les Négres les Fêtes et Dimanches, de minuit à minuit, à peine de 500 liv. d'amende; et de faire faire aucun transport ni charroi lesdits jours, à peine de confiscation des objets transportés.

Du 26 Novembre 1726.

ORDONNANCE du Gouverneur-Général, qui accorde à M. de Chastenoye, comme Gouverneur du Cap, un lieu particulier pour ses plaisirs, afin d'y chasser exclusivement à tous autres.

Du 29 Décembre 1726.

LE Chevalier de la Rochalard, &c.

M. de Chastenoye, Gouverneur de l'Isle de Ste Croix, Commandant au Cap, Nous ayant prié de lui vouloir accorder un lieu où il n'y eût que lui et gens de sa part, ou ayant sa permission, qui puissent chasser; et ne Nous ayant demandé que les Salines au Nord de sa place, qui la touchent, jusqu'à la mer, et du côté de l'Est jusqu'à la Rivière du Quartier Morin, qui même lui appartiennent par concession de MM. le Comte de Choiseul et Mithon, du 15 Décembre 1710, qu'il Nous a représentée: Nous, ayant égard à sa demande, faisons très-expresses défenses à qui que ce soit, de chasser dans lesdites Salines, dans l'étendue des susdites bornes, sous peine de 40 liv. d'amende pour la première fois, et du double en cas de récidive, applicable à la bâtisse des prisons du Cap; et sera, par ledit sieur de Chastenoye, posé des bornes du côté Ouest, pour faire connoître l'étendue que Nous lui accordons pour ses plaisirs, en qualité de Gouverneur, et la présente Ordonnance lue et publiée, &c. *Signé*, LE CHEVALIER DE LA ROCHALARD.

R. au Siége Royal du Cap, le 3 Février 1736.

EXTRAIT de la Lettre du Ministre à M. de la Rochalard, concernant l'usage d'envoyer les gens suspects d'une Isle dans l'autre ; et l'expulsion de certains Particuliers hors des Colonies.

Du 7 Janvier 1727.

L'USAGE établi à la Martinique et à Saint-Domingue, d'exiler les gens suspects d'une Colonie dans une autre, est très-mauvais : je suis bien aise que vous preniez le parti de vous en abstenir à l'avenir, et que vous renvoyez en France ceux qui seront dans le cas d'être expulsés de Saint-Domingue, à quoi il ne convient pas que vous vous déterminiez sans de puissantes raisons ; vous en userez de même pour ceux qui pourroient vous être renvoyés par M. le Chevalier de Feuquieres, auquel j'écris de s'en abstenir à l'avenir : j'ai approuvé que vous l'ayez déjà pratiqué à l'accasion des quatre hommes bannis par le Conseil Supérieur de la Martinique, pour avoir été soupçonnés de vouloir se rendre Forbans.

ARRÊT de Réglement du Conseil du Petit Goave, concernant les Paroisses, Curés et Fabriques.

Du 21 Janvier 1727.

SUR ce qui a été représenté au Conseil par le Procureur-Général du Roi ; et oui le rapport de Me Jérôme Gabet, Conseiller-Syndic, LE CONSEIL a ordonné et ordonne ce qui suit :

CHAPITRE PREMIER,

Concernant les deniers de la Masse Curiale.

ART. Ier.

Les deniers Curiaux seront perçus à l'avenir, ainsi que par le passé, par les Marguilliers de chaque Paroisse, qui, dès que, avec les recensemens, les ordres de MM. le Général et Intendant leur seront parvenus, en avertiront le Public par une publication et affiche à la porte de l'Eglise, pendant trois Dimanches consécutifs, laquelle sera faite par le premier Huissier sur ce requis, *gratis*, à peine de 10 liv. d'amende, et de restitution du quadruple.

ART. II.

Les Habitans seront tenus de porter ou envoyer chez le Marguillier nommé, les sommes pour lesquelles ils seront employés sur les recensemens, dans quatre mois du jour de la publication et affiche de l'avertissement qui en aura été fait, à peine d'y être contraints par toutes voies de rigueur, même par corps, si le cas y échoit, et ce à la diligence desdits Marguilliers, à peine de répondre, en leur propre et privé nom, des sommes non perçues.

ART. III.

Les pensions des Curés seront et demeureront fixées à la somme de 900 liv., et celle des Vicaires à 600 liv., jusqu'à ce qu'il ait plû à Sa Majesté d'en ordonner autrement.

ART. IV.

Il sera payé, par les Marguilliers des Paroisses, des deniers de la masse, à chaque Paroisse 600 liv. par an, pour être employées : savoir, 300 liv. pour les soins de la Sacristie, et les autres 300 liv. au profit de la Fabrique, et pour les autres besoins, ainsi qu'il sera ordonné ci-après.

ART. V.

Dans les Paroisses où il y a des Officiers-Majors et des Jurisdictions, les Bancs qu'il convient faire pour ces Officiers, seront payés des deniers de la masse.

ART. VI.

Les dépenses pour les *Te Deum* et Services ordonnés, seront pareillement prises sur les deniers de la masse.

ART. VII.

Il ne sera payé, des deniers de la masse, aucunes autres sommes que celles susdites, soit aux Curés, Vicaires et aux Fabriques, à peine de radiation sans aucun retour, lesdits excédens étant dès-à-présent censés aumônes ou présens faits aux Eglises et Curés.

ART. VIII.

Les comptes de la masse seront présentés au plus tard dans le premier Mai de l'année suivante de l'exercice du Marguillier comptable, à peine de 3 liv. d'aumône pour chaque jour de retardement, qui courra dans le second Mai, jusqu'à la présentation du compte, ladite aumône applicable à l'œuvre de la Paroisse.

ART. IX.

Le compte de la masse sera composé d'un Chapitre de recette et de trois Chapitres de dépense; le Chapitre de recette contiendra le montant du recensement au total, et le premier Chapitre de dépense sera pour la pension du Curé, et pour celle allouée à la Paroisse; le second pour les reprises, où ne seront employées que les erreurs, omissions d'exemptions, erreurs de calcul, non-valeurs duement justifiées par certificats des Commandans et Officiers des Siéges; le troisième sera pour les sommes comptées au Conseiller-Syndic ou à ses préposés, auxquels les comptables seront tenus de remettre la solde de leurs comptes, à peine d'y être contraints par corps, conformément à l'Arrêt du 8 Mars 1724.

ART. X.

Les comptes de la masse seront arrêtés par les Officiers des Siéges du ressort duquel sont les Paroisses; il en sera fait trois expéditions, dont une pour le comptable, une qui sera envoyée au Conseiller-Syndic par l'Officier qui aura réglé ledit compte, et la troisième demeurera au Greffe, pour y avoir recours si besoin est.

ART. XI.

L'un des deux Marguilliers de Léogane sera chargé de payer aux Curés et Vicaires, la pension qui leur est dûe, et à la Fabrique la somme qui lui est allouée, dont il sera bien et valablement déchargé sur la quittance du Curé et celle du Marguillier ayant le détail de la Fabrique; et pour éviter à contestation, le Procès-Verbal de nomination des Marguilliers nommera celui qui aura ce soin.

ART. XII.

Les 300 liv. allouées à la Fabrique par l'article IV du présent Chapitre, seront employées; savoir, 100 liv. au Chantre, les 200 livres restantes seront pour le luminaire, blanchissage, propreté de l'Eglise et menus frais, sans que la présente disposition puisse empêcher qu'il y ait un Sacristain et un Chantre, qui, en ce cas, seront payés, pour le surplus, des deniers de la Fabrique.

Suivant les pensions allouées à chacun des Curés des vingt-deux Paroisses du Petit-Goave, du Grand-Goave, de l'Acul du Petit-Goave, du Fond des Négres, de Nippes, de la Grande-Anse, du Trou-Bordet, du Cul-de-Sac, de l'Arcahaye, de Jacmel, des Cayes, de Beynet, de S. Louis, d'Acquin, de Cavaillon, de Torbec, des Cayes du Fond, des Anses, de S. Marc, de la Petite Rivière, des Verrettes et du Mirebalais, 900 liv., ci.	19,800 *liv.*
A chacune des Fabriques desdites Paroisses, 600 liv., ci.	13,200
Au Curé de Léogane.	900
A deux Vicaires.	1200
Et à la Fabrique.	1200
TOTAL.	36,300

CHAPITRE II.

Des Marguilliers et de leurs Fonctions.

ART. Ier.

Les Marguilliers seront élus et nommés le lendemain de Noël, et pour cet effet les Curés, après en avoir informé et obtenu la permission des Commandans, avertiront, dès le Dimanche avant, les Paroissiens de se trouver ledit jour lendemain de Noël, dans la Sacristie, issue de la Messe, ce qu'ils feront aussi le même jour, pour procéder à la nomination du Marguillier pour l'année suivante.

ART. II.

Le Marguillier nommé entrera en charge le premier jour de l'an.

ART. III.

Il ne sera nommé pour Marguillier que des gens de probité et solvables, à peine par les Habitans, qui ne se seront pas trouvés à l'assemblée sans cause légitime, de demeurer responsables de la solvabilité de ceux qui seront nommés, et solidairement.

ART. IV.

Les Officiers du Siège du ressort auront attention de se trouver à ces nominations, afin que tout s'y passe sans cabale et faction.

ART. V.

Les Marguilliers sortans de charge, remettront à leurs successeurs, en présence du Curé et de quelques notables, qui seront invités à cet effet, les titres, papiers et renseignemens de la Paroisse, dont il sera dressé Procès-Verbal sur le registre de l'œuvre.

ART. VI.

Il lui sera pareillement représenté tous les meubles, ornemens, linges, vases sacrés et autres, par ceux qui en seront chargés, meubles et ustensiles du Presbytère, dans les lieux où il en a été fournis par la Paroisse, dont il sera aussi fait mention dans le Procès-Verbal qui en sera dressé.

ART. VII.

Les Marguilliers auront soin de faire avertir ceux qui doivent le Pain-Béni, et d'écrire sur le registre de la Paroisse, ceux qui manqueront à ce devoir, qui seront condamnés en 10 liv. d'aumône, applicable à l'œuvre, pour la première fois, et au double pour la seconde, et ce sur le certificat du Curé et du Marguillier, ou du premier seul, en cas d'absence du Marguillier, à la diligence dudit Marguillier, à peine de payer lui-même ladite aumône en son propre et privé nom.

ART. VIII.

Il y aura un registre coté et paraphé par le Juge, ou à son défaut par les Notaires des lieux dans le banc de l'œuvre ou dans la Sacristie, où sera mis tout ce qui regarde ladite Paroisse, c'est-à-dire, les dons et présens faits à l'Eglise, les bâtimens qui en dépendent, et les meubles, soit de l'Eglise, soit du Presbytère, appartenans à la Paroisse, les vases sacrés, les ornemens, et généralement tout ce qui concerne ladite Paroisse.

ART. IX.

Il y aura un autre Registre qui sera aussi coté et paraphé comme ci-dessus, où les Marguilliers écriront la recette et dépense qu'ils feront pour la Fabrique, pour quelque cause que ce soit.

ART. X.

Les deniers de la Fabrique, soit pour droits, dons ou autrement, seront incessamment perçus par le Marguillier, à peine d'en répondre en son propre et privé nom, trois mois après qu'ils auront été contractés ou parvenus à sa connoissance, faute de diligence dans ledit temps.

ART. XI.

Les Marguilliers en exercice, et celui qui en sera le dernier sorti, seront tenus de s'assembler tous les premiers Dimanches des mois de Février, Avril, Juin, Août, Octobre et Décembre, à laquelle assemblée le Curé se trouvera, et quelques notables invités à cet effet sur le champ.

ART. XII.

On visitera dans cette assemblée et on arrêtera le Registre de recette et de dépense du Marguillier, et on délibérera sur les menues dépenses à faire pour la Fabrique, qui n'excéderont cependant pas la somme de 200 liv. dans le cours de l'année, à peine de radiation à la perte du Marguillier en charge.

ART. XIII.

Lesdits Marguilliers, soit anciens, soit en exercice, seront tenus de se trouver à cette assemblée, à peine de 10 liv. d'aumône, applicable à l'œuvre, en laquelle ils seront condamnés s'il n'y a excuse légitime, sur l'extrait du résultat fait le jour de ladite assemblée, et pour cet effet les noms de ceux qui s'y trouveront, seront écrits sur ledit Registre, et sera la Sentence de condamnation exécutoire, nonobstant l'appel et sans y préjudicier.

ART. XIV.

Les comptes de la Fabrique seront présentés à l'assemblée générale de la Paroisse, qui, à cet effet, sera convoquée, après en avoir informé et obtenu la permission du Commandant, comme il est dit à l'article premier, au premier Dimanche du mois de Mars, pour y être arrêtés, à peine de 100 liv. d'aumône contre les Marguilliers défaillans, applicable à l'œuvre et à la Fabrique; et à l'égard du nouveau Marguillier, à peine pour lui de 50 l. d'amende, s'il n'a fait faire, avant ce temps, une sommation à celui qu'il relève, et d'être responsable de la solde du compte de son prédécesseur, si au premier Juin il n'a pas fait la diligence nécessaire pour l'arrêté du compte et le paiement de la solde.

ART. XV.

Les comptes de la Fabrique ainsi arrêtés, seront présentés, avec le Livre de recette et dépense de la Fabrique, au Juge dont relève la Paroisse, pour y être homologué, s'il n'y a rien de contraire aux droits de l'Eglise et aux Réglemens; et ne seront les Marguilliers déchargés qu'après l'homologation en justice de leurs comptes, laquelle homologation se fera gratis.

ART. XVI.

Il sera déposé dans les archives de chaque Paroisse, un double du compte du Marguillier sortant d'exercice, ou transcrit sur le Registre des affaires de la Paroisse, et signé des Notables, et mention faite en marge de l'homologation; il en sera laissé un double au rendant compte, et un troisième envoyé au Conseiller-Commissaire, par le Marguillier en charge, à peine de dix livres d'amende au profit de la Paroisse.

ART. XVII.

Il ne sera fait aucune dépense des deniers de la Fabrique au-dessus de 200 livres jusqu'à 400 liv., sans délibération de la Paroisse, à peine de radiation; et lorsqu'il sera nécessaire d'une dépense plus forte, la délibération en sera envoyée au Conseil, pour en être ordonné ce qu'il appartiendra.

ART. XVIII.

Quand les affaires des Paroisses requéreront que le Conseil prononce sur les délibérations qui auront été faites, les Marguilliers enverront lesdites délibérations avec des Mémoires justificatifs, et une Requête des Paroissiens, au Conseiller-Syndic, et au Procureur-Général, pour en requérir l'entérinement, qui leur sera envoyé, s'il est accordé, par le Conseiller-Syndic, et ce pour éviter à frais.

ART. XIX.

Enjoint le Conseil à tous Notaires et Greffiers, de donner tous les trois mois aux Marguilliers des Paroisses, un extrait des dons, legs et adjudications faits aux Eglises et Paroisses, à peine de 20 liv. d'amende, applicable à l'œuvre, et sous plus grande peine en cas de récidive.

CHAPITRE III.

De la Fabrique et de ses Droits.

ART. Ier.

Il y aura dans chaque Eglise Paroissiale, un banc qui sera aux dépens de la Paroisse, pour les Marguilliers, dans lequel banc sera ménagée une armoire ou coffre fermant à clef, pour y mettre les Registres, papiers et titres de la Paroisse.

ART. II.

Il y aura pareillement dans la Sacristie de chaque Eglise, une armoire ou grand coffre fermant à clef, avec des tablettes pour serrer les ornemens, linges, vases sacrés, et autres meubles servans à l'office Divin.

ART. III.

Les portes de l'Eglise et de la Sacristie, seront aussi fermées à clef, de manière qu'on ne puisse y entrer aux heures auxquelles elles doivent être fermées.

ART. IV.

Le Chantre-Sacristain sera chargé des ornemens, linges, meubles et ustensiles de l'Eglise par inventaire, lequel sera vérifié tous les ans, conformément à l'article VI du Chapitre II du présent Réglement, ayant soin d'y ajouter ce qui sera donné, et d'en soustraire ce qui aura été consommé.

ART. V.

Il sera donné tous les ans, aux dépens de la Fabrique, deux Registres au Curé de la Paroisse, afin que, conformément aux Ordonnances Royaux, il transcrive sur ces deux Registres, les actes de Baptême, Mariages et Sépultures, et en remettra le double tous les ans au Greffe du Siége d'où ressortit la Paroisse, à quoi ledit Curé sera contraint par les peines portées par les Ordonnances.

ART. VI.

Il ne sera enterré, ni dans l'Église, ni dans les cimetières ordinaires, aucunes Personnes, soit habitantes du Pays, ou nouvellement arrivées, qui seront mortes de maladie suspecte de contagion ; mais elles seront inhumées dans un lieu séparé, et écarté des Villes et Bourgs, sans cérémonies et hardes,

hardes, et tout ce qui leur aura servi brûlé, conformément à l'Ordonnance du Roi, du 25 Juillet 1708.

ART. VII.

Il sera payé pour l'ouverture des fosses qui se feront dans les Eglises; savoir, depuis la balustrade jusqu'au tiers de l'Eglise en descendant 100 livres; depuis ce tiers jusqu'à l'autre tiers en descendant, 70 livres, et depuis ce deuxième tiers jusqu'à la porte, 30 livres, conformément au Réglement du..........

ART. VIII.

Il ne sera enterré aucun corps dans l'Eglise, sans qu'il ne soit mis dans la fosse un barril de chaux-vive, qui sera fourni par la Fabrique, pour raison de quoi il sera payé à ladite Fabrique cinq livres.

ART. IX.

Dans les Eglises qui seront carrelées ou pavées, le soin de faire carreler ou paver la fosse ouverte, regardera l'œuvre ou Fabrique, pour raison de quoi il sera payé la somme de 10 liv., tant pour la chaux et le sable, que pour main-d'œuvre.

ART. X.

Il sera payé par aune courante de tenture noire, 10 sols à la Fabrique, lorsqu'elle fournira la tenture; et lorsque ce sera la famille du défunt, la tenture appartiendra à l'Eglise, à moins qu'il n'en ait été autrement convenu avec l'œuvre.

ART. XI.

Les poêles ou draps mortuaires qui seront mis sur le corps des défunts par les familles, ou par ceux qui feront faire les obsèques, appartiendront à la Fabrique, à moins qu'il n'en soit autrement convenu par écrit avec l'œuvre; et lorsque la Fabrique les fournira, il sera payé 20 sols, et pour celui de soie 6 livres.

ART. XII.

Pour l'ornement noir, tant de l'Autel que du Prêtre, c'est-à-dire, devant d'Autel, Chappe et Chasuble noire de laine, 6 liv., lorsqu'il y aura Messe-haute chantée; et, lorsqu'il n'y aura que Messe-basse, 3 liv.; pour celui de soie, 12 l.; et où il y aura Diacre, Sous-Diacre et Chantres, 2 liv. par chaque dalmatique et chappe, autres que celles du Prêtre célébrant.

ART. XIII.

Pour les chandeliers et encensoirs d'argent, dans les Eglises où il y en aura, 10 liv.; et dans celles où le tout ne sera que de cuivre, 2 livres.

ART. XIV.

Les cierges qui seront présentés au Célébrant et à ses assistans, lors de la levée du corps, leur appartiendront ; ceux qui seront mis sur l'Autel, autour du corps, et aux représentations dans l'Eglise, soit dans les Chapelles ou ailleurs, tant au jour de l'inhumation que du service, appartiendront moitié au Curé et moitié à l'œuvre et Fabrique, sans que les Curés puissent prétendre que la moitié de la Fabrique leur puisse revenir, sous prétexte qu'ils se seront chargés de la fourniture du luminaire : défendant, LE CONSEIL, de faire aucun traité avec qui que ce soit qui puisse aliéner aucun droit de l'Eglise.

ART. XV.

Lorsqu'il sera célébré quelques Messes votives, celui à l'intention de qui elle sera chantée, fournira la cire pour l'Autel et l'Offrande, et donnera à l'œuvre, pour la décoration de l'Autel et des ornemens, 4 liv., s'il n'y a que le Célébrant, et 2 liv. par chaque dalmatique et chappe.

ART. XVI.

Il sera entretenu par les Fabriques, autant que leurs revenus pourront le leur permettre, une lampe allumée nuit et jour, dans le Sanctuaire, aux lieux accoutumés ; à l'effet de quoi, les Marguilliers auront une attention particulière à se pourvoir d'huile, de manière qu'il y en ait toujours pour l'entretien de cette lampe.

ART. XVII.

Les bancs à faire dans les Eglises où il n'y en a point, seront tous d'une même longueur, largeur et hauteur, et seront d'une longueur proportionnée à l'Eglise, de manière qu'il y ait une allée au milieu de l'Eglise au moins de huit pieds, et une plus petite de chaque côté du mur ; de sorte qu'on y puisse passer commodément.

ART. XVIII.

Les bancs des Habitans décédés, appartiendront, ainsi que l'emplacement, à l'Eglise, et seront vendus au plus offrant et dernier enchérisseur, après le décès des Propriétaires ; bien entendu que la veuve jouira dudit banc tant qu'elle gardera sa viduité, et ce suivant le Réglement du 11 Juillet 1721.

ART. XIX.

Les bancs des Habitans qui auront vendu tous les biens-fonds qu'ils ont dans la Paroisse, ou qui sortiront du ressort, appartiendront à la Fabrique dix-huit mois après, sans qu'il soit permis auxdits Habitans de vendre ou céder leurs bancs à d'autres.

ART. XX.

Les bancs échus aux Paroisses, soit par mort des Propriétaires, mariages de leurs veuves, et changement de Paroisse de l'Habitant, seront incessamment vendus, à la diligence des Marguilliers en charge, en la manière portée en l'article XVIII, à peine de 20 liv. d'amende, applicable à la Paroisse.

Et sera le présent Arrêt lu, publié, affiché et registré ès-Greffes des Siéges, et sur les Registres des Paroisses du ressort, pour être exécuté selon sa forme et teneur, &c.

ARRÊT du Conseil d'Etat, qui casse celui du Conseil du Petit-Goave, du 6 Septembre 1727, concernant les comptes des Amendes, Epaves, Confiscations, &c., et ordonne que ces comptes seront rendus pardevant l'Intendant et deux Conseillers.

Du 23 Janvier 1727.

AYANT été informé que le Conseil Supérieur du Petit-Goave, côte S. Domingue, a rendu un Arrêt, le 6 Septembre dernier, à l'occasion de la liquidation de la recette et dépense du compte rendu par le sieur Jean Sibert, Receveur-Général des amendes, épaves, confiscations et adjudications du ressort du Conseil Supérieur, dont ce même Conseil s'est attribué l'examen et l'audition de sa propre autorité, et au préjudice de l'usage dans lequel l'Intendant de ladite Colonie est d'entendre lesdits comptes, et d'ordonner de la destination desdites recettes, suivant les ordres de Sa Majesté; que par le même Arrêt, il a été ordonné, &c. (*V. l'Arrêt.*) Toutes lesquelles dispositions ne sont en aucune manière de la compétence du Conseil Supérieur, qui a non-seulement excédé son pouvoir en s'attribuant la connoissance et l'examen desdits comptes, mais encore en faisant défenses aux Receveurs de faire aucuns paiemens sur les amendes non appliquées au profit du Roi, qu'en vertu des Arrêts dudit Conseil Supérieur. A quoi étant nécessaire de pourvoir: Sa Majesté étant en son Conseil, a cassé et annullé, casse et annulle l'Arrêt du Conseil Supérieur du Petit Goave, du 6 Septembre dernier, et tout ce qui s'en est ensuivi; ordonne qu'il sera biffé des Registres dudit Conseil, et que mention sera faite du présent Arrêt en marge desdits Registres;

fait défenses Sa Majesté aux Officiers du Conseil, de s'immiscer à l'avenir dans l'examen et audition desdits comptes des amendes, épaves, confiscations et adjudications, lesquels seront rendus tous les ans, tant ceux du ressort dudit Conseil Supérieur du Petit-Goave que de celui du Cap, pardevant l'Intendant, ou le Commissaire-Ordonnateur en son absence, et deux Conseillers du Conseil Supérieur qu'il appellera à cet effet; les doubles desquels comptes seront déposés au Greffe du Conseil Supérieur dans le ressort duquel ils seront rendus; veut Sa Majesté que le compte du sieur Sibert soit de nouveau par lui rendu en la forme ci-dessus prescritte, le tout en vertu du présent Arrêt, qui sera registré, &c. Fait au Conseil d'Etat, &c.

R. au Conseil du Petit Goave, le 7 Juillet 1727.
Et à celui du Cap, le 5 Octobre 1733.

ARRÊT du Conseil du Cap, qui renvoie à une Officialité en France, un Particulier condamné par la Cour au Carcan, et qui prouve qu'il est Bénédictin Profès et Sous-Diacre.

Du 3 Février 1727.

VU par le Conseil, la Requête de Benoît......... contenant qu'il est Bénédictin de la Congrégation de S. Maur, Profès, en outre Sous-Diacre, fondé en preuve, qui est une absolution de son Assistant de Général à Rome, émanée du Pape défunt; en cas qu'il rentre dans son Ordre, il paroît absous de tout ce qui peut excommunier un Soldat qui a servi apostat d'un Ordre; et oui ledit Benoît........... Prisonnier et Prêtre, qui a été mandé et examiné en la chambre du Conseil; et oui le Procureur-Général du Roi: LE CONSEIL a ordonné et ordonne que ledit Benoît....... sera incessamment embarqué pour France, et adressé par M. le Commissaire du Port où le Navire abordera, avec pièces et procédures du Procès, et le présent Arrêt, pour être remis à l'Officialité la plus prochaine, de quoi le Capitaine se chargera sur son rôle, et en tirera une reconnoissance après la remise qu'il aura faite, et de la personne dudit Benoît....... dont copie sera aussitôt envoyée au Procureur-Général du Roi de ce Conseil, pour la décharge dudit Capitaine; &c.

ARRÊT du Conseil du Cap, approbatif de la nomination faite par le Receveur-Général, d'un Receveur particulier des Droits suppliciés au Port de Paix, que les Habitans refusoient de reconnoître.

Du 5 Février 1727.

ARRÊT du Conseil du Cap, portant que la recette des Droits suppliciés doit être faite par les Marguilliers, qui en demeureront tenus, s'ils ne justifient valablement de l'insolvabilité des Débiteurs.

Du 5 Février 1727.

C'est la même disposition que celle de l'Arrêt du 5 Juillet 1723.

ARRÊT du Conseil du Cap, qui condamne un Particulier en l'amende et en une réparation, pour des propos contre le Doyen de la Cour.

Du 5 Mai 1727.

ENTRE le sieur Damphoux, Demandeur, présent en personne, d'une part; et M. de Beauval Barbé, Conseiller du Roi, Doyen de ce Conseil, Défendeur, et Thiboult de Rochebonne, Huissier de la Jurisdiction de cette Ville, aussi en personne, d'autre part; Parties ouies, ensemble le Procureur-Général du Roi: LE CONSEIL a cassé ledit Thiboult de Rochebonne de son emploi d'Huissier, le condamne en huit jours de prison, et ce pour avoir dit contre la vérité audit sieur Damphoux, que mondit sieur de Beauval n'avoit pas voulu absolument recevoir l'assignation qu'il avoit été chargé de lui donner de la part dudit sieur Damphoux; et à l'égard dudit sieur Damphoux, ledit Conseil l'a condamné à faire réparation, la Chambre tenante, à mondit sieur de Beauval, de la témérité qu'il a eue d'avancer non-seulement ce que lui avoit dit mal-à-propos ledit Rochebonne, mais encore pour avoir enchéri sur les termes, et l'avoir publié en différens endroits et à plusieurs personnes, au préjudice de la réputation de mondit sieur de Beauval ; enjoint audit sieur Damphoux de se contenir en ses discours et conversations, et le condamne en dix livres d'amende envers les pauvres de la Paroisse, et au coût du présent Arrêt.

ARRÊTS du Conseil du Cap, qui déchargent de tutelle un Chantre de la Paroisse de la même Ville.

Des 7 Juillet 1727, & 6 Novembre 1733.

VU la Requête présentée par le sieur Joullain Dupuy, Chantre de l'Eglise de Notre-Dame du Cap, tendante à ce qu'il plaise à la Cour le décharger de la tutelle des mineurs Gautherean, à laquelle il auroit été nommé. Oui le Procureur-Général du Roi : LE CONSEIL ayant égard à ladite requête, a déchargé ledit Joullin Dupuy de ladite tutelle ; ordonne qu'il sera convoqué une autre assemblée pour être élu un autre tuteur auxdits mineurs, et ce à ses frais et à sa diligence.

L'Arrêt du 6 Novembre 1733, a déchargé le même Chantre d'une autre tutelle.

ARRÊT de Réglement du Conseil du Petit-Goave, concernant les Actes des Notaires.

Du 12 Juillet 1727.

SUR la remontrance fait au Conseil, par le Procureur-Général du Roi, que, malgré la rigueur de l'Arrêt du 5 Février 1703, qui enjoint aux Notaires du ressort, de faire signer en leur présence aux Parties et témoins, et de signer eux-mêmes sur le champ en présence desdites Parties, les actes qu'ils reçoivent, et de se conformer, pour la passation desdits actes, aux Ordonnances Royaux et Arrêts de Réglement rendus à ce sujet, à peine de 500 livres d'amende, qui, seule et indépendamment des dépens, dommages et intérêts des Parties, auxquels les Notaires sont de droit sujets pour les nullités des actes qu'ils reçoivent, procédantes de leur fait, suffiroit pour les assujétir à l'observation desdites

Ordonnances et Arrêts ; cependant il a observé qu'il s'est trouvé quantité de contrats, obligations, testamens et autres actes, qui, outre le défaut de signature des Notaires qui les ont reçus, ce qui ne provient que de leur seule négligence, sont encore très-vicieux dans le corps de l'acte, par le défaut des formalités prescrites par les Ordonnances ; ce qui ne provient que de l'ignorance des Notaires, et de leur peu d'application à s'instruire des devoirs de leur charge ; et comme la sûreté et le repos des familles dépend principalement des actes des Notaires, et que les formalités prescrites par les Ordonnances, Arrêts et Réglemens, y soient exactement observés ; pourquoi il requéroit qu'il y fût pourvu par un nouveau Réglement, qui, contenant les formalités absolument requises, ôtât à l'avenir tout prétexte aux Notaires de s'en écarter, sans qu'ils puissent s'excuser sur l'ignorance desdites Ordonnances, par la difficulté de trouver dans cette Colonie les livres nécessaires pour s'instruire, ou sur le style de leurs prédécesseurs, auquel il prétendroient s'être conformés, comme à un usage reçu et approuvé par le laps de tems. Vû ladite Remontrance, ensemble le Mémoire dudit Procureur-Général du Roi, et oui le rapport de Me Jérôme Gabet, Conseiller et Doyen commis à cet effet : LE CONSEIL enjoint à tous les Notaires du ressort, de se conformer au Réglement suivant, sous les peines énoncées aux articles qui suivent.

ARTICLE PREMIER.

Les Notaires ne recevront aucun contrat qu'ils ne connoissent les Parties, ou du moins qu'elles ne soient connues des témoins, qui le seront desdits Notaires, à peine de privation de leur Office.

ART. II.

Un seul Notaire ne pourra recevoir aucun acte sans qu'il y ait deux témoins, dont un au moins saura signer, à peine de nullité de l'acte.

ART. III.

Les Notaires seront tenus de mettre dans leurs contrats le lieu de la résidence actuelle des Parties contractantes, des témoins et d'eux Notaires, et le lieu où l'acte sera passé, à peine de privation de leur Office, et d'amende arbitraire.

ART. IV.

Ils seront tenus de lire et faire signer aux Parties et aux témoins, en leur présence, tous contrats, testamens et autres actes qu'ils recevront, ou feront mention des raisons pour lesquelles les Parties ou témoins n'auront pu signer, et signeront lesdits actes immédiatement après lesdites Parties et témoins, et en leur présence, à peine de nullité, de répondre des dommages-intérêts des Parties, et de l'amende de 500 liv., conformément à l'Arrêt du 5 Février 1703.

ART. V.

Ils exprimeront dans tous les actes les noms et surnoms des Parties et des témoins, sans les laisser en blanc, à peine de nullité et d'amende arbitraire.

ART. VI.

Ils déclareront le tems auquel le contrat ou acte sera passé; savoir, l'année, le mois, le jour, et si c'est avant ou après-midi, à peine d'amende arbitraire.

ART. VII.

Ils déclareront les situations des héritages, dont il sera fait mention dans les contrats, obligations et autres actes, et ce par tenans et aboutissans, sous peine de privation de leur Office quant aux Notaires, et de nullité desdits contrats quant aux Parties.

ART. VIII.

Ils ne se serviront que de bon papier et de bonne encre pour écrire les minutes qu'ils recevront, lesquelles seront d'une écriture aisée à lire, sans abréviation, laissant une marge d'un quart de la largeur du papier qu'ils employeront.

ART. IX.

Ils écriront les noms propres et les surnoms tout au long, ainsi que les sommes, et en caractère un peu plus gros que celui du corps de la minute, et ne mettront point en chiffres les sommes ni les dates des années et mois, observant de ne laisser aucun blanc dans le corps de l'acte qu'ils recevront.

ART. X.

Ils ne feront aucunes entrelignes dans leurs minutes, mais mettront en apostilles et par renvois en marge ce qu'il conviendra ajouter, lesquelles apostilles et renvois, ils feront approuver et signer, ou parapher par les Parties et les témoins, et d'eux-mêmes; observant de ne tirer qu'une simple barre ou trait sur les mots qu'il conviendra rayer, afin qu'on en puisse aisément compter le nombre, dont ils feront mention au bas de l'acte, ce qui sera pareillement approuvé et signé des Parties, des témoins et d'eux Notaires, à peine de nullité des actes, des dommages et intérêts des Parties, de cent livres d'amende applicable aux réparations du Palais, tant pour le présent article, que les deux précédens.

ART. XI.

Leur fait défenses d'ajouter quoique ce soit à la fin des actes qu'ils passeront,

seront, si ce n'est à l'instant de la passation de l'acte, et en le faisant dans le même instant approuver et signer ou parapher pas les Parties, les témoins et eux Notaires, à peine de nullité des actes, des dommages et intérêts des Parties, et de cent livres d'amende applicable comme dessus.

ART. XII.

Leur fait défenses de se servir dans les contrats, testamens ou autres actes qu'ils recevront, de témoins qui soient leurs Clercs, ni qui soient au-dessous de l'âge de vingt ans accomplis, sous peine de faux, de nullité desdits contrats, testamens ou autres actes, sans préjudice néanmoins de ceux qui se trouveront avoir été passés avant la publication du présent Réglement.

ART. XIII.

Leur enjoint, conformément à l'Arrêt du Conseil du 7 Septembre 1699, d'insérer dans les contrats de mariage, donations entre-vifs, mais sur-tout dans les testamens et actes des dernières volontés, non-seulement les noms des contractans ou testateurs, mais encore le lieu de leur naissance, les noms de leurs pères et mères, et le lieu de leur dernière ou actuelle résidence, et les qualités et états des contractans ou testateurs, à peine de nullité desdits actes, de privation de leur Office, et d'amende arbitraire.

ART. XIV.

Leur fait défenses de procéder à aucun inventaire, soit à la requête des Procureurs des biens vacans, Exécuteurs testamentaires ou cohéritiers des biensmeubles, immeubles, délaissés dans l'étendue du ressort par gens décédés, soit dans l'Isle ou ailleurs, dont les héritiers sont tous ou en partie en France ou hors de l'Isle, sans qu'en même-tems et par le même acte, il soit procédé à l'estimation desdits biens et immeubles ainsi délaissés, et ce conformément à l'Arrêt du Conseil du . . . . à peine de . . . . .

ART. XV.

Finalement, leur enjoint de se conformer au Réglement de 1706, pour ce qui concerne les vacations, avec défenses d'exiger plus grands droits que ceux y portés, sous peine d'exaction, qui pourra être prouvée par la déposition de six témoins, quoique intéressés, et qui déposent de faits singuliers.

Et sera le présent Réglement lu, publié, Audience tenante, et registré au Greffe de la Cour; et Copies d'icelui envoyées ès Siéges du ressort, pour y être lu, publié et exécuté, &c.

LETTRE du Ministre à MM. de la Rochalard et Duclos, touchant les exemptions des Commis et Préposés du Munitionnaire des vivres de la Marine à Saint-Domingue.

Du 29 Juillet 1727.

LE Munitionnaire des vivres de la Marine m'a représenté que les difficultés qu'on fait au Cap, de faire jouir son Commis des exemptions qui lui sont accordées par son traité, l'empêchent de trouver des gens auxquels il puisse confier l'administration de ses affaires.

Par l'art. 34 du traité qu'il a fait avec le Roi, le 25 Février dernier, pour la fourniture des vivres pendant trois années, S. M. exempte les maisons où habiteront ses Commis et Employés, de logement de gens de guerre, et les Commis et Employés de guet et garde; ainsi il n'y a aucune difficulté que la personne qui sera par lui commise au Cap pour l'administration de ses affaires, concernant le service des vivres, doit jouir des exemptions portées par ledit traité. M. le Chevalier de la Rochalard donnera en conséquence les ordres nécessaires pour qu'il soit exempt de guet et garde; et M. Duclos tiendra la main à ce qu'il jouisse des autres exemptions portées par ledit traité.

ARRÊT du Conseil du Cap, qui condamne un Particulier en huit jours de prison, & à faire réparation au Juge de Bayaha, pour lui avoir imputé de consumer des mineurs en frais.

Du 4 Août 1727.

LETTRE du Ministre à MM. de la Rochalard et Duclos, pour ne pas souffrir que l'Evêque d'Horen fasse aucune fonction Episcopale, ni qu'il réside à Saint-Domingue.

Du 26 Août 1727.

M. l'Abbé Gervaise a été nommé par le Pape, il y a environ 18 mois, Evêque d'Horen, avec cette clause expresse, qu'il ne pourra faire aucunes fonctions dans les Pays et Colonies soumises aux premiers Chrétiens, & notamment dans l'Isle de Saint-Domingue, à moins qu'il n'y soit appelé par eux ou par leurs Ministres. Il a fait ici, depuis son retour de Rome, des tentatives inutiles pour avoir la permission de faire des fonctions aux Isles Françoises de l'Amérique, et même pour y établir les Evêques; et enfin, après avoir échoué dans cette entreprise, il s'est embarqué à Nantes sur un Navire Marchand, et est arrivé à la Martinique au mois de Mai dernier. Il y a causé quelques mouvemens parmi les peuples, auxquels il a voulu inspirer de demander un Evêque; mais il n'y a fait d'autres fonctions que de chanter une messe solemnelle le jour de la Pentecôte, dans l'Eglise des Religieux de la Charité de Saint-Pierre, sous prétexte d'un vœu que l'Equipage du Vaisseau sur lequel il a passé, avoit fait. MM. de Feuquieres et Blondel ont pris des mesures pour qu'il n'en fasse point d'autres; et suivant les ordres que le Roi leur a donnés, il y a apparence qu'il ne restera pas long-tems à la Martinique Il n'y a pas lieu de croire qu'il passe à Saint-Domingue; cependant, si cela arrivoit, l'intention de S. M. est que vous l'empêchiez d'y faire aucune fonction, et que vous lui expliquiez qu'il ait à se retirer ailleurs que dans les Isles Françoises, ainsi qu'il l'a promis, lorsque S. M. lui a permis de s'embarquer.

EXTRAIT de la lettre du Ministre à MM. de la Rochalard et Duclos, pour permettre ou défendre l'enlèvement des Farines par les Espagnols, suivant les besoins de la Colonie.

Du 2 Septembre 1727.

A l'égard de ce que vous me marquez, que l'enlévement que les Espagnols ont fait des farines, en a considérablement augmenté le prix, c'est à votre prudence de ne point permettre qu'ils en emportent, lorsque vous pouvez craindre qu'elles pourroient devenir rares ou trop chères, et vous devez avoir sur cela une grande prévoyance.

ARRÊT du Conseil du Cap, qui ordonne qu'un Négre Esclave sera banni de l'Isle.

Du 2 Septembre 1726.

VU l'Arrêt rendu en ce Conseil, le 7 Octobre 1726, par lequel il est ordonné que la veuve Vincent seroit tenue de faire sortir son Négre de la Colonie, à l'effet de quoi il seroit remis dans le premier Navire qui seroit par elle indiqué, sous le reçu du Capitaine qui feroit sa soumission d'en tirer décharge, et d'en justifier à son arrivée, et la dame veuve Vincent tenue d'en rapporter certificat en bonne forme dans le délai compétant. Ouï le Procureur-Général du Roi: LE CONSEIL a ordonné et ordonne que ledit Arrêt dudit jour 7 Octobre de l'année dernière 1726, sera exécuté selon sa forme et teneur; en conséquence permet au sieur Leroi de la Chaproniere, comme ayant épousé ladite veuve Vincent, de le faire passer hors des terres de cette Isle, lui ordonne de payer les frais des prisons, ensemble la nourriture dudit Négre, du bannissement duquel le Procureur du Roi justifiera la Cour au prochain Conseil.

ORDONNANCE du Roi pour l'établissement des Aides-Majors en titre aux Isles de l'Amérique.

Du 2 Septembre 1727.

DE PAR LE ROI.

SA MAJESTÉ étant informée que les fonctions d'Aides-Majors dans les villes, places et quartiers des Isles et Colonies de l'Amérique, ont été exercées jusqu'à présent, pour la plus grande partie, par des Officiers des Troupes entretenues dans lesdites Colonies, sur les commissions des Gouverneurs et Lieutenans-Généraux, et que l'Aide-Majorité étant chargée d'un grand détail, ces Officiers ne peuvent vaquer en même-tems au service actuel qu'exigent les Compagnies ; ce qui est cause que la discipline et le bon ordre ne peuvent point y être observés. A quoi étant nécessaire de pourvoir, S. M. a ordonné et ordonne ce qui suit :

ARTICLE PREMIER.

Il y aura à l'avenir dans les villes, places et quartiers des Isles Françoises de l'Amérique, des Aides-Majors en titre, en tel nombre que S. M. estimera nécessaire pour le bien du service, lesquels seront pourvus de brevets de S. M., et ne pourront posséder d'autres emplois tandis qu'ils exerceront l'Aide-Majorité.

ART. II.

Les Aides-Majors pourront être choisis indifféremment parmi les Capitaines réformés à la suite des Compagnies entretenues auxdites Colonies, les Lieutenans et Enseignes desdites Compagnies, ou autres Officiers et Sujets qui y seront destinés.

ART. III.

Les Capitaines réformés ayant brevet d'Aide-Major, conserveront leur rang et ancienneté de Capitaines réformés.

ART. IV.

Les Lieutenans ayant aussi brevet d'Aides-Majors, conserveront leur rang de Lieutenant, et commanderont du jour de leur ancienneté èsdits emplois de Lieutenans. A l'égard des Enseignes de Compagnies & autres Sujets, lesquels n'ayant point d'emploi dans les Compagnies, auront été pourvus dudit brevet d'Aide-Major, ils auront rang de Lieutenant du jour de leur brevet.

Mande et ordonne S. M. aux Gouverneurs, Lieutenans-Généraux esdites Isles et Colonies, de tenir la main à l'exécution de la présente Ordonnance, et à tous autres Officiers qu'il appartiendra de s'y conformer. Fait à Versailles, &c.

LETTRE du Ministre à MM. de la Rochalard et Duclos, sur plusieurs objets d'humanité et de religion.

Du 30 Septembre 1727.

IL m'a été adressé un Mémoire de Saint-Domingue, contenant qu'il y a des habitans qui, sur des soupçons qui leur viennent qu'ils ont des Négres sorciers, se donnent la licence de les faire mourir de leur propre autorité, les uns par le feu, et les autres en leur brisant les os à coups de bâton ou de marteau, sans leur procurer le baptême ni autre Sacrement; que beaucoup d'habitans refusent, pendant des années entières, de faire baptiser les enfans, malgré les représentations réitérées des Curés; qu'on a poussé l'impiété jusqu'à ondoyer dans des repas de débauche, des enfans, parce que le Curé refusoit d'accepter des parrains non-recevables, offrant néanmoins d'ondoyer l'enfant en attendant, pour obvier au danger; ce qu'on refuse avec insulte, en disant qu'on le baptisera sans son ministère, et on le fait; que les Fêtes et Dimanches, il se tient aux portes des Eglises, particulièrement au Cap, non des Marchés, mais des Foires des plus marchandes, accompagnées de clameurs qui interrompent le Service Divin.

Vous savez que la Religion est le principal mobile d'un bon gouvernement, et je suis persuadé que si ce que contient le Mémoire vous avoit été connu, vous y auriez mis ordre; il ne convient en aucune façon que les maîtres se fassent une justice aussi sévère, quand même le crime de sortilège seroit aussi réel qu'il paroît imaginaire; cela est contre les loix, la religion, le bon ordre et l'humanité; vous devez réprimer ces excès avec toute la sévérité que demande la Justice.

Vous devez aussi tenir la main que le baptême des enfans ne soit pas négligé, et arrêter le cours des impiétés dont on se plaint. Je ne puis trop vous recommander d'y donner une vive attention.

A l'égard des Marchés ou Foires, vous aurez soin de donner de bons ordres, pour que l'abus dont on se plaint ne soit pas continué, et de faire exécuter sur cela les Ordonnances; si cependant il est de nécessité absolue que l'on tienne quelque Marché les Dimanches et Fêtes, il faut que l'on prenne d'autres endroits que les portes des Eglises, ou du moins que ce ne soit point aux heures que l'on célèbre les saints Mystères; cela mérite votre attention, et je vous prie d'y donner celle nécessaire.

ARRÊT du Conseil du Cap, touchant les qualifications de Noblesse.

Du 7 Octobre 1727.

LE CONSEIL ayant égard à la Remontrance du Procureur-Général du Roi, fait défenses à toutes Personnes de prendre la qualité d'Ecuyer dans aucun acte, & à aucuns Juges, Curés, Notaires et autres Officiers de Justice, de la donner à l'avenir, sans au préalable faire apparoître leurs titres enregistrés au Greffe de ce Conseil en bonne et dûe forme, à peine de cinq cent livres d'amende contre les Parties et Témoins qui se seront immiscés à prendre ladite qualité, et de plus grosses peines si le cas y échoit, dont un tiers applicable au Roi, et les deux autres tiers aux réparations de l'Auditoire, qui seront déposés ès mains du Greffier en Chef de la Cour ; ordonne que pour cet effet le présent Arrêt sera lu, publié dans tout le ressort de ce Conseil, où besoin est, à la diligence des Substituts dudit Procureur-Général du Roi, qui en certifieront la Cour dans deux mois, et des copies délivrées gratis aux Juges, Notaires et autres Personnes publiques, afin que personne n'en ignore.

ARRÊT du Conseil du Cap, touchant le paiement des droits Curiaux, et qui ordonne la publication préalable de la liste des Delinquans et de l'Arrêt, qui, sur icelle, les condamne à payer.

Du 8 Octobre 1727.

VU par le Conseil, la Requête de François Petit, Huissier-audiencier de la Cour ; et oui le Procureur-Général du Roi : LE CONSEIL ayant égard à l'exposé en icelle, a ordonné et ordonne que son Arrêt du 7 Juillet dernier, sera exécuté selon sa forme et teneur ; en conséquence, condamne tous les Débiteurs dénommés dans la liste dont l'Huissier-audiencier est porteur, de lui payer les sommes qu'ils peuvent devoir pour les droits Curiaux, sinon et à faute de ce faire, ils y seront contraints par toutes voies dûes et raisonnables ; alloue audit Huissier trois escalins par chaque personne où il sera obligé de se transporter pour le paiement desdits droits, les publications de ladite liste et du présent Arrêt préalablement faites, afin que personne n'en ignore.

Nota. *L'Audiencier se trouvoit chargé par Arrêt de faire cette recette à la demande des Marguilliers.*

EXTRAIT de la Lettre du Ministre à M. le Chevalier de la Rochalard, portant que les places de Greffier et de Secrétaire d'un Administrateur, sont incompatibles.

Du 21 Octobre 1727.

JE suis bien fâché de ne pouvoir pas procurer au sieur Boileau, que vous avez pris pour votre Secrétaire, l'agrément que vous avez demandé pour lui, de conserver la place de Greffier de la Jurisdiction de S. Louis, avec la permission d'y commettre. Vous savez que S. M. jugea que celle de Greffier du Conseil qui vous fut accordée pour le sieur de la Cour, alors votre Secrétaire, étoit incompatible avec cette place, et vous avez dû penser qu'il en étoit de même de celle de Greffier de S. Louis; en effet, cela tireroit trop à conséquence, et l'intention de S. M. est que ledit sieur Boileau opte de l'une ou de l'autre place, et que s'il reste votre Secrétaire, vous commettiez à ce greffe conjointement avec M. Duclos, et que vous m'informiez du nom du Sujet, afin que je puisse proposer à S. M. de le confirmer dans cet emploi.

LETTRES-PATENTES DU ROI, en forme d'Édit, concernant le Commerce étranger aux Isles et Colonies de l'Amérique.

Du mois d'Octobre 1727.

LOUIS, &c. SALUT. Le soin que le feu Roi, notre très-honoré Seigneur et Bisayeul, s'est donné pour l'augmentation de nos Isles et Colonies, ceux que Nous avons pris à son exemple depuis notre avénement à la Couronne, les dépenses qui ont été faites, et celles que Nous faisons annuellement pour ces Isles et Colonies, ont eu pour objet le maintien et la sûreté desdites Isles et Colonies, l'augmentation de la Navigation et du Commerce de nos Sujets: Nos vûes ont eu le succès que Nous pouvions en attendre; nos Isles et Colonies, considérablement augmentées, sont en état de soutenir une Navigation et un Commerce considérable par la consommation et le débit des Négres, denrées et marchandises qui leur sont portés par les Vaisseaux de nos Sujets, et par les chargemens des Sucres, Cacaos, Cotons, Indigos & autres productions desdites Isles et Colonies, qu'ils y prennent

prennent en échange pour les porter dans les Ports de notre Royaume. Mais Nous avons été informés qu'il se seroit introduit un commerce frauduleux, d'autant plus préjudiciable, qu'outre qu'il diminue la Navigation et le Commerce de nos Sujets, il pourroit être dans la suite d'une dangereuse conséquence au maintien de nosdites Isles et Colonies : les justes mesures que nous prenons pour qu'il leur soit fourni de France et de nos autres Colonies, les Négres, les denrées et Marchandises dont elles peuvent avoir besoin, et la protection que Nous devons au Commerce de nos Sujets, Nous ont déterminé de fixer par une Loi certaine des précautions suffisantes pour faire cesser ce Commerce frauduleux, et des peines sévères contre ceux qui tomberont dans la contravention. A CES CAUSES, &c. disons, statuons et ordonnons qu'il ne soit reçu dans les Colonies soumises à notre obéissance, que les Négres, effets, denrées et marchandises qui y seront portés par des Navires ou autres Bâtimens de mer, François, qui auront pris leur chargement dans les Ports de notre Royaume ou dans nosdites Colonies, et qui appartiendront à nos Sujets nés dans notre Royaume ou dans lesdites Colonies; & en conséquence, voulons et nous plaît ce qui suit.

TITRE PREMIER.

Des Vaisseaux faisant le Commerce Etranger.

ARTICLE PREMIER.

Défendons à tous nos Sujets nés dans notre Royaume et dans les Colonies soumises à notre obéissance, de faire venir des Pays étrangers et Colonies étrangères aucuns Négres, effets, denrées et Marchandises pour être introduits dans nosdites Colonies, à l'exception néanmoins des Chairs salées d'Irlande, qui seront portées par des Navires François qui auront pris leur chargement dans les Ports du Royaume; le tout à peine de confiscation des Bâtimens de mer qui feront ledit Commerce, et de leur chargement, et de mille livres d'amende contre le Capitaine, qui sera en outre condamné à trois ans de Galères.

ART. II.

Défendons sous les mêmes peines à nosdits Sujets, de faire sortir de nosdites Isles et Colonies, aucuns Négres, effets, denrées et marchandises pour être envoyés dans les Pays étrangers et Colonies étrangères : Permettons néanmoins aux Négocians François, de porter en droiture de nos Isles de l'Amérique dans les Ports d'Espagne, les Sucres de toutes espèces, à l'exception des Sucres bruts, ensemble toutes les autres marchandises du crû desdites Isles, conformément à ce qui est réglé par l'Arrêt de notre Conseil, du 27 Janvier 1726.

ART. III.

Les Etrangers ne pourront aborder avec leurs Vaisseaux ou autres Bâtimens dans les Ports, Anses et Rades de nos Isles et Colonies, même dans nos Isles inhabitées, ni naviguer à une lieue autour d'icelles Isles et Colonies, à peine de confiscation de leurs Vaisseaux et autres Bâtimens, ensemble du chargement, et de mille livres d'amende, qui sera payée solidairement par le Capitaine et les gens de l'Equipage.

ART. IV.

Ordonnons à tous nos Officiers, Capitaines-commandans de nos Vaisseaux, de courre sur les Vaisseaux et autres Bâtimens de mer étrangers qu'ils pourront trouver dans lesdits parages, même sur ceux appartenans à nos Sujets faisant le Commerce étranger, de les réduire par la force des armes, et de les amener dans l'Isle la plus prochaine du lieu où la prise aura été faite.

ART. V.

Permettons à tous nos Sujets de faire aussi la course sur lesdits Vaisseaux et autres Bâtimens de mer étrangers, et sur ceux appartenans à nos Sujets faisant le Commerce étranger; et voulons qu'à l'avenir il soit inséré dans les Commissions en Guerre et Marchandises, qui seront données par l'Amiral de France, que ceux qui en seront porteurs pourront courir sur les Vaisseaux et autres Bâtimens de mer qui se trouveront dans le cas susdit, les réduire par la force des armes, les prendre et amener dans l'Isle la plus prochaine du lieu où la prise aura été faite; lesquelles Commissions ne pourront leur être délivrées qu'après avoir donné caution de même que s'ils armoient en guerre.

ART. VI.

Les prises ainsi faites, soit par nos Vaisseaux ou par ceux de nos Sujets, seront instruites et jugées par les Officiers de l'Amirauté, conformément aux Ordonnances et Réglemens rendus à ce sujet, sauf l'appel au Conseil Supérieur de l'Isle ou Colonie où la Prise aura été jugée; excepté en temps de guerre, que les procédures des Prises faites sur la Nation avec laquelle Nous serons en guerre, seront envoyées au Secrétaire-général de la Marine, pour être jugées par l'Amiral, ainsi qu'il est accoutumé: et il appartiendra sur les Prises qui seront déclarées bonnes, le dixième à l'Amiral, conformément à l'Ordonnance de 1681.

ART. VII.

Le produit des Prises faites par nos Vaisseaux, sera partagé, après le dixième de l'Amiral déduit ; savoir, un dixième à celui qui commandera le Vaisseau qui aura fait la Prise ; un dixième à celui qui commandera l'Escadre, s'il y en a une ; un dixième au Gouverneur notre Lieutenant-Général de la Colonie où la prise sera conduite ; un autre dixième à l'Intendant ; et le surplus moitié aux Equipages des Vaisseaux, et l'autre moitié sera mise en dépôt entre les mains des Commis du Trésorier de la Marine dans ladite Colonie, pour être employée suivant les ordres que Nous en donnerons, soit à l'entretien ou augmentation des Hôpitaux, Bâtimens, Batteries, et autres ouvrages nécessaires esdites Colonies.

ART. VIII.

Les Prises qui seront faites par les Vaisseaux de nos Sujets, seront adjugées à celui qui les aura faites, sauf le dixième de l'Amiral ; et sur le surplus du produit, il en sera levé le cinquième, dont la moitié sera mise en dépôt entre les mains du Commis du Trésorier de la Marine dans les Colonies, pour être employée suivant nos ordres, soit à l'entretien ou augmentation des Hôpitaux, Bâtimens, Batteries, et autres ouvrages nécessaires esdites Colonies ; et l'autre moitié sera partagée, les deux tiers au Gouverneur notre Lieutenant Général, et l'autre tiers à l'Intendant de la Colonies où le Vaisseau preneur aura fait son armement : et à l'égard des Prises qui seront faites par les Vaisseaux qui auront été armés en France, ladite moitié sera partagée, comme il est dit ci-dessus, entre le Gouverneur notre Lieutenant-Général, et l'Intendant de la Colonie où la Prise aura été conduite.

ART. IX.

Les Gouverneurs particuliers des Colonies de Cayenne, de la Guadeloupe et de l'Isle Royale, jouiront, pour les Prises qui seront conduites esdites Colonies, soit par nos Vaisseaux, ou par ceux de nos Sujets armés en France ou dans lesdites Colonies, des parts attribuées par les articles VII et VIII des Présentes, au Gouverneur notre Lieutenant-Général ; et pareillement les Commissaires-Ordonnateurs desdites Colonies, jouiront de celles attribuées à l'Intendant.

ART. X.

Ordonnons à tous les Officiers de nos Troupes ou des Milices, Commandans dans les différens Quartiers de nos Colonies, même aux Capitaines de Milices dans leurs Quartiers, d'envoyer arrêter les Bâtimens étrangers qui se trouveront dans les Ports, Anses et Rades de leur district, et les Bâtimens François y faisant le Commerce étranger ; et sur lesdits Bâtimens ainsi pris, il appartiendra le dixième à l'Amiral, et du surplus il en appartiendra le tiers à l'Officier qui aura envoyé faire la

Prise, un autre tiers qui sera partagé par moitié entre celui qui commandera le Détachement, et les Soldats ou Habitans qui l'auront composé ; et le restant sera mis en dépôt entre les mains du Commis du Trésorier de la Marine, pour être employé suivant nos ordres, soit à l'entretien ou augmentation des Hôpitaux, Bâtimens, Batteries, ou autres ouvrages nécessaires esdites Colonies.

ART. XI.

Les Vaisseaux ou autres Bâtimens étrangers, soit de Guerre ou Marchands, qui, par tempête, ou autres besoins pressans, seront obligés de relâcher dans nos Colonies, ne pourront, à peine de confiscation des Bâtimens Marchands et de leurs cargaisons, mouiller que dans les Ports ou Rades des lieux où Nous avons des Garnisons ; savoir, dans l'Isle de la Martinique, au Fort-Royal, au Bourg Saint-Pierre et à la Trinité ; dans l'Isle de la Guadeloupe, à la Rade de la Basse-Terre, au petit Cul-de-Sac et au Fort-Louis ; à la Grenade, dans le principal Port, aussi-bien que Marie-Galante ; et dans l'Isle de Saint-Domingue, au Petit Goave, à Léogane, à Saint-Louis, à Saint-Marc, au Port-de-Paix et au Cap-François ; auxquels lieux ils ne pourront être arrêtés, pourvu qu'ils justifient que leur destination ni leur chargement n'étoient point pour nosdites Colonies ; et il leur sera, en ce cas, donné tous les secours et assistance dont ils pourront avoir besoin : ordonnons au Gouverneur notre Lieutenant-Général ou autre Officier-Commandant, d'envoyer sur-le-champ un Détachement de quatre Soldats et un Sergent, à bord desdits Vaisseaux et autres Bâtimens, avec ordre d'empêcher l'embarquement et le débarquement d'aucuns Négres, effets, denrées et marchandises, pour quelque cause et sous quelque prétexte que ce soit ; lequel Détachement demeurera à bord desdits Vaisseaux et autres Bâtimens, aux dépens des Propriétaires d'iceux, tant qu'ils resteront dans les Ports et Rades de nos Colonies.

ART. XII.

Les Capitaines desdits Vaisseaux et autres Bâtimens ainsi relâchés, qui auront besoin de vivres, agrès ou autres ustensiles, pour pouvoir continuer leur navigation, seront tenus de demander permission au Gouverneur notre Lieutenant-Général, ou Commandant en son absence, et à l'Intendant, de les embarquer ; laquelle permission ne pourra leur être accordée qu'après que leur demande aura été communiquée au Directeur du Domaine, et débattue par lui, s'il y a lieu : et il sera rendu, par lesdits Gouverneur notre Lieutenant-Général, ou Commandant en son absence, et Intendant, une Ordonnance portant ladite permission.

Et en cas que dans les débats du Directeur du Domaine, il y eût de sa part opposition à ladite permission, ses motifs, ainsi que ceux du Gouverneur notre Lieutenant-Général, ou Commandant en son absence, et de l'Intendant, seront rédigés dans un Procès-Verbal signé d'eux, lequel sera envoyé, avec copie de ladite Ordonnance, au Secrétaire d'État ayant le Département de la Marine, pour Nous en rendre compte : voulons cependant que ladite Ordonnance soit exécutée par provision.

ART. XIII.

S'il est absolument nécessaire, pour le radoub ou carène des Bâtimens étrangers ainsi relâchés, de débarquer leurs effets, denrées et marchandises, les Capitaines d'iceux seront tenus d'en demander permission au Gouverneur notre Lieutenant-Général, ou Commandant en son absence, et à l'Intendant, laquelle permission ne pourra pareillement leur être accordée, qu'après que leur demande aura été communiquée au Directeur du Domaine, et débattue par lui, s'il y a lieu ; et il sera aussi rendu, par lesdits Gouverneur notre Lieutenant-Général, ou Commandant en son absence, et Intendant, une Ordonnance portant ladite permission. Et en cas que dans les débats du Directeur du Domaine, il y ait eu de sa part opposition à ladite permission, ses motifs, ainsi que ceux du Gouverneur notre Lieutenant-Général, ou Commandant en son absence, et de l'Intendant, seront rédigés dans un Procès-Verbal signé d'eux, lequel sera envoyé, avec copie de ladite Ordonnance, au Secrétaire d'État ayant le Département de la Marine, pour Nous en rendre compte : voulons que ladite Ordonnance soit exécutée par provision ; et qu'en cas de débarquement desdits effets, denrées et marchandises, il soit fait un Procès-Verbal en présence du Directeur du Domaine, contenant la quantité et la qualité des marchandises qui seront débarquées, signé du Capitaine du Navire et de l'Ecrivain ou Facteur, et dudit Directeur du Domaine ; duquel Procès-Verbal copie sera envoyée au Secrétaire d'État ayant le Département de la Marine ; que ledit Gouverneur notre Lieutenant-Général, ou le Commandant en son absence, fasse établir un Sentinelle à la porte du Magasin dans lequel seront déposés lesdits effets, denrées et marchandises, pour empêcher qu'il n'en soit rien tiré pour être introduit et vendu dans lesdites Colonies, et ce pendant tout le temps que lesdits effets, denrées et marchandises resteront dans ledit Magasin, lequel sera fermé à trois serrures, dont une des clefs sera remise à l'Intendant, une autre au Directeur du Domaine, et la troisième au Capitaine ou Maître du Navire. Voulons aussi qu'en cas qu'il soit débarqué des Négres, il en soit dressé un Rôle où ils soient exactement signalés, qu'ils soient remis en séquestre entre les mains de quelque personne solvable, pour les représenter lors du rechargement du Navire ou Bâtiment dont ils auront été débarqués; et qu'au défaut d'un séquestre, le Capitaine donne au bas dudit Rôle sa soumission de les représenter lors du rechargement du Navire, sans qu'il puisse en être distrait aucun par vente ou autrement; le tout à peine de confiscation de la valeur desdits Négres, du Bâtiment et de la cargaison.

ART. XIV.

La dépense que les Vaisseaux et autres Bâtimens de mer étrangers, ainsi relâchés dans nos Isles et Colonies, seront obligés d'y faire, sera payée en argent ou en Lettres-de-change; et en cas que les Capitaines n'ayent point d'argent, et qu'il ne se trouve personne dans lesdites Isles et Colonies qui veuille répondre du paiement desdites Lettres-de-change, il pourra être accordé par le Gouverneur notre Lieutenant Général, ou le Commandant en son absence, et l'Intendant, sur la demande des Capitaines desdits Bâtimens, qui sera pareillement communiquée au Directeur du Domaine, et débattue par lui, s'il y a lieu, permission de vendre une certaine quantité de Négres, effets, denrées ou marchandises, pour le paiement de ladite dépense seulement; et il sera rendu, par lesdits Gouverneur notre Lieutenant-Général, ou Commandant en son absence, et l'Intendant, une Ordonnance portant ladite permission, dans laquelle il sera fait mention de ce à quoi aura monté ladite dépense, ensemble de la quantité et qualité des Négres, effets, denrées et marchandises qui pourront être vendus : et en cas que dans les débats du Directeur du Domaine, il y ait eu de sa part opposition à ladite permission, ses motifs, ainsi que ceux du Gouverneur notre Lieutenant-Général, ou Commandant en son absence, et de l'Intendant, seront rédigés dans un Procès-Verbal signé d'eux, lequel sera envoyé avec copie de l'Ordonnance, au Secrétaire d'Etat ayant le Département de la Marine, pour Nous en rendre compte : Voulons que ladite Ordonnance soit exécutée par provision, et que la vente ainsi permise ne puisse excéder le montant de la dépense desdits Bâtimens, sous quelque prétexte que ce soit.

ART. XV.

Voulons qu'aussitôt que lesdits Navires étrangers qui auront relâché, seront en état de reprendre leur chargement, les Négres, effets, denrées et marchandises qui en auront été débarqués, y soient rembarqués, et qu'il soit fait un recollement sur le Procès-Verbal de débarquement desdits Négres, effets, denrées, et marchandises, pour connoître s'il n'en a rien été tiré, duquel Procès-Verbal de recollement, qui sera signé par le Directeur du Domaine, copie sera envoyée au Secrétaire d'État ayant le département de la Marine, et qu'après ledit rembarquement lesdits Vaisseaux mettent à la voile. Voulons aussi que ceux qui auront pareillement relâché, et desquels il n'aura rien été débarqué, partent de même au premier temps favorable après qu'ils auront été mis en état de naviguer, à peine contre les Capitaines des uns et des autres de ces Bâtimens, de mille livres d'amende, et de confiscation desdits Bâtimens et de leur chargement : les Gouverneurs nos Lieutenans-Généraux, Gouverneurs particuliers, ou autres Officiers-Commandans dans nosdites Colonies, ne souffriront point que lesdits Bâtimens y fassent un plus long séjour que celui qui leur sera absolument nécessaire pour les mettre en état de tenir la Mer.

ART. XVI.

Faisons défenses aux Capitaines desdits Navires étrangers, Facteurs et autres, tels qu'ils puissent être, de débarquer, vendre ni débiter aucuns Négres, effets, denrées et marchandises apportés par lesdits Navires, ni d'embarquer aucuns Négres, effets, denrées et marchandises de la Colonie où ils auront relâché, à peine de confiscation desdits Bâtimens et de leur chargement, et de 1000 liv. d'amende, qui sera payée solidairement par les Capitaines et les gens de l'Equipage.

TITRE II.

Des Négres, Effets, Denrées et Marchandises qui seront trouvés sur les Grèves, Ports et Hâvres, provenans tant des Vaisseaux François faisant le Commerce étranger, que des Vaisseaux étrangers.

ARTICLE PREMIER.

Les Négres, effets, denrées et marchandises qui seront trouvés sur les Grèves, Ports et Hâvres, et qui proviendront des Navires appartenans à nos Sujets faisant le Commerce étranger, seront confisqués, ensemble le Bâtiment d'où ils auront été débarqués, et son chargement, le Capitaine condamné à 1000 liv. d'amende, et en outre à trois ans de Galères, la moitié de laquelle amende appartiendra au Dénonciateur.

ART. II.

Les Négres, effets, denrées et marchandises qui seront pareillement trouvés sur les Grèves, Ports et Hâvres, et qui proviendront des Navires étrangers, seront aussi confisqués, ensemble le Bâtiment d'où ils auront été débarqués, et son chargement, et le Capitaine condamné en 1000 liv.

d'amende, qui sera payée solidairement avec les gens de l'Equipage, et dont moitié appartiendra au Dénonciateur.

ART. III.

Lesdites confiscations, peines et amendes, seront jugées par les Officiers d'Amirauté, sauf l'appel aux Conseils Supérieurs.

TITRE III.

Des Négres, Effets, Denrées et Marchandises qui seront trouvés à terre, provenans tant des Vaisseaux François faisant le Commerce étranger, que des Vaisseaux étrangers.

ARTICLE PREMIER.

Les Négres, effets, denrées et marchandises qui seront trouvés à terre, et qui proviendront des Navires appartenans à nos Sujets faisant le commerce étranger, seront confisqués, ensemble le Bâtiment d'où ils auront été débarqués, et son chargement, le Capitaine condamné à 1000 liv. d'amende, et en outre à trois ans de Galères.

ART. II.

Les Négres, effets, denrées et marchandises qui seront pareillement trouvés à terre, et qui proviendront des Navires étrangers, seront aussi confisqués, ensemble le Bâtiment d'où ils auront été débarqués, et son chargement, et le Capitaine condamné à 1000 liv. d'amende, qui sera payée solidairement avec les gens de l'Equipage.

ART. III.

Ceux chez qui il se trouvera des Négres, effets, denrées et marchandises, provenans des Navires François faisant le Commerce étranger, et des Navires étrangers, seront condamnés à 1500 liv. d'amende, et en outre à trois ans de Galères.

ART. IV.

Lesdites amendes et confiscations appartiendront; savoir, moitié au Dénonciateur, et l'autre moitié au Fermier de notre Domaine.

ART. V.

L'instruction des Procès pour raison desdites contraventions, sera faite par les Juges ordinaires, sauf l'appel à nos Conseils Supérieurs.

TITRE IV.

Des Appels des Sentences qui seront rendues, tant à l'occasion des Navires François faisant le Commerce étranger, que des Navires étrangers.

ARTICLE PREMIER.

Les appels qui seront interjetés en nos Conseils Supérieurs, des Sentences rendues

rendues, tant par les Juges ordinaires que par ceux de l'Amirauté, à l'occasion des Navires François faisant le commerce étranger, et des Navires étrangers, y seront jugés en la manière suivante.

ART. II.

Nos Conseils Supérieurs continueront de s'assembler en la manière ordinaire et accoutumée.

ART. III.

Les séances qu'ils tiennent ordinairement, et pendant lesquelles sont expédiées toutes les affaires qui sont en état d'y être portées, seront partagées en deux.

ART. IV.

Il sera porté à la première séance les affaires, tant civiles que criminelles, qui concerneront les Particuliers, autres que celles qui regarderont le Commerce étranger, ou qui pourront y avoir rapport, ainsi que les Vaisseaux étrangers.

ART. V.

Il sera porté à la seconde séance, qui se tiendra immédiatement ensuite de la première, toutes les affaires qui pourront concerner ledit Commerce étranger, ou y avoir rapport, et toutes celles concernant aussi les Vaisseaux étrangers.

ART. VI.

Il n'assistera à ladite seconde séance que le Gouverneur notre Lieutenant-Général, l'Intendant, les Officiers-Majors qui ont séance auxdits Conseils, cinq Conseillers que nous nommerons à cet effet, le Procureur-Général et le Greffier : Voulons que le cas arrivant que quelques-uns desdits Conseillers ne se trouvant pas auxdites séances, soit par absence, maladie, ou autre cause légitime, les Jugemens soient rendus et exécutés, lorsqu'il y aura le nombre de trois desdits Conseillers seulement.

TITRE V.

Des Marchandises provenantes des Vaisseaux étrangers, introduites par le moyen des Vaisseaux François.

ARTICLE PREMIER.

Les marchandises provenantes des Navires étrangers, qui seront trouvées dans les Bâtimens appartenans à nos Sujets, seront confisquées, et les Capitaines desdits Bâtimens, Facteurs ou Ecrivains d'iceux, condamnés solidairement à 3,000 liv. d'amende, et en outre les Capitaines à trois ans de Galères, et les Facteurs ou Écrivains à six mois de prison : lesdites confiscations et amendes appartiendront : savoir, moitié au Dénonciateur, et l'autre moitié sera mise en dépôt entre les mains du Commis du Trésorier de la Marine dans nos Colonies, pour être employée suivant les ordres que Nous en donnerons, soit à l'entretien et augmentation des Hôpitaux, Bâtimens, Batteries, et autres ouvrages nécessaires èsdites Colonies.

ART. II.

Lesdits Capitaines, Facteurs ou Ecrivains, seront tenus de justifier par factures, manifestes ou charte-parties, connoissemens et polices en bonne forme, et ce pardevant l'Intendant, à la première réquisition qui leur en sera faite, que les marchandises qu'ils auront vendues proviennent en entier de celles qu'ils ont chargées en France; et faute par eux d'y satisfaire, ils seront censés et réputés avoir vendu des marchandises provenantes des Navires étrangers, ou des Navires François faisant le commerce étranger, et comme tels condamnés aux peines portées par l'article précédent.

ART. III.

Et attendu que les Procès qui seront intentés pour raison desdites contraventions, requièrent célérité, attribuons la connoissance desdites contraventions aux Intendans de nos Colonies, et icelles interdisons à toutes nos Cours et autres Juges.

ART. IV.

Voulons que dans les cas où lesdits Capitaines seront convaincus desdites contraventions, il soit mis et placé par lesdits Intendans, un homme de confiance sur chacun desdits Navires, pour les ramener en France à leurs Propriétaires.

ART. V.

Voulons que toutes personnes, de quelque qualité et conditions qu'elles soient, qui seront convaincues d'avoir fait le Commerce étranger par le moyen des Bâtimens de mer à eux appartenans, ou qu'ils auront pris à fret, qui auront favorisé l'introduction des marchandises venues par des Vaisseaux étrangers, ou qui auront envoyé dans les Pays ou Colonies étrangères, des Négres, effets, denrées ou marchandises de nos Colonies, soient condamnés, outre les amendes portées par ces présentes, à trois ans de Galères.

ART. VI.

Voulons que les contraventions pour raison du commerce étranger, et de l'introduction des Négres, effets, denrées et marchandises étrangères dans nos Colonies, de même que pour l'envoi des Négres, effets, denrées et marchandises de nos Isles et Colonies dans les Pays étrangers, puissent être poursuivies pendant cinq ans après qu'elles auront été commises, et que la preuve, par témoins ou autrement, puisse en être faite pendant ledit temps.

ART. VII.

Attribuons toute Cour, Jurisdiction et connoissance aux Intendans de nos Colonies, pour juger et décider toutes contestations, différends et procès, soit en demandant ou en défendant, que les Etrangers pourront avoir avec nos Sujets résidans dans lesdites Colonies, et icelle connoissance interdisons à toutes nos autres Cours et Juges.

ART. VIII.

Donnons pouvoir aux Commissaires-Ordonnateurs, et premiers Conseillers dans les Isles et Colonies où il n'y aura point d'Intendant, de faire les fonctions attribuées par ces présentes aux Intendans.

TITRE VI.

Des Etrangers établis dans les Colonies.

ARTICLE PREMIER.

Les Etrangers établis dans nos Colonies, même ceux naturalisés, ou qui pourroient l'être à l'avenir, ne pourront y être Marchands, Courtiers et Agens d'affaires de commerce, en quelque sorte et manière que ce soit, à peine de 3,000 liv. d'amende applicable au Dénonciateur, et d'être bannis à perpétuité de nosdites Colonies; leur permettons seulement d'y faire valoir des terres et habitations, et d'y faire commerce des denrées qui proviendront de leurs terres.

ART. II.

Accordons à ceux qui peuvent y être présentement, un délai de trois mois du jour de l'enregistrement des présentes, après lequel temps ils seront tenus de cesser tout négoce de marchandises, tel qu'il puisse être, et seront les contrevenans condamnés aux peines portées par l'article précédent.

ART. III.

Faisons défenses à tous Marchands et Négocians établis dans nosdites Colonies, d'avoir aucuns Commis, Facteurs, Teneurs de livres, ou autres personnes qui se mêlent de leur commerce, qui soient Etrangers, encore qu'ils soient naturalisés; leur ordonnons de s'en défaire au plus tard dans trois mois du jour de l'enregistrement des présentes, à peine contre lesdits Marchands et Négocians, de 3,000 liv. d'amende, applicable au Dénonciateur, et contre les Commis, Facteurs, Teneurs de livres, et autres personnes qui se mêlent de leurs affaires, d'être bannis à perpétuité desdites Colonies.

ART. IV.

Enjoignons à nos Procureurs-Généraux, et leurs Substituts, de veiller à l'exécution des trois articles ci-dessus, à peine d'en répondre en leur propre et privé nom.

Si donnons en mandement à nos amés et féaux les Gens tenans nos Conseils Supérieurs établis esdites Isles et Colonies, que ces présentes ils ayent à faire lire, &c. DONNÉES à Fontainebleau au mois d'Octobre 1727, &c.

R. au Conseil du Petit Goave, le premier Mars 1728.
Et à celui du Cap, le 8 Avril suivant.

MÉMOIRE DU ROI à MM. de la Rochalard et Duclos, touchant le Commerce avec les Espagnols des Isles et Terre-Ferme de l'Amérique.

Du 28 Octobre 1727.

SA MAJESTÉ n'ayant point jugé à propos d'excepter des défenses portées par les Lettres-Patentes en forme d'Edit, concernant le Commerce des Etrangers aux Isles et Colonies Françoises, celui des Espagnols des Isles et Terre-Ferme de l'Amérique; Elle a estimé nécessaire d'expliquer aux sieurs Chevalier de la Rochalard et Duclos, que le Commerce des Espagnols aux Isles-Françoises étant aussi utile à l'Etat et aux Colonies, que celui des autres nations y est pernicieux, son intention est non-seulement que les Espagnols soient reçus à Saint-Domingue, mais encore que les sieurs Chevalier de la Rochalard et Duclos mettent tout en usage pour les y attirer; qu'ils permettent aux Négocians et Habitans de Saint-Domingue, d'aller commercer à Sainte-Marthe, Carthagène, Porto-bello, Ports voisins, et autres lieux de la Terre-Ferme et Isles de la domination du Roi d'Espagne, et qu'ils les y excitent autant qu'il pourra dépendre d'eux, en observant toutefois que ce commerce ne serve pas de prétexte à en faire avec d'autres Nations, et qu'il ne soit fait dans les Bâtimens qui y sont destinés, aucun versement de Négres, denrées ou marchandises, à quoi ils veilleront avec toute l'attention possible, et prendront les plus justes mesures pour empêcher toute prévarication à cet égard.

Ce commerce est d'autant plus utile, qu'il n'y a point d'autre expédient pour introduire de l'or et de l'argent dans les Colonies; il procure le débouchement des denrées et marchandises qu'on porte de France aux Isles, ce qui est un grand avantage pour le Commerce du Royaume. Il n'en est point de même du Commerce des autres Nations, à la faveur duquel on enlève des Isles l'or et l'argent; on y introduit beaucoup de denrées et marchandises; on en enlève frauduleusement les Sucres, Cacaos et Indigos, ce qui est également préjudiciable à la navigation et au Commerce du Royaume, et aux droits des Fermes de Sa Majesté; à quoi Elle ajoutera que la fréquentation, particulièrement des Anglois aux Isles, peut leur acquérir des connoissances, et leur donner des vues très-préjudiciables à leur sûreté en temps de guerre.

Les sieurs Chevalier de la Rochalard et Duclos, doivent sentir, par les différens effets de ces deux commerces, combien ils doivent s'appliquer à protéger l'un, et à détruire l'autre. Sa Majesté attend de leur zèle qu'ils s'y attacheront, de manière que ses intentions à cet égard seront remplies dans toute leur étendue; c'est un des services les plus essentiels qu'ils puissent rendre. Fait à Fontainebleau, &c.

Pour copie, LE CHEVALIER DE LA ROCHALARD et DUCLOS.

R. au Conseil du Cap, le 8 Avril 1728.
Et à celui du Petit Goave, le 10 Janvier 1729.

ORDONNANCE DU ROI, qui nomme les Conseillers qui doivent assister aux Jugemens des appels des Sentences rendues à l'occasion des Navires faisant le Commerce étranger.

Du 28 Octobre 1717.

DE PAR LE ROI.

SA MAJESTÉ ayant, par l'article VI du titre IV de ses Lettres-Patentes en forme d'Edit, des présens mois et an, concernant le commerce étranger dans ses Isles et Colonies de l'Amérique, fixé le nombre des Juges de ses

Conseils Supérieurs desdites Isles et Colonies, qui doivent assister aux Jugemens des appels des Sentences qui seront rendues, tant à l'occasion des Navires François faisant le Commerce étranger, que des Navires étrangers, et ordonné qu'il n'assistera aux séances qui se tiendront pour juger lesdits appels, que le Gouverneur et Lieutenant-Général, l'Intendant, les Officiers-Majors qui ont séance auxdits Conseils, et cinq Conseillers desdits Conseils, lesquels seroient nommés par Sa Majesté; et s'étant déterminée sur le choix des cinq Conseillers de son Conseil du.......... Sa Majesté a nommé et nomme les sieurs............ pour, au nombre de trois, en cas d'absence, maladie, ou autres empêchemens légitimes des deux autres, et conjointement avec le Gouverneur, le Commissaire-Ordonnateur, et les Officiers-Majors qui ont séance audit Conseil, juger, conformément à ce qui a été porté par lesdites Lettres-Patentes, les appels des Sentences dans les cas ci-dessus spécifiés; et sera le présent ordre registré au Greffe dudit Conseil Supérieur. Fait à Fontainebleau, &c.

R. au Conseil du Petit Goave, le 10 Janvier 1729.
Et à celui du Cap, le 4 Avril suivant.

LETTRE *du Ministre à M. le Chevalier de la Rochalard, sur l'adresse au Gouverneur-Genéral insérée dans les Commissions.*

Du 2 Novembre 1727.

M. Duclos m'a informé, qu'ayant cru devoir vous communiquer ses commissions avant de les faire enregistrer au Conseil Supérieur, vous avez prétendu que celle de Subdélégué à l'Intendance vous étant adressée, vous deviez la viser, et que vous l'aviez fait malgré ses représentations.

Le Roi a également désapprouvé votre entreprise, et la complaisance de M. Duclos. Vous n'avez point le droit de viser ni de mettre votre attache à aucune des commissions qui vous sont adressées, et vous avez excédé votre pouvoir. L'adresse qu'on met dans les commissions, n'est que pour que vous fassiez jouir les pourvus de l'autorité et des prérogatives qui leur sont accordées, en cas qu'il y eût opposition. S. M. se seroit déterminée à donner des ordres pour qu'elle fût biffée, et que mention en fût faite à la marge de l'enregistrement fait au Conseil Supérieur; mais sur ce que je lui ai représenté que vous n'aviez pas eu intention d'excéder vos pouvoirs, et que l'éclat d'un pareil enregistrement pourroit préjudicier au service, Elle a bien voulu y avoir égard, et m'a ordonné de vous écrire, que son intention est que vous biffiez vous-même les mots que vous avez mis sur la commission dudit sieur Duclos.

LETTRE du Ministre à MM. de la Rochalard et Duclos, portant que les Capitaines de Port sont justiciables des Tribunaux, et qu'ils doivent répondre des Pilotes qu'ils choisissent et préposent.

Du 2 Novembre 1727.

J'AI reçu, avec la Lettre que vous m'avez écrite, les motifs de l'Arrêt rendu par le Conseil Supérieur du Cap, le 6 Août 1725, par lequel le sieur Raoulx, Capitaine de Port, a été condamné à payer 6,000 liv. de dommages et intérêts au sieur Rezin, Capitaine du Navire la Suzanne, de Nantes, pour raison de l'échouement de ce Navire, arrivé dans le temps que le Pilote Lamaneur l'entroit dans la Rade. Après avoir mûrement examiné ces motifs, je n'ai point trouvé qu'il y eût lieu à la cassation de cet Arrêt, demandée par ledit sieur Raoulx; il est vrai que les Officiers du Conseil Supérieur auroient dû déférer à la Lettre que M. le Chevalier de la Rochalard avoit écrite au Juge de l'Amirauté, pour surseoir son jugement; mais d'un autre côté, la justice est dûe à tout le monde, et il ne convient point d'en arrêter le cours. Au fond, le sieur Raoulx, en sa qualité de Capitaine de Port, a pu être poursuivi pour les dommages et intérêts prétendus pour raison de l'échouement du Navire, ayant envoyé, pour l'entrer, un homme qui n'étoit point reçu à l'Amirauté, conformément à l'Ordonnance de 1681. Il est de la régle, puisqu'il tire une rétribution des Navires qui entrent dans la rade, ou qui en sortent, qu'il fasse lui-même ce travail, ou qu'il ait des Pilotes expérimentés reçus à l'Amirauté; autrement il doit demeurer responsable des événemens causés par ceux qu'il commet de sa propre autorité.

LETTRE du Ministre à M. le Gentil, Commissaire de la Marine au Cap, touchant, 1°. sa séance au Conseil; 2°. le pouvoir des Subdélégués de l'Intendant; 3°. la contrainte par corps pour les Billets à ordre; et 4°. la préférence entre les Créanciers de France et ceux des Colonies.

Du 2 Novembre 1727.

LE sieur de Saint-Aubin a été mal fondé dans la prétention qu'il a formée sur vous, pour la préséance au Conseil Supérieur du Cap; j'en ai écrit à MM. le Chevalier de la Rochalard et Duclos, de manière que pareille chose n'arrive plus; j'ai cependant approuvé que, par égard pour M. de la Rochalard, qui étoit du sentiment que le sieur de Saint-Aubin devoit vous précéder, vous vous soyez abstenu des séances pendant le temps que le sieur de Saint-Aubin a resté au Cap.

Je ne doute point que M. Duclos ne vous ait donné la commission de Subdélégué de l'Intendant; c'est de lui et non d'autres que vous la devez recevoir, parce que lui seul a le pouvoir de la donner.

L'usage de la contrainte par corps pour les Billets à ordre, n'a point encore été établi dans les Colonies, vous devez vous adresser à M. Duclos pour tout ce qui peut regarder ces matières.

A l'égard de la préférence que les Colons prétendent sur les Négocians de France dans le cas de banqueroute, elle est juste sur les dettes contractées en France, avant que celui qui tombe en déconfiture ait passé aux Isles pour s'y établir; mais pour toutes les autres dettes contractées dans la Colonie, soit avec des Habitans, soit avec des Négocians de France, il ne doit y avoir aucune préférence; M. de la Rochalard et M. Duclos pensent de même, et je leur ai écrit à ce sujet.

ARRÊT du Conseil du Petit-Goave, touchant les Saisies-Exécutions.

Du 10 Novembre 1727.

ENTRE Claude Bidonne, Appelant, d'une part; et Philippe Fremont, Intimé, d'autre part. LE CONSEIL, &c. Et faisant droit sur les conclusions du Procureur Général du Roi, le Conseil enjoint à tous Huissiers d'observer d'observer les Ordonnances ; et lorsqu'ils feront des exploits ou Procès-Verbaux de saisies et exécutions, de laisser sur-le-champ au saisi, copie de l'exploit ou Procès-Verbal, signée des mêmes personnes qui auront signé l'original, et de signifier au saisi par le même Procès-Verbal, le nom et le domicile de celui en la garde duquel auront été mises les choses saisies, conformément aux article 7 et 8 du titre 33 de l'Ordonnance de 1667 ; et pour y avoir contrevenu par les nommés Mazzin Granier, Louis Fillon et Jean Fabre, tous trois Huissiers au Siége Royal de Saint-Marc, le Conseil les condamne aux dommages et intérêts envers les Parties, à restituer les vacations qu'ils ont reçues pour raison de ladite saisie, et solidairement en 100 liv. d'amende, applicable moitié au Roi, et moitié à l'Appelant ; ordonne que le présent Arrêt sera lu et publié l'Audience tenante, et enregistré ès-Greffes des Siéges du Ressort, &c.

EXTRAIT de la Lettre du Ministre à MM. de la Rochalard et Duclos, touchant la perception des droits Curiaux et Suppliciés.

Du 2 Décembre 1727.

J'APPROUVE que les droits Curiaux et les deniers pour les Négres suppliciés, continuent d'être imposés et levés en la manière accoutumée, et que les Receveurs continuent d'être nommés par les Conseils Supérieurs, et les comptes rendus pardevant lesdits Conseils; puisque vous ne trouvez pas d'inconvénient à ce qui s'est pratiqué jusqu'à présent à ce sujet ; je serai bien aise d'avoir copie de ces comptes à l'avenir. M. Duclos aura soin de m'en envoyer des premiers qui seront arrêtés, et continuera ensuite chaque année.

ARRÊT du Conseil du Petit-Goave, qui fait défenses à toutes personnes de s'immiscer à écrire et comparoir pour les Parties, tant ès-Siéges qu'en la Cour, sans la permission d'un des Officiers desdits Tribunaux, sous telle peine qu'il appartiendra.

Du 8 Janvier 1728.

ARRÊT du Conseil du Petit-Goave, touchant la vente des immeubles à la barre des Siéges.

Du 12 Janvier 1728.

ENTRE Laurent Bigot, &c. et Jean Genoux, &c.

LE CONSEIL, &c. Et faisant droit sur la remontrance du Procureur-Général du Roi, portant qu'il se commet de grands abus dans l'usage trop fréquent des adjudications à la Barre: LE CONSEIL ordonne qu'il ne sera fait à l'avenir, à la Barre des Siéges du ressort, aucunes adjudications d'immeubles, que de ceux qui n'excéderont pas la somme de 6,000 liv. suivant l'estimation qui en aura été préalablement faite; et sera le présent Arrêt de Réglement lu, publié et affiché partout où besoin sera, et enregistré ès-Greffes des Siéges du ressort, &c.

ARRÊT du Conseil du Petit Goave, qui ordonne une levée de 45 sols par tête de Négres travaillans, pour les Droits suppliciés.

Du 13 Janvier 1728.

ORDONNANCE des Administrateurs, portant ratification des actes passés par le Notaire Grelault hors du district de la Ville et Banlieue du Cap, depuis le premier Août 1722, et pouvoir d'instrumenter dans toute la Jurisdiction de ladite Ville.

Du 28 Janvier 1728.

R. au Conseil du Cap, le 1 Mars suivant.

LETTRE du Ministre à MM. de la Rochalard et Duclos, qui défend aux Isles les Armemens pour la côte de Guinée.

Du 24 Février 1728.

L'AGENT de la Compagnie des Indes l'a informée qu'il s'est fait deux armemens dans cette Isle pour la côte de Guinée, sur les permissions de M. le Chevalier de Feuquieres, sur ce qui lui a été exposé par les Armateurs, que ces Bâtimens qui étoient partis des Ports de France pour la côte de Juda, avoient rapporté une partie des marchandises de leurs cargaisons qu'ils n'avoient pu vendre sur les lieux, à cause de la guerre qui étoit entre les Rois Négres. Le Roi n'a point approuvé que, sur un prétexte aussi frivole, M. de Feuquieres ait accordé de pareilles permissions, n'y ayant que la Compagnie seule, et les Négocians du Royaume à qui elle en accorde, qui puissent faire la traite des Négres, et autres marchandises de la côte de Guinée; d'ailleurs, ces armemens seroient trop désavantageux, et il y a tout lieu de croire que ceux qui les ont faits, ont voulu chercher une nouvelle manière pour faire le commerce étranger, sur quoi j'ai envoyé les ordres nécessaires à M. le Marquis de Champigny et à M. Blondel.

Quoique je sois persuadé que vous ne tomberez pas dans le cas de donner de pareilles permissions, j'ai été bien aise de vous faire part de ce qui s'est passé à la Martinique, et de vous dire que l'intention de S. M. est que vous n'en donniez aucune, sous quelque prétexte que ce puisse être.

Les Administrateurs accusent réception de cette Lettre par la leur, du 27 Octobre 1728, au Ministre.

CERTIFICAT du Ministre pour M. de Nolivos, Lieutenant de Roi à Saint-Domingue, touchant la Capitation exigée des Habitans des Colonies étant en France.

Du 2 Mars 1728.

NOUS, Jean-Fréderic Phelypeaux, Chevalier, Comte de Maurepas, Conseiller du Roi en tous ses Conseils, Secrétaire d'Etat et des Commandemens de S. M. ayant le département de la Marine, et Commandeur des Ordres du Roi, certifions à tous qu'il appartiendra, que le sieur de Nolivos est Lieutenant de Roi à l'Isle de Saint-Domingue, et que les Officiers et Habitans des Colonies ne sont point assujétis à la Capitation établie en France. Fait à Versailles, &c.

ARRÊTÉ du Conseil du Petit-Goave, qui ordonne le remboursement de la moitié des frais faits par le sieur le Jeune, dans son voyage à la Ville de Saint-Domingue, pour en retirer tous les Négres fugitifs.

Du 6 Mars 1728.

LE CONSEIL étant assemblé à l'ordinaire, M. Duclos, Président dudit Conseil, a dit: qu'il étoit dû au sieur le Jeune, une somme de 22,850 liv. pour le voyage fait par le sieur le Jeune à la Ville de Saint-Domingue en 1723, pour recouvrer et retirer les Négres fugitifs de la dépendance de cette Colonie, qui s'étoient retirés dans la dépendance des terres soumises à l'obéissance de Sa Majesté Catholique, suivant les conventions et traités secrets qui ont été faits à cet égard, entre M. le Marquis de Sorel, Général, et de Montholon, Intendant de cette Colonie, avec le Capitaine-Général, et autres Officiers de Sa Majesté Catholique; que d'ailleurs, il a été emprunté de la caisse du Roi, pour cette même expédition, plusieurs sommes pour l'exécution de ce traité, qui n'a pu avoir lieu à cause de la révolte survenue à cette occasion à ladite Ville de Saint-Domingue; et comme ces sommes ne peuvent être passées dans le compte du Trésorier de la Marine, et que le sieur le Jeune demande à être payé des sommes qui lui ont été adjugées pour cet effet, par ordonnance de MM. de la Rochalard et de Montholon, en date du 22 Février 1724, il demande qu'il soit par le Conseil pourvu aux fonds nécessaires pour acquitter les dépenses qui ont été faites pour l'utilité et l'avantage de la Colonie, et non pour les intérêts du Roi. L'affaire mise en délibération, et oui sur ce le Procureur-Général du Roi, qui a dit: que la caisse du ressort de la Cour ne doit pas supporter toute cette dépense, et qu'il requéroit qu'il en fût seulement ordonné la moitié, sauf au Conseil du Cap à y pourvoir pour ce qui regard son ressort. LE CONSEIL a délibéré qu'il seroit incessamment dressé état des dépenses faites pour cette expédition, et ce pardevant M. Branda, que le Conseil a commis à cet effet, que la moitié du montant d'icelles seroit payée par le Receveur des deniers publics de ce ressort, déduites celles qui ont déjà été payées ou ordonné de l'être sur ladite caisse, sauf au Conseil du Cap à pourvoir, ainsi qu'il avisera, pour l'autre moitié, &c.

LETTRE du Ministre à MM. de la Rochalard et Duclos, concernant les Bulles du Pape et la publication des Bans.

Du 23 Mars 1728.

IL ma été remis un Mémoire au nom d'un Supérieur et Préfet des Missions à Saint-Domingue, par lequel il demande des ordres sur la publication de la Bulle du Jubilé, adressée immédiatement de Rome à un Préfet Apostolique à Saint-Domingue, et marque que cette Bulle ayant été remise à M. le Chevalier de la Rochalard, il a cru que l'autorité du Roi étoit blessée en ce qu'elle ne lui avoit pas été adressée par ordre de S. M., avec permission de la faire publier dans toute l'étendue des Isles sous le Vent.

La réflexion que M. le Chevalier de la Rochalard a faite est juste; mais, en attendant que S. M. ait réglé l'ordre qu'Elle jugera à propos d'y mettre, je vous observerai que, sur une contestation arrivée en 1725 aux Isles du Vent, entre les Préfets Apostoliques des Missions des différens ordres Religieux qui y sont établis, à l'occasion d'une Bulle de Jubilé adressée de Rome au Préfet des Jésuites, lequel en voulut faire part aux Supérieurs des autres ordres, ils refuserent de la recevoir de sa part, sous prétexte que cela lui acquéreroit une supériorité sur eux. S. M., pour éviter les mauvais effets que pourroit produire une pareille discussion, décida, par un Mémoire adressé à MM. de Feuquieres et Blondel, le 5 Mars 1726, que, suivant l'usage établi aux Isles, il convenoit que les Bulles du Jubilé fussent reçues par les autres Préfets Apostoliques, des mains de celui qui les auroit reçues de la part de la Cour de Rome, sans que, sous prétexte de cette adresse, le Préfet auquel elles auroient été adressées, pût prétendre ni s'arroger aucun droit de supériorité sur les autres Préfets.

Qu'au surplus, avant de remettre ces sortes de Bulles aux autres Préfets, elles devoient être présentées, suivant l'usage établi aux Isles, par celui qui les aura reçues, au Gouverneur et Lieutenant-Général, et à l'Intendant desdites Isles, pour y mettre leur vu après qu'ils auront examiné si ces Bulles sont dans la forme qu'elles doivent être, ensuite de quoi elles seront remises aux autres Préfets, et publiées aux prônes des Paroisses, sans qu'il soit besoin de les enregistrer aux Greffes des Conseils Supérieurs.

Qu'à l'égard des dispenses pour mariages, elles seront publiées suivant l'usage, sans qu'il soit besoin de visa desdits Gouverneur et Lieutenant-Général et Intendant, ni d'aucun enregistrement; et que toutes les autres Bulles ne doivent point être publiées dans lesdits Isles, sous quelque prétexte que ce soit, sans être revêtues de Lettres-Patentes de S. M., et avoir été registrées dans les Conseils Supérieurs auxquels les Lettres-Patentes auront été adressées.

Il convient, jusqu'à ce que je vous envoie de nouveaux ordres en ce qui concerne les Bulles du Jubilé, que vous vous conformiez aux décisions ci-dessus, dont vous ferez part aux Supérieurs des Missions des Isles sous le Vent, afin qu'ils s'y conforment.

ARRÊT du Conseil du Cap, touchant l'aliénation des Biens des Mineurs.

Du 5 Avril 1728.

VU par le Conseil, la remontrance du Procureur-Général du Roi, tendante à ce qu'il soit ordonné que la délibération faite pardevant le Juge du Cap, le 6 Août 1726, à la requête du sieur Terras, Capitaine d'une Compagnie franche de la Marine, qui l'autorise dans l'aliénation d'un terrein appartenant à la dame son épouse, encore mineure, à elle échu de la succession de ses père et mère, dont le sieur Duvezien est acquéreur pour les mineurs de l'Isle, et tous les actes qui s'en sont suivis soient déclarés nuls et comme non avenus, ce que faisant, ladite dame Terras sera réintégrée, &c. LE CONSEIL ayant égard à ladite remontrance, a ordonné et ordonne qu'elle sera exécutée selon sa forme et teneur; en conséquence, déclare ladite délibération, et tous les actes qui s'en sont ensuivis, nuls et comme non avenus, et que ladite dame Terras sera réintégrée dans la possession de son terrein vendu audit sieur Duvezien, Tuteur des mineurs de Lisle, sauf audit sieur son recours contre qui il avisera bon; enjoint aux Officiers des Jurisdictions, entr'autres aux Substituts dudit Procureur-Général du Roi, de tenir la main à l'avenir à ce que les immeubles des mineurs, et spécialement leurs terreins, ne soient point échangés ni aliénés, même sous prétexte de remploi, sans des raisons évidentes de leur plus grand avantage, ou dans le cas d'une nécessité absolue, et qu'au préalable ils n'ayent fait faire une visite exacte de la quantité et qualité desdits terreins, par trois Habitans voisins, qui feront leur rapport des raisons qu'il y aura de vendre lesdits immeubles, lequel rapport, après être affirmé par serment, sera annexé à la délibération, pour y avoir recours; ordonne que le présent Arrêt sera lu et publié partout où besoin sera, &c.

ARRÊT du Conseil du Cap, qui ordonne, sur la caisse des suppliciés, le paiement d'un Négre appartenant au sieur Durocher, Conseiller, qui, étant condamné à être pendu, s'étoit échappé pendant qu'on le conduisoit à la potence.

Du 7 Avril 1728.

ARRÊT du Conseil du Cap, qui ordonne que, dans trois mois, les Marguilliers du ressort seront tenus, même par corps, de remettre au Receveur des Droits suppliciés, le montant de l'imposition des années antérieures, et qu'il sera levé 10 sols par tête de Négres, grands, petits, infirmes, surâgés, à commencer du premier Janvier précédent.

Du 8 Avril 1728.

ORDONNANCE des Administrateurs, qui exempte les Religieux de la Charité des Droits Curiaux, à la charge de recevoir gratis les Pauvres malades.

Du 30 Avril 1728.

SUPPLIE très-humblement Frére Armand le Cannu, Supérieur de l'Hôpital-Royal des Religieux de la Charité du Cap-François : disant qu'il seroit demandé des droit Curiaux auxdits Religieux, par les Marguilliers de la Ville du Cap ; le Suppliant vous observera, Nosseigneurs, qu'il n'y a point d'exemples qu'on aye jamais demandé des droits Curiaux à une communauté Religieuse qui a Eglise chez elle, dans laquelle se fait le service divin, baptêmes, mariages, enterremens, où on administre les Sacremens aux sains comme aux malades, et où il sont tous catéchisés et instruits, tant ceux de l'habitation des Supplians que de leur Hôpital, au moyen d'un Aumônier, aux frais et au choix du Supérieur, ainsi que Sa Majesté l'ordonne par ses Patentes, lesquelles ne nous assujétissent en façon quelconque, d'avoir recours au ministère des Missionnaires de la Colonie.

Ce considéré, &c.

Soit la Requête communiquée au R. P. Larcher, Supérieur des Missionnaires de la Compagnie de Jésus au Cap, qui Nous informera, &c. Fait au Petit Goave, ce 27 Mars 1728. *Signé*, LE CHEVALIER DE LA ROCHALARD et DUCLOS.

Vu la présente Requête, l'extrait des Lettres-Patentes des Religieux de la Charité, il paroît que lesdits Religieux, au moyen de leurs Aumôniers, sont en droit, eux et leurs malades, avec leurs Domestiques, Blancs et Négres de la maison de l'Hôpital, de faire leurs Pâques dans leur Chapelle, et de leur administrer les derniers Sacremens, mais non d'y baptiser, ni marier, ni les Blancs ni les Noirs, même de leurs maisons de l'Hôpital; quant aux Blancs et Noirs du dehors, leurs Aumôniers n'ayant aucune jurisdiction sur eux, ils ne peuvent leur administrer aucun Sacrement; en effet, ils ne peuvent pas plus ici que dans leurs Hôpitaux en France, selon leurs Patentes mêmes; or, ni eux ni aucun ordre de Religieux n'oseroit baptiser, marier, ni un Domestique de la Communauté, ni un Fermier d'une maison de Campagne, pas même, quant au Fermier, leur donner la Communion paschale; mais cela se fait dans la Paroisse où l'Hôpital a la terre appartenante à l'Hôpital; ainsi il est faux, quant à cela, que leurs Négres ou leurs Blancs soient indépendans des Missionnaires de la Colonie.

Ils paroît encore par lesdites Patentes, que le Supérieur desdits Religieux entendroit se choisir un Aumônier, c'est-à-dire, de prendre à son choix un Aumônier séculier ou régulier, lui donner même jurisdiction pour l'Hôpital, dès qu'il est approuvé dans le Diocèse par l'Evêque où il y en a un; mais qu'il soit en droit de prendre le premier venu dans ces pays-ci, sans le renvoyer au Supérieur de la Mission pour examiner ses pouvoirs, qui sont souvent très-suspects, c'est ce qui ne paroît pas dans l'ordre; j'ai oui dire qu'il y avoit à Léogane une Ordonnance de MM. nos Généraux contre cet abus; les inconvéniens qui en sont arrivés ici ne l'y rendroit

rendroit pas moins nécessaire ; quant aux droits Curiaux, je ne sache pas que lesdits Religieux les ayent encore payés, ni ici ni à la Petite-Anse (*), un Hôpital mérite bien ce privilége, il paroît même exempt de cette imposition par ses Patentes ; si on y recevoit les pauvres malades, quand on le peut, sur-tout de deux Paroisses où sont lesdites habitations, ce seroit une espèce d'ingratitude aux Marguilliers de vouloir en exiger les droits Curiaux, et je suis sûr qu'ils n'y auroient jamais pensé, s'ils n'avoient reçu quelques plaintes, bien ou mal fondées, sur l'article. Au Cap, le 13 Avril 1728. *Signé*, P. S. LARCHER, Missionnaire de la Compagnie de Jésus, Supérieur.

Vu par Nous, la Requête, notre Ordonnance et la Réponse du R. P. Larcher, Supérieur des Missions de la Compagnie de Jésus, ci-dessus ; vu aussi un extrait de l'article premier des Lettres-Patentes, pour l'établissement des Religieux de la Charité au Cap, par lequel, &c. ; et le tout mûrement examiné : Nous ordonnons que lesdits Religieux continueront d'être exempts des droits Curiaux, comme ils l'ont été jusqu'à présent ; mais à condition qu'ils exerceront l'hospitalité envers les pauvres malades desdites deux Paroisses, principalement où leurs biens sont situés, au desir desdites Lettres-Patentes de leur établissement, et qu'ainsi ils seront tenus de recevoir dans leur Hôpital tous les pauvres malades, et sur-tout les engagés qui n'auront point de Maîtres, ou qui auront été renvoyés de chez leurs Maîtres pour cause de maladie, lesquels pauvres et engagés ils seront obligés de nourrir, traiter et médicamenter jusqu'à parfaite guérison, sans prétendre aucun paiement. Recommandons à MM. de Chastenoye et le Gentil, Gouverneur et Commissaire, de tenir la main à l'exécution de la présente, qui sera enregistrée au Greffe de la Jurisdiction du Cap, pour y avoir recours en cas de besoin. Fait au Petit Goave, le 30 Avril 1728. *Signé*, LE CHEVALIER DE LA ROCHALARD et DUCLOS.

R. au Siége Royal du Cap, le 11 Mai suivant.

(*) *Quartier où est l'habitation dudit Hôpital.*

ORDONNANCE *des Administrateurs, qui annulle des Concessions dont on avoit trafiqué.*

Du 30 Avril 1728.

LE Chevalier de la Rochalard, &c.

Jean-Baptiste Duclos, &c.

Sur les plaintes et représentations qui Nous ont été faites par diverses personnes, que le sieur Jean-Jacques Villars, Chirurgien et Habitant du Quartier de Plaisance, dépendance du Port-de-Paix, faisoit commerce et trafic de concessions, au mépris des Ordonnances du Roi et Réglemens à ce sujet, qui défendent à tous Habitans de vendre aucun terrein qu'il ne soit établi et mis en valeur, et que le tiers au moins ne soit défriché, à peine de 1000 liv. d'amende, de restitution du prix de la vente, et de réunion du terrein au domaine du Roi, pour être accordé à un autre Habitant : Nous aurions fait venir au Petit-Goave ledit sieur Villars, pour Nous rendre compte de sa conduite, et Nous nous serions fait remettre, tant par lui que par d'autres personnes, plusieurs concessions qui lui ont été accordées, ou qui lui ont été cédées : savoir, &c. ; et tout mûrement examiné, Nous avons annullé et annullons la troisième concession.

Déclarons de même nulle et comme non faite ni avenue la cinquième concession ; ordonnons que les prix desdites ventes ou cessions, si aucun il y a eu de donné, seront restitués par lesdits concessionnaires ou vendeurs, à peine de 1000 liv. d'amende, portée par les Ordonnances du Roi ; et pareillement que tous billets faits pour raison de ce, seront et demeureront nuls et de nul effet, sous la même peine de 1000 liv. d'amende, si Nous pouvions découvrir qu'ils eussent exigé quelques sommes, ou s'il Nous revenoit quelques plaintes à ce sujet ; et à l'égard dudit sieur Villars, Nous nous sommes pour cette fois contenté de le punir par le long séjour que Nous lui avons imposé au Petit-Goave, du trafic qu'il a fait desdites concessions.

Déclarons de même nul et de nul effet, le Procès-Verbal d'arpentage ci-dessus mentionné, du sieur Mignon, du 7 Janvier dernier, lui défendons d'arpenter à l'avenir aucune concession sur une simple cession et même vente, lorsque le terrein concédé n'aura pas été défriché, et mis en valeur par le concessionnaire ou vendeur, conformément aux Ordonnances, à peine d'interdiction, et de plus grande peine en cas de récidive, à moins que lesdites cessions ou ventes n'eussent été approuvées de Nous.

Et seront lesdits terreins portés dans les concessions ci-dessus annullées, reconcédés par Nous à de nouveaux Habitans, et la présente Ordonnance enregistrée à la Juridiction du Port de Paix, pour y avoir recours en cas de besoin; et en sera fait mention à la marge de l'enregistrement desdites deux concessions, qui ont été annullées par la présente. Fait au Petit-Goave, le 24 Avril 1728. *Signés*, LE CHEVALIER DE LA ROCHALARD et DUCLOS.

R. au Siége Royal du Port-de-Paix, le 28 Mai suivant.

ARRÊT du Conseil du Petit-Goave, concernant les Chirurgiens.

Du 8 Mai 1728.

ENTRE Antoine Lombarel, Syndic de la Communauté des Maîtres Chirurgiens de Léogane, Demandeur, d'une part; contre Me Alliot, Médecin du Roi, Défendeur, d'autre part; et encore Daniel Casting, Maître Chirurgien audit lieu, d'autre part : LE CONSEIL a ordonné que les Médecins et Maîtres Chirurgiens qui auront des garçons à leurs gages, les feront résider chez eux, sans pouvoir les placer chez les Habitans, sous quelque prétexte que ce soit; déboute au surplus les Maîtres Chirurgiens de leurs autres demandes, leur enjoint de se conformer aux Arrêts des 7 Septembre 1711 et 11 Janvier 1726; et faisant droit sur les conclusions du Procureur-Général du Roi, fait défenses aux Juges du ressort, d'avoir aucun égard aux comptes qui leur seront présentés par les Chirurgiens qui n'auront pas de permission d'exercer; ordonne que le présent Arrêt sera enregistré ès-Greffes des Siéges du ressort, &c.

ARRÊT du Conseil du Cap, sur la Requête du P. Larcher, Supérieur de la Mission des Jésuites, qui décide que les extraits tirés des Registres par le P. Boutin, Curé des Négres de la même Ville, ou un autre en sa place, seront légalisés comme aussi authentiques que ceux délivrés par le P. Levantier, Curé des Blancs.

Du 8 Juin 1728.

LETTRE du Ministre à M. Duclos, sur la construction de Prisons, de Salles d'Audiences, et de Greffes dans les différentes Jurisdictions de Saint-Domingue.

Du 27 Juillet 1728.

J'AI approuvé que vous ayez fait faire une clôture de muraille aux prisons de Léogane, cela convient mieux que celle de pieux qui y étoit. J'ai approuvé aussi que vous ayez fait finir celle du Petit-Goave, dont M. de Montholon avoit passé le marché à 20,000 liv.

Il ne convient point que les Corps-de-garde servent de prisons civiles, les Prisonniers n'y sont point en sûreté, et cela peut occasionner des discussions entre les Commandans des Quartiers et les Officiers de Justice, qu'il convient de prévenir; ainsi vous avez bien fait de déterminer, de concert avec M. de la Rochalard, l'établissement des prisons au Cap, suivant le plan que vous m'en avez envoyé, avec le devis estimatif montant à 19,831 liv. J'ai même approuvé que vous ayez écrit à M. le Gentil, d'accorder quelqu'augmentation, s'il ne peut trouver d'Entrepreneur à ce prix, cela est beaucoup plus avantageux que de les faire faire par économie.

Si l'on emploie quelque fonds de la caisse des Octrois pour ces dépenses, vous aurez soin de les faire remplacer exactement de ceux provenans des amendes et confiscations, qui sont destinés pour ces édifices.

J'ai approuvé que vous ayez pris, pour le compte du Roi, la maison du nommé Nais, ci-devant Receveur des amendes du Quartier de Jaquemel, et que vous ayez tenu compte du prix réglé à 4,045 liv. à son successeur, sur ce qu'il devoit de ses recouvremens. Cette maison servira, ainsi que vous le proposez, pour y tenir l'Audience et le Greffe de la Jurisdiction de Jaquemel. J'ai approuvé pareillement que vous ayez donné ordre de faire estimer la maison qui vous a été offerte, par les héritiers du Receveur des amendes au Port-de-Paix, à compte de ce que sa succession peut devoir. Cette maison servira aussi pour l'Audience et le Greffe de la Jurisdiction de ce Quartier.

Si le Receveur des amendes de Saint-Louis, diffère plus long-tems à vous rendre compte de ce qu'il a reçu depuis la réunion qui a été faite de ce Quartier au domaine du Roi, il faut l'y obliger par toutes voies; si, après l'arrêté de ce compte, il y a des fonds, j'approuverai que vous les fassiez employer à l'achat d'une maison, à l'effet de faire cesser le loyer de celle que vous me marquez, qui sert pour l'Audience et le Greffe. Vous avez bien fait d'écrire au Juge de Saint-Marc, de chercher une maison de 5 à 6000 liv. pour l'Audience, le Greffe et les prisons.

Au moyen de ces arrangemens, il ne reste plus qu'à pourvoir à la Jurisdiction de Fayaha, et à des prisons dans quelques Jurisdictions. Comme ce sont des dépenses indispensables, et que je pense que les fonds des amendes, épaves, confiscations et aubaines, sont plus que suffisans pour cela, j'approuverai l'emploi que vous avez projeté d'en faire; mais en cas que vous soyez obligé de prendre quelque chose sur les fonds de l'Octroi pour cette dépense, je vous répète qu'il sera nécessaire que le remplacement en soit fait sur les premiers recouvremens des amendes, à quoi je vous recommande de ne pas manquer.

EXTRAIT de la Lettre du Ministre à MM. de la Rochalard et Duclos, touchant la Carte de Saint-Domingue, et l'exécution de l'Ordonnance sur les crimes et délits Militaires.

Du 3 Août 1728.

J'APPRENDS avec plaisir que M. de la Lance se dispose à perfectionner la Carte de Saint-Domingue, sur les Mémoires de M. Frezier, que je vous ai envoyés pour lui remettre, et que vous lui procurerez de votre part toutes les facilités nécessaires; je vous prie de lui recommander d'y travailler avec l'attention que demande un ouvrage de cette conséquence.

J'ai approuvé aussi que vous ayez fait publier et enregistrer l'Ordonnance du premier Juillet 1727, concernant la punition des crimes et délits Militaires dans les Troupes de terre; je vous recommande de tenir la main à son exécution.

ORDONNANCE des Administrateurs, touchant un Courrier particulier établi pour les lettres du Quartier du Port-de-Paix.

Du 30 Août 1728.

LE Chevalier de la Rochalard, &c.

Jean-Baptiste Duclos, &c.

Vu par Nous, le Réglement que Nous avons fait, le 12 Décembre 1727, pour l'établissement des Courriers en cette Isle, pour le transport des lettres d'un Quartier à l'autre, par lequel Réglement Nous avons ordonné que le Directeur des Postes au Cap, fourniroit un Courrier pour le Port-de-Paix; qui partiroit du Cap le 8 de chaque mois, c'est-à-dire, un jour après le retour du premier Courrier venant de Saint-Marc, et reviendroit du Port-de-Paix le 20 de chaque mois, afin d'être assez à tems au Cap pour que les réponses et lettres qui seront destinées pour Saint-Marc et Léogane, puissent partir par le Courrier du premier du mois en suivant; pour l'établissement duquel Courrier, Nous avions ordonné qu'il seroit tenu compte audit Directeur des postes du Cap, de la somme de 800 liv. par an; et sur les représentations qui Nous ont été faites par plusieurs Négocians du Port-de-Paix, que l'arrangement ci-dessus pour le transport des lettres dudit Quartier, les gênoit extrêmement dans leur commerce, par le retardement des réponses du Petit-Goave, de Léogane, et autres endroits de l'Isle, qu'ils recevoient presque toujours trop tard, assurant, lesdits Négocians, que le sieur Audigé offroit de fournir un Courrier du Port-de-Paix à l'Artibonite, pour y aller deux fois par mois, pour le même prix de 800 liv. par an, porté dans le Réglement ci-dessus mentionné; lequel Courrier se trouveroit le 4 et le 18 de chaque mois à l'Artibonite, chez le sieur Coquiere, pourvu qu'il soit ordonné au Directeur des postes de Saint-Marc, de remettre toutes les lettres du Port-de-Paix dans un paquet séparé, au Courrier du Cap, lequel le remettroit en passant chez ledit sieur Coquiere, où le Courrier du Port-de-Paix les prendroit lesdits jours 4 et 18 de chaque mois, pour les remporter au Port-de-Paix, ce qui ne retarderoit en rien la marche des Courriers ordinaires, et leur accéléreroit beaucoup la réponse de leurs lettres: Nous, ayant égard à ces représentations, qui nous paroissent tendre au bien public et à la facilité du commerce, avons supprimé et supprimons le Courrier du Cap au Port-de-Paix, établi par le Réglement ci-dessus mentionné ; ordonnons qu'il en sera établi un autre, qui ira deux fois par mois du Port-de-Paix à l'Artibonite, chez le sieur Coquiere, où il aura soin de se trouver tous les 4 et 18 de chaque mois, persuadé que le petit embarras, ou plutôt une occasion d'être utile au bien public, sera du goût dudit sieur Coquiere, et qu'il se fera un plaisir de donner l'hospitalité à ce Courrier du Port-de-Paix, et les ordres nécessaires chez lui, pour qu'on y reçoive le paquet des lettres que le Courrier de Saint-Marc au Cap y laissera ; pour l'entretien duquel Courrier, il sera tenu compte de la somme de 800 liv. tous les ans audit sieur Audigé, que Nous avons commis et commettons, par ces présentes, Directeur des Postes du Port-de-Paix au lieu et place du sieur Perrotin ; attendu l'offre qu'il fait plus avantageuse au Public. Ordonnons que le Directeur des Postes de Saint-Marc, remettra au Courrier du Cap, dans un paquet séparé, toutes les lettres pour le Port-de-Paix, avec une liste desdites lettres, et la taxe d'icelles à l'adresse dudit sieur Audigé, lequel paquet le Courrier du Cap sera tenu de laisser en passant à l'Artibonnite, chez le sieur Coquiere, et que le Directeur des Postes du Cap enverra toutes les lettres pour le Port-de-Paix au Directeur des Postes de Saint-Marc, dans un paquet séparé, avec une liste et la taxe des lettres, lequel paquet sera joint aux autres lettres que ledit Directeur de Saint-Marc enverra audit sieur Audigé, suivant qu'il vient d'être expliqué ; et sera la présente Ordonnance publiée et affichée au Cap, au Port-de-Paix et à Saint Marc, et remise aux Directeurs des Postes de ces trois Quartiers, afin qu'ils s'y conforment. Donnée au Petit-Goave, &c. *Signés*, LE CHEVALIER DE LA ROCHALARD et DUCLOS.

ORDONNANCE des Administrateurs, qui régle les pensions des Curés à 1200 liv. par année, sur les fonds provenans de la recette des Droits Curiaux.

Du 30 Août 1728.

LE Chevalier de la Rochalard, &c.

Jean-Baptiste Duclos, &c.

Sur les représentations réitérées qui Nous ont été faites par les Révérends Pères Supérieurs des Missions établies en ce Gouvernement, que, lorsque la pension des Curés à été réglée en l'année 1709, à 900 liv.

par an, les piastres ne valoient alors que 3 liv. 10 sols, et toutes les denrées du pays étoient par cette raison à bien meilleur prix; mais que les piastres valant présentement 6 liv., et toutes les denrées ayant augmenté à proportion, il n'étoit plus possible aux Curés de s'entretenir avec une pension si modique, étant obligés au moins d'avoir trois Domestiques, et quatre à cinq chevaux, pour pouvoir desservir leurs Cures, et que même la plupart des Paroisses du Cap en reconnoissoient si bien l'impossibilité, qu'il y en avoit nombre qui, d'elles-mêmes, s'étoient portées libéralement à donner 1200 liv. à leurs Curés; mais que comme quelques-uns refusoient de suivre un si bon exemple, ils étoient obligés de s'adresser à Nous, pour demander un Réglement général qui obligeât toutes les Paroisses de l'Isle, à donner chacune au moins la somme de 1200 liv. à leurs Curés, pour leur donner moyen de vivre avec la décence convenable à leur caractère; le Père Supérieur des Jésuites ajoutant que le Roi même accordoit, par les Patentes de leur établissement en cette Colonie, à chacun de leurs Missionnaires, 300 piastres de pension chaque année, ce qui feroit la somme de 1800 liv. sur le pied que les piastres sont aujourd'hui; sur quoi ayant pris les avis des principaux et notables Habitans de cette Isle, et estimant qu'il est effectivement nécessaire de faire un Réglement uniforme pour toutes les Paroisses; Nous, en vertu du pouvoir qui Nous a été attribué par Sa Majesté, et en conséquence de ce que Nous a écrit M. le Comte de Maurepas, le 30 Mars dernier, ordonnons qu'il sera payé, par chaque Paroisse établie dans l'Isle de Saint-Domingue, au Curé proposé pour desservir ladite Paroisse, la somme de 1200 liv. par année, sur les fonds provenans de la recette des deniers Curiaux, à commencer du premier Janvier de la présente année 1728; à quoi faire les Marguilliers en charge seront contraints par toutes voies dues et raisonnables, n'entendant au surplus rien changer à ce qui a été réglé ci-devant pour tout ce qui ne regarde pas la pension du Curé desservant la Paroisse; et sera la présente Ordonnance enregistrée aux Greffes des Conseils et Jurisdictions de cette Isle, lue, publiée et affichée, &c. Donnée au Petit-Goave, &c. *Signés*, LE CHEVALIER DE LA ROCHALARD et DUCLOS.

R. au Conseil du Petit Goave, le 7 Septembre 1728,
Et à celui du Cap, le 5 Octobre suivant.

Approuvée par une Lettre du Ministre, du 8 Février 1729.

LETTRE

LETTRE du Ministre au sieur Noguès, Médecin du Roi à Léogane, sur l'Histoire de Saint-Domingue.

Du 5 Octobre 1728.

J'APPROUVE fort que vous employiez le loisir que vous laissent les malades, à faire des observations physiques, et à rassembler des Mémoires sur l'Histoire de la Colonie : comme on travaille actuellement à rédiger celle qu'en a faite le Père le Pers, Jésuite (*), si vous avez quelques bons Mémoires, vous me ferez plaisir de me les envoyer. Je ne puis au surplus que louer le zèle que vous me marquez pour cette Histoire, c'est un ouvrage qui demanderoit beaucoup de tems et une grande dépense, et qui deviendroit inutile, si celle du Père le Pers est aussi exacte qu'on me l'a assuré.

(*) *Elle fut rédigée par le R. P. Charlevoix, Jésuite, et imprimée en 2 Volumes in-4°. en 1730. Cet ouvrage, justement estimé, et dont M. le Comte de Maurepas accepta la dédicace, nous servira de guide plus d'une fois.*

ARRÊT du Conseil du Petit-Goave, portant que les Chirurgiens du ressort de la Jurisdiction de Saint-Marc, seront examinés par trois Chirurgiens du Quartier, en présence d'un des Officiers du Siége, et ensuite par le Médecin du Roi à Léogane, sur le certificat desdits trois Chirurgiens.

Du 13 Novembre 1728.

RÉGLEMENT DU ROI pour les honneurs aux Isles du Vent, et Ordonnance des Administrateurs, qui le rend propre à Saint-Domingue.

Des 15 Novembre 1728, et 10 Mars 1732.

DE PAR LE ROI.

SA MAJESTÉ étant informée que le Réglement du 30 Novembre 1713, rendu au sujet des places et rangs des Eglises, processions, et autres cérémonies publiques dans les Isles Françoises de l'Amérique, a donné occasion dans celles des Isles du Vent, à des discussions contraires au bon ordre et à la tranquillité des Habitans, Elle a, pour les faire cesser, et établir en même-tems une uniformité dans toutes les Isles du Vent à cet égard, ordonné et ordonne ce qui suit :

ART. Ier. Veut Sa Majesté que le Gouverneur Lieutenant-Général, et l'Intendant desdites Isles du Vent, ayent leurs prie-Dieu et fauteuils dans le chœur des principales Eglises de la Ville du Fort-Royal, et du Bourg de Saint-Pierre de la Martinique, savoir : le Gouverneur Lieutenant-Général, du côté de l'épître, et l'Intendant de même, mais un peu au-dessous, lesdits prie-Dieu et fauteuils contre la muraille ; et que le Lieutenant de Roi au Gouvernement, et le Gouverneur particulier, y ayent aussi un banc du côté de l'Evangile, proche la muraille, vis-à-vis du prie-Dieu de l'Intendant.

ART. II. En cas d'absence hors des Isles du Vent, du Gouverneur Lieutenant-Général, le Lieutenant au Gouvernement aura et pourra prendre la même place.

ART. III. Le Gouverneur particulier de la Martinique, pourra aussi occuper le prie-Dieu ou fauteuil du Gouverneur Lieutenant-Général en son absence, et celle du Lieutenant au Gouvernement général desdites Isles du Vent, s'il est pourvu des Ordres de S. M. pour commander en chef dans lesdites Isles ; lui défend S. M. de ne prendre cette place que dans ce cas, quoique Commandant en chef dans l'Isle de la Martinique.

ART. IV. Dans les Eglises autres que celles ci-dessus, il sera mis dans le chœur des prie-Dieu pour le Gouverneur-Général et l'Intendant, le Lieutenant au Gouvernement-Général, et le Gouverneur particulier, lorsqu'ils s'y trouveront.

Art. V. A la Guadeloupe et aux Isles du Vent, où le Gouverneur Lieutenant-Général et l'Intendant, ne font pas leur résidence, le Gouverneur particulier aura son banc dans le chœur du côté de l'Evangile, et il y gardera sa place, quoique le Gouverneur Lieutenant-Général et l'Intendant s'y rencontrent, auquel cas il sera mis pour eux des prie-Dieu ou fauteuils au milieu du chœur.

Art. VI. En cas d'absence du Gouverneur Lieutenant-Général, de l'Intendant, du Gouverneur particulier de la Martinique, le Lieutenant de Roi de ladite Isle, quoique Commandant en chef dans icelle, ne pourra se placer dans le chœur non plus que les Commissaires de la Marine, quoiqu'Ordonnateurs par l'absence de l'Intendant, mais se mettront dans leurs places ordinaires ci-après expliquées.

Art. VII. Veut S. M. que, hors le chœur, du côté de l'Epître, il y ait un banc contre la muraille pour les Officiers du Conseil Supérieur, et que, de l'autre côté, aussi contre la muraille, il y ait un banc pour les Lieutenans de Roi, et un autre pour le Major et le Commissaire de la Marine.

Art. VIII. Que les Officiers de la Jurisdiction ayent leur banc à côté de celui du Conseil, de la même façon, mais moins élevé.

Art. IX. Que les Capitaines de Milices ayent à l'avenir des bancs distingués des autres dans les Eglises de l'étendue de leurs Compagnies, lequel banc sera posé du côté de l'Epître à la tête des autres bancs de la Nef, en observant que la place du côté de l'Evangile, qui sera opposée au banc du Capitaine de Milices, demeure vide, lequel banc sera moins long et plus élevé que les autres, et ne pourra être occupé que par l'ancien Capitaine de Milices, en cas qu'il y en ait deux; et dans aucun cas, les autres Capitaines ni les Officiers de sa Compagnie, ne pourront s'y placer quoiqu'absent.

Art. X. Dans les bancs ci-dessus ordonnés, tant dans le chœur que dans la nef, même ceux destinés aux Capitaines de Milices, leurs femmes et enfans ne pourront s'y placer, à l'exception toutefois des femmes du Gouverneur Lieutenant-Général et de l'Intendant, auxquelles S. M. veut bien accorder cette distinction.

Art. XI. Le Pain-Béni sera d'abord présenté au Prêtre célébrant, aux Ecclésiastiques assistans du Clergé, dont les enfans de chœur font partie, ensuite au Gouverneur Lieutenant-Général, à l'Intendant, au Lieutenant de Roi au Gouvernement-général, au Gouverneur particulier, au Lieutenant de Roi, au Major, au Commissaire de la Marine, aux Officiers du Conseil Supérieur, aux Officiers de la Jurisdiction, au Capitaine de Milice, et aux Marguilliers en charge, lorsqu'ils seront dans les susdits bancs, lesdits Marguilliers dans celui de l'œuvre, et non ailleurs, après quoi au Public sans distinction ; le même ordre sera suivi lorsqu'il y aura des offrandes, processions, et autres cérémonies de l'Eglise.

ART. XII. L'Encens ne sera donné qu'au Gouverneur Lieutenant-Général, et à l'Intendant; défend S. M. de le donner à d'autres Officiers ni à eux de l'exiger, à l'exception du Lieutenant de Roi au Gouvernement-général, lorsque le Gouverneur Lieutenant-Général sera absent.

ART. XIII. Aux assemblées et aux marches publiques, le Gouverneur Lieutenant-Général marchera à la tête du Conseil, et l'Intendant à gauche, ensuite le Lieutenant au Gouvernement-général, le Gouverneur particulier, les Lieutenans de Roi, même ceux qui conserveront leur rang en quittant le service, les Majors, le Commissaire de la Marine, les Conseillers, le Procureur-Général, les Officiers de la Jurisdiction, et après eux le Capitaine de Milices; et la marche ci-dessus réglée se fera de deux en deux. Veut S. M. qu'elle ſoit précédée d'abord par les gardes du Gouverneur et Lieutenant-Général, qui marcheront immédiatement avant lui, les Sergens de la Jurisdiction, et les Huissiers du Conseil qui marcheront immédiatement devant l'Intendant, ensorte que les Gardes du Gouverneur Lieutenant-Général auront la droite, et les Sergens et Huissiers la gauche : sur la même ligne des Huissiers, marchera le Greffier en chef, et ensuite le Premier Huissier, le Capitaine des Gardes du Gouverneur Lieutenant-Général, marchera à côté et au-dessus de lui, ensorte qu'il ne soit pas sur la même ligne du Conseil.

ART. XIV. Veut S. M. que dans ces assemblées et marches publiques, les Gouverneurs particuliers, Lieutenans de Roi et Majors des autres Isles, s'ils s'en trouve sur les lieux, y assistent avec les Officiers du même titre qu'eux, et dans le rang de leur ancienneté, dans ce cas-là seulement.

ART. XV. Aux feux de joie, il sera présenté trois torches, une au Prêtre officiant, et les deux autres aux Gouverneur Lieutenant-Général et Intendant, pour y allumer le feu, et en cas d'absence du Gouverneur Lieutenant-Général, la torche sera présentée à l'Officier-Commandant successivement jusques et compris le Major; et en l'absence de l'Intendant, au premier Conseiller qui sera à la tête des titulaires : au défaut desquels Officiers-Majors et du Conseil, il ne sera présenté de torche qu'à l'Officiant.

ART. XVI. Lorsque le Gouverneur Lieutenant-Général ne pourra, à cause de maladie ou autres raisons, assister aux marches et cérémonies publiques et particulières, l'Intendant marchera seul à la tête du Conseil, le Lieutenant au Gouvernement, le Gouverneur particulier, le Lieutenant de Roi et autres, viendront ensuite deux à deux, ainsi qu'il est expliqué ci-devant; mais lorsque le Gouverneur Lieutenant Général sera absent de l'Isle, le Lieutenant de Roi au Gouvernement prendra la droite de l'Intendant, en cas qu'il s'y trouve, et en son absence, le Gouverneur particulier; mais dans aucun cas, le Lieutenant de Roi qui commandera en chef, ne pourra prendre place à côté de l'Intendant, qui marchera seul, et sera précédé par les Huissiers et Sergens, qui marcheront deux à deux.

Art. XVII. Lorsque l'Intendant ne pourra, à cause de maladie ou autres raisons, se trouver aux marches et cérémonies publiques ou particulières, ou qu'il sera absent de l'isle, le Gouverneur Lieutenant-Général ou Lieutenant de Roi au Gouvernement, ou le Gouverneur particulier, l'un en l'absence de l'autre, marchera seul à la tête du corps, et le Gouverneur Lieutenant-Général sera précédé par ses Gardes, qui marcheront deux à deux.

Art. XVIII. Lorsque l'Intendant assistera auxdites marches et processions, quand même aucuns des Conseillers n'y assisteroient pas, S. M. veut que les Huissiers et Sergens, et les Greffiers en chef, conservent leurs places, comme si le Conseil y étoit en corps.

Art. XIX. En cas d'absence de l'Intendant, les Conseillers qui se trouveront aux marches publiques et particulières, seront censés y être en corps lorsqu'ils seront au nombre de cinq, et en ce cas, les Sergens et Huissiers conserveront leurs places, et le Greffier en chef se mettra en rang après le dernier Conseiller; mais lorsque lesdits Conseillers seront en moindre nombre, ils seront censés être à la tête de la Jurisdiction, sans que le Greffier en chef puisse prétendre de marcher avec eux.

Art. XX. Les Conseillers du Conseil qui se trouveront dans les Paroisses du ressort dudit Conseil dont ils seront Officiers, prendront dans les marches, processions et cérémonies publiques, le rang à la tête des Jurisdictions, s'il y en a, après cependant l'Officier-Major ou Commandant dans les Quartiers.

Art. XXI. Veut S. M. que les Lieutenans de Roi commandans dans les Quartiers, ayent un banc placé hors du choeur du côté de l'Epître, dans l'Eglise du lieu ou ils résident, et les Officiers de la Jurisdiction, s'il y a un Siége, en auront un du côté de l'Evangile, mais plus petit, et placé de manière qu'il ne soit pas vis-à-vis de celui desdits Lieutenans de Roi, et que le Pain-Béni soit donné aux uns et aux autres, et qu'ils ayent rang dans les processions et aux autres marches, avant les Marguilliers; défend S. M. aux Commandans dans lesdits Quartiers, de se placer dans les bancs des Lieutenans de Roi, quand même ils seroient absens.

Art. XXII. Les Commissaires-Ordonnateurs de la Guadeloupe et de Cayenne, auront un banc dans le chœur du côté de l'Evangile, et dans les marches et processions publiques et particulières, auront la gauche des Gouverneurs; et à l'égard des Officiers desdites deux Isles, veut S. M. qu'ils observent entr'eux les mêmes rangs et places à l'Eglise, et dans les cérémonies publiques, et qu'ils ayent le Pain-Béni, ainsi qu'il est énoncé dans le présent Réglement, qui sera suivi et exécuté dans toutes les Isles du Vent de l'Amérique, à l'exception des Sergens et Huissiers de la Guadeloupe et de Cayenne, qui marcheront deux à deux devant le Gouverneur et Commissaire-Ordonnateur.

Art. XXIII. Veut Sa Majesté qu'en cas d'absence hors de l'Isle des Gouverneurs de la Guadeloupe et de Cayenne, le Lieutenant de Roi Commandant, ait dans les marches publiques, la droite du Commissaire-Ordonnateur.

Art. XXIV. Fait S. M. défenses à toutes autres personnes, de quelque condition qu'elles soient, de se placer dans les bancs, ni de se mêler dans les rangs ci-dessus réglés; aux Officiers du Conseil, lorsqu'ils ne seront point dans les bancs qui leur seront destinés, à tous autres Officiers de Troupes et de Milices, autres que les Capitaines de Quartiers, dont les droits sont réglés par les articles IX, XI et XIII du présent Réglement, de s'attribuer dans leurs Quartiers, ni ailleurs, aucunes places distinguées dans les Eglises, d'exiger le Pain-Béni avant les autres, ni de prendre aucun rang dans les processions et autres marches que ceux réglés ci-devant, le tout à peine contre ceux qui y contreviendront, de 500 l. d'amende, applicable au besoin de l'Eglise où la contravention sera commise; la poursuite desquelles contraventions sera faite par les Marguilliers, pardevant le Gouverneur Lieutenant-Général, et l'Intendant, à peine d'en répondre en leur propre et privé nom, en cas de négligence de leur part.

Art. XXV. Révoque S. M. toutes les concessions qui pourroient avoir été faites de bancs particuliers, dans le chœur des Eglises des Isles du Vent; ordonné qu'ils seront supprimés, quand même ils auroient été concédés à titre de bienfaiteur. Fait défenses aux Marguilliers d'en concéder à l'avenir, sous quelque prétexte ni pour quelque cause que ce puisse être.

Art. XXVI. Sa Majesté a attribué et attribue toute Jurisdiction au Gouverneur Lieutenant-Général, et à l'Intendant des Isles du Vent, conjointement, pour les discussions qu'il pourroit y avoir pour l'exécution du présent Réglement, même provisoirement à l'un d'eux, si les discussions survenoient dans un endroit où ils ne seroient pas ensemble, et leur décision sera exécutée jusqu'à ce que S. M. en ait autrement ordonné.

ART. XXVII. Mande et ordonne Sa Majesté au sieur Marquis de Champigny, Gouverneur Lieutenant-Général des Isles du Vent de l'Amérique, au sieur d'Orgeville, Intendant auxdites Isles, et aux Curés, Marguilliers et Capitaines des Milices, et à tous autres ses Officiers, de se conformer au présent Réglement, qu'Elle veut être enregistré aux Conseils Supérieurs de la Martinique, de la Guadeloupe et de Cayenne, et sur les Registres des délibérations de Paroisses.

Fait à Fontaiuebleau, le 15 Novembre 1728. *Signé*, LOUIS; *et plus bas*, PHELIPEAUX.

R. au Conseil de la Martinique, le 14 Mars 1729.

Vu le Réglement ci-dessus, qui Nous a été remis par la Cour, pour savoir de Nous s'il n'y a rien qui puisse empêcher qu'il soit suivi en cette Colonie, comme aux Isles Françoises du Vent de l'Amérique; ayant consulté plusieurs des principaux et notables de cette Isle : Nous ordonnons que ledit Réglement sera suivi et observé dans cette Colonie de point en point, selon sa forme et teneur, ainsi qu'il l'est aux Isles Françoises de l'Amérique du Vent, en attendant qu'il plaise à Sa Majesté de le rendre commun pour cette Colonie.

Recommandons à MM. les Gouverneurs, Lieutenans de Roi, et autres Commandans des différens Quartiers, de tenir la main à son exécution, et de Nous informer des contraventions qui se pourroient faire au présent Réglement, qui sera enregistré dans les Greffes des Jurisdictions de cette Isle, et lu, publié et affiché par-tout où besoin sera, à la diligence des Procureurs du Roi. Fait au Cap, le 10 Mars 1732. *Signé*, DE CHASTENOYE et DUCLOS.

R. au Siége Royal du Cap, le 23 Mai 1732.
A celui du Fort-Dauphin, le 27 du même mois.
Et au Conseil du Cap, le. . . . . 1736.

RÉGLEMENT DU ROI, au sujet des Engagés et Fusils qui doivent être portés par les Navires Marchands aux Colonies des Isles Françoises de l'Amérique et de la Nouvelle France.

Du 15 Novembre 1728.

LE Roi s'étant fait représenter le Réglement rendu par Sa Majesté, le 16 Novembre 1716, et les Lettres-Patentes expédiées sur icelui le même jour, concernant la quantité d'engagés et de fusils boucaniers ou de chasse, qui doivent être portés aux Colonies Françoises de l'Amérique et de la Nouvelle France, par les Bâtimens marchands qui y sont destinés; l'Arrêt de son Conseil d'Etat, du 10 Janvier 1718, qui dispense les Vaisseaux de la Compagnie d'Occident, aujourd'hui Compagnie des Indes, de porter des Engagés ou fusils dans la Colonie de la Louisiane; et trois Ordonnances des 14 Janvier et 20 Mai 1721, et 15 Février 1724, dont la première concerne les Prisonniers qui seront donnés aux Armateurs des Vaisseaux au lieu d'Engagés qu'ils doivent porter dans les Colonies; la seconde dispense les Armateurs de porter des Engagés, en payant 60 liv. pour chacun de ceux qu'ils ne transféreront pas auxdites Colonies sur leurs Vaisseaux; et la troisième régle, entr'autres choses, qu'il sera payé 120 liv. pour les Engagés de métier, qui ne seront point portés auxdites Isles et Colonies; et Sa Majesté étant informée qu'il convient, pour l'avantage desdites Isles et Colonies, et l'utilité des Négocians, d'expliquer précisément ses intentions sur les différentes dispositions contenues dans lesdits Réglemens, Arrêts et Ordonnances; Elle a fait le présent Réglement, qu'Elle veut être exécuté à l'avenir selon sa forme et teneur.

TITRE PREMIER.

Des Engagés.

ART. Ier. Tous les Capitaines des Bâtimens marchands qui iront aux Colonies des Isles Françoises de l'Amérique et de la Nouvelle France ou Canada, et l'Isle Royale, excepté les Vaisseaux de la Compagnie des Indes destinés pour la Colonie de la Louisiane, et pour la traite des Négres; ceux des Marchands qui, avec la permission de la Compagnie, iront faire ladite traite des Négres, et ceux qui seront destinés pour aller faire

la

la pêche de la Morue, seront tenus d'y porter des Engagés ; savoir, dans les Bâtimens de 60 tonneaux et au-dessous, trois Engagés ; dans ceux de soixante jusqu'à cent, quatre Engagés ; et dans ceux de cent tonneaux et au-dessus, six Engagés.

ART. II, III, IV et V.

V. les mêmes articles dans le même titre du Réglement du 16 Novembre 1716.

ART. VI. Les Engagés qui sauront les métiers de maçon, tailleur de pierre, forgeron, serrurier, menuisier, tonnelier, charpentier, calfat, et autres qui peuvent être utiles dans les Colonies, seront passés pour deux, et il sera fait mention du métier qu'ils sauront dans leur signalement ; à l'effet de quoi les Capitaines ou Armateurs qui présenteront à l'avenir pour Engagés des gens de métier, seront tenus de rapporter au Bureau des classes, un certificat d'un maître du métier sous le titre duquel ils seront présentés, portant que lesdits Engagés sont capables d'exercer ledit métier, lesquels maîtres de métiers seront à cette fin indiqués auxdits Capitaines ou Armateurs, par le Commissaire ou Commis aux classes qui délivrera le rôle d'Equipage.

ART. VII.

V. l'art. 7 du titre premier du Réglement du 16 Novembre 1716.

ART. VIII. Chaque Habitant desdites Isles et Colonies, sera tenu de prendre un Engagé par chaque vingtaine de Negres qu'il aura sur son habitation, outre le Commandeur. Les Capitaines conviendront du prix desdits Engagés avec lesdits Habitans ; et en cas qu'ils ne puissent point convenir à l'amiable, lesdits Gouverneurs et Intendans, ou Commissaires-Ordonnateurs en régleront le prix, et obligeront les Habitans qui n'en auront pas le nombre ci-dessus prescrit, de s'en charger.

ART. IX.

V. l'art. 9, titre premier, du Réglement du 16 Novembre 1716.

ART. X. Seront tenus les Capitaines, à leur retour en France, en faisant leur déclaration, de remettre lesdits certificats aux Officiers de l'Amirauté ; et faute par eux de rapporter lesdits certificats, il payeront entre les mains du Trésorier-Général de la Marine en exercice, un mois après l'arrivée de leurs Bâtimens dans le Port du débarquement ; savoir, pour chaque simple Engagé, la somme de 60 liv., et celle de 120 liv. pour chaque Engagé de métier qu'ils n'auront pas remis dans lesdites Colonies, encore même qu'ils rapportent des certificats de désertion desdits Engagés, auxquels Sa Majesté défend aux Juges de l'Amirauté d'avoir égard : veut Sa Majesté que, faute d'avoir payé dans ledit tems d'un mois, ils soient poursuivis pardevant lesdits Juges d'Amirauté, et condamnés au payement desdites sommes, et en outre à une amende d'une somme égale à celle à laquelle ils auront été condamnés.

ART. XI. Les Particuliers que S. M. destinera par ses ordres à passer en qualité d'Engagés dans lesdites Colonies, ensemble les Soldats de recrues qui y seront envoyés, soit qu'ils ayent des métiers ou non, seront reçus dans les Vaisseaux marchands destinés pour lesdites Colonies, sur le pied d'un Engagé chacun, et traités de la même manière que s'ils avoient été engagés par les Capitaines ou Armateurs, lesquels seront déchargés d'autant du nombre qu'ils auront été obligés d'embarquer, eu égard à la contenance de tonneaux de leurs bâtimens; ils seront pareillement déchargés du nombre des Engagés pour les places qui seront accordées aux Officiers desdites Colonies, et autres qui passeront dans lesdits Bâtimens.

ART. XII. Permet Sa Majesté aux Capitaines ou Armateurs qui n'auront pas, dans le tems du départ de leurs Bâtimens pour lesdites Colonies, le nombre d'Engagés prescrit par le présent Réglement, de payer avant le départ, pour chacun de ceux qui leur manqueront, la somme de 60 liv., entre les mains du Trésorier-Général (ou de son Commis) de la Marine en exercice, moyennant quoi et en rapportant la quittance dudit Commis, ils en seront déchargés.

ART. XIII. N'entend Sa Majesté comprendre dans le précédent article, les Vaisseaux qui seront destinés pour le Canada et l'Isle Royale, dont les Capitaines ou Armateurs seront tenus d'embarquer le nombre effectif des Engagés prescrit par le premier article de ce Réglement.

TITRE II.

Des Fusils.

ART. Ier. Tous les Capitaines de Bâtimens marchands qui iront dans lesdites Colonies des Isles Françoises de l'Amérique, du Canada et de l'Isle Royale, excepté les Capitaines des Vaisseaux de la Compagnie des Indes destinés pour la Louisiane et pour la traite des Négres, ceux des Bâtimens marchands qui, avec la permission de ladite Compagnie, iront faire ladite traite des Négres, et ceux qui seront destinés pour aller faire la pêche de la Morue, seront tenus d'y porter, chacun dans leurs Vaisseaux, quatre fusils boucaniers ou de chasse, à garniture jaune.

ART. II, III et IV.

V. les art. 2, 3 *et* 4 *du titre* 2 *du Réglement du* 16 *Novembre* 1716.

ART. V. Les Capitaines remettront à leur arrivée lesdits fusils dans la salle d'armes de Sa Majesté de l'endroit où ils aborderont, pour être ensuite examinés et éprouvés, en présence du Gouverneur ou Commandant en son absence.

ART. VI, VII, VIII, IX, X et XI.

V. les art. 6, 7, 8, 9, 10 *et* 11 *du titre* 2 *du Réglement du* 16 *Novembre* 1716.

TITRE III.

Des Poursuites et Amendes.

ART. Ier. Les contraventions aux articles du présent Réglement, seront poursuivies à la requête des Procureurs de Sa Majesté des Amirautés, et les Sentences qui interviendront contre les délinquans, seront exécutées pour les condamnations d'amendes, nonobstant l'appel et sans préjudice d'icelui, jusqu'à la concurrence de 300 liv., sans qu'il puisse être accordé de défenses, même lorsque l'amende sera plus forte, que jusqu'à concurrence de ce qui excédera ladite somme de 300 liv.

ART. II. Ceux qui appelleront desdites Sentences seront tenus de faire statuer sur leur appel, ou de le mettre en état d'être jugé définitivement dans un an des jour et date d'icelui ; sinon et à faute de ce faire ledit tems passé, ladite Sentence sortira son plein et entier effet, et l'amende sera distribuée conformément à ladite Sentence, et le dépositaire d'icelle bien et valablement déchargé.

ART. III. Les amendes qui seront prononcées pour lesdites contraventions, dans les Siéges particuliers des Amirautés, appartiendront à l'Amiral; et à l'égard de celles qui seront prononcées dans les Siéges généraux des Tables de marbres, il ne lui en appartiendra que moitié, et l'autre moitié à Sa Majesté, le tout conformément à l'Ordonnance de 1681.

ART. IV. Les Gouverneurs et Intendans, ou Commissaires-Ordonnateurs desdites Colonies, rendront compte conjointement tous les six mois, au Secrétaire d'Etat ayant le département de la Marine, du nombre des Engagés, des fusils que chaque Vaisseau marchand aura porté, des sommes payées pour les fusils défectueux, et de l'emploi qui en aura été fait.

Mande et ordonne Sa Majesté. (*comme au Réglement du 16 Novembre 1716.*

Nous avons cru ne devoir pas répéter les articles pris mot à mot dans le Réglement du Roi, du 16 Novembre 1716, auquel nous renvoyons pour ces mêmes articles.

LETTRES-PATENTES, qui accordent entrée, rang, séance et voix délibérative au Conseil du Cap, à M. Buttet, Lieutenant de Roi à Bayaha.

Du 30 Novembre 1728.

R. au Conseil du Cap, le 6 Février 1730.

ARRÊT du Conseil du Cap, qui ordonne une levée de 15 sols par tête de Négres, petits et grands, à commencer du premier Janvier 1729, pour rembourser au sieur le Jeune 11,850 liv., moitié des frais par lui faits pour aller chercher des Négres fugitifs à l'Espagnol.

Du 6 Décembre 1728.

V. l'Arrêt du Conseil du Petit-Goave, du 6 Mars précédent.

ARRÊT du Conseil d'Etat, qui permet aux Négocians de la Ville de Vannes, de faire le Commerce des Isles et Colonies Françoises, comme si le Port de cette Ville étoit désigné par les Lettres-Patentes du mois d'Avril 1717.

Du 21 Décembre 1728.

ARRÊT du Conseil du Cap, portant réception de Me Bedou, Notaire en la Jurisdiction de Bayaha, nommé par les Administrateurs.

Du 8 Février 1729.

Les Notaires sont reçus à présent par les Juges, excepté le Notaire-Général du ressort d'un Conseil, qui prête serment en la Cour.

COMMISSION d'Intendant pour M. Duclos.

Du 21 Avril 1729.

R. au Conseil du Petit-Goave, le 7 Novembre suivant.
Et à celui du Cap, le 19 Octobre 1731.

Cette Commission est absolument semblable à celle de M. Mithon de Senneville, du 9 Août 1718.

ARRÊT du Conseil d'Etat, portant prorogation de la jouissance du Greffe de la Jurisdiction de Léogane, pendant dix années, à compter du premier Septembre suivant, en faveur du sieur Forcade.

Du 14 Juin 1729.

R. au Conseil du Petit-Goave.

V. l'Arrêt du Conseil d'Etat, du 13 Novembre 1713.

ORDONNANCE des Administrateurs, pour le paiement d'un chemin dans la Savanne, Commune de Limonade.

Du 27 Juin 1729.

VU, &c. Et tout mûrement examiné, et attendu que tout le public profite de la commodité dudit chemin, et par conséquent des travaux dudit sieur de Gaugny, il n'est pas juste que les Habitans de Limonade soient les seuls qui contribuent au paiement de ce qui lui revient de droits pour cela, Nous les avons déchargés du paiement de ladite somme en leur particulier : Ordonnons qu'elle sera prise sur la caisse des deniers publics, afin que tous les Habitans des Quartiers du Cap qui peuvent tous profiter de la commodité dudit chemin, y contribuent chacun pour leur contingent ; et pour cet effet enjoignons aux Receveurs des deniers publics du ressort du Conseil du Cap, de payer incessamment et sans délai, audit sieur Delisle de Gaugny, ladite somme de 1170 l., laquelle somme, en rapportant la présente, et la quittance dudit sieur Delisle de Gaugny, lui sera passée en dépense dans ses comptes, par MM. du Conseil du Cap, que Nous prions ainsi le faire sans difficulté ; et sera la présente Ordonnance enregistrée au Greffe de la Jurisdiction du Cap, pour y avoir recours en cas de besoin. Fait au Petit-Goave, &c. LE CHEVALIER DE LA ROCHALARD et DUCLOS.

R. au Siége Royal du Cap, le 13 Juillet 1729.

EXTRAIT de la Lettre de M. de Valincourt, Secrétaire-Général de la Marine, au Lieutenant-Général de l'Amirauté du Cap, qui exclud le Procureur du Roi de l'Amirauté, des fonctions du Lieutenant-Général du même Siége.

Du 28 Juin 1729.

A l'égard des prétentions du Procureur du Roi de l'Amirauté, de tenir le Siége en votre place en cas d'absence ou maladie, il se trompe totalement, parce qu'il ne lui est jamais permis de quitter sa charge, encore moins d'y commettre ; ainsi il faut à cet égard suivre à la lettre l'art. IX du titre premier du Réglement de 1717 ; et lorsque le Lieutenant particulier de la Jurisdiction ordinaire sera obligé de tenir le Siége, je vous prie alors de lui dire que je veux qu'il me rende un compte exact de tout ce qui se passera à l'Amirauté pendant le tems qu'il le tiendra ; et faute par lui d'y satisfaire exactement, je ferai nommer à sa place le plus ancien gradué qui se trouvera sur le lieu, ne fût-ce qu'un Procureur. Je suis, &c. *Signé*, DE VALINCOURT.

EXTRAIT de la Lettre du Ministre à M. le Chevalier de la Rochalard, sur les fonctions du Contrôleur de la Marine faisant celles d'Ordonnateur.

Du 14 Juillet 1729.

LE sieur de Saint-Aubin étant Contrôleur par commission au grand Sceau, il ordonnera pendant l'absence de M. Duclos ; mais il ne pourra signer les Ordonnances des recettes et dépenses qui seront faites pendant ce tems, ni en arrêter les comptes, parce qu'il n'est point Ordonnateur en titre.

EXTRAIT de la Lettre du Ministre à MM. de la Rochalard et Duclos, pour faire punir dans la Colonie, les Anglois qui y seront jugés criminels, au lieu de les renvoyer aux Gouverneurs Anglois, attendu que les loix d'Angleterre ne permettent pas la réciprocité de ce renvoi.

Du 26 Juillet 1729.

SA MAJESTÉ s'étoit déterminée à renvoyer au Gouverneur de la Jamaïque, deux Anglois accusés d'être du nombre de l'Equipage d'un Bâtiment forban échoué à la côte de Jaquemel, dans la vue d'établir la réciprocité, et d'obliger les Anglois de renvoyer les François, prévenus du même crime, qui se trouveroient dans leurs Colonies ; mais ayant fait donner depuis un mémoire à ce sujet à l'Ambassadeur du Roi d'Angleterre, vous verrez par sa réponse qu'il est convenu que les Gouverneurs des Colonies Angloises ne pouvant pas faire ce renvoi selon les loix d'Angleterre, il étoit à propos que chaque Nation se fît justice elle-même, sur un crime également préjudiciable à l'une et à l'autre Couronne ; ainsi si les nommés Guillaume Guillaume et Jean Guypon sont trouvés coupables, l'intention de S. M. est qu'ils soient jugés définitivement, et que le jugement soit exécuté à Saint-Domingue, ainsi que pour tous les autres qui se trouveront, pour le présent et pour l'avenir, dans le même cas. Il sera inutile que M. le Chevalier de la Rochalard propose la réciprocité au Gouverneur de la Jamaïque, comme S. M. le lui avoit prescrit par sa Dépêche du 8 Mai dernier.

ARRÊT du Conseil du Cap, qui accorde à Jean-Baptiste le Signe, une charge d'Huissier de la Cour à la résidence de Bayaha.

Du 2 Août 1729.

ARRÊT du Conseil du Cap, qui décide, suivant les certificats des Négocians, que l'Acheteur des Sucres doit les faire rabattre à ses frais.

Du 6 Septembre 1729.

ENTRE la dame Paparel, Appelante, présente en personne, d'une part ; et le sieur Thomassin, Intimé, aussi présent en personne, d'autre part ; Parties ouies, et le Procureur-Général du Roi : LE CONSEIL a mis et met l'Appellation et Sentence dont est appel au néant ; émendant, vu les certificats nouveaux présentés par l'Appelante, donnés par les sieurs Baudouin, Poirier, Lavigne, Quesnel, Miniac de Villey-nouveaux, Layodelle, Baudin, Desmé Dubuisson, Behotte, Soulart, Millot et Jean Lemaître, Commerçans de cette Ville, condamne l'Intimé à faire porter dans ses chaloupes, les perches, osiers et clous pour le rabatage des sucres, suivant l'usage, &c.

LETTRE du Ministre à M. Duclos, concernant les affaires de l'Amirauté.

Du 15 Septembre 1729.

LE Roi m'a ordonné de vous faire savoir que son intention est que le Réglement rendu le 12 Janvier 1717, portant établissement des Siéges d'Amirauté dans les Ports des Isles et Colonies Françoises, soit exécuté en tout son contenu, et qu'en conséquence vous vous absteniez de connoître directement ni indirectement, d'aucuns procès qui seront de la compétence de l'Amirauté, et que vous les renvoyiez aux Juges qui en doivent connoître, auxquels il sera donné des ordres de les juger le plus sommairement qu'il sera possible, et de se conformer en cela à l'article II. du titre III. dudit Réglement. A l'égard des appels qui seront portés au Conseil Supérieur par les Débiteurs, pour vente d'effets de Cargaison, S. M. vous recommande de tenir exactement la main à ce qu'ils soient jugés aux premières séances dudit Conseil, et que ceux qui auront appelé mal à propos, soit par esprit de chicane ou autrement, soient condamnés à l'amende et aux dépens. Vous informerez M. le Gentil, Commissaire au Cap, et vos Subdélégués dans les autres Ports de l'Isle de Saint-Domingue, des intentions de S. M., afin qu'ils s'y conforment exactement.

COMMISSION de Commissaire ordinaire de la Marine, pour M. le Gentil.

Du 25 Octobre 1729.

R. au Conseil du Cap, le 6 Juin 1730.

ORDRE DU ROI, pour que M. le Gentil continue de faire les fonctions de Commissaire-Ordonnateur de la Marine au Cap.

Du 26 Octobre 1729.

R. au Contrôle, le 25 Avril 1730.
Et au Conseil du Cap, le 6 Juin suivant.

MANDEMENT du Préfet Apostolique de la Mission des Jésuites, et Ordonnance du Gouverneur-Général, pour un retranchement de Fêtes dans le ressort du Conseil du Cap.

Des 14 Novembre 1729, et 14 Octobre 1730.

P. L. Larcher, Préfet Apostolique, Supérieur des Missions de la Compagnie de Jésus à Saint-Domingue : A tous les fidèles, &c. Salut. Ayant reçu la permission de notre Saint-Père le Pape, Benoît XIII, accordée aux Supérieurs des Missions des Isles Françoises de l'Amérique, par son Rescrit du 22 Juin 1728, sur l'humble supplique qu'ils avoient pris la liberté de lui présenter, de retrancher quelques jours de Fêtes, dont le trop grand nombre a occasionné jusqu'ici tant de désertions et de brigandages parmi les Nègres, de négligences parmi les Blancs à les observer, les uns les employant au travail et au commerce, les autres en parties de plaisir et de débauche, ne se faisant nul scrupule de manquer à la Messe et au service Divin, au grand scandale des Fidèles ; pour remédier à ces désordres, et entrer, autant qu'ils est en Nous, dans les vues du Saint-Père, qui a laissé à la prudence des Supérieurs de la Mission, le choix des Fêtes qu'on doit garder, ou qu'on peut retrancher, à l'exemple de la plupart des Diocèses de France, où Nosseigneurs les Evêques ont enseigné le même moyen, pour remédier à des désordres à peu-près semblables ; après en avoir conféré avec M. de Chastenoye, Chevalier de l'Ordre Militaire de Saint-Louis, Gouverneur de Sainte-Croix, Commandant au Cap ; M. le Gentil, Commissaire-Ordonnateur, et plusieurs des principaux Habitans ; et après l'avis des Missionnaires de notre dépendance, en vertu dudit pouvoir accordé par le Saint-Père, Nous déclarons d'obligation, et ordonnons à tous les Fidèles, libres et esclaves, dépendans de cette Mission, d'observer, comme le Saint jour de Dimanche, les Fêtes marquées dans le Réglement suivant : enjoignons aux Missionnaires de notre dépendance, faisant fonctions Curiales, de le lire aux prônes de leurs Messes paroissiales, et de le faire afficher aux portes de leurs Eglises, pour que personne n'en ignore.

Janvier. . . 1 la Circoncision.
Idem. . . . 6 l'Epiphanie.
Février. . . 2 la Purification de la Sainte Vierge.
Mars. . . . 25 l'Annonciation.
Juin. . . . 24 S. Jean-Baptiste; *la veille, Vigile et jeûne.*
Idem. . . . 29 S. Pierre et S. Paul; *la veille, Vigile et jeûne.*
Août. . . . 15 l'Assomption de la Sainte Vierge; *la veille, Vigile et jeûne.*
Idem. . . . 25 S. Louis, Roi de France.
Septembre. 8 la Nativité de la Sainte Vierge.
Novembre. 1 la Toussaint; *la veille, Vigile et jeûne.*
Décembre. 8 la Conception de la Sainte Vierge.
Idem. . . . 25 le Jour de Noël; *la veille, Vigile et jeûne.*

FÊTES MOBILES.

Le jour de Pâques, et le Mardi suivant.
Le jour de l'Ascension.
Le jour de la Pentecôte; *la veille, Vigile et jeûne.*
La Fête du S. Sacrement.
La Fête du Patron de chaque Paroisse, dans la Paroisse seulement.

Quant à celles que Nous retranchons comme moins considérables, l'usage est dans la plupart des Diocèses de France, de les transférer au Dimanche suivant, et le jeûne au Samedi qui le précède; rien n'est plus sagement réglé, et Nous ne pouvons mieux faire que de nous y conformer; ainsi les Fêtes de
Saint Matthias, Apôtre, le 24 Février.
Saint Jacques et S. Philippe, le premier Mai.
Saint Jacques le Majeur, le 25 Juillet.
Saint Laurent, le 10 Août.
Saint Barthélemy, le 24 Août.
Saint Matthieu, le 21 Septembre.
Saint Michel, le 29 Septembre.
Saint Simon et S. Jude, le 28 Octobre.

Saint André, le 30 Novembre.

Saint Thomas, Apôtre, le 21 Décembre.

Saint Etienne, le 26 Décembre.

Saint Jean l'Evangéliste, le 27 Décembre.

La seconde Fête de Pâques, la seconde et troisième de la Pentecôte, seront transférées au Dimanche suivant ; et les jeûnes de S. Laurent, Saint Matthieu, Saint Simon et Saint Jude, et de Saint André, s'observeront la veille du Dimanche auquel les Fêtes seront transférées ; et dans les années où les Fêtes de la Conception et de la Nativité se rencontreront le Samedi ou le Lundi, Nous les transférons au Dimanche.

Le nombre de tant de Fêtes, M. C. F. a été jusqu'ici pour plusieurs un prétexte pour les négliger : les désordres des Esclaves ou de plusieurs petites Gens, peut-être un peu l'avarice et la passion du travail, vous ont portés, depuis tant de tems, à en demander le retranchement ; le Pere commun des Fidèles a eu égard à vos vœux ; les voilà réduites à un assez petit nombre ; que ce soit pour vous une raison de les observer avec plus de fidélité. Quel scandale, si des Fêtes aussi solemnelles étoient encore employées dans les Villes, au commerce, et au travail dans les habitations ! Quelle cruauté, si vous ne donniez d'autre tems à vos Esclaves à se procurer des vivres que ces jours-là ! C'est à la prudence et au zèle de ceux qui nous gouvernent avec tant de sagesse, d'y pourvoir ; Nous les en conjurons avec instance : Dieu ne les a mis en place que pour faire observer sa sainte Loi : les Ordonnances de nos Rois sont si formelles sur cet article, que c'est à eux d'y tenir la main : Nous leur demandons, et d'autoriser par leur approbation et leurs ordonnances, la publication du présent Réglement ; d'enjoindre à MM. les Commandans et Officiers de justice, chacun dans leur district, d'y veiller. Fait au Cap, le 14 Novembre 1729. *Signé*, P. L. LARCHER.

LE CHEVALIER DE LA ROCHALARD, &c.

Vu, &c. Nous donnons avec d'autant plus de plaisir et de satisfaction notre agrément au présent Réglement, qu'il retranche fixement une grande partie des Fêtes, et leurs duplicités aux Libres et aux Esclaves, qui, ne faisant qu'un mauvais usage des jours de repos, n'auront que ce qui est nécessaire au soutien de la bonne santé, et que Nous espérons en même-tems que tous les Habitans, à qui ils appartiennent, les feront jouir exactement de ces jours de repos, les engageront à en faire un bon usage en répondant aux exhortations des Pasteurs, et qu'ils donneront eux-mêmes l'exemple qu'ils doivent dans l'exercice des devoirs de la Religion, de façon que Nous ne puissions avoir aucunes plaintes, qui, en conséquence des Réglemens et intentions du Roi, puissent obliger les Gouverneurs et autres Officiers Commandans, ceux des Conseils et des Jurisdictions, à sévir contr'eux, ainsi que Nous le leur enjoignons, de l'autorité que Sa Majesté leur a confiée ; à cet effet, le présent Réglement et l'Ordonnance, seront enregistrés au Conseil Supérieur du Cap, aux Jurisdictions en ressortissantes, et partout où il conviendra, à ce que personne n'en ignore. Donné au Petit-Goave, le 14 Octobre 1730. *Signé*, LE CHEVALIER DE LA ROCHALARD.

R. au Conseil du Cap, le 14 Décembre suivant.

LETTRE *du Ministre à M. de la Rochalard, pour faire exécuter les Ordonnances de la Guerre, dans les cas non prévus par les Ordonnances faites pour la Marine et les Colonies.*

Du 13 Décembre 1729.

JE vous envoie la nouvelle compilation des Ordonnances de la Guerre, en trois volumes, qui seront déposés dans les papiers du Gouvernement-Général des Isles sous le Vent, pour y avoir recours dans les occasions ; vous aurez agréable de vous y conformer dans les cas qui ne sont point prévus par les Ordonnances concernant la Marine et les Colonies. J'en envoie autant à M. Duclos, à MM. de Chastenoye, de Brach et le Gentil, afin qu'ils s'y conforment de leur part.

ARRÊT *du Conseil d'Etat, portant Réglement pour le Commerce des Cotons qui s'envoient des Isles Françoises de l'Amérique dans les Ports de France.*

Du 20 Décembre 1729.

LE Roi étant informé qu'il se commet aux Isles Françoises de l'Amérique, un abus très-préjudiciable au commerce des cotons, en ce que les Négocians de ces Isles sont dans l'usage de les mouiller lorsqu'ils les emballent, à l'effet de s'en procurer un plus grand poids, que les cotons ainsi mouillés s'échauffent dans la traversée, et souvent se pourrissent; ce qui donne lieu à différens procès entre les Acheteurs et leurs Vendeurs, et à des recours de garantie contre les Habitans des Isles qui ont fait l'envoi desdits cotons; et Sa Majesté voulant arrêter le cours de cet abus, capable de faire abandonner le commerce des cotons aux Négocians du Royaume, au préjudice desdites Colonies et de ses Manufactures: Vu les représentations faites à ce sujet, par les Syndics de la Chambre du Commerce établie à Rouen, ensemble l'avis des Députés du Commerce: oui le rapport du sieur le Pelletier, Conseiller d'Etat ordinaire et au Conseil Royal, Contrôleur-Général des Finances; le Roi étant en son Conseil, a ordonné et ordonne ce qui suit:

Art. Ier. Les Habitans des Isles Françoises de l'Amérique seront tenus, à commencer un mois après le jour de la publication du présent Arrêt auxdites Isles, d'emballer ou faire emballer à sec et sans les mouiller, des cotons destinés pour être envoyés en France, à peine de cent livres d'amende pour chaque balle de coton qui se trouvera en contravention.

Art. II. Lesdits Habitans seront tenus de mettre leur marque au bout de chaque balle de coton, et à un pied de distance de chacun desdits bouts, laquelle marque sera empreinte à l'huile, et contiendra leurs noms et celui de leur Quartier ou demeure, et ce sous pareille peine de 100 liv. d'amende, pour chaque balle qui se trouvera non marquée.

Art. III. Fait Sa Majesté défenses à tous Commissionnaires et autres Habitans desdites Isles, de recevoir aucuns cotons de la Guadeloupe ou autres Colonies, si les balles qui les contiendront ne se trouvent marquées conformément à la disposition du précédent article, et ce sous peine de confiscation de la balle non marquée.

Art. IV. Défend pareillement Sa Majesté aux Capitaines et Commandans des Bâtimens qu'ils conduiront auxdites Isles, de recevoir, avant leur départ pour revenir en France, aucunes balles de coton dans leurs Navires, si elles ne sont marquées conformément à ce qui est prescrit par l'article II du présent Réglement, à peine aussi de 100 liv. d'amende, et de répondre en leur propre et privé nom, à leur arrivé dans lesdits Ports du Royaume, de toutes pertes et dommages qui auront été causés par le mouillage des cotons auxdites Isles, lors de leur emballage.

Art. V. Si dans les balles marquées conformément à l'article II du présent Réglement, il se trouve, lors de leur arrivé en France, que les cotons qu'elles contiendront, soient endommagés et pourris pour avoir été mouillés, contre la disposition portée par l'article premier, il sera dressé Procès-Verbal du vice et de la pourriture desdits cotons, par experts dont on conviendra, ou qui seront nommés d'office, par les Juges et Consuls du lieu de l'arrivée ; ou, s'il n'y a point de Jurisdiction Consulaire, par les Officiers de celle qui sera la plus prochaine, et le dernier Vendeur en sera garant envers l'Acheteur, sauf son recours sur celui de qui il les aura achetés, et ainsi successivement jusqu'au premier Vendeur, lequel sera condamné aux dommages, intérêts, frais et dépens des Parties, et en outre en l'amende de 100 liv. par chaque balle.

ART. VI. Si les cotons dont les balles n'auront point été marquées dans les délais portés par l'article premier du présent Réglement, soit qu'ils soient encore auxdites Isles ou en route, ou qu'ils soient arrivés en France, se trouvent endommagés pour avoir été mouillés lors de leur emballage audites Isles, celui qui les aura vendus sera sujet envers l'Acheteur aux condamnations portées par le précédent article, sauf le recours y expliqué.

ART. VII. Ordonne Sa Majesté aux Juges-Consuls du Royaume, et au sieur Intendant des Isles et Colonies Françoises de l'Amérique, de prononcer sans aucun retardement les peines encourues par les contrevenans, ensemble sur les demandes en dédommagement, qui seront portées devant eux pour raison des cotons que les Acheteurs justifieront par le Procès-Verbal d'experts, en la forme prescrite, être viciés et pourris par la faute du premier Vendeur, à l'effet de quoi Sa Majesté a attribué et attribue toute cour et Jurisdiction à l'Intendant et auxdits Juges-Consuls, et icelle interdit à toutes les autres Cours et Juges ; enjoint S. M. audit sieur Intendant de tenir la main à l'exécution du présent Arrêt, qui sera lu, publié et affiché partout où besoin sera, et exécuté nonobstant tous empêchemens ou oppositions quelconques. Fait au Conseil d'Etat, &c.

R. au Conseil de Léogane, le 4 Mai 1740.

ARRÊTS du Conseil du Cap, qui défendent aux Huissiers, autres que ceux de la Cour, de signifier des Actes d'appel.

Des 2 et 3 Janvier 1730.

VU par le Conseil, la Requête de Jean-Baptiste Lesigne, Huissier du Conseil, demeurant à Bayaha; et oui le Procureur-Général du Roi: LE CONSEIL a accordé et accorde au Suppliant les fins et conclusions de sa Requête.

Vu la Requête de l'Huissier-Audiencier; et oui le Procureur-Général du Roi: LE CONSEIL a fait défenses aux Huissiers du Siége Royal du Cap, de faire aucune déclaration d'appel, sous peine de 50 liv. d'amende.

ARRÊT du Conseil du Cap, qui, 1°. ordonne au Receveur-Général de l'Octroi, de délivrer à celui des Droits Suppliciés, des extraits des recensemens, dont les frais passeront dans le compte de ce dernier; 2°. et autorise à poursuivre les Marguilliers, même par voie de Garnison.

Du 3 Janvier 1730.

VU par le Conseil, le rapport de MM. de Chavannes et de Maisoncelles; et ce requérant ledit Procureur-Général du Roi: LEDIT CONSEIL a ordonné et ordonne que, par le Receveur-Général des Octrois de ce ressort, il sera fait et délivré au sieur Loiseau, les duplicatas ou extraits des recensemens qui sont du tems de la recette et gestion du sieur Loiseau, dont les frais seront joints et passés à son compte; comme aussi qu'il présentera la liste des débets et reliquats de sondit compte, sur laquelle lui sera délivré des exécutoires, pour contraindre les Marguilliers qui n'ont pas fini de remettre les droits de leur tems, ou les poursuites et diligences qu'ils doivent avoir faites, et ce par toutes voies dûes et raisonnables, même par établissement de garnison chez lesdits sieurs Marguilliers, sauf leur recours contre les Paroissiens, et à leur passer les non-valeurs, dont ils rapporteront des diligences suffisantes, &c.

COMMISSION

COMMISSION de Subdélégué de l'Intendance des Isles sous le Vent, donnée par M. Duclos, Intendant, attendu son prochain voyage pour France, et jusqu'à son retour, à M. de S. Aubin, Contrôleur de la Marine.

Du 4 Février 1730.

JEAN-BAPTISTE DUCLOS, Intendant, &c.

Devant incessamment passer en France, en vertu du congé qu'il a plû à Sa Majesté de Nous accorder, et étant nécessaire de commettre aux fonctions de l'Intendance des Isles de l'Amérique sous le Vent, une personne qui les exerce en notre absence jusqu'à notre retour à Saint-Domingue; Nous n'avons pu faire un meilleur choix que de la personne du sieur Tesson de S. Aubin, Contrôleur de la Marine en cette Isle, que Mgr. le Comte de Maurepas Nous a marqué par sa Lettre du 14 Juillet 1729, devoir faire les fonctions d'Ordonnateur de la Colonie en notre absence. A ces causes, Nous avons ledit sieur de S. Aubin, dont la probité, l'expérience et la capacité Nous sont connues, commis et établi, commettons et établissons Subdélégué de l'Intendance des Isles de l'Amérique sous le Vent, jusqu'à notre retour; lui donnons pouvoir, en ladite qualité, d'ordonner de l'emploi et de la distribution des fonds ordonnés par les Etats de Sa Majesté, pour les appointemens des Officiers-Majors et autres Officiers, pour la solde des Compagnies, pour les fortifications, pour les radoubs des Vaisseaux du Roi, et autres dépenses réglées par lesdits Etats; de faire avec des Entrepreneurs et Fournisseurs tous les marchés nécessaires à la justification des dépenses, et connoître et juger toutes les affaires concernant les droits d'Octroi, établis par le Mémoire du Roi, du 2 Août 1718, auquel il se conformera; de prononcer toutes les condamnations requises contre les refusans; lesquelles, aussi-bien que les Ordonnances et Jugemens rendus par ledit sieur de S. Aubin, seront mises à exécution par les Huissiers et Sergens de cette Isle, qui en seront requis, auxquels Nous ordonnons ainsi le faire; donnons en outre pouvoir audit sieur de S. Aubin, d'instruire, s'il le juge à propos, les procédures des Bâtimens étrangers surpris à faire le commerce le long de la côte, et d'en prononcer la confiscation, conformément aux Lettres-Patentes du Roi, de l'année 1727, sur le commerce étranger; de répondre toutes les Requêtes qui lui seront présentées en matière civile, soit pour renvoyer aux Juges ordinaires celles qui les regarderont, soit pour se réserver la connoissance de celles qu'il croira devoir terminer lui-même ; de commettre les Arpenteurs de cette Isle dans les affaires où les parties auront besoin de leur ministère pour l'éclaircissement de leurs contestations ; ordonner le transport desdits Arpenteurs, dans les Quartiers où il en sera besoin, pour, sur leurs Procès-Verbaux, cartes figuratives, concessions et pièces justificatives, faire le Réglement desdits Quartiers, et prononcer les réunions des terres qui seront dans le cas de l'Ordonnance du Roi, du 6 Octobre 1713, conjointement avec M. le Chevalier de la Rochalard, Général, en présence des Parties dûement appelées ; donner aussi conjointement les concessions des terres, et faire généralement tout ce que Nous pourrions exécuter Nous-mêmes pour le bien du service du Roi et de la Colonie ; priant mondit sieur le Chevalier de la Rochalard, Gouverneur et Lieutenant-Général des Isles de l'Amérique sous le Vent, de vouloir bien faire reconnoître ledit sieur de S. Aubin, en ladite qualité de Subdélégué à l'Intendance desdites Isles, de tout et ainsi qu'il appartiendra ; et sera la présente Subdélégation enregistrée aux Conseils Supérieurs du Petit-Goave et du Cap, à ce que personne n'en ignore. Donnée à Léogane, &c. *Signé*, DUCLOS.

ORDONNANCE DU ROI, portant Amnistie absolue ; 1°. en faveur des Soldats déserteurs des Compagnies franches de la Marine, à la charge par ceux qui sont en pays étranger, de rentrer, sous un an de la date de l'Ordonnance, dans le Royaume, et de s'y fixer où il leur plaira ; et 2°. en faveur de ceux des Soldats desdites Troupes qui, quinzaine après la publication de l'Ordonnance, auront fourni un signalement exact à la place du faux qu'ils avoient donné.

Et Ordonnance de M. de la Rochalard, pour faire publier et exécuter celle du Roi dans son Gouvernement de Saint-Domingue.

Des 7 Février et 4 Juin 1730.

ARRÊT du Conseil du Cap, qui défend aux Juges de donner des Ordonnances sur les fonds publics, à peine d'en répondre.

Du 8 Févtier 1730.

VU par le Conseil, la Requête du sieur Romieu, Maître Chirurgien du Cap, et Chirurgien ordinaire des prisons Royales de Bayaha : Ouï le Procureur-Général du Roi : LE CONSEIL ordonne que le Mémoire sera taxé par le sieur Duvallain, Médecin du Roi, pour ensuite être payé par le Receveur des droits des Négres suppliciés. Fait défenses au sieur Croiseuil, de donner à l'avenir aucunes ordonnances sur les fonds publics, à peine d'en répondre en son propre et privé nom ; ordonne que le présent lui sera signifié à la diligence du Substitut du Procureur-Général du Roi, afin de s'y conformer.

Le Receveur des Droits suppliciés avoit refusé de payer sur l'Ordonnance du Juge du Fort Dauphin, mise au bas du compte du Chirurgien.

EXTRAIT d'une Lettre de M. le Général à M. d'Héricourt, touchant le commandement des Milices.

Du 29 Avril 1730.

A L'ÉGARD de la décision que vous me demandez au sujet du droit du Capitaine des Troupes, de l'Aide-Major et Colonel des Milices en votre absence, le premier ne doit commander qu'à sa Compagnie ; le commandement des Milices regardant l'Aide-Major et le Colonel, qui se doivent consulter ensemble pour les détails ordinaires ; car s'il arrivoit quelque occasion où il fallût les mettre sous les armes, il doivent en prévenir le Capitaine des Troupes, et agir avec lui avec une attention et une politesse particulières, parce qu'il commande un Corps dont les Milices ont toujours besoin, et qu'elles lui sont particulièrement subordonnées.

ARRÊT du Conseil du Petit-Goave, touchant la vente des Biens-immeubles des Mineurs.

Du 12 Mai 1730.

ENTRE François Ray, &c. Contre David Millon, &c. Et faisant droit sur les conclusions du Procureur-Général du Roi, fait défenses à tous Juges d'ordonner la vente des immeubles des Mineurs, qu'au préalable discussion ne soit faite des meubles, et qu'en observant toutes les formalités prescrites par les Ordonnances, la Coutume et les Réglemens du Conseil, à peine de répondre de tous les dépens, dommages et intérêts des Parties; ordonne que le présent Arrêt sera enregistré dans les Greffes de toutes les Jurisdictions du ressort, &c.

ARRÊT du Conseil d'Etat, qui, en cassant l'Arrêt du Conseil Supérieur du Cap, du 4 Juillet 1729, portant que les deniers provenans d'une vente faite par une femme, des conquêts de la première Communauté, seroient employés en l'acquisition d'autres Biens-fonds dans la Colonie, l'autorise à faire remploi dans le Royaume ou dans la Colonie, à son choix.

Du 20 Mai 1730.

SUR la Requête présentée au Roi étant en son Conseil, par la dame ci-devant veuve de Jean-Pierre de Charitte, Lieutenant au Gouvernement-Général des Isles sous le Vent de l'Amérique, et à présent femme de Bernard de Verdelin, Maréchal-Général des Logis des Camps et Armées de Sa Majesté, contenant qu'ayant formé le dessein de fixer son séjour en France, elle vendit quelques portions d'habitations de peu de valeur, afin de liquider la principale habitation qu'elle a au Cap, valant plus de 60,000 liv. de revenu. Le nommé Pierre Laporte a été le premier de ses acquéreurs; et dans le dessein de se maintenir dans la propriété du terrein que lui avoit vendu la Suppliante, sans remplir les engagemens qu'il avoit pris par le contrat, il soutint qu'étant des conquêts de la communauté d'entre la Suppliante et ledit sieur de Charitte, son premier mari, elle n'avoit pu les aliéner valablement, parce qu'elle n'en étoit qu'usufruitière, que par conséquent elle devoit les assurer par un remploi en acquisition d'autres fonds dans la Colonie, sur lesquels il pût recourir, en cas d'inquiétation de la part de ses enfans du premier lit, aux termes de l'article 279 de la Coutume de Paris. Cette contestation ayant été portée en la Jurisdiction de Bayaha, ledit Laporte fut débouté de sa demande, par Sentence du 17 Juin 1728, et sur l'appel elle fut confirmée par Arrêt dudit Conseil Supérieur du Cap, du 5 Octobre suivant. Il n'en a pas été de même de la vente qu'elle fit, le 9 Décembre 1727, au sieur Roland le Comte, Habitant au Quartier Saint-Louis, côte de Saint-Domingue, d'un terrein de 1,032 pas en quarré, moyennant 17,000 liv. payables en trois termes, dont elle a reçu le premier paiement: elle poursuivit ledit le Comte à l'échéance du deuxième terme pour en avoir le paiement, et elle obtint une Sentence de condamnation rendue par le Juge du Cap, le 15 Janvier 1729, conforme à ses conclusions; mais ledit le Comte en ayant interjeté appel sur le fondement des mêmes raisons alléguées par ledit Laporte, le Conseil Supérieur du Cap rendit, le 4 Juillet 1729, un Arrêt tout contraire au précédent, en ce qu'il infirma la Sentence, ordonnant que le contrat de vente dudit jour 9 Décembre 1727, seroit exécuté selon sa forme et teneur, en fournissant par la Suppliante un remploi des deniers en provenans, en biens solides dans ladite Colonie de Saint-Domingue, lequel remploi seroit fait à la diligence dudit le Comte, si mieux n'aimoit ladite Suppliante rentrer sur le terrein par elle vendu, et rendre audit le Comte les deniers qu'elle pouvoit avoir touchés, et lui payer les impenses et améliorations utiles qui peuvent avoir été faites, et ce à dire d'arbitres en cas de contestation; que la Suppliante seroit tenue de faire sa déclaration sur l'option à elle accordée, dans quinzaine du jour de la signification dudit Arrêt, sinon et ledit tems passé, que ladite option demeureroit audit le Comte, dépens compensés. C'est contre cet Arrêt que la Suppliante réclame l'autorité de Sa Majesté, pour en obtenir la rétractation, &c. Vu ladite Requête, l'Arrêt du Conseil Supérieur du Cap, du 4 Juillet 1729, ensemble les autres pièces y énoncées, justificatives d'icelle; oui le rapport, et tout considéré: Sa Majesté étant en son Conseil, ayant aucunement égard à ladite Requête, a cassé et annullé, casse et annulle l'Arrêt du Conseil Supérieur du Cap dudit jour 4 Juillet 1729, seulement en ce qu'il ordonne que le remploi des deniers provenans de la vente faite par ladite dame de Verdelin audit Roland le Comte, du terrein en question, par le contrat dudit jour 9 Décembre 1727, sera fait en autres biens dans la Colonie, voulant

Sa Majesté, qu'il soit loisible à ladite dame de Verdelin de fournir ledit remploi en fonds dans le Royaume ou dans la Colonie, à son choix ; et sera au surplus ledit Arrêt du 4 Juillet 1719, exécuté selon sa forme et teneur, &c.

ARRÊT du Conseil du Cap, qui défend aux Chirurgiens de traiter aucunes Maladies internes, sans appeler le Médecin du Roi, dont les visites sont taxées à trois livres.

Du 3 Juin 1730.

VU par le Conseil, la Requête à lui présentée par le sieur Duvalin, Médecin du Roi, au sujet des maladies internes ; et oui sur ce les conclusions verbales du Procureur-Général du Roi : LE CONSEIL a ordonné que dorénavant les Chirurgiens de la Ville du Cap, ne pourroient traiter aucune desdites maladies, sans y appeler le Médecin du Roi, attendu que l'on voit journellement des cas fâcheux, par la mort ou autres accidens, qui arrivent aux gens du pays, mais plus particuliérement à ceux qui arrivent d'Europe ou d'ailleurs, dont on a des exemples fréquens ; défend ledit Conseil auxdits Chirurgiens de s'immiscer à connoître de cesdites maladies internes, sans y appeler le Médecin du Roi, à peine contre les contrevenans de 500 l. d'amende, applicable le tiers au Médecin, le tiers à l'Hôpital, et le tiers à la bâtisse du Palais, pour la première fois ; et en cas de récidive, à de plus grosses peines, et même d'interdiction. Que tous les remédes qui seront distribués, ne le seront que par l'ordonnance dudit Médecin par écrit, et ne leur seront alloués que par la taxe qui en sera par lui faite. A l'égard des pauvres et gens mal-aisés, les visites seront faites gratuitement ; et que quant aux autres, dans toutes les maladies les plus dangereuses, quoiqu'il fasse plusieurs visites, il ne lui en sera alloué que deux seulement à raison de 3 liv. par visite ; et afin que personne n'en ignore, le présent Arrêt sera lu, publié, &c.

ARRÊT du Conseil du Cap, qui permet l'affiche et la publication dans tout son ressort, d'une Sentence du Siége du Port-de-Paix, qui avoit condamné un particulier à demander pardon à genoux à un autre qu'il accusoit d'avoir été Valet du Bourreau de Paris.

Du 6 Juin 1730.

ARRÊT du Conseil du Cap, qui juge qu'on peut saisir le prix d'un Négre supplicié.

Du 6 Juin 1730.

VU par le Conseil, la Requête de Paul Montresor, Sergent des Troupes Suisses de la garnison du Cap; et oui le Procureur-Général du Roi: LE CONSEIL a condamné le sieur Magnon, de son consentement, à vuider ses mains en celles dudit Montresor, de la somme de 248 l. 5 s. d'une part, et de celle de 36 liv. à l'acquit du sieur Ezenas, et déposer même les frais de l'instance, envers lequel il demeurera bien et valablement déchargé.

Cet Arrêt fut prononcé sur le refus que faisoit le Receveur des Droits suppliciés, de payer ledit Montresor, en vertu d'une Sentence du Juge du Cap, qui déclaroit bonne et valable la Saisie-Arrêt faite au préjudice du sieur Ezenas, Habitant au Port Margot, entre les mains dudit Receveur, sur le prix d'un Négre supplicié; laquelle Sentence du 3 Juin 1730, ordonnoit la délivrance des deniers, et est jointe par expédition à la minute de l'Arrêt.

ARRÊT du Conseil du Petit-Goave, qui ordonne que, par un Religieux commis à cet effet, tous les Registres des Paroisses, étant en mauvais état, seront transcrits sur des Registres nouveaux.

Du 8 Juillet 1730.

VU par le Conseil, la Requête à lui présentée par le R. P. Jean-Dominique Monthieu, Préfet Apostolique et Vicaire-Général des Missions des FF. Prêcheurs, établies dans le ressort dudit Conseil, expositive, &c. Les conclusions du Procureur-Général du Roi; tout considéré, et ouï le rapport de Me de Pas, Conseiller séant: LE CONSEIL a donné acte audit R. P. Monthieu, Préfet, de la représentation qu'il a faite du mauvais état où il a trouvé, dans les visites des Paroisses de la Mission établies dans son ressort, les Registres contenant les actes de baptêmes, mariages et enterremens, et de la présentation qu'il a faite de la personne du R. P. Savornin, Religieux, Prêtre, Docteur en Théologie, pour transcrire incessamment les anciens Registres sur de bon et fort papier relié, et d'un volume assez considérable à ne pouvoir s'égarer, proportionné à la quantité desdites actes qu'il sera nécessaire de transcrire; et étant suffisamment informé de la capacité dudit R. P. Savornin, et de son intelligence au fait dudit travail, pour avoir vu ce qu'il a fait pour la Paroisse de Nipes, a ordonné qu'il lui seroit payé la somme de 1200 liv. par forme de pension sur la masse Curiale, à commencer du jour qu'il s'occupera audit travail, auquel il donnera ses soins et son attention sans discontinuer; à l'effet de quoi le Conseil enjoint aux Curés, Marguilliers desdites Paroisses, et tous autres qu'il appartiendra qui se trouveroient détenteurs desdits Registres ou actes, de les lui remettre; et sera ledit R. P. Savornin, tenu d'avertir le Procureur-Général du Roi du jour qu'il commencera cet ouvrage, dont il lui donnera acte pour le paiement de ladite pension, et de ne discontinuer d'y donner ses soins jusqu'à ce qu'ils soient finis, sans que, pendant ledit tems, il puisse être employé aux soins d'aucune Paroisse; mais sera tenu de se transporter dans celles dont les Registres et actes ne seront point transcrits, et qu'aussitôt qu'il aura fini l'ouvrage dans une Paroisse, ledit Registre ainsi transcrit sera présenté aux Officiers de la Jurisdiction dont ladite Paroisse ressortira, avec l'ancien, pour procéder sur-le-champ et sans délai à la collation et vérification du nouveau Registre, à la dernière page

page duquel sera dressé Procès-Verbal de ladite vérification, en présence du Substitut du Procureur-Général du Roi ; et seront les nouveaux Registres déposés au Greffe du Siége de ladite Paroisse. Enjoint aux Curés et Marguilliers desdits Paroisses, de se conformer à l'Ordonnance à ce sujet, chacun en ce qui le regarde, et sous les peines y portées.

ARRÊT du Conseil du Cap, qui ordonne l'exécution de celui du 7 Février 1707, sur la Police des Marchés.

Du 6 Septembre 1730.

MÉMOIRE DU ROI, sur les fonctions du Commissaire de la Marine, Ordonnateur à Saint-Domingue, en l'absence ou au défaut de l'Intendant, lorsque ledit Commissaire n'aura point de Lettres-Patentes de Subdélégué à l'Intendance.

Du 3 Octobre 1730.

SA MAJESTÉ voulant prévenir les difficultés qui pourroient arriver entre le Gouverneur son Lieutenant-Général des Isles sous le Vent, et le Commissaire de la Marine qui ne sera pas pourvu de Lettres-Patentes de Sa Majesté de Subdélégué à l'Intendance, lequel se trouvera Ordonnateur en l'absence ou au défaut de l'Intendant à Saint-Domingue, a résolu d'expliquer ses intentions par le présent Mémoire, qu'Elle veut être exécuté selon sa forme et teneur, ainsi qu'il en suit ;

ART. Ier. Le Commissaire de la Marine qui n'aura point de Lettres-Patentes de Subdélégué de l'Intendance, fera dans la Colonie de Saint-Domingue, les mêmes fonctions de l'Intendant, lorsqu'il s'y trouvera Ordonnateur en son absence ou à son défaut.

ART. II. Les Lettres de concessions, ensemble les Ordonnances de réunion de terres, celles de Police, et généralement toutes les autres qui sont rendues en commun par le Gouverneur Lieutenant-Général et l'Intendant, continueront de l'être par ledit Gouverneur Lieutenant-Général, et le Commissaire de la Marine-Ordonnateur ; et lesdites Lettres et Ordonnances seront expédiées à l'ordinaire au Bureau de l'Intendance, nonobstant l'absence de l'Intendant.

Art. III. Il sera seulement pratiqué une forme différente dans l'intitulé, l'énoncé et le contre-seing desdites Lettres, Ordonnances et autres actes publics, qui pourront êtres signés en commun par ledit Gouverneur Lieutenant-Général, et ledit Commissaire-Ordonnateur; il n'y aura dans l'intitulé que le nom et les qualités du Gouverneur Lieutenant-Général; il sera fait mention dans l'énoncé, qu'elle est rendue conjointement avec ledit Commissaire de la Marine-Ordonnateur, sans qu'il y soit fait mention de son nom, conformément au modèle ensuite du présent Mémoire, dont le style sera suivi dans toutes les pièces qui seront signées en commun par ledit Gouverneur Lieutenant-Général, et ledit Commissaire-Ordonnateur.

Art. IV. Il n'y aura que ledit Gouverneur Lieutenant-Général, qui jouira de la prérogative de pouvoir mettre son nom seul à l'intitulé desdites Lettres, Ordonnances et autres actes; mais lorsqu'il y aura un autre Officier qui commandera dans ladite Colonie, en l'absence ou au défaut dudit Gouverneur Lieutenant-Général, ledit Commissaire de la Marine-Ordonnateur, jouira à cet égard des mêmes honneurs et prérogatives de l'Intendant, et lesdites Lettres, Ordonnances et autres actes, seront intitulés de son nom, ensuite de celui de l'Officier qui commandera dans ladite Colonie.

Art. V. Ledit Commissaire de la Marine-Ordonnateur, connoîtra seul de toutes affaires concernant la perception des droits, et décernera les contraintes contre les Débiteurs, pour l'exécution desquelles le Gouverneur-Général, ou en son absence et défaut, l'Officier qui commandera, accordera main-forte, et l'aidera de son autorité lorsqu'il en sera requis.

Art. VI. Il ordonnera seul, en l'absence ou au défaut de l'Intendant, des fonds pour le paiement des dépenses réglées par les Etats de Sa Majesté.

Art. VII. Il fera seul, toutes les autres fonctions que pourroit faire seul l'Intendant s'il étoit présent, ou en commun aussi toutes celles que l'Intendant feroit en commun avec le Gouverneur Lieutenant-Général.

Art. VIII. Ledit Commissaire-Général de la Marine, même le Commissaire ordinaire, ne pourront exiger d'autre rang et honneurs dans les Eglises et cérémonies publiques, que ceux qui sont attribués aux Commissaires et Contrôleurs de la Marine servans aux Colonies, par les Lettres-Patentes du 12 Février 1725, encore qu'il se trouve Ordonnateur.

ART. IX. Le Commissaire-Général de la Marine, même le Commissaire ordinaire ayant des Lettres-Patentes de Sa Majesté, de Subdélégué à l'Intendance, qui se trouvera Ordonnateur, en l'absence ou au défaut de l'Intendant, y fera, sans aucune exception, les mêmes et semblables fonctions que le même Intendant feroit s'il étoit présent, et jouira dans ladite Colonie des mêmes honneurs, autorité et prérogatives de l'Intendant. Fait à Versailles, &c.

MODÈLE DE CONCESSION.

. . . . De. . . . . Gouverneur et Lieutenant-Général des Isles sous le Vent. . . . .

. . . .

Nous. . . . . avons, conjointement avec M. . . . . Commissaire de la Marine, Ordonnateur à Saint-Domingue, concédé, &c. . . . .

Ici le seing dudit Commissaire.

. . . .

Par M. le Commissaire-Ordonnateur; ici sera le seing du Secrétaire. . . . .

R. au Conseil du Cap, le 2 Avril 1759. *V. l'Arrêt d'enregistrement. Et à celui du Port-au-Prince, le.* . . . . . .

MANDEMENT du Préfet Apostolique de la Mission des Frères-Prêcheurs, touchant les Fêtes à observer; et Ordonnance du Gouverneur-Général à ce sujet.

Des 15 et 18 Octobre 1730.

FRÈRE Jean-Dominique Monthieu, Préfet Apostolique, et Vicaire-Général des Missions des Frères Prêcheurs, en l'Isle et côte Saint-Domingue: A tous les Fidèles des Paroisses dépendantes de nos Missions, salut et bénédiction en Notre Seigneur Jésus-Christ.

Les Religieux Missionnaires et Curés dans la partie de cette Colonie où il a plu à Dieu nous donner le soin du spirituel en qualité de Préfet Apostolique, nous ayant plusieurs fois représenté que les Fêtes que nos Prédécesseurs n'avoient ordonnées que pour les Libres, n'étoient presque observées de personne; nous avons cru, nos très-chers Frères, qu'il étoit de notre devoir de remédier, autant qu'il seroit en nous, à un si grand abus; et pour y parvenir, nous n'avons rien eu tant à cœur, dès notre arrivée dans ce pays, que de renouveler les instances respectueuses qui avoient déjà été faites à Sa Sainteté sur ce sujet, en la suppliant, avec les autres Supérieurs des Missions des Colonies Françoises, de nous mettre en état de fixer invariablement le nombre des Fêtes de précepte pour les Libres et pour les Esclaves.

Ce n'a pas été en vain, nos très-chers Freres, que nous nous sommes adressés au Père commun de tous les Fidèles; il lui a plû de répondre à nos demandes; et par la confiance dont il nous a honoré, il a laissé à notre discrétion de réduire au nombre que nous jugerions convenable, les Fêtes que nous déclarerions d'obligation indistinctement pour tous, soit Libres ou Esclaves.

A ces causes, faisant attention que le trop grand nombre de ces Fêtes est préjudiciable au bien de la Colonie; convaincus d'ailleurs de l'abus criminel que les Esclaves en font, et n'ignorant pas que le peu de dévotion et d'exactitude des Libres à chaumer celles qui n'étoient que pour eux, voulant apporter tout le tempérament qui dépendroit de nous, après en avoir communiqué et reçu les intentions de M. le Chevalier de la Rochalard, Gouverneur, et de M. Duclos, Intendant, et pris sur ce sujet l'avis des Missionnaires et Curés de notre dépendance.

Par l'autorité Apostolique qui nous est confiée; nous déclarons d'obligation, et ordonnons à tous les Fidèles, Libres et Esclaves, des Paroisses dépendantes de nos Missions, d'observer sous précepte, ainsi que l'Église le commande, outre les Dimanches, qui sont de droit Divin, les Fêtes désignées par le Réglement qui suit, savoir:

1er. Janvier, la Circoncision. (*V. le Mandement du 14 Novembre 1719, que celui-ci a copié jusques et compris la ligne qui suit.*)

27 Décembre, Saint-Jean l'Évangéliste.

La seconde Fête de Pâques sera aussi retranchée, et la seconde et troisième de la Pentecôte.

Dans les années où les Fêtes de la Conception et de la Nativité se rencontreront le Samedi ou le Lundi, nous les transférerons au Dimanche suivant.

Ce sont là, mes très-chers Frères, les Fêtes que vous devez observer, en assistant régulièrement à la Messe de Paroisse, et aux Offices-Divins, employant ces Saints jours à la lecture des livres de piété, à l'exercice des vertus Chrétiennes, et à l'instruction de vos Esclaves; devoir sur lequel nous devons ici, nos très-chers Frères, vous faire faire quelques réflexions qui vous rendent attentifs à les envoyer plus régulièrement recevoir celles de leurs Pasteurs, dans les Catéchismes qu'ils font les Dimanches et Fêtes; en vous faisant observer que votre conscience devant Dieu, restera chargée de l'ignorance dans laquelle vivent la plupart desdits Esclaves, exclus par-là du Saint-Sacrement de Baptême. Ne perdez point de vue ces avis; il n'y en a point de plus important à votre salut; les Ordonnances de nos Rois se sont jointes à la voix du Pasteur pour des peines imposées contre les Infracteurs; nous ne saurions croire, par la justice que nous vous rendons sur tous ces devoirs communs, que nous puissions jamais être forcé d'y avoir recours; nous vous rendrons pareillement la justice de croire que vous n'avez pas oublié que les jours du Seigneur sont des jours de repos, mais d'un repos saint et salutaire, qui consiste dans un dégagement d'esprit et de cœur, pour tout ce qui regarde le temporel, et dans une application exacte, et un attachement inviolable à tous les devoirs de l'homme Chrétien. N'est-il pas bien vrai et juste en effet, de suppléer dans ces saints jours, par une piété constante, au défaut des bonnes actions que nous négligeons presque toujours de faire dans les autres jours, et de réparer par-là les brèches funestes que mille différentes affaires font continuellement à notre vertu. Et comment nous acquitter de ces devoirs, si ce n'est par l'interruption des œuvres serviles, et la séparation des embarras du siecle et du tumulte des passions? Nous laissons à nos Curés le soin de vous entretenir plus au long d'un devoir que nous ne vous représentons ici qu'en peu de mots; et nous leur ordonnons de lire au Prône des Messes de Paroisses notre présent Mandement, de le faire afficher aux portes de leurs Églises, et par-tout où besoin sera; priant très-humblement M. le Général et M. l'Intendant, en joignant ici leur approbation, d'ordonner aux Officiers Commandans et de Justice dans les quartiers, de tenir la main à son exécution, en quoi ils satisferont moins à nos desirs qu'à la volonté de Dieu, qui ne les a mis en place que pour faire observer sa sainte loi, et les Commandemens de la Sainte Église.

Donné en notre maison de Léogane, sous le sceau de notre Office, et le contre-seing de notre Secrétaire, le 15 Octobre 1730. *Signé*, I. D. MONTHIEU, Préfet Apostolique; *et plus bas*, par le Révérend P. Préfet Apostolique, F. M. BERAGE, et duement scélé.

LE CHEVALIER DE LA ROCHALARD.

Vu le Mandement et Réglement ci-dessus, en conséquence du Rescrit de notre Saint-Père le Pape Benoît XIII, du 22 Juin 1728, envoyé, avec l'approbation de Sa Majesté, par M. le Comte de Maurepas, Secrétaire d'État ; nous donnons avec d'autant plus de satisfaction notre agrément au susdit Mandement et Réglement, qu'en retranchant fixement une grande partie des Fêtes, et leur duplicité aux Libres et aux Esclaves, &c. (*V. L'Ordonnance du* 14 *du même mois d'Octobre, à la suite du Mandement du* 14 *Novembre* 1729.)...... au Conseil Supérieur du Petit-Goave, aux autres Jurisdictions en ressortissantes, et par-tout où il conviendra, à ce que personne n'en ignore.

Donné au Petit-Goave, le 18 Octobre 1730. *Signé*, LE CHEVALIER DE LA ROCHALARD.

R. au Conseil du Petit-Goave, le 6 Novembre 1730.

EXTRAIT de la Lettre du Ministre à M. de la Lance, Ingénieur en Chef à Saint-Domingue, sur son travail, pour faire connoître la Topographie de cette Colonie.

Du 21 Novembre 1730.

J'AI approuvé l'ouvrage que vous avez entrepris, de réduire sur une même échelle les vues des paysages, les plans des principaux Ports de la Colonie, des Forts et Villes de Saint-Louis, du Petit-Goave, Saint-Marc, le Port-de-Paix, le Cap et Bayaha, avec la Carte de la partie Françoise, et un Mémoire sur chaque poste. Je verrai cet ouvrage avec plaisir, et il sera fort utile ; je vous prie de me l'envoyer lorsqu'il sera fait.

LETTRE *du Ministre à M. le Chevalier de la Rochalard, touchant les honneurs.*

Du 21 Novembre 1730.

J'AI reçu la Lettre que vous avez pris la peine de m'écrire le 22 du mois de Juillet dernier, avec les papiers qui y étoient joints, concernant la discussion qu'il y a eu au Cap entre M. d'Hericourt, Lieutenant de Roi, et le sieur de Clairambault, Procureur du Roi de la Jurisdiction, à l'occasion du feu de la S. Jean.

La prétention du sieur de Clairambault, pour la marche et la torche pour allumer le feu, n'a aucun fondement, et M. d'Hericourt a bien fait de l'empêcher, quoiqu'il ne soit pas plus en droit que le Procureur du Roi d'avoir la torche; l'art. VII du Réglement du 30 Septembre 1713, concernant les honneurs aux Eglises et aux feux de joie, portant qu'il sera présenté trois torches, une au Prêtre Officiant, et les deux autres au Gouverneur-Général et à l'Intendant, et en cas d'absence de ce dernier, au Doyen des Conseillers. Ce Réglement est enregistré dans les Conseils Supérieurs de Saint-Domingue, et je suis surpris qu'il y soit ignoré.

Le Roi ayant érigé depuis le Gouvernement particulier de cette Isle en Gouvernement-général, y ayant aussi établi un Intendant et fait plusieurs autres dispositions, il convient de faire quelques changemens à ce Réglement. Cela a été exécuté pour les Isles du Vent, par un Réglement du 15 Novembre 1728, par l'art. XV duquel il est réglé qu'aux feux de joie il sera présenté trois torches, une au Prêtre officiant, et les deux autres au Gouverneur-Général et à l'Intendant, et en cas d'absence du Gouverneur-Général, la torche sera présentée à l'Officier Commandant, successivement jusques et compris le Major; et en l'absence de l'Intendant, au Premier Conseiller, au Commissaire de la Marine, successivement au Doyen ou au Conseiller qui sera à la tête des titulaires; au défaut desquels Officiers-Majors et du Conseil, il ne sera présenté que la torche au Prêtre officiant.

L'art. XIX porte qu'en l'absence de l'Intendant, les Conseillers qui se trouveront aux marches publiques et particulières, seront censés y être en corps, lorsqu'ils seront au nombre de cinq; et lorsqu'ils y seront en moindre nombre, ils seront censés être à la tête de la Jurisdiction, sans que le Greffier en chef puisse prétendre de marcher avec eux.

L'intention de S. M. a été de rendre le même Réglement pour Saint-Domingue ; et cela seroit fait il y a long-tems, si vous m'aviez envoyé les éclaircissemens que je vous demande il y a plus de trois ans, pour parvenir à un Réglement pour les Milices, avec lequel celui des honneurs a beaucoup de rapport.

ARRÊT du Conseil du Cap, qui prolonge pendant un an, l'exercice d'un Receveur de l'Octroi.

Du 2 Janvier 1731.

LE CONSEIL assemblé pour nommer à la recette des Octrois de cette dépendance au lieu et place du sieur Lescarmotier, après avoir délibéré et s'être fait représenter l'état de ladite recette par le sieur Lescarmotier, qui a été entendu ; et oui le Procureur-Général du Roi, a nommé et commis le sieur Bornard de la Salle audit emploi, pour en faire la recette et exercice, à commencer du 1er Janvier de l'année prochaine 1732, en faisant par lui le serment en tel cas requis, et donnant bonne et suffisante caution, qui sera reçue pardevant M. Durocher, en présence du Procureur-Général ; ordonne ledit Conseil que ledit sieur Lescarmotier finira la recette de la présente année, et fera le recouvrement des anciens débets pendant le cours d'icelle ; à l'effet de quoi il lui sera décerné toutes ordonnances et contraintes nécessaires.

Rayé, biffé en vertu de l'Ordre du Roi, du 3 Juillet suivant.

V. l'Arrêt du 15 Février 1731.

ARRÊT du Conseil du Cap, touchant la Vente des Nègres, Epaves, dans la Jurisdiction du Fort-Dauphin.

Du 5 Janvier 1731.

VU par le Conseil, la Requête de Julien Bornat, Receveur des amendes, épaves et confiscations du ressort de Bayaha, contenant que ce seroit un usage établi audit Siége de Bayaha, depuis quelque tems, de ne faire

faire vendre les Négres-Marons détenus en prison, et non reconnus par leurs Maîtres ni personne pour eux, qu'au bout de trois mois du jour de leur arrivée auxdites prisons, et qu'après trois publications à jours différens, de huitaine en huitaine, ce qui feroit que les Négres se consomment en frais, dépérissent infiniment par la mauvaise nourriture, s'échappent quelquefois, et quelquefois aussi y meurent; et comme le Suppliant a appris que lesdits Négres-Marons se vendent au Cap au bout de 40 jours, qu'il ne paroît pas naturel que, pour le même sujet, il y ait différens usages dans les Jurisdictions dépendantes du même Conseil, il a été conseillé de se pourvoir, &c. LE CONSEIL ayant aucunement égard à la Requête du Demandeur, ordonne aux Greffier et Geolier, de tenir un Registre et Tableau exacts des Négres-Marons, qui puissent être exposés et vus du public pour reconnoître les Négres; et quant au surplus de ladite Requête concernant l'usage qui s'observe pour la vente desdits Négres, a réservé d'ordonner ce qu'il appartiendra, et jusqu'à ce ordonne que l'ancien usage s'observera.

COMMISSION de Capitaine de Port au Cap, accordée par Sa Majesté au sieur Raoulx.

Du 13 Janvier 1731.

R. au Conseil du Cap, le 11 *Juillet* 1749.

PROVISIONS de Gouverneur Lieutenant-Général, pour M. le Marquis de Vienne, Capitaine de Vaisseau.

Du 5 Février 1731.

R. au Conseil du Cap, le 8 *Octobre* 1731.
Et à celui du Petit-Goave, le 5 *Novembre suivant.*

Ces Provisions sont conformes à celles de M. le Marquis de Chateaumorant, du premier Janvier 1716.

ARRÊTÉ du Conseil du Cap, touchant des imputations faites à la Cour par le Gouverneur-Général, relativement à un Receveur de l'Octroi, maintenu après les cinq années de son exercice.

Du 15 Février 1731.

(*Le Conseil extraordinairement assemblé par la convocation de MM. Beauval Barbé et Carbon, Président et Procureur-Général.*)

VU par le Conseil, la Lettre écrite à MM. Beauval Barbé et Carbon, par M. le Chevalier de la Rochalard, datée au Petit-Goave, du 27 Janvier 1731, dont la teneur ensuit :

» Plus la confiance où j'étois, MM., qu'il suffisoit que les intentions du Roi fussent connues au Conseil, pour être assuré de sa respectueuse déférence à ses ordres, auxquels, dans les places que vous y occupez, vous tiendriez la main, plus aussi ma surprise a été extrême de ce que vous ayant rappelé, par ma Lettre à MM. de Chastenoye et le Gentil, les volontés de Sa Majesté, qui, pour le maintien du bon ordre de ses finances, a ordonné, à compter du premier Janvier 1726, que les pourvus de la recette de l'Octroi ne resteroient que cinq ans en fonctions, vous ayez pu, sans avoir égard à ce Réglement, maintenir le sieur Lescarmotier, ancien Receveur, dans une continuité d'exercice pendant la présente année, grace qu'il nous avoit inutilement demandée quand il étoit venu ici plus pour cette affaire que pour toute autre, en l'assurant que, quoiqu'il ne Nous revînt que des témoignages engageans à lui faire plaisir, Nous ne le pouvions en cette occasion ; notre exactitude à donner l'exemple au maintien des Ordres du Roi, ne Nous permettant pas plus d'y apporter d'altération que de souffrir qu'on y en apporte. Si vous aviez, MM., ainsi que le Conseil, à qui vous communiquerez cette Lettre, fait pareille réflexion sur l'exemple que vous devez, je n'aurois pas à improuver votre décision, et à vous enjoindre, à la réception de cette Lettre, d'assembler le Conseil, avec l'approbation de M. de Chastenoye, pour mettre en fonctions un nouveau Receveur pour la perception des droits d'Octroi de la présente année, conformément à l'extrait du Réglement du Roi, que vous trouverez ci-joint par supplément, s'il n'a pas été mis dans vos Registres, ne pouvant plus permettre l'exercice de cette recette audit sieur Lescarmotier. Vous ne manquerez pas, pour ce remplacement, de Sujets à établir en fonctions actuelles, et non pas en survivance, il n'y a que le Roi qui en accorde. Je suis bien aise de vous informer que je défends au sieur Lescarmotier de servir de caution au Receveur que le Conseil nommera en sa place, précaution relative à l'esprit du Réglement du Roi, afin qu'il ne puisse y avoir, par reconnoissance, aucune communication des fonds à rentrer au nouveau Caissier, qui puisse suppléer et couvrir les comptes que doit rendre l'ancien; c'est à quoi vous tiendrez la main. Je suis très-parfaitement, MM., votre, &c. LE CHEVALIER DE LA ROCHALARD. »

Après que la lecture a été faite d'abondant de ladite Lettre par le Greffier de la Cour; et oui le Procureur-Général du Roi: LE CONSEIL a ordonné et ordonne que MM. de Beauval et Carbon, auxquels ladite Lettre a été adressée, feront pareillement la réponse à M. le Général, et lui témoigneront:

1°. Que la surprise de la Cour, de se voir taxée d'avoir contrevenu au Mémoire du Roi, du 20 Août 1716, lorsqu'au contraire Elle a entendu y satisfaire par son Arrêt de nomination à l'emploi de Receveur de l'Octroi, en conciliant l'intention de Sa Majesté avec le bon ordre qu'Elle veut être observé pour l'exercice dudit emploi, qui ne peut être établi que par un arrangement qui demande quelque tems, ce qui se justifie suffisamment par les termes dont la Cour s'est servi dans son Arrêt, duquel lui sera envoyé une expédition en forme.

2°. Que le Conseil ressent tout le chagrin que peut causer à de fidèles Sujets, le peu de justice que leur rend M. le Général sur l'attention et l'attachement inviolable qu'ils ont pour les volontés du Roi, lesquelles leur sont toujours présentes dans l'exercice des charges dont il a plu à Sa Majesté de les honorer.

3°. Dans le fait que la nomination que le Conseil a faite étant régulière et dans les formes, il ne peut ni ne doit la rétracter, ni en faire une autre, à moins que ce ne fût par quelque défaut ou raison qui n'est pas encore connue à la Cour.

4°. Enfin, que rien ne périclite, et qu'il seroit à souhaiter qu'il plût au Roi de révoquer cette Déclaration, et laisser à la Cour la liberté qu'Elle avoit auparavant, de continuer ou changer les Receveurs de l'Octroi, selon l'exigence des cas, et qu'il seroit de sa prudence.

Pourquoi Elle se propose, sous le bon plaisir de Sa Majesté, de lui en faire au premier jour ses très-humbles remontrances, n'ayant jamais demandé ladite Déclaration, et ne l'ayant reçue et exécutée jusqu'à présent, que par la soumission et le respect que le Conseil a toujours eu, et dont il se pique autant que personne pour ce qui vient de la part de Sa Majesté.

Et comme il paroît évidemment par cette Lettre, que M. le Général a été mal informé, et qu'il y a quelque mauvais esprit qui cherche à brouiller le Conseil avec lui, par des rapports faux et pernicieux, ordonne qu'il en sera informé contre l'auteur, à la diligence du Procureur-Général du Roi, réservant sur ce qui pourra se découvrir, de faire telle poursuite qu'il appartiendra.

Biffé suivant l'Ordre du Roi, du 3 Juillet suivant.

Nota. *Le sieur Lescarmotier donna sa Démission le même jour 15 Février, de manière que le sieur Lasalle entra en exercice.*

ARRÊT du Conseil d'Etat, qui casse et annulle comme incompétemment rendu, un Arrêt du Parlement de Rennes, du 10 Mars 1730, qui reçoit une opposition à un Arrêt du Conseil du Cap, et statue sur l'appel de Sentences du Siége Royal de la même Ville.

Du 17 Février 1731.

SUR la Requête présentée au Roi étant en son Conseil, par François Boutet, Négociant à Tours, contenant qu'il est obligé de réclamer l'autorité de Sa Majesté contre un Arrêt du Parlement de Rennes, rendu le 10 Mars 1730, par lequel ce Parlement, sans s'arrêter aux Requêtes du Suppliant, dont il l'a débouté, ayant égard aux conclusions du sieur le Grand, l'a reçu opposant à l'Arrêt du Conseil Supérieur du Cap, du 5 Février 1725; et en conséquence, faisant droit sur l'appellation des Sentences de la Jurisdiction Royale du Cap, a prononcé qu'il avoit été mal, nullement, précipitamment et incompétemment jugé, réformant, les a cassées, rejetées et annullées; et faisant pareillement droit sur l'appel de la Sentence des Consuls de Nantes, du 25 Février 1726, a mis lesdites appellations et ce dont avoit été appelé, au néant; réformant, a condamné le Suppliant de rendre le compte en question au sieur le Grand, jusqu'au 15 Décembre 1722, en conformité de l'acte de Société du 15 Décembre 1718; à laquelle fin a renvoyé les Parties procéder devant les Consuls de Nantes, et a condamné le Suppliant en tous les dépens.

Cet Arrêt est contraire aux maximes les plus certaines, &c. Vu ladite Requête et les pièces justificatives d'icelle ; oui le rapport, et tout considéré : S. M. étant en son Conseil, ayant égard à ladite Requête, et y faisant droit, a cassé et annullé, casse et annulle ledit Arrêt du Parlement de Rennes, du 10 Mars 1730, et tout ce qui s'en est ensuivi et pourroit s'ensuivre, sauf à le Grand à se pourvoir par les voies de droit, ainsi qu'il avisera bon être, &c.

ORDONNANCE DU ROI, *pour fixer la Jurisprudence, sur la nature, la forme, les charges et les conditions des Donations.*

Du mois de Février 1731.

R. au Parlement de Paris, le 9 Mars suivant.

Cette Ordonnance, quoique non enregistrée à Saint-Domingue, y est cependant exécutée ; nous en parlerons ailleurs. La facilité de se la procurer, même dans tous les formats, nous dispense de la rapporter.

ARRÊT *du Conseil du Petit-Goave, qui ordonne l'imposition et levée de 3 liv. par tête de Négres, travaillans pour les Droits suppliciés ; et accorde au Receveur dix pour cent sur sa recette.*

Du 10 Mars 1731.

ORDONNANCE *du Juge de Police du Cap, qui défend de jeter les immondices dans les rues et dans la place publique ; et enjoint de les porter au bord de la mer, et de nétoyer les rues.*

Du 16 Juin 1731.

ORDRE DU ROI au Conseil du Cap, pour que les deux Arrêts de cette Cour, des 2 Janvier et 15 Février précédens, qui avoient prolongé l'exercice d'un Receveur de l'Octroi, soient biffés.

Du 3 Juillet 1731.

DE PAR LE ROI.

NOS amés et féaux : Nous avons vu avec peine les Arrêts que vous avez rendus les 2 Janvier et 15 Février derniers, à l'occasion du Receveur des deniers d'Octroi au Quartier du Cap ; vous avez en cela outrepassé le pouvoir que Nous vous avons confié, et donné atteinte à l'autorité dont Nous avons revêtu le Gouverneur et notre Lieutenant-Général aux Isles sous le Vent ; et ne voulant pas laisser subsister ces Arrêts, Nous vous faisons cette Lettre pour vous dire que notre intention est que vous ayez à les biffer sur les Registres de vos Délibérations : si n'y faites faute ; car tel est notre plaisir. Donné à Fontainebleau, &c.

R. au Conseil du Cap.

ORDRE DU ROI au Conseil du Cap, qui enjoint à cette Cour d'aller au Petit-Goave, dans la personne du Doyen et d'un autre Conseiller, pour y faire des excuses à M. le Chevalier de la Rochalard, Général, sur ce qui s'est passé les 2 Janvier et 15 Février, touchant un Receveur de l'Octroi.

Du 3 Juillet 1731.

DE PAR LE ROI.

NOS amés et féaux : Nous avons été si mal satisfait de la conduite que vous avez tenue envers le sieur Chevalier de la Rochalard, Gouverneur et notre Lieutenant-Général aux Isles sous le Vent, à l'occasion du Receveur des deniers d'Octroi au Quartier du Cap, que Nous vous faisons cette Lettre, pour vous dire que notre intention est que le Doyen du Conseil, accompagné d'un autre Conseiller opinant, ait à se rendre au Petit-Goave, pour, au nom dudit Conseil, faire audit sieur Chevalier de la Rochalard, des excuses de ce qui s'est passé à ce sujet : si n'y faites faute ; car tel est notre plaisir. Donné à Fontainebleau, le 3 Juillet 1731. *Signé*, LOUIS ; *et plus bas*, PHELYPEAUX.

L'Ordre a été exécuté par M. Beauval-Barbé, Doyen, accompagné de M. Pillat, le 25 Janvier 1732.

LETTRES *de dispense de Serment pour le sieur Marquis de Vienne, étant à Brest, et nommé Gouverneur et Lieutenant-Général des Isles sous le Vent de l'Amérique.*

Du 24 Juillet 1731.

EXTRAIT *de la Lettre du Ministre à MM. de Vienne et Duclos, portant que les Officiers des Conseils, présentant des Requêtes en particulier aux Administrateurs, doivent les traiter de* Monseigneur.

Du 31 Juillet 1731.

J'AI rendu compte à S. M. de la décision que M. le Chevalier de la Rochalard a demandée, si les Officiers des Conseil Supérieurs, soit en Corps ou en particulier, lorsqu'ils présentent des Requêtes au Général ou en commun avec l'Intendant, doivent se dispenser de les traiter de *Monseigneur* : sur quoi S. M. m'a ordonné de vous expliquer qu'ils ne doivent point ce titre dans celles qu'ils présentent en corps, mais seulement dans celles qu'ils présentent en particulier. S. M. souhaite que cela soit ainsi exécuté.

EXTRAIT de la Lettre du Ministre à MM. de Vienne et Duclos, portant qu'on ne doit consulter les Ordonnances de la Guerre, que dans les cas non prévus par celles de la Marine.

Du 31 Juillet 1731.

J'AI été informé que, depuis le départ de M. Duclos, M. de Saint-Aubin, Commissaire de la Marine, Ordonnateur en son absence, n'a pas été appelé aux Conseils de Guerre qui ont été assemblés au Petit-Goave où il réside; il m'est revenu que ç'a été parce que dans le code Militaire il n'y est point fait mention que les Commissaires des Guerres ayent séance dans les Conseils de Guerre; ce n'étoit pas une raison pour que M. de Saint-Aubin en fût exclu, parce qu'on ne doit avoir recours aux Ordonnances de la Guerre, que dans les cas qui n'ont point été prévus par les Ordonnances de la Marine, dont S. M. vous recommande l'exécution.

PROVISIONS de Premier Conseiller aux Conseils Supérieurs du Petit-Goave et du Cap, pour le sieur Tesson de Saint-Aubin, Commissaire de la Marine, au lieu et place de M. Duclos.

Du 4 Août 1731.

LOUIS, &c. . . . . faire toutes les autres fonctions que ledit sieur Intendant feroit s'il étoit présent esdits Conseils; voulons cependant qu'auxdits cas de mort ou d'absence de l'Intendant de ladite Isle, ledit sieur Tesson de Saint-Aubin n'ait rang et séance esdits Conseils qu'après les Gouverneurs particuliers, et avant les autres Officiers-Majors. Si donnons en mandement à nos amés et féaux les Gens tenans nosdits Conseils, qu'après avoir reçu le serment dudit sieur Tesson de Saint-Aubin en tel cas requis et accoutumé, ils ayent à enregistrer ces présentes, et du contenu en icelles le faire jouir. . . . . &c.

Tout le reste de ces Provisions est conforme à celles de M. Duclos, du 22 Septembre 1720.

PROVISIONS

PROVISIONS de Second Conseiller aux Conseils Supérieurs du Petit-Goave et du Cap, pour M. le Gentil, Commissaire de la Marine.

Du 4 Août 1731.

V. la Commission de Second Conseiller de M. Duclos, du 22 Mai 1718.

ARRÊT du Conseil du Petit-Goave, qui commet un Greffier en la Cour pendant la maladie du titulaire.

Du 3 Septembre 1731.

SUR ce qui a été représenté au Conseil par le Procureur-Général du Roi, que M. Lacour, Greffier du Conseil, étant dangereusement malade, et hors d'état de vaquer aux fonctions de son emploi, il est nécessaire de commettre une personne capable pour exercer en son lieu et place jusqu'à son rétablissement, &c. Le Conseil ordonne que le sieur de Boileau tiendra la plume à la présente séance, et signera toutes les expéditions, tant des Arrêts qui seront prononcés, que des précédens dont les parties auront besoin, à l'effet de quoi a pris et reçu de lui le serment en tel cas requis; ordonne en outre qu'il sera apposé dans le jour une seconde serrure à l'armoire, contenant les Registres et Minutes du Greffe, dont la clef a été confiée par ledit Me Lacour audit Busson, que la clef de la nouvelle serrure sera remise audit sieur de Boileau, et que l'ancienne restera entre les mains dudit Busson, afin qu'ils ne puissent ouvrir ladite armoire qu'en présence l'un de l'autre, et ladite serrure a été apposée sur le champ par le nommé Viau, Coutelier de cette Ville, et les clefs remises ainsi qu'il est ordonné; et pour l'expédition du présent Arrêt, la Cour a commis Marteau, Huissier-Audiencier, après avoir pris de lui le serment en tel cas requis.

ORDONNANCE DU ROI, pour l'entretenement du Régiment Suisse de Karrer au service de la Marine.

Du 9 Octobre 1731.

Elle est semblable à celle du premier Septembre 1752, pour le même Regiment, alors sous le nom de Hallwyl.

ORDONNANCE des Administrateurs, pour l'établissement de la Ville du Fort-Dauphin.

Du 18 Octobre 1731.

LE Marquis de Vienne, &c.

Jean-Baptiste Duclos, &c.

Sa Majesté ayant jugé à propos de faire l'établissement d'un Fort et d'une Ville dans la Baye de Bayaha, sous le nom de Fort-Dauphin, et Ville du Fort-Dauphin; Nous, conformément aux ordres que nous en avons reçus de Sa Majesté, ordonnons que la Jurisdiction, le Quartier, la Baye ou Rade jusqu'à présent dite de Bayaha, seront nommés à l'avenir, Jurisdiction de la ville du Fort-Dauphin, Quartier, Baye ou Rade du Fort-Dauphin; mandons aux Officiers, aux Curés, Marguilliers, Arpenteurs, Notaires, et tous autres Officiers publics, de dater dorénavant les Jugemens qu'ils rendront, et tous les Actes et Délibérations qu'ils passeront et signeront, de la Ville ou Quartier du Fort-Dauphin; leur défendons de se servir à l'avenir du terme de Bayaha sous les peines de droit; et afin que personne n'en prétende cause d'ignorance, la présente sera enregistrée au Greffe du Conseil, qui l'enverra dans toutes les Jurisdictions ressortissantes, pour être pareillement enregistrée à la diligence des Procureurs du Roi, particulièrement à celle du Fort-Dauphin, et sera lue, publiée et affichée par-tout où besoin sera, à la diligence du même Procureur du Roi; recommandons à M. de Chastenoye, Gouverneur, et à M. de Buttet, Lieutenant-de-Roi, Commandant de ladite Ville et Fort-Dauphin, de tenir la main à son exécution, et de Nous informer en cas que l'on ne s'y conforme pas. Donné au Cap, &c. *Signé*, LE MARQUIS DE VIENNE et DUCLOS.

R. au Conseil du Cap, le lendemain.

ORDONNANCE touchant la Chasse et la Coupe des Bois à la Tortue.

Du 23 Octobre 1731.

LE Marquis de Vienne, &c.

Jean-Baptiste Duclos, &c.

Sur ce qui Nous est revenu, que malgré toutes les défenses ci devant faites, par ordre de Sa Majesté, à tous les habitans de l'Isle Saint-Domingue, d'aller couper des bois ni chasser, sous quelque prétexte que ce soit, dans l'Isle de la Tortue, que Sa Majesté s'est réservée pour les besoins de ses Vaisseaux ou pour la charpente de ses Vaisseaux et fortifications qu'Elle jugeroit à propos de faire construire, plusieurs Habitans s'ingerent d'y envoyer furtivement chasser ou couper des bois; et étant nécessaire de remédier à un pareil abus, très-préjudiciable à l'utilité que Sa Majesté prétend retirer de ladite Isle de la Tortue: Nous, en réitérant les anciens réglemens faits à ce sujet, défendons à toutes personnes, de quelque qualité et condition qu'elles soient, d'aller ou d'envoyer, sans notre permission expresse et par écrit, dans ladite Isle de la Tortue, pour y chasser ou tuer aucuns Bestiaux, ou pour couper des bois, sous quelque prétexte que ce puisse être, à peine de quinze cent livres d'amende et confiscation des Bateaux et Négres-Esclaves qui y seront trouvés en contravention de la présente Ordonnance, laquelle amende et confiscation, applicable aux fortifications, sera prononcée par M. le Commandant du Port-de-Paix, à la diligence de M. le Major, qui sera tenu de faire toutes les poursuites et procédures nécessaires pour la conviction des contrevenans, lesquels seront contraints par corps au payement de ladite amende, entre les mains du Commis du Trésorier au Port-de-Paix, qui s'en chargera en recette extraordinaire; pourquoi ledit sieur Commandant aura attention de nous informer de toutes les condamnations qu'il pourra prononcer à ce sujet; recommandons à M. de Chastenoye, Commandant du Cap, et à M. Moret, Lieutenant-de-Roi, Commandant au Port-de-Paix, de tenir la main à l'exécution de la présente Ordonnance, qui sera lue, publiée et affichée par-tout où besoin sera, &c. Donné au Port-de Paix, &c. *Signé*, LE MARQUIS DE VIENNE, DUCLOS, &c.

R. au Siège Royal du Port-de-Paix, le 26 Octobre 1731.

Arrêt du Conseil du Cap, qui, sur l'Ordonnance des Administrateurs, dispense un particulier de consigner l'Amende de 450 liv., sur une Requête civile, attendu sa pauvreté.

Du 6 Novembre 1731.

Arrêts du Conseil du Cap, touchant un démêlé entre le Sénéchal et le Procureur du Roi du Cap, et une désobéissance de ce dernier envers la Cour.

Des 7 et 8 Novembre 1731.

VU par le Conseil, la Requête en forme de plainte du Juge du Siége Royal et Amirauté de cette Ville du Cap, et la Requête du Procureur du Roi; après que lesdits sieurs Juge et Procureur du Roi ont été ouis, et que Me Auriol, Notaire et Commis-Greffier dudit Siége, et les sieurs Patricot et Godof, témoins, ont été entendus en la Chambre; après avoir pris d'eux le serment, et oui M. de Juchereau, Conseiller, faisant fonctions de Procureur-Général, tout considére: LE CONSEIL a ordonné et ordonne que Me Clérambault sera mandé en la Chambre, en présence de Me Lemaitre, et que là, à haute et intelligible voix, il fera excuse audit sieur Lemaitre des termes dont il s'est servi hier à son égard, lorsqu'ils étoient à la confection de l'Inventaire des effets de feu Fontaine, et qu'il lui dira qu'il est fâché que sa vivacité l'ait emporté jusqu'à lui dire des injures et le menacer; qu'il prie ledit sieur Lemaitre de les oublier; ordonne en outre que les dires par eux respectivement portés sur l'Inventaire du jour d'hier, seront rayés et biffés; fait défenses audit sieur Clérambault de récidiver, sous peine d'interdiction. Donné au Conseil du Cap, le 7 Novembre 1731.

LE CONSEIL assemblé ayant mandé à la Chambre Me Clérambault, Substitut du Procureur-Général du Roi au Siége Royal de cette Ville du Cap, où étoit Me Lemaitre, Juge audit Siége; auroit, par le Greffier de la Cour, fait lire en leur présence l'Arrêt qu'elle venoit de rendre au sujet des discussions qui étoient arrivées le jour d'hier, à la confection de l'Inventaire de feu Fontaine; et après que la lecture leur en a été faite, ledit sieur Clérambault a déclaré qu'il ne vouloit point obéir à l'Arrêt, et que la Cour feroit tout ce qu'elle voudroit; sur quoi le Doyen du Conseil l'auroit sommé par trois fois d'obéir audit Arrêt, et sur le champ il a répondu qu'il n'y obéiroit pas, et que le Conseil pourroit faire tout ce qu'il voudroit. Le Conseil voyant la désobéissance réitérée dudit Clérambault, et oui M. de Juchereau, Conseiller, faisant fonctions de Procureur-Général, tout considéré : a ordonné et ordonne que ledit Clérambault demeurera interdit de toutes fonctions de la Charge de Substitut de Procureur-Général du Roi au Siège Royal et Amirauté du Cap, jusqu'à ce qu'il plaise à Sa Majesté d'en ordonner autrement; et afin que le public ne souffre point, ordonne que ledit Clérambault remettra, sous trois jours, au Greffe de la Jurisdiction, toutes les pièces et procès qu'il peut avoir, lesquels seront délivrés à Me Allain, Lieutenant-Particulier du même Siège, que la Cour a commis d'office pour en faire les fonctions en son lieu et place, jusqu'aux ordres de Sa Majesté; ordonne que les deux Arrêts de ce jour seront signifiés, à la diligence de M. de Juchereau, Conseiller, faisant fonctions de Procureur-Général, audit Clérambault. Donné au Conseil du Cap, le 7 Novembre 1731.

Vu par le Conseil, la Requête à lui présentée par le sieur Clérambault, contenant que l'accusation portée hier en ce Conseil par le sieur Juge du Cap, le surprit tellement qu'il en perdit, pour quelque temps, l'usage de ses sens et de son esprit, ce qui l'auroit fait malheureusement écarter de l'obéissance qu'il doit au Conseil; mais qu'à peine eut-il repris ses sens, il reconnut toute sa faute, et il se présente à présent au Conseil, avec la soumission d'obéir en entier au contenu de l'Arrêt, &c. Le Conseil a débouté le suppliant de sa Requête, &c. Donné le 8 Novembre 1731.

V. l'Arrêt du 7 Janvier 1732.

ARRÊT du Conseil du Cap, qui ordonne qu'une Poudre distribuée sans être approuvée, ni par une Faculté du Royaume, ni par le Médecin du Roi, sera jetée à la mer.

Du 7 Novembre 1731.

VU par le Conseil, le rapport à lui fait par le sieur Duvalain, Médecin du Roi en cette Ville du Cap, du remède, dit la poudre de Canseride, saisie par ordre dudit Conseil, lequel, après l'avoir visitée et examinée, l'auroit reconnue pour celle qui avoit déjà été envoyée, il y a environ six ans, dans cette Colonie, et dont M. le Comte d'Arquian, alors Gouverneur, auroit fait faire quelques expériences qui furent assez heureuses dans quelques fièvres intermittentes, mais qui produisirent de très-mauvais effets dans d'autres maladies; comme l'Auteur dudit remède n'en dit point la composition dans la dissertation, et qu'il en fait une selle à tous chevaux, que d'ailleurs il n'est point approuvé de M. le Médecin du Roi, ni d'aucune Faculté du Royaume, il en auroit jugé l'usage très-dangereux; et oui M. de Juchereau, faisant fonctions de Procureur-Général, tout considéré: LE CONSEIL a ordonné et ordonne que la Poudre de Canseride, saisie, sera jetée à la mer, en la présence du Substitut du Procurer-Général.

ARRÊT du Conseil du Cap, portant qu'avant leur réception les Chirurgiens subiront cinq examens.

Du 8 Novembre 1731.

VU la Requête présentée par le sieur Duvalain, Médecin du Roi en cette Ville du Cap; oui M. de Juchereau, Conseiller, faisant fonctions de Procureur-Général; tout considéré: LE CONSEIL a ordonné et ordonne que dorénavant, les aspirans à la Chirurgie subiront cinq examens en présence de M. de Chavanne, Conseiller, et du sieur Duvalain, Médecin du Roi, pour lesquels sera nommé, par ledit sieur Duvalain, deux Chirurgiens de cette Ville du Cap, à tour de rôle, à leur réception pour les examiner, en payant par l'aspirant une pistole à chacun desdits Chirurgiens ; et sera permis à tous autres Chirurgiens de se trouver auxdits examens, avec droit de faire quelques interrogations, sans pouvoir prétendre de rétribution, &c.

ORDONNANCE des Administrateurs, qui défend toute communication avec les Négriers avant la visite de Santé.

Du 12 Novembre 1731.

LE Marquis de Vienne, &c.

Jean-Baptiste Duclos, &c.

Les Vaisseaux Négriers qui arrivent dans les rades de cette Colonie, pouvant être infectés de peste, petite vérole, ou autres maux contagieux qui se communiquent par la fréquentation des personnes qui en sont attaquées, et voulant prévenir les suites fâcheuses que ces dangereuses maladies pourroient causer parmi les Blancs et les Noirs du pays ; Nous, conformément aux anciennes Ordonnances du Roi, et à plusieurs Réglemens faits et réitérés à ce sujet par nos prédécesseurs, défendons à tous habitans, de quelque qualité et conditions qu'ils soient, sans exception de personne, et aux Chaloupes des Vaisseaux qui sont en rade, d'aller à bord desdits Navires, sous peine de 400 liv. d'amende, applicable aux fortifications de la Colonie, avant que la visite des Négres ait été faite par les Médecins et Chirugiens destinés à cet effet, et qu'ils en ayent fait leur rapport aux Commandans du lieu ; enjoignant pareillement à tous Capitaines de Navires Négriers, de ne permettre à aucunes personnes d'entrer dans leurs bords que la susdite visite n'y ait été faite, et qu'elles n'en ayent obtenu la permission par écrit de Nous ou des Commandans et Commissaires des lieux, sous peine de payer une semblable amende de 400 livres, qui aura la même application que la précédente, lesquelles amendes seront prononcées par les Juges ordinaires des lieux, à la diligence des Procureurs du Roi, qui auront soin de nous informer; et afin que personne n'en prétende cause d'ignorance, la présente sera lue, publiée et affichée aux Greffes des Conseils Supérieurs de cette Isle et partout où besoin sera, à la diligence du Procureur-Général et de ses Substituts ; les Capitaines des Ports ou ceux qui entreront lesdits Navires, auront soin de la leur notifier. Recommandons à MM. les Commandans, aux Commissaires des lieux où lesdits Navires pourroient aborder, de tenir la main à l'exécution de la présente, et de nous informer des contraventions qui pourroient être faites. Donné au Petit-Goave, &c.

R. au Conseil du Cap, le 3 Décembre 1731.
Et à celui du Petit-Goave, le 8 Janvier 1732.

ARRÊT du Conseil du Petit-Goave, qui condamne un Calomniateur à faire amende honorable, et à être banni pendant 20 ans hors du ressort de la Cour, pour avoir imputé à un Curateur aux vacances, d'avoir été repris de justice à Paris.

Du 13 Novembre 1731.

EXTRAIT de la Lettre du Ministre à M. Duclos, pour lui envoyer chaque année les Etats du Commerce fait dans l'Isle, et le recensement général.

Du 20 Novembre 1731.

JE vous ai recommandé, avant votre départ, de m'envoyer chaque année les états du commerce de Saint-Domingue. Vous savez que je ne les ai pas reçus depuis l'année 1724, qu'ils me furent envoyés par feu M. de Montholon. Il n'est pas nécessaire de reprendre ces états à commencer de 1725, cela seroit trop embarrassant, mais il vous sera aisé de le faire pour l'année 1730 et pour l'année courante; et je vous prie d'y satisfaire le plus promptement qu'il vous sera possible, et de le faire ensuite très-exactement chaque année. Je n'ai pas reçu non plus le recensement de la Colonie depuis 1726. Je compte que M. le Marquis de Vienne et vous, aurez attention, ainsi que je vous l'ai recommandé, de me l'envoyer; je vous prie de vous en souvenir.

LETTRES-

Lettres-Patentes d'établissement des Religieuses de Notre-Dame au Cap.

Du mois de Novembre 1731.

Louis, &c. Salut : Nous sommes informés que par les soins du Père Boutin, de la Compagnie de Jésus, il a été fait un fonds pour l'établissement en la Ville du Cap, côte Saint-Domingue, d'une Communauté de Religieuses pour l'éducation des jeunes filles de cette Colonie, et que ce fonds, consistant tant en Bâtimens propres à loger ces Religieuses d'une manière convenable, qu'en Habitations, Esclaves et Bestiaux, monte à plus de quatre-vingt-dix mille livres ; et les Religieuses de Notre Dame de Périgueux nous ayant fait représenter que plusieurs d'entr'elles souhaitoient ardemment y passer pour former cet établissement ; Nous nous sommes d'autant plus volontiers déterminé à leur accorder nos Lettres sur ce nécessaires, que l'esprit de leur Institut est de former dans l'intérieur de leur maison des filles de condition aux bonnes mœurs et au desir de leur état, et d'enseigner dans leurs Ecoles particulières, la Doctrine Chrétienne aux filles du commun et externes ; et que Nous sommes persuadés que par leur zèle, leur ferveur et leur régularité, elles travailleront avec succès à donner des secours si avantageux aux filles de nos sujets de ladite Colonie. A ces causes, &c. Nous avons permis et permettons auxdites Religieuses de Notre-Dame de Périgueux, de passer au nombre de six au Cap, côte Saint-Domingue, et de s'y établir ainsi et de la manière qui suit.

Art. I. Elles vivront en communauté suivant les règles et constitutions de leur Ordre ; elles seront gouvernées, pour le spirituel, par le Curé de la Ville du Cap.

Art. II. A l'égard du temporel de ladite Communauté, il sera gouverné et régi par un Syndic qui sera nommé à cet effet par notre Conseil Supérieur du Cap, et sa gestion ne durera que trois ans, après lequel tems il sera tenu de rendre compte pardevant notre Gouverneur au Cap, le Commissaire de la Marine, le Procureur-Général dudit Conseil, le Curé du Cap, et la Supérieure de ladite Communauté.

Art. III. Ladite Communauté sera sujette à l'observation de la police, tant générale que particulière, suivant l'usage de la Colonie.

ART. IV. Elle sera composée de six Religieuses, et de deux Sœurs converses au plus, sans que le nombre puisse en être augmenté sous quelque prétexte que ce soit.

ART. V. Ne pourront aussi lesdites Religieuses, pour quelque raison ni sous quelque prétexte que ce soit, recevoir aucune fille de la Colonie pour Novice dans leur Communauté; mais elles seront tenues de les envoyer dans les Couvens de leur Ordre en France, pour y faire leur noviciat suivant leur institut.

ART. VI. Il leur sera permis de prendre des pensionnaires dans leur maison pour les former aux bonnes mœurs, et les élever suivant les préceptes de la Religion Catholique, Apostolique et Romaine; et de tenir des écoles particulières pour donner les mêmes instructions aux filles externes, et les former suivant leur état.

ART. VII. Au moyen des fonds destinés pour ladite Communauté, et des revenus que les Pensionnaires, les Sœurs et le travail des Religieuses pourront leur produire, elles seront tenues de s'entretenir sans que dans aucun cas elles puissent demander aucun supplément, ni à Nous, ni à nos sujets de notre Colonie. Si donnons en mandement à nos amés et feaux les gens tenant notre Conseil du Cap, et à tous nos Officiers qu'il appartiendra, que ces présentes, &c.

R. au Conseil du Cap, le 2 Juin 1733.

ORDONNANCE des Administrateurs, qui enjoint aux voisins des Hates de se clorre, pour se garantir des Bestiaux que le Propriétaire sera tenu d'étamper; et défend de tuer lesdits Bestiaux; de chasser plus près d'une lieue des Hates, et de vendre aucune viande, (si ce n'est du cochon) sans permission.

Du 15 Décembre 1731.

LE Marquis de Vienne, &c.

Jean-Baptiste Duclos, &c.

Sur ce qui Nous a été représenté par plusieurs Habitans qui ont voulu établir des hates, que quantité de gens sans aveu viennent très-fréquemment la nuit ou autrement, tuer leurs bestiaux jusques dans lesdites hates; que même la plupart des petits Habitans, à qui l'on a accordé des concessions voisines desdites hates, au lieu de se clorre pour n'être pas endommagés par lesdits bestiaux, se contentent d'avoir de très-foibles entourages, et planter seulement quelques vivres, pour avoir occasion de tuer les bestiaux qu'ils y trouvent; et comme l'établissement desdites hates est absolument nécessaire dans les Quartiers François de l'Isle Saint-Domingue, que même il Nous est très-expressément recommandé par Sa Majesté, dont l'intention est de maintenir et protéger ceux qui ont des hates établies, ou ceux qui en établiront par la suite, afin que la Colonie puisse se fournir par elle-même des bestiaux dont elle aura besoin, sans le secours des Espagnols, qui enlèvent par ce moyen tout l'argent du pays; Nous avons jugé qu'il étoit absolument nécessaire de remédier aux abus dont Nous venons de parler, qui sont tout-à-fait contraires au bien et à l'avantage de la Colonie; pourquoi Nous ordonnons aux Habitans qui ont des places et des habitations voisines des hates, de les clorre et fermer dans l'espace d'un an du jour de la publication des présentes, de façon qu'ils ne puissent pas être endommagés par les bestiaux; et faute par eux de faire lesdites clôtures, Nous déclarons qu'ils ne pourront prétendre aucun dédommagement du tort que les bestiaux desdites hates pourroient avoir causé à leurs vivres et jardins; leurs défendons, et à toutes personnes, de quelque qualité et condition qu'elles soient, de tuer, ni faire ou souffrir tuer par leurs Domestiques ou Négres-Esclaves, aucuns bestiaux desdites hates, sous quelque prétexte que ce soit ou puisse être, à peine d'en répondre en leur propre et privé nom, de restituer le quadruple aux Propriétaires, et de 300 liv. d'amende envers le Roi, même d'être procédé extraordinairement contre eux, si le cas y échoit, et en outre de six mois de prison de plus contre les Négres qui tomberoient dans le cas; défendons aussi à toutes personnes de vendre et débiter aucune sorte de viande, soit boucanée ou fraîche, à l'exception du cochon, sans en avoir la permission de Nous, sous peine de 300 liv. d'amende, et de trois mois de prison; défendons pareillement d'aller à la chasse du cochon-maron plus près au moins d'une lieue desdites hates, à peine de trois mois de prison; toutes lesquelles peines seront prononcées par les Juges des lieux sur les plaintes qui leur seront portées, à la diligence des Procureurs du Roi; ordonnons aux Propriétaires desdites hates, de faire étamper leurs animaux, afin qu'ils puissent êtres reconnus en cas de dommage ou délit; recommandons à MM. les Gouverneurs et Commandans, Commissaires de Marine, Officiers des Conseils et Jurisdictions de cette Isle, de tenir la main, chacun en droit soi, à l'exécution de la présente Ordonnance, qui sera lue, publiée et affichée, &c. Donnée à Léogane, &c. *Signé*, LE MARQUIS DE VIENNE et DUCLOS.

R. au Conseil du Cap, le 7 Janvier 1732.

ARRÊT du Conseil du Cap, qui, en levant l'interdiction du Procureur du Roi du Cap, défend au Juge du même Siége de commettre aux fonctions dudit Procureur du Roi; et ordonne que l'exécution des Arrêts rendus entre les Officiers des Jurisdictions, ne sera surveillée que par le Procureur-Général.

Du 7 Janvier 1732.

VU par le Conseil, la Requête à lui présentée par Me de Clairambault, Substitut du Procureur-Général au Siége Royal et Amirauté du Cap, tendante à ce qu'il plût audit Conseil le rétablir dans les fonctions de son emploi; les conclusions du Procureur-Général, et tout considéré: LE CONSEIL a retabli et réintégré le sieur de Clairambault; fait défenses au Juge de commettre ni nommer à l'avenir, comme il a ci-devant fait, pour faire lesdites fonctions; lui permet seulement, dans les affaires qui ne peuvent souffrir de remise, de prendre le Lieutenant particulier, ou autre Officier du Siége, suivant l'ordre du tableau, pour faire lesdites fonctions; a donné acte audit Procureur-Général de l'opposition qu'il forme, à ce qu'il soit rendu à l'avenir aucuns Arrêts entre les Officiers des Jurisdictions ressortissantes en ce Conseil, sans auparavant en avoir communiqué au Procureur Général du Roi, et à ce qu'il soit nommé personne pour en suivre l'exécution, &c.

Le Procureur-Général faisoit cette double réclamation, parce que l'Arrêt du 7 Novembre précédent, avoit été rendu à la poursuite de M. de Juchereau, Conseiller, et confié à sa diligence.

V. les Arrêts des 7 et 8 Novembre 1731.

ARRÊTÉ du Conseil du Cap, touchant les témoignages de la reconnoissance de la Colonie, pour le Ministère de M. le Comte de Maurepas.

Du 7 Janvier 1732.

LE Procureur-Général du Roi est entré, et a dit: que l'heureux succès des établissemens de la Colonie étant dû à la protection qu'il a plû au Roi de lui donner, et aux attentions de MM. les Secrétaires d'Etat qui en ont eu le département, particulièrement de M. le Comte de Maurepas, qui ne néglige rien de tout ce qui peut contribuer à son augmentation et sûreté; il y auroit de l'ingratitude malséante à de fidèles Sujets envers Sa Majesté, et un oubli des bons offices de M. le Secrétaire d'Etat, si elle reste plus long-tems sans témoigner au Roi sa reconnoissance par la voix des Cours Supérieures, et sans en donner des marques à M. le Comte de Maurepas, suivant l'usage des Provinces du Royaume où le Domaine n'est point établi, avec d'autant plus de raison que l'Octroi dont Sa Majesté veut bien se contenter, est plus que suffisant aujourd'hui pour fournir aux dépenses ordinaires, aux fortifications et autres travaux publics qu'on entreprend par chacun an; la gratification ordinaire qui se fait au Secrétaire d'Etat étant de 12,000 liv. par an, et 3,000 au premier Commis du Bureau, s'acquittera par les facilités qu'ils procureront pour les remises en France, à moins de 20,000 liv. par an, et il se trouvera encore de quoi augmenter les travaux des fortifications, et autres ouvrages publics qui sont nécessaires à la Colonie, comme il est aisé de voir par les comptes de recette et dépense jusqu'à présent rendus, au moyen de quoi M. le Comte de Maurepas sera très-humblement supplié, de rendre compte à Sa Majesté, &c. Ledit Procureur-Général retiré, la matière mise en délibération, et tout considéré : LE CONSEIL a donné acte audit Procureur-Général de son réquisitoire, et y faisant droit, a statué que M. le Comte de Maurepas sera très-humblement supplié de rendre compte à Sa Majesté de la parfaite reconnoissance de sa Colonie, de sa fidélité inviolable et de son profond respect, de lui faire agréer la présente disposition sur les fonds de son Octroi, laquelle sera reçue et passée à la Chambre des Comptes, et de lui ménager la protection et faveur de Sa Majesté pour l'avenir sur le même pied que par le passé, sans rien changer aux privilèges qui ont été accordés par Louis XIV, de glorieuse mémoire, à la Colonie et aux Cours Supérieures qui y sont établies; et enfin de continuer ses attentions pour y maintenir les Colons dans le repos dont ils ont besoin, et favoriser le commerce qui les fait prospérer.

V. l'Arrêt du Conseil du Petit-Goave, du 10 Mai suivant.

ORDONNANCE des Administrateurs, touchant la perception des Droits Curiaux dans la dépendance du Port de Paix.

Du 7 Janvier 1732.

LE Marquis de Vienne, &c.

Jean-Baptiste Duclos, &c.

Etant informés que les pensions des Curés de Paroisses du Port-de-Paix, ne sont pas régulièrement payées, à cause du retardement de la levée desdits droits Curiaux destinés à cet usage et aux besoins des Eglises, ledit retardement provenant de la façon différente dont on s'y est pris jusqu'à présent pour la levée desdits droits, et à la négligence que l'on a souvent d'envoyer l'état de dépense dont chaque Paroisse a besoin, joint au recensement de tous ceux qui la composent, sur lequel on puisse statuer et ordonner ladite levée; Nous avons jugé nécessaire de prévenir ces inconvéniens, et de mettre en cela une régle uniforme à ce qui se pratique sur le même fait dans les Quartiers du Cap; c'est pourquoi Nous ordonnons qu'il sera fait toutes les années, avec la permission du Commandant et à la diligence des Marguilliers, une assemblée des Habitans de chaque Paroisse, qui statueront, par une délibération à la pluralité des voix, les dépenses qui sont nécessaires, tant pour la pension de leurs Curés que pour les besoins et entretien de l'Eglise, et qu'il sera fait aussi par lesdits Marguilliers un recensement de tous les Habitans composant lesdites Paroisses, tant Blancs que Négres, petits et grands ou invalides, pour pouvoir ordonner la levée desdits droits, conformément à la déclaration faite pour les dépenses, lesquels délibération et recensement Nous seront envoyés au Petit-Goave, au commencement de chaque année, à commencer par celle dont la levée desdits droits Curiaux n'aura pas été faite. Recommandons à M. Moret, Lieutenant de Roi, Commandant au Port-de-Paix, de tenir la main à l'exécution de la présente, qui sera enregistrée sur les Registres de chaque Paroisse, publiée et affichée partout où besoin sera à ce que personne n'en ignore. Donnée au Cap, &c.

ORDONNANCE *des Administrateurs, qui défend aux Arpenteurs de changer dans les concessions les hauteurs et les largeurs.*

Du 15 Janvier 1732.

LE Marquis de Vienne, &c.

Jean-Baptiste Duclos, &c.

Ayant remarqué, dans l'examen que Nous avons fait de différens procès mus à l'occasion des terreins et concessions sur-tout nouvellement accordés, que la plupart de ces discussions ne proviennent que de la licence que les Arpenteurs se donnent à la réquisition des Parties, lorsqu'ils procédent à l'arpentage des terreins concédés, d'échanger les bornes énoncées dans lesdites concessions, soit en leur donnant la hauteur pour la largeur, et la largeur pour la hauteur, soit en leur donnant des bornes toutes différentes, et cela pour leur donner plus d'établissemens sur certaines rivières, ou pour éviter de mauvais terreins; d'où il résulte souvent que lorsque cet Habitant a quelques discussions avec son voisin, on trouve qu'il a établi sur un terrein tout-à-fait différent de celui qui lui a été concédé, ce qui cause de très-grands embarras dans ces sortes de discussions, par l'attention que l'on voudroit avoir de préférer les anciennes concessions à celles qui ont été données depuis, attention que ceux qui ne seroient pas dans les bornes énoncées dans leur concession, ne mériteroient pas que l'on eût pour eux; Nous avons cru nécessaire de remédier à un pareil abus qui, occasionnant tous les jours des discussions sur les terreins, en retarde beaucoup l'établissement, joints aux frais et dépenses considérables que cela cause aux Habitans, pour les vérifications d'arpentages qu'il faut faire et réitérer fort souvent; pourquoi Nous défendons à tous les Arpenteurs du Roi établis dans l'Isle de S. Domingue, de rien changer ni innover aux bornes ni gissemens énoncés dans les concessions, lorsqu'ils en feront les arpentages, sans avoir obtenu une permission de Nous expresse et par écrit, et ce à peine de 1000 liv. d'amende pour la première fois, et d'être destitués de leurs emplois en cas de récidive. C'est aux Habitans qui demanderont de nouveaux terreins, à bien expliquer leurs bornes et gissemens dans les certificats sur lesquels les concessions seront expédiées. Recommandons à MM. les Gouverneurs, Lieutenans de Roi, et autres Commandans des différens Quartiers, de Nous informer des contraventions qui se pourront faire à la présente Ordonnance, qui sera enregistrée dans les Greffes des Jurisdictions de cette Isle, et lue, publiée et affichée partout où besoin sera, &c. Fait au Fort-Dauphin, &c.

R. au Conseil du Cap, le 7 Février 1732.

ARRÊT du Conseil du Cap, qui condamne un Chirurgien en une amende, et en des dommages-intérêts, pour avoir estropié quelqu'un en le saignant au bras.

Du 4 Février 1732.

ENTRE le sieur Bertrand Lane, Maître Chirurgien, demeurant au Quartier du Bonnet, Appelant, d'une part; et le sieur Laplaigne, demeurant en cette Ville, Comparant, d'autre part; vu ladite Sentence, par laquelle ledit sieur Lane auroit été condamné à payer audit sieur Laplaigne, par forme de dommages et intérêts, la somme de 3,000 liv., à quoi auroit été modérée et fixée d'office sa demande, et en tous les dépens; et faute par ledit Lane d'avoir appelé un Médecin et quelqu'un de ses confrères, dans le tems de l'accident, l'ayant estropié par une saignée faite au bras gauche, ou après, pour y remédier et conférer, pour apporter tel soulagement qu'il seroit convenu audit Laplaigne; ledit sieur Lane auroit été condamné en 100 liv. d'amende, applicable moitié aux réparations de l'Auditoire, moitié aux pauvres honteux de cette Paroisse, qui seroient payées ès-mains du Marguillier en charge, et lui auroit été enjoint d'être plus circonspect à l'avenir dans l'exercice de son art, sous telle peine qu'il appartiendroit. Après que les Parties ont été ouies, et M. de Grandpré, faisant fonctions de Procureur-Général, et tout considéré: LE CONSEIL a mis et met l'appellation au néant; ordonne que ce dont a été appelé sortira effet, condamne l'Appelant à payer à l'Intimé, la somme de 1000 liv., tant pour frais de nourriture que de chirurgie, et en tous les dépens du Procès. Donné au Conseil, le 4 Février 1732.

ORDONNANCE du Juge de Police de Saint-Marc, qui défend d'enterrer dans le Cimetière ordinaire de la Ville, les personnes mortes de la petite Vérole.

Du 19 Février 1732.

ARRÊT du Conseil du Cap, qui, attendu le manque d'Avocats, dispense de la formalité prescrite par l'Ordonnance, d'avoir une consultation pour se pourvoir par Requête civile.

Du 4 Mars 1732.

LETTRES-PATENTES, portant confirmation des Privilèges des Couvens et Hôpitaux des Religieux de la Charité de l'Ordre de S. Jean-de-Dieu.

Du 14 Mars 1732.

LOUIS, &c. Salut. Le Provincial et Vicaire-Général, les Prieurs et Religieux des différens Couvens et Hôpitaux de la Charité de l'Ordre de S. Jean-de-Dieu, établis en notre Royaume et pays d'obéissance, savoir : les Religieux Hospitaliers de la Charité de notre bonne Ville de Paris, &c.; les Religieux de la Charité de la Guadeloupe, par Lettres-Patentes du mois d'Avril 1685 ; les Religieux Hospitaliers de la Martinique, par Lettres-Patentes du mois de Février 1686 ; les Religieux Hospitaliers de la Charité du Fort-Royal de la Martinique, par Lettres-Patentes du mois de Juillet 1722 ; les Religieux Hospitaliers de la Charité de Léogane, par Lettres-Patentes du mois de Mars 1719 ; les Religieux Hospitaliers du Cap François, par Lettres-Patentes du mois de Mars 1719 ; les Religieux Hospitaliers de la Charité de l'Isle Royale, par Lettres-Patentes du mois d'Avril 1716 ; Nous ont très-humblement fait remontrer que les Rois Henri IV, Louis XIII et Louis XIV, nos Prédécesseurs, de glorieuse mémoire, leur ont successivement concédé, par les Lettres-Patentes de leur établissement, Brevets et Arrêts de notre Conseil, plusieurs dons, Priviléges et exemptions, en considération du soulagement que les pauvres malades et blessés reçoivent journellement dans lesdits Hôpitaux; les Lettres-Patentes du Roi Henri IV, du mois de Mars 1602, contiennent leur établissement en France, dont le motif a été l'utilité publique, d'autant que leur principal devoir, entr'autres choses, après le service Divin, est de retirer, nourrir, traiter, médicamenter les pauvres malades et blessés du sexe masculin, et faire enterrer ceux qui y décèdent; ces Lettres accordent à l'Hôpital de la Charité de Paris, la faculté de quêter et mandier, comme aussi de recevoir tous legs, dons, aumônes et bienfaits, &c. A ces causes, &c. Voulant, à l'exemple des Rois nos Prédécesseurs, favoriser lesdits Hôpitaux des pauvres malades, et les Religieux dudit Ordre de la Charité, qui ne font qu'une même manse avec eux, et afin de participer aux prières et bonnes œuvres qu'ils font dans les exercices de l'hospitalité; Nous avons de nouveau loué, approuvé et confirmé, et par ces présentes, signées de notre main, louons, approuvons et confirmons les établissemens des susdits Hôpitaux : ordonnons qu'ils continueront de jouir de toutes les exemptions, priviléges, immunités et concessions susdits, comme ils en ont joui ou dû jouir, en vertu des Lettres-Patentes, Edits, Déclarations, Arrêts, Brevets, et autres titres rendus en leur faveur jusqu'à ce jour, que Nous voulons être exécutés selon leur forme et teneur, pourvu toutefois que lesdits Privilèges n'ayent point été révoqués, et que lesdits Hôpitaux en ayent joui sans interruption, &c.

R. au Conseil de Léogane, le 15 Mars 1742.

PROVISIONS de Gouverneur-Lieutenant-Général des Isles sous le Vent, pour M. le Marquis de Fayet, Capitaine de Vaisseau, et Commissaire-Général d'Artillerie de la Marine.

Du 24 Avril 1732.

R. au Conseil du Cap, le 27 Octobre 1732.
Et à celui du Petit-Goave, le premier Décembre suivant.

V. les Provisions de M. le Marquis de Chateaumorant, du premier Janvier 1716.

ARRÊT du Conseil du Cap, qui annulle une nomination faite d'un Etranger, voisin éloigné, pour Tuteur, quoiqu'il y eût un Parent et de proches voisins.

Du 6 Mai 1732.

VU par le Conseil, la Requête à lui présentée par Coffelin, Aubergiste de cette Ville du Cap, Tuteur nommé de la mineure Byta, par Sentence du Juge du Cap, du 29 Mars 1732, contenant que Nyon, qui étoit Tuteur de ladite mineure, et qui s'en est démis, sous prétexte de passer en France, n'a pas appelé à ladite tutelle le sieur Bernon, Cousin-germain de ladite mineure, et qu'au lieu de voisins, ledit Nyon a pour ainsi dire affecté de faire affigner sept personnes les plus éloignées du voisinage du défunt, en venant chercher le Suppliant sur le bord de la mer où il fait sa résidence, au lieu de prendre des Habitans du haut de la Ville où demeuroit le défunt, n'étant que trop juste qu'en pareille occasion chacun supporte les charges de son Quartier. A ces causes, le Suppliant requéroit, &c.; et oui M. de Malmain, Conseiller, faisant fonctions de Procureur-Général, et tout considéré : LE CONSEIL ayant égard à la Requête, a déchargé le Suppliant de la tutelle dont est question; ordonne qu'à la diligence du Substitut du Procureur-Général, il sera convoqué une nouvelle assemblée de parens et amis aux frais dudit Suppliant, pour nommer un Tuteur à la mineure Byta.

ARRÊTÉ du Conseil du Petit-Goave, sur l'insuffisance d'un seul Conseil pour toucher aux fonds de l'Octroi, relativement au projet du Conseil du Cap, en faveur du Ministre et de son premier Commis.

Du 10 Mai 1732.

LE Conseil assemblé pour délibérer sur la proposition faite par Me Gabet, Doyen, de la part de M. Duclos, Intendant, de procurer à M. le Comte de Maurepas, Ministre et Secrétaire d'Etat ayant le département de cette Colonie, le moyen de faire approuver à Sa Majesté, que mondit sieur le Comte de Maurepas sera employé sur les états de dépense de l'Octroi, et excédant d'icelui, pour la somme de 12,000 liv., et celle de

3,000 liv. pour son premier Commis, suivant qu'il se pratique dans les Provinces d'Etat du Royaume. L'affaire mise en délibération, et vu l'Arrêt rendu au Conseil du Cap, le 7 Janvier dernier, il a été unanimement dit et arrêté que, s'agissant d'une affaire qui regardoit la Colonie en général, et non le district particulièrement de chaque Conseil, la Compagnie, non moins pénétrée que le Conseil du Cap, des sentimens de reconnoissance envers le Ministre, ne pouvoit délibérer seule sur cet article, et qu'il falloit, pour y procéder avec régularité, que les deux Conseil fussent assemblés pour cet effet, en présence de MM. le Commandant et Intendant de la Colonie, ainsi qu'il a été ordonné par le Mémoire du Roi, du 30 Juin 1714, et pratiqué en Janvier 1715, lors de l'imposition de l'Octroi; pourquoi la Compagnie a nommé MM. Bornat et Branda pour écrire à ce sujet à MM. le Chevalier de Chastenoye et Duclos, en leur envoyant copie de la présente, et leur marqueront la surprise où elle a été de voir que le Conseil du Cap ait formé seul une délibération particulière sur une affaire générale, ce qui a occasionné des murmures dans le public, que l'on avoit fait une nouvelle imposition sur la Colonie, &c.

V. l'Arrêt du même Conseil, du 5 Septembre suivant.

Réglement du Roi, sur les Milices de Saint-Domingue.

Du 16 Juillet 1732.

Sa Majesté s'étant fait représenter l'Ordonnance du 29 Avril 1705, portant Réglement au sujet des Milices des Isles Françoises de l'Amérique, par laquelle le feu Roi auroit, entr'autres choses, établi 7 Régimens, et des Colonels pour les commander; Elle a estimé qu'il convenoit à son service, au maintien et bonne discipline desdites Milices, de supprimer lesdits Régimens, et de remettre ce Corps en Compagnies indépendantes les unes des autres, hors le cas où elles seroient assemblées; et Sa Majesté jugeant à propos d'expliquer sur cela ses intentions, Elle a rendu la présente Ordonnance, qu'Elle veut être exécutée selon sa forme et teneur, ainsi qu'il suit:

Art. Ier. Sa Majesté a supprimé et supprime les Régimens établis par l'Ordonnance du 29 Avril 1705, dans l'Isle Saint-Domingue, et veut qu'à l'avenir les Milices de ladite Isle soient en Compagnies, tant d'Infanterie que de Cavalerie, indépendantes les unes des autres, hors les cas où elles seront assemblées ; qu'il y ait dans chaque Compagnie d'Infanterie, un Capitaine, un Lieutenant et un Enseigne ; dans chaque Compagnie de Cavalerie, un Capitaine, un Lieutenant et un Cornette ; lesquels seront proposés à Sa Majesté par le Gouverneur Lieutenant-Général de ladite Isle, ou par l'Officier qui y commandera en son absence ; et que lesdits Officiers soient pourvus ; savoir, les Capitaines, d'une Commission de Sa Majesté ; et les Lieutenans, Enseignes ou Cornettes, de Lettres de service ; déclare nuls toutes les Commissions, Brevets, accordés aux Officiers desdites Milices, avant la publication de ladite Ordonnance.

Art. II. Les Officiers jouiront ; savoir, les Capitaines, de l'exemption de Capitation pour 12 Négres ; les Lieutenans, pour 8 ; les Enseignes et Cornettes pour 6.

Art. III. Les Capitaines de Milices seront choisis parmi ceux qui sont actuellement Colonels en pied, lesquels auront la préférence des Compagnies qu'ils demanderont. La même préférence sera ensuite accordée aux Colonels réformés, aux Officiers des troupes qui se seront retirés du service, aux Lieutenans-Colonels réformés desdites Milices, aux Gentilshommes et autres Officiers les plus aisés, et qui seront les plus distingués.

Art. IV. Les Colonels en pied ou réformés, qui prendront des Compagnies, conserveront leur rang, et rouleront avec les Capitaines entretenus, suivant la date de leur Commission. Les Capitaines des Troupes qui se seront retirés du service, et qui seront choisis pour remplir les places de Capitaines de Milices, conserveront leur ancienneté de Capitaine. A l'égard des Capitaines qui n'auront été ni Colonels, ni Capitaines des Troupes, ils n'auront rang qu'après le dernier Capitaine des Troupes Françoises et Suisses, lorsque ces Corps seront assemblés pour quelques entreprises.

Art. V. Les Capitaines de Milices, autres que ceux qui auront été Colonels, auront le rang de derniers Capitaines entretenus, et commanderont à tous les Lieutenans ; les Lieutenans de Milices, celui de derniers Lieutenans entretenus, et commanderont à tous les Enseignes ; et les Enseignes, celui de derniers Enseignes entretenus.

Art. VI. Donne Sa Majesté pouvoir, attendu l'éloignement des lieux, au Gouverneur Lieutenant-Général, ou au Commandant en son absence, de faire sortir des Arrêts, lorsqu'ils le trouveront convenable au bien du service, les Officiers de Milices qui y auront été mis, et d'interdire lesdits Officiers, même lever leur interdiction, sans prendre à ce sujet ordre de Sa Majesté ; et dans les cas où ils mériteroient d'être cassés, de nommer des Commandans à la place des Capitaines, jusqu'à ce que Sa Majesté y ait pourvu.

ART. VII. Donne pareillement Sa Majesté, audit Gouverneur Lieutenant-Général ou Commandant en son absence, lorsqu'il vacquera des Compagnies, pouvoir d'y nommer un Commandant à chacune, en attendant que Sa Majesté en ait pourvu les Sujets qu'il proposera.

ART. VIII. Il y aura 12 Aides-Majors de Milices à Saint-Domingue, lesquels seront choisis parmi les Lieutenans ; ils jouiront de l'exemption de 8 Négres chacun.

ART. IX. Lesdits Aides-Majors seront subordonnés au Major entretenu dans chaque Quartier de ladite Isle ; et lorsque les Compagnies seront rassemblées, il fera dans le détail les fonctions de la Majorité.

ART. X. Veut Sa Majesté que tous les Sujets, Habitans de ladite Isle, autres que les Officiers de Guerre et de Justice, ayant Commission, Brevet et Ordre de Sa Majesté, servent en qualité d'Officiers, Cadets ou Soldats dans lesdites Compagnies de Milices, à peine de 30 liv. d'amende contre les contrevenans, et de 50 liv. contre l'Habitant chez lequel se trouvera un Ouvrier, Domestique ou Engagé qui ne sera pas compris dans lesdites Compagnies, lesquelles amendes seront jugées par le Gouverneur Lieutenant-Général, le Commandant en son absence, et l'Intendant, ou Commissaire-Ordonnateur en son absence, et le produit employé aux travaux des fortifications.

ART. XI. Les Compagnies, tant Françoises que Suisses, entretenues, auront toujours la droite, lorsqu'elles formeront un Corps avec les Milices, et dans toutes les expéditions où elle seront employées ensemble.

ART. XII. Les Capitaines et Officiers de Milices, exécuteront les ordres des Gouverneurs particuliers et Officiers-Majors de ladite Isle, ou Commandans des Quartiers, pour tout ce qui pourra regarder la discipline ou police des Habitans.

ART. XIII. Ils ne seront point subordonnés aux Capitaines et Officiers des Troupes entretenues, lesquels ne prendront aucune connoissance de leur discipline, ni de la police des Habitans, et se mêleront seulement du détail des Soldats ; et pareillement les Capitaines et Officiers de Milices ne commanderont point les Troupes, ni n'en prendront point connoissance.

ART. XIV. Veut cependant Sa Majesté, que dans les tems d'une occasion de Guerre, les Officiers des Troupes et de Milices commandent l'un et l'autre Corps, et que le commandement entre-eux ait lieu suivant les articles IV et V de la présente Ordonnance.

ART. XV. Veut aussi Sa Majesté qu'en l'absence ou au défaut d'Officiers-Majors ou Commandans dans un Quartier, l'Aide-Major, ou autre Officier de Milices, reçoive le mot de l'Officier commandant les Troupes. Mande Sa Majesté au Gouverneur et son Lieutenant-Général aux Isles sous le Vent, de mettre et faire mettre la présente Ordonnance à exécution, et enjoint à l'Intendant auxdites Isles de tenir la main à son entière exécution en ce qui le concerne; ordonne en outre Sa Majesté à tous Officiers-Majors de ses Troupes et Milices, comme aussi aux Habitans desdites Isles, de se conformer à la présente Ordonnance, nonobstant celle du 29 Avril 1705, laquelle n'aura plus lieu à l'avenir. Fait, &c.

ORDONNANCE DU ROI, *pour établir des Officiers en second dans les Milices.*

Du 16 Juillet 1732.

SA MAJESTÉ ayant réglé, par son Ordonnance de cejourd'hui, qu'il y auroit dans chacune des Compagnies de Milices, un Capitaine, un Lieutenant et un Enseigne ou Cornette, dont le premier seroit pourvu d'une Commission, et les autres d'Ordres de Sa Majesté, et qu'ils continueroient de jouir des exemptions à eux attribuées, par rapport au droit de Capitation, pour un certain nombre de Négres exprimé dans ladite Ordonnance; et Sa Majesté étant informée qu'il y a des Compagnies de Milices, où trois Officiers ne sauroient suffire pour y faire le service, attendu, ou le grand nombre de Soldats dont elles sont composées, ou l'étendue desdites Compagnies, Elle a résolu d'ordonner ce qui suit, qu'Elle veut être exécuté selon sa forme et teneur.

ART. Ier. Il y aura dans chacune des Compagnies de Milices, où la nécessité du service le requérera, un Capitaine en second, un Lieutenant en second, un Enseigne en second, outre le Capitaine, le Lieutenant et l'Enseigne en pied, établis par l'Ordonnance de cejourd'hui.

ART. II. Lesdits Officiers en second seront proposés à Sa Majesté par le Gouverneur et Lieutenant-Général, ou par le Commandant en son absence ; ils seront pourvus d'Ordres de Sa Majesté, et ne jouiront d'aucunes exemptions de Négres par rapport auxdits emplois.

ART. III. Ledit Gouverneur et Lieutenant-Général, ou le Commandant en son absence, pourront faire servir, dans les Compagnies de Milices, lesdits Officiers en second qu'ils proposeront à Sa Majesté, en leur donnant des Lettres de service, en vertu desquelles ils pourront exercer les emplois pour lesquels ils seront proposés ; savoir, les Capitaines pendant un an, et les Lieutenans et Enseignes pendant cinq ans, après lequel tems elles seront nulles, à moins qu'ils n'obtiennent des Ordres de Sa Majesté pour lesdits emplois.

ART. IV. Les Capitaines en second desdites Compagnies de Milices, auront rang après les Capitaines des Troupes entretenues par Sa Majesté et ceux de Milices, et commanderont à tous les Lieutenans des Troupes ; les Lieutenans en second auront rang après les Lieutenans des Troupes et Milices, et commanderont aux Enseignes entretenus, et les Enseignes entretenus, à ceux des Milices.

ART. V. Donne Sa Majesté pouvoir, attendu l'éloignement des lieux, audit Gouverneur et Lieutenant-Général, et au Commandant en son absence, de faire sortir des Arrêts lesdits Officiers de Milices qui y auront été mis, quand ils le jugeront convenable au bien du service ; et d'interdire lesdits Officiers, même de lever leur interdiction, sans prendre à ce sujet les ordres de Sa Majesté.

ART. VI. Leur permet, s'ils le jugent nécessaire au bien du service, de faire servir à la place de ceux qu'ils interdiront, les Sujets qu'ils auront proposés à Sa Majesté, pour remplacer ceux dont ils jugeront que les fautes seront assez graves pour mériter d'être cassés, et se conformeront à l'article II. de la présente Ordonnance. Mande, &c.

ORDRE DU ROI, qui accorde au Gouverneur-Général des Isles sous le Vent, le pouvoir de donner des Commissions à tems aux Officiers de Milices.

Du 16 Juillet 1732.

AUJOURD'HUI 16 Juillet 1732, le Roi étant à Versailles, S. M. s'est fait représenter l'Ordonnance de ce jour, par laquelle et pour les considérations y contenues, Elle auroit supprimé les Régimens de Milices établis,

établis, par l'Ordonnance du 29 Avril 1705, dans l'Isle de Saint-Domingue, déclaré en conséquence nuls toutes les Commissions, Brevets et Ordres expédiés aux Officiers servans dans lesdits Régimens; ordonné qu'à l'avenir le Corps desdites Milices seroit composé de Compagnies indépendantes les unes des autres, et que dans chaque Compagnie il y auroit un Capitaine, un Lieutenant et un Enseigne ou un Cornette, lesquels seroient proposés à Sa Majesté par le Gouverneur et Lieutenant-Général des Isles sous le Vent, ou par l'Officier qui y commandera en son absence, et que ces Officiers de Milices seroient pourvus, savoir : les Capitaines, d'une Commission de Sa Majesté, et les Lieutenans, Enseignes ou Cornettes, de Lettres de service; et Sa Majesté estimant qu'il s'écouleroit un tems trop considérable, attendu l'éloignement desdites Colonies, jusqu'à ce que les Officiers destinés à remplir ces emplois, eussent été proposés à S. M. et par Elle agréés; et voulant qu'ils soient pourvus incessamment, Elle a donné et donne pouvoir, par le présent Brevet, au Gouverneur et Lieutenant-Général des Isles sous le Vent, pour cette fois seulement, et en son absence, à l'Officier qui y commandera, de délivrer aux Officiers qu'ils proposeront pour remplir les places de Capitaines desdites Milices, des Commissions, en vertu desquelles ils pourront les exercer pendant une année, à compter de la date desdites Commissions, passé lequel tems, elles seront nulles faute d'être confirmées par S. M.; et à l'égard des places de Lieutenans, Enseignes ou Cornettes, donne pareillement Sa Majesté pouvoir audit Gouverneur et Lieutenant-Général, et en son absence, à celui qui y commandera, d'y commettre pendant le tems de cinq années, à compter de la date du présent Brevet, passé lequel tems lesdites Commissions seront nulles, faute par ceux qui en seront pourvus, d'avoir obtenu de S. M. des Lettres de service, le tout en vertu du présent Brevet, que S. M., pour assurance de sa volonté, a voulu signer, &c.

ORDONNANCE *de M. l'Intendant, qui, attendu l'inconvénient et la difficulté de transporter les Soldats Malades aux deux seuls Hôpitaux du Cap et de l'Ester, ordonne qu'il en sera établi de particuliers au Fort-Dauphin, au Port-de-Paix, à Saint-Marc, au Petit-Goave et à Saint-Louis, dont le soin sera confié aux Chirurgiens-Majors de ces Garnisons.*

Du 9 Août 1732.

ARRÊTÉ du Conseil du Petit-Goave, touchant la disposition d'une somme prise sur l'Octroi, en faveur du Ministre et de son premier Commis.

Du 5 Septembre 1732.

CEJOURD'HUI, M. Me Bornat, a rapporté au Conseil la Lettre qu'il a écrite, conjointement avec M. Branda, à MM. de Chastenoye et Duclos, Commandant et Intendant de cette Colonie, et ce en conformité de la délibération du Conseil, du 10 Mai dernier, ensemble la réponse faite par ces MM., par laquelle il a paru que MM. les Officiers du Conseil Supérieur du Cap, n'ont pas jugé à propos d'envoyer des Députés au Conseil, pour délibérer ensemble et d'un commun accord, sur l'affaire dont il étoit question dans ladite délibération, d'autant mieux qu'ils ont déjà délibéré sur cette même affaire, ainsi qu'il a paru par l'Arrêt rendu audit Conseil du Cap, le 7 Janvier dernier, et que d'ailleurs s'agissant, non d'une nouvelle levée de deniers, mais seulement d'une disposition particulière, que l'on supplie Sa Majesté de faire sur les fonds déjà levés, il ne paroissoit nullement nécessaire d'assembler les deux Conseils à cet effet.

Et après que lesdites Lettres ont été lues, la matière mise en délibération de nouveau, il a été dit et arrêté que M. Duclos seroit prié d'écrire à M. le Comte de Maurepas, que le Conseil Supérieur du Petit-Goave, non moins pénétré que le Conseil du Cap, des sentimens de reconnoissance à son égard, donne très-volontiers son suffrage à ce que mondit sieur le Comte de Maurepas fasse approuver à Sa Majesté, qu'il soit employé sur les états des dépenses de l'Octroi, et les excédens d'icelui, pour la somme de 12,000 liv., et son premier Commis, pour celle de 3000 liv.

DÉCLARATION DU ROI, *touchant les Cafés des Isles de la Martinique, la Guadeloupe, la Grenade et Marie-Galante.*

Du 27 Septembre 1732.

LOUIS, &c. Les Habitans de l'Isle de la Martinique, Nous ayant fait représenter qu'après avoir perdu, depuis quelques années, tous leurs Cacaotiers, ils se seroient adonnés, pour se dédommager de cette perte, à des plantations de Caféyers, qui ont tellement réussi et multiplié dans l'Isle, qu'elle produit actuellement des quantités considérables de cafés, qui excèdent celle de sa consommation, ce qui les auroit déterminés à Nous supplier de leur procurer le débouchement de cet excédent; la protection que ces habitans sont en droit d'espérer de Nous, suffiroit pour Nous déterminer à favoriser leur industrie; et la disposition où Nous sommes de concourir au bien commun des Négocians de notre Royaume, en augmentant leur commerce, seroit un motif puissant pour Nous engager à écouter favorablement cette demande; mais ayant accordé à la Compagnie des Indes le Privilége exclusif pour l'introduction du café dans toute l'étendue de notre Royaume; et les établissemens qu'elle a faits pour exercer ce Privilége, devant être soutenus, Nous avons jugé à propos de faire examiner en notre Conseil les intérêts respectifs de la Compagnie des Indes et de l'Isle de la Martinique, sous la condition de les faire passer ensuite en pays étrangers; par-là Nous procurerons aux Habitans de la Martinique le débit de leurs cafés; nous donnerons aux Négocians de notre Royaume, de nouveaux moyens de retirer de cette Isle la valeur des marchandises qu'ils y envoyent, ce qui, augmentant leurs liaisons réciproques, leur ôtera le prétexte de se servir de voies indirectes au préjudice de nos défenses, et Nous conserverons en même-tems le privilége exclusif de la Compagnie des Indes, dont les intérêts seront toujours un des principaux objets de notre attention. A ces causes, &c., voulons et Nous plaît ce qui suit:

ART. 1er. Les cafés provenans des plantations et culture de l'Isle Françoise de la Martinique, et qui en seront apportés par des Vaisseaux François, et non autres, auront entrée à l'avenir dans les Ports de notre Royaume qui seront désignés, sous la condition néanmoins d'y être mis en entrepôt, et de n'en pouvoir sortir que pour être transportés en Pays étrangers; mais comme l'entrepôt accordé aux cafés de la Martinique, deviendroit une exclusion pour ceux du crû de Isles de la Guadeloupe, la Grenade et Marie-Galante, toutes dépendantes du Gouvernement des Isles du Vent, et qui ont également besoin de cette culture; Nous leur accordons la même entrée et le même entrepôt en France, et sous la même condition de n'en pouvoir sortir que pour l'Etranger.

Art. II. Ne permettons ledit entrepôt que dans les Ports de Marseille, de Bordeaux, de Bayonne, de la Rochelle, de Nantes, du Hâvre, de Dunkerque et Saint-Malo; et la permission du transport des cafés de la Martinique, de la Guadeloupe, de la Grenade et de Marie-Galante, en France, que dans des Vaisseaux ou autres Bâtimens François du port de 50 tonneaux au moins : faisons défenses d'en transporter dans de moindres Bâtimens, ni d'en faire entrer en d'autres Ports, hors dans le cas de relâche forcée, dont il sera parlé ci-après, à peine de confiscation des cafés, et de 3000 liv. d'amende.

Art. III. Les Capitaines ou Maîtres des Vaisseaux, Navires ou autres Bâtimens, qui chargeront des cafés à la Martinique, à la Guadeloupe, à la Grenade et à Marie-Galante, seront tenus de rapporter un état signé des préposés à la perception des droits du Domaine d'Occident, contenant les quantités de cafés de leur chargement, le nombre des balles, et les numéros et poids de chaque balle, ensemble la dénomination du Port du Royaume pour lequel ils seront destinés, et où ils devront être entreposés, pour être, par lesdits Capitaines ou Maîtres qui aborderont dans les Ports dénommés, ledit état représenté, dans les 24 heures de leur arrivée, au Commis de la Compagnie des Indes, et leur tenir lieu de déclaration desdits cafés, à peine de confiscation des cafés, et de 3,000 l. d'amende.

Art. IV. Défendons auxdits Maîtres ou Capitaines, de décharger lesdits cafés, en tout ou en partie, avant que d'en avoir fait leur déclaration par la représentation dudit état, à peine de confiscation, tant des cafés déchargés, que de ceux qui seront restés à bord, et de 3000 liv. d'amende.

Art. V. Les cafés seront ensuite mis en entrepôt dans un Magasin-général, qui sera à cet effet choisi et destiné par les Marchands et Négocians, Propriétaires desdits Cafés, à leurs frais, et qui fermera à deux serrures et deux clefs différentes, pour être une desdites clefs remise au Commis de la Compagnie des Indes, et l'autre entre les mains de celui qui sera pour ce préposé par lesdits Propriétaires; et ne pourront lesdits cafés rester entreposés que pendant un an au plus, passé lequel tems ils seront et demeureront confisqués au profit de ladite Compagnie des Indes.

ART. VI. Les cafés mis en entrepôt ne pourront en sortir, ni être transportés hors du Royaume, que dans les mêmes balles ou autres de même continance que celles dans lesquelles ils seront arrivés, ni être embarqués et chargés que sur la permission que le Commis de la Compagnie des Indes en délivrera au Propriétaire desdits cafés, et en la présence dudit Commis. Voulons que la permission ne puisse leur être délivrée qu'après qu'ils lui auront fourni une déclaration contenant le nom du Navire où les cafés devront être embarqués, les quantités desdits cafés, le nombre des balles, les numéros et poids de chaque balle, et le lieu de leur destination en pays étrangers; ensemble leur soumission de rapporter dans le terme de six mois la susdite permission, visée des personnes qui seront indiquées par le Commis de la Compagnie des Indes, et dénommées dans la soumission, avec le certificat desdites personnes au dos de ladite permission, pour constater que les cafés auront été réellement transportés et déchargés dans les lieux de leur destination, et en semblables quantités, et pareil nombre de balles du même poids qu'ils auront été déclarés; à défaut de quoi lesdits cafés seront réputés être restés ou rentrés en fraude dans le Royaume, et lesdits Propriétaires seront condamnés à payer à la Compagnie des Indes la valeur desdits cafés, à raison de 40 sols la livre poids de marc, pour tenir lieu de la confiscation d'iceux, et en 3000 l. d'amende.

ART. VII. Enjoignons à tous Capitaines ou Maîtres des Vaisseaux, Navires ou autres Bâtimens, qui, revenans de la Martinique, de la Guadeloupe, de la Grenade et de Marie-Galante en France, avec des cafés à bord, ou en transporteront de France en pays étrangers, seront contraints, par fortune du vent, tempête ou autres cas fortuits, d'aborder et relâcher en d'autres ports que ceux dénommés, soit dans l'état signé des préposés à la perception des droits du Domaine d'occident, soit dans les soumissions des Propriétaires desdits cafés, de justifier tant de leur relâche forcée que de ce qui s'en sera nécessairement ensuivi à l'égard des cafés de leur chargement, et ce par Procès-Verbaux en la meilleure forme, et certifiés véritables par des personnes préposées de la part de la Compagnie des Indes, supposé qu'il y en ait dans les lieux de relâche, ou à leur défaut par les juges desdits lieux, ou autres personnes publiques, à peine de confiscation des cafés, et de 3000 liv. d'amende.

ART. VIII. La connoissance de toutes les contestations qui pourront survenir au sujet du Privilége exclusif de la Compagnie des Indes, pour l'introduction du café dans notre Royaume, et de l'entrepôt accordé pour le café de la Martinique, de la Guadeloupe, de la Grenade et de Marie-

Galante, par notre présente Déclaration, tant pour le civil que pour le criminel, et leurs circonstances et dépendances, appartiendra, conformément à l'article XVIII de notre Déclaration du 10 Octobre 1723, à nos Officiers des Elections, et ceux des Jurisdictions des Traites et des Ports où il n'y a point d'Election, chacun dans l'étendue de son ressort, et par appel à nos Cours des Aides et autres Cours Supérieures où ressortissent lesdites Jurisdictions : faisons défenses à toutes nos autres Cours et Juges d'en connoître, à peine de nullité, cassation de procédure, dépens, dommages et intérêts, et de 1000 liv. d'amende contre les Parties qui se seront pourvues devant eux, d'interdiction des Juges qui auront entrepris sur les autres, et de pareille amende de 1000 liv.

ART. IX. Toutes les confiscations et amendes qui seront prononcées en exécution de notre présente Déclaration, appartiendront à la Compagnie des Indes : défendons à toutes nos Cours et Juges de les réduire, modérer ni appliquer à d'autres usages, sous quelque prétexte que ce soit.

ART. X. Ordonnons au surplus l'exécution des Déclarations des mois d'Août 1664, et de Février 1685, Edit du mois de Mai 1719, Arrêt du 31 Août 1723, Déclaration du 10 Octobre suivant, Edit du mois de Juin 1725, et Arrêts des 29 Novembre 1729 et 17 Janvier 1730, concernant le commerce de la Compagnie des Indes, et notamment son Privilége exclusif touchant l'introduction et la vente du café dans le Royaume, en tout ce qui ne sera point contraire à notre présente Déclaration. Si donnons en mandement à nos amés et féaux Conseillers, les Gens tenans notre Cour des Aydes à Paris, et à tous autres nos Juges et Officiers qu'il appartiendra, &c. Donnée à Fontainebleau, le 27 Septembre 1728. *Signé*, LOUIS ; *et plus bas*, *par le Roi*, PHELIPEAUX.

R. en la Cour des Aides à Paris, le 21 *Octobre* 1732.

V. l'Arrêt du Conseil d'Etat, du 20 *Septembre* 1735.

LETTRES-PATENTES, qui accordent l'entrée du Conseil du Cap à M. de Chastenoye, Major du Fort-Dauphin.

Du 3 Octobre 1732.

R. au Conseil du Cap, le premier Février 1734.

ORDONNANCE DU ROI, portant Déclaration de Guerre contre l'Empereur.

Du 10 Octobre 1732.

ORDONNANCE des Administrateurs, portant qu'il n'y aura qu'un seul prix courant en argent, et que les barriques de Sucre ou d'Indigo seront étampées.

Du 10 Décembre 1732.

LE Marquis de Fayet, &c.

Jean-Baptiste Duclos, &c.

Sur ce qui Nous a été représenté par les principales villes de commerce de France, que les Habitans de cette Isle, particulièrement ceux du Quartier de Léogane & de ses dépendances, vendoient, et sur-tout donnoient en paiement aux Capitaines des Navires Marchands, des sucres de si mauvaise qualité, à un prix si excessif, que les pertes qu'ils faisoient sur leur retour, leur ôteroient infailliblement la faculté de continuer un commerce si préjudiciable. Ces plaintes, souvent réitérées à nos prédécesseurs et à Nous, suivies de la non-valeur dans laquelle les sucres sont tombés, puisqu'à Léogane on ne peut trouver à en vendre à si bas prix qu'on les veuille donner, nous ont fait croire que pour rétablir dans cette Isle la confiance et la bonne-foi, et y faire revenir l'abondance qui y régnoit autrefois, il étoit d'une nécessité indispensable de remédier promptement à un pareil abus : à quoi desirant parvenir, Nous avons remarqué que toutes les Ordonnances rendues par nos prédécesseurs, pour obliger les Habitans à ne faire fabriquer que de beaux sucres, ont été toujours inutiles par deux raisons : la première, et la principale, par l'usage qui s'est introduit de vendre toutes les denrées, médiocres, ou mauvaises, au même prix, ce qui fait que les Habitans, depuis quelques années, ont négligé la fabrique de leurs denrées, et nous persuade que tant que cet usage subsistera, ils la négligeront toujours. Sa seconde est un autre usage que les Habitans ou Débiteurs de mauvaise foi ont introduit, en établissant deux prix courans d'une même marchandise dans le même temps; savoir, le prix courant en argent, et le prix courant en marchandises, et comme ces deux usages sont directement contre l'équité et la bonne-foi; ce qui a entièrement ruiné le commerce, par qui seul cette Colonie peut subsister et devenir florissante; le premier en ce qu'il n'est pas juste qu'un Habitant qui néglige de faire de beaux sucres, ou qui même, de dessein prémédité, en fait de mauvais, si quelqu'un en est coupable, en retire un prix égal à celui qui s'attache à n'en faire que de beaux, et qui y emploie ses veilles et ses peines; et le second, parce qu'il est contre toutes les régles de l'équité qu'un débiteur, en paiement de ce qu'il doit, fasse prendre à son créancier des marchandises à un prix au-dessous de leur valeur intrinseque, qui n'est dans tous les pays du monde, que celle que cette marchandise vaut en argent. Par toutes ces raisons, Nous avons jugé à propos de faire le Réglement qui suit, et d'ordonner:

ART. I. Qu'il n'y aura dorénavant qu'un seul prix courant en argent, pour quelque sorte de denrées du pays que ce soit; l'on conviendra de ce prix en la forme ordinaire, et tous les débitans seront tenus de livrer audit prix leurs denrées, malgré toutes conventions contraires, lesquelles nous annullons par la présente.

ART. II. Que le prix en argent dont on sera convenu, ne sera que pour les denrées de la premiére qualité, et que les autres denrées inférieures n'auront de prix qu'à proportion de leur qualité bonne ou mauvaise, suivant qu'il sera décidé par deux Arbitres qui feront l'estimation desdites denrées conformément au prix réglé, en cas de contestation; n'entendant néanmoins rien changer par cette disposition, et celle du précédent article, aux marchés qui pourroient avoir été faits avant la publication de notre présente Ordonnance.

ART. III. Que pour parvenir à faire ladite estimation, il Nous sera proposé par le Commandant de chaque Quartier, deux personnes capables et intelligentes à ce fait, et d'une probité reconnue, même quatre, selon l'étendue des Quartiers, dont deux seront Habitans, et deux Négocians ou Marchands, lesquels seront par Nous agréés; qu'ils seront toujours deux pour faire ladite estimation; savoir, un Habitant et un Négociant; et en cas que lesdits deux Arbitres ne puissent pas convenir ensemble, ils prendront dans les Quartiers où ils seront quatre, un des deux autres pour sur-Arbitre,

et

et dans les autres Quartiers ils en nommeront un entre-eux dont ils Nous informeront, pour être par Nous approuvé.

ART. IV. Que toutes les barriques de sucre ou indigo seront étampées à feu, de l'étampe de celui qui les aura fabriquées, sous les peines ordonnées par Sa Majesté.

ART. V. Que toutes les barriques ainsi étampées, dans lesquelles les Arbitres connoîtront de la fraude ou de la malversation, seront confisquées et vendues au profit de l'Hôpital, et en outre celui qui les aura fabriquées sera condamné par Nous ou par les Gouverneurs des Quartiers du Cap et de Saint-Louis, conjointement avec les Commissaires de Marine, sur le rapport desdits estimateurs ou Arbitres, en cent-cinquante livres d'amende, appliquables le tiers à celui qui en aura poursuivi la condamnation, et les deux autres tiers à la réparation des auditoires.

ART. VI. Et enfin, que les Habitans ne pourront se servir d'aucuns poids qu'ils n'ayent été vérifiés et étalonés par les Procureurs du Roi des Jurisdictions, auxquels Nous mandons de le faire au moins tous les ans une fois, faute de quoi les Habitans seront tenus de faire peser leurs denrées au poids public des Bourgs et Villes de chaque Quartier; et afin que personne ne prétende cause d'ignorance de tout ce que dessus, sera la présente Ordonnance enregistrée aux Greffes des Conseils et des Jurisdictions en ressortissantes, lues, publiées et affichées, &c. Donné au Petit-Goave, &c.

R. au Conseil du Petit-Goave, le 5 Janvier 1733.
Et à celui du Cap, le 9 du même mois.

ORDONNANCE des Administrateurs, en faveur des habitans qui établiront des Hates.

Du 13 Décembre 1732.

LE Marquis de Fayet, &c.

Jean-Baptiste Duclos, &c.

L'objet de tous nos soins étant de procurer l'abondance dans cette Colonie, et de la mettre en état de se passer de ses voisins, s'il arrivoit par un malheur imprévu que les troubles de la guerre succédassent à la parfaite union et à la bonne intelligence qui régnent actuellement entre les sujets de Sa Majesté Très-Chrétienne, et ceux de Sa Majesté Catholique, Nous avons fait à ce sujet de mûres réflexions, qui nous ont fait connoître que rien n'étoit plus utile que l'établissement des Hates dans les Quartiers François de cette Colonie, soit pour assurer la subsistance des Habitans dans un temps de guerre, soit pour empêcher que la plus grande partie de l'argent ne passe chez les Espagnols; et pour y parvenir, Nous avons résolu de favoriser cet établissement de toute notre autorité, et d'ajouter encore, ainsi qu'il vient d'être dit, à l'avantage particulier qu'en tireront les Habitans, des priviléges porportionnés aux soins de ceux qui y travailleront, et à leur zèle pour le bien public; sur quoi Nous avons jugé à propos de faire le Réglement qui suit :

ART. I. Nous ordonnons à tous les Habitans qui ont des places et des Habitations voisines des Hates, de les clorre et fermer dans l'espace d'un an, du jour de la publication des présentes, de façon qu'ils ne puissent pas être endommagés par les bestiaux; et faute par eux de faire lesdites clôtures, Nous déclarons qu'ils ne pourront prétendre aucun dédommagement du tort que les bestiaux desdites Hates pourront avoir causé dans leurs vivres et jardins.

ART. II. Leur défendons, et à toutes personnes de quelque qualité et condition qu'elles soient, de chasser et tendre des éperlins dans les savanes de l'intérieur des Quartiers où il se trouve des Hates établies, ni de tuer, faire ou souffrir tuer par leurs domestiques ou Négres Esclaves, aucuns bestiaux desdites Hates, sous quelque prétexte que ce soit ou puisse être, à peine d'en répondre en leur propre et privé nom, de restituer le quatruple aux proprietaires, de trois cent livres d'amende, et en outre de six mois de prison de plus, contre les Mulâtres et Négres Libres qui tomberont dans le cas.

ART. III. Défendons aussi à toutes personnes de vendre ou débiter aucune sorte de viande, soit boucanée ou fraîche, à l'exception du cochon, sans en avoir la permission de Nous, sous peine de trois cent livres d'amende, et d'aller à la chasse du cochon-maron plus près au moins d'une lieue desdites Hates, à peine de trois mois de prison; toutes lesquelles peines seront par Nous prononcées sur les plaintes qui Nous seront portées.

ART. IV. Ordonnons aux propriétaires desdites Hates de faire étamper leurs bestiaux, et de leur faire couper une oreille, afin qu'ils puissent êtres reconnus en cas de dommages ou délits.

ART. V. Que tous les Habitans qui ont établi ou qui établiront des Hates, jouiront de l'exemption d'un Négre pour les droits ordinaires et pour les corvées par cent bêtes à corne et cavalines-mères qu'ils auront sur leurs Hates, laquelle exemption sera par Nous accordée à chacun deux, en nous rapportant un certificat du Commandant pour le Roi du Quartier où sera située sa Hate, contenant le nombre de bêtes à corne et cavalines-mères qu'il y entretient; la présente disposition, ainsi faite en faveur du petit comme du riche Habitant.

Art. VI. Que tous les Habitans qui ont établi des Hates sur lesquelles il se trouvera trois cent bêtes à corne et cavalines-mères, jouiront de l'exemption de toutes corvées et revues particulières, mais non des revues générales, ni de marcher contre les ennemis du Roi, lorsque le cas le requérera, et qu'ils seront commandés; laquelle exemption leur sera par Nous accordée sur les certificats de MM. les Commandans pour le Roi des Quartiers où seront situées leurs Hates, portant qu'ils y entretiennent lesdites trois cent bêtes à corne et cavalines-mères.

Art. VII. Que tous ceux qui établiront à l'avenir des Hates, jouiront aussi de la même exemption, quand ils seront parvenus à avoir trois cent bêtes à corne et cavalines-mères; et leur sera ladite exemption accordée sur les certificats de MM. les Commandans pour Sa Majesté.

Art. VIII. Et à l'égard des petit Habitans qui ne sont pas assez riches pour former et soutenir des établissemens aussi considérables que ceux que nous venons de dire, et qui cependant donneront à cette occasion des marques de leur zèle pour le bien public, Nous nous réservons de leur accorder des priviléges qui y soient proportionnés, sur le compte qui nous en sera rendu par lesdits sieurs Commandans pour Sa Majesté.

Art. IX. Comme aussi, Nous nous réservons d'accorder pareillement de nouveaux priviléges et exemptions à ceux qui augmenteront sur les Hates assez considérablement pour les mériter, le nombre de 300 bêtes à corne et cavalines-mères.

Art. X. Et enfin, comme notre intention est de soutenir de toute notre autorité les établissemens des Hates, Nous ordonnons, suivant l'exigeance des cas, et sans aucune forme de procès, la punition de ceux qui pourroient apporter quelques troubles aux Habitans hatiers sur les justes sujets de plainte qui Nous en seront portés, suivant qu'il est expliqué ci-dessus; recommandons à MM. les Gouverneurs, Lieutenans de Roi et Commandans pour Sa Majesté dans cette Colonie, de tenir exactement la main à l'exécution de la présente Ordonnance, qui sera lue, publiée, affichée et enregistrée par-tout où besoin sera, afin que personne n'en prétende cause d'ignorance. Donné au Petit-Goave, le 13 Décembre 1732. *Signé*, le Marquis de FAYET et DUCLOS.

R. au Conseil du Petit-Goave, le 5 Janvier 1733.
Et à celui du Cap, le 9 du même mois.

PROVISIONS de Premier Conseiller aux Conseils Supérieurs du Petit-Goave et du Cap, pour M. de Sartre, Commissaire de la Marine.

Du 24 Décembre 1732.

R. au Conseil du Cap, le 6 Juillet 1733.
Et à celui du Petit-Goave, le 11 Novembre 1737.

Ces Provisions ne différent de celles de M. de Saint-Aubin, auquel M. de Sartre succéda, qu'en ce que ce dernier fut dispensé du Serment.

COMMISSION de Subdélégué de l'Intendant des Isles sous le Vent, pour M. de Sartre, Commissaire de la Marine.

Du 24 Décembre 1732.

R. au Conseil du Cap, le 6 Juillet 1733.
Et à celui du Petit-Goave, le 11 Novembre 1737.

V. celle de M. Mithon de Senneville, du 31 Mars 1713. Tome II. page 352, sur laquelle celle-ci est copiée.

COMMISSION de Second Conseiller des deux Conseils de Saint-Domingue, M. Quinot, Commissaire de la Marine.

Du 24 Décembre 1732.

R. au Conseil du Petit-Goave, le 7 Juillet 1733.

V. la Commission de Second Conseiller de M. Duclos, du 22 Mai 1718.

ARRÊTÉ du Conseil du Cap, sur la signature des Jugemens criminels.

Du 8 Janvier 1733.

Ce jour, Messieurs ont discontinué de signer les Arrêts portant peine de mort, lesquels seront seulement signés de M. le Président et du Conseiller-Rapporteur.

ORDONNANCE des Administrateurs, qui défend d'enterrer dans les Eglises.

Du 10 Janvier 1733.

Le Marquis de Fayet, &c.

Jean-Baptiste Duclos, &c.

Etant informés que l'usage d'enterrer les morts dans les Eglises de cette Colonie, est extrêmement dangereux, parce que de l'air infecté par la corruption des corps que l'on respire dans lesdites Eglises, naissent souvent des fièvres malignes, et d'autres maladies contagieuses; et voulant remédier à un inconvénient si préjudiciable, Nous avons fait et faisons très-expresses inhibitions et défenses aux Curés desservans les Paroisses de cette Colonie, d'enterrer à l'avenir dans leurs Eglises quelques personnes que ce soit, sans aucune exception, et ce nonobstant toutes Ordonnances et Réglemens ci-devant faits à ce sujet par nos Prédécesseurs, qui pourroient être à ce contraires; ordonnons à tous Gouverneurs, Lieutenans-de-Roi et

Commandans pour Sa Majesté, de tenir exactement la main à l'exécution de notre présente Ordonnance, et de la notifier aux Curés de leur dépendance, comme aussi de la faire lire, publier et afficher partout où besoin sera, à ce que personne n'en ignore. Donné au Petit-Goave, &c.

R. au Siége Royal du Port-de-Paix, le 15 Juin suivant.

ARRÊT *du Conseil du Cap, qui ordonne qu'il sera payé au R. P. Larcher, Supérieur-Général des Missions de la Compagnie de Jésus, par le Receveur des Droits suppliciés, la somme de 600 liv., pour la Messe dite pour le Conseil en 1731 et en 1732, suivant qu'il a été convenu lors de l'établissement de ladite Messe en 1729.*

Du 10 Janvier 1733.

ORDONNANCE *des Administrateurs, touchant les Concessions.*

Du 18 Janvier 1733.

LE Marquis de Fayet, &c.

Jean-Baptiste Duclos, &c.

Etant informés que la grande quantité de Procès qui sont nés et naissent journellement, à l'occasion des terreins et emplacemens, provient principalement de deux causes, dont la première est que la plupart des Habitans de cette Colonie, qui ont des certificats ou permissions d'habituer des terreins ou emplacemens, négligent d'en obtenir des concessions; et l'autre, que quelques-uns de ces mêmes Habitans ne font point arpenter leurs terreins ou emplacemens, ce qui fait que les premiers sont très-souvent en contestation avec les porteurs de concessions, et les autres avec de nouveaux Habitans qui, ne voyant point de bornes plantées, demandent et obtiennent des concessions de tout ou de partie de terreins ou emplacemens déjà concédés; et voulant remédier à de pareils inconvéniens, d'autant plus préjudiciables au parfait établissement et au bien de cette Colonie, qu'une grande partie de ces Habitans, uniquement occupés de leur Procès, ne peuvent vaquer à la culture de leurs terreins, ni à leurs commerce; Nous avons ordonné et ordonnons ce qui suit:

ART. Ier. Que tous les Habitans qui possèdent depuis quelque tems des terreins ou emplacemens, et qui n'en ont point obtenu, ni leurs auteurs, de concessions, seront tenus d'en prendre dans six mois pour tout délai du jour de la publication de la présente ; et faute par eux de satisfaire à cette disposition, leurs terreins ou emplacemens seront concédés après l'expiration desdits six mois, comme réunis au Domaine de Sa Majesté, à ceux qui se présenteront pour les obtenir ; et seront lesdits nouveaux concessionnaires maintenus dans lesdits terreins ou emplacemens, nonobstant l'ancienneté de la possession de ceux qui en auront été privés, qui ne peut être regardée comme un titre capable d'aliéner le Domaine du Roi.

ART. II. Que tous anciens concessionnaires qui n'auront point encore fait arpenter ni poser de bornes à leurs terreins ou emplacemens, seront tenus de les faire arpenter par tel Arpenteur Royal du Quartier où ils seront situés, qu'ils voudront choisir, dans une année de la publication de la présente, attendu le grand nombre de ceux qui peuvent se trouver dans ce cas, à peine de réunion au Domaine du Roi du terrein ou emplacement de ceux qui n'auront point satisfait au délai que Nous voulons bien leur accorder.

ART. III. Et à l'égard des nouveaux concessionnaires, Nous leur accordons le terme de trois mois seulement, du jour de la date des concessions qui leur seront expédiées, pour faire arpenter et planter leurs bornes sur leurs terreins ou emplacemens, à peine de réunion desdits terreins ou emplacemens.

ART. IV. Et pour que lesdites bornes soient plus durables qu'elles ne l'ont été jusqu'à présent, et moins sujettes à être déplacées, Nous voulons que celles qui seront posées à l'avenir soient en maçonnerie ou de grosses pierres, à peine contre les concessionnaires d'être déchus de leurs terreins, et de cent livres d'amende contre les Arpenteurs qui n'auront point averti lesdits concessionnaires de se conformer à la présente disposition, dont ils seront tenus de faire mention dans leurs Procès-verbaux d'arpentage. Ordonnons à tous Gouverneurs, Lieutenans-de-Roi, ou autres Commandans dans cette Colonie, de tenir exactement la main à l'exécution de la présente Ordonnance, qui sera lue, publiée et affichée. Au Petit-Goave, le 18 Janvier 1733. *Signé*, LE MARQUIS DE FAYET et DUCLOS.

R. au Conseil du Cap, le 14 Février suivant.

ORDONNANCE des Administrateurs, portant rétablissement de la Maréchaussée.

Du 20 Janvier 1733.

LE Marquis de Fayet, &c.

Jean-Baptiste Duclos, &c.

Les désordres des Négres-Marons qui s'augmentent tous les jours, et causent aux Habitans de grands préjudices, et les etablissemens qu'ils font dans les montagnes, dont les suites peuvent tirer à conséquence, Nous obligeant à chercher tous les moyens de les détruire, pour procurer aux Habitans la tranquillité dans leurs travaux, et la sûreté des Quartiers; Nous avons jugé à propos de rétablir la Maréchaussée, ainsi qu'elle étoit autrefois, et de renouveler les réglemens faits à ce sujet par nos prédécesseurs, pourquoi nous ordonnons:

ART. I. Qu'il sera établi un Grand-Prévôt dans chaque ressort des Conseils du Petit-Goave et du Cap, qui sera choisi parmi les Habitans, et nommé par Nous, après qu'il Nous aura été certifié par les Gouverneurs du Quartier du Cap, et Commandant à Léogane et au Petit-Goave, de leur probité, valeur et capacité au fait de la Maréchaussée. Et comme la somme de 1000 liv. qui leur a été réglée ci-devant par année, pour leurs appointemens, à prendre sur les deniers publics, nous paroît modique pour toutes les peines et soins qu'un pareil emploi demande, qui les oblige de quitter souvent le soin de leurs Habitations, ce qui est cause qu'il ne se présente personne pour exercer cet emploi, Nous leur attribuons par la présente Ordonnance, à chacun la somme de 1500 liv. par année, pour leurs appointemens, qui leur sera payée suivant l'usage ordinaire, à commencer du jour de la publication de notre présente Ordonnance; lesquels Grands-Prévôts auront rang de Capitaine de Milices, jouiront de l'exemption de douze Négres, tant pour les droits d'Octroi et deniers publics, que pour les droits Curiaux; et en outre seront exempts de guet et de garde en tout tems, et autres corvées publiques, à l'exception des droits d'Octroi, pensions Curiales et corvées publiques pour les Négres qu'ils pourroient avoir au-delà des douze dont l'exemption leur est accordée ci-dessus, et à l'exemption aussi de l'entretien de leurs chemins particuliers auxquels ils seront tenus comme les autres Habitans.

ART. II. Qu'il sera établi, si fait n'a été, quatre Lieutenans de Prévôts du du Quartier du Petit-Goave, et deux dans celui du Conseil du Cap, savoir un dans la Jurisdiction de Léogane, un autre dans celle de Saint-Louis, le 3e. dans celle de Jacmel, et le 4e. dans celle de Saint-Marc, et de même un dans la Jurisdiction du Port-de-Paix, et un autre dans celle du Fort-Dauphin; lesquels Lieutenans seront choisis et nommés ainsi qu'il a été dit pour le Grand-Prévôt, auront rang de Lieutenant de Milices, jouiront de 8 Négres d'exemption, et des autres priviléges accordés aux Grands-Prévôts; et comme la somme de 500 liv. qui leur a été réglée par année pour leurs appointemens, nous paroît bien modique par les raisons énoncées en l'Article précédent, Nous ordonnons qu'il leur sera payé à l'avenir celle de 750 liv. en la maniére ordinaire, à commencer du jour de la publication de cette Ordonnance.

Art. III. Qu'il sera établi pareillement quatre Exempts de la Maréchaussée dans le Ressort du Conseil du Petit-Goave, et trois dans celui du Conseil du Cap; savoir, au Petit-Goave, à Léogane, ou Cul-de-sac, à Saint-Louis, ou au Fond, et à Saint-Marc, et de même au Cap, au Port-de-Paix, et au Fort-Dauphin; lesquels Exempts seront choisis et nommés ainsi qu'il est dit au 1er. Article pour les Grands-Prévôts, et auront rang d'Enseigne de Milices; et attendu qu'ils n'auront point d'appointemens, ils jouiront de l'exemption de tutelle et curatelle, comme aussi de celle de six Négres, et des autres privilèges attribués aux Lieutenans par l'article précédent.

Art. IV. Qu'il sera choisi par lesdits Grands-Prévôts, ou leurs Lieutenans, un certain nombre d'Habitans suivant qu'il va être expliqué, parmi les Mulâtres et Négres-Libres, lesquels seront Archers de la Maréchaussée, aussi sans appointemens, mais qui jouiront de l'exemption de quatre Négres, et des autres privilèges attribués aux Exempts par l'article précédent, savoir:

Au Petit-Goave	8
A Léogane et Cul-de-sac	14
A Saint-Louis et au Fond	10
A Jacmel	8
A Saint-Marc, et l'Artibonite	12
Total pour le Conseil du Petit-Goave	52
Au Cap et dépendances	15
Au Port-de-Paix	8
Au Fort-Dauphin	10
Total pour les deux Conseils	85

Lesquels 85 Archers avec 15 Officiers, établis par les trois articles précédens. 15

Feront le nombre de 100, qui composeront les deux Maréchaussées des Conseils du Petit-Goave & du Cap. . . 100

Desquels il Nous sera envoyé une liste nom par nom, signée des Grands-Prévôts ou de leurs Lieutenans, et visée par les Gouverneurs ou Commandans de chaque Quartier, pour leur être par Nous accordé les exemptions mentionnées au présent article, dont ils ne jouiront que pendant le tems qu'ils serviront dans ladite Maréchaussée; lesquels Archers seront armés, et obligés de marcher aussitôt qu'il leur sera ordonné par leurs Officiers; et seront tenus lesdits Officiers, de prendre à ce sujet les ordres des Officiers-Majors et Commandans pour Sa Majesté.

ART. V. Ordonnons auxdits Grands-Prévôts ou leurs Officiers, d'obliger leur Troupe à résider alternativement dans les lieux de leur destination; savoir, moitié pendant huit jours, autre moitié pendant une autre huitaine, comme aussi d'être toujours prêts avec leurs Archers, pour aussitôt qu'ils en auront reçu l'ordre, ainsi qu'il vient d'être dit, poursuivre tous les Négres-Marons, dans tous les endroits où ils pourront se réfugier, de les faire saisir et arrêter en tous tems et en tous lieux, même sur les habitations, sans être tenus d'en donner avis aux Maîtres, s'ils le jugent à propos, de faire tirer et tirer dessus en cas de résistance, sauf à être pourvu au paiement des Négres tués, ainsi qu'il s'est pratiqué jusqu'à présent, de brûler et détruire tous les établissemens qui se trouveront faits par lesdits Négres-Marons, et de conduire dans les prisons tous ceux qu'ils auront arrêtés, dont la prise leur sera payée par les Maîtres ou Propriétaires, ainsi qu'il sera expliqué ci-après.

ART. VI. Et sur ce que Nous sommes informés que les Négres-Esclaves volent les chevaux des Habitans, et que plusieurs d'entr'eux portent des armes et bangalas, et même qu'il s'attroupent ainsi armés, ce qui pourroit avoir des suites très-fâcheuses à la Colonie, lesquelles il est absolument nécessaire et très-important de prévenir; Nous ordonnons aux Habitans de donner des billets ou cartes, ou autres marques à leurs Négres-Esclaves qu'ils envoyeront à cheval, même à pied, pour leurs affaires particulières; et enjoignons aux Officiers de la Maréchaussée et Archers, d'arrêter tous les Négres qu'ils trouveront pendant le jour à cheval, et ceux même qu'ils trouveront la nuit à pied sans billets de leurs maîtres, et de les envoyer ou conduire dans les prisons les plus proches, comme aussi ceux qu'ils pourront trouver à pied pendant le jour hors des Quartiers de leur séjour ordinaire, sans lesdits billets de leurs Maîtres.

ART. VII. Qu'il sera payé auxdits Officiers et Archers de la Maréchaussée, par le Maître ou Propriétaire des Négres qui seront ainsi arrêtés ou tirés par eux; savoir, la somme de 100 liv. par chaque tête de Négres qu'ils arrêteront au-delà de toute habitation du côté de la frontière des Espagnols, soit qu'ils les ayent tués ou qu'ils les ramenent en vie; celle de 60 liv. pour tous ceux qui seront pris ou tués dans les doubles Montagnes, en en rapportant l'étampe; celle de 30 liv. pour tous ceux qui seront arrêtés hors de la Paroisse du Négre, sans billets de leurs Maîtres, et celle de 12 liv. pour ceux qui seront pareillement arrêtés dans les Paroisses sans lesdits billets de leurs Maîtres, sur-tout pendant la nuit, à moins qu'ils ne soient à cheval, auquel cas ils pourront être arrêtés de jour, ainsi que Nous venons de le dire, lorsqu'ils n'auront point de billets; lesquelles sommes leur seront payées sur les certificats des Officiers-Majors plus proches des lieux où ils auront fait lesdites captures, par les Geoliers des prisons où lesdits Négres seront reçus, qui s'en feront rembourser par le Propriétaire du Négre, avant de le lui remettre, ou sur le produit de la vente dudit Négre, en cas qu'il ne soit pas réclamé un mois après qu'il aura été emprisonné, terme que Nous fixons pour la vente des Négres-Marons non réclamés, afin qu'ils ne se consomment point en frais de nourriture dans lesdites prisons.

ART. VIII. Que si les Négres ont des effets, nippes, chevaux, armes et autres meubles, le tout appartiendra à la Maréchaussée; mais si lesdits effets sont prouvés avoir été volés par les Négres, soit à leurs Maîtres ou à d'autres, l'Officier commandant la Brigade en fera un fidéle inventaire, duquel il reviendra le tiers à la Maréchaussée, suivant l'estimation qui en sera faite, et les deux autres tiers seront rendus au Propriétaire, si mieux il n'aime faire vendre le tout, pour du produit en avoir les deux tiers, et l'autre tiers être remis à la Maréchaussée, ainsi qu'il vient d'être dit.

Addition à l'article VIII. Entendons que l'article précédent n'aura lieu qu'autant que lesdits effets ou nippes volés, seroient perdus pour leurs Maîtres ou pour les Propriétaires, si les Négres qui en seront saisis, n'avoient point été arrêtés. A l'égard des chevaux ou autres effets, dont les Négres arrêtés sans billets se seront trouvés saisis, et qu'ils auroient naturellement portés ou ramenés à ceux à qui ils appartiennent, ils seront rendus aux Propriétaires qui les réclameront, en payant par eux une piastre par chaque Négre, et autant par chaque cheval.

Art. IX. Qu'il sera payé à ladite Maréchaussée, par les Maîtres ou Propriétaires des Négres-Esclaves, un écu par tête de ceux qui auront été arrêtés, et qui se trouveront avoir des chevaux, armes ou bangalas, lesquels chevaux, armes ou bangalas, s'ils appartiennent auxdits Négres, demeureront à ceux qui les auront arrêtés; pourquoi défendons à tous les Habitans de souffrir aucuns de leurs Négres-Esclaves, avoir des chevaux ou armes à leur propre; ordonnons qu'ils seront tués ou vendus à la porte des Eglises, pour les deniers en être remis à ceux de la Maréchaussée qui les dénonceront, ou les auront arrêtés et saisis.

Art. X. Que toutes les sommes qui proviendront de la prise desdits Négres, chevaux, armes ou nippes, pris sur iceux, feront une masse pour le détachement qui les aura saisis et arrêtés, laquelle sera répartie, savoir: si c'est le Grand-Prévôt qui commande le Détachement, il aura quatre lots ou parts; si c'est le Lieutenant, il aura trois parts; l'Exempt deux; l'Archer qui aura fait la première découverte, une part et demie; et tous les autres Archers, chacun une part.

Art. XI. Que les Officiers et Archers de ladite Maréchaussée, arrêteront tous les Soldats qui seront rencontrés à une lieue du Quartier où leurs Compagnies seront postées, lorsqu'ils n'auront point de billet de l'Officier de la Compagnie, visé du Gouverneur, ou en son absence du Commandant, et qu'ils seront tenus de courir après tous les Déserteurs, aussitôt qu'ils en recevront l'ordre de Nous ou des Officiers-Majors des différens Quartiers, pour lesquels Soldats arrêtés par eux, leur sera payé la somme de 30 liv. par le Trésorier de la Marine, sur les ordonnances de l'Intendant, ou Commissaire-Ordonnateur, suivant les Ordonnances du Roi, s'ils se trouvent Déserteurs, et ce sur les certificats qu'ils rapporteront du Commandant des Quartiers où lesdits Soldats seront en garnison.

Art. XII. Les Grands Prévôts et leurs Officiers, auront une attention particulière sur la conduite de leurs Archers, pour empêcher les inconvéniens auxquels l'avarice de quelques-uns d'eux pourroit donner lieu, et veilleront à cet effet à ce que lesdits Archers laissent passer librement les Négres qui auront des billets de leurs Maîtres, et ne les déchirent pas pour se procurer, par cette voie illicite, le droit ci-devant fixé; et supposé que pareille vexation vint à être reconnue, Nous nous en réservons la connoissance, pour ordonner, contre ceux qui en seront les auteurs, telle punition afflictive que le cas paroîtra exiger.

Art. XIII. Qu'ils arrêteront pareillement toutes sortes de Blancs qui ne seront point Habitans, comme Pacotilleurs, Matelots, ainsi que les Mulâtres ou Négres-Libres qui voudroient sortir des frontières, et passer chez les Espagnols, ou d'un Quartier à un autre ; ceux du Cap, à celui de l'Artibonite et de Léogane, ou de ceux-ci dans celui du Cap, de Saint-Louis, et Fond de l'Isle-à-Vache, sans avoir un congé du Gouverneur de l'endroit d'où ils sont partis, ou autres certificats d'un Commandant ou quelque Officier que ce soit, qui puisse faire connoître ce qu'ils sont et d'où ils viennent, lesquels Blancs ils seront tenus de conduire pareillement dans les prisons les plus prochaines, et de Nous en donner avis, et aux Commandans des lieux où seront lesdites Prisons, pour lesdits Blancs être par eux ou par Nous examinés, et en être ordonné ainsi qu'il conviendra ; et pour la prise desdits Blancs, Mulâtres ou Négres-Libres, sera payé à la Maréchaussée la somme de 50 l. pour chacun, qui sera prise sur leurs biens et effets ; et s'ils n'en ont point, il ne sera payé que 30 liv. sur les fonds publics, et ce par le Geolier desdites Prisons, qui s'en fera rembourser par eux avant de les laisser sortir, ou par le Receveur desdits deniers publics.

Et sera la présente Ordonnance, contenant 13 articles, enregistrée aux Greffes des Conseils Supérieurs du Petit-Goave et du Cap, et des jurisdictions en ressortissantes, lue, publiée et affichée partout où besoin sera, afin que personne n'en prétende cause d'ignorance ; ordonnons aux Gouverneurs, Commandans de cette Isle, et tous autres qu'il appartiendra, de tenir la main, chacun en droit soi, à son exécution. Donné au Petit-Goave, &c., le 20 Janvier 1733. *Signé*, LE MARQUIS DE FAYET et DUCLOS.

R. au Conseil du Cap, le 20 Mars 1733.
Et à celui du Petit-Goave, le 10 du même mois.

EXTRAIT de la Lettre du Ministre à MM. de Fayet et Duclos, sur la distraction du Domaine d'Occident des Fermes générales.

Du 20 Janvier 1733.

SA MAJESTÉ a distrait du Domaine d'Occident, les droits qui se perçoivent aux Isles et Colonies Françoises, à commencer du 1er de ce mois ; ainsi les Fermiers-Généraux ne seront plus chargés du paiement des appointemens, et autres dépenses comprises annuellement dans les états, et les parties prenantes seront payées sur les lieux à compter de la présente année. Vous trouverez ci-joint l'état des parties qui regardent les Officiers de Saint-Domingue que M. Duclos fera payer, à commencer de la présente année seulement.

ORDONNANCE des Administrateurs, touchant les Certificats & les Permis d'habituer.

Du 6 Mars 1733.

LE Marquis de Fayet, &c.

Jean-Baptiste Duclos, &c.

Par l'examen que Nous avons fait d'un grand nombre de Procès, Nous aurions remarqué que la plupart de ces discussions naissent entre les Habitans, dont les uns sont porteurs d'anciens certificats visés, ou de permissions d'habituer des terreins, & les autres de concessions postérieures des mêmes terreins, ce qui provient, d'une part, de ce que beaucoup d'Habitans regardant mal-à-propos ces visa et permissions d'habituer, comme des titres suffisans pour leur donner la propriété des terreins sur lesquels ils veulent s'établir, négligent et même ne croyent point nécessaire d'en prendre des concessions ; et de l'autre, que jusqu'à présent nos Prédécesseurs, par une tolérance très-dangereuse, ont fait peu d'exemples contre ceux qui ne se sont pas mis en règle à ce sujet ; à quoi voulant remédier, comme aussi diminuer, autant qu'il est en Nous, la grande quantité de Procès qui sont nés et qui naissent journellement, lesquels sont toujours ruineux et à charge à toutes les Parties ; Nous avons ordonné et ordonnons que les visa et permissions d'habituer, donnés par les Gouverneurs, Lieutenans-de-Roi, et autres Commandans pour Sa Majesté, sur des certificats de Commandans des Quartiers et d'Arpenteurs, ne vaudront, pour les terreins qui seront établis à l'avenir, qu'autant qu'il y aura une concession en forme ; déclarant à cet effet tous autres titres de nulle valeur : voulons au surplus que toutes les dispositions portées par notre Ordonnance du 18 Janvier dernier, soient exécutées selon leur forme et teneur ; et desirant aussi remédier à un abus qui s'est introduit dans ces Colonies, Nous réservons d'ajouter une autre peine afflictive à l'amende de 1000 liv., et à la réunion du terrein, portée par les Ordonnances, contre ceux qui, après avoir obtenu des concessions, en font des cessions, transports et ventes ou contre-lettres, sans avoir satisfait aux conditions préalablement portées par lesdites concessions : Ordonnons à MM. les Gouverneurs, Lieutenans-de-Roi, et autres Commandans pour Sa Majesté dans ces Colonies, de tenir exactement la main à l'exécution de la présente Ordonnance, qui sera lue, publiée, affichée et enregistrée, à ce que personne n'en ignore. Donné au Petit-Goave, &c., le 6 Mars 1733. *Signé*, LE MARQUIS DE FAYET et DUCLOS.

ORDONNANCE des Administrateurs, qui fixe un plus haut prix aux Sucres des Habitans du Fond de l'Isle-à-Vache.

Du 12 Mars 1733.

LE Marquis de Fayet, &c.

Jean-Baptiste Duclos, &c.

La situation des Habitans de l'Isle-à-Vache, tant par rapport aux dettes qu'ils ont contractées envers la Compagnie des Indes, qu'avec les Négocians de France, Nous ayant paru mériter notre attention; Nous avons cru devoir travailler à y remédier, en soutenant en même-tems le commerce et lesdits Habitans; et pour y parvenir, Nous aurions fait assembler les Négocians et lesdits Habitans, lesquels étant unanimement convenus de donner et recevoir le sucre à dix liv. le quintal, Nous avons ordonné et ordonnons que ledit prix sera suivi dans tout le quartier du Fond de l'Isle-à-Vache, quoiqu'à Léogane il ait été fixé à 8 liv. 10 f., et qu'il convienne peu de donner deux prix différens à une même marchandise dans le ressort du Conseil Supérieur du Petit-Goave, ce que Nous avons cependant bien voulu permettre, comme Nous venons de le dire, en considération des engagemens desdits Habitans du Fond de l'Isle-à-Vache, et de ce que les Négocians ont offert de prendre les sucres audit prix de 10 liv, bien entendu qu'ils soient bons et marchands; et à l'égard de ceux qui se trouveront d'une qualité inférieure, Nous voulons qu'ils soient évalués par avis d'arbitres suivant leur juste valeur, conformément à notre Ordonnance du 10 Décembre dernier; permettons, au moyen de ce que dessus, auxdits Négocians, de vendre leurs marchandises auxdits Habitans du Fond de l'Isle-à-Vache, à 20 pour 100 de plus qu'à Léogane; Ordonnons à M. de Brach, Gouverneur à Saint-Louis et dépendances, de tenir exactement la main à l'exécution de notre présente Ordonnance, qui sera lue, publiée, affichée et enregistrée partout où besoin sera. Donnée au Petit-Goave, &c.

ORDONNANCE *des Administrateurs, qui réunit au Domaine le Bac de l'Artibonite, et ordonne que son produit, destiné à la construction d'un Pont, sera remis à un Habitant-Syndic.*

Du 24 Mars 1733.

LE Marquis de Fayet, &c.

Jean-Baptiste Duclos, &c.

Sur les plaintes réitérées qui Nous ont été portées au sujet du Bac de l'Artibonite, Nous nous serions fait représenter toutes les Ordonnances rendues par nos prédécesseurs pour l'établissement d'icelui; et après l'examen que Nous en aurions fait, Nous aurions remarqué qu'en l'année 1717, les Habitans, voyant qu'ils couroient des risques fréquens, et que la rivière de leur Quartier leur faisoit des dommages considérables en la passant dans de foibles canots, les chevaux et les bestiaux à la nage, demandèrent qu'ils leur fût permis de faire construire un Bac, et proposèrent d'en faire eux-mêmes la dépense, aux conditions toutefois que les Habitants résidans audit Quartier, seroient exempts de payer le passage dudit Bac, dont ils se réservoient la propriété, et que ledit passage seroit seulement payé par les Habitans des autres Quartiers et voyageurs, suivant la taxe qui en seroit faite.

L'importance de l'établissement du Bac, par la facilité de faire passer sur le champ, et sans risque, tant les denrées du pays que celles de France, au-delà de cette rivière de l'Artibonite, où jusqu'alors ils s'étoit noyé souvent des hommes et des bestiaux, et s'étoit perdu quantité d'effets; et pour la communication de ces Quartiers, qui, en tout tems, pourroient se donner mutuellement les uns aux autres tous les secours nécessaires, soit en tems de guerre, soit en toutes autres occasions que ce puisse être, engagea MM. le Marquis de Chateaumorant et Mithon, pour lors Général et Intendant de cette Isle, à rendre une Ordonnance, le 20 Aout 1717, par laquelle, en approuvant la délibération et la demande des Habitans, ils ordonnèrent qu'il seroit levé, par tête de Négre desdits Habitans, une somme de 5060 liv., qui seroit remise entre les mains d'un Syndic, qu'ils nommeront, pour être employée par lui à la dépense de la construction du du Bac, et qu'au moyen de cette dépense, faite par lesdits Habitans, tous ceux qui y auroient contribué seroient exempts de payer aucun passage, tant pour eux que pour leurs Négres, voitures, chaises et cabrouets, leur attribuant la propriété dudit passage, à condition par eux de l'entretenir à perpétuité, faute de quoi ils en seroient déchus; ils ordonnérent en outre que le passage seroit exactement payé par les Habitans, Marchands et autres, de tous les autres Quartiers de l'Isle; savoir, 4 escalins par chaque personne, et autant pour chaque cheval, soit qu'il soit chargé ou non; 4 pour un cabrouet, et autant pour une chaise, à l'exception des Officiers de l'Etat-Major et autres, lesquels doivent passer gratis; en considération de quoi ledit Passager étoit exempt de toutes corvées, et à lui permis en outre de tenir cabaret sur le lieu du passage, sans en payer aucuns droits, et sur ce pied ledit passage devoit être affermé au plus offrant et dernier enchérisseur; et il étoit dit qu'en cas que la somme excédât les gages du Passager, l'excédant seroit employé à l'entretien dudit Bac, et remis tous les ans au Syndic que les Habitans nommeroient entre-eux, lequel seroit tenu de veiller à la conservation et réparation dudit Bac. Dans l'année 1721, trois Habitans qui avoient fourni des Négres pour travailler au Bac, eurent le malheur de les perdre, s'étant noyés en repassant la rivière dans le canot du Passager, ce qui les obligea à présenter leur Requête à MM. de Sorel et Duclos, pour être payés de leurs Négres par le public; sur quoi ces MM. ordonnerent que lesdits trois Négres seroient payés à leurs Maîtres sur le pied de 600 liv. chacun, pourquoi il seroit fait une levée sur tous les Négres du Quartier jusqu'à la concurrence de la somme de 1800 liv., et en outre jusqu'à la concurrence de celle qui restoit dûe pour la perfection et construction dudit Bac, à la diligence du sieur Archin, Substitut du Procureur du Roi, auquel il étoit enjoint, par ladite Ordonnance, de se faire rendre compte des sommes dûes pour cette construction, et de faire la répartition nécessaire pour la rembourser avec celle susdite de 1800 l.

Sur quoi, vu l'état de ce qui est encore dû pour la construction dudit Bac, montant à 1899 liv. 14 sols qui n'a pas encore été payé, non plus que les 1800 liv. dûes pour les trois Négres noyés; et ayant examiné les plaintes qui Nous ont été portées sur le tarif de ce passage, qui est à charge à tous ceux qui sont obligés de s'en servir, par les sommes exorbitantes qu'il leur en coûte, sans qu'il en revienne rien à Sa Majesté ni au public; Nous disons que MM. le Marquis de Châteaumorant et Mithon, n'ayant accordé, par leur Ordonnance du 20 Août 1717, la propriété du passage aux Habitans qui auroient contribué à la dépense de la construction dudit Bac, que dans l'intention qu'ils en payeroient la dépense entière, suivant qu'ils s'y étoient obligés, à condition par eux de l'entretenir à perpétuité, faute de quoi ils en seroient déchus, n'ayant pas exécuté ces conditions, puisqu'ils n'en n'ont pas même payé la première dépense en entier, et qu'il en est encore dû la somme de 1899 liv. 14 sols, ils doivent être déchus de cette propriété. Le tout vu, considéré et mûrement examiné, Nous avons réuni et réunissons au Domaine du Roi la propriété du passage dudit Bac; en conséquence, ordonnons qu'à l'avenir aucun Habitant ne sera exempt de payer au passage dudit Bac, soit qu'il ait contribué ou non. Ordonnons en outre que la ferme du Bac sera criée incessamment, et adjugée au plus offrant et dernier enchérisseur, en la manière accoutumée, pour l'espace de cinq années, à commencer du premier Mai prochain, aux charges et conditions portées dans la Carte-bannie, de nous signée, et jointe à notre présente Ordonnance; que le prix de ladite ferme, qui sera déposé entre les mains du sieur Rossignol de la Chicotte, ainsi qu'il est porté en ladite Carte-bannie, sera par lui employé à payer les sommes dûes pour la construction dudit Bac, montantes à 1899 liv. 14 sols, ensuite les 1800 liv. pour les trois Négres noyés, et à fur et mesure qu'il lui rentrera des sommes, au moyen desquelles il aura soin de rembourser toutes celles qui pourroient d'ailleurs être dûes, tant au sujet dudit Bac que pour la construction des ponts de l'Ester et des Verettes, et gardera le surplus jusqu'à ce qu'il ait une somme suffisante pour être employée, par nos ordres, à la construction d'un pont de pierre à l'endroit dudit Bac; et quant au sieur Lafitte, actuellement possesseur de la ferme dudit Bac depuis l'année 1724, Nous ordonnons qu'il payera 1500 liv. par chaque année de sa ferme, conformément à ce que ses prédécesseurs étoient obligés de faire, et ce, entre les mains du sieur Rossignol, pour être employée comme il est dit ci-dessus; comme aussi, qu'il sera tenu de remettre au fermier entrant, ledit Bac bien conditionné, à dire d'experts, avec tous les agrès, cordages et apparaux, et en état de servir le public aussitôt après ladite adjudication faite, à quoi faire il sera contraint par corps, comme dépositaire d'un bien public; défendons à tous autres qu'audit fermier, l'usage particulier des Bacs ou bateaux plats; leur permettons seulement d'avoir à leur embarquadaire des canots pour leurs affaires personnelles: Mandons au Juge de la Jurisdiction de Saint-Marc de se conformer à la présente Ordonnance; faisant crier incessamment et sans delai, la ferme dudit Bac en la manière accoutumée et aux conditions portées en la carte-bannie. Ordonnons à M. de Courpon, Lieutenant-de-Roi, Commandant à l'Artibonite, de tenir la main à l'exécution de notre présente Ordonnance, en tout son contenu, laquelle sera enregistrée au Greffe de la Jurisdiction, pour y avoir recours en cas de besoin. Fait, &c. *Signé*, DE FAYET et DUCLOS.

ORDONNANCE des Administrateurs, touchant la vente des Négres-Epaves.

Du 6 Avril 1733.

LE Marquis de Fayet, &c.

Jean-Baptiste Duclos, &c.

Sur les plaintes fréquentes qui Nous ont été portées des différens Quartiers, que les Négres-Marons ou saisis pour dettes, restoient si long-tems en prison, qu'ils se trouvoient consommés en frais de nourriture, que la plupart du tems ils étoient vendus au plus offrant et dernier enchérisseur, par les Huissiers, qui se les faisoient adjuger à très-bas prix, pendant qu'ils les revendoient sur-le-champ à des prix considérables, ou que les Concierges des prisons se les faisoient adjuger à des prix fort au-dessous de leur valeur, d'intelligence avec lesdits Huissiers, et ce parce que les Officiers des Jurisdictions ne se donnoient pas la peine d'être présens auxdites adjudications; Nous avons estimé très-nécessaire et important, de remédier à un pareil abus; pourquoi Nous ordonnons aux Officiers des Jurisdictions, d'être présens auxdites adjudications au moins tour-à-tour, s'ils ne peuvent s'y trouver tous ensemble, sur peine à celui qui devoit s'y trouver, d'interdiction, et de répondre des événemens en son propre et privé nom.

Défendons aux Huissiers, sur peine de prison, de procéder à de pareilles adjudications, à moins qu'il n'y ait au moins un Officier du Siége présent, accompagné du Greffier, lequel Officier signera au Procès-Verbal qui sera dressé, et dont la minute sera déposée au Greffe, de façon qu'on puisse la retrouver aisément lorsqu'on pourra en avoir besoin.

Ordonnons, comme Nous avons déjà fait dans notre Réglement pour la Maréchaussée, que tout Négre-Maron sera vendu après avoir resté seulement un mois en prison, s'il n'est pas réclamé avant ledit mois; et si, après avoir été vendu, il est réclamé par son Maître, et qu'il se trouve avoir été vendu à quelque Officier de la Jurisdiction, même au Concierge ou Huissier, ce qui est tout-à-fait contraire aux Ordonnances du Roi, le Maître en ce cas reprendra son Négre, en remboursant seulement le prix de l'adjudication, quand même il auroit passé dans les mains d'un tiers, et auroit été vendu au plus haut prix, sauf pour le surplus le recours de celui entre les mains de qui se trouvera ledit Négre, contre celui qui le lui aura vendu, ou contre l'adjudicataire, et de même pour les Négres-saisis, en remboursant le prix de l'adjudication sous un mois après la vente. Ordonnons aux Officiers des Jurisdictions de cette Isle, de se conformer à la présente Ordonnance, qui sera lue, publiée et affichée partout où besoin sera, à ce que personne n'en ignore, et enregistrée aux Greffes de toutes lesdites Jurisdictions ; et à MM. les Gouverneurs et Commandans, de tenir la main à son exécution. Fait au Petit-Goave, le 6 Avril 1733. *Signé*, LE MARQUIS DE FAYET et DUCLOS.

R. au Greffe du Siége Royal du Port de Paix, le 6 Mai 1733.

ORDONNANCE *des Administrateurs, portant établissement des Inspecteurs des Chemins.*

Du 21 Avril 1733.

LE Marquis de Fayet, &c.
Jean-Baptiste Duclos, &c.

Le peu de soin que l'on a eu jusqu'à présent des chemins de ces Colonies, et le mauvais état dans lequel sont la plupart desdits chemins, Nous ayant fait chercher les moyens les plus utiles pour contribuer à leur entretien ; Nous avons cru n'y pouvoir mieux parvenir qu'en commettant des personnes pour y veiller. A ces causes, Nous avons établi et établissons des Inspecteurs desdits chemins, dans les différens Quartiers de ces Colonies, qui seront par Nous nommés et commis, après qu'il Nous aura été proposé à cet effet des Sujets capables, par les Gouverneurs et Commandans pour le Roi desdits Quartiers, lesquels inspecteurs auront seuls la direction des travaux, sous l'autorité desdits Officiers, Commandans et Majors, et pourront placer les Négres où ils auront besoin et où ils jugeront à propos, sans que personne les interrompe dans leurs fonctions ; pourquoi il sera fourni auxdits Inspecteurs un état du nombre fixe des Négres que chacun devra fournir, afin qu'ils puissent faire réellement fournir les Négres, et Nous informer de ceux qui y manqueroient, pour être par Nous donné les ordres nécessaires contre lesdits refusans; seront lesdits Inspecteurs obligés de visiter régulièrement les chemins, et de Nous donner avis ou aux Officiers-Commandans et Majors, des réparations qu'il sera nécessaire d'y faire, comme aussi d'assister de tems en tems auxdites réparations, ainsi qu'aux travaux qui pourroient être ordonnés pour l'ouverture de nouveaux chemins, faute de quoi ils seront privés desdits emplois: Voulons que ceux qui en seront pourvus, soient exempts de toutes corvées et revues particulières, mais non des revues générales, ni de marcher contre l'ennemi lorsqu'ils seront commandés, et en outre qu'ils jouissent des mêmes honneurs, priviléges et prérogatives que les Capitaines de Milices, lesquels ne seront cependant accordés qu'à ceux qui n'en ont point de pareils: ordonnons à tous Gouverneurs, Lieutenans-de-Roi et autres Commandans pour Sa Majesté dans ces Colonies, de tenir exactement la main à l'exécution de notre présente Ordonnance, qui sera lue, &c., à ce que personne n'en ignore. Donné au Petit-Goave, &c.

R. au Conseil du Cap, le 4 Juin suivant.

ORDONNANCE *des Administrateurs, qui enjoint aux Habitans d'exécuter celle du* 10 *Décembre précédent, touchant les poids et mesures, et en conséquence de les faire étalonner sous trois mois, par les Procureurs du Roi, leurs Substituts, ou par les Étalonneurs, à peine d'une amende de* 100 *l. qui sera prononcée par les Juges des Jurisdictions, à la requête desdits Procureurs du Roi.*

Du 25 Avril 1733.

R. au Siége Royal du Port-de-Paix, le 8 *Mai* 1733.

ORDONNANCE des Administrateurs, portant défenses de vendre ni disposer des terreins, sans une permission expresse.

Du 2 Mai 1733.

LE Marquis de Fayet, &c.
Jean-Baptiste Duclos, &c.

Etant informé que, quoique par les Ordonnances il soit défendu de vendre ni de disposer des terreins, à moins qu'il n'y ait au moins le tiers d'iceux de défriché et mis en valeur; cependant, les peines portées par lesdites Ordonnances et par les concessions, n'empêchent pas qu'il ne se fasse beaucoup de ventes et cessions contre leurs dispositions; et voulant remédier à cet abus, Nous avons cru devoir, en renouvelant ces défenses, y ajouter de nouvelles dispositions.

ART. Ier, Faisons très-expresses inhibitions et défenses à toutes personnes, de vendre ni disposer des terreins ou emplacemens qui leur auront été concédés, sans en avoir obtenu de Nous une permission expresse et par écrit, laquelle permission ne leur sera accordée qu'après avoir satisfait aux conditions préalables requises et ordonnées pour les concessions, à peine de réunion desdits terreins et emplacemens, et contre les contrevenans de restitution du prix de la vente, et de 1000 liv. d'amende, applicable aux fortifications de l'Isle.

ART. II. Défendons aussi à tous Notaires de passer aucun acte portant disposition de terreins ou emplacemens, qu'on ne leur rapporte une permission signée de Nous, dont ils seront tenus de faire mention dans lesdits actes, à peine contre lesdits Notaires de destitution de leur charge, et de pareille amende de 1000 liv., applicable comme il est dit en l'art. précédent.

ART. III. Déclarons que dans les discussions qui pourront survenir à l'occasion desdits terreins et emplacemens, Nous n'aurons aucun égard aux ventes, cessions, donations ou transports d'iceux qui auront été faits depuis la publication de notre présente Ordonnance, soit qu'ils soient sous signatures privées ou passés pardevant Notaires, lorsqu'ils n'auront pas été précédés de notre permission, lesquels seront au contraire par Nous regardés comme non-avenus et déclarés de nul effet. Voulons au surplus que les dispositions portées par les Ordonnances sur ce rendues par nos Prédécesseurs, et qui ne se trouveront point contraires à la présente, soient exécutées selon leur forme et teneur. Ordonnons à tous Gouverneurs, Lieutenans-de-Roi, et autres Commandans pour Sa Majesté dans ces Colonies, de tenir exactement la main à l'exécution de la présente Ordonnance, qui sera lue, publiée, affichée et enregistrée par-tout où besoin sera, à ce que personne n'en ignore. Donné au Petit-Goave, &c.

R. au Conseil du Cap, le 8 Juin suivant.

ARRÊT du Conseil du Cap, qui rejette la Requête d'un Maître, afin d'être payé sur la caisse publique du prix de son Négre, mort des suites du Suicide, pendant l'instruction de son Procès pour ce crime.

Du 8 Mai 1733.

ARRÊT du Conseil du Cap, qui déclare Aubaine la succession d'un Irlandois.

Du 9 Mai 1733.

ENTRE le sieur Lachenaye, Négociant au Cap, se disant Exécuteur testamentaire de Robert Cunningham, Irlandois, vivant Marchand, demeurant en cette Ville du Cap, appelant d'une part; et le sieur Sainsupery, Receveur des amendes, aubaines, &c. intimé d'autre part: vu par le Conseil, copie du testament dudit Cunningham, au raport de Me Auriol, Notaire, le 18 Février 1731, par lequel il vouloit et entendoit que tous ses biens, tant meubles qu'immeubles, fussent employés à fonder une Ecole en cette Ville, où tous les pauvres, de l'un et de l'autre sexe, seroient reçus à apprendre à lire, écrire, et même le latin; pour l'établissement de laquelle seroit prise telle de ses maisons la plus convenable pour la demeure du Maître, Maîtresse ou Régent qui montreroient; les gages desquels seroient pris annuellement sur le produit de ses biens, qui seroient à cet effet placés en un fonds sûr et solvable, pour l'entretien à perpétuité de cette Ecole, pour l'établissement et exécution de laquelle il auroit chargé le Marguillier de la Paroisse, conjointement avec le Curé, auxquels tous ses biens seroient remis, à la charge d'en disposer ainsi, et de faire dire une Grand-Messe pour le repos de l'ame dudit Testateur; laquelle fondation seroit insérée dans le registre de l'Œuvre. La Sentence rendue le 5 Novembre 1731, par laquelle, ayant aucunement égard aux Requêtes respectives des parties, le Testament dudit Cunningham auroit été homologué pour sortir son plein et entier effet, et être exécuté selon sa forme et teneur, quant à la disposition des meubles et autres effets mobiliers seulement, dépendans de la succession dudit feu Cunningham, desquels auroit été fait délivrance en tant que besoin seroit audit Lachesnaye, en sadite qualité, auroit pareillement été fait délivrance audit Sainsupery, en sadite qualité; des immeubles dépendans de ladite succession, qui auroit été déclarée appartenir au Roi par droit d'aubaine, et ladite succession condamnée aux dépens; conclusions de M. Grandpré, Conseiller, faisant fonctions de Procureur-Général, et oui le rapport de M. le Rat, aussi Conseiller, et tout considéré: LE CONSEIL a mis et met l'appellation et Sentence dont a été appelé au néant; émendant, a déclaré et déclare le Testament nul, comme non-avenu; en conséquence, le produit de la vente des meubles de la succession de Cunningham, sera remis ès-mains du Curateur aux successions vacantes, et les immeubles appartenans à ladite succession, bien acquis au Roi, comme aubaine; condamne la succession aux dépens.

ARRÊT du Conseil d'Etat, qui fait défenses à tous Armateurs et Négocians, d'envoyer aux Isles et Colonies Françoises de l'Amérique, des étoffes et toiles peintes des Indes, de Perse, de la Chine et du Levant.

Du 9 Mai 1733.

LE Roi s'étant fait représenter les Lettres-Patentes du mois d'Avril 1717, portant Réglement pour le commerce des Isles et Colonies Françoises de l'Amérique, par l'article XII desquelles il est porté que les Négocians du Royaume ne pourront charger pour lesdites Isles et Colonies, aucunes marchandises étrangères, dont l'entrée et la consommation sont défendues dans le Royaume, à peine de confiscation, et de 3000 l. d'amende, qui seroit prononcée par les Officiers des Amirautés; autres Lettres Patentes du mois de Février 1719, portant Réglement pour le commerce qui se fait à Marseille auxdites Isles et Colonies, dont l'art. XII. contient la même disposition; et celles du mois d'Octobre 1721, par lesquelles Sa Majesté a accordé à la Ville de Dunkerque, le privilége et la la liberté de faire le commerce auxdites Isles, et ordonné par l'art. XIV, que le Réglement général du mois d'Avril 1717, seroit exécuté en ce qui n'étoit point contraire aux dispositions portées par ces dernières Lettres-Patentes; et Sa Majesté étant informée que les Négocians qui font le commerce desdites Isles et Colonies Françoises, pourroient y faire transporter des étoffes et toiles peintes des Indes, de Perse, de la Chine et du Levant, sous prétexte que ces sortes de marchandises, dont l'entrée et l'usage sont néanmoins prohibés dans le Royaume, ne sont pas nommément comprises dans ledit art. XII. du Réglement général de 1717; à quoi desirant pouvoir, vu l'avis des Députés du Commerce; oui le rapport du sieur Orry, Conseiller d'Etat et ordinaire au Conseil Royal, Contrôleur-Général des Finances, le Roi étant dans son Conseil, a ordonné et ordonne que les Lettres-Patentes du mois d'Avril 1717, Février 1719 et Octobre 1721, seront exécutées selon leur forme et teneur; et en conséquence, fait Sa Majesté très-expresses inhibitions et défenses à tous Armateurs et Négocians faisant le commerce des Isles et Colonies Françoises de l'Amérique, d'y envoyer des étoffes et toiles-peintes des Indes, de Perse, de la Chine ou du Levant, sous quelque dénomination que ce soit, à peine de confiscation, et de 3000 liv. d'amende, et d'être en outre exclus de pouvoir à l'avenir faire ledit Commerce; fait pareilles défenses à tous Capitaines, Maîtres, Pilotes, Matelots, Passagers, et autres qui composent l'Equipage des Vaisseaux destinés pour lesdites Isles et Colonies, d'y porter en pacotilles ou autrement, aucune desdites étoffes et toiles peintes, à peine de confiscation, et de 3000 liv. d'amende contre les Capitaines, Maîtres, Pilotes, Officiers-Mariniers et Passagers, et en outre d'être lesdits Capitaines, Maîtres, Pilotes, Officiers-Mariniers, déclarés incapables de commander et servir sur aucun Bâtiment de mer; et à l'égard des Matelots et autres qui composent l'Equipage des Navires, de prison pendant un an, et de plus grande peine s'il y échoit; enjoint Sa Majesté aux sieurs Intendans et Commissaires départis dans les Provinces Maritimes du Royaume, et aux Officiers des Amirautés, ainsi qu'aux Gouverneurs et Intendans desdites Isles et Colonies Françoises, ou aux Commandans et Commissaires-Subdélégués dans les Quartiers, de tenir, chacun en droit soi, la main à l'exécution du présent Arrêt, qui sera lu, publié et affiché partout où besoin sera. Fait au Conseil d'Etat, &c.

R. au Conseil du Petit-Goave, le 10 Septembre 1734.
Et à celui du Cap, le 2 Novembre suivant.

ARRÊT du Conseil du Cap, qui fixe plusieurs objets relatifs à l'Administration de la justice dans les Siéges.

Du 5 Juin 1733.

ENTRE Me Clérambault, Conseiller du Roi, Substitut du Procureur-Général du Roi au Siége du Cap, Demandeur par sa Requête, tendante afin de Réglement; et Me le Maitre, Conseiller du Roi, Juge civil; Me Allain, Lieutenant particulier, et Me Duport, Greffier dudit Siége, Défendeurs d'autre. Vu, &c. Conclusions de M. Grandpré, Conseiller, faisant les fonctions de Procureur-Général; et oui le rapport de MM. Durocher et de Juchereau, Conseillers-Commissaires, tout vu et examiné: LE CONSEIL faisant droit, ordonne que le Substitut du Procureur Général ne sera pas réputé présent lorsqu'il sera absent; et en cas de son absence, le Lieutenant particulier du Siége fera de droit ses fonctions; et à défaut de l'un et de l'autre, permet au Juge d'y commettre; enjoint audit Lieutenant particulier, ou à celui qui sera commis, en donnant leurs conclusions, de conclure pour ledit Substitut; et dans celles qui seront préparatoires, à ce qu'elles lui soient rapportées Ne pourra ledit Juge commettre par ses ordonnances, les Officiers du Siége, ni se servir de ce terme à l'égard de ceux qui ne le sont pas; sera tenu de faire mention dans ses ordonnances du jour qu'il prendra pour son transport, et de donner par icelles charge aux parties d'avertir ledit Substitut; en cas de son absence ou de refus de se transporter, seront lesdits actes faits en présence dudit Lieutenant particulier, et à son défaut sera commis par ledit Juge suivant l'exigence des cas. Approuve l'acte d'entérinement des lettres de bénéfice d'âge du mineur Gacher, fait en présence dudit Lieutenant particulier, en sa maison, sur le refus fait par ledit Substitut de s'y trouver, conformément à l'article X. du Réglement de 1706. Renvoie à se conformer pour tous autres actes Judiciaires, aux Ordonnances et Réglemens à ce sujet. Déboute ledit Substitut des faits avancés contre ledit Juge par l'art. IX. de sa Requête; renvoie ledit Substitut à se conformer à l'art. VII, aux fins d'être prévenu du transport du Juge. Ne pourra ledit Juge renvoyer pardevant des Notaires pour être procédé aux inventaires et partages, sans en communiquer audit Substitut. A mis et met les Parties hors de cour et de procès, à l'égard de ce qui s'est passé entr'elles, lors de l'instruction du Procès du nommé Lanoé et

Lalane ; déclare valable l'ouverture du Testament de Souret, faite en la maison dudit Juge, en présence dudit Lieutenant particulier, sur le refus fait par ledit Substitut de s'y trouver. Seront les interrogatoires en matière criminelle, faits en la Chambre-criminelle, et non ailleurs. Sera tenu ledit Juge de se conformer à l'art. V. dudit Réglement, sur l'avis qu'il doit demander aux Audiences au Lieutenant particulier, et dans les cas portés audit Substitut. Renvoie à se conformer aux Usages, Arrêts, Ordonnances et Réglemens, pour la tenue des Audiences à l'extraordinaire. Ledit Substitut prendra au Greffe les Procès d'appointés où il doit conclure, et pareillement le Juge, le Lieutenant particulier et ledit Substitut, y prendront, chacun à leur égard, les Procès et instances qui les concernent. Sera la lecture des Sentences et Arrêts prononcés contre les criminels, faite par les Officiers dudit Siége, suivant l'usage ordinaire, lorsque l'exécution leur sera renvoyée. Ayant égard à la Requête dudit sieur Juge, du 5 Décembre 1731, jointe ; fait défenses audit Substitut d'insérer à l'avenir en aucune pièce juridique, les plaintes qu'il aura à faire contre lui ; a déclaré les termes de son Réquisitoire du 9 Août audit an 1731, contre lui impropres ; ordonne qu'ils seront rayés et biffés par le Greffier de la Cour, en présence dudit Substitut, dont sera fait mention en marge ; et sur le surplus des autres demandes, fins et conclusions, à sursis à faire droit, dépens compensés.

ORDONNANCE des Administrateurs, portant que ceux qui ne payeront pas les deniers publics, seront tenus du double.

Du 18 Juin 1733.

LE Marquis de Fayet, &c.

Jean-Baptiste Duclos, &c.

Le peu de régle qu'il y a eu jusqu'à présent dans la recette des droits d'Octrois et autres deniers publics, soit par la négligence des Receveurs desdits droits, soit par la mauvaise volonté de la plupart des Habitans de cette Colonie, Nous ayant engagés à chercher les moyens propres pour remédier à cet abus ; Nous avons cru que le plus sûr moyen d'y parvenir, étoit d'imposer une peine à ceux qui causeront du retardement dans le recouvrement desdits droits ; pourquoi Nous avons ordonné et ordonnons qu'à l'avenir les Habitans qui n'auront point payé au premier

Juillet de chaque année, les sommes auxquelles ils seront imposés pour les droits d'Octrois et autres deniers publics de l'année précédente, soient obligés de payer le double desdits droits, à quoi ils seront contraints par la même voie que pour l'imposition, sans qu'ils en puissent être déchargés, pour quelque raison et sous quelque prétexte que ce puisse être; et faute par lesdits Receveurs de nous avertir ou les Officiers-Commandans dans chaque Quartier, des Habitans qui seront en retard de payer, ils seront responsables non-seulement de l'imposition, mais du double; ordonnons à tous Gouverneurs, Lieutenans-de-Roi et autres Commandans pour Sa Majesté, de tenir exactement la main à l'exécution de notre présente Ordonnance, qui sera lue, publiée, affichée, &c.

R. au Siége Royal du Port-de-Paix, le 17 *Août* 1733.

ORDONNANCE des Administrateurs, portant création des Sous-Inspecteurs des chemins.

Du 20 Juin 1733.

LE Marquis de Fayet, &c.

Jean-Baptiste Duclos, &c.

Par notre Ordonnance du 21 Avril dernier, Nous avons établi des Inspecteurs des chemins dans les différens Quartiers de cette Colonie; et jugeant nécessaire et moins à charge de créer aussi des Sous-Inspecteurs, pour être par Nous nommés dans les Quartiers où un seul Inspecteur ne seroit point suffisant pour faire le service: A ces causes, Nous avons établi et établissons des Sous-Inspecteurs des Chemins, qui seront par Nous nommés, ainsi qu'il est dit par notre Ordonnance du 21 Avril dernier, lesquels seront tenus de faire les mêmes fonctions que les Inspecteurs, lorsque ceux-ci ne pourront y vaquer; et jouiront lesdits Sous-Inspecteurs des mêmes prérogatives, honneurs, &c. que les Lieutenans de Milices, ainsi que des autres droits portés par notredite Ordonnance du 21 Avril dernier, qui sera au surplus observée selon sa forme et teneur à l'égard desdits Inspecteurs; ordonnons à tous Gouverneurs, Lieutenans-de-Roi et Commandans pour Sa Majesté dans les Colonies, de tenir la main à l'exécution de la présente Ordonnance, qui sera lue, publiée, &c. Donné au Petit-Goave, &c.

R. au Siége Royal du Cap, le 13 *Juillet suivant.*

ORDONNANCE *des Administrateurs, touchant les Curateurs aux Successions vacantes.*

Du 20 Juillet 1733.

LE Marquis de Fayet, &c.

Jean-Baptiste Duclos, &c.

Sur les plaintes qui Nous reviennent très-fréquemment par les héritiers ou créanciers des Successions vacantes, qu'ils ne peuvent parvenir à s'en faire rendre compte, ni en avoir la moindre connoissance des Curateurs d'icelles, encore moins à se faire payer de ce qui leur en revient, quoiqu'ils ayent des Sentences contre eux; et sur les représentations qui Nous ont été faites par lesdits Curateurs aux Successions vacantes, qu'il leur étoit impossible de rendre lesdits comptes, ni satisfaire lesdits héritiers ou créanciers, parce que, quelque diligence et poursuites qu'ils fissent, ils ne pouvoient parvenir au recouvrement des dettes desdites successions qui consistoient la plus grande partie en Billets, ou pour vente des effets dudit défunt, dont ils ne pouvoient être payés; il Nous a paru qu'il étoit d'une conséquence infinie de remédier à un pareil abus, très-préjudiciable au public; d'ailleurs, qu'il étoit absolument nécessaire de faciliter auxdits Curateurs aux Successions vacantes, le recouvrement desdites dettes, et leur ôter tout prétexte de ne pas rendre leurs comptes ni satisfaire lesdits héritiers ou créanciers, ce qui décrédite extrêmement la Colonie. Par toutes ces raisons, et pour mettre lesdits Curateurs en règle, même éviter les frais qui consument souvent lesdites Successions, Nous avons jugé à propos de faire le Réglement qui suit.

ART. Ier. Nous ordonnons auxdits Curateurs aux Successions vacantes, ainsi qu'à tous autres comptables, d'avoir un Registre-Journal, dans lequel ils écriront de suite, jour par jour, leurs recette et depense concernant chaque Succession, lequel sera par M. l'Intendant, ou par les Procureurs du Roi de chaque Juridiction, paraphé par premier et dernier feuillet, sous peine de cinq cent livres d'amende contre les contrevenans, laquelle sera prononcée par le Juge du lieu, à la réquisition dudit Procureur du Roi, sans espérance d'aucune modération.

ART. II. Que les Curateurs aux Successions vacantes, seront tenus de remettre tous les mois à M. l'Intendant, à commencer au premier Septembre prochain, un bordereau de leur recette et depense, d'eux certifié véritable, sous peine de cinquante livres d'amende.

ART. III. Pareillement Nous sera remis tous les mois, ou dans les quartiers dependans du Cap, à MM. de Chastenoye et de Sartre, par lesdits Curateurs, une liste de tous les Debiteurs aux Successions qu'ils gèrent, contre lesquels ils auront obtenu des Sentences, pour être ladite liste par Nous paraphée ou par MM. de Chastenoye et de Sartre, et être à l'issue des Messes paroissiales où resident lesdits Debiteurs, notifiée par un Huissier, à ce qu'ils ayent à y satisfaire, ainsi qu'il va être porté par l'article ci-aprés.

ART. IV. Que si dans le mois de ladite notification desdites listes, les Debiteurs y employés n'ont pas satisfait, ils y seront contraints par saisie et vente de leurs meubles, effets et négres-domestiques, en vertu de notre presente Ordonnance, et sans qu'il en soit besoin d'autres, même par corps, au cas qu'il ne se trouve pas de meubles exploitables.

ART. V. Defendons auxdits Curateurs aux Successions vacantes, d'employer dans lesdites listes qu'ils remettront, d'autres Debiteurs que ceux des successions qu'ils gèrent, sous peine de privation de leurs emplois.

ART. VI. Mandons au premier Huissier sur ce requis, de mettre la présente Ordonnance à exécution, sous peine de prison, à moins que lesdits Debiteurs ne soient insolvables ou fugitifs, auquel cas ledit Huissier sera tenu d'en rapporter un certificat du Commandant des Milices du quartier, visé de l'Officier Major Commandant; et sera notre présente Ordonnance portant réglement, lue, publiée et affichée à l'issue des Messes paroissiales, et par-tout où il appartiendra, à ce que personne n'en pretende cause d'ignorance, même sera registrée au Greffe de chaque Jurisdiction, pour y avoir recours en cas de besoin. Ordonnons à MM. les Gouverneurs et Commandans des différens Quartiers où resident lesdits Debiteurs, de tenir la main à son exécution avec toute la rigueur possible, et de prêter tous secours, main-forte et assistance auxdits Huissiers, lorsqu'il en sera nécessaire et qu'ils en seront requis. Donné au petit Goave, le 20 Juillet 1733. *Signé* LE MARQUIS DE FAYET & DUCLOS.

R, au Siége Royal du Cap, le 9 Septembre suivant.

ORDONNANCE des Administrateurs, portant que les Certificats pour obtenir des concessions, seront publiés, par deux Dimanches consécutifs, à la porte des Eglises Paroissiales.

Du 22 Juillet 1733.

LE Marquis de Fayet, &c.

Jean-Paptiste Duclos, &c.

Les différens Réglemens que Nous avons faits pour parvenir à détruire la multitude de procès qui naissent à l'occasion des terreins, n'en ayant pas arrêté le cours, ni même diminué le nombre, et cherchant un remède qui puisse faire cesser un mal si contraire à l'établissement de la Colonie, et ruineux pour l'habitant continuellement occupé de ces discussions, Nous avons cru devoir faire le Réglement qui suit, lequel pourra produire cet effet pour les concessions qui seront expédiées à l'avenir. A ces causes, Nous avons ordonné et ordonnons que toute personne qui voudra obtenir une concession, sera obligée, après avoir pris un certificat de l'Arpenteur ou du Commandant du Quartier, de le faire lire, publier et afficher, par deux Dimanches consécutifs, à la porte de l'Eglise Paroissiale du lieu où sera situé ledit terrein; ce qui sera certifié par le Curé, après quoi ledit certificat sera visé du Gouverneur ou autre Commandant pour Sa Majesté, qui fera mention qu'il a été publié et affiché comme il vient d'être dit, ainsi que les oppositions à la concession, s'il y en a; et au moyen de ce, les concessions qui auront été par Nous accordées après ces formalités observées, ne pourront être sujettes à être révoquées, et aucune opposition ne sera par Nous reçue après l'expédition de la concession, pour quelque raison que ce puisse être. Ordonnons à tous Gouverneurs, Lieutenans-de-Roi et autres Commandans pour Sa Majesté dans ces Colonies, de tenir exactement la main à l'exécution de notre présente Ordonnance, qui sera lue, publiée, affichée et enregistrée partout où besoin sera, à ce que personne n'en ignore. Donné au Petit-Goave, &c. *Signé*, LE MARQUIS DE FAYET et DUCLOS.

JUGEMENT des Administrateurs, qui prononce une amende pour fait de Commerce étranger.

Du 23 Juillet 1733.

LE Marquis de Fayet, &c.

Jean-Baptiste Duclos, &c.

Sur les bruits qui Nous sont revenus, que les sieurs Charette, Bonnegens, Boulard, Lanty, Négocians à Léogane, et Jauvin, Curateur aux successions vacantes dudit lieu, au mépris des Ordonnances du Roi sur le fait du Commerce étranger, et de notre vive attention à les faire exécuter, auroient acheté des Anglois, depuis quatre à cinq mois, un parti de 145 Négres, qu'ils auroient introduits dans les Quartiers de Léogane et du Cul-de-Sac, et les auroient vendus à différens Habitans; Nous avons cru qu'avant de les remettre entre les mains de la justice, et les faire condamner suivant toute la rigueur des Ordonnances, il convenoit de les constituer prisonniers dans différentes prisons de cette Isle, et de tâcher, par toutes sortes de moyens, de trouver des preuves pour les convaincre; mais n'ayant pu en avoir d'assez suffisantes, quelques recherches et perquisitions que Nous ayons pu faire pour y parvenir, cependant le fait étant constant, connu et su de tout le monde, il Nous paroît qu'il est important de faire des exemples, qui puissent empêcher à l'avenir de faire ce commerce, sous prétexte et dans l'espérance qu'on ne pourra jamais en avoir de preuves suffisantes; pourquoi Nous avons condamné et condamnons solidairement lesdits sieurs Charette, Bonnegens, Boulard, Lanty et Jauvin, en 55,000 liv. d'amende, laquelle somme sera par eux remise entre les mains du sieur de Thiverny, Trésorier de la Marine en cette Isle, pour être par lui distribuée, suivant les ordres de M. l'Intendant, savoir, la somme de 12,000 liv. à l'Hôpital de l'Ester, qui est dans un grand besoin; celle de 25,000 liv. pour être employée à la construction d'une prison au Cap; celle de 13,000 liv. à la construction d'une autre prison au Fond de l'Isle-à-Vache; et celle de 5,000 livres restante, pour les Casernes; en conséquence ordonnons que lesdits sieurs Bonnegens, Charette, Boutard, Lanty et Jauvin, garderont prison jusqu'au parfait paiement de ladite somme de 55,000 liv., quoi faisant déchargés et relaxés desdites prisons; leur défendons de plus récidiver à l'avenir, sous peine de subir toute la rigueur des Ordonnances du Roi; en en outre, défendons audit sieur Jauvin de plus exercer l'emploi de Curateur aux Successions vacantes, dont Nous l'avons destitué et destituons par ces présentes. Fait au Petit-Goave, le 23 Juillet 1733. *Signé*, LE MARQUIS DE FAYET et DUCLOS.

V. la Lettre du Ministre, du 11 Octobre suivant.

EXTRAIT de la Lettre du Ministre à MM. de Fayet et Duclos, pour défendre aux Vaisseaux du Roi de saluer les Places.

Du 15 Août 1733.

L'ORDONNANCE de 1689, défend aux Vaisseaux François de saluer les Forteresses du Roi, et s'ils le font, Elle défend de leur rendre le salut. Sa Majesté a cependant été informée que presque tous ses Vaisseaux, qui arrivent aux Isles du Vent, saluent les Forts, et que les Forts leur rendent le salut coup pour coup: et c'est pour faire cesser cet abus, qu'Elle a défendu à M. de la Galissonnière, de saluer les Forts des Isles Françoises de l'Amérique; et les mêmes défenses seront renouvelées à tous les Commandans des Vaisseaux du Roi. J'ignore l'usage qui se pratique à cet égard à Saint-Domingue; mais, quoi qu'il en soit, vous tiendrez la main à l'exécution des intentions de Sa Majesté.

ORDONNANCE des Administrateurs, sur les Certificats des terreins à concéder et les Blancs ou Gens-Libres qui doivent être mis sur les habitations.

Du 31 Août 1733.

LE Marquis de Fayet, &c.

Jean-Baptiste Duclos, &c.

Sur ce qui nous a été représenté, qu'il y a dans cette Colonie un grand nombre d'Habitans qui ont plusieurs terreins, et qui ne pouvant presque jamais les établir tous, se contentent de mettre des Négres invalides seulement pour en conserver la possession; que cet abus est très-dangereux, parce que ces places, où il n'y a point de Blancs, servent toutes d'asyles aux Négres-Marons, et de repaire aux voleurs et assassins, qui ne sont que trop fréquens dans cette Isle; que les voisins de ces mêmes places en sont considérablement incommodés, et que les suites en peuvent encore être plus fâcheuses par les complots qui peuvent se faire dans ces attroupemens de Négres; à quoi voulant remédier, comme aussi mettre un ordre dans les possessions des terreins, et enfin desirant procurer la sûreté et la tranquillité dans ces Colonies, Nous avons jugé nécessaire de faire le Réglement qui suit :

ART. I. Ordonnons à tous possesseurs de terreins, d'avoir au moins un Blanc ou un Mulâtre-Libre sur chacune des places qui leur appartiennent, et particuliérement sur celles où ils ne font point leur demeure, de quelque petite étendue qu'elles puissent être, et en conséquence que tous terreins qui se trouveront, 10 mois aprés la publication de la présente Ordonnance, sans Blancs ou Mulâtres-Libres, seront réunis au Domaine du Roi, et concédés à d'autres.

ART. II. Déclarons cependant que Nous n'entendons comprendre dans l'article ci-dessus, les Mulâtres et Négres-Libres, seulement pour les places sur lesquelles ils demeurent, à moins que lesdites places ne se trouvent dans le cas des dispositions portées par les Ordonnance sur ce précédemment rendues, que Nous voulons au surplus être exécutées suivant leur forme et teneur, en ce qui ne se trouve point contraire à la présente; et quant aux Mulâtres et Négres-Libres qui auront plusieurs terreins, ils seront pareillement tenus d'avoir un Mulâtre ou Négre-Libre sur ceux où ils ne demeurent point, aussi à peine de réunion desdits terreins.

ART. III. Et comme on nous a représenté que le térme de deux Dimanches consécutifs, porté par notre Ordonnance du 22 du mois dernier, peut n'être point suffisant pour donner connoissance à ceux qui pourront y être intéressés, des concessions qui seroient demandées, Nous ordonnons que les certificats des terreins dont on demandera concessions, seront à l'avenir, et à commencer du jour de la publication de la présente, affichés et publiés par trois Dimanches consécutifs, à la porte des Eglises Paroissiales; observant au surplus ce qui est sur ce prescrit par notre Ordonnance du 22 du mois dernier.

ART. IV. Pour obvier à la cause d'un grand nombre de discussions qui naissent de ce que la plupart des certificats de terreins sur lesquels les concessions sont expédiées, sont mal désignés, parce que beaucoup de ces certificats sont délivrés par des Commandans de Quartiers, qui ne connoissent point tous les véritables rumbs de vent desdits terreins; Nous voulons qu'à compter du jour de la publication de notre présente Ordonnance, les certificats de terreins à concéder, soient délivrés par les Arpenteurs, seulement dans les Quartiers où il y en a d'établis; que lesdits certificats soient visés par les Commandans de Milices, et ensuite par les Commandans pour le Roi; et comme il est important, pour la tranquillité des concessionnaires, que la situation des terreins soit bien expliquée dans les certificats, Nous ordonnons auxdits Arpenteurs de désigner lesdits terreins par leur véritable nom, d'insérer dans leurs certificats si le terrein demandé est abandonné ou n'a jamais été concédé, à peine de 500 liv. d'amende contre ceux desdits Arpenteurs qui y auront contrevenu, et qui auront occasionné quelques discussions pour raison de ce; et quant aux Quartiers où il n'y a point d'Arpenteurs d'établis, les certificats de terreins seront donnés par le Commandant de Milices desdits Quartiers; et s'il arrive que quelques-uns de ceux qui doivent délivrer ou viser lesdits certificats soient refusans de le faire, ils seront obligés de mettre par écrit les raisons de leur refus. Voulons que lesdits Arpenteurs tiennent à l'avenir un registre des certificats qu'ils délivreront, sur lequel ils seront inscrits tout au long.

Ordonnons à tous Gouverneurs et Lieutenans-de-Roi, et autres Commandans pour Sa Majesté, de tenir exactement la main à l'exécution de la présente Ordonnance, qui sera enregistrée dans toutes les Jurisdictions ordinaires de cette Isle, à la Requête et diligence des Procureurs du Roi desdites Jurisdictions; lue, publiée et affichée par-tout où besoin sera, à ce que personne n'en ignore. Donné au Petit-Goave, &c. le 31 Août 1733. *Signé*, le Marquis de FAYET et DUCLOS.

ORDONNANCE *des Administrateurs, qui fixe les Droits des Etalonneurs.*

Du 1er Septembre 1733.

LE Marquis de Fayet, &c.

Jean-Baptiste Duclos, &c.

Sur les différentes plaintes qui nous auroient été portées des faux poids et mesures dont plusieurs personnes en cette Isle se servoient, ce qui étoit contre la bonne-foi publique, et très-préjudiciable au commerce; Nous avons ordonné, le 10 Décembre de l'année dernière, que tous les Habitans ne pourroient se servir d'aucuns poids qui n'eussent été vérifiés et étalonnés par les Procureurs du Roi des Jurisdictions, qui seroient tenus de le faire au moins tous les ans une fois; et comme les Procureurs du Roi ne peuvent pas suffire à une pareille vérification et étalonnage, Nous avons ordonné le 27 Avril dernier, qu'il seroit établi des Etalonneurs dans chaque Jurisdiction, lesquels, après être par Nous approuvés, prêterons serment par-devant les Juges, et que les Habitans seroient tenus, sous trois mois de la publication de notredite Ordonnance, de faire vérifier et étalonner leurs poids et mesures par eux, sous peine d'amende de 100 liv.; mais Nous étant revenu que quelque-uns desdits Etalonneurs exigeoient pour cet effet des sommes exorbitantes, ce qui empêchoit plusieurs Habitans de se conformer aux dernières Ordonnances, Nous avons jugé à-propos de faire le Réglement qui suit: pourquoi, en confirmant les deux Ordonnances ci-dessus mentionnées, Nous ordonnons:

ART. I. Que lesdits Etalonneurs établis, ou ceux qui le seront par la suite, ainsi qu'il est dit ci-dessus, auront un poinçon empreint d'une fleur de lys, et de telle autre marque qu'ils voudront choisir, et qui leur sera particulière, desquels poinçon et marque, ils étalonneront chaque poids et chaque aune desdits Habitans et Marchands, sur les poids et mesures du Roi.

ART. II. Qu'ils tiendront un Registre ou Journal duement coté et paraphé par les Juges ou Procureurs du Roi, dans lequel ils inséreront les noms de ceux qui auront fait étalonner leurs poids et mesures, et la quantité et qualité desdits poids et mesures.

ART. III. Qu'il sera attribué et payé auxdits Étalonneurs, pour leurs droits et salaires, outre la matière qu'ils emploieront, qui leur sera payée suivant le prix qu'elle vaudra, ou suivant qu'elle sera estimé par Arbitres, en cas de contestation, si mieux n'aiment les Habitans la fournir eux-mêmes, 10 sols pour l'étalonnage de chaque poids depuis 25 jusqu'à 100 livres, et 6 sols pour chaque poids depuis 1 liv. jusqu'à 25, 7 sols 6 den. pour chaque aune, et un réal ou 15 sols pour chaque fléau ou balance qu'ils auront ajusté et mis dans sa véritable justesse.

ART. IV. Défendons auxdits Étalonneurs de vérifier aucun autre poids ni autres mesures, que ceux mentionnés ci-dessus, à moins qu'il ne soit ordonné par les Juges; de faire aucunes visites chez les Marchands ou Habitans s'ils n'en sont par eux requis, ni d'exiger plus que ce qui est expliqué ci-dessus, sous peine de destitution de leurs emplois, et de restitution du quadruple.

ART. V. Ordonnons à tous les Habitans ou Marchands des différens Quartiers de cette Isle, de faire porter chez l'Etalonneur-Juré, ou chez le Procureur du Roi, au défaut d'Etalonneur, tous leurs poids et aunes dans six semaines pour tout délai, après la publication de la présente Ordonnance; et leur défendons de se servir à l'avenir d'autres poids et aunes, que de ceux qui auront été ainsi étalonnés et vérifiés chaque année, sous les peines portées par notre Ordonnance du 27 Avril dernier.

ART. VI. Enfin, ordonnons aux Juges des Jurisdictions, de vérifier, six semaines après la publication de la présente Ordonnance, si tous les Habitans ont fait étalonner leurs poids; même de faire de temps en temps les visites nécessaires chez les Marchands, et par-tout où il sera besoin, pour voir si on ne se sert pas d'autres poids et mesures que ceux qui auront été ainsi étalonnés et vérifiés, et de faire subir les peines de nos Ordonnances à tous ceux qui seront trouvés en contravention; et sera notre présent Réglement lu, publié et enregistré l'Audience tenante, et à l'issue des Messes Paroissiales de chaque Quartier, à la Requête et diligence des Procureurs du Roi de chaque Jurisdiction, à ce que personne n'en prétende cause d'ignorance; ordonnons aux Gouverneurs, Lieutenans-de-Roi, Commandans, et autres qu'il appartiendra, de tenir la main à son exécution. Fait au Petit-Goave, le premier Septembre 1733. *Signé*, le Marquis DE FAYET, et DUCLOS.

R. au Siège Royal du Cap, le premier Octobre suivant.

LETTRE du Conseil du Cap à M. le Général, sur un Sauf-conduit par lui accordé, contre une Sentence de la Jurisdiction de la même Ville.

Du 9 Septembre 1733.

LE CONSEIL ayant pris lecture de la lettre écrite à M. le Marquis de Fayet, par MM. Asselin et Grandpré, Conseillers, nommés à cet effet par ledit Conseil, dont la teneur suit : » M., le Conseil a reçu vos deux » lettres, des 10 et 22 du mois dernier, concernant l'affaire de Baudin; » suivant vos intentions, il jouit de l'effet du Sauf-conduit que vous lui » avez accordé; quant à l'appel qu'il a interjeté de la Sentence contre » lui rendue, le Conseil n'en peut être saisi qu'au préalable il ne se soit » mis en état, suivant la disposition de l'art. XIII. de l'Ordonnance de » 1670, pour l'exécution de laquelle le Conseil espère que vous l'ai» derez toujours de votre autorité. Nous sommes avec respect, M., &c.

» *Signé*, ASSELIN et GRANDPRÉ. » A ordonné et ordonne qu'elle demeurera enregistrée au Greffe d'icelui.

Sur une plainte en inscription de faux incident, le Juge du Cap avoit, par sa Sentence du 19 Décembre 1732, déclaré Josué Baudin atteint et convaincu d'avoir introduit des ratures et falsifications, ou fait introduire, par ses Commis, sur des livres de Société; pourquoi il l'auroit déclaré incapable de tenir aucun commerce, lui auroit défendu de prendre la qualité de Négociant, et l'auroit condamné en 35,000 liv. d'amende, au blâme Audience tenante, et au bannissement de la Jurisdiction pour trois ans; et auroit ordonné qu'il seroit mis en prison pour l'exécution de la Sentence. Le Juge ayant voulu faire arrêter Baudin, il s'évada; alors décret de prise-de-corps, contre lequel M. le Marquis de Fayet, Général, donna, le 30 Décembre 1732, une Ordonnance de Sauf-conduit, portant » que ledit Josué Baudin seroit libre » de sa personne, en faisant sa soumission au Greffe du Siége Royal du » Cap, de se représenter toutesfois et quantes, et donnant bonne et suffi- » sante caution, tant de sa personne que de l'amende en laquelle il étoit » condamné. »

Ayant satisfait à cette Ordonnance, Baudin donna Requête pour être reçu Appelant de la Sentence. Arrêt du 2 Juin 1733, qui le renvoie à se mettre en état en prison. Autre Requête et Arrêt du 8 Juillet, qui renvoie à celui du 2 Juin. Lettres de M. le Général, des 10 et 22 Août, dont la réponse est ci-devant : on voit par l'Ordonnance du 14 Décembre 1733, ce que cette réponse a amené. (V. cette Ordonnance à sa date.)

ARRÊT du Conseil du Cap, qui nomme le sieur Laty pour Syndic des Religieuses de la même Ville, conformément à l'art. II. des Lettres-Patentes de leur établissement, à la charge par lui d'accepter ladite Charge au Greffe de la Cour, et de prêter serment entre les mains de M. de Maisoncelle, Conseiller-Commissaire nommé à cet effet.

Du 10 Septembre 1733.

Lettre du Gouverneur-Général au Juge de Saint-Marc, qui lui défend de faire vendre les armes du mari qui reste veuf, attendu la difficulté de les remplacer, sauf à lui en faire tenir compte.

Du 10 Septembre 1733.

R. au Siége Royal de Saint-Marc.

Arrêt du Conseil du Petit-Goave, qui, sur une délibération de Paroisse, alloue 900 liv. par an au Vicaire du Cul-de-Sac, à prendre sur les fonds de la masse Curiale.

Du 11 Septembre 1733.

Déclaration du Roi, concernant les Billets ou Promesses causés pour valeur en argent.

Du 22 Septembre 1733.

Louis, &c. Salut : Nous avons été informé que depuis quelques années différens particuliers, qui ont trouvé le moyen de se procurer, par artifice ou autrement, des signatures vraies de plusieurs personnes, ont porté l'infidélité et la fraude jusqu'au point d'écrire ou de faire écrire par des mains étrangeres, une promesse ou un billet supposé, dans le blanc qui étoit au-dessus desdites signatures, après avoir plié ou coupé le papier, pour lui donner la forme qui leur a paru la plus convenable, ou même après en avoir enlevé l'écriture qui pouvoit faire obstacle à l'exécution de leur dessein. Un genre de faux si punissable, nous a paru d'autant plus digne de notre attention, qu'étant plus difficile à découvrir, le coupable échappe souvent à la sévérité de la Justice; et les parties intéressées ne pouvant nier une signature qu'ils connoissent pour véritable, sont souvent réduites à exécuter de faux engagemens, ou à préférer au succès incertain d'une procédure criminelle, la voie d'un accommodement qui leur est préjudiciable, et qui est encore plus contraire à l'intérêt public, en donnant lieu à l'impunité d'un crime si dangereux dans l'ordre de la société. La protection que Nous devons à nos sujets pour assurer leur commerce, et empêcher que de faux engagemens ne prennent la place des véritables, Nous oblige non-seulement à réprimer par la terreur des peines, mais même à prévenir et arrêter dans leur source, ces faussetés qui intéressent la foi publique, et qui troublent l'ordre de l'état. Nous avons cru que le meilleur moyen pour y parvenir, étoit de déclarer nuls les billets qui ne seroient pas écrits, ou du moins approuvés de la main de celui qui paroîtroit les avoir signés, en exceptant néanmoins de cette régle, les Actes nécessaires pour le commerce, ou faits par des gens occupés aux arts et métiers ou à la culture des terres, qu'il seroit difficile, et même souvent impossible, d'assujétir à l'observation de cette nouvelle formalité. A ces causes, &c. disons, déclarons et ordonnons, voulons et nous plaît, que tous billets sous signatures privées au porteur, à ordre ou autrement, causés pour valeur en argent, autres néanmoins que ceux qui seront faits par des Banquiers, Négocians, Marchands, Manufacturiers, Artisans, Fermiers, Laboureurs, Vignerons, Manouvriers, et autres de pareille qualité, seront de nul effet et valeur, si le corps du billet n'est écrit de la main de celui qui l'aura signé, ou du moins si la somme portée audit billet n'est reconnue par une approbation écrite en toutes lettres aussi de sa main; faute de quoi le payement n'en pourra être ordonné en Justice: voulons néanmoins, que celui qui refusera de payer le contenu auxdits billets ou promesses, soit tenu d'affirmer qu'il n'en a point reçu la valeur; et à l'égard de ses Héritiers ou représentans, ils seront seulement tenus d'affirmer qu'ils n'ont aucune connoissance que lesdits billets ou promesses soient dûs; ordonnons pareillement que tous les billets ou promesses sous simples signatures privées, faits antérieurement à la date des présentes, par autres que ceux de la profession ou qualité ci-dessus marquées, et qui ne seront pas conformes à la présente disposition, soient renouvelés dans l'espace de deux ans, ou que pour les faire valider, la demande afin de renouvellement ou de payement en soit faite dans le même délai; à défaut de quoi, et ledit tems passé, lesdits billets ou promesses seront et demeureront nuls et de nul effet: défendons à tous Juges d'en ordonner le payement, à la charge pareillement de l'affirmation, suivant et ainsi qu'elle est ci-devant prescrite et ordonnée, soit par celui qui aura signé lesdits billets, soit

par

par ses héritiers ou représentans après sa mort. Si donnons en mandement, &c.

R. au Parlement de Paris, le 20 Janvier 1734.

Cette Déclaration est adoptée dans les Tribunaux de Saint-Domingue, quoiqu'elle n'y soit pas enregistrée.

LETTRE *du Ministre à M. de Fayet, Gouverneur-Général, sur le Commerce étranger.*

Du 11 Octobre 1733.

JE réponds à votre lettre du 24 Juillet dernier, dont j'ai rendu compte au Roi. Si Sa Majesté a été contente des mouvemens qu'il paroît que vous vous êtes donnés pour détruire le commerce étranger, je ne saurois vous exprimer combien Elle est peu satisfaite de la façon dont vous en rendez compte, et dont vous vous y êtes conduit. Je commencerai par vous dire que l'affaire étoit assez importante pour que votre lettre dût être commune entre vous et l'Intendant, et que cinq Commerçans que vous avez fait arrêter, méritoient bien d'y être nommés. Je ne trouve cependant leurs noms dans aucune de vos lettres; je les ai sus par leurs familles seulement, et plus d'un mois auparavant que votre lettre me fût parvenue: Vous auriez dû prendre des précautions pour que cela n'arrivât pas, et je vous prie d'être plus exact; mais ce qui est le plus inexcusable, est la façon dont cette affaire a été terminée. Vous n'ignorez point, dites-vous, avec quelle liberté et quelle indécence le commerce étranger se fait à Saint-Domingue; et après avoir fait arrêter cinq Commerçans, qu'il est vraisemblable qui seront condamnés par la Justice, (ce sont vos propres termes); vous convenez avec l'Intendant de les relâcher moyennant une amende pécuniaire, fort inférieure sûrement au profit qu'ils peuvent y avoir fait. Ce simple exposé, qui est le vôtre, vous doit convaincre de toute l'irrégularité de votre conduite. Vous y avez excédé votre pouvoir en faisant grace d'un crime capital, ce qui n'appartient qu'au Roi seul; vous avez abusé de votre autorité, en condamnant les Sujets du Roi à une amende; et vous avez contrevenu aux Ordres du Roi, tant de fois réitérés, en privant la Colonie d'un exemple qui lui est si nécessaire. Aussi Sa Majesté se seroit-Elle portée à improuver de la façon la plus publique une telle conduite, si, quoique vous m'ayez mis peu à portée de vous défendre, je ne lui eusse représenté que vous n'aviez pas péché par mauvaise volonté.

Lettres de M. le Général au Gouverneur du Cap, touchant les Engagés.

Des 20 et 28 Octobre 1733.

Du 20.

Les abus pour les Engagés vont si loin, M., que je vous prie de ne point laisser partir de Vaisseaux sans vous faire apporter les noms des Habitans qui auront pris des Engagés des Capitaines, et de vérifier le fait en présence du Capitaine et de l'Habitant ; et comme ledit Habitant pourroit dire que l'Engagé a déserté, il faut qu'il fasse sa déclaration à la Jurisdiction, le jour de la désertion de l'Engagé, avec son nom, et qu'il soit porté dans cette déclaration, le nom du Vaisseau et du Capitaine qui aura remis ledit Engagé. Je vous recommande une grande exactitude, pour donner des Habitans à la Colonie. Je vous prie de faire publier ce que je viens de vous marquer, afin qu'aucun Capitaine n'en ignore.

Du 28.

Les connoissances que j'ai eues hier des abus commis par les Engagés, m'engagent de vous prier qu'à l'arrivée de tous les Vaisseaux, vous vous fassiez présenter les Engagés que les Capitaines doivent remettre à la Colonie, et que si les Engagés ne trouvent pas à se placer, qu'ils seront répartis dans les Compagnies pour servir trois ans ; je vous prie d'avoir grande attention à ce que je viens de vous marquer, c'est un bien et un service pour la Colonie.

Pour copie conforme à l'original. *Signé*, DE CHASTENOYE.

ORDONNANCE des Administrateurs, portant établissement d'un Lieutenant de Maréchaussée et dix hommes à Nippes, avec le même traitement que ceux établis par l'Ordonnance du 20 Janvier précédent.

Du 25 Octobre 1733.

R. au Conseil du Petit-Goave, le 3 Novembre suivant.

RÉGLEMENT DU ROI, pour l'établissement d'un Conseil des Prises.

Du 3 Novembre 1733.

R. en l'Amirauté du Cap, le 13 Mars 1734.

V. celui du 22 Avril 1744, qui a été calqué sur celui-ci.

ARRÊT du Conseil du Cap, qui, 1°. déclare nulle une Curatelle faite au Cap, en vertu de Lettres d'émancipation prises en la Chancellerie près le Parlement de Paris. 2°. interdit le Lieutenant particulier et le Procureur du Roi pour trois mois; et 3°. nomme auxdites deux places pour le tems de l'interdiction.

Du 5 Novembre 1733.

ENTRE Me Lemaître, Sénéchal, Juge civil et criminel du Siége Royal du Cap, Demandeur, d'une part; et MM. Allain, Lieutenant particulier, et Clérambault, Substitut du Procureur-Général audit Siége, et Me Richard Desherbiers, Président, Trésorier de France au Bureau des Finances à la Rochelle, au nom et comme Procureur-Substitué du sieur Charles Mercier du Paty, domicilié en France, émancipé par lettres de la Chancellerie du Parlement de Paris, Défendeurs, d'autre. Vu, &c. Après que lesdites Parties ont été ouies, ensemble M. Samson, Conseiller, faisant fonctions de Procureur-Général, et tout considéré: LE CONSEIL, sans s'arrêter aux Lettres d'émancipation obtenues en la Chancellerie du

Parlement de Paris, renvoie le sieur Richard à se pourvoir par les voies de droit; a déclaré l'acte de Curatelle fait par le Lieutenant particulier, le 17 Octobre dernier, nul et insuffisant; et faisant droit sur les conclusions dudit Procureur-Général, pour la contravention commise aux Réglemens par ledit Lieutenant particulier, et le Substitut du Procureur-Général, et s'être très-écartés du respect dû à la Cour, les a interdits et suspendus de leurs fonctions pendant trois mois; ordonne que les termes injurieux insérés dans les écrits dudit sieur Richard, notamment ceux d'*injustes*, *plus équitables*, et *moins passionnés*, seront biffés, lui fait défenses de s'en servir à l'avenir, et le condamne aux dépens; et pour remplir les charges desdits Lieutenant particulier et Substitut, a commis et nommé Me Louis Duport, Greffier dudit Siége, pour faire les fonctions de celle de Substitut du Procureur-Général audit Siége, et le sieur Lagroue, pour celles de Lieutenant particulier; seront les Procès, dont les sieurs Allain et Clérambault ont été chargés, remis au Greffe dans trois jours pour tout délai; et à l'égard des autres demandes, renvoyés à se conformer à ce qui est prescrit par les Réglemens.

V. la Lettre du Ministre, du 16 *Novembre* 1734.

LETTRE de M. le Général au Commandant du Port-de-Paix, portant que les Commandans pour le Roi, doivent recevoir eux-mêmes les oppositions à la délivrance des Concessions.

Du 27 Novembre 1733.

J'AI voulu, M., éviter les surprises qui pourroient m'être faites par les Ordonnances, pour les publications des certificats de terreins concédés, et je pense que cette précaution pourroit devenir en partie inutile, si on s'en rapportoit sur les oppositions à ceux qui publient les certificats; c'est pourquoi je juge, MM., que ce soit MM. les Commandans pour le Roi, qui reçoivent, chacun dans leur Quartier, les oppositions qui seront faites aux concessions que l'on demandera; et je vous prie de ne viser à l'avenir aucuns certificats lorsqu'il y en aura: c'est le plus sûr moyen de prévenir les tromperies qui se font journellement à ce sujet. J'ai l'honneur d'être, &c. *Signé*, LE MARQUIS DE FAYET.

ÉTAT, dressé par l'Ingénieur, de l'étendue du chemin du Cap à l'Artibonite par les Gonaïves; et Ordonnances pour y faire travailler.

Des 29 Novembre et 14 Décembre 1733, et 10 Janvier 1734.

ETAT de la longueur du chemin du Cap à l'Artibonite, en passant par les Gonaïves, suivant l'estime que j'en ai faite, savoir :

Du Cap à l'Eglise du Limbé, il y a sept lieues suivant mon estime, et pour cinq heures de marche.

De l'Eglise du Limbé au haut de la Montagne, qui sépare le Limbé d'avec Plaisance, il y a trois lieues, et deux heures et demie de marche.

Du haut de la Montagne de Plaisance jusqu'au haut de la coupe des Gonaïves, il y a quatre lieues, et trois heures de marche.

Du haut de la coupe des Gonaïves jusqu'à la grande Rivière des Gonaïves, dessus l'habitation de Mme. Ledan, il y quatre lieues suivant mon estime, et trois heures de marche.

De la grande Rivière des Gonaïves, et de chez Mme. Ledan jusqu'à la passe de Pithou à la petite Rivière de l'Artibonite, il y a six lieues suivant mon estime, et quatre heures de marche.

On passe une fois la Rivière Salée à l'Âcul du Morne-rouge, cinq fois celle du Limbé, et une fois les trois Rivières dans le haut de Plaisance. On peut faire de beaux chemins par tous les endroits, excepté la coupe des Gonaïves, où il y a trois quarts de lieue qui sont impraticables, et qui ne permettent pas de faire un beau chemin, à cause des roches qui se trouvent dans une ravine seche; il y a en tout trente-deux lieues, et vingt-trois heures et demie de marche.

M. de Fayet à M. de Chastenoye.

Je vous prie, sous quelque prétexte que ce soit, de ne point différer à travailler au chemin dont je vous ai envoyé le détail. *Signé*, DE FAYET.

Ordre de M. de Chastenoye.

M. Pinson, Major et Commandant du Port-de-Paix, donnera ses ordres sans retardement, pour faire faire le chemin dans sa dépendance suivant l'état ci-dessus, en observant de commencer aux limites de l'Artibonite. Au Cap, le 10 Janvier 1734. *Signé*, DE CHASTENOYE.

LETTRE de M. le Général au Gouverneur du Cap, touchant les Sang mêlés et les Mésalliés.

Du 7 Décembre 1733.

L'ORDRE du Roi, M., est que tout Habitant de sang mêlé, ne puisse exercer aucune charge dans la Judicature, ni dans les Milices; je veux aussi que tout Habitant qui se mariera avec une Négresse ou Mulâtresse, ne puisse être Officier, ni posséder aucun emploi dans la Colonie; je vous prie d'observer ces deux points : et au cas que je sois informé qu'on ne l'ait pas été d'un fait aussi important, je casserai, lorsque j'en aurai connoissance, les Officiers qui seront dans les Milices, ou qui auront d'autres emplois. J'ai l'honneur d'être, &c. *Signé*, LE MARQUIS DE FAYET.

ORDONNANCE de M. l'Intendant, qui charge le Commissaire-Ordonnateur du Cap, 1°. d'enjoindre au Greffier dudit Conseil, de délivrer à un accusé des Lettres d'appel, à peine d'interdiction, même de prison; 2°. de faire donner à l'accusé communication des pièces; et 3°. de convoquer le Conseil à un jour fixe pour juger cet accusé.

Du 14 Décembre 1733.

A Monseigneur Duclos, Intendant, &c. Josué Baudin, Habitant et Négociant au Cap-François, vous représente, &c. Dans cette extrémité juste en soi, il a recours à votre autorité suprême, Monseigneur, et vous supplie très-humblement de vouloir faire examiner le présent Mémoire sur les pièces citées dans icelui, pour être par MM. du Conseil du Cap prononcé; comme aussi qu'il vous plaise, Monseigneur, faire mettre en délibération par le Conseil du Cap, et ordonner qu'il sera délivré au suppliant des lettres de Chancellerie, pour pouvoir relever l'appel de la Sentence contre lui rendue par le Juge du Cap, et le justifier des quatre chefs d'accusation qui ont opéré la susdite condamnation.

Renvoyé à M. Desartre, Commissaire-Ordonnateur au Cap, Subdélégué à l'Intendance, et Premier Conseiller des deux Conseils de cette Isle, pour faire délivrer incessamment et sans délai, par le Greffier dudit Conseil du Cap, les letres d'appel demandées par le suppliant, sous peine d'interdiction, et de prison contre ledit Greffier s'il refuse lesdites lettres, même faire donner audit suppliant toutes communications nécessaires, à l'effet qu'il puisse se mettre en état de se défendre, et répondre à tous les chefs d'accusation prononcés contre lui, pour le tout être joint audit appel, ainsi que le présent Mémoire ; comme aussi pour faire assembler le premier lundi du mois de Février prochain, tous ceux qui composent ledit Conseil du Cap, à l'effet de délibérer et juger définitivement ledit appel, sur ce qui se trouvera produit pardevant la Cour; même faire droit à qui il appartiendra, sans passion et sans partialité, en présence de M. le Marquis de Fayet, Général de cette Colonie, qui sera pour lors au Cap, et qui desire être présent audit jugement. Fait au Petit-Goave, ce 14 Décembre 1733. *Signé*, DUCLOS.

Vu le présent Mémoire, et l'Ordonnance au bas, rendue le 14 de ce mois, par M. Duclos, Intendant de cette Colonie, qui nous renvoie le suppliant pour lui faire délivrer, par le Greffier du Conseil, sous peine d'interdiction et de prison, les lettres d'appel par lui demandées, et toutes communications qui lui seront nécessaires ; en conséquence de ladite Ordonnance, nous ordonnons au Greffier du Conseil, de délivrer à Baudin les lettres d'appel par lui demandées, et la communication des pièces portées par ladite Ordonnance ; et cependant ordonnons que le présent Mémoire et Ordonnance demeureront déposés au Greffe dudit Conseil, pour y avoir recours quand besoin sera, et en délivrer des expéditions audit Baudin. Fait au Cap, le 23 Décembre 1733. *Signé* DESARTRE.

V. la lettre du Conseil du Cap, du 9 Septembre précédent.

V. aussi le Procès-Verbal du 5 Avril 1735.

ORDONNANCE DU ROI, *concernant les Sépultures qui se font dans les Eglises de Saint-Domingue.*

Du 22 Décembre 1733.

SA Majesté étant informée que les sépultures qui se font dans les Eglises de sa Colonie de Saint-Domingue, y causent un mauvais air, qui porte préjudice à la santé des Habitans de ladite Colonie, ce qui provient que l'on ne jette pas sur les corps morts, la quantité de chaux prescrite par les Ordonnances et Réglemens; et s'étant fait représenter l'Ordonnance à ce sujet, par les sieurs Marquis de Fayet, Gouverneur et Lieutenant-Général en ladite Isle, et Duclos, Intendant, le 10 Janvier de l'année dernière, Sa Majesté a ordonné, et ordonne ce qui suit, qu'Elle veut être exécuté à l'avenir, et jusqu'à ce qu'il en ait été ordonné autrement par Elle.

ART. Ier. Il ne sera plus fait aucune sépulture dans les Eglises de la Colonie de Saint-Domingue, et les Habitans de ladite Colonie seront enterrés dans des cimetieres, lesquels seront clos et fermés, de manière que les animaux ne puissent pas y entrer.

ART. II. Les Habitans desdites Paroisses seront tenus de faire faire par corvées la clôture desdits cimetieres, à peine de 60 liv. d'amende contre ceux qui feront difficulté d'employer leurs Négres au travail au temps prescrit, et de fournir en outre la quantité de Négres pour laquelle ils seront employés dans l'état des répartitions faites pour raison dudit travail.

ART. III. Lesdites corvées seront réglées et ordonnées par le Gouverneur Lieutenant-Général de Saint-Domingue, et l'Intendant de ladite Colonie, ou par ceux que ledit Gouverneur commettra à sa place, et les Subdélégués de l'Intendant dans les Quartiers.

ART. IV. Ladite amende de 60 liv. sera appliquée à la Paroisse où le cimetiere devra être clos, sera jugée par l'Intendant de ladite Colonie, ou par les Subdélégués dans les Quartiers.

ART. V. Les sépultures dans ladite Colonie, continueront à se faire dans les mêmes endroits où elles se font aujourd'hui, jusqu'à ce que lesdits cimetieres soient clos et fermés.

ART. VI. Veut cependant Sa Majesté, que les Religieux desservant les Cures, leurs Vicaires et autres Prêtres qui pourront mourir dans lesdites Colonies, et les Frères portant l'habit desdits Ordres Religieux, ensemble les Officiers Majors Commandans dans les Quartiers, les Conseillers et Procureurs

Procureurs-Généraux qui pourront mourir sur leurs Habitations, et les Juges des Quartiers, puissent être enterrés dans lesdites Eglises, lorsqu'ils auront demandé ladite sépulture avant leur décès, ou quand après leur mort leurs Héritiers la demanderont; et après avoir été mis dans la fosse, il y sera jeté de la chaux vive dessus les corps, en assez grande quantité pour qu'il y en ait un pied sur chaque bierre.

ART. VII. Veut aussi Sa Majesté que dans les Eglises du Petit-Goave, de Léogane et du Cap, les autres Habitans de ladite Colonie de Saint-Domingue, puissent y être enterrés, et qu'il soit jeté dessus les corps enterrés dans lesdites Eglises, la quantité de chaux ordonnée par l'article précédent. Mande Sa Majesté, au sieur Marquis de Fayet, Gouverneur et Lieutenant-Général des Isles de l'Amérique sous le Vent, et au sieur Duclos, Intendant desdites Isles; aux Officiers des Conseils Supérieurs du Petit-Goave et du Cap, et tous autres ses Justiciers qu'il appartiendra, de tenir la main à l'exécution de la présente Ordonnance, qui sera registrée aux Greffes desdits Conseils, et Jurisdictions en dépendantes, lue, &c. Fait à Versailles, &c.

R. au Conseil du Petit-Goave, le 8 Mai 1734.
Et à celui du Cap, le 10 Juin suivant.

ARRÊT du Conseil du Cap, où le Greffier a départagé la Cour.

Du 4 Janvier 1734.

ENTRE le sieur le Cannier, Appelant, d'une part; et le sieur Petit, Intimé, d'autre part. Vu, &c. Après que lesdits Parties ont été ouies, ensemble le Procureur-Général: LE CONSEIL procédant au Jugement dudit Procès, Messieurs se sont trouvés mi-parties; et M. Duhameau, Greffier en Chef, ayant opiné, Me Klider Hamon, Commis au Greffe, a pris la plume, et a été opiné pour la confirmation de la Sentence.

ARRÊT du Conseil du Cap, qui déclare le Receveur des Droits suppliciés exempt de Marguillage.

Du 7 Janvier 1734.

VU par le Conseil, la Requête de Joseph Maignon, Receveur des droits des Négres-suppliciés au Cap, contenant que le premier jour de cette année, il auroit été élu Marguillier de cette Paroisse par les Habitans; et comme il paroît au Suppliant ne devoir l'être, attendu que les Marguilliers de la dépendance du ressort de ce Conseil lui sont comptables de leur recette, et que par cette raison il ne se peut rendre compte à lui-même; d'ailleurs, l'emploi qu'il lui a plû lui accorder, lui donne exemption de toutes charges dont il doit jouir, et des prérogatives y attachées; ce considéré, &c. Oui le Procureur-Général du Roi, et tout considéré: LA COUR a déchargé le Suppliant de la nomination faite de sa personne à la chargo de Marguillier de l'Eglise Paroissiale du Cap, en conséquence il sera procédé à une nouvelle.

ORDONNANCE des Administrateurs, portant prorogation jusqu'au premier Juin lors prochain, du terme donné par l'Ordonnance du 8 Janvier 1733, pour se faire arpenter et borner, ladite Ordonnance devant être exécutée au surplus.

Du 8 Janvier 1734.

DÉCLARATION DU ROI au sujet des déguerpissemens et résolutions des ventes de fonds aux Isles sous le Vent de l'Amérique.

Du 12 Janvier 1734.

LOUIS, &c. Salut. Les abus qui se commettoient en nos Isles du Vent de l'Amérique, à l'occasion des fréquentes mutations qui s'y font par des ventes et reventes, Nous ont porté à rendre, le 24 Août 1726, une Déclaration pour assurer aux vendeurs le paiement des fonds vendus, ou la faculté d'y rentrer, faute par les Acquéreurs de satisfaire à leurs engagemens; et Nous avons la satisfaction de voir que la Jurisprudence établie par cette Déclaration, a produit tous les avantages que Nous en avons attendus; Nous sommes informés que les ventes et reventes des biens-fonds, qui se font dans nos Isles sous le Vent, y occasionnent les mêmes abus qui avoient excité notre attention pour les Isles du Vent; que les Acquéreurs n'y sont pas en effet plus exacts à satisfaire à leurs engagemens, et que par conséquent les Vendeurs s'y trouvent dans les mêmes embarras qu'on éprouvoit autrefois aux Isles du Vent; et comme notre affection est égale pour tous nos Sujets, Nous nous portons volontiers à donner en cette occasion aux Habitans des Isles sous le Vent, les mêmes marques de protection que nous avons accordées à ceux des Isles du Vent, en établissant à leur égard la même Jurisprudence établie par notre Déclaration du 24 Août 1726. A ces causes, &c. Voulons et nous plaît ce qui suit:

Art. I. Notre Déclaration du 24 Août 1726, au sujet des déguerpissemens et résolutions des ventes de fonds aux Isles du Vent de l'Amérique, sera exécutée selon sa forme et teneur aux Isles sous le Vent.

Art. II. Voulons en conséquence que, dans le cas où les Acquéreurs des biens-fonds auxdites Isles sous le Vent, seront en défaut de payer dans les termes prescrits par leurs engagemens, il sera loisible aux Vendeurs de les poursuivre en déguerpissement et résolution de vente, ensemble pour les dommages et intérêts qui pourront résulter, eu égard à l'état des biens lors de la vente, et à celui où ils se trouveront lors du déguerpissement, à dire d'Arbitres qui seront choisis par les Parties, sinon nommés d'office par nos Juges des Jurisdictions où lesdits biens seront situés; et en ce cas, les Arbitres auront égard tant aux dépérissemens qu'aux améliorations qui auront pu être faites sur lesdits biens, et que sur les uns et sur les autres, ainsi que sur les jouissances, nos Juges prononceront, suivant l'exigence des cas, sauf l'appel aux Conseils Supérieurs.

Art. III. Ordonnons pareillement que le déguerpissement et résolution de vente puissent avoir lieu, quand même les Vendeurs auroient reçu un ou plusieurs paiemens à compte, lesquels en ce cas, ils seront tenus de rendre à l'Acquéreur dans les mêmes termes et délais qu'ils les auront reçus, déduction faite des dommages et intérêts prononcés, ainsi qu'il est dit dans l'article précédent, dérogeant à toutes Ordonnances, Us et Coutumes à ce contraires, pour ce regard seulement.

Art. IV. N'entendons néanmoins, par ces présentes, priver les Vendeurs de se servir de la voie de saisie-réelle et décrets pour parvenir au paiement de ce qui pourra leur être dû pour raison de ventes par eux faites, auquel cas ils seront tenus de se conformer aux formalités prescrites par lesdites Coutumes et Ordonnances, sous les peines y portées. Si donnons en mandement à nos amés et féaux les gens tenant nos Conseils Supérieurs établis à Saint-Domingue, que ces présentes ils ayent à faire lire, &c.

R. au Conseil du Cap, le 2 Août 1734.
Et à celui du Petit-Goave, le 6 Septembre suivant.

V. l'Arrêt du Conseil de Léogane, du 9 Mars 1752.

LETTRE *de M. le Général au Gouverneur du Cap, touchant les Vaisseaux de Guerre Anglois qui pourroient entrer dans ce Port; et la Commission qu'ils doivent payer à la personne qui leur achetera des rafraîchissemens.*

Du 23 Janvier 1734.

JE vous prie, M., d'observer, s'il entre quelque Vaisseau de Guerre Anglois dans votre Port, de lui demander à-peu-près le tems qu'il y restera; et en cas qu'il veuille des rafraîchissemens, il vous en donnera un état que vous lui ferez fournir par un particulier que vous choisirez pour cette emplette, et l'achat que l'on aura fait, sera payé avant que les rafraîchissemens ne soient transférés à bord; il sera publié et défendu qu'aucun Vaisseau marchand fasse aucun commerce avec les Vaisseaux de Guerre Anglois, directement ni indirectement; et si on y contrevient, le Capitaine Marchand paiera 1000 l. d'amende, et avec toute la rigueur. Cette Lettre servira d'ordre pour tout votre Gouvernement. Je veux, s'il vous plaît, l'exécution de ce que je vous écris avec toute l'exactitude que ce cas exige. Le Capitaine Anglois paiera deux pour cent à celui qui fera son emplette. J'ai l'honneur d'être, &c. *Signé*, LE MARQUIS DE FAYET.

ORDONNANCE des Administrateurs, concernant le paiement des Droits d'Octrois, Curiaux, &c.

Du premier Février 1734.

LE Marquis de Fayet, &c.
Jean-Baptiste Duclos, &c.

Sur les plaintes fréquentes qui Nous sont revenues depuis quelque tems, que les Receveurs des deniers d'Octrois, deniers Curiaux et deniers publics, faisoient demander aux Habitans de cette Isle, lesdits droits pour des années anciennes que souvent ils auroient payées, mais qu'ils ne pouvoient justifier, pour n'avoir pas eu attention de garder les quittances, ou pour les avoir perdues par des accidens auxquels les papiers sont très-exposés dans cette Isle, ce qui étoit cause qu'on les constituoit dans des frais qui leur faisoient un tort considérable; à quoi voulant remédier, et à d'autres abus qui en résultent, Nous avons estimé qu'il étoit important de faire le Réglement qui suit, pour assurer les paiemens desdits droits qui se feront à l'avenir, et d'ordonner :

ART. I. Qu'à commencer de la présente année, tous ceux qui ont fait ou qui feront à l'avenir des paiemens desdits droits aux Receveurs d'iceux, ou à leurs préposés dans différens Quartiers, seront tenus d'en faire enregistrer les Quittances chez le Commissaire de la Marine, ou celui qui en fera les fonctions dans chaque Quartier où se feront lesdits paiemens, dans lesquelles quittances l'année et les droits payés seront clairement expliqués; à l'effet de quoi ledit Commissaire de Marine tiendra trois Registres, un pour les droits d'Octrois, un autre pour les droits Curiaux, et un troisième pour les droits publics ou Suppliciés, et sera tenu d'y enregistrer gratis toutes lesdites quittances.

ART. II. Dans les Quartiers où il n'y aura point de Commissaire ou d'Ecrivain-Principal qui en fasse les fonctions, ordonnons aux Procureurs du Roi des Jurisdictions, de tenir lesdits trois Registres, et d'enregistrer gratis pareillement lesdites quittances, de même aux Notaires, dans les Quartiers où il n'y aura point de Commissaire de Marine, d'Ecrivain Principal, ni Procureur du Roi résidens.

ART. III. Ordonnons, sous peine de désobéissance, auxdits Commissaires, Ecrivains-Principaux, Procureurs du Roi ou Notaires, d'envoyer tous les deux mois un extrait desdits trois Registres, d'eux signé et certifié, au Bureau de l'Intendance, où il en sera tenu un général; et au cas qu'il ne leur ait pas été présenté aucune quittance à enregistrer pendant lesdits deux mois, d'en envoyer des certificats.

Art. IV. Pareillement ordonnons que lesdits Registres particuliers, ou celui général qui sera tenu à l'Intendance, auront la même force et vertu que les quittances mêmes, et qu'on ne pourra point inquiéter ceux qui les y auront fait enregistrer, quand par la suite elles se trouveroient perdues.

Art. V. Enjoignons auxdits Receveurs d'informer exactement, et donner avis par lettres auxdits Commissaires de Marine, Ecrivains-Principaux, Procureurs du Roi ou Notaires de chaque Quartier, du nom des personnes qu'ils chargeront de recevoir pour eux lesdits droits, ou lorsqu'ils jugeront à propos de les changer; lesquelles lettres d'avis seront pareillement enregistrées sur lesdits Registres, lues et publiées dans tous les Quartiers, à la requête et diligence desdits Commissaires de Marine, Ecrivains-Principaux, Procureurs du Roi ou Notaires, afin que tous les Habitans soient informés du nom de ceux à qui ils doivent payer, et ce pour éviter les abus qui pourroient arriver, en ce qu'ils pourroient présenter des quittances à enregistrer, pour des sommes qu'ils auroient payées à des personnes que lesdits Receveurs n'auroient pas chargé de percevoir.

Art. VI. Défendons auxdits Commissaires de Marine, Ecrivains-Principaux, Procureurs du Roi ou Notaires, d'enregistrer d'autres quittances que de ceux qui leur seront indiqués par lesdits Receveurs, conformément auxdites Lettres d'avis enregistrées.

Art. VII. Pareillement défendons à tous Receveurs anciens, d'exiger des Habitans de rapporter les quittances antérieures au dernier paiement qu'ils leur auront fait, tant des droits d'Octrois, que des frais qu'ils auroient pu leur faire pendant leur exercice, ne devant point donner de quittances d'une année, que les précédentes ne soient acquittées; ordonnons en conséquence que les droits des années antérieures à celles dont on fera voir la quittance de leurdit exercice, ainsi que les frais, seront pour le compte desdits Receveurs.

Et sera la présente Ordonnance lue, publiée, affichée et enregistrée partout où besoin sera, à la requête et diligence desdits Procureurs du Roi de chaque Jurisdiction, à ce que personne n'en ignore; ordonnons à tous ceux qu'il appartiendra, d'y tenir exactement la main, chacun en droit soi. Donné au Petit-Goave, &c.

R, au Conseil du Petit-Goave, le 8 Mai suivant.

ARRÊT du Conseil du Cap, qui soumet à l'Audiencier de la Cour, les autres Huissiers de ladite Cour, et ceux des Jurisdictions ressortissantes.

Du 4 Février 1734.

VU par le Conseil, la Requête de François Petit, Audiencier de la Cour; et oui le Procureur-Général du Roi, et tout considéré: LA COUR ordonne à Joly, Huissier de la Cour, et à tous autres et des Jurisdictions ressortissantes, d'obéir à ce qui leur sera ordonné par le premier Huissier de ce Conseil, pour ce qui concerne le service du Roi et du public.

ARRÊT du Conseil du Cap, portant que les immeubles et Négres des Successions vacantes, ne pourront être vendus ou affermés qu'en vertu d'Arrêts.

Du 4 Février 1734.

SUR ce qui a été représenté par le Procureur-Général du Roi, qu'il s'introduit un abus dans les Jurisdictions ressortissantes de ce Conseil, de la part des Curateurs aux successions vacantes, qui, sur de simples Ordonnances, souvent rendues sans connoissance de cause par les Juges des lieux, font vendre judiciairement les immeubles et Négres dépendans desdites successions, ce qui porte un préjudice considérable aux héritiers lorsqu'ils viennent à se présenter: LE CONSEIL a ordonné et ordonne que les immeubles dépendans des successions qui tombent en vacance, et même les Négres, ne pourront être vendus judiciairement en l'absence des héritiers ou représentans la succession, que par une permission expresse, que les Curateurs auxdites successions seront tenus de demander au Conseil, pour des raisons et motifs qui seront expliqués; et cependant que lesdits immeubles et Négres pourront être mis à loyer en la manière ordinaire et en les termes les plus courts, et qu'ils ne pourront être plus longs de trois ans; ordonne que le présent Arrêt sera signifié aux Procureurs des biens vacans de ce ressort, et envoyé aux Siéges des Jurisdictions ressortissantes, pour s'y conformer, &c.

ARRÊT du Conseil du Cap, qui ordonne qu'on achetera des chaises en Maroquin pour les Membres de la Cour, lesquelles seront payées sur l'ordonnance du Commissaire-Ordonnateur.

Du 5 Février 1734.

ARRÊT du Conseil du Petit-Goave, qui ordonne la levée de 30 sols par tête de Négres payans droits pour la caisse des deniers publics; et fait défenses au Receveur de payer aucune somme des fonds de sa caisse, que par Arrêt du Conseil, à peine de radiation dans ses comptes.

Du 6 Mars 1734.

LETTRES-PATENTES, portant que tous les Lieutenans-de-Roi et les Majors qui servent à Saint-Domingue, auront entrée aux Conseils Supérieurs de cette Colonie; mais qu'il n'y aura à la fois que deux Lieutenans-de-Roi et deux Majors à la même séance.

Du 9 Mars 1734.

LOUIS, &c. Salut. Le feu Roi, notre très-honoré Seigneur et Bisayeul, ordonna, par ses Lettres-Patentes portant établissement d'un Conseil Supérieur au Petit-Goave, du mois d'Août 1685, que ledit Conseil seroit composé du Gouverneur et Lieutenant-Général des Isles Françoises de l'Amérique, de l'Intendant, du Gouverneur particulier, de deux Lieutenans de Roi, de deux Majors et de douze Conseillers; et par les Lettres-Patentes d'établissement du Conseil Supérieur du Cap, du mois de Juin 1701, il ordonna pareillement qu'outre le nombre des Conseillers y porté, le Conseil seroit composé du Gouverneur et Lieutenant-Général, de l'Intendant, du Gouverneur particulier, de deux Lieutenans pour le Roi et de deux Majors. L'augmentation de la Colonie depuis, ayant donné lieu à plusieurs nouveaux établissemens d'Officiers-Majors dans différens Quartiers de l'Isle; Nous avons, à l'exemple du feu Roi, accordé l'entrée dans

dans lesdits Conseils, à ceux de ces Officiers-Majors qui Nous ont paru pouvoir y être utiles; et estimant qu'il peut convenir au bien de notre service, d'accorder cette prérogative à tous les Officiers-Majors servans dans notredite Colonie; Nous avons résolu sur ce, d'expliquer nos intention: A ces causes, ordonnons qu'outre le Gouverneur et notre Lieutenant-Général, et les Gouverneurs particuliers, lesquels continueront d'avoir séance auxdits Conseils Supérieurs, conformément aux Lettres-Patentes de leur établissement, tous les Lieutenans-de-Roi et Majors, servans dans ladite Colonie, pourront avoir entrée, rang, séance et voix délibérative, suivant l'ordre de leur Commission, chacun au Conseil Supérieur dans le ressort duquel il servira, et que ceux auxquels Nous avons accordé cette prérogative, auront le même rang dans les cérémonies où lesdits Conseils Supérieurs assisteront, et ce nonobstant toutes dispositions à ce contraires, auxquelles Nous avons dérogé par ces présentes, pour cet égard seulement: voulons néanmoins que dans les séances desdits Conseils Supérieurs, il ne puisse y assister à la fois que deux Lieutenans-de-Roi et deux Majors, et que pour lesdites séances les plus anciens soient toujours préférés. Si vous mandons que ces présentes vous ayez à faire registrer, et qu'après avoir pris le serment en tel cas requis et accoutumé, des Officiers-Majors qui n'y ont pas déjà satisfait, vous les fassiez tous jouir et user du contenu en icelles, pleinement et paisiblement; cessant et faisant cesser tous troubles et empêchemens à ce contraires, &c.

R. au Conseil du Cap, le 2 Août 1734.
Et à celui du Petit-Goave, le 6 Septembre suivant.

ARRÊT du Conseil du Cap, qui déclare le Receveur des droits de M. l'Amiral, exempt de Marguillage.

Du 5 Avril 1734.

VU par le Conseil, la Requête de Jacques Mercy, au nom et comme Receveur de S. A. Monseigneur l'Amiral, contenant que les Habitans du Fort-Dauphin, l'auroient nommé Marguillier de la Paroisse dudit lieu, et en l'absence dudit suppliant, qui étoit pour lors malade, et qui par conséquent n'a pu représenter aux nominateurs, qu'il ne pouvoit exercer le Marguillage de ladite Paroisse, et vaquer aux intérêts, pour ce qui regarde son emploi, (de S. A.) Ledit suppliant prend la liberté de représenter que, jusqu'à présent, il n'y a pas d'exemple, dans le ressort dudit Conseil, qu'aucun Receveur de S. A. Monseigneur l'Amiral, ait été obligé de se charger d'autre emploi que le sien. A ces causes, &c. oui le Procureur-Général du Roi, et tout considéré; LE CONSEIL a déchargé le suppliant de la charge de Marguillier de la Paroisse; en conséquence, ordonne qu'il sera procédé à une nouvelle élection.

PROCÈS-VERBAL de la Communication et remise, faites par le Conseil du Cap, à un accusé, des pièces d'un Procès sur une inscription de Faux, par l'ordre de M. le Général.

Du 5 Avril 1734.

L'AN 1734, le 5 d'Avril, pardevant Nous, Charles de Juchereau, sieur de Saint-Denis, Conseiller du Roi en son Conseil Supérieur du Cap, Rapporteur du Procès criminel, extraordinairement fait et instruit par le Lieutenant-Criminel du Cap, à la Requête des sieurs Léon Sorhande, et Pierre Archin, en leurs qualités, demandeurs en inscription de faux, le Procureur du Roi joint, contre Josué Baudin, Négociant au Cap, accusé, appelant de la Sentence contre lui rendue par ledit Lieutenant-Criminel, le 19 Décembre 1732, par laquelle, pour les cas résultans de ladite inscription de faux, ledit Baudin auroit été déclaré incapable de tenir à l'avenir ni exercer aucun commerce, et condamné entr'autres choses, en trois années de bannissement, et en 35000 liv. d'amende. Est comparu en notre Hôtel ledit Baudin, lequel nous auroit présenté un ordre de M. de Chastenoye, Gouverneur de Sainte-Croix, et Commandant au Cap, dont la teneur suit:

« En exécution des ordres que nous avons reçus de M. le Général, » par sa lettre du 18 de ce mois, où il nous enjoint de faire remettre au » sieur Baudin sur son récépissé, les pièces qu'il demande, M. de Juchereau, » Conseiller du Roi en son Conseil Supérieur du Cap, et Rapporteur du » Procès dudit sieur Baudin, lui donnera ou fera donner lesdites pièces, » ainsi qu'il est expliqué ci-dessus. Au Cap, le 15 Mars 1734. *Signé*, de » CHASTENOYE. »

Ledit Baudin nous ayant requis de nous y conformer, et en conséquence de lui donner les pièces par lui produites au Siége ordinaire, audit procès criminel; lui aurions répondu, que nous paroissant qu'il auroit surpris M. de Chastenoye, ou M. le Général, duquel il étoit dit qu'on exécutoit les ordres, nous nous croyions obligés, pour le devoir de notre charge, de conférer avec M. le Gouverneur sur ce sujet, et que pour cet effet, nous nous transporterions sur son Habitation aussitôt que les séances du Conseil seroient finies. A l'instant ledit Baudin se seroit retiré; mais le lendemain sept heures, étant revenu devant nous, il nous auroit remis une lettre de M. le Gouverneur, en ces termes:

« Je reçois, Monsieur, dans ce moment, une lettre du sieur Baudin, » qui me marque que, malgré l'ordre de M. le Général, que je vous ai » fait remettre par lui, vous refusiez de lui donner les papiers; je vous » prie instamment, Monsieur, de vous conformer à cet ordre de M. le » Marquis de Fayet, ensorte que ledit Baudin ne revienne point aux » plaintes, j'en serois dans la dernière mortification, par les suites que » cela pourroit avoir. J'ai l'honneur d'être, &c. *Signé*, DE CHASTENOYE. » Le 5 Avril 1734.

Les séances du Conseil ayant fini ledit jour 5 Avril, nous n'aurions pas eu de plus grand empressement que d'aller trouver M. le Gouverneur; pourquoi nous étant transporté sur son Habitation du Quartier Morin, vers les cinq heures du soir, lui aurions représenté les conséquences qu'il y avoit de remettre à un accusé les pièces de son Procès; que c'étoit le moyen d'en éluder le jugement, s'il ne vouloit pas les remettre; que d'ailleurs, les Ordonnances du Roi, si sagement établies, avoit réglé ce qui se doit pratiquer à cet égard; que l'article 14 de l'Ordonnance de 1670, au titre des informations, défendoit au Greffier, sous peine d'interdiction et d'amende, de communiquer les informations et autres pièces secrètes des procès, ni de se désaisir des minutes, sinon ès-mains des Procureurs-Généraux, &c. Que l'article 13 du titre des appellations, portoit que les accusés, s'ils étoient prisonniers, et leur Procès, seroient envoyés aux Conseils s'ils étoient appelans. Qu'il résultoit de ces articles, ainsi qu'il se pratique au Conseil du Cap, comme dans toutes les autres Cours Supérieures, que toutes les pièces du Procès produites devant le Juge d'appel, devoient être portées à la Cour Supérieure, pour être le Procès jugé en cet état, sans pouvoir donner à l'accusé communication d'aucunes pièces. Qu'enfin, il étoit aisé de s'appercevoir que Baudin ne cherchoit que le moyen d'empêcher le jugement de son Procès; mais toutes nos raisons n'ayant pu nous faire obtenir autre chose que de suspendre l'exécution de cet ordre, jusqu'à ce que nous eussions reçu de M. le Général réponse à la lettre que nous lui écrivions à ce sujet, nous nous serions retirés;

mais deux jours après M. le Gouverneur étant venu en cette Ville, nous y auroit dit qu'il avoit été obligé de rendre une Ordonnance ensuite de celle de M. le Général, qu'il nous avoit déjà envoyée sur notre Habitation, où il nous croyoit, afin que nous eussions à nous y conformer, ou à tenir les Arrêts dans une chambre en cette Ville, jusqu'à nouvel ordre, desquelles ordonnances la teneur suit :

« *Ordonnance de MM. les Général et Intendant, au bas d'une Requête à » eux présentée par ledit Baudin.*

» Renvoyé à se pourvoir, si bon leur semble, au Conseil d'Etat du » Roi, sur l'évocation dont il s'agit; cependant le Greffier du Conseil Supé- » rieur du Cap, et tous autres, tenus de lui remettre seulement les pièces » et procédures par lui produites en la Jurisdiction dudit lieu, à quoi » faire contraints par toutes voies dûes et raisonnables, même par corps, » quoi faisant déchargés. Fait au Petit-Goave, le 18 Mars 1734. *Signé*, » LE MARQUIS DE FAYET et DUCLOS.; et plus bas, pour copie con- » forme à l'original, *Signé*, DE CHASTENOYE.

» Et plus bas est celle de M. le Gouverneur, portant :

« Le sieur Baudin étant venu hier matin nous apporter une ordonnance » de MM. les Général et Intendant, laquelle il nous a dit n'avoir reçue » que depuis peu de jours, nous en avons pris lecture ainsi que de sa » Requête et de la présente copie, que nous avons trouvée conforme » à l'original : vu ladite Ordonnance du 18 du mois passé, et les ordres » qu'il a plu à M. le Général de nous adresser en conséquence par sa » lettre du même jour, qui nous étoit parvenue avant, pour faire remettre » au sieur Baudin les pièces qu'il demande sur son récépissé; M. de Juche- » reau Conseiller du Roi en son Conseil-Supérieur du Cap, et Raporteur » du Procès dudit sieur Baudin, ou tout autre, se conformera à la susdite » Ordonnance, ou tiendra les Arrêts dans une chambre en cette Ville, » jusqu'à nouvel ordre. Au Cap, le 9 Avril 1734, *Signé*, DE CHAS- » TENOYE. »

En conséquence de ces ordres, aurions mandé le jour d'hier, par Joly, Huissier du Conseil, ledit Baudin, lequel venu devant Nous, sur ce que nous lui aurions dit de nous présenter une Requête pour nous désigner les pièces qu'il demandoit, nous auroit répondu qu'il n'étoit pas besoin de Requête, et que les ordres qui nous avoient été donnés nous étoient suffisans; sur quoi, voulant donner des marques de notre obéissance aveugle à l'ordre de MM. les Général et Intendant, aurions renvoyé ledit Baudin à se trouver ce jour, neuf heures du matin, au Greffe du Conseil, où nous nous transporterions, à l'effet de lui donner les pièces qu'il demandoit en communication.

Et ledit jour 15 d'Avril, neuf heures du matin, nous étant transportés en la chambre du Greffe, y avons trouvé ledit Baudin, lequel nous a demandé les pièces par lui produites au Siége, au sujet dudit Procès, à la délivrance desquelles pièces avons procédé, étant avec nous Me Pierre-Louis le Bouvier Duhameau, Greffier en chef, ainsi qu'il suit :

Premierement, avons extrait du Procès un dossier produit, &c. toutes lesquelles pièces ci-devant, sont celles qui nous ont été demandées par ledit Baudin, comme les ayant produites au Greffe dudit Siége, et mentionnées dans l'inventaire qui nous en a été donné par le Greffier dudit Conseil, depuis l'article 62, sous les cotes N. N. N. jusqu'à l'article 71 compris, coté Y. Y. Y. et que nous lui avons remises ès-mains, à la charge de les rapporter lorsqu'il en sera requis, et a signé avec nous les jour et an que devant. *Signé*, BAUDIN, JUCHEREAU DE SAINT-DENIS. DUHAMEAU.

Lesieur Baudin rapporta ces pièces, et sur l'Arrêt du Conseil d'Etat du 28 Août 1734, contenant évocation au Conseil du Petit-Goave de la contestation, il les reprit suivant la décharge suivante :

Desquelles pièces ci-devant énoncées, ledit sieur Baudin s'est cejourd'hui chargé de nouveau pour les remettre au Petit-Goave. Au Cap, le 11, Février 1735. *Signé*, BAUDIN ET DUHAMEAU.

V. la lettre du Conseil du Cap, du 9 Septembre 1733. L'Ordonnance de l'Intendant, du 14 Décembre même année, et l'Arrêt d'évocation du 28 Août 1734.

ORDONNANCE de M. l'Intendant, qui défend à Me de Lamoissonnière, par lui pourvu d'une Commission de Notaire pour les Quartiers de Pilate, Plaisance et le Borgne, de faire des Actes dans le reste de la Jurisdiction du Port-de-Paix, au préjudice de Me Ray, Greffier-Notaire de ladite Jurisdiction, à peine de nullité des Actes et d'interdiction.

Du 14 Avril 1734.

R. au Siége Royal du Port-de-Paix, le 30 du même mois.

ORDONNANCE de M. l'Intendant, qui interdit un Arpenteur de la Jurisdiction de Saint-Marc, de toutes fonctions, attendu son impéritie, résultante évidemment d'un Procès-Verbal d'arpentage par lui dressé à l'Artibonite, lequel contenoit même des invectives contre les Parties.

Du 15 Avril 1734.

R. au Siége Royal de Saint-Marc, le 3 Mai suivant.

RÉGLEMENT du Conseil du Petit-Goave, concernant l'emploi des deniers publics.

Du 8 Mai 1734.

LE Conseil assemblé pour délibérer sur la destination des fonds de la caisse des deniers publics; et s'étant fait représenter la Déclaration du Roi, du 7 Septembre 1723, les Réglemens du Conseil à cet égard, et tous les comptes rendus par les anciens Receveurs, a ordonné et ordonne que les Négres suppliciés seront payés à raison de 600 liv. par tête, suivant l'ancien Réglement; mais que tout Négre justicié, dont le crime n'aura pas été dénoncé à Justice par le Maître, ledit Maître sera privé du remboursement; qu'il sera dorénavant pris sur ladite caisse, la somme de 50 liv. seulement par mois, pour le Conducteur des travaux publics dans chaque Quartier ; que par la suite il ne sera plus pris sur ladite caisse, aucun prix pour la nourriture des Négres employés aux travaux publics, à la réserve toutefois de ceux qui seront déplacés de leurs Quartiers à sept lieues de distance, prises de la Ville ou Bourg de leurs Quartiers. Il ne sera dorénavant plus pris sur ladite caisse, aucunes sommes pour les Gardes-Magasins des bords de la mer, sauf aux Habitans de chaque Quartier de s'en pourvoir comme ils aviseront bon être. Les gages des Officiers de Maréchaussée, et la fourniture du bois du Gouvernement, continueront à être pris sur les fonds de ladite caisse, ainsi qu'il a été ci-devant arrêté. Ordonne que le présent Réglement sera enregistré, lu et publié dans tous les Siéges du ressort, &c.

ARRÊT du Conseil du Cap, qui condamne, et par corps, les Marguilliers à payer au Receveur le montant des Droits suppliciés.

Du 10 Juin 1734.

ARRÊT du Conseil du Cap, qui accorde à cinq Blancs, employés sur l'habitation Carbon, au bois de Lance, une somme de 1000 liv. à prendre sur la caisse des Droits suppliciés, pour avoir détruit une bande de Négres-Marons, ayant pour chefs les nommés Polydor et Joseph.

Du 10 Juin 1734.

LETTRE du Ministre aux Administrateurs, concernant les Amendes, Confiscations, Epaves et Aubaines.

Du 13 Juin 1734.

POUR éviter à l'avenir les embarras que M. Duclos éprouve dans l'audition et examen des anciens comptes des amendes, épaves, confiscations, aubaines, et autres droits de cette nature, il a proposé d'ordonner à tous les Greffiers, tant des deux Conseils Supérieurs que de toutes les Jurisdictions à Saint-Domingue, de remettre tous les mois à l'Intendant, un état par eux certifié et visé des Procureurs-Généraux dans les Conseils Supérieurs, et des Procureurs du Roi dans les Jurisdictions, de toutes les amendes qui y seront prononcées; un autre état aussi certifié et visé, de tous les Négres-Marons ou épaves qui seront vendus à l'enchère; un pareil état de toutes les successions qui tomberont en vacance, et généralement de tous les biens qui pourront échoir au Roi, soit par aubaines, deshérences, confiscations ou autrement, desquels états l'Intendant enverra pareillement tous les mois copies aux différens Receveurs de ces droits, qui seront tenus de les rapporter lors de la reddition de leurs comptes.

Sur le compte que j'ai rendu au Roi de cette proposition, Sa Majesté l'a approuvée; Elle veut que tous les Greffiers remettent ces états chaque mois, ou au moins tous les deux mois; et s'il y a quelques Greffiers qui ne se conforment point à cet arrangement, Elle vous ordonne d'en rendre compte, afin qu'Elle y pourvoïe par la destitution des contrevenans, ou autrement; au surplus ces précautions serviront bien à constater toutes ces différentes recettes, mais elles ne remédieront point entièrement à toutes les difficultés qui se trouveront nécessairement dans les comptes, si on les laisse accumuler comme on a fait par le passé; il faut donc les faire rendre régulièrement, sans quoi l'on tombera dans le même désordre: c'est à M. Duclos d'y donner tous les soins que je lui ai recommandés.

Il m'a été rendu compte que pour tout le Petit-Goave, il n'y a qu'un seul Receveur des amendes, épaves, et autres droits de cette espèce, lequel a des Commis particuliers dans chaque Jurisdictions, au lieu que dans la dépendance du Cap, il y a un Receveur particulier dans chaque Jurisdiction; et comme la dépendance est égale par-tout, et qu'il est plus facile au Cap de faire compter les Receveurs particuliers, il paroît que cet usage est meilleur que celui du Petit-Goave: le Roi veut qu'on se conforme à ce dernier endroit, et qu'il soit en conséquence établi des Receveurs particuliers dans chaque Jurisdiction. Vous aurez agréable de me rendre compte de l'exécution.

R. au Conseil du Petit-Goave, le 11 *Novembre* 1734.
Et à celui du Cap, le . . . . .

ORDONNANCE

ORDONNANCE des Administrateurs, touchant les Soldats déserteurs, les Vagabonds et gens sans aveu.

Du 28 Juin 1734.

LE Marquis de Fayet, &c.

Jean-Baptiste Duclos, &c.

Les fréquentes désertions des Soldats des Troupes de ces Colonies, Nous obligeant d'établir un ordre qui puisse leur ôter les moyens d'échapper aux perquisitions qui en seront faites ; Nous avons cru devoir faire le Réglement qui suit :

ART. I. Défendons à tous les Habitans, Procureurs et Economes, de recevoir et retirer sur leurs Habitations aucuns déserteurs ou gens sans aveu, et qui ne seroient pas munis d'un Passeport signé de Nous, ou des Commandans pour le Roi et des Milices dans les différens Quartiers de ces Colonies, portant les nom et état de ceux qui en seront porteurs, le lieu d'où ils sont partis, et celui où ils vont, à peine d'une amende pécuniaire, ou de telle autre peine qui sera par Nous arbitrée, suivant les facultés des contrevenans, et l'exigence des cas.

ART. II. Ordonnons auxdits Habitans d'avoir une singulière attention à ce que leurs Economes se conforment à la disposition de l'article ci-dessus, à peine de répondre de leurs contraventions en leur propre et privé nom, lorsqu'il y aura preuve de négligence de leur part.

ART. III. Voulons que, lorsqu'il se présentera sur les habitations quelques particuliers qui, n'ayant point de Passeport, comme il vient d'être dit, pourront être soupçonnés d'être Déserteurs, Vagabonds ou gens sans aveu, les Propriétaires desdites Habitations, Procureurs ou Economes, soient obligés d'en aller faire aussitôt leurs déclarations aux Commandans pour le Roi ou des Milices des Quartiers les plus prochains ; lesquelles déclarations contiendront, autant que faire se pourra, le signalement desdits Déserteurs, Vagabonds ou gens sans aveu, et la route qu'on leur aura vu tenir, à peine contre ceux qui négligeront d'exécuter les dispositions du présent article, de telle punition que Nous jugerons convenable, sur la connoissance que Nous pourrons avoir de cette contravention.

ART. IV. Ordonnons auxdits Commandans pour le Roi ou des Milices, de faire courir sur lesdits Déserteurs, Vagabonds ou gens sans aveu, aussitôt après les déclarations qui leur auront été faites, ainsi qu'il est porté en l'article précédent, et de les faire conduire dans les prisons les plus prochaines des lieux où ils seront arrêtés, pour être informé et procédé contre eux, ainsi qu'il conviendra.

Art. V. Défendons auxdits Commandans pour le Roi et des Milices, de donner des Passeports à d'autres qu'à gens qui seront connus d'eux, où dont ils se seront particulièrement fait informer, à peine de répondre des inconvéniens qui pourroient arriver des Passeports donnés trop légèrement.

Art. VI. Voulons au surplus que les articles XI. et XIII. de notre Ordonnance du 20 Janvier 1733, portant établissement de la Maréchaussée, pour ce qui concerne lesdits Déserteurs, Vagabonds et gens sans aveu, soient exécutés selon leur forme et teneur.

Et sera notre présente Ordonnance, contenant six articles, enregistrée aux Greffes des Jurisdictions ordinaires, à la requête et diligence des Procureurs du Roi desdites Jurisdictions, lue, publiée et affichée partout où besoin sera, à ce que personne n'en ignore. Ordonnons à tous Gouverneurs, Lieutenans-de-Roi, ou autres Commandans pour Sa Majesté dans cette Colonie, de tenir la main à son exécution. Donné au Petit-Goave, &c.

R. au Siége Royal du Cap, le 6 Août 1734.

ORDONNANCE des Administrateurs, qui, à la demande des Habitans, accorde la liberté à un Esclave pour service rendu à la Colonie, à la charge de servir trois ans dans la Maréchaussée.

Du 28 Juin 1734.

LE Marquis de Fayet, &c.

Jean-Baptiste Duclos, &c.

Sur ce qui Nous a été représenté par les Habitans du Quartier et Paroisse du Trou, dépendance du Fort-Dauphin, que les grands désordres faits par le nommé Polydor, Négre-Maron, nous ayant engagés à chercher des moyens pour les faire cesser promptement; Nous aurions promis, entre autres choses, la liberté à tout Esclave qui l'arrêteroit mort ou vif; que, quoique le nommé Laurent, dit César, Négre-Esclave du sieur Nautel, Habitant dudit Quartier, ne soit pas celui qui ait le plus contribué à la capture dudit Polydor, lequel auroit été tué, il est cependant vrai qu'il a été d'un grand secours à son Maître, lors de ladite capture ; de quoi ils desireroient lui donner des marques de leur reconnoissance, en payant audit sieur Nautel le prix auquel il sera estimé, s'il Nous plaisoit lui accorder la liberté, ce qui seroit même très-capable de donner, en pareil cas, de l'émulation aux autres Esclaves ; et ayant égard à la demande desdits Habitans : Nous, en vertu du pouvoir à nous donné par Sa Majesté, avons accordé et accordons la liberté audit Laurent, dit César, pour par lui en jouir comme les autres affranchis de cette Colonie, et ce en vertu de la présente, qui sera enregistrée au Greffe de la Jurisdiction ordinaire, à la charge, par ledit Laurent, de servir pendant trois ans dans la Maréchaussée. Donné au Petit-Goave, &c.

Par Arrêt du Conseil du Cap, du 9 Mai 1737, le sieur Nautel fut payé sur la caisse des Droits suppliciés, de 2,000 liv., prix de l'estimation de son Esclave.

EXTRAIT de la Lettre du Ministre à MM. de Fayet et Duclos, qui interdit les fonctions de Président aux Officiers Militaires ayant entrée dans les Conseils.

Du 6 Juillet 1734.

IL m'est revenu que, lorsque M. de Chastenoye, Major du Fort-Dauphin, a été reçu au Conseil Supérieur du Cap, M. de Chastenoye, son Père, en sa qualité de Gouverneur, a reçu son serment, fondé sur ce que M. le Chevalier de la Rochalard étoit dans l'usage de le faire prêter, non-seulement aux Officiers-Majors, mais même aux Conseillers, et autres qui sont dans le cas, et qu'à son exemple M. le Marquis de Fayet en use ainsi.

Sur le compte que j'en ai rendu au Roi, S. M. m'a ordonné de vous dire que cet usage ne convient point, et que ce n'est pas aux Gouverneurs à recevoir le serment de ceux qui sont admis aux Conseils Supérieurs. Lorsque quelqu'un se présente pour y être reçu, il doit y donner sa Requête à cet effet, et son serment doit y être reçu par celui qui y recueille les voix, qui y prononce les Arrêts, et qui y fait les fonctions de Président. Le Gouverneur Général ou celui qui le représente, n'assiste au Conseil que par honneur, il ne peut faire aucune fonction de Président, et c'en est une que de recevoir le serment de ceux qui y sont admis. La prérogative dont les Gouverneurs-Généraux des Colonies jouissent, d'assister aux Conseils Supérieurs, n'est accordée en France qu'au Gouverneur de Dauphiné ; et à celui de Franche-Comté ; mais ceux-ci ne font, dans les Parlemens, aucune des fonctions de Président, et c'est toujours l'Officier de robe qui préside, qui reçoit les sermens. Le Roi veut donc que M. le Marquis de Fayet, sans s'arrêter à l'usage qu'il a trouvé établi, s'abstienne de recevoir ces sermens, et qu'il tienne la main à ce que les Gouverneurs particuliers n'en reçoivent aucun. J'explique à M. de Chastenoye les intentions de S. M. à cet égard.

R. au Conseil du Petit-Goave, le 6 Septembre suivant.

ARRÊT *du Conseil du Cap, qui autorise les Officiers de la Jurisdiction du Fort-Dauphin, à se pouvoir pour obtenir des prisons.*

Du 6 Juillet 1734.

LETTRE *du Ministre à M. de Sartre, touchant les fonctions du Subdélégué-Général en cas d'absence de l'Intendant.*

Du 6 Juillet 1734.

LES difficultés qu'on vous fait craindre sur le rang que vous devez avoir au défaut de l'Intendant, seroient mal fondées ; il est certain qu'au défaut de l'Intendant, ou en son absence de la Colonie, vous devez faire, sans aucune exception, les mêmes fonctions que l'Intendant y feroit s'il étoit présent, et jouir des mêmes honneurs, autorités et prérogatives que lui ; vous êtes alors la seconde personne, et vous devez par conséquent précéder le Gouverneur particulier, bien entendu néanmoins que le Général s'y trouve ; car à son défaut ou en son absence, le Gouverneur particulier doit à son tour prendre sa place ; en un mot, les fonctions et les prérogatives qui vous sont attribuées par votre commission de Subdélégué à l'Intendance, y sont clairement expliquées ; elles le sont encore dans le Réglement du 3 Octobre 1730 ; mais pour prévenir tout incident à cet égard, j'écris à MM. de Fayet et Duclos à ce sujet, et je leur marque de faire enregistrer aux Conseils Supérieurs le Mémoire du Roi qui contient ce Réglement.

R. au Conseil du Cap, le 2 Avril 1759.

ORDONNANCE DU ROI, touchant les Certificats de la traite des Négres aux Isles Françoises de l'Amérique, qui ne pourront y être délivrés que par les Intendans, Commissaires-Ordonnateurs ou Subdélégués, et qu'au pied de la facture des Marchandises provenues de la vente desdits Négres aux Isles.

Du 6 Juillet 1734.

R. en l'Amirauté du Cap, en Décembre 1735.

ARRÊT du Conseil du Cap, touchant un paiement exigible en France.

Du 3 Août 1734.

ENTRE le sieur Promix, Bourgeois de Paris, d'une part; et le sieur Ramien, Boulanger au Cap, Intimé, d'autre part. Vu, &c. Après que lesdites Parties ont été ouies, ensemble le Procureur-Général du Roi, et tout considéré: LE CONSEIL, attendu que ladite somme de 20,440 liv. doit être payée en France, ordonne que ledit Intimé y remettra des fonds dans les Ports qu'il lui plaira indiquer, et à l'adresse de qui il jugera à propos, pour le produit être compté, en justifiant toutefois du chargement desdits fonds par connoissemens; si mieux n'aime ledit Intimé faire raison de la différence des espèces en ce pays, et y payer ladite somme, ainsi qu'il sera réglé par deux Négocians, dont les Parties conviendront pardevant M. Samson, Conseiller, sinon nommés d'office; condamne ledit Intimé aux dépens des causes principale et d'appel.

ARRÊT du Conseil d'Etat, qui renvoie pardevant le Conseil Supérieur du Petit-Goave, la connoissance d'un appel porté devant celui du Cap, sur une plainte de Faux-incident.

Du 28 Août 1734.

Les motifs de la Requête étoient la passion du Juge de première instance, et ses liaisons intimes avec les Juges Supérieurs.

V. la Lettre du Conseil du Cap, du 9 Septembre 1733. L'Ordonnance de l'Intendant, du 14 Décembre suivant; & le Procès-Verbal du 5 Avril 1734.

ARRÊT du Conseil du Cap, touchant le Par-Corps pour dettes de cargaison.

Du 4 Octobre 1734.

SUR ce qui a été représenté par le Procureur-Général du Roi, qu'il a été informé, par différentes plaintes, que les Juges des Amirautés ressortissantes en ce Conseil, condamnent indistinctement et sans nécessité, les Particuliers qui sont Débiteurs pour le paiement de partie du total des cargaisons des Vaisseaux prêts à faire voile pour retourner en France, et ce par corps, quoique par l'article II. du titre III. *des Procédures et Jugemens* des Lettres-Patentes sur le Réglement concernant les Siéges d'Amirautés établis dans les Colonies, du 12 Janvier 1717, Sa Majesté ordonne que lesdits Débiteurs et détempteurs de marchandises, seront contraints par la vente de leurs effets, et par corps, en cas de besoin, ce qui est un abus contraire à l'Ordonnance de Sa Majesté; et la matière mise en délibération : LE CONSEIL a ordonné et ordonne que les Juges des Amirautés de ce ressort, se conformeront audit Réglement du 12 Janvier 1717, dans les condamnations qui se pourront prononcer pour le paiement des parties dudit total des cargaisons des Vaisseaux prêts à faire voile pour retourner en France; à l'effet de quoi, le présent Arrêt sera envoyé auxdits Siéges d'Amirautés de ce ressort, pour y être lu, publié et registré, &c.

EXTRAIT de la Lettre du Ministre à MM. de Fayet et Duclos, explicative de l'art. III. de la Déclaration du Roi du 15 Décembre 1724, touchant la tutelle des Mineurs des Colonies.

Du 16 Novembre 1734.

CHARLES-Jean-Baptiste Mercier du Paty, Mineur émancipé d'âge, a demandé la cassation d'un Arrêt au Conseil Supérieur du Cap, le 5 Novembre 1733, en ce que cet Arrêt, sans s'arrêter aux Lettres d'émancipation par lui obtenues en la Chancellerie du Parlement de Paris, et entérinées au Sénéchal de la Rochelle, a renvoyé le sieur Richard, chargé de la Procuration du Mineur, à l'effet de poursuivre l'exécution de ces Lettres d'émancipation à Saint-Domingue, à se pouvoir par les voies de droit; déclaré un acte de Curatelle, fait par le Lieutenant particulier sur une assemblée de parens et amis au Cap, nul et insuffisant. Il a demandé en même-tems que cet acte de Curatelle fût exécuté, et qu'à cet effet ses Lettres d'émancipation et la Sentence du Sénéchal de la Rochelle qui les a entérinées, seroient enregistrées au Siége Royal et au Conseil Supérieur du Cap, pour y jouir par lui du bénéfice de ses Lettres, et qu'il fût fait défenses aux Juges du Cap de lui causer aucun trouble ni empêchement dans l'envoi en France des revenus de ses biens situés à Saint-Domingue.

Le Roi n'a pas jugé à propos de donner atteinte à l'Arrêt du Conseil Supérieur du Cap, parce qu'il a paru fondé sur l'art. III. de la Déclaration du 15 Décembre 1721, qui porte, que les Lettres d'émancipation que les Mineurs, ayant des biens situés en France et en Amérique, obtiendront, seront entérinées, tant dans les Tribunaux de France que dans ceux des Colonies, dans lesquels la nomination de leurs tuteurs aura été faite, sans que ces Lettres d'émancipation puissent avoir aucun effet que dans celui des deux pays où elles auront été entérinées. Cependant, comme le dispositif de cet Arrêt a paru un peu équivoque; que, sur le fondement de ces expressions qui y sont employées, *renvoyé à se pouvoir par les voies de droit*, le Juge du Cap, qui avoit conclu à ce que le porteur de la procuration fût tenu de prendre de nouvelles Lettres d'émancipation à Saint-Domingue, pourroit prétendre l'obliger à le faire, et que cette prétention seroit contraire à la Déclaration même de 1721, qui n'impose point à un Mineur, qui a obtenu des Lettres d'émancipation en France, la nécessité d'en prendre de nouvelles aux Colonies ; S. M., pour prévenir toute difficulté à cet égard, m'a ordonné de vous dire que son intention est que, sur la demande qui sera faite de la part du Mineur du Paty en la Jurisdiction du Cap, pour l'entérinement des Lettres d'émancipation qu'il a obtenues en France, il soit procédé à cet entérinement en la manière accoutumée, sans qu'il soit besoin d'en obtenir de nouvelles à Saint-Domingue. Vous expliquerez les intentions du Roi aux Officiers de la Jurisdiction du Cap, et à ceux du Conseil Supérieur, si l'affaire y est portée ; et vous tiendrez la main à leur exécution.

ORDONNANCE DU ROI, touchant les fonctions des Aides-Majors de place aux Isles Françoises de l'Amérique.

Du 25 Novembre 1734.

DE PAR LE ROI.

SA MAJESTÉ étant informée que, contre l'usage qui est pratiqué dans les Troupes qu'Elle entretient à son service dans les Isles Françoises de l'Amérique, il y a des Capitaines qui prétendent être en droit de donner, en l'absence du Major, les conclusions dans les Conseils de Guerre qui se tiennent contre les Soldats déserteurs des Troupes ; et voulant prévenir les contestations qui pourroient naître à ce sujet, et régler en même-tems les fonctions des Aides-Majors en l'absence des Majors entretenus auxdites Isles, Elle a ordonné qu'en l'absence des Majors, les Aides-Majors en feront toutes les fonctions dans les Conseils de Guerre qui se tiendront ; dérogeant à cet effet en tant que de besoin, à l'art. XXXIX du Réglement du 12 Octobre 1695 ; veut aussi et entend Sa Majesté que les Aides-Majors fassent les autres fonctions des Majors absens, pour tout ce qui regarde le détail du service des Places, sans cependant qu'ils puissent, dans aucun cas, avoir le commandement sur les Capitaines, à moins qu'ils ne soient pourvus de Commissions de Capitaine de plus ancienne date. Mande et ordonne S. M. aux Gouverneurs et ses Lieutenans-Généraux aux Isles Françoises de l'Amérique, et aux autres Officiers, de tenir la main à l'exécution de la présente Ordonnance, qui sera lue, publiée et enregistrée où besoin sera, et de s'y conformer chacun en ce qui le concerne. Fait à Fontainebleau, &c.

ARRÊT

ARRÊT du Conseil du Cap, qui juge, 1°. que quand des Mineurs résident chez leur Père, c'est le Juge du domicile de ce dernier qui doit les pourvoir d'un Tuteur, et non celui du lieu de leur naissance. 2°. Que les biens de chaque Jurisdiction doivent être inventoriés par les Officiers d'icelle; et 3°. que quant aux partages, ils peuvent être faits au choix des Parties.

Du 11 Décembre 1734.

VU par le Conseil, la Requête de Jean-Dureau; et oui le Procureur-Général du Roi : LE CONSEIL a ordonné et ordonne que les inventaires des biens dont est question, seront faits par les Juges des lieux chacun dans leur district; l'acte de tutelle en la Jurisdiction du Trou, si fait n'a été; et à l'égard du partage, permet de le faire faire par qui ils aviseront bon être.

ARRÊT du Conseil du Cap, qui déclare nul un Legs de 50,000 liv. fait aux Capucins de Nantes; et ordonne l'emploi d'une partie d'icelui en faveur du Couvent des Religieuses du Cap.

Du 11 Décembre 1734.

ENTRE le sieur Poitou, Habitant à Limonade, Exécuteur Testamentaire de feu sieur Valentin Collenno, appelant d'une part, et le Procureur-Général du Roi, prenant le fait et cause de son Substitut, intimé d'autre : Vu et oui le raport de Me Asselin, Conseiller, et les conclusions du Procureur-Général du Roi, tout vu et examiné : LE CONSEIL a mis et met l'appellation et Sentence dont a été appelé au néant; émendant, ordonne que le testament dudit Collenno, sera exécuté selon sa forme et teneur, à l'exception, toutefois, du legs de 50000 liv. au Grand Couvent des Pères Capucins de la Fosse à Nantes, que la Cour a déclaré nul; ordonne néanmoins qu'il leur sera délivré sur ledit legs, par forme d'aumône, la somme de 5000 liv., pour être employée à prier Dieu pour le repos de l'ame dudit Testateur, de celle de Marie Samson, sa femme, et de celle de ses défunts parens; et à l'égard des 45,000 liv. restantes dudit legs, ordonne qu'il en sera délivré la somme de 30,000 au Couvent des Filles Sainte-Marie de cette Ville, pour y être fait une fondation à perpétuité, aux fins de prier Dieu, suivant les intentions du Testateur; condamne l'Exécuteur Testamentaire à délivrer le surplus aux Héritiers dudit Testateur, même de rendre compte à leur Procureur de l'état de la succession, que ladite Cour a condamnée aux dépens.

PROCÈS-VERBAL de l'état du Greffe du Siége Royal du Cap, le lendemain d'un Incendie.

Du 21 Décembre 1734.

L'AN 1734, le 21 de Décembre, sept heures du matin, en notre maison, pardevant Nous, Pierre-Jean le Maitre, Conseiller du Roi, Juge-Civil, et en présence de Me Claude de Clérambault, Conseiller du Roi, et son Procureur audit Siége, assisté du Commis-Greffier ordinaire, est comparu Me Etienne Duport, Greffier-Notaire de ce Siége, lequel nous à dit que l'incendie arrivé au Cap la nuit dernière, ayant porté le feu jusques dans la maison où il tenoit son Greffe, il auroit été forcé, pour en conserver les papiers, de les faire porter, avec l'aide de ses domestiques et de quelques Soldats, dans le Morne près les casernes, lieu le plus prochain de son Greffe, et qui lui a paru dans l'occurrence le plus sûr, qu'ayant été contraint de faire jeter sur le carreau toutes les minutes de Notaires et du Greffe, pour diligenter et faciliter le transport dans le Morne, il lui paroît vraisemblable qu'il y en aura eu d'égarées et d'incendiées, malgré tous les soins qu'il s'est pu donner; qu'il est même possible qu'il y en aura qui auront resté dans le Greffe ou dans les armoires, qui sont entièrement brûlées, ainsi que toutes les tables et tablettes, et une grande partie de ses meubles, son application ayant été toute entière à conserver les papiers du Greffe; et comme il n'a pas dépendu de la prudence humaine de prévoir un pareil événement qui a été général, et qu'il doit être déchargé dès ce jour et à l'avenir de la représentation de tous les Actes, tant du Notariat que du Greffe, et de tous les autres titres et papiers qui ont pu se trouver dans son Greffe, et qui ont été égarés ou incendiés : Sur quoi Nous, Conseiller, Juge susdit, oui le Procureur du Roi, et de son consentement, avons donné Acte audit Me Duport, de ses dires, réquisitions et diligences; et faisant droit, ordonnons qu'il sera par Nous incessamment procédé, en présence du Procureur du Roi, à une vérification exacte et générale des minutes, tant du Greffe que du Notariat, pour ce fait être pourvu, sur la réquisition dudit Me Duport, ainsi et comme il appartiendra. Fait et arrêté le présent Procès-verbal, les jour et an susdits,

Et aurions, le 2 Janvier 1735, procédé à la vérification de toutes les minutes, tant du Greffe que du Notariat, comme suit :

1°. Aurions trouvé existans 28 Registres, où sont portées les audiences, à compter du 20 Août 1695 jusqu'à présent, en ce non compris le courant, et aurions remarqué que partie desdits Registres sont maltraités, tant par vieillesse que par les différens transports et le jet qu'il en a fallu faire lors de l'incendie.

Item, aurions pareillement trouvé 23 Registres concernant les enregistremens et déclarations qui se sont faits au Greffe, à compter du 14 Septembre 1699, en ce non compris le Registre courant, partie desquels Registres sont aussi en mauvais état pour les mêmes causes que dessus.

Et ayant procédé à la vérification des minutes du Greffe qui paroissent commencer depuis l'année 1686, aurions trouvé qu'il manquoit, &c.

Et finalement, tous les Procès criminels tant des Blancs que des Négres, que ledit Me Duport nous a dit avoir été incendiés dans l'armoire où il les tenoit, n'ayant pas eu le tems d'en sauver aucuns,

Ce fait, aurions procédé à la vérification des Minutes de Notaires, et aurions trouvé manquer, &c. qui sont toutes les Minutes, tant du Notariat que du Greffe, qui se sont trouvé manquer, et qui ont été incendiées dans l'embrâsement de cette Ville, avec nombre d'autres papiers, Procès civils et autres; toutes les procédures Criminelles dont on ne peut donner le détail, n'en ayant jamais été dressé des états ci-devant, de la représentation desquels ledit Me Duport demeure déchargé en vertu des présentes. Fait et arrêté, &c.

V. l'Ordonnance du Juge du Cap du 17 Mars 1698, et la note qui la suit, T. I. pag. 585.

ORDONNANCE *du Juge de Police du Cap, qui défend d'augmenter le prix des loyers des maisons après un Incendie, à peine de 500 liv. d'amende, applicable moitié au Dénonciateur, et l'autre moitié aux Pauvres honteux de la Paroisse.*

Du 21 Décembre 1734.

ORDONNANCE du Juge de Police du Cap, qui défend d'augmenter le prix des denrées indispensablement nécessaires à l'usage de la vie animale, *après un Incendie, et ce jusqu'à nouvel ordre, à peine de 500 liv. d'amende, applicable moitié au Dénonciateur et l'autre moitié à l'Hôpital du lieu.*

Du 21 Décembre 1734.

ORDONNANCE du Juge de Police du Cap, qui enjoint à toutes personnes, chez lesquelles il aura été porté des effets quelconques, pendant l'Incendie de la nuit du 20 au 21 du même mois, d'en dresser des états doubles et certifiés, dont un sera remis au Greffe du Siége, et l'autre restera dans leurs mains, pour être communiqué aux personnes intéressées, à peine contre les contrevenans, d'être poursuivis comme voleurs et receleurs; enjoignant aux Maîtres de faire des recherches à l'égard de leurs Esclaves et Domestiques, à peine de répondre de leurs faits.

Du 23 Décembre 1734.

ARRÊTS du Conseil du Cap, sur l'emprisonnement du Juge du Fort-Dauphin par le Lieutenant-de-Roi de la même Ville, pour avoir allumé avec lui un Feu de joie au TE DEUM chanté pour les succès des Troupes Françoises contre les Impériaux en Italie.

Des 3 Janvier & 4 Mai 1735.

VU la Lettre en forme de plainte, contenant: » Me voici enfin au moment où M. Buttet, Lieutenant-de-Roi, commandant en ce Quartier, vient d'exécuter les menaces qu'il m'a faites depuis si long-tems. Je suis dans les prisons du Fort, où j'ai été traîné hier par douze Soldats, à la face des Troupes et du Peuple assemblé, au sortir de la cérémonie du Feu de joie. Nous nous étions déjà rendus en corps dans la Chambre de l'Audience, pour y dresser un Procès-Verbal de ce qui venoit d'arriver sur la place. Je n'ai fait que soutenir en bon Juge, les droits de mon emploi. La Cour peut se rappeler que l'on me fit à-peu-près les mêmes difficultés lors du feu de joie pour la naissance de M. le Dauphin, et que sur les plaintes que je lui en portai, Elle me fit marquer par la réponse que j'étois bien fondé, et que si M. le Commandant agissoit d'autorité, je me fisse apporter une torche; d'ailleurs j'en conserve la lettre signée de M. le Président & de M. le Procureur-Général. Votre Jugement fut suivi alors. Ce que j'ai fait aujourd'hui n'est autre chose que ce que vous m'y prescrivez, puisque je n'ai fait que prendre la torche qui m'étoit destinée, et que l'on ne pouvoit me ravir en ce moment, sans me couvrir d'ignominie à la face de tout un peuple; M. Buttet a pris des témoins de ma prétendue violence, dans le tems que lui-même s'est saisi des trois torches que le Chantre nous présentoit, qu'il en a mis une dans les mains du Célébrant, et a jeté la mienne sur le bûcher, où je l'ai ramassée, après que M. le Major, à qui il l'offroit, eut refusé de l'accepter.

Comme le soutien des droits de la Jurisdiction nous est confié, Nosseigneurs, j'espère qu'en cette occasion vous prendrez ma défense en main, et que si vous vous portez à en adresser vos plaintes à M. le Général et à M. l'Intendant, ainsi qu'au Ministre, vous le ferez avec toute la rigueur qu'on puisse attendre d'une Cour souveraine, et que vous leur ferez sentir toute l'atrocité d'une violence qui n'a point encore eu d'exemple; toutes les circonstances en sont odieuses et criminelles. Ma cause est la cause générale de tous les Juges; et la Magistrature ne pouvoit être avilie et foulée aux pieds avec plus d'indignité qu'elle vient de l'être en ma personne.

Depuis ma lettre écrite, je reçois par M. le Major un acte, auquel je ne puis donner de nom, et dont, Nosseigneurs, je vous envoie ci-joint copie (*); il me paroît que M. le Commandant est piqué de ce que nous avons fait faire le feu de joie sans son ordre; en avons-nous besoin lorsqu'il s'agit de nos fonctions? N'est-ce point aux Villes et à leurs Maires, que nous représentons, de se charger d'un pareil soin?

Vous verrez aussi, Nosseigneurs, par la copie de la lettre de M. le Major, de quelle façon M. Buttet nous a communiqué les ordres qu'il doit avoir reçus (**), et si nous avons pu agir autrement que nous avons

---

(*) *Il étoit de M. Buttet, et portoit qu'il donnoit la Ville pour arrêts au Juge, jusqu'aux ordres du Général.*

(**) „ *M. le Commandant m'a chargé de vous marquer qu'il sera chanté, Dimanche 19 de ce mois, un* Te Deum..... *Il compte que vous voudrez bien vous trouver à cette cérémonie avec les Officiers de votre Jurisdiction, &c.* „

fait : la lettre devoit être écrite au corps, et par M. le Commandant lui-même ; mais nous sommes accoutumés à ses hauteurs et à ses mépris.

Malgré ce qu'il me prescrit, mon intention est de rester ici jusqu'à ce que M. le Général et M. l'Intendant ayent ordonné ce qu'il convient à mon sujet. Je vous prie de me faire savoir vos intentions à cet égard, je m'y conformerai exactement.

Je ne puis taire à la Cour une observation sur la prière que M. Buttet dit m'avoir fait faire par M. l'Aide-Major, de l'aller trouver ; M. le Commandant étoit alors à la tête des Troupes, où il me fit ordonner de me rendre avec l'Officier ; j'ai cru ne devoir point exposer l'honneur de mon état aux insultes et aux indignités que m'y préparoit l'homme le plus violent, et qui d'avance avoit ordonné de me mettre aux arrêts.

L'Ordonnance dont M. Buttet me fait un crime, a été dressée mot pour mot sur une qui a été rendue par M. le Juge du Cap dans une occasion semblable (*) ; et ce que nous avons pratiqué est un usage général, tant dans cette Colonie que dans toutes les Villes du Royaume.

J'ai appris depuis ma détention, que M. le Commandant donna ordre devant tout le monde, à la porte de l'église, à M. l'Aide-Major, de me faire fusiller dans l'Audience, si je ne voulois pas en sortir ; j'en ai preuve quoique cet ordre n'ait été que verbal. Je supplie la Cour de pourvoir là-dessus à ma sûreté, et de me mettre à l'abri des violences d'un Officier qui fait un tel usage de l'autorité que Sa Majesté lui a mis en mains ». Ladite lettre en plainte, *signée Croisœuil*, et datée *des prisons du Fort-Dauphin*, le 20 Décembre 1734. Et oui M. Ballan, Conseiller, faisant les fonctions de la charge de Procureur-Général du Roi, et tout considéré : LE CONSEIL a sursis à délibérer sur ladite lettre. Fait au Cap, au Conseil, le 3 Janvier 1735.

Du 4 Mai.

Vu par le Conseil, la Requête de Me Barthélemy Croisœuil, à lui présentée cejourd'hui, par la dame Croisœuil, son épouse, contenant, &c. Et requérant qu'il fût déclaré par l'Arrêt qui interviendroit, que le Suppliant étoit bien fondé en sa prétention au sujet du feu de joie, jusqu'à ce qu'il eût plû au Roi d'en ordonner autrement ; que dans tout ce qui s'étoit passé entre lui et le sieur Buttet, il avoit tenu une conduite irrépré-

---

(*) *Elle est du 16 Décembre 1734, et ordonne de faire un Feu de joie, avec défenses de tirer des Pétards, &c.*

hensible, et qu'il n'avoit fait que soutenir en bon Juge les droits de son emploi; et qu'à l'égard du traitement indigne et inoui qui avoit été aussi induement exercé contre lui, par un Officier qui n'étoit point son juge, sur une contestation déjà décidée entr'eux, violence préméditée et odieuse, par l'atrocité de toutes ses circonstances, ledit Suppliant eût à se pourvoir par devers Sa Majesté, à qui seule il pouvoit aujourd'hui demander la punition d'un pareil attentat; et que cependant il en seroit écrit au nom du Conseil, directement au Roi et au Ministre, à qui toutes représentations sur ce nécessaires seroient faites, tant pour la réparation de l'injure faite à un Magistrat dans un lieu sacré, étant sur son Tribunal, et y faisant les fonctions de sa charge, que pour arrêter les suites funestes d'un pareil exemple; Requéroit à cet effet la jonction du Procureur-Général du Roi, sauf à lui à prendre, pour l'intérêt et les droits du Corps de la Justice offensée, telles conclusions qu'il aviseroit bon être; oui le Procureur-Général du Roi, et tout considéré: LE CONSEIL a renvoyé et renvoie le Suppliant à se pourvoir pardevers Sa Majesté.

EXTRAIT de la Lettre du Ministre à M. Duclos, portant que S. M. consent à supporter le 22,383 l., montant des dépenses faites dans le voyage entrepris à la Ville de Saint-Domingo, pour une recherche infructueuse des Négres fugitifs, laquelle somme avoit été empruntée, par la Colonie, à la caisse du Trésorier de l'Octroi.

Du 18 Janvier 1735.

R. au Conseil du Petit-Goave, le 6 Mai suivant.

ORDONNANCE du Gouverneur du Cap, sur le rétablissement de cette Ville après un Incendie.

Du 24 Janvier 1735.

ETIENNE DE CHASTENOYE, &c.

M. le Général nous ayant prescrit ses intentions par une de ses Lettres, pour le rétablissement de la Ville du Cap, tant pour la façon de bâtir, que pour la largeur des rues; et étant nécessaire, pour le service du

Roi et le bien du commerce, que la partie de cette Ville incendiée, soit rétablie le plus promptement qu'il sera possible ; pour cet effet, on exhorte tous les Habitans de se rebâtir sur leurs emplacemens, et de tâcher de le faire entièrement en Maçonnerie de roche d'un pied et demi d'épaisseur, ou au moins de Maçonnerie aussi de roche, ou de briques entre poteaux, en occupant entièrement leurs emplacemens ; et quant à ceux qui ne pourront bâtir qu'en bois et tout en charpente, leurs façades fermées de planches ou de palissades, il ne leur pourra être permis qu'à condition qu'ils rentreront lesdites facades en-dedans de l'alignement des rues, d'un pied et demi, sur toutes façades de la rue (*), afin qu'ils puissent relever, dans cet espace réservé, leurs murs de faces en Maçonnerie, quand ils s'en trouveront en état.

Tous ceux qui bâtiront à l'avenir, non-seulement dans la partie incendiée de cette Ville, mais dans quelqu'endroit que ce soit, observeront qu'il faut indispensablement qu'aucun bâtiment ne puisse être appuyé sur son voisin, qu'en mur mitoyen d'un pied et demi d'épaisseur de roche, et si c'est de briques, de 14 ou 15 pouces d'épais, et la hauteur jusqu'à la couverture ; observant encore que dans ledit mur mitoyen, il n'y ait aucun poteau : par ce moyen le tour d'échelle se trouvera retranché à l'avantage des Propriétaires. Prions M. le Major de faire publier ce que dessus, afin d'accélérer les ouvrages, et que personne n'en puisse prétendre cause d'ignorance. Au Cap, &c. *Signé*, DE CHASTENOYE.

(*) *Il y a encore quelques maisons de bois où l'on remarque cet enfoncement.*

ORDONNANCE *rendue par le Gouverneur-Général*, contre le sentiment de l'Intendant, *sur les honneurs dans les Eglises et dans les Cérémonies publiques.*

Du 24 Janvier 1735.

LE Marquis de Fayet, &c.

Ayant été informé que MM. de Chastenoye, Commandant en chef en cette Isle, et Duclos, Intendant audit pays, auroient, par leur Ordonnance du 10 Mars 1732, ordonné que le Réglement fait par le Roi, pour les honneurs aux Isles du Vent, le 15 Novembre 1728, seroit suivi à Saint-Domingue comme aux Isles du Vent, jusqu'à ce qu'il eût plû au Roi d'en décider ; et que nonobstant cette Ordonnance, ledit Réglement n'auroit été enregistré ni à l'un ni à l'autre des deux Conseils

Supérieurs

Supérieurs du Petit-Goave et du Cap, non pas même dans toutes les Jurisdictions en ressortissantes, par les oppositions qui s'y sont trouvées; Nous estimons qu'un pareil Réglement, en supposant qu'il convînt à cette Colonie, devroit être commun dans tous les Quartiers en dépendans, & qu'il est contraire au bien du service qu'il y ait des usages différens dans un même pays sur une semblable matière; et comme ce Réglement vient de donner lieu à nombre de discussions entre les Officiers-Majors et les Juges, que d'ailleurs il n'a point été rendu pour cette Colonie, ce qui auroit porté M. le Comte de Maurepas à nous écrire que l'on s'étoit trop pressé de décider sur un fait qui pouvoit attendre l'arrivée du Général, sans pericliter, et qu'on avoit même outrepassé les Ordres du Roi, qui portoient seulement qu'il seroit fait une assemblée des personnes notables, pour avoir leur avis sur ledit Réglement, du 15 Novembre 1718, à l'effet de l'envoyer à la Cour, pour qu'il fut décidé par Elle s'il convenoit de faire un semblable Réglement pour ces Colonies; par ces raisons, et desirant faire cesser toutes contestations: Nous ordonnons, conformément aux intentions du Roi, et jusqu'à ce qu'il lui ait plû d'en décider, que, sans avoir égard audit Réglement rendu pour les honneurs aux Isles du Vent, le 15 Novembre 1718, à l'Ordonnance de MM. de Chastenoye et Duclos, du 10 Mars 1732, laquelle sera regardée comme nulle et non-avenue, ni à ce qui s'en est ensuivi, on s'en tiendra pour les honneurs dans les Eglises et autres cérémonies, à ce qui a été ordonné par Sa Majesté, par ses Réglemens du 30 Septembre 1713, 3 Août 1717, et autres ordres particuliers de la Cour, qui peuvent avoir été donnés depuis, nommément pour ces Colonies; et sera notre présente Ordonnance enregistrée aux Conseils Supérieurs du Cap et du Petit-Goave, et dans les Jurisdictions en ressortissantes, à la requête et diligence des Procureurs-Généraux desdits Conseils Supérieurs, lûe, publiée et affichée partout où besoin sera, à ce que personne n'en ignore. Ordonnons en outre à tous Gouverneurs, Lieutenans du Roi, et autres Commandans pour Sa Majesté dans ses Colonies, et à tous ceux qu'il appartiendra, de tenir, chacun en droit soi, la main à l'exécution de ladite Ordonnance. Donné au Petit-Goave, le 15 Janvier 1735. *Signé*, DE FAYET.

Quoique M. Duclos ait refusé de signer la présente Ordonnance, nous ordonnons qu'Elle sortira son plein et entier effet, jusqu'à ce que le Roi en ait ordonné autrement, et qu'elle sera enregistrée dans les Conseils Supérieurs du Petit-Goave et du Cap, et dans les Jurisdictions en ressortissantes. Fait au Petit-Goave, le 24 Janvier 1735. Signé, DE FAYET.

R. au Conseil du Petit-Goave, le 7 Mars suivant.

Cependant, malgré cette Ordonnance, le Réglement du 15 Novembre 1728, a été enregistré au Conseil du Cap en 1736.

COMMISSION *d'Intendant pour M.* DE LA CHAPELLE.

Du 5 Février 1735.

R. au Conseil du Petit-Goave, le 30 Janvier 1736.
Et à celui du Cap, le 6 Février suivant.

V. la Commission de M. Mithon de Senneville, du 9 Août 1718.

ARRÊTS *du Conseil du Cap, dont l'un accorde une gratification au particulier qui a tué un Chef de Négres-Marons, et qui est estropié; & l'autre déclare nulle la saisie faite de sa gratification, ainsi que du prix de trois de ses Négres suppliciés.*

Des 8 Février et 8 Mars 1735.

VU par le Conseil, la Requête de Gilles Nautel, &c.; et oui M. Samson, Conseiller, faisant fonctions de Procureur-Général du Roi : LE CONSEIL ayant égard à la Requête, ordonne qu'il sera payé au Suppliant la somme de 3,000 liv. par le Receveur des droits suppliciés; savoir, celle de 1500 liv. par forme de gratification, et les autres 1500 liv. pour ses trois Négres, dont deux exécutés à mort par Arrêt de cette Cour, l'autre tué dans le bois.

Vu par le Conseil, la Requête de Gilles Nautel, Habitant au Quartier du Dondon; et oui M. Ballan, Conseiller, faisant fonctions de Procureur-Général, et tout considéré : LE CONSEIL ayant égard à la Requête, a fait main-levée de la saisie dont est question ; en conséquence ordonne que la somme de 3000 liv. sera délivrée au Suppliant.

ARRÊT *du Conseil du Cap, portant que M. Samson, Ecrivain de la Marine, Conseiller en la Cour et Trésorier, sera remboursé sur la caisse municipale, de 362 liv. 10 sols, par lui distribués à des Matelots et à des Négres, pour les faire travailler à arrêter l'Incendie du Cap.*

Du 9 Février 1735.

ARRÊT *du Conseil du Cap, qui ordonne l'emploi d'une somme de 1600 liv. provenante d'intérêts illicites, en deux tableaux représentant un Christ & le Roi, pour décorer la Chambre du Conseil.*

Du 9 Mars 1735.

ARRÊT *du Conseil d'Etat, par lequel Sa Majesté évoque à soi et à son Conseil, et renvoie à une Commission, les contestations mues au Conseil du Cap, et renvoyées, par un autre Arrêt du 28 Août 1734, au Conseil du Petit-Goave.*

Du 12 Mars 1735.

Le motif de cet Arrêt, rendu sur l'opposition du Juge du Cap à celui du 28 Août précédent, fut que ce Juge, pris à partie dans cette affaire, demandoit à être jugé en France.

V. l'Arrêt du Conseil d'Etat, du 28 Août 1734.

EXTRAIT de la Lettre du Ministre à M. le Marquis de Fayet, touchant les libertés demandées par les Mulâtres.

Du 29 Mars 1735.

J'APPROUVE qu'en observant de ne point permettre de donner la liberté aux Négres hors dans certains cas, vous n'en usiez pas de même avec les Mulâtres ; je sais qu'ils sont ennemis déclarés des Négres.

EXTRAIT de la Lettre du Ministre à M. le Marquis de Fayet, sur l'usage où étoient les Officiers Militaires de prendre les fonctions de Président dans les Conseils Supérieurs.

Du 29 Mars 1735.

LORSQUE Sa Majesté a décidé que vous deviez vous abstenir de recevoir le serment de ceux qui sont admis aux Conseils Supérieurs, Elle l'a fait avec pleine connoissance de cause ; et quoique je vous aye expliqué les motifs de cette décision, je suis bien aise de vous les répéter. Le Gouverneur-Général ou celui qui le représente, ne peut faire aux Conseils Supérieurs aucune fonction de Président, et c'en est une que de recevoir le serment de ceux qui y sont admis. La prérogative dont les Gouverneurs-Généraux des Colonies jouissent, d'assister aux Conseils Supérieurs, n'est accordée en France qu'au Gouverneur du Dauphiné et à celui de Franche-Comté ; mais ni l'un ni l'autre ne fait dans ces Parlemens aucune fonction de Président, et c'est toujours l'Officier de robe qui y préside, qui reçoit les sermens C'est une régle générale et même un usage constant qui s'observe dans les autres Colonies où il n'y a jamais eu de difficulté à cet égard. S'il a été interrompu à Saint-Domingue, ce n'a été que sous le Gouvernement de M. de la Rochalard : Sa Majesté l'a désapprouvé dans le tems. Le rang que le Gouverneur Lieutenant-Général tient aux Colonies est assez honorable par lui-même, pour qu'il ne soit pas nécessaire d'y attacher aucunes des fonctions dévolues au Président. Ces fonctions appartiennent à l'Intendant, ou à celui qui, en son absence, le représente ; et puisque vous avez pris connoissance de l'Edit d'établissement des Conseils Supérieurs de Saint-Domingue, vous ne devez pas ignorer qu'il y a une disposition expresse sur cela. Il est vrai que ce même Edit porte mandement au Gouverneur-Général des Isles, et en son absence au Gouverneur de Saint-Domingue, de recevoir le serment de ceux qui doivent composer les Conseils; mais cette disposition, qui étoit nécessaire pour l'établissement, attendu qu'alors, l'Intendant résidant à la Martinique, il n'y avoit à Saint-Domingue que le Gouverneur particulier qui eût caractère pour recevoir les sermens, n'a pas dû s'étendre plus loin; et dès que les Conseils Supérieurs ont été établis, on a dû rentrer dans le droit commun, qui est que le serment doit être reçu par l'Officier qui fait les autres fonctions de Président, desquelles celle-là ne peut être séparée.

Il n'y a donc rien à changer à la décision du Roi sur cet article. S. M. veut que, sans vous arrêter à l'usage que vous avez trouvé établi, vous vous absteniez de recevoir ces sermens, et que vous teniez la main à ce que les Gouverneurs particuliers, ni autres Officiers-Majors en leur absence, n'en reçoivent point: ce changement, que le maintien des régles rend nécessaire, ne doit rien diminuer du zèle avec lequel vous avez assisté jusqu'à présent aux Conseils. Le rang que vous y tenez est assez flatteur et assez distingué. Votre présence y est d'ailleurs nécessaire, et pour le bien de la justice, et pour l'avantage du service du Roi; et Sa Majesté, bien loin d'approuver la proposition que vous faites de n'y plus entrer, m'a ordonné expressément de vous dire que son intention est que vous n'y manquiez que lorsqu'il ne vous sera pas possible de faire autrement.

ORDONNANCE du Subdélégué Général de l'Intendance, touchant les cautionnemens exigés par deux particuliers, s'opposant réciproquement à leur passage en France.

Du 2 Juin 1735.

A Monsieur de Sartre, &c.

Supplie humblement Lemaitre, Juge du Cap. et Lieutenant-Général du Siége de l'Amirauté, actuellement sur son départ pour France, pourvu de congé de Monseigneur le Comte de Maurepas, et des permissions de Messieurs les Général et Intendant, et cependant arrêté sur son départ par ordre de M. le Gouverneur de ce lieu.

Disant que pour lever toutes difficultés, et sans cependant approuver l'opposition faite à son départ, par M. le Gouverneur de ce lieu; fondée sur la demande faite par le sieur Baudin, ni sans se désister, se départir ni entendre donner atteinte à son opposition à l'exécution de l'Arrêt d'évocation surpris par ledit Baudin, audit Conseil d'Etat du Roi, le 28 Août dernier, il auroit, par sommation faite par Guichard, Huissier de ce Siége, cejourd'hui offert audit Baudin, pour sûreté des dommages et intérêts qu'il entend avoir contre le suppliant, s'il succomboit à la prise à partie que ledit Baudin a formée contre lui, assez prématurémentet témérairement, la persoñne de la dame Gravé sa Belle-Mère, ou de tel autre bon Habitant ou Négociant de cette dépendance, à laquelle sommation et offre, ledit Baudin n'auroit jugé à-propos de répondre ni d'accepter, dans la vue sans doute de continuer sa persécution envers le suppliant, dans laquelle il se voit autorisé; et comme il est de l'intérêt dudit suppliant de savoir à quoi s'en tenir sur lesdites offres qu'il veut et entend faire déclarer bonnes et valables, il a pour ce recours à vous, pour lui être sur ce pourvu. Ce considéré, Monsieur, &c.

Soit signifié au sieur Baudin, qui comparoîtra demain, deux du présent mois avec le suppliant, à huit heures du matin, pardevant Nous, pour après les avoir ouis, être ordonné ce qu'il appartiendra. Au Cap, le premier Juin 1735. *Signé*, DE SARTRE.

Vu notre Ordonnance ci-dessus, et l'assignation donnée en conséquence, &c. Oui sur ce M. Lemaître et ledit sieur Baudin; ledit sieur Baudin nous a dit qu'il auroit présenté sa requête à M. le Gouverneur et à Nous, le 10 Mai dernier, au bas de laquelle est notre Ordonnance de soit communiqué à M. Lemaître, qui lui fut signifiée le même jour, à laquelle signification M. Lemaître auroit répondu que nous aurions appointé ladite Requête induement, et comme Juges incompétens en cette matière; Sa Majesté en ayant renvoyé la connoissance au Conseil-Supérieur du Petit-Goave, qui n'auroit encore rien prononcé à ce sujet; que lui dit Baudin se seroit pourvû, par Requête, pardevant M. le Général, sur laquelle il attend ce qu'il lui plaira de décider, et que M. Lemaître en peut faire autant s'il le juge à-propos, et jusqu'à ce; que lui Baudin dit qu'il n'a aucune réponse à faire aux offres et demandes de M. Lemaître.

A quoi ledit sieur Lemaître a répondu, que sans s'écarter de la très-respectueuse déférence qu'il sait devoir à MM. les Général et Gouverneur, il ne peut adhérer et reconnoître leur Jurisdiction, puisque lui Lemaitre n'ignore pas, et qu'il est même tenu de savoir, par son état, que mesdits sieurs n'ont aucune Jurisdiction contentieuse, si ce n'est lorsque les parties veulent bien volontairement s'y soumettre; qu'au contraire il leur est défendu, par Ordonnance du Roi, d'agir en ces occasions par autorité, en obligeant les parties de s'y soumettre, et notamment par une lettre écrite à MM. de Fayet et Duclos, datée de Versailles, du 22 Décembre 1733, et par une autre de M. de Seignelay à M. le Comte de Blenac, du 15 Août 1682. Pourquoi il soutient, avec respect, qu'il a regardé M. le Gouverneur comme Juge incompétent dans cette matière; qu'au contraire il nous a regardé comme compétent, attendu nos provisions de Subdélégué à l'Intendance de ce pays : requiert au surplus qu'il lui soit donné Acte de l'interpellation qu'il fait audit sieur Baudin, si nonobstant les offres de cautions qu'il lui fait de la Dame veuve Gravé, des sieurs Dulango, Hirel, et de tous autres bons Habitans, ou Négocians solvables jusqu'à la concurrence de deux millions, avec hypothèque générale et spéciale de tous leurs biens, il entend encore, malgré lesdites offres à lui faites pour sûreté de ses prétendus dommages et intérêts, si, dit-il, il persiste dans l'opposition qu'il a formée à son départ, par la Requête présentée au sieur de Chastenoye et à Nous, à lui signifiée par Deschamps, Huissier, le onze du passé, et au cas de refus de la part dudit sieur Baudin, de répondre auxdites interpellations et d'adhérer auxdites offres, comme aussi de présenter caution bonne et solvable, pour raison des dommages et intérêts qu'il peut aussi prétendre contre ledit Baudin, tant pour l'opposition qu'il a faite à son départ, que pour les causes portées en l'Acte d'affirmation fait au Siége Royal, et signifié audit Baudin, proteste contre icelui de toutes pertes, dépens, dommages et intérêts soufferts et à souffrir, et de tout ce qu'il peut et doit protester en pareil cas, et même de répétition des dommages et intérêts contre et envers qui il appartiendra.

A répliqué ledit sieur Baudin, qu'il se réfère à la réponse ci-dessus faite et aux Actes signifiés audit sieur Lemaître, à ses Requêtes des 27 et 28 Mai dernier, et fait toutes protestations contraires, &c.

Desquelles offres, dires et répliques, Nous avons donné acte aux parties; et en conséquence, ordonnons que M. Lemaître fournira, sous vingt-quatre heures, pour cautions, les personnes de la Dame Gravé, et des sieurs Dulango et Hirel; et que ledit sieur Baudin fournira pareillement bonne et suffisante caution dans les mêmes délais, à refus de quoi, ledit sieur Lemaître sera déchargé de l'obligation d'en fournir. Au Cap, le 2. Juin 1735. *Signé*, DE SARTRE.

Telle est l'origine, sûrement inconnue pour nos Lecteurs, de l'usage, où l'on est encore, d'exiger une caution de la part de ceux qui sortent de la Colonie, lorsqu'il y a des opposans, ou lorsqu'on n'a pas fait publier son départ. Mais la nature, la forme et l'étendue de ce cautionnement, sont des choses encore indéterminées, puisque le cautionnement lui-même ne résulte d'aucune Loi. Cet objet important est digne de l'attention du Législateur, et sollicite de sa justice un Réglement justement desiré.

ARRÊT du Conseil du Cap, touchant la vente sur la Chaussée, les Fêtes et Dimanches.

Du 8 Juin 1735.

VU par le Conseil la Requête d'Antoine Emard, Pierre Mageais et autres, contenant, &c. Oui le Procureur-Général du Roi, et tout considéré : LE CONSEIL ayant égard à la Requête, a permis et permet aux Supplians de continuer de tenir leur marché, les Fêtes et Dimanches, sur la chaussée, depuis le Magasin de la Chesnaye jusqu'au Morne ; leur fait défenses de rien vendre ni débiter pendant la grand' Messe, ni les quatre Fêtes solemnelles, à peine de 10 livres d'amende applicable aux pauvres de la Paroisse, entre les mains du R. P. Curé ; enjoint aux Officiers de la Jurisdiction de tenir la main à l'exécution du présent Arrêt.

LETTRE du Ministre à MM. de Fayet et de la Chapelle, portant que les Conseils Supérieurs ne doivent pas s'assembler chez les Administrateurs ; et que les Audiences des Jurisdictions ne doivent pas être tenues chez les Juges.

Du 27 Juin 1735.

LES Audiences du Conseil-Supérieur et celles de la Jurisdiction du Cap se tenoient dans une des chambres du Magasin du Roi, lequel a été brûlé lors de l'incendie arrivé en cette Ville. Après cet incendie on a écrit à M. Duclos que le Juge de la Jurisdiction seroit obligé de tenir les Audiences chez lui, et que le Conseil-Supérieur s'assembleroit, ou ou chez M. de Chastenoye, ou chez M. de Sartre, y ayant, dans les deux maisons où ils logent, des chambres propres pour cela. Le Roi, à qui j'ai rendu compte de cet arrangement, ne l'a point approuvé, par les suites qu'il pourroit avoir, et j'ai écrit, par ordre de Sa Majesté, à M. Duclos de faire louer une maison, tant pour le Conseil-Supérieur que pour la Jurisdiction, jusqu'à ce que le Roi en ait une convenable pour cela. Vous saurez ce qui aura été fait à ce sujet; et si la maison n'avoit pas encore été louée, M. de la Chapelle en fera louer une; car il ne convient pas que les Audiences se tiennent ni chez le Gouverneur, ni chez le Commissaire-Ordonnateur, ni que le Juge tienne chez lui celles de la Jurisdiction. On verra dans la suite s'il conviendra de faire bâtir un Palais, et quelles mesures il faudra prendre pour cela.

ARRÊT du Conseil du Cap, qui défend de vendre des Marchandises sèches les Fêtes et Dimanches, et permet néanmoins le marché des Vivres et Quincailleries apportées de France par les Matelots.

Du 7 Juillet 1735.

VU par la Cour la Requête de Jean-Baptiste Levantier, Supérieur de la Mission de la Compagnie de Jesus, et oui le Procureur-Général du Roi et tout considéré : LE CONSEIL ayant égard à la Requête du Suppliant, fait défenses à tous Marchands et autres personnes, de vendre des marchandises sèches les Fêtes et Dimanches; a permis néanmoins le marché pour les vivres et pour les quincailleries qui sont apportées de France par les Matelots qui en sont porteurs, lesquels marchés cesseront pendant la grand'Messe; enjoint au Substitut du Procureur-Général au Siege du Cap, de tenir la main à l'exécution du présent Arrêt, qui sera lu, publié et affiché par-tout où besoin sera.

ARRÊT du Conseil du Cap, qui juge que les Créanciers de la Colonie doivent être préférés à ceux de France, sur les biens situés dans la Colonie, même quand il s'agit de la veuve du Débiteur dont le mariage a été contracté en France.

Du 7 Juillet 1735.

ENTRE le sieur Gauthier, Négociant au Cap, Syndic des Créanciers de feu M. Dujarriay, Appelant d'une part; et le sieur Pierre Chopin, fondé de la Procuration de la dame Dujarriay, Intimé d'autre. Vu par le Conseil ladite Sentence dont est appel, rendue audit Siege Royal du Cap, le 2 Juillet dernier, par laquelle, parties ouies, et vu le contrat de mariage d'entre ledit feu sieur Dujarriay et la demoiselle de la Ferre, il auroit été déclaré exécutoire contre ledit sieur Gauthier, comme il l'étoit contre ledit sieur Dujarriay; en conséquence ledit sieur Gauthier, en sa qualité, auroit été condamné à payer audit sieur Chopin, aussi en sadite qualité, la somme de 3000 livres, constituée pour l'agencement de dot de ladite dame de la Ferre, avec interêts du jour du décès dudit feu sieur Dujarriay; ledit Chopin débouté du surplus de ses demandes, et la succession condamnée aux dépens. Après que lesdites parties ont été ouies, ensemble le Procureur-Général du Roi, et tout considéré; LE CONSEIL a mis et met les oppositions, et ce dont a été appelé au néant; émendant, a renvoyé et renvoie la dame Dujarriay à se pourvoir sur le surplus, si aucun il y a, des biens de cette Colonie, après les Créanciers du pays payés de leurs dûs; et sur les autres biens qui ne sont pas de la Colonie, renvoyée à se pourvoir ainsi que de droit; condamne la dame Dujarriay aux dépens, etc.

ARRÊT du Conseil du Cap, qui ordonne provisoirement que le Lieutenant de la Sénéchaussée tiendra le Siége de l'Amirauté, privativement au Procureur du Roi de ce dernier Siége.

Du 7 Juillet 1735.

ENTRE Me de Clérambault, Substitut du Procureur-Général du Siege de l'Amirauté du Cap, d'une part; et Me Allain, Lieutenant de la Jurisdiction du Cap, d'autre. Après que lesdites parties ont été ouies, ensemble le Procureur-Général du Roi, et tout considéré : LE CONSEIL a ordonné et ordonne que les parties se pourvoiront par devers Sa Majesté sur les contestations dont est question, et cependant seront les audiences de l'Amirauté tenues par le Lieutenant de la Jurisdiction, privativement au Substitut du Procureur-Général audit Siege, en l'absence du Lieutenant-Général de l'Amirauté.

R. en l'Amirauté du Cap, le 9 Juillet 1735.
V. la Lettre du Ministre, du 4 Octobre suivant.

ORDONNANCE *qui, sur le Mémoire des Habitans intéressés, permet la répartition des eaux de la Grande Rivière de Léogane.*

Du 17 Juillet 1735.

A Nosseigneurs le Marquis de Fayet, etc. et Jean-Baptiste Duclos, etc.

Les secours que reçoivent les Habitans de cette Colonie, de divers canaux qu'ils ont tirés des rivieres pour arroser leurs terres, sont si sensibles, et les pertes que souffre la plaine de Léogane par les sécheresses, sont si connues, que les Habitans de ce quartier esperent de vos attentions pour tous ceux que Sa Majesté a confiés à vos soins, que vous voudrez bien leur procurer les mêmes avantages dont jouissent plusieurs quartiers de la Colonie, et notamment le Cul-de-Sac, en leur permettant, Nosseigneurs, de tirer l'eau de la grande Riviere pour les besoins de leurs habitations, et en donnant force de loi aux articles qu'ils ont l'honneur de vous proposer pour la réussite de leur projet.

ART. Ier Ceux des Habitans de la plaine de Léogane qui voudront se procurer l'avantage de l'eau de la Grande Riviere, seront obligés de faire leur soumission dans la quinzaine de ce jour de la publication des presens articles; les soumissions seront faites chez le sieur Dublanc, Syndic, dans ledit tems, passé lequel personne n'y pourra plus être admis, et sera déchu de droit.

ART. II. La soumission sera faite aux charges d'obligation des Souscripteurs, les leurs et ayans-cause, à tous les articles portés en ces présentes, sans que, sous prétexte d'ignorance ou autre cause, on puisse se relever de la soumission ; à l'effet de quoi les Chefs de familles, Propriétaires des habitations, ou les Procureurs pour ceux qui seront absens, seront seuls reçus & non les Economes, Commandeurs, ou autres personnes porteurs des billets & pouvoirs, à moins qu'ils ne soient pardevant Notaires et *ad hoc*.

ART. III. En avance de cette entreprise, le tiers des dépenses et frais qu'on jugera nécessaires pour son exécution, sera mis en caisse chez le Syndic ; et aussi-tôt qu'il aura été employé, il en sera levé un autre, l'Entrepreneur de ce projet n'étant tenu de continuer cet ouvrage que quand l'autre tiers sera en caisse. Les Souscripteurs seront obligés de porter chez le même Syndic les sommes pour lesquelles chacun d'eux sera employé dans les états de répartition de dépenses, tant pour la réussite des entreprises proposées, que pour l'entretien et réparations qu'il conviendra faire par les suites, au payement desquelles sommes ils seront contraints par toutes les voies de rigueur, et même par corps.

ART. IV. Les contestations qui pourront naître au sujet des paiemens des sommes à imposer, tant pour la premiere construction, que pour l'entretien et réparations desdits ouvrages, seront portées par devant Nosseigneurs les Général et Intendant, et ce pour obvier aux frais et retardemens qui pourroient naître de la Justice ordinaire.

ART. V. Les Souscripteurs s'assembleront pour nommer un Syndic, qui sera du nombre des Souscripteurs, pour avoir l'œil à la conduite de l'ouvrage, faire les paiemens aux Entrepreneurs, Fournisseurs, Ouvriers, et statuer sur tout ce qui pourra avoir du rapport et concerner le bien ou avantage de la souscription.

ART. VI. Le Syndic sera autorisé à passer tous actes, obligations et poursuites, tant en demandant qu'en défendant, pour tout ce qui concernera la construction, entretien et réparations des ouvrages à faire ; les obligations qu'il consentira, et les condamnations qui seront prononcées contre lui seront libérées, garanties et acquittées par tous les Souscripteurs, qui seront garants chacun en droit soi pour leur cote part, sans que ce même Syndic, pour raison de ce, puisse être troublé ni inquiété en son propre et privé nom, que pour ce qui le regardera personnellement.

ART. VII. Les Souscripteurs seront tenus de se trouver aux assemblées qu'il conviendra faire pour l'utilité de la souscription, & ce sur une simple publication qui en sera faite à la grand'Messe du Dimanche précédent, sans qu'aucuns des Souscripteurs, de telle condition qu'ils puissent être, puissent exiger d'être avertis par un billet ou lettre portée en leurs domiciles, si mieux n'aiment les Souscripteurs payer une personne pour porter ledit billet de convocation.

ART. VIII. Les résolutions seront passées et arrêtées à la pluralité des voix, et les Souscripteurs absens tenus de s'y conformer.

ART. IX. Les comptes du Syndic seront arrêtés par une assemblée publique des Souscripteurs, ou par quelqu'un d'entre-eux nommé par ladite assemblée.

ART. X. Le Syndic tiendra un regitre des délibérations, devis, marchés et autres affaires généralement quelconques, qui concerneront cette entreprise, afin qu'on puisse y avoir recours en cas que les minutes vinssent à s'égarer, et feront les extraits dudit registre, foi comme les originaux, si besoin est.

ART. XI. Comme les Souscripteurs ne peuvent avoir l'eau de la grande Riviere qu'au moyen d'un Canal qui la recevra de cette Riviere, à l'extrémité de la premiere habitation de madame Moret et des mineurs Labuissonniere, ses enfans, le plus près de la montagne qu'il se pourra, et que cet ouvrage est sur leur terrein; que d'ailleurs étant riverains de ladite Riviere, ils ont un droit incontestable et naturel sur l'eau de cette Riviere; les Souscripteurs, pour dédommager en quelque façon ladite Dame et ses Enfans, du terrein qu'occupera le Canal, des dommages qu'ils pourront souffrir de la part des Negres qui travailleront chez eux, de la permission qui sera donnée pour y faire un fourneau de chaux, et d'y prendre les bois nécessaires à ce sujet, tant pour la construction desdits ouvrages, que pour leur entretien continuel, s'obligent de faire et entretenir eux seuls et leurs ayans-cause à perpétuité ledit Canal principal, sans que ladite Dame, ses Enfans et ayans-cause puissent jamais être contraints à fournir aux dépenses qu'il conviendra de faire auxdits ouvrages; et comme la quantité d'eau qui pourroit lui être déterminée par le partage égal qui sera fait entre tous les Souscripteurs, ne lui suffiroit peut-être pas pour faire aller son moulin, elle prendra dans son Canal l'eau de tel Souscripteur au-dessous d'elle, qu'elle jugera à propos, en se chargeant d'ailleurs de la lui remettre à la chûte de sondit moulin à l'eau, dans le même Canal de M. Cottard.

ART. XII. La majeure partie des Souscripteurs ne pouvant profiter de l'eau du Canal proposé, que par des canaux de division et de subdivision qui passeront sur le terrein du sieur Desperrieres, qui est riverain, pour le dédommager en quelque façon il n'entrera que dans la moitié des dépenses et frais, fournitures des Negres qu'on jugera nécessaires, tant pour l'exécution de ce projet, que pour son entretien, jusqu'à l'endroit où il prendra l'eau, également que la dame Mesliers et le sieur Motmans ; qui étant aussi riverains, auront part à ce projet aux mêmes conditions qui sont prescrites au sieur Desperrieres ; et comme leurs habitations sont dans le bas de la Riviere, supposé qu'ils ne prennent l'eau qu'à la chûte du même Canal, il leur sera toujours laissé la même quantité d'eau, quelque sécheresse qu'il arrive, si mieux n'aiment, pour prévenir toute difficulté, ouvrir leur Canal à l'endroit de la distribution des eaux, en le faisant passer entre le maître Canal et le lit ordinaire de la Riviere.

ART. XIII. Il sera fait une maîtresse écluse à l'endroit où on prendra les eaux de la grande Riviere, et une autre à chaque Canal de division, qui seront faites aux dépens de ceux des Souscripteurs qui se serviront de l'eau qui y passera, sans y comprendre une écluse particuliere qui sera faite sur chaque habitation, pour l'usage du propriétaire et à ses dépens, de laquelle écluse il lui sera donné des proportions, afin qu'il s'y conforme, et qu'il ne prenne que la quantité d'eau qui lui sera déterminée et dont il sera le maître.

ART. XIV. Il sera fait, par telle personne que Nosseigneurs les Général et Intendant voudront bien commettre, un devis et plan des ouvrages qu'il conviendra faire pour l'exécution des Présentes ; et sera délibéré par les Souscripteurs, s'il conviendra mieux de l'exécuter par corvées ou par entreprise, et en ce cas l'adjudication en sera faite au rabais, en la forme ordinaire, à la diligence du Syndic.

ART. XV. Pour avancer l'exécution du présent projet, afin de pouvoir, s'il se peut, commencer dans les secs prochains, Nosseigneurs les Général & Intendant sont très-humblement suppliés de charger quelque personne entendue en la géométrie, qui, d'avance, visite les lieux, prenne les niveaux, et trace tous les canaux, à laquelle les Habitans, Souscripteurs, seront tenus de fournir les Negres, et donner les secours dont elle aura besoin, pour ce fait et remis à l'assemblée, être procédé à l'exécution, ainsi qu'il est porté en l'article 14.

ART. XVI. Les Habitans de la plaine de Léogane qui n'auront pas souscrit dans le tems porté par l'article premier, ne pourront plus prétendre d'être reçus en la souscription, sous quelque cause et prétexte que ce soit ; et ceux qui auront souscrit ne pourront donner l'eau à un autre Habitant qui n'auroit pas souscrit, à peine d'être déchus de leurs droits, à moins qu'ils n'y soient forcés par la situation de leurs terreins, pour lequel sujet il sera tenu une délibération de la part des Souscripteurs.

ART. XVII. S'il se trouve quelque Habitant entre deux Souscripteurs qui, sous l'ombre que l'eau ne pourroit aller chez son voisin sans passer sur son terrein, prétendoit par-là en jouir sans contribuer aux frais de construction et entretien de canaux, cet Habitant, attendu le bien public, sera contraint de fournir le passage à l'eau sur son habitation, pour le Souscripteur au-dessous de lui, dans l'endroit qui sera jugé le plus convenable et le moins à charge, par arbitres nommés par Nosseigneurs les Général et Intendant, sans que ledit Propriétaire refusant de soucrire et ses ayans-cause, puissent à jamais jouir de l'eau qui passera ainsi chez lui.

ART. XVIII. Le Syndic pourra convoquer des assemblées toutes les fois que le bien et avantage de la souscription le requérera, et les résolutions qui y seront prises étant approuvées de Nosseigneurs les Général et Intendant, auront force de loi comme les présentes.

ART. XIX. Comme les Negres des habitations inférieures, sous prétexte de nétoyer les canaux, pourroient aller piller & faire des dégâts dans les habitations supérieures, et occasionner par-là des plaintes, des querelles, et engendrer de la mésintelligence entre les Souscripteurs, aucun Negre d'une habitation inférieure, pris sur une habitation supérieure, ne sera censé avoir été envoyé par son Maître pour nétoyer le Canal, qu'il ne soit porteur d'une lettre ou billet de sondit Maître ou de l'Économe.

ART. XX. Il sera fait chaque année, par le Syndic, au moins une visite des Canaux, afin qu'à l'assemblée qu'il indiquera immédiatement après, il soit déterminé sur les réparations nécessaires. *Signés à la minute*; de Brach, Mithon l'Ecossois, Bornat, Binaut, Gondouin, Cottard, de Fontenelles, Rancongne, G. Angebault, Borlet, Tolvie, Duvernon, de Lanty pour M. le Comte d'Ampus, Desperrieres, tant pour sa moitié avec M. Merger, que comme Procureur de Madame Melliés, de Motmans, tant pour lui qu'autres héritiers de l'habitation de la Savanne, Durand de Beauval pour lui et ses freres, de Longpré, Darbonne pour le Marquis de Beauharnois, L. Merger, tant pour lui, que pour M. Duclos et mineurs Broustet, F. Moynet, tant pour lui que pour la veuve Lareissiere, sa mere.

Le Marquis de Fayet, &c.

Jean-Baptiste Duclos, &c.

Sur la demande qui nous a été faite par plusieurs Habitans de la plaine de Léogane, de leur permettre de faire faire un Canal à leurs frais et dépens, pour conduire l'eau de la Grande Riviere sur leurs habitations ; et sur la connoissance que nous avons du bien que produira un pareil ouvrage auxdits Habitans, principalement dans les grandes sécheresses ; voulant d'ailleurs concourir à tout ce qui peut leur procurer les moyens d'exploiter leurs habitations dans tous les tems : A ces causes, nous avons permis et permettons aux Habitans de la plaine de Léogane qui ont signé au bas du Mémoire des autres parts, de faire faire à leurs frais et dépens un Canal dans la Grande Riviere de Léogane, pour en conduire l'eau sur leurs habitations, conformément audit Mémoire et au projet qui en a été dressé, lequel nous avons approuvé, et aussi suivant le plan et devis qui en seront faits par le sieur Guyot, Ingénieur du Roi, que nous avons commis pour la conduite dudit ouvrage ; et quant aux objections faites de la part du sieur Delongpré, l'un des Souscripteurs, sur l'augmentation des eaux de la Riviere des Citronniers, par celles de la Grande Riviere qui la traverse, et dont il craint les débordemens, l'écluse qui sera à la tête du Canal du sieur Cottard, à la chûte de celui de M. Moret, restera fermée dans le tems des débordemens de ladite Riviere des Citronniers, ledit sieur Delongpré étant déchargé, pendant tout ce tems, de donner sur son habitation le passage au Canal de M. de Rancongne, et les autres Souscripteurs au-dessous de lui. Fait au Petit Goave, le 17 Juillet 1735. *Signé* DUCLOS.

Quoique cette Ordonnance soit timbrée des noms et des qualités des deux Administrateurs, elle n'est cependant signée que de M. Duclos.

R. au Siége-Royal de Léogane, le 29 Décembre 1736.
Et déposée au Greffe de l'Intendance, le....

ORDRE

ORDRE DU ROI, *qui défend aux Officiers-Majors de se mêler d'affaires contentieuses.*

Du 2 Août 1755.

SA Majesté, informée que les Lieutenans-de-Roi et Officiers Majors, se sont arrogé le droit de juger toutes sortes d'affaires, tant celles qui regardent les Jurisdictions Royales, que celles de l'Amirauté; qu'ils en dépouillent les Juges ordinaires; qu'ils les maltraitent, ainsi que les parties qui refusent d'aquiescer à leurs décisions; qu'il est même des Gouverneurs qui exigent que les Huissiers qui sont chargés de l'exécution des Sentences des Jurisdictions et des Arrêts des Conseils-Supérieurs, prennent leurs permissions, qu'ils accordent ou refusent suivant la faveur qu'ils veulent faire aux parties; en sorte que la plupart des jugemens restent sans exécution au gré des Officiers Majors Commandans; Sa Majesté a désapprouvé ces entreprises: Elle a fait écrire le 5 du mois d'Avril dernier, au Marquis de Fayet de les faire cesser, et que les Officiers des États Majors ayent à se renfermer dans les prérogatives de leur emploi; qu'ils n'en ont aucune sur les Officiers de Justice; qu'ils doivent les laisser tranquillement faire leurs fonctions et ne s'en mêler en aucune façon, que pour donner main-forte à l'exécution de leurs jugemens lorsqu'ils en demanderont. Sa Majesté veut que les sieurs de Fayet et de la Chapelle les en avertissent de nouveau, qu'ils y tiennent la main; et si après ces avertissemens reitérés, il lui revient encore des plaintes, Elle en fera un exemple sévère. Les Officiers Majors ne sont point préposés pour se mêler des affaires de justice, ils ont des fonctions plus relevées et plus convenables au service de Sa Majesté, qui voit avec peine qu'ils les négligent pour s'attacher à celles qui ne les regardent pas, et dont Elle est très-mal satisfaite. *Signé* LOUIS, et plus bas PHELIPEAUX.

ORDONNANCE DU ROI, concernant les Testamens.

Du mois d'Août 1735.

R. au Parlement de Paris, le 3 Février 1736.

Quoique cette Ordonnance ne soit pas enregistrée à Saint-Domingue, celles d'entre ses dispositions qui pouvoient y convenir y ont été adoptées ; ce sera l'objet d'un examen que nous ferons dans un autre lieu.

ARRÊT du Conseil d'Etat, qui déclare commune, en faveur des Habitans de Cayenne et de Saint-Domingue, la Déclaration du 27 Septembre 1732, concernant les Cafés provenans des plantations et cultures de la Martinique, et autres Isles Françoises de l'Amérique y dénommées.

Du 20 Septembre 1735.

LE Roi s'étant fait représenter en son Conseil la Déclaration du 27 Septembre 1732, par laquelle Sa Majesté, pour les causes y contenues, &c. (*voyez cette Déclaration.*) et Sa Majesté étant informée que les Habitans des Isles de Cayenne et de Saint Domingue, qui ne se trouvent point compris dans ladite Déclaration, ont fait planter des Cafiers qui réussissent et portent du fruit abondamment ; que cependant ils ne peuvent tirer aucun avantage de ces plantations, tant qu'ils seront privés de la liberté de l'entrepôt des cafés qui en proviennent ; et Sa Majesté voulant traiter favorablement les Habitans de Cayenne et de Saint-Domingue : vu sur ce les représentations des Habitans desdites Isles de Cayenne et de Saint-Domingue, ensemble le mémoire des Directeurs de la Compagnie des Indes, qui jouissent du privilège exclusif pour l'introduction du café dans toute l'étendue du Royaume, portant qu'ils n'ont aucun intérêt de s'opposer à ce que les Cafés de Cayenne et de Saint-Domingue, jouissent de l'entrepôt, ainsi que ceux de la Martinique, et des autres Isles dépendantes du Gouvernement des Isles du Vent, dénommées dans la Déclaration dudit jour 27 Septembre 1732 ; oui le rapport du sieur Orry, Conseiller d'Etat et ordinaire au Conseil Royal, Contrôleur-Général des

Finances, Sa Majesté étant en son Conseil, a déclaré et déclare la Déclaration du 27 Septembre 1732, concernant l'entrepôt des Cafés provenans des plantations et cultures de la Martinique, et autres Isles Françoises de l'Amérique, commune avec les Habitans des Isles de Cayenne et de Saint-Domingue, pour les Cafés provenans des plantations et cultures desdites Isles; en conséquence ordonne Sa Majesté que les Cafés provenans desdites Isles de Cayenne et de Saint-Domingue, jouiront, dans les ports du Royaume dénommés dans ladite Déclaration, du bénéfice de l'entrepôt accordé aux Cafés des Isles de la Martinique, Guadeloupe, la Grenade et Marie-Galante, à la charge par les Habitans desdites Isles de Cayenne et de Saint-Domingue, de se conformer aux dispositions de la Déclaration dudit jour 27 Septembre 1732. Fait au Conseil d'Etat, &c.

R. au Conseil du Cap, le 6 Février 1736.

LETTRE du Ministre à M. de Sartre, touchant la tenue des Audiences de l'Amirauté, par le Lieutenant particulier du Siége Royal du Cap.

Du 4 Octobre 1735.

JE rendrai compte au Roi de la contestation d'entre le Procureur de S. M. en l'Amirauté du Cap, & le Lieutenant-particulier de la Jurisdiction; en attendant il faut faire exécuter l'Arrêt par lequel le Conseil Supérieur a ordonné, par provision, que le Lieutenant-particulier tiendra les Audiences de l'Amirauté en l'absence du Lieutenant-Général.

V. l'Arrêt du Conseil du Cap, du 7 Juillet précédent.

ORDONNANCE du Gouverneur et de l'Ordonnateur du Cap, qui enjoint aux Patrons des Barques du Fort-Dauphin et du Port-de-Paix, de remettre à la poste les Lettres dont on les chargera pour le Cap.

Du 5 Octobre 1735.

ETIENNE de Chastenoye, &c.

Pierre de Sartre, &c.

La recette des Postes du Fort-Dauphin et du Port-de-Paix, n'étant pas à beaucoup près suffisante pour subvenir au paiement des gages des Courriers de ces deux Quartiers, ce qui ne provient que de ce que presque tous les particuliers qui ont des relations dans ces différens Quartiers, se servent de la voie des barques, bateaux, chaloupes et canots qui naviguent dans les deux Ports; Nous, pour assurer un fonds suffisant à l'entretien d'un Courier dans chacun de ces deux Quartiers, sans priver le public de la commodité qu'il tire de la voie de ces barques, bateaux, &c. ordonnons, sous le bon plaisir de M. le Général et de M. l'Intendant, à tous Maîtres de bateaux, Patrons de barques, chaloupes ou canots, de remettre exactement à leur arrivée du Cap dans ces deux Ports, aux Directeurs des Postes, toutes les Lettres dont ils seront chargés pour les Habitans, Négocians, et toutes autres personnes desdits Quartiers, à peine de 150 l. d'amende contre les contrevenans, pour lesdites Lettres être par lesdits Directeurs taxées suivant le tarif, et ensuite remises à leurs adresses; enjoignons auxdits Directeurs des Postes de faire des listes desdites Lettres par numéros, qu'ils seront tenus de faire viser aux sieurs Moreau et Reynaud, Gardes des magasins du Roi dans lesdits Ports, et ce pour constater dans leurs comptes la recette du produit de ces Lettres; prions MM. les Commandans desdits Quartiers, de tenir la main à l'exécution de la présente Ordonnance. Au Cap, le 5 Octobre 1735. *Signé* DE CHASTENOYE et DE SARTRE.

ARRÊT du Conseil du Cap, qui défend aux Officiers de la Jurisdiction de s'absenter de la Ville pendant les séances de la Cour.

Du 12 Novembre 1735.

CE jour, le Lieutenant de la Jurisdiction faisant les fonctions de Juge, mandé, M. le Président lui a dit : « LE CONSEIL vous a mandé pour savoir la raison que vous avez eue de vous absenter du Cap, où il vous a été ordonné de rester pendant les séances de la Cour : il auroit été à propos d'avoir fait hier un Procès-Verbal de l'évasion des Prisonniers qui étoient au Corps-de-Garde, interroger le Geolier, et informer à ce sujet ; mais il ne s'est trouvé aucun Officier du Siége, que le Substitut du Procureur-Général. »

Le Lieutenant de la Jurisdiction a dit que, n'ayant aucune connoissance des défenses faites aux Officiers du Siége de s'absenter du Cap pendant les Séances du Conseil, il étoit allé avec le Greffier sur l'habitation de la Dame Linière pour en faire le partage; qu'il avoit trop de soumission aux Arrêts de la Cour pour manquer de s'y conformer; que, comme ces défenses n'étoient point sur les registres du Greffe, il supplioit la Cour d'ordonner que l'Arrêt leur seroit notifié. Ledit Lieutenant retiré, oui le Procureur-Général du Roi, la matiere mise en délibération : LE CONSEIL fait défenses aux Officiers de la Jurisdiction de s'absenter du Cap pendant les séances du Conseil ; leur enjoint d'informer incessamment de l'évasion des nommés Bonnet dit Gaillard et Morgan ; ordonne que le présent Arrêt sera notifié, et qu'il sera registré au Greffe du Siége, à la diligence du Substitut du Procureur-Général du Roi.

LETTRES de M. le Général aux Officiers de la Jurisdiction du Cap, touchant un droit de deux pour cent sur le prix des adjudications et baux à fermes judiciaires.

Des 20 Novembre et 7 Décembre 1735.

COMME il a toujours été d'usage, M., dans la Colonie, de fixer une certaine somme en sus, sur le produit des baux à ferme et autres adjudications pour les édifices publics, vous aurez agréable d'observer exactement à l'avenir, de faire insérer dans toutes les cartes bannies qui se feront pour les baux à ferme de votre Jurisdiction, et même sur toutes autres adjudications, de quelque nature qu'elles soient, à la barre du Siége, que cela sera à la charge de payer deux pour cent en sus sur le produit desdits baux à ferme et adjudications; c'est-à-dire, sur le premier terme seulement quant aux baux à ferme, lesquelles sommes seront perçues par un Receveur qui sera nommé à cet effet, et desquelles il ne pourra disposer que dans la forme et maniere qui lui sera prescrite; vous tiendrez aussi essentiellement la main à ce que les Adjudicataires ne soient point mis en possession des choses à eux adjugées, ni qu'aucunes pieces leur soient délivrées qu'ils n'en rapportent préalablement le reçu dudit Receveur. J'ai l'honneur d'être, &c. *Signé*, le Marquis DE FAYET.

Vous observerez, M., de faire enregistrer au Greffe de votre Jurisdiction seulement, la lettre que je vous écrivis, le 20 du mois dernier, au sujet des deux pour cent sur les adjudications qui se feront, à l'avenir, à la barre de l'audience, à l'exécution de quoi vous vous conformerez exactement. J'ai l'honneur d'être, etc. *Signé*, le Marquis DE FAYET. Au Cap, le 7 Décembre 1735.

R. au Siége-Royal du Cap, le 9 Décembre; suivant une Sentence qui nomme provisoirement Me Auriol, Notaire, Receveur dudit droit, à compter du lendemain.

ORDONNANCE *des Administrateurs, qui exclut des emplois de Receveurs tout comptable Reliquataire.*

Du 28 Novembre 1735.

LE Marquis de Fayet, &c.

Jean-Baptiste Duclos, &c.

Les abus qui se sont commis par les personnes qui ont ci-devant été chargées des différentes recettes, nous faisant connoître de plus en plus le tort considérable que cause à la Colonie l'infidélité des Receveurs qui, en s'appropriant et employant à leur usage particulier les fonds de leur recette, ont laissé les coffres du Roi vuides et dépourvus d'argent, ôtant par-là la faculté de travailler aux réparations et entretien des fortifications des Isles, et de subvenir à des dépenses imprévues et indispensables, pendant que ces mêmes coffres devroient être remplis, si les sommes considérables que redoivent les comptables, y avoient été fidèlement versées; et voulant, autant qu'il sera possible, éviter pareil désordre pour l'avenir, et chercher pour cet effet les moyens qui nous paroîtront les plus convenables, nous avons cru que le principal étoit de s'attacher au choix des personnes qui seront chargées desdites recettes, & de ne nommer à ces emplois que gens dont non-seulement la probité et la fidélité seront connues, mais encore qui ne seront comptables d'aucune somme envers le Roi ni même envers les particuliers; pourquoi nous ordonnons qu'à l'avenir toutes personnes qui seront comptables, soit envers le Roi, soit envers les particuliers, seront exclues des emplois de Receveurs des droits d'octroi et de toutes autres recettes dans la Colonie, même des emplois de Curateurs aux successions vacantes; voulons aussi que ceux qui auront ci-devant été chargés de l'une ou de plusieurs desdites recettes, ou de la gestion de quelques successions, prouvent, avant de pouvoir prétendre auxdits emplois, qu'ils ont fidelement rendu leurs comptes, et qu'ils ne sont redevables d'aucune somme, et ce en rapportant des certificats sur ce suffisans, &c. Donné au Cap, &c. *Signés*, le Marquis DE FAYET et DUCLOS.

ORDONNANCE des Administrateurs, portant fixation des gages des Couriers des Postes du Fort-Dauphin et du Port-de-Paix.

Du 29 Novembre 1735.

LE Marquis de Fayet, &c.

Jean-Baptiste Duclos, &c.

SUR ce qui nous a été représenté que le Réglement fait le 12 Décembre 1727, par M. le Marquis de la Rochalard, Gouverneur-Général de cette Colonie, et M. Duclos, Intendant audit Pays, concernant les Postes, n'attribue au Courrier du Fort Dauphin au Cap que 400 livres, et à celui du Port de Paix que 800 livres, pour leurs gages annuels, et que ces gages n'étant pas suffisans pour ces Courriers, on ne peut trouver personne qui veuille servir; à quoi étant nécessaire de pourvoir, nous ordonnons qu'à l'avenir le Courrier du Fort Dauphin aura 600 livres de gages annuels, et celui du Port de Paix 1000 livres; dérogeant quant à ce au Réglement fait le 12 Décembre 1727, par M. de la Rochalard et par M. Duclos, le paiement desquels gages nous assignons sur le produit des Bureaux de la Poste du Fort Dauphin et du Port de Paix; et au cas qu'il ne soit pas suffisant, sur celui du Bureau de la Poste du Cap. Donné au Cap, &c.

ARRÊT du Conseil du Cap, qui nomme un Fontainier de la Ville, et le décharge, conjointement avec M. le Général, de toutes charges et corvées publiques.

Du 7 Décembre 1735.

SUR la remontrance du Procureur-Général du Roi qu'il a été chargé de la part de M. le Général de proposer au Conseil qu'il fût nommé une personne entendue pour l'entretien de la Fontaine construite en la place publique de cette Ville, à laquelle personne seroient donnés des gages modiques sur la caisse des deniers provenans des droits des Negres suppliciés, attendu l'exemption de corvée que M. le Général vouloit bien lui accorder, et de tutelle et de curatelle dont elle sera exempte pendant sa charge, &c. LE CONSEIL a ordonné et ordonne que ledit Basque demeurera commis et établi à l'entretien de la Fontaine dont est question, conformément au devis fait par le Conseil pour le tems et espace de cinq années consécutives, à commencer de ce jour, aux gages de 200 livres, qui lui seront payées de six en six mois sur ses simples quittances, par le Receveur des droits des Negres suppliciés, lesquelles lui seront passées dans ses comptes; et en outre ledit Basque sera exempt de tutelle et de curatelle, et de corvées, suivant l'exemption promise par M. le Général; et demeurera ledit devis annexé au présent Arrêt pour y avoir recours.

ARRÊT

ARRÊT du Conseil du Cap, pour faire combler un Marais dans la Ville, nétoyer les Places, Rues et Quais, et former un bail de ces entreprises, dont le fermier sera exempt de charges et corvées publiques.

Du 7 Décembre 1735.

SUR ce qui a été représenté par le Procureur Général du Roi, qu'il étoit chargé de la part de M. le Général de proposer au Conseil qu'il fût pourvu au nétoiement des Rues, Quais et Places publiques de ladite Ville, et à combler le Marais qui est sous le vent pour la propreté de cette ville, & la santé des Habitans; pourquoi il seroit nécessaire, &c. la matiere mise en Délibération: LE CONSEIL a ordonné et ordonne qu'il sera procédé par les Officiers du Siége ordinaire, sans aucun frais de Justice, au bail à ferme au rabais, pour le nétoyement des Rues, Quais et places publiques de cette Ville, et les entretenir propres et nettes tant au dedans que dehors, de toutes immondices, lesquelles seront portées dans ledit Marais sous le vent; à l'effet de quoi sera fait trois publications à la Requête, poursuite et diligence du Substitut du Procureur-Général du Roi audit Siége, tant aux Audiences qu'a l'issue des Messes Paroissiales, de huitaine en huitaine, pour parvenir à la dite adjudication, dont le prix de la ferme sera payé de six en six mois à l'Adjudicataire, sur ses simples quittances, par le Receveur, et sur la caisse des deniers des droits des Négres suppliciés; et ledit Adjudicataire sera tenu de donner bonne et suffisante caution pour l'exécution de la Carte-bannie, qui demeurera annexée au présent Arrêt, et sera exempt de tutelle, curatelle et corvée pendant son bail, suivant l'exemption promise par M. le Général.

CLAUSES et conditions du nétoiement de la Ville du Cap.

1°. L'Adjudicataire nétoyera les rues, places et autres lieux non occupés de Bâtimens, des immondices qui y sont, et celles qui à l'avenir s'y trouveront. 2°. Outre la propreté des rues de la Ville qu'il sera obligé d'entretenir, il aura encore soin de nétoyer le quai de toutes les ordures qui y empêchent le mouvement nécessaire au Commerce. 3°. Les décombres qu'il enlevera, seront transportées le long du rivage du Marais, qui s'étend dans le quartier de la rue du haut du Cap; il commencera près la boucherie, à l'endroit où la mer surmonte l'Ecor pour se répandre ; il en transportera suffisamment au même endroit jusqu'à ce qu'il ait formé une digue ou levée de deux pieds de haut, sur cinq à six de large à son pied, la levée ayant au sommet au moins trois pieds d'épaisseur. Cette levée étant commencée ainsi, sera continuée du même endroit en avant, et à mesure qu'elle sera formée jusqu'à ce qu'elle ait enveloppé tout l'espace par où la mer déborde dans les Marais du haut du Cap, c'est-à-dire, jusqu'au morne ou plateau qui va de la rue du haut du Cap près la mer, et la rivière. 4°. Quand la jetée sera formée et achevée comme il vient d'être dit, on employera les décombres de la Ville à la répaissir du côté du Marais, afin que peu-à-peu l'on puisse dessécher ledit Marais, et même le combler. 5°. Au cas que l'Adjudicataire ne satisfasse pas aux charges ci-devant mentionnées, elles seront exécutées à ses frais et dépens, à la diligence du Substitut du Procureur-Général du Roi. Ledit Adjudicataire sera obligé à toutes fournitures à ses frais pour l'exécution dudit nétoyement, sans qu'il puisse prétendre aucun autre payement, que le prix fixé qui lui sera adjugé par année.

ARRÊTÉ du Conseil du Cap, pour demander un plus grand nombre de Conseillers titulaires, ou à être autorisé à juger à moins de sept.

Du 2 Janvier 1736.

SUR ce qui a été représenté par le Procureur-Général du Roi, qu'il est arrivé plusieurs fois, et notamment dans les derniers Conseils, qu'il ne s'y trouve pas le nombre compétent de Titulaires pour juger les affaires, tant civiles que criminelles définitivement, suivant l'esprit des Ordonnances ; ce qui étoit embarrassant pour le Public, qui attend la décision de ses affaires, et qui a besoin de Jugemens réguliers et dans la forme des Ordonnances, pour la tranquillité et la sûreté de ses affaires ; ensorte qu'il seroit nécessaire d'un plus grand nombre de Titulaires, pour qu'il s'en pût trouver le nombre de sept à chaque Conseil, nonobstant les maladies, et autres empêchemens qui sont très-fréquens dans ce pays ; ou qu'il plût à Sa Majesté autoriser le Conseil à juger compétemment toutes affaires en l'état et au nombre que se trouvent les Titulaires ; pourquoi il seroit à propos d'en informer M. le Général et M. l'Intendant, et cependant de prendre un parti sous le bon plaisir du Roi, pour le cours de la Justice, en attendant qu'il y soit pourvu. Qu'aujourd'hui la séance présente de ce Conseil se trouve dans le même cas, faute de Titulaires en nombre suffisant; qu'il ne se trouve point de Gradués ni de personnes pour être Adjoints, ou que ceux qui ont été pris autrefois en pareil cas, n'ont pas toujours été agréables et approuvés, tant par les Supérieurs que par le public. La matière mise en Délibération: LE CONSEIL a ordonné et ordonne, que la présente Remontrance sera envoyée à MM. les Général et Intendant pour y être pourvu.

---

*ARRÊT du Conseil du Petit-Goave, qui condamne le nommé V**** aux Galères perpétuelles, pour avoir usé de caresses, menaces et promesses, pour séduire sa fille et en abuser.*

Du 6 Mars 1736.

La fille avoit d'abord accusé son père d'avoir employé la violence pour attenter à sa pudicité; mais dans le cours de l'instruction elle se rétracta en partie, et la preuve acquise par la procédure même, que l'Accusatrice vivoit en commerce criminel avec l'un des témoins, vint affoiblir la punition de son père, dont le Jugement exprime le crime, ainsi qu'on le voit énoncé dans le titre que nous donnons à cet Arrêt.

---

*ARRÊT du Conseil du Petit-Goave, qui condamne le nommé M*** accusé d'avoir violé une enfant de quatre ans et demi, en 3,000 l. de dommages-intérêts envers elle, en 3,000 livres d'amende envers le Roi, et au bannissement pour dix ans.*

Du 8 Mars 1736.

L'Accusé, préalablement appliqué à la question ordinaire et extraordinaire, n'avoua rien de son crime, dont la preuve fut incomplette.

ARRÊT du Conseil du Petit-Goave, qui reçoit un Tuteur appelant comme d'abus du mariage de sa pupille, défend aux Parties conjointes d'habiter ensemble; ordonne que les ordres de M. de Brach, Gouverneur de Saint-Louis, seront déposés au Greffe de la Cour, et que le Greffier de Saint-Louis sera mandé.

Du 9 Mars 1736.

Une Mineure qui, malgré la défense de son Tuteur, avoit continué à voir chez une de ses tantes où elle demeuroit, quelqu'un qui desiroit l'épouser, prit des Lettres d'émancipation, et donna lieu à une assemblée de parens sur la nécessité de conclure le mariage. Cet avis fut homologué par le Juge de Saint-Louis; et le Greffier de ce Siége ayant mis dans l'expédition de la Sentence : ce qui sera exécuté nonobstant opposition ou appellation quelconque, *le Curé passa outre à la célébration du mariage, malgré l'opposition du Tuteur faite entre ses mains, et l'appel interjeté de la Sentence d'homologation de l'avis de parens où le Tuteur n'avoit pas été appelé. M. de Brach avoit donné plusieurs ordres violens dans cette affaire, qui n'étoit pas de sa compétence. Ce mariage a été rétabli depuis.*

ARRÊT du Conseil du Petit-Goave, qui surseoit à la prononciation des défauts, attendu le déplacement de la plupart des Habitans pour faire le service Militaire.

Du 10 Mars 1736.

LETTRE du Subdélégué Général à l'Intendance, aux Officiers de la Jurisdiction du Cap, touchant les Amendes, les Successions vacantes, les Epaves, &c. et le mandement aux Huissiers par les Jugemens.

Du 14 Mars 1736.

MONSIEUR l'Intendant me donne ordre de vous dire, que vous me donniez incessamment un état des amendes, confiscations, épaves, aubaines et déhérences, prononcées dans cette Jurisdiction pendant l'année 1735, certifié par le Greffier, et vérifié par M. le Procureur du Roi, avec l'état des successions tombées en vacance pendant ladite année. Il souhaite MM. qu'à l'avenir vous me donniez exactement ces états tous les deux mois.

S'il se trouvoit des mois où il n'y auroit rien eu de prononcé dans votre Siége; au lieu de l'état, vous donnerez un certificat signé du Greffier, et visé de M. le Juge, et de M. le Procureur du Roi.

Il observe, MM. que par rapport aux Négres-marons épaves, l'usage dans lequel ont est de déduire les frais de capture, geolage, nourriture médicamens et de Justice sur le prix du Négre, occasionne des embarras dans les comptes des Receveurs, et qu'il faut à l'avenir que les Adjudicataires des épaves soient chargés de payer ces frais, de les insérer dans les affiches. Le Receveur produira à cet effet à M. le Juge, un état de ce à quoi ces frais pourront monter, de lui certifié et visé : le Négre pourra être vendu moins cher, mais le produit net entrera en caisse.

M. l'Intendant me marque encore, MM. qu'il lui a été présenté plusieurs Requêtes, pour rendre exécutoires des Sentences rendues dans les Jurisdictions, et qu'il s'est apperçu que dans le prononcé de ces Sentences, il n'y avoit point de mandement aux Huissiers, cela occasionne aux parties des démarches et frais, qu'il est à propos de leur épargner; ainsi, MM., il convient qu'à l'avenir ces mandemens soient mis en abrégé sur le Registre à la fin de chaque Sentence, et que le Greffier les délivre en forme aux Parties, dans les expéditions des Sentences. M. l'Intendant souhaite, MM., que vous vous conformiez à cet usage, suivi dans les Sénéchaussées de France. J'ai l'honneur d'être, &c. *Signé*, DE SARTRE.

Déposée au Siége Royal du Cap, le 17 Avril suivant.

ARRÊT du Conseil du Cap, qui nomme un Conseiller pour installer le Sénéchal et son Lieutenant en la Jurisdiction du Cap.

Du 11 Avril 1736.

SUR ce qui a été représenté par le Procureur-Général du Roi, que le Siége de la Jurisdiction se trouvant vacant maintenant par la réception des sieurs Allain et de Clérambault, l'un à l'office de Conseiller en ce Conseil, et l'autre à celui de Sénéchal, il seroit nécessaire de commettre un de MM. pour installer M. de Clérambault, Sénéchal, ainsi que le sieur Chevalier; et cependant ordonner qu'il donneroit tous appointemens sur Requête : LE CONSEIL a commis et commet M. Durocher, Conseiller en ce Conseil, pour installer le sieur de Clérambault aux offices de Sénéchal de la Jurisdiction, et Lieutenant-Général de l'Amirauté du Cap; et le Sieur Chevalier, à celui de Lieutenant de ladite Jurisdiction, et cependant pourra ledit sieur de Clérambault donner tous appointemens sur les Requêtes qui lui seront présentées.

Cet usage a été constamment suivi depuis par cette Cour, pour le Siége du Cap; le Conseiller-Commissaire tient même l'audience du jour de l'installation, & tous les Jugemens sont intitulés de son nom. S'il y en a appel, il s'abstient alors d'en connoître au Conseil. Dans les autres Siéges, & dans tous ceux du Conseil du Port-au-Prince, c'est l'Officier tenant l'audience qui installe le Sénéchal.

V. l'Arrêt du Conseil du Cap, du 19 Octobre 1781.

ORDONNANCE du Gouverneur-Général, qui défend aux Receveurs de l'Amiral, de délivrer aucun congé sans sa permission par écrit.

Du 3 Mai 1736.

LE Marquis DE FAYET, &c.

Etant informé que les Officiers des Siéges de l'Amirauté donnent des permissions aux Capitaines des Bâtimens, sur lesquelles les Receveurs de S. A. S. délivrent des congés auxdits Capitaines, malgré le Réglement du Roi, du 12 Janvier 1717, portant qu'il ne sera délivré aucun congé sans une permission expresse et par écrit des Gouverneurs-Généraux; et voulant remédier à un abus si contraire au bien du service, par la facilité qu'ont eu jusqu'à présent lesdits Capitaines de naviguer à la Jamaïque, Curaçao, et même à la Nouvelle-Angleterre; Nous ordonnons qu'à l'avenir il ne sera délivré aucun congé, sans une permission signée de notre main, à peine contre les contrevenans de répondre en leur propre et privé nom de tous les événemens; et par la connoissance que nous avons des Navigateurs du Fond de l'Isle-à-Vache qui nous sont suspects, nous ordonnons que les Capitaines des Bâtimens qui voudront naviguer, viendront pour en obtenir de Nous la permission, ensuite iront à Saint-Louis prendre leurs expéditions de l'Amirauté et du Commissaire de la Marine, ou Écrivain-principal audit lieu; et en cas de changement de Capitaine, mort ou maladie, celui qui succédera, sera tenu de se conformer à ce qu'aura fait son prédécesseur; et sera la présente Ordonnance enregistrée dans tous les Greffes des Siéges de l'Amirauté de cette Colonie. Donné au Petit-Goave, le 3 Mai 1736. *Signé*, LE MARQUIS DE FAYET.

R. en l'Amirauté du Cap, le 26.

V. la Lettre du Ministre, du 10 *Décembre suivant; et celle de M. de Fayet, du* 7 *Avril* 1737.

ORDONNANCE *de Police du Juge du Cap, qui défend de tirer des pétards et fusées, &c. dans les rues, cours et jardins, à l'occasion de la Fête-Dieu; et ordonne que les rues par lesquelles la Procession doit passer, seront tendues, sans en excepter les emplacemens non-bâtis, le tout à peine de* 50 *liv. d'amende, dont les Pères et Mères seront civilement responsables pour leurs enfans, les Maîtres pour leurs Domestiques et Esclaves, et les Tuteurs et Curateurs pour leurs pupilles.*

Du 24 Mai 1736.

ORDONNANCE *de Police du Juge du Cap, qui,* 1°. *défend, sous peine de* 25 *liv. d'amende, de mettre dans les rues, dans les places publiques, ni sur les quais, aucunes immondices;* 2°. *ordonne de faire enlever tout ce qui gêne la voie publique, sauf à faire ranger sur les quais d'une manière non-incommode, les chaudières, tambours, grillages et les cabrouets; et* 3°. *enjoint de porter les matières fécales pendant la nuit à la mer, aussi sous peine de* 25 *liv. d'amende, et de huit jours de prison contre les Esclaves qui seront pris en contravention.*

Du 25 Mai 1736.

ARRÊT du Conseil d'Etat, qui permet aux Négocians François d'envoyer leurs Vaisseaux directement en Irlande, pour y acheter plusieurs objets; et Ordonnance des Administrateurs en conséquence.

Des 26 Mai 1736, et 29 Janvier 1737.

SUR ce qui a été représenté au Roi étant en son Conseil, par les Négocians du Royaume qui font le commerce des Isles et Colonies Françoises, que la facilité et l'avantage de ce commerce étant les motifs qui ont porté Sa Majesté à leur accorder d'année en année depuis 1727, par plusieurs Arrêts de son Conseil, la permission d'envoyer leurs Vaisseaux en Irlande, pour, &c. ce commerce deviendroit encore plus aisé et plus avantageux, s'il plaisoit à Sa Majesté d'étendre cette permission aux saumons salés, beurres, suifs et chandelles: à quoi Sa Majesté voulant bien pourvoir, pour procurer aux Habitans desdites Isles et Colonies une plus grande abondance, et faciliter de plus en plus ce commerce: Vu l'Arrêt du Conseil, du 23 Décembre 1727, et les Arrêts subséquens de prorogation intervenus d'années en année; vu aussi l'avis des Députés du Commerce; oui le rapport du sieur Orry, Conseiller d'Etat ordinaire au Conseil Royal, Contrôleur-Général des Finances: LE ROI étant en son Conseil, a permis et permet, par grace, sans tirer à conséquence pour l'avenir, aux Négocians François qui font le commerce des Isles et Colonies Françoises de l'Amérique, d'envoyer leurs Vaisseaux directement en Irlande, pour y acheter non seulement des bœufs et chairs salées, mais aussi des saumons salés, beurres, suifs et chandelles, et delà les transporter en droiture, sur les mêmes Vaisseaux, auxdites Isles et Colonies Françoises, en faisant par eux les soumissions requises; Sa Majesté dérogeant pour cet effet à la disposition de l'article XI des Lettres-Patentes du mois d'Avril 1717, et ce pendant l'espace d'une année seulement, à compter du jour de la publication du présent Arrêt, passé lequel tems ledit art. XI. sera exécuté suivant sa forme et teneur, et sera le présent Arrêt lu, publié et affiché partout où besoin sera. Fait au Conseil d'Etat, &c.

Vu le présent Arrêt du Conseil d'Etat, à Nous adressé par M. le Comte de Maurepas, et joint à sa Dépêche du 26 Juin dernier, mandons aux Officiers du Conseil Supérieur du Cap, de l'enregistrer, faire lire

lire et publier partout où besoin sera. Fait au Petit-Goave, le 29 Janvier 1737. *Signé*, LE MARQUIS DE FAYET et LACHAPELLE.

R. au Conseil du Cap, le 11 *Mars* 1737.

ARRÊT du Conseil d'Etat, portant Réglement sur les Cafés provenans des plantations et cultures des Isles Françoises de l'Amérique.

Du 29 Mai 1736.

LE Roi étant informé que la culture des Caféyers, à laquelle se sont adonnés depuis quelque tems les Habitans des Isles Françoises de l'Amérique, pour réparer la perte qu'ils ont faite de tous leurs Cacaoyers, multiplie tellement l'espèce desdits Caféyers, qu'il est aujourd'hui d'une nécessité indispensable, pour procurer le débit du café du crû desdites Isles, non-seulement d'en rendre le commerce et la consommation libres dans le Royaume, mais même d'en faciliter le passage à l'Etranger, en accordant au café du crû des Isles, un *transit* en franchise pour l'Etranger, et en réduisant à un seul droit modique, en faveur du café du même crû, destiné pour la consommation du Royaume, les différens droits d'entrée qui se trouvent établis sur les cafés, par les Tarifs, Arrêts et Réglemens; et Sa Majesté voulant y pourvoir, et mettre lesdits Habitans en état de jouir pleinement du fruit de leurs travaux, et des avantages que la nature leur présente, par l'abondance d'une marchandise si utile d'ailleurs au commerce des Négocians et Armateurs du Royaume; oui le rapport du sieur Orry, Conseiller d'Etat et ordinaire au Conseil Royal, Contrôleur-Général des Finances: LE ROI étant en son Conseil, a ordonné et ordonne ce qui suit:

ART. I. Il sera libre à tous les Négocians du Royaume, à l'avenir et à commencer du premier Octobre prochain, d'introduire dans les Ports de Dunkerque, Calais, Dieppe, du Hâvre, de Rouen, Honfleur, Saint-Malo, Nantes, la Rochelle, Bordeaux, Bayonne, Cette et Marseille, les cafés provenans du crû des Isles Françoises de l'Amérique, pour être consommés dans le Royaume; à la charge de payer, pour droit d'entrée dans les bureaux des fermes, pour quelque destination que ce soit, dix livres par cent pesant desdits cafés, poids de marc, brut, même pour ceux provenans de la traite des Noirs, à quoi Sa Majesté a réduit et fixé tous les droits desdits cafés, locaux et autres, et sans être sujets aux quatre sols pour livre : à l'exception néanmoins des droits dûs au domaine d'Occident, qui continueront d'être perçus comme par le passé ; Sa Majesté dérogeant à tous Edits, Déclarations, Arrêts & Réglemens à ce contraires.

Art. II. La Compagnie des Indes sera & demeurera maintenue dans le privilége exclusif de l'introduction du café, autre que celui desdites Isles, en payant par ses adjudicataires ou cessionnaires, le droit porté en l'article précédent, ainsi qu'ils seront tenus de le payer pour le café qu'elle pourra tirer desdites Isles, destiné pour la consommation du Royaume.

Art. III. Il sera néanmoins permis à la Ville de Marseille, de continuer à tirer directement des cafés du Levant ; sans toutefois que lesdits cafés, ni ceux qu'elle tirera des Isles Françoises de l'Amérique, puissent, sous quelque prétexte que ce soit, être introduits pour la consommation du Royaume ; à peine de confiscation et de mille livres d'amende. Permet seulement Sa Majesté, de les envoyer par mer à l'Etranger, ou de les faire passer en *transit* par terre à Genève, en observant pour ce *transit*, les routes et formalités prescrites par les précédens Réglemens.

Art. IV. Les cafés dont l'entrée est permise par les articles I. et II. du présent Réglement, jouiront, dans les Ports, du bénéfice de l'entrepôt pendant six mois, sans être sujets à aucun droit, autre que celui du Domaine d'Occident, dû à l'arrivée ; et les Négocians et Propriétaires auront la faculté de les envoyer librement par mer à l'Etranger : ils jouiront aussi, pendant le tems réglé pour l'entrepôt, du bénéfice du *transit* par terre pour l'Etranger ; à la charge d'en déclarer la destination à la sortie de l'entrepôt, pour être expédiés en *transit* : le tout en observant les conditions prescrites pour pareil entrepôt et *transit* des marchandises des Isles Françoises, par les Lettres-patentes du mois d'Avril 1717, et Réglemens depuis intervenus ; et ledit terme passé, lesdits cafés seront sujets aux droits du présent Réglement, pour quelque destination que ce soit.

Art. VII. Au moyen des droits ci-dessus, tous les cafés du crû des Isles Françoises de l'Amérique, et ceux provenans des ventes de la Compagnie des Indes, auront leur libre passage dans toute l'étendue du Royaume, et pour l'Etranger, sans payer aucuns droits de sortie, droits locaux, ou autres dépendans de la Ferme-générale.

R. au Conseil du Cap, le premier Octobre 1736.

Et à celui du Petit-Goave, le 5 *Novembre suivant.*

Les art. 5, 6, 8 *et* 9, *n'ont point de trait aux Colonies.*

ARRÊT du Conseil du Cap, qui admet la concurrence entre les Officiers des Siéges et les Notaires, pour les inventaires et partages; et statue sur les Minutes des Notaires et les Testamens reçus par les Curés.

Du 5 Juin 1736.

ENTRE les Notaires de la Ville et Jurisdiction Royale du Cap, Demandeurs, d'une part; les Juge et Substitut du Procureur-Général du Roi de ladite Jurisdiction, Défendeurs, d'autre. Oui le Procureur-Général du Roi et le rapport de M. Grandpré, Conseiller, tout vu et examiné: LE CONSEIL ayant égard à la Requête des Demandeurs, ordonne que les inventaires et partages seront faits par les Notaires ou par les Juges, suivant la demande et réquisition des parties, à leur choix, sans qu'il soit besoin d'aucune Requête ni permission à cet effet; et que les minutes des actes passés par les Notaires, leur resteront pendant qu'ils seront en office, pour en délivrer aux parties les expéditions nécessaires; et à l'égard des Testamens reçus par les Curés ou Missionnaires faisant les fonctions curiales, ordonne qu'ils seront remis au Greffe de la Jurisdiction Royale, dans le terme de huitaine après la mort des Testateurs, pour en être délivré aux parties les expéditions requises; ordonne que le présent Arrêt sera lu, publié, affiché et enregistré, &c.

ORDONNANCE DU ROI, qui annulle le Réglement du 25 Juillet 1708, sur la maladie de Siam.

Du 5 Juin 1736.

SA MAJESTÉ s'étant fait représenter le réglement du 25 Juillet 1708, par lequel il est ordonné entr-autres choses, attendu la maladie de Siam qui affligeoit en ce temps les Isles de l'Amérique, aux Capitaines des Vaisseaux qui seroient destinés pour lesdites Isles, de les faire nétoyer et parfumer entre les ponts, et de faire reconnoître les vivres qui auroient été embarqués pour les voyages, de bonne qualité, et dans la quantité suffisante, par les Officiers de l'Amirauté, qui seroient tenus de faire la visite des Bâtimens et vivres, et d'en donner leur Certificat du bon état d'iceux, en même-temps que leurs autres expéditions; lequel Certificat lesdits Capitaines seroient tenus de représenter à l'Intendant ou autres Officiers établis pour la Police, dans les Quartiers desdites Isles où ils aborderoient, à peine contre les contrevenans, de mille livres d'amende appliquable aux Hôpitaux des Isles où leurs Bâtimens arriveroient. Et comme la maladie de Siam est entièrement cessée depuis plus de dix ans dans lesdites Isles, et que par-là ces précautions sont inutiles, Sa Majesté a écouté favorablement les représentations qui lui ont été faites à ce sujet par différens Négocians; et en conséquence, Elle a révoqué et annullé ledit Réglement du 25 Juillet 1708, et a dispensé et dispense les Capitaines des Navires destinés pour les Isles de l'Amérique, de faire parfumer lesdits Navires, et de rapporter dans les Colonies le Certificat de visite, mentionné dans ledit Réglement, ainsi que du surplus du contenu en icelui. Mande et ordonne Sa Majesté à M. le Comte de Toulouse, Amiral de France, de tenir la main à l'exécution de la présente Ordonnance, laquelle sera registrée aux Greffes des Amirautés des Ports où il est permis d'équiper des Vaisseaux pour les Isles de l'Amérique, lue, publiée et affichée par-tout où besoin sera. Fait à Versailles, &c.

MÉMOIRE DU ROI aux Administrateurs, sur la nomination des Receveurs de l'Octroi et deniers publics, des Procureurs aux biens vacans, &c.

Du 10 Juin 1736.

A l'égard des Receveurs des Octrois et des Procureurs aux biens vacans, c'est au Conseil Supérieur de la Colonie à les nommer dans leur district, par la raison que ces Receveurs devant donner des cautions solvables, pour répondre de leur maniement, elles peuvent être discutées dans les Conseils avec plus de connoissance de cause; ces nominations, au surplus, ne doivent être faites que du consentement des sieurs de Larnage et de la Chapelle.

C'est aussi à ces Conseils qu'appartient la nomination des Receveurs des deniers publics provenans des impositions qui sont faites sur les Habitans, pour subvenir au paiement des droits Curiaux et autres charges publiques; mais c'est au sieur de la Chapelle à faire rendre compte à ces Receveurs, en présence de deux Conseillers.

R. au Conseil du Cap, le 3 Mars 1738.

ORDONNANCE DU ROI, concernant l'Affranchissement des Esclaves des Isles; et Ordonnance des Administrateurs en conséquence.

Du 15 Juin 1736.

DE PAR LE ROI.

SA MAJESTÉ s'étant fait représenter l'Ordonnance du 24 Octobre 1713, par laquelle et pour les motifs y contenus, il auroit été défendu à toutes sortes de personnes établies aux Isles Françoises de l'Amérique, d'affranchir leurs Esclaves, sans en avoir auparavant obtenu la permission par écrit des Gouverneurs et Intendans, ou Commissaires-Ordonnateurs; et ordonné que les affranchissemens qui seroient faits sans ces permissions, seroient nuls, et que les Esclaves ainsi affranchis, seroient vendus au profit de Sa Majesté. Etant informée qu'au préjudice de cette Ordonnance, il se trouve des Maîtres qui affranchissent leurs Esclaves sans en avoir obtenu la permission, et que d'ailleurs il y en a d'autres qui font baptiser comme libres, des enfans dont les mères sont Esclaves, et qui, par ce moyen, sont réputés affranchis; et voulant faire cesser des abus aussi dangereux, Sa Majesté a ordonné et ordonne que l'Ordonnance du 24 Octobre 1713, sera exécutée selon sa forme et teneur, dans toutes les Isles Françoises de l'Amérique; veut en conséquence qu'aucunes personnes, de quelque qualité et condition qu'elles soient, ne puissent affranchir leurs Esclaves, sans en avoir auparavant obtenu la permission par écrit du Gouverneur-Général et de l'Intendant, pour ce qui regarde les Isles du Vent et de Saint-Domingue; et des Gouverneurs particuliers et Commissaires-Ordonnateurs de Cayenne, pour ce qui regarde ladite Isle et la Province de Guyanne, et que tous les affranchissemens qui seront faits sans ces permissions soient nuls, et que les Esclaves ainsi affranchis, n'en puissent jouir, qu'ils soient tenus, censés et réputés Esclaves, que les Maîtres en soient privés, qu'ils soient vendus au profit de Sa Majesté, et que les Maîtres soient en outre condamnés à une amende, qui ne pourra être moindre que la valeur desdits Esclaves. Fait Sa Majesté très-expresses inhibitions et défenses à tous Prêtres et Religieux desservant les Cures auxdites Isles, de baptiser comme libres aucuns enfans, à moins que l'affranchissement des mères ne leur soit prouvé auparavant par des actes de liberté, revêtus de la permission par écrit des Gouverneurs et Intendans, ou Commissaires-Ordonnateurs, desquels actes ils seront tenus de faire mention sur les Registres des Baptêmes; Ordonne Sa Majesté que les enfans qui seront baptisés comme libres, quoique leurs mères soient Esclaves, soient toujours réputés Esclaves, que leurs Maîtres en soient privés, qu'ils soient vendus au profit de Sa Majesté, et que les Maîtres soient en outre condamnés à une amende qui ne pourra être moindre que la valeur desdits Esclaves. Mande et ordonne Sa Majesté aux Gouverneurs et ses Lieutenans et Intendans des Isles, et autres ses Officiers qu'il appartiendra, de tenir la main, chacun en droit soi, à l'exécution de la présente Ordonnance, qui sera registrée, publiée et affichée partout où besoin sera. Fait à Versailles, &c.

Vu la présente Ordonnance à Nous adressée par M. le Comte de Maurepas, et jointe à sa Dépêche du 20 Juin dernier, mandons aux Officiers des Conseils de l'enregistrer, lire et publier, &c.

R. au Conseil du Petit-Goave, le 7 Janvier 1737.
Et à celui du Cap, le 11 Mars suivant.

ORDONNANCE *du Juge de Police du Cap, qui, 1°. ordonne que le Marché des Négres sera transféré de la place de l'Eglise, où il trouble le service divin, dans la rue Espagnole, ou dans celle de la Fontaine, avec défenses de vendre par les rues avant l'heure de midi, à peine de prison et de confiscation des denrées; et 2°. défend de tenir les Boutiques et Cabarets ouverts les Dimanches et Fêtes pendant l'Office, à peine de 30 liv. d'amende.*

Du 30 Juin 1736.

ARRÊT du Conseil du Petit-Goave, concernant l'enregistrement des Causes au Rôle.

Du 5 Juillet 1736.

VU par le Conseil la remontrance du Procureur-Général du Roi, expositive que le Conseil prend ses séances tous les premiers Lundis de deux en deux mois; que jusqu'à présent, les parties auroient voulu introduire une espèce d'usage contraire aux Ordonnances du Roi, et à ce qui se pratique ordinairement dans toutes les Cours Souveraines du Royaume, au sujet de l'enregistrement des causes sur les Rôles, qu'on ne fait ici enregistrer que les trois ou quatrième jours des séances; pourquoi et pour prévenir un pareil abus, requiert, &c. LE CONSEIL ordonne qu'à l'avenir toutes les causes portées en la Cour, seront enregistrées à l'entrée de la première séance, pour être à l'instant le rôle de l'Huissier ou Audiencier de la Cour, paraphé et arrêté par le Président, et que les causes qui ne se trouveront pas enregistrées, ne seront plus reçues à être appelées; défend à l'Huissier-Audiencier de les appeler ni enregistrer: ordonne que le présent Arrêt sera lu, publié, affiché et registré dans tous les Greffes des Siéges du ressort, comme aussi lu, publié et affiché aux portes principales de toutes les Paroisses dépendantes desdits Siéges, &c.

EXTRAIT de la Lettre du Ministre à M. de la Chapelle, touchant les épices, la convocation des Conseils extraordinaires, et les appels des Jugemens de Commerce étranger.

Du 25 Juillet 1736.

VOUS devez tenir la main à ce que l'on ne prenne point d'épices dans aucun cas, jusqu'à ce que S. M. l'ait permis. Vous devez pareillement observer, comme je vous l'ai déjà expliqué, de ne convoquer de Conseils extraordinaires, que pour les affaires qui ne pourront point être remises aux Conseils ordinaires; et lorsque vous vous trouverez dans la nécessité indispensable d'en convoquer d'extraordinaires, il conviendra de n'y appeler que les Conseillers qui sont les plus à portée, et auxquels le voyage causera moins de dérangement : vous pourrez même éviter la multiplicité de ces Conseils en réformant, comme vous le proposez, le mauvais usage dans lequel les Procureurs du Roi sont à Saint-Domingue, d'interjeter appel des Sentences rendues sur les procès qui concernent les Etrangers, dans les cas même où leurs conclusions ont été suivies. La voie d'appel ne doit avoir lieu dans ces cas-là, que lorsque les Etrangers la réclament ; et ce n'est point aux Procureurs du Roi à appeler pour eux.

LETTRE du Ministre à MM. de Fayet et de la Chapelle, portant qu'aucun Ecclésiastique régulier ou séculier, ne doit faire de fonctions dans la Colonie, que d'après l'autorisation des Chefs des Missions.

Du 8 Août 1736.

LE Père de la Neuville a représenté que dans le besoin où les Jésuites s'étoient trouvés de Missionnaires à Saint-Domingue, ils avoient confié au Père Félix, Carme, le pouvoir de travailler avec eux ; mais que ce Religieux s'est révolté contre les Supérieurs, et qu'il exerce malgré eux toute Jurisdiction spirituelle dans la Colonie. Il a ajouté que ce Carme agit fortement pour y faire passer nombre de Religieux de son ordre, dans la vue d'y établir un Mont-Carmel.

Comme le Roi n'a accordé de Lettres-patentes qu'aux Jésuites et aux Jacobins, pour la desserte des Cures et les autres exercices spirituels à Saint-Domingue, les Religieux des autres ordres ne doivent point y être reçus qu'ils n'y soient appelés, et retenus par les deux communautés établies : et sur le compte que j'ai rendu à S. M. des représentations du Père de la Neuville, Elle a fait expédier un ordre pour faire passer le Père Félix en France. Je joins ici cet ordre, afin que vous le fassiez mettre à exécution sans retardement. L'intention du Roi est aussi que vous veilliez à ce qu'aucuns Religieux ni Ecclésiastiques séculiers ne s'établissent dans la Colonie, et n'y fassent aucunes fonctions, qu'ils n'y soient autorisés par les Supérieurs des deux Ordres. Ce ne sont pas ordinairement de bons sujets qui prennent le parti de passer aux Colonies sans mission.

ORDONNANCE

ORDONNANCE du Gouverneur et de l'Ordonnateur du Cap, qui donne un second Cimetière à cette Ville, pour enterrer les Matelots et les Négres.

Du 29 Août 1736.

ETIENNE de Chastenoye, &c.

Pierre de Sartre, &c.

Le sieur Chevalier, Lieutenant-particulier, faisant fonctions de Procureur du Roi de la Jurisdiction de cette Ville, Nous ayant représenté que la mortalité survenue au Cap depuis trois à quatre mois, rendoit le cimetière de la Paroisse infect, au point de faire craindre la contagion, la petitesse de ce cimetière obligeant de faire tous les jours des ouvertures de fosses sur des corps presque entiers; Nous, pour parvenir et arrêter les suites dangereuses de la corruption de l'air, avons, de concert avec le R. Père Levantier, Supérieur des Missions de ce Quartier, le Père Boutin et le Marguillier en charge, fait chercher un lieu sous le vent de cette Ville, convenable à inhumer les Matelots et Négres, et à servir de cimetière, dans des conjonctures semblables à celles où nous nous trouvons actuellement: et ledit sieur Chevalier nous ayant remis le certificat d'un terrein, abandonné depuis plusieurs années, entièrement en friche, contenant 150 pieds de long sur 60 de large, et sous le vent de la Ville, Nous nous sommes réservés d'en demander à M. le Général et M. l'Intendant la réunion au Domaine, et la concession pour la Paroisse du Cap, à l'effet de lui servir à l'avenir de cimetière; et attendu les pressans motifs et la célérité du remède qu'il convient d'apporter à un mal qui intéresse la conservation des Habitans de cette Ville; vu l'extrait de la Déclaration du Roi, ainsi que de l'Ordonnance de MM. de Chateaumorant et Mithon, en date des 25 Juillet 1708 et 15 Juillet 1717: Nous, sous l'approbation de MM. le Marquis de Fayet et de la Chapelle, Général et Intendant de cette Colonie, avons permis et permettons au R P. Curé et aux Marguilliers de cette Paroisse, de faire entourer ledit terrein designé au certificat ci-joint, et de s'en servir comme de supplément au cimetière de ladite Paroisse, pour y enterrer à l'avenir les Matelots de cette rade et les Négres des habitations: enjoignons aux Capitaines desdits Matelots et Maîtres desdits Négres, de fournir un demi baril de chaux pour chaque Matelot ou Négre qu'ils y feront enterrer, et ce sous peine de 50 liv. d'amende contre les contrevenans; et sera la présente exécutée jusqu'à ce qu'il en soit autrement ordonné par MM. les Général et Intendant. Au Cap, le 29 Août 1736. *Signé*, DE CHASTENOYE et DE SARTRE.

ARRÊT du Conseil du Cap, qui condamne un Maître en 50 liv. d'amende, pour avoir laissé son Esclave libre de sa personne, à la charge de lui payer une certaine rétribution par journée.

Du 3 Septembre 1736.

ORDONNANCE des Administrateurs, touchant l'achat des comestibles de France, leur payement en denrées, et les fraudes commises sur lesdits comestibles.

Du 4 Septembre 1736.

LE Marquis DE FAYET, &c.

Daniel-Henri de la Chapelle, &c.

Nous ne pouvons nous empêcher d'être sensibles aux justes plaintes que la plus grande partie des habitans nous ont faites contre les Capitaines et Maîtres des navires Marchands, qui les mettent dans l'impossibilité de subvenir à la nourriture de leur famille, & à celle de leurs Esclaves, par le refus qu'ils leur font de leur vendre du bœuf, payable en sucre, par la condition qu'ils leur imposent de prendre une certaine quantité de vin sur une certaine quantité de bœuf; et enfin par les infidélités qu'ils commettent tant sur les qualités, que sur les poids & les mesures des denrées qu'ils leur vendent; infidélité qu'ils ont portée jusqu'au point qu'un barril de bœuf qui doit contenir 180 livres de viande net, souvent n'en contient pas 140 livres, & quelquefois 120, et la plupart du tems de la viande de mauvaise qualité; que le barril de farine qui doit peser 190 livres de farine net, n'en pese plus que 130 ou 140 livres, & que la barrique de vin de Bordeaux, qui doit contenir 120 pots, n'en contient que 90.

Nous sommes convaincus qu'il faut laisser la liberté au commerce; mais cette liberté ne doit pas s'étendre jusqu'à donner un poids pour un autre, une qualité de denrée pour une autre qualité, ni à mettre des conditions impossibles à la vente des comestibles nécessaires à la vie, ni à forcer les Acheteurs à prendre des denrées qui leur sont superflues, pour avoir celles qui leur sont nécessaires pour vivre; c'est aux parties contractantes à convenir du prix à l'amiable, & c'est en cela que nous ne devons point gêner la liberté du commerce; mais nous devons nous opposer à la vexation & à la fraude; à ces causes Nous ordonnons:

ART. I. Que tous Capitaines, Maîtres de navires Marchands, leurs Facteurs ou Commissionnaires gérant leurs cargaisons, donneront du bœuf, de la farine, & autres denrées nécessaires à la vie, aux habitans qui en voudront acheter; & qu'ils seront tenus de prendre en payement desdits habitans, les denrées du crû de leurs terres propres pour le commerce de France, comme sucre, café, coton, aux prix dont les parties conviendront de gré-à-gré.

ART. II. Faisons défenses à tous Capitaines ou autres, gérant les cargaisons, d'obliger les habitans qui leur demandent une sorte de denrées dont ils ont besoin, à en prendre une autre qu'ils ne demandent pas, comme une certaine quantité de vin sur une certaine quantité de bœuf.

ART. III. Leur enjoignons très-expressément d'observer les poids et mesures prescrits par les Ordonnances, et aux Officiers de police d'y tenir la main, de faire d'office de fréquentes visites des denrées de France, et de condamner les contrevenans aux peines portées auxdites Ordonnances. Sera la présente Ordonnance registrée, &c. *signé*, LE MARQUIS DE FAYET ET LA CHAPELLE.

R. en l'Amirauté du Petit-Goave, le même jour.

ARRÊT en Réglement du Conseil du Cap, sur le Colportage des Marchandises par les Esclaves.

Du 7 Novembre 1736.

VU par le Conseil, la Requête à lui présentée par les Négocians et Marchands du Cap, tendante à ce qu'il fût fait défenses à tous Marchands et Marchandes, &c.; conclusions du Procureur-Général du Roi, et tout considéré: LE CONSEIL, faisant droit sur ladite Requête, fait défenses à tous Marchands et Marchandes, de plus à l'avenir envoyer leurs Négres et Négresses Esclaves, vendre des marchandises d'habitation en habitation, s'ils ne sont accompagnés, et sous la conduite de Blancs, qui répondront, ainsi que les Maîtres, de tous événemens, à peine de confiscation des marchandises au profit des Eglises du lieu où elles seront confisquées. Ordonne que le présent sera lu, publié, &c.

ORDONNANCE *des Administrateurs, concernant les Matelots qui meurent sur les Navires François.*

Du 5 Décembre 1736.

LE Marquis DE FAYET, &c.

Daniel-Henri de la Chapelle, &c.

Les plaintes qui ont été portées à la Cour par les Négocians et Armateurs du Royaume, sur ce que l'on fait payer depuis quelque tems en cette Colonie, et principalement au Cap-François, jusqu'à 16 livres pour les frais d'enterrement des Matelots qui meurent sur les Navires, quoiqu'on ne payât autre fois que 6 livres pour chaque enterrement, et qu'on ne paye pas davantage actuellement à la Martinique, ont engagé M. le Comte de Maurepas à nous marquer par sa dépêche du 17 Juillet dernier, que l'intention du Roi étoit qu'on fît cesser les plaintes desdits Armateurs, en remédiant promptement à une nouveauté si contraire au bien du commerce : à quoi voulant parvenir, et ne voyant d'ailleurs aucune raison qui ait pu donner lieu à cette augmentation ; Nous faisons très-expresses inhibitions et défenses à tous Curés et Desservans les Paroisses de cette colonie, de prendre à l'avenir, et sous aucun prétexte que ce puisse être, au-dessus de six livres pour les frais d'enterrement de chacun des Matelots qui meurent sur les Navires-François : Ordonnons à tous Gouverneurs, Lieutenans-de-Roi et Commandans pour Sa Majesté, de tenir exactement la main à l'exécution de notre présente Ordonnance, et de la faire notifier aux Curés de leur dépendance ; comme aussi de la faire lire, publier, afficher et enregistrer par-tout où besoin sera, à ce que personne n'en ignore. Donné au Petit-Goave, &c.

R. au Conseil du Cap, le 7 Janvier 1737.
Et à celui du Petit-Goave, le même jour.

EXTRAIT de la Lettre du Ministre à M. le Marquis de Fayet, sur l'Ordonnance rendue par lui seul sur les congés à délivrer aux Bâtimens.

Du 10 Décembre 1736.

J'AI été informé que vous avez rendu le 3 du mois de Mai dernier, une Ordonnance concernant les congés que les Officiers de l'Amirauté sont dans l'usage de donner aux Capitaines des Bâtimens qui naviguent; usage nécessaire pour le maintien du bon ordre et de l'autorité, et ordonné par le Roi pour assurer la fidélité de la navigation. Par l'examen que j'ai fait de cette Ordonnance, dont il m'a été envoyé copie, il m'a été aisé de juger qu'elle étoit non-seulement inutile, mais que vous avez outrepassé votre pouvoir; en premier lieu, parce qu'elle est contraire au Réglement du Roi du 12 Janvier 1717, et en second lieu, que vous l'avez rendue seul, ce qui est contre les intentions de S. M.; les Ordonnances sur ces matières devant être rendues en commun par le Général et l'Intendant, à quoi vous ne vous êtes point conformé.

Le Réglement de 1717 ne dit pas un mot de ce que vous supposez dans votre Ordonnance, qu'il ne sera délivré aucun congé *sans une permission expresse & par écrit* des Gouverneurs généraux. L'article 4 du tit. 9 dudit Réglement, ordonne que les congés pour les Vaisseaux, ne seront délivrés qu'après que les Gouverneurs auront été *avertis*. L'article 10 du même titre, ordonne que les congés pour la pêche ne seront délivrés que du consentement des Gouverneurs. Quant au cabotage, le Réglement n'exige point de permission du Gouverneur ni des Officiers-Commandans pour les congés délivrés aux Bateaux qui y sont employés. Ils sont seulement assujétis par l'article 5, à renouveler leurs congés tous les ans, et à les faire viser sans frais à chaque Amirauté, afin qu'on puisse suivre leur navigation.

Je viens aux dispositions de votre Ordonnance: elle assujétit les Capitaines des Bâtimens qui voudront naviguer, d'aller à vous pour en obtenir la permission. Il est vrai qu'il sembleroit que cela ne regarderoit que l'Amirauté de Saint-Louis, où vous ordonnez qu'ils se rendront, ensuite pour prendre les expéditions de l'Amirauté, et du Commissaire ou Écrivain principal de la Marine; mais, quoi qu'il en soit, elle est impraticable, du moins par rapport aux Navires de France. Ce seroit interrompre le commerce, que d'obliger les Capitaines qui font la traite au Cap et à

Saint-Louis, de faire des voyages de 60 à 80 lieues pour avoir la permission du Gouverneur-Général : cela n'est point ordonné par le Réglement de 1717, et il suffit qu'ils avertissent le Gouverneur particulier. Il m'est cependant revenu que depuis cette Ordonnance, le Lieutenant-Général de l'Amirauté de Saint-Louis, avoit renvoyé trois Capitaines de Navires prêts à revenir en France, jusqu'à ce qu'ils eussent obtenu votre permission par écrit, de prendre un nouveau passe-port. Je vous laisse à juger du tort que cela peut causer aux interessés dans ces Navires, et de celui qu'il feroit en général au commerce, si cela avoit lieu.

Par rapport à vous-même, et par rapport à l'autorité qu'il convient de maintenir dans la Colonie, j'ai suspendu de rendre compte au Roi de votre Ordonnance, persuadé que vos réflexions sur son inutilité, et sur les préjudices qu'elle pourroit faire, vous auront fait prendre le parti de l'annuller. Je le desire d'autant plus, que s'il en étoit autrement, on ne pourroit se dispenser de la révoquer ; ce qui feroit un mauvais effet pour vous dont je serois fâché. Le Réglement du 12 Janvier 1717 ayant pourvu à tout, il ne s'agit que de le faire exécuter, et je ne puis trop vous recommander d'y tenir exactement la main. En tout cas, s'il y avoit quelque chose à réformer, et quelque nouvelle disposition à ajouter, vous devez conjointement avec l'Intendant, me l'expliquer, afin que sur le compte que j'en rendrai à S. M. elle puisse y pourvoir, si Elle le juge nécessaire.

Voy. la Lettre du Gouverneur-Général, du 31 Mars 1737.

ARRÊT *du Conseil d'Etat, qui proroge à un an le bénéfice de l'entrepôt accordé par celui du 29 Mai précédent, en faveur des cafés des Isles.*

Du 18 Décembre 1736.

R. au Conseil du Petit-Goave, le 6 Mai 1737.
Et à celui du Cap, le 9.

PREMIERE Commission de Substitut du Procureur-Général du Conseil du Petit-Goave, accordée par MM. le Marquis de Sorel et de la Chapelle, à M. Lemaire, fils.

Du 7 Janvier 1737.

R. au Conseil du Petit-Goave, le lendemain.

ARRÊT du Conseil du Cap, qui ordonne que des ouvrages de Serrurerie seront cassés et brisés sur la place publique par l'Exécuteur des hautes-œuvres.

Des 9 Janvier et 2 Avril 1737.

ENTRE les sieurs Myevre et la Roque, Marchands au Cap, Appelans, d'une part; et le sieur Auvray, Serrurier au Cap, Intimé, d'autre; et entre le nommé Bœuf, aussi Serrurier au Cap, Appelant, d'une part; et lesdits Myevre et la Roque, Intimés, d'autre: Vu, et après que les Parties ont étés ouies, ensemble M. Allain, Conseiller, faisant fonctions de Procureur-Général, et tout considéré: LE CONSEIL a mis et met les appellations et ce dont a été appel au néant; émandant, condamne les Intimés et Appelans, chacun à leur égard, en 150 liv. d'amende, applicable aux réparations du palais; ordonne que les ouvrages en question seront cassés et brisés sur la place publique de cette Ville, par l'Exécuteur de la haute-justice: ce qui sera lu, publié et affiché à la porte de l'Audience, à la diligence du Substitut du Procureur-Général, avec défenses aux ouvriers et tous autres de récidiver, sur plus grosses peines, dépens compensés.

Vu par le Conseil, la Requête Dauvray, contenant qu'il lui soit permis de lui représenter que, par son Arrêt, il auroit été condamné à une amende de 150 liv., pour avoir fait une Ceinture de chasteté; mais comme le Suppliant est contrevenu aux Réglemens sans les connoître, croyant faire un travail non prohibé, et non contraire aux Ordonnances, c'est pourquoi le Suppliant a recours audit Conseil, pour que ce considéré, et vu que le Suppliant n'a rien perçu pour cette Ceinture, ayant même une nombreuse famille et pauvre, il lui plût relever le Suppliant de cette amende de 150 liv., promettant ne jamais aller contre les Réglemens;

et oui le Procureur-Général du Roi, et tout considéré : LE CONSEIL, attendu la pauvreté du Suppliant, par grace, le décharge de l'amende dont est question.

ARRÊT du Conseil du Petit-Goave, touchant le Baptême des enfans, et l'exécution d'un autre Arrêt du 7 Janvier 1727.

Du 10 Janvier 1737.

VU par le Conseil, la Requête présentée par Frère Jean-Dominique Monthieu, Préfet-Apostolique, et Supérieur-Général des Missions de l'Ordre des Frères-Prêcheurs établis dans cette Isle, &c.; les conclusions du Procureur-Général du Roi de ce jour, et tout considéré : LE CONSEIL a ordonné et ordonne qu'aucun enfant nouveau né ne sera ondoyé dans la maison que dans le cas d'une nécessité pressante, dont les Pères de famille seront tenus d'avertir leurs Curés, afin que ceux-ci écrivent sur les Registres le jour de la naissance de l'enfant, celui auquel il a été ondoyé, par qui et les raisons pour lesquelles il l'aura été; que, dès que l'enfant sera en état d'être porté à l'Eglise, on le fera sans délai, et pour le plus tard 40 jours après la naissance, soit qu'il ait été ondoyé ou qu'il ne l'ait pas été; que tous les enfans qui n'ont pas encore reçu le Baptême, ou auxquels étant ondoyés, on n'a pas encore administré les cérémonies du Baptême, seront incessamment conduits ou portés à l'Eglise, pour les y recevoir par le ministère de leurs Curés; fait défenses à qui que ce soit, de faire baptiser les enfans dans d'autres Paroisses que dans celles où ils seront nés, sans la permission du Curé ou du Préfet-Apostolique, laquelle permission sera insérée dans les Registres de la Paroisse sur laquelle l'enfant sera né; que chaque Curé fournira incessamment un mémoire de tout ce qui manque dans son Église, tant en ornemens, linges, livres d'Eglise, vases sacrés, qu'en réparations nécessaires, tant pour les Églises que pour les presbytères, lequel mémoire sera envoyé par les Curés au Préfet-Apostolique, et par lui remis au Procureur-Général du Roi, pour, sur ses conclusions, y être pourvu par le Conseil; que l'Arrêt de Réglement du 7 Janvier 1727, sera exécuté selon sa forme et teneur; enjoint aux Substituts du Procureur-Général du Roi, de tenir la main à son exécution, à peine d'interdiction.

ARRÊT

Arrêt de Réglement du Conseil du Petit-Goave, concernant les affaires appointées, les devoirs du Greffier-Garde-Sac, les sommations pour acquérir la Forclusion, et la signature des Registres de la Cour.

Du 11 Janvier 1737.

Sur ce qui a été représenté au Conseil par le Procureur-Général du Roi, &c.; la matière mise en délibération; vu ledit mémoire, et y faisant droit: le Conseil a ordonné et ordonne que, lorsqu'une affaire sera appointée, et qu'elle sera de nature à être communiquée au Procureur-Général du Roi après l'Arrêt d'appointement rendu, les parties seront tenues de produire leurs pièces au Greffe, desquelles pièces le Greffier-garde-sac se chargera sur son Registre, et donnera acte aux parties de leur production, au pied de l'Inventaire qu'ils en auront dressé, qu'ensuite ledit Greffier remettra au Procureur-Général du Roi tous les procès; et lorsqu'il aura pris ses conclusions, le procès sera remis au Rapporteur; que la partie plus diligente à produire, fera signifier à l'autre son inventaire de production, avec l'acte qui lui en aura été donné au pied; et après deux sommations de produire, qu'elle lui fera faire dans les délais de l'Ordonnance, si elle ne produit pas, la forclusion lui sera acquise, et le procès remis dans l'état qu'il sera avec lesdites deux sommations, soit au Procureur-Général du Roi, lorsque la communication en sera ordonnée, soit au Rapporteur pour en faire son rapport au Conseil; que, lors de la visite du procès, le Greffier mettra devant le Rapporteur le vu des pièces, au pied duquel le Rapporteur écrira de sa main le dispositif de l'Arrêt, qui sera signé sur le champ par lui et par celui qui présidera, et remis au Greffier, pour le déposer dans les minutes, après qu'il l'aura porté sur le Registre.

Que le Greffier du Conseil sera tenu à chaque séance, d'apporter le Registre sur le Bureau, pour faire signer les Arrêts rendus à la séance précédente, par M. le Président, et ceux des MM. qui auront rapporté: ordonne que le présent Réglement sera lu, publié et enregistré dans tous les Siéges du ressort, et affiché aux portes des Auditoires, à ce que personne n'en ignore; enjoint aux Greffiers de s'y conformer, à peine d'interdiction.

EXTRAIT de la Lettre du Ministre à MM. le Marquis de Fayet et de la Chapelle, au sujet de l'exemption de revues accordée aux Economes des Conseillers, et de l'exemption pour ces derniers des corvées des Gens de Guerre.

Du 21 Janvier 1737.

MM., j'ai rendu compte au Roi du Mémoire que M. de la Chapelle m'a envoyé pour les Officiers des Conseils Supérieurs de Saint-Domingue; et Sa Majesté m'a ordonné de vous expliquer ses intentions sur les différens articles qu'il contient. Ces Officiers ont représenté en premier lieu, que l'on prétend assujétir aux revues ordinaires qui se font tous les deux mois, les Économes blancs qu'ils ont sur leurs principales habitations, sous prétexte que l'exemption dont ils doivent jouir à cet égard, n'est pas spécifiée expressément dans une Ordonnance qui fut rendue en 1713, au sujet de leurs exemptions, par MM. de Blenac et Mithon; et ils ont demandé des ordres pour faire cesser les difficultés qui pourroient leur êtres faites sur cela; Sa Majesté a bien voulu avoir égard à leurs représentations, et Elle veut que les Economes de leurs habitations ne soient point assujétis aux revues ordinaires; mais cette exemption ne doit avoir ieu que pour les habitations sur lesquelles les Conseillers résident, et ne doit point s'étendre sur les autres, en cas qu'ils en ayent plusieurs; c'est même sur ce pied là qu'ils l'ont demandée.

Ils ont demandé en second lieu, d'être exemptés des corvées de gens de guerre, soit pour le logement, soit pour les voitures, auxquelles ils ont représenté qu'on veut les assujétir, sous prétexte qu'il n'est pas parlé d'exemption de gens de guerre dans les privilèges précédemment accordés, Sa Majesté a bien voulu encore leur accorder cette exemption.

R. au Conseil du Petit-Goave, le 18 Janvier 1738.
Et à celui du Cap, le 3 Mars suivant.

ORDONNANCE DU ROI, au sujet des Déserteurs des Troupes des Isles Françoises de l'Amérique.

Du 11 Février 1737

SA MAJESTÉ voulant exciter de plus en plus ses sujets des Isles Françoises de l'Amérique, à arrêter les Déserteurs des Troupes qu'Elle y entretient, Elle a ordonné et ordonne que, par le Trésorier-Général de la Marine, il sera payé, sur les Ordonnances des Intendans ou Commissaires-Ordonnateurs auxdites Isles, la somme de 100 liv. pour chaque Déserteur desdites Troupes, à celui ou à ceux qui en auront fait la capture & l'ameneront.

Mande Sa Majesté aux Intendans & Commissaires-Ordonnateurs auxdites Isles, de se conformer et tenir la main à l'exécution de la présente Ordonnance, qui sera publiée et affichée par-tout où besoin sera. Fait à Versailles, &c.

R. au Conseil du Petit-Goave, le 6 Mai 1737.
Et à celui du Cap, le 9 Mai suivant.

LETTRE du Ministre à MM. de Fayet et de la Chapelle, pour défendre les Jeux prohibés.

Du 11 Février 1737.

IL est revenu au Roi que, depuis quelque tems, les Officiers-Majors de Saint-Domingue, sont dans l'usage de faire une banque de Pharaon le Carnaval dans toutes les garnisons; et j'ai en effet remarqué dans la procédure instruite au Port-de-Paix contre des Soldats accusés d'avoir voulu assassiner le nommé Morel, que le Mardi-gras de l'année dernière, le sieur Lavit, Aide-Major, tailloit au Pharaon dans l'Académie de la Ville. S. M. a été très-surprise que vous tolériez ces sortes de Jeux. Vous en devez connoître tous les inconvéniens, et vous ne devez pas ignorer non plus les défenses qui ont été faites à ce sujet, et particulièrement par une Ordonnance de MM. de Sorel et de Montholon, du 30 Avril 1722. S. M.

veut donc que vous teniez la main à l'exécution de cette Ordonnance ; que vous en rendiez une nouvelle pour augmenter les amendes, si vous jugez que cela soit nécessaire, et qu'en tout cas vous défendiez absolument les jeux défendus dans la Colonie. Elle m'a même ordonné de vous expliquer précisément qu'Elle vous rendra responsables de l'inexécution de ses Ordres sur cela.

EXTRAIT de la Lettre du Ministre à M. de la Chapelle, touchant les reprises des comptes des Receveurs de l'Octroi.

Du 11 Février 1737.

LE Roi a approuvé que, pour prévenir la négligence des Receveurs des droits d'Octroi, vous leur ayez déclaré qu'après leur avoir donné l'année entière pour faire leur recette, vous n'admettiez aucune reprise à charge de recette dans le compte suivant, et que vous les chargiez en leur propre et privé nom, du reliquat, sauf leur recours sur les Habitans ; et que vous les ayiez avertis également que vous ne leur passerez aucunes non-valeurs, à moins qu'elles ne soient justifiées dans l'année du compte. Cet arrangement est dans les régles, et n'exige rien des Receveurs que ce qu'ils sont obligés des faire par le devoir de leur emploi. Il est d'autant plus important de ne s'en point écarter, qu'outre qu'il assurera la perception des droits, on évitera encore le retardement dans la reddition des comptes. Au reste, il n'y a eu jusqu'à présent aucun Receveur qui s'en soit plaint, et s'il revenoit quelques représentations sur cela, on n'y auroit aucun égard.

LETTRE circulaire du Gouverneur-Général aux Officiers des Amirautés, touchant les congés de M. l'Amiral.

Du 31 Mars 1737.

SANS avoir égard, MM., à l'Ordonnance que j'ai rendue le 3 Mai de l'année dernière, et que je vous adressai pour l'enregistrer, vous vous conformerez à l'avenir au Réglement du Roi, du 12 Janvier 1717, au sujet des congés de l'Amirauté. Cette lettre annulle ladite Ordonnance.

R. au Greffe de l'Amirauté du Port-de-Paix, le 7 Avril 1737.

ARRÊT du Conseil du Cap, qui confirme la nomination d'un Marguillier, prétendu suspect par le Curé à cause de sa Religion.

Du premier Avril 1737.

ARRÊT du Conseil du Cap, portant que les Officiers ayant séance en la Cour, y prêteront désormais serment debout, la main levée et l'Epée au côté.

Du 7 Mai 1737.

VU par le Conseil, la remontrance de M. Allain, Conseiller en ce Conseil Supérieur, faisant fonctions de Procureur-Général en cette partie, pour le déport de M. le Procureur-Général du Roi, que sur les différentes difficultés qui se sont rencontrées lors de la réception des Officiers qui ont droit de séance et voix délibérative audit Conseil, pour la manière dans laquelle le serment doit être prêté, le Conseil se seroit enfin déterminé à le faire d'une manière égale et uniforme, dont on soit informé et sûr à l'avenir ; pourquoi requiert, &c. LE CONSEIL a donné acte au Procureur-Général de son Réquisitoire ; en conséquence ordonne que les Officiers qui seront reçus en la Cour, prêteront le serment d'une manière uniforme à l'avenir, debout, la main levée et l'épée au côté.

Jusques-là on étoit dans l'usage d'exiger le serment un genou en terre ; mais le Chevalier de Fourment, auquel il avoit été accordé un Brevet de Major avec sa retraite, s'étant présenté pour prendre séance à celle du mois de Mars 1737, il refusa, à cause de sa jambe de bois, de prêter le serment accoutumé ; et sur sa plainte, M. de la Chapelle écrivit au Procureur-Général de requérir que la forme du serment fût changée, ce qui amena l'Arrêt ci-dessus.

V. la Lettre du Ministre, du 18 Juin suivant.

ARRÊT du Conseil du Cap, portant qu'il y aura deux Huissiers par semaine de service aux séances de la Cour, et qui en condamne deux en huit jours de prison pour y avoir manqué.

Du 7 Mai 1737.

PROVISIONS de Gouverneur Lieutenant-Général, pour M. le Marquis de Larnage, Capitaine de Vaisseau.

Du premier Juin 1737.

R. au Conseil du Petit-Goave, le 11 Novembre même année.
Et à celui du Cap, le 2 Décembre suivant.

V. les Provisions de M. le Marquis de Chateaumorant, du premier Janvier 1716, dont celles-ci ne diffèrent que parce qu'elles n'assujétissent pas les Habitans à prêter un nouveau serment de fidélité.

PROVISIONS de Lieutenant au Gouvernement-Général des Isles sous le Vent de l'Amérique, pour M. de Chastenoye.

Du premier Juin 1737.

LOUIS, &c. Etant nécessaire de pourvoir à la Charge de Lieutenant pour Nous, au Gouvernement Général des Isles sous le Vent de l'Amérique; Nous avons cru ne la pouvoir remplir d'un Sujet qui s'en acquitte plus dignement, que le sieur de Chastenoye, vu les preuves qu'il Nous a données de sa valeur et bonne conduite en diverses occasions, importantes au bien de notre service, et particulierement dans la Charge de Gouverneur pour Nous au Cap : à ces causes... ils ayent à reconnoître et obéir audit sieur de Chastenoye, en l'absence du Gouverneur et notre Lieutenant-Général auxdites Isles : voulons que, par le Garde de notre Trésor Royal ou autres Officiers comptables qu'il appartiendra, il soit payé comptant de ses gages et appointemens par chacun an, suivant les Ordonnances et états qui en seront par Nous expédiés et signés, lesquels rapportant avec les présentes, ou copies d'icelles duement collationnées, pour une fois seulement, et quittance sur ce suffisantes; Nous voulons que tout ce qui lui aura été payé à cette occasion, soit passé et alloué aux comptes de ceux qui en auront fait le payement, par nos amés et féaux les Gens de nos Comptes à Paris, auxquels Nous enjoignons ainsi le faire sans difficulté; cessant et faisant cesser tous troubles et empêchemens à ce contraires. Car tel est notre plaisir, &c.

R. au Conseil du Petit-Goave, le 13 Janvier 1738.
Et à celui du Cap, le 3 Février suivant.

Le surplus de ces provisions est conforme à celles de M. de Charitte, du 28 Janvier 1716, excepté que ce dernier étoit nommé pour cinq ans, & que M. de Chastenoye ne l'est que pour trois ans.

LETTRES *de dispense de serment pour M. de Larnage étant à la Guadeloupe, et nommé Gouverneur et Lieutenant-Général des Isles sous le Vent de l'Amérique.*

Du 3 Juin 1737.

MÉMOIRE DU ROI aux Administrateurs, sur le libre cours qui doit être laissé à la Justice par les Etats-Majors.

Du 10 Juin 1737.

SA MAJESTÉ recommande aux sieurs de Larnage et de la Chapelle, de laisser un libre cours à la justice, et en particulier au sieur de Larnage, de ne s'en mêler que de gré à gré, et pour faire donner main-forte lorsqu'il en sera requis, ainsi qu'Elle lui a expliqué par sa dépêche particulière. Elle veut en effet que les Officiers de Justice qu'Elle a établis dans la Colonie, soient maintenus dans les fonctions de leurs Charges, sans qu'ils puissent y être troublés. Le sieur de la Chapelle est instruit de ce qui s'est passé à cet égard, depuis quelque temps, de la part de quelques Officiers

Majors, qui s'étoient mis dans l'usage de juger de toutes sortes d'affaires, et le sieur de Larnage en sera aussi instruit par la dépêche particulière de Sa Majesté. Elle est persuadée qu'il n'y aura plus de pareilles entreprises de la part d'aucuns Officiers Majors, et que les Officiers de Justice ne trouveront aucune opposition dans le libre exercice de leurs fonctions; pour cet effet, Elle veut que le sieur de Larnage explique de nouveau à tous les Officiers Majors que Sa Majesté leur défend de se mêler directement ni indirectement d'aucune affaire de Justice, sinon pour donner main-forte pour l'exécution des jugemens des Officiers de Justice; et que lorsqu'ils seront requis de donner main-forte, ils doivent la donner sans qu'ils puissent même la refuser, sous prétexte qu'ils n'en auront pas eu ordre par écrit du Gouverneur Général. Cette défense de connoître des affaires de Justice, s'étend généralement sur toutes celles qui sont, tant de la compétence des Juges ordinaires, que de la compétence des Juges de l'Amirauté; mais Sa Majesté observera seulement aux sieurs de Larnage et de la Chapelle, par rapport aux affaires causées pour dettes de cargaisons, que s'il arrivoit que quelque Habitant de mauvaise-foi voulût abuser des délais que les règles ordinaires de la Justice prescrivent dans la procédure pour faire traîner les poursuites qu'un Négociant seroit obligé de faire contre lui, Elle trouvera bon qu'ils prennent connoissance dans ce cas-là de ces sortes d'affaires, afin d'accélérer le payement des cargaisons, et d'abréger le séjour des Vaisseaux Marchands dans la Colonie. Elle veut bien laisser aussi la même faculté au Gouverneur et Commissaire Ordonnateur au Cap; mais Elle leur recommande aux uns et aux autres de n'en faire usage que dans le cas où le bien du commerce le demandera.

Pour Extrait, Signé, DE *SARTRE.*

MÉMOIRE DU ROI aux Administrateurs, sur l'Octroi.

Du 10 Juin 1737.

LA Colonie de Saint-Domingue a été pendant long-tems dans un entier affranchissement de droits, à l'exception d'une imposition de deux sols sur chaque livre d'indigo, qui fut faite par Arrêt du Conseil, du 18 Juillet 1696; et ce ne fut qu'en 1713, que le feu Roi se trouvant hors d'état, par l'épuisement où une longue guerre avoit mis ses finances, de faire pour cette Colonie les mêmes dépenses qu'il avoit faites jusqu'alors,

fut

fut obligé de donner ses ordres pour l'établissement d'un Octroi, dont le produit pût contribuer aux dépenses nécessaires pour la sûreté et l'accroissement de la Colonie.

Les sieurs de Blenac, Gouverneur, et Mithon, Commissaire-Ordonnateur, en firent la proposition aux Habitans, qui s'imposèrent d'abord pour les années 1713 et 1714, un droit de 6 liv. par tête de Négre, pour chacune des deux années, et remirent à s'assembler au mois de Janvier 1715, pour examiner s'il conviendroit de continuer ce droit, ou de le changer en quelqu'autre. L'imposition faite pour 1713 et 1714, fut exécutée; et dans l'assemblée qui fut convoquée au mois de Janvier 1715, il fut résolu que le droit imposé seroit supprimé, et l'on en substitua d'autres; mais cette nouvelle imposition se trouvant sujette à des inconvéniens par rapport au commerce, et sur le compte qui en fut rendu à Sa Majesté, Elle régla, par un Mémoire du 2 Août 1718, que les droits d'Octroi qui se percevroient à Saint-Domingue, consisteroient en 2 sols par livre d'indigo chargé sur les Vaisseaux; 40 sols par barrique de sucre brut, du poids de cinq cent livres; 3 liv. par chaque barrique de sucre blanc du même poids; 3 liv. de Capitation par tête de Négre chaque année, sauf les exceptions; 20 sols par bannette de cuir; et Elle confirma cette imposition par des Lettres patentes du mois d'Avril 1721; Elle en régla la perception par une Déclaration du 7 Septembre 1723, conformément à ce Mémoire et à ces Lettres-patentes; et par une autre Déclaration du 17 Octobre 1724, Elle fit encore de nouvelles dispositions sur cette matière, ensorte que ces droits ont été perçus jusqu'à présent sur ce pied-là. Le produit en est constamment employé, suivant sa destination, aux dépenses nécessaires pour l'entretien et la sûreté de la Colonie; mais il s'en faut de beaucoup qu'il soit suffisant pour pourvoir aux dépenses, est Sa Majesté est obligée d'en faire annuellement de considérables, tant pour les recrues, l'habillement et les vivres des Troupes qui y sont entretenues, que pour d'autres articles. Elle est disposée à continuer les mêmes secours autant que l'état de ses finances pourra les supporter, et que les besoins de la Colonie les demanderont; et Elle s'y porte d'autant plus volontiers, qu'Elle a lieu d'être satisfaite en général de l'exactitude avec laquelle les Habitans ont payé jusqu'à présent les droits d'Octroi.

Elle juge cependant qu'il est nécessaire de faire quelques nouvelles dispositions par rapport à ces droits; Elle a remarqué que, de toutes les marchandises qui se recueillent à Saint-Domingue, il n'y a que le sucre et l'indigo qui soient sujets à ces mêmes droits, parce que lors de leur établissement, il n'y avoit pas d'autres cultures dans la

Colonie ; et Elle estime qu'il est à propos d'y assujétir les denrées provenantes des plantations qui se sont établies depuis, comme le coton, le café et même le cacao ; il est juste en effet que chaque Habitant contribue aux dépenses de la Colonie, et que la contribution tombe sur toutes les cultures ; et d'un autre côté, les manufactures d'Indigo pourront diminuer à mesure, se trouveront usées, et au contraire les dépenses de la Colonie augmenteront à proportion de son établissement. De si justes sujets auroient pu déterminer Sa Majesté à régler cette imposition, mais Elle a mieux aimé en laisser le soin aux Habitans même, et le zèle avec lequel ils se sont portés à l'établissement de l'Octroi, ne permet pas de douter qu'ils n'en donnent de nouvelles preuves dans l'arrangement dont il s'agit, et dont ils doivent sentir toute la justice. Sa Majesté souhaite donc que les sieurs de Larnage et de la Chapelle, convoquent une assemblée des deux Conseils Supérieurs du Petit-Goave et du Cap, et que cette assemblée se fasse au Petit-Goave, où le Conseil Supérieur du Cap se transportera par Députés, ainsi que cela se pratiqua lors de l'établissement de l'Octroi ; Elle veut que l'on régle dans cette assemblée le droit qu'il convient d'imposer sur le coton, le café et le cacao ; son intention est que la délibération qui y sera prise, soit faite au nom des deux Conseils du Petit-Goave et du Cap, et exécutée selon sa forme et teneur, sans qu'il soit de nouveau délibéré au Cap ; et Elle est très-persuadée que ces deux Conseils répondront comme ils doivent, à la marque de confiance et d'attention qu'Elle veut bien leur donner en cette occasion : Elle desire pareillement que les sieurs de Larnage et de la Chapelle réitèrent de nouveau aux Habitans, la promesse que Sa Majesté leur a faite, à l'exemple du feu Roi, qu'au moyen des droits d'Octroi, ils seront et demeureront exempts des droits du Domaine qui se perçoivent aux Isles du Vent, et qu'il ne sera établi dans aucun cas des Fermiers pour le droit d'Octroi dans la Colonie ; et afin que les intentions de Sa Majesté soient connues, Elle ordonne aux sieurs de Larnage et de la Chapelle, de déposer le présent Mémoire au Greffe du Conseil Supérieur du Petit-Goave, et de le faire aussi registrer à celui du Cap, et même aux Jurisdictions ordinaires, s'il est jugé nécessaire. Fait à Versailles, &c.

R. au Conseil du Petit-Goave, le 17 Janvier 1738.
Et à celui du Cap, le 3 Mars suivant.

ORDONNANCE *du Juge du Cap, qui, sur la Requête en plainte de la Compagnie des Dragons-Milices de la même Ville, suite et diligence des sieurs du Langot et Hirel, Capitaine et Maréchal-de-Logis de ladite Compagnie, touchant le refus de Sépulture fait au sieur Olivier, l'un desdits Dragons; permet d'informer, ordonne la visite et l'exhumation du cadavre, en présence du Médecin du Roi et de deux Chirurgiens, pour être ensuite statué ce qu'il appartiendra.*

Du 12 Juin 1737.

V. la Lettre du Ministre, du 21 Août suivant; et l'Ordonnance des Administrateurs, du 31 du même mois.

Nous réservons au surplus pour la partie historique, les détails particuliers de cette affaire, qui porta à embaumer le cadavre, et à le garder pendant sept mois et cinq jours.

BREVET *de Don, en faveur des R. P. Dominiquains établis à Saint-Domingue, de la Succession du sieur Filtzgerald, échue à Sa Majesté par droit d'Aubaine, à la réserve de 10,000 liv. qui seront remises au Trésorier, pour être employées, suivant les Ordres de Sa Majesté, à l'établissement d'un Hôpital au Petit-Goave, ou à l'agrandissement de celui de Léogane.*

Du 18 Juin 1737.

R. au Conseil du Petit-Goave, le 4 Mars 1738.

EXTRAIT *de la Lettre du Ministre à M. de la Chapelle, sur l'ancienne forme du Serment des Officiers du Conseil du Cap.*

Du 18 Juin 1737.

L'USAGE qui s'étoit introduit au Conseil Supérieur du Cap, de faire prêter serment un genou en terre aux Officiers qui doivent y avoir séance, ne convenoit pas, et Sa Majesté a approuvé que vous ayiez écrit au Procureur-Général de le faire supprimer.

Lettre du Ministre aux Administrateurs, touchant les Lettres-Patentes du mois d'Octobre 1727, sur le Commerce étranger.

Du 25 Juin 1737.

MM., le Roi a réglé, par les articles 11, 12, 13, 14 et 15, du titre Ier des Lettres-patentes de Sa Majesté, du mois d'Octobre 1727, concernant le Commerce étranger, ce qui doit être observé à l'égard des Bâtimens étrangers, qui, par tempête ou autres besoins pressans, sont obligés de relâcher dans les Colonies Françoises. Vous savez l'un et l'autre que les permissions portées par les articles 12, 13 et 14, doivent être données ou refusées par le Gouverneur Lieutenant-Général et l'Intendant, conjointement; ces articles même sont précis à cet égard, et il ne doit pas y avoir de difficulté pour les endroits où résident les Gouverneur Lieutenant-Général et Intendant. Pour empêcher qu'il n'y en ait à Saint-Domingue, dans les endroits éloignés de votre résidence, Sa Majesté m'a ordonné de vous dire que ces permissions y doivent être données ou refusées par l'Officier-Commandant, ou par le Commissaire ou Ecrivain-principal, faisant fonctions de Commissaire; c'est même là l'esprit des Lettres-patentes du mois d'Octobre 1727, puisque les Gouverneur Lieutenant-Général et Intendant, sont représentés, dans les endroits où ils ne résident point, par les Officiers-Commandans et par les Commissaires. Vous aurez donc agréable de donner vos ordres en conséquence, dans les différens endroits de Saint-Domingue désignés par ces Lettres-patentes, pour les relâches en question.

Vous savez aussi qu'aux termes des mêmes art. 12, 13 et 14, les permissions dont il s'agit, ne peuvent être accordées qu'après que les demandes qui en auront été faites par les Capitaines des Bâtimens étrangers, auront été communiquées au Directeur du Domaine, et débattues par lui, s'il y a lieu; comme il n'y a point de Domaine à Saint-Domingue, et que Sa Majesté veut que ces demandes soient débattues, Elle m'a ordonné de vous dire que son intention est que vous les communiquiez au Commissaire de la Marine servant au Petit-Goave, ou à l'Ecrivain-principal, lequel fera en cette partie, ce qui est prescrit dans les Lettres-patentes par rapport au Directeur du Domaine. Au Cap, ce sera à l'Ecrivain principal qui y est établi, de faire cette fonction sur les demandes qui seront faites au Gouverneur et au Commissaire-Ordonnateur; et quant aux autres postes où il n'y a que des Ecrivains principaux, lesquels seront autorisés à donner eux-mêmes les permissions, conjointement avec les Officiers-Commandans, il sera nécessaire que M. de la Chapelle y subdélègue quelqu'un pour débattre les demandes. Telles sont les intentions de Sa Majesté à cet égard; vous aurez soin de vous y conformer, ainsi qu'aux autres dispositions des Lettres-Patentes de 1727. Je suis, &c.

LETTRE *du Ministre à MM. de Larnage et de la Chapelle, sur une prétention entre deux Médecins.*

Du 23 Juillet 1737.

LE sieur Pouppée Desportes, *Médecin du Roi à Saint-Domingue*, se plaint que le sieur Dumoulin, auquel il a été accordé un Brevet de *Médecin au Cap*, veut l'empêcher d'exercer sa profession en cette Ville. Il est vrai que le Brevet expédié au sieur Dumoulin, l'établit Médecin au Cap; mais il ne doit pas exclure le sieur Pouppée Desportes d'exercer en cette Ville. Muni d'un Brevet qui l'établit Médecin à Saint-Domingue, il peut exercer dans tous les endroits de l'Isle; et c'est l'avantage qu'il a sur le sieur Dumoulin, lequel ne peut, en vertu de son Brevet, exercer qu'au Cap: l'intention du Roi est donc que vous mainteniez le sieur Pouppée Desportes, dans le pouvoir que S. M. lui a donné par son Brevet, et que vous empêchiez le sieur Dumoulin de l'y troubler.

ORDONNANCE DU ROI, concernant le Faux-principal et le Faux-incident, et la reconnoissance des Ecritures et Signatures en matière Criminelle.

Du mois de Juillet 1737.

R. au Parlement de Paris, le 11 Décembre suivant.

Les dispositions de cette Ordonnance, non enregistrée à Saint-Domingue, y sont cependant adoptées. Comme elle se trouve entre les mains de tout le monde, nous nous sommes cru dispensés de la rapporter ici.

V. un Arrêt du Conseil du Cap, du 20 Octobre 1768.

LETTRE du Ministre à MM. de Larnage et de la Chapelle, sur le refus de Sépulture fait à un particulier de la Compagnie des Dragons-milices du Cap.

Du 21 Août 1737.

M. de Sartre m'a rendu compte de ce qui a donné lieu à la procédure qui a été commencée en la Jurisdiction du Cap, et poursuivie sous le nom de la Compagnie de Dragons de cette Ville, au sujet de la Sépulture du corps du sieur Olivier, qui étoit de cette Compagnie. Le Père de la Neuville, Procureur des Missions des Jésuites, a fait de son côté des représentations sur cette affaire; et par l'examen que j'ai fait du tout, j'ai reconnu qu'à quelques circonstances près, le détail que le Père de la Neuville fait de ce qui s'est passé en cette occasion, s'accorde assez à celui que m'en a envoyé M. de Sartre.

Ces circonstances sont que, suivant les Jésuites, il n'a pas été possible depuis onze ans que le sieur Olivier étoit au Cap, de le faire approcher des Sacremens; que le Supérieur, averti du danger où il étoit à la campagne, lui envoya un Missionnaire pour lui donner les secours de son Ministère, mais que ce Missionnaire ne put réussir qu'à lui occasionner de proférer les plus horribles blasphêmes; que le lendemain il y retourna, et qu'il ne lui trouva que le même endurcissement et la même fureur; que, pour lui laisser le temps de se calmer, s'il étoit possible, il revint dire la Messe au Cap ; et pria les gens de la maison où il étoit, de lui inspirer quelque bon sentiment, mais qu'ils ne réussirent pas mieux que lui ; enfin, que l'on eut beau lui offrir quel Confesseur il voudroit, qu'il n'en voulut aucun ; et que c'est dans ces malheureuses dispositions qu'il expira. Mais selon ce que M. de Sartre me marque, le Jésuite ne fit qu'une visite au sieur Olivier. Ce fut le jour de sa mort qu'il se rendit dans la maison où il étoit pour le confesser, à quoi n'étant pas disposé, dit M. de Sartre, le Jésuite se retira et le malade mourut le soir.

Quoi qu'il en soit de ces circonstances, il reste toujours pour certain que le Curé du Cap a refusé la Sépulture du corps du sieur Olivier ; et, suivant l'exposé même des Jésuites, c'est mal-à-propos qu'il l'a refusée. Le refus de sépulture, qui est une ignominie, ne peut en effet être autorisé qu'autant que par des Actes juridiques, il est prouvé que le défunt a refusé jusqu'au dernier instant de sa vie de recevoir les Sacremens, et déclaré publiquement ne vouloir pas mourir dans la Religion C. A. et R.

M. de Sartre m'a cependant marqué qu'il avertiroit le Juge du Cap de ne rendre son jugement définitif sur cette affaire, qu'après que MM. de Fayet et de la Chapelle, qui en avoient été informés, auroient envoyé leur réponse. Je ne sais point quel parti ils auront pris sur cela ; mais en tout cas l'intention du Roi est que vous rendiez compte de ce qui se sera passé, et que s'il y avoit quelqu'autre condamnation prononcée contre les Jésuites que celle de la sépulture du cadavre, vous en fassiez surseoir l'exécution jusqu'à ce que Sa Majesté vous ait fait savoir les ordres qu'Elle jugera à-propos de donner sur cela. Au surplus, il est fâcheux que cette affaire ait fait autant d'éclat, et vous devez donner vôtre attention à empêcher qu'il n'y en ait pas de semblables à l'avenir.

D'après cette Lettre du Ministre, M. le Marquis de Larnage, Gouverneur-Général, à la prière duquel les Jésuites avoient refusé de faire l'inhumation du sieur Olivier, leur en donna l'ordre, qu'ils exécutèrent le 14 Janvier 1738, *comme le prouve un Procès-verbal du Juge du Cap, portant que le convoi fut très-nombreux, et que la Compagnie des Dragons-milices rendit les honneurs funèbres au sieur Olivier.*

V. une autre Lettre du Ministre, du 11 *Juin* 1738.

LETTRE du Ministre à M. de Larnage, sur l'établissement d'un Commandant de la partie de l'Ouest pour la seconde fois.

Du 30 Août 1737.

IL a été proposé plusieurs fois de former un Gouvernement des Quartiers de l'Ouest à Saint-Domingue; le Roi n'a pas jugé à-propos de l'établir; mais en 1726, Sa Majesté donna ordre à feu M. de Nolivos, Lieutenant-de-Roi au Petit-Goave, pour commander dans ces Quartiers, sous les ordres du Gouverneur Général. Il n'avoit pas été pourvu à ce Commandement depuis sa mort; mais M. de l'Ecossois l'ayant demandé, Sa Majesté a bien voulu le lui accorder; et comme c'est principalement pour que vous puissiez vous faire soulager dans le gouvernement des Quartiers de l'Ouest, Sa Majesté a réglé qu'il fera sa résidence au Petit-Goave.

ORDONNANCE des Administrateurs, pour faire accorder la Sépulture à un Dragon-milice, à qui elle étoit refusée comme accusé d'être mort hors du sein de l'Eglise.

Du 31 Août 1737.

ETIENNE de Chastenoye, &c.

Daniel-Henri de la Chapelle, &c.

Sur la connoissance que nous avons eue des discussions arrivées à l'occasion de l'enterrement du nommé Jérôme Olivier, Maître dans la Compagnie des Dragons du Cap; vu l'Acte de célébration de mariage de Nicolas Olivier, avec Jeanne Maglalen, du 14 Mai 1696; l'extrait baptistaire de Jérôme Olivier, fils dudit Nicolas Olivier, et de Jeanne Maglalen, en date du 14 Juin 1699; une copie de la lettre écrite par le R. P. Gros au sieur Guerignon, du 6 Juin dernier; la dénonciation au Procureur du Roi de ladite lettre, le même jour; une Requête présentée au sieur Juge du Cap, par la Compagnie de Dragons dudit lieu, tendante à ce que leur plainte contre le refus de la Sépulture faite au sieur Olivier, le transport de son cadavre fait au pied de la potence, et contre le jet qu'on en a fait dans les marécages, fût reçue, leur en donner Acte, et leur permettre d'informer desdits faits par toutes sortes de voies requises en pareil cas par l'Ordonnance, même des vie et mœurs dudit dé-

funt

funt, du moment de sa mort, du tems que le R. P. Curé ou son Vicaire l'ont exhorté, et de l'état auquel étoit le défunt lors du prétendu refus qu'il a fait des secours spirituels qui lui ont été offerts; réquerant la jonction du Procureur du Roi, requérant aussi une descente sur les lieux où le cadavre a été enterré, du sieur Juge du Cap, et du Procureur du Roi, pour en dresser procès-verbal, et pour ensuite le faire séquestrer en une maison de Chirurgien, aux frais, périls et fortune de qui il appartiendra, pour être conservé jusqu'à définition du procès; ensuite de quoi est l'Ordonnance du sieur Juge du Cap, de soit communiqué au Procureur du Roi, du 12 Juin dernier; les conclusions dudit Procureur du Roi, du même jour; l'Ordonnance dudit sieur Juge du Cap, dudit jour, conformément aux conclusions prises par le Procureur du Roi, qui leur donne Acte de leur plainte, leur permet d'informer des faits contenus en icelle, et en outre ordonne que la descente sur les lieux où le cadavre dudit Olivier a été jeté, sera faite en compagnie des sieurs du Langot et Hirel, Capitaine et Maréchal-des-Logis de ladite Compagnie de Dragons du Cap, des sieurs Deslauriers, Chirurgien du Roi, Delore et d'Alban, Maîtres Chirurgiens, et du sieur Desportes, Médecin du Roi, lesquels feront un fidèle rapport de l'état dudit cadavre, serment par eux préalablement pris, pour être joint à l'information qui sera faite. Le procès verbal de levée du corps dudit Olivier des marécages, et le dépôt d'icelui dans une Halle au bord de la mer, du 12 Juin dernier. Autre Requête présentée audit sieur Juge du Cap, par ladite Compagnie de Dragons, tendante à ce qu'il lui plût se transporter avec le Procureur du Roi, au lieu où le cadavre dudit Olivier avoit été délaissés, à l'effet de faire par les Médecins et Chirurgiens qu'il avoit nommés d'office, les opérations nécessaires sur ledit cadavre pour sa conservation jusqu'à la définition du procès, et pour y apposer des cachets, et le laisser à la garde de quelqu'un. L'Ordonnance dudit sieur Juge en conséquence, du 15 dudit mois de Juin; procès-verbal de l'état du cadavre dudit Olivier, dudit jour; les informations faites par ledit sieur Juge du Cap, le 14 Juin dernier et jours suivans. Autre Requête présentée audit sieur Juge du Cap, par ladite Compagnie de Dragons, tendante à ce qu'il fût ordonné au sieur Guerignon, de leur remettre sous recépissé, l'extrait-baptistaire dudit Olivier, et les autres pièces justifiant sa catholicité, ainsi que la lettre missive du R. P. le Gros, du 5 Juin, et de la dénonciation faite au Procureur du Roi en conséquence, et le testament du feu sieur Olivier père; l'Ordonnance dudit sieur Juge, portant communication au Procureur du Roi, du 16 Juin dernier; les conclusions du Procureur du Roi, du même jour; l'Ordonnance dudit sieur Juge, par laquelle il adjuge à ladite Compagnie de Dragons, les conclusions de sa Requête. Autre Requête tendante, à ce que copie de la remontrance faite par le Procureur du Roi, touchant l'enterrement avec pompe d'une Négresse suppliciée, leur fût délivrée par le Greffier, pour être jointe à la plainte et aux informations ci devant faites; l'Ordonnance de soit communiqué au Procureur du Roi, du 16 du même mois de Juin; les conclusions dudit Procureur du Roi du même jour; Ordonnance dudit sieur Juge, qui adjuge à ladite Compagnie les conclusions par elle prises; ladite remontrance du Procureur du Roi, au sujet de l'enterrement d'une Négresse suppliciée. Autre Requête présentée par ladite Compagnie audit sieur Juge du Cap, pour qu'il lui plût fixer ses jours pour entendre tous les autres témoins qu'ils ont a administrer pour raison de ladite affaire, pour, passé de ce, clore ladite information décréter sur les conclusions du Procureur du Roi, et faire tous les autres Actes de procédure prescrits par l'Ordonnance de 1667, jusqu'au jugement définitif dudit procès, au pied de laquelle est l'Ordonnance dudit sieur Juge, qui renvoye ladite Compagnie à se pourvoir pardevant Nous, du 3 Août 1737. Copie de la lettre de feu M. le Marquis de Fayet, aux Dragons du Cap, du 28 Juillet dernier. Autre Requête présentée par ladite Compagnie au sieur Juge du Cap, tendante à ce qu'il lui plût, vu ladite lettre et y ayant égard, leur adjuger les conclusions par eux prises par la Requête au pied de laquelle est son Ordonnance du 3 Août, qui renvoie ladite Compagnie à se pourvoir comme dessus pardevant MM. les Général et Intendant, et tout considéré: Nous ordonnons aux Juges de cesser toutes procédures, pour raison de la dite instance; et cependant nous ordonnons que le corps dudit Jérôme Olivier sera enterré dans le Cimetière de la Paroisse du Cap, en la manière accoutumée, mais sans pompe ni solemnité, ce qui sera exécuté à la diligence du Procureur Général du Roi. Fait ce 31 Août 1737. *signé*, CHASTENOYE ET LA CHAPELLE.

Les Jésuites refusèrent d'obéir à cette Ordonnance; Alors les Administrateurs s'évoquant la connoissance de l'affaire, l'interdirent au Juge du Cap.

V. pour la fin de cette affaire, la lettre du Ministre, du 21 Août 1737, *à sa date.*

COMMISSION de Substitut du Procureur du Roi au Cap, donnée par les Administrateurs à M. Barbey, Garde-Magasin du Roi au même lieu.

Du 13 Octobre 1737.

R. au Conseil du Cap, le 5 Novembre suivant.

ORDONNANCE de M. l'Intendant, portant défenses aux Receveurs de l'Octroi, de recevoir plus de 12 liv. pour l'expédition d'un Navire.

Du 14 Octobre 1737.

DANIEL-HENRI de Besset, &c. Chevalier, Seigneur de la Chapelle, &c. Etant informé de l'abus que les Receveurs de l'Octroi au Cap ont introduits depuis long-tems, d'exiger des Capitaines, lorsqu'ils expédient leurs déclarations de chargement, un droit qu'ils ont étendu jusques à la somme de 36 liv. pour chaque Navire, quoique ce droit n'ait jamais été appuyé d'aucun ordre, et n'a jamais été exigé par les Receveurs des Octrois du ressort du Conseil du Petit-Goave; et voulant remédier à cet abus, et établir en même-tems une régle uniforme, Nous ordonnons qu'il sera seulement payé à l'avenir aux Receveurs des Octrois du ressort des deux Conseils Supérieurs de cette Colonie, 12 liv., tant pour l'expédition de la déclaration, que pour le duplicata d'icelle qu'ils remettent aux Capitaines de Navires; défendons auxdits Receveurs des Octrois et à leurs Commis, d'exiger plus forte taxe, sous quelque prétexte que ce puisse être, à peine d'être punis comme concussionnaires; leur enjoignons en outre de délivrer, sans retardement, aux Capitaines des Navires, leurs expéditions; et sera la présente Ordonnance enregistrée au Greffe de l'Amirauté, à la diligence du Procureur du Roi, auquel Nous ordonnons de tenir la main à l'exécution d'icelle. Donné à Léogane, &c.

ORDONNANCE du Juge de Police du Cap, qui défend aux particuliers de recevoir des Malades dans leurs maisons ; et aux Chirurgiens de traiter chez eux des Scorbutiques, et autres personnes attaquées de maladies contagieuses.

Du 17 Octobre 1737.

CLAUDE de Clérambault, &c.

Sur ce qui nous a été remontré par le Procureur du Roi, que les plaintes qu'il reçoit journellement de la part de tout le public, sur un abus mal-à-propos introduit dans cette Ville, qui n'a été que trop long-temps toléré, de ce que de certaines gens d'une âme mercenaire, sacrifient le bien public à leur intérêt particulier, en recevant dans leurs maisons des malades de toutes espèces, non-seulement sans considérer si cela leur est permis ou non, mais encore sans s'embarrasser des suites que peuvent causer une pareille contravention aux Ordonnances du Roi sur le fait de la police, n'étant permis à qui que ce soit de tenir des Hôpitaux publics dans le centre d'une Ville, et notamment dans un pays comme celui-ci, où le mauvais air qui y règne, tant par sa situation naturelle que par les chaleurs excessives qu'il y fait, ne procurent que trop souvent des maladies dangereuses qui attaquent les personnes du meilleur tempérament, lesquelles succombent souvent comme les autres, et augmentent par ce moyen le mauvais air et le nombre de maladies ; que comme plusieurs personnes se sont arrogé le droit de tenir dans cette Ville des chambres pour y recevoir des gens attaqués fort souvent de maladies contagieuses, et que les exemples fréquens que nous avons des ravages considérables qu'ont occasionné particulièrement ceux qui reçoivent chez eux des Matelots et autres gens de bord avec leurs cadres et bagages, dont la malpropreté seule et les mauvaises odeurs que ces sortes d'équipages apportent dans la Ville, ne peuvent que contribuer à y entretenir le mauvais air ; il paroît nécessaire d'apporter un prompt remède à une contravention aussi dangereuse pour le bien public. A ces causes, requéroit, &c.

Nous, faisant droit sur la remontrance du Procureur du Roi, faisons défenses à toutes personnes, de quelque état qu'elles soient, propriétaires ou locataires de maisons, de tenir chez eux aucun hôpital dans l'enceinte de cette Ville, et d'y recevoir des gens de bord ; enjoignons à ceux qui en ont actuellement chez eux, de les faire sortir dans 24 heures, le tout à peine de 100 liv. d'amende ; faisons pareillement défenses, sous la même peine, à tous Capitaines et autres Officiers de Navire actuellement en cette rade, qui auront des gens malades, de les faire mettre dans aucun endroit au centre ni au vent de la ville, sauf à eux à les faire porter dans les derrières, et aux maisons les plus reculées sous le vent, ensorte que le public n'en puisse souffrir; faisons aussi défenses aux Chirurgiens de cette ville, de garder dans leurs maisons aucune personne attaquée du Scorbut ou autres maladies contagieuses, à peine de 100 liv. d'amende, et de plus grande peine s'il y échet, sauf à les faire porter dans des endroits écartés et convenables; enjoignons aux deux Huissiers du Siége qui sortiront et entreront de semaine, de veiller à l'exécution de la présente Ordonnance, même de faire conjointement ou séparément la visite des maisons ou autres lieux qui seront soupçonnés de contravention à icelle, et d'en donner avis aussitôt au Procureur du Roi; les autorisons à cet effet, sans que qui que ce soit puisse leur refuser l'ouverture des lieux, laquelle visite ils feront avec modération et retenue, à peine d'interdiction en cas de quelque plainte légitime contre-eux. Ordonnons que la présente Ordonnance, qui sera exécutée nonobstant opposition ou appellation quelconques, et sans y préjudicier, sera publiée l'Audience tenante, publiée à tous les carrefours, &c.

EXTRAIT de la Lettre du Ministre aux Administrateurs, sur l'inhumation solemnelle d'une Négresse pendue.

Du 22 Octobre 1737.

DANS l'affaire qui s'est élevée à l'occasion de l'enterrement d'une Négresse suppliciée, fait avec une espèce de solemnité par le P. Boutin, Jésuite, la conduite de ce Religieux ne sauroit être approuvée. M. de la Chapelle a cependant bien fait de défendre aux Juges du Cap de continuer les poursuites qu'ils avoient commencées à ce sujet, et d'avertir en même-temps le Supérieur des Jésuites d'empêcher que pareille chose n'arrive plus. J'ai écrit de mon côté au Père de la Neuville, et je suis persuadé qu'il n'y aura plus d'aventure semblable.

LETTRE du Ministre à MM. de Larnage et de la Chapelle, touchant des démêlés entre les Officiers de Justice et ceux des Etats-Majors, et le déplacement des Registres hors des Greffes, exigé par ces derniers.

Du 29 Octobre 1737.

J'AI été informé de ce qui s'est passé à l'occasion du particulier Anglois et du Négre arrêtés aux Cayes et conduits en prison par M. de Vaudreuil, et sur tout ce qui m'en a été écrit, tant par M. de Fayet et M. de la Chapelle, que par M. de Vaudreuil et les Officiers de la jurisdiction; j'ai reconnu que si la conduite du Lieutenant de Juge et du Procureur du Roi a pu donner à M. de Vaudreuil quelque sujet de se plaindre, l'on en a usé aussi avec trop de rigueur à leur égard.

Dès que l'Anglois et le Négre avoient été constitués prisonniers par ordre de M. de Vaudreuil, le Lieutenant de Juge et le Procureur du Roi ne devoient pas commencer une procédure contre eux sans lui en parler; ils devoient encore moins faire donner des assignations à des Officiers qui se trouvoient chez lui sans l'en prévenir; et l'on peut aussi reprocher au Lieutenant de Juge de n'avoir point reçu avec la déférence convenable les ordres qui lui avoient été apportés de sa part; mais tout cela n'autorisoit pas les excès où il paroît qu'on s'est porté, de vouloir enfoncer des prisons Royales, de faire mettre aux fers l'Huissier qui a donné les assignations chez M. de Vaudreuil, de faire conduire par des Soldats, et publiquement, un Juge dans les prisons, et de ne l'en faire sortir que pour le faire aller au Petit-Goave avec le Procureur du Roi, et les y retenir l'un et l'autre sans avoir égard ni au retardement que leur détention pouvoit apporter à la distribution de la Justice dans leur jurisdiction, ni au préjudice qu'elle causoit à leur famille.

Tous ces Actes d'autorité sont très-déplacés; le Roi, à qui j'en ai rendu compte, les a désapprouvés, et S. M. se seroit déterminée à faire un exemple dans cette occasion, si Elle n'étoit persuadée que M. de Larnage sera attentif à prévenir par ses ordres que les Officiers-Majors ne tombent plus dans de pareils excès; Elle veut cependant qu'il explique à M. de Vaudreuil qu'Elle est très-mécontente des violences qu'il a exercées contre le Juge, et qu'il doit faire à l'avenir un meilleur usage de l'autorité qu'Elle veut bien lui confier; Elle souhaite en même-tems que vous teniez la main l'un et l'autre, à ce que les Officiers des jurisdictions ayent pour les Officiers Majors qui commandent dans les quartiers, les égards et les déférences convenables. Ce n'est qu'en se rendant avec soin ce qu'ils se doivent réciproquement, qu'ils peuvent conserver le concert qui devroit être entre eux pour le bien du service et la tranquillité de la Colonie. Les Officiers Majors ne doivent point entreprendre sur les fonctions des Officiers de Justice; mais lorsque S. M. vous a donné les ordres sur cela, Elle n'a pas entendu que les Officiers de Justice fussent dispensés des egards qu'ils doivent avoir dans certaines occasions pour les Officiers-Commandans. Elle attend de la sagesse de votre administration, que tous ces objets se trouveront à l'avenir parfaitement conciliés.

Au reste, S. M. ne doute point que le Juge et le Procureur du Roi n'ayent été renvoyés à leurs fonctions, et que l'Hussier qui étoit aux fers n'ait été mis en liberté; en tout cas si cela n'étoit pas fait, l'intention de S. M. est que M. de Larnage y pourvoie à la réception de cette dépêche.

Il est revenu au Roi que M. Descairac a fait porter les Registres de Saint-Louis, chez le sieur Dupas, où il étoit, pour les compulser, et que M. de Vaudreuil en a fait autant pour les Registres des Cayes; quels que soient les motifs de ces compulsoires, S. M. a désapprouvé que ces Registres ayent été tirés des Greffes, et Elle vous ordonne expressément de veiller à ce que pareille chose n'arrive plus.

EXTRAIT de la Lettre du Ministre à M. l'Intendant, à l'occasion des Equipages des Bâtimens retenus pour le paiement de l'amende de 1000 l. prononcée contre eux, conformément aux Lettres-Patentes de 1727.

Du 11 Novembre 1737.

SA MAJESTÉ a pareillement approuvé que vous ayiez fait relâcher les Equipages de ces deux prises, quoiqu'ils n'ayent pas payé l'amende de 1000 liv. à laquelle ils ont été condamnés, aux termes des Lettres-patentes de 1727, et Elle trouvera bon que vous en usiez de même, lorsque vous trouverez qu'il seroit inutile de retenir les Equipages pour le paiement de cette amende; mais Elle ne veut pas que ces Equipages soient distribués, comme vous le proposez, sur les Vaisseaux Marchands, pour les faire passer en France, et il suffira de les faire mettre en liberté.

ARRÊTÉ du Conseil du Petit-Goave, touchant le Service célébré pour M. de Fayet, et celui préparé pour M. de la Chapelle.

Du 11 Novembre 1737.

CE jour, le Procureur-Général du Roi est entré, et a dit : que MM. le Marquis de Fayet, Général de cette Colonie, et de la Chapelle, Intendant audit pays, venant de décéder dernièrement, il conviendroit que la Cour donnât des marques de la part qu'elle prend à leur perte, en faisant faire un Service à leur mémoire, en payant les frais de celui qui a déjà été fait pour M. le Marquis de Fayet, et ceux qu'il conviendra faire pour celui de M. de la Chapelle; pourquoi il requiert qu'il soit délibéré sur la proposition : sur quoi la matière mise en délibération, et LE CONSEIL faisant droit à la remontrance du Procureur-Général du Roi, a ordonné et ordonne que les frais faits pour le service de feu M. le Marquis de Fayet, seront payés par la caisse des deniers de la masse Curiale, et que les frais qu'il conviendra faire aussi pour le Service de feu M. de la Chapelle, seront également pris sur la même masse; à l'effet de quoi, le Conseil a nommé M. Me Branda, Conseiller séant, Commissaire, pour régler les frais desdits Services, tant faits qu'à faire, lequel sera fait dans l'Eglise Paroissiale de cette Ville.

ARRÊT du Conseil d'Etat, qui ordonne que les Congés et Passe-ports timbrés du nom de feu M. le Comte de Toulouse, Amiral, continueront à être délivrés jusqu'à la fin de 1738, et dans les Colonies jusqu'à la fin de 1739.

Du 10 Décembre 1735.

R. en l'Amirauté du Cap, le 12 Avril 1738.

ORDONNANCE

ORDONNANCE des Administrateurs, pour l'établissement d'un Greffe de l'Intendance et d'un Greffe de la Subdélégation.

Du 3 Janvier 1738.

CHARLES Brunier de Larnage, &c.

Pierre de Sartre, &c.

Notre principale attention étant de procurer aux Habitans de cette Colonie, le repos et la tranquillité si utiles et si nécessaires dans les familles; et ne pouvant y parvenir sans mettre dans les affaires, sur-tout en celles qui concernent les propriétés des terres, un ordre certain, qui puisse assurer à l'avenir auxdits Habitans, une possession juste et assurée de leurs biens, Nous avons estimé que, pour remédier à tous les abus qui se sont glissés jusqu'à présent, tant pour l'arpentage des habitations que pour la stabilité des titres, il étoit nécessaire d'établir un Greffier à l'Intendance pour faire sa résidence près de Nous, et un autre Greffier à la Subdélégation à l'Intendance, pour faire sa résidence au Cap, auprès du Gouverneur et Commissaire-Ordonnateur audit lieu, dans les Greffes desquels seront enregistrées les concessions que Nous accorderons à l'avenir, et les minutes de nos Jugemens et Ordonnances, concernant la Police générale, et discussions de terreins aussi enregistrées ou déposées, les droits et émolumens desquels Greffiers seront réglés par un Tarif qui sera dressé à cet effet; et sera la présente enregistrée aux Greffes des Conseils Supérieurs du Petit-Goave et du Cap. Donné à Léogane, &c. *Signé*, DE LARNAGE et DE SARTRE.

R. au Conseil du Petit-Goave, le 13 du même mois.
Et à celui du Cap, le 3 Mars suivant.

Cette Ordonnance a été approuvée par une Lettre du Ministre, du 22 Juillet aussi suivant.

ORDONNANCE des Administrateurs, qui rejette l'opposition formée à une autre Ordonnance, du 26 Septembre précédent, qui accordoit aux Religieux de la Charité, la préférence d'un terrein pour placer l'Hôpital de Léogane, sur le Particulier acquéreur dudit terrein, à la barre du Siége de Léogane.

Du 4 Janvier 1738.

R. au Greffe de l'Intendance, le 23 du même mois.

ARRÊT du Conseil du Petit-Goave, touchant l'emploi des Acons.

Du 14 Janvier 1738.

ENTRE André Charret et Julien Ligon, Négocians, Appelans, d'une part; contre Pierre Dennebuy, Capitaine, commandant le Navire le Cheval-Marin de Nantes, d'autre part. LE CONSEIL faisant droit sur les conclusions du Procureur-Général du Roi, fait défenses à tous Capitaines et autres Gens de mer commerçans à la côte, de se servir des Acons autrement que pour porter à bord des Chaloupes ou Barques, les denrées qui doivent être portées dans les Vaisseaux ou autres Bâtimens, à peine de répondre des événemens en leurs propres et privés noms; ordonne que le présent Arrêt sera lu, publié et enregistré dans tous les Siéges de l'Amirauté du ressort de la Cour, &c.

ARRÊT du Conseil du Petit-Goave, qui annulle comme abusif le mariage d'un Mineur, célébré sans le consentement de son Tuteur et hors de sa Paroisse; et ordonne l'exécution de l'art. 40 de l'Ordonnance de Blois, et celle de l'Edit de 1697, sur les Mariages.

Du 18 Janvier 1738.

ENTRE Jacques Bouton, et Georges de Launay, tant en leurs noms que comme faisant pour Tribou, *demeurant à Léogane*, Tuteur principal du Mineur Louis de Launay, frère dudit Georges, et en cette qualité Appelant comme d'abus d'un Acte de célébration de Mariage fait le 12 Mai 1737, par le R. P. Guinard, *Curé de Saint-Louis*; le Procureur-Général du Roi joint d'une part; contre ledit Louis de Launay, Jeanne Bossé, et Gaspard Bossé, son Père, intimés d'autre part. Vu par le Conseil, &c.

LE CONSEIL dit qu'il y a abus dans la célébration du Mariage dont est question; qu'il a été mal, nullement et abusivement procédé et célébré: déclare ledit Mariage non-valablement contracté; fait défenses à Louis de Launay et à Jeanne Bossé, de prendre la qualité de mari et de femme, et de se hanter ni fréquenter; les condamne chacun et solidairement l'un pour l'autre, en trente livres d'aumône envers la Fabrique de la Paroisse du Fonds des Négres, et en tous les dépens: condamne ledit Gaspard Bossé à prendre l'enfant dont ladite Jeanne Bossé, sa fille, est accouchée, icelui faire nourrir, entretenir et élever en la crainte de Dieu, Religion Catholique, Apostolique et Romaine, jusqu'à ce qu'il soit en âge de pouvoir gagner sa vie, sauf son recours vers ledit Louis de Launay: de tout quoi sera tenu de rapporter au Procureur-Général du Roi un certificat de trois en trois mois; et faisant droit sur ses conclusions, ordonne que l'art. 40 de l'Ordonnance de Blois, et l'Édit de 1697, seront exécutés selon leur forme et teneur; que ledit Article, ledit Édit et le présent Arrêt, seront notifiés à tous les Curés du ressort du Conseil pour s'y conformer, &c.

ARRÊTÉ du Conseil du Petit-Goave, pour transférer ses Séances à Léogane.

Du 21 Janvier 1738.

CE jour, le Procureur-Général du Roi est entré et a dit: que dans une conférence particulière, M. le Général lui ayant témoigné qu'il étoit nécessaire pour le service du Roi, que sa résidence fût établie à Léogane, où M. le Commissaire-Ordonnateur, Subdélégué à l'Intendance, est aussi à portée pour diverses affaires qui intéressent pareillement le service du Roi, et qui empêcheroient qu'ils ne pussent l'un et l'autre, suivant les intentions de S. M. assister au Conseil, s'il continuoit de tenir ses séances dans le lieu du Petit-Goave; il s'agissoit, par ces raisons et par plusieurs autres considérations importantes, qu'elles fussent désormais tranférées, au moins jusqu'à nouvel ordre du Roi, en la ville de Léogane, et qu'il en fût délibéré par la Cour. Pourquoi requéroit qu'il fût tout présentement procédé à ladite délibération, à laquelle réprésentation LE CONSEIL ayant égard, et la matière mise en délibération, il a dit et ordonné que, conformément aux intentions de M. le Général, les séances de la Cour seront désormais transférées et tenues au Palais de la ville de Léogane, jusqu'à nouvel ordre de Sa Majesté, et qu'à la diligence du Procureur-Général du Roi ou de ses Substituts, le présent Arrêt sera lu et publié en tous et chacun les Siéges du ressort, l'audience tenante, et à la porte de toutes les Églises Paroissiales, afin que personne n'en prétende cause d'ignorance.

ARRÊT en Réglement du Conseil du Cap, touchant les Poisons; et qui ordonne l'exécution de l'Edit du mois de Juillet 1682.

Du 7 Février 1738.

SUR ce qui a été représenté au Conseil par le Procureur-Général du Roi, &c. La matière mise en délibération, et tout considéré : LE CONSEIL a ordonné et ordonne que les Réglemens et Ordonnances seront observés et exécutés selon leur forme et teneur, notamment l'Edit du Roi, du mois de Juillet 1682; ce faisant, fait défenses aux Chirurgiens, Apothicaires et Droguistes, de confier ni laisser aux Négres, leurs Esclaves, lesdits poisons, drogues et compositions, sous prétexte qu'ils travaillent de Chirurgie, par leur ordre et sous leur conduite, ni pour telle autre cause que ce puisse être, à peine de répondre des événemens, et de punition corporelle; et auxdits Négres d'avoir pardevers eux, garder, retenir, ni faire usage desdits poisons, drogues et compositions, sous tel prétexte que ce puisse être, pas même de l'ordre de leurs maîtres, à peine de la vie; et pour que ce soit chose notoire, ordonne que le présent Arrêt sera envoyé ès Jurisdictions ressortissantes, pour y être enregistré, lu, publié et affiché par-tout où besoin sera, &c.

ORDONNANCE des Administrateurs, qui fait défenses à tous Négres-Esclaves de vendre du coton.

Du premier Mars 1738.

CHARLES Brunier de Larnage, &c.

Pierre de Sartre, &c.

Etant informés que, quelque précaution que l'on ait prise jusqu'à présent, pour empêcher les Négres de vendre les denrées dont le commerce leur est interdit, ils en débitent journellement, soit dans les marchés, soit en particulier; que, depuis quelque tems, on s'apperçoit sur-tout qu'ils vendent beaucoup de coton, et cela avec d'autant plus de facilité, que cette marchandise étant devenue précieuse par le prix auquel elle est montée, lesdits Esclaves trouvent aisément des acheteurs qui, séduits par le bon marché qui se rencontre toujours en ces occasions, s'embarrassent peu de devenir, pour ainsi dire, les complices des vols faits par lesdits vendeurs; et étant nécessaire de remédier à un pareil abus, Nous avons défendu et défendons à tous Négres-Esclaves, de vendre du coton, soit à des particuliers ou au marché, même avec la permission de leur Maître, sous peine du fouet contre lesdits Esclaves, de 20 liv. d'amende contre le Maître qui l'auroit permis, et de 100 liv. contre l'acheteur, et de confiscation de ladite marchandise, le tout applicable aux Hôpitaux-Royaux de cette Ville et du Cap, pour la première fois; et en cas de récidive de la part de l'acheteur, d'être poursuivi extraordinairement; et sera la présente Ordonnance enregistrée aux Greffes du Petit-Goave séant à Léogane, et du Cap; lue, publiée et affichée par-tout où besoin sera, afin que personne n'en prétende cause d'ignorance. Donné à Léogane, &c.

R. au Conseil de Léogane, le 3 Mars 1738.
Et à celui du Cap, le 13 Avril suivant.

ARRÊT du Conseil du Cap, qui, attendu le petit nombre de ses Membres, nomme M. Asselin, Conseiller, pour le représenter seul dans l'assemblée des deux Conseils, convoquée au Petit-Goave pour l'Octroi.

Du 3 Mars 1738.

ORDONNANCE *des Administrateurs, portant qu'il sera fait pour la perception du droit d'Octroi de 3 liv. par tête de Négre, un extrait du Recensement général pour chaque Habitant.*

Du 5 Mars 1738.

CHARLES Brunier de Larnage, &c.
Pierre de Sartre, &c.

Le peu d'ordre que tiennent les Receveurs ou leurs Commis, dans la perception du droit de trois livres par tête de Négre, les mettent souvent, par oubli ou par négligence, dans le cas d'en exiger deux fois le payement des mêmes Habitans, qui s'y voyent contraints et forcés par eux, faute de justifier du payement qu'ils en ont fait, en représentant la quittance à eux fournie par lesdits Receveurs ou leurs Commis, et qu'ils ont perdue ou adhirée : Nous, pour remédier à de pareils inconvéniens, et pour pouvoir constater toutesfois et quantes la recette effective desdits Receveurs, avons ordonné et ordonnons qu'il sera fait, pour la perception desdits droits de trois livres par tête de Négre de l'année dernière 1737, du ressort du Petit-Goave, la présente année et les suivantes dans le ressort des deux Conseils de cette Isle, un extrait du recensement général pour châque Habitant, lequel extrait sera numéroté du même numéro que le recensement, et signé, pour ce qui concerne le ressort du Conseil, par M. de Longpré, Ecrivain principal de la Marine, faisant fonctions de Commissaire à Léogane; et pour ce qui concerne le ressort du Conseil du Cap, par M. Samson, Ecrivain principal de la Marine, faisant fonctions de Commissaire au Cap, au pied duquel sera donné, par lesdits Receveurs ou leurs Commis, quittance aux Habitans; défendons aux Receveurs ou leurs Commis, de délivrer toutes autres quittances, à peine de mille livres d'amende pour la première fois et de plus forte peine en cas de récidive, et de nullité desdites quittances; et sera la présente Ordonnance registrée aux Greffes des Conseils-Supérieurs du Petit-Goave, séans à Léogane et au Cap; lue, publiée et affichée par-tout où besoin sera, afin que personne n'en prétende cause d'ignorance. Donné à Léogane, &c.

R. au Conseil de Léogane, le 7 *Mars* 1738.
Et à celui du Cap, le 12 *Avril suivant.*

ORDONNANCE des Administrateurs, qui défend la chasse pendant un certain tems de l'année ; d'avoir des chiens pour celle du Cochon-maron, et d'enivrer les rivières ou les rivages de la mer.

Du 8 Mars 1738.

CHARLES Brunier de Larnage, &c.

Pierre de Sartre, &c.

Le peu d'attention qu'on a eu jusqu'à présent à observer les Ordonnnances ci-devant rendues au sujet de la chasse aux ramiers et autres gibiers, pendant le tems de leur ponte, de la chasse des cochons-marons avec des chiens, et aussi contre ceux qui se servent de bois et autres drogues, propres à enivrer le poisson dans les rivières, ayant causé un préjudice considérable à la Colonie par la destruction desdits gibiers, cochons & poissons, auquel étant nécessaire de remédier : Nous avons défendu et défendons à toutes personnes, de quelque qualité & condition qu'elles soient, de chasser aux ramiers et autres gibiers, hors ceux qui sont passagers, depuis le 15 Mars jusqu'au 15 Juin, non-seulement dans la Colonie, mais même dans les Isles ou Islots en dépendans ; comme aussi d'envoyer à la chasse aux cochons marons avec des chiens, ni de se servir de bois & autres drogues propres à enivrer le poisson dans les rivières & rivages de la mer, sous quelque raison ou prétexte que ce soit : le tout à peine du fouet contre les Négres-esclaves qui seront trouvés dans l'un de ces trois cas, et de 500 liv. d'amende pour la première fois envers les Libres, applicable aux Hopitaux-Royaux de cette ville & du Cap, pendant l'espace de trois années seulement, à compter de ce jour, et ensuite à Sa Majesté, et de plus grande peine envers lesdits Libres, en cas de récidive. Mandons à tous Officiers Majors et de Milices de tous les quartiers de la Colonie, et même à ceux de la Maréchaussée, de tenir la main à l'exécution de la présente Ordonnance contre ceux qui seront trouvés en contravention à icelle ; leur donnons pouvoir de faire arrêter et mettre en prison les contrevenans, pour, sur les avis et instructions qu'ils nous en donneront, être par Nous lesdites condamnations prononcées en cette partie de l'Isle, et par MM. les Gouverneur et Ordonnateur au Cap.

Et sur la connoissance que Nous avons, que les Cabotteurs du pays, & les équipages des Navires détruisent lesdits gibiers, au moins autant que les Chasseurs, en prenant les œufs, & même les petits qu'ils trouvent dans les Isles et Islots dépendans de cette Côte ; Nous avons pareillement défendu et défendons auxdits Caboteurs et équipages des Navires, de contrevenir à la présente Ordonnance sous les mêmes peines ; enjoignons à MM. les Officiers des Siéges de l'Amirauté d'y tenir la main ; et sera la présente Ordonnance registrée aux Greffes des Conseils Supérieurs du Petit-Goave, séans à Léogane et au Cap ; lue, publiée et affichée partout où besoin sera, afin que personne n'en prétende cause d'ignorance. Donné à Léogane, &c.

R. au Conseil de Léogane, le même jour 8 Mars.
Et à celui du Cap, le 12 Avril suivant.

LETTRE du Général au Juge du Port de Paix, touchant un Meurtre ; une Procédure contre un Officier ; le témoignage d'un Commandant ; les Scellés d'un Officier décrété, et les Honneurs dûs à un Major.

Du 21 Avril 1738.

J'AI reçu, M., la lettre que vous m'avez fait l'honneur de m'écrire le 12 de ce mois, ensemble la Requête en plainte de Madame G..., sur le meurtre de son mari, par M. D...., dont j'ai été très-affligé. Pour répondre à tous les doutes que vous avez sur cette affaire, je commencerai par vous dire, M. que vous avez très-bien fait de recourir à M. de Chastenoye, et même à Nous, pour les éclaircissemens dont vous croyez avoir besoin dans l'instruction de ce procès, qui demande la plus sérieuse et la plus exacte attention de votre part; comme M. de Chastenoye est plus proche que Nous, vous les recevrez sans doute les premiers, et je suis persuadé qu'il vous les donnera conformes aux règles que voici.

1°. M, de Lavit n'est point fondé de prétendre, en sa qualité d'Officier, soit Major, soit Commandant, d'assister à l'instruction et au jugement du procès de M. D...., et il n'a point été nécessaire que vous l'y ayez appelé ; il entend mal l'Ordonnance touchant les procès qu'on fait aux Soldats, et non aux Officiers. 2°. M. de Lavit ayant été un des principaux témoins de cette affaire, sa qualité de Commandant ne le dispense pas d'être assigné en témoignage ; et le Procureur du Roi ne peut se dispenser de l'y appeler, ainsi que tous ceux que l'on sait qui y étoient présens.

3°. A l'égard du scellé que M. de Lavit a fait mettre sur les effets de M. D.

M. D... ; c'est mal-à-propos qu'il l'a fait. Il est bien vrai que les inventaires et scellés des Officiers qui décèdent, regardent les Majors, mais non le cas présent, où il s'agit d'une annotation de biens pour cause de contumace qui regarde la Justice uniquement, et dans laquelle je mande à M. de Lavit de ne point s'immiscer. 4°. Et sur l'article, enfin, dont vous me parlez, concernant les places et les honneurs de l'Église que M. de Lavit s'est attribués, j'avoue qu'aux termes du Réglement de 1728, que je sais être enregistré dans votre Greffe, il n'y est pas fondé ; mais comme ce Réglement n'est enregistré ni ici, ni dans les autres principales parties de cette Isle, dans lesquelles on suit encore celui de 1713, qui donne ce droit à M. de Lavit, j'estime que c'est celui-ci auquel il faut s'en tenir, et laisser en conséquence jouir M. de Lavit de l'effet de ce Réglement. Vous aurez agréable de vous y conformer. Je suis &c. *signé* LARNAGE.

R. au Greffe du Siège Royal du Port-de-Paix, le 30 *Avril* 1739.

PROCÈS-VERBAL de l'assemblée des deux Conseils, concernant les droits d'Octroi imposés sur le Coton, le Café et le Cacao.

Du 14 Mai 1738.

L'AN 1738, le 14e jour du mois de Mai, à neuf heures du matin, le Conseil Supérieur du Petit-Goave séant en cette ville en-corps, où se sont trouvés M. de Larnage, Gouverneur et Lieutenant-Général pour le Roi, en cette Colonie; M. de Sartre, Commissaire de la Marine, Ordonnateur et Subdélégué à l'Intendance dudit pays ; M. Mithon de l'Ecossois, Lieutenant de Roi du Petit-Goave, et Commandant la partie de l'Ouest de cette Isle ; M. Bizoton de Lamotte, Major pour le Roi en cette ville, et MM. Mes Gabet Doyen, Bornat, Caignet, de Pas, la Caillere, Branda, Dufourg et de Longpré, Conseillers, Feron et Knisan, Conseillers Assesseurs ; et le Conseil Supérieur du Cap, représenté par M. Me Pierre Asselin, Conseiller audit Conseil, et Commissaire député par icelui ; étant assemblés en la Chambre du Conseil de cette ville de Léogane, en vertu et en exécution du mémoire du Roi, fait à Versailles le dix Juin dernier, signé Louis, et plus bas Phelipeaux, déposé et enregistré en ce Conseil le 16 Janvier dernier ; le Procureur-Général du Roi est entré, et a dit :

MM., le Roi ayant jugé nécessaire de faire quelques nouvelles dispositions par rapport aux droits d'octroi ; Sa Majesté a expliqué ses intentions à cet égard, dans un mémoire adressé à M. le Général et à M. l'Intendant, déposé et enregistré en ce Conseil le 16 Janvier dernier ; et c'est en exécution des ordres de Sa Majesté, que ces MM. ont convoqué l'assemblée des deux Conseils Supérieurs de cette Colonie, à ce jour. Il s'agit, MM., de régler le droit qu'il convient d'imposer sur le coton, le café et le cacao, dont Sa Majesté a bien voulu nous laisser le soin, pour donner à cette assemblée des marques de sa confiance et de son attention ; la lecture du mémoire du Roi, nous fera sentir toute la justice de cette imposition, sur laquelle je requiers qu'il soit délibéré tout présentement ; et s'est retiré et a signé ; ainsi signé, NICOLAS.

Sur quoi, la matière mise en délibération, l'assemblée faisant droit sur le réquisitoire du Procureur-Général du Roi, et vu ledit mémoire du Roi, du 10 Juin dernier, a ordonné et ordonne qu'il sera dorénavant, et à commencer du jour de la publication dudit Réglement, payé deux livres dix sols par quintal de coton, trois deniers par livre de café, et un sol par livre de cacao, pour droits de sortie desdites denrées suivant la déclaration que seront tenus d'en faire les Chargeurs au Bureau du Receveur-Général de l'Octroi, établi dans le ressort de chacun desdits Conseils, ou à ceux des Commis par eux préposés dans chaque port, à peine contre les contrevenans de confiscation des denrées non-déclarées, et de trois cent livres d'amende, le tout applicable aux caisses de l'Octroi ; et sera le présent Réglement envoyé dans tous les Siéges du ressort des deux Conseils Supérieurs de cette Colonie, pour y être enregistré, lu, publié et affiché par-tout où besoin sera, à ce que personne n'en ignore, à la diligence des Procureurs-Généraux et de leurs Substituts, qui en certifieront les Conseils au mois. Fait et arrêté en ladite assemblée, tenue en la Chambre du Conseil Supérieur du Petit-Goave, séant à Léogane, &c.

R. au Conseil-Supérieur du Cap, le 27 Juillet 1738.

JUGEMENT rendu par le Gouverneur-Général, comme Juge du Point d'Honneur.

Du 20 Mai 1738.

CHARLES Brunier, Chevalier, Seigneur de Larnage &c.

Entre Messire C. D..., Chevalier, Seigneur de R... et de l'Ordre Militaire de Saint Louis, Colonel du Régiment des Milices du quartier de Léogane, demandeur et accusateur d'une part; contre le sieur J. L...., demeurant audit quartier de Léogane, défendeur, & accusé d'avoir proféré des injures audit sieur de R........., même de l'avoir menacé de coups de bâton, d'autre part. Vu la Requête en plainte à Nous présentée par ledit sieur Demandeur, tendante à ce que, pour les raisons y énoncées, il Nous plaise lui donner acte de sa plainte; en conséquence ordonner qu'il en sera informé pardevant Nous, pour ensuite le procès être fait et parfait audit accusé, suivant la rigueur des loix, *et notamment suivant l'Edit de S. M. de 1723*; notre Ordonnance au bas, du 7 du présent mois, portant que vu ladite plainte, M. Bizoton, Chevalier de l'Ordre Militaire de Saint Louis, Major pour le Roi à Léogane, informera du fait porté en ladite plainte, circonstances et dépendances, pour l'information à Nous rapportée, être ordonné ce qu'il appartiendra; les informations faites en conséquence par M. Bizoton, les 9 et 10 de cedit mois. Autre Requête à Nous présentée par ledit sieur Demandeur, par laquelle il requiert qu'il Nous plaise ordonner qu'elle sera jointe au procès qu'on instruit, et ce à telle fin que de raison, ladite Requête signée dudit Demandeur, et de Nous répondue ledit jour 10 de ce mois, d'un soit ladite Requête jointe au procès, pour en jugeant y avoir tel égard que de droit; l'interrogatoire & réponses personnelles de l'accusé, entendu par M. Bizoton, le même jour; la confrontation des témoins à l'accusé, faite les 12 et 13 du présent mois; Requête aussi à Nous présentée par ledit accusé, tendante, par l'exposé d'icelle, à ce qu'il lui soit permis de faire assigner telles personnes, pour être entendues sur faits et articles; notre Ordonnance au bas de ladite Requête dudit jour 13, portant qu'elle sera jointe au procès, pour, en jugeant y avoir tel égard que de droit: et tout vu, consideré & mûrement examiné: Nous avons déclaré ledit sieur L.... accusé, duement atteint et convaincu d'avoir mal à-propos, et sans sujet, injurié ledit sieur de R...., en le traitant de fourbe et d'imposteur, et le menaçant même de coups de bâton, pour raison de quoi l'avons condamné à tenir prison pendant deux ans, dans la Forteresse de Saint-Louis, (où il sera conduit à ses frais) et à demander pardon, avant d'y être traduit, audit sieur de R..., devant tel nombre de personnes que ledit sieur de R.. jugera à propos d'y faire trouver présentes, en lui déclarant, à genoux, et dans ces propres termes; *que mal à propos, sans sujet, et impertinemment il l'a offensé de paroles outrageantes, et même par des menaces; qu'il reconnoît ses paroles être fausses, et lui demande pardon du tout.* Ce qui sera exécuté à la diligence de M. Bizoton, Chevalier de l'Ordre Militaire de Saint-Louis, Major pour le Roi à Léogane, et devant lui, dont il sera du tout dressé procès-verbal par le Greffier au pied de notre présent jugement, lequel sera, ainsi que toute la Procédure, déposé au Greffe de l'Intendance; déboutons ledit sieur L.... des fins de sa Requête. Donné à Léogane, le 20e jour du mois de Mai 1738, *signé*, LARNAGE.

Nous, Conseiller au Conseil Supérieur du Petit-Goave, séant à Léogane, nommé par M. le Général pour taxer la procédure qui a été faite dans l'affaire entre M. de R....., et le sieur L...., estimons qu'il doit être payé au Greffier la somme de 180 liv. pour toutes prétentions. Fait à Léogane, le 10 Juin 1738, *signé* BORNAT.

L'an 1738, le 22 dudit mois de Juin, sur les dix heures du matin, la Sentence a été exécutée chez M. Bizoton de la Motte, en présence de MM. Pinson, Chevalier de l'Ordre Militaire de Saint-Louis, Lieutenant de Roi honoraire, Viau, Procureur du Roi, de Saint Maisny, Guyot & Galbaud du Fort.

ARRÊT du Conseil du Petit-Goave, qui ordonne le final paiement des vacations d'un Conseiller-Commissaire et d'un Greffier-Commis, pour l'inventaire du Greffe et du Notariat du Siége Royal de la même Ville.

Du 21 Mai 1738.

VUE par le Conseil la Requête à lui présentée par Jean Guiran, expositive que par Arrêt du 8 Janvier 1733, M. Me Jean-Jacques Bornat, Conseiller en la Cour, auroit été nommé Commissaire à l'effet de faire inventaire des minutes, tant du Greffe que du Notariat du Siége Royal de cette Ville, et le Suppliant pour Greffier, auquel Inventaire ledit Me Bornat auroit employé, avec le Suppliant, la quantité de 635 vacations, à-compte duquel Inventaire, il auroit plu au Conseil de délivrer provisionnellement un Arrêt, le 12 Mai 1736, de la somme de 4500 livres sur le Receveur des deniers publics; savoir, 3000 livres pour ledit Me Bornat, et 1500 livres pour le Suppliant; et attendu que ledit Inventaire est fait et parfait, requiert ledit Suppliant qu'il plut à la Cour taxer ledit ouvrage; en conséquence, ordonner le payement d'icelui, tant pour M. le Commissaire, que pour le Suppliant; et en outre, ordonner le payement de la quantité de 2400 rôles d'écriture pour expédition dudit Inventaire, ladite Requête signée, Guiran. Oui le Procureur-Général du Roi en ses conclusions et tout considéré : LE CONSEIL ordonne qu'outre la somme de 4500 livres, déjà allouée par Arrêt du 12 Mai 1736, il sera payé au Suppliant, par ledit Receveur des deniers publics, pour l'ouvrage dont il s'agit, la somme de 5500 livres; savoir, celle de 3000 livres au Commissaire, et 2500 livres au Suppliant; à la charge par lui de remettre incessamment au Greffe de la Cour, une expédition dudit Inventaire, dont il prendra un récépissé du Greffier de la Cour, qui sera par lui remis au Receveur des deniers publics.

ARRÊT du Conseil de Léogane, qui enjoint aux Marguilliers comptables, de rendre leur comptes en la forme et manière prescrite par le Réglement de 1727, sous trois mois du jour de la signification du présent Arrêt, à peine d'être contraints par Corps.

Du 21 Mai 1738.

ORDONNANCE des Administrateurs, qui enjoint à tous ceux qui ont reçu des fonds provenans de l'imposition pour la fontaine du Cap, d'en rendre compte au Syndic en présence de M. Samson, Commissaire; à ceux qui doivent de payer; et enfin auxdits Syndics, dans le cas d'insuffisance de l'imposition, de les en prévenir pour y pourvoir.

Du 28 Mai 1738.

R. au Greffe de la Subdélégation du Cap, le 9 Juin suivant.

ORDONNANCE des Administrateurs, touchant la valeur des Négres suppliciés.

Du 30 Mai 1738.

CHARLES Brunier, Chevalier de Larnage.

Pierre de Sartre, Ordonnateur, &c.

Sur la représentation qui Nous a été faite par M. Asselin, Député du Conseil-Supérieur du Cap, que les Négres suppliciés dans le ressort dudit Conseil, n'étoient payés qu'à 500 livres, ce qui étant une somme trop modique, causoit souvent l'impunité des crimes, et détournoit les Maîtres de livrer à la Justice leurs Négres coupables; Nous avons jugé important au bon ordre et au bien public d'y pourvoir; à cet effet, Nous avons ordonné et ordonnons, qu'à l'avenir les Négres suppliciés, dans toute la Colonie, seront payés sur le pied de 600 livres, et que l'Arrêt de mort prononcé contre lesdits Négres, ordonnera aussi le remboursement d'iceux aux Propriétaires, par le Receveur des deniers publics, au vû de l'extrait dudit Arrêt, qui sera délivré gratis par le Greffier, à peine de concussion; et sera la présente Ordonnance enregistrée aux Greffes de l'Intendance de la Subdélégation, et du Conseil-Supérieur du Cap; lue et publiée par-tout où besoin sera, afin que personne n'en prétende cause d'ignorance. Donné à Léogane, &c.

R. au Conseil du Cap, le 7 Octobre 1738.

ORDONNANCE des Administrateurs, touchant un passage établi pour aller du Cap à Limonade.

Du 10 Juin 1738.

CLAUSES et conditions auxquelles se soumet et s'oblige Perrier, Fermier du passage de la Petite-Anse.

Le passage du Cap à Limonade, et de Limonade au Cap, sera joint à celui de la Petite-Anse, dont le sieur Perrier est adjudicataire, qui cependant, pour ce, ne sera point tenu de payer au Roi aucune augmentation sur le prix de la Ferme.

Il sera tenu de fournir des Barques ou Canots convenables, avec un Tendelet pour passer les Habitans et les Négres, et pour transporter toutes les marchandises et autres denrées qui lui seront remises du Cap à l'embarquadaire de Limonade, et de l'embarquadaire au Cap ; lesdites Barques et Canots passagers seront au moins armés de cinq bons Négres canoteurs.

Les Passagers partiront régulièrement du Cap à la pointe du jour pour se rendre à Limonade, et repartiront de Limonade pour se rendre au Cap à deux heures après midi.

Il est responsable de tout ce qui sera embarqué, soit au Cap ou à Limonade, et des avaries qui proviendront du vice de ses Barques ou Canots, ou par sa propre faute, sauf cependant les périls et fortune de la mer.

Il sera tenu d'avoir au Cap, et à l'embarquadaire de Limonade, un Magasin et Magasinier pour recevoir les marchandises, et les remettre aux propriétaires.

Les Habitans pourront avoir des Canots pour transporter leurs denrées, effets et marchandises seulement, sans qu'ils puissent en transporter pour d'autres Habitans.

Il sera aussi permis aux Habitans de Limonade de freter des Barques pour le transport des bois de charpente, briques, chaux, et autres matériaux sans qu'ils puissent être inquiétés, et ce pour la réédification de la Ville du Cap.

Sera aussi permis aux Habitans de Limonade de freter des Barques pour transporter du Cap à Limonade, et de Limonade au Cap, les denrées, effets et marchandises à eux appartenans, pourvu toutefois que lesdites denrées, effets et marchandises soient de plus de quatre tonneaux d'encombrement.

Il sera permis aux Capitaines des Vaisseaux Marchands, de porter dans leurs Chaloupes audit embarquadaire, les marchandises et autres denrées de leurs cargaisons, et de transporter dans leurs Chaloupes ou autres de la rade, les sucres, indigos et autres denrées destinés pour le chargement de leurs Vaisseaux.

Ledit sieur Perrier ne pourra exiger des Habitans et autres pour le passage et frêt du Cap à Limonade, et de Limonade au Cap, d'autres prix que ceux ci après, savoir :

Pour un Blanc, même avec un porte manteau, selle et équipage, ci. 1 liv. 10 f. d.

Pour un Négre, même avec un paquet ou panier de légumes ou de volaille, et autres pareilles choses, ci. 15

Pour un sac de légumes et autres choses de pareil poids et volume, ci.		15 ſ.
Pour une barrique de vin et autres choses de pareil poids et encombrement, ci.	2	
Pour une barrique créole de sucre, ci.	2	5
Pour un barril de Bœuf, farine, pois, lard, et autres marchandises de pareil poids et volume, ci.	1	10
Pour un Veau, Cochon, Mouton, Cabrit et panier de volaille et autres, ci.		15
Pour une caisse Chandelle, Bougie, Huile, Ancre, *Mayoc*, et aurres de pareil poids et volume, ci. . . ,		7 6

Et à l'égard des autres marchandises, denrées et effets, le fret sera payé proportionnellement aux prix ci-dessus mentionnés; lesquelles clauses et conditions se soumet ledit sieur Perrier, d'exécuter pendant le temps et espace de son Bail du passage de la Petite-Anse, qui finira le dernier Décembre 1742. Il sera dérogé à la Carte Bannie du passage de Jacquesy, par lequel il est permis à l'adjudicataire de porter des denrées, effets et marchandises audit embarquadaire de Limonade. Fait au Cap, le 30 Mai 1738. *Signé*, SAMSON.

Paraphé au desir de notre Ordonnance de ce jour 10 Juin 1738. *Signé* LARNAGE et de SARTRE.

L'Ordonnance ne fait que répéter les conventions ci-dessus.

R. au Greffe de la Subdélégation du Cap, le 19 du même mois de Juin.

EXTRAIT *de la Lettre du Ministre à MM. de Larnage et de Sartre, sur l'autorité des Administrateurs en matière Ecclésiastique.*

Du 11 Juin 1738.

SUR le compte que j'ai rendu au Roi de ce qui s'est passé au sujet de l'affaire occasionnée par le refus fait par le Curé du Cap, de donner sépulture au corps du sieur Olivier, Sa Majesté a approuvé la conduite que M. de Larnage a tenue dans cette affaire, et Elle a été bien aise d'apprendre qu'elle ait été terminée. Les observations que M. de Larnage a faites dans cette occasion aux Jésuites, sur ce qui regarde la jurisdiction Ecclésiastique

que sont justes; mais il n'est pas nécessaire d'entrer dans aucune discussion sur cela, il faut s'en tenir à ce qui a été prescrit par la lettre du Conseil de Marine, du 30 Janvier 1717, sur cette matière. Ce doit être au Gouverneur-Général & à l'Intendant, à connoître des affaires Ecclésiastiques, où il s'agit du délit commun; et lorsqu'il est question d'un cas privilégié, ils doivent faire passer en France les Religieux qui y sont impliqués, de concert avec le Supérieur de l'Ordre. Il faut toujours éviter l'éclat dans des affaires de cette nature, dont la Religion ne souffre ordinairement que trop avec quelque prudence qu'on puisse les traiter. Vous aurez vu, par mes dépêches des 21 Août & 22 Octobre de l'année dernière, quelles sont les intentions de Sa Majesté à cet égard: je suis persuadé qu'elles seront exécutées, s'il se présente à l'avenir de pareilles occasions; et il est fâcheux qu'on ne s'y soit pas conformé dans l'affaire en question, qui auroit pu être assoupie dès sa naissance, si au lieu de permettre à la Compagnie de Dragons de la porter en Justice réglée, M. de Chastenoye en eût informé MM. de Fayet & de la Chapelle, & que ceux-ci en eussent pris connoissance conjointement et de concert.

RÉGLEMENT *concernant la Procédure, que Sa Majesté veut être observée en son Conseil.*

Du 28 Juin 1738.

Ce Réglement, dont quelques dispositions concernent particulièrement les Colonies, et qui se trouve avoir avec elles le même rapport qu'avec les autres parties du Royaume, relativement aux Demandes en Cassation, se trouve si facilement, que nous avons cru ne devoir pas en grossir ce Recueil.

ORDONNANCE des Administrateurs, qui défend tout Commerce sur la frontière, dans la partie du Fort-Dauphin, avec les Espagnols.

Du 30 Juin 1738.

Par cette Ordonnance, qui avoit pour objet particulier, de favoriser l'établissement et le commerce de la nouvelle Ville du Fort-Dauphin, MM. de Larnage et de Sartre font défenses à toutes personnes, de quelque qualité et condition qu'elles soient, de faire à l'avenir, du jour de la publication de ladite Ordonnance, aucun commerce, directement ni indirectement, sur la frontière avec les Espagnols, soit pour vendre des marchandises Françoises, ou acheter leurs vivres et autres denrées, à peine contre les contrevenans de confiscation des marchandises qui pourroient se trouver sur ladite frontière, et de 500 liv. d'amende, applicable à l'Eglise du Fort-Dauphin.

R. au Siége Royal du Fort-Dauphin.

COMMISSION d'Intendant pour M. Maillart.

Du premier Juillet 1738.

R. au Conseil de Léogane, le 5 Janvier 1739.
Et à celui du Cap, le 7 Avril suivant.

V. celle de M. Mithon de Senneville, du 9 Août 1718.

DÉCLARATION DU ROI, portant Jonction du Quartier du Mirebalais à la Jurisdiction de Léogane.

Du premier Juillet 1738.

LOUIS, &c. Par notre Edit du mois d'Août 1724, Nous aurions créé deux Sénéchaussées dans notre Colonie de Saint-Domingue, savoir, une à Saint-Jean-du-Trou, laquelle Nous aurions depuis transférée, par notre

Déclaration du 7 Avril 1726, à la Ville appelée de Bayaha, et à présent le Fort-Dauphin, et l'autre à Saint-Marc dans la partie de Léogane; et Nous aurions ordonné que celle de Saint-Marc comprendroit, entr'autres Quartiers de ladite Colonie, celui de Mirebalais; Nous avons été informé depuis que ce Quartier se trouvant éloigné de plus de 25 lieues de Saint-Marc, et les chemins pour s'y rendre étant très-difficiles, il seroit à propos de le distraire de cette Jurisdiction, pour le mettre dans le ressort de celle de Léogane, qui se trouve plus à portée du Mirebalais, et où d'ailleurs les Habitans de ce Quartier sont obligés de vendre leurs denrées, et d'acheter les marchandises dont ils ont besoin, ensorte qu'ils y poursuivront leurs affaires avec plus de facilité, et qu'ils ne seront plus exposés aux frais qu'il leur en coûte pour aller à Saint-Marc, où les affaires de leur commerce ne les appellent jamais; et voulant donner aux Habitans dudit Quartier des marques de notre attention: A ces causes, &c. ordonnons que ledit Quartier du Mirebalais, soit et demeure distrait du ressort de la Sénéchaussée de Saint-Marc, pour être à l'avenir compris et dépendant du ressort de celle de Léogane; attribuons à cet effet au juge de ladite Sénéchaussée de Léogane, et en son absence, à son Lieutenant, la connoissance en premiere instance de tous les Procès tant civils que criminels, et de toutes causes personnelles, réelles et mixtes, jusqu'au jugement définitif d'entre nos sujets dudit Quartier, ainsi et de la manière qu'ils doivent connoître des Procès et causes des Habitans des autres Quartiers compris dans le ressort de ladite Sénéchaussée, et dérogeant quant à ce à notre Edit du mois d'Août 1724; voulons néanmoins et entendons que les Procès d'entre les Habitans dudit Quartier, qui auront été portés en la Jurisdiction de Saint-Marc avant l'enregistrement des présentes, continuent d'y être instruits, et qu'ils y soient jugés, sans que, sous prétexte des présentes, les Parties puissent en demander le renvoi en la Sénéchaussée de Léogane. Si donnons en mandement, &c.

R, au Conseil de Léogane, le 5 Janvier 1739.

COMMISSION de Lieutenant de Juge en la Jurisdiction du Petit-Goave, accordée par les Administrateurs au sieur Baudin de la Craye, pour faire sa résidence au Quartier de la Grande-Anse.

Du 5 Juillet 1738.

CHARLES Brunier, Marquis de Larnage, &c.

Pierre de Sartre, &c.

Etant nécessaire, pour l'utilité et la commodité des Habitans de la Grande-Anse et dépendances, trop éloignés de la Jurisdiction Royale du Petit-Goave, de commettre un Lieutenant de Juge de ladite Jurisdiction, pour faire sa résidence au Quartier de la Grande-Anse, y tenir Audience, et y distribuer la justice aux Habitans dudit Quartier; Nous avons cru ne pouvoir faire un meilleur choix, pour remplir les fonctions de Lieutenant de Juge audit lieu, que de la personne du sieur Baudin de la Craye, sur les témoignages avantageux qui nous ont été rendus de son intégrité, capacité et expérience au fait de la Judicature. A ces causes, Nous, en vertu du pouvoir à Nous donné par Sa Majesté, avons nommé et commis, nommons et commettons ledit sieur Baudin de la Craye audit Office de Lieutenant-de-Juge de la Jurisdiction Royale du Petit-Goave, pour faire sa résidence audit Quartier de la Grande-Anse, y distribuer la justice aux Habitans de ce Quartier, depuis le Bec de Marsouin jusqu'au Cap Tiburon, y tenir ses Audiences tous les 15 jours, et faire généralement toutes les fonctions que fait le sieur Sénéchal de la Jurisdiction du Petit-Goave, et ce jusqu'à ce qu'il ait plû à Sa Majesté d'en ordonner autrement, pour, par ledit sieur Baudin de la Craye, jouir, user, avoir, tenir et exercer ledit Office aux honneurs, fonctions, rangs, priviléges, prérogatives, fruits, profits et émolumens y attribués et y appartenans. Mandons à MM. du Conseil Supérieur du Petit-Goave séant en cette Ville, &c. Donné à Léogane, &c.

R. au Conseil de Léogane, le 8 dudit mois.

V. la Lettre du Ministre, du 14 Octobre suivant.

ARRÊT du Conseil du Cap, qui annulle une Procédure faite contre un Conseiller devant le premier Juge, et qui mande le Juge et le Procureur du Roi pour avoir reçu la plainte.

Du 7 Juillet 1738.

SUR ce qui a été représenté par le Procureur Général du Roi, qu'il est porteur d'une Copie de Requête et plainte portée par le nommé Jean Baëtman, Capitaine, commandant le Navire le Triomphant, de Dunkerque, contre M. Allain, Conseiller-Assesseur en ce Conseil, pardevant le Juge inférieur du Siége du Cap, qui auroit permis d'informer pardevant lui, par ordonnance étant ensuite, sur conclusions du Substitut dudit Procureur-Général audit Siége; qu'il a appris que ladite information a été faite en conséquence, et que ledit Baëtman a même écrit pour avoir justice, en conséquence des ordres de M. le Général, et ayant été requis par ledit Procureur-Général que ladite plainte et information, et tout ce qui a été fait au Siége inférieur, fussent apportés en ce Conseil, pour en prendre communication, et ensuite être statué ce qu'il appartiendra: LE CONSEIL a ordonné et ordonne que ladite plainte et information, et tout ce qui a été fait en conséquence au Siége inférieur, sera apporté sur le champ, et mis sur le Bureau, pour le tout vu, communiqué et examiné, être ensuite statué ce qu'il appartiendra, à ce faire le Greffier contraint par corps.

Et après que lesdites pièces de procédures ont été apportées sur le Bureau par le Greffier du Siége, et que lecture a été faite desdites plainte et information, ensemble de l'ordonnance du Juge, du 16 Juin, portant qu'elle seroit communiquée audit Substitut du Procureur-Général; et oui le Procureur-Général du Roi, et tout considéré: LE CONSEIL a cassé et annullé la permission d'informer, l'information faite en conséquence, l'ordonnance de soit communiqué, et tout ce qui s'en est ensuivi audit Siége inférieur, comme nul et incompétamment fait; ordonne que sur la plainte de Baëtman, dont sera permis à M. Allain de prendre communication au Greffe de la Cour, les Parties auront audience en la Cour à demain matin, *à huis clos*, pour tout délai, où les Parties comparoîtront en personne; et seront les Juge et Substitut du Procureur-Général mandés, pour recevoir les avis de la Cour; et sera le présent Arrêt signifié aux Parties, à la Requête du Procureur-Général du Roi.

ARRÊT du Conseil du Cap, qui défend à un Particulier de sortir de la Colonie, jusqu'à ce qu'il ait été prononcé sur la demande en réparation de l'imputation par lui faite à un autre d'être un Fripon, avec offre de le prouver.

Du 11 Juillet 1738.

VU par le Conseil, la Requête de Jean Saigne, Marchand en la Ville du Fort-Dauphin; et oui le Procureur-Général du Roi, et tout considéré: LE CONSEIL fait défenses audit Orera, de désemparer le pays jusqu'à ce qu'il ait été prononcé définitivement par la Cour sur l'instance dont est question; en conséquence fait défenses à tous Capitaines et Maîtres de Navire, de l'embarquer pour passer en France ou autre Port que ce puisse être, à peine de tous dépens, dommages et intérêts; et pour que le présent Arrêt soit notoire, permet de le faire publier, ainsi qu'il conviendra, aux risques, périls et fortune du Suppliant.

La Cour étoit saisie par Orera de l'appel d'une Sentence du Fort-Dauphin, qui le condamnoit en 200 liv. par forme de réparations civiles, et en 10 l. applicable à l'Auditoire, avec dépens.

ORDONNANCE des Administrateurs, pour l'établissement des Procureurs dans les Conseils et les Jurisdictions.

Du 14 Juillet 1738.

CHARLES Brunier, Chevalier de Larnage, &c.

Pierre de Sartre, Ordonnateur, &c.

L'accroissement de la Colonie, et la multitude des affaires qui y naissent journellement, rendant indispensable la nécessité d'établir, dans les deux Conseils de cette Colonie et les Siéges ressortissans, un nombre suffisant de personnes au fait de la pratique, tant pour la célérité des affaires, la conduite et l'instruction des procès, que pour le soulagement des Habitans: Nous, en vertu du pouvoir à Nous donné par Sa Majesté, avons ordonné et ordonnons qu'il sera établi dans lesdits deux Conseils et les Siéges de leurs ressorts, un nombre de Procureurs qui seront pourvus de Commissions de Nous, et se conformeront pour leurs vacations, au Tarif qui sera dressé à cet effet par les Officiers des Conseils Supérieurs du Petit-Goave séant à Léogane, et du Cap, aux Greffes desquels la présente Ordonnance sera enregistrée; ordonnons aussi qu'Elle restera déposée aux Greffes de l'Intendance et de la Subdélégation. Donné à Léogane, &c.

R. au Conseil de Léogane, le 18 *Juillet* 1738.
Et à celui du Cap, le premier Décembre suivant.

ARRÊT du Conseil d'Etat, portant qu'à défaut de Blancs, les Esclaves seront reçus en témoignage, hormis contre leurs Maîtres.

Du 15 Juillet 1738.

LE Roi s'étant fait représenter en son Conseil, l'art. 30 de l'Ordonnance du mois de Mars 1685, concernant les Esclaves des Isles Françoises de l'Amérique, par lequel il est dit, entr'autres choses, que lesdits Esclaves ne pourront être témoins, tant en matière civile que criminelle; et qu'en cas qu'ils soient ouis en témoignage, leur déposition ne servira que de mémoire pour aider les Juges à s'éclairer d'ailleurs, sans qu'on en puisse tirer aucune présomption ni adminicule de preuve: l'Arrêt du Conseil d'Etat du 13 Octobre 1686, par lequel le feu Roi, sur les représentations qui lui furent faites par le Conseil Supérieur de la Martinique, et pour les motifs y contenus, ordonna que, sans avoir égard audit article, les Esclaves seroient reçus en témoignage au défaut de Blancs, hormis contre leurs Maîtres, ainsi qu'il s'étoit pratiqué auparavant ladite Ordonnance du mois de Mars 1685, ensemble l'article 24 de l'Edit du mois de Mars 1724, portant Réglement pour les Esclaves de la Louisiane, par lequel article S. M. auroit ordonné que lesdits Esclaves ne pourront servir de témoins, à moins qu'ils ne soient témoins nécessaires; mais que, dans aucun cas, ils ne pourront en servir pour ou contre leurs Maîtres; et S. M. étant informée que les dispositions de l'article 30 de l'Ordonnance du mois de Mars 1685, par rapport aux témoignages des Esclaves, sont encore suivies, et servent de régle aux Conseils Supérieurs, et aux différentes Jurisdictions de l'Isle de Saint-Domingue, où celles dudit Arrêt n'ont point été connues, ce qui pourroit causer l'impunité de plusieurs crimes; à quoi voulant pourvoir, en établissant à Saint-Domingue la même régle qui est suivie dans les autres Colonies sur cette matière : LE ROI étant en son Conseil, sans avoir égard à l'article 30 de l'Ordonnance du mois de Mars 1685, a ordonné et ordonne qu'au défaut de Blancs les Esclaves seront reçus en témoignage à Saint-Domingue comme dans les autres Colonies Françoises de l'Amérique, hormis contre leurs Maîtres. Mande S. M. aux Officiers des Conseils Supérieurs établis à Saint-Domingue, et à tous autres Officiers qu'il appartiendra, de se conformer au présent Arrêt, lequel sera registré ès-Greffes desdits Conseils, et partout où besoin sera.

R. au Conseil de Léogane, le 16 Septembre 1738.
Et à celui du Cap, le 4 Novembre suivant.

ARRÊT du Conseil du Cap, qui interdit un Conseiller.

Du 17 Juillet 1738.

ENTRE le Capitaine Baëtman, d'une part; et Me Allain, Conseiller en ce Conseil, d'autre; vu les conclusions du Procureur-Général du Roi, et le rapport de M. Lombart, Conseiller, et tout considéré : LE CONSEIL, sans s'arrêter à la Requête de Me Allain, faisant droit sur la plainte et conclusions dudit Baëtman, enjoint à Me Allain d'être plus modéré dans ses discours; et pour ses emportemens contre ledit Baëtman, et ses écarts envers le Siége inférieur, le condamne en 500 liv. d'amende, applicable aux réparations de l'auditoire; ordonne que la suspension des fonctions dudit Me Allain, arrêtée du moment de l'Arrêt du 7 du présent mois, subsistera jusqu'à ce qu'il en ait été autrement ordonné; en outre sera ledit Me Allain mandé pour recevoir les avis de la Cour, et le condamne aux dépens de l'instance.

Rétabli par Arrêt du 7 Octobre suivant.

ARRÊT

ARRÊT de Réglement des deux Conseils, contenant tarif des Droits, Salaires et Vacations des Officiers de Justice.

Du 17 Juillet 1738.

SUR ce que le Procureur-Général du Roi a remontré, que les Réglemens qui ont été faits jusqu'à présent, tant pour l'administration de la justice, que pour les épices, salaires et vacations des Officiers des Siéges du ressort, n'ont pas empêché qu'il ne se soit glissé beaucoup d'abus, soit par la négligence de quelques-uns desdits Officiers sur l'exécution des articles qui concernent le devoir de leur Etat, soit parce que les taxes faites en 1706 étant trop modiques, eu égard au changement de tems, on en a toléré l'infraction, ce qui rend presque arbitraire la perception des droits, occasionne de fréquentes plaintes de la part des parties, et est très-contraire au respect dû aux Arrêts de Réglement ; que d'ailleurs il est survenu bien des cas que l'on n'auroit pu prévoir, lesquels n'étant point réglés, sont aussi par conséquent arbitraires ; qu'il seroit donc nécessaire, pour remédier à ces inconvéniens, de statuer sur les articles auxquels il n'a pas encore été pourvu, et d'attribuer des salaires raisonnables aux Officiers des Siéges, eu égard au tems présent, ce qui feroit cesser les plaintes en obligeant, sans excuse, ces mêmes Officiers à observer inviolablement ce qui sera ordonné ; que l'occasion de procéder à cette réformation est d'autant plus favorable, que M. Me Pierre Asselin, Député du Conseil du Cap, pour affaires importantes à la Colonie, a un pouvoir special qui l'autorise à travailler, conjointement avec les Officiers du Conseil du Petit-Goave séant à Léogane, à un nouveau Réglement, qui, par cette heureuse circonstance, sera général et uniforme pour toute l'Isle ; pourquoi il requiert le Conseil d'y pourvoir.

Vu par la Cour, l'Arrêt du 5 Mai dernier, qui nomme MM. Mes Bornat et Branda, Commissaires à l'effet de travailler audit Réglement, conjointement avec M. Me Pierre Asselin, Député du Conseil du Cap, et le Procureur-Général, pour le tout rapporté, être ordonné ce qu'il appartiendra. L'Arrêt du Conseil Supérieur du Cap, en date du 6 Mars aussi dernier, qui autorise M. Me Pierre Asselin à travailler audit Réglement ; le mémoire fourni par le Procureur-Général ; et oui le rapport : L'ASSEMBLÉE des deux Conseils a ordonné et ordonne ce qui suit :

Art. Ier. Les Juges tiendront les Audiences une fois la semaine, suivant l'usage, et y jugeront toutes les matières sommaires mentionnées aux articles 3, 4 et 5, du titre XVII. de l'Ordonnance, sans aucuns frais ni vacations, à peine de concussion.

Art. II. Ceux des Juges qui ne résident pas dans les lieux où se tiennent les Audiences, seront obligés de s'y rendre une fois la semaine pour appointer les Requêtes ; et ce jour sera réglé dans les différentes Jurisdictions, de sorte qu'il puisse être fait droit à l'Audience suivante.

Art. III. A défaut de Juges, et passé neuf heures, les Lieutenans feront les mêmes fonctions.

Art. IV. Lorsque les Lieutenans se trouveront en des lieux éloignés desdits Juges, ils pourront aussi appointer les Requêtes, sans toutefois faire aucun autre acte de Jurisdiction, si ce n'est dans les cas qui requéreront célérité, tels, par exemple, que les Procès-verbaux de l'état d'une personne blessée, levée de cadavre, et autres.

Art. V. Les Juges à l'Audience, seront tenus de demander l'avis des Lieutenans dans toutes les affaires, et les conclusions des Procureurs du Roi, dans celles où leur ministère sera nécessaire.

Art. VI. Quant aux Procès par écrit, les Juges, de trois, en choisiront un ; les Lieutenans un sur les deux autres, et le troisième restera encore au Juge.

Art. VII. Les Juges pourront faire dans leurs maisons, les élections de Tuteurs et Curateurs, avis de parens, partages, enquêtes, redditions de comptes, rapports d'experts, comparaisons des seings et écritures, vérifications d'icelles, taxes de dépens, et liquidations de dommages-intérêts.

Art. VIII. Les Juges ne prendront aucunes épices pour Appointement de Requête, Actes de simple instruction, Jugement de délibéré, publications des Edits, Déclarations, Lettres-patentes, Arrêts et Réglemens, non plus que pour les causes où le Roi et le public auront intérêt.

Art. IX. Les Juges n'apposeront point de scellés lorsqu'il y aura père ou mère survivant, s'ils n'en sont requis ; mais dans tous les cas, tels que le défaut de Tuteur ou Curateur à des Mineurs, l'absence des Héritiers présomptifs et autres, qui peuvent exiger la précaution des scellés, ils seront mis par les Juges, soit à la diligence du Procureur du Roi, soit à celle du Curateur aux Successions vacantes, suivant l'exigence du cas, et ensuite reconnus par eux, après quoi ils se retireront ; et les inventaires seront faits par les Notaires, conformément à l'Arrêt du Conseil d'État, du 17 Janvier 1688.

Art. X. Au cas que le survivant, père ou mère, se remarie, il sera tenu de mettre à bail à ferme le bien des Mineurs, s'il n'y est autrement pourvu, sur la représentation par avis de parens homologué en justice, pour le produit être employé au profit desdits Mineurs, à peine d'en répondre.

Art. XI. Les Juges travailleront incessamment, toutes affaires cessantes, aux Procès-criminels, et les Greffiers les enverront au Greffe du Conseil, aussitôt que la Sentence sera rendue.

Art. XII. Les Greffiers tiendront un Registre des productions des parties sur Procès par écrit, à peine de 200 liv. d'amende, sur lequel Registre le Juge s'en chargera par sa signature à côté de l'enregistrement, qui sera rayée lorsqu'il le remettra.

Art. XIII. Les Greffiers porteront tous les huit jours, à peine de 500 l. d'amende pour la première fois, et de plus grande peine en cas de récidive, le Registre des insinuations aux Juges, ou aux Lieutenans en leur absence, pour être paraphés par eux au bas de chaque page, ce qui sera fait sans frais.

Art. XIV. Ils seront pareillement obligés, et ce à peine d'interdiction, de porter tous les huit jours les Registres, tant des causes d'Audiences que des Procès par écrit, pour être signés par les Juges ou par les Lieutenans.

JUGES.

Art. XV. Pour les appositions, levées ou reconnoissances des scellés dans les Villes et Bourgs qu'ils habitent, ... 6 liv.

Art. XVI. Pour Actes de tutelle, curatelle, avis de parens, homologation de Testament et entérinement des Lettres d'émancipation, 6 l.

Art. XVII. Pour prestation de serment et réception de caution, 4 l. 10 s.

Art. XVIII. Pour interrogatoire sur faits et articles, par heure, 4 liv.

Art. XIX. Pour vacation aux baux judiciaires, par chaque criée, 3 l. Et pour l'adjudication, ... 18 liv.

Art. XX. Pour les inventaires, ventes, partages, redditions de compte, comparaisons d'écritures et signatures, et autres actes expédiés en leur maison, ou en celle des particuliers des Villes et Bourgs de la demeure desdits Juges, ils prendront par vacation de trois heures, 12 liv.

Art. XXI. Et lorsqu'ils se transporteront hors des lieux de leur demeure, soit en exécution de leurs Sentences ou d'Arrêts, ils se taxeront à raison de 30 liv. par jour, sans qu'ils puissent passer en taxe les Procès-verbaux qu'ils dresseront, ni souffrir qu'il en soit passé; et les journées, tant pour se rendre aux lieux où ils auront à travailler, que pour le retour chez eux, seront aussi réglées à raison de 30 liv.; et dans le cas où, par la difficulté d'assembler des experts, ou par autre inconvénient non prévu, lesdits Juges seroient dans l'obligation, pour expédier les parties, de travailler plus de six heures par jour, ladite taxe sera augmentée à raison de 5 liv. par heure.

Art. XXII. Pour Sentences rendues à l'extraordinaire, lorsque le cas le requérera, ... 6 liv.

Art. XXIII. Pour légalisation de tous actes, . . 3 liv.

Art. XXIV. Laisse à la conscience des Juges, la taxe des Procès par écrit, eu égard seulement à leur travail.

Art. XXV. Ne prendront lesdits Juges aucunes épices pour les appointemens de Requête en plainte ou autres.

Art. XXVI. Pour le Procès-Verbal de l'état où se trouve une personne blessée, ou levée de cadavre dans les Villes et Bourgs de leur demeure, 6 l.

Art. XXVII. S'il y a transport, à raison de 5 liv. par heure, pour les personnes libres seulement, sans qu'ils puissent se dispenser de faire la visite et levée des cadavres des Blancs, ou des Esclaves quand le cas le requérera, à quoi ils seront obligés de vaquer sans frais.

Art. XXVIII. Les auditions de témoins, interrogatoires des accusés, répétition, décret et Sentence de Réglement, récollement et confrontation, pour chacun desdits Actes . . . . . . 3 liv.

Art. XXIX. Pour Sentence d'élargissement sous caution, et autres de pareille nature, ... 3 liv.

Art. XXX. Les Juges d'Amirauté se conformeront au Tarif fait à leur égard, le 12 Août 1718; et quant aux articles pour lesquels ils y sont renvoyés aux Réglemens faits par les Conseils en 1706, ils se taxeront à l'avenir suivant le présent Réglement.

PROCUREURS DU ROI.

Art. XXXI. Les Procureurs du Roi auront les deux tiers de la taxe des Juges, dans toutes les vacations où ils auront été employés.

GREFFIERS.

Art. XXXII. Les Greffiers auront aussi les deux tiers de la taxe des Juges, y compris la première expédition.

Art. XXXIII. Pour les défauts, ... 15 sols.

Art. XXXIV. Pour les appointemens à mettre, ou autres Sentences préparatoires, ... 1 liv. 10 sols.

Art. XXXV. Pour Sentences définitives, . 1 liv. 17 s. 6 d.

Art. XXXVI. Pour Acte de soumission de caution, de renonciation aux successions, à la Communauté, autorisation et autres actes de pareille nature compris l'expédition, ... 3 liv.

Art. XXXVII. Pour Acte d'affirmation de voyage et autres équivalans, y compris aussi la première expédition, . . . 2 liv. 5 sols.

Art. XXXVIII. Pour Acte de production au Greffe, . . 3 liv.

Art. XXXIX. Pour l'enregistrement des Procurations et autres Actes, comme aussi pour l'insinuation des Donations, Substitutions et autres actes sujets à publications, compris l'expédition desdits enregistremens, 6 liv.

Art. XL. Pour recherches d'Actes dont l'année est certaine, 3 liv.

Art. XLI. Et où il faudroit un plus long-tems par le défaut de connoissance de l'année, par heure, ... 3 liv.

Art. XLII. Pour droits de consignation d'espèces, un et demi pour cent.

Art. XLIII. Pour l'Acte de dépôt, ... 3 liv.

Art. XLIV. Ne prendront aucun autre droit pour les dépôts des papiers que celui dû par l'Acte; et pour la vérification des pièces, il leur sera alloué par heure, ... 3 liv.

Art. XLV. Pour compulsoire, par heure, . . 3 liv.

Art. XLVI. Pour clôture d'inventaire, . . 6 liv.

Art. XLVII. Pour déclaration de départ de l'Isle, . 3 liv.

Art. XVLIII. Les secondes et autres expéditions des Sentences, Baux judiciaires et autres Actes, de quelque nature qu'ils soient, seront payés à raison de 20 sols par rôle, le rôle contenant deux pages, la page vingt lignes, et la ligne douze syllabes.

Art. XLIX. Les Greffiers auront, ainsi que dans le civil, les deux tiers de la taxe des Juges, et pour lecture des Sentences aux condamnés, 3 livres.

NOTAIRES.

Art. L. Pour chaque vacation de trois heures dans le lieu de leur résidence, ... 9 liv.

Art. LI. Et lorsqu'il y aura transport, y compris l'expédition, 12 liv.

Art. LII. Pour recherche d'Actes dont l'année est certaine, 3 liv.

Art. LIII. Et où il faudroit un plus long tems par le défaut de connoissance de l'année, par heure, ... 3 liv.

Art. LIV. Pour contrats de mariage en leur étude, y compris l'expédition, ... 18 liv.

Art. LV. Pour contrats de vente, cessions, transports, Testamens et Codiciles, y compris l'expédition, ... 12 liv.

Art. LVI. Et lorsqu'il y aura transport pour tous ces Actes, par vacation, y compris l'expédition, ... 12 liv.

Art. LVII. Pour Procuration simple, ... 6 liv.

Art. LVIII. Pour une obligation, ... 6 liv.

Art. LIX. Pour une quittance, ... 4 liv. 10 sols.

Art. LX. Pour compulsoire, par vacation de trois heures, 9 liv.

Art. LXI. Pour protêt fait dans le lieu de leur demeure, 9 liv.

Art. LXII. Et s'il y a transport, par vacation, y compris l'expédition, ... 12 liv.

Art. LXIII. Pour collation de pièces qui leur seront présentées, 5 f. par rôle, et s'ils font des copies, ... 20 sols.

Art. LXIV. Les secondes et autres expéditions de tous Actes, seront payées à raison de 20 sols par rôle, et le rôle sera de la qualité ci-dessus réglée pour les Greffiers.

Art. LXV. Laisse à la conscience des Notaires le prix des transactions.

Art. LXVI. Leur fait défenses de laisser les Actes qu'ils passeront, sans être signés par eux, par les parties et par les témoins, à peine de 200 l. d'amende pour la première fois, d'interdiction en cas de récidive, et des dommages et intérêts des parties.

Art. LXVII. Les Notaires qui passeront en France, remettront leurs minutes au Greffe de leur Jurisdiction, et les formalités de ces remises se feront en la forme prescrite par la Déclaration du Roi, du 2 Août 1717, qui sera de nouveau lue et publiée dans tous les ressorts des Siéges, à la diligence des Procureurs-Généraux.

Art. LXVIII. Lorsque les Procureurs du Roi travailleront avec les Notaires, ils prendront la même taxe qu'eux.

HUISSIERS.

Art. LXIX. Par chaque exploit simple en ville, compris la copie, 1 liv. 10 sols.

Art. LXX. Pour saisie de meubles et de Négres, . 9 liv.

Art. LXXI. Et lorsqu'il y aura déplacement de meubles autres que les Négres, ... 12 liv.

Art. LXXII. Pour vente de meubles en ville, par vacation, 6 liv.

Art. LXXIII. Pour signification de pièces et autres copies qu'ils délivreront, 12 sols par rôle.

Art. LXXIV. Pour publications des baux à ferme et enchère, 3 liv.

Art. LXXV. Pour procès-verbal d'apposition d'Affiches aux Auditoires et aux Eglises, ... 3 liv.

Art. LXXVI. Pour signification de Sentences, . 2 liv. 5 sols.

Art. LXXVII. Pour procès-verbal de perquisition, . . 6 liv.

Art. LXXVIII. Les Juges procéderont même extraordinairement contre les Huissiers sur la connoissance qu'ils auront de leur connivence avec les parties, et de leurs prévarications dans les susdits procès-verbaux.

Art. LXXIX. Pour capture et emprisonnement de personnes libres, tant au civil qu'au criminel, pour eux et deux records, y compris le procès-verbal, ... 30 liv.

Art. LXXX. Et dans les cas ci-dessus où il y auroit transport, ils seront payés à raison de 2 liv. par lieue, non compris la taxe des pièces.

HUISSIERS DU CONSEIL.

Art. LXXXI. Les Huissiers du Conseil prendront la moitié en sus de toutes les taxes ci-devant faites, lorsqu'ils exploiteront pour le Conseil.

HUISSIERS-AUDIENCIERS.

Art. LXXXII. Pour appel de cause aux Jurisdictions, 1 liv. 2 f. 6.

Art. LXXXIII. Au Conseil de Léogane, . 3 liv. 15 sols.

Au Conseil du Cap, ... 3 liv.

GREFFIERS DU CONSEIL.

Art. LXXXIV. Pour relief, anticipation, désertion et autres, 6 liv.

Art. LXXXV. Pour lettres d'émancipation, bénéfice d'âge, d'inventaire, Requête civile, rescision et autres, y compris l'expédition de l'Arrêt, 10 l.

Art. LXXXVI. Pour les Actes d'affirmation de voyage, y compris l'expédition, ... 3 liv. 7 sols 6 deniers.

Art. LXXXVII. Pour les défauts, congés, appointemens et Arrêts d'instruction, ... 9 liv.

Art. LXXXVIII. Pour les Arrêts sur Requête, . 12 liv.

Art. LXXXIX. Pour Arrêt d'Audience définitif, . 18 liv.

Art. XC. Pour les Arrêts rendus sur procès par écrit, le Rapporteur les taxera de sa main sur le plumitif.

Art. XCI. Pour Actes de reprise d'instance, 3 liv. 7 s. 6. d.

Art. XCII. Pour soumission de caution, y compris l'expédition, 6 liv.

Art. XCIII. Pour procès-verbal de réception de caution, y compris l'expédition, ... 6 liv.

Art. XCIV. Pour droit de consignation, un et demi pour cent.

Art. XCV. Pour l'Acte de dépôt, . . 4 liv. 10 sols.

Art. XCVI. Pour Acte de produit au Greffe, 4 liv. 10 sols.

Art. XCVII. Pour secondes et autres grosses, le Greffier prendra 30 s. par rôle de même qualité que celui ci-dessus réglé.

Art. XCVIII. Pour une taxe de dépens faite en ville, y compris l'expédition, ... 15 liv.

Art. XCIX. Et lorsqu'il y aura transport, pour chaque vacation, 12 l.

Art. C. Pour l'exécutoire de dépens, ... 9 liv.

Art. CI. Pour recherche d'Actes dont l'année est certaine, 4 liv. 10 s.

Art. CII. Et où il faudroit un plus long tems par le défaut de connoissance de l'année, 4 liv. par heure.

Art. CIII. Le Greffier-Garde-Sac, prendra au Greffe les productions des parties, et son droit pour le port, tant chez le Rapporteur que chez le Procureur-Général, sera taxé sur le plumitif de la main du Rapporteur.

Art. CIV. Pour la réception de tous Officiers de Justice subalternes, et autres actes qui en dépendent, ... 30 liv.

Art. CV. Pour celle des Médecins, Chirurgiens, Apothicaires, Prévôts, leurs Lieutenans et autres, ... 40 liv.

Art. CVI. Pour celle des Curateurs aux Successions vacantes, Receveurs des Octrois et autres, ... 50 liv.

Art. CVII. Lorsque le Greffier travaillera avec MM. les Commissaires de la Cour, il prendra les deux tiers de la taxe desdits Commissaires, y compris l'expédition.

CRIMINEL.

Art. CVIII. Pour les interrogatoires sur la sellette, par heure, 4 liv.

Art. CIX. Pour les Arrêts préparatoires ou définitifs, suivant la taxe du Rapporteur.

Art. CX. Pour la lecture des Arrêts aux condamnés, . 6 liv.

Art.

Art. CXI. Les extraits d'Arrêts portant remboursement des Négres suppliciés, seront délivrés sans frais.

Art. CXII. Les Juges, Notaires, Greffiers, Huissiers et autres Officiers de Justice, leurs Clercs et leurs Commis, mettront au bas de toutes les pièces, sans exception, la taxe de leurs épices, à peine de concussion et d'interdiction.

CURATEURS aux biens vacans.

Art. CXIII. Pour leurs droits sur les sommes qui se trouveront en espèces, deux et demi pour cent.

Art. CXIV. Pour les obligations, billets, cédules et comptes, lorsqu'ils en auront fait le recouvrement, les débiteurs étant solvables, dix pour cent.

Art. CXV. Et lorsqu'il n'y aura que les diligences sans recouvrement, les débiteurs étant solvables, un pour cent.

Art. CXVI. Pour les baux d'immeubles, lorsqu'ils en auront fait le recouvrement, les débiteurs étant solvables, cinq pour cent.

Art. CXVII. Et s'ils ne l'ont pas fait, un pour cent.

Art. CXVIII. Pour la vente tant de meubles que d'immeubles, lorsqu'ils en auront fait le recouvrement, dix pour cent.

Art. CXIX. Et s'ils ne l'ont pas faite, cinq pour cent.

Art. CXX. Seront tenus de faire des diligences contre les débiteurs solvables, faute de quoi il ne leur sera alloué aucune commission; leur défend d'en faire aucunes contre les insolvables, en justifiant seulement par un Acte signé du Juge, du Procureur du Roi, ou des Notaires dans les Quartiers éloignés, ladite insolvabilité, sans qu'ils soient obligés à d'autres formalités.

Art. CXXI. Ce que dessus aura lieu pour les Procureurs particuliers, à l'exception de ce qui est ordonné par l'article 114, au regard duquel ils se conformeront à l'usage, s'il n'y a convention contraire.

Art. CXXII. Lorsque les biens d'un défunt seront situés en différentes Jurisdictions, le Curateur de chaque Jurisdiction gérera ce qui sera dans son ressort, et sa commission lui sera payée suivant le présent Réglement, après quoi il rendra compte de sa gestion au Curateur du principal manoir dudit défunt, sans que ce Curateur puisse prétendre pour cela autre commission que de ce qu'il aura géré lui-même.

Art. CXXIII. Les Curateurs aux biens vacans donneront avis aux héritiers des successions dont ils se trouveront chargés, et certifieront les Procureurs-Généraux de leurs diligences, à peine de radiation de leurs droits, et de plus grande peine si le cas le requiert.

Art. CXXIV. Les taxes ci-dessus concernant lesdits Curateurs, seront suivies à commencer du premier Septembre prochain, et n'auront lieu que pour les successions qui vaqueront après ce terme.

GARDIENS ET SÉQUESTRES.

Art. CXXV. Pour les Gardiens établis aux saisies des meubles déplacés, par jour, ... 1 liv. 10 sols.

Art. CXXVI. Pour Séquestres établis aux saisies des fruits, lorsqu'ils feront leur résidence actuelle sur les lieux, par chaque jour, 5 liv.

Art. CXXVII. Et dans le cas où ils ne résideront pas, leurs salaires seront taxés par les Juges.

GEOLIERS.

Art. CXXVIII. Pour les écrous des personnes libres, avec l'extrait, 6 l.
Art. CXXIX. Pour leur nourriture, . . . 1 liv. 10 sols.
Art. CXXX. Recommandation et extrait, . . . 3 liv.
Art. CXXXI. Pour l'écrou des Esclaves, . . . 3 liv.
Art. CXXXII. Pour leur nourriture, . . . 15 sols.

VOYAGES.

Au Gouverneur, hors de la Cour, ... 60 liv.
Au Lieutenant-de-Roi, ... 50 liv.
Aux Majors, ... 40 liv.
Aux Conseillers, ... 40 liv.
Aux Sénéchaux, Gentilshommes, Capitaines d'Infanterie, Majors et Capitaines de Milices, ... 20 liv.
Aux Substituts des Procureurs-Généraux, Lieutenans des Siéges, Lieutenans d'Infanterie, Aides-Majors et Lieutenans de Milices, 15 liv.
Aux notables Habitans, ... 12 liv.
A toutes personnes à cheval, ... 8 liv.

Il sera passé en la Cour, savoir, un seul voyage pour les Procès d'Audience, et deux jours de séjour pour les procès par écrit ; trois voyages pour la présentation, production et levée d'Arrêts, deux jours pour chaque voyage ; et pour porter les écrits, comme Factums, Griefs et autres, soit au Rapporteur ou aux Conseillers, sera passé un Messager à 5 liv. par jour

Et sera le présent Réglement envoyé dans tous les Siéges des ressorts des deux Conseils, pour y être lu, publié et affiché par-tout où besoin sera, et ce à la diligence des Procureurs-Généraux et de leurs Substituts, qui en certifieront les Conseils au mois; comme aussi sera ledit Réglement, ainsi que celui pour les Amirautés, du 25 Août 1718, inscrit dans un tableau, lequel sera exposé dans tous les Greffes et études des Notaires, le tout afin que personne n'en ignore. Fait et arrêté à Léogane, en l'assemblée des deux Conseils, le 17 Juillet 1738.

R. au Conseil du Cap, le 6 Octobre suivant.

ARRÊTS du Conseil du Cap, touchant une Plainte contre un Conseiller, reçue par le Juge du Cap.

Des 18 Juillet 1738, et 8 Avril 1739.

VU par le Conseil, le procès criminel extraordinairement par lui fait et instruit à la Requête de Me Allain, Conseiller en ce Conseil, demandeur et accusateur, le Procureur-Général du Roi joint; contre Jean Baëtman, Noël Decan, Joachim Pinart et Me Claude de Clérambault, Juge de la Juridiction du Cap, et Lieutenant de l'Amirauté audit lieu, accusés; vu les conclusions du Procureur-Général du Roi, & oui le rapport de M. Lombart, Conseiller, tout vu et examiné: LE CONSEIL faisant droit sur la Requête de Me Allain, et sur les conclusions du Procureur-Général du Roi, contre les auteurs et complices de la Requête présentée audit Me de Clerambault, Juge de la Jurisdiction du Cap, et Lieutenant de l'Amirauté audit lieu, par ledit Baëtman, le 29 Mai dernier, ordonne que les mauvais discours et termes injurieux employés contre ledit Me Allain, et contre l'honneur de la Magistrature, ainsi que les fausses louanges insérées en ladite Requête, seront biffées et supprimées, a condamné & condamne lesdits Baëtman, Decan, & Pinart, auteurs et instigateurs de ladite Requête, chacun en 300 liv. d'amende envers le Roi; en outre lesdits Decan et Pinart, en trois mois de prison, avec défenses de recidiver, sous peine d'être poursuivis comme perturbateurs du repos public; et pour avoir, par ledit sieur de Clérambault, Juge, induit ledit Baëtman à porter pardevant lui ladite plainte, de l'avoir fait augmenter du renvoi mis à la marge d'avoir rendu publique l'information par lui faite, et pour les autres cas qui s'en sont ensuivis, resultans du procès, le condamne en 300 liv. d'amende envers Sa Majesté, et l'a interdit des fonctions de judicature; et sur les dommages et intérêts demandés par Me Allain, le renvoye à se pourvoir, à l'effet de quoi les interrogatoires des accusés et la Requête dudit Baëtman, du 14 du présent mois, lui seront communiqués; condamne en outre lesdits Baëtman, Decan et Pinart, solidairement, en tous les dépens du procès, et déboute ledit Baëtman des dommages et intérêts et recours par lui demandés.

Par l'autre Arrêt du 8 Avril 1739, les accusés furent condamnés solidairement en 1000 liv. de dommages intérêts applicables moitié à la Fabrique du Cap, & moitié aux pauvres honteux dudit lieu.

ARRÊT du Conseil de Léogane, contre des Auteurs et Complices d'Assassinat, d'Empoisonnement, d'Adultère, &c.; et contenant Réglement sur la vente des Poisons.

Du 18 Juillet 1738.

LOUIS, &c. Vu en notre Conseil-Supérieur du Petit-Goave, séant à Léogane, le procès extraordinairement fait et instruit à la Requête du Substitut du Procureur-Général au Siége Royal de Saint-Louis, demandeur et accusateur en réparation de crimes d'empoisonnement, assassinat, adultère et paillardise, contre Pierre S., Anne T., femme d'Etienne L; Marie Anne L., ci-devant femme de F.; Pierre R., Jacques, et plusieurs Esclaves, tous défendeurs, accusés et complices desdits crimes; et encore ledit Substitut du Procureur-Général, appelant; contre lesdits, &c. La Sentence susdatée dont est appel; oui sur le tout, Me François-Robert, Caignet, Conseiller séant, en son rapport, et tout vu, considéré et mûrement examiné: LE CONSEIL a mis l'appellation et Sentence dont est appel au néant; émandant, déclare Anne T., duement atteinte et convaincue d'avoir sollicité les Négres Thomas et Colas, d'attenter à la vie de F., ainsi que Jacques L., d'aller l'attendre dans le chemin du Fond, pour l'assassiner, et de lui avoir fait, à cet effet, remettre l'arme de son fils, Pierre R., avec laquelle il l'a tué; d'adultère et autres cas mentionnés au Procès; ladite Marie-Anne L., d'avoir différentes fois attenté à la vie dudit F., soit par poison, soit autrement, et notamment d'avoir excité ledit Jacques L., à tuer ledit F.; d'être complice du meurtre commis en sa personne, d'adultère, et autres crimes dont est question audit Procès; Charlot Congo, Négre, Commandeur de ladite T., d'avoir porté lesdits Thomas et Colas, ainsi que ledit Jacques L., à assassiner ledit F., participé à sa mort, distribué des drogues pour l'empoisonner, et d'autres crimes dont il est accusé; ledit Jacques L., d'être allé attendre ledit F. sur le chemin du Fond, de lui avoir tiré un coup d'arme, et d'être ensuite venu le tuer d'un second coup au-devant de la porte de sa maison, porté et traîné après sa mort près du Morne de Marche-à-Terre; d'avoir fourni du poison à ladite Anne-Marie L., d'adultère et autres crimes énormes; Pierre R., Thomas et Jacques Congo, d'avoir eu connoissance du meurtre qui devoit se commettre en la personne dudit F., même ledit R. d'avoir prêté, à cet effet, son arme, et fourni des balles audit Jacques L., et lesdits Jacques Congo et Thomas, d'avoir aidé, l'un à traîner ledit F. après sa mort, et l'autre à le charger sur son cheval, et transporter près dudit Morne de Marche-à-Terre; Medor et Jeanneton, d'assassinat prémédité contre ledit F., et autres cas; Pierre S. d'avoir fourni à ladite Marie-Anne L. du Laudanum, et autres cas portés au Procès; Pierrot Congo, des accusations contre lui formées; et finalement ledit Baptiste, d'avoir suborné, séduit et joui de ladite Marie-Anne L., fille de son maître; Pour réparation de quoi, condamne ladite Anne T., et Marie L., d'être conduites dans un tombereau, nues en chemise, la corde au col, ayant chacune en leurs mains une torche ardente du poids de deux livres, au-devant de la principale porte de l'Eglise de cette Ville; et là, à genoux, dire et déclarer à haute et intelligible voix, que méchamment et cruellement elles ont fait lesdits empoisonnemens, et participé audit meurtre comme complices d'icelui, dont elles demandent pardon à Dieu, au Roi et à la Justice; auquel lieu lesdites T., et Marie-Anne L. sa fille, auront le poing droit coupé; ce fait, conduites dans la place publique de cette Ville, pour y être pendues et étranglées à une potence qui, à cet effet, y sera plantée; les corps morts desdites T. et L. brûlés, les cendres jetées au vent; lesdits Jacques L. et Charlot, d'avoir les bras, jambes, cuisses et reins rompus vifs sur un échafaud qui pour cet effet sera dressé dans la place publique des Cayes, mis ensuite sur une roue, la face tournée vers le Ciel, pour y finir leurs jours; leurs corps morts portés par l'Exécuteur de la Haute-Justice, et exposés chacun sur une roue au bord du chemin près du Morne dudit Marche-à-Terre. Lesdits Pierre R., Thomas et Jacques Congo, Jeanneton et Médor, à être pendus et étranglés jusqu'à ce que mort s'ensuive; savoir, ledit R. à une potence qui pour cet effet sera plantée dans ladite place publique de cette Ville, et lesdits Thomas, Jacques Congo, Jeanneton, à une autre potence qui sera plantée dans ladite place des Cayes; ledit S. de servir comme Forçat dans les Galères du Roi à perpétuité. Lesdits Baptiste Quanouy et Pierrot Congo, d'assister aux exécutions ci-dessus, et d'être ensuite battus et fustigés nuds de verges, par ledit Exécuteur, dans tous les carrefours du bourg desdites Cayes; à l'un d'iceux, sera ledit Baptiste flétri d'un fer chaud, marqué d'une Fleur-de-Lys sur l'épaule droite, avec défenses à eux de récidiver, sous peine de la vie, et renvoyés après à leurs maîtres. Déclare tous et chacuns les biens desdites Anne T., Marie Anne L., et Pierre R., acquis et confisqués au Roi, ou à qui il appartiendra, sur iceux préalablement pris la somme de 2000 livres d'amende envers le Roi, les frais de Justice et autres, et celle de 2000 livres d'aumône, pour faire prier Dieu pour l'âme dudit défunt F., applicables 1500 livres à l'Hôpital-Royal de cette ville, 200 livres au Curé de cette Paroisse, et les 300 livres restantes à la Paroisse dudit lieu des Cayes; déclare pareillement tous et chacun les biens dudit S. acquis et confisqués au Roi; ordonne que les prix desdits Jacques Langlois et Médor, seront remboursés à leurs maîtres, et qu'il sera tenu compte de la moitié du prix desdits Charlot et Thomas: renvoye l'exécution pardevant les Juges de cette Ville et de Saint-Louis.

Et faisant droit sur les conclusions du Procureur-Général du Roi, fait défenses à tous Chirurgiens, Apothicaires, et autres personnes munies de drogues, comme arsenic, sublimé, et autres dont ont peut faire mauvais usage pour la destruction du corps humain, d'en vendre et distribuer à d'autres qu'à des personnes domiciliées et notoirement connues, sans qu'ils souffrent que leurs femmes, enfans, garçons, apprentifs ou aucuns de leurs Domestiques, en puissent vendre ou distribuer à qui que ce soit, sous quelque prétexte que ce puisse être; leur ordonne de les enfermer dans un lieu sûr, et dont ils auront seuls la clef, et seront lesdits Chirurgiens, Apothicaires et autres, obligés de tenir registre qui sera paraphé par les Juges des lieux, des noms de ceux à qui ils auront vendu ou donné desdites drogues; la quantité, qualité, et le jour, et pour quel usage; laquelle déclaration ils feront signer par ceux à qui ils les auront données, sans pareillement qu'ils en puissent vendre ou donner à aucun valets, serviteurs ou domestiques, sinon sur Certificat de leurs maîtres signés deux, dont il sera fait mention sur lesdits Registres, lesquels ils garderont; le tout à peine de mille livres d'amende, et de plus grande s'il y échoit; et sera le présent Arrêt enregistré dans les Greffes des Jurisdictions du ressort du Conseil lu, et publié par-tout où besoin sera, &c.

EDIT, portant que les Lorrains seront réputés naturels François.

Du mois de Juillet 1738.

LOUIS, &c. L'amitié et les alliances qui ont été de tous temps entre les Rois nos Prédécesseurs, et les Ducs de Lorraine, aussi bien que le commerce fréquent entre les Sujets de l'une et l'autre domination, avoit porté le feu Roi, notre très-honoré Seigneur et Bisayeul, et notre très-chèr et très-amé Frère le Duc Léopold de Lorraine, à éteindre et supprimer réciproquement le droit d'aubaine entre les Sujets des deux états; les mêmes motifs nous ont aussi engagés, dans le Traité conclu à Paris le 21 Janvier 1718, à confirmer dans les Villes et Évêchés de Metz, Toul et Verdun, et autres pays énoncés dans ledit traité, la réciprocité qui, suivant les jugemens et Actes publics, y avoit déjà lieu entre les trois Évêchés et la Lorraine. Et quoique ces différentes dispositions eussent commencé de former une plus grande liaison entre des peuples si voisins l'un de l'autre, elles ne suffisoient pas pour effacer la qualité d'étranger dans la personne des Sujets du Duc de Lorraine, et pour les mettre en état de jouir des mêmes droits et priviléges que nos Sujets et Regnicoles. Mais l'avantage qu'ils ont aujourd'hui de vivre sous la domination de notre très-honoré Frère et Beau-Père le Roi de Pologne, et celui qu'ils doivent avoir un jour d'être unis à cette Monarchie, nous les faisant considérer comme devant participer, dès-à-présent, aux mêmes priviléges dont jouissent mes véritables Sujets, Nous avons résolu d'abolir toutes les différences qui peuvent encore les en distinguer; ensorte que les Sujets de notre très-honoré Frère et Beau Père le Roi de Pologne, soient à tous égards considérés comme les nôtres: et nous nous sommes déterminés d'autant plus volontiers à ne pas différer de leur donner cette marque de notre bienveillance, que notre très-honoré Frère et Beau-Père le Roi de Pologne a déjà prévenu nos intentions, en ordonnant, par son Edit du mois de Juin dernier, que nos Sujets jouiront dans ses Etats de tous les mêmes droits, priviléges et avantages que les Habitans naturels du pays. A ces causes, &c. voulons et nous plaît qu'à l'avenir tous les Sujets de notre très-honoré Frère et Beau-Père le Roi de Pologne, dans les Etats ci devant soumis à la domination des Ducs de Lorraine, seront réputés à tous égards naturels François, et en conséquence exempts de toutes charges et droits imposés ou à imposer sur les Etrangers; comme aussi de donner caution, de payer le jugé, et de toutes autres loix, réglemens et usages qui pourroient avoir lieu à l'égard des Etrangers. Déclarons pareillement lesdits Sujets de notre Frère et Beau-Père le Roi de Pologne, dans lesdits Etats, capables de posséder tous Offices et Bénéfices, d'exercer toutes professions, et d'êtres reçus à la Maîtrise de tous métiers en France, sans qu'en aucuns cas exprimés ou non exprimés, on puisse leur opposer la qualité d'Etrangers. Voulons que la réciprocité d'hypothèque, établie par le traité de Paris, du 21 Janvier 1718, pour plusieurs parties de la Généralité de Metz, soit étendue à tout notre Royaume, et en conséquence, que les jugemens qui seront rendus dans les Etats soumis à la domination du Roi de Pologne, notre très-honoré Frère et Beau-Père, et les Contrats et Actes publics qui y seront passés, soient exécutoires, et qu'ils emportent hypothèque du jour de leur date dans notre Royaume, de même que si les jugemens et Actes avoient été rendus ou passés en France, et ce suivant les usages respectifs de notre Royaume et desdits Etats. Si donnons en Mandement, &c.

R. au Conseil de Léogane, le 3 Juin 1741.
Et à celui du Cap, le 5 du même mois.

EXTRAIT de la Lettre du Ministre à MM. de Larnage et de Sartre, touchant la fourniture des Lits et des Paillasses aux Soldats.

Du 5 Août 1738.

J'AI marqué à M. de Sartre, que Sa Majesté avoit aussi approuvé le parti que vous avez pris de faire faire des bois-de-lits et des paillasses pour les Soldats de toutes les Garnisons. Cette précaution doit contribuer à la conservation des Soldats, et je compte que M. de Sartre aura apporté toute l'économie qui lui aura été possible dans cette dépense.

ORDONNANCE

ORDONNANCE des Administrateurs, portant établissement de deux Vérificateurs-Examinateurs des comptes des Receveurs des droits Royaux, des Curateurs aux Successions vacantes, et des Directeurs des Postes.

Du 9 Août 1738.

CHARLES Brunier, &c.

Pierre de Sartre, &c.

Le retardement, la confusion et les difficultés qu'il y a eu jusqu'à présent dans la reddition des comptes de cette Colonie, qui n'entrent point dans celui du Trésorier de la Marine, qui va à la Chambre, étant aussi contraire au bon ordre que préjudiciable aux intérêts du Roi, Nous avons estimé, pour y remédier, devoir établir dans chacun des ressorts des deux Conseils Supérieurs de cette Colonie, un Vérificateur et Examinateur des comptes, dont les fonctions seront ci-après expliquées.

ART. I. Lesdits Vérificateurs se feront remettre, à la fin de chaque année, par les Receveurs des amendes, aubaines, épaves et confiscations, Curateurs aux sucessions vacantes, Directeurs des Postes, les comptes de recettes et dépenses par eux faites, ils les réformeront et redresseront, si besoin est, de façon à les mettre en état d'être arrêtés par M. l'Intendant, ou par ceux à ce préposés; ils se feront aussi remettre, tous les deux mois, par lesdits Receveurs ou Curateurs, des bordereaux de leurs recettes et dépenses.

ART. II. Il leur sera remis tous les deux mois, par les Greffiers du Conseil et par ceux des Jurisdictions, pour ce qui les concerne, des états des amendes prononcées, des épaves, aubaines, confiscations de biens et maritimes, des successions tombées en vacance; lesquels états seront certifiés par les Greffiers; ceux du Conseil seront visés par le Procureur-Général, et ceux des Jurisdictions par les Juges ou Procureurs du Roi; et si pendant le cours desdits deux mois il n'étoit échu aucune succession, amendes, épaves, confiscations, lesdits Greffiers en feront mention dans leurs certificats.

ART. III. Ils observeront la netteté des comptes; obligeront lesdits Receveurs des amendes, aubaines, épaves et confiscations, à rendre un compte particulier des amendes, un pour chaque aubaine, un pour chaque épave, un pour chaque confiscation maritime; ces comptes contiendront, chacun en particulier, la recette et la dépense, et, s'il y a lieu, les reprises ainsi que la commission attribuée au comptable, de tous ces comptes : lesdits Receveurs en formeront un général, dans lequel sera porté, par chapitres et par extraits dans les colonnes disposées à cet effet, le total des recettes, dépenses et reprises, et le débet résultant de chacun d'iceux ; ensuite ils récapituleront lesdits chapitres, et feront le résultat dudit compte général.

ART. IV. Ils observeront aussi d'obliger les Curateurs aux successions vacantes, de rendre un compte particulier pour chaque succession ; desquels comptes ils en rendront un général, dans lequel sera porté, par extraits, ainsi qu'il est ci-dessus expliqué, le total des recettes, dépenses, reprises et débets résultans de chaque succession ; et quant à celles qui ne seront pas liquidées et qui resteront en souffrance, il en sera fait mention par *Advertatur*, dans le compte général, pour par lesdits Curateurs en compter dans le subséquent qu'ils rendront.

ART. V. Ils auront attention à ce que la recette de chaque Directeur des Postes, soit justifiée par les listes que ceux des autres Bureaux de la Colonie leur envoyent, et à leur faire rapporter des Certificats que les Directeurs des Bureaux, dont ils n'auront point reçu de lettres, sont tenus de leur donner, et ce pour justifier qu'ils n'en ont point reçus pendant certains ordinaires.

ART. VI. Lesdits Vérificateurs jouiront de l'exemption de six Négres, de celle de toutes corvées, de tutelle et curatelle, et auront leurs lettres franches ; il leur sera attribué, à commencer des jour et date de la présente, le quart de la commission accordée aux Receveurs des amendes, aubaines, épaves et confiscations, et aux successions vacantes ; lequel quart ne sera acquis auxdits Vérificateurs, que lorsque les comptables acquitteront et remettront aux Trésoriers de la Marine, à Léogane et au Cap, les débets de leurs comptes ; ils pourront cependant percevoir le quart de la commission qui leur reviendra sur les successions réclamées, lorsque conséquemment à ce, il aura été ordonné par Justice la remise du débet qui aura été faite aux Héritiers ou porteurs de procuration ; lesdits Vérificateurs ne pourront prétendre aucuns émolumens des Directeurs des Postes, attendu qu'ils n'ont que des appointemens modiques.

ART. VII. Lesdits Vérificateurs seront tenus de réformer et dresser, si besoin est, ceux des anciens comptes des Receveurs, Curateurs aux successions vacantes, et Directeurs des Postes, que M. l'Intendant jugera à-propos, sans que pour raison de ce, ils puissent prétendre ni exiger aucuns émolumens ; et ils se conformeront d'ailleurs à ses ordres en tout ce qui pourroit n'avoir pas été prévu dans la présente instruction, qui sera enregistrée au Greffe de l'Intendance. Fait à Léogane, &c.

R. au Greffe de l'Intendance, le 22 Novembre 1738.

EXTRAIT de la Lettre du Ministre à M. de Larnage, sur la distribution du produit du Droit payé pour tenir des Cafés.

Du 11 Août 1738.

SUR les éclaircissemens que vous avez donnés au sujet du droit que les Capitaines des Gardes des Gouverneurs Lieutenans-Généraux, sont dans l'usage de retirer de ceux qui tiennent des cafés dans la Colonie, S. M. trouve bon que ce droit subsiste; et le produit en étant trop considérable pour que le Capitaine des Gardes doive en profiter seul, S. M. veut que vous en preniez la moitié pour vous, que vous en donniez un quart à votre Capitaine des Gardes, et que, l'autre quart soit employé, soit en gratifications à des Officiers qui seront ou pauvres ou chargés de quelque commission, soit à d'autres dépenses extraordinaires qui pourront se présenter. Elle s'en rapportera à vous pour la distribution de ce dernier quart; mais Elle souhaite que vous en envoyiez, à la fin de chaque année, un état général du produit, avec un état détaillé de cette distribution. Elle vous ordonne aussi de tenir exactement la main à ce qu'il ne se joue dans ces Cafés aucun jeu défendu, et qu'ils ne puissent point occasionner aucun abus. S'il lui revenoit quelque plainte sur cela, Elle ne pourroit pas se dispenser d'y mettre ordre.

LETTRE du Ministre à M. de Larnage, touchant la tolérance du Jeu du Lansquenet chez les Officiers pendant le Carnaval.

Du 26 Août 1738.

J'AI rendu compte au Roi des éclaircissemens que vous m'avez donnés par votre Lettre du 25 Mars dernier, au sujet du Pharaon et autres jeux de hasard. S. M. ne veut rien changer aux Ordres qu'Elle vous a donnés par rapport à ces jeux, et son intention est que vous teniez exactement la main à l'exécution des défenses qui en ont été faites dans la Colonie. L'expérience n'a que trop fait connoître les suites fâcheuses que pourroit avoir la moindre tolérance sur cela. Si cependant vous jugiez qu'il convînt de permettre aux Officiers-Majors le jeu du Lansquenet chez eux dans le tems de Carnaval, S. M. s'en rapportera à ce que vous ferez sur cela, persuadée que vous prendrez les mesures nécessaires pour empêcher que ces permissions ne puissent avoir aucun inconvénient; mais Elle vous défend de souffrir d'autres jeux de hasard dans aucun tems, ni sous quelque prétexte que ce puisse être.

ARRÊTS du Conseil du Cap, portant qu'il sera fait, par le Greffier, pour l'usage de la Cour, un Recueil sur beau papier, des Edits, Ordonnances, Déclarations, &c. lequel sera payé sur les deniers publics.

Des 3 Septembre 1738, et 4 Juin 1739.

SUR ce qui a été représenté par le Procureur-Général du Roi, qu'il y a plusieurs Edits, Déclarations et Ordonnances du Roi, et Arrêts de Réglemens de ce Conseil qui sont parvenus dans cette Colonie, et notamment dans le ressort de ce Conseil, dont la mémoire ne rappelle pas les dispositions auxquelles on est obligé de se conformer dans les différentes affaires qui se présentent journellement, et qu'il conviendroit, pour la facilité de ne pas tomber dans des contrariétés, d'en avoir un Recueil, où l'on pourroit avoir recours en toute occasion : LE CONSEIL a ordonné et ordonne qu'il sera fait un Recueil des Edits et Déclarations du Roi, Ordonnances de MM. les Généraux et Intendans, et Arrêts de Réglemens des Conseils, lequel sera transcrit en beau papier, par les soins de Me Duhameau, Greffier en chef; à l'effet de quoi, il sera remboursé de tous ses frais suivant son mémoire, et gratifié pour son travail sur la caisse des deniers publics.

Vu par le Conseil, un Registre in-folio, sur lequel sont transcrits lesdites Ordonnances, Réglemens et Arrêts, concernant les Isles Françoises de l'Amérique, depuis le 25 Octobre 1684, jusqu'au 7 Octobre 1738. Le mémoire dudit Greffier en chef au sujet de la dépense par lui faite, concernant ledit Recueil, montante à la somme de 808 liv., savoir : 750 l. par lui payées à Négrier, le 14 Mai 1739, pour la transcription desdites

Ordonnances et Réglemens, et le surplus, tant pour ledit Registre in-folio, que papier employé aux tables des matières et abrégés desdites Ordonnances, distribués à chacun des MM. de la Cour; et oui le Procureur-Général du Roi, et tout considéré: LE CONSEIL a ordonné et ordonne qu'il sera payé audit Me Duhameau, par le Receveur des droits publics, la somme de 808 liv. pour ledit mémoire; et à l'égard de la gratification pour ses peines et soins au sujet dudit Recueil, ordonne qu'il se pourvoira pardevers M. l'Intendant, pour avoir une Ordonnance de la somme de 1000 l. sur les amendes.

ORDONNANCE des Administrateurs, portant établissement d'une Paroisse au Petit-Trou, Quartier de Nippes.

Du 8 Septembre 1738.

CHARLES Brunier, Marquis de Larnage, &c.
Pierre de Sartre, &c.

Vu la Requête à Nous présentée par les Habitans du Petit-Trou, de la Baye des Barradères, et du Bec à Marsouin, dépendances du Quartier de Nippes, expositive qu'il est impossible qu'un seul Curé, à l'Anse-à-Veau, puisse desservir un aussi grand Quartier qu'est celui de Nippes avec ses dépendances, lequel a plus de vingt lieues d'étendue; savoir, depuis Miragoanne jusqu'au fond de la Baye des Barradères; qu'une Eglise au petit-Trou seroit très-nécessaire pour les Habitans de cet endroit, sur-tout pour ceux du Bec-à-Marsouin, qui ne peuvent aller à la Paroisse de l'Anse-à-Veau que par mer, non plus que ceux de la Baye des Barradères, qui a cinq lieues de profondeur, et quatre lieues de côtes de fer à passer sans pouvoir mettre à terre en aucun endroit, et qui est un très-mauvais passage pour des Canots, et dangereux lorsqu'ils sont surpris d'un mauvais temps; que souvent il arrive qu'étant audit lieu de l'Anse-à-Veau, on y est retenu quatre à cinq jours sans en pouvoir sortir à cause des vents du Nord qui y sont fréquens dans la saison; que les Habitans de ces endroits, qui peuvent s'y trouver avec leur famille, sont embarrassés d'y être détenus si long-temps sans sortir, pour s'en aller chez eux vaquer à leurs Habitations; et qu'il y a aussi des familles qui depuis plus de deux ans n'ont entendu la Sainte Messe; qu'en outre, ces Habitans sont en danger de mourir sans pouvoir avoir les secours d'un Curé ni d'aucun sacrement, qui sont cependant toute la consolation d'un Chrétien à l'heure de la mort; qu'une Paroisse audit lieu du Petit-Trou feroit sûrement peupler toutes les hauteurs de ladite Baye des Barradères, sur-tout du Bec-à-Marsouin, laquelle a plus de quatre lieues de long, et une et demie dans sa plus grande largeur; que cela engageroit aussi les Vaisseaux Marchands d'aller mouiller dans ladite Baye des Barradères, pour y faire leur commerce, et fournir aux Habitans ce qu'ils auroient besoin; que les Supplians joignent à leur Requête une liste des dons que chacun d'eux s'est imposés, par leurs obligations, qu'ils ont signées, espérant qu'il vous plaira leur accorder la permission de faire bâtir une Eglise audit lieu du Petit-Trou; ladite Requête signée; Chardavoine, l'Houin, Dubocs, Dupuis, Baudet, la Chartre, la Roberty, Mariot, Pascal, Derents, Chabert. Le consentement du R. P. Gousseau, Curé de l'Anse-à-Vau, l'écrit portant promesse de payer les sommes qui seront imposées; et tout vû et considéré: Nous, faisant droit à ladite Requête, avons ordonné et ordonnons qu'il sera établi audit Quartier du Petit-Trou une Paroisse, laquelle sera bornée à un bout de la rivière des côtes de fer et l'autre des Caymites, et ce dans l'endroit le plus convenable pour la commodité des Habitans, à laquelle fin, ils s'assembleront incessamment, pour, en présence de M. de Tilly, Commandant les Milices du Quartier de Nippes, délibérer entre-eux de l'endroit le plus propre pour l'édification d'une Eglise et son Presbytère, et nommer, à la manière ordinaire, un d'entre-eux Syndic, lequel sera autorisé à faire les marchés nécessaires pour ladite édification, la levée des deniers portés aux offres desdits Habitans et autres proportionnées audit marché, suivant la répartition qui en sera faite, pour le tout à Nous rapporté, être ordonné ce qu'il appartiendra. Mandons &c. Donné à Léogane, &c. *Signé*, LARNAGE et DE SARTRE.

R. au Greffe de l'Intendance, le même jour.

ARRÊT du Conseil d'Etat, qui évoque à soi la connoissance d'une affaire concernant le sieur Bernard de Verdelin, appelant d'une Sentence de la Table de Marbre du Palais à Paris, qui déclaroit libre le nommé Boucaux, Négre, son Esclave.

Du 12 Septembre 1738.

SUR la Requête présentée au Roi étant en son Conseil, par le sieur Bernard de Verdelin, Maréchal-Général-des-Logis, des Camps et Armées de Sa Majesté, contenant que le nommé Jean Boucaux, Négre-Esclave, qu'il a emmené de Saint-Domingue en France, s'étant pourvu au Siége de la Table de Marbre du Palais à Paris, pour être déclaré libre et non Esclave, et y ayant pris différentes autres conclusions, il est intervenu en ce Siége, le 29 Août dernier, Sentence contradictoire, qui déclare ledit Boucaux libre, à compter du jour qu'il est entré en France; fait défenses au Suppliant d'attenter à sa personne et biens; ordonne qu'il sera élargi et mis hors de prison; pour faire droit sur les demandes de ce Négre à fin de payement de gages, dommages et intérêts, ordonne que les parties procéderont plus amplement, ordonne aussi que dans trois jours le Suppliant et la dame son Epouse, seront assignés à la Requête du Procureur du Roi, pour déclarer s'ils entendent garder, en qualité de Domestiques ou d'Esclaves, les nommés Colin et Bibianne, Négre et Négresse qu'ils ont chez eux; comme aussi, pour répondre aux fins et conclusions qui pourront être prises contre eux par le Procureur du Roi, et jusqu'à ce, ordonne que ce Négre et cette Négresse demeureront sous la sauve-garde de Sa Majesté et de la Justice; et condamne le Suppliant aux dépens. Le Suppliant a interjeté appel de cette Sentence, par Acte signifié le 30 dudit mois d'Août; mais comme il s'agit principalement de l'interprétation et de l'explication des Edits des mois de Mars 1685, et Octobre 1716, concernant les Négres Esclaves des Colonies; que Sa Majesté peut seule déclarer ses intentions sur ces Edits; et que cette contestation est de la plus grande conséquence pour le bien des Colonies, et pour le droit des maîtres sur les Esclaves qu'ils emmenent en France; il supplioit très-humblement Sa Majesté d'en vouloir bien prendre connoissance par Elle-même, et cependant faire défenses de mettre ladite Sentence à exécution: Oui le rapport, le Roi étant en son Conseil, ayant égard à ladite Requête, a évoqué et évoque à soi et à son Conseil, l'appel interjeté par ledit sieur de Verdelin, de la Sentence de la Table de Marbre du Palais de Paris, du 29 Août dernier; fait Sa Majesté défenses aux parties de se pourvoir ailleurs, à peine de nullité, et tous dépens, dommages et intérêts; fait pareillement, Sa Majesté, défenses de mettre ladite Sentence à exécution; et sera le présent Arrêt exécuté; nonobstant oppositions ou empêchemens quelconques, pour lesquels ne sera différé, et dont, si aucuns interviennent, Sa Majesté s'est réservé la connoissance, qu'Elle a interdite à toutes ses Cours et Juges.

MÉMOIRE DU ROI aux Administrateurs, qui approuve l'imposition faite sur les Cafés, Cotons et Cacaos.

Du 26 Septembre 1738.

SA MAJESTÉ s'est fait rendre compte de la délibération arrêtée dans l'assemblée des deux Conseils Supérieurs de Saint-Domingue, convoquée à Léogane, le 14 Mai dernier, en conséquence des ordres donnés par son Mémoire du 10 Juin 1737, concernant les droits d'Octroi qui se perçoivent dans cette Colonie; et Elle y a vu qu'il a été déterminé qu'il sera dorénavant payé pour droits d'Octroi, 2 liv. 10 sols par quintal de coton, 3 deniers par livre de café, et 1 sol par livre de cacao; les plantations de ces trois sortes de marchandises n'ayant point été comprises dans l'imposition des droits d'Octroi, parce que, lorsque cette imposition fut faite, elles n'étoient pas encore établies dans la Colonie, il étoit juste de les y assujétir; et Sa Majesté n'avoit pas douté que les deux Conseils Supérieurs ne répondissent, comme ils doivent, à la marque de confiance qu'Elle a bien voulu leur donner, en leur laissant le soin de régler cette nouvelle imposition; satisfaite des nouvelles marques de zèle qu'ils ont données en cette occasion, Elle a approuvé la délibération qui y a été prise; et Elle veut en conséquence qu'outre les droits d'Octroi ci-devant établis, il soit payé 2 liv. 10 sols par quintal de coton, trois deniers par livre de café, 1 sol par livre de cacao, ainsi qu'il a été réglé par cette délibération, qui sera exécutée selon sa forme et teneur.

Cependant voulant exciter la culture du cacao, dont le succès seroit très-avantageux à la Colonie; et informée des accidens qu'ont éprouvé, jusqu'à présent, les Habitans qui l'ont entreprise, Sa Majesté a bien voulu exempter pendant dix ans le cacao du crû de Saint-Domingue, du droit qui y a été imposé par la même délibération; et Sa Majesté fait remettre à MM.

à MM. de Larnage et Maillart, l'Ordonnance qu'Elle a rendue pour cette exemption, Elle veut qu'ils fassent enregistrer le présent Mémoire, tant au Greffe du Conseil Supérieur séant à Léogane, qu'en celui séant au Cap, et même aux Greffes des Jurisdictions ordinaires, s'il est jugé nécessaire. Fait à Fontainebleau, &c.

R. au Conseil de Léogane, le 5 Janvier 1739.
Et à celui du Cap, le 3 Février suivant.

ORDRE DU ROI, qui exempte pendant dix années, le Cacao de Saint-Domingue du droit d'Octroi, d'un sol par livre.

Du 26 Septembre 1738.

SA MAJESTÉ ayant approuvé, par son Mémoire de ce jour, aux sieurs de Larnage, Gouverneur et Lieutenant-Général, et Maillart, Intendant des Isles sous le Vent, la délibération arrêtée dans l'assemblée des deux Conseils de Saint-Domingue convoquée à Léogane, le 14 Mai dernier, concernant les droits d'Octroi qui se perçoivent dans ladite Isle; et voulant en même-tems favoriser les Habitans qui entreprennent des plantations de Cacaoyers, Elle a ordonné et ordonne que le cacao de Saint-Domingue sera et demeurera exempt du droit d'Octroi d'un sol par livre, établi par la délibération dudit jour 14 Avril dernier, et ce pendant dix années, à compter du jour et date de la présente Ordonnance, qui sera enregistrée aux Greffes desdits Conseils Supérieurs, lue, publiée et affichée par-tout où besoin sera. Fait à Fontainebleau, &c.

R. au Conseil de Léogane, le 5 Janvier 1739.
Et à celui du Cap, le 3 Février suivant.

LETTRE du Ministre aux Administrateurs, sur la Liste apostillée à fournir par eux, des Officiers des Conseils et des Jurisdictions.

Du 30 Septembre 1738.

LE Roi voulant être informé des qualités des Officiers des deux Conseils Supérieurs, et des différentes Jurisdictions de Saint-Domingue; S. M. souhaite que vous m'en envoyiez une liste apostillée, pour que je puisse lui en rendre compte. Cette liste doit contenir non seulement leurs talens, leur capacité et leur conduite, mais encore leur naissance, leur âge, les dates de leurs Provisions et Commissions, en distinguant ceux qui en ont de S. M., et ceux qui n'en ont que des Gouverneurs et Intendans, et même les revenus de leurs emplois: et comme les témoignages que vous aurez à rendre de chacun de ces Officiers, ne sauroient être trop exacts, il faut que vous vous donniez le tems et les soins nécessaires pour les bien connoître tous, et ne rien hasarder sur leur compte. Vous devez être sur-tout extrêmement attentifs à écarter toute sorte de prévention.

ARRÊT du Conseil du Cap, qui défend le Port d'Armes aux Esclaves.

Du 7 Octobre 1738.

VU par le Conseil, le Procès-criminel et extraordinairement fait, &c. et faisant droit sur les conclusions du Procureur-Général du Roi, fait défenses aux Négres-Esclaves, de porter aucun couteau, manchette, bâton, ni aucunes autres armes, sous les peines portées par les Ordonnances; à l'effet de quoi le présent Arrêt sera lu, publié et affiché, &c.

EXTRAIT de la Lettre du Ministre à MM. de Larnage et Maillart, sur l'établissement Provisoire d'un Lieutenant de Juge à la Grande-Anse.

Du 14 Octobre 1738.

MM. de Larnage et de Sartre m'ont écrit qu'ils ont établi dans le Quartier de la Grande-Anse, une Jurisdiction, composée d'un Lieutenant de Juge, d'un Substitut du Procureur du Roi et d'un Commis-Greffier, et que c'est sur la demande générale et unanime des Habitans de ce Quartier qu'ils s'y sont déterminés. Cet établissement ne sauroit être approuvé. Le Gouverneur-Général et l'Intendant ne sont point en droit d'établir des Jurisdictions. Il faut un Edit de création pour celles que le Roi juge à propos de former; d'ailleurs, on ne comprend point sur quel pied celle-ci a été établie. MM. de Larnage et de Sartre se contentent de dire que les Officiers qui la composent, seront toujours dépendans de celle du Petit-Goave; mais que les appels de leurs Jugemens ressortiront au Conseil Supérieur, ce qui ne me paroît pas facile à concilier. Peut-être MM. de Larnage et de Sartre ont-ils entendu que le Lieutenant-de-Juge établi, ne seroit que le Lieutenant-de-Juge du Petit-Goave, et il y a lieu de croire que c'est là leur idée; mais cela n'empêcheroit pas qu'ils n'eussent toujours excédé leurs pouvoirs; et il est d'autant plus surprenant qu'ils l'ayent fait, que la chose n'étoit point assez urgente pour ne pouvoir point demander les ordres du Roi. Quoi qu'il en soit, il est question d'examiner si effectivement il est nécessaire d'établir une Jurisdiction à la Grande-Anse; s'il peut y avoir dans ce Quartier assez d'affaires pour l'occuper; s'il convien-dra de créer pour cela une Sénéchaussée à l'instar des autres qui sont établies dans la Colonie, ou s'il suffira d'y établir un Lieutenant-de-Juge, et un Substitut du Procureur du Roi dépendans d'une autre Jurisdiction; et si, dans ce dernier cas, il sera à propos de faire dépendre cet établissement de la Jurisdiction du Petit Goave, ou de celle du Fond de l'Isle-à-Vache, supposé que le partage de la Jurisdiction de Saint Louis, dont je vous parle dans une autre de mes Dépêches, puisse avoir lieu.

ARRÊTS de Réglement des deux Conseils, concernant les Salaires des Procureurs.

Des 5 et 10 Novembre 1738.

CE jour, Me Féron étant entré, et portant la parole pour les Gens du Roi absens, a dit et remontré à la Cour, qu'en conséquence de l'Ordonnance rendue le 14 Juillet dernier, en vertu des ordres et du pouvoir de Sa Majesté, par M. le Gouverneur-Général et M. le Commissaire Ordonnateur, Subdélégué à l'Intendance, pour l'établissement de divers Procureurs dans les deux Conseils de cette Colonie, et dans les Siéges ressortissans, icelle registrée au Greffe de la Cour, le 18 du même mois, il seroit nécessaire, pour l'ordre public, et suivant l'esprit et la teneur de ladite Ordonnance, de dresser un Réglement et tarif pour fixer, autant qu'il sera possible, les salaires desdits Procureurs, et leur prescrire d'ailleurs les régles qu'ils doivent suivre dans l'instruction et conduite dans toutes les affaires et procès qui leur seront confiés par les parties. Pourquoi il requiert qu'il plût à la Cour nommer tels de Messieurs qu'elle aviseroit, pour travailler et concerter entre-eux le projet dudit Réglement, conjointement avec M. Pierre Asselin, Député du Conseil-Supérieur du Cap François, et pourvu d'un pouvoir spécial de sa Compagnie, pour concourir, avec les Officiers de cette Cour, à tous les Réglemens qu'il convient de faire pour l'utilité générale de la Colonie, et pour établir sur iceux une parfaite uniformité entre les deux Cours; pour ce fait, communiqué aux Gens du Roi, et ensuite rapporté à l'assemblée des deux Conseils, être par elle définitivement statué sur ledit Réglement, et être ordonné ce que de raison, signé Féron. Sur quoi la matière mise en délibération, et vu l'Ordonnance susdatée, et l'enregistrement d'icelle, la Cour a nommé et nomme Me Jean-Jacques Bornat, et François-Robert Caignet, Conseillers, Commissaires en cette partie, pour travailler conjointement avec M. Pierre Asselin, Député du Conseil-Supérieur du Cap François, au projet d'un Réglement pour fixer les droits et salaires, ensemble, pour régler les devoirs des Procureurs qui seront établis, au desir de ladite Ordonnance, pour ce fait, communiqué aux Gens du Roi, et rapporté dans l'assemblée des deux Conseils qui sera tenue à cet effet, être ordonné ce qu'il appartiendra. Fait au Conseil, extraordinairement assemblé, le cinq Novembre 1738.

Et avenant le dixième jour desdits mois et an, vu par les deux Conseils du Petit-Goave, séant à Léogane, et du Cap François, pour cet effet assemblés, celui du Cap, représenté par M. Pierre Asselin, son Commissaire à ce député, l'Arrêt du cinq de ce mois ci-dessus registré, le Mémoire ou projet de Réglement fait et dressé au desir d'icelui, par MM. Bornat et Caignet, conjointement avec ledit Me Asselin : Oui Me Jean-Baptiste Féron, portant la parole pour les Gens du Roi absens, et le rapport desdits Commissaires, tout vu et considéré, lesdites Cours ont ordonné et ordonnent ce qui suit :

ART. I. Les Procureurs seront tenus, par le devoir de leurs charges, de veiller aux droits des parties, d'y apporter toute la vigilance et l'exactitude possibles dès le moment qu'ils seront chargés de leurs affaires, à peine d'êtres condamnés envers elles, pour leurs négligences et leurs omissions grossières.

ART. II. Ils seront obligés, dans les procédures, de garder l'ordre prescrit par les Ordonnances et Réglemens, sur les peines de droit.

ART. III. Ceux desdits Procureurs qui seront reconnus avoir suivi aveuglément leurs passions, et vexé les parties adverses par des chicanes ; avoir embrouillé les affaires, et fait des frais inutiles et contre les régles, en seront tenus en leurs noms.

ART. IV. Leur fait défenses, à peine de punition, d'insérer dans leurs Plaidoyers et dans leurs écrits, aucune expression injurieuse, soit contre les Juges, soit contre les parties.

ART. V. Ils ne pourront se faire faire aucune cession de droits litigieux, ni stipuler à leur profit, une portion d'une dette ou d'un effet contesté, en cas qu'ils obtiennent gain de cause, ni faire aucuns traités, composition ou pactions pour leurs droits, en quelque manière ou sous quelque prétexte que ce soit, à peine de punition exemplaire, et de destitution de leurs charges.

ART. VI. Ils ne pourront comparoir pour aucune partie, sans être chargés d'occuper pour elles ; et si un Procureur entreprenoit de défendre la cause d'une partie en attendant son pouvoir, il sera obligé d'offrir de soutenir le jugé, en cas de désaveu.

ART. VII. Ils ne pourront faire aucun Acte qui dépende du fait de la partie, et ils auront besoin, pour la représenter, d'une procuration spéciale, qui soit autre que celle qui les constitue pour procéder dans la forme ordinaire.

Art. VIII. Les Procureurs n'auront pas besoin, pour occuper, de la procuration expresse et par écrit de leurs parties, l'exploit qu'on leur remettra leur en servira, pour qu'ils ne puissent êtres désavoués.

Art. IX. Ils ne pourront néanmoins faire, sans une procuration spéciale, les choses suivantes; savoir, former une nouvelle demande, interjeter appel ou renoncer à un appel interjeté; faire quelques désistemens ou quelques renonciations que ce soit; donner un consentement qui porte quelque dommage à leurs parties; affirmer ni faire des offres, récuser un Juge, former une inscription de faux, faire un désaveu, recevoir des deniers, ou passer quittances au nom de ceux qu'ils agissent.

Art. X. Les Procureurs ne pourront se rendre adjudicataires, directement ni indirectement, des biens de ceux dont ils feront les affaires, ni servir de témoins contre qui que ce soit, dans les affaires où ils auront été constitués Procureurs, même après qu'ils auront été révoqués.

Art. XI. Ils ne pourront agir dans les choses où il s'agit de la présence et du témoignage de la personne, tant en matière civile que criminelle; un accusé néanmoins pourra se servir du ministère d'un Procureur, quand il s'agira de nullité de procédures, d'incompétence de Jurisdiction, ou quand l'accusé prétendra, après son interrogatoire, qu'il n'y a pas lieu de passer au récolement et à la confrontation, ou quand il s'agira de régler un incident, ou de le joindre ou de le disjoindre du principal chef de l'accusation; enfin quand il voudra faire admettre ses faits justificatifs, ou soutenir son atténuation de preuves.

Art. XII. Les Procureurs qui passeront les bornes de leurs pouvoirs et de leur ministère, en faisant de ces actes qui regardent absolument la personne du client, et qui ne seront pas de la procédure ordinaire, pourront être désavoués, et condamnés en leurs noms aux dommages-intérêts des parties.

Art. XIII. Ils donneront leurs récépissés des pièces qu'on leur remettra, et ils seront responsables de la perte qu'ils en feront; ils pourront aussi être recherchés pour les procès dont ils sont chargés; savoir, dans cinq ans pour ceux qui seront jugés, et dans dix, pour ceux qui ne le seront pas.

Art. XIV. Les Procureurs ne pourront, sous quelque prétexte que ce puisse être, retenir les titres de leurs parties, même pour raison de ce qui leur sera dû, mais seulement les procédures qu'ils auront faites.

Art. XV. Ils pourront substituer en leur absence un de leurs Confrères pour signer leurs expéditions; néanmoins dans une instance d'ordre ou de préférence, ils ne pourront occuper sur un pouvoir de leurs Confrères, ils faudra qu'ils en ayent un de la partie.

Art. XVI. Les significations qui seront faites au domicile des Procureurs, pour l'instruction des causes, instances ou procès, vaudront et seront regardées comme si elles étoient faites à leurs parties.

Art. XVII. Quant aux Jugemens que l'on voudra faire mettre à exécution, outre la signification qui en doit être faite au Procureur, il faudra encore le faire signifier au domicile de la partie condamnée, avec commandement de l'exécuter.

Art. XVIII. Les Procureurs seront tenus d'avoir des Registres, cotés et paraphés, à leur frais, par les Juges, pour y marquer l'argent qu'ils recevront de leurs cliens, et de les représenter toutefois qu'ils en seront requis; faute de quoi ils seront déclarés non-recevables à demander le paiement de leurs frais, salaires et vacations.

Art. XIX. Ils mettront au bas de toutes les pièces, sans exception, la taxe de leurs frais, salaires et vacations, à peine de concussion, et de destitution de leurs offices.

Art. XX. Pourront leurs parties plaider elles-mêmes leurs causes aux Jurisdictions, mais ne le pourront faire aux Conseils, sans être assistés de leurs Procureurs.

Art. XXI. Il sera cependant loisible auxdites parties de faire elles-mêmes leurs écrits pour le Conseil, mais elles seront obligées de les faire signer par leurs Procureurs.

TAXE des Procureurs aux Jurisdictions.

Art. XXII. Pour toutes Requêtes dans les affaires sommaires, 3 liv.

Art. XXIII. Pour les Requêtes libellées dans les affaires de conséquence ou autres, où il se trouvera différens chefs de conclusions, . 6 liv.

Art. XXIV. Pour autres Requêtes de longues discussions, et sur lesquelles interviendra Jugement d'appointement, suivant la taxe du Juge.

Art. XXV. Pour exceptions, défenses et autres procédures d'instruction, qui seront signifiées de Procureur à Procureur, . . . 6 liv.

Art. XXVI. Pour comparution aux Audiences ordinaires ou extraordinaires, tant en demandant qu'en défendant, en matière sommaire et de peu de discussion, comme pour proposer une seule exception, ou pour demander un défaut, ... 3 liv.

Art. XXVII. Pour plaidoyer auxdites Audiences dans les affaires ordinaires, et où il y aura quelques discussion, et pour mettre la cause en état d'être jugée. . . . . 6 liv.

Art. XXVIII. Pour plaidoyer dans les affaires graves, et de longue discussion sur plusieurs chefs, suivant la taxe du Juge.

Art. XXIX. Pour leur présence aux Greffes ou chez les Juges, aux actes de tutelle, curatelle, avis de parens, soit au nom des requérans, opposans ou nominateurs, ainsi qu'aux oppositions, levées ou reconnoissance de scellés, ou autres actes de cette nature, . . . 3 liv.

Art. XXX. Pour leur présence aux inventaires, ventes, partages, compulsoires, comparaison des seings et écritures, et autres actes dans les villes ou bourgs de leur demeure, par vacation de trois heures, 6 liv.

Art. XXXI. Et lorsqu'ils se transporteront hors des lieux de leur demeure, il leur sera alloué, par le Juge, la moitié de ce qu'il se taxera, tant pour vacations que pour le voyage.

Art. XXXII. Pour dresser les cartes bannies aux fins de parvenir aux criées et adjudications des baux à ferme, et ventes de meubles et immeubles, ... 6 liv.

Art. XXXIII. Pour leur présence auxdites criées et adjudications, soit pour requérir ou pour opposer, ... 3 liv.

Art. XXXIV. Pour faire répondre toutes sortes de Requêtes, 15 sols.

Art. XXXV. Pour faire mettre une cause au rôle, . . . 15 sols.

Art. XXXVI. Pour levée ou dépôt de pièces au Greffe, 15 sols.

Art. XXXVII. Pour faire légaliser un acte, . . . 15 sols.

Art. XXXVIII. Pour reddition de compte de Tutelle et autres, et pour les Ecritures qui seront faites dans les causes appointées, suivant la taxe du Juge, eu égard au travail seulement.

TAXE des Procureurs aux Conseils.

Art XXXIX. Ils auront le double de ce qui leur est alloué aux Jurisdictions.

Art. XL. Pour les voyages que pourront faire les Procureurs non domiciliés, qui auront instruit les Procès aux Jurisdictions éloignées, et dont les parties voudront se servir pour les suivre aux Conseils, il leur sera alloué par jour, 8 liv., laquelle somme ne pourra entrer en taxe contre la partie qui aura succombé.

Art. XLI. Pour déclaration de dépens, et pour leur présence à la liquidation d'iceux, suivant la taxe du Commissaire.

Art. XLII. Pour la signature des écrits, quand les parties les auront faits elles-mêmes, ... 1 liv. 10 sols.

Et sera le présent Réglement envoyé dans tous les Siéges du ressort des deux Conseils, pour y être registré, lu, publié et affiché par-tout où besoin

besoin sera, à la diligence des Procureurs-Généraux desdits Conseils et de leurs Substituts, qui en certifieront les Cours au mois; comme aussi sera ledit Réglement inscrit dans un tableau, lequel sera exposé dans l'étude de chacun desdits Procureurs, le tout afin que personne n'en ignore. Fait et arrêté en ladite assemblée, &c.

R. au Conseil du Cap, le premier Décembre 1738.

LETTRE du Ministre aux Administrateurs, sur les Interdictions.

Du 10 Novembre 1738.

MM., j'ai reçu les Lettres que MM. de Larnage et de Sartre m'ont écrites le 31 Juillet dernier, au sujet de l'affaire jugée au Conseil Supérieur du Cap, entre les sieurs Allain et Baëtman, et dans laquelle le sieur Clairambault s'est trouvé impliqué. Ils ont supposé qu'au moyen de l'interdiction prononcée contre le sieur Clairambault, la place dont il est pourvu devoit être vacante; cette interdiction n'est pourtant pas une destitution; il peut bien se faire que le sieur Clairambault soit dans le cas de mériter d'être privé de son emploi; mais c'est de quoi je ne suis pas en état de juger sur la Lettre de MM. de Larnage et de Sartre; ils n'entrent en effet dans aucun détail de l'affaire qui a donné lieu à cette interdiction; ils ne m'ont envoyé d'autre pièces de la procédure que l'Arrêt du Conseil Supérieur qui l'a prononcée. Ainsi il est nécessaire que vous me rendiez un compte exact et détaillé de tout ce qui s'est passé sur cette affaire, et que vous m'informiez d'ailleurs de la manière dont s'est comporté le sieur Clairambault depuis qu'il est en place, afin que je puisse, en connoissance de cause, prendre les ordres du Roi sur son sujet. Il est sans doute important de réprimer les Officiers de justice qui tombent dans des fautes d'une certaine espèce, et l'on ne sauroit être trop attentif à cet égard; mais en même-tems, il convient également de ne pas se déterminer trop légèrement; et en contenant ces Officiers dans les bornes de leur devoir, il faut prendre garde de ne pas avilir ni dégrader leurs places, &c.

ORDONNANCE des Administrateurs, qui permet de conserver les Maisons bâties auprès du Bac de l'Artibonite, pour y loger des ouvriers, avec défenses d'en construire d'autres sans leur permission.

Du 17 Novembre 1738.

R. au Siége Royal de Saint-Marc, le 20 Juillet 1739.

ARRÊT du Conseil du Cap, contre une Marchande qui avoit fabriqué un faux compte; et qui enjoint aux Négocians de se conformer au titre III. de l'Ordonnance du mois de Mars 1673, concernant la tenue des Livres.

Du 2 Décembre 1738.

VU par le Conseil, le Procès criminel extraordinairement fait, et en exécution de l'Arrêt du 3 Septembre dernier, par le Lieutenant-criminel du Cap, à la Requête du sieur B..., Habitant au Limbé, Demandeur et complaignant, le Substitut du Procureur-Général du Roi joint; contre D...., Marchande au Cap, prisonnière ès-prisons de cettedite Ville du Cap, Appelante; et ouie et interrogée en la chambre ladite D.... sur la cause d'appel et cas à elle imposés; et oui le Procureur-Général du Roi et le rapport de M. Samson, Conseiller, tout vu et considéré: LE CONSEIL a déclaré et déclare ladite D..... dûement atteinte et convaincue, d'avoir fabriqué et supposé un faux compte de marchandises par elle prétendues livrées au sieur B..., pour réparation de quoi a banni ladite D... pour trois ans du ressort de ce Conseil, lui enjoint de garder son ban sur les peines portées par l'Ordonnance, la condamne en outre en 300 liv. d'amende envers le Roi, et en 2000 liv. de réparations civiles, dommages et intérêts envers ledit sieur B..., et aux dépens du Procès; déboute ledit sieur B... du surplus de ses demandes; et faisant droit aux conclusions verbales du Procureur Général, enjoint à tous Négocians marchands en cette Ville, tant en gros qu'en détail, de se conformer au titre III. de l'Ordonnance du mois de Mars 1673, concernant la tenue de leurs livres, sous les peines portées par icelles; à l'effet de quoi le présent Arrêt sera lu, publié et affiché par-tout où besoin sera, &c.

DÉCLARATION DU ROI, concernant les Négres-Esclaves des Colonies amenés en France.

Du 15 Décembre 1738.

LOUIS, &c. Salut. Le compte que Nous nous fîmes rendre après notre avénement à la Couronne, de l'état de nos Colonies, Nous ayant fait connoître la sagesse et la nécessité des dispositions contenues dans les Lettres-Patentes en forme d'Édit, du mois de Mars 1685, concernant les Esclaves-Négres, Nous en ordonnâmes l'exécution par l'article I. de notre Edit du mois d'Octobre 1716; et Nous ayant été représenté en même tems, que plusieurs Habitans de nos Isles de l'Amérique, desiroient envoyer en France quelques-uns de leurs Esclaves, pour les confirmer dans les instructions et dans les exercices de la Religion, et pour leur faire apprendre quelqu'art ou métier, mais qu'ils craignoient que les Esclaves ne prétendissent être libres en arrivant en France, Nous expliquâmes nos intentions sur ce sujet, par les articles de cet Edit, et Nous réglâmes les formalités qui Nous parurent devoir être observées de la part des Maîtres qui emmeneroient ou enverroient des Esclaves en France. Nous sommes informés que, depuis ce tems-là, on y en a fait passer un grand nombre; que les Habitans qui ont pris le parti de quitter les Colonies, et qui sont venus s'établir dans le Royaume, y gardent des Esclaves-Négres au préjudice de ce qui est porté par l'article XV du même Edit: que la plupart des Négres y contractent des habitudes et un esprit d'indépendance, qui pourroient avoir des suites fâcheuses; que d'ailleurs leurs Maîtres négligent de leur faire apprendre quelque métier utile, en sorte que de tous ceux qui sont emmenés ou envoyés en France, il y en a très-peu qui soient renvoyés dans les Colonies, et que dans ce dernier nombre, il s'en trouve le plus souvent d'inutiles, et même de dangereux. L'attention que Nous donnons au maintien et à l'augmentation de nos Colonies, ne Nous permet pas de laisser subsister des abus qui y sont si contraires; et c'est pour les faire cesser que Nous avons résolu de changer quelques dispositions à notre Edit du mois d'Octobre 1716, et d'y en ajouter d'autres qui Nous ont paru nécessaires. A ces causes, &c., voulons et Nous plaît ce qui suit:

ART. I. Les Habitans et les Officiers de nos Colonies, qui voudront emmener ou envoyer en France des Esclaves-Négres, de l'un ou de l'autre sexe, pour les fortifier davantage dans la Religion, tant par les instructions qu'ils y recevront, que par l'exemple de nos autres Sujets, et pour leur faire apprendre en même-tems quelque métier utile pour les Colonies, seront tenus d'en obtenir la permission des Gouverneurs-Généraux ou Commandans dans chaque Isle; laquelle permission contiendra le nom du propriétaire qui emmenera lesdits Esclaves, ou de celui qui en sera chargé, celui des Esclaves mêmes, avec leur âge et leur signalement; et les propriétaires desdits Esclaves, et ceux qui seront chargés de leur conduite, seront tenus de faire enregistrer ladite permission, tant au Greffe de la Jurisdiction ordinaire, ou de l'Amirauté de leur résidence, avant leur départ, qu'en celui de l'Amirauté du lieu de leur débarquement, dans huitaine après leur arrivée : le tout ainsi qu'il est porté par les articles II, III. et IV. de notredit Edit du mois d'Octobre 1716.

Art. II. Dans les enregistremens qui seront faits desdites permissions, aux Greffes des Amirautés des ports de France, il sera fait mention du jour de l'arrivée des Esclaves dans les Ports.

Art. III. Lesdites permissions seront encore enregistrées au Greffe du Siége de la Table de Marbre du Palais à Paris, pour les Esclaves qui seront emmenés en notredite Ville; et aux Greffes des Amirautés ou des Intendances des autres lieux de notre Royaume, où il en sera emmenés pour y résider: & il sera fait mention dans lesdits enregistremens, du métier que lesdits Esclaves devront apprendre, et du maître qui sera chargé de les instruire.

Art. IV. Les Esclaves-Négres de l'un ou de l'autre sexe, qui seront conduits en France par leur Maître, ou qui y seront par eux envoyés, ne pourront prétendre avoir acquis leur liberté sous prétexte de leur arrivée dans le Royaume; et seront tenus de retourner dans nos Colonies, quand leurs Maîtres le jugeront à propos : mais faute par les Maîtres d'observer les formalités prescrites par les précédens articles, lesdites Esclaves seront confisqués à notre profit, pour être renvoyés dans nos Colonies, et y être employés aux travaux par Nous ordonnés.

Art. V. Les Officiers employés sur nos Etats des Colonies, qui passeront en France par congé, ne pourront y retenir les Esclaves qu'ils y auront emmenés pour leur servir de domestiques, qu'autant de tems que dureront les congés qui leur seront accordés; passé lequel tems, les Esclaves qui ne seront point renvoyés, seront confisqués à notre profit, pour être employés à nos travaux dans nos Colonies.

Art. VI. Les Habitans qui emmeneront ou enverront des Négres-Esclaves en France, pour leur faire apprendre quelque métier, ne pourront les y retenir que trois ans, à compter du jour de leur débarquement dans le port; passé lequel tems, les Esclaves qui ne seront point renvoyés, seront confisqués à notre profit, pour être employés à nos travaux dans nos Colonies.

ART. VII. Les Habitans de nos Colonies qui voudront s'établir dans notre Royaume, ne pourront y garder dans leurs maisons aucuns Esclaves de l'un ni de l'autre sexe, quand bien même ils n'auroient pas vendu leurs habitations dans les Colonies; et les Esclaves qu'ils y garderont, seront confisqués pour être employés à nos travaux dans les Colonies. Pourront néanmoins faire passer en France, en observant les formalités ci-dessus prescrites, quelques-uns des Négres attachés aux Habitations dont ils seront restés propriétaires en quittant les Colonies, pour leur faire apprendre quelque métier qui les rende plus utiles par leur retour dans lesdites Colonies; et dans ce cas, ils se conformeront à ce qui est prescrit par les articles précédens, sous les peines y portées.

ART. VIII. Tous ceux qui emmeneront ou enverront en France des Négres-Esclaves, et qui ne les renverront pas aux Colonies dans les délais prescrits par les trois articles précédens, seront tenus, outre la perte de leurs Esclaves, de payer pour chacun de ceux qu'ils n'auront pas renvoyés, la somme de 1000 liv. entre le mains des Commis des Trésoriers-Généraux de la Marine aux Colonies, pour être ladite somme employée aux travaux publics; et les permissions qu'ils doivent obtenir des Gouverneurs-Généraux et Commandans, ne pourront leur être accordées qu'après qu'ils auront fait, entre les mains desdits Commis des Trésoriers-Généraux de la Marine, leur soumission de payer ladite somme; de laquelle soumission il sera fait mention dans lesdites permissions.

ART. IX. Ceux qui ont actuellement en France des Négres-Esclaves, de l'un ou de l'autre sexe, seront tenus, dans trois mois, à compter du jour de la publication des présentes, d'en faire leur déclaration au Siége de l'Amirauté le plus prochain du lieu de leur séjour, en faisant en même-tems leur soumission de renvoyer dans un an, à compter du jour de la date d'icelle, lesdits Négres dans lesdites Colonies; et faute par eux de faire ladite déclaration, ou de satisfaire à ladite soumission dans les délais prescrits, lesdits Esclaves seront confisqués à notre profit, pour être employés à nos travaux dans les Colonies.

ART. X. Les Esclaves-Négres qui auront été emmenés ou envoyés en France, ne pourront s'y marier, même du consentement de leurs Maîtres, nonobstant ce qui est porté par l'article VII. de notre Edit du mois d'Octobre 1716, auquel Nous dérogeons quant à ce.

ART. XI. Dans aucun cas, ni sous quelque prétexte que ce puisse être, les Maîtres qui auront emmené en France des Esclaves de l'un ou de l'autre sexe, ne pourront les y affranchir autrement que par testament : et les affranchissemens ainsi faits ne pourront avoir lieu qu'autant que le testateur décédera avant l'expiration des délais dans lesquels les Esclaves emmenés en France doivent être renvoyés dans les Colonies.

ART. XII. Enjoignons à tous ceux qui auront emmené des Esclaves dans le Royaume, ainsi qu'à ceux qui seront chargés de leur apprendre quelque métier, de donner leurs soins à ce qu'ils soient élevés et instruits dans les principes et dans l'exercice de la Religion Catholique, Apostolique et Romaine.

ART. XIII. Notre Edit du mois d'Octobre 1716, sera au surplus exécuté suivant sa forme et teneur, en ce qui n'y est dérogé par les présentes.

Si donnons en mandement, &c.

R. au Conseil de Léogane, le 2 Mai 1740.
Et à celui du Cap, le premier Août suivant.

ARRÊT du Conseil d'Etat, qui renouvelle les dispositions de l'Arrêt du Conseil du 20 Décembre 1729, portant Réglement pour les Cotons qui s'envoyent des Isles dans les Ports de France; et qui ordonne que les balles desdits Cotons seront visitées à leur arrivée dans les Ports, par les Commis des Fermes.

Du 16 Décembre 1738.

R. au Conseil de Léogane, le 4 Mai 1740.

ARRÊT du Conseil de Léogane, portant imposition de 45 sols par tête de Négres payant droits, sur le recensement de l'année 1738; et qu'il ne sera passé aucune reprise aux Receveurs, s'ils ne justifient de l'insolvabilité du Débiteur.

Du 13 Janvier 1739.

RÉGLEMENT du Conseil de Léogane, concernant la Maréchaussée.

Du 17 Janvier 1739.

VU par le Conseil, le projet de Réglement fait et dressé par les Commissaires députés à cet effet, et sur l'assurance donnée au Conseil, par MM. les Général et Intendant, d'employer leurs prières et bons offices auprès de Sa Majesté, pour obtenir qu'il lui plaise d'agréer ce qui sera ci-après statué et ordonné, comme aussi d'aider à une partie de la dépense qui sera fixée pour les appointemens des Officiers et Archers des Maréchaussées qui seront établies dans la Colonie, n'étant pas en état de les supporter seule: LE CONSEIL, pour donner des marques de son zèle et de son affection pour le bien du service et la sûreté publique, a ordonné et ordonne ce qui suit:

ART. I. Il sera établi un Prévôt, un Exempt, deux Brigadiers et dix Archers, dans les Quartiers de Léogane, Cul-de-Sac, Mirebalais, l'Artibonite, Jacmel, Saint-Louis et le Fond de l'Isle-à-Vache; un Prévôt, un Exempt, deux Brigadiers et quatre Archers seulement dans ceux du Petit-Goave, Nippe, Grande-Anse et les Anses.

ART. II. Tous lesdits Prévôts auront pour gages ou appointemens, la somme de 1000 liv., les Exempts celle de 600 liv., les Brigadiers celle de 400 liv. et lesdits Archers celle de 300 liv.; lesquels gages et appointemens seront pris sur la caisse des deniers publics, et payés par le Receveur d'iceux, ainsi qu'il sera ci-après statué.

ART. III. Lesdits Prévôts et Exempts, après avoir été pourvus d'une Commission de MM. les Général et Intendant, seront tenus de se faire recevoir au Conseil, où ils prêteront serment de se bien et fidèlement comporter dans l'exercice de leurs charges, d'observer les Arrêts et Réglemens du Conseil, et notamment le présent Réglement, information préalablement faite de leurs bonnes vies et mœurs, Religion Catholique, Apostolique et Romaine, et capacité au fait desdites Charges, ce qui sera fait sans frais.

ART. IV. Les Brigadiers et Archers, pareillement pourvus de Commission, seront reçus par les Juges de leurs départemens, information préalablement faite, et le serment prêté devant eux, et sans frais, comme dessus.

Art. V. Le Prévôt du lieu où le Conseil tiendra ses séances, et en son absence l'Officier qui commandera sa troupe, sera tenu de se trouver avec ses Archers au jour et à l'heure qui lui auront été indiqués par celui qui présidera le Conseil, pour accompagner le corps des Officiers de la Compagnie, et obvier à tous désordres, à moins qu'ils ne fussent occupés ailleurs, et en ce cas le Prévôt en rendra compte au Président.

Art. VI. Les Prévôts, Exempts, Archers et Brigadiers seront tenus de s'armer chacun d'un fusil avec sa bayonnette et deux pistolets d'arçon et d'un sabre ou manchette ; et il sera fourni à chacun des Brigadiers et Archers, une bandoulière uniforme qu'ils porteront continuellement, excepté dans les cas où il sera important qu'ils ne soient point reconnus, ce qui dépendra de la prudence de l'Officier qui commandera le Détachement ; leur défend de prêter ou donner ladite Bandoulière à qui que ce soit, à peine de radiation d'un quartier de leurs appointemens, et de 50 liv. d'amende contre le particulier qui s'en trouvera saisi ; fait défenses à toutes personnes de maltraiter les Officiers desdites Maréchaussées, ni les Archers lorsqu'ils seront revêtus de leurs bandoulières, de les troubler ni même leur résister lorsqu'ils seront en fonctions, à peine d'être punies comme rébelles à Justice.

Art. VII. Chaque Prévôt sera tenu de se trouver tous les six mois avec sa Troupe, au lieu principal de son Détachement, pour y passer en revue devant le Commandant, en présence du plus ancien Officier du Conseil résidant dans ledit lieu, ou à son défaut d'un Officier de la Jurisdiction si aucun y a, lequel s'y trouvera, après en avoir été prévenu par ledit Prévôt, pour vérifier si lui et ses Archers remplissent leurs devoirs, et si leurs armes et équipages sont en bon état, lesquelles revues seront certifiées par ledit Prévôt, qui en remettra un double audit Commandant, et un autre à l'Officier de Justice, lesquels seront par lui visés et par le Commandant, pour être envoyés, savoir, celui du Commandant à M. le Général, et celui de l'Officier de Justice à M. l'Intendant ; et outre ces deux revues générales pour chaque année, lesdits Prévôts seront tenus d'en faire une autre tous les deux mois devant le Commandant, sans être obligés d'y appeler les Officiers de Justice, qui pourront néanmoins s'y trouver si bon leur semble.

Art. VIII. Défend auxdits Prévôts d'employer dans lesdites revues aucun Exempt, Brigadier ou Archer qui n'ait effectivement assisté à ladite revue, et que ses armes et équipages n'y soient trouvés en bon état ; comme aussi d'y substituer d'autres personnes à la place des titulaires, à peine

peine de radiation d'un mois de ses appointemens, et de trois mois de ceux de l'Archer qui y aura manqué sans cause légitime et connue.

Art. IX. Pourront néanmoins lesdits Prévôts, de l'agrément du Commandant du lieu de leur Département, et du plus ancien Conseiller qui y résidera, prendre et admettre à la suite de leur Troupe, un ou plusieurs Aides ou Adjoints, sans appointemens, lesquels, en cas de vacance des places soudoyées, en auront la préférence, et partageront comme les autres Archers dans les profits casuels, lorsqu'ils se trouveront dans les expéditions.

Art. X. Ne pourront lesdits Prévôts et Exempts, sortir de leurs départemens pour leurs affaires particulières, sans un congé par écrit signé du Commandant, et du plus ancien Conseiller qui y résidera, ou à son défaut d'un Officier de la Jurisdiction; et à l'égard des Archers, ils prendront leurs congés du Prévôt seulement, visé d'un Conseiller ou autre Officier de Justice, comme dessus.

Art. XI. Si, pour une plus exacte discipline, et plus uniforme dans le service des Maréchaussées, MM. les Général et Intendan jugeoient à propos d'établir un Prévôt-général, il aura l'inspection sur tous les autres Prévôts établis dans le ressort, pourra faire des tournées dans les différens départemens, pour examiner et vérifier si le service est rempli avec exactitude, et en dresser des états qu'il remettra à MM. les Général et Intendant, pour sur iceux être par eux ordonné ce qu'il conviendra; ne pourra néanmoins ledit Prévôt-Général prétendre à aucuns appointemens, et jouira seulement des honneurs, priviléges et exemptions qui seront exprimés par la Commission, après qu'il aura été reçu au Conseil, et qu'il aura prêté le serment requis.

Art. XII. Sa Majesté sera suppliée par MM. les Général et Intendant, de faire jouir les Prévôts particuliers, des honneurs, priviléges et exemptions des Lieutenans de Milices, les Exempts de ceux d'Enseignes desdites Milices, et les Brigadiers et Archers, l'exemption de tous droits pour quatre Négres chacun, et en outre de les exempter tous de tutelle, curatelle et autres charges publiques.

Art. XIII. Le Prévôt de chaque département sera le chef, et commandera les Exempts, Brigadiers et Archers, qui seront tenus de se rendre par-tout où il jugera à propos; enjoint aux Exempts et Archers de lui obéir en toutes choses concernant leurs fonctions, à peine de cassation, et de radiation de leurs gages échus, même de punition corporelle à l'égard des Brigadiers et Archers, en cas de désobéissance formelle, selon l'exigence du cas.

Art. XIV. Les Brigadiers et Archers qui auront été reçus dans la Troupe, ne pourront la quitter sans un congé par écrit de M. le Général, ou de celui qui commandera en son absence, à peine de trois mois de prison, et de restitution d'une année de leurs appointemens, lequel congé ne pourra leur être accordé qu'ils n'ayent servi au moins trois années.

Art. XV. Les Exempts commanderont en l'absence des Prévôts, et viendront à ces places par rang d'ancienneté, si l'on a été satisfait de leur service.

Art. XVI. Les appointemens des Prévôts, Exempts Archers et Brigadiers, leur seront payés de 6 mois en 6 mois, par le Receveur des deniers publics, ou ses Commis dans les différens Quartier, et ce sur les Ordonnances des Présidens du Conseil, à l'égard des départemens de Léogane, Petit-Goave et Cul-de-sac; et quant aux départemens plus éloignés, les Ordonnances seront tirées par les Commissaires députés pour assister aux Revues générales, à l'effet de quoi le Receveur des deniers publics donnera les ordres sur ce nécessaires, à ses Commis dans les différens Quartiers.

Art. XVII. Les Prévôts, Exempts, Brigadiers et Archers, seront tenus de marcher avec leur Troupe, ou partie d'icelle, par-tout où le service le demandera et où il leur sera ordonné, soit par les Commandans de leurs départemens, ou par les Conseillers, les Subdélégués, les Juges et autres Officiers des Jurisdictions, suivant l'exigence des cas, pour arrêter les Déserteurs des Troupes, les prévenus de crimes, les Esclaves fugitifs et autres, et pour les conduire, soit avant ou après le jugement, où il leur sera ordonné; et attendu qu'il y a beaucoup de cas qui requièrent en même-temps la diligence et le secret, enjoint le Conseil auxdits Prévôts, Exempts, Brigadiers et Archers, d'obéir sans délais aux ordres qu'ils recevront des Officiers de Justice, sans en rien communiquer à qui que ce soit, sauf à en rendre compte aux Commandans après leurs expéditions.

Art. XVIII. Lorsque les Prévôts, Exempts, Brigadiers et Archers, seront commandés pour la recherche, capture et conduite de gens prévenus de crime, et pour mettre quelques Jugemens à exécution, il leur sera payé pour chacun jour; savoir, au Prévôt la somme de 9 livres, à l'Exempt 7 livres 10 sols, et à chacun des Brigadiers et Archers 6 livres, le tout sans préjudice du droit de capture, tel qu'il sera réglé ci-après; lesquelles sommes seront allouées dans les taxes de dépens, suivant l'usage.

Art. XIX. Outre les chasses et corvées qui seront ordonnées auxdits Prévôts, Exempts, Brigadiers et Archers dans tous les cas ci-dessus exprimés, ils seront tenus d'en faire une autre qui sera appelée l'ordinaire par chaque semaine, où le Prévôt et l'Exempt marcheront et commanderont alternativement avec moitié de la Troupe, pour suivre les Négres fugitifs dans les bois, montagnes et autres lieux de leurs départemens, laquelle course ne pourra durer moins de trois jours, et sera, attendu leurs appointemens, par eux faite sans aucun salaire ni récompense que celle qui leur reviendra des captures qu'ils pourront faire, suivant la taxe qui sera réglée ci-après; et néanmoins, afin qu'il puisse toujours se trouver au lieu principal du département, quelques Officiers et des Archers en état d'obéir aux ordres imprévus, la troupe sera dispensée de la course ordinaire lorsque dans la même semaine il en aura été commandé une partie pour une expédition extraordinaire qui aura duré deux jours ou plus; et pour cet effet la course ordinaire ne commencera que le Jeudi; et l'Officier qui aura commandé dans une expédition, soit ordinaire ou extraordinaire, sera tenu d'en rendre compte, soit au Commandant du département, ou au Commissaire qui sera nommé par le Conseil pour assister aux Revues générales, selon qu'il sera alors plus à portée de l'un ou de l'autre.

ART. XX. Comme l'un des principaux objets du présent Réglement est de dispenser à l'avenir les Habitans de la recherche et poursuite des Soldats Déserteurs et autres semblables corvées, lesdites Maréchaussées en seront tenues; et dans les cas où les Archers seront employés à la poursuite des Soldats Déserteurs, ils ne pourront, en considération des appointemens qui leur sont attribués, prétendre rien au-delà de la somme de 100 livres, qui leur est accordée par les Ordonnances du Roi.

ART. XXI. Lorsqu'il sera ordonné auxdits Prévôts, Exempts, Brigadiers et Archers, de marcher à la requête d'un Habitant pour courir sur les Négres-Esclaves qui seront partis attroupés, il leur sera payé, par ledit Habitant, après leur expédition, par chacun jour; savoir, au Prévôt la somme de 40 sols, à l'Exempt celle de 30 sols, et à chacun des Brigadiers et Archers celle de 20 sols; le tout sans préjudice du droit de la capture, tel qu'il sera réglé dans l'article suivant.

ART. XXII. Les captures seront payées par chaque tête de Criminels, soit Blancs, Négres, Négresses, Négrillons ou Négrittes, qui seront pris et arrêtés au-delà de toutes Habitations du côté des Frontières Espagnoles, à raison de 100 livres par tête; pour ceux qui seront pris dans la montagne à la distance de 10 lieues du lieu principal du département, la somme de 60 livres.

Pour ceux qui seront pris à une moindre distance que celle ci-dessus, et dans les plaines de quelque Paroisse que ce soit, 18 livres.

Pour ceux qui seront arrêtés seulement par rencontres, soit dans les chemins ou dans les rues des Villes et Bourgs, sans billets ou autres marques connues de leurs Maîtres, et de nuit seulement, la somme de 12 livres, au cas qu'ils soient montés, et celle de 10 livres seulement s'ils sont à pied; et cependant en cas de contestation sur le défaut de billet, le Maître en sera cru sur son serment.

Pour ceux qui seront pris dans les chasses extraordinaires, et qui seront attroupés avec des établissemens formés dans des lieux fort éloignés, tels que sont les Anses-à-Pitre, jusqu'à la rivière de Neybe, les doubles montagnes, depuis le fond de l'Isle-à-Vache, jusqu'au Cap Tiburon, et autres lieux également éloignés des Habitations, la somme de 200 livres, laquelle, ainsi que celles qui sont fixées ci-dessus pour les autres lieux, seront réduites à la moitié de la présente taxe, à l'égard des Négres qui seront tués ou morts dans l'expédition, ce que lesdits Prévôts, Exempts, Brigadier, Archers, seront tenus de justifier par l'étampe ou autre marque du sujet, laquelle ils déposeront au plus prochain Greffe ou Notariat, avec le rapport de leur expédition, duquel rapport les Greffiers ou Notaires seront tenus d'envoyer une expédition au Greffe du Conseil.

Art. XXIII. Pour justifier des lieux où les captures auront été faites, excepté dans le cas des chasses extraordinaires, les Prévôts, Exempts, Brigadiers et Archers, seront tenus de prendre un Certificat de l'Habitant le plus voisin desdits lieux, auquel, à cet effet, il représenteront le sujet pris, faute de quoi la capture sera censée faite dans les lieux les plus prochains.

Art. XXIV. Les Négres fugitifs étant arrêtés, seront conduits au lieu principal du département, et consignés au Concierge des prisons, s'il y en a, sinon à celui qui tiendra la barre publique, lesquels seront tenus de faire l'avance du paiement de la capture sur le certificat qui leur sera présenté, visé par l'un des Officiers des Jurisdictions, ou à leur défaut par les Notaires des lieux, lequel paiement leur sera ensuite remboursé sur le même certificat avec les frais de geolage et nourriture, ou sur le prix des Négres qui leur auront été consignés.

Art. XXV. Quoique les Maréchaussées soient spécialement destinées à la recherche et poursuite des Négres fugitifs, il sera néanmoins loisible à toutes personnes de les poursuivre, prendre et arrêter, et les captures seront payées et avancées par les Geoliers sur le même pied qu'aux Archers, et les preneurs seront astraints à la même formalité pour justifier du lieu de la capture, se réservant néanmoins le Conseil, d'augmenter cette taxe à leur égard, en cas de chasses extraordinaires et publiques.

Art. XXVI. Faute de réclamation par les Maîtres, un mois après la consignation qui aura été faite de leurs Négres dans les prisons, le Receveur des épaves et consignations sera tenu de faire vendre l'Esclave à la Barre du Siége, au plus offrant et dernier enchérisseur, à la charge par l'adjudicataire, de le rendre et restituer pour le même prix auquel il lui aura été adjugé, s'il est réclamé pendant l'an et jour, lequel tems passé, il en demeurera propriétaire incommutable; et quant aux deniers qui seront provenus de ladite vente, ils seront sujets à réclamation pendant cinq ans, et seront rendus aux Maîtres par ledit Receveur, ou par le Trésorier de la Marine, sur les Ordonnances de M. l'Intendant, déduction faite sur iceux des frais de capture, geolage, et tous autres qui auroient été légitimement faits; et afin que la même police puisse s'exécuter également dans tous les différens quartiers, les Négres qui auront été conduits et consignés dans d'autres départemens que celui ou résidera la Jurisdiction, seront, après l'échéance du mois donné pour la réclamation, envoyés par un Archer du département, qui le consignera au Concierge des prisons de ladite Jurisdiction, lequel sera tenu de rembourser, même d'avance, comme dans l'article précédent, tous les frais auparavant faits sur les certificats visés du Notaire des lieux, et en outre à payer à l'Archer ceux de la conduite, à raison de 6 liv. par jour, de tout quoi, ainsi que des droits à lui compétens, il sera préablement remboursé sur le prix de la vente, en remettant lesdits certificats, quittances des premiers geoliers et de lui, au Receveur des épaves et confiscations, lequel de sa part sera tenu de les joindre et annexer au Procès-verbal d'adjudication, en rendant compte ainsi et à qui il appartiendra; enjoint auxdits Concierges et à tous ceux qui tiendront les Barres publiques dans les divers départemens, d'ouvrir, durant le jour seulement, les prisons ou les chambres des Barres, à tous ceux qui voudront vérifier s'ils y ont des Négres arrêtés, et ce à peine de privation de leurs avances et de leurs salaires, dont audit cas ils demeureront déchus ainsi que de leurs droits; et en cas de contestation sur le fait, seront les Maîtres tenus d'en administrer la preuve.

Art. XXVII. L'équipage, l'argent et les effets de ceux qui seront prévenus de crimes qui peuvent emporter peines de bannissement à perpétuité, des galéres à perpétuité ou de mort, et dont ils seront trouvés saisis lors de leur capture, seront remis entre les mains du Greffier des Jurisdictions, qui s'en chargera par inventaire, pour y demeurer jusqu'au Jugement définitif du procès, et encore 3 mois après, pendant lequel tems, s'il sont réclamés, et que la réclamation soit jugée bonne et valable, ils seront rendus, sans que, sur iceux, il puisse être pris aucuns frais ni épices du procès, ce qui aura lieu même à l'égard des reclamans qui ne se seront point déclarés parties au procès ; et faute de réclamation bonne et valable dans le tems ci-dessus prescrit, lesdits effets seront vendus au plus offrant et dernier enchérisseur, et le prix distribué entre les Prévôts, Exempts et Archers, suivant la répartition qui sera ordonnée ci-après.

Art. XXVIII. Ne seront les gages et droits attribués aux Officiers et Archers, non plus que leurs armes et chevaux, sujets à aucune saisie, attendu le service continuel pour lequel lesdits gages et droits leur seront accordés, si ce n'est pour dettes contractées à l'occasion de leurs montures et équipages, et de leur nourriture pendant le tems qu'ils seront en corvée.

Art. XXIX. Pour obvier aux désordres qui se commettent journellement par rapport aux jeux des Esclaves et aux cabarets qui leur sont destinés, ordonne qu'il n'en sera établi que dans les Villes et Bourgs, et par des gens Libres qui feront eux-mêmes le débit ; enjoint à tous ceux qui en tiennent ailleurs, sans une permission expresse et par écrit de MM. les Général et Intendant, et à tous Négres-Esclaves de fermer boutique huit jours après la publication du présent Réglement, à peine contre les contrevenans Libres, et contre les Maîtres des Esclaves, de 100 liv. d'amende pour la première fois, en outre de confiscation des meubles et liqueurs, en cas de récidive ; fait aussi défenses à ceux qui tiendront lesdits cabarets dans les Villes et Bourgs, de souffrir que les Esclaves boivent, mangent et jouent chez eux ; leur permet seulement de vendre, soit vin, eau-de-vie ou autres liqueurs, à la porte de leurs cabarets, leur enjoignant de ne les ouvrir qu'après le soleil levé, et de les fermer à soleil couchant ; défend en outre auxdits Cabaretiers de recevoir en paiement du sucre, de l'indigo, du coton ou autres denrées, mais seulement de l'argent, à peine d'être poursuivis extraordinairement comme receleurs ; laquelle peine, ainsi que celle prononcée ci-dessus, ne pourront être réputées comminatoires, remises ni modérées, sous quelque prétexte que ce soit ; enjoint aux Substituts du Procureur-Général du Roi, de tenir la main à l'exécution de cette police, et aux Prévôts, Exempts, Brigadiers et Archers, de faire dans lesdits cabarets une exacte visite, adjugeant à leur profit les amendes et confiscations ci-dessus prononcées, lorsqu'elles auront été ordonnées sur leur rapport ; leur enjoint pareillement de faire des rondes exactes dans les différens carrefours des Villes et Bourgs, et aux environs des boucheries, pour dissiper les assemblées des Négres qui s'y attroupent, ou pour se battre, ou pour jouer, déclarant confisqué à leur profit l'argent qui sera trouvé sur le jeu seulement ; fait défenses à toutes personnes Libres de jouer avec les Esclaves, sous peine d'un mois de prison pour la première fois, et de plus grande en cas de récidive ; ordonne aux Prévôts, Exempts, Brigadiers et Archers, de conduire sur le champ les délinquans en prison, lorsqu'ils seront surpris, et d'en faire leur rapport au Substitut du Procureur-Général du Roi, pour en poursuivre la punition.

Art. XXX. Il sera permis au Prévôt et à l'Exempt, dès qu'ils le jugeront à propos et nécessaire, de faire avec leur Troupe ou partie d'icelle, la visite des cases à Négres des habitations de leur département ; et lorsqu'ils y procéderont, ils seront tenus, après les avoir investies et avant d'en ouvrir aucunes, de prévenir le Maître ou l'Econome des habitations, pour être présent, si bon lui semble, à ladite visite, et toutes les armes à feu, les lances, les sabres et les épées, même les machettes qui se trouveront dans lesdites cases, seront confisqués, et répartis au profit de la Troupe qui aura fait la visite, à moins que le Négre dans la case duquel on trouvera lesdites armes, n'y soit autorisé par une permission écrite, qui sera par lui produite sur le champ ; et cependant s'il se trouve un fusil seulement avec une machette dans la case du Commandeur principal, ou du Chasseur ordinaire de l'habitation, même sans permission écrite, lesdites armes ne seront sujettes à confiscation si le Maître n'y consent, et les machettes des Tailleurs de hayes seront pareillement exemptes de confiscation ; défend aux Brigadiers et Archers de s'ingérer à faire lesdites visites, si le Prévôt ou l'Exempt ne se trouvent à leur tête ; leur défend aussi de rien prendre, casser ni briser dans lesdites cases, à l'exception des armes ci-dessus désignées, à peine de restitution du quadruple, et de plus grande peine suivant l'exigence du cas ; défend aux Maîtres des habitations, à peine de 100 liv. d'amende, applicable au profit de la Troupe, de souffrir dans les cases de leurs Négres des calendas et danses nocturnes qui se font au son du Tambour ; enjoint aux Prévôts et Exempts qui seront informés de ces danses, et de toutes assemblées tumultueuses des Négres durant la nuit, d'aller les dissiper, et d'en faire leur rapport au Substitut du Procureur-Général, pour poursuivre la condamnation de l'amende contre les Maîtres qui auront souffert ladite assemblée.

Art. XXXI. Le partage des rétributions ci-dessus accordées pour les captures, saisies, confiscations et amendes, sera fait par chaque expédition, entre ceux seulement qui y auront assisté, ainsi qu'il suit; savoir; au Prévôt, trois parts; à l'Exempt, deux parts; aux Brigadiers, une part et demie; aux Archers soudoyés ou non, une part.

ART. XXXII. Et sera le présent Réglement envoyé dans tous les Siéges du ressort de la Cour, pour y être exécuté selon sa forme et teneur, registré, lu, publié et affiché par-tout où besoin sera, &c.

LETTRE *du Ministre à MM. de Larnage et Maillart, touchant les extraits mortuaires des Matelots morts aux Isles.*

Du premier Février 1739.

VOUS devez être informés que les Armateurs des Ports de France, sont tenus des frais d'enterrement des gens de Mer qui meurent pendant les voyages des Navires. Ils prétendent qu'ils y satisfont exactement, mais ils se plaignent de ce qu'outre ces frais d'enterrement, les Curés des Isles forcent les Capitaines à prendre des extraits mortuaires de chaque mort, et leur en font payer l'expédition 6 livres et même plus, suivant qu'ils le jugent à propos. Leurs plaintes sur cela m'ont paru mériter attention. Le Roi, à qui j'en ai rendu compte, n'a cependant pas voulu abolir l'usage où sont les Capitaines de prendre les extraits mortuaires des gens de leurs Equipages qui décèdent aux Isles; mais S. M. a trouvé juste d'en diminuer les frais, et Elle m'a ordonné de vous dire que son intention est que les Curés ne puissent exiger que 20 sols pour l'expédition de ces extraits Mortuaires; c'est ce que vous aurez soin de leur faire savoir, en tenant la main à ce qu'ils s'y conforment. Je dois vous observer au surplus que S. M. n'entend point par ce Réglement particulier, toucher aux droits que les Curés sont dans l'usage de percevoir pour leurs autres expéditions.

ORDRE DU ROI, qui établit M. le Normand de Mezy, Commissaire-Ordonnateur au Cap.

Du premier Avril 1739.

R. au Conseil du Cap, le 9 Juin 1740.

COMMISSION de Premier Conseiller aux Conseils de Saint-Domingue, pour M. le Normand de Mezy, Commissaire-Ordonnateur.

Du premier Avril 1739.

R. au Conseil du Cap, le 9 Juin 1740.

V. les Provisions de M. de Sartre, du 24 Décembre 1732, dont celles-ci différent seulement en ce que M. le Normand a séance dans les Conseils après les Gouverneurs particuliers, tandis que M. de Sartre ne l'avoit qu'après tous les Officiers-Majors.

COMMISSION de Subdélégué de l'Intendant dans le département du Cap, pour M. le Normand de Mezy.

Du premier Avril 1739.

LOUIS, &c. Salut. A notre très-cher et bien amé le sieur le Normand de Mezy, Commissaire de la Marine ; la satisfaction que Nous avons des services que vous nous avez rendus, &c. A ces causes, Nous vous commettons, ordonnons et établissons pour, dans ledit département du Cap, juger toutes matières civiles, conformément à nos Edits et Ordonnances, et à la Coutume de notre bonne Ville, Prévôté et Vicomté de Paris, et ce nonobstant toutes récusations, prises à partie, Edits, Ordonnances et autres choses à ce contraires ; voulons que les Jugemens et Ordonnances qui seront par vous rendus, soient exécutés comme s'ils avoient été rendus et donnés par ledit Intendant de Saint-Domingue ; et que les appellations qui seront interjetées desdits Jugemens et Ordonnances, soient portées directement en notre Conseil ; que vous veilliez à ce que les Juges établis dans ledit département, rendent exactement la justice, et que vous teniez la main à ce que lesdits Juges et autres Officiers, soient maintenus dans leurs fonctions, sans y être troublés ; voulons aussi qu'en l'absence dudit Intendant, et en qualité de son Subdélégué, vous ayez seul connoissance et Jurisdiction sur tout ce qui concerne la levée et perception de nos droits dans l'étendue dudit département, circonstances et dépendances, tant en matière civile, de quelque nature qu'elle puisse être, qu'en matière criminelle, sauf l'appel en notre Conseil ; vous donnons pouvoir de commettre, pour raison des affaires qui seront portées pardevant vous, un Procureur pour Nous, lorsque le cas le requérera, et un Greffier ; de tout ce que dessus, vous donnons pouvoir, autorité et mandement spécial. Mandons au Gouverneur Lieutenant-Général pour Nous aux Isles sous le vent, à l'Intendant desdites Isles, et au Gouverneur particulier du Cap, de vous faire jouir de l'effet et contenu en ces présentes ; ordonnons aux Officiers de notre Conseil Supérieur établi au Cap, de s'y conformer ; à l'effet de quoi ces présentes seront registrées audit Conseil Supérieur, &c.

R. au Conseil du Cap, le 9 Juin 1740.

COMMISSIONS de Conseillers-Assesseurs des Juges du Fort-Dauphin, du Cap et de Saint-Louis, données par les Administrateurs.

Des 16 Mai, 18 Août et 15 Octobre 1739.

Le 5 Août 1739, le sieur Barbé fut reçu au Conseil du Cap, Assesseur du Juge du Fort-Dauphin, sur une Commission du 16 Mai précédent.

Le 7 Juillet, le sieur Coshereau fut reçu Conseiller-Assesseur du Juge du Cap ; et le sieur Hirel, le 8 Septembre, ce dernier nommé par Commission du 18 Août précédent.

Le 15 Octobre de la même année, le sieur Contel fut nommé Conseiller-Assesseur du Juge de Saint-Louis, et reçu au Conseil de Léogane le 10 Novembre.

ORDONNANCE des Administrateurs, concernant les Bateaux venans des Isles du Vent à Saint-Domingue.

Du premier Juin 1739.

CHARLES Brunier de Larnage, &c.

Simon-Pierre Maillart, &c.

Les divers Bateaux venans de la Martinique et autres Isles du Vent, n'étant attirés en cette Isle que par l'objet d'y faire le commerce prohibé, Nous ordonnons à tous MM. les Gouverneurs, Officiers-Majors et autres Commandans des Quartiers, de faire visiter exactement lesdits Bateaux aussitôt qu'ils paroîtront dans leur commandement, et de les faire arrêter et leurs effets, s'ils ont, ou Négres ou autres marchandises prohibées, quelques déclarations qu'ils fassent apparoir des Domaines des Isles du Vent, desquelles ils feront laisser copie collationnée aux Greffes, et nous enverront les originaux même, pour recevoir nos ordres en conséquence, en observant que, dans le cas où ils ne seront pas porteurs de pareilles déclarations en régle, ils feront aussi arrêter le Capitaine même et les Equipages, pour être le procès fait par les Officiers de l'Amirauté; ordonnons en outre aux Officiers de l'Amirauté, de nous envoyer aussitôt toutes les déclarations qui leur seront faites par lesdits Bateaux des Isles du Vent qui arriveront dans cette Isle, sous prétexte de relâche ou autrement; défendons à tous Commis aux Classes et Greffiers d'Amirautés, de donner auxdits Bateaux des Isles du Vent, aucunes expéditions pour quelqu'endroit que ce soit, sans un ordre exprès de Nous, à peine de cassation.

Et quant aux Bateaux de cette Isle, il ne leur sera donné pareillement, tant par les Commis aux Classes que par les Greffiers de l'Amirauté, aucune expédition, pour quelque lieu que ce soit hors de cette Isle et autres, que pour le cabotage intérieur de la Colonie, sans un ordre exprès de Nous.

A l'égard des Bâtimens étrangers qui mouilleront sur cette côte, dans d'autres Ports que ceux désignés par les Ordonnances, ordonnons à tous Commandans des Troupes et des Milices, de les arrêter, faire conduire aux plus proches Amirautés, à peine d'en répondre; et dans le cas où lesdits Bâtimens étrangers seroient forcés de relâcher, par tempête ou autres besoins, dans les Ports permis, il sera mis une garde à bord, et il ne leur sera rien accordé qu'en commun par le Commandant ou le Subdélégué de M. l'Intendant, après que leurs demandes auront été communiquées à l'Ecrivain principal de la Marine, ou à celui qui en fait les fonctions, et par lui débattues, si y a lieu; sera la présente Ordonnance lue, publiée et affichée par-tout où besoin sera, &c. Donné au Cap, &c.

R. au Conseil du Cap, le 3 Juin 1739.
Et à celui de Léogane, le 6 Juillet suivant.

ORDONNANCE DU ROI, portant publication de la Paix avec l'Empereur et les Electeurs.

Du 24 Juin 1739.

Publiée au Cap, le 31 Octobre suivant.

LETTRE des Administrateurs au Sénéchal du Cap, pour demander toutes les Procédures criminelles suivies de condamnations à peines capitales.

Du 11 Juillet 1739.

NOUS vous prions, M , à l'avenir, de nous envoyer toutes les procédures criminelles qui seront suivies de Jugement à peines capitales, et d'y joindre des éclaircissemens sur la personne des criminels, et de ceux qui auront été la victime de leurs crimes. Nous sommes, &c. *Signé*, LARNAGE et MAILLART.

RÉGLEMENT des Administrateurs, au sujet des Hôpitaux.

Du premier Août 1739.

CHARLES Brunier de Larnage, &c.

Simon Pierre Maillart, &c.

Les Hôpitaux de la Ville de Léogane et de celle du Cap, étant établis présentement, de façon, à pouvoir recevoir commodément tous les malades, tant des Troupes que des Vaisseaux du Roi, et ceux des Navires marchands; et étant nécessaire de pourvoir de la manière dont ils doivent y être traités, et sur quel pied; Nous, en attendant les ordres de S. M., et vu la quantité de malades dont les Villes et les Rades sont pleines, avons trouvé très-pressant, pour le service du Roi, l'avantage du commerce et le bien de la Colonie, de faire par provision le présent Réglement, et d'ordonner ce qui suit:

ART. I. Les Officiers des Troupes et des Vaisseaux du Roi, seront traités dans lesdits Hôpitaux, avec tout le soin et l'attention nécessaires.

ART. II. Les Soldats, Matelots et autres malades, y seront alimentés à raison de deux livres de viande par malade, et d'une volaille par dix.

ART. III. Défendons à tous Capitaines des Navires marchands, de garder à l'avenir leurs malades à terre ou dans leurs Vaisseaux; et leur ordonnons de les faire transporter aussitôt à l'Hôpital, à peine de 500 l. d'amende, pour ceux qui contreviendront à nos ordres; applicable à quatre garçons Chirurgiens qui seront établis dans chacun desdits Hôpitaux; et à tous Bourgeois de la Ville, de louer leurs Magasins pour servir d'Hôpital auxdits Equipages, sous la même peine; ordonnons à MM de l'Etat-Major, au Capitaine de Port, au Procureur du Roi, de tenir, chacun en droit soi, la main à l'exécution du présent article.

ART. IV. Lesdits quatre garçons Chirurgiens, seront tenus de faire aussi alternativement dans les Navires et aux Magasins des Capitaines, et dans la Ville, des perquisitions exactes des Matelots qui y resteroient malades, et en feront leur rapport aux Supérieurs desdits Hôpitaux, qui, à la diligence des Procureurs du Roi des Amirautés, poursuivront la condamnation des délinquans à ladite amende.

ART. V. Ordonnons que le Médecin du Roi de Léogane, fera tous les jours la visite des malades dudit Hôpital; et celui de la ville du Cap, attendu l'éloignement, fera au moins ladite visite quatre fois la semaine, depuis le premier Juin jusqu'au premier Octobre, saison où les maladies contagieuses régnent, et deux à trois fois la semaine dans les autres saisons, et lesdits Médecins rendront compte au Général et à l'Intendant, au-Gouverneur et Commissaire-Ordonnateur, de la quantité de malades, et du genre de leurs maladies.

Art. VI. Un Officier de chacune des deux garnisons de Léogane et du Cap, sera tenu d'aller tour-à-tour visiter les Soldats malades dudit Hôpital, et rendra compte au Général et au Gouverneur, de leur état, et de la façon dont ils seront traités.

Art. VII. Outre la visite ci-dessus, le Major ou Aide-Major s'y transporteront l'un ou l'autre au moins deux fois la semaine, et en rendront pareillement compte au Commandant.

Art. VIII. Il sera payé par jour, pour les Officiers malades des Vaisseaux du Roi, Gardes-Marines, Officiers des Troupes, ainsi que pour les Soldats et Matelots desdits Vaisseaux, ce qui a été ci-devant réglé.

Art. IX. Les Officiers des Navires marchands qui préféreront d'être traités dans les Hôpitaux plutôt que dans la Ville, paieront 12 liv. par jour, et pour leurs Matelots 40 sols, au moyen de quoi les Religieux de chaque Hôpital seront tenus de la nourriture des quatre garçons Chirurgiens.

Art. X. Il sera en outre accordé auxdits quatre garçons Chirurgiens, 500 liv. à chacun, pour subvenir à leur entretien, jusqu'à ce qu'ils ayent été placés dans l'Isle par les Médecins du Roi, lesquelles 500 liv. seront payées sur les amendes ordonnées ci-dessus, et autres casuels.

Art. IX. Il ne sera permis à aucun Chirurgien, qui ne sera porteur de Lettres de Maîtrise en France, de se présenter à la Maîtrise en cette Isle, ni d'y exercer la Chirurgie, qu'il n'ait servi au moins un an dans les Hôpitaux de cette Colonie, dont leur sera délivré certificat par les Supérieurs desdits Hôpitaux et les Médecins du Roi, sur lesquels seulement leur seront accordées les lettres et permissions accoutumées; et sera la présente Ordonnance lue, publiée, &c.

R. au Conseil du Cap, le 4 Août 1739.
Et à celui de Léogane, le 7 Septembre suivant.

PREMIÈRE *Commission de Substitut du Procureur-Général au Conseil du Cap.*

Du premier Août 1739.

CHARLES Brunier de Larnage, &c.
Simon-Pierre Maillart, &c.

Le Roi ayant approuvé l'établissement d'un Substitut du Procureur-Général au Conseil Supérieur de Léogane, et paroissant convenable d'en établir un au Conseil du Cap; Nous, en vertu du pouvoir à Nous donné par Sa Majesté, et sur la connoissance que Nous avons de la capacité et expérience au fait de la Judicature du sieur Jean Baptiste Duperrier, l'avons nommé et établi, nommons et établissons par ces présentes, à l'office de Substitut de Procureur-Général du Conseil Supérieur du Cap, pour suppléer ledit Procureur-Général dans ses fonctions, lorsque, par maladie ou autres empêchemens légitimes, il ne pourra vaquer ni se trouver aux séances du Conseil, même pour l'aider dans lesdites fonctions quand il sera convenable, le tout à l'instar de ce qui est pratiqué par rapport aux Substituts des Procureurs-Généraux créés dans les Cours Souveraines du Royaume; voulons que ledit sieur Duperrier jouisse de tous les droits, honneurs, prérogatives et exemptions attachés audit office. Prions MM. les Officiers dudit Conseil Supérieur du Cap, de le reconnoître et faire recevoir en ladite qualité, après qu'il leur aura apparu de ses bonnes vie, mœurs, Religion Catholique, Apostolique et Romaine, en avoir pris de lui le serment en tel cas requis; et sera la présente enregistrée au Greffe de la Subdélégation. Donné au Cap, &c.

R. au Conseil du Cap, le 3 Octobre suivant.

ARRÊT en Réglement du Conseil du Cap, pour l'établissement d'une nouvelle Marechaussée.

Du 6 Août 1739.

VU par le Conseil, la remontrance à lui faite par le Procureur-Général du Roi, contenant que les différens établissemens de Maréchaussées qui ont été faits jusqu'à présent dans le ressort de ce Conseil, n'ayant point eu le succès qu'on en attendoit pour le soulagement des Habitans, dans les corvées qu'ils sont obligés de faire, tant pour la recherche et poursuite des Soldats déserteurs, que pour la capture et conduite des criminels, et pour les chasses ordinaires et extraordinaires contre les Négres-Marons; la sûreté publique et la police auroient été négligées à un point qu'il étoit à craindre qu'il n'arrivât un jour quelque fâcheux événement, si on ne prenoit de justes mesures pour y remédier, en faisant un établissement de Maréchaussée qui puisse être stable, augmentant le nombre des Officiers et Archers qui la composent, et les engageant à bien faire leur service par les avantages & les prérogatives qui leur seront accordés; que cela ayant été fait dans le ressort du Conseil de Léogane, de l'agrément de M. le Général et de M. l'Intendant, qui se trouvoient aujourd'hui dans le Quartier, et qui vouloient bien prêter leur autorité pour appuyer ce que le Conseil feroit; il n'y avoit pas de doute que les Habitans desirassent profiter d'une occasion si favorable, pour leur assurer un établissement aussi avantageux pour la sûreté et le repos publics; pourquoi requéroit qu'il plût audit Conseil de nommer deux de MM de la Cour pour Commissaires en cette partie, pour, sur les différens Réglemens qui ont déjà été faits, en faire un nouveau, sur lequel la Cour pût statuer définitivement, et le maintenir ensuite par les sages précautions qu'Elle pourroit prendre. L'Arrêt intervenu sur ladite remontrance, le 7 Avril dernier, par lequel MM. Asselin et Samson, Conseillers, auroient été commis pour travailler au Réglement dont étoit question, et sur leur rapport être fait droit, ainsi qu'il appartiendroit; et oui le rapport desdits Conseillers-Commissaires, sur les différens articles dudit Réglement; la matière mise en délibération, et tout considéré: LE CONSEIL a ordonné et ordonne, ainsi qu'il suit:

ART. I. Il sera établi une Maréchaussée qui sera composée de Prévôts, Exempts, Brigadiers et Archers, lesquels seront distribués dans les trois Jurisdictions du ressort de ce Conseil; savoir, dans la Jurisdiction du Cap, un un Prévôt, deux Exempts, quatre Brigadiers et vingt-quatre Archers; dans celle du Fort-Dauphin, un Prévôt, un Exempt, deux Brigadiers et vingt Archers; et dans celle du Port-de-Paix, un Prévôt, un Exempt, deux Brigadiers et douze Archers.

Art. II. Tous lesdits Prévôts, Exempts, Brigadiers et Archers, auront pour gages par chacune année; savoir, le Prévôt, 2000 liv.; l'Exempt. 1,200 liv.; les Brigadiers, 900 liv.; et les Archers, 600 liv.; lesquels gages et appointemens seront assignés sur la caisse des deniers publics, et payés par le Receveur d'iceux, ainsi qu'il sera après statué.

L'art. 3, jusques et compris le 17, sont copiés mot-à-mot sur les mêmes articles du Réglement du Conseil de Léogane, du 17 Janvier précédent, excepté l'art. 16, où les lieux nommés, sont le Port-de-Paix et le Fort-Dauphin.

Les articles 18, 19 et 20, sont les 19, 20 et 21 du Réglement de Léogane.

Art. XXI. La capture de chaque Blanc, Négre, Négresse, Négrillon, Négritte, prévenu de crime ou de maronnage, sera payée, savoir, dans la Ville du Cap, à raison de . . . . . . 6 liv.

Dans les Mornes et Banlieue du Cap, ... 12 liv.

A la Petite-Anse, Quartier Morin et la Plaine du Nord, 15 liv.

Limonade et l'Acul, ... 18 liv.

Au Limbé et à la Grande-Rivière, et au Quartier de Sainte-Suzanne, dépendance de la Paroisse de Limonade, ... 21 liv.

Au Port Margot et au Dondon, ... 30 liv.

Au Quartier des Vazeux, dépendant du Dondon, . . . 48 liv.

JURISDICTION du Fort-Dauphin.

En la Ville, ... 6 liv.

Dans le Quartier Dauphin, ... 12 liv.

Aux Terriers-Rouges, et à Ouanaminthe, . . . 18 liv.

Au Trou, ... 21 liv.

Et à l'égard des Quartiers au-delà d'Ouanaminthe, comme ceux du Trou de Jean-de-Nantes, Capotille et autres, . . . 36 liv.

JURISDICTION du Port-de-Paix.

Dans la Ville, ... 6 liv.

Dans le Quartier du Port-de-Paix, . . . 12 liv.

Depuis le Quartier Saint-Louis jusqu'à la pointe d'Icaque et Bas de Sainte-Anne, ... 18 liv.

Et depuis la pointe d'Icaque jusqu'au Borgne, . . . 48 liv.

A Jean-Rabel et au Gros-Morne, ... 30 liv.

A Pilatte et à Plaisance, ... 48 liv.

Et à l'égard de ceux qui seront pris dans les chasses extraordinaires, et qui seront attroupés avec des établissemens formés dans les doubles Montagnes, la somme de . . . . . . 100 liv.

Laquelle somme, ainsi que celles qui sont fixées ci-dessus pour les autres lieux, seront réduites à la moitié desdites taxes, à l'égard des Négres qui seront tués ou morts dans les chasses, ce que les Prévôts, Exempts, Brigadiers et Archers, seront audit cas tenus de justifier par l'étampe ou autre marque du sujet, laquelle ils déposeront au plus prochain Greffe, avec le rapport de leur expédition, duquel rapport les Greffiers seront tenus d'envoyer une expédition au Greffe du Conseil; laquelle somme pour les Négres tués sera payée par les Receveurs des épaves, sauf à lui à s'en faire rembourser du propriétaire, au cas que le remboursement fût réclamé, et qu'il fût ordonné sur la caisse des Négres suppliciés; ordonne en outre que, pour les Négres qui seront arrêtés seulement par rencontre, soit dans les chemins ou dans les rues des Villes et Bourgs, sans billets, ou autres marques connues de leurs Maîtres, et de nuit, il sera payé la somme de 12 liv. au cas qu'ils soient montés, et celle de 6 liv. seulement s'ils sont à pied; et en cas de contestation sur le défaut de billets, le Maître en sera cru sur son serment.

Art. XXII. *C'est le 23 du Réglement de Léogane.*

Art. XXIII. Les Négres fugitifs ainsi arrêtés, seront conduits et consignés au Concierge des prisons de la Jurisdiction du district où ils auront été pris, en observant toutesfois de les représenter au Receveur des épaves, qui leur payera sur le champ la prise, ainsi qu'il est expliqué dans l'art. 22.

Art. XXIV. *C'est le 25 du Réglement de Léogane.*

Art. XXV. Faute de réclamation par le Maître un mois après la consignation qui aura été faite de son Négre dans les prisons, le Receveur des amendes et confiscations sera tenu de faire vendre l'Esclave à la Barre du Siége, au plus offrant et dernier enchérisseur, à la charge par l'adjudicataire de le vendre et restituer pour le même prix auquel il lui aura été adjugé, s'il est réclamé pendant l'an et jour, lequel tems passé il en demeurera propriétaire incommutable; et quant aux deniers qui seront provenus de la vente, ils seront sujets à la réclamation pendant cinq ans, et seront rendus au Maître par le Receveur ou le Trésorier de la Marine, sur les ordonnances de M. l'Intendant, déduction faite sur iceux des frais de capture, geolage et tous autres qui pourroient être légitimement faits ; enjoint au Geolier d'ouvrir, durant le jour seulement, les prisons à tous ceux qui voudront vérifier s'ils y ont des Négres arrêtés, et au Receveur des Négres-Marons, de faire afficher à la porte de l'Audience, tous les huit jours, la liste des Négres détenus en prison pour maronnage, où seront insérés les étampes et signalement de chaque Négre, et les noms de ceux qui auront été vendus.

Les art. 26, 27, 28, 29, 30, 31 et dernier, sont absolument les mêmes que les art. 27, 28, 29, 30, 31, 32 et dernier du Réglement de Léogane, du 17 Janvier précédent.

ARRÊT du Conseil du Cap, qui augmente l'imposition des Droits suppliciés de 10 sols à 30 sols, pour subvenir aux frais de la Maréchaussée établie par autre Arrêt de même jour ; et nouvel Arrêt pour ordonner l'envoi de celui portant cette imposition, aux Jurisdictions, et sa transcription sur les Registres des Paroisses.

Des 6 Août 1739, et 4 Octobre 1740.

ORDONNANCE du Gouverneur-Général, concernant les Milices.

Du 10 Août 1739.

CHARLES Brunier de Larnage, &c.

Les Milices des Colonies faisant toute leur force et leur sûreté, il seroit à craindre néanmoins que, malgré le courage et la valeur qui leur sont communs, on ne tirât pas de ces corps tout l'avantage qu'on en doit attendre, faute par elles d'être suffisamment armées et disciplinées, à quoi étant très-important de pourvoir ; Nous, pour nous conformer aux ordres du Roi à ce sujet, avons fait le présent Réglement, et ordonné ce qui suit :

ART. I. Les Cavaliers ou Dragons seront armés d'un fusil d'ordonnance avec la bayonnette, un gargoussier, deux pistolets, une épée de bonne longueur et à lame plate ; les fantassins d'un fusil d'ordonnance avec la bayonnette, un gargoussier et un sabre ou épée.

Art. II. Tous Habitans, tant Cavaliers que Fantassins Blancs, et qui auront quatre Négres et au-dessus, seront tenus d'avoir, outre le fusil d'ordonnance et la bayonnette, un fusil boucanier chacun, dont il sera fait montre aux revues générales deux fois l'année, portés par un Négre.

Art. III. Tous les privilégiés et Officiers du Pays, tant présens qu'absens, seront, comme aux Isles du Vent, tenus d'avoir chacun sur leurs habitations, soigneusement gardés et entretenus, un nombre de fusils, soit d'ordonnance, soit boucaniers ; savoir, les Conseillers, les Capitaines et les Gentilshommes, huit ; les Lieutenans, six ; les Cornettes et Enseignes, quatre.

Art. IV. Aucun dans l'Isle, même Gentilhomme ou privilégié, ne sera dispensé de monter dans la Cavalerie ou dans l'Infanterie, exepté ceux qui en seront exempts par leur emploi, leur âge et leurs infirmités.

Art. V. Toutes habitations et places cultivées ou hattes, auront au moins un Blanc ou homme Libre pour faire le service, à peine par les propriétaires ou fermiers, de payer les 6 liv. prononcées ci-après, pour chaque jour de revue que l'homme aura manqué.

Art. VI. Seront tenus ceux qui s'établiront dans un Quartier, de se faire inscrire dans la Cavalerie ou dans l'Infanterie, un an après qu'ils seront fixés audit Quartier, à peine d'être punis desdites amendes aux premiers exercices ou revues.

Art. VII. Aucun Habitant ne quittera la Compagnie et le Quartier où il sert, sans en avertir le Capitaine ou le Commandant, à peine de huit jours de prison.

Art. VIII. Les Compagnies, tant de Cavalerie que d'Infanterie, s'assembleront tous les deux mois à l'ordinaire, pour faire l'exercice les Dimanches avant la Messe, et le plus matin qu'il se pourra.

Art. IX. Et étant nécessaire que la Cavalerie, qui n'est en effet dans ce pays qu'un corps de Dragons, sache aussi, pour pouvoir servir utilement, les évolutions et mouvemens propres à l'Infanterie ; Nous ordonnons que la Cavalerie, sans préjudice des évolutions à cheval, consistant principalement à faire des quarts de conversion par escadron, et à rompre ou à reformer les escadrons par deux ou par quatre, qui est tout ce qui est nécessaire, fera aussi à pied l'exercice ordonné ci-après pour l'Infanterie.

Art. X. Dans le cas où une Compagnie de Cavalerie seroit composée de deux Paroisses, elle s'assemblera alternativement dans l'une et dans l'autre Paroisse, sans égard à la demeure des Officiers et Commandans.

Art. XI. Les Officiers, tant de Cavalerie que d'Infanterie, seront tenus de savoir tous, comme les Aides-Majors, faire et commander ledit exercice, afin qu'en l'absence et au défaut de l'Aide-Major, chaque Officier de la Troupe puisse indifféremment le commander.

Art. XII. Aucun Officier ne se dispensera de se trouver aux exercices et revues sans cause légitime, dont il rendra compte au Commandant; et à l'égard des Cavaliers et Fantassins qui y manqueront sans raison valable, ils seront punis la première fois d'une amende de 6 liv., la seconde du double et de la prison; ladite amende applicable, suivant l'Ordonnance du Roi, aux travaux publics, ou à payer les armes de ceux qui ne seroient pas en état d'en avoir.

Art. XIII. A l'égard de ceux que les maladies ou autres empêchemens légitimes, ne permettront pas de se trouver aux jours desdits exercices et revues, ils auront soin d'envoyer avertir avant le jour de la revue, ou au plus tard le jour même, le Capitaine, ou à défaut les plus prochains Officiers de la Compagnie, à peine d'être réputé en faute, et de payer les susdites amendes.

Art. XIV. Ledites amendes seront payées la revue suivante, à peine de prison, et elles seront perçues par les Aides-Majors de Milices, ou par un Officier de la Compagnie, qui sera nommé par l'Officier-Major du Quartier, lesquels, tous les six mois, en enverront le compte visé dudit Officier-Major au Général et à l'Intendant, pour lesdites amendes être par leur ordre employées à leur destination.

Art. XV. Dans les lieux où il n'y a point de prisons, ceux qui auront manqué par récidive audit exercice, seront envoyés par un ordre du Commandant de la Compagnie, à l'Officier-Major du Quartier, qui les retiendra 24 heures aux Arrêts, dans le lieu principal de sa résidence, sauf audit Officier-Major de punir plus sévèrement ceux qui, par mépris de leur devoir ou par opiniâtreté, tomberoient dans le cas de le mériter.

Art. XVI. Chaque Commandant de la Compagnie sera tenu d'envoyer à l'Officier-Major du Quartier, un état des revues de ceux qui auront manqué auxdits exercices, et qui seront dans le cas de l'amende et celui de la prison.

Art. XVII. Les Aides-Majors des Troupes et Milices, ayant principalement été établis pour la discipline des Milices, se trouveront présens aux exercices de diverses Compagnies des Quartiers tour-à-tour, quand bien même ils n'auroient que le rang de Lieutenant, cette fonction n'emportant point le commandement; ils auront le droit de le commander eux-mêmes, et prendront soin de montrer aussi à le commander aux Aides-Majors des Milices et autres Officiers; MM. les Lieutenans-de-Roi et Majors s'y trouveront aussi présens dans les Quartiers alternativement, de sorte qu'au moins une fois l'année, ils la voyent faire à chaque Compagnie de leur département.

ART. XVIII. Les Compagnies de Mulâtres et Négres-Libres, seront, sous les mêmes peines, tenus aux mêmes exercices et revues, et seront armés à l'ordonnance de boucaniers seulement, avec les gargoussiers, de sabres et manchettes, à eux permis aussi d'avoir des pistolets.

Le présent Réglement sera lu et publié à la tête des Milices; ordonnons à MM. les Gouverneurs et Officiers-Majors, Commandans aux divers Quartiers de cette Isle, de tenir chacun la main à son exécution. Donné au Cap, &c. *Signé*, LARNAGE.

ARRÊT du Conseil du Cap, qui condamne la Morlaix à faire amende honorable, au fouet, à la marque et au bannissement hors de la Jurisdiction du Cap, pendant neuf ans, pour faux et vol par elle commis.

Du 13 Août 1739.

Nous citons cet Arrêt, parce que son exécution a donné lieu à quelques circonstances, dont on trouvera le détail dans la partie Historique.

RÉGLEMENT des Administrateurs, concernant les fonctions de l'Inspecteur de Police établi au Cap.

Du 13 Août 1739.

CHARLES Brunier de Larnage, &c.

Simon-Pierre Maillart, &c.

La police du Cap ayant été négligée jusqu'à présent, ainsi que l'exécution de différens Réglemens intervenus à ce sujet, Nous avons jugé convenable d'établir, sous le titre d'Inspecteur de Police, un Officier qui pût aider le Procureur du Roi dans les fonctions de sa charge, concernant la police.

ART. I. L'Inspecteur de Police fera régulièrement sa ronde toutes les nuits, accompagné d'un Détachement de la Brigade destinée à cet effet.

ART. II. Les jours de Dimanches et Fêtes, il partagera sa Brigade en deux Détachemens, dont l'un fera la patrouille le jour, et l'autre la nuit; le Détachement qui fera la patrouille le jour, aura soin que le service Divin ne soit pas troublé par les Négres attroupés dans la place, et par le bruit qu'ils font.

ART. III. Il fera arrêter tous les Négres qui se trouveront, après dix heures du soir, assemblés au nombre de quatre, ou en plus grand nombre dans les maisons suspectes, pareillement ceux qui seront trouvés, soit de jour, soit de nuit, dans les rues ou maisons, jouant à des jeux de hasard ou autres, ceux portant des armes de quelque espèce que ce soit, même des couteaux Flamands et bâtons, ou se battant à coups de bâton, coups de poing ou autrement; dans tous ces cas, l'Inspecteur de Police fera conduire les Négres chez leurs Maîtres, s'il les connoît, ou que l'Esclave que l'on interrogera sur ce point les désigne, sinon il sera conduit en prison, où il lui sera donné dix coups de fouet par le Négre qui sera à ce préposé; dans le cas où le Négre sera remis immédiatement après sa prison à son Maître, le Maître payera 3 liv.; dans le second, outre les 3 liv., il payera 15 sols pour le Négre qui aura infligé la peine desdits coups de fouet.

ART. IV. Il ne sera payé, pour tous droits de geole des Négres conduits en prison dans les cas ci-dessus marqués, que la somme de 30 sols, et celle de 15 sols par jour pour leur nourriture.

ART. V. Il sera permis à l'Inspecteur de Police d'entrer dans les maisons des Négres et Négresses libres, même des Esclaves qui seront soupçonnés, et y faire des visites, pour connoître les receleurs des vols domestiques et autres, desquelles visites il dressera son procès-verbal, qu'il remettra au Procureur du Roi, pour sur ce être par lui fait telles poursuites qu'il jugera nécessaires.

ART. VI. Il veillera à ce qu'il ne soit joué dans aucune maison, aux jeux défendus par les Ordonnances de Sa Majesté; et en cas de contravention, il en dressera son Procès-verbal, qu'il remettra au Procureur du Roi.

ART. VII. Il veillera à ce qu'aucuns Matelots des Vaisseaux de la rade, ne soient, après la retraite battue, dans les cabarets, ou dans les maisons des Négres-Libre ; et en cas de contravention, il en dressera Procès-verbal, qui sera remis au Procureur du Roi, qui fera condamner lesdits Cabaretiers et Négres-Libres, à 10 livres d'amende pour la première fois, et en cas de récidive à une beaucoup plus forte.

Art. VIII. Il fera la police dans les marchés des Négres qui se tiennent les Dimanches et Fêtes ; il fera arrêter les Négres saisis des denrées exprimées dans l'article du Code-noir, même de toutes autres marchandises, si lesdits Négres ne sont autorisés par un billet de leurs Maîtres ; dans ce cas il les fera conduire en prison, et du tout dressera son Procès-verbal, qu'il remettra au Procureur du Roi.

Art. IX. L'Inspecteur de Police veillera à l'exécution de l'article III. de notre Réglement du mois de Juillet, concernant les Hôpitaux.

Art. X. Il fera sa visite chez les détailleurs de viandes salées, morues, et notamment chez les Négres-Libres qui font ce commerce ; il examinera la qualité des marchandises ; et s'il s'en trouve de gâtées et qui causent de l'infection, il en dressera son Procès-verbal, qu'il remettra au Procureur du Roi.

Art. XI. Pour prévenir les inconvéniens qui peuvent arriver par le feu, l'Inspecteur de Police veillera à ce que les Boulangers de la Ville n'ayent aucun four à découvert, et qu'il n'y ait point de cuisines couvertes en paille et de tâches ; il avertira les propriétaires de les faire couvrir autrement sous trois mois, à compter du jour de la publication des présentes ; et en cas de refus, il en dressera son Procès-verbal, qu'il remettra au Procureur du Roi, pour poursuivre les contrevenans.

Art. XII. L'Inspecteur de Police aura une grande attention à la police des rues ; il avertira les propriétaires ou locataires, de faire applanir et nétoyer le devant de leurs maisons, d'ôter les immondices, et de faciliter l'écoulement des eaux par les ruisseaux qui sont au milieu des rues, et auxquels on donnera une pente pour conduire ces immondices à la mer ; il leur enjoindra de ne point embarrasser la voie publique par aucuns étaux et matériaux ou décombres, sinon en cas de nécessité pour bâtir ; s'il y a contravention, il en dressera son Procès-Verbal, qu'il remettra au Procureur du Roi.

Art. XIII. Ceux qui bâtiront à l'avenir, seront tenus de s'aligner ; et en cas de refus, l'Inspecteur en avertira M. le Gouverneur et M. le Subdélégué, que cette sorte de police regarde.

Art. XIV. L'Inspecteur de Police veillera à ce que l'on ne vende rien à faux poids ni à fausse mesure ; et en cas de contravention, il en dressera

dressera son Procès-verbal, qu'il remettra au Procureur du Roi, qui poursuivra les contrevenans.

ART. XV. Toutes les amendes de Police qui seront prononcées par les Juges, seront payées ès-mains du Receveur des amendes.

ART. XVI. L'Inspecteur de Police aura le tiers de ces amendes, le reste sera payé et partagé entre le Brigadier et les Archers de la Maréchaussée qui sont destinés à la police de cette Ville; le Brigadier aura deux parts.

ART. XVII. Il sera pris sur la Compagnie de la Maréchaussée de la Jurisdiction du Cap, un Brigadier et quatre Archers, qui seront destinés à la Police du Cap, et comme tels entièrement soumis aux ordres de cette Jurisdiction, et à ceux de l'Inspecteur de Police, qu'ils accompagneront quand ils le jugeront à propos, dans ses tournées et visites.

ART. XVIII. Le présent Réglement, après avoir été enregistré au Conseil Supérieur du Cap, sera publié et affiché, à la diligence de M. le Procureur-Général dudit Conseil. Donné au Cap, &c. *Signé*, LARNAGE et MAILLART.

R. au Conseil du Cap, le 7 Septembre suivant.

Approuvé par une Lettre du Ministre, du 14 Mars 1741.

PREMIERE Commission d'Inspecteur de Police de la Ville du Cap.

Du 14 Août 1739.

CHARLES Brunier de Larnage, &c.

Simon-Pierre Maillart, &c.

Etant nécessaire d'établir dans la Ville du Cap, un Inspecteur de Police pour veiller à l'observation des Réglemens; Nous, sur la connoissance que Nous avons de la capacité et activité du sieur Benoît Ferrary, l'avons nommé et commis, nommons et commettons à l'office d'Inspecteur de Police du Cap, pour en faire les fonctions aux droits, honneurs, priviléges et émolumens qui sont et seront par Nous attribués à cet office; tenir, en cette qualité, la main à ce que les Réglemens de Police soient exécutés; veiller à la tranquillité et sûreté de ladite Ville du Cap, et aux différens objets compris dans notre Ordonnance du 13 de ce mois, à la charge par ledit sieur de Ferrary, de se conformer aux Ordonnances de Sa Majesté, aux Réglemens, aux ordres qui lui seront donnés, tant par MM. les Officiers de l'Etat-Major, que par ceux du Conseil Supérieur du Cap, même d'instruire le Procureur du Roi de cette Ville, des contraventions qui peuvent causer quelque préjudice considérable, et singulièrement de celles dont il est parlé dans ladite Ordonnance; qu'il en dressera son Procès-Verbal et le remettra au Procureur du Roi: Prions MM. les Officiers du Conseil Supérieur de le recevoir, et mandons aux Officiers de la Jurisdiction de le reconnoître en ladite qualité d'Inspecteur de Police de la Ville du Cap, après qu'il leur aura apparu de ses bonnes vie et mœurs, Religion Catholique, Apostolique et Romaine, et après avoir pris de lui le serment en tel cas requis; et seront les présentes enregistrées au Greffe du Conseil, et par-tout où besoin sera, même au Greffe de la Subdélégation. Donné au Cap, &c.

R. au Conseil du Cap, le 9 Novembre 1739.

ORDONNANCE *des Administrateurs, concernant une construction de Bâtimens pour les Religieuses du Cap, et la clôture de la Rue Espagnole.*

Du 16 Août 1739.

CHARLES Brunier de Larnage, &c.

Simon-Pierre Maillart, &c.

L'établissement des dames Religieuses de cette Ville du Cap, étant un objet important à la Colonie, et qui demande toute l'attention que mérite l'avantage qu'il procure, Nous avons cru nécessaire de pourvoir aux obstacles qui se sont jusqu'ici présentés, tant sur l'indécision où cette Communauté a été pour fixer le lieu de sa résidence, que sur le plan que ces dames doivent suivre dans leur établissement; et pour cet effet, après avoir oui M. Allain, Conseiller au Conseil Supérieur, faisant, en l'absence de M. Carbon, les fonctions de Procureur-Général, dans la remontrance qu'il nous a donnée à ce sujet, Nous avons ordonné et ordonnons ce qui suit:

ART. I. Les dames Religieuses cesseront dès-à-présent d'entreprendre aucuns Bâtimens sur le terrein où elles résident actuellement, et ne pourront, sous quelque prétexte que ce soit, sans notre agrément, contrevenir à cette défense.

Art. II. Elles prendront de promptes mesures pour fixer leur établissement sur le terrein qu'elles ont de l'autre côté de la rue Espagnole, et suivront exactement, pour la situation des Bâtimens qui leur seront nécessaires, le plan qui leur sera donné, sauf néanmoins sur leurs représentations, à pourvoir par la suite aux inconvéniens que l'on ne peut prévoir à présent, et qui pourroient survenir sur ce sujet; mais comme dans ce nouvel établissement, il est nécessaire que les dames Religieuses ayent communication à l'emplacement où Nous leur ordonnons de se transporter, et que, pour cet effet, elles ayent la liberté de clorre la rue Espagnole qui les sépare, jusqu'à ce qu'elles n'ayent plus besoin des logement qu'elles occupent aujourd'hui; Nous ordonnons que ladite rue Espagnole restera fermée pendant l'espace de trois années.

Art. III. Permettons aux dames Religieuses de comprendre et de réunir dans le terrein sur lequel elles doivent faire leur établissement nouveau, la rue Est et Ouest qui se trouve entre l'emplacement de Madame Lebel, et celui qu'elles ont acquis du sieur Duvalin.

Art. IV. Après que les dames Religieuses auront mis leur nouvel établissement en état d'y loger, Nous ordonnons que la rue qui doit passer dans l'emplacement qu'elles occupent aujourd'hui, et que M. le Marquis de Vienne leur avoit permis de clorre, demeurera dans l'état qu'elle étoit avant ladite permission, pour l'utilité et la commodité du public. Sera la présente Ordonnance enregistrée aux Greffes du Conseil Supérieur du Cap et de la Subdélégation, et par-tout où besoin sera. Donné au Cap, &c.

R. au Conseil du Cap, le 7 Septembre 1739.

Lettres d'Attache sur la Patente d'Union de la Mission des Frères-Prêcheurs de Saint-Domingue, à la Province de Saint-Louis.

Du 18 Août 1739.

Louis, &c. Salut. Par nos Lettres du mois de Septembre 1721, Nous avons ordonné l'enregistrement en notre Cour d'une Patente du 22 Juin précédent, expédiée par le Frère Augustin Pipia, Général de l'Ordre des Frères-Prêcheurs, par laquelle il avoit uni à perpétuité à la Province de Toulouse, les deux Missions desdits Frères-Prêcheurs, établies aux Isles Françoises de l'Amérique, l'une sous le nom de la Congrégation du Saint-Nom de Jésus dans l'Isle de la Martinique et Isles adjacentes, et l'autre sous le nom de Saint-Rosaire dans l'Isle de Saint-Domingue ; mais pour pouvoir fournir avec plus d'aisance et de facilité le nombre de Religieux nécessaire pour le service de deux Missions aussi étendues, le Frère Thomas Ripoll, Général de l'Ordre des Frères-Prêcheurs, auroit, du consentement des deux Provinces de Toulouse et de Saint-Louis, par sa Patente du 3 Juillet dernier, transporté à celle de Saint-Louis, la Mission établie dans l'Isle de Saint-Domingue, sous le nom du Saint-Rosaire, pour demeurer jointe et unie à perpétuité à ladite Province ; et comme ladite Patente ne peut être exécutée sans notre permission expresse, les Provinciaux des deux Provinces de Toulouse et de Saint-Louis nous ont très-humblement fait supplier de leur accorder nos Lettres sur ce nécessaires. A ces causes, Nous vous mandons et ordonnons par ces présentes, signées de notre main, que notre Procureur-Général appelé, s'il vous appert que dans ladite Patente ci-attachée sous le contre-scel de notre Chancellerie, il n'y ait rien de contraire aux saints Décrets de Concordats entre le Saint-Siége et Nous, aux libertés de l'Eglise Gallicane, à nos droits, ni aux constitutions dudit Ordre, vous ayiez en ce cas à en permettre l'exécution selon sa forme et teneur ; cessant et faisant cesser tous troubles et empêchemens à ce contraires, &c. Donné à Versailles, &c.

R. à Paris, en Parlement, le 5 Septembre 1739.
Et au Conseil de Léogane, le 14 *Janvier* 1740.

ARRÊT *du Conseil du Cap, qui nomme M. Samson, Conseiller, Commissaire pour ce qui a trait aux dépenses à faire pour l'armement de la Maréchaussée.*

Du 9 Septembre 1739.

ORDONNANCE DU ROI, qui défend le transport des Négres entre les Isles du Vent et Saint-Domingue.

Du 12 Octobre 1739.

SA MAJESTÉ étant informée qu'il y a des particuliers qui font aux Bureaux du Domaine aux Isles du Vent, de fausses déclarations de Négres, qu'ils supposent embarquer auxdites Isles pour Saint-Domingue, et qui, à la faveur de ces déclarations, vont acheter aux Isles étrangères des Négres qu'ils portent à Saint-Domingue, comme venans des Isles du Vent; et que la même fraude se commet à Saint-Domingue, où des particuliers font de pareilles déclarations pour les Isles du Vent; Sa Majesté voulant remédier à des abus aussi préjudiciables, a fait très-expresses inhibitions et défenses à toutes personnes, de quelque qualité et condition qu'elles soient, de transporter, pour quelque raison, ni sous quelque prétexte que ce soit, des Négres des Isles du Vent à Saint-Domingue, ou de Saint-Domingue aux Isles du Vent, sous les peines portées par les Lettres-Patentes en forme d'Edit du mois d'Octobre 1727, concernant le Commerce étranger; veut cependant et entend Sa Majesté, ne point comprendre dans lesdites défenses, les Navires négriers de France, lesquels auront la liberté, lorsqu'ils ne vendront point leurs Négres aux Isles du Vent, de les porter à Saint-Domingue. Mande et ordonne Sa Majesté aux Gouverneurs ses Lieutenans-Généraux et aux Intendans desdites Isles, de tenir, chacun en droit soi, la main à l'exécution de la présente Ordonnance, laquelle sera enregistrée, lue, publiée et affichée par-tout où besoin sera. Fait à Fontainebleau, &c.

R. au Conseil de Léogane, le 5 Mai 1740.

ARRÊT du Conseil d'Etat, qui évoque à soi et renvoye pardevant M. Maillart, Intendant, et MM. Bornat et Branda, Conseillers du Conseil de Léogane, les contestations d'entre la dame de Nolivos, et les enfans de ladite dame et du sieur Binaud, son premier mari.

Du 25 Octobre 1739.

VU par la Requête présentée au Roi étant en son Conseil, par les héritiers Binaud, contenant, entr'autres choses, que tout ce qui s'est fait jusqu'à présent dans l'affaire dont il s'agit, justifie que les Juges du Petit-Goave et du Conseil Supérieur établi à Saint-Domingue, se sont écartés de toutes les régles; qu'ils ont admis un compte précautionné, qui ne peut, dans aucun cas, servir que de mémoire pour dresser un compte, et non pour être présenté et admis en justice, puisque les examens à futur et les enquêtes par turbe, ont été abrogés par l'Ordonnance de 1667; que le premier Juge a nommé d'office sur Requête un Tuteur, tandis qu'il est de régle certaine que les tutelles sont électives, et ne sont jamais faites que sur des avis de parens; que ce Juge a déféré une tutelle, par Ordonnance sur Requête, à des Mineurs qui étoient pourvus de Tuteurs, la dame leur Mère et leur Beau-père n'ayant pas cessé de l'être ni par destitution ni autrement; que par l'Arrêt du 9 Janvier 1737, il a été ordonné trois comptes au lieu d'un, et que la Tutrice demeureroit garante de la gestion, pendant que les sieurs Michel et Binaud paroissent avoir été élus Tuteurs; que le sieur Binaud, encore Mineur et seulement émancipé, a été nommé Tuteur de la demoiselle sa sœur; qu'il a été fait des procédures pour et contre lui en ladite qualité, même rendu des Jugemens, pendant qu'il n'auroit pu ester en Jugement pour lui personnellement, sans l'assistance d'un Curateur; qu'enfin le partage des immeubles a été ordonné aussitôt qu'il a été demandé par la Mère, et que non-seulement le partage se trouve ordonné avant que le compte, qui est le véritable partage du mobilier, ait été discuté et réglé, mais encore que les opérations qui dépendent absolument du compte de Communauté, sont suspendues et renvoyées au partage; à quoi il faut ajouter que le premier Juge se trouve autorisé d'office par l'Arrêt du Conseil Supérieur du 10 Janvier 1739, à nommer un Procureur pour représenter les absens, quoiqu'il soit de régle qu'une partie défaillante ne puisse être représentée malgré elle par une personne qui n'est pas de son choix; que dans ces circonstances, &c. Oui le rapport,

S. M. étant en son Conseil, ayant égard à ladite Requête, a évoqué à soi et à son Conseil toutes les contestations et demandes nées et à naître entre les Supplians, ladite Mère, et les enfans et héritiers dudit feu sieur de Nolivos, son second mari, pour raison du compte de Communauté et de tutelle qui doit être rendu aux Supplians, partages des biens immeubles de ladite Communauté, liquidations et autres opérations à faire, et le tout, circonstances et dépendances, a renvoyé et renvoie pardevant les sieurs Maillart, Intendant des Isles sous le Vent, Bornat et Branda, Conseillers au Conseil Supérieur séant à Léogane, pour y être par eux fait droit définitivement et en dernier ressort, par un ou plusieurs Jugemens interlocutoires ou définitifs, avec pouvoir d'estimer ou faire estimer les biens-immeubles desdites Communauté et succession, et même procéder à la vente et adjudication d'iceux par licitation, ou après des publications s'il y échoit : S. M. leur attribuant à cet effet toute Cour, Jurisdiction et connoissance, et icelle interdisant à ses autres Cours et Juges ; faisant S. M. défenses aux parties de se pourvoir, pour raison de ce que dessus, circonstances et dépendances, ailleurs que pardevant lesdits sieurs Maillart, Bornat et Branda, à peine de nullité, cassation de procédures et de tous dépens, dommages et intérêts.

Par autre Arrêt du 6 Août 1740, M. Caignet, Conseiller, et M. de Ferron, Assesseur du Conseil de Léogane, furent nommés pour prononcer conjointement avec MM. Maillard, Branda et Bornat, lors même qu'ils ne se trouveroient qu'au nombre de trois.

ARRÊT du Conseil du Cap, qui rejette la prétention d'un Secrétaire du Roi, de faire enregistrer gratis ses provisions en la Cour.

Du 9 Novembre 1739.

LETTRE du Ministre à MM. de Larnage et Maillart, qui défend d'exploiter les Mines qui peuvent se trouver à Saint-Domingue.

Du 16 Novembre 1739.

J'AI rendu compte au Roi de la Lettre que vous m'avez écrite le 15 Juillet dernier, concernant les mines d'or, d'argent et de cuivre qui peuvent se trouver à Saint-Domingue. On a regardé de tous les tems comme un fait très-certain, qu'il y a de ces trois espèces de mines dans cette Colonie, et j'étois déjà informé qu'on en connoissoit plusieurs de cuivre; mais quand même on en connoîtroit d'or et d'argent, S. M. n'en permettroit pas, quant à présent, l'exploitation. D'un côté, il ne faut pas douter que des entreprises de cette espèce n'excitassent la jalousie des voisins, et il seroit trop dangereux d'exposer la Colonie aux effets de cette jalousie: d'un autre côté, dans l'état où se trouve Saint-Domingue par les avantages que procurent les cultures qui y sont établies, il ne seroit pas prudent de sacrifier ces cultures, qu'il seroit impossible de soutenir avec l'exploitation des mines; et ce sont là des inconvéniens que vous avez sentis vous-mêmes. S. M. m'a donc ordonné de vous dire que non-seulement elle n'est pas disposée à permettre ces sortes d'exploitations, mais encore que son intention est que vous vous absteniez vous-même de permettre la recherche d'aucune mine, à quelque condition ni sous quelque prétexte que ce puisse être. Si vous aviez même accordé quelque permission de cette espèce, S. M. veut que vous la révoquiez à la réception de cette Dépêche, afin d'éviter tout éclat sur cette matière.

ARRÊTS du Conseil du Cap, touchant les Qualités, qui doivent être fournies au Greffier de la Cour avant la plaidoirie.

Des 9 Décembre 1739, et 5 Janvier 1740.

SUR ce qui a été remontré par le Procureur-Général du Roi, que le Greffier de la Cour est la plûpart du tems arrêté à chercher parmi les dossiers des Procureurs, les qualités des parties, pour les transcrire sur sa feuille, afin d'insérer l'Arrêt qui doit être prononcé, ce qui le distrait dans

dans ses fonctions ; à quoi il seroit facile de remédier, en obligeant chaque Procureur, &c.; ledit Procureur-Général retiré, la matière mise en délibération : LE CONSEIL a ordonné et ordonne qu'aux Audiences de la Cour, les Procureurs remettront au Greffier, avant de plaider, la cause appelée, les qualités des parties, et les noms des Procureurs qui doivent occuper, transcrits sur une feuille de papier, sur laquelle les conclusions de la demande pourront être jointes ; ordonne que le présent Arrêt sera signifié au plus ancien des Procureurs, pour être par lui lu et publié à ceux de sa communauté.

Le second Arrêt condamne le Procureur Faucheux en 50 liv. d'amende, applicable aux pauvres de la Paroisse, pour être contrevenu au Réglement.

ORDONNANCE *des Administrateurs, touchant les Recensemens.*

Du 10 Décembre 1739.

CHARLES Brunier de Larnage, &c.

Simon-Pierre Maillart, &c.

La façon usitée jusqu'à présent, de relever les recensemens de chaque année, nous paroissant trop à charge aux Capitaines et Officiers des Milices, par l'obligation où ils sont de se transporter sur chaque habitation de leurs Quartiers ; Nous avons cru devoir recourir à une autre méthode, qui, en dispensant les Officiers de Milices de cette peine, rendra la levée de ce dénombrement plus prompte et plus exacte.

ART. I. Les Capitaines ou Commandans des Milices dans les Quartiers, seront tenus de se trouver consécutivement à la Messe les trois premiers Dimanches après le premier Janvier, pour y recevoir la feuille et le dénombrement des Habitans de leurs Paroisses.

ART. II. Tous les Habitans, sans exception, même des Mornes, seront tenus de fournir, ou faire fournir par leurs Economes, ou autres de leur part, avant ou après la Messe, deux feuilles signées par eux, contenant chacune leur dénombrement à l'ordinaire ; tant des Négres qui leur appartiennent, que de ceux qu'ils ont à louage ou à ferme ; et dans lequel, outre le nom, le sexe et l'âge de tous les Blancs ou Noirs, sera fait mention exacte de tous les vivres, bestiaux, armes et munitions de Guerre, comme aussi de l'exemption dont ils jouissent par leur emploi ou par leur naissance, et par privilége accordé aux défricheurs nouveaux, dont ils auront soin de spécifier le tems.

ART. III. Le Capitaine ou Officier recevant ledit recensement, aura soin de signer les deux feuilles, et de faire même signer deux personnes avec lui, dans le cas où l'Habitant n'aura signé que par une marque ordinaire; il en gardera une pour lui, et rendra l'autre ainsi signée à l'Habitant, qui lui servira, soit pour composer son recensement l'année suivante, soit pour avoir pardevant lui la preuve, en cas de Négres tués ou pris en maronage, que lesdits Négres ont été déclarés.

ART. IV. Ceux des Habitans qui auront manqué de fournir leur recensement dans l'un des trois Dimanches ci-dessus désignés, seront tenus de le porter eux-mêmes, ou de l'envoyer dans la quinzaine suivante, chez le Capitaine ou Officier chargé de cette levée, à peine d'être privés de leurs exemptions, si aucunes ils ont, ou d'être punis autrement du retardement qu'ils auront causé.

ART. V. Seront tenus lesdits Officiers, en recevant lesdits recensemens, de les examiner, et d'obliger les Habitans ou leurs Economes, de les rectifier lorsqu'ils s'appercevront qu'ils ne sont pas exacts, à peine de Nous en répondre, lorsqu'il y aura des Habitans de leurs Compagnies convaincus de fraude à cet égard.

ART. VI. Et comme c'est une injustice criante, et même une espèce de vol fait tant au Roi qu'aux Habitans qui font leur déclaration de bonne foi de leurs Négres, qui en deviennent la victime par la surcharge qui en résulte sur les droits publics, Bâtimens des Paroisses ou autres corvées; Nous ordonnons à toutes personnes, de quelque condition et qualité qu'elles soient, de déclarer au juste leurs Négres, Négresses, Négrillons et Négrittes, infirmes, surâgés, marons, tant ceux qui leur appartiennent, que ceux qu'ils ont à bail, à ferme ou à louage, à peine de confiscation des Négres qui n'auront pas été déclarés, applicable moitié au Roi, moitié à la caisse des deniers publics, et de 500 liv. d'amende, applicable comme dessus.

ART. VII. Les Economes et autres personnes qui auront, conjointement avec lesdits Habitans, ou comme faisant pour eux, signé lesdits recensemens convaincus de fraude, seront aussi, en leur propre et privé nom, condamnés à 500 liv. d'amende, applicable comme dessus.

ART. VIII. Les Négres tués en maronage ou autrement, ne seront remboursés, sous quelque prétexte que ce soit, à l'Habitant, s'il ne prouve par son recensement qu'il les a déclarés; et ne lui seront rendus ceux qui auront été constitués prisonniers pour crime de maronage ou délit, qu'il ne justifie pareillement de leur déclaration.

ART. IX. Les recensemens ainsi levés par les Officiers de Milices, seront par eux remis après qu'ils en auront composé l'état, qui doit leur demeurer pour le besoin du service, et avec un bordereau du total des feuilles, et une liste de ceux qui, dans les cinq semaines mentionnées ci-dessus, n'auront pas fourni leur recensement.

ART. X. Les Officiers Commandans et Subdélégués, auront soin de leur côté, non-seulement d'ordonner les contraintes et punitions contre les Habitans qui seront en demeure, et d'examiner alternativement chacun desdits recensemens, pour, en cas qu'ils découvrent de la fraude, en faire ordonner par Nous la peine, sur l'instruction qui en sera faite par les Subdélégués, à la diligence et sur les conclusions du Procureur du Roi, qui sera tenu, pour la découvrir encore plus facilement, de se faire représenter par les Notaires, les ventes, inventaires et baux à ferme, afin de vérifier sur iceux. Sera la présente Ordonnance enregistrée aux Greffes des Conseils de Léogane et du Cap, publiée par trois Dimanches consécutifs par un Sergent des Milices, à l'issue de la Messe, et à la tête des Milices à la première revue. Fait à Léogane, le 10 Décembre 1739. *Signé*, LARNAGE et MAILLART.

ARRÊT du Conseil du Cap, portant modification des articles 23 et 29 de celui du 6 Août 1739, sur la Maréchaussée.

Du 7 Janvier 1740.

SUR ce qui a été remontré par le Procureur-Général du Roi, &c. la matière mise en délibération: LE CONSEIL, vu les articles 23 et 29 dudit Réglement de la Maréchaussée, et y ajoutant, ordonne que l'Esclave qui sera trouvé maron seulement, ou par rencontre la nuit sans billet ni marque de son Maître, hors de son habitation, étant connu et non prévenu de crime, sera conduit et remis à son Maître, s'il est plus près de sa demeure que de la prison, en payant par le Maître la prise qui sera dûe; et quant à l'article 29 du même Réglement, ordonne que la prise des Esclaves trouvés marons dans les Villes, ou par rencontre, sans aveu de leur Maître, sera réglée, conformément aux art. 21, 22 et 23 dudit Réglement; ordonne que copie du présent Arrêt sera envoyée ès-

Jurisdictions du ressort de la Cour, pour y être registré, lu, publié et affiché où besoin sera, &c.

ARRÊT du Conseil du Cap, qui accorde une gratification annuelle au Greffier de la Cour, à la charge de fournir une expédition en forme à chaque Conseiller, des Ordonnances et Réglemens; et Lettre approbative de M. l'Intendant.

Des 7 Janvier et 11 Mars 1740.

SUR ce qui a été remontré par le Procureur-Général du Roi, qu'il lui avoit été représenté par plusieurs de MM. de la Cour, qu'il se décidoit quantité d'affaires, sur lesquelles leurs opinions ne doivent être fondées que sur les Ordonnances du Roi et Réglemens faits tant par MM. les Généraux et Intendans que par le Conseil, lesquels n'étant point publics, et ne les pouvant recouvrer que par la voie du Greffe, ils n'en étoient instruits que difficilement; qu'il avoit remarqué que, par Arrêt du 5 Février 1725, rendu sur la Requête de feu Me de Monseignat, alors Greffier en chef de la Cour, il lui avoit été alloué pour écriture extraordinaire, une gratification de 500 liv. par année, mais que cet Arrêt étoit demeuré sans exécution, parce que le paiement en avoit été assigné sur les amendes; et comme il convenoit, pour le bien de la Justice, que chacun de MM. de la Cour eût en sa possession les Ordonnances et Réglemens concernant la Colonie, dont le Greffier pouvoit faire faire les expéditions sans beaucoup de frais, il étoit d'avis, &c.; ledit Procureur-Général retiré, la matière mise en délibération: LE CONSEIL a ordonné et ordonne que, sous le bon plaisir du Roi, ladite gratification de 500 l., sera continuée d'être payée par chacune année, au Greffier en chef de la Cour; laquelle somme M. l'Intendant est prié d'admettre et faire payer sur les amendes, comme frais nécessaires pour l'administration de la Justice, à la charge par ledit Greffier, de faire expédier à chacun de MM. de la Cour, des copies bien et dûement collationnées, des Ordonnances et Réglemens qui seront à l'avenir enregistrés.

LETTRE de M. l'Intendant à M. Duhameau, Greffier.

La décision, M., du Conseil Supérieur du Cap, me paroît très-convenable. J'en rendrai compte au Ministre, elle peut avoir en attendant son approbation. J'ai l'honneur d'être, &c. *Signé*, MAILLART.

ORDONNANCE des Administrateurs, qui attribue voix délibérative à un Conseiller-Assesseur du Conseil de Léogane.

Du 11 Janvier 1740.

CHARLES Brunier, Marquis de Larnage, &c.

Simon-Pierre Maillart, &c.

Le sieur Durand Bauval ayant été par Nous nommé au commencement de l'année dernière, Conseiller-Assesseur au Conseil Supérieur de Léogane, sans cependant avoir voix délibérative; Nous, sur la connoissance qu'il Nous a donnée de sa capacité, et sous le bon plaisir de Sa Majesté, lui avons accordé la voix délibérative; voulons qu'il jouisse de tous les honneurs, droits, priviléges, prérogatives et exemptions attribués aux Officiers des Conseils Supérieurs; prions MM. les Officiers dudit Conseil, de reconnoître ledit sieur Durand en ladite qualité de Conseiller-Assesseur, ayant voix délibérative, et les mêmes fonctions que les autres Conseillers; et sera la présente enregistrée au Greffe du Conseil, et par-tout où besoin sera. Donné à Léogane, &c. *Signé*, LARNAGE et MAILLART.

R. au Conseil de Léogane, le même jour.

M. de Larnage est le premier Administrateur qui ait établi, conjointement avec l'Intendant, des Assesseurs dans les Conseils et dans les Jurisdictions.

V. la Lettre du Ministre, du 26 Mai 1741.

ORDRE DU ROI, pour ratifier d'abondant la Liberté donnée à une Mulâtresse par son Maître.

Du 25 Janvier 1740.

DE PAR LE ROI.

SUR ce qui a été représenté à S. M. que Pierre Cuisset, dit le Gendre, ci-devant Habitant du Quartier de Léogane dans l'Isle de Saint-Domingue, auroit accordé la liberté à la nommée Marie-Catherine, Mulâtresse,

Esclave à lui appartenante, et seroit ensuite revenu en France, où il seroit mort, dans la confiance que ladite Mulâtresse devoit être libre; que cependant son affranchissement n'ayant point été fait avec les formalités prescrites par les Ordonnances de S. M. François Cuisset, frère et héritier dudit Pierre Cuisset, pour suivre les intentions du défunt, auroit passé un acte, le 11 Décembre 1739, devant Vatry et son confrère, Notaires au Châtelet de Paris, par lequel il auroit consenti audit affranchissement: à quoi ayant égard, et étant informé des motifs qui avoient porté ledit Pierre Cuisset à affranchir ladite Mulâtresse, S. M. a confirmé et ratifié ledit affranchissement, pour ladite Marie-Catherine être censée et réputée libre. Mande S. M. au Gouverneur et son Lieutenant-Général, et à l'Intendant des Isles sous le Vent, ainsi qu'à tous ses autres Officiers qu'il appartiendra, de tenir la main à l'exécution du présent Ordre, qui sera registré par-tout où besoin sera. Fait à Versailles, &c.

ARRÊT du Conseil du Cap, portant qu'on payera au sieur Perrin, Négociant au Cap, sur les deniers Municipaux, 1250 liv., montant de 25 cordes de Bois à brûler, fournies à MM. les Général et Intendant pendant leur séjour au Cap.

Du 4 Février 1740.

ARRÊT du Conseil du Cap, portant que tous les Jugemens de Police prononçant des Amendes, seront exécutés par corps.

Du 4 Février 1740.

VU par le Conseil, la Requête de Ferrary, Inspecteur de Police de la Ville du Cap, et commandant le Détachement de la Maréchaussée destiné à ladite Police; et oui le Procureur-Général du Roi, et tout considéré: LE CONSEIL, faisant droit sur la Requête, ordonne que toutes les amendes de Police qui seront prononcées, seront exécutées par corps.

JUGEMENT des Paroissiens du Cap, touchant les excès commis par un Particulier sur un des Choristes de ladite Paroisse.

Du 24 Février 1740.

L'AN de notre Seigneur 1740, et le 24 Février, à l'issue de la première Messe de cette Eglise Paroissiale, le sieur Barthélemy Sarrazin, Maître Entrepreneur et Habitant domicilié de cette Ville, ayant eu l'audace de frapper, le jour d'avant hier 22 du présent, avec sa canne, un des Choristes de cette Eglise, revêtu de soutane et surplis, qui lui demandoit le cierge qu'on lui auroit distribué pour la cérémonie des obséques de Madame de Lassus, dont on faisoit actuellement l'enterrement dans ladite Eglise, ayant même blessé à la tête ledit Choriste; il auroit été convenu à l'amiable, et pour épargner une plus rude punition audit sieur Sarrazin, entre le R. P. Curé de cette Paroisse, MM. les Marguilliers de ladite Eglise et ledit sieur Sarrazin, que, pour réparer le scandale causé par ladite action, ledit Sarrazin demanderoit pardon à Dieu et à l'Eglise, mais seulement dans la Sacristie, et en outre payeroit la somme de 1000 liv., pour être employée, par MM. les Marguilliers, en un Bénitier d'argent et son Aspersoir, aussi d'argent, pour ladite Eglise, & l'excédent, s'il y en a, en ce qui seroit jugé convenable aux mêmes fins; de laquelle somme de 1000 liv., il auroit le jour d'hier consenti son billet, resté ès-mains des M. Millot, Marguillier en charge, payable dans six mois, et de deux en deux mois, jusqu'à parfait paiement; en conséquence de quoi, lesdits jour et an que dessus, à l'issue de la première Messe, en présence du R. P. Margat, Curé de ladite Paroisse, de MM. Millot et Grozé, Marguilliers anciens et en charge, et de M. le Sacristain et Chantre de ladite Paroisse, et tout le Clergé de ladite Eglise, en habit de chœur, ledit Sarrazin se seroit présenté dans la Sacristie, et là auroit dit qu'il étoit bien marri du scandale qu'il auroit donné, par l'outrageuse percussion d'un Officier de ladite Eglise jusques dans le lieu saint, et qu'il demandoit très-humblement pardon à Dieu et à l'Eglise de cet excès, dans lequel il promettoit de ne plus retomber. Fait et passé en la Sacristie de la Paroisse du Cap, en présence des personnes ci-dessus mentionnées, lesquelles ont signé. *Signé*, S. MILLOT, GROZÉ et J. MARGAT, Curé.

ARRÊT du Conseil du Cap, qui enjoint aux Comédiens de prévenir le Procureur-Général et les Magistrats de Police, des permissions qu'ils auront obtenues pour jouer.

Du 7 Mars 1740.

ENTRE le Procureur-Général du Roi procédant de son Office, Demandeur, à ce qu'attendu la permission accordée par M. le Gouverneur, aux Défendeurs ci-après nommés, lui donner acte, &c., d'une part; et les sieurs Tancein et Desmarets, Entrepreneurs et chefs de la troupe des Comédiens, Défendeurs, d'autre; après que le Procureur-Général a été oui, et lesdits Tancein et Desmarets, et tout considéré : LE CONSEIL a donné acte au Procureur-Général, attendu la permission accordée par M. le Gouverneur aux Défendeurs, de son désistement de la poursuite qu'il faisoit contre lesdits Défendeurs; et faisant droit sur les conclusions dudit Procureur-Général, faute par les Défendeurs de l'avoir informé de ladite permission qu'ils avoient eue, les condamne en 100 liv. d'aumône pour les Pauvres; leur enjoint, et à tous gens de leur espèce, de notifier à l'avenir au Procureur-Général et aux Magistrats de Police, les permissions et pouvoirs dont ils entendront user, sous les peines qu'il appartiendra; ordonne que le présent Arrêt sera lu, publié et affiché, &c.

ARRÊT du Conseil du Cap, qui ordonne que celui du 6 Août précédent, touchant les Droits suppliciés, sera publié de nouveau.

Du 7 Mars 1740.

ARRÊT

Arrêt du Conseil du Cap, et Ordre du Roi, touchant la nomination faite par les Administrateurs, d'un Sénéchal, Lieutenant-Général de l'Amirauté du Fort-Dauphin, pour Conseiller-Assesseur en la Cour.

Des 8 Mars et 7 Décembre 1740.

VU par le Conseil, la Requête à lui présentée par Me Barthélemy Croiseuil, Juge de la Jurisdiction du Fort-Dauphin; vu aussi la Commission de Conseiller-Assesseur en ce Conseil, pour y faire les fonctions dudit office, et y avoir séance et voix délibérative en ladite qualité, et jouir des honneurs, droits, priviléges et exemptions y attribués. Donnée à Léogane, le 13 Janvier 1740. Signée, LARNAGE et MAILLART. Conclusions du Procureur-Général du Roi; tout vu et considéré: LE CONSEIL, avant faire droit, ordonne que Me Croiseuil remettra les Commissions des offices qu'il exerce ressortissans en ce Conseil.

Nos amés et féaux: Nous sommes informés que vous avez fait difficulté de recevoir, en qualité d'Assesseur en notre Conseil Supérieur du Cap, le sieur Croiseuil, Juge de notre Jurisdiction, et de l'Amirauté du Fort-Dauphin, sur la Commission qui lui a été expédiée à cet effet, par les sieurs Marquis de Larnage, Gouverneur et notre Lieutenant-Général des Isles sous le Vent, et Maillart, Intendant, en vertu du pouvoir que Nous leur avons donné, d'accorder conjointement des Commissions de cette espèce; et notre intention étant que celle du sieur de Croiseuil ait lieu, quand même il resteroit pourvu des offices de Juge de notredite Jurisdiction et de ladite Amirauté, je vous fais cette lettre pour vous dire que vous ayiez à cesser toutes difficultés à ce sujet, à recevoir en conséquence ledit sieur de Croiseuil en ladite qualité d'Assesseur, et à lui en laisser faire librement les fonctions, ainsi que jouir des prérogatives qui y sont attachées, si n'y faites faute: car tel est notre plaisir. Donné à Versailles, &c.

R. au Conseil du Cap, le 6 Mai 1741.

M. de Croiseuil fut reçu le 6 Juin suivant.

ORDONNANCE *des Administrateurs, qui permet, par des Bâtimens de la Nouvelle-Angleterre, l'entrée des bois nécessaires à la construction du Couvent des Religieuses du Cap, lesquels pourront se charger de Sirops et Taffias en paiement du prix desdits bois.*

Du premier Avril 1740.

V. la Lettre du Ministre, du 17 Juin suivant.

ORDONNANCE *du Juge de Police du Cap, qui ordonne l'exécution de celle du 23 Avril 1735, portant défenses à toutes personnes de la Ville, d'avoir dans leurs maisons, et de laisser courir dans la Ville, des moutons, cochons, boucs, chevaux, mulets, bouriques, ânons, &c. à peine de confiscation, et de telle amende qu'il appartiendra.*

Du 2 Avril 1740.

ARRÊT *du Conseil du Cap, qui, malgré les représentations d'un Médecin, ordonne que ses Lettres de Docteur seront communiquées au Médecin du Roi, pour qu'il puisse être reçu à exercer dans la Colonie.*

Du 4 Mai 1740.

VU par le Conseil, la Requête de Pierre Afforty, Docteur en Médecine, contenant qu'il auroit eu l'honneur de présenter au Conseil précédent, une Requête par laquelle il auroit demandé l'enregistrement de ses Lettres de Docteur en Médecine au Greffe du Conseil Supérieur de cette Ville; que la susdite Requête auroit été répondue par un soit communiqué au Médecin du Roi; qu'il croiroit devoir cette Ordonnance à la prudence et sage précaution du Conseil, par la faute qu'il auroit faite de ne pas joindre à ses Lettres de dégrés ses attestations d'étude en médecine, la Sentence pour lui rendue en la Cour de la police de la Ville de la Rochelle, frontière de France, en conséquence d'une Requête par lui présentée aux mêmes fins, aux Juges de ladite Cour ; et par la simple citation de l'art. 35, de l'Edit du mois de Mars 1707, par lesquels il est dit que, dans les lieux où il n'y aura ni Université ni Aggrégation, la Médecine pourra y être exercée par des Docteurs et Licentiés de quelques-unes des Facultés du Royaume, en représentant seulement leurs Lettres de degrés aux Juges de Police des lieux où ils voudront s'établir, en les faisant enregistrer au Greffe de la Jurisdiction desdits lieux. Un usage contraire à cet Edit seroit abusif de droit s'il existoit ; mais le Suppliant espère n'avoir rien à craindre de semblable ici ; il n'ignore pas qu'un usage, pour être dit tel dans un état, doit y avoir été suivi de tous tems sans aucune protestation contraire, et sans nulle interruption ; le Suppliant prend la liberté de remontrer encore que l'usage qu'on pourroit lui objecter a non-seulement été toujours protesté, mais même interrompu ; deux Docteurs en Médecine ayant en dernier lieu obtenu l'enregistrement de leurs Lettres de degrés au Greffe du Conseil de cette même Ville, sans la formalité qui oblige le Suppliant à présenter la seconde Requête ; ce considéré, il lui plût ordonner l'enregistrement pur et simple au Greffe du Conseil Supérieur de cette Ville, des Lettres de Docteur en Médecine obtenues par le Suppliant en la Faculté de Reims, pour le même Suppliant pouvoir exercer en cette Ville du Cap-François et dépendances, sa profession librement, paisiblement et sans trouble, conformément à l'énoncé en l'art. 35 de l'Edit du Roi ci-dessus mentionné ; et oui le Substitut du Procureur-Général : LE CONSEIL a ordonné et ordonne que la Requête et pièces y attachées, seront communiquées au Médecin du Roi au Cap, pour ensuite être ordonné ce qu'il appartiendra.

Je, Médecin du Roi, soussigné, certifie qu'en conséquence de l'Arrêt du Conseil Supérieur du Cap, j'ai examiné les Lettres de Docteur en Médecine de M. Pierre Afforty, et que je les ai trouvées en bonne forme. Fait au Cap, le 6 Mai 1740. *Signé*, DESPORTES.

Arrêt du même jour 6 Mai, qui permet au sieur Afforty d'exercer la Médecine.

V. un Arrêt du 5 Mars 1743.

LETTRE du Ministre à M. Maillart, Intendant, sur les Procureurs.

Du 25 Mai 1740.

J'AI reçu, M., la Lettre que vous m'avez écrite le 25 Décembre dernier, avec la liste des Procureurs qui ont été établis dans la Colonie. Par cette liste, il paroît qu'il y a dix Procureurs au Cap, cinq au Fort-Dauphin, 7 à Léogane, 4 au Petit-Goave, 5 à Saint-Louis et 6 à Saint-Marc; et qu'il n'en avoit point encore été établi au Port-de-Paix ni à Jacmel; quoique le nombre des Procureurs paroisse considérable, le Roi ne peut cependant que s'en rapporter à vous à cet égard. Il convient néanmoins de le fixer dans chaque Conseil et dans chaque Jurisdiction, et pour cela il faut concilier les intérêts des Procureurs avec ceux du public, c'est-à-dire, n'en établir qu'autant qu'il pourra y en avoir, pour qu'ils puissent retirer un profit honnête et raisonnable de leur travail, et que le public puisse en même-tems être servi sans être à leur merci. Mais ce qu'il y a de plus important dans ces établissemens, c'est de ne prendre pour ces places que des Sujets sur la probité et la capacité desquels on puisse compter. La précaution que vous avez prise de n'y en nommer que sur les certificats des Officiers des Jurisdictions et des Conseils Supérieurs, étoit très-convenable dans ces commencemens, où vous ne pouviez pas connoître les Sujets par vous-même; mais à l'avenir que vous serez à portée de juger de ceux qui se présenteront, il faudra que vous donniez toute l'attention dont vous êtes capable, au choix de ceux que vous placerez. Il faut sur-tout que vous teniez la main à ce qu'ils remplissent bien leurs fonctions, et que ceux qui y manqueroient soient sévèrement punis; c'est le plus sûr moyen de mettre cet établissement sur un bon pied, et d'en tirer les avantages qui en font l'objet.

Un autre moyen d'y contribuer, c'est de prendre parmi ces Procureurs, lorsqu'il y en aura qui se distingueront par leur probité et leurs talens, des Sujets pour remplir les places de Judicature; l'espérance d'avoir part à ce choix, excitera leur émulation; cet expédient, qui a été pratiqué à la Martinique, y a produit un bon effet; et dans ces occasions, il conviendra que vous vous concertiez avec M. de Larnage pour cela.

A l'égard des droits qui ont été réglés pour eux, ils paroissent bien considérables; mais ils ne le seront peut-être pas trop, si les Procureurs servent utilement le public, qui effectivement étoit ci-devant rançonné par ceux qui se chargeoient de la poursuite et de l'instruction des Procès.

Il est vrai que, lorsqu'il a été question de cet établissement, j'ai marqué à feu M. de la Chapelle qu'il falloit se conformer, pour les Commissions des Procureurs, à l'usage des Isles du Vent; ainsi, dès que M. d'Orgeville vous a dit qu'il étoit en possession de les expédier en particulier et sans le concours du Général, vous avez bien fait d'en user de même; c'est au reste ce qui doit vous rendre plus attentif au choix des Sujets que vous placerez, et à la conduite qu'ils tiendront dans l'examen de leurs fonctions. Lorsque vous aurez eu le tems de les connoître tous, et que vous en aurez fixé le nombre dans chaque Conseil et dans chaque Jurisdiction, vous m'en enverrez une nouvelle liste apostillée, et à mesure qu'il y aura quelque changement, vous m'en rendrez compte. Je suis, &c. *Signé*, MAUREPAS.

LETTRE du Ministre à M. de Larnage, sur les Milices.

Du 3 Juin 1740.

LE compte que vous m'avez rendu par votre Lettre du 28 Décembre dernier, de l'arrangement que vous avez fait concernant les Milices de Saint-Domingue, m'a d'autant plus satisfait, qu'outre que depuis 1732 j'attendois que cet important objet fût mis en régle, les détails où vous êtes entré sur toutes les parties qui y ont rapport, ne me laissent rien à desirer.

Je vais faire expédier les Commissions et ordres nécessaires pour tous les Officiers dont vous m'avez remis le tableau; et ils auront la satisfaction que, malgré les ordres réitérés que j'avois donnés sur cela, on leur a fait si long-tems attendre. Je n'ai point ignoré au reste les motifs qui ont occasionné ce retardement, mais je ne vous ai point soupçonné des fausses idées qui y ont le plus contribué, et celles que vous avez sur cet article sont effectivement très-justes.

Il est pourtant vrai qu'il peut être assez difficile de trouver dans tous les Quartiers de Saint-Domingue, comme l'on en trouve aux Isles du Vent, des Sujets absolument propres à être Officiers; mais cette considération ne doit pas empêcher de donner des Commissions et Ordres du Roi, à ceux qu'on est obligé de prendre, quoiqu'ils n'ayent pas toutes les bonnes qualités qu'on pourroit souhaiter. Outre que ce seroit, comme vous l'observez, une distinction trop humiliante pour eux, et qu'il vaudroit mieux alors leur avoir refusé leur emploi ; je compte trop sur l'attention que vous devez avoir donné au choix de tous ceux que vous avez proposés, pour craindre qu'il s'en trouve quelqu'un qui se rende indigne d'être pourvu par le Roi. Ainsi vous recevrez, par les premières occasions, toutes les expéditions des Officiers compris dans votre liste; et à mesure qu'il y aura des changemens, vous n'aurez qu'à m'en informer, pour que je vous envoie tout de suite les Commissions des nouveaux pourvus. Rien n'est plus propre à exciter l'émulation parmi eux.

Il convient cependant que vous veilliez avec soin sur la conduite de tous ces Officiers, et que vous fassiez usage de l'autorité que vous donne l'Ordonnance du Roi, contre ceux qui mériteront d'être punis. S. M. s'en rapporte à vous sur cela: Elle ne trouveroit pas bon que vous eussiez trop de ménagemens ; et Elle souhaite que vous usiez de la sévérité nécessaire dans les occasions.

Votre attention pour les Milices ne doit pas se borner à la conduite des Officiers ; et elle est d'autant plus nécessaire pour les autres objets qui y ont rapport, qu'il paroît que, jusqu'à présent, ils n'ont été que trop négligés.

Il est d'abord assez surprenant que, depuis l'établissement de la Colonie, et avec les avantages qu'elle a par rapport aux cultures et au commerce, les Milices se trouvent encore réduites à 6000 hommes. Il est vrai que le climat n'est pas favorable, et qu'il éprouve cruellement les Habitans; mais je ne sais si c'est-là la seule cause de leur petit nombre, et j'espère que par la douceur et par la sagesse de votre Gouvernement, on aura lieu de s'appercevoir que, malgré cet obstacle, les choses changeront avantageusement.

Ce qu'il y a de plus fâcheux, c'est la mollesse qui s'est glissée parmi les Habitans. Il est pourtant à croire que ceux qui auront à défendre leurs biens dans les occasions, s'y porteront avec valeur. Mais cela ne regarde que la première classe que vous avez distinguée. On ne peut pas compter de même sur la seconde, ce n'est que par une grande discipline qu'on en pourra tirer parti, et c'est à quoi il faudra principalement vous attacher. Quant à la troisième classe, qui est celle des Mulâtres et Négres-Libres, on l'a toujours regardée comme la principale force de la Colonie; et puisque vous jugez qu'on peut en faciliter l'augmentation sans inconvenient, S. M. trouvera bon que vous suiviez les vues que vous et M. Maillart avez sur cette matière, sans néanmoins vous écarter des régles prescrites par l'Ordonnance, et empêchant toujours les abus qui pourroient se commettre par rapport aux affranchissemens.

Il est encore bien fâcheux que, sans se mettre en peine de discipliner les Milices, et de les instruire aux exercices et mouvemens Militaires, on se soit contenté par le passé, de les assembler de deux en deux mois, les Dimanches, pour les compter seulement, et les renvoyer ensuite. Il est vrai que l'étendue de la côte et l'éloignement des habitations, présentent des difficultés; mais la nécessité qu'il y a, pour la sûreté de la Colonie, de rendre les Milices, qui en font toute la force, capables de discipline, doit l'emporter sur toute autre considération; et il n'est pas impossible, après tout, de concilier les ménagemens qu'il peut convenir d'avoir pour elles, avec les inconvéniens que le bien du service exige de leur part. Comme le Réglement que vous avez fait, paroît remplir cet objet, le Roi l'a approuvé, et S. M. souhaite que vous teniez exactement la main à son exécution.

C'étoit dans la même vue que l'établissement des Aides-Majors des Troupes avoit été fait, et rien n'est plus mal fondé que les difficultés qui se sont trouvées sur cela. D'un côté, les Capitaines de Milices ne devoient pas s'opposer à ce que ces Aides-Majors exerçassent les Milices, puisque cette fonction n'emporte aucune supériorité de grade ni de commandement; et d'un autre côté, les Aides-Majors ont été encore plus blâmables de s'en abstenir, sous prétexte que, lorsqu'ils n'étoient que Lieutenans, ils se trouvoient subordonnés aux Capitaines de Milices. On pourroit donc faire cesser ces difficultés de part et d'autre; mais pour les prévenir plus efficacement, le moyen le plus sûr est de prendre dorénavant les Aides-Majors parmi les plus anciens Capitaines mêmes; et cet arrangement pourra produire cet autre avantage, que ces Capitaines, destinés à monter aux Majorités, pourront y être plus propres à tous égards, quand ils auront passé par les Aides-Majorités. Ainsi, lorsqu'il vaquera de ces dernières places, il faudra que vous proposiez les Capitaines que vous en jugerez les plus capables. En attendant, la plupart des Aides-Majors actuellement en place, sont pourvus de Commissions de Capitaines, et il conviendra d'en donner à ceux qui n'en ont pas, lorsqu'ils seront dans le cas.

C'est encore dans la vue de parvenir à discipliner et instruire les Milices que, par l'Ordonnance de 1732, le Roi a établi 12 Aides-Majors dans les Milices mêmes; et puisque vous jugez que ce nombre ne suffit pas pour les différens quartiers, et que le service en exige quelques-uns de plus, S. M. vous permet d'en établir le nombre qui sera nécessaire. Les 16 que vous avez proposés, ont été pourvus. Au surplus, il y a apparence qu'il ne se trouve pas beaucoup de Sujets propres pour ces Aides-Majorités; mais l'article de votre Réglement qui les regarde, pourra les rendre tels, s'il est bien exécuté.

Si l'on a voulu justifier l'usage où l'on étoit de se contenter de faire, tous les deux mois, une simple revue des Milices, par les difficultés que présentent l'étendue de la côte et l'éloignement des habitations, il n'y a certainement pas de prétexte qui puisse servir à excuser la négligence que l'on a eue pour leur armement, puisque si l'on eût tenu la main à l'exécution des Réglemens rendus sur ce sujet, elles devroient se trouver bien armées, et tous les Magasins de la Colonie abondamment pourvus d'armes depuis la paix. Je n'ai point ignoré les abus qu'il y a eu par rapport aux fusils que les Navires marchands sont tenus d'apporter, et vous avez dû voir par vos instructions, les ordres que j'avois donnés. J'espère que vous y remédierez efficacement pour l'avenir; mais comme dans les conjonctures présentes, il étoit important de pourvoir promptement à l'armement des Habitans, j'ai pris le parti de vous envoyer 3000 fusils Grenadiers qui doivent être arrivés dans la Colonie; et cet envoi étoit déjà fait, lorsque j'ai reçu le Mémoire que vous et M. Maillart m'avez remis, sur les fusils de nouvelle espèce que vous avez demandés, et dont, au surplus, la fabrication auroit mené trop loin. Si cependant dans la suite vous jugez que le projet de ces fusils doive avoir lieu, vous n'aurez qu'à m'en informer, et j'y pourvoierai. Quant aux canons de campagne que vous avez aussi demandés, pour la défense des Quartiers principaux de l'Isle en cas de Guerre, quoiqu'ils ne paroissent pas bien nécessaires, je prendrai des mesures pour les envoyer; mais cela n'est pas possible pour le présent.

Pour revenir aux Officiers de Milice, lorsque, par l'Ordonnance qui porte que dans les Compagnies où la nécessité du service le requérera, il sera établi des Officiers en second, il a été réglé que ces Officiers en second ne jouiront d'aucune exemption de capitation de Négres par rapport à leurs emplois; on n'a fait que suivre l'arrangement fait pour les Officiers en second des Milices des Isles du Vent, lesquels ne jouissent point effectivement, comme vous savez, de cette exemption S. M. a été très-surprise, et a fort improuvé que, contre la disposition expresse de son Ordonnance, on en ait fait jouir ceux de Saint-Domingue. Cependant, sur les représentations que vous avez faites en leur faveur, Elle a bien voulu ne pas révoquer l'usage qui s'est introduit sur cela; mais Elle

vous

vous recommande d'être attentif à ne pas multiplier sans nécessité ces sortes d'Officiers.

Elle a bien voulu aussi, sur la proposition que vous en avez faite, faire expédier aux Capitaines en second, des Commissions en forme, au lieu des simples Ordres qu'ils devroient seulement avoir, suivant l'Ordonnance de 1732.

A l'égard des Officiers réformés que vous avez établis dans les Milices, quoique l'Ordonnance n'en parle pas, je vous avouerai que de pareils emplois ne me paroissent en général propres qu'à donner des exemptions de servir dans les Milices, abus que je crois cependant que vous n'avez pas eu en vue dans l'établissement que vous en avez fait. Il n'y a qu'un seul cas où il puisse convenir de donner des places d'Officiers réformés dans les Milices, qui est celui où des Habitans qui seroient Officiers dans un Quartier, venant à s'établir dans un autre, ne pourroient point y être placés en la même qualité : comme il seroit alors triste pour eux d'être obligés de servir en qualité de Cavaliers ou de Fantassins, on peut les établir Officiers réformés, jusqu'à ce qu'il y ait occasion de les mettre en pied dans leurs nouveaux Quartiers. Ce n'est aussi que relativement à ce cas-là que S. M. approuve cet établissement, et son intention est qu'à mesure qu'il vaquera des places d'Officiers en pied, dans les Quartiers où vous en aurez établi de réformés, vous proposiez ceux-ci pour ces places ; et qu'au surplus, ils ne jouissent d'aucune exemption de droits tant qu'ils ne seront que réformés.

L'établissement des Commandans de Quartiers est encore contraire à l'Ordonnance, qui n'admet plus aucun grade entre les Officiers-Majors et les Capitaines de Milices, et dont l'esprit est que dans les Quartiers et Paroisses où il y a plusieurs Compagnies de Milices, ce soit l'ancien Capitaine de Milices qui commande, sous l'autorité et au défaut des Officiers-Majors. Il est vrai qu'il peut arriver que le plus ancien Capitaine d'un Quartier, ne se trouvera pas toujours le plus propre à y commander ; mais si dans ce cas il n'y a pas d'Officiers-Majors dans ce même Quartier, le Roi peut y pourvoir sur les représentations qui lui sont faites, et c'est suivant ces régles qu'on auroit dû se conduire à cet égard. Cependant, sur ce que vous avez représenté en faveur des sieurs Tilly, Auclair, Duvivier, Hardouineau et Paschal, qui, depuis plusieurs années, ont joui du titre de Commandans dans leurs Quartiers, j'ai obtenu du Roi qu'ils y seroient maintenus, et vous recevrez avec les autres expéditions des Ordres particuliers qui les établissent Commandans, sous l'autorité des Officiers-Majors ; mais S. M. n'entend point que cet exemple puisse tirer à conséquence pour d'autres Officiers, et Elle souhaite même que, si l'établissement des autres Commandans pouvoit occasionner quelques inconvéniens, vous en rendiez compte, afin qu'Elle puisse y pourvoir.

Au moyen de toutes ces dispositions, la régle que le Roi se proposoit depuis si long-tems de mettre dans les Milices de Saint-Domingue, se trouvera enfin établie. Il ne restera qu'à tenir la main à ce qu'elle y soit observée exactement et à tous égards; et c'est sur quoi S. M. s'en rapporte à votre attention et à votre zèle. Disposée cependant à mettre en usage tous les moyens convenables qui peuvent contribuer à entretenir ce corps sur un bon pied, et à exciter dans cette vue l'émulation parmi les Officiers, Elle veut accorder la Croix de Saint-Louis à ceux qui seront dans le cas de la mériter : il n'est question que de bien placer cette marque d'honneur; et par les observations dont vous avez accompagné la proposition que vous avez faite des sieurs de la Joubretière et Hardouineau, pour servir de premier exemple d'une pareille récompense qui n'est dûe qu'à quelqu'action d'éclat, ou à une façon de servir bien distinguée, il paroît que vous sentez parfaitement les inconvéniens qu'il y auroit à ne l'accorder qu'à des services communs, que c'est sur ce principe que vous l'avez demandée pour ces deux anciens Officiers, et que vous ne vous en écarterez point dans les autres demandes que vous pourrez avoir à faire dans la suite. Je n'ai donc pas hésité à faire agréer au Roi votre proposition; et je vous enverrai, avec les expéditions de tous les Officiers, la Croix pour le sieur Hardouineau, et les ordres nécessaires pour sa réception; mais à l'égard du sieur la Joubretière, j'attendrai qu'il soit retourné à Saint-Domingue.

Cependant, malgré la résolution où est S. M. de donner des marques de sa satisfaction à tous les Officiers de Milices qui se distingueront dans leur service, Elle a jugé ne devoir pas accorder au sieur Beaujeau, Capitaine des Grenadiers de la Ville du Cap, la Commission de Capitaine réformé dans les Troupes qu'il demande. Une pareille grace tireroit en effet trop à conséquence; et pour récompenser le sieur de Beaujeau, il faut attendre qu'il soit dans le cas d'être honoré de la Croix de Saint-Louis.

LETTRE du Ministre à MM. de Larnage et Maillart, touchant l'ouverture de l'extrêmité Nord de la rue Traverse, aujourd'hui appelée rue Espagnole, dans la Ville du Cap; et deux terreins réclamés par la Paroisse de cette même Ville sur les Jésuites.

Du 10 Juin 1740.

J'AI examiné le Mémoire que vous m'avez envoyé, sur les contestations d'entre les PP. Jésuites et les Habitans de la Ville; et d'entre les mêmes Religieux et les Marguilliers de la Paroisse, et j'en ai rendu compte au Roi.

Il paroît que la première de ces contestations a pour objet l'ouverture d'une rue sur le terrein qui est occupé par les Pères Jésuites; que les Habitans prétendent qu'en vertu d'une clause portée en la concession d'un terrein pour le Presbytère, il doit y avoir une rue dite Traverse, qui sépare ce terrein de celui qui a été concédé pour la Mission, et que cette rue Traverse est la même qui doit aller en continuation de la rue Espagnole, jusqu'au bout Nord-Est de la Ville; et que les Jésuites, de leur côté soutiennent que l'ouverture de la rue demandée, coupant leur terrein presque par le milieu, leur porteroit un trop grand préjudice; et qu'au surplus la rue Traverse n'est point celle que prétendent les Habitans, mais bien celle qui est au-dessous côté Sud; ensorte qu'il est question de savoir d'abord si les Jésuites sont obligés de tenir la rue Traverse ouverte, et ensuite quelle doit être cette rue Traverse.

Le premier point est décidé par le titre de la concession faite le 10 Mars 1710, au Supérieur-Général des Jésuites, et aux Marguilliers. Aux termes de cette convention, la rue appelée Traverse, doit être tenue ouverte par les soins des Marguilliers, et il paroît que les Jésuites eux-mêmes ne contestent pas cette obligation.

La question se réduit donc au point de fait qui est de savoir quelle est cette rue Traverse: si le plan, qui avoit été dressé anciennement de la Ville du Cap, et dont vous parlez dans votre Mémoire, pouvoit être représenté, il éclairciroit ce fait, et leveroit toute équivoque; mais j'ai fait vérifier que ce plan fut renvoyé, le 19 Mars 1713, par M. le Comte de Pontchartrain, à MM. de Blenac et Mithon, après avoir été approuvé par le Roi. Il paroît cependant que le Procès-verbal d'arpentage du 18 Novembre 1709, qui vous a été remis par les Jésuites, donne des éclaircissemens suffisans pour suppléer au défaut de ce même plan ; et par les observations que vous faites sur les dispositions de ce Procès-verbal, il est établi en effet que cette rue appelée Traverse dans la concession de 1710, est évidemment celle qui doit servir de prolongement à la grande rue dite Espagnole, et de l'ouverture de laquelle il a été de tout tems question.

Cela supposé, il n'est pas douteux que la prétention des Habitans ne soit fondée dans les deux points qui en font l'objet. Mais, d'un autre côté, il faut cependant examiner, (et c'est l'intention du Roi) si l'ouverture de la rue dont il s'agit, porte aux Pères Jésuites un préjudice assez essentiel pour en priver le public, et si l'on ne pourroit pas concilier leur convenance avec celle des Habitans ; car enfin si cette rue n'étoit pas absolument nécessaire pour le service du public qui, jusqu'à présent, s'en est effectivement passé, il ne seroit pas juste d'assujétir les Jésuites au préjudice qu'ils pourroient en souffrir.

Par le détail que vous faites à cet égard, il paroît qu'il ne seroit pas possible de priver pour toujours le public de cinq rues que les deux terreins des Jésuites ont jointes, et qui cependant devoient être séparées, suivant la concession du 10 Mars 1710 ; et comme la cinquième de ces rues qui est en bas, telle qu'elle soit, rue Traverse ou autre, doit être celle dont l'ouverture leur causera moins de préjudice, et que d'ailleurs ce qu'ils perdront dans leur avenue de ce côté-là, ils pourront le regagner en plaçant, ainsi qu'ils ont dessein de le faire, la maison neuve qu'ils projettent de bâtir à pareille distance plus haut ; il convient à tous égards que cette cinquième rue soit ouverte pour le public, qui, de son côté, doit s'en contenter, à condition pourtant que les Jésuites tiendront, aux deux côtés de leur enclos, vis-à-vis la rue Espagnole, deux tourniquets, ou deux portes fermant la nuit, à l'usage des gens de pied. Puisque les Jésuites ont acquiescé à la proposition que vous leur avez faite de cet arrangement, et qu'ils ont même offert de l'exécuter sur l'ordre que vous en donneriez, S. M. souhaite que vous en ordonniez l'exécution, à moins que vous n'en trouviez quelqu'autre qui puisse être plus propre à concilier les convenances des Jésuites avec l'intérêt public, lequel doit au surplus être toujours préféré.

En supposant cet arrangement, les deux Islets qui se trouveront en-dehors de la clôture des Jésuites, leur seront assez inutiles, mais comme ces deux Islets font partie du terrein qui fait l'objet de la contestation d'entre les Marguilliers et ces Religieux, la proposition que vous faites sur cela doit entrer dans la discussion de la contestation.

La demande que les Marguilliers font de ce terrein n'est pas aussi bien fondée que celle des Habitans, pour l'ouverture de la rue. Il est vrai que la concession en a été faite aux Marguilliers comme au Supérieur-Général des Jésuites, pour y bâtir un Presbytère. Mais il est certain aussi, indépendamment du concordat qu'on prétend avoir été fait au sujet de la construction du Presbytère, que les Marguilliers ne pourroient demander à jouir du bénéfice de cette concession, qu'à la charge d'en accomplir la condition; et dès que cette condition seroit inutile aujourd'hui, les Curés étant logés à la maison de la Mission, il ne seroit pas naturel que la Paroisse, qui se trouve dispensée des dépenses d'un Presbytère, disposât seule à son profit d'un terrein qui y étoit destiné, pour en priver les Jésuites qui se sont chargés de loger les Curés. Il paroît même par cette raison que, quoique la concession ait été faite par indivis au Supérieur-Général, il ne seroit pas juste de faire partager le terrein entr'eux.

Cependant les deux Islets qui resteront de ce même terrein en-dehors de la clôture des Jésuites, leur étant inutiles pour leur établissement, et la Paroisse pouvant y trouver une ressource pour subvenir aux dépenses qu'elle est obligée de faire pour les réparations de l'Eglise, rien n'est plus convenable que la proposition que vous faites, de faire faire par les Jésuites une cession de ces deux Islets à la Paroisse, et de les faire dédommager en même tems, en leur donnant la même quantité de terrein que la Paroisse achetera du côté de leur jardin. Le Père Brisson, Procureur-Général des Missions des Jésuites aux Isles, à qui j'ai fait communiquer cet arrangement, doit écrire au Supérieur du Cap pour l'y disposer, et il y a apparence que ce Supérieur s'y prêtera. Il n'y aura dans ce cas qu'à obliger le propriétaire du terrein qui est derrière le jardin des Jésuites, à en vendre à la Paroisse la partie dont elle aura besoin pour le dédommagement de la Mission, et faire reculer à proportion la rue Notre-Dame, afin que cette partie de terrein puisse servir à prolonger d'autant le jardin.

C'est ainsi que le Roi desire que les deux contestations des Pères Jésuites avec les Habitans du Cap, et les Marguilliers de cette Paroisse, soient terminées; mais son intention est en même-tems que vous preniez les plus justes mesures pour que tout se passe avec les ménagemens convenables pour les Jésuites.

DÉCLARATION DU ROI, qui distrait les Quartiers de Plaisance et du Pilate de la Sénéchaussée du Port-de-Paix, et les réunit à celle du Cap; et Ordonnance des Administrateurs en conséquence.

Des 16 Juin et 12 Octobre 1740.

LOUIS, &c. Salut. Les Habitans des Quartiers de Plaisance et de Pilate dans notre Isle de Saint-Domingue, Nous auroient fait représenter que l'éloignement où ils sont de la Ville du Port-de-Paix, et la difficulté des chemins pour s'y rendre, leur rend infiniment onéreuse la dépendance où ils sont de la Sénéchaussée de cette Ville, par les voyages qu'ils sont obligés d'y faire pour la poursuite de leurs affaires, outre les dépenses considérables que leur causent les dérangemens pendant long-tems de l'exploitation de leurs habitations; que cet éloignement augmente aussi beaucoup les frais des significations d'Huissiers et des transports des Juges; qu'il cause un préjudice particulier aux mineurs, dont les biens sont dans le cas d'être affermés judiciairement, en ce que ces biens sont presque toujours adjugés à gens éloignés qui en tirent les Négres, et laissent conséquemment les habitations en friche; et tous ces inconvéniens cesseroient s'ils Nous plaisoit de distraire ces Quartiers du ressort de la Sénéchaussée du Port-de-Paix, pour les faire dépendre de celle de la Ville du Cap, qui est plus à portée, et où ils sont obligés d'ailleurs de vendre leurs denrées, et d'acheter les marchandises dont ils ont besoin; Nous nous sommes d'autant plus volontiers déterminés à écouter favorablement les représentations de ces Habitans, que Nous sommes informés que les inconvéniens dont ils se plaignent, sont la principale cause du peu de progrès qu'a fait jusqu'à présent l'établissement général de ces Quartiers: A ces causes, &c. voulons et nous plaît que lesdits Quartiers de Plaisance et de Pilate, soient et demeurent distraits du ressort de la Sénéchaussée du Port-de-Paix, pour être à l'avenir compris et dépendans du ressort de celle du Cap; attribuons à cet effet au Juge de ladite Sénéchaussée du Cap, et en son absence à son Lieutenant, la connoissance en première instance de tous les procès, tant civils que criminels, et de toutes causes personnelles, réelles ou mixtes, jusqu'au Jugement définitif d'entre nos Sujets desdits Quartiers, ainsi et de la manière qu'ils doivent connoître des procès et causes des Habitans des autres Quartiers compris dans le ressort de ladite Sénéchaussée du Cap; voulons néanmoins et entendons que les Procès d'entre les Habitans desdits Quartiers de Plaisance et de Pilate, qui auront été portés en la Sénéchaussée du Port-de-Paix avant l'enregistrement des présentes, continueront d'y être instruits, et qu'ils y soient jugés, sans que, sous prétexte de ces presentes, les parties puissent en demander le renvoi en la Sénéchaussée du Cap. Si donnons en mandement à nos amés et féaux les Gens tenant notre Conseil Supérieur au Cap, &c.

Vu la Déclaration du Roi ci-dessus, Nous, Général et Intendant des Isles sous le Vent, ordonnons qu'elle sera enregistrée au Greffe du Conseil Supérieur du Cap, et en ceux des Jurisdictions du Port-de-Paix et du Cap, pour sortir son plein et entier effet. Mandons au Procureur-Général de tenir la main à l'exécution. A Léogane, ce 12 Octobre 1740. *Signé*, DE CONFLANS et MAILLART.

R. au Conseil du Cap, le 4 Novembre suivant.

LETTRE *du Ministre à MM. de Larnage et Maillart, sur le changement du Couvent des Religieuses du Cap, et les Bois tirés de la Nouvelle-Angleterre à cet effet.*

Du 17 Juin 1740.

J'AI examiné le Mémoire que vous m'avez envoyé sur l'état de la Communauté des Religieuses du Cap, et l'Ordonnance qui y étoit jointe. Par tout ce que vous dites des avantages de cet établissement, il paroît qu'il mérite d'être soutenu, et je serai toujours disposé à proposer au Roi les arrangemens qui paroîtront convenables sur cela.

Celui qui fait l'objet de votre Mémoire est très-important, puisqu'il est question de fixer pour toujours l'emplacement du Couvent, et de tous les Bâtimens qui y sont nécessaires; et le détail dans lequel vous êtes entrés à cet égard, m'a mis en état de prendre les ordres de S. M. sur le projet que vous avez proposé.

Dès que la place où est actuellement située la maison des Religieuses, se trouve trop resserrée, qu'il n'est pas possible qu'elles s'étendent de ce côté-là, et que d'ailleurs l'air n'y est pas bien sain, il convient sans doute de les faire passer de l'autre côté de la rue Espagnole, si, comme vous le dites, elles peuvent y trouver toutes les commodités dont elles auront besoin, et pour elles et pour leurs pensionnaires, sans être exposées aux inconvéniens qu'elles souffrent dans leur situation actuelle.

Mais il se présente une grande difficulté à ce changement, par rapport aux dépenses qu'il doit occasionner. Vous estimez en effet vous-mêmes que ces dépenses feront un objet de 100,000 écus; il m'est revenu d'ailleurs qu'elles iront beaucoup plus loin, et vous convenez en même-tems que ces Religieuses n'ont actuellement aucun fonds devant elles, que l'espérance d'un procès assez incertain de 45,000 liv. Il est vrai que vous prétendez qu'en moins de 10 années, elles viendront à bout de leur nouvel établissement, par le profit des pensions, et par les autres secours qu'elles pourront avoir; mais il y a beaucoup d'incertitude sur cela. Quoi qu'il en soit, dans la nécessité qu'il y avoit de prendre un parti fixe et déterminé, S. M. a trouvé bon que vous ayiez rendu une Ordonnance, pour défendre aux Religieuses d'entreprendre aucuns Bâtimens sur le terrein où elles résident actuellement, et pour leur prescrire de suivre leur établissement de l'autre côté de la rue, conformément au plan que vous en avez fait dresser de concert avec elles.

Mais un article sur lequel vous auriez dû attendre les Ordres de S. M., c'est la permission que vous avez accordée aux Religieuses, de tirer de la Nouvelle-Angleterre leurs bois de construction. Je ne vous dissimulerai pas que S. M. a été très-surprise que vous ayiez pris sur vous de donner une permission de cette espèce; et cela paroît d'autant plus extraordinaire, que les Religieuses se trouvant, comme vous le dites vous-mêmes, sans fonds pour entreprendre leur nouvel établissement, vous aviez le tems de rendre compte des motifs qui pouvoient engager le Roi à déroger en leur faveur à la prohibition générale et absolue de toutes marchandises Angloises dans la Colonie. Ce qui paroît encore surprenant, c'est que vous vous soyez contenté de dire que ces bois ne seront payés qu'en sirops et taffias, et que vous avez pris toutes les précautions nécessaires pour que cette permission ne donne lieu à aucun commerce étranger, sans expliquer quelles sont ces précautions, si vous avez fixé la quantité de bois, et le tems pour lequel la permission doit valoir (car il n'est pas à croire que vous l'ayez donné indéfinie à tous égards), et enfin de quelle manière elle doit être exploitée. Vous deviez bien juger que, pour un privilége aussi contraire aux régles que S. M. a si positivement établies sur cette matière, Elle voudroit être bien exactement informée des raisons qui peuvent le justifier, et des dispositions faites pour en empêcher les abus. Prenez la peine d'y satisfaire; et sur-tout abstenez-vous, s'il vous plaît, de donner de pareilles permissions, sous quelque prétexte que ce

soit;

soit. Vous aurez agréable aussi de m'informer des progrès que les Religieuses feront dans leur transplantation, et de leur procurer les facilités convenables pour cela. Mais s'il étoit question de leur faire quelqu'avance de la caisse du Roi, M. Maillart s'en dispensera jusqu'à ce qu'il en ait l'ordre de S. M. Quoique par l'art. IV. des Lettres-patentes de leur établissement, leur nombre ait été fixé à six, et deux sœurs converses, sur les représentations que vous avez faites en leur faveur, S. M. a bien voulu permettre que le nombre en soit porté jusqu'à douze, et à trois sœurs converses, comme vous le verrez par de nouvelles Lettres-Patentes que vous trouverez ci-jointes; mais Elle veut que vous teniez la main à ce que ce nombre ne soit point excédé. Quant au temporel de cette Communauté, vous avez bien fait d'en faire rendre compte, conformément aux Lettres-Patentes, et c'est-là un article sur lequel il est essentiel de veiller à leur exécution. Au reste, c'est au zèle du Père Boutin qu'est dû cet établissement, et il ne faut pas douter de la pureté de ses intentions sur tout ce qui y a rapport. Il convient de concilier, autant qu'il sera possible, dans toutes les occasions, les égards qu'il mérite avec les intérêts de la Communauté.

LETTRES-PATENTES qui augmentent de six Religieuses et d'une Converse, la Communauté des Religieuses du Cap.

Du 22 Juin 1740.

LOUIS, &c. Par nos Lettres-Patentes du 26 Novembre 1731, Nous avons permis l'établissement au Cap, dans notre Isle Saint-Domingue, d'une Communauté de Religieuses de Notre-Dame, pour l'éducation des jeunes filles de cette Colonie; Nous sommes informés que cet établissement y a produit jusqu'à présent les avantages que Nous en avions espérés; mais que le nombre de six Religieuses et de deux Converses, auquel Nous avons fixé cette Communauté par l'article IV. de nosdites Lettres Patentes, est d'autant moins suffisant, que celui des pensionnaires augmente tous les jours; et d'un autre côté, les fatigues des Religieuses dans l'exercice de leurs fonctions, & l'ardeur du climat les exposant à de fréquentes maladies, Nous ont engagé à y pourvoir sur les représentations qui Nous ont été faites de la part de ladite Communauté. A ces causes, &c. avons permis et permettons que ladite Communauté puisse être composée de douze Religieuses et de trois sœurs Converses, au lieu de six Religieuses et de deux sœurs Converses, auquel Nous l'avons fixée par l'article IV. de nos Lettres-Patentes du 26 Novembre 1731; dérogeons à cet effet audit article, sans que néanmoins le nombre de douze Religieuses et trois sœurs Converses puisse être augmenté, sous quelque prétexte que ce soit; voulons qu'au surplus lesdites Lettres-Patentes soient exécutées selon leur forme et teneur. Si donnons en mandement à nos amés et féaux les Gens tenans notre Conseil Supérieur du Cap, et à tous autres Officiers qu'il appartiendra, &c.

R. au Conseil du Cap, le 7 Novembre 1740.

ARRÊT du Conseil d'Etat, qui déclare Aubaine la Succession d'un Espagnol.

Du 22 Juin 1740.

LE Roi s'étant fait représenter en son Conseil, la Sentence rendue au Siége Royal de Léogane, le 8 Janvier dernier, sur l'instance mue au sujet de la succession de Manuel de Barseval, Espagnol de nation, décédé en cette Ville, entre Joseph Bestamente, aussi Espagnol de nation, Exécuteur testamentaire dudit Barseval; le sieur Mariany, Receveur des droits d'Aubaine, deshérences et autres droits domaniaux du ressort dudit Siége; le sieur Thomas, Curateur aux Successions vacantes dudit ressort; et le sieur Beaujeau, Receveur des droits de l'Amiral de France, par laquelle Sentence, sans avoir égard au Testament dudit Barseval, lequel auroit été déclaré nul, comme dénué des formalités requises, lesdits Mariany et Beaujeau auroient été déboutés de leurs conclusions; en conséquence, il auroit été ordonné qu'à la diligence dudit Thomas, il seroit procédé par le Juge dudit Siége, en présence du Procureur du Roi, à la reconnoissance et levée des scellés apposés sur les effets délaissés par ledit Barseval, et à l'inventaire, estimation et vente desdits effets, pour du tout ledit Thomas, en sadite qualité, demeurer chargé et rendre compte aux héritiers ou ayans-cause dudit Barseval, s'ils se présentoient dans les délais de l'Ordonnance, et à leur défaut à qui de droit; et quant à la quantité de 206 surons de cacao, chargés par ledit défunt dans le Navire le Bourbon, de Bordeaux, Capitaine Roulleau, à l'adresse des sieurs Dississary et Gendreau, Négocians en ladite Ville de Bordeaux, suivant le connoissement d'icelui Roulleau, du 15 Novembre 1739, il auroit été ordonné que lesdits surons de cacao demeureroient saisis au profit desdits héritiers, à la poursuite et diligence dudit Thomas; et en conséquence que lesdits sieurs Dississary et Gendreau, seroient tenus de faire délivrance du produit de la vente dudit cacao, ès-mains de celui qui seroit porteur d'un desdits connoissemens, déposé ès-mains du Procureur du Roi, le 12 Décembre 1739, après que lesdits connoissemens auroient été endossés à cet effet par ledit sieur Procureur du Roi, et par ledit Thomas, pour le compte de ladite succession vacante, laquelle auroit été condamnée en tous les dépens. Vu aussi par Sa Majesté, l'Arrêt du Conseil Supérieur séant à Léogane, du 10 Mars dernier, par lequel il auroit été sursis à faire droit sur l'appel de ladite Sentence, interjeté par ledit Mariany, et sur l'intervention dudit Beaujeau, jusqu'à ce qu'il eût plû à Sa Majesté d'expliquer ses intentions sur la Succession d'un Espagnol, décédé en passant et voyageant sur les Terres de son obéissance; et cependant il auroit été ordonné que les scellés apposés sur les effets délaissés par ledit Barseval, seroient levés, et l'inventaire et vente d'iceux faits à la diligence du Curateur aux Successions vacantes, lequel, en sa qualité, demeureroit chargé du tout, pour en rendre compte à qui il appartiendroit, et suivroit au surplus les ordres portés par ladite Sentence, pour la sûreté des effets embarqués par le défunt dans le Vaisseau le Bourbon. Vu pareillement les Requêtes et Mémoires desdits Thomas et Mariany: oui le rapport, LE ROI étant en son Conseil, évoquant l'appel dudit Mariany, et y faisant droit, a mis l'appellation et ce dont est appel au néant; émendant, sans s'arrêter à l'intervention dudit Beaujeau, de laquelle S. M. l'a débouté, a déclaré et déclare la succession dudit Barseval à Elle échue à titre d'Aubaine; en conséquence a ordonné et ordonne que ledit Thomas, Curateur aux Successions vacantes, sera tenu de remettre dans huitaine, à compter du jour de la signification du présent Arrêt, audit Mariany, ès-noms qu'il procède, les effets de la succession dudit Barseval, ou le prix provenu de la vente d'iceux; à ce faire, le Curateur aux Successions vacantes contraint par les voies de droit, quoi faisant déchargé, pour, par ledit Mariany, audit nom, s'en charger, et en compter en la manière accoutumée; ordonne en outre qu'à la poursuite et diligence dudit Mariany, il sera procédé au recouvrement du produit de 206 surons de cacao, &c. si ledit produit n'a déjà été remis audit Curateur, en exécution de ladite Sentence et Arrêt. Fait au Conseil d'Etat, &c.

R. au Conseil du Cap, le 8 Novembre 1740.

Et à celui de Léogane, le......

ORDONNANCE des Administrateurs, concernant le Droit de deux pour cent sur les Ventes et Baux Judiciaires.

Du 5 Juillet 1740.

CHARLES Brunier de Larnage, &c.

Simon-Pierre Maillart, &c.

Nous sommes informés que, depuis long-tems, les Juges Royaux de la Colonie ont cru du bien public de prendre sur eux, à chaque vente ou bail judiciaire, d'ordonner en sus du prix de l'adjudication, une certaine somme, applicable aux Hôpitaux et à la construction des édifices publics; l'objet de cet usage est trop avantageux à la Colonie pour ne devoir pas être maintenu; mais étant nécessaire d'établir un ordre, tant dans la perception des sommes levées au-delà du prix des adjudications, que pour leur destination, Nous avons ordonné et ordonnons que, par les deux Conseils Supérieurs, il sera fait incessamment un Réglement qui, en fixant la somme qui doit être levée sur le prix des ventes et baux à ferme judiciaires, et la forme dans laquelle la perception doit s'en faire, en fixe aussi la destination, tant aux dépenses à faire pour les Hôpitaux, qu'à la construction des Ponts et autres édifices publics; à l'effet de quoi sera la présente Ordonnance enregistrée aux Greffes des Conseils Supérieurs. Donné à Léogane, &c.

R. au Conseil du Cap, le 5 Septembre 1740.
Et à celui de Léogane, le 13 Janvier 1741.

ARRÊT du Parlement de Paris, portant que les personnes domiciliées aux Isles et Colonies Françoises, sont valablement assignées au domicile de M. le Procureur-Général, et que le délai de l'assignation est de deux mois.

Du 6 Juillet 1740.

Nous pouvons assurer que cet Arrêt, cité par un foule d'Auteurs, et notamment par Lacombe, Jousse et Denisart, n'est point de cette date. Nous en avons fait une recherche longue et scrupuleuse, mais constamment inutile; Cependant, il est de notoriété au Palais que cet Arrêt existe, et on doit le tenir pour constant.

Nous parlerons ailleurs de ces assignations.

ARRÊTS du Conseil du Cap, qui ordonnent qu'à la Requête des Procureurs du Roi du ressort, tous les Tuteurs seront assignés pour fournir Bref-état de leur situation.

Des 7 Juillet 1740, et 6 Mai 1741.

VU par la Cour, la remontrance du Procureur-Général du Roi, contenant, &c.; lui retiré, la matière mise en délibération, et tout considéré: LE CONSEIL, faisant droit sur la remontrance du Procureur-Général, ordonne qu'à la diligence de ses Substituts dans les Jurisdictions du ressort de la Cour, tous les Tuteurs seront assignés incessamment devant les Juges qui les ont élus, pour être tenus de remettre, sous les peines portées par les Ordonnances, un Bref-état de leur administration depuis le tems de leur élection, avec communication des pièces au soutien, et de rendre compte du nombre des pupilles dont ils sont chargés, et de l'éducation qu'ils leur procurent, soit dans cette Colonie ou ailleurs; de tout quoi ledit Procureur-Général sera informé par lesdits Substituts, pour ensuite être par lui pris telles conclusions qu'il appartiendra, le tout à peine par lesdits Substituts d'être responsables en leurs noms de l'événement desdites tutelles; ordonne que le présent Arrêt sera lu et publié où besoin sera, et enregistré dans les Jurisdictions ressortissantes de la Cour, &c.

Le second Arrêt ordonne l'exécution du précédent.

ARRÊT du Conseil du Cap, touchant l'exécution de l'Ordonnance de 1667, pour les Contraintes, et les Jugemens d'Iterato.

Du 8 Juillet 1740.

ET faisant droit sur les conclusions du Procureur-Général, fait défenses aux Juges de prononcer à l'avenir aucunes contraintes, que dans les cas portés par les articles II, III, IV, V et VII du titre XXXIV. de l'Ordonnance de 1667; et conformément auxdits articles, ordonne que les quatre mois ne seront comptés que du jour que le Créancier aura fait signifier le Jugement rendu en sa faveur, à personne ou domicile de la partie, avec commandement de payer, et déclaration qu'il y sera contraint par corps après les quatre mois, suivant l'article XI. du même titre: ordonnons que le présent Arrêt sera lu, publié et enregistré aux Greffes des Jurisdictions, &c.

ARRÊT du Conseil d'Etat, qui ordonne la Saisie mobiliaire des Esclaves appartenans aux Receveurs reliquataires, leurs Cautions et Certificateurs, pour les Droits qui se perçoivent à Saint-Domingue au profit de Sa Majesté.

Du 6 Août 1740.

LE Roi ayant été informé que plusieurs Receveurs des différens droits qui se perçoivent au profit de Sa Majesté dans son Isle de Saint-Domingue, se sont trouvés, par l'arrêté de leurs comptes, reliquataires de sommes assez considérables, qu'ils ont employées à l'achat d'habitations pour leur compte, et à leurs autres affaires particulières, Sa Majesté auroit donné des ordres pour la rentrée de leur débet; mais Sa Majesté étant encore informée que, sous prétexte des dispositions de l'article XLVIII. de l'Edit du mois de Mars 1685, concernant les Esclaves des Isles de l'Amérique, qui porte que les Esclaves travaillans actuellement aux habitations, ne peuvent être saisis, sinon pour ce qui sera dû du prix de leur achat, ou que l'habitation dans laquelle ils travaillent, soit saisie réellement; lesdits comptables abusent des facilités qui leur ont été données pour l'acquittement desdits débets; à quoi voulant pourvoir: oui le rapport, LE ROI étant en son Conseil, dérogeant quant à ce, et en tant que de besoin, à l'Edit du mois de Mars 1685, concernant les Esclaves des Isles de l'Amérique, a ordonné et ordonne que tous Receveurs des droits qui se perçoivent à Saint-Domingue au profit de Sa Majesté, pourront être poursuivis, ainsi que leurs Cautions et Certificateurs, pour le paiement des sommes dont ils seront reliquataires, par la saisie mobilière de leurs Négres généralement quelconques, soit que lesdits Négres soient attachés à des habitations ou non, et ce sans préjudice des autres voies de droit acquises et établies contr'eux. Mande Sa Majesté aux sieurs Gouverneur Lieutenant-Général et Intendant des Isles sous le Vent, de tenir, chacun en droit soi, la main à l'exécution du présent Arrêt, qui sera enregistré par-tout où besoin sera. Fait au Conseil d'Etat, &c.

R. au Conseil de Léogane, le 5 Janvier 1741.
Et à celui du Cap, le 6 Février suivant.

ARRÊT en Réglement du Conseil du Cap, touchant l'Administration des Fabriques.

Du 6 Août 1740.

VU par le Conseil, la remontrance du Procureur-Général, &c. LE CONSEIL faisant droit sur la remontrance du Procureur-Général, a ordonné et ordonne que tous les Marguilliers en charge et exercice actuels, remettront sous deux mois audit Procureur-Général, des états brefs des dettes actives et passives de leur Eglise, du montant de leur revenu, et de l'emploi ordinaire qu'ils font desdits deniers et de leurs recettes; leur fait défenses de faire à l'avenir aucune dépense excédant la somme de 2000 l., sans auparavant en prévenir ledit Conseil en la personne dudit Procureur-Général; ordonne que le présent Arrêt sera envoyé ès-Jurisdictions ressortissantes, pour y être enregistré, et sur les Registres de chaque Paroisse, &c.

ARRÊT du Conseil du Cap, sur la mise des Causes au Rôle.

Du 6 Août 1740.

VU par le Conseil, la remontrance du Procureur-Général du Roi, &c. la matière mise en délibération, et tout considéré : LE CONSEIL ayant égard à la remontrance du Procureur-Général, a ordonné et ordonne que les Procureurs feront mettre chez l'Audiencier de la Cour, leurs causes au rôle, dans tout le jour du Samedi qui précédéra les séances de ladite Cour, pour ensuite être ledit rôle clos et arrêté par le Président ; leur fait défenses d'en faire mettre aucune dont les délais ne seront pas expirés ledit jour ; enjoint audit Audiencier, de commencer ledit rôle par les causes de l'Amirauté, qui concerneront ceux dont les Navires seront en rade, ensuite par celles des Jurisdictions les plus éloignées, et de finir par celles de la Ville du Cap ; en outre de faire trois copies dudit rôle, dont une sera pour le Président, la seconde pour le Procureur-Général, et l'autre pour être affichée par ledit Audiencier dans le vestibule de la Chambre du Conseil ; enjoint aux Procureurs qui ne pourront se trouver à l'Audience, soit par maladie, absence ou autre empêchement, de remettre à leurs confrères les dossiers de leurs parties, pour répondre aux assignations, sous peine de dépens, dommages et intérêts envers lesdites parties ; ordonne que le présent Arrêts sera lu, publié et affiché où besoin sera, &c.

LETTRE du Ministre à M. Maillart, Intendant, sur la Nomination aux Places.

Du 7 Août 1740.

IL est d'usage dans toutes les Colonies, que le Gouverneur-Général et l'Intendant ne commettent par intérim qu'en commun aux Greffes des Jurisdictions, comme ils ne proposent aussi que conjointement des Sujets au Roi pour être pourvus de ces places ; cet usage, qui est de régle, s'observe aux Isles du Vent comme ailleurs ; et si M. d'Orgeville s'en est écarté,

écarté, son exemple ne doit pas tirer à conséquence, d'autant moins que je suis informé que cela ne lui est arrivé qu'une fois.

Il en est de même de toutes les places de justice, pour lesquelles les Sujets doivent être proposés par le Gouverneur-Général et l'Intendant, ainsi que cela vous est expliqué par vos instructions : c'est une régle également établie dans toutes les Colonies, et les observations que vous faites, n'y peuvent rien changer. Il est vrai que le Général propose seul aux places Militaires, et qu'il dispose même, en quelque façon, de celles des Milices; mais n'avez-vous pas le même agrément pour celles de la plume et des Finances ? Il est encore vrai qu'elles ne sont pas en aussi grand nombre que les autres, et qu'il ne s'y fait pas d'aussi fréquens mouvemens; mais il est certain aussi qu'un Intendant a bien d'autres moyens de s'attirer toute la considération qui peut lui être nécessaire, moyens que vous êtes plus capable qu'un autre de faire valoir.

C'est à vous, sans difficulté, de nommer aux places de Receveurs des amendes, confiscations, épaves, deshérences et aubaines; et c'est mal-à-propos qu'on a laissé au Conseil Supérieur la nomination de ces emplois. Les Conseils ne doivent nommer qu'aux places de Receveurs des Octrois, et de Procureurs des Successions vacantes. Comme il ne s'agit, par rapport à ces Successions, que du bien des particuliers, que le Roi ne peut y avoir en général qu'un intérêt indirect, et que c'est aux Juges ordinaires à veiller à leur régie, il convient de laisser aux Conseils le soin de nommer ces Régisseurs. A l'égard des Receveurs de l'Octroi, c'est dans l'établissement même de ce droit que Sa Majesté a réservé aux Conseils Supérieurs la nomination de ces Receveurs, qui, au surplus, sont toujours sous les ordres de l'Intendant, suivant les arrangemens qui ont été faits sur cette matière; mais il n'y a aucunes de ces raisons qui doivent en faire user ainsi pour les droits d'aubaines, deshérences, épaves, confiscations ou amendes, qui sont des droits pour la perception desquels il n'y a pas de ménagement à garder, et qui n'appartiennent qu'au Roi.

ORDONNANCE DU ROI, portant que les Garnisons des différentes places de Saint-Domingue, ne pourront être relevées qu'après trois ans, ou tout au plus après la seconde année.

Du 26 Août 1740.

MÉMOIRE DU ROI, pour servir d'instruction au sieur de Larnage, Gouverneur et Lieutenant-Général pour S. M. aux Isles sous le Vent, sur le rang que les Officiers-Majors de Saint-Domingue doivent tenir entr'eux.

Du 26 Août 1740.

SA MAJESTÉ se propose de faire un Réglement général sur l'ordre, le rang et la subordination que doivent tenir entre-eux les Officiers-Majors, dont l'étendue de sa Colonie de Saint-Domingue a exigé l'établissement dans différens Quartiers; mais en attendant qu'Elle puisse envoyer ce Réglement général, Elle est bien aise d'expliquer au sieur de Larnage ses intentions sur ce qui doit être observé dans quelques cas particuliers, afin de prévenir les inconvéniens qui pourroient résulter contre son service, de l'indépendance dans laquelle ces Officiers pourroient prétendre se trouver les uns à l'égard des autres dans ces mêmes cas.

S. M. est informée que, dans les Gouvernemens du Cap et de Saint-Louis, ainsi que dans la partie de l'Ouest, les Officiers-Majors, Commandans aux divers Quartiers, prétendent n'être point obligés, en l'absence ou au défaut du Gouverneur, de répondre à personne, et que cette prétention est même autorisée par l'usage particulier qui s'est introduit dans la Colonie: mais cet usage étant contraire au bien et aux régles du service, S. M. veut que dans chacun des Gouvernemens de la partie de l'Ouest, le plus ancien de ses Lieutenans y commande en l'absence ou au défaut du Gouverneur, et successivement à défaut des Lieutenans-de-Roi, l'ancien des Majors, à moins que, dans certains cas, et pour des raisons particulières, S. M. n'ait jugé à propos d'en ordonner autrement. S. M. n'entend pas néanmoins par cette disposition rien changer pour le présent, à ce qui se pratique par rapport à la distribution des deux pour cent qu'Elle permet de recevoir sur les cargaisons de Négres.

Dans les cas où la défense de l'Isle fera trouver plusieurs Officiers-Majors dans un même Quartier, le Supérieur en grade doit y commander, et entre ceux du même grade, le plus ancien. Ce commandement ne doit cependant s'étendre que sur les opérations extraordinaires qu'il y aura à faire pour la guerre, le détail ordinaire du Quartier devant demeurer à l'Officier qui y sera établi Commandant.

Lorsque l'un des Quartiers de l'Isle vient à être attaqué, l'Officier-Major ou Commandant doit, à peine d'en répondre, en informer les Officiers Commandans des Quartiers voisins, et ceux-ci, sans égard au grade ni à l'ancienneté entre-eux, seront tenus de donner du secours, en en informant le Gouverneur-Général ou Commandant en chef dans la Colonie; et doivent même, sans attendre ses ordres, marcher eux-mêmes, appelés ou non, si le cas le requiert. L'intention de S. M. est néanmoins qu'ils ne puissent point, de leur autorité, et sans les ordres du Gouverneur Lieutenant-Général ou Commandant en chef, dégarnir leurs Quartiers de plus de la moitié des forces qui le composent.

Les Lieutenans-de-Roi qui se trouvent Commandans dans les places fermées, ne peuvent, que dans le cas où ils se trouvent commander en chef dans le Gouvernement particulier, quitter leur place, et en laisser la défense à d'autres Officiers; mais dans le cas où ils se trouveront ainsi commander en chef, S. M. leur laisse la liberté, si la place est assiégée, de se charger de la défendre ou de la secourir; et les Gouverneurs particuliers auront la même liberté de s'enfermer dans les places assiégées, s'ils le jugent plus avantageux au bien du service de S. M.; bien entendu néanmoins qu'il n'en sera pas ordonné autrement par le Gouverneur Lieutenant-Général ou Commandant en chef, à qui S. M. veut bien s'en rapporter sur cela.

Telles sont les intentions de S. M. sur ce qui doit être observé dans les cas qui viennent d'être expliqués. Elle ordonne au sieur de Larnage, de les faire savoir aux Officiers-Majors de la Colonie, et de tenir la main à ce qu'ils s'y conforment chacun en droit soi.

Pour copie conforme à l'Original. Signé, LARNAGE.

LETTRE du Ministre à M. Maillart, sur la portion d'autorité qu'il peut donner à ses Subdélégués, et celle qu'il a sur les Officiers qui commandent dans les Quartiers.

Du 3 Septembre 1740.

VOUS n'avez pas besoin d'un nouveau pouvoir pour établir des Subdélégués dans les Quartiers de la Colonie qui peuvent en avoir besoin, puisque vous y êtes autorisé par votre Commission; mais ces Subdélégués ne peuvent avoir de Jurisdiction que celle que vous aurez jugé à propos de leur donner pour les affaires dont la connoissance vous appartient. Ils ne doivent pas même se mêler de la police particulière qui est dévolue à la justice ordinaire ; et s'ils en prennent quelque connoissance, ce ne doit être que pour vous rendre compte de ce qui se passe, afin de vous mettre en état de donner vous-même les ordres nécessaires aux Officiers qui en sont chargés. C'est sur ce pied-là que les Subdélégués des Intendans des autres Colonies sont établis, et l'on vous a mal informé si l'on vous en a parlé autrement. Il est du moins certain que, si quelqu'Intendant a donné des Commissions plus amples, elles ont toujours été restreintes à ce point-là dans la pratique.

Autoriser ces Subdélégués à connoître, conjointement avec les Gouverneurs, Lieutenans-de-Roi, Majors et autres Commandans, de tout ce qui n'est point purement Militaire, ce seroit une association désagréable à tous égards pour les Gouverneurs et autres Commandans, et une source de divisions, dont le service souffriroit continuellement. J'ai lieu de croire que, si vous eussiez fait réflexion aux conséquences d'un pareil Réglement, vous auriez été bien éloigné vous-même de le proposer. Les Gouverneurs et les autres Officiers-Majors auroient raison de s'en plaindre, et il vous seroit d'autant plus difficile de le justifier, qu'il ne tendoit pas à moins qu'à mettre un Intendant en droit de leur donner des collégues dans le Gouvernement tels qu'il les voudroit, et de les changer également quand il lui plairoit. Je connois assez votre prudence et votre modération, pour croire que vous n'auriez pas abusé de ce pouvoir ; mais il est par lui-même trop contraire à toutes les régles du service, et d'une trop dangereuse conséquence pour être toléré.

Ainsi les Subdélégués que vous jugerez à propos d'établir, ne peuvent vous représenter que pour les affaires dont la connoissance vous est particulièrement dévolue, et, cette Jurisdiction à part, leur titre n'emporte point de caractère qui puisse leur donner aucune autorité sur les peuples, ni encore moins rendre leur concours nécessaire pour les affaires du Gouvernement. Dans aucun cas, ils ne sont en droit de prendre la même part et la même relation aux Gouvernemens et commandemens particuliers que doit avoir l'Intendant dans les affaires qui lui sont communes avec le Gouverneur-Général.

Lorsque sur les affaires de cette dernière espèce, il y a des ordres à donner, vous devez, conjointement avec M. de Larnage, les adresser aux Commandans, qui doivent, de leur côté, vous rendre un compte commun de leur exécution. Vous pouvez même vous adresser pour vos détails particuliers à eux, lorsque le service le demande, sans qu'ils puissent vous refuser leur ministère et leur autorité. M. de Larnage tiend sans doute la main à ce qu'ils y satisfassent; et en tout cas, s'il y en avoit quelqu'un qui voulût s'en dispenser, le Roi y pourvoiroit.

ARRÊT du Conseil du Cap, touchant les Inventaires par les Notaires; et qui défend à ces derniers de déchirer aucun acte, même du consentement des Parties.

Du 5 Septembre 1740.

ENTRE Me Dupin, Notaire de la Jurisdiction du Fort-Dauphin, Appelant, d'une part; et Catherine Renoult, Mulâtresse, veuve en dernières noces de feu Jacques Manquet, Intimée; et le Procureur-Général prenant le fait et cause de son Substitut, Intimé, d'autre. Vu, &c. Après que la Forge, pour l'Appelant, et Bourgeois, pour l'Intimée, ont été ouis, ensemble le Procureur-Général, et tout considéré: LE CONSEIL a mis et met l'appellation et ce dont a été appelé au néant; émendant, faisant droit sur le tout, fait défenses à l'Appelant de se transporter pour faire des Inventaires, qu'il n'en soit requis par toutes les parties intéressées, ou dûement appelées, et pourvues de Tuteur en cas de minorité, et de décider de leurs droits dans le préambule desdits inventaires, en leur y donnant des qualités certaines, dépens compensés; et faisant droit sur le réquisitoire du Procureur-Général, fait défenses audit Appelant et à tous autres Notaires, de déchirer ni lacérer aucun acte, même du consentement des parties, sous les peines qu'il appartiendra.

ARRÊT du Conseil d'Etat, qui permet aux Négocians de Vannes, d'introduire dans le Port de cette Ville, les Cafés provenans du crû des Isles, comme si ce port étoit compris dans l'Arrêt du 29 Mai 1736, et aux conditions y portées.

Du 6 Septembre 1740.

ARRÊT en Réglement du Conseil du Cap, pour la perception du Droit de deux pour cent, sur le produit des Ventes et Baux Judiciaires.

Du 10 Septembre 1740.

VU par le Conseil, l'Ordonnance donnée à Léogane par MM. de Larnage et Maillart, le 5 Juillet dernier, &c. L'Arrêt intervenu sur ladite Ordonnance, le 5 du présent, par lequel auroit été ordonné qu'elle seroit exécutée suivant sa forme et teneur; et en conséquence, pour faire droit sur ledit Réglement, auroit été commis MM. Chavanne et Lombart, Conseillers, pour, sur leur rapport et les conclusions du Procureur-Général, être ordonné ce qu'il appartiendroit; et oui le rapport desdits sieurs Conseillers commis, et le Procureur-Général; la matière mise en délibération, et tout considéré : LE CONSEIL, sous le bon plaisir du Roi, a ordonné et ordonne, ainsi qu'il suit :

ART. I. Il sera payé par les adjudicataires de tous les biens-meubles et immeubles, de quelque nature qu'ils soient, qui seront vendus à la barre des Jurisdictions du ressort, et même du Conseil, si le cas y échoit, deux pour cent en sus du prix de la vente.

ART. II. Il sera aussi payé par les adjudicataires de tous les biens-meubles et immeubles qui seront mis à bail à ferme, en la manière portée par l'article précédent, deux pour cent en sus du prix de la première année de ferme seulement.

ART. III. Les deniers provenans desdits droits, seront perçus par les Receveurs qui seront commis par le Conseil.

ART. IV. Lesdits Receveurs seront tenus de donner bonnes et suffisantes cautions, et Certificateurs du maniment qu'ils feront des deniers de leur recette, sur laquelle leur sera passé dans leurs comptes dix pour cent de gages.

ART. V. Enjoint aux Greffiers de délivrer, sous vingt-quatre heures, les extraits des adjudications dont ils auront été requis par lesdits Receveurs, pour faire le recouvrement desdits droits, si besoin est; fait défenses auxdits Greffiers de délivrer aucun acte desdites adjudications, sans qu'il leur soit apparu de la quittance du paiement desdits droits, à peine d'en répondre en leur propre et privé nom.

ART. VI. Les comptes desdits Receveurs seront rendus en la manière accoutumée, et ainsi que se rendent ceux de l'Octroi et autres dans la Colonie.

ART. VII. Les deniers provenans de la recette desdits droits, seront employés à la construction des Palais, prisons, ponts, quais et chaussées, et autres édifices publics.

Ordonne que le présent Arrêt sera envoyé dans les Jurisdictions du ressort, &c.

ORDONNANCES des Administrateurs, qui ordonnent une corvée publique pour les Fortifications de l'Acul du Petit-Goave.

Des 5 Septembre 1740, et 3 Janvier 1742.

CHARLES Brunier de Larnage, &c.

Simon Pierre Maillart, &c.

L'état florissant auquel est monté cette Colonie, paroît ne laisser plus rien à desirer que la sûreté des fortunes des Habitans qui la composent et du Commerce qui la soutient, contre les événemens d'une guerre; tout le monde sent le besoin que cette partie de l'Ouest a d'un port qui puisse servir d'asyle et de retraite sûre, non-seulement aux Navires qui font leur commerce en cette partie, mais même aux Escadres et Vaisseaux que Sa Majesté peut y envoyer pour les protéger. Après tous les examens que nous avons faits sur cela, Nous n'avons trouvé de port plus convenable que celui de l'Acul du Petit-Goave, il est question de le fortifier; Nous n'ignorons pas que Sa Majesté a bien voulu prendre sur Elle les dépenses des fortifications de cette Isle, et qu'Elle y a destiné tous les produits de la Colonie, sans en rien réserver pour Elle; Sa Majesté n'a point changé de disposition à cet égard, et ses ordres sont toujours d'employer tous les fonds du pays à la sûreté de cette Colonie; ensorte que si les choses sont si fort en arrière sur cet objet, c'est contre son intention, et par l'effet seul du mauvais ordre qui a régné depuis si long-tems dans ce pays, sur les Finances; la bonne régle rétablie là-dessus, Nous met présentement en état de satisfaire aux intentions et aux ordres de Sa Majesté; mais la guerre allumée entre nos voisins, et l'incertitude où l'on est toujours, si le Roi ne sera point obligé de prendre part à cette guerre, demande un travail considérable et pressé, auquel S. M. ne sauroit, avec des fonds plus considérables qu'ils ne le sont, suffire, si les Hábitans de cette partie de l'Ouest n'y contribuent par la fourniture d'un nombre de leurs Noirs, pour travailler avec la diligence que la crainte de la guerre exige ; en conséquence, et persuadés de la justice que toute cette Colonie trouvera dans cette contribution, Nous serions responsables de l'événement, si Nous ne prenions le parti de l'ordonner, et cela sans tirer à conséquence pour l'avenir, et en la rendant la plus légère qu'il sera possible, puisqu'il ne sera question que d'un Négre par quarante, pendant le tems que les travaux dureront, et qu'il est de l'intérêt du Roi et de la Colonie, d'achever le plus tôt qu'il sera possible ; Nous avons pris d'ailleurs toutes les mesures convenables pour la nourriture de ces Noirs, pour leurs traitemens dans leurs maladies, et pour le remboursement sur le pied qu'ils sont payés dans cette Colonie, de ceux qui mourroient à ces travaux : au moyen de quoi Nous ordonnons :

1°. Que les Quartiers de Nippes, du Petit-Goave, de l'Acul, du Fond des Négres, Grand-Goave, Léogane, Trou-Bordet, Cul-de-Sac et des Vases, contribueront seuls aux susdits travaux, les trois autres Quartiers de la Grande-Anse, Jacmel et l'Artibonite, étant trop éloignés pour y envoyer.

2°. Que chaque Habitant, auquel il sera commandé un ou deux Négres, en enverra de bons et capables de travailler, faute de quoi ils seront renvoyés, et ils seront tenus de les remplacer par de meilleurs, et de payer un écu par tête par chaque jour que leurs Négres auront manqué, lesquels seront employés à payer des Soldats pour suppléer au travail qu'auroient dû faire leurs Esclaves.

3°. Que les commandemens desdits Négres seront faits avec une égalité si exacte, que les Habitans ne fournissent pas plus de journées, sur la proportion du nombre de leurs Noirs, les uns que les autres.

4°. Que les Habitans ne seront tenus de fournir d'outils ni de vivres, que ce qu'il leur faudra pour se rendre au Petit-Goave.

5°. Et dans le cas où ils seroit besoin de quelques cabrouets, il sera tenu compte aux Habitans voisins qui en fourniront, savoir, de quatre journées de Négres, pour un cabrouet à deux bœufs ; et de six, pour un cabrouet à quatre, sans compter les deux Négres qui conduisent le cabrouet. Sera la présente lue, publiée et affichée par-tout où besoin sera. Donné à Léogane, le 5 Septembre 1740. *Signé*, LARNAGE et MAILLART.

La seconde Ordonnance enjoint, attendu la durée de la guerre, que la corvée aura lieu pour l'année 1742, comme pour les années précédentes.

ARRÊTS

ARRÊTS en Réglement du Conseil du Cap, pour la Police et l'Administration des Prisons, avec Tarif des droits du Geolier.

Des 12 Septembre 1740, et 6 Mai 1741.

Du 12 Septembre 1740.

VU par le Conseil, la remontrance du Procureur-Général du Roi, contenant que, par le Réglement des deux Conseils Supérieurs de cette Colonie, du 17 Juillet 1738, il n'avoit point été pourvu à la fixation de tous les droits que les Geoliers du ressort de la Cour perçoivent, touchant les prisonniers qui sont confiés à leur garde, ni à la police qui se doit observer dans les prisons; que ce Réglement fixoit seulement par quatre articles, le prix des écrous et de la nourriture des personnes Libres et des Esclaves, qu'il ne disoit rien davantage; qu'il avoit été omis de statuer sur quantité de choses les plus nécessaires; à fixer le droit de ferrage et déferrage des Négres marons; si à présent que ces Négres sont enfermés, ils doivent être mis aux fers; si le Geolier pouvoit exiger 6 liv., comme il faisoit, du propriétaire du Négre pour ce droit, pendant que, lorsque le Négre avoit été vendu faute d'avoir été réclamé, il n'exigoit du Receveur des amendes que 3 liv.; en quoi devoit consister la nourriture du prisonnier, pour le prix fixé par ledit Réglement; soit qu'il soit de condition Libre, soit qu'il soit Esclave, soit qu'il soit arrêté pour crime, soit qu'il soit détenu pour dettes, si ce prix ne devoit pas augmenter à proportion que les prisonniers voudroient exiger une nourriture moins réservée; en quoi consisteroit l'augmentation et le prix qui en résulteroit; enfin sur quoi devoit rouler principalement la police et la discipline des prisons, eu égard au tems présent, et quelles sont les attentions que les Juges et Magistrats doivent avoir pour faire observer cette police et cette discipline; et comme toutes ces choses étoient très-importantes, et qu'elles méritoient une attention singulière, ayant d'ailleurs reçu diverses plaintes touchant les droits que les Geoliers exigeoient, ledit Procureur-Général requéroit qu'il plût à la Cour de procéder à un Réglement touchant lesdits droits, les devoirs du Geolier, et la police et discipline desdites prisons, sur les conclusions qu'il prendroit, et pour cet effet commettre tel de MM. qu'il plairoit pour examiner ce qui paroîtroit convenable, et en faire le rapport à la Cour; l'Arrêt intervenu sur ladite remontrance, le 6 Juillet dernier, par lequel auroient été commis MM. Samson et la Salle, Conseillers, pour, sur leur rapport, être fait droit ainsi qu'il appartiendroit; et oui le rapport desdits sieurs Conseillers commis, et le Procureur-Général du Roi, le Conseil a ordonné et ordonne ainsi qu'il suit :

ART. I. Lorsqu'il y aura un lieu commode pour servir de Chapelle dans les prisons, l'on y dira la Messe les Dimanches et Fêtes, mais la Prière se fera tous les jours à six heures du matin et à sept heures du soir, depuis Pâques jusqu'à la Toussaint; et depuis la Toussaint jusqu'à Pâques, à sept heures du matin et à six heures du soir; tous les prisonniers, tant hommes que femmes, de quelque condition qu'ils soient, et les Esclaves, seront tenus d'y assister, à peine contre les Blancs qui n'y assisteront pas, d'être privés pendant trois jours de parler aux personnes qui les viendroient voir, et contre les Négres, tant Libres qu'Esclaves, d'être enfermés dans un cachot pendant trois jours, et de plus grandes peines contre les uns et les autres en cas de récidive.

ART. II. Les chambres seront ouvertes à six heures du matin, depuis Pâques jusqu'à la Toussaint, et à sept heures depuis la Toussaint jusqu'à Pâques; et les prisonniers seront enfermés à sept heures du soir depuis Pâques jusqu'à la Toussaint, et à six heures depuis la Toussaint jusqu'à Pâques, ce que les Geoliers feront exécuter, à peine de 50 liv. d'amende.

ART. III. Les Geoliers auront soin de mettre ensemble les prisonniers d'honnête condition, et d'observer que chacun suivant son ancienneté ait la chambre ou la place la plus commode; défenses à eux de recevoir de l'argent des prisonniers pour les mettre dans une chambre plutôt que dans une autre, le tout à peine de restitution du quadruple, de destitution s'il y échoit; et après qu'un prisonnier aura été mis dans une des chambres, il sera tenu de la balayer et tenir propre jusqu'à ce qu'il survienne un autre prisonnier.

ART. IV. Les femmes et filles prisonnières, tant Libres qu'Esclaves, seront mises dans des chambres séparées et éloignées de celles des hommes prisonniers, et ne pourront parler aux hommes que par la fenêtre de leur chambre, ou à l'entrée de la prison, en présence du Geolier; elles auront la liberté d'aller dans la cour de la prison tous les jours depuis huit heures du matin jusqu'à neuf, et depuis quatre heures du soir jusqu'à cinq, et pendant ce tems les hommes prisonniers seront enfermés.

ART. V. Fait défenses aux Geoliers et Guichetiers, à peine de destitution, de laisser entrer dans les prisons aucunes femmes autres que les mères, femmes, filles ou sœurs des prisonniers, lesquelles ne pourront leur parler dans leur chambre ou cachot, ni en aucun autre lieu, que dans la cour, en présence du Geolier ou d'un Guichetier, à l'exception des femmes des prisonniers, lesquelles pourront entrer dans la chambre de leur mari seulement; et à l'égard des autres femmes, elles ne pourront parler aux prisonniers ou autres, qu'à l'entrée de la prison et en présence du Geolier ou d'un Guichetier.

ART. VI. Fait défenses à l'ancien prisonnier et autres de la prison ou de chaque chambre, d'exiger ou de prendre aucune chose des nouveaux venus, en argent, vivres ou autrement, sous prétexte de bien-venue, chandelle, balais, et généralement sous quelque pretexte que ce puisse être, quand même on leur offriroit volontairement, ni de cacher leurs hardes ou les maltraiter, à peine d'être enfermés dans un cachot pendant quinze jours, et d'être mis ensuite dans une autre chambre ou cachot que celui où ils étoient anciens, pour y servir comme les derniers venus, et même de punition corporelle s'il y échoit, à l'effet de quoi leur procès leur sera fait et parfait extraordinairement.

ART. VIII. Enjoint aux anciens prisonniers et autres, de dénoncer ceux de leur chambre ou cachot qui auroient juré le S. Nom de Dieu ou fait des exactions ou violences, à peine d'être punis comme complices; et aux Geoliers et Guichetiers de s'en enquérir soigneusement, et en donner avis à l'instant aux Substituts du Procureur-Général du Roi, à peine de destitution.

ART. VIII. Les Geoliers conduiront les personnes qui voudront faire des charités, dans les lieux de la prison où elles desireront les distribuer, ce qu'elles pourront faire elles mêmes dans la cour; mais les aumônes ne pourront être distribuées dans les cachots que par les mains du Geolier et en présence des personnes qui les porteront.

ART. IX. Il sera fait, autant qu'il sera possible, des logemens dans les prisons pour y placer séparément les prisonniers Blancs et Noirs, tant Libres qu'Esclaves, de l'un et de l'autre sexe.

ART. X. Les prisonniers, Libres ou Esclaves, accusés de crimes, qui couchent sur des lits de camp, ne payeront aucun droit d'entrée ni de sortie de la prison, mais payeront seulement les prisonniers Libres vingt sols par jour, et les Esclaves douze sols, au moyen de quoi lesdits Geoliers seront tenus de fournir par jour à chacun desdits prisonniers Libres un pain de bonne qualité, et du poids d'une livre et demie au moins, et à chacun Esclave une cassave pesant une livre et demie au moins, et l'eau nécessaire de bonne qualité.

ART. XI. Les personnes Libres emprisonnées ou recommandées pour dettes, payeront pour l'entrée en la prison 6 liv., et 6 liv. pour la sortie, et les Esclaves 30 sols pour l'entrée et trente sols pour la sortie; en outre sera consigné entre les mains du Geolier le prix de la nourriture du prisonnier pendant un mois, savoir, la somme de 45 liv. pour une personne Libre, et celle de 22 liv. 10 sols pour un Esclave, au moyen de quoi lesdits Geoliers leur fourniront par jour, outre le pain et la cassave réglés par l'art. précédent, une livre et demie de viande fraîche pour le prisonnier Libre, et une livre et demie de fressure ou flanc de bête pour l'Esclave, et l'équivalent en poisson et légumes les jours maigres.

ART. XII. Les prisonniers Libres qui voudront coucher dans les lits que le Geolier fournira, payeront vingt sols par jour s'ils couchent seuls, et chacun quinze sols s'ils couchent deux dans un même lit, en leur fournissant, par les Geoliers, des draps blancs tous les quinze jours.

ART. XIII. Les prisonniers qui seront à la pension ou table du Geolier, payeront au surplus 6 liv. par jour, et s'ils veulent avoir une chambre à eux seuls, ils payeront vingt sols de plus par jour.

ART XIV. Ceux qui seront à la pension, ou qui logeront dans les chambres destinées à la pension, seront servis par les domestiques du Geolier, lequel sera tenu de leur fournir une livre de chandelle par semaine.

ART. XV. Fait défenses auxdits Geoliers de recevoir aucune somme par avance pour nourriture, gîte, Geolage, ou autrement, ou au cas qu'on leur ait ci-devant avancé aucune, de retenir plus que ce qui leur sera légitimement dû lorsque le prisonnier sortira, à proportion des jours qu'il aura demeuré dans la prison, de prendre de plus grandes sommes que celles marquées dans les art. précédens, sous prétexte de demi pension, ou de donner au prisonnier la chambre destinée au Geolier, et sous quelque autre prétexte que ce soit, et de faire d'autres conventions avec les prisonniers, à peine de concussion.

ART. XVI. Enjoint auxdits Geoliers d'avoir un registre particulier, relié, coté et paraphé par premier et dernier feuillet, par le Juge ou autre premier Officier du Siége, dans lequel ils écriront de leur main, sans y laisser aucun blanc, les jours d'entrée et de sortie des prisonniers, et tout ce qu'ils recevront chaque jour de chacun, pour gîte, geolage et nourriture, dont ils donneront leur quittance, le tout à peine de 50 liv. d'amende pour chacune contravention.

Art. XVII. Pourront les Geoliers faire passer aux lits de camp les prisonniers de la pension et des chambres, huit jours après qu'ils seront en demeure de payer leur gîte et nourriture.

Art. XVIII. Les Geoliers seront tenus de nourrir leurs Guichetiers, et de leur payer à chacun au moins 400 liv. de gages par an, en quatre termes, en présence des Substituts du Procureur-Général du Roi, qui viseront les quittances desdits gages, à peine de nullité desdites quittances; fait défenses auxdits Guichetiers, à peine de restitution du double, et d'être privés pour toujours de leur emploi, même de punition corporelle, s'il y échoit, d'exiger, demander ou accepter aucune chose, en quelque manière et sous quelque prétexte que ce soit, tant des prisonniers, lorsqu'ils entrent en la prison, soit pour l'instruction ou le Jugement de leur procès, que de ceux qui les amènent et déchargent, les viennent visiter, leur font des aumônes, ou les délivrent par charité.

Art. XIX. Fait défenses auxdits Geoliers et Guichetiers, d'injurier, battre ou maltraiter les prisonniers, de leur laisser prendre du vin ou de l'eau-de-vie par excès, à peine d'en répondre en leur propre et privé nom, et de leur vendre aucune marchandise ou denrée qu'elle ne soit des poids, mesure et qualité requises par les Ordonnances de Police.

Art. XX. Comme il n'y a point de Greffiers établis dans les prisons, les Geoliers qui en font les fonctions, se tiendront dans la geole depuis sept heures du matin jusqu'à midi, et depuis deux heures de relevée jusqu'à six heures du soir; ils exerceront leur emploi en personne, écriront eux-mêmes leurs expéditions, et n'auront pour cet effet aucun Commis, à peine d'interdiction, et de 50 liv. d'amende.

Art. XXI. Lesdits Geoliers seront tenus d'avoir deux Registres reliés, cotés et paraphés, par premier et dernier dans tous les feuillets, par le Juge de la Jurisdiction; tous les feuillets du premier Registre seront séparés en deux colonnes, l'une pour les écrous et recommandations, et l'autre pour les élargissemens et décharges, et ils ne pourront laisser aucun blanc dans ledit Registre; le second Registre servira pour faire mention, en forme d'inventaire, de l'argent, papiers et autres effets dont les prisonniers accusés de crime se trouveront nantis en entrant dans la prison, lequel inventaire lesdits prisonniers signeront, sinon sera fait mention de leur refus sur le Registre; ensuite seront lesdits effets déposés au Greffe de la Jurisdiction, ou remis aux prisonniers, suivant qu'il sera par le Juge ordonné.

Art. XXII. Les écrous, recommandations et décharges, feront mention des Arrêts, Jugemens et actes en vertu desquels ils seront faits, et de leur date, de la Jurisdiction dont ils seront émanés, ou des Notaires qui les auront reçus; comme aussi du nom, surnom et qualité du prisonnier, de ceux de la partie qui fera faire les écrous et recommandations, et du domicile qui sera par elle élu au lieu où la prison est située, à peine de nullité, et ne pourra être fait qu'un écrou, encore qu'il y ait plusieurs causes de l'emprisonnement.

Art. XXIII. Les Huissiers et autres Officiers, donneront eux-mêmes en mains propres, à ceux qu'ils constitueront prisonniers, ou qu'ils recommanderont, des copies lisibles et en bonne forme, de leurs écrous et recommandations, à l'effet de quoi lesdits prisonniers seront amenés entre les Guichets, en présence desdits Geoliers, qui seront tenus d'en mettre leur certificat sur leur Registre, à la fin de chacun desdits écrous et recommandations, et de le signer sur le champ, ensuite desdits actes d'écrous et recommandations, à peine d'interdiction contre les Huissiers et autres Officiers, pour la première fois, et de privation de leurs charges pour la seconde, et contre lesdits Geoliers de 100 liv. d'amende pour chacune contravention, et de tous dépens, dommages et intérêts, même de plus grande peine, s'il y échoit.

Art. XXIV. Fait défenses auxdits Geoliers, de faire passer aucun prisonnier à l'entrée de la prison ou dans les chambres et cachots, qu'ils n'ayent été premièrement écroués en la manière portée par les deux articles précédens, et que la date des écrous, les nom, qualité et demeure de l'Huissier ou autre Officier qui les aura faits, n'ayent été écrits sur le Registre de la geole, et copie du tout laissée au prisonnier.

Art. XXV. Le Geolier sera tenu de porter incessamment, et dans les 24 heures au plus tard, aux Substituts du Procureur-Général du Roi, copie des écrous et recommandations qui seront faits pour crime.

Art. XXVI. Fait défenses aux Geoliers de permettre la communication de quelque personne que ce soit, avec les prisonniers détenus pour crime, avant leur interrogatoire, ni même après, s'il est ainsi ordonné par le Juge, comme aussi de souffrir qu'il leur soit remis aucune lettre ou billet, à peine de destitution.

Art. XXVII. Il sera payé aux Geoliers pour l'écrou des prisonniers Libres, 6 liv., et pour la recommandation, 3 liv., le tout en donnant un extrait de l'un et de l'autre aux parties qui les feront faire, et 2 liv. 5 s. pour chacun extrait desdits écrous et recommandations qui seront levés dans la suite.

Art. XXVIII. Sera aussi payé aux Geoliers pour l'écrou des prisonniers Esclaves, 3 liv., et 2 liv. 5 sols pour chaque recommandation, le tout en donnant un extrait de l'un et de l'autre aux parties qui les feront faire, et 30 sols pour chacun extrait desdits écrous et recommandations qui seront levés dans la suite.

Art. XXIX. Fait défenses auxdits Geoliers, faisant fonctions de Greffiers, de prendre aucuns autres et plus grands droits que ceux mentionnés ci-dessus, et portés par le Tarif ci-joint, sous prétexte de vacations, et d'autres heures que celles portées ci-dessus, d'enregistrement des Jugemens qui ordonnent l'élargissement des prisonniers, consignations de deniers, droits de recherches, et généralement sous quelque prétexte que ce puisse être.

Art. XXX. Leur enjoint en outre d'écrire de leur main, sans chiffre ou abreviation, tant sur les Registres de la geole, à côté de chaque acte, qu'au bas de toutes les expéditions qu'ils délivreront, les sommes qu'ils auront reçues pour leurs droits, en présence de ceux qui les payeront, et de leur en donner quittance, ou d'écrire que le droit leur est dû, et qu'ils n'en ont rien reçu, à peine de 100 liv. d'amende pour la première contravention, et de plus grande peine en cas de récidive.

Art. XXXI. Les Registres des Geoliers seront par eux représentés lors des visites qui se feront dans lesdites prisons.

Art. XXXII. Faits défenses à tous Huissiers et autres Officiers, de rien exiger de ceux qu'ils arrêteront, soit pour crime ou pour cause civile, même sous prétexte d'avoir fourni les chevaux et voitures nécessaires pour les avoir amenés dans la prison, à peine de restitution du quadruple de ce qu'ils auront reçu, et de 50 liv. d'amende, sauf à eux de s'en faire payer par la partie à la requête de laquelle l'emprisonnement aura été fait.

Art. XXXIII. Lesdits Geoliers n'exigeront des prisonniers pour crime qui n'ont point de partie civile, aucuns droits à eux attribués pour l'entrée ou pour la sortie desdits prisonniers, ni pareillement pour la décharge des écrous et recommandations faits en vertu de décret de prise de corps, sans préjudice à eux de recevoir les droits, même pour les décharges des recommandations qui pourront être faites pour causes civiles, ou à la requête des parties civiles, sans qu'en aucun cas ils puissent appliquer au paiement de ce qui leur est dû, les sommes données par charité pour la délivrance des prisonniers, ni retenir les hardes des prisonniers pour leurs droits, nourriture et autres frais qu'ils leur pourront devoir ; mais seront tenus de se contenter d'une obligation, pour se pourvoir sur leurs biens seulement, laquelle ne pourra leur être refusée par le prisonnier.

Art. XXXIV. L'article XXIX du titre XIII. de l'Ordonnance du mois d'Août 1670, sera exécuté, et en conséquence les Greffiers de la Jurisdiction où le procès-criminel aura été jugé, seront tenus de leur prononcer les Arrêts, Sentences et Jugemens d'élargissement, le même jour qu'ils auront été rendus; et s'il n'y a point d'appel par les Substituts du Procureur-Général du Roi dans les 24 heures, de mettre les accusés hors des prisons, et l'écrire sur le Registre de la geole, comme aussi ceux qui n'auront été condamnés qu'en des peines et réparations pécuniaires, en consignant entre les mains du Greffier, les sommes adjugées pour amendes, aumônes et intérêts civils, sans que, faute d'avoir levé les Sentences ou Arrêts, les prononciations ou les élargissemens puissent être différés, à peine contre lesdits Greffiers, d'interdiction, de 300 liv. d'amende, et de tous dépens, dommages et intérêts des parties, sans néanmoins que lesdits prisonniers puissent être mis hors des prisons, s'ils sont détenus pour autre cause; seront aussi tenus lesdits Greffiers de transcrire le dispositif des Arrêts, Sentences et Jugemens, sur le Registre de la geole.

Art. XXXV. Les geoliers écriront sur leur Registre, les noms des Esclaves fugitifs qui seront amenés ès prisons, et feront mention de la qualité de l'Esclave, de son étampe et signalement, et du nom de celui qui l'aura conduit, lequel signera sur le Registre, sinon sera fait mention de son refus.

Art. XXXVI. Enjoint pareillement aux geoliers, d'écrire les noms des Matelots et Vagabonds qui, pour ivrognerie et autres cas semblables, seront envoyés par correction esdites prisons, et de faire mention sur leur Registre des nom, surnom et qualité du Matelot, de ceux du Capitaine et du Vaisseau sur lequel il sera embarqué, et de celui dont sera émané l'ordre en vertu duquel il aura été mis prisonnier, et si c'est au pain et à l'eau qu'il sera nourri.

Art. XXXVII. Sera payé aux Geoliers, pour avoir inscrit sur leur Registre le nom de l'Esclave fugitif, 15 sols, et pour l'entrée en la prison, 30 sols, 30 sols pour la sortie, et 15 sols par jour pour la cassave et la viande qui lui seront fournis, conformément aux articles X et XI.

Art. XXXVIII. Sera aussi payé aux Geoliers pour avoir écrit le nom du Matelot ou autre, qui, par correction, sera envoyé prisonnier, 15 f.; pour l'entrée en la prison, 30 sols, et 30 sols pour la sortie; pour la nourriture au pain et à l'eau, 20 sols par jour; et lorsqu'il sera fourni de la viande, conformément à l'article XI, 30 sols par jour; fait défenses auxdits Geoliers de fournir du vin, de l'eau-de-vie, ni des liqueurs auxdits Matelots, à peine de 50 liv. d'amende.

Art. XXXIX.

Art. XXXIX. Les visites et séances des prisons seront faites tous les trois mois, par les Conseillers commis par la Cour, avec les Substituts du Procureur-Général du Roi par lui nommés, sans préjudice des Visites particulières, qui seront faites par le Procureur-Général du Roi, ou ses Substituts par lui commis, et par les Juges des lieux, qui seront tenus de les faire tous les mois, dont ils dresseront procès-verbal, qui sera par eux envoyé au Conseil; enjoint aux Substituts du Procureur-Général du Roi, d'avoir attention à ce que le pain, la cassave et la viande, et tout ce qui est ordonné par le présent Réglement, soient fournis aux prisonniers de bonne qualité et poids, de visiter les prisons au moins une fois chaque semaine, et d'entendre lesdits prisonniers, sans que lesdits Geoliers ni Guicheriers soient présens, pour voir si les Ordonnances, Arrêts et Réglement sont exécutés; leur enjoint pareillement de se faire représenter les Registres du Geolier, et de recevoir les plaintes des prisonniers, faire visiter les malades par les Médecins et Chirurgiens ordinaires de la prison, et faire transférer sur leur avis, dans les lieux les plus commodes de la prison, les malades qui en auront besoin.

Art. XL. Les Geoliers seront reçus et prêteront serment devant les Juges des Jurisdictions, de bien et fidèlement exercer leurs fonctions, et de se conformer aux Ordonnances du Roi, Arrêts et Réglemens du Conseil.

Art. XLI. Seront au surplus les articles du titre XIII. de l'Ordonnance du mois d'Août 1670, touchant les prisons, Greffiers des geoles, Geoliers et Guichetiers; la Déclaration du Roi, du mois de Janvier 1680, concernant les alimens des prisonniers, exécutés; lesquels, ensemble le présent Arrêt, seront lus dans les prisons tous les premiers Dimanches de chaque mois, en présence de tous les prisonniers, et affiché à la porte de la prison, sur le préau, et autres lieux les plus apparens desdites prisons, et les affiches renouvelées tous les ans aux premiers jours des mois de Janvier et Juillet, même plus souvent s'il est nécessaire, le tout à la diligence des Substituts du Procureur-Général et des Geoliers, auxquels à cet effet ou à l'un d'eux, seront donnés, par les Greffiers des Jurisdictions, des copies du présent Arrêt; fait défenses aux prisonniers et à toutes autres personnes, d'enlever ou déchirer lesdites affiches, à peine de punition corporelle, et aux Geoliers et Guichetiers de le souffrir, à peine de 50 liv. d'amende contre lesdits Geoliers, et contre les Guichetiers d'être congédiés; et copies du présent Arrêt seront envoyées aux Jurisdictions du ressort, pour y être lues, publiées et enregistrées, &c.

TARIF DES DROITS DES GEOLIERS.

CRIMINEL.

Les prisonniers Libres accusés de crime, qui couchent sur les lits-de-camp, payeront pour gîte et nourriture par jour, sans aucun droit d'entrée ni de sortie, . . . 1 liv.

Les Esclaves, par jour, sans aucun droit, ... 12 sols.

Les Matelots et Vagabonds, qui seront prisonniers par correction, pour l'entrée en la prison, ... 1 liv. 10 sols.

Pour la sortie de la prison, . . . 1 liv. 10 sols.

Pour nourriture au pain et à l'eau, par jour, . 1 liv.

Pour nourriture au pain et à la viande, . . 1 liv. 10 sols.

Les Esclaves fugitifs.

Pour l'entrée en la prison . . . . . 1 liv. 10 sols.

Pour la sortie de la prison, ... 1 liv. 10 sols.

Pour la nourriture à la cassave et à la viande, par jour, 15 sols.

CIVIL.

Les Prisonniers Libres arrêtés pour dettes.

Pour l'entrée en la prison, ... 6 liv.

Pour la sortie de la prison, ... 6 liv.

Pour la nourriture, par jour, ... 1 liv. 10 sols.

Les Esclaves saisis.

Pour l'entrée en la prison, ... 1 liv. 10 sols.

Pour la sortie de la prison, ... 1 liv. 10 sols.

Pour la nourriture à la cassave et à la viande, par jour, 15 sols.

Les Pensionnaires.

Pour nourriture et gîte, au plus par jour, . . 6 liv.

S'ils veulent être seuls dans une chambre, ils payeront de plus, par jour, ... 1 liv.

Les prisonniers qui couchent dans les lits que le Geolier fournira, payeront par jour s'ils, couchent seuls, . . . 1 liv.

Et chacun, s'ils couchent deux dans un lit, ... 15 sols.

Pour les Ecrous.

Pour les écrous des prisonniers Libres, avec l'extrait, 6 liv.

Pour chaque recommandation avec l'extrait, . 3 liv.

Pour chaque extrait des écrous et recommandations qui seront levés dans la suite, ... 2 liv. 5 sols.

Pour l'écrou des Esclaves saisis, ... 3 liv.

Pour chaque recommandation, avec l'extrait, . . 2 liv. 5 sols.

Pour chaque extrait desdits écrous et recommandations, levés dans la suite, ... 1 liv. 10 sols.

Pour l'inscription sur le Registre du nom du Matelot ou Vagabond arrêté par correction, ... 15 sols.

Pour l'inscription sur le Registre du nom de l'Esclave fugitif, 15 s.

L'Arrêt du 6 Mai 1741, ordonne l'exécution des articles XXI et XXXIX. du Réglement précédent.

ARRÊT du Conseil du Cap, qui condamne un Procureur à garantir son Client, pour ne l'avoir pas défendu, et en 10 liv. d'amende.

Du 4 Octobre 1740.

SUR la plainte verbale qui vient d'être faite au Conseil par Tifoineau, Ferblantier au Cap, que, dans la cause qu'il avoit pendante audit Conseil avec Fournier, Perruquier, sur l'appel d'une Sentence rendue par le Juge du Cap, le 23 Juillet, il est intervenu le jour d'hier Arrêt par défaut, par lequel il est condamné de payer audit Fournier, la somme de 400 l. pour le billet dont est question, dont il est bien surpris, ayant chargé Me de la Forge, Procureur audit Conseil, de ses pièces, et défendre en ladite cause, pourquoi requéroit qu'il plût à la Cour lui faire justice; et oui ledit de la Forge sur ce mandé, qui a dit avoir égaré les pièces dudit Tifoineau, ne pouvant à l'instant les retrouver: LE CONSEIL, oui le Procureur-Général du Roi, ayant égard à la plainte dudit Tifoineau, a condamné et condamne ledit de la Forge, d'acquitter et indemniser ledit Tifoineau des condamnations prononcées par ledit Arrêt du jour d'hier, tant en principal que frais et dépens, sauf le recours, ainsi qu'il avisera, en outre en 10 liv. d'amende.

RÉGLEMENT des Administrateurs pour les Saluts.

Du 11 Octobre 1740.

CHARLES Brunier de Larnage, &c.

Simon-Pierre Maillart, &c.

Sa Majesté ayant, par un Ordre exprès, signé d'Elle, le 7 Mai dernier, fait savoir ses intentions sur la quantité qu'Elle veut qu'il y ait de poudre en magasin, pour la sûreté et la défense de la Colonie; Nous, pour nous conformer aux intentions du Roi, et empêcher la consommation inutile de la poudre, avons, sous le bon plaisir de Sa Majesté, et jusqu'à ce qu'Elle en ordonne autrement, jugé à propos de fixer, par un Réglement général, les occasions où il doit en être employé, comme suit, savoir :

FÊTES.

Pour les jours et Fête du Saint-Sacrement, . . . 21 coups.

La veille de Saint-Louis, ... 21 coups.

La veille de la Saint-Jean, ... 15 coups.

Pour les *Te Deum* ordonnés en actions de grace, . 21 coups.

SALVES.

Lorsque les Vaisseaux de guerre François salueront les places, il leur sera rendu deux coups de moins, de même pour les Vaisseaux de guerre des Couronnes étrangères.

Pour l'arrivée du Général, ... 17 coups.

Pour l'Intendant, ... 15 coups.

Pour le Lieutenant-de-Roi au Gouvernement-Général, 15 coups.

Pour un Gouverneur, ... 13 coups.

Lors des tournées des Gouverneur et Lieutenant-Général et du Lieutenant-de-Roi au Gouvernement-Général, quand il est chef, les batteries tireront une fois seulement à leur entrée d'honneur dans les places, et ne tireront plus ensuite aux autres tournées qu'ils pourront faire, s'il n'y a au moins un an d'intervalle des unes aux autres.

Honneurs funèbres pour les Officiers décédés.

L'usage étant dans ces Isles, de tirer du canon de quart d'heure en quart d'heure, depuis le moment du décès du Général jusqu'à son enterrement, et treize coups après les trois décharges de mousqueterie, il sera jusqu'à nouvel ordre continué sur le même pied.

Pour un Intendant seront tirés quinze coups, dont six se tireront depuis le départ du corps, de distance en distance, et neuf seront réservés pour être tirés après une décharge de mousqueterie; il sera jusqu'à nouvel ordre continué sur le même pied.

Pour le Lieutenant-de-Roi au Gouvernement-Général, pareillement.

Pour un Gouverneur seront tirés treize coups, dont six depuis le départ, et le reste lors de l'enterrement.

Pour le Commissaire-Ordonnateur, idem.

Pour un Lieutenant-de-Roi, onze coups, dont six depuis le départ du corps, et le reste lors de l'enterrement.

Pour un Major, neuf coups, dont quatre depuis le départ du corps, et cinq lors de l'enterrement.

Pour un Commissaire de la Marine, de même.

Pour les Ecrivains principaux, ... 7 coups.

Pour les Ecrivains ordinaires, ... 5 coups.

Pour l'Ingénieur en chef, neuf coups, distribués comme dessus.

Pour les Sous-Ingénieurs, ... 5 coups.

Pour les Capitaines d'Infanterie, ... 7 coups.

Pour les Lieutenans, ... 5 coups.

Pour les Enseignes, ... 3 coups.

Pour les Capitaines et Lieutenans réformés, de même qu'à ceux en pied.

Pour les Officiers qui ont quitté le service en conservant les honneurs, les mêmes attribués à leur grade.

Ordonnons à tous les Officiers chargés du détail de l'Artillerie, de se conformer au présent Réglement, et d'observer qu'il ne soit employé, pour les Saluts ci-dessus marqués, que du canon du calibre de douze et au-dessous; défendons de tirer, sous quelque prétexte que ce soit, du canon pour d'autres occasions que celles ci-dessus marquées.

Ordonnons à tous les Gardes-magasins, de tenir un Registre exact de la quantité de poudre qu'ils délivreront, et de spécifier la nature de chaque Salut, ainsi que de tous les autres emplois qui seront faits de la poudre, et de faire viser leur Registre tous les six mois, par les Commandans des lieux. Le présent Reglement sera enregistré au Bureau du contrôle de la Marine, pour être, jusqu'à ce que S. M. en ordonne autrement, exécuté selon sa forme et teneur. Donné à Léogane, le 11 Octobre 1740. *Signé*, LARNAGE et MAILLART.

ORDONNANCE du Lieutenant-Général de l'Amirauté du Cap, touchant la diminution des différens barrillages venans de France.

Du 4 Novembre 1740.

SUR la remontrance à Nous faite par le Procureur du Roi de ce Siége, que les Capitaines des Navires marchands qui viennent des différens Ports du Royaume, apporter des vins, farines, bœuf salé, lard et eau-de-vie, et les vendre aux Habitans de ce Quartier, ont, par une cupidité très-répréhensible, diminué les vaisseaux ou futailles dans lesquels ils apportent leurs denrées; ensorte que les barriques de vin qui doivent contenir 32 verges ou 110 pots, ne donnent plus que 90 à 95 pots au plus; que les barrils de farines, qui doivent donner poids net 180 livres, n'en donnent plus que 140 ou 150 au plus; qu'il est arrivé que les barrils de bœuf salé, qui doivent peser 180 livres net, ont été réduits à 140; que de plus, on en tire les pièces de viande les plus apparentes, que de deux barrils on en compose trois, en les augmentant de saumure; qu'il en est de même des demi barriques et quart de lard, dont les premiers doivent peser 180 livres net, et les autres 90 livres; que récemment, sous le nom d'ancres d'eau-de-vie, qui doivent rendre 26 à 28 pots, il s'en débite des barrils de la continence de 16 pots seulement; que cette faute, soit qu'elle vienne des Armateurs, ou qu'elle se fasse à leur insu par les Capitaines qui commandent leurs Navires, est très-préjudiciable à l'intérêt public, et contre la confiance et la bonne-foi qui doivent régner dans le commerce; que de plus elle est contraire aux Ordonnances du Roi, et notamment à un Réglement de Police, fait par les Maire, Sous-Maire et Jurats-Gouverneurs de Bordeaux, du 4 Février 1719, confirmé par Arrêt du Parlement dudit lieu; que c'est presque de ce seul Port d'où on tire, pour la subsistance de ce Quartier, les vins, farines, eaux de vie, viandes salées, et autres denrées commestibles qui s'y consomment; que cette contravention est aujourd'hui poussée à un tel point, que les Capitaines desdits Navires marchands, la regardent comme chose totalement tombée en usage, qu'ils n'en peuvent plus être repris de justice; qu'enfin un plus long silence de sa part sur un pareil désordre, seroit une prévarication à son devoir, et aussi condamnable que le sont toutes les malversations qu'il vient de Nous exposer; c'est pourquoi requiert qu'il y soit par Nous pourvu.

Nous, faisant droit sur ladite remontrance, faisons très-expresses inhibitions et défenses à tous Capitaines de Navires marchands venans des Ports de France en cette rade, pour y vendre et débiter des vins, farines, eaux-de-vie et viandes salées, de diminuer les vaisseaux ou futailles destinés pour les denrées ci-dessus expliquées, et de charger des barriques de vin qui ne soient réelles, de la continence de 110 pots, ou 32 verges, les barrils de farines de 180 livres net, les demi-barrils de lard et barriques de bœuf salé, aussi de 180 livres net, les quarts de lard de 90 livres, les ancres d'eau-de-vie de 28 pots, et les demi-ancres de 14 pots, et d'en charger d'une autre continence et poids, sous peine de 1500 liv. d'amende, et de confiscation desdites barriques de vin, barrils de farine, de bœuf, demi-barriques et quarts de lard, ancres et demi-ancres d'eau-de-vie ; ce qui sera exécuté nonobstant oppositons ou appellations quelconques, et sans y préjudicier ; et afin que la présente Ordonnance soit notoire, et que personne n'en puisse prétendre cause d'ignorance, ordonnons qu'elle sera lue, publiée et affichée sur le quai de cette Ville, et autres lieux accoutumés, &c.

ORDRE des Administrateurs aux Habitans, pour réparer les retranchemens le long de la côte de Léogane.

Du 10 Novembre 1740.

CHARLES Brunier, Marquis de Larnage, &c.

Simon-Pierre Maillard, &c.

Les circonstances exigeant que la Colonie soit mise dans le meilleur état de défense qu'il est possible ; Nous ordonnons à tous MM. les Habitans de cette plaine, de réparer et perfectionner la portion qu'ils ont eue à faire au retranchement qui règne tout le long de la côte, et d'ouvrir chacun, le long de leurs portions, le chemin de communication qui doit régner en-dedans du retranchement, et là où le chemin seroit interrompu par des esterres ou lagons, sur le terrein sec, suivant qu'il sera tracé par M. Guyot, Ingénieur ; ledit chemin de communication ouvert, de façon que deux Cavaliers puissent facilement y passer de front. Ordonnons à MM. le Lieutenant-de-Roi et Major de Léogane, de tenir la main à l'exécution du présent Ordre, &c.

ARRÊT du Conseil du Cap, qui fixe les heures où l'on doit porter à manger aux prisonniers; l'entrée des Barbiers, &c.

Du 12 Novembre 1740.

VU par le Conseil, la Requête de Louis Pelletier, Concierge des prisons Royales de cette Ville; et oui le Procureur-Général du Roi, et tout considéré: LE CONSEIL ayant égard à la Requête du Suppliant, ordonne qu'aucun Barbier ne pourra entrer aux prisons du Cap, sans y être appelé par le Geolier, afin de raser seulement les prisonniers Blancs qui ne seront point accusés de crimes capitaux; enjoint aux Habitans qui enverront à manger à leurs parens et amis, de l'envoyer à midi précis jusqu'à une heure, et le soir une heure auparavant que lesdits prisonniers soient renfermés; permet au Geolier de refuser la porte desdites prisons aux Habitans du Cap seulement, depuis 11 heures du matin jusqu'à 2 heures après midi.

ARRÊT du Conseil du Cap, concernant les comptes des Marguilliers.

Du 12 Novembre 1740.

VU par le Conseil, la remontrance à lui faite par le Procureur-Général du Roi, contenant que, par l'article VIII. de la Déclaration du Roi du 7 Septembre 1723, il est ordonné que les comptes des Marguilliers seront rendus pardevant MM. de la Cour; que, comme il est de droit d'observer exactement ladite Déclaration, qui ne peut que produire un grand bien pour l'intérêt des Fabriques: A ces causes, il requéroit, &c. et tout considéré: LE CONSEIL, faisant droit sur les conclusions du Procureur-Général du Roi, a ordonné et ordonne que les comptes des Fabriques de chaque Paroisse, seront rendus à l'Œuvre de chaque Eglise, pardevant le Conseiller départi, six semaines après la sortie de charge des Marguilliers, au jour indiqué par ledit Conseiller; et en cas de contestation et de débats au sujet dudit compte, icelui, et les pièces au soutien, seront remis audit Conseiller par lesdits Marguilliers, hors les Registres de la Fabrique, qui ne pourront être déplacés, pour, sur le rapport dudit Conseiller, être ordonné par le Conseil ce qu'il appartiendra; à l'effet à l'effet de quoi ont été nommés MM. de Chavanne, pour les Paroisses du Cap et du Trou; du Rocher, pour l'Acul; de Juchereau, pour le Fort-Dauphin; Malmain, pour la Petite-Anse; Ballan, pour la plaine du Nord; d'Offémont, pour Limonade et la Grande-Rivière; Grandpré, pour le Limbé et le Port-Margot; Allain, pour le Quartier Morin; Lombard, pour le Terrier-Rouge; Fournier de la Chapelle, pour le Dondon; les Juges et les Officiers de la Jurisdiction du Port-de-Paix, pour ledit Quartier et dépendances; et sera le présent Arrêt enregistré, à la diligence des Substituts des Jurisdictions du ressort, lesquels seront tenus, chacun en droit soi, de le faire lire, publier et enregistrer par-tout où besoin sera.

ARRÊTS en Réglement du Conseil du Cap, touchant l'établissement et l'Administration de la Maison de Providence de la même Ville.

Des 12 Novembre 1740, et 7 Janvier 1741.

Du 12 Novembre 1740.

VU par le Conseil la requête à lui présentée par le sieur Louis Turc de Castelveyre, contenant qu'ayant été élevé dans de grands sentimens de charité pour les pauvres, il s'étoit employé dès sa jeunesse à leur procurer tous les soulagemens que ses facultés pouvoient lui permettre; que les motifs qui le faisoient agir parurent si désintéressés, qu'il fut jugé digne, en Canada où il a demeuré, d'être mis à la tête des Frères Hospitaliers de la Croix de Saint Joseph, établis dans ce pays, dont l'institut étoit de soigner les pauvres et les orphelins; qu'il y auroit rempli pendant un certain tems ce poste à la satisfaction du public; qu'il l'avoit quitté au regret de tous les pauvres, et avec l'agrément de MM. les Supérieurs, comme il le justifioit par leurs certificats; qu'il n'avoit passé dans cette isle que dans la vue de contribuer à un pareil établissement; qu'aussitôt qu'il y fut arrivé, en attendant qu'il se présentât une occasion favorable pour faire connoître et mettre à exécution son dessein, il s'étoit d'abord appliqué à donner l'éducation nécessaire à grand nombre d'enfans dont les pères et mères n'avoient pas les facultés suffisantes de les envoyer en France, en leur apprenant à lire et à écrire, et en leur enseignant les principes de notre Sainte Religion; qu'il n'avoit pas été long-tems sans s'appercevoir que plusieurs personnes infirmes, soit gens établis au pays, soit gens qui y arrivent, languissoient et erroient de côté et d'autre sans beaucoup de soulagement; que ce spectacle l'avoit engagé à allier les soins qu'il prenoit pour l'éducation de la jeunesse, à ceux que demandent ces sortes de gens; que dès-lors il avoit pensé à leur procurer un refuge et un asyle dant sa propre maison, qu'il en avoit retiré plusieurs chez lui avec l'approbation du R. P. Levantier, qu'il les y couchoit, nourrissoit, blanchissoit, et pansoit lui-même leurs plaies; qu'enfin il leur procuroit tous les soulagemens que sa charité lui suggéroit jusqu'à ce qu'ils fussent entièrement rétablis; qu'un établisement de cette nature conduit à sa perféction, ne pouvoit être dans cette Colonie que d'une grande utilité; que la Religion et l'ordre de la police temporelle y étoient également intéressés; par rapport à la Religion, que ces maisons sont des asyles pour les pauvres, qu'ils y trouvent des instructions chrétiennes, qu'ils fuyent les occasions du vice, et sont en état de penser à l'unique affaire des hommes, qui est leur salut; que quant à la police temporelle, ceux que l'on recevoit dans ces établissemens, étoient retirés de la nécessité de mandier leur pain et de la fénéantise, qui multiplient le larcin, les vols et les meurtres; qu'une infinité d'ouvriers nécessaires qui restent dans cette oisiveté criminelle, parce qu'ils trouvent une ressource plus sûre dans les bienfaits des personnes charitables que dans ce qu'ils pourroient gagner en travaillant, sont rappelés et restitués à leur état naturel; que cette Colonie naissante avoit d'autant plus besoin dans la dépendance du Cap de cet établissement, que la plupart des personnes qui y arrivent y viennent dénuées de tous secours, qu'elles tombent aussitôt malades et meurent faute de soulagement; que Sa Majesté avoit senti Elle-même la nécessité de cet établissement, par sa Déclaration du 18 Juillet 1724, donnée à Chantilly, enregistrée au Parlement de Paris le 26 du même mois, qui avoit ordonné qu'il seroit établi dans chaque Ville de son Royaume au moins un Hôpital à peu-près semblable à celui qui est proposé, que ce ne seroit que satisfaire son intention si celui-ci étoit approuvé; que l'Hôpital de la Charité ne pouvoit point être un obstacle pour cet établissement, qu'il étoit destiné pour les Troupes du Roi et pour les Matelots des Navires qui viennent commercer dans cette Ville; que peu de mendians et de vagabonds y étoient reçus, et que ce seroit d'ailleurs surcharger cet Hôpital que de l'obliger à les retirer; que le Suppliant a pu se flatter que cet établissement seroit agréable à la Cour, mais que comme le nombre des pauvres auxquels il donne asyle devient de jour en jour plus considérable et qu'il y a apparence qu'il augmentera encore davantage par la suite ; qu'enfin, un pareil établissement ne pouvoit plus se soutenir sans l'autorité du Prince, et les secours charitables des honnêtes gens de cette Colonie, qu'il ne croyoit pas devoir aller plus avant ; au contraire, qu'il sentoit que son devoir l'obligeoit à recourir à l'autorité de la Cour, et de ne plus différer à lui manifester ses sentimens ; que ses intentions étoient de se consacrer pendant le reste de sa vie à cet établissement, sans autre récompense que le plaisir de pouvoir être de quelque utilité dans une telle occasion ; qu'il avoit acquis, pour commencer cet établissement, trois emplacemens dans les marécages de cette Ville, le premier, du sieur Arnaud, par contrat, au rapport de Mes Gotereau et Auriol, Notaires, en date du 23 Février 1739, pour la somme de 1200 liv. qui étoit acquittée ; le second du sieur Ducasse, par acte sous signature privée en date du 23 Novembre 1739, pour une somme de 300 liv. qui avoit été pareillement acquitée ; et que le troisième, il l'avoit obtenu par concession de MM. les Général et Intendant, du 18 Décembre 1739 ; qu'il déclare donner et abandonner ces emplacemens et les autres effets mobiliers qu'il pouvoit avoir dans le pays, pour servir à l'établissement de la maison en question, soit pour les vendre, soit pour les mettre à loyer au profit des pauvres, ainsi que la Cour le jugeroit à propos ; et que pour accepter et recevoir cette donation dans les formes prescrites, il la supplioit d'y vouloir autoriser M. le Procureur-Général ; qu'outre ces acquisitions, il s'étoit rendu adjudicataire, à la persuasion de M. le Normand de Mézy, Commissaire-Ordonnateur, et de M. de Juchereau de St. Denis, Procureur-Général, de la petite habitation de feu M. Asselin, située dans le Morne du Cap, pour la somme de 14,840 liv., payable un tiers comptant, et les deux autres tiers dans huit mois, somme qui n'étoit point acquittée, mais qui devoit l'être par les secours dont ces MM. l'avoient flatté ; qu'il étoit encore prêt d'en faire la cession au profit des pauvres, avec les mêmes formalités ; que c'étoient là ses intentions, et en quoi il pouvoit contribuer pour la perfection de cette maison, que les honnêtes gens devoient contribuer au reste ; qu'au surplus la Cour étoit la maîtresse de changer, si elle le jugeoit à propos, la destination que le Suppliant a prescrite à cet établissement, et dont il avoit donné une légère idée exposée en sa Requête ; que soit que cette destination soit trop reserrée, soit qu'il fallût l'étendre ou la diminuer, il se soumettroit aveuglément à tout ce que la Cour souhaiteroit, et à tel genre de direction qu'elle y donneroit, dès-lors que la charité envers les pauvres y auroit part ; qu'il y avoit différentes maisons établies en France, les unes pour des maladies qu'on peut guérir, les autres pour des maux incurables, d'autres pour des enfans exposés orphelins, d'autres pour des passans, et enfin pour des vieillards et d'autres sortes de pauvres ; que la Cour pouvoit choisir, et que tous ces établissemens conviennent au pays ; que dans l'espoir qu'il avoit que la Cour auroit agréable ses propositions, il requéroit qu'il lui fut donné acte de ses offres et de ses propositions ; y ayant égard, approuver l'établissement en question, sous le bon plaisir du Prince, et de MM. les Général et Intendant ; qu'il fût nommé des Commissaires pour désigner quelle seroit l'espèce et la nature de la maison en question, et les regles et la manière dont elle seroit régie et gouvernée ; ordonner que M. le Procureur-Général demeureroit autorisé à accepter les donations et cessions énoncées en sa Requête, au profit de ladite maison, pour en jouir par elle à l'avenir comme de chose à elle appartenante ; requérant au surplus les conclusions et le ministère de M. le Procureur-Général : ladite Requête signée Castelveyre, et tout considéré : LE CONSEIL a donné acte au Suppliant des offres et propositions énoncées en sa Requête, et y ayant égard, approuve, sous le bon plaisir du Roi, l'établissement dont est question, et en conséquence ordonne que le Procureur-Général demeurera autorisé à accepter les donations et cessions faites au profit dudit établissement, et mentionnées en ladite Requête ; et pour désigner les règles et statuts qu'il conviendra d'observer dans la maison dudit établissement, a commis et commet MM. Allain et Lombart, Conseillers, pour, sur leur rapport, et les conclusions du Procureur-Général du Roi, être ordonné ce qu'il appartiendra.

Du 7 Janvier 1741.

Vu par le Conseil l'Arrêt rendu le 12 Novembre dernier, sur la Requête du sieur Louis Turc de Castelveyre, tendante, &c. Vu aussi l'acte passé pardevant Me Anriol, Notaire du Cap, le 15 Novembre dernier, et insinué le lendemain, par lequel ledit sieur Turc de Castelveyre auroit fait don et cession, au profit dudit établissement, des biens, meubles et immeubles qu'il possédoit en cette Colonie, ce qui a été accepté par ledit Procureur-Général ; et oui le rapport desdits Conseillers-Commissaires, et le Procureur-Général, et tout considéré, LE CONSEIL a fait, sous le bon plaisir du Roi, le Réglement suivant.

ART. I. La maison en question sera nommée *Maison de Providence*, et demeurera sise et située au Cap, sur l'habitation qui a été acquise par le sieur Turc de Castelveyre, et par lui cédée pour l'établissement de ladite maison, par acte passé avec le Procureur-Général du Roi, devant Me Auriol, Notaire au Cap, le 15 Novembre dernier, et sera ladite maison capable de recevoir toutes donations, legs, fondations et autres libéralités, à l'effet de quoi pourront les Administrateurs de ladite maison, faire toutes acceptations nécessaires; et pour reconnoître la libéralité des bienfaiteurs, leur nom sera transcrit dans un tableau qui sera placé dans l'endroit le plus apparent de ladite maison.

ART. II. Les enfans pauvres de la ville et dépendances du Cap, seront reçus dans ladite maison, où il leur sera montré des métiers, et les enfans qui auront appris un métier, n'en pourront sortir avant l'âge de 20 ans.

ART. III. Les hommes hors d'état de gagner leur vie, par leur vieillesse ou infirmités, seront reçus aussi dans ladite maison, ainsi que les pauvres trouvés mendians dans la ville et aux environs, qui y seront conduits, et tous travailleront aux travaux et ouvrages utiles à ladite maison, suivant leurs talens et leurs forces.

ART. IV. Y seront aussi reçues les personnes qui, arrivant de France, se trouveront sans asyle et sans secours pour subsister; elles y resteront jusqu'à ce qu'on ait trouvé à les placer, et en attendant elles seront occupées dans ladite maison aux ouvrages auxquels elles seront propres.

ART. V. Seront encore reçus, dans ladite maison, les malades d'épilepsie et autres maux incurables, et placés dans un endroit séparé; et en cas que parmi ces malades il se trouve des étrangers, ils ne resteront dans ladite maison que jusqu'à ce qu'on puisse les renvoyer à l'hopital le plus proche de leur patrie.

ART. VI. Tous les pauvres et autres qui seront reçus dans ladite maison, seront tenus de déclarer à l'hospitalier, en y entrant, leur nom, surnom, celui de leurs père et mère, âge, profession, le lieu de leur naissance et religion, ce qui sera mis jour par jour, sur un registre que ledit hospitalier tiendra à cet effet, et qui sera coté et paraphé par le Président du Conseil, sur lequel registre, l'hospitalier sera aussi tenu de faire mention de la sortie d'un chacun, ainsi que du lieu où chacun aura été placé.

ART. VII. Les mendians qui auront été placés chez les habitans en sortant de ladite maison, et qui seront surpris en demandant l'aumône, seront reconduits dans ladite maison, où ils ne serons nourris qu'au pain et à l'eau pendant deux mois, et subiront plus grosse peine en cas de récidive.

Art. VIII. L'hopitalier veillera exactement à ce que tous ceux qui seront reçus dans ladite maison, remplissent leurs devoirs de religion, et il informera le Curé de la Paroisse de ceux qui y manqueront.

Art. IX. La Prière se fera régulièrement deux fois par jour, celle du matin à cinq heures et demie en été, et à six heures en hiver, et celle du soir à huit heures, tant en été qu'en hiver, auxquelles prières seront tenus d'assister tous ceux qui seront dans ladite maison.

Art. X. En attendant qu'il y soit établi une Chapelle, les pauvres seront conduits, les jours de Fêtes et Dimanches, à la Paroisse, pour y entendre la Messe; et à l'égard des Vêpres, elles seront chantées dans ladite maison, et y sera fait aussi un Catéchisme pour les enfans et autres qui auront besoin d'instruction.

Art. XI. Sera donné, à huit heures du matin, à déjeûner du pain, à tous ceux qui seront reçus dans ladite maison; à onze heures et demie à dîner, de la soupe et du bouilli; à sept heures du soir, pareillement à souper de la soupe et du bouilli, ou de la grillade de la viande du midi, pour les jours gras; et les jours maigres il sera donné de la soupe, du poisson et des légumes; sera aussi donné pour goûter, à trois heures et demie après midi, du pain aux enfans; le tout de bonne qualité et en quantité proportionnée à l'âge et au travail d'un chacun.

Art. XII. L'habillement des pauvres invalides et incurables qui seront reçus dans ladite maison, consistera en un chapeau, chemise et culotte de toile de brin; mouchoir, bas et souliers ou galoches, avec une veste croisée, de gros drap bleu, le tout entretenu en bon état, et sera donné du linge à changer deux fois par semaine.

Art. XIII. Pour l'administration et régie des affaires de ladite maison, et de tout ce qui la concerne, il sera nommé par le Conseil, deux Administrateurs, qui seront tenus alternativement de faire tous les jours une visite dans ladite maison, l'un desquels, en qualité de Receveur, sera chargé des deniers de la recette et de faire des payemens, le Curé de la Paroisse du Cap sera en outre Administrateur honoraire de ladite maison.

Art. XIV. Il sera nommé aussi et établi par ledit Conseil, un hospitalier et un sous-hospitalier, dont le tems et l'exercice ne seront point limités, à l'effet de régir et gouverner l'intérieur de ladite maison, sous l'inspection et l'autorité des Administrateurs.

Art. XV. Les Administrateurs seront tenus de faire, ou faire faire tous les deux mois, une quête dans la ville et dépendances du Cap, pour ladite maison, jusqu'à ce qu'elle soit rentée, et ait des biens suffisans pour soutenir sa dépense.

ART. XVI. Le premier et le plus ancien Administrateur sera chargé de faire la régie et administration de tous les biens appartenans ou qui appartiendront à l'avenir à ladite maison, et fera les achats des vivres, ustensiles, et de tout ce qui sera nécessaire pour l'entretien de ladite maison.

ART. XVII. Il fera aussi les marchés pour les bâtimens et ouvrages qu'il conviendra de construire pour son établissement et utilité, ainsi que pour les réparations qu'il y aura à faire dans la suite, sur lesquels ouvrages et réparations il sera tenu d'en délibérer auparavant avec les deux autres Administrateurs, et de se faire autoriser par le Conseil.

ART. XVIII. Fera ledit Administrateur, toutes les diligences et poursuites nécessaires, à l'effet de parvenir au recouvrement de ce qui sera dû et échu à ladite maison, pour legs, donations, ou autrement, lesquelles diligences et poursuites ne pourront cependant être faites qu'en conformité de la délibération qui en sera prise entre les trois Administrateurs, ainsi que pour l'acceptation de legs, fondations et donations.

ART. XIX. Tous les payemens concernant les dépenses de ladite maison, de quelque nature qu'elles soient, seront faits sur les états ou mémoires certifiés de l'hospitalier, et sur les mandats du premier Administrateur, lesquels mandats, accompagnés desdits états ou mémoires, l'Administrateur-Receveur sera tenu d'acquitter.

ART. XX. L'Administrateur-Receveur tiendra trois registres, qui seront cotés et paraphés par le Président du Conseil; le premier, pour y porter les délibérations qui seront prises entre les trois Administrateurs, le second pour y transcrire journellement sa recette, et le troisième pour y porter à fur et mesure les payemens qu'il fera.

ART. XXI. Son exercice ne pourra durer plus de trois années; et il sera tenu de rendre les comptes de sa gestion tous les ans, un mois après l'expiration de chaque année, pardevant les Commissaires que le Conseil nommera pour les arrêter; ne pourra non plus, le premier Administrateur, rester en charge plus de trois années.

ART. XXII. Il sera dressé, sous deux mois de la date du présent Réglement, par les Administrateurs, en présence de deux Conseillers du Conseil, et du Procureur-Général, un inventaire général de tous les biens meubles et immeubles, titres et papiers appartenans à ladite maison, lequel sera signé par lesdits Administrateurs, lesdits Conseillers et le Procureur-Général, et duquel inventaire sera fait deux expéditions, pour, l'une avec les titres et papiers, être remise au premier Administrateur, et la seconde déposée au Greffe du Conseil, lequel inventaire sera renouvelé à chaque changement de premier Administrateur.

ART. XXIII. Il sera aussi fait un inventaire particulier des meubles et ustensiles de ladite maison, desquels l'hospitalier demeurera chargé, et en sera fait deux expéditions signées du premier Administrateur et de l'hospitalier, l'une pour ledit Administrateur, et l'autre pour ledit hospitalier, duquel sera fait tous les ans récollement.

ART. XXIV. Il sera établi dans ladite maison un tronc pour y recevoir les aumônes du public, sur lequel tronc il y aura trois clefs, dont la première restera entre les mains du premier Administrateur, la seconde entre les mains de l'Administrateur-Receveur, et la troisième entre les mains de l'hospitalier.

ART. XXV. Sera pareillement établi un tronc dans l'Eglise du Cap, et dans chacune des Eglises des Paroisses, du ressort du Conseil, sur lesquels troncs, il y aura aussi trois clefs, dont deux pour les deux Administrateurs, et la troisième pour le premier Marguillier de chaque Paroisse.

ART. XXVI. Et sera le présent Reglement envoyé dans les Jurisdictions ressortissantes dudit Conseil, pour y être enregistré, lû, publié et affiché.

ARRÊTS du Conseil du Cap, touchant les réparations de la Fontaine de la Place d'Armes de la même Ville.

Des 7 Décembre 1740, 7 Janvier et 9 Mars 1741.

Le premier de ces Arrêts ordonne que, par les sieurs la Chay et Viau, que le Conseil nomme d'office pour Experts, et en présence de M. Fournier de la Chapelle, Conseiller, il sera fait un rapport des réparations nécessaires.

Le second ordonne les réparations constatées.

Et le dernier, qu'elles seront acquittées sur les fonds destinés aux ouvrages publics.

ARRÊT

ARRÊT du Conseil du Cap, qui ordonne que deux Arrêts précédens, relatifs à la levée des droits pour les frais de la Maréchaussée, seront enregistrés sur le Registre de la Paroisse du Trou.

Du 9 Décembre 1740.

VU la remontrance du Procureur-Général du Roi, contenant qu'il auroit envoyé dans les Jurisdictions les deux Arrêts des 6 Août 1739, et 4 Octobre 1740, pour être enregistrés dans les Paroisses, ce qui n'auroit pu être exécuté dans celle de Saint Jean-du-Trou, malgré la réquisition qu'en a faite le Substitut du Procureur-Général du Roi, au Siége du Fort-Dauphin, sous le frivol prétexte que l'art. III. de leurs statuts, y étoit opposé, dont ladite Paroisse n'auroit cependant voulu donner aucun acte de son refus, quoiqu'il lui eût demandé, s'étant seulement contentée de donner copie collationnée dudit article par le Marguillier en charge; que comme cette désobéissance étoit attentatoire à l'autorité de la Cour : A ces causes, ledit Procureur-Général du Roi requéroit, &c. Tout considéré; LE CONSEIL, sans avoir égard audit art. III. des Statuts de la Paroisse du Trou, a ordonné et ordonne que le Marguillier en charge enregistrera sur le registre des délibérations d'icelle, les deux Arrêts des 6 Août 1739, et 4 Octobre 1740, et ce en présence dudit Substitut du Procureur-Général; et en cas de refus par ledit Marguillier, en sera, par ledit Substitut, dressé procès-verbal, pour ce fait et rapporté à la Cour, être ordonné ce qu'il appartiendra.

LETTRE du Ministre à M. de Larnage, qui décide que le droit de demi pour cent sur les Négres, est attaché au Commandement, et non à l'Etat-Major.

Du 30 Décembre 1740.

J'Ai rendu compte au Roi de la contestation d'entre les sieurs Rance et Binau, au sujet du droit de demi pour cent sur les Négres qui ont été introduits à Léogane, pendant la vacance de la Lieutenance de Roi et de la Majorité de cette Place; et sur l'examen des raisons respectives que ces deux Officiers ont alléguées pour fonder la réclamation qu'ils ont faite de part et d'autre, du produit de ce droit pendant cet intervalle, S. M. m'a ordonné de vous faire savoir que c'est le sieur de Rance qui en doit jouir, et à qui vous devez le faire remettre; le sieur Binau s'est en effet trompé, lorsqu'il a cru que le droit de demi pour cent sur les cargaisons des Négres, étoit du nombre de ceux qui sont attachés à l'Etat-Major des Places; lorsque le Roi a bien voulu permettre la perception des deux pour cent sur ces cargaisons, ça été par le même motif pour lequel le commerce les a offerts, c'est-à-dire, en considération de la protection dont le commerce peut avoir besoin, et c'est dans cet objet que le partage en est fait entre le Gouverneur-Général, l'Intendant et le Gouverneur-Particulier, ou l'Officier commandant au défaut de celui-ci: ensorte que, lorsqu'un Major se trouve dans le cas de jouir du demi pour cent, ce n'est pas précisément en sa qualité de Major, mais comme Commandant, puisque ce n'est que sous ce dernier titre qu'il est en droit de donner protection au commerce, et qu'il ne pourroit pas s'en mêler autrement. En un mot, ce droit est attaché au commandement et non à l'Etat-Major. Or, il est sans difficulté qu'au défaut de Lieutenant de Roi et de Major de Léogane, c'est le premier Capitaine de la garnison qui doit avoir le commandement qui appartiendroit à l'un de ces deux Officiers, s'il y étoit. Ainsi le sieur de Rance étant dans ce cas là, il a été bien fondé à prétendre le droit en question.

Pour extrait, Signé LARNAGE.

LETTRE du Ministre à M. l'Intendant, touchant l'enregistrement des Lettres de Noblesse, et une exception faite en faveur d'un Gentilhomme d'une naissance connue.

Du 30 Décembre 1740.

SUR le compte que j'ai rendu au Roi, de l'observation que vous avez faite au sujet de l'exemption dont M. Dampus a joui comme Gentilhomme depuis qu'il est à St. Domingue, Sa Majesté a approuvé que vous ayez passé cette exemption dans le compte que vous avez arrêté pour l'Octroi de 1735, et Elle m'a ordonné de vous dire que son intention est que M. Dampus continue d'en jouir, quoiqu'il n'ait pas fait enregistrer ses titres au Conseil Supérieur; sa noblesse est en effet assez connue, pour pouvoir le dispenser de cette formalité; mais il ne faut cependant point que cet exemple puisse tirer à conséquence pour d'autres personnes, et Sa Majesté souhaite que vous teniez exactement la main à l'exécution de la regle établie sur cette matière.

Pour copie, *Signé* MAILLARD.

R. au Conseil de Léogane le 2 Mai 1741.

ORDRE du Gouverneur-Général, qui établit M. Binau de la Saline en qualité de Commandant pour le Roi des Quartiers du Cap Dame-Marie, du Cap Tiburon, de la Grande-Anse, et de toute la côte comprise depuis les Caymites jusqu'au Cap Tiburon.

Du 2 Janvier 1741.

ARRÊT du Conseil du Cap, contenant Réglement pour les fonctions du Syndic des Religieuses de la même Ville.

Du 7 Janvier 1741.

VU par le Conseil, l'Arrêt du 12 Novembre dernier; le réquisitoire du Procureur-Général du Roi, tendant à ce que le sieur Ytier, ci-devant Syndic des Religieuses de Notre-Dame, établies au Cap, ayant été déchargé de son Syndicat, il fût nommé par ledit Conseil, conformément à l'art. II. des Lettres-Patentes du Roi, concernant l'établissement desdites Religieuses, un autre Syndic au lieu et place dudit sieur Ytier, et fait en même-tems par le Conseil, un Réglement qui détermine les fonctions dudit Syndic, par rapport à la régie et administration du temporel desdites Religieuses, par lequel Arrêt auroit été nommé et commis le sieur Bonneau, Négociant et Bourgeois de cette ville, pour remplir ledit Syndicat, et commis MM. de Chavanne et Lombart, Conseillers, aux fins dudit Réglement; et oui le rapport desdits Conseillers commis et le Procureur-Général, le Conseil a fait et arrêté, sous le bon plaisir du Roi, le Réglement suivant.

ART. I. Il sera fait par le Syndic un inventaire exact de tous les biens meubles et immeubles, papiers et titres, et généralement de tout ce qui appartient à la communauté desdites Religieuses en cette Colonie, pour ce qui concerne le dehors de la maison; et quant aux meubles de l'intérieur d'icelle, il en sera donné un état certifié de la Supérieure, pour être joint audit inventaire, lequel inventaire sera fait en présence du Procureur-Général, et du Curé de la Paroisse, signé d'eux et du Syndic, et en sera fait deux expéditions, dont l'une restera entre les mains de la Supérieure, et l'autre entre les mains du Syndic, lequel inventaire sera renouvelé à chaque changement de Syndic.

Art. II. Le Syndic fera la recette de tous les revenus de ladite Communauté, des pensions des Pensionnaires, des legs, donations, et de toutes les sommes ou effets dont ladite Communauté pourra être favorisée, laquelle recette, de quelque nature qu'elle puisse être, ledit Syndic portera exactement, et par date, sur un registre qui sera coté et paraphé par le Président du Conseil.

Art. III. Il fera les achats des vivres, provisions, marchandises, ustensiles, et de tout ce qui sera nécessaire pour la Communauté, de l'aveu ou à la demande de la Supérieure; et comme il y a journellement divers menus achats à faire pour les besoins de ladite Communauté, dans lesquels le Syndic ne peut entrer; ledit Syndic remettra tous les mois à la Religieuse Dépositaire, sur son récépissé, une somme d'argent, que le Conseil laisse à fixer, quant à présent, à la prudence de la Supérieure.

Art. IV. Le Syndic passera tous les actes et contrats nécessaires pour les maisons et emplacemens qu'il conviendra d'acquérir dans la ville du Cap, pour l'établissement de ladite Communauté; lesquelles acquisitions ne pourront être faites qu'avec la permission du Gouverneur et Commissaire-Ordonnateur du Cap, approuvée du Gouverneur-Général et Intendant de cette Colonie, et du consentement et aveu de la Supérieure et des Religieuses, qui seront à cet effet capitulairement assemblées; défend le Conseil Supérieur audit Syndic de passer aucun contrat, ni faire aucun acte pour les acquisitions mentionnées au présent art., si au préalable il n'a obtenu lesdites permissions et approbations, sous peine de nullité.

Art. V. Il fera aussi, de l'aveu de la Supérieure et des Religieuses capitulairement assemblées, tous les marchés et conventions pour l'achat des matériaux, réparations et construction de bâtimens nécessaires pour le logement des Religieuses, celui des Pensionnaires, et besoins de la Communauté; il ne pourra néanmoins faire construire de bâtimens ni faire faire aucuns gros ouvrages excédant la somme de 1000 liv. sans en avoir auparavant fait approuver les plans et devis par le Gouverneur et Commissaire-Ordonnateur du Cap.

ART. VI. Passera pareillement, ledit Syndic, tous les actes pour ferme d'habitations, loyer des maisons et Négres appartenans à ladite Communauté, et fera aussi toutes les poursuites et diligences nécessaires pardevant qui il appartiendra, tant pour le recouvrement de ce qui pourra être dû à ladite Communauté de ses revenus, que pour pensions des Pensionnaires, legs, donations, ou autrement, et généralement pour tout ce qui pourra être de l'utilité de ladite Communauté, et le soutien de ses droits.

ART. VII. Fera ledit Syndic tous les payemens pour achats de provisions, acquisitions de maisons et emplacemens, constructions de bâtimens, réparations, et pour tout ce qui concernera la dépense de ladite Communauté, lesquels payemens seront faits sur la représentation des comptes ou mémoires contenant la nature et quantité de la dépense, visés de la Supérieure, et seront lesdits payemens insérés par ledit Syndic, date par date, sur un registre qu'il tiendra à cet effet dans la forme de celui de sa recette.

ART. VIII. Le Syndic tiendra encore un autre registre sur lequel il inscrira à fur et mesure, les noms des Pensionnaires, avec le jour de leur entrée et sortie, et le prix de la Pension de chacune.

ART. IX. Il rendra compte de sa gestion, un mois après son exercice fini, pardevant les Commissaires et personnes nommées par l'art. II. des Lettres-Patentes du Roi, du mois de Novembre 1731, et le débet de chaque compte sera remis au nouveau Syndic qui s'en chargera.

RÉGLEMENT des Administrateurs, au sujet des Étrangers, et des Cabaretiers et Hôteliers qui les logent.

Du 9 Janvier 1741.

CHARLES Brunier de Larnage, &c.

Simon-Pierre Maillart, &c.

La vaste étendue de cette côte donnant une facilité à toutes sortes d'Etrangers et gens inconnus, de se glisser dans le pays à notre insçu, et à celui des Gouverneurs et Commandans pour le Roi, Nous avons cru devoir prendre les plus justes mesures pour y remédier, et pour que l'on soit informé, non-seulement des Etrangers, mais encore quels sont les François qui arrivent journellement dans cette Isle, afin de Nous mettre par ce moyen en état de prévénir et réprimer les entreprises qui pourroient être tentées, soit par rapport au commerce prohibé, soit par rapport au service du Roi. A ces causes, Nous avons ordonné ce qui suit.

Art. I. Aucun Etranger ne pourra séjourner, à l'avenir, dans cette Colonie, sous quelque prétexte que ce puisse être, sans avoir, dès son arrivée, obtenu notre permission par écrit, ou celle des Officiers commandans pour le Roi, et ce sous les peines portées ci-après, à l'exception néanmoins des Etrangers qui y sont actuellemant établis, ou des Matelots qui se trouvent employés sur les Rôles d'Equipages expédiés dans les Ports de France, des Bâtimens mouillés dans les Ports ou Rades de cette Isle.

Art. II. Les permissions qui seront accordées, soit par Nous, soit par les Officiers-Commandans, contiendront les noms, qualités et pays des personnes arrivées, les noms des Bâtimens sur lesquels elles auront passé dans cette Isle, et les raisons et affaires pour lesquelles elles auront dit y être venues : lesdites permissions seront accordées sur l'extrait des Rôles certifiés par les Officiers préposés aux classes.

Art. III. Les Etrangers auxquels il aura été permis par Nous ou par les Commandans, de séjourner en quelque lieu de cette Isle, ne pourront quitter ce lieu pour aller dans un autre, sans en avoir obtenu une nouvelle permission au dos de la première, et seront encore tenus de rapporter le certificat ou visa des Officiers-Commandans pour le Roi, ou des Officiers de Milices, des lieux où il leur aura été permis d'aller, comme ils y auront effectivement été, à peine, dans le cas où lesdits étrangers se trouveront avoir voyagé dans d'autres lieux, sans être munis d'une nouvelle permission, ou qui en étant munis auront excédé le tems ou le lieu fixé par leur séjour, ou qui enfin reviendront sans apporter ledit certificat des Commandans pour le Roi, ou Officiers de Milices, de chacun des lieux où ils auront été, à peine d'être arrêtés et conduits à leurs frais dans les plus prochaines prisons, dont ils ne pourront être relâchés sous tel prétexte que ce puisse être, que pour être embarqués pour France.

Art. IV. Défendons à toutes personnes, de quelque qualité et condition qu'elles soient, mais spécialement à tous Hôteliers, Cabaretiers, Traiteurs et Aubergistes des Villes, Bourgs, et dans la Campagne, de loger, héberger, ni retirer aucune personne de telle nation qu'elle puisse être, même de la Nation Françoise, sans aller sur le champ en avertir MM. les Commandans et le Procureur du Roi, ou autre Officier de la Police, à qui ils rendront compte du nom, de l'état, et de la Personne arrivée, à peine contre lesdits Hôteliers, Cabaretiers, Traiteurs ou Aubergistes qui les auront logés sans en avertir, de payer 500 liv. d'amende applicable moitié à l'Hôpital, et l'autre moitié à la réparation des ouvrages publics, et de huit jours de prison.

Défendons en outre à toutes personnes autres que les Cabaretiers, Traiteurs, &c., de retirer et loger aucun Etranger non muni des permissions des Commandans, ni même aucun voyageur François inconnu qui n'aura pas un Passeport des Officiers-Commandans ou Officiers Particuliers, sous les peines et Ordonnances du Roi.

Les amendes ci-dessus mentionnées, seront prononcées par les Juges des lieux, à la diligence des Procureurs du Roi; n'entendons néanmoins comprendre dans la disposition du présent article, ni assujétir à la nécessité desdites permissions, les Officiers Mariniers et Navigateurs de la Nation Françoise, dont il sera connu que les Bâtimens seront mouillés dans les Ports et Rades de cette Colonie.

Art. V. Il sera fait par les Procureurs du Roi et Officiers chargés du soin de la Police, de fréquentes et exactes perquisitions chez tous les Hôteliers, Cabaretiers et Aubergistes, à l'effet de savoir, par la connoissance qu'ils prendront des personnes qui se trouveront logées chez eux, si la présente Ordonnance est régulièrement exécutée, de faire punir les contrevenans; pareilles perquisitions pourront même être faites chez tous autres que les Hôteliers, Cabaretiers, Traiteurs et Aubergistes, mais seulement en vertu d'ordre de Nous, des Gouverneurs ou Officiers-Majors, Commandans, lorsqu'il y aura lieu de soupçon; ordonnons aussi que tous Matelots Anglois, qui se trouveront errans dans le pays, seront sur le champ arrêtés et conduits dans la plus prochaine prison, et embarqués sur le premier Vaisseau pour France.

Art. VI. Ordonnons enfin à tous MM. les Gouverneurs, Officiers-Majors et Commandans, et Officiers chargés de la Police, de tenir, chacun en droit soi, la main à l'exécution de la présente Ordonnance; enjoignons spécialement aux premiers, de veiller à ce que, par les Commandans et Officiers de Milices, ainsi que par les Officiers de la Maréchaussée, tous les gens inconnus et sans aveu, de quelque nation qu'ils soient, qui se trouveront dans les chemins sans être munis de la permission de quelque Commandant pour le Roi ou Officier de Milices, ainsi que par les Officiers du Quartier, soient, sans aucune exception, arrêtés et conduits dans les plus prochaines prisons, pour en être par Nous ordonné, ou par les Commandans.

Sera notre présente Ordonnance enregistrée aux Conseils Supérieurs de cette Colonie, lue, publiée et affichée par-tout où besoin sera, et même à la tête des Milices assemblées aux premieres revues. Donné à Léogane, &c.

R. au Conseil de Léogane, le 10 Janvier 1741.
Et à celui du Cap, le 7 Février suivant.

ARRÊT en Réglement du Conseil de Léogane, pour la perception du droit de deux pour cent, sur le produit des Ventes et Baux Judiciaires.

Du 13 Janvier 1741.

Ce Réglement ne diffère de celui du Conseil du Cap sur la même matière, en date du 10 Septembre 1740, qu'en ce que la perception du droit est donnée au Receveur des amendes, avec cinq pour cent de commission seulement.

ARRÊT du Conseil de Léogane, portant imposition de 3 livres par tête de Négres pour la Maréchaussée.

Du 13 Janvier 1741.

LE CONSEIL faisant droit à la remontrance du Procureur Général du Roi; oui le rapport de M. Branda, Conseiller séant, et s'étant fait donner lecture, par le Greffier de la Cour, du Réglement portant établissement d'une Maréchaussée, en date du 17 Janvier 1739, par lequel on dit que Sa Majesté sera suppliée d'agréer et confirmer les articles y portés, et de vouloir contribuer en partie à la dépense nécessaire pour l'exécution dudit Réglement, laquelle a été suspendue jusqu'à ce jour, en attendant les ordres de Sa Majesté; et MM. les Général et Intendant ayant pris la parole, et remontré que l'établissement et l'exercice desdites Maréchaussées, tel qu'il est ordonné par ledit Réglement, étant devenu, par les circonstances des tems, d'une nécessité indispensable pour la sûreté publique, il convenoit de procéder tout présentement à l'imposition et levée nécessaire, pour payer les employés auxdites Maréchaussées, et les mettre

mettre en fonction, assurant la Cour que ledit Réglement et l'imposition qui sera faite pour l'exécution, seront également approuvés de Sa Majesté. Sur cette assurance, le Conseil, souhaitant donner de plus en plus des preuves de son attachement au bien du service, à la sûreté et police de cette Colonie, a ordonné et ordonne que, pour la présente année 1741, il sera levé par le Receveur 3 liv. par tête de Négres payant droits, laquelle levée sera faite sur le recensement de 1740.

Qu'il sera par le Greffier de la Cour, délivré audit Receveur une expédition dudit Réglement, portant établissement d'une Maréchaussée, auquel le Receveur se conformera pour le paiement des Officiers et Archers y employés; que ledit Receveur, dans la publication et affiche qu'il fera faire incessamment du présent Arrêt, pendant trois Dimanches consécutifs, issue de la grand'Messe Paroissiale, aux portes de toutes les Eglises et Paroisses du ressort, sera tenu d'indiquer le nom et la demeure du Receveur particulier qu'il commettera dans chacune desdites Paroisses, pour recevoir le montant de ladite imposition; que, pour éviter les inconvéniens qui résultent du retardement de la perception des droits, si, comme par le passé, le Receveur étoit obligé d'aller chez chaque Habitant, et sur le refus d'user du ministère des Huissiers, les Débiteurs, de quelque qualité et condition qu'ils soient, seront tenus de porter au plus tard après les trois publications du présent Arrêt, le montant de ce qu'ils devront, tant pour la présente imposition, que sur les anciens états des restans à payer; que, pour de plus en plus assujétir les Débiteurs desdits droits à l'exécution de l'article ci-dessus, ils seront tenus de payer le double de leur contingent, si après quatre mois, à compter du jour des publications ci-dessus ordonnées, ils n'ont pas porté chez le Receveur le montant de leurs taxes; que, pour prévenir l'inconvénient de la perte des quittances que donnoit ci-devant le Receveur à chaque Débiteur, chacune d'icelle sera dorénavant signée et numérotée par Me Branda, que le Conseil a commis à cet effet; au moyen de quoi chaque quittance une fois délivrée, le dénommé en icelle restera bien et valablement déchargé de son contingent, sans même par la suite être obligé de la représenter; que les appointemens fixés par le Réglement susdaté, courrent du premier Janvier de la présente année, pour ceux qui sont actuellement en exercice, à la charge par eux de venir prêter à la Cour nouveau serment d'exécuter, chacun en droit soi, le Réglement susdaté; que, sur la présente imposition, ledit Receveur, ainsi que sur les anciens états de reprise, percevra seulement cinq pour cent de la recette effective; et finalement qu'il donnera incessamment bonne et suffisante caution de la somme de 50,000 liv., laquelle sera reçue par Me de Kernisan, que le Conseil a commis à cet effet.

JUGEMENT de l'Ordonnateur du Cap, qui déclare Aubaine la succession du Père Gonzalès, Religieux Espagnol de l'Ordre de la Merci, mort dans ladite Ville, en venant de Lima au Pérou, afin de s'embarquer pour l'Espagne.

Du 21 Janvier 1741.

R. au Greffe de la Subdélégation, le......

ARRÊT du Conseil d'Etat, qui permet, pendant un an, aux Négocians faisant le Commerce de l'Amérique, de faire venir du Danemarck des chairs salées, beurres et suifs, en se conformant à l'article II. des Lettres-Patentes de 1717.

Du 7 Février 1741.

ARRÊT du Conseil du Cap, touchant, 1°. les Interrogatoires sur la Sellette; 2°. la rédaction en langue Françoise des réponses des accusés; et 3°. les Sentences rendues contre plusieurs co-accusés.

Du 7 Février 1741.

VU par le Conseil, le Procès-criminel, &c. LE CONSEIL enjoint au Lieutenant-Criminel du Port-de-Paix, de se conformer à l'avenir aux articles XI et XII. du titre XIV, et VII et VIII. du titre XXVI. de l'Ordonnance de 1670; ce faisant, d'interroger sur la sellette les accusés contre lesquels il y aura des conclusions du Substitut du Procureur-Général, portant condamnation à peines afflictives, et de rédiger en langue Françoise leurs réponses; comme aussi, lorsqu'il y aura plusieurs accusés d'un même crime & délit, de les envoyer tous en la Cour, quoiqu'il n'y en eût qu'un qui eût été condamné, et les autres absous, ou condamnés d'avoir les oreilles coupées, le fouet ou la Fleur-de-Lys; lui fait défenses de faire exécuter les Sentences en pareil cas, avant que l'appel ait été jugé; ordonne que l'Arrêt sera enregistré, &c.

ARRÊTS du Conseil du Cap, qui nomme le sieur Dubuisson, Négociant, pour premier Administrateur de la Maison de Providence de la même Ville, pendant trois ans; le sieur Prost, aussi Négociant, pour Administrateur-Receveur, pendant deux ans; le sieur Turc de Castelveyre, *pour Hospitalier; et le sieur Dejean, pour Sous-Hospitalier; et leur donne acte de leur serment de se bien acquiter desdites charges.*

Des 9 Février et 8 Mars. 1741.

ARRÊT du Conseil du Cap, qui, sans égard aux conclusions du Procureur-Général, accorde des Lettres de Requête-Civile sur une consultation de trois Procureurs.

Du 5 Mars 1741.

VU par le Conseil, la Requête de Michel le Rat, Conseiller en cette Cour, tendante, &c.; le Mémoire en forme de consultation, signé par MM. le Louable, Moreau et Labarrière, *Procureurs* en ce Conseil; conclusions du Procureur-Général du Roi, portant: « Je requiers pour le Roi, qu'il soit fait défenses aux Procureurs du Conseil, de donner leur consultation sur les Requêtes civiles, ce droit n'étant accordé par l'Ordonnance qu'aux Avocats; et faisant droit sur la Requête, je requiers qu'il soit nommé un Commissaire, pour examiner s'il y a des moyens suffisans à l'ouverture de ladite Requête, pour, à son rapport, être par Nous requis, et par la Cour fait droit ainsi que de raison. Signé, JUCHEREAU DE ST. DENIS »; et oui le rapport de M. Lombart, Conseiller, et tout considéré: LE CONSEIL a accordé au Suppliant les Lettres de Requête civile requises contre l'Arrêt dont il s'agit.

ARRÊT du Conseil du Cap, portant que les Marguilliers de la Paroisse du Trou, seront tenus de rendre leurs comptes pardevant M. de Chavanne, Conseiller-Commissaire, et d'en remettre la solde sous quinzaine, entre les mains du Marguillier en charge.

Du 5 Mars 1741.

LETTRE du Roi à MM. de Larnage et Maillart, pour faire employer aux Travaux publics dans la Colonie, les Négres condamnés aux Galères.

Du 14 Mars 1741.

MONS. le Marquis de Larnage et Mons. Maillart : Je me suis fait rendre compte de la proposition que vous avez faite, de commuer la peine des Galères prononcée contre les Négres-Esclaves dans les cas où ils doivent y être condamnés, et même celle de mort portée par l'art. XXXVIII. du Code-noir, contre les Négres-Marrons et fugitifs pour la troisième fois, en celle d'être marqués d'une fleur-de-lys à la joue, enchaînés et employés à perpétuité ou pour un tems, suivant les différens cas, aux fortifications, ou autres travaux par moi ordonnés dans ma Colonie de Saint-Domingue ; et par l'examen que j'ai fait des motifs sur lesquels vous avez appuyé cette proposition, j'ai jugé qu'elle pouvoit être convenable, non-seulement par l'utilité dont pourroient être les Négres ainsi condamnés, mais même par l'impression que pourroit faire une pareille condamnation sur l'esprit de tous les Négres-Esclaves, qui souvent ne sont point retenus par la crainte des Galères, qu'ils ne connoissent point, ni même quelquefois par la crainte de la mort. Je n'ai cependant pas voulu tout d'un coup rendre une Déclaration pour ordonner cette commutation de peine ; mais par la confiance que j'ai en votre prudence et en votre zèle, je me suis déterminé à vous donner le pouvoir de suspendre l'exécution de tous les Jugemens qui seront rendus par mes Juges dans ladite Colonie, en condamnation des Galères à vie ou à tems, contre les Négres qui seront dans le cas d'y être condamnés, et même de ceux qui porteront condamnation de mort contre les Négres-Marrons et fugitifs pour la troisième fois, pour ensuite faire marquer tous les Négres ainsi condamnés d'un fleur-de-lys à la joue, les faire enchaîner et employer à perpétuité ou pour un tems, aux fortifications, ou autres travaux qui se feront par mes ordres dans ladite Colonie. Vous pourrez pareillement pourvoir, de la manière qui vous paroîtra la plus convenable, à la nourriture, au vêtement, à la discipline et à la destination de ces Négres. Je vous autorise à l'effet de tout ce que dessus ; et lorsque, par les effets que produiront les arrangemens que vous ferez en conséquence du pouvoir que je vous donne, vous serez en état de m'assurer, par le compte que vous m'en rendrez, qu'on y pourra trouver les avantages qu'on a lieu d'en attendre, je leur donnerai une forme plus authentique. Je m'attends cependant que, si vous y remarquiez quelqu'inconvénient qui dût en arrêter l'exécution, vous auriez attention de vous en abstenir. Sur ce je prie Dieu, &c.

R. au Greffe de l'Intendance, le 21 Novembre 1741.

LETTRE *du Ministre à MM. de Larnage et Maillart, touchant, 1°. les Réglemens des deux Conseils sur la Maréchaussée ; 2°. l'emploi de cette Maréchaussée ; 3°. les Négres épaves ; et 4°. le piquet de Gens de couleur chez les Officiers de l'Etat-Major.*

Du 14 Mars 1741.

APRÈS avoir examiné avec attention les Réglemens qui ont été faits par les deux Conseils Supérieurs de Saint-Domingue sur les Maréchaussées de cette Colonie, je n'ai pas jugé qu'il convînt de proposer au Roi de les approuver ; et en voici les raisons.

Les Réglemens concernant la Police générale, ne regardent point les Conseils Supérieurs, et c'est au Gouverneur Lieutenant-Général et à l'Intendant d'y pourvoir. Il est vrai que, dans celui des Maréchaussées, il s'agissoit de faire une imposition sur les Négres pour les dépenses de cet établissement, et que les droits qui se perçoivent dans la Colonie ont été imposés par les Conseils Supérieurs ; mais ces Conseils n'ont point par eux-mêmes, le pouvoir d'ordonner des levées ; et si l'Octroi a été établi par leurs délibérations, ce n'est qu'après y avoir été spécialement autorisés par le Roi. Ainsi, dès que vous preniez le parti de faire faire le Réglement des Maréchaussées par les Conseils Supérieurs, vous deviez rendre une Ordonnance qui les y autorisât, afin que ces Réglemens parussent toujours émanés de votre propre autorité ; et cela étoit même d'autant plus nécessaire, que ceux qui subsistoient sur cette matière, avoient été rendus par vos Prédécesseurs eux-mêmes. Cependant, par la forme qui avoit été donnée à ces opérations, elles se trouvent faites sur le simple Réquisitoire des Procureurs-Généraux des Conseils Supérieurs, dont le ministère ne paroît pas même avoir été excité de votre part : ensorte que par-là, les Conseils Supérieurs ont non-seulement réglé une matière dont ils n'avoient pas, par eux-mêmes, le droit de connoître, mais encore anéanti, pour ainsi dire, des Réglemens faits par les Gouverneurs-Généraux et Intendans, sur cette même matière.

Ce n'est pourtant pas l'irrégularité de la forme suivie en cette occasion, qui m'a précisément empêché de faire donner l'approbation du Roi aux Réglemens des Conseils Supérieurs : cette irrégularité peut être réparée par la manière dont S. M. s'expliquera, lorsqu'il sera question de donner son approbation ; mais c'est que, dans les dispositions mêmes de ces Réglemens, il s'en trouve qui paroissent trop extraordinaires pour devoir être adoptés sans autre examen.

Que la Maréchaussée soit assujétie à escorter les condamnés au supplice, et à se trouver en tout ou en partie à la suite des Conseils Supérieurs pendant leurs séances, et même dans les Marches et Cérémonies publiques ; quoique cela soit nouveau, il n'en peut résulter qu'un bon effet, et pour l'exécution des Jugemens, et pour la dignité de la Justice. Mais que l'on donne aux Conseillers des Conseils Supérieurs, dans les Quartiers où ils font leur résidence, et où ils n'ont personnellement aucune Jurisdiction, la même autorité sur la Maréchaussée, qu'aux Commandans de ces Quartiers, c'est ce qui est trop contraire à l'ordre, et qui pourroit être d'une trop dangereuse conséquence. C'est cependant ce qui a été fait par l'art. VII. de ces Réglemens, concernant les revues des Maréchaussées, auxquelles doit assister le plus ancien Officier du Conseil Supérieur résidant dans le Quartier ; dans l'art. IX, par lequel on exige le concours du consentement du plus ancien Conseiller résidant dans le Quartier, avec celui du Commandant, pour que les Prévôts puissent admettre à la suite de leurs troupes, des Aides et Adjoints sans appointemens ; par l'art. X, suivant lequel les Prévôts et Exempts ne peuvent s'absenter sans un congé signé du Commandant et du plus ancien Conseiller résidant dans le Quartier ; et les Archers doivent prendre leurs congés du Prévôt, visé seulement d'un Conseiller, ou autre Officier de Justice ; par l'art. XVI. qui autorise les Officiers du Conseil, dans certains Quartiers, à expédier des Ordonnances pour le paiement des appointemens de la Maréchaussée ; par l'art. XVII, qui ordonne que la Maréchaussée sera tenue, dans certains cas, d'obéir aux ordres qui lui seront donnés par les Officiers de Justice, sauf à en rendre compte aux Commandans des Quartiers, après leur expédition seulement ; par l'art. XIX, qui laisse à l'Officier de la Maréchaussée l'option de rendre compte de la tournée qu'il aura faite, au Commandant du Quartier, ou à l'Officier du Conseil Supérieur ; et enfin par l'art. XXX, qui assujétit les Officiers de la Maréchaussée à faire leur rapport au Substitut du Procureur-Général, seulement des danses et assemblées tumultueuses des Négres qui se feront dans la nuit.

Il est juste sans doute, et telle est aussi l'intention du Roi, que les Membres du Conseil Supérieur, auxquels S. M. a confié une partie de son autorité pour la distribution de la Justice, soient distingués des autres Habitans par des prérogatives et des prééminences propres à relever et à faire respecter la dignité de leurs fonctions ; mais d'un autre côté, il faut bien prendre garde de leur attribuer des distinctions qui puissent favoriser les vues qu'ils font paroître, de s'attirer non seulement un éclat pareil à celui de l'Etat-Major, mais une entière indépendance de son autorité ; et c'est-là un inconvénient qui ne pourroit pas manquer de résulter des dispositions que je vous indique dans les Réglemens sur les Maréchaussées.

Je n'ai cependant pas voulu non plus faire révoquer dès-à-présent ces dispositions ; je me suis déterminé à attendre votre réponse sur les observations que je viens de vous faire, avant que de prendre les ordres du Roi sur cette matière ; et ce parti m'a paru d'autant plus convenable, que l'expérience a déjà pu vous mettre en état de juger à quoi l'on doit s'en tenir sur l'exécution de ces Réglemens.

Il y a aussi dans l'art. XXVI, une disposition sur laquelle il faut que vous me donniez quelques éclaircissemens. C'est celle qui porte que les deniers provenans des Négres vendus comme épaves, dont il y est question, seront sujets à réclamation pendant cinq ans, et rendus par le Receveur des épaves et confiscations, ou par le Trésorier de la Marine, quoique le même art. ne donne qu'un an pour la réclamation des Négres mêmes. Il est nécessaire que je sache sur quels motifs les Conseils Supérieurs ont jugé devoir donner cinq ans pour cette première réclamation, et je vous prie de m'en informer.

A l'égard de l'usage où sont les Officiers-Majors et Commandans des Quartiers de Saint-Domingue, d'avoir par semaine chez eux un Négre ou Mulâtre Libre d'ordonnance, pour porter les ordres qu'ils ont à donner pour le service, sur les observations que vous avez faites dans votre Mémoire concernant les Maréchaussées, S. M. à qui j'en ai rendu compte, m'a ordonné de vous dire qu'Elle trouve bon que cet usage subsiste ; mais que son intention est que M. le Marquis de Larnage tienne la main à ce que les Officiers-Majors n'employent point à leurs affaires particulières, ces Négres ou Mulâtres, et qu'il ne puisse pas revenir des plaintes sur la manière dont ils les traiteront.

LETTRE *du Ministre à MM. de Larnage et Maillart, qui désapprouve l'établissement des Assesseurs dans les Jurisdictions.*

Du 26 Mai 1741.

J'AI examiné avec attention les observations que vous avez faites par votre Lettre du 30 Janvier dernier, sur l'établissement de quelques Assesseurs dans les Jurisdictions de St. Louis, de Léogane, de St. Marc, du Cap et du Fort-Dauphin, comme les plus considérables de la Colonie. Mais les motifs sur lesquels vous avez fondé ce projet, ne m'ont pas paru suffisans pour devoir proposer au Roi d'en ordonner l'exécution.

Ces motifs se réduisent à trois ; premièrement, cet établissement serviroit, dites-vous, à former des sujets, comme l'on a eu en vue d'en former pour l'établissement des Assesseurs aux Conseils Supérieurs. En second lieu, il se trouve dans les Jurisdictions des affaires criminelles, pour lesquelles il faut trois Juges, et il seroit plus convenable qu'il y eût assez d'Officiers pour n'être pas obligé de prendre un Praticien. Et en troisième lieu, dans les affaires civiles il conviendroit aussi que le premier Juge ne décidât point seul, y ayant souvent des affaires où les premiers Jugemens sont presque décisifs.

Mais je vous observerai sur le premier motif, que pour former des sujets, il ne me paroît pas nécessaire d'établir des Assesseurs dans les Jurisdictions ; car, ou ceux qui se présenteroient pour ces sortes de places seroient bons, ou ils ne le seroient pas. Dans le premier cas, on pourroit toujours les placer dans les Conseils Supérieurs ; et dans le second, il n'y auroit pas moins d'inconvéniens de les placer dans les Jurisdictions que dans les Conseils.

Par rapport au second motif, il est vrai qu'il y a des affaires criminelles, pour le Jugement desquelles il faut trois Juges, mais cela est commun à toutes les Jurisdictions où l'on est obligé d'appeler, dans ces cas-là, des Gradués ou des Praticiens, et il est inutile d'établir le nombre de

Juges

Juges nécessaires, pour ces sortes d'affaires extraordinaires. Il en est de même du troisième motif, qui regarde le Jugement des affaires civiles. Il en est, comme vous l'observez, où les décisions du premier Juge sont presque décisives, mais c'est là encore un inconvénient qui est commun à toutes les Jurisdictions.

En un mot, je ne vois pas que l'établissement que vous avez proposé, puisse être d'aucune nécessité; et il me paroît même qu'il ne pourroit servir qu'à multiplier les exemptions, et peut-être à avilir les places de Judicature.

Ainsi il faut se borner à chosir pour les places de Juge et de Lieutenant de Juge de toutes les Jurisdictions de la Colonie, les meilleurs sujets qu'il sera possible de trouver, et à veiller avec soin à la façon dont ils rempliront leurs fonctions. C'est pour parvenir à mettre le Corps de ces Officiers sur un bon pied, que je vous ai demandé les éclaircissemens sur tous ceux qui sont en place. Je les attends toujours ces éclaircissemens avec impatience, et je vous prie de me les envoyer sans plus de retardement, supposé que vous n'y ayiez pas déjà satisfait avant la réception de cette dépêche.

Au reste, par rapport aux Assesseurs que vous aviez pris sur vous d'établir dans les Jurisdictions du Fort Dauphin, du Cap, de Léogane et de St. Louis, il faut que, s'ils sont encore en place, vous révoquiez purement et simplement ceux dont vous n'aurez pas été contens, et que vous placiez les autres, soit en la même qualité, dans les Conseils Supérieurs, soit de telle autre manière que vous jugerez à propos.

Réglement du Roi, concernant les Curés et Marguilliers des Paroisses de Saint-Domingue.

Du 14 Mars 1741.

De par le Roi.

Sa Majesté voulant prévenir les difficultés qui pourroient s'élever au sujet du Temporel des Eglises et Paroisses de St. Domingue, entre les Marguilliers desdites Paroisses, et les Religieux qui les desservent: Elle a, pour y pourvoir et établir un ordre convenable à cet égard, résolu le présent Réglement, qu'Elle veut être exécuté suivant sa forme et teneur.

Art. I. Les Marguilliers entrans en charge, commenceront par faire

faire inventaire de tous les titres, papiers et enseignemens, meubles et ornemens de l'Eglise, auquel sera procédé en présence des Religieux desservant les Cures, et de deux autres Marguilliers ou principaux Habitans, et sera ledit inventaire écrit sur un registre, et signé desdits Religieux, Marguilliers ou principaux Habitans et témoins, ce qui sera renouvelé à chaque changement de Marguillier, pour reconnoître les déficits et les augmentations; lesdits Marguilliers se chargeront du contenu audit inventaire, pour en rendre compte lorsqu'ils sortiront de charge.

ART. II. Dans le même registre seront portées toutes les délibérations des Paroisses, les fondations, les marchés et arrêtés de comptes des Marguilliers, et autres comptes concernant le temporel des Eglises.

ART. III. Les comptes des Marguilliers seront tenus sur un autre registre, le plus nettement qu'il sera possible, en débit et crédit; de sorte que dans une page sera écrit ce que chacun devra, et dans l'autre, vis-à-vis, ce qu'il aura payé.

ART. IV. Feront lesdits Marguilliers, note particulière sur lesdits registres, des dons et aumônes qui seront faits aux Eglises; ensemble de l'argent qui proviendra des quêtes; et ils feront une pareille note des dépenses et payemens qu'ils auront faits pendant leur gestion, et seront lesdits registres cotés et paraphés par les Juges des lieux, à la diligence des Marguilliers.

ART. V. Les Marguilliers ne resteront qu'une année en charge; sera cependant loisible aux Paroissiens de les continuer par délibération, et de leur consentement.

ART. VI. Seront tenus, les Marguilliers, de rendre bon et fidèle compte de leur gestion, un mois après être sortis de charge, lequel compte sera communiqué au Procureur du Roi, pour être par lui examiné, et les articles dudit compte débattus, s'il y a lieu; ils seront tenus de payer comptant la solde de leurs comptes, entre les mains des nouveaux Marguilliers; et en cas qu'il soit dû par les Paroissiens, seront tenus les Marguilliers qui sortiront de charge, de justifier qu'ils ont fait les diligences pour le recouvrement de ce qui peut être dû, à peine d'en demeurer responsables en leur propre et privé nom.

ART. VII. Ne pourront, les Marguilliers des Eglises, accepter aucune fondation que par assemblée et délibération de Paroisse, et du consentement du Curé.

ART. VIII. Ne pourront pareillement concéder les bancs, et donner la permission de mettre des Epitaphes dans les Eglises, sans avoir pris l'avis des Religieux desservant les Cures; et sur le fait des bancs, ils se conformeront aux Réglemens des sieurs de Charitte et Mithon, du 26 Avril 1712.

Art. IX. Fait défenses aux Marguilliers et à tous autres, de divertir et appliquer les revenus des biens qui ont été donnés par les Fondateurs, aux Eglises et Chapelles, à autre usage que ceux auxquels ils sont destinés; seront tenus lesdits Marguilliers de faire exécuter ponctuellement les Services et Œuvres pies exprimés dans les fondations qui auront été acceptées, desquelles fondations sera dressé un tableau dans chaque Paroisse, qui sera exposé dans l'endroit le plus apparent de la Sacristie.

Art. X. Auront soin, les Marguilliers, de faire sonner les cloches aux heures réglées pour le Service-Divin, après néanmoins en avoir fait avertir le Curé.

Art. XI. Ne pourront, les Marguilliers, faire sonner les cloches pour les décès et inhumations des Paroissiens et autres, que du consentement du Curé.

Art. XII. Seront les assemblées extraordinaires des Paroisses, convoquées à la réquisition des Marguilliers de la Paroisse, en charge, et publiées au prône par trois Dimanches consécutifs, en la manière ordinaire; et seront tenues lesdites assemblées dans les Sacristies, et à défaut, dans les Eglises des Presbytères.

Art. XIII. Défendons aux Marguilliers de faire les publications desdites assemblées par eux mêmes ni par autre personne, même dans le cas où le Curé seroit refusant de le faire, à moins qu'il ne soit ainsi ordonné par le Gouverneur, notre Lieutenant-Général et l'Intendant, ou par les Gouverneurs et Commissaires-Ordonnateurs, devant qui les Marguilliers se pourvoiront sur le refus du Curé.

Art. XIV. Les Marguilliers déclareront aux Religieux desservant les Cures, les motifs des assemblées qu'ils entendront convoquer, lesquels Religieux en informeront aussi les Paroissiens lors de la publication.

Art. XV. Lorsque les Religieux jugeront à propos d'assister aux assemblées de leur Paroisse, ils y auront la première place, signeront les premiers leurs délibérations, et donneront leur voix immédiatement avant les Marguilliers en charge lesquels recueilleront les avis, et opineront les derniers; pourront aussi lesdits Religieux, avant les délibérations, représenter à l'assemblée ce qu'ils jugeront à propos, par forme de simple proposition, et de sorte que les assistans ayent une entière liberté dans leurs avis.

Art. XVI. Ce qui aura été résolu dans les assemblées, à la pluralité des suffrages, sera rédigé par écrit, et signé sur le registre des délibérations; et ne seront lesdites assemblées, et leurs délibérations réputées valables, que ces délibérations ne soient signées de douze Paroissiens, au moins.

Art. XVII. Ordonnons à tous Paroissiens de se trouver auxdites assemblées, leur défendons de s'en abstenir sans cause légitime, à peine de 25 liv. d'amende, applicable à la fabrique, dont la prononciation sera poursuivie par les Marguilliers, devant les Juges des lieux.

Art. XVIII. Aucune délibération concernant les augmentations et réparations extraordinaires des Eglises et bâtimens qui en dépendent, ne pourra être registrée dans les Conseils, sans la permission par écrit du Gouverneur, notre Lieutenant Général, et de l'Intendant, laquelle ils n'accorderont qu'après avoit fait constater par procès - verbal d'experts nommés d'office par les Juges des lieux, la nécessité tant des nouveaux bâtimens, que l'augmentation et rétablissement d'iceux; ne pourront pareillement, les Marguilliers, faire exécuter, sans la permission desdits Gouverneur, Lieutenant-Général et Intendant, registrée au Conseil, les résolutions des assemblées des Paroissiens, qui concernent l'estimation ou échange des biens de l'Eglise en acquisition de nouveaux fonds, non plus que les taxes et levées de deniers que les Paroissiens se seront imposées; ordonnons néanmoins qu'à la diligence des Marguilliers, et aux frais des Fabriques, il sera incessamment travaillé à la clôture des Cimetières, si fait n'a été, et que les clôtures seront entretenues et réparées toutes fois que besoin sera.

Art. XIX. Les Marguillers fourniront exactement les ornemens nécessaires au Service-Divin; ils fourniront aussi tous les ans, aux Religieux desservant les Cures, deux registres, cotés et paraphés par les Juges des lieux, pour écrire les baptêmes, mariages et morts des personnes Libres, l'un pour servir de minutes, et rester au Curé, et l'autre servant de grosse, pour être déposé au Greffe de la Jurisdiction du lieu; sur lesquels deux registres, les parties signeront chacun des actes: il sera, par les Marguilliers, fourni encore un registre particulier pour les baptêmes, mariages et enterremens des Esclaves; seront néanmoins les expéditions des actes insérés dans les registres, délivrées par les Curés seuls.

Art. XX. L'heure de la Messe Paroissiale pour les jours de Dimanches et Fêtes, sera fixée par les Préfets Apostoliques, ou Supérieurs des Missions de la Colonie, d'une façon invariable, afin qu'il ne soit plus loisible à chacun des Curés ni aux Paroissiens de changer cette heure.

ART. XXI. Les Marguilliers nommeront seuls aux emplois des Chantres, Sacristains et autres Clercs de l'œuvre, en observant de n'y placer que des gens capables et de bonnes mœurs, agréés des Curés; et au cas qu'ils ne fissent pas leur devoir, lesdits Marguilliers les destitueront sur l'avis et les plaintes des Curés; les contestations qui pourront survenir entre les Curés et les Marguilliers, seront réglées, soit par le Gouverneur, notre Lieutenant-Général, et l'Intendant, soit par le Gouverneur et Commandant, Ordonnateur et Subdélégué.

ART. XXII. Seront tenus les Marguilliers, de faire les quêtes ordinaires aux jours accoutumés, à peine d'en répondre, et d'être forcés en recette pour celles auxquelles ils auront manqué, sur le pied de la plus forte quête de l'année courante, ou de la précédente.

ART. XXIII. Le produit de ces quêtes sera employé aux choses nécessaires à l'Eglise; et ne sera quêté dans les Eglises pour autre cause, pas même pour les pauvres, sans permission, et que par les soins des Marguilliers en charge.

ART. XXIV. Les deniers provenans des quêtes faites pour les pauvres, seront remis aux Curés Religieux desservans, pour en faire la distribution sans être tenus d'en rendre compte.

ART. XXV. Lesdits Religieux auront aussi seuls l'administration, et disposeront comme ils le jugeront à propos, des sommes et autres effets qui leur auront été donnés verbalement ou par écrit, par les Paroissiens ou autres personnes, pour prier Dieu pour eux.

ART. XXVI. A l'égard des autres droits dus aux Curés et à la Fabrique des Eglises, ils seront payés conformément au Réglement et Tarif particulier qui sera fait à ce sujet. Mande et ordonne, Sa Majesté, aux sieurs Marquis de Larnage, Gouverneur, et son Lieutenant-Général des Isles sous le Vent, et Maillart, Intendant desdites Isles, et à tous ses autres Officiers qu'il appartiendra, de tenir chacun en droit soi la main à l'exécution du présent Réglement, qui sera registré par-tout où besoin sera. Fait à Versailles, &c.

R. au Conseil de Léogane, le 15 Juillet 1741.
Et à celui du Cap, le 8 Novembre suivant.

ARRÊT du Conseil du Cap, qui juge qu'un Gentilhomme a dérogé pour avoir fait le métier de Maçon ; Arrêt du Conseil d'Etat qui le rétablit ; et Lettre du Ministre à ce sujet.

Des 4 Mai 1741, 2 et 3 Août 1752.

VU par le Conseil, la Requête présentée par le sieur Sébastien-René du Poulpry, contenant qu'étant issu de Noble race, et d'une ancienne maison de Bretagne, ainsi qu'il seroit prouvé par son extrait baptistaire, et celui du sieur Allain-Jacques du Poulpry, son père, il desireroit être reconnu en cette qualité dans cette Colonie, et jouir des priviléges et exemptions accordés aux personnes Nobles. L'Arrêt du 12 Septembre dernier, rendu sur la remontrance du Procureur-Général du Roi, tendante à ce qu'étant constant et de notoriété publique que ledit du Poulpry avoit fait en ces quartiers le métier de Maçon pendant plusieurs années, lequel, suivant les Ordonnances, l'avoit fait déroger à la Noblesse de ses ancêtres, pourquoi requéroit qu'il en fût informé, &c. Par lequel Arrêt auroit été ordonné qu'à la requête dudit Procureur-Général, il seroit informé pardevant Me Ballan, Conseiller, des faits portés en ladite remontrance, et ledit du Poulpry, au contraire; ladite enquête des 5 Octobre et 3 Avril dernier; et oui le rapport de Me Ballan, Conseiller, et le Procureur-Général, et tout considéré: LE CONSEIL a déclaré et déclare ledit sieur du Poulpry avoir dérogé à la Noblesse, pour avoir fait la profession de Maçon, et en conséquence le déboute des fins de sa requête.

Arrêt du Conseil d'Etat, du 2 Août 1752, enregistré au Conseil du Cap le 8 Juin 1757, qui a rétabli le sieur du Poulpry dans tous les droits de sa naissance.

LETTRE du Ministre aux Administrateurs.

Du 3 Août 1752.

MM., le sieur du Poulpry doit présenter cet Arrêt au Conseil Supérieur, pour obtenir l'enregistrement de ses titres, et il ne doit pas y avoir de difficulté à sa demande ; mais je suis bien aise de vous prévenir que le principal motif sur lequel le Roi s'est déterminé, est pris du droit que la Coutume de Bretagne donne à un Gentilhomme de laisser dormir sa noblesse, et d'exercer tel métier mécanique que bon lui semble, pourvu qu'avant sa mort il ait quitté ce métier, et de reprendre ensuite sa noblesse, sans autre formalité que d'en faire sa déclaration au plus prochain Juge Royal de son domicile : le Parlement de Bretagne est même dans l'usage de dispenser de cette formalité ; ensorte que si le sieur du Poulpry étoit retourné dans sa patrie, il y auroit joui, sans contestation, des privilèges de sa noblesse, &c.

Déposée au Conseil du Cap, le 8 Juin 1757.

ARRÊT du Conseil du Cap, qui défend aux Exécuteurs-Testamentaires de vendre les Négres des Successions, s'ils n'y sont pas autorisés pas la Cour.

Du 4 Mai 1741.

ENTRE le sieur de Meynard, Exécuteur-Testamentaire de feu Chateau, Appelant, d'une part ; et le Procureur-Général du Roi, prenant le fait et cause de son Substitut au Siége du Cap, Intimé, d'autre part. Vu, &c. Et faisant droit sur le Réquisitoire du Procureur-Général, fait défenses à tous Exécuteurs-Testamentaires, de faire procéder à l'avenir à la vente des Esclaves des Successions dont ils seront chargés, sans en avoir obtenu la permission de la Cour ; fait aussi défenses aux Juges d'accorder lesdites permissions. Ordonne que copies du présent Arrêt seront envoyées ès-Jurisdictions du ressort, pour y être lues, publiées et affichées, &c.

ARRÊT du Conseil du Cap, qui ordonne aux Tuteurs de fournir aux Procureurs du Roi, sous un mois, un Bref-état de leur situation, avec pièces au soutien, à peine de saisie et vente de leurs biens, et même d'emprisonnement.

Du 6 Mai 1741.

ORDONNANCES du Juge de Police du Cap, qui défendent la vente du Poisson nommé Cayeux, *pendant un certain tems de l'année.*

Des 5 Juin 1741, et 5 Octobre 1742.

VOUS remontre le Procureur du Roi dudit Siége, qu'il a eu avis que différentes personnes de cette Ville, ayant mangé des poissons nommés *Cayeux* et *Sardines*, en avoient été incommodées à un tel point que, quelques heures après, plusieurs en étoient mortes le jour d'hier, et que les autres étoient, pour la plupart, menacées du même sort; comme ces accidens funestes ne sont causés que parce qu'il est ordinaire que ces sortes de poissons mangent depuis le mois de Mai jusqu'au mois de Septembre, de la graine de Mancenillier, qui est un poison certain, suivant la remarque qu'en ont faite les Anciens du pays, et qu'on ne sauroit prendre de trop justes mesures pour éviter de pareils malheurs, ce qui mérite toute l'attention du ministère public; requiert ledit Procureur du Roi, &c. Vu la présente remontrance: Nous faisons très-expresses défenses à tous pêcheurs, Blancs et Noirs, d'exposer, vendre ni débiter, depuis le premier du mois de Mai jusqu'au premier du mois d'Octobre, aucuns poissons appelés Sardines et Cayeux, à peine de punition corporelle, et de 100 liv. d'amende, applicable moitié au profit de la Maréchaussée, à laquelle Nous enjoignons de tenir la main à l'exécution des présentes, qui seront lues, publiées et affichées, &c.

Vous remontre le Procureur du Roi dudit Siége que, sur sa remontrance du 5 Juin 1741, vous auriez rendu votre Ordonnance le 5 dudit, par laquelle, &c. Que le mois d'Avril dernier, plusieurs personnes étant mortes pour avoir mangé de ces sortes de poissons, malgré l'expérience toute récente de leur effet funeste, vous auriez jugé à propos de faire publier et réafficher votre Ordonnance le 5 Mai dernier; comme voilà le tems de ces défenses expiré, et qu'on ne peut avoir trop d'attention pour la conservation des citoyens de cette Ville, qui pourroient tomber dans les mêmes imprudences où ils sont déjà tombés, de manger de ces sortes de poissons, parce qu'ils ne sont pas défendus dans cette saison, qui n'est pas moins dangereuse à cause des pluies qui entraînent des graines de Mancenillier; requiert ledit Procureur du Roi, qu'il vous plaise renouveler les mêmes défenses portées par votre Ordonnance du 5 Juin 1741,

1741, jusques au tems qu'il vous plaira les lever par une permission expresse, et que l'Ordonnance qui sur ce interviendra, sera lue, publiée et affichée par-tout où besoin sera, afin que personne n'en prétende cause d'ignorance. Vu ladite Remontrance, Nous ordonnons qu'elle sera exécutée selon sa forme et teneur. Donné, &c. le 5 Octobre 1742.

ARRÊT du Conseil du Cap, qui accorde 100 livres par chaque Négre-Maron, capturé à la Tortue.

Du 14 Juin 1741.

EXTRAIT de la Lettre du Ministre à MM. de Larnage et Maillart, sur l'abus de laisser tuer des Vaches et des Génisses dans les Boucheries.

Du 19 Juin 1741.

MAIS un abus que j'avois toujours ignoré, c'est la liberté que l'on a laissée aux Bouchers de la Colonie, de tuer indistinctement les vaches et les génisses; et je vous avoue que j'ai été extrêmement surpris que vous n'y ayez pas remédiez, et que vous ayez souffert que, dans la seule Boucherie de Léogane, on ait, comme vous le dites vous-mêmes, jeté aux chiens plus de 3000 veaux tirés du ventre de leurs mères, à mesure que l'on tuoit pour la consommation. Quelque clause qui eût été insérée dans le bail à ferme de la Boucherie, vous ne deviez pas laisser subsister un pareil abus, et il valoit mieux donner une indemnité au Boucher.

ORDONNANCE du Juge de Police du Cap, qui transfère le marché des Négres, placé à l'une des extrémités de la Ville, sur la Place d'Armes, à commencer de l'endroit où s'exerce la haute justice, jusqu'au coin de la maison de la dame de Verdelin, en se répandant dans la rue, et jusqu'au milieu de ladite maison en largeur.

Du 26 Juin 1741.

LETTRE du Ministre à MM. de Larnage et Maillart, sur les mauvais traitemens des Maîtres pour leurs Esclaves.

Du 25 Juillet 1741.

IL m'étoit revenu plus d'une fois des plaintes des mauvais traitemens exercés de la part des Habitans de Saint-Domingue sur leurs Esclaves; mais outre que ces plaintes avoient toujours paru exagérées, elles étoient si vagues, que je n'avois pu que renouveler, à chaque occasion, les ordres qui ont été donnés dans tous les tems, pour empêcher tout excès de châtiment contre les Esclaves, et en même-tems pour faire observer à leur égard, une discipline capable de les contenir dans le respect et dans la crainte; car s'il est nécessaire de réprimer les abus que des Maîtres inhumains pourroient faire de leur autorité, il est aussi d'une extrême conséquence de ne rien faire qui puisse porter les Esclaves à la méconnoître, et à s'écarter des bornes de la dépendance et de la soumission où ils doivent être; et c'est à concilier la nécessité et le maintien de cette autorité avec les droits de l'humanité, qu'on doit s'attacher dans tout ce qu'on fait sur cette matière.

Mais par le détail que vous m'avez fait dans votre Lettre du 28 Mars dernier, à l'occasion du genre de supplice exercé par le nommé Saint-Martin, Habitant de l'Artibonite, contre cinq de ses Esclaves, j'ai vu avec beaucoup de peine qu'il n'y avoit pas autant d'exagération que j'avois cru, dans les plaintes qui avoient été faites, et que quelquefois on porte dans la Colonie, le châtiment des Esclaves à des cruautés qu'il n'est pas permis de tolérer.

Celle dont le nommé Saint-Martin s'étoit rendu coupable, méritoit sans doute d'être réprimée, et vous auriez très-mal fait, à tous égards, de la laisser impunie; mais il n'est rien de plus contraire à toute sortes de régles, que l'arrangement que vous avez mis en usage pour sa punition; vous devez même sentir que, s'il s'avisoit de réclamer contre la donation que vous lui avez fait faire pour les fortifications de son Quartier, on ne pourroit en assurer l'exécution qu'en interposant l'autorité du Roi; et il est toujours fâcheux d'en venir aux voies de la rigueur et de la force, pour soutenir des opérations qui, quoique fondées sur de bons motifs, se trouvent néanmoins opposées aux régles ordinaires.

Cependant le Roi, à qui j'ai rendu compte de ce qui s'est passé en cette occasion, a approuvé la conduite que vous y avez tenue ; et puisque le nommé Saint-Martin a donné en paiement des 150,000 liv. qui faisoient l'objet de la donation, trois billets de 50,000 liv. chacun, l'intention de S. M. est que vous teniez la main à ce qu'il les acquitte à leur échéance. Elle est persuadée, au surplus, que vous aurez attention de donner à ce fonds l'emploi le plus utile pour la fortification de la Ville de Saint-Marc, et du Quartier qui en dépend. Vous pourriez en employer une partie au remboursement de l'Artillerie que vous avez dû y faire placer ; et vous me rendrez compte, s'il vous plaît, de ce qui se passera sur cela.

J'attendrai le projet que vous m'annoncez d'une nouvelle loi, qui puisse empêcher l'abus de l'autorité des Maîtres sur leurs Esclaves ; mais s'il se présentoit quelqu'autre objet, soit sur cette matière, soit sur quelqu'autre de l'administration de la Colonie, où il fallût employer des moyens extraordinaires qui excédassent votre pouvoir, ou qui pussent le compromettre, ayez attention d'en rendre compte, et d'attendre les ordres du Roi ; c'est ainsi que vous auriez dû en user dans l'affaire en question.

ARRÊT du Conseil du Cap, qui condamne des Procureurs absens lors de l'appel de leurs causes, chacun en 24 livres d'amende, au profit de la Providence.

Du 4 Septembre 1741.

Nota. *Il y a plusieurs autres Arrêts subséquens qui annoncent que le taux de ces amendes étoit de 24 livres.*

ARRÊT du Conseil d'Etat, qui permet aux Négocians et Armateurs des Ports autorisés à faire le Commerce des Colonies, d'armer pour la côte de Guinée, en se conformant aux régles de ce Commerce.

Du 30 Septembre 1741.

DÉCLARATION DU ROI, *qui confirme les Ventes et Aliénations des Biens de Mineurs.*

Du premier Octobre 1741.

LOUIS, &c. SALUT. La culture des terres de notre Isle de St. Domingue, est le principal objet des soins que nous nous donnons pour l'établissement de cette Colonie; comme elle est le moyen le plus efficace, et en même-tems le plus nécessaire pour parvenir à cet établissement, et en accélérer les progrès; Nous sommes informés à cet égard qu'il y a des mineurs dont les tuteurs et curateurs ont été dans la nécessité d'aliéner des biens appartenans à ces mineurs, qui n'avoient pas le nombre d'Esclaves nécessaire pour les faire valoir; que quelquefois ces aliénations ont été faites sans que les formalités préscrites y ayent été observées, et que cependant une partie des fortunes les plus considérables, est fondée sur de pareilles acquisitions, qui ont augmenté de valeur par les soins des acquéreurs; mais comme cette Colonie s'est trouvée long-tems dénuée de Praticiens et gens instruits des Loix de notre Royaume, et que pendant ce tems on y a contracté dans l'ignorance de ces Loix, il Nous a paru juste d'empêcher que les acquéreurs de bonne-foi des biens de mineurs, ne pussent être troublés dans leur propriété et jouissance, sous prétexte de minorité, ou de défaut de formalités; et c'est à quoi Nous avons résolu de pourvoir, par des dispositions qui pussent concilier, tant pour le passé que pour l'avenir, les vues que Nous avons pour la culture des terres de St. Domingue, avec la protection que Nous donnons aux mineurs: A ces causes, &c. Nous plaît ce qui suit.

ART. I. Les ventes des biens de mineurs qui se trouveront avoir été faites à St. Domingue avant l'enregistrement des présentes, seront à couvert de toutes recherches, encore que les formalités prescrites par la Coutume de Paris et par nos Ordonnances, ou celles des Rois nos prédécesseurs, n'ayent pas été observées dans lesdites ventes, sans que pour raison du défaut desdites formalités, les détempteurs desdits biens puissent être troublés dans leur possession et jouissance.

ART II. N'entendons néanmoins empêcher que les mineurs ne puissent demander d'être restitués contre les ventes qui auront été faites de leurs biens, sur le fondement de la lésion qu'ils auront soufferte, et que les

Juges n'y ayent égard s'il y échoit ; à la charge néanmoins que ladite léison sera toujours estimée eu égard à la valeur des biens au tems de la vente, et non sur le pied de l'augmentation des biens de semblable nature et qualité.

Art. III. Les biens desdits mineurs ne pourront être à l'avenir vendus, soit par des aliénations volontaires, ou par des adjudications forcées, sans observer toutes les formalités prescrites par les Ordonnances des Rois nos prédécesseurs, et usages de notre Royaume, ce qui sera exécuté, à peine de nullité.

Art. IV. Quand ces formalités auront été observées, et que la vente de ces biens aura été autorisée par celui de nos Conseils Supérieurs dans le ressort duquel elle aura été faite, si le terrein vendu est en bois debout lors de la vente, ou qu'il soit situé dans un quartier non établi, lesdits mineurs, même à l'avenir, ne pourront attaquer de pareilles aliénations, sous prétexte qu'ils y auront été lésés, à moins qu'ils ne justifient que les biens aliénés ont été vendus au-dessous de leur juste valeur, laquelle sera estimée ainsi qu'il a été dit par l'art. II. de la présente Déclaration.

Art. V. Les articles I, II, III et IV, de la présente Déclaration, auront lieu par rapport aux échanges faits ou à faire des biens des mineurs.

Art. VI. Les partages et arrangemens de familles, ci-devant faits entre les tuteurs et leurs mineurs, seront exécutés, en cas que lesdits mineurs n'y souffrent aucune lésion, laquelle ne pourra être estimée, ainsi qu'il a été dit ci-dessus, qu'eu égard à la valeur des biens au tems des partages, et non à celle qu'ils peuvent avoir acquise postérieurement.

Art VII. Les cas de dol et de fraude seront toujours censés exceptés de la disposition des articles précédens, et ce, tant pour le passé que pour l'avenir.

Art. VIII. Voulons au surplus que les mineurs jouissent dans notre Colonie de St. Domingue, de tous les droits, priviléges et prérogatives qui leur sont accordés dans les autres pays de notre domination. Si donnons en mandement à nos amés et féaux les gens tenant nos Conseils Supérieurs, au Cap et à Léogane, &c.

R. au Conseil du Cap, le 6 Mars 1742.
Et à celui de Léogane, le lendemain.

DÉCLARATION DU ROI, *qui régle la manière d'élire des Tuteurs et Curateurs aux Mineurs qui ont des Biens situés en France, et d'autres situés dans les Colonies.*

Du premier Octobre 1741.

R. au Conseil du Cap, le 6 Mars 1742.
Et à celui de Léogane, le lendemain.

Les neuf articles de cette Déclaration ayant été refondus en totalité dans celle du premier Février 1743, nous avons cru être dispensés de les rapporter. Voyez celle dudit jour premier Février 1743.

ORDONNANCE *des Administrateurs, qui déclare incompétente celle rendue par le Juge de Police du Cap, le 6 du même mois, en tant qu'elle permet à tous particuliers d'y vendre de la viande à raison de 6 sols la livre, quoique la rareté des bestiaux eût fait trouver juste auxdits Administrateurs d'autoriser le Fermier des Boucheries à la vendre sur le pied de 8 sols; relève ledit Fermier de l'amende de 300 liv. prononcée par le Juge, attendu l'impuissance où il a été d'approvisionner, par la prohibition faite par le Président Espagnol, d'introduire aucuns bestiaux dans la partie Françoise; et fait défenses à tous autres qu'à ceux qui en auront permission du Gouverneur et de l'Ordonnateur, de vendre de la viande jusqu'à ce que le Fermier puisse en fournir; voulant que les Porteurs desdites permissions et autres, ne puissent tuer ni vaches, ni veaux, ni génisses.*

Du 20 Octobre 1741.

R. au Greffe de la Subdélégation, le 30 du même mois.

LETTRE de M. le Normand de Mézy, Commissaire-Ordonnateur, et Premier Conseiller, au Procureur du Roi du Siége Royal du Port-de-Paix, qui lui attribue les fonctions de Juge à son défaut, et à celui de son Lieutenant.

Du 21 Octobre 1741.

SUR ce que j'ai marqué à M. l'Intendant, M., de l'état où se trouvoit la Jurisdiction du Port-de-Paix, par les indispositions fréquentes de MM. Mareau et Lohier, il m'a fait réponse que M. de Larnage et lui pensoient qu'au défaut du Juge et du Lieutenant, soit pour absence, maladie, récusation, ou autre légitime empêchement, vous pouviez tenir le siége dans la Jurisdiction du Port-de-Paix, et y faire les fonctions qui concernent leur Ministère; et afin que dans ce cas-là les vôtres, en qualité de Procureur du Roi, ne soient point interrompues ni négligées, M. l'Intendant me marque que l'on vous a nommé un Substitut pour les faire dans l'occasion où vous ferez les fonctions de Juge; ainsi vous pourrez vous conformer à ce que je vous marque à cet égard, et en faire part à M. Lohier, Lieutenant de Juge. J'ai l'honneur d'être, &c. *Signé* LE NORMAND.

R. au Siége Royal du Port-de-Paix, le 10 *Juin* 1742.

ORDRE des Administrateurs aux Procureurs-Généraux, de leur rendre compte des Jugemens portant condamnation de Galères ou de peine de Mort, à l'occasion du maronage des Esclaves au troisième cas.

Du 21 Novembre 1741.

CHARLES Brunier, Marquis de Larnage, &c.

Simon-Pierre Maillart, &c.

Sa Majesté nous ayant, par ses ordres, en date du 14 Mars dernier, donné pouvoir de suspendre l'exécution de tous les Jugemens qui seront rendus par les Juges, dans cette Colonie, en condamnation des Galères, &c. Nous ordonnons en conséquence aux Procureurs-Généraux du Roi des Conseils Supérieurs du Cap et de Léogane, de suspendre l'exécution des condamnations prononcées dans le cas ci-dessus, et de nous en rendre compte à chaque fois qu'il échoira, pour recevoir nos ordres sur ladite commutation de peine à laquelle le Roi nous a autorisés.

ARRÊT du Conseil du Cap, qui donne à l'Huissier-Audiencier de la Cour, le droit de faire toutes significations de Procureur à Procureur, conformément à l'Ordonnance de M. l'Intendant, du 20 Novembre précédent.

Du 6 Décembre 1741.

VU par le Conseil, la requête de Sommerieux, Huissier-Audiencier de ce Conseil, contenant que sur les représentations qu'il auroit eu l'honneur de faire à M. l'Intendant, que ceux qui exercent dans les Cours Souveraines du Royaume, des Offices semblables à celui du Suppliant, jouissent, entr'autres droits, de celui de faire toutes les significations qu'on appelle de Procureur à Procureur, des actes, requêtes, pièces et procédures concernant l'instruction des procès, jusqu'à la taxe et exécutoires des dépens, inclusivement; mondit sieur Intendant auroit bien voulu lui accorder pareille faculté. Ce considéré, &c. Conclusions par écrit du Procureur-Général du Roi, et tout considére: LE CONSEIL ayant égard à la requête, a ordonné et ordonne que ledit Suppliant exercera les droits concernant son Office; ce faisant, qu'il fera les significations de Procureur à Procureur, suivant l'Ordonnance de M. Maillard, Intendant de cette Colonie, du 20 Novembre dernier.

LETTRE du Ministre à MM. de Larnage et Maillart, sur le rétablissement de l'Eglise de la Ville du Cap, et notamment contre l'établissement d'une Loterie pour subvenir à cette dépense.

Du 30 Décembre 1741.

TOUT ce qui s'est passé par rapport au rétablissement projeté de l'Eglise du Cap, a paru irrégulier à Sa Majesté; et il est certain, en effet, qu'on n'y a observé aucune des regles prescrites dans les cas de cette espèce. Lorsque la délibération des paroissiens a été arrêtée pour ce projet, les Marguilliers devoient s'adresser à vous; et après que vous auriez

été

été bien informés de la nécessité de la dépense, et de la convenance des moyens proposés pour y pourvoir, vous auriez dû renvoyer, par une Ordonnance, l'enregistrement de la délibération au Conseil Supérieur, pour y être exécutée. Telle est la regle générale qui a dû s'observer dans tous les tems, et qui se trouve aujourd'hui expressément prescrite par l'art. XVIII, du Réglement du Roi, concernant les Eglises et Paroisses de St. Domingue.

Mais il y a plus dans ce cas particulier, c'est que dans la délibération dont il étoit question, il y avoit un article pour l'exécution duquel, ni l'autorité du Conseil Supérieur, ni la vôtre même ne pouvoient suffire. L'établissement des Loteries est en effet un droit Royal, dont Sa Majesté seule peut faire usage, et ce n'est qu'en grande connoissance de cause qu'Elle s'y détermine. Cependant, dès qu'il est constant que les réparations demandées pour l'Eglise du Cap sont absolument nécessaires, il faut chercher les moyens les plus convenables d'y pourvoir; mais S. M. ne peut point approuver celui de la Loterie proposée.

Outre les abus dont ces sortes d'établissemens peuvent être susceptibles dans tous les pays, il y auroit des inconvéniens particuliers et très-intéressans à craindre dans la Colonie, et surtout dans une Ville de commerce comme celle du Cap. D'un côté, les lots qui pourroient se trouver non réclamés dans le délai qui seroit fixé, ne sauroient manquer d'en occasionner beaucoup; et d'un autre, ce seroit un objet de tentation pour une infinité de personnes, qui auroient par-là une facilité, pour ainsi dire journaliere, de risquer les fonds d'autrui, sans compter une infinité d'autres mauvaises manœuvres, qu'il seroit difficile de prévenir, quelques précautions qu'on pût prendre. Ainsi, non-seulement S M. ne permet pas cette Loterie, mais Elle vous ordonne expressément de tenir la main à ce qu'il ne s'en fasse aucune dans la Colonie, de quelqu'espèce ni sous quelque prétexte que ce puisse être. Il faut donc avoir recours à d'autres arrangemens, pour pourvoir aux dépenses à faire à l'Eglise du Cap. Pour y parvenir, et réparer en même-tems l'irrégularité de ce qui a été fait au Cap sur cette affaire, sans cependant la relever, vous pourrez rendre une Ordonnance, et vous aurez agréable de suivre avec attention tout ce qui se passera sur cette affaire, afin de me mettre en état d'en rendre compte au Roi.

V. l'Ordonnance du 29 Septembre 1742.

Arrêt du Conseil du Cap, portant que l'Audiencier de la Jurisdiction de la même Ville, fera seul les publications des Baux à Ferme, des Ventes et Adjudications, et qu'il aura la concurrence avec les autres Huissiers, pour les Actes de procédure.

Du 4 Janvier 1742.

VU par le Conseil, la Requête de Bouleau; vu aussi la Commission d'Huissier-Audiencier de la Jurisdiction du Cap, accordée par S. M. au Suppliant, le 15 Juin 1739; ensemble la copie collationnée par Mes Bourgeois et Auriol, Notaires, de l'Edit du Roi, portant création de premiers Huissiers en toutes les Jurisdictions Royales du Royaume, donnée à Versailles au mois de Décembre 1683, et autres pièces attachées à ladite Requête; conclusions du Substitut du Procureur-Général du Roi, et oui le rapport de M. Duperrier, Conseiller, et tout considéré : LE CONSEIL ayant égard à ladite Requête, a ordonné et ordonne que le Suppliant, en qualité d'Huissier-Audiencier de ladite Jurisdiction, fera seul, privativement et à l'exclusion des Sergens, la lecture, publication, exposition d'enchère et procès-verbaux de continuation d'icelles, des baux à ferme, loyers, ventes et adjudications qui se font à l'Audience; et à l'égard des significations des Actes, Requêtes et Procédures concernant l'instruction des Procès, ordonne qu'il les fera concurremment avec lesdits Sergens.

Jugement des Administrateurs, sur une contestation pour le passage des Canaux de conduite des eaux de la grande Rivière de Léogane.

Du 22 Janvier 1742.

CHARLES Brunier, Marquis de Larnage, &c.

Simon-Pierre Maillart, &c.

Entre M. Marchant sieur Dumée, Chevalier de Saint-Louis, Demandeur et Défendeur; et les Intéressés aux Canaux tirés de la partie Orientale de la grande Rivière, comparans par le sieur Gorman, leur Syndic, Défendeurs et Demandeurs. Vu un écrit dudit Demandeur, tendant à ce qu'il Nous plût lui donner acte de ce qu'il consent que les Défendeurs continuent de jouir des Canaux tels qu'ils sont, à condition que chacun d'eux lui payera la somme de 3000 liv., et que nul ne pourra, sous telle peine qu'il Nous plaira arbitrer, envoyer travailler à l'entretien des Canaux, sans faire avertir à la maison principale dudit sieur Dumée, du nombre de Négres qu'il y enverra; concession accordée, le 16 Décembre 1705, par MM. de Paty et Deslandes, au sieur Dubois, d'un terrein, à la charge aux propriétaires d'entretenir les chemins de passage, d'être sujets aux servitudes et contributions qu'il conviendra pour le service du Roi et l'utilité publique. Vu les réponses des Défendeurs, tendantes à ce qu'il Nous plût ordonner qu'ils continueront de jouir, comme auparavant, des Canaux qu'ils tirent de la partie Orientale de la grande Rivière, faire défenses audit sieur Dumée et à tous autres, de les troubler dans cette jouissance. Parties ouies, et après que ledit sieur Gorman audit nom, a pris les mêmes conclusions verbales, le tout vu et considéré : Nous, sans avoir égard à la demande dudit M. Dumée, tendante à ce qu'il lui fût payé une somme de 1000 écus par chacun des Défendeurs, l'avons débouté de ladite demande; et cependant ayant aucunement égard à sa demande, à ce qu'on fût tenu de faire avertir à sa maison principale, toutes les fois qu'on enverroit des Négres pour travailler aux Canaux; avons ordonné que lesdits Défendeurs seront garans et tenus d'indemniser ledit Demandeur, de tous les dommages extraordinaires résultans de leurs Canaux, et des travaux qu'ils y feront faire par leurs Négres; condamnons ledit M. Dumée aux dépens. Donné à Léogane, &c. *Signé*, LARNAGE et MAILLART.

R. au Greffe de l'Intendance.

V. la Lettre du Ministre, du 29 Octobre 1742.

ORDONNANCE *des Administrateurs, qui autorise plusieurs Habitans de la Petite-Anse et du Quartier Morin, à prendre dans la grande Rivière de Limonade, un volume d'eau suffisant pour faire tourner des Moulins.*

Du 9 Février 1742.

Extrait du Mémoire des Habitans.

NOUS nous obligeons, pour lever en un seul mot l'unique opposition que les Riverains pourroient faire à notre projet; savoir, que dans les grandes sécheresses, ils seroient privés pour eux et pour leurs bestiaux, si nous leur ôtions alors le peu que les Rivières en conserveroient; nous nous soumettons donc, quand cette extrêmité arrivera, de baisser nos écluses, et de rendre aux Riverains l'eau de nos moulins, &c. Signés, *Choiseul-Praslin; Duplessis; le Bray; Ducosquier de la Vieuville; de Varenne*, pour moi et *M. le Chat*; Gilly, Tuteur des mineurs *de Maisoncelle*, et Procureur de *MM. Macnemara* et *de Trèves*, pour trois moulins; Dupertuy, Procureur de *M. de Galiffet*, pour trois moulins; *Desglaireaux*, tant pour moi que pour *les Héritiers Lelong*; Thomas Stapleton, Procureur de *M. Stapleton*, pour deux moulins; Garnier, Procureur de *M. Dustou*; *Madeline*; *François Any*; *Brossart*; *Delacombe.*

Vu le Mémoire à nous présenté par les Habitans qui l'ont signé, et attendu l'avantage qui résulteroit pour cette Colonie de Moulins-à-eau, principalement dans la disette où elle se trouve de bestiaux, Nous avons permis auxdits Habitans et autres, de faire dans la grande Rivière, les ouvertures et saignées qui seront nécessaires, aux offres et conditions portées par ledit Mémoire; ordonnons en conséquence à tous les Habitans de laisser ouvrir et passer successivement les canaux propres pour l'établissement desdits moulins, le tout sans préjudice des droits des parties; et sera notre présente Ordonnance exécutée par provision, nonobstant oppositions quelconques, et enregistrée au Greffe de l'Intendance à Léogane, et à celui de la Subdélégation au Cap. Fait à Léogane, le 9 Février 1742. *Signé*, LARNAGE et MAILLART.

R. au Greffe de l'Intendance, le 12.
Et à celui de la Subdélégation, le 22.
V. l'Ordonnance du 2 Avril suivant.

ARRÊT du Conseil du Cap, qui, sur la Requête de plusieurs Habitans du Port Margot, accorde au nommé Ancel, estropié lors d'une chasse de Négres-Marons, une gratification de 1000 livres, à prendre sur la caisse des droits suppliciés.

Du 9 Mars 1742.

ARRÊT du Conseil de Léogane, qui enjoint aux Gardiens des Barres publiques, de faire, dans les 24 heures de la capture des Négres, la déclaration de ladite Capture.

Du 10 Mars 1742.

ORDONNANCE DU ROI, portant que, pour jouir de l'exemption de moitié des droits accordés aux marchandises provenantes de la traite des Négres aux Isles, les Capitaines des Navires seront tenus de faire leur déclaration sur un Regisire déposé aux Greffes des Intendans, Commissaires-Ordonnateurs ou Subdélégués, du nombre de Négres introduits, et du produit de la vente, et de rapporter les factures de chargement dudit produit, revêtues de certificats desdits Intendans, &c., pour iceux, vérifiés par les Fermiers-Généraux, servir à réclamer ladite exemption.

Du 31 Mars 1742.

ORDONNANCE des Administrateurs, homologative du Réglement fait par les Intéressés aux Moulins-à-eau de la Petite-Anse.

Du 2 Avril 1742.

AYANT déterminé, en conséquence de l'Ordonnance de MM. les Général et Intendant, du 9 Février de la présente année, de suivre dès maintenant et sans délai, l'exécution de l'entreprise par elle autorisée, et voulant efficacement travailler à prévenir tous sujets de contestations, et en même-tems régler généralement ce qui peut avoir rapport à notredite entreprise : Nous, soussignés, sommes convenus de remplir exactement, et sans qu'il soit besoin de contrainte, les articles, clauses et conditions qui suivent.

Art. I. Tous les habitans qui profiteront des eaux de la grande rivière pour faire des Moulins, contribueront, selon la contribution générale, à son ouverture et au canal commun, tant dans la fouille des terres, que dans les maçonneries et autres frais qui seront jugés nécessaires jusqu'au lieu où ils recevront leur eau.

Art. II. Chaque propriétaire dans l'habitation duquel le canal public passera, sera dédommagé pour la servitude de la terre qu'il fournira, et à dire d'arbitres, si mieux il n'aime accepter les offres qui lui seront faites par les Intéressés.

Art. III. Les parties nommeront chacun leur arbitre, à l'effet de procéder à l'estimation des dédommagemens ; et en cas qu'il survienne entre les deux susdits arbitres quelques difficultés, ils en choisiront eux-mêmes un troisième, et seront les parties tenues d'acquiescer à leur décision.

Art. IV. Si ceux auxquels seront dûs des dédommagemens, exigent qu'ils soient statués par des arbitres, ils ne seront plus recevables, après leur estimation, à y déroger, pour accepter les offres des Intéressés.

Art. V. L'habitant qui, faute d'assez de chûte, ne pourra faire de Moulin avec le vuide de son voisin, sans aller soutenir les eaux chez lui, par le moyen d'un canal ou aqueduc de maçonnerie, fera seul les frais de cette entreprise, si l'habitation dans laquelle il travaillera peut avoir un Moulin sans élever l'eau.

Art. VI. Tous les Intéressés à l'entreprise susdite, fourniront, sans avoir égard aux recensemens, chacun par Moulin, dix Négres, pour travailler sans interruption jusqu'à l'endroit où il recevra l'eau, et il sera loisible auxdits Intéressés d'augmenter, par accord commun, le nombre desdits Négres.

Art. VII. Et dans les occasions où le contingent d'un Intéressé ne seroit pas complet, il sera tenu à renvoyer le même nombre des Esclaves qui auront manqué, et pendant autant de tems.

Art. VIII. N'enverront lesdits Intéressés, que Négres, Mulets et Travailleurs, et seront obligés de les nourrir, chacun comme ils aviseront bon être.

Art. IX. Il sera choisi entre les Négres occupés aux travaux, un par cinquante, pour avoir le commandement sur le reste ; et les Intéressés entretiendront, à frais communs, un blanc, pour avoir inspection sur les travaux et sur l'attelier.

ART. X Si dans le cours des travaux, quelques Négres sont tués, ils seront payés aux propriétaires, leur part déduite, suivant l'estimation qui en sera faite.

On observera la même regle s'ils sont estropiés au point de ne plus rendre les services d'un Négre de place.

ART. XI. La quantité de pierres, grisons, briques, chaux, bois et autres matériaux nécessaires pour la perfection de l'entreprise susdite, sera calculée et prescrite par un Arpenteur à ce choisi par les Intéressés, et en sera le prix acquitté en commun.

ART. XII. Il sera nommé par tous les Intéressés, un Syndic, chargé des deniers communs, qui payera à l'acquit de tous, ce qui sera nécessaire, et en sera valablement déchargé en rapportant les quittances des différentes fournitures; il ne pourra rien prétendre pour sa commission, ni pour ses déboursés, et il tiendra un livre exact de toutes les dépenses, et des journées des Négres, évaluées à 3 liv. chacune, pour que dans la suite, si quelqu'un veut profiter de l'eau des canaux susdits, il en rembourse sa cote-part, suivant les comptes généraux qui lui seront présentés.

ART. XIII. Il sera fourni par Moulin un cabrouet attelé de quatre bœufs, et conduits par deux Négres, autant de fois qu'il sera nécessaire de charroyer les matériaux et autres fournitures propres aux travaux communs, et seront les voyages de cabrouet estimés à chacun 50 liv.

ART. XIV. Chaque année il sera nommé, ou continué par les Intéressés, un Commissaire chargé de l'inspection générale de l'écluse et canaux publics, pour en faire exactement la visite au moins tous les trois mois; il rendra compte à la fin de chaque année, des deniers qu'il aura touchés et employés.

ART. XV. Tous les trois mois, chaque Intéressé enverra cinq Négres mâles, avec leurs outils et ustensiles, pour sarcler et nétoyer les canaux communs; celui qui manquera au quartier, fournira le double au second; cet art. néanmoins n'aura lieu qu'autant que les propriétaires chez lesquels les canaux passeront, ne voudront point se charger de les sarcler et nétoyer; on n'entrera point dans les habitations qui auront accepté cet entretien.

ART XVI. Les frais de l'entretien de tout ce qui regardera en général les Intéressés, seront faits en commun, chacun y contribuant en argent ou en Négres, suivant l'exigence des cas.

Art. XVII. Il sera présenté requête à MM. les Général et Intendant, pour les supplier d'autoriser les auteurs de l'entreprise ci-dessus, à s'opposer de droit à ce que ceux qui n'auront pas voulu participer aux dépenses de son exécution, profitent de ses avantages, en faisant des Moulins à eau avant d'avoir préalablement remboursé à la masse leur cote-part des frais de l'entreprise.

Art. XVIII. Seront pareillement suppliés MM. les Général et Intendant, d'ordonner que tous ceux qui, ayant la faculté d'un Moulin à eau par exécution du projet susdit, ne voudront pas en profiter, ni travailler en commun, seront légitiment déchus de leurs droits, et ne pourront prétendre à faire prendre dans la suite aux eaux un cours différent en leur faveur, s'il devient nuisible au Moulin qui sera au-dessous.

Art. XIX. Seront construits des ponts de maçonnerie dans les grands chemins coupés par les canaux publics, et entretenus à frais communs.

Art. XX. Pareillement dans les habitations où les canaux passeront, seront faits des ponts de maçonnerie, et en sera l'entretien à la charge des propriétaires.

Art. XXI. Ceux chez qui les canaux passeront, s'obligeront aux mêmes réparations d'iceux ; comme à faire enlever les terres qui pourroient s'ébouler, et les bois qui, en y tombant, empêcheroit le libre passage des eaux, à abaisser les écluses lorsque les cas les requereront, et à les lever de même.

Art. XXII. Ne pourra aucun Intéressé fermer son écluse, et empêcher l'eau d'aller chez ceux qui seront au-dessous de lui, sous quelque prétexte que ce puisse être, à peine de dommages et intérêts acquis à ceux qu'il auroit empêché de rouler.

Art. XXIII. Lorsqu'on voudra arroser les Savannes, et fermer les unes après les autres les écluses pour faire monter les eaux, il faudra que ce soit pour le bien public, et par accord commun et général.

Art. XXIV. Tout Intéressé qui, par le projet ci-dessus, aura un Moulin, ne pourra par la suite, pour quelque raison que ce soit, se dispenser de remplir les clauses et conditions ci-dessus énoncées, pour l'exécution et sûreté desquelles il s'oblige, par le présent art., à perpétuité pour lui, ses ayant-causes, tant héritiers, légataires, qu'acquéreurs de ses biens, meubles et immeubles qui en resteront garants et chargés.

Art. XXV. Si néanmoins, pour quelque cause que ce puisse être, un ou plusieurs Intéressés changeoient dans la suite du tems la nature de la culture de leurs terres, et rendoient par-là leurs Moulins à eau inutiles, ils seront dispensés de tout ce que dessus, si le canal passant dans leurs habitations, est nécessaire à quelqu'un au-dessous, ils ne pourront l'en dédommager en façon quelconque, ni rien exiger pour la servitude; et l'entretien dudit canal demeurera à la charge de ceux qui en feront usage.

Art. XXVI. Et pour se conformer aux conditions portées par le mémoire présenté à MM. les Général et Intendant, et confirmé par leur Ordonnance du 9 Février de la présente année, les Intéressés s'obligent et s'engagent à baisser leurs écluses dès qu'il n'y aura pas assez d'eau dans la grande rivière pour subvenir aux besoins des riverains, qui doivent être privilégiés à cet égard.

Art. XXVII. Afin de prévenir les inconvéniens que cette clause pourroit entraîner après elle, par le laps de tems que de longues formalités occasionneroient, s'il y avoit des difficultés de la part des Intéressés à baisser leurs écluses lorsqu'ils en seront requis, ou du côté des riverains, en exigeant sans nécessité qu'elles soient fermées; à la première sommation que lesdits riverains feront faire à celui qui sera chargé de l'écluse publique, il la fermera sur le champ, sans qu'il soit besoin d'autre formalité, sauf aux Intéressés de protester, de tous dépens, dommages et intérêts contre les riverains, s'ils les empêchent de rouler sans sujet, et à se pourvoir par les voies ordinaires; par ce moyen on tranquillisera les riverains qui craignent que dans les grandes sécheresses les Intéressés ci-dessus n'ayent recours aux lenteurs des procédures, et aux voies d'appel d'un tribunal à l'autre, pour éluder la clôture de leurs écluses, et les priver pendant ce temps de la faculté de rouler. *Signé Choiseul-Praslin*; Dupertuy, pour trois Moulins, pour M. *le Marquis de Galiffet*; *du Coquet de la Vieuville*; Stapleton, pour deux Moulins, pour *M. Stapleton*; *Lebray*, *Gilly*, *de Varenne*, pour deux, *Raynaud des Marais.*

Vû la requête et le Réglement ci-joint, de nous paraphé au bas de chaque page, nous l'avons approuvé et homologué, pour en être les conditions exécutées selon leur forme et teneur, sauf le droit du Roi et celui d'autrui; et sera ledit Réglement, ensemble notre présente Ordonnance, enregistrés au Greffe de l'Intendance. Fait à Léogane, le 2 Avril 1742. *Signé* Larnage et Maillart.

R. au Greffe de l'Intendance, le 19 du même mois d'Avril.
Et à celui de la Subdélégation, le 4 Mai suivant.

ORDONNANCE du Juge de Police du Cap, qui défend, 1°. la vente des Marchandises seches au marché des Comestibles, à peine de confiscation, et de 50 liv. d'amende, dont les Maîtres seront tenus pour les Esclaves, et de trois jours de prison contre lesdits Esclaves; et 2°. à tous Blancs ou Négres de demeurer sur ledit Marché, après la retraite battue, sous peine de prison.

Du 23 Avril 1742

ARRÊT du Conseil du Cap, portant que tout Officier de la Cour ou de Judicature, subira examen sur les Ordonnances et sur la Coutume, avant sa réception.

Du 7 Mai 1742.

SUR ce qui a été remontré au Conseil par le Procureur-Général du Roi, que, quoique par les Ordonnances Royaux il soit porté que quand aucun sera pourvu de l'Office de Conseiller en Cour Souveraine, il sera examiné par ladite Cour, duement assemblée, tant sur les livres du droit, que sur la pratique, et s'il est trouvé capable et suffisant pour ledit Office exercer, qu'il sera procédé à sa réception; malgré que ces examens utiles et nécessaires n'ayent point encore été pratiqués; et comme il convient à l'intérêt du service du Roi et à celui du public, que ces Ordonnances soient observées, requéroit qu'il plût audit Conseil d'y pourvoir. Lui retiré, la matière mise en délibération, et tout considéré : LE CONSEIL a ordonné et ordonne qu'à l'avenir, aucun ne sera reçu à l'Office de Conseiller en cette Cour, ni à autre charge de Judicature, qu'il n'ait été auparavant examiné par la Cour, duement assemblée, tant sur les Ordonnances du Roi, que sur la Coutume, et ensuite délibéré si ledit pourvu est capable et suffisant pour ledit Office exercer.

ARRÊT du Conseil du Cap, portant que, de Pâques à la Toussaint, la Cour s'assemblera à sept heures du matin, et à huit heures seulement, de la Toussaint à Pâques, et que ledit Arrêt sera lu et publié.

Du 7 Mai 1742.

ARRÊT du Conseil de Léogane, qui défend aux Procureurs, autres que ceux de la Cour, d'y occuper.

Du 8 Mai 1742.

VU par le Conseil la requête présentée par Alcade, Espagnol d'origine, tendante à ce qu'il plût à la Cour lui permettre de se servir du ministère de Lamoinerie, son Procureur, à St. Louis, dans l'instance que le Suppliant a pendante en la Cour, contre Laveille et Croisicq, et ordonner que ledit Lamoinerie plaidera pour le Suppliant, nonobstant opposition quelconque, de la part des Procureurs immatriculés en la Cour, &c. LE CONSEIL, en interprétant en tant que besoin l'article IV. du Réglement du 10 Novembre 1738, au sujet des Procureurs, fait défenses et inhibitions à tous Procureurs, hors ceux immatriculés en la Cour, d'occuper désormais dans les instances y pendantes; ordonne que le présent Arrêt sera lû, publié et enregistré aux Greffes et Jurisdictions du ressort de la Cour, à la diligence des Substituts du Procureur-Général du Roi, qui en certifieront la Cour au mois. Et cependant, pour aucunes bonnes considérations, permet à Lamoinerie de plaider la cause dudit Alcade.

ARRÊT du Conseil du Cap, qui ordonne l'examen d'un Apothicaire postulant réception.

Du 10 Mai 1742.

VU par le Conseil la requête d'Etienne Pusterle, et oui le rapport de M. Lombart, Conseiller, et les conclusions de M. Hirel, Conseiller, faisant les fonctions de Procureur-Général en cette partie, et tout considéré : LE CONSEIL ayant égard à la requête, a ordonné et ordonne qu'en présence de MM. Durocher et Dupérier, Conseillers, le Suppliant sera examiné sur la Pharmacie, pardevant MM. Desportes et Dumoulin, Médecins; Bailly et Bidon, Apothicaires, de tout quoi sera dressé procès-verbal pour ce fait et rapporté au Conseil, être ordonné ce qu'il appartiendra.

MÉMOIRE DU ROI aux sieurs Marquis de Larnage et Maillart, pour la suppression des Receveurs-Généraux de l'Octroi, et la nomination des Receveurs particuliers.

Du 17 Mai 1742.

SA Majesté a toujours lieu d'être satisfaite du zèle avec lequel les habitans de St. Domingue, en général, satisfont au paiement des droits d'octroi, dont elle a approuvé l'établissement dans la Colonie; mais les difficultés qu'on a éprouvées depuis quelques années pour faire rentrer dans la Caisse des Trésoriers-Généraux de la Marine, le produit de ces droits, malgré l'exactitude avec laquelle la plûpart des habitans les ont acquittés, font juger à Sa Majesté qu'il convient de supprimer les Receveurs-Généraux qui ont été établis dans le ressort des deux Conseils Supérieurs, et d'en faire faire le recouvrement par des Receveurs-Particuliers, dans chaque quartier, lesquels remettront directement le produit de leur recette au Commis des Trésoriers-Généraux.

En premier lieu, ces Receveurs-Généraux sont dans l'usage de se contenter des remises que leur font leurs Commis dans les différens quartiers, sans se mettre en peine si ces Commis font les diligences nécessaires pour les recouvremens qu'ils ont à faire, ni même s'ils leur remettent exactement le montant des recouvremens effectifs qu'ils font; et les Commis de leur côté, bornés à l'exemption de la milice et des corvées personnelles, sans recevoir aucuns appointemens des Receveurs-Généraux, sont peu empressés à se donner des mouvemens pour accélérer leurs recettes.

En second lieu, cette négligence, et de la part des Receveurs-Généraux, et de la part de leurs Commis, occasionne non-seulement de très-longs retardemens pour la remise du produit des droits dans la Caisse de Sa Majesté, mais encore des non-valeurs très-considérables.

Et enfin l'expérience n'a que trop fait connoître combien les Receveur-Généraux sont à portée d'abuser des fonds qu'il reçoivent, et les risques à cet égard pourroient augmenter à l'avenir, par la difficulté qu'il y auroit à trouver des cautions suffisantes pour la gestion des Receveurs-Généraux.

Il y a lieu de croire que tous ces inconvéniens cesseront par la suppression des Receveurs-Généraux. On distribuera aux Receveur-Particuliers qui seront établis dans les différens quartiers, les appointemens qui leur ont été attribués jusqu'à présent, et ces Receveurs-Particuliers, responsables d'ailleurs de leurs recettes, se donneront les mouvemens nécessaires pour le recouvrement des droits. Il pourra s'en trouver qui seront solvables par eux-mêmes, ou en tout cas, il leur sera plus aisé de trouver des cautions suffisantes, qu'il ne le seroit à des Receveurs-Généraux. Le produit des droits sera remis à la Caisse de Sa Majesté, sans passer par des dépôts particuliers, d'où il a toujours été difficile de le retirer, et Sa Majesté se trouvera en état de l'employer plus promptement aux besoins de la Colonie.

Ainsi, Sa Majesté veut que ce changement se fasse à l'expiration de ce qui reste à échoir de la gestion de chacun des deux Receveurs-Généraux qui sont actuellement en place, dans les ressorts des deux Conseils Supérieurs de la Colonie. Mais comme Elle a laissé jusqu'à présent à ces deux Conseils, la nomination des deux Receveurs-Généraux, son intention est qu'ils commettent pareillement les Receveurs-Particuliers qui doivent être établis. Elle veut bien s'en rapporter à eux, tant pour l'établissement de ces Receveurs-Particuliers, dans les différens quartiers de chaque ressort où il en faudra, que pour la distribution qui doit leur être faite, à proportion de leur recette, des appointemens qui ont été attribués aux Receveurs-Généraux; et quant au compte qu'ils auront à rendre de leur recette, on suivra la forme que Sa Majesté avoit prescrite pour la reddition de ceux des Receveurs-Généraux.

Pour l'exécution des intentions de Sa Majesté à cet égard, les sieurs Marquis de Larnage et Maillart feront enregistrer le présent Mémoire aux deux Conseils Supérieurs de la Colonie. Ils tiendront la main à ce que ces deux Conseils s'y conforment, et ils rendront compte des dispositions qui seront faites en conséquence, afin que Sa Majesté les confirme, si, comme Elle n'en doute pas, elles lui paroissent convenables. Fait à Fontainebleau, &c.

R. au Conseil de Léogane, le 11 Septembre 1742.
Et à celui du Cap, le 6 Novembre suivant.

LETTRES de Rémission accordées par le Conseil du Cap, pour un Homicide involontaire.

Du mois de Mai 1742.

LOUIS, &c. Salut. Savoir faisons que nous avons reçu l'humble supplication de Claude Trollé, Officier de Milice au quartier de Maribaroûx, contenant que le 17 du mois de Janvier dernier, il fut au quartier de la Mine pour faire l'estimation des biens du feu sieur Perrault, &c. Que le dîner étant fini, les uns passèrent dans un cabinet joignant la salle, et les autres restèrent dans ladite salle avec le Suppliant; que le sieur Baron, du nombre de ceux qui avoient passé dans le cabinet, ayant apperçu sur un lit une Housse de velours bleu, garnie en or, et l'ayant examinée, demanda à qui elle appartenoit; que sur cette demande, le Suppliant, qui étoit dans la salle, s'avança et lui répondit qu'elle étoit à lui, à quoi le sieur Baron répliqua que les Pistolets n'y répondoient pas; que le sieur Jean Camax, qui en avoit une paire garnie en argent, les apporta en disant, qu'ils conviendroient mieux à un pareil équipage, et qu'après les avoir examinés, le sieur Camax les remit dans leurs fourreaux sur le lit; que dans le même instant la compagnie passa dans un autre cabinet joignant, où étoit le sieur Lataste fils, qui leur en montra une paire garnie en or, que son père lui avoit donnée depuis quelques jours; qu'un de la compagnie les ayant examinés, appela le Suppliant qui étoit resté dans le cabinet à côté, et qu'il lui demanda s'il avoit vû les pistolets du sieur Lataste; que le Suppliant entra aussi-tôt dans l'autre cabinet, où voulant examiner le ressort de celui que le sieur Lataste lui présenta, le prit de la main gauche, par le canon, et porta la main droite sur le chien, qu'au même intant le pistolet tira et tomba à terre, qu'à ce coup imprévu le Suppliant demeura si interdit, qu'il ne s'apperçut pas si quelqu'un avoit reçu le coup, mais que dans l'instant il entendit crier *Lataste est mort*, ce qui lui causa une si grande révolution dans le sang, qu'à peine eut-il la force de se rendre dans un cabinet, de l'autre côté de la salle, où il se jeta sur un lit, sur lequel il resta quelque tems sans connoissance; qu'étant un peu revenu à lui, plusieurs personnes lui apprirent que le sieur Lataste avoit reçu le coup dans la joue; qu'ils firent leur possible pour consoler le Suppliant, qu'ils l'engagèrent à s'en aller chez lui à l'aide du sieur Cuny, qui l'accompagna, et peu de tems après son arrivée, qu'il apprit que le sieur Lataste étoit décédé la nuit du 18 au 19 dudit mois de Janvier; et quoique ce fait ne soit arrivé que par un cas fortuit et imprévu, sans aucun mauvais dessein, il a appris qu'il en avoit cependant été informé contre lui par le sieur Juge du Fort-Dauphin; et craignant rigueur de justice, il s'est absenté, et n'oseroit se présenter sans nos Lettres de pardon et rémission, qu'il nous a très-humblement fait supplier de lui accorder. A ces causes, voulant miséricorde être préférée à la rigueur de Justice, considérant que le cas est imprévu, et sans aucun dessein prémédité, que d'ailleurs la vie du Suppliant est exempte de blâme, nous avons à l'exposant quitté, pardonné et remis, quittons, pardonnons et remettons par ces présentes, le fait et cas tel qu'il est ci-dessus exposé, avec toute peine, amende, offense corporelle, civile et criminelle, qu'il a pour raison de ce encourue envers nous et Justice; mettons au néant tous décrets, défauts, contumaces, Sentences, Jugemens et Arrêts, si aucuns ont suivi; le mettons et restituons en sa bonne renommée et en ses biens, non-d'ailleurs confisqués, satisfaction faite à partie civile, si fait n'a été, et s'il y échoit; imposons sur ce silence, à notre Procureur-Général, ses Substituts, présens et à venir, et à tous autres. Si donnons en mandement à Notre Sénéchal de la Jurisdistion du Fort-Dauphin, ou son Lieutenant et gens tenans ce Siége audit lieu, dans le ressort duquel le fait et cas ci-dessus est arrivé, que du contenu en ces présentes nos Lettres de pardon et de rémission, ils fassent jouir l'exposant pleinement, paisiblement et perpétuellement, cessant et faisant cesser tous troubles et empêchemens contraires, à la charge de se présenter pardevant vous, pour l'entérinement des présentes, dans trois mois, à peine de nullité d'icelles; car tel est notre plaisir. Donné au Cap, au mois de Mai, l'an de grace 1742, et de notre regne le vingt-septième; *par le Conseil*, DUHAMEAU.

V. l'Arrêt du Conseil d'Etat, du 6 Juillet 1743.

SÉANCE du Conseil du Cap, où le Procureur-Général a opiné à défaut de Juges.

Du 6 Juin 1742.

LE CONSEIL assemblé, où étoient M. le Normand de Mézy, Premier Conseiller des deux Conseils Supérieurs de cette Isle, Commissaire-Ordonnateur de la Marine, et Subdélégué de l'Intendance de Saint-Domingue dans le département du Cap, et MM. Mallemain, Samson, Lombart, Fournier la Chapelle, *Pillat fils, Duperier et Hirel* (*), Conseillers, M. de Juchereau, Procureur-Général du Roi, et M. Duhameau, Greffier en chef; M. de Juchereau, Procureur-Général, a opiné avec les autres MM. a défaut de Juges; Me Barthon, Substitut, a fait les fonctions dudit Procureur-Général.

(*) *Ces trois derniers étoient des Assesseurs nommés par les Administrateurs, sans voix délibérative.*

ARRÊT du Conseil du Cap, portant que les Cartes-Bannies contiendront une description exacte de l'étendue et de l'état des Terreins.

Du 6 Juin 1742.

VU par le Conseil, la remontrance à lui faite par le Procureur-Général du Roi, contenant que le Procès qui fut jugé à l'Audience du jour d'hier, entre la veuve Podrou et le sieur Barreyre, Tuteur de Joseph Barreyre, son neveu, ayant fait connoître à la Cour que ce procès et maints autres qui se suscitent très-souvent, ne procèdent que de ce que les Cartes-bannies ne sont point en régle sur la quantité et position du terrein, et des établissemens qui sont dessus; et comme il convient de remédier à un tel abus, &c.; lui retiré, et tout considéré: LE CONSEIL, faisant droit sur le Réquisitoire dudit Procureur-Général du Roi, a ordonné et ordonne qu'à l'avenir lesdites Cartes-bannies contiendront une description exacte de l'étendue des terreins, bornes, plantations et bâtimens, et seront visés du Substitut dudit Procureur-Général du Siége où se fera l'adjudication; ordonne que le présent Arrêt sera envoyé ès-Jurisdictions du ressort de la Cour, pour y être enregistré, &c.

ARRÊT

ARRÊT du Conseil d'État, qui ordonne que le procès sera fait à un Commis des Trésoriers-Généraux de la Marine à Saint-Domingue, et jugé en dernier ressort par M. Maillart, Intendant, avec le Conseil de Léogane.

Du 22 Juin 1742.

LE Roi étant informé que le sieur ...., ci-devant Commis des sieurs Trésoriers-Généraux de la Marine à Saint-Domingue, se trouve reliquataire de sommes considérables, pour raison des recettes qu'il a faites en ladite qualité, des deniers de S. M., qu'il a divertis et détournés à son profit; et S. M. ne voulant point qu'une pareille malversation demeure impunie: oui le rapport, LE ROI étant en son Conseil, a ordonné et ordonne qu'à la Requête du sieur Procureur-Général du Conseil Supérieur séant à Léogane, le procès sera fait et parfait par le sieur Maillart, Intendant des Isles sous le Vent, audit ...., ses complices, fauteurs et adhérens, pour raison du divertissement de deniers provenans des recettes par lui faites des deniers de S. M., en ladite qualité de Commis desdits sieurs Trésoriers-Généraux de la Marine à Saint-Domingue, et icelui jugé définitivement et en denier ressort, par ledit sieur Maillart avec ledit Conseil Supérieur de Léogane; S. M. leur attribuant à cet effet toute Cour, Jurisdiction et connoissance, qu'Elle a interdite à toutes ses Cours et Juges. Permet audit sieur Maillart de rendre seul tous les Jugemens d'instruction qu'il conviendra, même d'ordonner les récollemens et confrontations, suivant l'exigence des cas; et seront lesdits Jugemens exécutés en dernier ressort et sans appel. Lui permet en outre de subdéléguer pour l'instruction, et de commettre pour Greffier de la Commission, telle personne de qualité requise qu'il jugera à propos, le tout sans préjudice des droits de S. M. contre lesdits sieurs Trésoriers-Généraux de la Marine, pour raison des sommes dont ledit .... se trouve reliquataire; et sera le présent Arrêt exécuté, nonobstant toutes oppositions ou empêchemens quelconques, dont, si aucuns interviennent, S. M. se réserve la connoissance.

LETTRE du Ministre à MM. de Larnage et Maillart, sur les Bulles du Pape.

Du 9 Juillet 1742.

J'AI rendu compte au Roi de la lettre que vous m'avez écrite le 22 Mars dernier, au sujet de la Bulle qui a été adressée directement de Rome aux Supérieurs des Missions de Saint-Domingue, pour le Jubilé de l'Exaltation du Pape; et Sa Majesté a approuvé que, conformément aux instructions qu'Elle vous a données sur cette matière, vous ayiez pris le parti d'empêcher l'exécution de cette Bulle. Il ne doit en effet être reçu aux Isles aucunes expéditions de la Cour de Rome, à l'exception des Brefs de pénitencerie, qu'elles n'ayent été revêtues de l'approbation de S. M., et envoyées aux Préfets Apostoliques des Missions par les Procureurs en France. Ainsi, jusqu'à ce que la Bulle en question ait passé par cette voie, vous tiendrez la main à ce qu'elle ne puisse pas être publiée dans la Colonie. C'est l'intention du Roi, que vous aurez soin d'expliquer aux Supérieurs des deux Ordres Religieux chargés des Missions.

ORDONNANCE DU ROI, qui défend de payer les Equipages désarmés en Amérique, de leur solde, et prescrit les formalités du décompte.

Du 19 Juillet 1742.

DE PAR LE ROI.

SA MAJESTÉ étant informée que les paiemens à faire aux Equipages des Navires qui sont désarmés dans les Colonies Françoises de l'Amérique, ont donné lieu, dans chacune de ces différentes Colonies, à une diversité d'usages contraires au bien du commerce, et aux dispositions portées par ses Ordonnances pour la discipline des Gens de Mer, et la sûreté de leur retour dans les Ports de leurs départemens; et Sa Majesté desirant d'établir, pour les paiemens dans les Colonies, une régle uniforme, en conformité de celle qui est observée dans les Ports du Royaume, en vertu de sa Déclaration du 18 Décembre 1728, et de l'Arrêt de son Conseil, du 19 Janvier 1734; Elle a ordonné ce qui suit:

ART. I. Les Capitaines des Navires qui seront désarmés à l'avenir dans les Colonies Françoises de l'Amérique, soit pour y avoir été jugés hors d'état de naviguer, ou pour d'autres causes, seront tenus de faire le décompte de la solde dûe à chacun des Gens de mer de leurs Equipages en présence du Commissaire de la Marine, ou de tel autre Officier qui sera chargé dans chaque Colonie, de ce qui concerne l'expédition des Bâtimens, et des autres fonctions relatives au détail des Classes.

ART. II. Lesdits décomptes seront remis auxdits Commissaires de la Marine, ou autres Officiers qui en feront les fonctions, avec une Lettre de change du montant en argent de France, tirée par les Capitaines sur les Armateurs du Navire, pour être les pièces envoyées par lesdits Officiers au Commissaire de la Marine, du Port où le Navire aura été armé, lequel, après avoir reçu la valeur des Lettres-de-change, en fera faire la distribution aux équipages ou à leurs familles, en conformité des décomptes.

ART. III. Les Commissaires de la Marine, ou autres Officiers chargés du détail des Classes dans les Colonies, tiendront un Registre exact, coté et paraphé par l'Intendant ou le Commissaire-Ordonnateur, contenant l'extrait des comptes et Lettres-de-change, dont il leur sera fait remise en exécution du précédent article; ils feront mention sur les Registres des noms des Capitaines qu'ils chargeront des pièces pour les porter en France, et des récépissés qui leur seront ensuite envoyés par les Commissaires de la Marine établis dans les Ports du Royaume, auxquels ils les auront adressés.

ART. IV. Lorsqu'il y aura dans la Colonie où un Navire aura été désarmé, d'autres Bâtimens dans lesquels les Gens de mer de l'Equipage du Navire désarmé pourront être embarqués, et gagner des salaires pour revenir dans les Ports de leur département, ils ne sera rien payé auxdits Gens de mer, sous prétexte de la conduite qu'ils pourroient prétendre pour leur retour.

ART. V. En cas qu'il n'y ait point actuellement dans la Colonie où le Navire aura été désarmé, d'autre Bâtiment où lesdits Gens de mer puissent être employés, il leur sera accordé une conduite sur le pied d'un ou deux mois de solde, à proportion du retardement que pourra leur causer le défaut d'occasion pour leur retour, ce qui sera réglé par les Intendans, ou les Commissaires de la Marine établis dans les Colonies.

ART. VI. Enjoint Sa Majesté aux Capitaines des Navires qui seront désarmés dans les Isles Françoises de l'Amérique, d'exécuter ponctuellement tout ce qui est porté par la présente Ordonnance, à peine de 100 l.

d'amende ; et leur défend, sous la même peine, de faire par eux-mêmes aucun paiement de la solde dûe aux Gens de mer de leur Equipages, à moins que, dans des circonstances particulières, ils n'obtiennent, pour cet effet, une permission expresse des Intendans ou Commissaires-Ordonnateurs, lesquels pourront seuls, et à l'exclusion de tous autres Officiers, donner de pareilles permissions dans les cas où ils les jugeront nécessaires. Mande et ordonne Sa Majesté à M. le Duc de Penthièvre, Amiral de France, aux Gouverneurs et ses Lieutenans-Généraux en ses Colonies de l'Amérique, Intendans, Commissaires-Ordonnateurs et Subdélégués dans lesdites Colonies, de tenir la main, chacun en droit soi, à l'exécution de la présente Ordonnance, laquelle sera registrée, lue, publiée et affichée par-tout où besoin sera. Fait à Versailles, &c.

R. en l'Amirauté du Cap, le 21 Octobre suivant.

COMMISSION de Procureur en l'Amirauté du Cap, donnée par le Lieutenant-Général de ladite Amirauté.

Du 29 Août 1742.

PIERRE-JEAN Lemaitre, Conseiller du Roi, Lieutenant-Général de l'Amirauté du Cap-François, Isle et Côte Saint-Domingue.

Etant nécessaire pour le bien public, d'établir un certain nombre de Procureurs, pour postuler pour les parties en cette Amirauté, Nous, en vertu du droit accordé par Sa Majesté à tous les Lieutenans-Généraux de ses Amirautés, par son Réglement de 1717, de commettre à tous les Offices du Siége, et suivant l'ordre que Nous en avons de S. A. S. Mgr. l'Amiral; connoissant la capacité et l'expérience au fait de la Judicature, de la Marine, et Religion Catholique et Romaine, de Me Robert de la Touche, Procureur ès-Cour et Jurisdiction Royale de cette Ville: A ces causes, Nous l'avons commis et commettons, par ces présentes, à l'exercice de l'office de Procureur en l'Amirauté du Cap, pour, par ledit Me Robert de la Touche, exercer ledit Office conjointement avec les autres Procureurs du même Siége, et privativement à tous autres, et jouir des droits, exemptions, priviléges et prérogatives y attribués, jusqu'à ce qu'il ait plû à S. A. S. d'agréer et confirmer sa nomination, et le faire pourvoir d'une Commission de Sa Majesté, à la charge par lui de se conformer aux Ordonnances de la Marine et Réglemens faits pour cette Colonie ; de prêter serment devant Nous, de se bien et fidèlement comporter en l'exercice dudit office, et de n'exiger aucuns autres droits et salaires que ceux qui seront par Nous taxés. Donné au Cap François, sous le cachet de nos armes, et le contre-seing du Greffier dudit Siége, le 29 Août 1742. *Signé*, LEMAITRE ; *et contresigné*, AURIOL, Greffier.

R. en ladite Amirauté, le 8 Octobre 1742.

V. l'Arrêt du 3 Décembre suivant.

LETTRES-PATENTES en forme d'Edit, concernant les Assesseurs aux Conseils des Colonies.

Du mois d'Août 1742.

LOUIS, &c. Salut. L'attention continuelle que Nous donnons pour l'Administration de la Justice dans nos Colonies, Nous a porté, depuis quelques années, à autoriser les Gouverneurs et Intendans, à établir des Assesseurs dans nos Conseils Supérieurs, non-seulement pour y accélérer l'expédition des affaires, mais encore pour mettre ces Assesseurs à portée de se rendre de plus en plus capables de remplir les charges de Conseillers en ses Conseils, ou d'autres places de Judicature qui viendroient à vaquer ; Nous avons la satisfaction de reconnoître par l'expérience que cet établissement répond à nos vues, et qu'il est tems de lui donner une forme stable et authentique ; et Nous nous y déterminons d'autant plus volontiers, que nous donnerons en même tems à nos sujets des Colonies, une nouvelle preuve des soins que nous apportons à tout ce qui peut contribuer à leur tranquillité et à leur bonheur : à ces causes, &c. voulons et nous plaît ce qui suit :

ART. I. Les Gouverneurs, Lieutenans-Généraux pour Nous, et les Intendans de nos Colonies, continueront à commettre conjointement pour Assesseurs en nos Conseils Supérieurs, des sujets capables d'en faire les fonctions, à l'effet de quoi, Nous leur donnons l'autorité et le pouvoir nécessaire ; voulons néanmoins et entendons, qu'il ne puisse y avoir, sans une permission expresse de Nous, que le nombre de quatre Assesseurs dans chacun desdits Conseils Supérieurs.

ART. II. Attendu l'éloignement des Colonies de l'Isle Royale, de la

Louisianne et de Cayenne, des lieux de la résidence des Gouverneurs, Lieutenans-Généraux, et des Intendans desquels elles dépendent, Nous donnons aux Gouverneurs-Particuliers et Ordonnateurs desdites trois Colonies, le même pouvoir de commettre conjointement ledit nombre d'Assesseurs dans les Conseils Supérieurs qui y sont établis.

Art. III. Les Assesseurs ainsi commis par lesdits Gouverneurs, Intendans ou Ordonnateurs, seront reçus auxdits Conseils Supérieurs, avec les mêmes formalités qui s'observent pour la réception des Conseillers établis par provisions de Nous, ils y prendront rang et séance par ordre d'ancienneté entre-eux, et après lesdits Conseillers, dont ils seront toujours précédés; mais ils n'y auront voix délibérative que dans le Jugement des affaires dont ils seront Rapporteurs, à moins que, dans les autres affaires dont ils ne seront pas Rapporteurs, il ne se trouvât pas un nombre suffisant de Juges, auquel cas, ils auront pareillement voix délibérative, comme aussi dans le cas de partage d'opinions entre les autres Juges.

Art. IV. Lesdits Assesseurs ne jouiront aux Isles du Vent et sous le Vent, que de la moitié des exemptions dont jouissent lesdits Conseillers, pour les droits du Domaine ou d'Octroi, qui se perçoivent auxdites Isles, mais ils auront les autres exemptions, prérogatives, honneurs et priviléges attachés auxdites charges de Conseillers.

Art. V. Voulons au surplus que les Commissions qui seront expédiées auxdits Assesseurs, par lesdits Gouverneurs et Intendans, ou Ordonnateurs, ne soient que pour trois années, à compter du jour de leur réception auxdits Conseils Supérieurs; et à l'expiration desdites trois années, Nous permettons auxdits Gouverneurs et Intendans, ou Ordonnateurs, de donner pareilles Commissions d'Assesseurs à d'autres Sujets, ou d'en accorder de nouvelles, s'ils le jugent à propos, à ceux dont le tems sera expiré, et d'en user ainsi à l'égard des uns et des autres, de trois années en trois années, auxquels cas lesdits Assesseurs conserveront dans lesdits Conseils le rang qu'ils y avoient, en vertu de leur première Commission; et lorsque lesdits Assesseurs n'auront pas de nouvelles Commissions à l'expiration desdites trois années, ils cesseront d'en prendre la qualité, et de jouir des exemptions, honneurs et priviléges y attachés. Si donnons en mandement à nos amés et féaux les gens tenant notre Conseil Supérieur de Léogane et du Cap, Isle St. Domingue, &c.

R. au Conseil de Léogane, le 24 Janvier 1744.
Et à celui du Cap, le 2 Mars suivant.

ORDONNANCE des Administrateurs, qui, à la Requête de la dame de Silvecanne, déclare nulle la Liberté accordée à seize Esclaves par son mari, sans ratification par les Administrateurs.

Du 5 Septembre 1742.

R. au Greffe de la Subdélégation, le 3 Octobre suivant.

ORDONNANCE des Administrateurs, pour l'établissement d'un Bac sur la Rivière du haut du Cap; et Tarif du Péage.

Du 10 Septembre 1742.

CHARLES Brunier, Marquis de Larnage, &c.

Simon-Pierre Maillart, &c.

Les avantages et la commodité que le public a jusqu'à présent trouvés dans l'établissement qui a été fait depuis quelques années, de canots passagers, pour aller et venir des quartiers de Limonade et Petite-Anse à la ville du Cap, étant néanmoins sujets à de grands inconvéniens; tel est celui de l'heure nécessairement précise de leur départ, laquelle manquant, l'habitant est obligé de se retirer chez lui, ou attendre dans un cabaret ou chez quelqu'autre, le départ d'un canot suivant, et celui du danger auquel le passage de l'après-midi se trouve fréquemment exposé par la violence du vent; Nous avons jugé qu'il seroit important d'y remédier par l'établissement d'un bac près la ville, à l'embouchure de la rivière du haut du Cap, au moyen duquel les habitans ne pourroient plus être empêchés, par aucun contre-tems, d'aller et venir, même en voiture, à la ville du Cap, et y faire transporter et en recevoir leurs effets et denrées; sur quoi ayant examiné les propositions à Nous faites par le sieur Perrin, Fermier des canots passagers de la Petite-Anse et de Limonade, et ses offres de faire construire à ses frais un bac, et les jetées et éperons nécessaires à chaque côté de la rivière, pour que le bac puisse approcher, au moyen que la Ferme dudit bac, jointe à celles de la Petite-Anse et de Limonade, lui soient accordées pendant cinq années, à commencer du premier Janvier prochain, sur le pied de 10,500 liv par année, les quatre dernieres années, la première gratis, lequel pourra exiger pour le passage des Blancs, Noirs, et animaux sur ledit bac, les droits portés au tarif qui Nous en a été présenté, et qui a été réglé et modéré aux sommes mentionnées dans l'état de Nous paraphé, par M. le Normand, Commissaire-Ordonnateur; Nous avons jugé que l'on ne pouvoit, sans préjudice pour le public, les intérêts du Roi et du Fermier, séparer la nouvelle ferme de celles de Limonade et la Petite-Anse, et Nous avons agréé et accepté les propositions du sieur Perrin, de payer au Roi lesdites trois fermes ensemble pour la somme de 10,500 liv. par année, pendant cinq années, dont il ne payera néanmoins que les quatre dernières, la première étant gratis et pour l'indemniser de ses frais; en conséquence nous ordonnons que pardevant M. le Normand, il en sera au nom du Roi passé marché, par lequel ledit sieur Perrin sera tenu de faire incessamment, et pendant le cours de l'année prochaine, au plus tard, à ses frais, un bac de bon bois, bien sain, et de la meilleure qualité, lequel aura 50 pieds de long; savoir, 30 pieds de semelle, et 10 pieds de chaque bout de quai ou d'élancement, sur 16 pieds de largeur, et 4 pieds de hauteur, qui sera d'ailleurs muni de ses cordages, grapins et ustensiles nécessaires, de façon néanmoins que le cable ou cordage à passer le bac, n'empêche aux chaloupes et canots l'usage de la rivière, et qu'il fera pareillement construire les éperons et jettées, soutenus par des pieux de hauteur et grandeur convenables, et duement liés et garnis de corps morts, chevilles et organaux nécessaires au passage dudit bac, pour lesquelles jettées et éperons il pourra prendre les terres au petit Morne, vis-à-vis l'endroit où sera le passager; ordonnons enfin que ledit sieur Perrin ne pourra exiger pour tous droits pour le passage dudit bac, que les sommes portées au Tarif de Nous paraphé, et lesquelles seront au long détaillées à la suite dudit marché. Fait à Léogane, le 19 Septembre 1742, *Signé* LARNAGE et MAILLART.

TARIF des prix à payer par le public, pour le passage de la Rivière du Cap; savoir :

Par Blanc à pied, chargé ou non, ... 15 f.

Par Négre à pied, chargé ou non, . . 7 f. 6 d.

Par Blanc à cheval, ... 1 l. 10 f.

Par Négre à cheval, même avec porte-manteau ou panier chargé de provisions de bouche, ... 1 l. 2 f. 6 d.

Par chaque cheval, non chargé, ... 15 f.

Par

Par chaque chaise, y compris les porte-manteaux ou malles y attachés, et non compris les personnes ni les chevaux, . 1 l. 10 s.

Par chaque cabrouet à cheval, non compris la charge ni les chevaux, ... 1 l. 10 s.

Par chaque cabrouet à bœufs, non compris la charge ni les bœufs, 3 l.

Par chaque bœuf, ... 15 s.

Par barrique de sucre créole, ... 1 l. 10 s.

Par barrique de vin de Bordeaux ou de marchandises, 1 l. 2 s. 6 d.

Par quart ou tierçon, ... 15 s.

Par chaque sac de marchandises dont deux font la charge d'un cheval, ... 7 s. 6 d.

Par veau, cochon, ou mouton, ... 7 s. 6 d.

Doit être tenu le Fermier du bac de passer nuit et jour, à la réserve des cabrouets à bœufs, qui ne pourront passer la nuit; de recevoir les effets et marchandises dans le bac, de les débarquer à terre sur l'éperon, et répondre des avaries qui pourroient arriver auxdits effets et marchandises en les débarquant. Il doit être enjoint aux particuliers, de faire enlever sur le champ leurs effets et marchandises de dessus les éperons, sous peine d'amende, &c.

Paraphé au desir de notre Ordonnance de ce jour 10 Septembre 1742. *Signé* LARNAGE et MAILLART.

R. au Greffe de la Subdélégation, le 31 Octobre suivant.

LETTRE de Cachet, pour l'établissement de la Maison de Providence du Cap.

Du 12 Septembre 1742.

MONS. le Marquis de Larnage, et Mons. Maillart. Sur le compte que je me suis fait rendre de ce qui s'est passé à l'occasion de l'établissement qui a été entrepris dans ma ville du Cap, d'une maison de Providence, pour y recevoir les personnes qui sont sans ressource, et les y nourrir et occuper, jusqu'à ce qu'on puisse les placer chez des habitans, j'ai été bien aise de cet établissement, par les avantages qu'il peut produire lorsqu'il sera solidement soutenu; mais j'ai été en même-tems très-surpris d'apprendre que mon Conseil Supérieur du Cap se soit immiscé de faire un Réglement pour l'autoriser, et en fixer l'administration et les statuts; ce Conseil s'est attribué en cela un pouvoir qu'il n'a point, et que je me suis réservé à moi seul. Persuadé cependant des motifs qui l'ont fait agir, je veux bien, sur les représentations que vous avez faites en sa faveur, ne pas casser ce Réglement; mais je ne crois pas non plus devoir donner, quant-à-présent, une approbation authentique de l'établissement en question; les fonds qui ont été destinés, suivant l'état que vous en avez envoyé, ne paroissent pas suffisans pour le rendre solide, et j'estime qu'il convient d'attendre que l'expérience ait fait connoître sur quoi l'on peut compter à cet égard, avant que de faire expédier mes Lettres-Patentes sur ce nécessaires; aussi je me contente présentement de vous permettre de maintenir par provision l'établissement sur le pied qu'il a été fait; et lorsque les avantages que l'on en espère, seront assez bien constatés, je donnerai l'autorisation dont il a besoin. Pour que j'en puisse juger, vous me rendrez compte des progrès qu'il fera, tant par rapport à ses fonds, que par rapport au nombre de personnes qui y seront reçues, et de la manière dont elles y seront traitées; et au surplus, mon intention est que vous fassiez enregistrer cette Lettre au Conseil Supérieur du Cap; sur ce je prie Dieu, &c. à Versailles, le 12 Septembre 1742. *Signé* LOUIS; *et plus bas.* PHELIPPEAUX.

R. au Conseil du Cap, le 3 Décembre suivant.

EXTRAIT de l'Ordre du Roi, sur l'autorité des Administrateurs en matière d'Imposition.

Du 25 Septembre 1742.

LES Gouverneurs et Intendans dans les Colonies, n'ont pas le pouvoir de faire des Impositions sur les sujets de Sa Majesté, lorsqu'il est question de faire quelqu'établissement, soit pour l'ornement ou pour les commodités d'une Colonie, soit même pour sa défense, et que les dépenses doivent être supportées par les habitans, les Gouverneurs et Intendans doivent, dans ces cas, convoquer une assemblée de tous ceux qui y sont intéressés, ou des notables d'entr'eux, à l'effet d'arrêter le projet d'établissement dont il s'agit, et de pourvoir aux fonds qui y sont nécessaires, par une délibération qui doit être autorisée par le Gouverneur et par l'Intendant.

ORDONNANCE *des Administrateurs, qui prescrit une nouvelle assemblée Paroissiale au Cap, relativement à la bâtisse de l'Eglise de cette Ville, attendu que Sa Majesté n'a pas jugé à propos de permettre l'établissement de la Loterie proposée, lors de l'assemblée du* 14 *Juin* 1739.

Du 29 Septembre 1742.

R. au Greffe de l'Intendance, le 18 *Octobre suivant.*

ORDONNANCE *des Administrateurs, pour la confection du chemin qui viendra de la Petite-Anse au point où doit être placé le Bac du Cap.*

Du premier Octobre 1742.

CHARLES Brunier de Larnage, &c.

Simon-Pierre Maillart, &c.

L'accroissement que prend de jour en jour la Ville du Cap, et l'état florissant où elle parvient, Nous ayant fait juger que Nous ne pouvions, pour en procurer encore l'augmentation, rien faire de plus avantageux que de rendre l'accès de ladite Ville plus court et plus commode aux Habitans de la plaine du Cap, par l'établissement à l'embouchure de la Rivière du haut du Cap, dite de Galiffet, d'un Bac propre à passer non-seulement les chaises roulantes toutes attelées, mais encore les cabrouets et autres voitures, en conséquence de quoi le marché en a été passé; mais comme il est nécessaire d'établir un chemin bien solide, qui conduise, le long du bord de la mer, de la Petite-Anse au passage dudit Bac; Nous ordonnons que, par M. le Gouverneur ou l'Officier-Major commandant en son absence, il sera commandé aux Habitans des Paroisses qui doivent contribuer à ce chemin, le nombre de Négres qui sera jugé nécessaire pour son établissement, lequel chemin sera tracé par le sieur Dasmères, Arpenteur-général, dans le lieu le plus convenable, et le plus court que faire se pourra, et de la largeur prescrite par les Ordonnances, et approuvé par MM. les Gouverneur et Ordonnateur. Fait à Léogane, le premier Octobre 1742. *Signé*, LARNAGE et MAILLART.

R. au Greffe de l'Intendance, le 18 Octobre 1742.

ARRÊTS du Conseil du Cap, qui astreignent des Chirurgiens reçus en France, à subir un nouvel examen pour pouvoir exercer dans la Colonie.

Des 4 Octobre et 7 Novembre 1742, 9 et 10 Janvier 1743.

Le premier, du 4 Octobre 1742, renvoie le sieur Sauvé, Chirurgien de Paris, à subir examen.

Le second, du 7 Novembre suivant, prononce la même chose à l'égard du sieur Belloc, Chirurgien-Juré à Paris.

Le troisième, du 9 Janvier 1743, y assujétit le sieur Thiron, Chirurgien entretenu de Rochefort.

Et le quatrième, du lendemain, impose la même obligation au sieur de Courcelle, Chirurgien de Vitry-le-François.

Le sieur Belloc avoit essayé de s'en faire dispenser, en se fondant sur les statuts de la Chirurgie à Paris; mais l'Arrêt du 10 Novembre 1742, le débouta de ses réflexions, et il ne fut reçu que le 4 Février 1743, après avoir été examiné.

ORDONNANCE de Police du Juge du Cap, qui défend d'allumer des fourneaux et des réchauds dans les rues, à peine de 100 l. d'amende, dont moitié au Dénonciateur, et l'autre moitié à la Maréchaussée.

Du 10 Octobre 1742.

LETTRE *du Ministre aux Administrateurs, sur la distribution des Eaux.*

Du 29 Octobre 1742.

J'AI examiné avec attention le Jugement que vous avez rendu sur la contestation d'entre le sieur Dumée et les Intéressés aux Canaux tirés de la grande Rivière dans le Quartier du Cul-de-Sac, et les observations dont vous aviez accompagné le Jugement. Il est conforme non-seulement aux maximes générales du Royaume, mais encore à toutes les régles de la Justice et de l'équité; et le Roi, à qui j'en ai rendu compte, l'a approuvé.

A l'égard de l'arrangement que vous proposez de faire pour la distribution générale des eaux de la Rivière en question, et des autres qui peuvent se trouver dans le même cas, c'est un objet très-intéressant et qui mérite toute votre attention, tant pour procurer aux Habitans les eaux qui peuvent leur être nécessaires pour la culture de leurs terres, que pour prévenir les contestations qui pourroient s'élever entre-eux. Vous avez un principe certain pour vous régler dans ces sortes d'opérations.

En effet, tous les fonds de la Colonie sont originairement domaniaux. Aucun Habitant n'y peut prétendre droit de propriété, qu'en conséquence des concessions qui en sont faites au nom du Roi. Il est sans difficulté que S. M. peut imposer à ces concessions, telles conditions que bon lui semble; et les concessionnaires ou leurs ayans-causes, en accomplissant ces conditions, ne font que remplir leurs obligations. Or, d'un côté, toutes les concessions imposent de droit les servitudes et les contributions que peuvent exiger le service du Roi et l'utilité publique; et d'un autre côté, ces deux objets sont également intéressés à la distribution des eaux qui peuvent être nécessaires pour la culture des terres et l'établissement des Quartiers. Ainsi, il ne reste qu'à procéder à ces sortes de distributions, de manière à concilier, autant qu'il sera possible, les intérêts de tous ceux qui y seront compris, relativement au bien général qui en doit résulter. C'est à vous d'y pourvoir par un Réglement, dont vous aurez agréable de rendre compte.

ARRÊT du Conseil du Cap, portant qu'un Banni condamné en une amende, sera élargi des prisons, attendu sa maladie et son extrême pauvreté.

Du 8 Novembre 1742.

ORDONNANCE des Administrateurs, concernant les Chirurgiens.

Du 10 Novembre 1742.

CHARLES Brunier, Marquis de Larnage, &c.

Et Simon-Pierre Maillart, &c.

Etant informés que, nonobstant les Réglemens rendus sur le fait de la Chirurgie, l'abus qu'on a voulu éviter de voir exercer cette profession par des ignorans et Fraters échappés des Navires, grossissoient, au grand préjudice du public, dans les divers quartiers de cette Colonie; Nous aurions, pour y remédier, ordonné par notre Réglement du premier Avril 1739, qu'aucun Chirurgien ne pourroit exercer sa profession dans cette Isle, qu'il n'eût servi au moins un an dans les Hôpitaux de cette Colonie, lesquels seroient tenus d'en entretenir toujours quatre chacun: au moyen de quoi on étoit assuré de n'avoir que des Chirurgiens capables et au fait des maladies du pays; mais la pauvreté actuelle de l'Hôpital de Léogane, ne lui permettant pas, quant à présent, de supporter la dépense de ces quatre Chirurgiens; Nous, en attendant que ledit Hôpital soit en état d'exécuter cet article de notre Réglement, si important au bien public, et sans y déroger, avons jugé nécessaire, par la présente, de remédier à l'abus résultant de cette inexécution, et en conséquence, nous ordonnons à MM. les Gouverneurs, Lieutenans de Roi, Officiers-Majors, Capitaines et Officiers de Milices, commandans dans les divers quartiers de ce ressort, de ne souffrir, dans l'étendue de leur commandement, aucun Chirurgien, ou soi-disant, qu'il ne soit muni d'une permission par écrit de l'un des trois Médecins du Roi, lesquels ne la leur accorderont qu'après les avoir duement examinés sur tout ce qui concerne l'Art de la Chirurgie, en présence du Chirurgien-Major, et un des plus anciens Chirurgiens, et même des autres Chirurgiens approuvés, qui, sans y être appelés, pourront y assister et interroger le récipiendiaire; observant que, pour la facilité des Chirurgiens et Fraters qui se présenteront pour être examinés, l'examen de leur capacité se fera en deux séances, et qu'il ne sera payé pour chaque séance que 20 liv. au Médecin, et 10 liv. à chacun des deux Chirurgiens qui seront adjoints; ordonnons au Médecin qui aura présidé à l'examen, dans lequel un Chirurgien aura été trouvé incapable, d'en instruire le Greffier de l'Intendance, qui mettra au nombre de ses minutes cet avis. Seront tenus les Chirurgiens approuvés, de se pourvoir pardevers Nous, pour obtenir des permissions en forme d'exercer l'Art de la Chirurgie, lesquelles leur seront expédiées gratis; leur enjoignons de les faire enregistrer au Greffe de la Jurisdiction de leur résidence, et de plus au Greffe de l'Intendance, pour chacun desquels enregistremens il sera payé seulement 6 liv. Ordonnons en outre que tous Chirurgiens qui exerceront actuellement dans l'étendue du ressort, sans avoir été ci-devant reçus ou approuvés, ou qui à défaut, ne seront munis de ladite permission d'un des Médecins du Roi, seront tenus, dans deux mois au plus tard du jour de la publication de la présente, d'aller se faire examiner devant l'un desdits Médecins du Roi, et Chirurgiens susdits, et prendre sur ce les Lettres nécessaires, à peine de 100 liv. d'amende, au profit de l'Hôpital, d'un mois de prison, et d'être déchus du droit d'exercer jamais la Chirurgie dans cette Colonie. Ordonnons aux Capitaines et Officiers de Milices, dans les Compagnies desquels il se trouve des Chirurgiens qui ne se seroient pas mis en regle, et continueroient d'exercer la Chirurgie sans avoir subi ledit examen, et fait enregistrer leurdite permission, d'en informer, à peine d'en répondre en leur propre et privé nom, le Procureur du Roi, afin que sur sa diligence et ses conclusions, les délinquans soient punis des peines portées ci-dessus : défendons aux Officiers des Jurisdictions, d'admettre et d'allouer aucuns comptes de Chirurgie de ceux dont la permission n'aura pas été enregistrée; et sera la présente Ordonnance enregistrée au Conseil Supérieur de Léogane, lue, publiée et affichée par-tout où besoin sera. Donné à Léogane, &c.

R. au Conseil de Léogane, le 14 du même mois.

ARRÊT du Conseil de Léogane, portant établissement des Receveurs particuliers de l'Octroi.

Du 13 Novembre 1742.

VU par le Conseil, l'ordre du Roi en date du 17 Mai dernier, portant, &c. L'Arrêt par lequel MM. Caignet et Sibert, Conseillers audit Conseil, ont été nommés Commissaires, à l'effet de proposer au Conseil les moyens les plus convenables pour l'exécution du contenu audit Ordre; le Mémoire par eux dressé en conséquence, et le Procureur-Général du Roi, et demeuré annexé audit Ordre de Sa Majesté; oui lesdits sieurs Conseillers en leurs rapports, et le Procureur-Général du Roi en ses conclusions; et tout considéré: LE CONSEIL ordonne qu'il y aura onze Receveurs pour la perception desdits droits d'Octroi, aux gages, appointemens et charges ci-après; savoir:

Léogane. Un, lequel pour district, aura toute l'étendue de la Paroisse Sainte-Rose, jusqu'à la rivière de Lamantin, pour appointemens, les retributions provenantes des déclarations des Navires, et sera tenu de fournir caution de 20,000 liv., résidente et domiciliée audit Léogane, ou au Petit-Goave.

Cul-de-Sac. Un, qui aura pour district l'étendue de la Paroisse dudit lieu et celle du Trou Bourdet, à commencer depuis ladite riviere du Lamantin, et finir à la Caye-Carnière, inclusivement, 700 liv. de gages, et caution de 10,000 liv.

Les Vazes. Un, lequel aura pour district l'étendue dudit quartier, à commencer à ladite Caye-Carnière, et finir à la rivièredu Montroui, 300 l. de gages, et caution de 6000 liv.

Mirebalais. Lequel aura pour district toute l'étendue dudit quartier, jusqu'à la Roche, inclusivement, 700 liv. de gages, et caution de 6000 liv.

Saint Marc. Lequel aura pour district toute l'étendue des Paroisses du ressort du Siége Royal dudit lieu, 800 liv. de gages, et caution de 20,000 liv., soit audit St. Marc ou au Petit-Goave, à son option.

Petit-Goave. Lequel pour district aura toute l'étendue des Grand et Petit-Goave, Fonds des Négres et des Blancs, 600 liv. de gages, et caution de 6000 liv. audit lieu du Petit-Goave.

Nippes. Lequel pour district aura l'étendue des Paroisses de l'Azile, Anse-à-Veau,

Anse à-Veau, Petit-Trou, 600 liv. de gages, et caution de 8000 liv. Petit-Goave.

Grande-Anse. Aura pour district l'étendue dudit quartier, Cap Dame-Marie et Tiburon; 700 liv. de gages, caution de 7000 liv., audit lieu de la Grande-Anse.

Saint-Louis. Aura pour district l'étendue dudit quartier, Cavaillon, Grands-Halliers et Grande-Colline, 600 liv. de gages, caution de 10,000 liv. audit lieu de St. Louis.

Fonds de l'Isle à Vache. Lequel, pour district, aura l'étendue des Paroisses de Torbec, des Cayes, des quartiers de l'Etron-de-Porc, des Anses et autres adjacens depuis Cavaillon jusqu'au Cap Tiburon, 1,200 liv. de gages, et une caution de 15,000 liv. audit St. Louis.

Jacmel. Aura pour district toute l'étendue des quartiers dépendans de la Jurisdiction Royale dudit lieu, aura 800 liv. de gages, et fournira une caution de 6000 liv. audit lieu de Jacmel.

Pour Receveurs desdits droits d'Octroi, dans chaque quartier et district ci-dessus spécifiés, a nommé et nomme; savoir, pour celui de Léogane, le sieur Secretier, &c. Ordonne que tous les Receveurs compteront de leurs recettes par bordereaux toutes et quantes fois qu'ils en seront requis; remettront tous les deux mois leur recette effective au Trésor de Sa Majesté, compteront dans tout le courant du mois de Janvier, de toute la recette de l'année précédente, de laquelle ils seront obligés de faire bon, sauf les non valeurs, lesquelles leur seront passées à bon compte, et par eux justifiant d'icelles par des diligences faites dans le courant de la même année que la recette auroit dû être faite; que les cautions à fournir par lesdits Receveurs, seront reçues pardevant les Juges des lieux, les Substituts du Procureur-Général du Roi à ce appelés, présens et consentans. Finalement, que lesdits Receveurs, sous le bon plaisir du sieur Gouverneur-Lieutenant-Général pour le Roi, seront exempts des revues et corvées de Milices. Enjoint aux Substituts du Procureur-Général du Roi, de tenir la main à l'exécution du présent Arrêt, en ce qui les concerne.

Arrêt du Conseil du Port-au-Prince, qui ordonne l'exécution de plusieurs articles de l'Ordonnance de 1667.

Du 14 Novembre 1742.

Ce jour, le Procureur-Général du Roi est entré et a dit, &c Lecture faite des conclusions laissées sur le bureau, et la matière mise en délibération : Le Conseil, faisant droit sur les conclusions du Procureur-Général du Roi, a ordonné et ordonne à tous Huissiers ou Sergens, de se conformer à l'avenir à l'art. VII. du Tit. II. de l'Ordonnance de 1667, en conséquence de coter dans leurs exploits d'ajournement, d'intimation ou assignations, le nom du Procureur du Demandeur, sous les peines prononcées par ledit article; qu'au domicile dudit Procureur, les défendeurs seront tenus de faire signifier leurs défenses et piéces desquelles ils entendent s'aider, au moyen de quoi ne sera dorénavant passé en taxe aucuns frais de transport au domicile des Parties pour raison desdites significations; que tout défendeur sera tenu de bailler copie de ses défenses et piéces, si aucunes il a; et qu'à faute par lui de l'avoir fait, toute audience lui sera déniée et défaut accordé au demandeur, le profit duquel sera jugé, et ses conclusions adjugées avec dépens, si la demande se trouve juste et bien vérifiée.

Que, tant en cause principale que d'appel, les parties seront tenues, avant d'en venir à l'audience, de faire signifier leurs qualités, lesquelles contiendront aussi leurs conclusions, sur lesquelles qualités elles seront tenues aussi, avant d'en venir à l'audience, de se faire régler par les Gens du Roi, encore qu'il y ait opposition à la reception d'icelles, pour raison desquelles qualités, le Conseil a alloué et alloue; savoir, au Procureur, la somme de 40 sols, et à l'Huissier qui les signifiera, celle de 20 sols.

Qu'à commencer du premier Janvier prochain, il sera tenu, tant par le Greffier du Conseil, que ceux des Siéges y ressortissans, un registre qui sera intitulé *des Présentations*, lequel sera numéroté en toutes ses pages, paraphé sur le premier et dernier feuillet d'icelui, sur lequel, chacun Procureur sera tenu d'écrire journellement le nom des Parties, pour lesquelles et contre lesquelles il sera chargé d'occuper, lequel il sera tenu de laisser visiter par lesdits Procureurs; au moyen de quoi et à compter du susdit jour, aucun défaut ne sera accordé, sans qu'il apparoisse de ladite présentation, pour chacune desquelles le Conseil a alloué et alloue; savoir, aux Greffiers et

Procureurs des Jurisdictions, la somme de 7 sols 6 den. à chacun ; à ceux du Conseil, celle de 15 sols à chacun.

Que tous Procureurs seront tenus, avant d'en venir à l'audience, et lorsqu'ils en seront requis, de se communiquer leurs sacs et piéces, à peine contre les refusans, de 20 liv. d'amende, applicable aux réparations du Palais; finalement, que dans toutes les affaires où le Ministère public sera intéressé, les Procureurs, avant d'en venir à l'audience, seront tenus de remettre leurs sacs et piéces aux Gens du Roi, à peine de leur être toute audience déniée, de tous dépens, dommages et intérêts envers leurs Parties, et de 20 liv. d'amende, applicable auxdites réparations du Palais; que le présent Arrêt sera enregistré, lu et publié à la barre du Conseil, et copies envoyées aux Siéges du ressort, pour y être lûes, publiées et enregistrées.

ARRÊT du Conseil de Léogane, portant établissement d'un Garde-Minute-Général dans le Quartier du Cul-de-Sac.

Du 14 Novembre 1742.

CE jour, le Procureur-Général est entré, et a dit : que par la Déclaration du Roi, du 4 Janvier 1724, il est ordonné que les minutes des Notaires qui sortent d'exercice, seront déposées ès-Greffes des Siéges Royaux de leurs matricules, &c. Sur quoi, lecture faite desdites conclusions, la matière mise en délibération : LE CONSEIL, faisant droit sur les conclusions du Procureur-Général du Roi, ordonne qu'à l'avenir il y aura un Notaire, Dépositaire général des minutes des autres Notaires, exerçans audit quartier du Cul-de-Sac; pour Dépositaire général, et Garde desdites minutes, a commis et commet le sieur Bazin, lequel sera tenu de se retirer pardevant les sieurs Gouverneur - Lieutenant-Général pour le Roi, et Intendant de cette Colonie, aux fins d'en obtenir une Commission de Notaire audit quartier du Cul-de-Sac, entre les mains duquel Garde-Minute, toutes celles de ceux qui sont morts, partis pour France, sortis d'exercice, seront incessamment rassemblées et déposées, et chez lequel à l'avenir celles de ceux qui sortiront d'exercice, seront également déposées, inventaire en forme de protocole préalablement fait de celles de ceux qui y ont exerçés, sont morts, partis pour France, ou sortis d'exercice, par le Comissaire ci-après nommé, ès-mains duquel les ayant-causes de ceux qui sont morts, partis pour France, ceux qui sont présens, et sont sortis d'exercice, seront tenus de les remettre, à la première requisition qui leur en sera faite par ledit sieur Commissaire, à peine d'y être contraints par toutes voies, même par corps; qu'à l'avenir tous les Notaires dudit quartier, seront tenus de remettre tous les mois, un protocole en forme des actes qu'ils passeront, à peine d'être déchus de leurs Offices, et de tous dépens, dommages et intérêts; duquel protocole ledit Garde-Minute général sera tenu de leur donner décharge, sans frais, sur le protocole original qui leur restera; que ledit Garde-Minute général sera tenu de son côté, sous les peines que dessus, d'envoyer annuellement au Greffe du Siége Royal de Léogane, et par copie, un protocole général tant de tous les actes qu'il aura passés, que de ceux des Notaires qui lui auront fourni les leurs, duquel ledit Greffier sera tenu de lui donner décharge sans frais, sur et ensuite desdits protocoles qui resteront audit Garde-Minute général; que tous les Notaires actuellement exerçans audit quartier du Cul-de-Sac, seront désormais tenus à résidence au principal bourg dudit quartier; qu'à faute par eux de ce faire, ils seront tenus de remettre audit Garde-Minute général, les actes qu'ils passeront dans les vingt quatre heures de la passation d'iceux, à peine de nullité desdits actes, et de tous dépens, dommages et intérêts envers les parties; et que dès-à-présent, ils seront tenus de remettre à cedit Garde-Minute général, tous les actes qu'ils ont passés depuis leur exercice, inventaire en forme de protocole préalablement fait par ledit Commissaire ci-après; et pour procéder aux inventaires ci-dessus ordonnés, le Conseil a commis et commet le sieur Jean Sibert, Conseiller en la Cour.

ARRÊT du Conseil de Léogane, contre ceux qui négligent de faire Baptiser leurs Enfans.

Du 14 Novembre 1742.

CE jour, le Procureur-Général du Roi est entré et a dit: que le Conseil, informé du risque manifeste auquel le salut de plusieurs enfans étoit exposé, par la négligence de leurs parens à les faire baptiser, auroit, par son Arrêt du 10 Janvier 1737, ordonné, &c. LE CONSEIL faisant droit sur les conclusions du Procureur-Général du Roi, a ordonné et ordonne que tous et chacuns pères de familles seront tenus de satisfaire et obéir au susdit Arrêt; en conséquence, de faire pour le plus tard porter à l'Eglise, quarante jours après leur naissance, leurs enfans, pour y être baptisés; et que tous ceux qui n'ont point encore reçu le baptême, ou auxquels, étant ondoyés, on n'en a point administré les cérémonies, seront, quinze jours après la publication du présent Arrêt, pour tout délai, portés ou conduits à l'Eglise pour l'y recevoir par le ministère de leur Curé, à peine contre les contrevenans de 500 liv. d'amende, par chacun enfant qui n'aura été baptisé dans le susdit délai, icelle applicable à la fabrique de la Paroisse dans laquelle ils seront nés, laquelle amende sera encourue par lesdits pères de familles, et au payement de laquelle ils seront contraints par toutes voies dûes et raisonnables, même par corps, à la diligence des Marguilliers en charge, sur le simple certificat du Curé, sans qu'icelle amende puisse être réputée comminatoire, remise ni modérée; et sera le présent Arrêt lû, publié ès Audiences des Siéges du ressort, ainsi qu'ès Prônes des Paroises, registré ès Greffes desdits Siéges, ainsi que sur le livre des délibérations desdites Paroisses, &c.

ARRÊT du Conseil du Cap, qui, sur la Requête des Procureurs de la Cour et de la Jurisdiction, ordonne que le Lieutenant de l'Amirauté de la même Ville, justifiera du pouvoir de commettre des Procureurs et des Huissiers particuliers pour son Siége.

Du 3 Décembre 1742.

V. les Arrêts des 11 Juin et 17 Septembre 1763.

ARRÊT du Conseil du Cap, portant nomination de Receveurs particuliers de l'Octroi au lieu d'un Receveur-Général.

Du 6 Décembre 1742.

VU par le Conseil; l'Arrêt rendu le 6 Novembre dernier, pour l'exécution du Mémoire du Roi, concernant l'établissement que Sa Majesté veut qu'il soit fait des Receveurs-Particuliers au lieu du Receveur-Général qu'Elle supprime, et oui le rapport de M. Samson, Conseiller, et de Me Fournier-la-Chapelle, Conseiller-Assesseur, et le Procureur-Général du Roi;

et tout considéré : LE CONSEIL, conformément aux termes énoncés dans ledit Mémoire du Roi, a ordonné et ordonne qu'au premier Janvier de l'année 1744, il sera établi au lieu et place du Receveur-Général, un Receveur-Particulier, en chacune des Jurisdictions du Cap, Port-de-Paix et Fort-Dauphin, dont l'exercice, qui commencera audit jour premier Janvier 1744, tems auquel expirera la gestion du sieur la Bonnelaye, Receveur-Général, ne durera que cinq années; ordonne que lesdits Receveurs remettront directement le produit de leur recette au Commis du Trésorier-Général, et fourniront caution du maniement qu'ils feront des deniers de leurs recettes, qui sera reçue en la Cour, en la manière accoutumée; savoir, de celui du Cap, de la somme de 300,000 liv., lequel Receveur aura pour appointemens, la somme de 3000 liv. par année; et ceux du Port-de-Paix et du Fort-Dauphin, chacun la somme de 50,000 l., et auront pour appointemens chacun la somme de 600 liv. par année; ordonne que le présent Arrêt sera envoyé aux Jurisdictions du ressort de la Cour, pour y être enregistré, lû, publié et affiché où besoin sera, &c.

ARRÊT du Conseil du Cap, portant que la recette du droit de deux pour cent sur les Ventes et Baux Judiciaires, sera réunie à celle des amendes, et que le Receveur n'aura que cinq pour cent de Commission.

Du 6 Décembre 1742.

VU par le Conseil, l'Arrêt rendu le 10 Novembre dernier, sur le Réquisitoire du Procureur-Général du Roi, contenant que, depuis le Réglement fait par ledit Conseil, pour la recette de deux pour cent sur toutes les Adjudications faites à la Barre des Siéges, il n'y avoit point encore eu de Receveur reçu dans le Siége du Fort-Dauphin, comme il est ordonné par ledit Réglement; que comme il paroissoit que Sa Majesté n'avoit pas trouvé bon, et n'approuvoit pas la Commission de 10 pour cent que le Conseil avoit attribuée audit Receveur, suivant la Lettre du Ministre, en date du 12 Septembre 1741, adressée à MM. de Larnage et Maillart, qu'Elle entendoit être réduite à 5 pour cent, ce qui ne pouvoit aisément s'exécuter, si le Conseil ne joignoit cette recette à celle des amendes et autres droit du Roi; pourquoi auroit requis, &c. par lequel Arrêt auroit été ordonné qu'il seroit fait droit sur le Réquisitoire dudit Procureur-Général, conjointement avec le Réglement ordonné par l'Arrêt du 6 dudit mois, concernant les appointemens des Receveurs particuliers des droits de l'Octroi, sur le rapport de MM. Samson et Lombart, Conseillers; et oui le rapport de M. Samson, Conseiller, et Me Fournier-la-Chapelle, Conseiller-Assesseur : LE CONSEIL, faisant droit sur ledit Réquisitoire du Procureur-Général du Roi, a ordonné et ordonne que dorénavant les recettes des droits des deux pour cent qui se perçoivent sur les adjudications faites à la Barre des Siéges, seront jointes à celles des amendes; et qu'il sera alloué auxdits Receveurs des amendes, cinq pour cent de Commission, au lieu de dix pour cent qui avoient été accordés par l'article IV. dudit Réglement; ordonne que les Receveurs dudit droit de deux pour cent, rendront leurs comptes conformément audit Réglement; et que le présent Arrêt sera envoyé aux Jurisdictions du ressort de la Cour, pour y être enregistré, &c.

ARRÊT du Conseil du Cap, qui condamne le sieur Charlet, Négociant de la même Ville, en 24 livres d'amende, applicable à la Maison de Providence, pour avoir arraché le Rôle des causes en la Cour, de la porte de l'Auditoire.

Du 7 Décembre 1742.

BREVET, portant que la dame veuve de M. Dupuy, Maître des Requêtes honoraire, jouira, jusqu'au mois d'Avril 1752, du privilége exclusif, pour la construction et la vente à Saint-Domingue, de la Pompe inventée par son mari, approuvée de l'Académie des Sciences, pour arroser ou dessécher et curer les fossés, avec défenses à tous autres de la troubler, sous peine de confiscation des Pompes, et de 1500 livres d'amende.

Du 12 Décembre 1742.

ORDONNANCE des Administrateurs, touchant les Recensemens.

Du premier Janvier 1743.

CHARLES Brunier, Marquis de Larnage, &c.
Simon-Pierre Maillart, &c.

Notre précédent Réglement du 10 Décembre 1739, tendant à procurer aux Officiers des Milices et aux Habitans, la facilité de fournir les recensemens; Nous avons néanmoins remarqué que, par le peu d'exactitude desdites Habitans à s'y conformer, il en est arrivé un égal retardement dans les confections du recensement général de l'année dernière; et c'est pour y obvier que Nous estimons nécessaire, en renouvelant ledit Réglement, d'imposer une peine à ceux qui ne s'y conformeront point à l'avenir, en expliquant aussi quelques autres dispositions qui n'ont point été prévues dans le précédent; et à cet effet Nous ordonnons:

ART. I. Que les Capitaines, ou les Commandans des Milices dans chaque Paroisse, continueront de se trouver consécutivement à la Messe les trois premiers Dimanches après les publications qui auront été faites, dans chaque année, à la première revue générale, du présent Réglement, pour recevoir la feuille du recensement de chaque Habitant de leur Paroisse.

ART. II. Que tous les Habitans, sans exception, même des Mornes, seront tenus de fournir, avant ou après la Messe, deux des feuilles qui leur auront été remises, lesquelles seront signées par eux, contenant chacune le dénombrement à l'ordinaire, tant en Négres, Négresses, Négrillons et Négrittes qui leur appartiennent, que de ceux qu'ils ont à louage ou à ferme; et dans lequel, outre le nom, l'âge, le sexe de tous les Blancs et Noirs, il sera fait mention exacte de la nature du fonds de chaque habitation, soit en Indigoterie ou Sucrerie, en blanc ou en brut, du nombre des moulins à bêtes ou à eau, des vivres, bestiaux, armes et munitions de guerres, comme aussi des exemptions dont ils jouiront par leurs emplois ou leur naissance, et les priviléges des défrichés nouveaux dont ils auront soin de marquer le tems; et si lesdites feuilles sont fournies par les Procureurs ou Economes, ils mettront au bas de leurs signatures, ou à la tête desdites feuilles, le nom du Propriétaire pour qui ils agissent, et de quelle Compagnie ils dépendent.

ART. III. Le Capitaine ou Officier..... (*V. l'art. 3 de l'Ordonnance du 10 Décembre* 1739.)..... soit pour composer son recensement l'année suivante

suivante, avec les changemens qui seront arrivés, soit pour la décharge de la remise qu'il en aura faite dans chaque année, ou pour avoir la preuve en cas de Négres tués ou pris en maronage, que lesdits Négres ont été déclarés, ainsi qu'il sera expliqué ci-après.

ART. IV. Ceux des Habitans qui auront manqué à fournir leur recensement dans l'un des trois Dimanches ci-dessus désignés, seront tenus de payer à l'exprès que le Commandant enverra chez eux immédiatement après, pour les avertir de l'apporter et d'en retirer le double; savoir, deux escalins pour ceux situés dans sa banlieue, et autant pour chaque lieue d'éloignement des autres de la résidence dudit Commandant, et ce pour autant de voyages que le Commandant sera obligé d'y envoyer.

ART. V. Il en sera usé de même à l'égard de ceux qui, dans les trois mois après la remise desdits recensemens, n'auront point acquitté le montant des droits entre les mains du Receveur préposé à ce recouvrement, qui en outre seront contraints audit paiement par voie de garnison, sur les ordres qui seront donnés par les Commandans à la suite des listes qui leur seront présentées par ledit Receveur, de ceux qui n'auront point satisfait dans le terme ci dessus.

ART. VI. Seront tenus lesdits Officiers, en recevant lesdits recensemens, de les examiner, et d'obliger les Habitans ou leurs Economes à les rectifier, lors qu'ils ne seront pas dans la forme prescrite ci-dessus, afin d'éviter les inconvéniens qui en résultent lors de la confection du recensement général, tant par rapport aux Négres payant droits, que pour les invalides, et ceux au-dessous de 12 ans, et pour les priviléges de ceux à qui ils sont accordés, et qui, par ce défaut d'éclaircissement, ne seront plus reçus à repéter leurs exemptions, ni de réduction sur le recensement général, s'il y avoit lieu.

ART. VII. *C'est le 6e de l'Ordonnance du 10 Décembre 1739.*

ART. VIII. Les Procureurs, Economes..... (*V. l'art. 7 de l'Ordonnance du 10 Décembre 1739.*)

ART. IX. Et à l'égard des Négres qui seront déclarés infirmes, et dont l'abus est visible, les Habitans seront tenus d'expliquer la nature de leurs infirmités, ou s'ils sont sexagénaires; et lorsque, par la vérification qui s'en fera, lesdits Négres ne seront point reconnus tels, il sera loisible de les prendre pour les mettre sur les travaux du Roi, en payant la somme de 300 liv. aux propriétaires, qui en seront valablement dédommagés à ce prix, puisqu'en effet ils les estiment hors de service pour ne pas payer le droit.

ART. X. Ceux des Habitans qui ne seront point dans le cas de payer les droits de leurs Négres, soit pour cause de nouveaux établissemens, ou nombre insuffisant de Négres, seront également tenus de fournir, pour l'ordre du recensement général, le leur particulier, à peine de l'amende ci-dessus.

ART. XI. Les Habitans résidans dans les Villes et Bourgs, ouvriers et autres, seront également tenus de fournir le recensement de leurs Négres domestiques ou ouvriers, sous la même peine.

ART. XII. Les Négres tués en maronnage, ou condamnés à la peine de mort ou aux Galères par Justice, ne seront remboursés, sous quelque prétexte que ce soit, à l'Habitant, s'il ne prouve pas par son recensement qu'il les a déclarés, et ceux qui auront été constitués prisonniers pour maronnage ou autres délits, ne seront rendus qu'en justifiant pareillement de leur déclaration.

ART. XIII. Les recensemens ainsi levés par les Officiers des Milices, seront par eux remis, après qu'ils auront composé l'état qui doit demeurer pour le besoin du service ou corvées annuelles, à l'Officier-Major ou Commandant, avec un bordereau exact du total desdites feuilles, et une liste particulière de ceux qui, dans les délais ci-dessus, n'aurout pas fourni leurs recensemens, pour le tout Nous être ensuite adressé par lesdits Officiers-Majors ou Commandans.

ART. XIV. Les Officiers-Majors ou Commandans, auront soin d'ordonner de leur côté, non-seulement les contraintes et punitions contre les Habitans qui seront en retard, mais d'examiner attentivement chacun desdits recensemens, pour, en cas qu'ils y découvrent de la fraude, en faire ordonner par Nous la peine, sur l'instruction qui en sera faite par les Subdélégués, à la diligence et sur les conclusions du Procureur du Roi, qui sera tenu, pour les découvrir plus facilement, de se faire représenter à l'avenir par les Notaires, les ventes, inventaires et baux à ferme, &c. afin de vérifier sur iceux la sincérité des déclarations. Nous réservant en outre d'ordonner, dans le cours de l'année, la vérification desdits recensemens, sur la représentation des Négres, chez ceux des Habitans qui seront soupçonnés d'en avoir fait une fausse, pour leur faire subir la confiscation et autres peines ci-dessus prononcées. Sera la présente Ordonnance enregistrée aux Greffes des Conseils Supérieurs, &c.

ARRÊT du Conseil de Léogane, qui enjoint aux Curés de se conformer à l'article X. du titre VII. de l'Ordonnance de 1670, au sujet des Monitoires.

Du 16 Janvier 1743.

ARRÊT du Conseil de Léogane, portant imposition de 3 liv. par tête de Négre payant droits d'après le recensement de 1742, pour la caisse des deniers publics.

Du 21 Janvier 1743.

DÉCLARATION DU ROI, concernant la manière d'élire des Tuteurs et Curateurs aux Mineurs qui ont des biens situés en France, et d'autres dans les Colonies.

Du premier Février 1743.

LOUIS, &c. SALUT. Par Notre Déclaration du premier Octobre 1741, Nous nous sommes proposé de régler ce qui seroit observé, soit pour l'élection des Tuteurs ou Curateurs des Mineurs qui ont des biens situés en France, et d'autres situés dans les Colonies Françoises, soit au sujet de l'administration et emploi de leurs biens, comme aussi de leur éducation, émancipation et mariage; mais les différentes réflexions qui ont été faites sur quelques articles de cette Déclaration, Nous ayant porté à la faire examiner de nouveau dans notre Conseil, Nous avons jugé à propos d'expliquer plus amplement nos intentions sur cette matière, pour suppléer à des cas qui n'y avoient pas été prévus, et prévenir les doutes ou les difficultés qui pourroient naître dans son exécution: A ces causes, &c. voulons et Nous plaît ce qui suit:

ART. I. Lorsque nos Sujets, auxquels, à cause de leur minorité, il doit être pourvu de Tuteurs ou Curateurs, n'auront plus ni père ni mère, et qu'ils posséderont des biens situés en France, et d'autres situés dans les Colonies Françoises, il leur sera nommé des Tuteurs ou Curateurs dans l'un et dans l'autre pays, laquelle nomination sera faite en France, par les Juges auxquels la connoissance en appartient, et ce, de l'avis des parens ou amis des mineurs qui seront en France, pour avoir par lesdits Tuteurs ou Curateurs, l'administration des biens de France seulement, même des obligations, contrats de rente, et autres droits et actions à exercer sur des personnes domiciliées en France, et sur les biens qui y sont situés; ce qui aura lieu pareillement dans les Colonies, où la nomination du Tuteur ou Curateur sera faite par les Juges qui y seront établis, de l'avis des parens ou amis qu'ils y auront, lesquels Tuteurs ou Curateurs élus dans les Colonies, n'auront pareillement l'administration que des biens qui se trouveront appartenans auxdits Mineurs, ensemble des obligations, contrats de rente, et autres droits et actions à exercer sur des personnes domiciliées dans les Colonies, et sur les biens qui y sont situés; et seront lesdits Tuteurs et Curateurs de France, et ceux des Colonies Françoises, indépendans les uns des autres, sans être responsables que de la gestion et administration des biens du pays dans lequel ils auront été élus, de laquelle ils ne seront tenus de rendre compte que devant les Juges qui les auront nommés.

Art. II. En cas que le père ou la mère soient encore vivans dans le tems de la dation de Tutelle ou Curatelle, il sera permis au Juge du lieu de leur domicile, de les nommer Tuteurs ou Curateurs, indifféremment et sans restriction, si les parens ou amis des mineurs en sont d'avis, auquel cas, ledit père ou mère survivant aura l'administration générale de tous les biens desdits mineurs, en quelqu'endroit que lesdits biens soient situés, ensorte qu'il n'y ait en ce cas qu'une seule Tutelle ou Curatelle; et si ledit Juge, de l'avis des parens ou amis, ne juge pas à propos de déférer la Tutelle ou Curatelle auxdits père ou mère, ni même les nommer Tuteurs ou Curateurs en partie, l'article ci-dessus sera exécuté.

Art. III. Les dispositions des deux articles précédens auront pareillement lieu à l'égard des mineurs ayant père et mère vivans, auxquels il seroit nécessaire de nommer un Tuteur ou un Curateur pour des biens qui leur appartiendroient en France et dans les Colonies.

Art. IV. Si dans le cas de l'article II, il se trouve que les père ou mère pédécédés qui avoient leur domicile en France, ayent laissé des enfans dans les Colonies, ou qu'au contraire leur domicile étant dans les Colonies, ils ayent laissé des enfans demeurans en France, Voulons que par provision, de l'avis de leurs parens ou amis, par le Juge du lieu de leur demeure, il leur soit nommé un Tuteur pour administrer les biens qu'ils auront dans le pays qu'ils habitent, jusqu'au jour que le Tuteur élu, ou indistinctement pour tous les biens des Mineurs, ou seulement pour le pays où le Tuteur provisionnel aura été nommé, lui ait certifié sa qualité, en lui faisant donner copie de l'acte de Tutelle, et sera ledit Tuteur provisionnel, tenu de rendre compte de sa gestion à celui qui aura été nommé définitivement.

Art. V. Si le père ou la mère à qui la Tutelle générale aura été déférée, viennent à passer à de secondes noces, il pourra être pourvu d'un autre Tuteur auxdits Mineurs, si leurs parens ou amis en sont d'avis, et ce par le Juge du domicile qui avoit déféré la Tutelle générale auxdits père et mère, auquel cas il sera procédé, suivant l'art. I., à la nomination de deux Tuteurs, l'un pour les biens situés en France, l'autre pour les biens situés dans les Colonies, à quoi le Juge du pays où les mineurs auront des biens sans y avoir leur domicile, sera tenu de procéder aussitôt qu'il sera instruit de la destitution du père ou de la mère, et de nomination d'un autre Tuteur faite par le Juge du domicile.

Art. VI. Le Tuteur nommé dans le pays où les mineurs ne feront point leur demeure, sera tenu d'envoyer tous les ans au Tuteur nommé dans le pays où lesdits mineurs seront élevés, des états de sa recette et dépense; il sera pareillement tenu, si les parens et amis des mineurs, étant dans ledit pays, le jugent à propos, et qu'il soit ainsi ordonné par le Juge dudit pays, de faire remettre audit Tuteur, en tout ou en partie, les revenus qu'il aura reçus, à l'exception de ceux qu'il sera obligé d'employer à l'entretien des biens dont l'administration lui est confiée; à l'effet de quoi, ledit Tuteur sera tenu audit cas, d'assurer ses envois, et les frais de l'assurance lui seront passés en dépense de son compte; comme aussi sera tenu le Tuteur, auquel lesdits envois auront été faits, de s'en charger en recette de son compte, et d'en faire emploi suivant l'avis des parens et amis desdits mineurs.

Art. VII. Lorsque les mineurs seront élevés dans les Colonies, le Juge de la Tutelle dans lesdites Colonies, pourra, de l'avis des parens et amis desdits mineurs, ordonner l'emploi de leurs revenus, même des fonds qui leur seront rentrés en acquisition de biens audit pays; mais lorsque lesdits mineurs seront élevés en France, l'emploi dans les Colonies ne pourra être ordonné que de l'avis des parens et amis desdits mineurs, assemblés à cet effet devant le Juge de la Tutelle qui aura été déférée en France.

Art. VIII. L'éducation des enfans mineurs appartiendra à leur père, s'il a survécu à la mère, dont la mort aura donné lieu à l'élection d'un Tuteur ou d'un Curateur, ce qui sera observé en quelque pays que les enfans soient élevés, si ce n'est néanmoins que, sur l'avis de leurs parens et amis, et pour de grandes considérations, le Juge du pays où le père aura son domicile, n'en ait autrement ordonné ; et lorsque ce sera la mère qui aura survécu, l'éducation de ses enfans lui appartiendra pareillement, en cas qu'elle soit nommée Tutrice, ou que, si elle ne l'est pas, lesdits parens ou amis ayent jugé à propos de lui en déférer l'éducation ; laissons à la prudence du Juge du pays où le père avoit son domicile au jour de son décès, de régler par l'avis des parens ou amis desdits enfans mineurs, si leur éducation sera confiée à la mère, en quelque pays qu'ils habitent, ou si elle n'aura l'éducation que de ceux qui seront dans le pays où elle fait sa demeure.

ART. IX. Lorsque les mineurs n'auront plus ni père ni mère, leur éducation sera confiée au Tuteur élu dans le pays où le père avoit son domicile au tems de son décès, si tous lesdits enfans ont leur demeure audit pays ; et en cas que les uns demeurent en France, et les autres dans les Colonies, l'éducation des uns et des autres appartiendra au Tuteur nommé dans le pays qu'ils habitent, le tout à moins que les parens ou amis de l'un et de l'autre pays, n'éstiment également que l'éducation desdits enfans mineurs doit être confiée à un seul desdits Tuteurs.

ART. X. Les Lettres d'émancipation ou de bénéfice d'âge, qui seront obtenües par les mineurs, ne seront entérinées sur l'avis de leurs parens ou amis, que par le Juge du lieu où les mineurs auront leur domicile, soit en France ou dans les Colonies ; et ils ne seront tenus que de les faire enregistrer seulement dans les Siéges d'où dépendent les lieux où ils ont des biens sans y avoir leur domicile, faute de quoi les Lettres par eux obtenues, n'auront aucun effet à l'égard desdits biens.

ART. XI. Les mineurs, quoique émancipés, ne pourront disposer des Négres qui servent à exploiter leurs habitations dans les Colonies, jusqu'à ce qu'ils ayent atteint l'âge de vingt-cinq ans accomplis, sans néanmoins que lesdits Négres cessent d'être réputés meubles par rapport à tous autres effets.

ART. XII. Les mineurs qui, n'ayant plus de père, voudront contracter mariage, soit en France, soit dans les Colonies Françoises, ne pourront le faire sans avoir le consentement par écrit de leur Tuteur ou Curateur, nommé dans le pays où le père avoit son domicile au jour de son décès, sans néanmoins que ledit Tuteur ou Curateur puisse donner son consentement que de l'avis des parens et amis assemblés pardevant le Juge qui l'aura nommé, et sauf audit Juge, avant d'homologuer leur avis, à ordonner que l'autre Tuteur ou Curateur, qui aura été établi dans le pays où le père des mineurs n'avoit pas son domicile, ensemble les parens et amis que les mineurs auront dans ledit pays, seront pareillement entendus, dans le délai compétent, pardevant le Juge qui aura nommé ledit Tuteur ou Curateur, pour, leur avis rapporté, être statué ce qu'il appartiendra sur le mariage proposé par ledit mineur; ce que Nous ne voulons néanmoins être ordonné que pour de grandes considérations, dont le Juge sera tenu de faire mention dans la Sentence qui sera par lui rendue.

Art. XIII. N'entendons rien innover par notre présente Déclaration, en ce qui concerne les dispositions des Loix Romaines, soit sur les droits de la puissance paternelle, soit au sujet de la dation, et de la privation des tutelles, ou de l'âge auquel elles doivent finir; voulons que lesdites dispositions continuent d'êtres observées, ainsi que par le passé, dans les Provinces et lieux de notre Royaume qui se régissent par le droit écrit, et ce à l'égard des biens situés en France, ou des effets dont le recouvrement y doit être fait, sans préjudice de l'exécution de notre présente Déclaration, tant pour ce qui regarde les tutelles ou curatelles qui seront déférées dans les Colonies Françoises, que pour celles qui auront lieu en France, dans les Provinces et lieux qui suivent le droit Coutumier, à la réserve néanmoins de ce qui sera dit dans l'article suivant.

Art. XIV. N'entendons pareillement déroger aux dispositions de la Coutume de Bretagne ou autres, sur ce qui concerne l'autorité des pères ou mères sur leurs enfans, et les régles qui y sont observées au sujet de la tutelle ou curatelle, lesquelles dispositions continueront d'être suivies, ainsi qu'elles l'ont été jusqu'à présent, notamment celles de notre Édit du mois de Décembre 1732, en ce qui concerne notre Province de Bretagne. Si donnons en mandement, &c.

R. au Conseil du Cap, le 2 Mars 1744.
Et à celui de Léogane, le 10 Juillet suivant.

Déclaration du Roi, concernant la discipline des Esclaves.

Du premier Février 1743.

Louis, &c. Salut. La discipline des Négres-Esclaves que nos Sujets des Colonies Françoises de l'Amérique sont obligés d'entretenir pour l'exploitation de leurs habitations, est un des principaux objets des soins que Nous apportons à l'administration de ces Colonies; le compte que

Nous nous fîmes rendre de l'état où elles se trouvoient après notre avénement à la Couronne, Nous ayant fait connoître la nécessité des dispositions contenues dans les Lettres-Patentes en forme d'Edit, du mois de Mars 1685, concernant les Esclaves, Nous en ordonnâmes l'exécution par l'article premier de notre Edit du mois d'Octobre 1716; et dans toutes les occasions qui se sont depuis présentées, Nous avons eu attention de régler tellement les choses, qu'en même-tems que les Esclaves seroient entretenus et traités favorablement par leurs Maîtres, on prît aussi les précautions nécessaires pour les contenir dans les bornes de leur devoir, et prévenir tout ce que l'on pourroit craindre de leur part; mais il Nous a été représenté à cet égard que les Lettres-patentes en forme d'Edit, du mois de Mars 1685, n'ont pas prévu tous les délits auxquels les Esclaves se trouvent sujets; qu'en effet, l'article XV. de ces Lettres-Patentes en forme d'Edit, du mois de Mars 1685, établit bien la peine du fouet contre les Esclaves portant des armes offensives, ou de gros bâtons; mais qu'il arrive quelquefois qu'on en surprend en maronnage qui ont des armes, et que ce cas particulier n'ayant pas été spécifié, les Juges sont obligés, lorsqu'il se présente, de se borner à ordonner la peine du fouet, quoiqu'il soit certain que les Négres-Marons ne gardent ces armes que dans le dessein de se défendre contre ceux qui leur donnent la chasse, ou qui veulent les arrêter lorsqu'ils les rencontrent; qu'il y en a d'autres qui volent des armes, et que cette sorte de vol, qui ne peut avoir non plus d'autre objet de la part des Esclaves, que de se servir de ces armes contre les Blancs, n'a cependant pas été mise au nombre des vols qualifiés, auxquels l'article XXXV. desdites Lettres-Patentes, impose des peines afflictives, et même celle de mort; qu'on a omis aussi de prévoir, dans le même article, les enlèvemens des Canots et Pirogues, ou autres Bâtimens de mer commis par des Esclaves; et qu'enfin l'article XXXVIII. régle bien les différens degrés de punition pour la fuite des Esclaves du travail et de l'habitation de leurs Maîtres; mais qu'il ne fait aucune mention des cas de leur évasion hors de la Colonie, et chez l'Etranger, quoique ce soit la plus punissable et la plus nuisible à leurs Maîtres, et la plus contraire au bien de l'Etat; ces représentations que Nous avons fait examiner en notre Conseil, Nous ont paru mériter d'autant plus d'attention, que le nombre des Esclaves augmente dans nos Colonies, à mesure que les établissement se multiplient: A ces causes, &c. voulons et nous plaît ce qui suit:

ART. I. Les Esclaves qui seront surpris en maronage avec des armes blanches ou à feu, de quelque espèce qu'elles soient, seront punis de mort;

mort ; et ceux qui seront surpris avec des couteaux, autres que les couteaux appelés Jambettes, sans ressort ni viroles, seront punis de peine afflictive, et même de mort, si le cas le requiert.

ART. II. Tout vol d'armes blanches ou à feu, de quelque espèce aussi qu'elles soient, commis par un Esclave, sera réputé vol qualifié, et comme tel puni de peine afflictive, même de mort, s'il y échoit et le cas le requiert, ainsi que les autres vols dont il est fait mention dans l'article XXXV. des Lettres-Patentes en forme d'Edit, du mois de Mars 1685.

ART. III. Tout enlèvement de Pirogues, Bateaux, Canots et autres Bâtimens de mer, de la part des Esclaves, sera pareillement réputé vol qualifié, et comme tel puni, conformément audit article XXXV. desdites Lettres-Patentes.

ART. IV. Dans le cas où un Esclave sera surpris passant dans un Bateau ou autre Bâtiment étranger, pour s'évader hors de la Colonie, il sera condamné à avoir le jarret coupé, si d'autres circonstances ne déterminent à le condamner à mort.

ART. V. Les Esclaves convaincus d'avoir comploté l'enlèvement d'une Pirogue, Bateau ou Canot, et autres Bâtimens de mer, et surpris dans l'exécution, seront condamnés aux mêmes peines que ceux qui auront consommé l'enlèvement.

ART. VI. Lesdites Lettres-Patentes en forme d'Edit, du mois de Mars 1685, seront au surplus exécutées selon leur forme et teneur. Si donnons en mandement à nos amés et féaux les Gens tenans nos Conseils Supérieurs au Cap ou à Léogane, que ces présentes ils ayent à faire lire, &c. ; car tel est notre plaisir, &c. Donné à Versailles, &c.

R. au Conseil de Léogane, le 5 Septembre 1743.
Et à celui du Cap, le 7 Octobre suivant.

ORDONNANCE des Administrateurs, touchant les bois qui bordent la Rivière du haut du Cap et la Mer, sur le chemin de la Petite-Anse au Cap.

Du premier Mars 1743.

CHARLES Brunier, Marquis de Larnage, &c.

Simon-Pierre Maillart, &c.

Sur les représentations qui Nous ont été faites, que plusieurs Matelots ou Gens de Mer, détruisent dans tous les endroits, les bois qui sont le long de la mer, et même ceux qui appartiennent à quelques particuliers, notamment ceux appartenans au sieur Baudin; Nous avons, par cette présente Ordonnance, renouvelé les défenses faites à ce sujet, de couper aucun bois depuis le Morne-à-Jarlan, jusqu'au fonds de la Rivière du haut du Cap; ordonnons en conséquence que les contrevenans seront poursuivis à la Jurisdiction, et condamné en 500 liv. d'amende, applicable les deux tiers à l'Hôpital du Cap, et l'autre au Dénonciateur; en outre que leurs canots et chaloupes seront confisqués au profit du Roi; ordonnons pareillement que les propriétaires de ces bois, seront tenus, s'ils veulent eux-mêmes y faire des abattis considérables, et y prendre d'autre bois que les morts, de se pourvoir pardevers Nous, pour en obtenir la permission expresse, qui leur sera donnée sur l'avis de MM. les Gouverneur et Ordonnateur au Cap; leur défendant de dégarnir jusqu'à deux cent pas de profondeur les bords de la mer, sans notredite permission, sous peine de 300 liv. d'amende, applicable comme dessus; et sera la présente publiée et enregistrée par-tout où besoin sera. Donné au Petit-Goave, &c.

R. au Greffe de l'Intendance, le même jour.
Et à la Subdélégation, le 16 du même mois.

ORDONNANCE des Administrateurs, qui accorde à la Maison de Providence le Privilége exclusif de fournir les Cercueils.

Du premier Mars 1743.

CHARLES Brunier, Marquis de Larnage, &c.

Simon-Pierre Maillart, &c.

L'Hôpital connu dans le Quartier du Cap, sous le nom de Maison de Providence, étant un établissement qui, par son utilité et l'avantage qu'il y a d'en attendre, mérite la plus grande faveur; Nous, en vertu du pouvoir à Nous donné par Sa Majesté, et jusqu'à ce qu'il lui ait plû en ordonner, accordons à ladite Maison de Providence, le privilége exclusif de fournir tous les cercueils pour les morts qui seront enterrés dans l'Eglise ou cimetière de la Paroisse du Cap; faisons défenses à toutes personnes de s'immiscer dans la fabrication ou fourniture de ces cercueils, s'ils n'en sont convenus avec les Administrateurs ou Syndics de ladite Maison, sous peine de 300 liv. d'amende, applicable moitié au Dénonciateur, et l'autre à ladite Maison; et sera la présente Ordonnance lue, publiée et enregistrée par-tout où besoin sera. Donné au Petit-Goave, &c.

R. au Conseil du Cap, le 7 Mai suivant.

ARRÊT du Conseil du Cap, qui régle les formalités qu'un Médecin doit remplir pour pouvoir exercer dans la Colonie.

Du 5 Mars 1743.

VU par le Conseil, l'Arrêt rendu le 4 du présent mois, sur la Requête du sieur Consier, Docteur en Médecine de la Faculté de Toulouse, par lequel, avant faire droit sur l'enregistrement au Greffe dudit Conseil des Lettres de Docteur en Médecine dudit Consier, auroit été ordonné qu'il les communiqueroit au sieur du Valain, Médecin du Roi, dont il rapporteroit certificat de la validité d'icelles; le certificat dudit sieur du Valain, délivré en exécution dudit Arrêt, portant qu'il a trouvé lesdites Lettres de Docteur en Médecine dudit sieur Consier, revêtues des formalités, &c.

conclusions du Procureur-Général du Roi ; et oui le rapport de M. Hirel, Conseiller, et tout considéré : LE CONSEIL, avant faire droit, a ordonné et ordonne que ledit Consier conversera avec ledit Médecin du Roi sur la Médecine, et en rapportera certificat avec son extrait de Baptême, et une attestation de sa Catholicité.

Toutes les formalités relatées dans cet Arrêt, sont encore prescrites aux Médecins qui veulent s'établir actuellement dans la Colonie.

ORDONNANCE *des Administrateurs, portant qu'à commencer du premier Avril prochain, les barriques du Pays, soit de Sucre blanc, soit de Sucre brut, seront évaluées à un millier pesant ; la barrique de Bordeaux à 600 livres, et les quarts de barrique du pays à 250 liv. ; le boucaud d'Indigo à 650 livres, la barrique à 450, et le tierçon à 225 livres, avec faculté néanmoins de faire peser lesdits barrillages chez le Receveur de l'Octroi, si l'on se croit lésé par ladite évaluation, et à ne payer les droits que de la quantité effective, sur le pied de 6 livres par millier de Sucre blanc, de 4 liv. par millier de Sucre brut, et de 2 sols par livre d'Indigo.*

Du 6 Mars 1743.

R. au Greffe de l'Intendance, le 28.

ARRÊT *du Conseil du Cap, qui homologue le Testament du feu sieur Dolioules, portant Legs d'un emplacement, Maison et dépendances, pour établir un Hôpital en faveur des pauvres Femmes honteuses de la Paroisse du Cap.*

Du 8 Mars 1743.

CLAUSE du Testament, en date du 8 Mai 1739. » Et disposant de ses biens, veut et entend ledit Testateur que la maison bâtie de maçonnerie qu'il possède en cette Ville, emplacement, circonstances et dépendances, serve à fonder un Hôpital pour les pauvres femmes honteuses de cette Paroisse, en laissant et abandonnant la propriété en faveur dudit établissement ; priant le R. P. Curé de cette Paroisse, de se charger dudit établissement, et de le faire exécuter le plus tôt que faire se pourra, &c. »

La mort du sieur Dolioules donna lieu à une grande contestation entre le Curé du Cap, les Marguilliers, les Administrateurs de la Providence des hommes, le Curateur aux Successions vacantes et les dames Religieuses, prétendant tous devoir être chargés de l'exécution de la volonté de cet homme charitable. Sentence prononça l'homologation du Testament, en rejetant la prétention des Religieuses; elle fut confirmée par l'Arrêt qui, attendu l'incapacité légale de tous les Réclamans pour recevoir le Legs en question, et établir un Hôpital pour les pauvres Femmes malades, ordonna que, jusqu'à ce qu'il fût valablement statué sur cet objet, la succession demeureroit en la possession du Curateur aux Successions vacantes.

V. l'Ordonnance des Administrateurs, du 29 du même mois.

ORDONNANCE *des Administrateurs, qui, en vertu de l'Ordre du Roi, du 14 Mars 1741, commue la peine de mort prononcée par le Conseil de Léogane, le 4 Mars 1743, contre le Négre Guillaume, Esclave de la dame Branda, pour maronnage au troisième cas, en celle d'être marqué à la joue, et mis à la chaîne à perpétuité, pour être employé aux Fortifications et autres travaux de Sa Majesté.*

Du 12 Mars 1743.

R. au Conseil de Léogane, le 26 du même mois.

ARRÊT *du Conseil de Léogane, qui défend aux Notaires d'exiger ni recevoir aucune commission pour les papiers qui seront déposés dans leurs Etudes.*

Du 13 Mars 1743.

ENTRE les sieurs Gradis, père et fils et Compagnie, Négocians à Bordeaux, Appelans; comparans par Me Baral, leur Procureur, contre Durand de Linvis, Notaire et Greffier en la Jurisdiction de Saint-Louis, Intimé, comparant par Pasquier, aussi Procureur-Notaire. LE

CONSEIL a mis et met l'appellation et Sentence au néant ; émendant, condamne l'Intimé à rendre et rembourser aux Appelans, la somme de 950 liv. qu'il a reçue pour commission à un pour cent, suivant la quittance du 7 Octobre 1735, l'amende remise aux Appelans, l'Intimé aux dépens des causes d'appel ; faisant droit sur les conclusions du Procureur-Général du Roi, fait défenses à tous Notaires d'exiger ni recevoir aucune commission pour la valeur des billets, comptes et autres papiers qui seront déposés en leurs Etudes, à peine de concussion ; ordonne que le présent Arrêt sera envoyé dans les Siéges ressortissans de la Cour, pour y être lu, publié et affiché, &c.

ARRÊT du Conseil de Léogane, concernant les dépenses à faire pour le nouveau chemin de cette Ville au Petit-Goave.

Du 14 Mars 1743.

LE Procureur-Général du Roi est entré, et a dit : que la partie du chemin qui communique de cette Ville au Petit-Goave, passant par le lieu dit le Tapion, ayant toujours été très-difficile et d'un coûteux entretien, il auroit été, par ordre de M. le Général, travaillé à la recherche d'un autre ; que s'en étant trouvé un convenable, il est de l'intérêt public de travailler à son ouverture, &c. LE CONSEIL a ordonné et ordonne qu'il sera fourni aux dépens de la caisse publique, la nourriture à 50 Négres, qui seront employés à l'ouverture dudit nouveau chemin, à raison de 15 sols par jour par chacun desdits Négres, pendant tout le tems qu'ils y seront occupés, ainsi que 40 Piqueurs, même une plus grande quantité s'il est nécessaire, et en ce cas seront ordonnés par M. Caignet, Commissaire commis à cet effet, lesquelles dépenses ci-dessus ordonnées, seront payées par le Receveur des deniers publics ; savoir, celles des vivres, sur les états que le Fournisseur d'iceux sera tenu d'en retirer du préposé à la conduite desdits travaux, lesquels seront journellement arrêtés et visés par M. Elias, Conseiller, nommé en cette partie, et l'Arrêt qui interviendra sur le tout ; et celle desdits Piqueurs, et autres ferremens, sur les états de réception dudit préposé à la conduite desdits travaux, aussi visés dudit M. Elias, et l'Ordonnance du Conseil.

ARRÊT du Conseil d'Etat, qui casse et annulle la Procédure faite au Siége Royal du Cap, et l'Arrêt du Conseil de la même Ville, contre le sieur B......, et renvoie la connoissance et le Jugement de l'affaire au Conseil de Léogane.

Du 20 Mars 1743.

Les principaux moyens de cassation étoient que la poursuite avoit été faite sur la plainte du Procureur du Roi touchant une Banqueroute, sans aucune réclamation de la part des Créanciers, et que le Procureur-Général avoit conclu verbalement *au bannissement.*

ORDONNANCE des Administrateurs, touchant une Maison de Providence des femmes au Cap.

Du 29 Mars 1743.

CHARLES Brunier, Marquis de Larnage, &c.
Simon-Pierre Maillart, &c.

La Maison de Providence du Cap, étant un établissement d'une utilité manifeste, et qui mérite la plus grande faveur, Nous avons cru qu'il ne seroit pas moins avantageux de procurer à ce Quartier une pareille Maison pour y retirer des femmes; dans ces circonstances, informés que le feu sieur Dolioules avoit destiné, par son Testament, à cet objet, le bien qu'il avoit dans cette Colonie, et après Nous être fait rendre compte des Jugemens et Arrêt intervenus à ce sujet; Nous, sous le bon plaisir de Sa Majesté, en vertu du pouvoir qu'Elle Nous a donné, avons ordonné que, dès-à-présent, les Administrateurs de la Maison de Providence jouiront du legs universel destiné à fonder une Maison pour les femmes; leur permettons d'employer à cet usage le produit de ce legs universel; ordonnons que, par provision, et jusqu'à ce qu'il plaise à Sa Majesté d'en ordonner autrement, ces deux Maisons seront censées capables de recevoir les donations et legs qui leur seront faits, à l'effet seulement d'en obtenir la permission et délivrance, sans pouvoir cependant, sans une permission expresse de Nous, dénaturer les biens-immeubles ou les vendre ; et sera la présente enregistrée par-tout où besoin sera. Donné au Petit-Goave, &c.

R. au Conseil du Cap, le 7 Mai suivant.

ORDONNANCE des Administrateurs, concernant les Lettres.

Du 2 Avril 1743.

CHARLES Brunier de Larnage, &c.
Simon-Pierre Maillart, &c.

Les abus qui se commettent par rapport aux Lettres venant de France, étant d'une conséquence qui mérite toute notre attention; Nous, sous le bon plaisir de Sa Majesté, avons jugé convenable d'y pourvoir par les dispositions suivantes.

ART. I. Tout Capitaine ou Maître venant, de France ou d'Europe, sera tenu de remettre dans un sac fermé et cacheté, aussitôt son arrivée dans quelque lieu de cette Isle où il y aura bureau de poste, généralement toutes les Lettres dont ils se trouvera chargé, et de prendre du Directeur de la poste un reçu de ladite remise, dont il sera fait mention à l'avenir au pied de son acquit à caution, qui ne pourra être déchargé qu'il n'ait représenté ce reçu.

ART. II. Faisons défense à tous Capitaines de s'arrêter ou entrer dans aucune maison des lieux où ils mouillent, même de venir nous rendre compte et aux Commandans, de leur voyage et navigation, qu'ils n'ayent auparavant remis le sac de Lettres au bureau de la poste, sous peine de 500 liv. d'amende, applicable à l'hôpital de Léogane, pour le ressort du Conseil Supérieur séant en cette Ville; à celui du Cap, pour le ressort du Conseil Supérieur séant au Cap.

ART. III. Ordonnons qu'à l'avenir, tout Capitaine de bâtiment partant pour France, aura, huit jours avant son départ, un sac au bureau de la poste du lieu d'où il partira, pour y recevoir les Lettres, dont il sera fait un paquet cacheté par le Directeur dudit bureau, lequel paquet sera, par le Capitaine, remis à celui du port où il atterrera en France; le tout sous les peines portées par l'article précédent.

ART. IV. Prions MM. les Officiers du Conseil Supérieur du Cap, d'y faire enregistrer la présente Ordonnance, et mandons aux Procureurs du du Roi des Jurisdictions de cette Isle, de veiller à l'exécution de ladite Ordonnance, et de poursuivre les délinquans pardevant les Juges des lieux.

Sera la présente publiée et enregistrée partout où besoin sera, et à notre Greffe. Donné au Petit-Goave, &c.

R. au Conseil de Léogane, le 24 Janvier 1744.

Et à celui du Cap, le 2 Mars suivant.

ORDONNANCE *des Administrateurs, qui déclare non-concessible le terrein attenant aux Casernes du Cap, et placé le long de la Ravine jusqu'au Morne.*

Du 20 Avril 1743.

CHARLES Brunier, Marquis de Larnage, &c.

Simon-Pierre Maillart, &c.

Etant informés que le terrein attenant les Casernes du Cap, et le long de la Ravine jusqu'au Morne, qui a été excavé en partie aux dépens du Roi, pouvoit être nécessaire aux différens établissemens convenables pour le service, Nous avons déclaré ledit terrein, réservé à Sa Majesté, non concessible; déclarons nulle et de nul effet toute concession qui pourroit en avoir été ou en être à l'avenir surprise; et sera la présente enregistrée au Greffe de l'Intendance et de la Subdélégation au Cap, et par-tout où besoin sera. Donné au Petit-Goave, &c.

R. au Greffe de la Subdélégation, le 30.

COMMISSION *de Chirurgien des Maisons de Providence du Cap, accordée par MM. les Général et Intendant, au sieur Pouget, pour exercer ledit emploi tant qu'il plaira aux Administrateurs desdites Maisons, et jouir des mêmes exemptions que les Chirurgiens-Majors des Troupes de S. M. et notamment de celles de Tutelle, Curatelle, Corvées, &c.*

Du 20 Avril 1743.

R. au Greffe de l'Intendance, le même jour.

LETTRE du Gouverneur-Général au Gouverneur et à l'Ordonnateur du Cap, pour autoriser à engager dans la Colonie même, pour recruter les Troupes, et pour faire payer les Espagnols des Déserteurs qu'ils arrêtent.

Du premier Mai 1743.

A mon arrivée, MM., dans ce Gouvernement, j'ai trouvé les Compagnies de ses Garnisons, sur-tout dans les parties de l'Ouest et du Sud, extrêmement foibles; j'ai cru, pour y remédier, devoir établir l'usage où l'on est aux Isles du Vent, et qui n'étoit point connu en cette Colonie, d'engager pour Soldats les hommes d'Europe qui le demanderoient, et qui ne seroient pas classés dans la Marine, ni tenus d'engagemens avec les Capitaines ou les Habitans; cela Nous donna quelques hommes; mais étant arrivé que quelques uns de ces nouveaux engagés dans le pays, avoient, en désertant eux-mêmes, occasionné la désertion de plusieurs autres qu'ils avoient débauchés, j'ai pris le parti de défendre de nouveau ces sortes d'enrôlemens dans le pays; mais la foiblesse dans laquelle retombe de nouveau les Compagnies de ces Troupes, et le peu d'espoir que les levées considérables qui se font en France, nous laissent d'avoir beaucoup de recrues, me détermine d'acquiescer aux nouvelles représentations que plusieurs de MM. les Capitaines me font, de leur laisser, principalement au Cap, engager les hommes propres à cela qui se présentent. J'ai cru devoir vous en prévenir, MM., et vous prier d'autoriser les enrôlemens qui seront faits dans le pays, lorsque les hommes que l'on vous présentera, seront par vous agréés, et reconnus dans le cas de pouvoir être engagés; et M. le Normand aura agréable d'ordonner alors le paiement de 30 liv., que le Roi a réglé pour ces enrôlemens.

Je dois prévenir aussi M. le Normand de la nécessité qu'il y aura de faire payer aux Espagnols, lorsqu'ils le demanderont, les dix pistoles que le Roi accorde pour le recouvrement de chaque Déserteur aux Pays étrangers; et il aura la bonté d'ordonner le paiement dans le cas où ils en restitueront. *Cette Lettre n'est pas, comme elle auroit dû l'être, commune avec M. l'Intendant*, à cause de son départ pour le Fond. J'ai l'honneur d'être, &c. *Signé*, LARNAGE.

Arrêt du Conseil du Cap, qui défend au sieur Bontu, Chirurgien, de faire aucune opération considérable sans l'avis d'un Médecin; et pour l'avoir fait, le condamne en 50 liv. d'amende, applicable à la Providence, avec défenses de récidiver, sous plus grosses peines.

Du 7 Mai 1743.

Arrêt du Conseil de Léogane, sur une demande en Retrait Lignager.

Du 9 Mai 1743.

Par cet Arrêt, le premier qui ait été prononcé à Saint-Domingue en matière de retraits Lignagers, la demoiselle Lemaire Dessources, mineure, a été admise à retraire un terrein de 36 quarreaux, que son père avoit vendu au feu sieur Duhamel, Médecin.

La procédure tenue dans cette instance, n'étoit rien moins que conforme à celle rigoureusement exigée par la Coutume; mais on n'en releva point les irrégularités, et l'action en retrait eut un succès complet.

Arrêt du Conseil de Léogane, qui renvoie à se pouvoir pardevant le Juge ordinaire, pour le paiement d'un Billet souscrit payable dans un an, pour Négres achetés d'une Cargaison.

Du 12 Mai 1743.

Entre le sieur Bèchade, Négociant en cette Ville, poursuivant les recouvremens de la cargaison du Navire le Jason, Capitaine Tessier, Appelant *de Sentence du Lieutenant-Général de l'Amirauté* de la même Ville (en ce qu'elle ne prononçoit pas le par corps demandé), d'une part; et le sieur Segretier, Intimé, et Appelant comme de Juge incompétent de ladite Sentence, d'autre part. Vu la Sentence dont est appel, &c. (qui condamne le sieur Segretier à payer audit sieur Bechade, en sa qualité, le montant du Billet de 4800 liv. consenti le 4 Mars 1741, et payable dans un an du jour de sa date, valeur en quatre Négres de la cargaison dudit Navire le Jason) : LE CONSEIL a mis et met les appellations et ce dont est appel au néant ; émandant, renvoie les Parties pardevant le Juge Royal ; Bechade, en sa qualité, condamné aux dépens, &c.

ORDONNANCE des Administrateurs, pour la construction d'un Hangard sur la Place d'Armes au Cap, devant servir d'Eglise pendant la réparation du comble de cette dernière.

Du premier Juin 1743.

R. au Greffe de la Subdélégation, le 26.

LETTRE des Administrateurs aux Marguilliers et Curé du Cap, touchant l'établissement d'un Banc pour les Officiers de la Garnison.

Du premier Juin 1743.

CE n'étoit pas un banc de distinction que Nous avons prétendu accorder à MM. les Officiers de la Paroisse du Cap, ils ne Nous l'avoient pas même demandé sur ce pied ; mais seulement la liberté de pouvoir, comme les autres particuliers de la Paroisse, acheter un banc, dans lequel ils pussent plus commodément assister au service Divin ; ainsi c'est avec raison que le Procureur-Général s'est élevé contre la décoration qui a été donnée à ce banc, d'un couronnement aux armes de France, d'une inscription en lettres d'or, et de l'élévation d'un pied au-dessus des autres bancs ; Nous écrivons à MM. de Chastenoye et le Normand, de tenir la main à ce que ce banc soit, quant à la décoration et à son élévation, rendu égal aux autres, Nous en remettant pour la longueur et la largeur, aux conventions faites avec la Paroisse : l'abandon qui va être fait de cette Eglise, rendra cette réformation bien facile et peu sensible.

ORDONNANCE DU ROI, portant Réglement sur la réception des Capitaines, Maîtres et Patrons dans les Colonies Françoises de l'Amérique.

Du 13 Juin 1743.

SA MAJESTÉ étant informée qu'il est survenu des difficultés dans les Colonies Françoises de l'Amérique, à l'égard de la réception des Capitaines, Maîtres ou Patrons destinés pour commander les Navires qui y sont armés, attendu que les Navigateurs établis dans lesdites Colonies, ne sont point en état de satisfaire à toutes les conditions prescrites par le Réglement du 15 Août de l'année 1725, pour lesdites réceptions; et Sa Majesté voulant bien accorder aux Négocians des Colonies, les facilités dont ils ont besoin pour la navigation des Bâtimens qu'ils font armer, Elle a ordonné et ordonne ce qui suit :

ART. I. Les Navigateurs établis dans les Colonies Françoises de l'Amérique, pourront y être reçus en qualité de Capitaines, Maîtres ou Patrons, pourvu qu'ils soient âgés de vingt-cinq ans, et qu'ils ayent navigué pendant cinq années sur les Bâtimens des Sujets de Sa Majesté, conformément à ce qui est porté par l'Ordonnance du mois d'Août 1681, et par le Réglement du 15 Août de l'année 1725.

ART. II. Ils seront tenus de justifier leur âge par leur extrait-baptistaire, et les cinq années de navigation par des certificats des Capitaines ou des Armateurs des Navires où ils auront servi, visés du Commissaire de la Marine, ou autres Officiers chargés de l'expédition des Bâtimens dans la Colonie où lesdits Capitaines et Armateurs seront habitués, lesquels certificats contiendront la durée des voyages.

ART. III. Ils seront examinés publiquement sur le fait de la Navigation, et trouvés capables en présence des Officiers de l'Amirauté, et du Professeur d'Hydrographie, s'il y en a, par deux anciens Maîtres nommés d'Office par lesdits Officiers de l'Amirauté.

ART. IV. Défend Sa Majesté auxdits Officiers, à peine d'interdiction, de recevoir en qualité de Capitaines, Maîtres ou Patrons, d'autres Gens de mer que ceux qui seront établis dans l'étendue de leur Jurisdiction, sous quelque prétexte que ce puisse être.

ART. V. Les Navigateurs qui auront été reçus en qualité de Capitaines, Maîtres ou Patrons, dans les Colonies Françoises de l'Amérique, ainsi qu'il est porté par les Articles précédens, pourront commander les Navires qui y seront armés, pour naviguer seulement d'une Colonie à une autre, sans qu'il leur soit permis de prendre le commandement des Bâtimens qui pourroient être destinés pour les Ports du Royaume.

ART. VI. Permet néanmoins Sa Majesté aux Capitaines des Navires reçus dans les Siéges d'Amirautés du Canada et de l'Isle Royale, de commander les Navires qui pourroient être armés dans lesdits Pays, pour les Ports de France, dans les cas où il sera estimé nécessaire par l'Intendant ou le Commissaire-Ordonnateur, de leur laisser entreprendre lesdits voyages. Mande et ordonne Sa Majesté à M. le Duc de Penthièvre, Amiral de France, aux Gouverneurs et ses Lieutenans-Généraux en ses Colonies de l'Amérique, Intendans et Commissaires Ordonnateurs dans lesdites Colonies, et à tous autres Officiers qu'il appartiendra, de tenir la main à l'exécution du présent Réglement, qui sera lu, publié et affiché par-tout où besoin sera. Fait à Versailles, &c.

ARRÊT du Conseil du Cap, touchant l'Audiencier de la Cour.

Du 6 Juillet 1743.

VU par le Conseil la Requête de Sommereux, Audiencier du Conseil, Conclusions du Procureur Général du Roi, et oui le rapport de M. Lombart, Conseiller, et tout considéré : LE CONSEIL ayant égard à la Requête, fait défenses à tous Sergens et Huissiers, autres que ceux reçus en la Cour, de signifier les Requêtes, Ordonnances, Arrêts, Oppositions et autres Actes de procédure de ladite Cour, à peine de 50 liv. d'amende; ordonne que les requêtes qui se présenteront à la Cour, soit par les Parties ou leurs Procureurs, seront mises avec le droit ordinaire, ès-mains du Suppliant, qui les portera au Président de ladite Cour. Ordonne que le présent Arrêt sera signifié au plus ancien des Procureurs, et publié où besoin sera.

ARRÊT du Conseil d'Etat, qui déclare nulles les Lettres de Rémission accordées par le Conseil du Cap à Claude Trollé.

Du 6 Juillet 1743.

LE ROI étant informé que le Conseil supérieur du Cap en l'Isle Saint-Domingue, se seroit ingéré de faire grace à Claude Trollé, Officier de Milices, au quartier de Maribaroux, pour l'homicide par lui commis en la personne du nommé Lataste, et lui avoit expédié à cet effet de prétendues Lettres de pardon et rémission, et Sa Majesté ne voulant pas autoriser une semblable entreprise de la part dudit Conseil supérieur, auquelle Elle n'a jamais attribué le droit de faire, dans aucun cas, grace de crimes capitaux ; vu une copie collationnée du Greffier en chef dudit Conseil, desdites prétendues Lettres, en date du mois de Mai 1742 : Oui le rapport, LE ROI étant en son Conseil, a déclaré et déclare nulles et de nul effet lesdites prétendues Lettres, ainsi que tout ce qui peut en être ensuivi ou pourroit s'ensuivre, avec défenses audit Trollé de s'en prévaloir, et sauf cependant à lui de se pourvoir devers Sa Majesté, pour obtenir, s'il y échoit, des Lettres de rémission pour raison dudit homicide ; fait pareillement, Sa Majesté, très-expresses inhibitions et défenses auxdits Officiers dudit Conseil supérieur, de s'ingérer de faire grace d'aucun crime, dans quelque cas et sous quelque prétexte que ce puisse être, à peine de désobéissance, et de nullité de toutes Lettres ou autres expéditions qu'ils pourroient accorder ; ordonne que lesdites prétendues Lettres seront rayées et biffées sur les registres dudit Conseil, et que le présent Arrêt y sera transcrit en marge d'icelles. Fait au Conseil d'État, &c.

R. au Conseil de Léogane, le 5 Novembre 1743.
Et à celui du Cap, le 9 Décembre suivant.

DÉLIBÉRATION de la Paroisse du Cap, qui nomme le sieur Lagarde, Négociant, Syndic pour la construction de la nouvelle Eglise, et lui accorde quatre pour cent sur la recette, et quatre pour cent sur la dépense.

Du 10 Juillet 1743.

ORDONNANCE des Administrateurs, pour l'établissement d'un Bourg à Jean-Rabel.

Du 10 Juillet 1743.

CHARLES Brunier, Marquis de Larnage, &c.

Simon-Pierre Maillart, &c.

Vu la Requête présentée à M. Durecour, Lieutenant de Roi, Commandant au Port-de-Paix, et à Nous par lui renvoyée, par laquelle les habitans du quartier de Jean-Rabel, ont demandé nos ordres à l'effet de les autoriser à acheter au prix qu'il Nous plairoit régler, du sieur Pages, propriétaire du terrein joignant l'église, des emplacemens convenables pour y construire des magasins propres à les retirer et leurs familles lorsqu'il vont au service divin, et d'y former en conséquence un Bourg, de même qu'aux autres Paroisses de la Colonie; notre Ordonnance de soit communiqué au sieur Maignon, Procureur du sieur Pages, absent, en date du 12 Février dernier; la réponse du sieur Maignon, du 19 du même mois, par laquelle il déclare ne pouvoir répondre ni acquieser à la demande desdits habitans, qu'il n'ait reçu des ordres du sieur Pages; auquel il en a donné avis; Nous, sans avoir égard à ladite réponse, et attendu que le service du Roi et l'utilité publique, dont il s'agit en cette occasion, ne laisseroient pas même au sieur Pages, présent, de légitimes moyens d'opposition, Nous avons statué et ordonnons qu'il sera pris sur le terrein du sieur Pages, la quantité d'emplacemens qui seront à mesure demandés par les Habitans et Négocians de la Paroisse et autres, pour y construire des magasins, et composer un Bourg dont la Place d'Armes, et les rues seront, ainsi que chaque emplacement, sur les ordres de M. Durecour, tracées et alignées par un Arpenteur, qui dressera un plan dudit Bourg et de chaque emplacement demandé par les dix-huit soussignés, dans la souscription ci-jointe est de nous paraphée; et en conséquence, Nous ordonnons que le sieur Pages, ou ses Procureurs, pour lui, seront tenus de vendre lesdits emplacemens à fur et mesure qu'il leur seront demandés, à raison de 4 liv. par pied de la plus longue des faces desdits emplacemens, à quoi Nous avons reglé l'indemnité dudit sieur Pages, payable six mois après la vente, au plus tard, au moyen de laquelle indemnité sera pris, sans payer, le terrein nécessaire pour former les rues et une place d'armes, pour les revues et exercices des Milices de la Paroisse,

Paroisse, de la grandeur proportionnée au nombre des Milices que la Paroisse, fournira au jour et suivant qu'elle sera reglée par M. le Commandant; et pour l'exécution du présent Réglement, le sieur Pages ou ses Procureurs, seront tenus de commettre audit lieu de Jean-Rabel, un Notaire ou autre personne autorisée à passer lesdits contras de vente. Mandons à MM. de Chastenoye et le Normand, de tenir la main à l'exécution de la présente Ordonnance, qui sera enregistrée au Greffe de Intendance. Donné à Léogane, &c.

R. au Greffe de la Subdélégation, le 31.

ORDONNANCE *des Administrateurs, qui proroge pendant trois nouvelles années, à commencer du premier Janvier 1744, le délai accordé aux sieurs Perrin et Consorts, Intéressés à l'entreprise du Quai du Cap, et de l'excavation du Morne des Capucins, à la charge par eux, suivant leurs offres, de continuer à occuper auxdits travaux au moins cent Négres; leur permet en outre d'augmenter la profondeur des sept Islets à eux accordés, de dix pieds vers la mer, en conservant toujours 140 pieds francs entre les emplacemens et la mer, conformément à l'Ordonnance du 22 Septembre 1739.*

Du 12 Juillet 1743.

R. à la Subdélégation, le 31 Septembre suivant.

DÉCLARATION DU ROI, *concernant les concessions de Terres dans les Colonies Françoises de l'Amérique.*

Du 17 Juillet 1743.

LOUIS, &c. Salut. Nous avons, à l'exemple des Rois nos Prédécesseurs, autorisé les Gouverneurs et Intendans de nos Colonies de l'Amérique, non-seulement à faire seuls les concessions des terres que Nous faisons distribuer à ceux de nos Sujets qui veulent y faire des établissemens, mais aussi à procéder à la réunion à notre Domaine, des terres concédées qui se trouvent dans le cas d'y être réunies, faute d'avoir été mises en valeur ; et ils connoissent pareillement, à l'exclusion des Juges ordinaires, de toutes les contestations qui s'élèvent entre les concessionnaires ou leurs ayans-causes, tant par rapport à la validité et à l'exécution des concessions, que pour raison de leurs position, étendue et limites ; mais Nous sommes informés qu'il n'y a eu jusqu'à présent rien de certain ni sur la forme de procéder, soit aux réunions des concessions, soit à l'instruction et aux jugemens des contestations qui naissent entre les concessionnaires ou leurs ayans-causes, ni même sur les voies qu'on doit suivre pour se pourvoir contre les Ordonnances rendues par les Gouverneurs et Intendans sur cette matière ; en sorte que non-seulement il s'est introduit des usages différens dans les diverses Colonies, mais encore qu'il y a eu de fréquentes variations à cet égard dans une seule et même Colonie. C'est pour faire cesser cet état d'incertitude sur des objets si intéressans pour la sûreté et la tranquillité des familles, que Nous avons résolu d'établir par une Loi précise, des régles fixes et invariables, qui puissent être observées dans toutes nos Colonies, tant sur la forme de procéder à la réunion à notre domaine, des concessions qui devront y être réunies, et à l'instruction des discussions qu'elles pourront occasionner, que pour les voies auxquelles pourront avoir recours ceux qui croiront avoir lieu de se plaindre des Jugemens qui seront rendus. A ces causes, &c. voulons et Nous plaît ce qui suit :

Art. I. Les Gouverneurs Lieutenans-Généraux pour Nous, et les Intendans de nos Colonies, ou les Officiers qui les représenteront à leur défaut ou en leur absence des Colonies, continueront de faire conjointement les concessions de terres aux Habitans qui seront dans le cas d'en obtenir, pour les faire valoir, et leur en expédieront les titres aux clauses et conditions ordinaires et accoutumées.

Art. II. Ils procéderont pareillement à la réunion à notre Domaine, des terres qui devront y être réunies, et ce à la diligence de nos Procureurs des Jurisdictions ordinaires, dans le ressort desquelles seront situées lesdites terres.

Art. III. Ils ne pourront concéder les terres qui auront été une fois concédées, quoiqu'elles soient dans le cas d'êtres réunies, qu'après que la réunion en aura été prononcée, à peine de nullité des nouvelles concessions, et sans préjudice néanmoins de la réunion, laquelle pourra toujours être poursuivie contre les premiers concessionnaires.

Art. IV. Les Gouverneurs et Lieutenans-Généraux pour Nous, et les Intendans, ou les Officiers qui les représenteront à leur défaut ou en leur absence des Colonies, continueront aussi de connoître, à l'exclusion de tous autres Juges, de toutes contestations qui naîtront entre les concessionnaires ou leurs ayans-causes, tant sur la validité et exécution des concessions, qu'au sujet de leurs position, étendue et limites : et dans le cas où il y aura des mineurs qui seront parties dans lesdites contestations, elles seront communiquées à nos Procureurs des Jurisdictions ordinaires, dans le ressort desquelles les Gouverneurs et Intendans feront leur résidence, pour y donner leurs conclusions de la même manière que si les contestations étoient portées auxdites Jurisdictions : n'entendons néanmoins comprendre dans la disposition du présent article, les contestations qui naîtront sur les partages de familles, dont les Juges de nos Jurisdictions ordinaires continueront de connoître.

ART. V. Déclarons nulles et de nul effet toutes concessions qui ne seront pas faites conjointement par le Gouverneur et l'Intendant, ou par les Officiers qui doivent les représenter respectivement ; comme aussi toutes réunions qui ne seront pas prononcées, et tous Jugemens qui ne seront pas rendus en commun par eux ou leurs représentans : autorisons néanmoins l'un des deux dans le cas de décès de l'autre, ou de son absence de la Colonie, et de défaut d'Officiers qui puissent représenter celui qui sera mort ou absent, à faire seul les concessions, même à procéder aux réunions à notre domaine, et aux jugemens des contestation formées entre les concessionnaires, en appelant cependant pour les Jugemens desdites contestations seulement, tels Officiers des Conseils Supérieurs ou des Jurisdictions qu'il jugera à propos ; et il sera tenu de faire mention, tant dans les concessions et réunions, que dans les Jugemens des contestations particulières, de la nécessité où il se sera trouvé d'y procéder ainsi, et ce à peine de nullité.

ART. VI. Dans les cas où les Gouverneurs et Intendans se trouveront d'avis différens sur les demandes qui leur seront faites de concessions de terres, voulons qu'ils suspendent d'en expédier les titres jusqu'à ce que Nous leur ayons donné nos ordres sur le compte qu'ils Nous rendront de leurs motifs ; et dans les cas de partage d'opinions entr'eux, soit pour les Jugemens de réunions, soit pour ceux des contestations d'entre les propriétaires de concessions, ils seront tenus d'y appeler le Doyen du Conseil Supérieur, ou en cas d'absence ou d'empêchement légitime, le Conseiller qui le suit selon l'ordre du tableau ; le tout sans préjudice de la prépondérance de la voix des Gouverneurs, dans les affaires concernant notre service, où elle doit avoir lieu.

ART. VII. Dans les affaires où il échoira d'ordonner des descentes sur les lieux, et des nominations et rapports d'experts, ou de faire des en-

Bbbbb ij

quêtes, les dispositions prescrites à cet égard par les titres XXI. et XXII. de l'Ordonnance de 1667, seront observées, à peine de nullité.

ART. VIII. Pourront les parties se pourvoir par appel en notre Conseil, contre les Jugemens qui seront rendus par les Gouverneurs et Intendans, tant sur lesdites contestations particulières, que pour les réunions à notre Domaine; lesdits appels pourront être interjetés par de simples actes, et les Requêtes qui seront présentées en conséquence, seront remises avec les productions des parties, ès-mains du Sécretaire d'Etat ayant le Département de la Marine, pour, sur le rapport qui en sera par lui fait en notre Conseil, être par Nous statué ce qu'il appartiendra Si donnons en mandement à nos amés et féaux Conseillers en nos Conseils, les Gouverneurs et Lieutenans-Généraux pour Nous, et les Intendans des Colonies Françoises de l'Amérique, et aux Officiers de nos Conseils Supérieurs desdites Colonies, que ces présentes ils ayent à faire lire, &c.

R. au Conseil du Cap, le 9 Décembre suivant.
Et à celui de Léogane, le 24 Janvier 1744.

LETTRE du Ministre à MM. de Larnage et Maillart, sur quelques demandes des Conseils Supérieurs, et notamment que les places de Juges des Jurisdictions et celles de Conseillers, fussent déclarées incompatibles.

Du 19 Juillet 1743.

J'AI rendu compte au Roi du Mémoire des deux Conseils Supérieurs de Saint-Domingue, et des observations dont vous l'avez accompagné; mais S. M. n'a pas jugé à propos d'accorder les nouvelles exemptions que les Conseillers demandoient par ce Mémoire.

Quant à la demande que les Conseils Supérieurs faisoient aussi dans leur Mémoire, que les Juges des Jurisdictions ne pussent plus être en même-tems Conseillers en ces Conseils, vous savez que le Roi a déjà décidé cette incompatibilité, mais que S. M. y a mis deux restrictions: la première, que l'incompatibilité ne doit pas porter, jusqu'à ce que le Roi en ait autrement ordonné, sur les Juges qui se trouvent actuellement pourvus d'Offices de Conseillers, tant au Conseil de Léogane qu'en celui du Cap; et la seconde, que S. M. entend se réserver d'y déroger par des

Lettres expresses, dans les cas où la récompense de bons et longs services pourra l'exiger : réserve qui ne doit être regardée que comme un objet de plus à l'émulation, que les Conseils Supérieurs eux-mêmes doivent être occupés à établir et animer parmi les Juges ordinaires.

EXTRAIT de la Lettre du Ministre aux Administrateurs, sur la visite exigée, par les Conseils Supérieurs, des Officiers-Majors devant y prendre séance.

Du 19 Juillet 1743.

J'AI rendu compte au Roi de la Lettre que vous m'avez écrite, le 18 Mars dernier, sur la visite prétendue par les Conseillers du Conseil Supérieur de Léogane, de la part des Officiers-Majors, pour la réception de ceux-ci en ce Conseil.

S. M. n'a point approuvé cette prétention, et son intention est qu'il ne soit rien changé à ce qui s'est pratiqué jusqu'à présent à cet égard. Vous auriez dû même faire procéder, suivant l'usage, à l'enregistrement des Brevets de MM. Caffaro, Binau et Champfleury, Majors, sauf ensuite à demander les ordres du Roi sur l'innovation demandée par les Conseillers ; et il est d'autant plus surprenant que vous n'ayez pas pris ce parti, qu'informés, comme vous paroissez l'être, de ce qui se passa à la réception de M. de Poincy au Conseil Supérieur de la Martinique, vous ne deviez pas ignorer qu'il fut alors décidé bien positivement, que les Conseillers n'étoient pas en droit d'exiger une semblable démarche de la part des Officiers-Majors.

Ce n'est point, au reste, que S. M. désapprouvât que ces Officiers fissent une visite d'honnêteté et de politesse aux Conseillers, lorsqu'il est question de leur entrée au Conseil Supérieur, bien entendu pourtant que les Conseillers récipiendaires en useroient de même à leur égard ; mais le Roi ne juge point à propos d'établir cette réciprocité ; car loin qu'elle pût opérer une plus grande union qu'il n'y en a eu jusqu'à présent entre ces deux Corps, il seroit au contraire fort à craindre qu'elle ne fût une nouvelle source d'altercations et de discussions parmi eux.

Lettre de Cachet, faisant défenses au Conseil du Cap de faire expédier au Greffe des Lettres de Rescision, Emancipation, bénéfice d'Inventaire, &c. et qui leur permet de les suppléer par des Arrêts.

Du 23 Juillet 1743.

De par le Roi.

Nos amés et féaux : C'est avec beaucoup de surprise que Nous avons appris que vous avez expédié de prétendues Lettres de Rémission au sieur Trollé, pour l'homicide par lui commis en la personne du sieur Lataste ; vous n'avez point en effet pouvoir, non plus que nos autres Conseils Supérieurs des Colonies, de faire, dans aucun cas, grace des crimes capitaux, et c'est ce qui Nous a obligé à rendre un Arrêt en notre Conseil d'Etat, par lequel Nous avons déclaré nulles ces prétendues lettres ; cet Arrêt vous sera remis par notre ordre ; vous vous conformerez aux dispositions qui y sont contenues ; Nous vous faisons cependant cette Lettre, pour vous dire que notre intention n'est point que, dans le cas d'homicides involontaires, ou commis dans la nécessité d'une légitime défense de la vie, vous suiviez la rigueur des Loix ; vous pouvez, dans ces sortes de cas, surseoir le Jugement du Procès, jusqu'à ce que Nous ayons expliqué nos intentions sur le compte qui Nous sera rendu des informations par notre Secrétaire d'Etat ayant le Département de la Marine, à qui elles seront envoyées par le Gouverneur notre Lieutenant-Général, et l'Intendant de la Colonie, auxquels Nous voulons que notre Procureur-Général les remette à cet effet ; Nous vous faisons aussi cette Lettre, pour vous dire aussi en même-tems, que Nous avons désapprouvé l'usage, où Nous avons été informé que vous êtes, d'expédier de prétendues Lettres de rescision, d'émancipation, de bénéfice d'inventaire, et autres lettres de simple procédure en matière civile ; des telles Lettres ou expéditions faites en votre Greffe, sont contre toutes les régles, Dans nos Conseils Supérieurs de nos autres Colonies, il est d'usage autorisé de Nous que, dans ces cas-là, ils accordent aux parties, sur les Requêtes qu'elles présentent à cet effet, des Arrêts qui les dispensent de ces sortes de Lettres, et qui portent que ces Arrêts mêmes leur en tiendront lieu ; vous suivrez dorénavant la même forme de procédure : si n'y faites faute ; car tel est notre plaisir. Donné à Versailles, &c.

R. au Conseil de Léogane, le 5 Novembre 1743.
Et à celui du Cap, le 9 Décembre suivant.

RÉGLEMENT DU ROI, concernant les honneurs aux Isles sous le Vent.

Du 31 Juillet 1743.

DE PAR LE ROI.

SA MAJESTÉ ayant été informée que le Réglement rendu le 13 Septembre 1713, au sujet des places et rangs aux églises, processions et autres cérémonies publiques, dans les Isles Françoises de l'Amérique, demandoit qu'on en changeât quelques dispositions, et qu'on y en ajoutât de nouvelles ; Elle y pourvut par son Réglement du 15 Novembre 1728 ; et voulant pareillement y pourvoir pour les Isles sous le Vent, et établir en même-tems, dans les unes et dans les autres, une conformité qui puisse prévenir toute discussion à cet égard ; Sa Majesté a ordonné et ordonne ce qui suit.

ART. I. Veut Sa Majesté, que le Gouverneur Lieutenant-Général et l'Intendant des Isles sous le Vent, ayent leurs prie-Dieu et fauteuil dans le chœur des principales églises de Léogane et Petit-Goave dans la partie de l'Ouest, et du Cap, dans la partie du Nord; savoir, le Gouverneur Lieutenant-Général, du côté de l'épitre, et l'Intendant du même côté, mais un peu au-dessous ; lesdits prie-Dieu et fauteuil proche la muraille ; que le Lieutenant du Roi au Gouvernement-Général et le Gouverneur-Particulier, y ayent un banc du côté de l'évangile, proche la muraille, vis-à-vis le prie-Dieu de l'Intendant, et que le Commissaire de la Marine, qui sera pourvu de la commission de Sa Majesté, de Subdélegué à l'Intendance desdites Isles sous le Vent, ait pareillement un banc à la suite du Gouverneur-Particulier.

ART. II. En cas d'absence, hors des Isles sous le Vent, du Gouverneur Lieutenant-Général, le Lieutenant au Gouvernement-Général pourra prendre sa place.

ART. III. Celui des Gouverneurs de Saint-Domingue, qui seroit pourvu de lettres-patentes ou d'un ordre du Roi, pour, au défaut du Gouverneur

Lieutenant-Général, et celui du Lieutenant des Isles sous le Vent, commander en chef auxdites Isles, pourra aussi occuper le prie-Dieu ou fauteuil du Gouverneur Lieutenant-Général, en son absence, et celle du Lieutenant au Gouvernement-Général; lui défend Sa Majesté de ne prendre cette place que dans ce cas.

ART. IV. *Voyez l'article 4 de l'Ordonnance du 15 Novembre 1728, dont celui-ci ne diffère que parce qu'il y a :* prie-Dieu ou fauteuils.

ART. V. Les Gouverneurs-Particuliers dans les églises de leur résidence, garderont leur place, quoique le Gouverneur Lieutenant-Général s'y trouve, et dans ce cas il sera mis des prie-Dieu ou fauteuils au milieu du chœur, pour le Gouverneur Lieutenant-Général et Intendant.

ART. VI. *V. L'article 7 de l'Ordonnance du 15 Novembre 1728, dont celui-ci ne diffère qu'en ce qu'il porte :* Lieutenant-de-Roi.

ART. VII. Que les Officiers de la Jurisdiction ayent leur banc après celui du Conseil, à la même suite, et moins élevé.

ART. VIII. Veut aussi Sa Majesté, que les Lieutenans de Roi et Majors, commandans dans les quartiers, ayant un banc placé hors du chœur, du côté de l'épitre, dans l'église du lieu où ils résideront, et les Officiers de la Jurisdiction, s'il y a un siège, en auront un du côté de l'évangile, mais plus bas, et placé de manière qu'il ne soit pas vis-à-vis des Lieutenans de Roi, ou Majors Commandans; et dans les quartiers où il y a un Lieutenant de Roi et un Major, ce dernier aura aussi son banc à côté et au-dessous de celui du Lieutenant de Roi.

ART. IX. En cas d'absence du Gouverneur Lieutenant-Général, et du Lieutenant au Gouvernement et des Gouverneurs-Particuliers, aucun des Lieutenans de Roi des Isles sous le Vent, quoique Commandans en chef dans icelles, ne pourra se placer dans le chœur, non plus que le Commissaire de la Marine, quoiqu'Ordonnateur, à moins qu'il ne soit pourvu de la Commission de Subdélégué à l'Intendance, par l'absence de l'Intendant; mais resteront dans leurs places ordinaires ci-dessus expliquées.

ART. X. *V. L'article 9 de l'Ordonnance du 15 Novembre 1728.*

ART. XI. Dans les Paroisses autres que celles des Siéges des Conseils Supérieurs, et où il y a des Jurisdictions, les Conseillers au Conseil Supérieur qui s'y trouveront résidans, pourront se placer dans le banc et à la tête des Officiers de la Jurisdiction.

ART. XII. *V. L'article 10 de l'Ordonnance du 15 Novembre 1728.*

ART. XIII. *V. L'article 11 de l'Ordonnance du 15 Novembre 1728, dont celui-ci ne diffère que parce qu'on trouve entre le Gouverneur-Particulier* et *et le Lieutenant de Roi* : au Commissaire de la Marine Ordonnateur, et pourvu de la Commission de Subdélégué à l'Intendance.

ART. XIV. L'encens ne sera donné...... (*V. L'article* 12 *de l'Ordonnance du* 15 *Novembre* 1728)...... sera absent desdites Isles et non autrement.

ART. XV. *Il ne diffère du* 13ᵉ. *de l'Ordonnance du* 15 *Novembre* 1728, *que parce qu'entre le Gouverneur - Particulier & le Lieutenant de Roi, on trouve* : l'Ordonnateur qui sera pourvu de la Commission de Subdélégué à l'Intendance.

ART. XVI. Veut Sa Majesté, que dans la ville du Cap, où le Gouverneur Lieutenant-Général et l'Intendant ne font pas leur résidence ordinaire, le Gouverneur-Particulier marche à la tête du Conseil, le Commissaire de la Marine à sa gauche, le Lieutenant de Roi, le Major, et les Conseillers et Greffiers, comme à l'article ci-dessus, et les Huissiers marchans deux à deux devant le Gouverneur et l'Ordonnateur.

ART. XVII. *C'est le* 14ᵉ *de l'Ordonnance du* 15 *Novembre* 1728.

ART. XVIII. Aux feux de joie..... (*V. L'article* 15 *de l'Ordonnance du* 15 *Novembre* 1728)...... et en cas d'absence de l'Intendant, au premier Conseiller, au Commissaire de la Marine, successivement au Doyen et au Conseiller qui sera à la tête des titulaires, au défaut desquels Officiers-Majors et du Conseil, il ne sera présenté que la torche au Prêtre-Officiant.

ART. XIX. Dans les Paroisses autres que celles des Sièges des Conseils Supérieurs, et dans lesquelles il y aura des Jurisdictions, il sera pareillement présenté trois torches, l'une au Prêtre Officiant, une autre à l'Officier-Major, ou Commandant par ordre du Roi, ou du Gouverneur Lieutenant-Général, et l'autre à l'Officier de la Jurisdiction, ou au Conseiller du Conseil Supérieur, s'il s'en trouve à sa tête, jusqu'au Procureur du Roi inclusivement; et dans les Paroisses où il n'y a point de Jurisdiction, il ne sera présenté que deux torches, l'une au Prêtre et l'autre à l'Officier-Major, ou Capitaine Commandant du quartier, inclusivement.

ART. XX. Lorsque le Gouverneur Lieutenant-Général ne pourra, à cause de maladie...... (*V. L'article* 16 *de l'Ordonnance du* 15 *Novembre* 1728)...... à côté de l'Intendant, qui marchera seul à la tête du corps, et sera précédé par les Huissiers et Sergens, qui marcheront deux à deux.

ART. XXI, XXII, XXIII et XXIV. *Ce sont les* 17, 18, 19 et 20 *de l'Ordonnace du* 15 *Novembre* 1728.

ART. XXV. *C'est le* 24 *de l'Ordonnance du* 15 *Novembre* 1728, *excepté qu'il renvoye aux articles* 10, 13 *et* 15 *du présent Réglement, en ce qui concerne les Capitaines des quartiers.*

Art. XXVI et XXVII. *Ce sont les articles 25 et 26 de l'Ordonnance du 15 Novembre 1728, excepté que dans ceux du présent Réglement, il faut mettre* Isles sous le Vent, *où il y a* Isles du Vent *dans les autres.*

Art. XXVIII. Mande et ordonne S. M. au sieurs Marquis de Larnage, Gouverneur et Lieutenant-Général, et Maillart, Intendant des Isles sous le Vent, et à tous les autres Officiers, de se conformer au présent Réglement, qu'Elle veut être enregistré aux Conseils Supérieurs séans à Léogane et au Cap, et sur les registres des délibérations des Paroisses. Fait à Versailles, le 31 Juillet 1743.

R. au Conseil du Cap, le 24 Janvier 1744.
Et à celui de Léogane, le 2 Mars suivant.

Réglement du Roi, concernant la Maréchaussée de Saint-Domingue.

Du 31 Juillet 1743.

Sa Majesté ayant été informée que le Réglement fait le 20 Janvier 1733, par les sieurs Marquis de Fayet, alors Gouverneur et Lieutenant-Général, et Duclos, Intendant des Isles sous le Vent, pour le rétablissement des Maréchaussées à Saint-Domingue, n'avoit pas eu son entière exécution, et ne contenoit pas d'ailleurs tous les arrangemens nécessaires pour tirer de ces Maréchaussées l'utilité qu'on en pouvoit attendre; Elle auroit donné ses ordres aux sieurs Marquis de Larnage, Gouverneur et son Lieutenant-Général, et Maillart, Intendant desdites Isles, d'y suppléer par de nouvelles dispositions; et Sa Majesté s'étant fait représenter deux Réglemens, que lesdits sieurs de Larnage et Maillart auroient fait arrêter aux mois de Janvier et d'Août 1739, par les Conseils Supérieurs de Léogane et du Cap, Elle auroit reconnu d'un côté que lesdits Conseils n'ont pas un pouvoir suffisant pour des Réglemens de cette espèce, et d'un autre, qu'ils ont fait des dispositions qu'il ne conviendroit pas de laisser subsister; ensorte qu'il est nécessaire qu'Elle explique Elle-même ses intentions sur l'établissement, le traitement et le service desdites Maréchaussées; à quoi voulant pourvoir, Elle a résolu le présent Réglement, qu'Elle veut être exécuté suivant sa forme et teneur, ainsi qu'il suit:

Art. I. Il sera établi, si fait n'a été, une Maréchaussée dans chacun des ressorts des Conseils Supérieurs de Léogane et du Cap, laquelle sera composée de Prévôts, Exempts, Brigadiers et Archers, lesquels seront distribués dans les différens quartiers desdits ressorts; savoir, dans celui du Conseil de Léogane, un Prévôt, un Exempt, deux Brigadiers et six Archers; dans chacun des quartiers de Léogane, Cul-de sac, Mirebalais, l'Artibonite, Jacmel, Saint-Louis et le Fond de l'Isle-à-Vache; et un Prévôt, un Exempt, deux Brigadiers et quatre Archers seulement, dans ceux du Petit-Goave, Nippes, Grande-Anse et les Anses; et dans le ressort du Conseil Supérieur du Cap, un Prévôt, deux Exempts, quatre Brigadiers et vingt-quatre Archers, dans la Jurisdiction du Cap; un Prévôt, un Exempt, deux Brigadiers et vingt-quatre Archers, dans la Jurisdiction du Fort-Dauphin; un Prévôt, un Exempt, deux Brigadiers et douze Archers, dans celle du Port-de-Paix.

Art. II. Lesdits Prévôts, Exempts, Brigadiers et Archers auront pour gages; savoir, dans le ressort du Conseil Supérieur du Cap, le Prévôt 2000 liv. par an, l'Exempt 1200 liv., le Brigadier 900 liv., et les Archers chacun 600 liv.; et dans le ressort du Conseil Supérieur de Léogane, le Prévôt 1000 liv. par an, l'Exempt 600 liv., le Brigadier 400 liv. et les Archers chacun 300 liv., lesquels gages seront pris et payés dans l'un et l'autre ressort desdits Conseils Supérieurs, sur la caisse des deniers publics, ainsi et de la manière qui sera ci-après ordonnée.

Art. III. Lesdits Prévôts et Exempts, après avoir été pourvus d'une commission des sieurs Gouverneur Lieutenant-Général pour Sa Majesté et Intendant, seront tenus de se faire recevoir aux Conseils Supérieurs, où ils prêteront serment de se bien et fidèlement comporter dans l'exercice de leurs charges, d'observer les Ordonnances et Réglemens de Sa Majesté, information préalablement faite de leur bonne vie et mœurs, Religion Catholique, Apostolique et Romaine, ce qui sera fait sans frais.

Art. IV. Les Brigadiers et Archers, pareillement pourvus d'un ordre des Officiers-Majors Commandans dans les quartiers, seront reçus par les Juges de leur département, l'information préalablement faite et le serment prêté devant eux et sans frais, ainsi qu'il est prescrit par l'article précédent, pour les Prévôts et Exempts.

Art. V. *C'est mot à mot l'article 6 du Réglement du Conseil de Léogane, du 17 Janvier 1739.*

Art. VI. Il sera fait tous les six mois des revues desdites Maréchaussées, par les Commandans des quartiers, lesquels vérifieront si elles sont bien armées et leurs équipages en bon état, à l'effet de quoi chaque Prévôt sera tenu de se rendre avec sa troupe au lieu principal de son département, au jour qui lui sera indiqué, et sur l'ordre qui lui en sera donné par le Commandant du quartier, les extraits desquelles revues seront envoyés par lesdits Commandans auxdits sieurs Gouverneur Lieutenant-Général et Intendant; et outre lesdites revues générales, lesdits Prévôts seront tenus d'en faire de particulieres devant lesdits Commandans, tous les mois.

ART. VII. Ne pourra être employé dans lesdites revues aucun Exempt.... (*V. l'article 7 du Réglement du Conseil de Léogane, du 17 Janvier 1739*).

ART. VIII. Pourront néanmoins lesdits Prévôts, de l'agrément du Commandant du lieu de leur département, prendre et admettre à la suite de leur troupe un ou plusieurs aides et adjoints..... *V. l'article 9 du Réglement du Conseil de Léogane, du 17 Janvier 1739.*

ART. IX. Ne pourront les Prévôts et Exempts sortir de leur département, pour leurs affaires particulières, sans un congé par écrit, signé du Commandant du quartier; et à l'égard des Archers, ils prendront leur congé du Prévôt seulement, visé du Commandant.

ART. X. Permet Sa Majesté auxdits sieurs Gouverneur Lieutenant-Général pour Elle, et Intendant, d'établir, s'ils le jugent nécessaire pour une plus exacte discipline et plus uniforme dans les Maréchaussées, un Prévôt-Général dans chacun des ressorts desdits Conseils Supérieurs, lequel aura l'inspection sur tous les autres Prévôts établis dans le ressort, pourra faire des tournées dans les différens départemens, pour examiner et vérifier si le service est rempli avec exactitude, et en dresser des états, qu'il remettra aux Gouverneur Lieutenant-Général et à l'Intendant, pour sur iceux être par eux ordonné ce qu'il conviendra; ne pourront néanmoins lesdits Prévôts-Généraux, prétendre aucuns appointemens, et jouiront seulement des honneurs, priviléges et exemptions que Sa Majesté se réserve de leur attribuer audit cas, sur le compte qui lui sera rendu par lesdits sieurs Gouverneur Lieutenant-Général et Intendant.

ART. XI. Sa Majesté veut et entend que lesdits Prévôts-Particuliers jouissent des honneurs, priviléges et exemptions des Lieutenans de Milices; les Exempts de ceux des Enseignes desdites Milices, et les Brigadiers et Archers de l'exemption de tous droits pour quatre Négres chacun, et qu'ils soient en outre tous exempts de Tutelle, Curatelle et autres charges publiques, le tout tant qu'ils seront attachés au service des Maréchaussées, et non autrement.

ART. XII. Le Prévôt de chaque département sera le chef, et commandera les Exempts, Brigadiers et Archers, qui seront tenus de se rendre auprès de lui lorsqu'il les convoquera, et de se transporter partout où ils jugera à propos ; enjoint aux Exempts..... (*V. l'article* 13 *du Réglement du Conseil de Léogane*, *du* 17 *Janvier* 1739).

Art. XIII. Les Brigadiers et Archers qui auront été reçus dans la troupe, ne pourront la quitter sans un congé du Gouverneur Lieutenant Général..... *V. l'article* 14 *du Reglement du Conseil de Léogane*, *du* 17 *Janvier* 1739.

Art. XIV Les Exempts commanderont en l'absence des Prévôts, et viendront à ses places par rang d'ancienneté, s'ils le méritent par leur conduite et leurs services.

Art. XV. Les appointemens des Prévôts, Exempts, Brigadiers et Archers, leur seront payés de six mois en six mois, par les Receveurs des deniers publics, ou ses Commis dans les différens quartiers, et ce sur les ordonnances qui en seront expédiées par les Doyens et Commissaires établis par lesdits Conseils ; comme pour les autres dépenses qui serons acquittées par la caisse desdits deniers publics, à l'effet de quoi il sera, par lesdits Commissaires établis par lesdits Conseils dans chaque département, tenu registre des Officiers et Archers dont la Maréchaussée du département sera composée, dans lequel registre les Officiers et Archers seront tenus de s'aller faire inscriro aussi-tôt qu'ils auront été pourvus ; savoir, les Prévôts et Exempts, de commissions des Gouverneur-Lieutenant-Général et Intendant, régistrées au Conseil où ils seront reçus ; et les Brigadiers et Archers, d'un ordre seulement ou certificat de réception dans la troupe, par l'Officier Major Commandant, registré aux Jurisdictions, où ils seront pareillement reçus ; et sur les extraits signés des Prévôts de chacune des trois revues qui auront été faites dans les six mois par l'Officier-Major ou Commandant, et le certificat au bas dudit Commadant, attestant que les Officiers et Archers ont été présens et effectifs auxdites revues, et ont fait sans interruption leur service, il leur sera par lesdits Commissaires du Conseil expédié, sans difficulté, l'ordonnance nécessaire pour leur payement.

Art. XVI. Les Prévôts, Exempts, Brigadiers et Archers seront tenus de marcher avec leur troupe ou partie d'icelle par-tout où le service le demandera et où il leur sera ordonné, soit par lesdits sieurs Gouverneur-Lieutenant-Général et Intendant, conjointement ou séparément, soit par les Commandans de leur département, suivant l'exigence des cas, pour arrêter les déserteurs des troupes, les prévenus de crimes, les esclaves fugitifs et autres, pour les conduire, soit avant ou après le jugement, où il leur sera ordonné ; et dans les cas où les Officiers de Justice auront besoin de leur service, ils le demanderont, ainsi que les parties plaignantes, auxdits Commandans, lesquels seront tenus de faire marcher, sans délai, lesdites Maréchaussées, à peine d'en répondre, et sous les autres peines qui seront ordonnées par Sa Majesté, sur le compte qui lui en sera rendu.

ART. XVII. Dans le ressort du Conseil Supérieur de Léogane, lorsque les Prévôts..... *V. l'article* 18 *du Réglement du Conseil de Léogane, du* 17 *Janvier* 1739.

ART. XVIII. Outre les chasses et corvées...... et néanmoins, afin qu'il puisse toujours se trouver au lieu principal du département, quelques Officiers et des Archers en état et à portée d'obéir...... dans une expédition, soit extraordinaire ou ordinaire, sera tenu d'en rendre compte au retour au Commandant du quartier (*V. l'article* 19 *du Réglement du Conseil de Léogane, du* 17 *Janvier* 1739).

ART. XIX. *C'est l'article* 20 *du Réglement du Conseil de Léogane, du* 17 *Janvier* 1739.

ART. XX. Lorsqu'il sera ordonné..... (*V. l'article* 21 *du Réglement du Conseil de Léogane, du* 17 *Janvier* 1739).

ART. XXI. Dans le ressort du Conseil Supérieur de Léogane, les captures seront payées (*V. l'article* 22 *du Réglement du Conseil de Léoganes, du* 19 *Janvier* 1739).

ART. XXII. Dans le ressort du Conseil Supérieur du Cap, la capture de chaque Blanc...... Vazeux dépendant du Dondon, 48 liv. Dans la ville du Fort-Dauphin 6 liv. Dans le quartier Dauphin 12 liv...... Capotille et autres, la somme de 36 liv. Dans la ville du Port-de-Paix 6 liv. Depuis le quartier Saint-Louis...... avec le rapport de leur expédition au Greffe du Conseil. Pour les Négres qui seront arrêtés seulement par rencontre........ connus de leurs Maîtres, et de nuit seulement, il sera payé 12 liv., au cas qu'ils soient montés, et 6 liv. s'ils sont à pied ; et en cas de contestation sur le défaut de billet, le Maître en sera cru sur son serment. (*Ce qui est ponctué est pris de l'art.* 21 *du Réglement du Conseil du Cap, du* 6 *Août* 1739.

ART. XXIII. *C'est le* 23 *du Réglement du Conseil de Léogane, du* 17 *Janvier* 1739.

ART. XXIV. Quoique les Maréchaussées......... (*V. l'art.* 25 *du Réglement du Conseil de Léogane, du* 17 *Janvier* 1739)...... de la capture, sans préjudice néanmoins d'une augmentation de taxe à leur égard, en cas de chasses extraordinaires et publiques.

ART. XXV. Les Négres fugitifs qui auront été arrêtés, seront conduits et consignés au Concierge des prisons de la Jurisdiction du district où ils auront été pris, s'il y en a, sinon à celui qui tiendra la Barre publique, en observant toutefois de les représenter au Receveur des épaves, qui en payera sur le champ la prise.

Art. XXVI. Faute de déclaration par le Maître, un mois après la consignation qui aura été faite de son Négre dans les prisons, ledit Négre sera conduit à la chaîne ou attelier le plus prochain des Négres attachés aux fortifications, et autres travaux de Sa Majesté, pour y être pareillement employé et retenu comme les autres, jusqu'à ce qu'il ait été reconnu par le Maître, lequel pourra le réclamer pendant cinq ans, et auquel il sera rendu en l'état qu'il se trouvera, en justifiant par lui de sa propriété, et remboursant les frais de capture et autres qui auront été acquittés par le Receveur des épaves.

Art. XXVII et XXVIII. (*Ce sont les 27 et 28 du Réglement de Léogane, du 17 Janvier 1739*).

Art. XXIX. Pour obvier aux désordres......... le débit; enjoint S. M. à tous ceux qui en tiennent ailleurs, sans une permission expresse et par écrit des sieurs Gouverneur Lieutenant-Général et Intendant, et à tous Négres-Esclaves de fermer........ et d'en faire leur rapport au Procureur de Sa Majesté, pour en poursuivre la punition. (*V. l'art. 29 du Réglement du Conseil de Léogane, du 17 Janvier 1739*).

Art. XXX. Il sera permis au Prévôt et à l'Exempt, lorsqu'ils le jugeront........... (*V. l'art. 30 du Réglement du Conseil de Léogane, du 17 Janvier 1739*)........... leur rapport au Procureur de Sa Majesté, pour poursuivre la condamnation de l'amende contre les Maîtres qui auront souffert lesdites assemblées.

Art. XXXI. *C'est le 31 du Réglement du Conseil de Léogane, du 17 Janvier 1739.*

Mande et ordonne Sa Majesté aux sieurs Marquis de Larnage, Gouverneur et son Lieutenant-Général, et Maillart, Intendant des Isles sous le Vent, aux Conseils Supérieurs de Saint-Domingue, et autres Officiers qu'il appartiendra, de tenir la main à l'exécution du présent Réglement, qui sera enregistré aux Greffes desdits Conseils Supérieurs, et par-tout où besoin sera. Fait à Versailles, &c.

R. au Conseil de Léogane, le 24 Janvier 1744.
Et à celui du Cap, le 2 Mars suivant.

LETTRE du Ministre aux Administrateurs, sur le pouvoir réciproque des Etats-Majors et des Conseils, et sur celui de l'Intendant à l'égard de la Maréchaussée.

Du 31 Juillet 1743.

LES arrangemens que le Roi a faits dans les Réglemens pour les honneurs, pour les exemptions et sur les Maréchaussées; et les détails dans lesquels je suis entré avec vous, à l'occasion des demandes qui avoient été faites par les Conseils Supérieurs, doivent vous faire connoître les principes sur lesquels S. M. veut que vous vous régliez, par rapport aux prétentions des Officiers de ces Conseils, et des Jurisdictions particulières. Il convient sans doute, et je vous ai expliqué dans toutes les occasions, que telle est aussi l'intention du Roi, que ces Officiers, dépositaires de l'autorité de S. M. pour la distribution de la justice, soient distingués par des prééminences et des prérogatives qui puissent relever et faire respecter la dignité de leurs fonctions; mais on ne sauroit aussi trop prendre garde de leur attribuer des distinctions qui puissent favoriser les vues qu'ils font paroître, sur-tout depuis quelques années, de s'attirer non-seulement un éclat pareil et même supérieur à celui de l'Etat-Major, mais encore une entière indépendance de son autorité; et c'est-là un inconvénient qui ne pouvoit pas manquer de résulter des dispositions que vous aviez proposées en faveur des Conseillers, dans les Réglemens des honneurs et des exemptions, comme de celles qu'ils avoient insérées eux-mêmes dans le Réglement des Maréchaussées, et de celles qu'ils avoient demandées par leur Mémoire, si toutes ces dispositions n'eussent pas été rejetées.

Mais, d'un autre côté, S. M. n'entend pas non plus que la prééminence établie en faveur de l'Etat-Major, serve de prétexte, ni pour gêner les Officiers de Justice dans l'exercice de leurs fonctions, pour lesquelles ils doivent avoir une pleine et entière liberté, ni même pour manquer aux égards qui sont dûs à leur caractère. Les Officiers-Majors doivent au contraire donner le premier exemple sur cela; et si quelqu'un n'y satisfait pas, M. de Larnage doit le remettre en régle; c'est une partie qui le regarde particulièrement, et dont il est responsable. Le Roi n'a pas ignoré qu'autrefois il y a eu des écarts assez extraordinaires de la part de divers Officiers; S. M. a réprimé ceux qui sont venus à sa connoissance, et ce fut là un des objets qu'Elle recommanda le plus à M. de Larnage, lorsqu'Elle le destina pour le Gouvernement de la Colonie.

Mais

Mais il ne lui étoit pas revenu, avant votre Lettre du 17 Mars dernier, sur les Maréchaussées, qu'il y eût eu des Officiers-Majors qui eussent imaginé ne devoir pas reconnoître l'autorité de l'Intendant. Non-seulement ces Officiers ne peuvent pas croiser les Ordonnances qui émanent de lui, mais ils sont au contraire obligés d'y faire donner leur exécution, lorsqu'ils en sont requis ou priés par ces mêmes Ordonnances. C'est-là un principe suivi dans toutes les Colonies, et si bien établi, que S. M. ne juge pas à propos de s'en expliquer de nouveau avec les Officiers-Majors. S'ils s'en écartent, ou par ignorance ou par affectation, Elle vous ordonne à l'un et à l'autre de lui en rendre compte, et Elle y pourvoira efficacement.

V. la Lettre du Ministre, du 11 Novembre 1744.

ORDRE DU ROI, portant exemption en faveur des Officiers des Compagnies de Milices de Gens de Couleur.

Du 2 Août 1743.

DE PAR LE ROI.

SA MAJESTÉ étant informée que les Officiers des Compagnies de Négres et Mulâtres-Libres établis à Saint-Domingue, ont joui, en considération des services qu'ils rendent, de l'exemption de tous droits et travaux publics; savoir, les Capitaines pour 12 de leurs Esclaves, les Lieutenans pour 8, les Enseignes pour 6, et les Sergens pour 4; et Sa Majesté ayant lieu d'être satisfaite du compte qui lui a été rendu de leur zèle, de leur fidélité et de leur obéissance, Elle veut bien les maintenir dans la jouissance desdites exemptions, et ce, pendant le tems qu'ils seront dans leurs emplois, et qu'ils en feront les fonctions. Mande et ordonne Sa Majesté aux sieurs Marquis de Larnage, Gouverneur et son Lieutenant-Général, et Maillart, Intendant des Isles sous le Vent de l'Amérique, aux Conseils Supérieurs de Saint-Domingue, et à tous autres Officiers qu'il appartiendra, de tenir la main à l'exécution de la présente Ordonnance, qui sera enregistrée aux Greffes des Conseils, et par-tout où besoin sera. Donné à Versailles, &c.

R. au Greffe de l'Intendance, le 5 Décembre suivant.

EDIT portant, d'après l'offre de M. l'Amiral, qu'à l'avenir son droit de 10e sur les prises, ne sera pris que sur le bénéfice net desdites prises, tous les frais d'armement et de justice quelconques préalablement prélevés, à l'exception des prises faites par les Bâtimens de Sa Majesté, à l'égard desquelles il ne sera fait déduction que des frais de déchargement, de garde et de Justice, y compris ceux de la vente et le dixième des Equipages.

Du mois d'Août 1743.

R. au Conseil du Cap, le 2 Mars 1744.
Et à celui de Léogane, le 7.

V. la Déclaration du Roi, du 5 Mars 1748.

EXTRAIT de la Lettre du Ministre à MM. de Larnage et Maillart, sur la différence de la perception des droits Curiaux dans le ressort des deux Conseils, et les limites des Paroisses.

Du 3 Septembre 1743.

LA différence qu'il y a sur la perception des droits Curiaux entre le ressort du Conseil Supérieur de Léogane, et celui du Conseil Supérieur du Cap, paroît assez fondée sur celle qui se trouve dans la situation des Paroisses des deux ressorts. Il est cependant certain que la forme qui s'observe au Cap est la plus simple, la moins compliquée et même la plus équitable par elle-même; mais en attendant qu'elle puisse être établie à Léogane, il faut du moins remédier au désordre qui s'est glissé dans ce Quartier, et dont au surplus j'ai été d'autant plus surpris, qu'il s'accorde peu avec les témoignages qui ont été rendus, dans tous les tems, du sieur Nicolas, Procureur-Général du Conseil Supérieur; et quoique cet objet ne touche pas immédiatement le service du Roi, vous ne devez pas moins veiller et tenir la main à ce qu'il soit toujours en régle.

L'autorité de S. M. doit concourir pour l'établissement des Paroisses à Saint-Domingue comme aux Isles du Vent; ainsi vous aurez agréable de m'envoyer, pour les Paroisses de la partie du Nord, un état pareil à celui que vous m'avez remis des parties de l'Ouest et du Sud. Vous m'expliquerez en même-tems les bornes des unes et des autres, afin que S. M. puisse les autoriser par un Réglement général ; et à l'avenir il faudra que vous preniez ses ordres pour celles qu'il pourra y avoir à établir.

ORDONNANCE *du Gouverneur et de l'Ordonnateur du Cap, qui enjoint de faire nétoyer et clorre, sous huitaine, les emplacemens de la même Ville, à peine de réunion.*

Du 5 Septembre 1743.

ORDRE DU ROI, *qui donne à M. le Marquis de Vaudreuil le commandement de tous les Quartiers dépendans du Gouvernement du Cap, sous les ordres du Gouverneur-Général, et de M. de Chastenoye, Lieutenant au Gouvernement-Général, et Gouverneur particulier du Cap.*

Du 13 Septembre 1743.

R. au Conseil du Cap, le......

ORDONNANCE *des Administrateurs, qui, attendu l'accroissement de la Ville du Cap, qui la rend digne de leurs soins pour l'embellir et l'agrandir, accepte les offres de M. de Coudreau, Ingénieur, ou de ses concessionnaires; 1°. de faire les remblais nécessaires pour former neuf Islets de 120 pieds carrés chacun, en deux rangs, en pratiquant quatre rues de 30 pieds de large de l'Est à l'Ouest, et une rue de même largeur Nord et Sud, entre les deux rangs d'Islets; 2°. de former un quai de 90 pieds de large au-devant desdits Islets, lequel sera de bonnes roches, élevé au-dessus de la mer, avec un talus double au moins de sa hauteur; 3°. de prolonger ce quai jusqu'à la batterie circulaire, vis-à-vis le Magasin du Roi; de former un remblai pour une place devant les Casernes, et de faire un Aqueduc en maçonnerie, depuis la voûte du pont de la Ravine jusqu'à la mer, lequel Aqueduc sera couvert de bons madriers avec un lit de terre, de sorte que toute cette partie soit de niveau, et au-dessus des plus hautes eaux; et en exécutant lesdites obligations dans trois années, à compter du premier Janvier 1744, en demeurant toujours chargé de l'entretien du quai, et en réservant au Roi l'un desdits Islets attenant les Casernes; l'Ordonnance accorde à M. de Coudreau ou à ses Concessionnaires, l'exemption pendant trois ans de tous droits sur les Négres employés auxdits travaux; la concession des huit autres Islets, et d'une quantité de terrein telle qu'ils la demanderont, à prendre dans les Mornes qu'ils auront rendus propres à former des emplacemens, avec faculté de vendre ou céder ladite entreprise.*

Du 14 Septembre 1743.

R. à la Subdélégation, le 28.

BREVET de dispense de Parenté pour M. Pillat fils, Conseiller au Conseil du Cap, où son père est Conseiller honoraire, à condition que leurs voix ne compteront que pour une lorsqu'elles seront conformes.

Du 15 Septembre 1743.

R. au Conseil du Cap, le 2 Mars 1744.

ORDONNANCE des Administrateurs, qui fait défenses d'emporter ni Sucres bruts, ni Indigos aux Côtes d'Espagne, Louisbourg, la Louisianne, &c.

Du 25 Septembre 1743.

CHARLES Brunier de Larnage, &c.

Simon-Pierre Maillart, &c.

Étant informés que dans les cargaisons qui se composent dans cette Isle, pour les traites aux côtes d'Espagne, Louisbourg, la Louisianne, &c., on y fait quelquefois entrer des Indigos et même des Sucres bruts, qui n'étant nullement propres au commerce direct desdits pays, ne laissent pas douter que ces denrées ne soient destinées à passer à l'étranger, contre les dispositions des Letres-Patentes en forme d'Edit, de 1727; Nous, pour obvier, en attendant les ordres de Sa Majesté, sur cette matière, à cette sorte de contravention, et ôter tout prétexte à l'erreur sur laquelle plusieurs pourroient être, que le commerce au Sud du pays étant toléré et permis au pays, l'importation des Sucres et Indigos auxdits pays, l'étoit aussi; avons défendu et défendons par ces présentes, à peine de confiscation du bâtiment et de la cargasion, et six mois de prison pour les Capitaines et Armateurs, d'embarquer pour autre pays que pour le Royaume, sous quelque prétexte ni dans quelque quantité que ce soit, ni Sucres bruts, ni Indigos; ordonnons aux Officiers des Amirautés, quand ils trouveront dans les visites de départ qu'ils doivent faire de chacun desdits Bâtimens, de l'une ou de l'autre espèce, d'en dresser aussi-tôt leur procès-verbal, et instruire les procédures pour la confiscation desdits Bâtimens; défendons à tous Capitaines de partir pour les endroits susnommés, sans prendre au bureau des Octrois, un acquit à caution de leur chargement, et sans que la visite de leur cargaison ait été faite, de laquelle visite ils seront à leur retour tenus de représenter l'expédition aux Gouverneurs et Commandans, et aux Officiers des Amirautés où ils aborderont, ainsi que l'acquit à caution visé des Gouverneurs ou Commandans des Colonies Septentrionales, où ils auront fait leur traite; et à défaut de représenter l'expédition dudit procès-verbal de visite, et acquit à caution duement visés, Nous ordonnons que par MM. les Gouverneurs et Commandans, il sera aussi tôt mis une garde à bord, et la confiscation dudit bateau et sa cargaison, poursuivie par les Officiers de l'Amirauté; défendons pareillement, sous les mêmes peines, à tous Capitaines de Bâtimens traiteurs, qui arrivent dans cette Isle, de mouiller dans aucun autre lieu de la côte, que ceux où il y a Etat-Major et Amirauté; ordonnons à ceux qui auront fait leur commerce à l'Isle-Royale, la Louisianne et autres Colonies Françoises, de rapporter outre l'acquit à caution de leur chargement à Saint-Domingue, duement visé des Commandans et Ordonnateurs des lieux, un état encore de leur chargement dans les Colonies où ils auront traité, certifié pareillement ou visé des Commandans et Ordonnateurs des lieux, le tout à peine aussi de confiscation. Sera la présente Ordonnance enregistrée aux Greffes des Conseils Supérieurs de cette Isle, pour être exécutée selon sa forme et teneur. Donné à Léogane, &c.

R. au Conseil du Cap, le 4 Novembre suivant.
Et à celui de Léogane, le 6.

ORDONNANCE DU ROI, qui fait défenses de transporter à Saint-Domingue aucuns Comestibles, Denrées, Bois, &c. de la partie Françoise de l'Isle Saint-Martin, Sainte-Lucie, Saint-Barthelémy, &c.

Du 7 Octobre 1743.

DE PAR LE ROI.

SA MAJESTÉ étant informée qu'il y a des Particuliers qui introduisent des denrées et provisions étrangères dans l'Ise Saint-Domingue, et qui, pour se mettre à l'abri des peines portées par les Ordonnances, pour fait de commerce étranger, prennent des habitans de la Partie Françoise de l'Isle Saint Martin, des espèces de certificats ou permissions, par lesquels on suppose que lesdites denrées et provisions ont été achetées des François établis dans ladit Isle Saint-Martin; et voulant faire cesser des abus si préjudiciables, Sa Majesté a fait et fait très-expresses inhibitions et défenses à toutes personnes, de quelque qualité et condition qu'elles soient, de transporter à Saint-Domingue aucuns Comestibles, Denrées, Bois et autres Provisions et Marchandises, soit de la Partie Françoise de l'Isle Saint-Martin, soit même des Isles Françoises de Sainte-Lucie, Saint-Barthélemy ou les Saintes, sous les peines portées par les Lettres-Patentes du mois d'Octobre 1727, concernant le Commerce étranger; défend pareillement S. M., sous les mêmes peines, et en tant que de besoin, tout transport de Denrées et Marchandises des Isles neutres, comme S. Vincent et la Dominique, en celle de S. Domingue; veut et entend que les mêmes peines soient prononcées pour ceux qui transporteront lesdites Marchandises à l'Isle Saint-Domingue, quand néanmoins ils seroient porteurs de permissions qui leur auroient été accordées par les Commandans dans lesdites Isles Sante-Lucie, Saint-Barthélemy, les Saintes et Saint-Martin, ou de certificats qui leur auroient été délivrés par des François, résidans dans les Isles neutres; ordonne en outre, Sa Majesté, que ceux qui délivreront lesdites permissions ou certificas, soient poursuivis eux mêmes, et punis comme coupables du commerce prohibé; et quant au transport des Denrées et Marchandises entre les Isles la Martinique, la Grenade, Marie-Galante et la Guadaloupe, d'un côté, et Saint-Domingue d'un autre, il ne pourra avoir lieu, sous les mêmes peines, qu'en vertu des permissions qui en seront accordées par les sieurs Gouverneurs-Lieutenans-Généraux et Intendans des Isles du Vent, où des Isles sous le Vent, lesquels seront tenus d'en rendre compte à Sa Majesté, et ne pourront néanmoins en accorder pour le transport des Négres, au préjudice de son Ordonnance du 12 Octobre 1739, laquelle sera exécutée selon sa forme et teneur. Mande et ordonne, Sa Majesté, auxdits sieurs Gouverneurs-Lieutenans-Généraux et Intendans des Isles du Vent et sous le Vent, de tenir la main chacun en droit soi, à l'exécution de la présente Ordonnance, à laquelle tous Juges seront tenus de se conformer, et qui sera enregistrée, lûe, publiée et affichée par-tout où besoin sera. Fait à Versailles, &c.

R. au Conseil du Cap, le 2 Mars 1744.

ORDONNANCES *des Administrateurs, touchant la distribution des Eaux de la Rivière Blanche, dans la dépendance de la Paroisse de la Croix-des-Bouquets.*

Des 9 Octobre 1743, 3 Octobre 1746, et 29 Avril 1750.

Par la premiere de ces Ordonnances, rendue sur la demande de plusieurs Habitans, il fut ordonné que, par les sieurs Guillot et du Colombier, il seroit dressé un projet de distribution des eaux de la Rivière Blanche.

Cette opération fut faite le 20 *Septembre* 1746; *elle indiquoit* 1440 *pouces d'eau, à partager entre* 30 *Habitans, suivant la quantité et la qualité des terres de chacun d'eux.*

Alors la seconde Ordonnance, du 3 *Octobre* 1746, *rendue contradictoirement avec tous les Intéressés, homologua le marché passé entre les Syndics desdits Intéressés, et les sieurs Guillot et du Colombier; ordonna en conséquence que l'écluse de l'Est seroit de* 5 *pieds de largeur sur toute la hauteur de l'eau, et celle de l'Ouest de* 3 *pieds moins* 5 *lignes, et confirma la répartition faite par lesdits sieurs Guillot et du Colombier.*

M. le Marquis de Vaudreuil ayant acheté le terrein Aubry, concédé pour hatte, desira le mettre en culture, et le faire colloquer en conséquence dans la distribution de l'eau, dont ce terrein n'avoit obtenu originairement que 10 *pouces. Il donna donc sa Requête aux Administrateurs, qui ordonnèrent, le* 12 *Avril* 1750, *que cette demande seroit communiquée aux Syndics et voisins, pour dire si le dommage que la hatte pouvoit causer, étant au milieu de leurs établissemens, n'étoit pas plus grand que celui résultant de l'aug-*

mentation d'eau demandée pour la mettre en culture ; et d'après le consentement des Intéressés, *Ordonnance du 29 Avril 1750, colloque M. le Marquis de Vaudreuil pour une portion d'eau proportionnée aux besoins du terrein destiné à être cultivé.*

Un Jugement du Tribunal-Terrier, rendu en 1775, en accueillant l'opposition des Intéressés, *a rejeté une demande pour la collocation d'une habitation à l'eau de la Rivière Blanche.*

ORDONNANCE *des Administrateurs, touchant le Baptême des Enfans.*

Du 11 Octobre 1743.

CHARLES Brunier, Marquis de Larnage, &c.

Simon-Pierre Maillart, &c.

Étant informés qu'au mépris des Ordonnances et des maximes les plus saintes, plusieurs personnes négligent de faire administrer les cérémonies du baptême à leurs enfans, Nous avons cru nécessaire d'y pourvoir, et d'obliger, par la crainte de quelque peine pécuniaire, ceux que le respect dû aux Loix Divines et Humaines, ne peut déterminer à remplir une obligation si intéressante : dans ces circonstances, Nous ordonnons que faute par les péres et méres, par les tuteurs et autres, qui sont chargés de la personne d'enfans non baptisés, de les faire porter à l'église paroissiale du lieu où il sont résidans, dans les quarante jours de leur naissance, pour leur être administré ou suppléé les cérémonies du baptême, et pour ceux qui, quoique plus âgés, ne sont point encore baptisés, et ce, dans la quinzaine de l'enregistrement et publication de cette Ordonnance, lesdits péres et méres, ou autres, qui sont chargés de la personne desdits enfans non baptisés, seront condamnés à 50 liv. d'amende, applicable à la fabrique desdites Paroisses, pour la condamnation de laquelle ils seront poursuivis devant le Juge ordinaire, à la requête des Marguilliers, sur le simple certificat du Curé, et seront lesdits contrevenans contraints, même par corps, au payement de cette amende ; prions MM. les Officiers des Conseils Supérieurs, de tenir la main à l'exécution de la présente Ordonnance, qui sera enregistrée aux Greffe desdits Conseils Supérieurs, et par-tout où besoin sera. Donné au Petit-Goave, &c.

R. au Conseil du Cap, le 4 Novembre suivant.

Et à celui de Léogane, le 14 du même mois.

ORDONNANCE

ORDONNANCE des Administrateurs, touchant les emplacemens vides au Cap.

Du 19 Octobre 1743.

CHARLES Brunier, Marquis de Larnage, &c.

Et Simon-Pierre Maillart, &c.

Les Réglemens portant, ainsi que le titre même des Concessions, que les Concessionnaires et autres propriétaires des Emplacemens des Villes, feront construire, dans l'année, sur les Emplacemens, des Magasins proportionnés à la grandeur desdits Emplacemens, il s'ensuit nécessairement que ces propriétaires sont obligés d'entretenir et faire rebâtir lesdits Magasins, si par quelque accident ils viennent à être détruits; cependant Nous sommes informés que nonobstant des Loix si connues, dont l'observation est si importante, et qui doivent être regardées comme des conditions sans lesquelles ces terreins, devenus par la suite si précieux, n'eussent point été accordés à titre purement gratuit, il se trouve dans la ville du Cap, une quantité considérable d'Emplacemens, sur lesquels il n'y a aucun bâtiment, et qui même, n'étant point entourés, deviennent le réceptacle de toutes sortes d'immondices, ce qui n'est pas moins contraire à la salubrité de l'air et à la santé des habitans de cette Ville, qu'à sa décoration, et à la facilité d'y trouver des logemens commodes et à un prix raisonnable; Nous avons cru nécessaire d'y pourvoir, en rappelant des dispositions qui ne doivent être ignorées de personne, et à l'exécution desquelles Nous sommes résolus de veiller avec la plus grande attention.

ART. I. Tout Concessionnaire ou autre Propriétaire d'Emplacemens dans la ville du Cap, qui n'aura point fait bâtir avant la présente Ordonnance, sur le terrein à lui concédé il y a plus d'un an, sera déchu de tous droits sur ce terrein, qui sera réuni au Domaine de Sa Majesté, si dans les trois mois de cette Ordonnance il ne fait élever un Magasin sur lesdits Emplacemens, et dans l'année au parfait les bâtimens convenables auxdits Emplacemens; et à l'égard de ceux accordés dans le marécage, seront tenus les Concessionnaires, dans six mois pour tout délai, de combler lesdits terreins, et dans l'année, d'y construire un Magasin, le tout à peine de réunion.

Art. II. Les Propriétaires ou Détenteurs d'Emplacemens de ladite Ville, autrefois concédés, sur lesquels il y a eu des Bâtimens qui, par vétusté ou par quelque accident, ont été détruits, seront tenus dans les six mois de la présente Odonnance, de les faire entourer d'une manière solide, et dans les huit mois, d'élever de nouveaux Magasins sur lesdits terreins, faute de quoi ils seront de droit réunis au Domaine de Sa Majesté, sans qu'il soit besoin d'aucune formalité, et nonobstant tout privilége de minorité et autre.

Art. III. Les tuteurs et autres administrateurs qui ne se seront pas, dans le tems prescrit, conformé à la présente Ordonnance, ou faute de le pouvoir, n'auront pas vendu et disposé des Emplacemens avec les formalités prescrites, seront responsables en leur propre et privé nom, de la perte que souffriront les mineurs, ou ceux dont les biens leur sont confiés.

Art. IV. Prions MM. les Officiers du Conseil Supérieur du Cap, de tenir la main à l'exécution de la présente Ordonnance, qui sera enregistrée par-tout où besoin sera, et à notre Greffe de l'Intendance. Donné au Petit-Goave, &c.

R. au Conseil du Cap, le 4 Novembre suivant.

Arrêt du Conseil d'Etat, qui annulle celui du Conseil Supérieur du Cap, au sujet des examens des Pourvus d'offices de Judicature, &c. et ordonne que tous Arrêts et Réglemens, autres que pour les Jugemens des Procès, ne pourront avoir d'exécution qu'après qu'ils auront été approuvés par Sa Majesté.

Du 20 Octobre 1743.

Le Roi s'étant fait représenter en son Conseil, l'Arrêt rendu en forme de Réglement, par le Conseil Supérieur du Cap, Isle Saint-Domingue, le 7 Mai 1742, par lequel ledit Conseil Supérieur auroit ordonné qu'à l'avenir, aucun ne seroit reçu à l'Office de Conseiller en icelui, ni à autres charges de Judicature, qu'il n'eût été auparavant examiné par ledit Conseil duement assemblé, tant sur les Ordonnance du Roi, que sur la coutume, et ensuite délibéré si ledit Pourvu seroit capable et suffisant pour ledit Office exercer; Sa Majesté auroit reconnu que ledit

Conseil Supérieur n'est pas compétent pour faire un Réglement semblable, et qu'il a excédé en cela le pouvoir qui lui est attribué ; et Sa Majesté voulant expliquer ses intentions sur ce sujet ; vu ledit Réglement, ouï le rapport et tout considéré : LE ROI étant en son Conseil, a déclaré nul et de nul effet ledit Arrêt en forme de Réglement, rendu audit Conseil du Cap, ledit jour 7 Mai 1742 ; veut et entend Sa Majesté que, jusqu'à ce qu'il en ait été par Elle ordonné autrement, il ne soit rien changé à ce qui s'est pratiqué avant ledit Réglement, pour la réception des Conseillers et Assesseurs audit Conseil Supérieur, et des Officiers des Jurisdictions de son ressort ; fait au surplus, Sa Majesté, défenses audit Conseil de s'immiscer dans la connoissance des matières qui ne sont pas de sa compétence, et ordonne que tous Arrêts et Réglemens qui pourront y être rendus, autres que pour le jugement des procès qui y seront pendans, ne pourront avoir d'exécution qu'après que, par les sieurs Gouverneur Lieutenant-Général et Intendant, ils auront été envoyés au Secrétaire d'État ayant le Département de la Marine, et approuvés de Sa Majesté sur le compte qui lui en sera rendu ; et sera le présent Arrêt enregistré au Greffe dudit Conseil Supérieur. Fait au Conseil d'État, &c.

R. au Conseil du Cap, le 2 Mars 1744.

ORDONNANCE *du Gouverneur et de l'Ordonnateur du Cap, qui enjoint d'enlever dans huitaine de dessus le Quai, les Chaudières et autres ustensiles qui l'embarassent, à peine de 150 liv. d'amende, et même de confiscation desdits objets, au profit de la Maison de Providence, en cas qu'ils ne soient pas réclamés.*

Du 22 Octobre 1743.

R. à la Subdélégation, le 25.

DÉCLARATION DU Roi, concernant les Ordres Religieux et Gens de main-morte, établis aux Colonies Françoises de l'Amérique.

Du 25 Novembre 1743.

LOUIS, &c. Salut. Les progrès de la Religion ont fait toujours le principal objet des soins que les Rois nos prédécesseurs ont pris, et des dépenses qu'ils ont faites pour l'établissement des Colonies de l'Amérique, et c'est dans cette vue qu'ils ont cru ne pouvoir accorder trop de priviléges à ceux qui se sont destinés à y porter les lumières de la foi. Depuis notre avénement à la Couronne, Nous n'avons rien épargné pour soutenir et animer le zèle des Communautés Ecclésiastiques et des Ordres Réligieux établis dans ces Colonies, et Nous avons la satisfaction de voir que nos sujets y trouvent, pour la Religion, tous les secours qu'ils pourroient espérer au milieu de notre Royaume; mais d'un autre côté, l'usage que ces Communautés et ces Ordres Religieux ont su faire dans tous les tems de leurs priviléges et exemptions, leur ayant donné lieu d'acquérir des fonds considérables, le feu Roi, notre très-honoré Seigneur et bisayeul, jugea qu'il étoit nécessaire d'y mettre des bornes il régla en l'année 1703, que chacun des Ordres Religieux établis dans les Isles, ne pourroit étendre ses habitations au-delà de ce qu'il faudroit de terre pour employer cent Négres, et ce Réglement n'ayant pas eu son exécution, Nous ordonnâmes, par nos Lettres-Patentes du mois d'Août 1721, qu'ils ne pourroient à l'avenir faire aucune acquisition, soit de terres ou de maisons, sans notre permission expresse et par écrit, à peine de réunion à notre Domaine. L'état actuel de toutes nos Colonies, exige de Nous des dispositions encore plus étendues sur cette matière; quelque faveur que puissent mériter les établissemens fondés sur des motifs de Religion et de charité, il est tems que nous prenions des précautions efficaces pour empêcher qu'il ne puisse non-seulement s'y en former de nouveaux sans notre permission, mais encore pour que ceux qui y sont autorisés, ne multiplient des acquisitions qui mettent hors du commerce, une partie considérable des fonds et domaines de nos Colonies, et ne peuvent être regardées que comme contraires au bien commun de la société; c'est à quoi Nous avons résolu de pourvoir par une loi précise, en réservant néanmoins aux Communautés et gens de main-morte, déjà établis dans nos Colonies, la faculté d'acquérir des rentes constituées d'une certaine nature, dont la jouissance leur sera souvent plus avantageuse, et toujours plus convenable à l'intérêt public, que celles des domaines qu'ils pourroient ajouter à leurs possessions : A ces causes, Nous avons ordonné et déclaré ce qui suit :

ART. I. Voulons, conformément aux Ordonnances rendues et aux Réglemens faits pour l'intérieur de notre Royaume, qu'il ne puisse être fait dans nos Colonies de l'Amérique, aucune fondation ou nouvel établissement de Maisons ou Communautés Religieuses, Hôpitaux, Hospices, Confréries, Congrégations, Colléges, ou autres Corps et Communautés Ecclésiastiques ou Laïques, si ce n'est en vertu de notre permission expresse, portée par nos Lettres-Patentes, enregistrées en nos Conseils Supérieurs desdites Colonies, en la forme qui sera prescrite ci-après.

ART. II. Défendons de faire aucunes dispositions par acte de dernière volonté, pour fonder un nouvel établissement de qualité de ceux qui sont mentionnés dans l'article précédent, ou au profit des personnes qui seroient chargées de former ledit établissement, le tout à peine de nullité ; ce qui sera observé, quand même la disposition seroit faite à la charge d'obtenir nos Lettres-Patentes.

ART. III. Ceux qui voudront faire une fondation ou établissement de ladite qualité par des actes entre-vifs, seront tenus, avant toutes choses, de présenter aux Gouverneurs Lieutenans-Généraux pour Nous, et Intendans, ou aux Gouverneurs particuliers ou Ordonnateurs desdites Colonies, le projet de l'acte par lequel ils auront intention de faire ladite fondation ou ledit établissement, pour, sur le compte qui Nous en sera rendu, en obtenir la permission par nos Lettres-Patentes, lesquelles ne pourront être expédiées, s'il Nous plaît de les accorder, qu'avec la clause expresse qu'il ne pourra être fait aucune addition, ni autre changement audit projet, lorsqu'après l'enregistrement desdites Lettres en nos Conseils Supérieurs, l'acte proposé pour faire ledit établissement, sera passé dans les formes requises pour la validité des contrats ou des donations entre-vifs.

ART. IV. Déclarons que Nous n'accorderons aucunes Lettres-Patentes, pour permettre une nouvelle fondation ou établissement, qu'après Nous être fait rendre compte de l'objet de l'utilité dudit établissement, ainsi que de la nature, valeur et utilité des biens destinés à le doter, et après avoir pris l'avis desdits Gouverneurs Lieutenans-Généraux pour Nous, et Intendans, ou desdits Gouverneurs particuliers et Ordonnateurs, et même le consentement des Communautés ou Hôpitaux déjà établis dans la

Colonie où ladite fondation sera projetée, et des autres parties qui pourroient y avoir intérêt.

Art. V. Il sera fait mention expresse dans lesdites Lettres, des biens destinés à la dotation dudit établissement, et il ne pourra y être ajouté aucun autre, soit par dotation, acquisition ou autrement, sans obtenir nos Lettres de permission, ainsi qu'il sera dit ci-après, ce qui aura lieu nonobstant toutes clauses ou dispositions générales insérées dans lesdites Lettres-Patentes, par lesquelles ceux qui les auront obtenues, auroient été capables de posséder des biens-fonds indistinctement.

Art. VI. Voulons que lesdites Lettres-Patentes soient communiquées à nos Procureurs-Généraux auxdits Conseils Supérieurs, pour être par eux fait telles réquisitions, ou pris telles conclusions qu'ils jugeront à propos, et qu'elles ne puissent être enregistrées qu'après qu'il aura été informé, à la Requête de nosdits Procureurs-Généraux, de la commodité ou incommodité de la fondation ou établissement, et qu'il aura été donné communication desdites Lettres aux Communautés ou Hôpitaux déjà établis dans la Colonie où l'établissement sera projeté, et autres parties qui pourront y avoir intérêt; le tout à peine de nullité de l'enregistrement desdites Lettres, en cas d'omission desdites formalités.

Art. VII. Ceux qui voudront former opposition à l'enregistrement desdites Lettres, pourront le faire en tout état de cause, avant l'Arrêt d'enregistrement, et même après ledit Arrêt, s'ils n'ont pas été appelés auparavant; et seront toutes les oppositions communiquées à nosdits Procureurs-Généraux, pour y être, sur leurs conclusions, statué par nosdits Conseils Supérieurs, ainsi qu'il appartiendra.

Art. VIII. Nosdits Conseils Supérieurs ne pourront procéder à l'enregistrement desdites Lettres, ni statuer sur les oppositions qui seront formées audit enregistrement, que lorsque les Gouverneurs Lieutenans-Généraux pour Nous, et Intendans, ou les Gouverneurs particuliers et Ordonnateurs y seront présens, à peine de nullité des Arrêts qui pourroient sur ce être rendus en l'absence desdits Officiers.

Art. IX Déclarons nuls tous les établissemens de la qualité marquée à l'article premier, qui n'auront pas été autorisés par nos Lettres-Patentes enregistrées en nosdits Conseils Supérieurs; comme aussi toutes dispositions et actes faits en leur faveur, directement ou indirectement, et ce nonobstant toutes prescriptions, et tous consentemens exprès ou tacites qui pourroient avoir été donnés à l'exécution desdites dispositions, ou actes par les parties intéressées, leurs héritiers ou ayans-causes; Nous réservant néanmoins, à l'égard des établissemens qui subsistent paisiblement, et sans aucune demande formée avant la présente Déclaration, pour les faire déclarer nuls, d'y pourvoir ainsi qu'il appartiendra, après que Nous nous serons fait rendre compte de l'objet et qualité desdits établissemens.

Art. X. Faisons défenses à toutes les Communautés Religieuses, et autres gens de main-morte établis dans nosdites Colonies, d'acquérir ni posséder aucuns biens, immeubles, habitations, maisons ou héritages situés auxdites Colonies, ou dans notre Royaume, de quelque nature ou qualité qu'ils puissent être, si ce n'est en vertu de notre permission expresse portée par nos Lettres-Patentes, enregistrées en la forme prescrite ci-après dans nosdits Conseils Supérieurs, pour les biens situés aux Colonies, et dans nos Cours de Parlement, pour les biens situés dans notre Royaume, ce qui aura lieu à quelque titre que lesdites Communautés ou Gens de main-morte prétendent faire l'acquisition desdits biens, soit par vente volontaire ou forcée, échange, donation, cession ou transport, même en paiement de ce qui leur seroit dû, et en général pour quelque cause gratuite ou onéreuse que ce puisse être; voulons que la présente disposition soit observée, nonobstant toutes clauses ou dispositions générales qui auroient été insérées dans les Lettres-Patentes ci-devant obtenues, pour autoriser et permettre l'établissement desdites Communautés, par lesquelles elles auroient été déclarées capables de posséder des biens-fonds indistinctement.

Art. XI. La disposition de l'article précédent aura lieu pour les rentes foncières, ou autres rentes non rachetables, même pour les rentes rachetables, lorsqu'elles seront constituées sur des particuliers, et ce encore que les deniers provinssent de remboursement de capitaux d'anciennes rentes.

Art. XII. N'entendons comprendre dans la disposition des deux articles précédens, les rentes constituées sur Nous ou sur le Clergé de notre Royaume; permettons même auxdites Communautés, d'acquérir lesdites rentes en vertu des présentes, sans qu'elles ayent besoin d'autres Lettres de permission à cet effet.

Art. XIII. Lesdites Lettres de permission ne seront par Nous accordées qu'après Nous être fait rendre compte de la nature, valeur et qualité des biens que lesdites Communautés et Gens de main-morte voudront acquérir, et de l'utilité ou des inconvéniens de la permission qu'ils Nous en demanderont.

Art. XIV. Les régles et formes prescrites par l'article VI. ci-dessus, au sujet de l'enregistrement de nos Lettres portant permission de faire une fondation ou établissement, seront pareillement observées par rapport à l'enregistrement de celles qui autoriseront lesdites Communautés ou Gens de main-morte à acquérir ou posséder lesdits biens, et sous la même peine de nullité, à la réserve néanmoins de l'obligation de communiquer lesdites Lettres auxdites Communautés ou Hôpitaux établis dans la même Colonie, laquelle formalité il ne sera pas nécessaire de remplir à l'égard desdites Lettres de permission.

Art. XV. La disposition de l'article ci-dessus, sera observée par rapport aux oppositions qui pourront être formées à l'enregistrement desdites Lettres de permission.

Art. XVI. Nosdits Conseils Supérieurs se conformeront pareillement à la disposition de l'article VIII, par rapport aux Arrêts qu'ils auront à rendre, tant pour l'enregistrement desdites Lettres, que sur les oppositions qui pourront être formées audit enregistrement, et ce sous la même peine de nullité.

Art. XVII. Lesdites Communautés et Gens de main-morte, qui auront obtenu et fait enregistrer lesdites Lettres, seront tenus, dans six mois pour tout délai, après l'Arrêt d'enregistrement, de prendre possession des biens-fonds y énoncés, en observant les formalités en tel cas requises et accoutumées, sinon elles demeureront déchues de l'effet desdites Lettres et Arrêts.

Art. XVIII. Défendons à tous Notaires et autres Officiers, de passer ou recevoir au profit desdites Communautés et Gens de main-morte, aucun contrat de vente, échange, donation, cession, transport ou acte de prise de possession desdits biens, comme aussi aucun contrat de création de rente foncière, ou de constitution sur des particuliers, qu'après qu'il leur aura apparu de nosdites Lettres de permission et Arrêts d'enregistrement d'icelles, desquelles Lettres et Arrêts il sera fait mention expresse dans lesdits contrats et actes, à peine de nullité, même d'interdiction, et des dommages et intérêts des parties, s'il y échoit, et en outre d'une amende qui sera arbitrée suivant l'exigence des cas, et applicable moitié au Dénonciateur, et moitié à Nous.

Art. XIX. Défendons à toutes personnes de prêter leur nom auxdites Communautés et Gens de main morte, pour posséder aucun desdits biens, à peine de 10,000 liv. d'amende, laquelle sera appliquée ainsi qu'il est porté par l'article précédent.

Art. XX. Voulons qu'aucuns desdits biens ne puissent être donnés auxdites Communautés et Gens de main morte, par des dispositions de dernière volonté; et entendons comprendre dans la présente prohibition, les

les Négres-Esclaves qui servent à exploiter les habitations, lesquels, à cet égard, ne pourront être réputés meubles, et seront regardés comme faisant partie desdites habitations ; et sera la disposition du présent article exécutée, quand même le Testateur, au lieu de laisser auxdites Communautés et Gens de main-morte, directement lesdits biens et Négres-Esclaves, auroit ordonné qu'ils seroient vendus, et que le prix leur en seroit remis, le tout à peine de nullité.

ART. XXI. Tout le contenu en la présente Déclaration, sera observé, à peine de nullité de tous contrats, ou autres actes qui seroient faits sans avoir satisfait aux conditions et formalités qui y sont prescrites, même à peine d'être, lesdites Communautés, déchues de toutes demandes en restitution des sommes par elles constituées sur des particuliers, ou payées pour les prix des biens qu'elles acquéreroient sans nos lettres de permission ; voulons en conséquence que les héritiers ou ayans-causes de ceux à qui lesdits biens appartenoient, même leurs enfans ou autres héritiers présomptifs de leur vivant, soient admis à y rentrer, nonobstant toute prescription, et tous consentemens exprès ou tacites qui pourroient leur êtres opposés.

ART. XXII. Et pour prévenir l'effet de la négligence, ou autres causes, qui pourroient empêcher lesdites parties d'user de la faculté qui leur est accordée par l'article précédent, voulons que, faute par elles de former, dans les délais de six mois, leurs demandes afin de rentrer dans lesdits biens, il soit procédé à la réunion d'iceux à notre domaine, par les Gouverneurs Lieutenans-Généraux pour Nous, et Intendans, ou par les Gouverneurs particuliers et Ordonnateurs, à la requête de nos Procureurs des Jurisdictions dans le ressort desquelles lesdits biens seront situés, pour ensuite la vente en être faite au plus offrant et dernier enchérisseur, sur les adjudications qui en seront faites par les Intendans ou Commissaires-Ordonnateurs, et le prix en provenant être employé aux fortifications et autres ouvrages publics desdites Colonies, suivant les ordres que Nous en donnerons ; à l'égard des rentes foncières et des rentes non-rachetables, qui seroient constituées en contravention à la présente Déclaration, elles seront confisquées à notre profit ; comme aussi les rentes rachetables et leurs principaux, lorsqu'elles seront constituées sur des particuliers, pour le tout être par Nous appliqué aux fortifications, ou autres ouvrages publics.

ART. XXIII. Confirmons au surplus et maintenons lesdites Communautés dans tous les droits, priviléges et exemptions qui leur ont été ci-devant accordés par les Rois nos prédécesseurs et par Nous, en ce qui n'y est dérogé par ces présentes. Si donnons en mandement à nos amés et féaux les Gens tenans nos Conseils Supérieurs au Cap et à Léogane, que ces présentes ils ayent à faire lire, publier et registrer, &c.

R. au Conseil de Léogane, le 7 Mars 1744.
Et à celui du Cap, le 9 Mai suivant.

ORDRE DU ROI, *portant établissement d'une Majorité au Cap Dame-Marie, et fixation de l'étendue et des limites de cette Majorité.*

Du premier Décembre 1743.

SA MAJESTÉ ayant jugé convenable pour son service, d'établir un Major au Cap Dame-Marie, Elle a ordonné et ordonne que ladite Majorité ait pour limites du côté du Nord, celles qui séparent le Quartier de la Grande-Anse d'avec celui de Nippes, et qu'elle s'étende vers l'Ouest et vers le Sud, jusqu'au Quartier des Aigrettes, inclusivement; à l'effet de quoi, les Quartiers compris dans ladite étendue, seront et demeureront détachés de toutes autres Majorités. Mande, &c.

ORDONNANCE *des Administrateurs, portant confiscation de deux Négres et six Négresses non portés sur le Recensement d'un Habitant de Nippes, et conversion de ladite confiscation, sans tirer à conséquence, en une amende de 600 liv., dont moitié applicable au Trésor, et l'autre moitié à la caisse des deniers publics.*

Du 5 Décembre 1743.

ARRÊT *du Conseil du Cap, qui ordonne que, par la caisse des Droits suppliciés, il sera payé 5000 liv. pour solde de celle de 13,000 liv., montant de l'armement de la Maréchaussée acheté en France.*

Du 7 Décembre 1743.

ARRÊT du Conseil du Cap, touchant les cautions des Receveurs de l'Octroi.

Du 9 Décembre 1743.

VU par le Conseil, la remontrance à lui faite par le Procureur-Général du Roi, contenant que, depuis l'Arrêt rendu le 6 Décembre 1742, il ne s'étoit point présenté de Sujets capables pour demander les recettes de l'Octroi de ce ressort, dont l'exercice doit commencer au premier Janvier prochain. LEDIT CONSEIL ayant égard à la remontrance du Procureur-Général du Roi, et à la lettre de MM. les Général et Intendant, du 30 Octobre dernier, a ordonné et ordonne que la caution qui sera fournie par le Receveur des droits de l'Octroi du Cap, pour sûreté du maniement qu'il fera des deniers de sa recette, demeurera fixée à la somme de 50,000 liv.; et celles des Receveurs du Port-de-Paix et du Fort-Dauphin, à la somme de 10,000 liv. pour chacune desdites cautions; ordonne que le présent Arrêt sera envoyé ès-Jurisdictions du ressort dudit Conseil, pour y être enregistré, lu et publié où besoin sera, &c.

ARRÊT du Conseil d'Etat, qui commet M. le Comte de Maurepas, Ministre de la Marine, pour acquérir au nom de Sa Majesté deux habitations nommées la Plaine Saint-Louis et Bricourt, dépendantes de la succession de M. le Maréchal-Duc d'Estrées, moyennant 60,000 l. pour être lesdits terreins réunis au Domaine du Roi.

Du 26 Décembre 1743.

ORDONNANCE des Administrateurs, qui, d'après les fréquens accidens arrivés par le feu aux Navires de la Rade du Cap, ordonne, d'après l'autorisation de Sa Majesté, à tous Capitaines de faire transporter, dans les trois premiers jours de leur arrivée, leurs poudres dans la Poudrière du Roi, pour les reprendre dans les trois derniers jours avant leur départ, à la charge de payer au Garde-Magasin 30 ſ. par barril de cent livres.

Du premier Février 1744.

R. au Greffe de l'Intendance, le même jour.

ARRÊT du Conseil d'Etat, portant Réglement sur le Commerce des Colonies Françoises de l'Amérique.

Du premier Mai 1744.

LE ROI étant informé que, malgré les Réglemens qui ont été faits en différens tems sur le commerce des Colonies Françoises de l'Amérique, il se commet des fraudes qui y sont très préjudiciables, tant par rapport aux denrées que les Navires marchands du Royaume portent en ces Colonies, qu'à l'égard des denrées qu'ils y prennent pour leur retour en France; Sa Majesté a estimé nécessaire d'y pourvoir, par des dispositions qui puissent rétablir la régle et la bonne-foi dans ce commerce : Oui le rapport, LE ROI étant en son Conseil, a ordonné et ordonne ce qui suit :

ART. I. Les barrils de farine destinés pour les Colonies, ne pourront être au-dessous de 180 livres net, poids de marc, et la tare sera marquée sur chaque barril, en conformité de l'article V. de l'Arrêt du Conseil d'Etat, portant Réglement pour les farines qui s'envoient dans les Colonies, du premier Février 1720, lequel Arrêt sera au surplus exécuté selon sa forme et teneur.

ART. II. Les barrils de bœuf salé qui seront transportés aux Colonies, contiendront pareillement 180 livres net de viande non désossée, à peine contre les Capitaines de tenir compte aux acheteurs, de la quantité de viande qui se trouvera de moins, par proportion au prix de la vente;

et dans le cas où il se trouvera des barrils qui ne contiendront que des jarrets, pieds, têtes, cols et autres pièces de rebut, ils seront tenus de les reprendre, ou de convenir de gré à gré avec les acheteurs, ou par arbitres, du prix que lesdits barrils pourront valoir, sinon ils y seront contraints par les Juges de l'Amirauté, pardevant lesquels lesdits acheteurs se pourvoiront.

Art. III. Les ancres de lard contiendront au moins 70 livres de viande net, à peine de confiscation, et de 20 liv. d'amende pour chaque barril qui se trouvera en contenir moins.

Art. IV. Les barriques de vin de Bordeaux, qui doivent contenir 32 veltes faisant 110 pots mesure de ladite Ville, suivant les Réglemens faits à ce sujet, seront réputées bonnes et marchandes, lorsque dans les Colonies elles contiendront 30 veltes faisant 103 pots de Bordeaux, les tierçons et demi-barriques à proportion. Les barriques de vin de Provence, Languedoc ou autres Provinces du Royaume, seront également réputées bonnes et marchandes, lorsque la diminution n'excédera pas un seizième de la jauge de chaque Province ou Ville d'où elles seront venues; et lorsque les unes ou les autres ne se trouveront pas contenir les quantités ci dessus fixées, elles seront confisquées, et les Capitaines condamnés en 50 liv. d'amende pour chaque barrique, sauf leur recours contre les Armateurs.

Art. V. Les barillages des eaux-de-vie qui seront destinées pour les Colonies, ne seront plus arbitraires; et lesdites eaux-de-vie ne pourront être transportées qu'en demi-barriques, ancres et demi-ancres, qui contiendront la jauge de chacune des Provinces d'où elles viendront, à deux pots près au-dessus ou au-dessous, et les ancres et demi-ancres à proportion; à peine de confiscation, et de 100 liv. d'amende par demi-barrique, et à proportion pour les ancres et demi-ancres.

Art. VI. Il y aura au Greffe de chaque Jurisdiction dans les Colonies, des jauges et matrices des mesures de chacune desdites Provinces, pour y avoir recours en cas de besoin; et il sera établi un jaugeur juré, dont l'office sera joint à celui de l'étalonneur, dont l'établissement sera ordonné ci-après.

Art. VII. Fait Sa Majesté très-expresses inhibitions et défenses à tout Habitant, Procureur ou Econome dans les Isles Françoises, de livrer aucune barrique de sucre blanc et teste, qui soit déguisée ou falsifiée, soit en mettant du beau sucre dans les deux bouts, et du mauvais et même du sable dans le milieu, ou de quelque façon que ce soit, à peine de 3,000 liv. d'amende pour chaque barrique, et de confiscation d'icelle.

Art. VIII. Défend pareillement Sa Majesté à tous Habitans sucriers, de mêler dans leurs sucres bruts, des sirops et melasses, d'enfermer lesdits sucres trop froids, et d'avoir moins de trois trous à leurs barriques ; à peine contre ceux qui seront convaincus de contravention à cet égard, de confiscation des sucres, et de 100 liv. d'amende.

Art. IX. Ordonne Sa Majesté que ceux qui n'auront que des sucres inférieurs et de qualité médiocre, à livrer en paiement de ce qu'ils doivent, ne pourront prétendre ni exiger le même prix auquel les beaux sucres seront vendus, mais seulement celui qui, en cas de contestation, sera réglé par des arbitres choisis par chacune des parties, ou nommés d'office faute par elles d'en convenir.

Art. X. Défend à tous Habitans desdites Isles, de faire des barriques de sucre au-delà de mille livres, y compris la tare, à peine de 50 livres d'amende pour chaque barrique de plus grand poids ; et lorsque les Capitaines auront été obligés d'en recevoir en paiement, ou qu'il leur en aura été envoyé pour charger à fret, ils seront tenus d'en avertir le Procureur du Roi de l'Amirauté, afin qu'il poursuive la condamnation de ladite amende, à peine contre les Capitaines de semblable condamnation contre eux-mêmes.

Art. XI. Les douelles et les fonds des barriques de sucre seront d'une épaisseur égale et proportionnée, à peine contre l'habitant convaincu d'en avoir livré, dont les barriques et les fonds se trouveront d'une épaisseur extraordinaire, de 50 liv. d'amende par barrique ainsi surchargée de bois, et d'être tenu de la réfraction envers le marchand.

Art. XII. Toutes les barriques de sucre seront marquées sur une des douelles et les deux fonds, de l'étampe à feu de l'Habitant, à peine de 50 liv. d'amende ; et les Capitaines seront tenus d'avertir les Officiers de l'Amirauté, des barriques non marquées qui leur auront été données, soit en paiement ou à fret, afin de faire prononcer ladite amende, et marquer lesdites barriques, à peine contre les Capitaines de répondre en leur propre et privé nom, et sans recours contre l'Habitant, du sucre qui se trouvera vicié dans les barriques non marquées.

Art. XIII. Les balles de coton desdites Colonies, ne pourront être faites au-dessus du poids de 300 livres ; et elles seront marqués suivant qu'il est prescrit par les Arrêts du Conseil des 20 Décembre 1729 et 16 Décembre 1738, lesquels seront exécutés selon leur forme et teneur.

Art. XIV. Il sera incessamment établi dans chacune des Jurisdictions des Colonies où il n'y en aura pas, un Etalonneur et jaugeur juré, qui aura commission du Gouverneur Lieutenant-Général et de l'Intendant, enregistrée dans les Jurisdictions, auquel, un mois après la publication du présent Arrêt, et successivement pendant les deux derniers mois de chaque année, tous les Habitans, Négocians et autres, ayant chez eux des poids, seront tenus de les faire porter, pour être vérifiés et rechargés.

ART. XV. L'étalonneur sera tenu d'avoir un Registre exact, qui sera coté et paraphé par le Juge des lieux, et contiendra le nom de chacun des Habitans dont il aura vérifié les poids et marqué du poinçon; et immédiatement après le délai des deux mois expiré, il fera au commencement de chaque année viser son Registre par le Procureur du Roi, lequel ordonnera le transport de l'Etalonneur chez l'Habitant qui n'aura pas fait vérifier ses poids, pour y faire ladite vérification, le tout aux frais dudit Habitant, lesquels seront taxés par les Juges des lieux, suivant l'éloignement des habitations, et ledit Habitant sera en outre condamné à 50 liv. d'amende.

ART. XVI. Dans les Bourgs où il y aura Jurisdiction et un Etalonneur, et où les Navires de France vont faire leur commerce, il sera établi des Magasins publics dont les Gardes-Magasins auront des fléaux, des balances et des poids vérifiés par l'Etalonneur, pour constater dans le besoin, la pesanteur de tous les barrillages, tant des denrées de France, que de celles des Colonies, sur lesquelles il pourroit y avoir contestation.

ART. XVII. Les Registres et Procès-verbaux des Etalonneurs et Jaugeurs-Jurés, feront foi en Justice, conformément aux Ordonnances de S. M., et notamment aux Edits des mois de Janvier 1707, et Décembre 1708. Lesdits Etalonneurs et Jaugeurs jouiront des priviléges et exemptions attachés audit office; et il sera fait par les Gouverneurs Lieutenans-Généraux et Intendans, un tarif uniforme dans toutes le Jurisdictions, des salaires qui leur seront dûs, tant pour la marque de chaque poids, que pour le paiement de ceux qu'ils auroient rechargés.

ART. XVIII. Les fraudes qui pourront être découvertes en France sur les denrées des Colonies, seront constatées par un Procès-verbal en forme, et le dommage estimé par des experts nommés d'office par les Juges et Consuls des Ports de l'arrivée, pour, par les Armateurs des Navires ou acheteurs desdites denrées, avoir leur recours contre ceux qui les auroient livrées aux Colonies, pour le dédommagement qui leur sera dû, et les faire en outre condamner aux amendes et peines qu'ils auront encourues, suivant les articles du présent Réglement auxquels ils auront contrevenu.

ART. XIX. Les amendes et confiscations qui seront prononcées en exécution du présent Arrêt, appartiendront aux pauvres des Hôpitaux, dans les lieux où il y en a d'établis, et à Sa Majesté dans les lieux où il n'y a point d'Hôpitaux pour les pauvres, pour être le produit desdites amendes et confiscations qui seront prononcées au profit de Sa Majesté, remis en dépôt entre les mains des Trésoriers-Généraux de la Marine dans chaque Colonie, et employé, suivant les ordres qui en seront donnés par Sa Majesté, à l'entretien ou augmentation des Bâtimens, batteries et autres ouvrages nécessaires auxdites Colonies.

ART. XX. Enjoint Sa Majesté aux sieurs Intendans et Commissaires départis pour l'exécution de ses ordres dans les Provinces et Généralités du Royaume, aux sieurs Intendans et Commissaires-Ordonnateurs des Isles et Colonies Françoises de l'Amérique, et à tous autres Officiers qu'il appartiendra, de tenir la main, chacun en droit soi, à l'exécution du présent Arrêt, lequel sera enregistré, lu, publié et affiché par-tout où besoin sera. Fait au Conseil d'Etat, &c.

R. au Conseil de Léogane, le 18 Septembre 1745.
Et à celui du Cap, le 5 Janvier 1746.

ARRÊTÉ du Conseil du Cap, sur l'expédition de certains Arrêts supplétifs de Lettres de petite Chancellerie.

Du 3 Mars 1744.

CE jour, LE CONSEIL oui, et ce requérant le Procureur du Roi, en exécution de la Lettre de Cachet du 23 Juillet dernier, a ordonné et ordonne, pour accélérer les affaires, qu'il pourra être expédié au Greffe dudit Conseil, sous la signature du Président, sans attendre la tenue des séances, des Arrêts sur les Requêtes que les parties présenteront pour être reçues appelantes aux Sentences, anticipantes sur les appels, et demanderesses en désertion d'appel desdites Sentences et autres sur Requête, qui ne concerneront que la simple procédure.

ARRÊT

ARRÊT du Conseil de Léogane, qui, 1°. ordonne le paiement de la vérification des Minutes du Greffe de la Cour ; 2°. ordonne que les Procès-criminels contre les Esclaves faits jusqu'alors, seront brûlés, à l'exception des Arrêts et Sentences qui y seront intervenus ; et 3°. fixe des régles pour l'Administration du Greffe.

Du 12 Mars 1744.

VU par le Conseil l'Arrêt de délibération, du 14 Septembre 1742, qui commet Mᵉ de Kernisan pour faire la visite du Greffe de la Cour, et l'inventaire des minutes, dont les vacations qu'il y employeroit, seroient payées par les successions des sieurs Sermente et Bernard, derniers Greffiers et Notaires en exercice ; vû aussi l'inventaire et répertoire faits, par ledit Mᵉ de Kernisan, contenus en trois registres, &c. LE CONSEIL, oui sur ce le Procureur-Général du Roi en ses conclusions verbales, attendu qu'il est notoire que lesdites successions Bernard et Sermente, sont obérées et hors d'état de supporter le payement desdites vacations, ordonne qu'il sera payé audit sieur de Kernisan, par le Receveur des deniers publics, pour ses vacations et celles du sieur Pivert, commis-Greffier en cette partie, 6,400 liv. &c. ; et sera le présent Arrêt enregistré à la fin dudit inventaire, et ensemble sur le registre des enregistremens, et desquels trois registres, et du contenu en iceux, ainsi que des registres et des minutes du Greffe et du Notariat qui se feront dans la suite, et dont l'inventaire sera continué par les Greffiers et Notaires en charge, les Greffiers et Notaires qui entreront successivement en exercice, seront tenus de se charger, après vérification par eux faite, et de fournir bonnes copies de leurs reçus au Procureur-Général du Roi, qui, pour plus grande sûreté, les fera enregistrer *au Greffe de la Juridiction* ; et sera le même ordre observé touchant les minutes dudit Notariat, qui sont dans ledit Greffe, lorsqu'inventaire en aura été fait par M. Lemaire, Conseiller séant, que le Conseil commet à cet effet, lequel dressera procès-verbal des minutes informes, pour sur icelui, être communiqué au Procureur-Général du Roi, et rapporté audit Conseil, être ordonné ce qu'il appartiendra; dressera pareillement ledit Mᵉ Lemaire, procès-verbal des procès des Négres et Esclaves, lesquels, en présence dudit Procureur-Général du Roi, il fera brûler, en réservant seulement les Sentences et Arrêts rendus sur lesdits procès ; et pour obvier à l'avenir, aux dépenses extraordinaires sur lesquelles le Conseil vient de prononcer, ordonne que chaque Greffier qui entrera en charge, sera tenu de faire, à ses propres frais, en cas que son prédécesseur ou sa succession n'y puisse fournir, l'inventaire des minutes de sondit prédécesseur, en cas qu'il ne se trouve fait au desir du présent Arrêt, et que tous les ans visite des minutes du Greffe sera faite par un Conseiller de la Cour, qui sera pour cet effet commis, lequel, en présence du Procureur-Général du Roi, en dressera son procès-verbal, et en fera son rapport audit Conseil, pour être statué sur icelui; et pour expédier le présent Arrêt, la Cour commet le sieur de Langle, après avoir pris et reçu de lui le serment en tel cas requis.

ORDONNANCE du Gouverneur-Général, portant Interdiction d'un Major, pour s'être permis des imputations contre sa délicatesse.

Du 14 Mars 1744.

CHARLES Brunier de Larnage, &c.

Ayant pour principe que les pays des Colonies ne sauroient être gouvernés avec trop de douceur et de bonté, Nous n'avons pas craint de porter plus loin qu'un autre, une maxime aussi conforme aux intentions du Roi et à notre propre inclination; Nous avons sur-tout regardé comme chose qui étoit au-dessous de notre place, de faire attention aux mauvais discours, auxquels l'ignorance peut souvent avoir autant de part que la malignité; mais le sieur de Caffaro ayant mis le comble à l'abus qu'il fait, depuis plusieurs années, de notre façon de penser à cet égard, en débitant que nous étions associé avec le Boucher dans la fourniture de la viande aux Troupes du Roi et au public, Nous ne pouvons plus regarder avec la même indifférence une calomnie qui, en nous faisant faire un personnage aussi indigne de notre naissance et de l'élévation de notre place, seroit aussi, dans les circonstances présentes, où la viande de boucherie est, par le malheur des circonstances, à un prix auquel on ne l'avoit point encore vue, capable de causer de l'émotion dans le public, à qui de semblables discours de la part d'un Officier-Major, ne peuvent que trop faire impression; ensorte que ce seroit manquer à ce que le soin de notre honneur exige, et à l'attention que Nous devons apporter à maintenir la tranquillité publique, si nous laissions impunie une aussi dangereuse imputation. A ces causes, en vertu du pouvoir de notre charge, Nous avons interdit et interdisons le sieur de Caffaro, Major de Saint-Louis; lui défendons d'en faire les fonctions, jusqu'à ce qu'il ait plu à Sa Majesté de le relever. Fait à Léogane, le 14 Mars 1744. *Signé*, LARNAGE.

ORDONNANCE DU ROI, portant déclaration de Guerre contre l'Angleterre.

Du 15 Mars 1744.

ARRÊT du Conseil d'Etat, qui suspend, durant la Guerre, l'exécution de l'article II. des Lettres-Patentes du mois d'Avril 1717, concernant le Commerce des Colonies, et permet en conséquence aux Négocians de faire revenir leurs Navires dans les Ports du Royaume qu'ils jugeront les plus convenables.

Du 20 Avril 1744.

RÉGLEMENT DU ROI, pour l'établissement d'un Conseil des Prises.

Du 22 Avril 1744.

ART. XI. A l'égard des prises qui seront conduites dans les Colonies Françoises, et dans les autres établissemens de la France où il y a des Siéges d'Amirauté, les instructions et procédures en seront faites par les Officiers de l'Amirauté, en la même manière que dans les Amirautés du Royaume; ils enverront avec toute la diligence possible, la grosse de chaque procédure et les pièces originales au Secrétaire-Général de la Marine, pour y être fait droit par M. l'Amiral et les Commissaires, sans qu'ils puissent les juger en aucun cas. Pourront seulement donner leur avis sur la validité ou invalidité de la prise, circonstances et dépendances, dont ils joindront une expédition à la grosse de la procédure; et en cas de besoin sera ledit avis exécuté par provision, si une des parties le demande, et non autrement, en donnant bonne et suffisante caution qui sera reçue par lesdits Officiers, et à condition que la partie qui aura demandé l'exécution sera responsable des dommages et intérêts, s'il en échet; et attendu que la grosse de la procédure et les pièces originales pourroient être perdues par naufrage ou prise des Bâtimens sur lesquels les Officiers de l'Amirauté les auroient envoyées, ils seront obligés de garder des copies collationnées des pièces originales, et les joindre aux minutes de la procédure, pour y avoir recours en cas de besoin.

R. en l'Amirauté du Cap, le 21 Juillet suivant.

A l'égard des 15 autres articles de ce Réglement, qui n'ont aucun rapport immédiat avec les Colonies, on peut consulter le Code des prises, tom. I. pag. 387. *Ce Recueil, formé par M. de Chardon, Procureur-Général de S. M. au Conseil des Prises, a été rendu très-intéressant par les soins de ce Magistrat dont le zèle et les lumières sont connus.*

MÉMOIRE de M. de la Bergerie, Conseiller du Conseil de Léogane; et Arrêtés de cette Cour pris en conséquence.

Des 7, 8 et 9 Mai 1744.

MM., il m'est revenu depuis quelques jours, qu'il se commet par le Receveur des Epaves à Léogane, sur les sujets du Roi, une concussion et un monopole qui méritent d'autant plus notre attention, qu'ils tendent à dépouiller tous les Colons de la partie la plus précieuse de leurs biens, je veux dire de leurs esclaves; ou s'ils veulent les sauver de la cupidité de ce Commis, il les oblige à négliger la culture de leurs manufactures, pour aller à la recousse de leur bien, qu'ils consomment encore, (quoiqu'ils puissent faire) soit en frais de geole, voyages et autres. Je ne vous parle, MM., que du Commis-Receveur des Epaves à Léogane, il se peut que le même monopole se soit étendu par-tout où il y a de ces Commis.

Si les Gens du Roi n'en portent pas leur plainte, j'ai pensé qu'il étoit du devoir de mon ministère, et de la fidélité que je dois au Roi, d'en prévenir la Cour, afin que par son autorité, elle arrête les progrès d'un mal plus dommageable à l'État en général, qu'il ne l'est à chaque Colon en particulier, par la cessation des manufactures qui s'ensuivra, si on retient induement dans les prisons les Esclaves fugitifs ; et si, pour les ravoir, chaque Colon est obligé de désemparer à grands frais de son habitation.

Depuis l'établissement de la Colonie, il a été d'usage de traduire dans les prisons royales les Négres fugitifs ; dans ce lieu public, chaque Colon a été reconnoître et retirer son Esclave, en payant les frais de prise, geole et nourriture, et nous n'avons pas d'exemple qu'un Colon ait réclamé et retiré un Négre qu'il ne lui ait appartenu ; lorsque ces Négres fugitifs ainsi constitués dans les prisons, n'étoient pas réclamés dans un certain tems, et lorsqu'ils ne vouloient déclarer le nom de leurs maîtres, ce tems, dis-je, passé, ils étoient vendus comme Epaves, à la diligence des Procureurs du Roi, en conséquence des ordonnances qu'ils en obtenoient des sieurs Juges, et les Commis des Receveurs des Epaves percevoient le prix de ces ventes, dont les Greffiers des Siéges les avisoient, et leur remettoient les procès-verbaux : cet usage, MM., ne nous est pas particulier, il est au contraire conforme à celui de toute la France.

Aujourd'hui, MM., par une entreprise aussi répréhensible que criminelle, le Receveur des Epaves à Léogane, s'est imaginé que tout Négre fugitif, constitué dans les prisons royales, étoit épave ; et, ce qui est inoui, il s'est constitué juge des sujets du Roi sur ce fait, c'est-à-dire, juge en sa propre cause ; et lorsqu'il veut bien rendre aux habitans leurs Négres, ce qu'il ne fait qu'après une vérification impossible à la plupart, et dont la dépense excède fort souvent la valeur de l'Esclave, il exige des droits des Habitans.

Nos Esclaves sont des hommes, conséquemment ils savent parler. Il y en a cependant qui, comme nouvellement débarqués, ignorent notre langue, mais la majeure partie se font entendre, et savent au moins le nom de leurs maîtres : la reconnoissance, l'aveu que cet Esclave fait de son maître, ne suffit pas à ce Commis, il exige encore du Colon qu'il représente son étampe, pour voir si elle est conforme à celle qui est imprimée sur la peau de son esclave, son récensement, pour voir si son Négre y est dénommé ; enfin, une déclaration comme ce Négre est fugitif, ensorte que lorsque ces preuves ne se trouvent point accumulées et concordantes, on en dépouille le maître, ou on l'oblige à tant d'autres démarches, qu'il l'abandonnera parce qu'elles seront plus dispendieuses que ne sera le prix de l'effet à recouvrer. Je ne vous dis pas, MM., que cela soit déjà arrivé ; mais à juger de la progression par les commencemens, cela arrivera, et peut-être demain.

Ce désordre, si vous ne l'arrêtez, MM., va faire des emplois des

Receveurs des Epaves et des Géoliers, des emplois de grand revenu, en même-tems qu'il dévastera cette Colonie si florissante, et qui est une portion si précieuse à l'Etat. Quels sont les hommes qui désormais voudront s'exposer à des périls qu'il faut courir, soit pour se rendre ici, soit lorsqu'on y est arrivé, dans la vue de gagner un bien qu'ils peuvent perdre si facilement, et qu'on leur enlevera tôt ou tard, quelque précaution qu'ils prennent? Quel est le Colon sensé, qui ne pensera pas à mettre à l'abri celui qu'il y possède, pour se réfugier en France, où il sera assuré de vivre et de conserver sa fortune à l'abri des loix, qui y sont inviolables?

Ce désordre, dont le Geolier des prisons royales de Léogane, est de moitié avec le Receveur des Epaves, puisque, contre son devoir, il a osé retenir aux Colons leurs Négres, en même-tems qu'il a souffert à tous autres qu'aux seuls Officiers du Siége Royal, la connoissance et même la visite de ce qui étoit déposé ès-dites prisons; ce désordre, dis-je, vous ne pouvez que trop promptement l'arrêter, par la sagesse d'un Réglement qui fixe, le tems pendant lequel chaque Colon pourra réclamer ses Esclaves fugitifs constitué dans les prisons royales, la forme en laquelle il le fera, le tems auquel les Esclaves non réclamés seront vendus, afin que la valeur ne s'en consomme pas en frais, le tems pendant lequel ils pourront, après la vente, en réclamer le provenu; enfin, en ordonnant la punition de la concussion et du monopole, commis par le Receveur des Epaves, au Siége Royal de Léogane, le Geolier desdites prisons, et tous autres qui se trouvent dans le même cas. *Signé* DE LA BERGERIE.

Vû par LE CONSEIL, le Mémoire à lui présenté par M. de la Bergerie, Conseiller séant, il a ordonné et ordonne qu'il sera communiqué au Procureur-Général du Roi, pour prendre telles conclusions qu'il avisera; pour icelles rapportées au Conseil en sa séance de demain, être par lui ordonné ce qu'il appartiendra, et qu'il demeurera déposé au Greffe de la Cour, après qu'il aura été, par le Président du Conseil, paraphé *ne varietur*, à la requisition dudit M. de la Bergerie, auquel elle donne acte de la remise qu'il a tout présentement faite de sondit Mémoire, ès-mains dudit Greffier de la Cour.

Aujourd'hui 8 Mai 1744, le Conseil assemblé pour délibérer sur le Mémoire présenté hier par M. de la Bergerie, Conseiller séant; M. le Lieutenant-Général est entré qui a dit qu'il a pris ce matin lecture dudit Mémoire, sur lequel il ne peut garder le silence; qu'il pèche en la forme et au fond; en la forme, en ce qu'il est présenté en la

Cour sans en prévenir aucun des deux chefs du Conseil, non plus que le Président, sans juger même nécessaire le ministère des Gens du Roi ; et qu'au fond, il tend, sur le prétexte de réformer un abus, et de se plaindre du monopole et concussions du Receveurs des Epaves, et du Geolier des prisons de Léogane, à semer l'effroi, l'alarme et l'éloignement pour l'autorité royale ; que si l'abus dont il s'agit est à punir ou à réformer, il n'est pas tel néanmoins que les suites effrayantes dont cet écrit sonne l'alarme, puissent en résulter, et que conséquemment il est peu mesuré, et imprudemment hasardé ; que ce Mémoire, en outre, est attentatoire à l'autorité royale, dont nous sommes dépositaires, en ce qu'il demande au Conseil de faire un Réglement concernant un fait de Police générale, qui excède son pouvoir ; qu'il y a plus, c'est qu'il est diamétralement contraire à la disposition du Réglement fait par sa Majesté sur cette matière, et qui a été communiqué à MM. les Gens du Roi et à divers MM. du Conseil ; et en conséquence, M. le Lieutenant-Général, par l'autorité de sa charge, demande au nom du Roi, que son Procureur-Général prenne des conclusions contre ledit Mémoire, par lesquelles il soit, comme irrégulier, téméraire et imprudent, biffé et barré ; enjoint à M. de la Bergerie d'être plus circonspect à l'avenir, et de se renfermer dans les bornes de sa charge, et ne plus s'ingérer davantage à présenter des Mémoires au Conseil, que par le canal et le ministère des Gens du Roi, et a signé, *Signé*, LARNAGE.

Et attendu que l'heure de midi est sonnée, le Conseil a remis la continuation de la présente délibération à la séance de demain.

Et le neuvième du mois de Mai 1744, le Conseil assemblé pour continuer la délibération commencée le jour d'hier, M. de la Bergerie a demandé qu'il lui fût permis de parler à la Cour ; ce qui lui ayant été accordé, il a dit : que le discours de M. le Général, et le réquisitoire qu'il a fait du jour d'hier à la Cour, a quelque chose d'également singulier et d'étonnant ; et ce n'est qu'avec un extrême regret qu'il se trouve forcé d'observer qu'il manqueroit à la fidélité qu'il doit au Roi, au zèle qu'il a toujours eu pour son service, à la dignité dont il lui a plû de l'honorer, s'il ne témoignoit à la Cour sa juste inquiétude, d'avoir vû M. le Général accorder avec si peu de ménagement sa protection et le secours de l'autorité que le Roi lui a confiée, à des concussionnaires, des monopoleurs, et pour les sauver, s'il est possible, de la punition que méritent de pareils crimes, taxer en pleine Cour, le zèle d'un Magistrat séant, le charger de termes de séditieux, d'attentateur à l'autorité du Roi, parce qu'il a donné avis à la Cour des concussions qui se commettoient sur les sujets de Sa Majesté; qu'il seroit à souhaiter qu'il n'eût pas été obligé de faire cette courte réflexion, et de gémir avec la Cour sur une démarche dont la majesté du Roi, qui préside toujours en cette Cour, a dû si fort souffrir; mais qu'il lui est en même-tems heureux de n'avoir point à se justifier, quel que soit son agresseur; que son Mémoire est sa preuve; que quand même il renfermeroit quelques expressions fortes, l'importance du sujet le demandoit, que d'ailleurs il les confioient à la sagesse de la Cour; qu'enfin, la façon dont il s'est comporté depuis 20 ans, ne pouvoit faire soupçonner la droiture de ses intentions, et devoit nécessairement les mettre à l'abri du sens forcé qui n'y est pas, et qu'on veut y donner; que son Mémoire, dit-il, est la preuve de son zèle, de sa vigilance, de son attention à ses devoirs; et que c'est pour continuer à remplir ses fonctions, qu'il opine à ce qu'il soit ordonné, qu'en procédant à la délibération ordonnée par l'Arrêt de la Cour du sept du présent mois, qu'il sera informé pardevant tel de MM. qu'il plaira à la Cour de commettre, des faits contenus en sondit Mémoire, à la requête et diligence d'un de MM., pour le Procureur-Général du Roi, qui, contre le bien de la Justice, son honneur, sans connoissance de cause, sans que son Mémoire lui ait été communiqué, sans l'Ordonnance de la Cour, a témérairement pris la parole, et lâchement répété le réquisitoire du sieur Général, ainsi manqué aux fonctions inséparables de son ministère; qu'il lui demandoit d'adhérer et poursuivre la punition des coupables, loin de s'efforcer à les soustraire à la justice de la Cour; cependant, et attendu les preuves qui résultent de la concussion et monopole exercés sur les sujets du Roi, par le nommé de Langle, Receveur des Epaves à Léogane, et du nommé Jacquiau, Concierge des prisons royales de ladite Ville, qui, contre l'usage observé depuis la naissance de la Colonie, ont induement, et de leur autorité privée, retenu dans les prisons les Négres fugitifs des Habitans, ils soient l'un et l'autre décrétés de prise-de-corps, ouis et interrogés sur les faits énoncés en sondit Mémoire, et leur être au surplus leur procès fait pardevant ledit Commissaire, jusqu'à Arrêt définitif, exclusivement pour ladite procédure faite, parfaite et rapportée au Conseil, être procédé au jugement desdits coupables; qu'en procédant à un Réglement, pour arrêter à l'avenir de pareilles concussions, il seroit enjoint au Concierge des prisons royales, de délivrer à tous les Habitans leurs Négres fugitifs, en les salariant et retirant desdits Habitans décharge ensuite de celle que lesdits Concierges mettront en marge de l'emprisonnement desdits Négres, ainsi que cela s'est toujours observé dans la Colonie,

Colonie, à peine contre les Geoliers contrevenans, d'être poursuivis comme coucussionnaires, et a signé: *Signé*, DE LA BERGERIE.

Sur quoi, la matière mise en délibération, et ayant recueilli les voix, elles se sont trouvées partagées. M. de Motmans a été d'avis qu'il soit informé, à la Requête du Procureur-Général, contre les nommés de Langle, Receveur des Epaves, et Jacquiau, Concierge des prisons, pour les informations communiquées au Procureur-Général, et rapportées au Conseil, être ordonné ce qu'il appartiendra; et cependant, attendu la notoriété du crime de concussion commis par eux, qu'ils seront incessamment arrêtés et conduits ès-prisons, pour être ouis, et le procès leur être fait et parfait, jusqu'à jugement définitif de la Cour, pardevant tel de MM. qu'il plaira à la Cour de nommer. M. Gressier a été de même avis, à l'exception que l'instruction du procès à faire contre lesdits de Langle et Jacquiau, soit renvoyée pardevant le Juge de Léogane. MM. le Maire et Elias ont été du même avis de M. de Motmans. M. de la Bergerie a persisté dans son opinion. MM. Ducasse, de Longpré, le Comte Dampus, M. le Général et M. Caignet, Président, ont été d'avis que le réquisitoire de M. le Général, fait du jour d'hier, et les réponses de ce jour de M. de la Bergerie, seront communiqués au Procureur-Général du Roi, pour sur le tout être, &c.

Et comme, par les avis ci-dessus, les voix se trouvent partagées: LE CONSEIL a ordonné que la matière en question sera portée pardevant Sa Majesté; et à l'instant M. de la Bergerie a requis qu'il plût à la Cour lui donner acte de la vérité du fait qui s'est passé à la séance du jour d'hier, qui est que sur le commandement exprès qui fut fait au Procureur-Général du Roi, par M. le Général, ledit Procureur-Général du Roi, sans l'Ordonnance de la Cour, prit la parole, et dit et conclut à ce que le Mémoire dudit M. de la Bergerie fût biffé et rayé, et a signé: *Signé*, DE LA BERGERIE. Sur quoi la Cour a donné acte audit M. de la Bergerie de son réquisitoire ci-dessus, et qu'il contient vérité.

ORDONNANCE *du Juge de Police du Cap, qui, attendu la construction de l'Eglise de la même Ville en bois sur la Place près du Marché, ordonne que ce dernier se tiendra désormais dans la partie Est de ladite Place; qu'on n'y vendra que des comestibles, et qu'on se retirera après la retraite battue.*

Du 25 Mai 1744.

ORDONNANCE des Administrateurs, qui enjoint aux Habitans de planter la quantité de vivres désignée par les Ordonnances, et défend aux Armateurs ou Traiteurs de sortir de la Colonie d'autres comestibles que ceux nécessaires à leurs Equipages, à peine de confiscation desdits objets au profit des Hôpitaux, et de punition personnelle.

Du 12 Juin 1744.

ARRÊT du Conseil de Léogane, qui ordonne qu'il sera fait recherche des Auteurs et Fabricateurs d'un placard mis à la porte de l'Eglise de la même Ville, le 14 du même mois, portant que les Habitans de la Paroisse de Léogane n'iroient pas secourir les autres Quartiers s'ils étoient attaqués.

Du 19 Juin 1744.

ORDONNANCE de M. l'Intendant, touchant la circulation d'une Espèce de Papier-monnoie.

Du 20 Juillet 1744.

SIMON-PIERRE Maillart, &c.

La rareté des espèces dans cette Colonie, causée par la grande quantité qui en a été transportée en France dans les années dernières, ayant empêché les Habitans de payer exactement les droits du Roi, ensorte qu'il en est actuellement dû, dans les différens quartiers du ressort du Conseil de Léogane, au-delà de 500,000 liv., indépendamment de ce qui est aussi dû aux autres caisses de Sa Majesté et au trésor, par d'autres particuliers ou comptables, dans les deux quartiers, pour différentes causes, le tout montant a plus de 1500,000 liv., suivant les soumissions qu'ils en ont faites au trésor, duement constatées et vérifiées, ce qui empêchant en même-tems de pouvoir acquitter par le trésor, les sommes dûes aux différens Négocians, Ouvriers et autres Particuliers, pour fournitures ou ouvrages qu'ils ont faits pour le service, et de pourvoir par la suite aux autres dépenses courantes dans cette Colonie, Nous auroit fait juger que pour faciliter auxdits Habitans le payement de ce qu'ils doivent auxdites caisses des octrois, amendes, épaves, aubaines et confiscations, et procurer aussi au trésor le moyen d'acquitter ce qui est actuellement dû pour le service, il convenoit d'expédier des Ordonnances sur les différens Receveurs desdits droits, lesquelles étant acceptées volontairement par ceux à qui il est dû au trésor, seroient de même données par eux de gré à gré, à ceux à qui ils devront, lesquels devant eux-mêmes aux susdites caisses, lesdites Ordonnances y seroient reçues pour comptant; ensorte que n'y ayant aucun Habitant qui ne doive plus ou moins auxdites caisses, cette circulation volontaire desdites Ordonnances, procurera aux uns et aux autres l'acquittement de ce qu'ils doivent, en suppléant à celle des especes dans ce tems de guerre; et afin que cette disposition soit connue du public, et qu'il ne subsiste aucun doute sur l'acquittement et le débouché desdites Ordonnances au profit de ceux qui les accepteront réciproquement et volontairement, elle sera notoire par la présente, ainsi qu'il suit:

Art. I. Il sera par Nous expédié 1300 Ordonnances, montantes ensemble à 150,000 liv. seulement, et chacune sera des sommes ci-après:

100	de 300 liv.	30,000 liv.
200	de 200 liv.	40,000 liv.
600	de 100 liv.	60,000 liv.
400	de 50 liv.	20,000 liv.
1300	Total.	150,000 liv.

Art. II. Lesdites Ordonnances seront sur un papier uniforme, écrites de la même main, signées de Nous; et pour obvier à ce qu'il n'en soit contrefaites ou falsifiées, elles seront aussi numérotées par le Contrôleur de la Marine, et par le Trésorier principal, qui répéteront les mêmes sommes, suivant l'enregistrement qu'ils en feront, en outre scellées du sceau des armes du Roi, de notre cachet, et contre signées par l'un de nos Secrétaires, et il en sera remis à chaque Receveur un modèle de comparaison.

Art. III. Elles seront tirées sur tous les Receveurs des différentes caisses du Roi, dans tous les quartiers, à qui nous ordonnons de les recevoir pour comptant de celui qui devra à leur caisse, et de lui donner quittance du montant du payement; elles seront pareillement reçues pour comptant au bureau de l'Octroi, pour les droits de sortie; exceptons néanmoins de cette disposition les Procureurs aux vacances, et n'entendons qu'elle ait lieu pour les Receveurs des deniers publics et curiaux, à moins que ces derniers n'y soyent autorisés par le Conseil.

Art. IV. Quoi qu'il soit dit par l'article précédent, que les Ordonnances seront reçues de celui qui en sera simplement porteur, il sera néanmoins loisible, pour la sûreté particulière de ceux qui les donneront ou qui les recevront en payement, de les endosser, s'ils le jugent à propos, et dans ce cas les Receveurs auront attention de ne les recevoir que de celui à l'ordre duquel le dernier endossement aura été fait, ou sur sa signature.

Art. V. Chaque Receveur remettra pareillement à la fin de tous les mois, pour comptant au trésor, les mêmes Ordonnances qu'il aura ainsi retirées des débiteurs à sa caisse, dont le Trésorier principal lui fournira ses recépissés à sa décharge, qui lui seront passés en dépense dans ses comptes.

Art. VI. A l'égard du remboursement final desdites Ordonnances, lorsque la circulation des espèces permettra aux Habitans de payer en argent leurs droits, après qu'ils auront acquitté avec ces mêmes Ordonnances les 300,000 liv. qu'ils doivent actuellement auxdites caisses, le remboursement en sera fait à ceux qui en resteront porteurs, par les Receveurs de ces mêmes caisses, sur les fonds qui y seront alors perçus en espèces; ce qui est d'autant plus assuré que le montant de toutes ces Ordonnances n'est fixé qu'à cent cinquante mille liv., et que l'imposition annuelle de ces mêmes droits est de pareille somme, outre les autres fonds qui sont encore dûs au trésor pour les anciennes créances dont il est ci-devant fait mention, qui seront aussi assignés pour le remboursement desdites Ordonnances, si le fonds des autres caisses n'étoit pas suffisant.

La présente sera enregistrée au Greffe de l'Intendance, publiée, affichée, et des expéditions envoyées dans tous le Bureaux des différentes Recettes, pour que personne n'en ignore. Fait au Petit-Goave, le 20 Juillet 1744, *Signé* Maillart.

RÈGLEMENT du Gouverneur-Général, concernant le service de Milices

Du 27 Juillet 1744.

CHARLES Brunier, Marquis de Larnage, &c.

ART. I. Toutes personnes résidentes en ce pays, qui ne sont pas exemptes de service militaire par leurs charges ou par leur âge ou infirmités, seront tenues, sans aucune exemption, de faire le service dans la Cavalerie ou dans l'Infanterie, et se feront en conséquence inscrire dans huitaine, sur le rôle de la Compagnie de leur quartier, à peine d'être punies comme désobéissantes.

ART. II. Il est défendu, sous pareille peine, à toutes personnes de changer de Compagnie, sans en prévenir le Capitaine ou Commandant de la Compagnie dont elles étoient, desquels elles prendront certificat par écrit.

ART. III. Toutes personnes qui passeront d'un quartier à l'autre, sans être munies d'un certificat du Capitaine de la Compagnie de Milices qu'elles ont quittée, et d'un permis du Commandant pour sortir du quartier, seront, ainsi que les inconnus et vagabonds, emprisonnées par ordre des Commandans ou Officiers des Milices, lesquels tiendront exactement la main à cette Police.

ART. IV. Tous Cabaretiers, Aubergistes ou autres personnes, tant blancs que noirs, qui recevront des inconnus ou des gens qui n'auront ni permis ni certificats d'Officiers des Milices, seront tenus d'en repondre eux-mêmes, et d'être punis de prison.

ART. V. Mais pourront les Habitans prendre à leur service les Blancs porteurs de certificats d'Officiers de Milices et permis des Commandans, pour chercher à se placer, en convenant avec eux par écrit de leur salaire ou nourriture; et ces Blancs ou autres gens libres, qui étant une fois placés, sortiront de chez leurs maîtres sans un congé par écrit, seront punis de la prison et renvoyés à leurs maîtres, s'ils jugent à propos de les reprendre, ou placés chez d'autres.

ART. VI. Comme il n'est rien de si odieux que de débaucher les domestiques des autres, il doit paroître superflu de le défendre; seront néanmoins réputés dans ce cas, ceux qui prendront à leur service des domestiques qui n'auront point de congé par écrit, ou au défaut un billet des Commandans.

Art. VII. Seront à ce moyen tenus tous Propiétaires ou Procureurs, d'avoir sur chaque habitation, suivant les ordres du Roi, un Blanc par vingt Noirs travaillans, qui puisse faire le service; ceux qui auront des filles ou femmes d'Europe à leur service, seront dispensés d'un Blanc par chacune d'elles.

Art. VIII. Seront compris dans le nombre des Blancs requis par les Ordonnances, les Maîtres et Propriétaires présens, et leurs enfans, s'ils sont d'âge à porter les armes; mais les Procureurs ou Propriétaires absens, privilégiés ou non, seront obligés d'avoir sur l'habitation un Blanc au-dessus du nombre prescrit par les Ordonnances, pour suppléer à l'absence du Maître.

Art. IX. Jouiront MM. les Conseillers de l'exemption de l'Econome de leurs principales habitations, et fourniront aux gardes pour les autres Blancs qu'ils ont ou doivent avoir, à raison d'un Blanc par vingt Négres payant droit, exemptions déduites. Il paroît juste aussi et même nécessaire au bon ordre, que dans les habitations où les atteliers seront de cent Noirs payant droits, et qui auront le nombre effectif de cinq Blancs, le Propriétaire compris, il y en reste un d'exempt de service pour contenir d'aussi nombreux atteliers.

Art. X. Ceux qui n'auront pu trouver le nombre de Blancs prescrit ci-dessus par les Ordonnances, seront tenus, en attendant, de faire faire le service militaire sur le même pied que s'ils les avoient, en payant les gens pour monter le nombre de gardes que leurs habitations doivent fournir; les gardes seront payés à raison d'un écu par journée, et nourris aux vivres du pays, ou de six livres sans nourriture, ce qui n'aura lieu que pour l'Infanterie; et en cas qu'ils n'ayent fourni personne, ils seront tenus de payer six livres par chaque journée de garde manquée.

Art. XI. Aucune habitation ou place cultivée, soit qu'elle appartienne à des privilégiés ou même à des veuves, des mineurs ou des absens, ne sera exempte d'avoir dessus un Blanc, Mulâtre ou Négre libre, qui y fasse le service, à peine par le Propriétaire de payer six liv. par chaque journée qu'elle aura manqué de fournir les gardes pour lesquelles la place aura été commandée, lesquelles sommes seront exigées par les soins de l'Aide-Major des Milices, qui en tiendra un état exact, pour être, suivant les ordres du Commandant, employées à l'entretien du Corps-de-garde, ou autres besoins du service.

Art. XII. Ceux qui, pour raison de maladie, ne pourront monter la garde, seront tenus d'en faire avertir, avant l'heure de la garde montante, l'Officier commandant l'escouade, au défaut, le Sergent ou le Caporal de ladite escouade, à peine d'être pointé pour payer une amende de 6 liv., pour n'avoir pas fait avertir de leur maladie, ou être mis en prison pendant quatre jours, ainsi que tous autres qui auront feint d'être malades pour se dispenser de leur garde.

Art. XIII. MM. les Officiers d'Infanterie qui se trouveront hors d'état, par maladie, de monter la garde, auront soin d'en prévenir avant le Major et l'Officier qui suit, et qui doit en ce cas la monter à sa place, de sorte que la garde ne se trouve jamais sans Officiers; et à l'égard des Officiers de la Cavalerie et des Carabiniers, ils seront également tenus, lorsqu'ils seront malades, d'en faire avertir le Major; et leurs Brigades seront commandées à leur défaut par un des plus anciens ou des plus expérimentés de la Brigade, qui sera tenu, en descendant la garde, de rendre compte au Major de ceux qui, par maladie ou autement, auront manqué.

Art. XIV. Seront tenus MM. les Officiers de garde, de faire faire les exercices à toutes leurs gardes, en la montant et en la descendant, suivant le modèle qui leur en sera fourni par M. le Major. Ceux de MM. les Officiers de Milices qui ne le sauront pas, auront le soin de l'apprendre diligemment de MM. les Officiers de l'Etat-Major, qui se feront un plaisir de leur montrer.

Art XV. L'alarme sera tirée par deux coups de canon, lorsqu'il paroîtra plus de quatre vaisseaux à la fois, et alors chacun se tiendra prêt à marcher aussitôt que l'alarme sera répétée par deux autres coups de canon, pour alors chacun se rendre en toute diligence au rendez-vous marqué à sa compagnie; à la répétition de l'alarme ne manqueront aussi de se trouver auprès du Commandant en chef, tous les privilégiés et exempts, duement armés, avec tel nombre de leurs Nègres armé, qu'ils jugeront à propos d'amener avec eux; pourront pareillement tous les Cavaliers et Fantassins armés, se faire suivre par ceux de leurs Esclaves qu'ils connoîtront bons sujets.

Art. XVI Les patrouilles seront battues aux heures marquées par les consignes, par les piquets de la Cavalerie, et elles donneront le mot à chaque corps-de-garde; MM. de l'Etat-Major, c'est-à-dire, le Major, l'Aide-Major et son Aide-Major, ainsi que MM. les Aides-Majors de Milices, s'entendront pour faire les rondes-majors, de manière qu'il y en ait une par nuit à chaque corps-de-garde public.

Art. XVII. MM. les Officiers-Majors et des Milices seront exactement attentifs à remplir et faire faire le devoir à chacun exactement; le moindre relâchement dans la discipline militaire, l'anéantiroit bientôt entièrement; il sera déposé à chaque poste une copie du présent Réglement. Fait à Léogane, le 27 Juillet 1744. *Signé* LARNAGE.

DÉCLARATION DU ROI, sur les retraits Lignagers.

Du 6 Août 1744.

LOUIS, &c. Etant informé que quoique nos Colonies de l'Amérique soient régies par la coutume de Paris, on ne suivoit point dans nos Isles du Vent, l'article 132 de ladite coutume, lequel porte que l'an du retrait du propre héritage, tenu en franc-alleu, ne court que du jour que l'acquisition a été publiée et insinuée en jugement au plus prochain siége royal; Nous aurions jugé à propos, pour prévenir les procès qui auroient pû naître à ce sujet, d'ordonner par notre Déclaration du 24 Août 1726, et aux conditions y expliquées, que les immeubles vendus auxdites Isles, ne seront pas sujets à retrait, quoique les contrats d'acquisition n'eussent pas été publiés ni insinués, conformément à l'article 132 de ladite coutume; et sur ce qui Nous a été représenté que ledit article n'a pas non plus été suivi jusqu'à présent dans nosdites Isles sous le Vent; que ce défaut de formalités donnant ouverture au retrait, il n'y a presque point d'habitations vendues qui ne fussent dans le cas d'être retirées, si les lignagers vouloient exercer cette action contre les acquéreurs; qu'il est notoire que toutes les ventes qui y sont faites, ont été assez publiques pour n'être point ignorées par les lignagers, et que plusieurs acquéreurs de bonne-foi s'y verroient à la veille d'être ruinés, s'ils restoient exposés à l'action résultante de l'inobservation dudit article; ces représentations nous ont porté à donner aux Habitans de nos Isles sous le Vent, les mêmes marques de protection que, par notredite Déclaration, Nous avons données à ceux de nos Isles du Vent, pour constater leur état et leur fortune, et assurer la tranquillité de leur famille. A ces causes, voulons et nous plaît, que tous les immeubles vendus en nos Isles sous le Vent, avant l'enregistrement des présentes, ne soyent plus sujets à retrait, quoique les contrats d'acquisition n'ayent point été publiés ni insinués, conformément à l'article 132 de la coutume de Paris, auquel Nous avons dérogé et dérogeons, pour ce regard seulement, pourvû toutefois, qu'il qu'il n'y paroisse aucune mauvaise foi de la part des acquéreurs, et qu'ils se soyent mis publiquement en possession des terres par eux acquises, desorte que les lignagers n'en ayent pû ignorer la vente par le fait desdits acquéreurs; voulons néanmoins et ordonnons que ledit article 132 de la coutume de Paris, ait lieu auxdites Isles sous le Vent, à l'avenir, et à compter du jour de l'enregistrement des présentes, en nos Conseils Supérieurs desdites Isles. Si donnons en mandement au gens tenans nos Conseils Supérieurs desdites Isles sous le Vent, que ces présentes, &c.

DÉCLARATION DU ROI, touchant le Gardiennage des choses mobiliaires saisies sur les habitations.

Du 6 Août 1744.

LOUIS, &c. Les difficultés qu'on éprouvoit aux Isles du Vent, par rapport aux saisies mobiliaires, Nous ont porté à rendre, le 14 Mars 1724, une Déclaration par laquelle Nous avons réglé que dans les saisies de cette espèce qui seroient faites sur les habitations desdites Isles, les propriétaires des choses saisies pourroient en être établis les gardiens, aux conditions expliquées dans notredite Déclaration, et Nous avons la satisfaction de voir qu'elle a produit les avantages que nous avions attendus. Nous sommes informé que dans nos Isles sous le Vent, les créanciers éprouvent les mêmes difficultés pour se faire payer de leurs débiteurs, que les saisies des sucres, Négres et autres choses mobiliaires, qui se font dans les habitations, et pricipalement dans celles qui sont éloignées des Villes et Bourgs, sont presqu'impossibles, faute de trouver des gardiens, qu'il y a un grand inconvénient à charger de cette fonction le plus proche voisin, en ce qu'il n'y peut vaquer sans se distraire du soin de la culture des terres de son habitation, où sa présence est d'autant plus nécessaire pour contenir ses Négres, et régler les travaux journaliers, que souvent il s'y trouve seul, et que d'un autre côté le transport des sucres, qui font toujours la meilleure partie des effets qui peuvent être ainsi saisis, n'est pas praticable sans une perte considérable. C'est pour remédier à ces inconvéniens, et donner à nos sujets des Isles sous le Vent, les mêmes marques de protection qu'à ceux des Isles du Vent, que Nous avons résolu d'établir à leur égard la même jurisprudence établie par notre Déclaration du 14 Mars 1724. A ces causes, &c., Nous plaît ce qui suit:

ART. I. Tous Huissiers ou Sergens qui procéderont par voie de saisie mobiliaire, dans les habitations de nos Isles sous le Vent, pourront établir pour gardiens les propriétaires des choses saisies, à la représentation desquelles lesdits propriétaires seront contraints, même par corps; ce qui n'aura cependant lieu que dans les habitations, et non dans les Villes et Bourgs.

ART. II. Lesdits Huissiers ou Sergens seront tenus, avant d'établir pour gardiens lesdits propriétaires, de faire mention dans leur procès-verbal de saisie, de l'impossibilité où ils auront été d'en trouver d'autres, à peine de nullité.

ART. III. Dérogeons à l'effet de ce que dessus, et pour ce regard seulement, à l'article 13 du titre 19 de l'Ordonnance de 1667. Si donnons en mandement aux gens tenans nos Conseils Supérieurs desdites Isles sous le Vent, que ces présentes, &c.

ARRÊTS du Conseil d'Etat, portant Réglement sur le fait des marchandises provenantes des Prises faites en mer, sur les ennemis de l'Etat.

Des 7 Août et 24 Décembre 1744.

R. en l'Amirauté du Cap, le 7 Juin 1745.

Ces deux Arrêts n'ayant trait qu'à la conduite qui doit être tenue dans les Ports, relativement aux droits des Fermes de Sa Majesté, et n'y ayant point de Fermier à Saint-Domingue, nous avons cru que ces deux pièces, quoiqu'enregistrées dans la Colonie, lui étoient très-étrangères, et nous n'en faisons mention que pour justifier de notre exactitude.

ARRÊT du Conseil du Cap, qui ordonne, avant faire droit, que le sieur Bagot, Chirurgien, postulant réception pour la Ville du Cap et dépendances, justifiera de sa Catholicité.

Du 12 Septembre 1744.

La réception eut lieu au mois d'Octobre suivant, sur un certificat de Catholicité.

ARRÊT de Réglement du Conseil de Léogane, concernant la perception des Deniers publics, et qui en réunit la caisse à celle de la masse Curiale, et prescrit les obligations des Receveurs et Marguilliers, &c.

Du 19 Septembre 1744.

LE CONSEIL faisant droit, tant sur le réquisitoire du Procureur-Général du Roi, que sur le rapport de Me Caignet, a ordonné et ordonne ce qui suit :

ART. I. La caisse des deniers publics et celle de la masse Curiale, seront et demeureront à l'avenir réunies en une seule, à compter du premier Janvier prochain, et sera levée alors la somme de 3 livres par chaque tête de Négres payant droits, pour les dépenses de l'année 1745.

ART. II. La perception des droits se fera par les Marguilliers, qui seront nommés à la pluralité des voix dans chaque Paroisse, auxquels Marguilliers sera envoyé, par le Receveur qui sera à cet effet nommé tous les cinq ans, un extrait du recensement général, et de l'Ordonnance de MM. les Général et Intendant, qui ordonnera la levée desdits droits publics, ensemble la quittance de chaque Habitant numérotée par première et dernière, suivant l'usage ordinaire, signée du Commissaire du Conseil, et dressée par le Receveur-Général sur ledit recensement, et pour lesquelles recettes le Conseil leur alloue 5 pour cent, qui leur seront passés dans la dépense de leur compte.

ART. III. Qu'aussitôt que lesdits extraits de recensement et quittances auront été remis auxdits Marguilliers, ils seront tenus de faire avertir les Habitans par trois Dimanches consécutifs, issue de Messe Paroissiale, de venir leur apporter chez eux, ou dans le lieu du Bourg qu'ils indiqueront, les sommes qu'ils devront, faute de quoi il leur sera déclaré qu'ils y seront contraints par saisie et vente de leurs meubles et effets, même par garnison qui sera envoyée chez eux, et s'il est nécessaire par corps, lesquels avertissemens lesdits Marguilliers feront constater par le Curé de la Paroisse et deux des principaux Habitans; et afin que personne n'ignore les sommes qu'il aura à payer, il sera fait un tableau de ce que chaque Habitant devra, qui sera affiché à la porte de l'Eglise dès le premier Dimanche desdits avertissemens.

ART. IV. Si dans un mois du dernier avertissement, il se trouve quelques Habitans, de quelque qualité et condition qu'ils soient, qui ayent manqué d'acquitter leurs droits, il en sera dressé des listes par lesdits Marguilliers, certifiées d'eux, et vérifiées sur les quittances par deux ou trois des Principaux, que lesdits Marguilliers enverront au Receveur-général, avec copie desdits avertissemens, visés, ainsi que lesdites listes, desdits Paroissiens, pour que, sur icelles, ils obtiennent contre lesdits Habitans débiteurs, les ordres nécessaires, à peine par lesdits Marguilliers, de répondre en leurs noms des sommes dûes par lesdits Habitans qu'ils auront omis de porter dans lesdites listes.

ART. V. Lesdits Marguilliers enverront, tous les deux mois, un état ou bordereau de leur recette au Receveur-général, dont ils compteront des sommes aux premiers ordres dudit Receveur, qui recevra d'eux pour comptant les quittances des sommes qu'ils auront payées, de trois en trois mois, aux Curés de leur Paroisse, pour les pensions à eux revenantes, suivant le Réglement de 1727, lesquelles ils ne pourront acquitter qu'après leur échéance, à peine d'en répondre.

ART. VI. En cas que quelque Paroisse se trouve dans un besoin pressant de quelques sommes pour réparer les Eglises, ou faire quelques autres dépenses utiles, le Conseil se réserve de les ordonner sur les délibérations des Paroissiens, si leurs demandes sont estimées justes, à prendre sur ladite caisse des droits publics.

ART. VII. Les Paroissiens en général seront cautions des Marguilliers qu'ils auront nommés, pour les sommes qu'ils auront reçues desdits droits publics, en cas d'insolvabilité de leur part, lequel cas arrivant, les sommes qu'ils se trouveront avoir diverties, seront réparties à la première imposition qui sera faite sur lesdits Paroissiens, au *prorata* de ce que chacun en devra supporter, outre et par-dessus l'imposition qui sera faite.

ART. VIII. Lors de l'élection d'un nouveau Marguillier, le précédent Marguillier en charge sera tenu de représenter son compte de recettes, dépenses et reprises à l'assemblée, et de le faire arrêter et signer double par icelle, dont ledit Marguillier en enverra un, huitaine après pour tout délai, au Receveur-général, avec la solde d'icelui, et en gardera un pardevers lui pour sa décharge, après l'avoir fait enregistrer sur un livre qui sera tenu à cet effet, et qui sera remis successivement par le Marguillier en charge à son successeur, sauf auxdits Paroissiens de requérir dans le cours de l'année d'autres assemblées, pour examiner provisionnellement les comptes des recettes et dépenses desdits Marguilliers, et les engager à se comporter avec exactitude dans lesdites recettes, sans préjudice d'un autre compte de fabrique que lesdits Marguilliers seront tenus de rendre auxdits Paroissiens, dont les fonds ne seront point confondus avec ceux de la caisse publique, mais seront remis de successeurs en successeurs.

Art. IX. Lesdits Marguilliers, en rendant leurs comptes, seront tenus d'y joindre un état certifié de l'assemblée, des doubles emplois ou sommes dûes par des Habitans entièrement insolvables, afin que le Conseil, s'il l'estime juste, puisse les en décharger totalement une fois pour toutes, sans que lesdits Marguilliers puissent donner en reprise dans leurs comptes, les sommes dûes par les Habitans solvables, faute par eux de les avoir fait contraindre au paiement de ce qu'ils doivent.

Art. X. En cas de mort des Marguilliers, leurs héritiers ou autres personnes chargées de leur succession, seront tenus de rendre compte des recettes et dépenses qu'ils auront faites, à l'assemblée qui se tiendra pour l'élection d'un autre Marguillier, et d'en remettre la solde, ainsi que les extraits des recensemens et quittances qui seront dûs, pour en faire le recouvrement, aux Marguilliers qui seront nommés à leur place, lesquels seront tenus d'ailleurs aux mêmes diligences que leurs prédécesseurs.

Art. XI. Le Receveur-général desdits droits sera nommé par le Conseil, et tenu de donner caution suffisante et solvable, pour le maniement de sa recette pendant les cinq ans de son exercice, laquelle sera reçue pardevant le Commissaire de la Cour, et acceptée par le Procureur-Général du Roi, avant que ledit Receveur puisse être admis dans ladite recette.

Art. XII. Ledit Receveur-Général ne fera aucuns paiemens, à peine de radiation, que sur les Arrêts du Conseil et les conclusions du Procureur-Général, à l'exception des gages des Maréchaussées, qu'il pourra acquitter sur les ordonnances du Commissaire de la caisse.

Art. XIII. Sera tenu ledit Receveur, sous la même peine, de rapporter en bonne forme, et de joindre les pièces justificatives ordonnées par les Arrêts et Ordonnances, sur la caisse, ensemble les quittances des parties prenantes, sous signatures privées, ou pardevant Notaire, à l'exception des Brigadiers ou Archers, pour lesquels il suffira de rapporter un certificat qu'ils ont été payés, de la part du Prévôt, ou de l'Exempt à son défaut, au pied de l'Arrêt ou Ordonnance sur Requête au Conseil.

Art. XIV. Sur les états des Marguilliers, des Habitans débiteurs auxdits droits, et les avertissemens qui seront envoyés audit Receveur par lesdits Marguilliers, et visés, ainsi qu'il est ci-dessus expliqué, ledit Receveur fera les diligences nécessaires pour obtenir des contraintes contre lesdits débiteurs, et les renverra diligemment auxdits Marguilliers, pour qu'ils les fassent mettre à l'exécution.

Art. XV. Sera obligé ledit Receveur d'avoir deux livres, numérotés et paraphés par le Commissaire du Conseil, sur l'un desquels il portera les sommes à recevoir par chaque Marguillier, et écrira journellement, date par date, et les articles à la suite les uns des autres, sans laisser aucun blanc, toutes les sommes qu'il recevra desdits Marguilliers, et payera sur les Arrêts et Ordonnances du Conseil; et sur l'autre sera porté par débit et crédit, aussi date par date, ce que la caisse aura reçu et payé, pour qu'en son tems le Conseil et ledit Commissaire puissent savoir en quel état est la caisse dudit Receveur, et le tems qu'il conviendra de faire une nouvelle imposition, le tout à peine d'être destitué de son emploi.

Art. XVI. Faute par lesdits Marguilliers de remettre, tous les deux mois, l'état des sommes qu'ils auront reçues, et les payer aux ordres dudit Receveur, de rendre leurs comptes dans les tems ci-dessus expliqués, et d'en payer la solde, ledit Receveur sera tenu de se pourvoir au Conseil, pour qu'il donne les ordres nécessaires pour les y contraindre.

Art. XVII. Sera tenu ledit Receveur-Général de rendre son compte au Conseil aussitôt que lesdits Marguilliers auront rendu les leurs, et se chargera en recette du montant du recensement, ainsi que des anciens droits encore dûs, sauf à donner en reprise les quittances qui resteront à payer, contenant les doubles emplois et les sommes dûes par les Débiteurs insolvables, mentionnés dans les états arrêtés par les Paroissiens, suivant l'article IX. du présent Réglement.

Art. XVIII. Ordonne le Conseil audit Receveur de payer, sans difficulté, des fonds de sa caisse, les sommes qui seront ordonnées sur icelle; lui fait défenses de consentir ses billets particuliers, directement ou indirectement, pour raison desdites sommes, en tout ou partie, sous quelque prétexte que ce soit, à peine de destitution, et de plus grande peine, s'il y échoit.

Art. XIX. Alloue le Conseil audit Receveur-Général, pour les soins qu'il se donnera dans les fonctions de son emploi, cinq pour cent sur les recettes effectives qu'il fera, lesquels lui seront passés dans la dépense de son compte.

Art. XX. Finalement, le Conseil a nommé et nomme pour Receveur-Général de ladite caisse, la personne du sieur Charles Samadon, après avoir pris et reçu de lui le serment en tel cas requis, à la charge par lui de donner bonne et suffisante caution, qui sera reçue contradictoirement avec le Procureur-Général du Roi, pardevant Me Caignet, Commissaire en cette partie; et pour que le présent Arrêt de Réglement soit rendu notoire, et que personne n'en ignore, le Conseil ordonne qu'il sera enregistré dans tous les Siéges des Jurisdictions en ressortissans, et sur les Registres des Paroisses, lu, publié et affiché par-tout où besoin sera, même aux portes des Eglises Paroissiales, &c.

ORDONNANCE *des Administrateurs, qui permet d'établir au Bac de l'Artibonite des Barres publiques, pour raison desquelles on payera aux Gardiens les mêmes droits qu'aux Geoliers.*

Du 19 Septembre 1744.

R. au Siége Royal de Saint-Marc, le 26 du même mois.

ORDONNANCE *de M. l'Intendant, qui, attendu que les mandats sur le Trésor, établis par son Ordonnance du 20 Juillet précédent, sont de 50 liv., et que les droits d'Octroi en Négres de la plupart des Habitans, sont au-dessous de cette somme, forme un supplément de 300 mandats de 36 liv., 300 de 24 liv. et 1,000 de 12 liv., lesquels seront assujétis aux mêmes régles que les précédens, avec lesquels ils forment un total de 180,000 livres.*

Du 20 Septembre 1744.

V. l'Ordonnance du 20 Juillet précédent.

ARRÊT du Conseil d'Etat, qui casse ceux du Conseil de Léogane, des 7 et 9 Mai 1744, et règle la forme des dénonciations, et celle à adopter dans le cas de partage d'opinions.

Du 20 Septembre 1744.

LE ROI s'étant fait représenter en son Conseil, les Mémoires présentés au Conseil Supérieur de Léogane, en l'Isle Saint-Domingue, par le sieur de la Bergerie, Conseiller en icelui, les 7 et 9 Mai dernier, et les Arrêts rendus les mêmes jours par ledit Conseil Supérieur, à l'occasion desdits Mémoires, Sa Majesté auroit reconnu que ledit sieur de la Bergerie n'auroit pris la licence de porter lesdits Mémoires audit Conseil directement, et sans recourir d'abord au Ministère public, que pour faire une déclamation outrée sur des faits mal justifiés, et capables néanmoins d'alarmer les peuples, et d'ébranler l'autorité de Sa Majesté ; et que, d'une autre part, ledit Conseil Supérieur, loin de rejeter lesdits Mémoires, conformément au Réquisitoire fait à l'occasion du premier, par le Procureur-Général de Sa Majesté, auroit délibéré sur le fonds d'iceux, quoiqu'il ne lui appartienne pas d'en connoître, et se seroit également écarté de son devoir et de l'usage, par rapport à la manière de vuider les partages d'opinions qui surviennent aux Conseils Supérieurs des Colonies ; et Sa Majesté voulant expliquer ses intentions sur ce qui s'est passé en cette occasion, et pourvoir à ce que son autorité, et la tranquillité de la Colonie, ne soient plus exposées à de pareilles atteintes : LE ROI étant en son Conseil, a cassé et annullé, casse et annulle lesdits Arrêts du Conseil Supérieur de Léogane, des 7 et 9 Mai dernier ; fait Sa Majesté défenses audit Conseil, de connoître des faits portés par lesdits Mémoires, n'y d'aucuns autres semblables, sauf néanmoins au sieur Intendant des Isles sous le Vent, d'informer, s'il y échoit, des malversations qui pourroient avoir été ou être commises, tant par le Receveur des Épaves à Léogane, que par ceux des autres Quartiers de la Colonie, et de procéder extraordinairement contre eux, suivant les pouvoirs de sa charge ; à l'effet de quoi, Sa Majesté lui attribue, en tant que de besoin, toute Cour, Jurisdiction et connoissance ; ordonne Sa Majesté, que les Mémoires du sieur de la Bergerie seront supprimés ; et fait défenses à tous Officiers dudit Conseil Supérieur, de s'ingérer à l'avenir de porter directement aux séances d'icelui, soit de vive-voix ou par écrit, aucune dénonciation, plainte,

plainte ni accusation pour raison de quelques faits, crimes et délits que ce puisse être, si ce n'est qu'après avoir donné avis d'icelui au Procureur-Général de Sa Majesté, il soit refusant de faire les poursuites et diligences nécessaires ; ordonne en outre Sa Majesté que, lorsqu'il y aura partage d'opinions audit Conseil Supérieur, il y sera incessamment vuidé en la manière accoutumée, soit en appelant par ledit Conseil sur le champ d'autres Juges, soit en remettant les affaires, sur lesquelles il se trouvera partage, aux séances les plus prochaines où il se trouvera un nombre suffisant de Juges. Mande et enjoint Sa Majesté, aux sieurs Marquis de Larnage, son Gouverneur et Lieutenant-Général, et Maillart, Intendant des Isles sous le Vent, de tenir la main à l'exécution du présent Arrêt, qui sera enregistré au Greffe du Conseil Supérieur de Léogane. Fait au Conseil d'Etat, &c.

R. au Conseil de Léogane, le 11 Mars 1745.

Cet Arrêt du Conseil d'Etat, étoit accompagné d'un Ordre du Roi, portant destitution de M. de la Bergerie, lequel fut enregistré le même jour 11 Mars 1745, quoique M. de la Bergerie fût décédé à cette époque.

RÉGLEMENT DU ROI, au sujet des Exemptions.

Du 25 Septembre 1744.

SA MAJESTÉ étant informée que depuis le Réglement fait le 24 Avril 1711, par les sieurs de Valernod, Commandant en chef, et Mithon, Ordonnateur à Saint-Domingue, pour fixer les exemptions des droits Royaux et Municipaux, dont devoient jouir les divers Officiers d'épée et de justice, qui se trouvoient alors établis dans ladite Colonie, il y en a été établis d'autres dont les exemptions n'ont point été réglées, et que d'ailleurs il a été fait aussi des changemens par rapport aux droits qui s'y perçoivent : à quoi voulant pourvoir, en faisant en même-tems quelques nouvelles dispositions pour assurer de plus en plus la perception desdits droits ; Sa Majesté, après s'être fait représenter le Réglement desdits sieurs Valernod et Mithon, a ordonné et ordonne ce qui suit :

ART. I. Chaque Communauté Religieuse établie dans les Isles sous le Vent, jouira de l'exemption de tous droits et travaux publics de trente Noirs travaillans sur leurs habitations, et de douze pour la maison.

principale de la résidence de leur Mission, et chaque Religieux Missionnaire ou Prêtre séculier desservant les Paroisses, jouira en outre de l'exemption de trois Négres; les Religieux de la Charité, qui desservent les Hôpitaux de Léogane et du Cap, jouiront de même, dans chacun de ces deux endroits, de l'exemption de quarante-deux Négres, tant pour leur maison, que pour leur habitation.

ART. II. Les Gouverneur Lieutenant-Général et Intendant, jouiront de l'exemption générale du droit d'Octroi, pour tous leurs Négres Domestiques et de jardin; mais ils ne jouiront de l'exemption des autres droits municipaux et corvées publiques, que pour leurs Négres domestiques, et pour cinquante Négres seulement chacun de ceux attachés à leur habitation.

Le Lieutenant de Roi au Gouvernement-Général, de l'exemption de tous droits et corvées pour trente-cinq Négres.

A l'égard des Gouverneurs-Particuliers, Commissaire-Ordonnateurs au Cap, Officiers de l'Etat-Major, Officiers des Troupes et des Milices, Officiers des Conseils Supérieurs, et autres Officiers de Justice, et des autres employés ci-après désignés, ils jouiront des exemptions ainsi qu'il ensuit, savoir:

Les Gouverneurs Particuliers, pour trente Négres étant à leur service. Les Lieutenans de Roi, pour vingt-quatre. Les Majors, pour dix-huit. Les Aides-Majors, Capitaines et les Capitaines de Troupes, tant Françoises que Suisses, pour douze. Les Lieutenans, pour huit. Les Enseignes, pour six. L'Ingénieur en chef, pour douze. Les sous Ingénieurs, ayant Commission de Sa Majesté, chacun pour huit.

Le Commissaire-Ordonnateur au Cap, pour trente Négres. Les Commissaires ordinaires et Contrôleurs, ayant Commissions de Sa Majesté, pour quinze. Les Ecrivains principaux, pour neuf. Les Ecrivains ordinaires, Commis aux Classes et Gardes-Magasins, pour six.

Le Commis principal des Trésoriers-Généraux de la Marine, pour douze Négres. Et les Commis particuliers, chacun pour six. Les Receveurs des Octrois, pour huit.

Les Capitaines de Port, ayant commission de Sa Majesté, pour douze Négres. Et les autres Capitaines de Port, par commission du Général et de l'Intendant, pour six.

Les Médecins du Roi, pour douze chacun. Et les Chirurgiens, dont les appointemens sont sur les Etats du Roi, chacun pour huit.

Les Adjudicataires des Boucheries, chacun pour cinq.

Les Conseillers Titulaires et Honoraires des Conseils Supérieurs, et les Procureurs-Généraux, pour le même nombre de douze chacun. Leurs

Substituts, et les Assesseurs auxdits Conseils, pour six chacun. Le Greffier en chef, pour huit, à condition de délivrer gratis les expéditions concernant les affaires de Sa Majesté.

Les Juges et Sénéchaux, pour huit Négres. Les Lieutenans et les Procureurs du Roi, pour six chacun. Les Substituts desdits Procureurs du Roi, et les Greffiers, pour six chacun, à la charge de délivrer gratis les expéditions concernant les affaires de Sa Majesté.

Les Inspecteurs de Police, au Cap et à Léogane, pour six Négres chacun.

Les Capitaines de Milices, Cavalerie et Infanterie, les Aides-Majors, les Lieutenans, les Enseignes ou Cornettes, (*comme ceux des Troupes*) les Maréchaux-de-Logis, Sergens et Brigadiers, chacun pour quatre Négres.

L'Arpenteur-Général, dans chacun des ressorts des Conseils, pour douze Négres.

Les Grands-Prévôts des Maréchaussées des deux ressorts, chacun pour douze Négres. Les Prévôts particuliers, pour huit Négres. Les Exempts, pour six. Les Brigadiers et les Archers, pour quatre Négres.

Art. III. Les Officiers et autres compris dans les articles précédens, ne jouiront des exemptions que pendant le tems qu'ils seront dans les Offices et emplois, et qu'ils en feront les fonctions, à moins que par leurs ordres de retraite, ils ne soyent expressément maintenus dans leurs priviléges.

Art. IV. Les Nobles, dont les lettres de noblesse auront été enregistrées aux Conseils, seront exempts de douze Négres, à commencer seulement du premier Janvier de l'année qui suivra celle en laquelle ledit enregistrement aura été fait, sans que lesdits Nobles puissent étendre ladite exemption de douze Négres sous le nom de leurs enfans non pourvus, et qui n'auront point leur habitation particulière.

Art. V. Les veuves des Privilégiés ci-dessus mentionnés, jouiront pendant leur viduité de la même exemption dont jouissoient leurs maris, pourvu que jusqu'au jour de leur décès, ils fussent encore pourvus de leurs Offices et Commissions.

Art. VI. Seront aussi exempts tous les Habitans non demeurans dans les Villes et Bourgs, qui n'auront que quatre Négres et au-dessous.

Art. VII. Sa Majesté veut bien accorder aux pères de famille qui auront douze enfans vivans, l'exemption générale, leur vie durant, pour tous leurs Négres, de tous droits, impositions et corvées publiques, et à ceux qui en auront dix, la moitié de ladite exemption.

Art. VIII. Ceux qui feront de nouveaux établissemens dans ladite Colonie de Saint-Domingue, sur les terres à défricher, jouiront pendant deux années de l'exemption de tous les Négres qu'ils y employeront, et de tous droits et corvées publiques, à la charge par ceux qui feront lesdits établissemens, d'en faire mention dans leurs recensemens, ce qui sera certifié par le Commandant du quartier, au bas dudit recensement.

Art. IX. Un Privilégié associé pour une habitation, par acte passé pardevant Notaire, dont il restera minute, avec un Habitant non privilégié, jouira des exemptions dont il a droit de jouir par ces presentes, sur les Négres travaillans sur ladite habitation, qui seront censés lui appartenir, par proportion à la part qu'il aura dans ladite société, et il sera tenu de joindre à son recensement (pour en faire relever l'omission) l'acte de société qu'il aura faite, à l'effet de jouir de ladite exemption.

Art. X. Ne jouiront des susdites exemptions, que ceux qui auront fait mention dans leurs recensemens du titre et de la qualité auxquels elles sont attribuées, et ne seront reçus pendant le cours et après l'arrêté du recensement, à en faire relever l'omission.

Art. XI. Ne jouiront des exemptions ci-dessus, les Habitans des Isles sous le Vent, quoiqu'ils ayent des qualités, des emplois et des titres auxquels elles sont accordées, lorsqu'ils ne feront pas leur résidence ordinaire auxdites Isles.

Art. XII. Le droit d'Octroi dû par chaque année sur les Négres, étant acquis à Sa Majesté le premier Janvier de la même année, Elle veut que, pour parvenir au recouvrement d'icelui, tous les Habitans, de quelque qualité et condition qu'ils soient, exempts ou non exempts, les Ecclésiastiques, Religieux ou Religieuses, ou leurs Agens ou Procureurs, soient tenus, chacun à leur égard, de faire tous les ans leur déclaration de tous les Blancs, Négres, Négrillons, Négresses et Négrittes, Domestiques, Ouvriers de jardin et autres, qui composent leur Maison, Communauté et Habitation, par noms, surnoms et âge, et y feront mention exacte de la nature du fonds de chaque Habitation, soit sucreries en blanc ou brut, indigoteries ou autres cultures, du nombre de moulins à bêtes ou à eau, des bestiaux, vivres, armes et munitions de guerre; et si lesdites feuilles sont fournies par les Procureurs ou Economes, ils mettront au bas de leurs signatures, et à la tête de ladite feuille, le nom du Propriétaire pour qui ils agissent, et de quelle compagnie ils dépendent, laquelle déclaration ils certifieront véritable, pour servir à dresser le recensement général de l'année suivante, et la remettront, à cet effet, dans le mois de Novembre de chaque année, aux Capitaines et Officiers de Milices de leur quartier, dans chaque Paroisse, lesquels seront tenus de se tenir consécutivement à la Messe, les trois premiers Dimanches dudit mois, pour les recevoir; et faute par les Habitans d'y satisfaire dans ledit tems, les privilégiés défaillans seront privés, pour l'année suivante, de l'exemption dudit droit, et les autres Habitans aussi défaillans, en cent livres d'amende chacun, sans que ces peines puissent être réputées comminatoires.

Art. XIII. Tout Habitant qui aura deux ou plusieurs habitations dans les mêmes quartiers et Paroisses, sera tenu de donner déclaration séparément, des Blancs, Noirs, Vivres, &c., qu'il aura sur chaque habitation; et s'il en a dans d'autres Quartiers et Paroisses, Sa Majesté lui défend de donner sa déclaration dans d'autres Paroisses que celles où chacune de ses habitations se trouvera située.

Art. XIV. Le Capitaine ou Officier de Milices, recevant lesdites déclarations, aura soin de signer lesdites feuilles, et d'y faire signer deux personnes avec lui, dans le cas où l'Habitant ou Econome n'auroit signé que par une marque ordinaire, il gardera l'une pardevers lui, et rendra l'autre ainsi signée, à l'Habitant, qui lui servira, soit pour composer son recensement l'année suivante, avec les changemens qui seront arrivés, soit pour avoir sa décharge de la remise qu'il en aura faite dans chaque année, ou pour avoir la preuve, en cas de Négres tués ou pris en maronage, que lesdits Négres ont été déclarés, ainsi qu'il sera dit ci-après.

Art. XV. Les Négres tués ou pris en maronage, condamnés à peine de mort ou aux galères, par justice, ne seront remboursés, sous quelque prétexte que ce soit, à l'Habitant, sur les deniers publics, s'il ne prouve, par son recensement, qu'il les a déclarés; et ceux qui auront été constitués prisonniers pour maronage ou autres délits, ne seront rendus qu'en justifiant pareillement de leur déclaration, sinon ils seront confisqués, pour être employés sur les travaux de Sa Majesté, et l'Habitant condamné en 500 liv. d'amende, conformément à l'article 17 du présent Réglement.

Art. XVI. Les rôles pour la perception dudit droit seront arrêtés, le 15 Janvier de chaque année, par l'Intendant et par le Commissaire-Ordonnateur, sur les déclarations et listes qui leur seront envoyées par les Commandans ou Officiers de Milices de chaque quartier, sur lesquelles il sera dressé un rôle général, dont il sera ensuite envoyé des extraits de ceux de chaque quartier, au Receveur qui y sera établi, pour en faire le recouvrement sur les quittances qui en seront relativement expédiées à l'ordinaire, après avoir été visées par celui qui sera commis par l'Intendant.

Art. XVII. En cas de fausses déclarations sur le nombre des Noirs, Sa Majesté veut, qu'après la vérification qui en aura été faite par les ordres des Gouverneur-Général et Intendant, les Esclaves qui auront été recelés et non déclarés, soient confisqués, et les propriétaires d'iceux condamnés en 500 liv. d'amende, et en outre que les Privilégiés qui auront fait de fausses déclarations, demeurent déchus pour toujours des exemptions à eux accordées.

Art. XVIII. Le recouvrement des droits d'Octroi se fera par privilége et préférence à toutes dettes et priviléges quelconques sur les rôles qui seront arrêtés à cet effet; mais tous les Habitans qui n'auront pas payé dans les trois premiers mois de l'année, y seront ensuite contraints par voie de garnison, à la diligence des Receveurs, qui, à cet effet, en remettront les listes aux Commandans des quartiers, qui donneront en conséquence sur ce, les ordres nécessaires.

Art. XIX. Le sieur Intendant, à son défaut, le Commissaire-Ordonnateur, demeurera seul juge de toutes les contestations qui surviendront, concernant la perception dudit droit, et l'exécution du présent Réglement, circonstances et dépendances, lui en confirmant Sa Majesté, en tant que besoin, la connoissance privativement à tous autres Juges, ainsi que de tous autres droits à Elle appartenans, et les Jugemens et Ordonnances dudit sieur Intendant, ou Commissaire-Ordonnateur à son défaut, seront exécutés par provision, nonobstant l'appel, qui ne pourra être porté qu'au Conseil de Sa Majesté.

Art. XX. Les Capitaines de Vaisseaux Négriers, continueront de faire, aussi-tôt après leur arrivée, leur déclaration au Bureau de l'Intendance ou à celui des Classes, dans les quartiers particuliers, des Négres, Négresses, Négrillons et Négrittes dont leurs Vaisseaux seront chargés, tant de la cargaison que de leurs pacotilles, pour servir à l'expédition des certificats du retour de leur cargaison et des pacotilles; si par la visite qui sera faite à leur bord avant la vente, il s'en trouve d'omis ou de recelés, ils seront confisqués pour être employés sur les travaux de Sa Majesté; et en outre le Capitaine destitué de toute navigation à son retour en France, sur le compte qui en sera rendu au Secrétaire d'Etat, ayant le département de la Marine,

Art. XXI. La visite de santé desdits Vaisseaux Négriers, sera faite dans chaque rade où ils arriveront, par le Médecin et Chirurgien qui y sont entretenus au service de Sa Majesté; et dans les quartiers où il n'y aura point de Médecin, elle sera faite conjointement avec le Chirurgien-Major et celui de l'Amirauté; et à défaut de ce dernier, par un autre du lieu, qui y sera commis par le Commissaire ou Ecrivain principal, et en présence de ceux qui seront préposés à cette visite par le Gouverneur Lieutenant-Général pour Sa Majesté, et l'Intendant, et dans les autres quartiers, par l'Officier-Major qui y commande, et le Commissaire, ou en faisant les fonctions, dont ils dresseront procès-verbal de la santé ou maladie des Négres de ladite cargaison; et il sera procédé dans le même-tems au dénombrement des Négres qui composent ladite cargaison, pour en faire la déclaration et la vérification, par celui qui sera préposé par l'Intendant ou Commissaire, et auquel, ainsi qu'aux Médecins et Chirurgiens, il sera payé les émolumens ordinaires par les Capitaines, pour ladite visite; ne pourront, lesdits Capitaines, ouvrir leurs ventes, que sur la permission qui leur en sera ensuite donnée, par écrit, par le Gouverneur Lieutenant-Général et l'Intendant, et dans les autres quartiers, par les Commandans.

Mande et ordonne Sa Majesté, aux sieurs Marquis de Larnage, Gouverneur et son Lieutenant-Général, et Maillart, Intendant des Isles sous le Vent, aux Conseils Supérieurs séans à Léogane et au Cap, et autres Officiers qu'il appartiendra, de tenir la main, chacun en droit soi, à l'exécution du présent Réglement, &c.

R. au Conseil de Léogane, le 18 Septembre 1745.
Et à celui du Cap, le 3 Janvier 1746.

Arrêt du Conseil du Cap, qui déboute un Conseiller en la Cour des fins de sa Requête, tendante à avoir expédition d'une information des vie et mœurs faite à l'égard d'une personne avec laquelle il avoit, comme fondé de procuration, des discussions d'intérêt.

Du 8 Octobre 1744.

DÉCLARATION DU ROI, portant que le droit d'Octroi de 3 liv. par tête de Négres travaillans, sera réduit à 40 sols, mais portera sur tous les Négres, grands et petits, infirmes et sur-âgés, mais qu'il sera néanmoins tenu compte des exemptions sur le pied de 3 livres.

Du 25 Octobre 1744.

R. au Conseil de Léogane, le 18 Septembre 1745.
Et à celui du Cap, le 3 Janvier 1746.

LETTRE de Cachet, pour qu'il ne soit enregistré dans les Conseils, aucuns Edits, Lettres, Déclarations, &c., que ceux adressés par le Secrétaire d'Etat ayant le Département de la Marine.

Du 26 Octobre 1744.

MONS. le Marquis de Larnage, et Mons. Maillart: Quoique je vous aye déjà expliqué ce que vous devez observer par rapport à l'enregistrement, en mes Conseils Supérieurs des Isles sous le Vent, de mes Edits, Déclarations et autres Expéditions, je vous fais cette Lettre pour vous dire que mon intention est que vous empêchiez qu'il soit enregistré, auxdits Conseils Supérieurs, non-seulement aucuns Edits, Déclarations, Arrêts, Réglemens et Ordonnances, autres que ceux qui, par mes ordres, vous seront adressés par mon Secrétaire d'Etat, ayant le département de la Marine; mais encore aucunes Lettres de Grace, de Rémission ou d'Abolition, Lettres d'Anoblissement, de Confirmation de Noblesse, de Relief, de Surannation ou de Dérogeance à Noblesse, Lettres de Naturalité, ni autres Expéditions de mon Sceau, ni de mon Conseil d'Etat, qu'après que mondit Secrétaire d'Etat vous aura fait savoir de ma part, que je trouve bon qu'on procède auxdits enregistremens: sur ce, je prie Dieu, &c.

R. au Conseil de Léogane, le 12 Mars 1745.
Et à celui du Cap, le 5 Juillet suivant.

ORDONNANCE DU ROI, qui défend les Jeux de hasard aux Colonies.

Du 4 Novembre 1744.

ORDONNANCE des Administrateurs, qui permet au sieur Branchu l'établissement d'un Bac sur la Rivière du Bourg du Trou Jérémie, au Quartier de la Grande Anse, pour lequel sera payé:

Par chaque Blanc à cheval, son valet compris, 1 liv. 10 sols; et à pied, moitié.

Pour un Esclave à cheval, 15 sols, et à pied, moitié.

Pour les charges qui exigeront qu'on arrête le Bac pour charger et décharger, par voyage, la charge d'un cheval comprise, 3 liv. Pour une charge simple, 7 sols 6 deniers.

Avec faculté au Lieutenant de Juge, aux Officiers de Milices et aux Habitans qui se rendront pour monter leurs gardes, de passer gratis.

Du 5 Novembre 1744.

R. au Greffe de l'Intendance.

ARRÊT du Conseil de Léogane, qui, en infirmant une Sentence du Siège Royal de la même Ville, autorise le sieur Berges, Négociant dudit lieu, à payer aux sieurs Beauvais et Renard, Négocians au Cap, 1647 liv. 10 sols en denrées du Pays, pour un Mandat tiré par un Habitant, et accepté par ledit sieur Berges.

Du 10 Novembre 1744.

LETTRE du Ministre aux Administrateurs, pour que ces derniers soient appelés Nosseigneurs *par toutes personnes, dans les Requêtes et Demandes.*

Du 11 Novembre 1744.

SUR la demande que vous avez faite, de savoir si lorsque les Officiers de Saint-Domingue ont à vous présenter en commun des Requêtes sur leurs affaires particulieres, ils doivent les intituler *à Nosseigneurs*; le Roi m'a ordonné de vous marquer qu'il ne doit pas y avoir de difficulté sur cela; que c'est une forme à laquelle sont assujétis tous ceux qui ont des affaires à votre Tribunal; et qu'il n'y a point d'Officiers, de quelque rang, qualité et condition qu'ils soient, qui puissent s'en dispenser; Sa Majesté vous ordonne même de vous régler là-dessus.

R. au Greffe de l'Intendance, le 7 Juin 1745.

DÉCLARATION DU Roi, concernant les Comptables de Saint-Domingue, et la saisie de leurs Négres, même attachés à la culture.

Du 13 Novembre 1744.

LOUIS, &c. Par notre Réglement du 25 Septembre dernier, Nous avons fait de nouvelles dispositions pour assurer de plus en plus la perception du droit d'Octroi, que les Habitans de notre Colonie de Saint-Domingue, payent par tête de leurs Négres-Esclaves, et Nous avons lieu de croire que ces Habitans se conformeront à ces dispositions, avec d'autant plus de zèle et d'exactitude, que le produit, non-seulement de ce droit et des autres droits d'Octroi, mais encore de nos droits Royaux dans cette Colonie, est uniquement affecté et constamment employé aux dépenses que Nous faisons pour sa défense et pour ses progrès; mais d'un autre côté, la conduite de plusieurs Receveurs de ces différens droits, qui ont la hardiesse d'employer les deniers de leur recette en acquisitions d'habitations pour leur compte, et à leurs autres affaires particulières, demande que Nous prenions des mesures, tant pour accélérer le recouvrement des sommes dont ils se trouvent reliquataires, et l'emploi qui doit en être fait aux besoins de la Colonie ; que pour empêcher de semblables infidélités ; c'est dans cette vue que Nous avons donné des ordres pour les poursuites à faire contre les comptables qui sont tombés dans ce cas, et que par Arrêt de notre Conseil d'Etat, du 6 Août 1740, Nous avons ordonné que tous Receveurs desdits droits, pourront être, ainsi que leurs cautions et certificateurs, poursuivis pour le paiement des sommes dont ils se trouvent reliquataires, par la saisie mobilière de tous leurs Négres, généralement quelconques, soit que lesdits Négres soient attachés à des habitations ou non, nonobstant l'article 48 de l'Edit du mois de Mars 1685, concernant les Esclaves des Isles, auquel Nous avons dérogé, quant à ce, par ledit Arrêt ; c'est aussi dans la même vue, qu'informé des difficultés qui se rencontrent dans les saisies réelles et décrets des biens-fonds aux Isles, tant par rapport aux formalités prescrites par la Coutume et les Ordonnances, et dont la plupart sont ignorés, que par rapport à la longueur des procédures, et aux frais immenses qu'elles entraînent, Nous avons jugé nécessaire d'établir des régles particulières pour parvenir à la vente des immeubles desdits comptables reliquataires, en faisant cesser les obstacles et les inconvéniens qui se trouvent dans les saisies réelles, et voulant expliquer nos intentions sur une matière si intéressante pour notre service et pour la sûreté de notre Colonie. A ces causes, &c., voulons et nous plaît ce qui suit :

Art. I. Dans les cas où les comptables reliquataires desdits droits, ou leurs cautions et certificateurs, devront être poursuivis, par la vente de leurs habitations ou autres immeubles, pour le paiement de leur débet et reliquat, voulons que sur les Ordonnances qui seront rendues à cet effet par ledit Intendant de ladite Colonie, lesdits immeubles soient criés et publiés par trois Dimanches consécutifs, pour être ensuite adjugés à l'audience, après une remise de huitaine seulement, au plus offrant et dernier enchérisseur, par les Juges de nos Jurisdictions, dans le ressort desquelles ils seront situés, et que les adjudications qui seront ainsi faites, ayent la même force et valeur qu'elles auroient s'il y eût été procédé en conséquence des saisies réelles ; et dérogeons, quant à ce, et pour ce regard seulement, à tous Edits, Déclarations, Ordonnances, Réglemens, Arrêts, Us et Coutumes à ce contraires.

Art. II. N'entendons néanmoins que lesdites adjudications puissent nuire ni préjudicier aux droits des créanciers qui prétendroient que les biens n'auroient pas été portés à leur juste valeur, ou qu'après l'acquittemen des débets desdits comptables, il resteroit encore des fonds pour l payement de ce qui leur seroit dû ; à l'effet de quoi, il leur sera perm de se pourvoir, ainsi qu'il sera dit ci-après, dans le tems et espace d'une année seulement, à compter du jour que lesdits biens auront été adjugés.

ART. III. Lorsque lesdits créanciers prétendront que les biens n'ont pas été portés à leur juste valeur, il leur sera permis de faire au Greffe une sur-enchère, qui ne pourra être moindre que le dixième du prix porté par l'adjudication; et après trois publications et une remise, il sera procédé à une nouvelle adjudication sur ladite sur-enchère, ou sur celles qui pourront être survenues depuis, à quelques sommes qu'elles puissent monter.

ART. IV. Et en ce qui concerne le cas où les créanciers auroient lieu de prétendre seulement qu'il y a de l'excédent dans le prix de l'adjudication sur lequel ils peuvent être payés, voulons qu'après que Nous aurons été remplis des sommes à Nous dûes, l'excédent, si aucun y a, demeure entre les mains de tels dépositaires qui seront nommés par le sieur Intendant, pour être distribué, suivant les régles ordinaires, entre les créanciers qui se présenteront dans le terme marqué par l'article deux des présentes, à laquelle distribution il sera procédé par les Juges des Jurisdictions où les Adjudications auront été faites.

ART. V. Voulons pareillement et ordonnons que lesdits comptables reliquataires, leurs cautions et certificateurs, puissent être poursuivis par la saisie mobiliaire de tous leurs Négres, généralement quelconques; conformément audit Arrêt de notre Conseil d'Etat, du 10 Août 1740, lequel sera exécuté selon sa forme et teneur.

ART. VI. Les oppositions qui pourront être formées auxdites ventes, tant des Négres que des immeubles, seront jugées sommairement par ledit sieur Intendant, auquel Nous en attribuons, en tant que de besoin, la connoissance par ces présentes, et seront lesdits Jugemens exécutés en dernier ressort et sans appel.

ART. VII. N'entendons néanmoins prohiber, par ces présentes, la voie de la saisie réelle, dans les cas où elle sera jugée nécessaire pour la sûreté du recouvrement desdits débets; mais dans lesdits cas, les formalités prescrites par la Coutume et les Ordonnances, seront observées sous les peines y portées.

ART. VIII. N'entendons non plus, par les dispositions ci-dessus, donner aucune atteinte aux poursuites personnelles à faire contre lesdits comptables, voulons au contraire, que par ledit sieur Intendant, le procès leur soit fait et parfait, et à leurs complices, fauteurs et adhérens, pour raison du divertissement des deniers provenans de leur recette, et icelui jugé difinitivement et en dernier ressort, suivant l'exigence des cas, la rigueur de nos Ordonnances, et les formalités prescrites par icelles. Si donnons en mandement à nos amés et féaux les Gens tenans nos Conseils Supérieurs, &c.

R. au Conseil de Léogane, le 18 Septembre 1745.
Et à celui du Cap, le 3 Janvier 1746.

ARRÊT du Conseil d'Etat, sur la manière de faire le Procès aux Comptables.

Du 15 Novembre 1744.

LE ROI ayant ordonné par l'article 8 de la Déclaration du 13 du présent mois, concernant les Receveurs des droits d'Octrois, &c.; et Sa Majesté voulant expliquer plus particulièrement ses intentions à ce sujet : Oui le rapport : LE ROI étant en son Conseil, en interprêtant l'article 8 de ladite Déclaration, a ordonné et ordonne qu'à la requête des Procureurs-Généraux des Conseils Supérieurs de Saint-Domingue, le procès sera fait par ledit Intendant auxdits comptables, leurs fauteurs et adhérens, pour raison dudit divertissement des deniers provenans de leur recette, et icelui jugé définitivement et en dernier ressort par ledit sieur Intendant, avec lesdits Conseils Supérieurs, chacun dans l'étendue de son ressort, Sa Majesté leur attribuant à cet effet toute jurisdiction et connoissance, qu'Elle a interdit à toutes ses autres Cours et Juges; pourra ledit sieur Intendant rendre seul tous les jugemens d'instruction qu'il conviendra, même ordonner les récolemens et confrontations, suivant l'exigence des cas; et seront lesdits jugemens exécutés en dernier ressort et sans appel; lui donne en outre pouvoir, Sa Majesté, de subdéléguer pour l'instruction, et de commettre pour Greffier dans lesdits procès, telles personnes de qualité requise qu'il jugera à propos; et sera le présent Arrêt enregistré aux Conseils Supérieurs séans au Cap et à Léogane. Fait au Conseil d'Etat, &c.

R. au Conseil de Léogane, le 18 Septembre 1745.
Et à celui du Cap, le 3 Janvier 1746.

ARRÊT du Conseil de Léogane, qui, en infirmant une Sentence du Siége Royal de la même Ville, autorise Me Demortier, Notaire et Substitut audit Siége, à payer, en la denrée que fabrique son habitation, un billet à ordre de 4,500 liv. par lui souscrit; lui défend néanmoins de consigner ladite denrée.

Du 24 Novembre 1744.

LETTRE du Ministre à M. Maillart, sur l'Espèce de Papier-monnoie par lui introduit.

Du 30 Novembre 1744.

J'AI examiné, avec une attention particulière, votre Ordonnance du 20 Juillet dernier, et les observations que vous m'avez faites pour m'expliquer les motifs qui vous y ont porté.

Je dois vous dire d'abord, que vous avez excédé votre pouvoir, en établissant un crédit public, tel que celui que vous avez donné aux Ordonnances que vous avez expédiées sur les différens Receveurs des droits du Roi à Saint-Domingue; vous auriez dû faire attention que c'est-là un pouvoir réservé à Sa Majesté seule, et qu'Elle ne communique à personne; et quoique par le Réglement que vous avez rendu, vous ne fassiez mention que de la sortie et de la rentrée de ces Ordonnances dans les caisses de Sa Majesté, il n'en est pas moins vrai que vous n'avez pas une autorité suffisante pour une semblable opération; car enfin c'est toujours verser dans le public un papier qui doit avoir le même crédit que l'argent, et y circuler de même.

Mais, au fond, cette opération est-elle bonne, et convient-il de l'autoriser? Les expériences qui ont été faites, en différens tems et en divers endroits sur cette matière, ne permettent pas de se flatter qu'elle puisse avoir un bon succès; mais sans entrer dans le détail de toutes ces expériences, je me contenterai de vous observer, que le désordre qui règne depuis quelque tems dans les finances et dans le commerce de la Louisiane, ne vient principalement que du versement qu'on a fait dans cette Colonie, d'Ordonnances expédiées par l'Ordonnateur et d'autres papiers du Commis des Trésoriers. Tout ces papiers sont en effet bientôt tombés dans le discrédit, et ils ont donné lieu à un agiotage qui a été d'autant plus funeste à cette Colonie et à son commerce, que les prix de toutes choses, et même de la main-d'œuvre, y ont augmenté à mesure que le crédit des Ordonnances et Papiers des Trésoriers y est tombé.

Il est vrai qu'on les a trop multipliés, au lieu que vous avez fixé à 150,000 liv. le total des Ordonnances que vous avez expédiées, et que vous en aurez sans doute suivi la sortie et la rentrée dans les caisses avec l'ordre nécessaire. Mais quelqu'attention que vous puissiez y donner, il seroit impossible d'empêcher que ces Ordonnances ne fussent négociées, et qu'on en fît un agiotage qui en feroit bientôt tomber le crédit : peut-être même cela est-il déjà arrivé. En effet, un papier ne peut soutenir solidement son credit, qu'autant que le fonds en est assuré de manière que le remboursement puisse en être fait à sa présentation, et vos Ordonnances ne sauroient être dans ce cas là.

C'est par ces considérations que le Roi, à qui j'ai rendu compte de tout ce que vous m'avez marqué sur cet arrangement, n'a pas jugé à propos de l'approuver. Sa Majesté a bien voulu cependant ne pas révoquer Elle-même votre Réglement du 10 Juillet ; mais Elle veut qu'à la réception de cette dépêche, vous cessiez de faire distribuer aucune des Ordonnances en question, que vous dressiez un procès-verbal qui constate la quantité de celles qui se trouvent dans le public, et les sommes auxquelles elles monteront, et que vous preniez les mesures les plus justes pour les faire rentrer toutes le plus promptement qu'il sera possible dans la caisse.

Le Papier fut retiré et supprimé.

ARRÊT du Conseil du Cap, qui, d'après le Parère des Négocians de la même Ville, accorde au sieur Millot, l'un d'eux, un pour cent de droit de commission, pour la garde d'un billet ; et lui donne acte de l'abandon qu'il fait du montant dudit droit à la Maison de Providence.

Du 11 Décembre 1744.

ARRÊT de Réglement du Conseil de Léogane, en exécution de l'art. 279 de la Coutume de Paris, et de l'Edit des secondes noces.

Du 12 Janvier 1745.

ENTRE Me de Batz, Lieutenant-Particulier en la Sénéchaussée de Saint-Marc, appelant d'une part ; contre le Tuteur du mineur de Barail, d'autre part. Le Conseil prononçant sur la liquidation acquise aux parties, dans le partage de la communauté de la dame veuve Barail et de Me de Batz, son second mari, ordonne que le mineur de Barail prendra sans aucune part d'enfant, ce qu'il justifiera que la dame sa mère a eu de propres ou d'acquêts, tant avant son premier mariage que depuis, ainsi que ce qu'elle a eu de la libéralité de son premier mari, tant par donation, que d'acquis par la premiere communauté, soit en meubles, soit en immeubles, qui n'ont pu entrer dans la seconde, comme étant réservés dans la seconde partie de l'Edit des secondes noces, et par l'article 279 de la coutume, et que ledit mineur reprendra aussi ce qu'il justifiera que ladite dame sa mère aura apporté dans la seconde communauté ; et que Me de Batz reprendra pareillement ce qu'il justifiera avoir apporté, le surplus de laquelle communauté sera partagé, en la manière accoutumée, entre le premier enfant du premier lit, et Me de Batz, son beau-père, après qu'il aura préalablement levé, sur ladite communauté, le préciput stipulé en faveur dudit Me de Batz.

Et sur ce qui appartiendra à l'enfant mineur, et ce qu'il reprendra, tant sur ladite communauté, que par privilége d'icelle, ledit Me de Batz prendra une part et portion d'enfant, suivant la première partie de l'Edit, et le remboursement des frais funéraires sur les quittances qu'il en présentera, ainsi que la récompense, tant pour les amélioriations faites par lui sur les immeubles de la femme, et ce à dire d'experts, et en tenant compte des anciens matériaux ; et encore les dettes payées pendant le second mariage, et créées avant, ou acquittées ou cautionnées depuis le décès de la dame veuve Barail, avec les intérêts, et même sur tous les biens de l'enfant du premier lit, si les effets de la seconde communauté ne se trouvent pas suffisans, dépens compensés. Ordonne ladite Cour, que le présent Arrêt sera lu, publié et affiché par-tout où besoin sera, et que copies collationnées seront envoyées dans les Jurisdictions du ressort, pour y être lues, &c.

LETTRE DU ROI aux Administrateurs, pour les autoriser à ordonner l'exécution de l'avis des Officiers de l'Amirauté, tant pour la vente des prises faites sur les ennemis, que pour leur liquidation et partage, à l'exception de celles qui pourroient être faites sous pavillon neutre, à l'égard desquels l'art. XI. du Réglement du 22 Avril 1744, sera exécuté.

Du 17 Février 1745.

R. en Amirauté du Cap, le 7 Juin suivant.

BREVET de dispense d'âge, pour le sieur Bonfils, Lieutenant de Juge de la Sénéchaussée du Cap, âgé de vingt ans trois mois.

Du premier Avril 1745.

R. au Conseil du Cap, le 6 Octobre suivant.

ORDONNANCE des Administrateurs, portant établissement d'une Compagnie de Cannoniers-Bombardiers.

Du 22 Avril 1745.

R. au Greffe de l'Intendance, le 7 Mai.

Cette Ordonnance est exactement répétée dans celle de Sa Majesté du 15 Décembre suivant.

ORDONNANCE des Administrateurs, portant, 1°. que les Directeurs des Postes taxeront, à peine de répondre de la taxe, toutes les Lettres, excepté celles contresignées des Ministres, et cachetées de leurs cachets, et autres venant de la Cour contresignées, ainsi que celles contresignées du Gouverneur-Général et de l'Intendant; 2°. que les Lettres adressées aux Gouverneur-Général et Intendant, aux Gouverneurs-particuliers, Commissaire-Ordonnateur au Cap, Lieutenans-de-Roi, Majors, Commissaires de la Marine, Contrôleur, Procureurs-Généraux, Ecrivains principaux, Commandant d'Artillerie, Ingénieur en chef, Tresorier-principal de la Marine, Greffier de l'Intendance, Secrétaires du Gouverneur-Général et de l'Intendant, Premier Commis des Bureaux de l'Intendance et Directeurs des Postes, seront franches de port.

Du 29 Avril 1745.

R. au Greffe de l'Intendance, le lendemain.

ORDONNANCE des Administrateurs, qui fait de nouveau défenses aux Habitans de la Plaine et de la Ville, et aux Capitaines de Navires de la Rade du Cap, d'y faire couper du bois par leurs Equipages et leurs Négres, à peine d'en répondre, et de 500 liv. d'amende, dont moitié au Roi, un quart à l'Hôpital, et l'autre quart à celui qui en donnera avis.

Du 30 Avril 1745.

R. au Greffe de l'Intendance le même jour.

ORDONNANCE des Administrateurs, qui défend à tous particuliers, Capitaines de Navires et autres, de couper du bois, ni prendre de la Roche-à-chaux dans les Bayes de Cavaillon et des Flamands, dans la partie du Sud, à peine de confiscation des objets, et de 500 liv. d'amende, moitié au Roi, moitié au Dénonciateur.

Du 6 Mai 1745.

R. au Greffe de l'Intendance, le même jour.

ORDONNANCE des Administrateurs, concernant les personnes qui arrivent dans la Colonie et se disent Mariées, et le tems de domicile pour y contracter Mariage.

Du 6 Mai 1745.

CHARLES Brunier, Marquis de Larnage, &c.

Simon-Pierre Maillart, &c.

Esant informés que quantité de personnes arrivant en cette Colonie, s'y portent pour mariées, et vivent ensemble comme telles, sans produire aucune preuve ni certificat en forme de leurs prétendus mariages; que d'autres parviennent à s'y marier, sans observer les régles prescrites par les saints Canons, les Edits, Ordonnances et Déclarations, tant sur la nécessité de la présence du propre Pasteur, de son consentement, ou de la permissson de l'Evêque Diocésain, dans le cas du changement de domicile, que sur le tems requis pour acquérir ce domicile; que plusieurs autres enfin, engagées déjà par les liens du mariage, une fois dans ce pays, en secouent le joug, et y en contractent de nouveaux: Nous, sous le bon plaisir de Sa Majesté, et en attendant qu'Elle-même y pourvoie par un Réglement qui, en obviant à tous abus, assure l'état des hommes qui naissent en cette Colonie, avons jugé pressant d'en arrêter les progrès, et d'ordonner en conséquence:

ART. I. Que ceux qui sont passés ou passeront dans cette Colonie avec leurs femmes, seront, à la première réquisition du Curé de leur Paroisse, ou du Procureur du Roi de la Jurisdiction dans laquelle ils demeurent ou demeureront, obligés de justifier, par actes authentiques, comme ils sont véritablement et légitimement mariés ensemble.

Art. II. *Que dans le cas où ils n'auroient point apporté les actes nécessaires pour constater la vérité et la légitimité de leur mariage, il leur sera accordé, pour faire venir lesdits actes ou preuves, un délai d'un an, à compter du jour de la publication de la présente Ordonnance, ou au moins du jour qu'ils auront été requis par leur Curé, ou par le Procureur du Roi de leur Jurisdiction, d'administrer cette preuve.*

Art. III. Qu'ils seront néanmoins tenus de leur déclarer, dès le moment de cette réquisition, leurs vrais noms de baptême et de famille, ceux de leurs pères et mères, les lieux de leur naissance, ceux où ils demeuroient ordinairement, et immédiatement avant de passer en cette Colonie, le Diocèse et la Paroisse où ils ont été mariés, par qui et l'année que ce Sacrement leur a été conféré.

Art. IV. Que ceux qui ne satisferont point à ce qui est prescrit par les trois articles ci-dessus, seront regardés comme concubinaires publics, et comme tels poursuivis pardevant le Juge du lieu, à la requête du Procureur du Roi.

Art. V. Qu'aucun Prêtre ni Curé ne pourra conjoindre en mariage ceux qui, arrivés d'Europe en cette Colonie, n'y auront point passé un an, et ne seront pas demeurans actuellement et publiquement depuis six mois dans leurs Paroisses, à moins qu'ils ne justifient d'une permission expresse et par écrit de leur Curé ou de l'Evêque Diocésain de leur dernier domicile en France.

Art. VI. Qu'ils ne pourront pareillement conférer ce Sacrement à ceux qui, bien que depuis long-tems en cette Colonie, ne seront pas résidens actuellement et publiquement depuis six mois dans leurs Paroisses, s'ils ne font apparoir d'une permission spéciale et par écrit du Curé de la Paroisse dont ils sortent, ou du Préfet Apostolique.

Art. VII. Que tous les particuliers, tant anciens que nouveaux, venus dans cette Colonie, qui voudront s'y marier, seront en outre tenus de rapporter à leurs Curés un acte de notoriété, comme ils ne sont point mariés ailleurs, pour l'obtention duquel acte, ils produiront devant le Juge dont ils ressortissent, s'ils demeurent dans le principal lieu du Siége, ou à defaut, devant le Notaire du Quartier, des personnes connues, et dont la probité ne sera point suspecte, lesquelles affirmeront par serment la sincérité de leurs témoignages. Prions MM les Officiers des Conseils Supérieurs de cette Colonie, de faire enregistrer la présente Ordonnance; et mandons aux Procureurs du Roi des différentes Jurisdictions, de veiller à son exécution. Sera la présente Ordonnance enregistrée au Greffe de l'Intendance, lue, publiée et affichée, &c. Donné à Léogane, &c.

R. au Conseil du Cap, le 6 Juillet 1745.
Et à celui de Léogane, le 13 *du même mois.*

ORDONNANCE *des Administrateurs, concernant les Ecoles.*

Du 7 Mai 1745.

CHARLES Brunier, Marquis de Larnage, &c.
Simon-Pierre Maillart, &c.

Sur ce qui Nous a été remontré qu'il y a des Gens dans cette Colonie qui s'ingèrent, de leur autorité privée, d'enseigner à lire et à écrire aux enfans, soit dans les Villes et Bourgs, soit dans les Habitations, sans que leur capacité et probité soient connues de personne; la matière Nous a paru d'une conséquence à mériter d'y pourvoir, puisque c'est dans les premiers principes que la jeunesse reçoit, qu'elle doit puiser la connoissance et l'attachement à la Religion, l'obéissance aux Loix et Ordonnances du Royaume, et la fidélité au Roi et à l'Etat, ce qui ne sauroit demander des Gens trop instruits eux-mêmes de ces principes, et capables de les imprimer à leurs Eleves. A ces causes, Nous faisons très-expresses inhibitions et défenses à toutes personnes de l'un et de l'autre sexe, de s'ingérer de tenir de petites écoles pour enseigner aux enfans à lire et à écrire, ni d'aller enseigner sur les habitations, s'ils n'ont auparavant une approbation par écrit du Curé de la Paroisse où ils seront établis, enregistrée au Greffe de la Jurisdiction, sous peine de 50 liv. d'amende, applicable aux pauvres honteux de la Paroisse, auxquels les Curés en feront la distribution, et d'un mois de prison, et de plus grosse en cas de récidive; lesquelles peines seront ordonnées par le Juge, à la poursuite et diligence du Procureur du Roi, que nous chargeons de tenir la main à l'exécution de la présente Ordonnance, laquelle sera enregistrée dans les Conseils Supérieurs et au Greffe de l'Intendance. Donné à Léogane, &c.

R. au Conseil du Cap, le 6 *Juillet* 1745.
Et à celui de Léogane, le 13 *du même mois.*

ARRÊT du Conseil de Léogane, qui ordonne que les Marguilliers qui ont été en exercice depuis 1723, leurs héritiers ou ayans-causes, rendront compte à deux Habitans, nommés pour chaque Paroisse, des droits Curiaux sur les recensemens, et ce dans six mois, pour, sur lesdits comptes remis au Greffe de la Cour, être par Elle ordonné ce qu'il appartiendra.

Du 12 Mai 1745.

RÉGLEMENT DU ROI, sur la Police des Matelots aux Isles.

Du 19 Mai 1745.

SA MAJESTÉ étant informée que le commerce que les Négocians de son Royaume font dans ses Colonies de l'Amérique, se trouve continuellement interrompu par les désertions des Equipages des Navires qui y sont employés; qu'il y a des Capitaines, Maîtres ou Patrons, tant des Navires même de France, que des Bâtimens servans au cabotage desdites Colonies, qui débauchent des Matelots engagés sur d'autres Navires que ceux qu'ils commandent; et que d'autre part, plusieurs Matelots abandonnent les Navires où ils servent, et se cachent jusqu'à leur départ, pour ensuite s'engager avec d'autres Capitaines, dont ils exigent des salaires excessifs, lesquels sont forcés de les leur promettre, et de consentir même quelquefois à embarquer lesdits Matelots, sans les faire comprendre dans les rôles d'Equipages, ne pouvant faire leur retour en France sans remplacement, à cause des désertions qu'ils ont eux mêmes souffertes; et étant nécessaire de faire cesser de pareils abus, qui ne sont pas moins préjudiciables au commerce des Colonies, que contraires à l'ordre et à la discipline des classes; Sa Majesté, après s'être fait représenter ses Ordonnances des 22 Mai 1719, et 23 Décembre 1721, a jugé à propos d'en renouveler les dispositions, et d'y en ajouter d'autres. A quoi voulant pourvoir, Sa Majesté a ordonné et ordonne ce qui suit:

ART. I. *C'est le 11e du Réglement du 22 Juin 1753.*

ART. II. En conséquence de celle du 23 Décembre 1721, toutes les conventions que les Matelots pourront faire dans les Colonies, pour raison de leurs salaires........ (*V. ladite Ordonnance de* 1721.)........ sur les Navires qu'ils auront abandonnés.

ART. III. En exécution aussi de ladite Ordonnance du 23 Décembre 1721, tous les Matelots de France qui se trouveront dans lesdites Colonies après le départ des Vaisseaux....... (*V. ladite Ordonnance de* 1721.).......

ART. IV. Lesdits Matelots seront tenus, aussitôt leur arrivée en France, de se rendre, conformément à ladite Ordonnance, à leurs départemens, et de se représenter aux Commissaires des classes, à peine contre les contrevenans de trois mois de prison, conformément à la même Ordonnance.

ART. V. *Il est rappelé par l'art. 28 du Réglement du 22 Juin 1753, qui réduit cependant à un mois les trois mois de prison, prononcés par le présent article contre les Capitaines.*

ART. VI. Tout Capitaine, Maître ou Patron de Bâtimens, armés aux Colonies pour le cabotage et la navigation d'icelles, qui débauchera un Matelot engagé dans l'Equipage d'un Navire de France, sera condamné à une amende de 300 liv., applicable moitié à l'Amiral et moitié au Maître du Matelot, et en outre à trois mois de prison pour la première fois; et en cas de récidive, déclaré incapable de commander aucun Bâtiment de mer : et pourra toujours le Capitaine ou Maître du Navire de France, reprendre son Matelot, si bon lui semble.

ART. VII. Défend Sa Majesté à tous Maîtres ou Patrons des Bâtimens des Colonies, d'engager aucun Matelot provenant des Equipages des Navires de France, sans la permission par écrit des Intendans, Commissaires-Ordonnateurs, ou leurs Subdélégués, laquelle permission ne pourra leur être accordée que dans le cas où le Matelot n'aura pas abandonné son Navire sans congé de son Capitaine, et où il ne se trouveroit pas d'ailleurs des Navires de France qui ayent besoin de remplacement, à peine contre lesdits Maîtres ou Patrons contrevenans, de 300 liv. d'amende, applicable comme ci-dessus, et en outre d'un mois de prison.

ART. VIII. Défend pareillement Sa Majesté à tous Cabaretiers et Hôtelliers auxdites Colonies, de recevoir chez eux aucuns Matelots, sans en donner avis le même jour au Commandant du lieu, et leur ordonne de s'assurer de la personne desdits Matelots, conformément à l'Ordonnance du 22 Mai 1719, et sous la peine de 100 liv. d'amende y portée.

Mande et ordonne Sa Majesté à M le Duc de Penthièvre, Amiral de France, Gouverneur et Lieutenant-Général en la Province de Bretagne, aux Gouverneurs et ses Lieutenans-Généraux des Isles de l'Amérique,

Intendans, Commissaires-Généraux et ordinaires, aux Subdélégués établis dans lesdites Isles de l'Amérique, et à tous autres qu'il appartiendra, de tenir la main à l'exécution du présent Réglement, &c.

DÉCLARATION DU ROI, *concernant les Dettes de Cargaison.*

Du 12 Juin 1745.

LOUIS, &c. Salut. Par l'article II du titre III. de notre Réglement du 12 Janvier 1717, concernant les Siéges d'Amirauté en nos Colonies, Nous avons ordonné que les demandes pour le paiement de partie ou du total de la cargaison d'un Navire prêt à faire voile pour venir en France, seront jugées sommairement, et exécutées nonobstant et sans préjudice de l'appel; que les détempteurs des marchandises seront contraints, par la vente de leurs effets, même par corps s'il est besoin, à en acquitter le prix, lorsqu'il ne s'agira que d'un paiement non contesté; et que s'il y a quelque question incidente, la Sentence de l'Amirauté sera toujours exécutée par provision, nonobstant et sans préjudice de l'appel, en donnant caution. Nous sommes informé que les dispositions de cet article ayant été différemment entendues dans les différentes Colonies, y ont donné lieu à une diversité de jurisprudence sur les cas auxquels doit être appliqué le privilége, tant du jugement sommaire et de l'exécution provisoire, que de la contrainte par corps pour le paiement des dettes de cargaison: Qu'en effet, dans certaines Colonies, on accorde le jugement sommaire et l'exécution provisoire, mais sans la contrainte par corps, aux dettes dont le paiement est poursuivi avant le départ du Navire, et que lorsque le Navire est parti, on n'y regarde plus les dettes de cargaison comme dettes de commerce maritime, et l'on y prétend qu'elles ne doivent être poursuivies et jugées qu'aux jurisdictions royales, ainsi que les dettes ordinaires; et que dans d'autres Colonies les dettes de cargaison sont toujours regardées comme dettes de commerce maritime, soit avant, soit après le départ des Navires, mais que ce n'est que dans le premier cas qu'elles y sont sujettes au privilége du jugement sommaire, de l'exécution provisoire et de la contrainte par corps. Nous avons reconnu d'un autre côté, que si les dispositions de l'article II du titre III. de notre Réglement du 12 Janvier 1717, étoient alors suffisantes, relativement à l'état ou se trouvoit le commerce de nos Colonies, ce commerce

merce mérite à présent une faveur plus particulière pour le recouvrement des ventes, les cargaisons qui sont apportées aux Colonies, étant d'une conséquence et d'un prix qui permettent rarement aux Navires de France d'en rapporter tout le produit dans un même voyage. Nous avons donc jugé nécessaire, en établissant une jurisprudence uniforme dans toutes nos Colonies sur cette matière, de faire de nouvelles dispositions qui puissent assurer dans tous les tems le paiement des dettes de cargaison, et qui ne laissent plus de doute sur la compétence des Juges qui en doivent connoître; et Nous nous y sommes déterminé d'autant plus volontiers, que nous donnerons en même-tems une nouvelle marque de notre protection à nos sujets des Colonies, puisque ces nouvelles dispositions, en contribuant à leur procurer les secours de denrées et marchandises dont ils ont besoin, serviront aussi à les empêcher de prendre des engagemens au-dessus de leurs forces. A ces causes, et autres à ce Nous mouvant, de l'avis de notre Conseil, et de notre certaine science, pleine puissance et autorité royale, Nous avons dit, déclaré et ordonné, et par ces présentes, signées de notre main, disons, déclarons et ordonnons, voulons et nous plaît ce qui suit:

Art. I. Les dettes de cargaison seront jugées sommairement aux siéges d'Amirauté dans nos Colonies, à quelque échéance qu'elles soient payables, et en quelque tems que le paiement en soit poursuivi, avant ou après le départ des Navires pour revenir en France.

Art. II. Les jugemens qui interviendront sur lesdites dettes, seront exécutés nonobstant l'appel et sans préjudice d'icelui; les débiteurs seront contraints au paiement, soit avant, soit après le départ des Navires, par la vente de leurs effets, même par corps, si besoin est, lorsqu'il ne s'agira que d'un paiement non contesté; et s'il y a quelque question incidente, la Sentence de l'Amirauté sera toujours exécutée par provision, nonobstant l'appel et sans préjudice d'icelui, en donnant caution.

Art. III. Ne seront censées dettes de cargaison, et jugées comme telles, que celles qui seront constatées et fondées sur des comptes arrêtés ou des billets consentis au Capitaine du Navire duquel auront été achetées les marchandises pour lesquelles ils seront causés, ou au Négociant gérant la cargaison pendant la traite dudit Navire et son séjour dans la Colonie; et déclarons toutes les autres dettes qui ne seront point ainsi établies par des comptes arrêtés ou des billets consentis avant le départ du Navire, ne devoir point jouir du privilége accordé par ces présentes lettres aux dettes de cargaison.

ART. IV. N'entendons néanmoins déroger ni rien changer aux régles établies, tant sur la compétence que sur le jugement des dettes et contestations entre les Négocians et Marchands de nos Colonies, dont la connoissance appartiendra toujours aux Juges de nos Juridictions ordinaires, lesquels seront tenus de se conformer dans leurs Jugemens, aux dispositions des Ordonnances de 1667 et de 1673, et autres Réglemens sur les matières de commerce. Si donnons en mandement à nos amés et féaux les Gens tenant nos Conseils Supérieurs des Isles et Colonies Françoises de l'Amérique, &c.

R. au Conseil du Cap, le 3 Janvier 1746.
Et à celui de Léogane, le 14 du même mois.

ORDONNANCE des Administrateurs, concernant les Négres-Epaves.

Du 2 Juillet 1745.

CHARLES Brunier, Marquis de Larnage, &c.
Simon-Pierre Maillart, &c.

L'expérience nous ayant fait connoître que le parti que nous avions pris sur le desir même que la plus saine partie des Habitans de cette Colonie, Nous avoit témoigné, de demander au Roi, que les Négres épaves, au lieu d'être, suivant les anciens Réglemens du Conseil, vendus à l'encan, après trois mois de séjour dans les conciergeries, fussent employés aux travaux des fortifications, n'avoit pas eu le succès qu'on en avoit espéré, tant par la difficulté de tirer du travail de ces Noirs, lorsqu'on les tient enchaînés, que par les évasions perpétuelles que leur goût au maronnage occasionne, lorsqu'ils ne sont pas à la chaîne, et que les frais et la dépense extrême que la conduite de ces Négres, des différens quartiers de l'Isle, par les Archers de la Maréchaussée, auxdits travaux, étoit un objet considérable, et nullement compensé par l'avantage d'un aussi médiocre travail que celui qu'on tire de ces Négres; Nous avons cru ne devoir pas laisser subsister plus long-tems une disposition aussi peu utile, et Nous avons jugé convenable de revenir à l'usage ci-devant établi, de faire vendre à l'encan lesdits Négres-Marons, après un certain tems de séjour dans les conciergeries, pour y être reconnus par les Propriétaires. En conséquence, Nous, en vertu du pouvoir que nous en a donné S. M., et sous son bon plaisir, avons, jusqu'à ses ordres, nonobstant la disposition de l'article 26 du Réglement par Elle rendu, le 31 Juillet 1743, concernant les Maréchaussées, ordonné et ordonnons qu'à compter de ce jour, les Négres fugitifs pris et conduits dans les prisons, ou aux barres publiques, seront, un mois après leur détention, s'ils ne sont réclamés par leurs Maîtres, vendus comme épaves, à la diligence des Receveurs de ce droit, pardevant les Officiers du Siége dans le ressort duquel ils auront été arrêtés, ainsi et avec toutes les formalités ci-devant usitées, pour le produit desdits Négres, être remis auxdits Receveurs des Epaves; réservons aussi aux Propriétaires desdits Négres fugitifs, vendus comme épaves, le droit de les réclamer et reprendre en nature dans l'an du jour de la vente, en justifiant par eux de la propriété, conformément aux Réglemens du Roi, et le prix en sera remboursé à l'acquéreur par les Receveurs des Epaves, sur une Ordonnance particulière de M. l'Intendant; et après ladite année écoulée, lesdits Propriétaires ne seront reçus qu'à réclamer le prix desdits Négres, qui leur sera également payé par les Receveurs des Epaves, pendant cinq ans, du jour de la vente de leurs Négres. Mandons aux Officiers des Juridictions de se conformer à la présente Ordonnance, qui sera enregistrée aux Conseils Supérieurs de cette Colonie, au Greffe de l'Intendance, et par-tout où besoin sera. Donné au Petit-Goave, &c.

R. au Greffe de l'Intendance, le même jour.

Et au Siége Royal de Léogane, le 13 Novembre suivant.

Arrêt du Conseil du Cap, qui permet au sieur Thurain d'Orgeval, d'enseigner à écrire dans la Ville, à la charge de se retirer devant le Curé, dans le cas où il voudroit tenir Ecole.

Du 5 Juillet 1745.

Arrêt du Conseil de Léogane, qui fait défenses à tous Notaires de mettre aucun Adjudicataire des Baux à ferme en possession des choses contenues esdits Baux, qu'au préalable ledit Adjudicataire ne leur exhibe une expédition du Procès-Verbal d'adjudication, et ce sous telles peines qu'il appartiendra; ordonne que le présent Arrêt sera enregistré dans tous les Siéges du ressort, et notifié à tous les Notaires.

Du 6 Juillet 1745.

JUGEMENT des Administrateurs, qui condamne la dame veuve et le sieur de Grandpré, à souffrir, sauf indemnité fixée par arbitres, les fouilles du Canal pour les moulins-à-eau du Quartier de la Petite-Anse, à la charge par les Intéressés de ne pouvoir diminuer la largeur ni la profondeur du Lagon, étant chez ladite dame.

Du 9 Juillet 1745.

R. à la Subdélégation, le 27 Juin 1749.

ARRÊT du Conseil d'Etat, au sujet des Esclaves, Vaisseaux et Effets ennemis qui passent ou échouent sur les Côtes des Colonies Françoises.

Du 23 Juillet 1745.

LE ROI étant informé que trois Négres et une Négresse, Esclaves de l'Isle Angloise d'Antigue, s'étant sauvés à la Guadeloupe, il y auroit eu des difficultés sur la question de savoir à qui le produit de la vente desdits Négres devoit appartenir; que le Juge de l'Amirauté se seroit contenté de donner un avis portant que ledit produit seroit déposé à la caisse du domaine d'Occident, et que sur l'appel interjeté au Conseil Supérieur de la Guadeloupe, par le Directeur dudit Domaine, de l'avis dudit Juge, ledit Conseil Supérieur auroit rendu, le 7 Janvier dernier, un Arrêt, par lequel il auroit déclaré que le produit desdits Esclaves appartenoit à Sa Majesté, et les Négres Esclaves des ennemis de l'Etat, qui passent dans les Colonies Françoises, devant en effet appartenir à Sa Majesté seule, ainsi que cela s'est pratiqué dans les précédentes guerres, et qu'il en est usé par rapport aux vaisseaux et effets des ennemis, qui échouent aux côtes de la domination de Sa Majesté, qui peut seule, dans ledit cas, exercer le droit de guerre, lequel ne se peut communiquer à personne; Sa Majesté auroit jugé à propos d'expliquer ses intentions, tant pour l'exécution particulière dudit Arrêt du Conseil Supérieur de la Guadeloupe, que sur la matière en général, afin de prévenir les difficultés qui pourroient se présenter auxdites Colonies; et après s'être fait représenter l'Arrêt du Conseil d'Etat, du 10 Mars 1691, rendu à l'occasion de l'échouement d'un vaisseau ennemi, sur les côtes de Calais, et par lequel il auroit été déclaré que les vaisseaux et effets des ennemis de l'Etat, qui échouent au côtes du Royaume, appartiennent au Roi seul, et en conséquence ordonne que les effets qui composoient le chargement dudit vaisseau, demeureront confisqués au profit de Sa Majesté, et les deniers qui en proviendroient remis ès-mains de qui il seroit ordonné par Sa Majesté; vû aussi les ordres particulières adressés en différents tems aux Gouverneurs et Intendans des Colonies, oui le rapport et tout considéré; LE ROI étant en son Coneil, a déclaré et déclare que les Négres Esclaves qui se sauvent des Colonies des ennemis de l'Etat aux Colonies Françoises, et les effets qu'ils y apportent, appartiennent à Sa Majesté seule, ainsi que les vaisseaux et effets desdits ennemis qui échouent aux côtes de sa domination, sans que personne y puisse rien prétendre, et en conséquence, confirmant, en tant que besoin, l'Arrêt du Conseil Supérieur de la Guadeloupe, du 7 Janvier dernier, a ordonné et ordonne, que les deniers provenans de la vente desdits quatre Négres Esclaves qui se sont sauvés d'Antigue à ladite Isle de la Guadeloupe, seront remis, si fait n'a été, dans la caisse du Commis aux Isles du Vent, des Trésoriers-Généraux de la Marine, pour l'emploi en être fait aux dépenses des fortifications desdites Isles du Vent, suivant les ordres qui en seront donnés par Sa Majesté; mande et ordonne Sa Majesté aux sieurs Marquis de Larnage, Gouverneur et son Lieutenant-Général, et Maillart, Intendant des Isles sous le Vent, de tenir la main, chacun en droit soi, à l'exécution du présent Arrêt, qui sera enregistré aux Conseils Supérieurs du Cap et de Léogane. Fait au Conseil d'Etat, &c.

R. au Conseil de Léogane, le 24 Janvier 1747.
Et à celui du Cap, le 6 Février suivant.

LETTRE de M. Maillart, Intendant, au Ministre, sur l'incompatibilité des places de Notaire et de Secrétaire.

Du 11 Août 1745.

LE sieur Bugarel, que j'avois commis Procureur et Notaire au Cap, il y a quatre à cinq ans, m'écrivit tout simplement que ne lui convenant plus d'exercer la commission de Procureur, il me la renvoyoit; comme il ne me parloit en aucune façon de celle de Notaire, ni de celle de Secrétaire de M. de Vaudreuil, auprès duquel j'avois appris qu'il étoit entré depuis quelques mois, et sans m'en avoir non plus prévenu, je lui marquai, par ma réponse, qu'il auroit dû s'expliquer aussi sur la commission de Notaire, parce qu'elle me paroissoit incompatible avec celle que je savois qu'il avoit alors auprès de M. de Vaudreuil, (et c'étoit aussi le sentiment du Procureur-Général, à qui j'en avois parlé) puisqu'un homme de cet état doit être indépendant et éloigné de toute servitude. Je ne reçus pas de réponse du sieur Bugarel à ma lettre, parce que M. de Vaudreuil se chargea de me la faire : deux mois après ma réponse à M. de Vaudreuil, le sieur Bugarel m'a renvoyé sa commission de Notaire.

ARRÊT du Conseil de Léogane, qui refuse un Procureur du Roi, nommé par les Administrateurs, pour la Jurisdiction du Petit-Goave, attendu sa conduite vile, et l'état de Geolier par lui précédemment rempli.

Du 13 Septembre 1745.

ORDONNANCE de M. l'Intendant, portant, à cause de la Guerre, réduction d'un tiers, à compter du premier Juillet 1744, sur le prix de la ferme du passage de Jaquesy, porté à 6,650 livres.

Du 11 Novembre 1745.

R. à la Subdélégation, le 5 Décembre suivant.

ORDONNANCE *des Administrateurs, qui prononce contre la succession du sieur Jordain, Habitant à Acquin, la confiscation de 43 Négres, dont 36 non déclarés par son recensement, et 7 faussement portés comme infirmes ou impubères.*

Du 24 Novembre 1745.

Par une autre Ordonnance du 7 Décembre suivant, les Administrateurs changèrent, en faveur de l'héritier du sieur Jourdain, cette confiscation en une amende de 30,000 livres.

ORDONNANCE DU ROI, *pour l'établissement et la discipline d'une Compagnie de Canonniers-Bombardiers à Saint-Domingue.*

Du 15 Décembre 1745.

DE PAR LE ROI.

SA MAJESTÉ s'étant fait représenter l'Ordonnance rendue le 22 Avril dernier, par les sieurs Marquis de Larnage et Maillart, par laquelle ils auroient provisoirement ordonné l'établissement d'une compagnie de Canonniers et Bombardiers, pour le service des différentes Batteries qui ont été construites à Saint-Domingue, et de l'Artillerie qui y a été placée; et voulant Elle-même expliquer ses intentions, tant pour la police de ladite Compagnie, que pour le traitement qui doit y être fait; Sa Majesté a ordonné et ordonne ce qui suit:

ART. I. Ladite Compagnie sera composée d'un Capitaine, d'un Lieutenant, 2 Sous-Lieutenans, 4 Sergens, 4 Caporaux, 2 Tambours et 50 Canonniers-Bombardiers.

ART. II, III, IV, V et VI. *Il sera choisi, pour la former, des Sujets de talent et d'une bonne conduite, dans les Compagnies des Troupes des Colonies, qu'on y fera rentrer, s'ils ne répondent pas au choix; et la discipline de cette Compagnie, qui ne sera destinée qu'au service de l'Artillerie, et qui sera partagée moitié au Cap, et moitié à l'Acul du Petit-Goave, ne sera attribuée qu'aux Officiers d'icelle.*

Art. VII. Le Capitaine qui la commandera, roulera, du jour de sa Commission, avec les autres Capitaines des Troupes, les Lieutenans de ladite Compagnie, avec les autres Lieutenans, et les Sous-Lieutenans avec les Enseignes.

Art. VIII. Lorsque les Troupes de ladite Garnison prendront les armes, ladite Compagnie d'Artillerie sera à la tête, et aura la droite lorsqu'elles se trouveront en bataille.

Art. IX. Le Capitaine aura 150 liv. par mois, les Lieutenans 100 liv. et chacun des Sous-Lieutenans, 75 liv.; les deux premiers Sergens, 55 l. chacun des deux seconds Sergens, 40 liv.; les quatre Caporaux, 27 liv. aussi chacun; et les Bombardiers, savoir, les 25 premiers, 25 liv., et les 25 derniers, 20 liv. aussi chacun.

Art. X. Il sera fourni tous les trois ans, un habit de drap bleu, des paremens rouges, doublure de serge rouge, boutons blancs, veste rouge, boutons de même que l'habit, culotte et bas rouges, &c. un chapeau bordé d'argent faux; aux Tambours, un habit à la grande livrée du Roi, veste, culotte et bas rouges, &c.

Art. XI, XII, XIII et XIV. *Ils roulent sur le petit habillement, l'armement, la ration et la retenue.*

Mande et ordonne S. M. aux sieurs Marquis de Larnage, Gouverneur, son Lieutenant-Général, et Maillart, Intendant des Isles sous le Vent, et à tous autres Officiers qu'il appartiendra, &c.

R. au Bureau de la Marine, le 2 Septembre 1746.

ORDONNANCE *des Administrateurs, qui défend de courir dans les rues à cheval ou en chaise.*

Du 18 Décembre 1745.

Charles Brunier de Larnage, &c.

Simon-Pierre Maillart, &c.

La tolérance qu'il y a eu jusqu'ici, pour le dangereux usage où sont les Négres Esclaves de courir à cheval à bride abattue, non-seulement dans les grands chemins, mais même dans les Villes et Bourgs, donnant lieu fréquemment aux divers accidens que l'on en voit arriver; Nous avons

avons jugé important d'y remédier, et en conséquence avons ordonné et ordonnons :

ART. I. Que tout Mulâtre ou Négre Esclave qui courra à cheval dans les Villes et Bourgs, sera arrêté, à la clameur publique, par quiconque, pour les Négres pris ainsi en flagrant delit, être, sur le simple réquisitoire du Procureur du Roi, condamné sommairement par le Juge de Police, à être attaché pendant quatre heures au carcan, sur la place publique, un jour de marché.

ART. II Et comme lesdits Négres sont dans la mauvaise habitude de n'arrêter jamais, quelque cri qu'on leur en fasse, il sera permis à tout Citoyen des Villes et Bourgs, de leur présenter le fusil ou pistolet, et même de tirer dessus, dans le cas où ils pourront le faire sans danger pour aucun autre ; et les personnes libres auxquelles il seroit arrivé de tuer dans le présent cas des Mulâtres ou Négres Esclaves, seront renvoyées absoutes, conformément à l'article 43 de l'Edit du mois de Mars 1685.

ART. III. Lorsque les Mulâtres ou Négres Esclaves n'auront pû être arrêtés, ils seront, s'ils sont connus, décrétés de prise de corps, et leurs Maîtres tenus de les livrer à justice, à défaut de quoi ils seront par contumace condamnés à la peine ci-dessus.

ART. IV. Défendons pareillement aux Mulâtres et Négres libres de courir à toute bride dans les Villes et Bourgs, à peine de six semaines de prison, et de 50 liv. d'amende, applicable aux réparations du Palais, laquelle le Procureur du Roi sera tenu, sur la première plainte qu'il en recevra, de poursuivre devant le Juge.

ART. V. Défendons aussi à toutes personnes, de quelque qualité et condition qu'elles puissent être, de courir à toutes brides avec leurs chaises ou à cheval, dans les rues des Villes et Bourgs, à peine de 300 liv. d'amende, applicable aux réparations du Palais, et poursuivies comme ci-dessus.

ART. VI. Dans les Villes et Bourgs, tels que le Cul-de-Sac et autres, dans lesquels ne se trouvent point d'autres Officiers de Justice que le Substitut du Procureur du Roi, Nous autorisons lesdits Substituts à rendre tout jugement de Police concernant les délits ci-dessus, sur la poursuite et diligence d'un des Notaires du quartier, que nous autorisons pareillement, les uns à défaut des autres, à donner tous réquisitoires et conclusions sur iceux. Ordonnons à tous Prévôts, Exempts, Brigadiers et Archers de la Maréchaussée, de veiller de leur côté à l'exécution de la présente Odonnance, et en conséquen , d'arrêter d'office les

Mulâtres et Négres Esclaves qu'ils trouveront en délit, et d'en informer aussitôt le Procureur du Roi. Mandons à MM. les Gouverneurs, Officiers-Majors et Commandans, de tenir la main à l'exécution de la présente Ordonnance, qui sera enregistrée aux Greffes du Conseil Supésieur du Petit-Goave et de l'Intendance, lue, publiée et affichée partout où besoin sera. Donné à l'Acul du Petit-Goave, &c.

R. au Conseil de Léogane, le 14 Janvier 1746.

ORDONNANCE DU ROI, *portant exemption du droit d'Octroi pendant une année, en faveur de 110 Habitans du Mirebalais, qui avoient marché en 1745 au secours du Fort Saint-Louis, menacé par l'ennemi à cette époque.*

Du 24 Janvier 1746.

R. au Conseil de Léogane, le 25 Septembre 1747.

LETTRE *du Ministre à M. Maillart, sur le Recueil des Loix de la Colonie.*

Du 24 Janvier 1746.

IL est bon que vous ayez pris des mesures pour rassembler toutes les pièces nécessaires au Recueil que je vous ai demandé, des Ordonnances et Réglemens qui font Loi dans la Colonie; et je suis persuadé d'avance que j'aurai lieu d'être satisfait du soin que vous avez donné à cet ouvrage, ainsi qu'à économiser la dépense qu'il pourra avoir occasionnée.

ORDONNANCE *des Administrateurs, qui, en renouvelant celles portées à ce sujet, fait défenses nouvelles de couper aucuns bois ou mangles le long du bord de la Mer, et notamment sur les 50 pas du Roi, vis-à-vis l'habitation du sieur Lemaître à Limonade.*

Du 31 Janvier 1746.

R. au Greffe de l'Intendance, le même jour.

ARRÊT du Conseil du Cap, qui fait défenses au Juge du Fort-Dauphin, de plus mander en la Chambre du Greffe les Officiers de Justice de son ressort, sans auparavant avoir procédé contr'eux, conformément aux Ordonnances; ordonne que l'Arrêt sera enregistré au Greffe du Fort-Dauphin.

Du 9 Février 1746.

LETTRE du Ministre aux Administrateurs, sur les Assignations aux Officiers.

Du 10 Février 1746.

IL est revenu au Roi que les Officiers des Troupes de Saint-Domingue prétendent que les Huissiers ne peuvent pas leur donner des assignations pour leurs affaires particulières, sans une permission préalable du Commandant. Quoique dans tous les tems cette prétention ait été rejetée comme contraire aux régles, S M. m'a ordonné de vous expliquer de nouveau de sa part, que les Huissiers peuvent et doivent donner aux Officiers des Troupes les assignations dont ils sont chargés, sans en obtenir la permission des Commandans, à moins qu'il ne soit question de donner ces assignations dans les Forteresses; car alors ils doivent demander cette permission, qui ne peut point leur être refusée. Si vous jugez nécessaire de faire savoir cette explication aux Officiers, M. le Marquis de Larnage y pourvoira; et l'intention de S. M. est en tout cas qu'il tienne la main à ce qu'aucun Officier n'y contrevienne.

ARRÊT du Conseil du Cap, rendu à l'égard de M. Theron, Procureur, et qui fait défenses au Juge du Fort-Dauphin, de prononcer des interdictions contre les Procureurs, sans avoir auparavant procédé contre-eux par les voies de droit.

Du 11 Février 1746.

Arrêt du Conseil du Cap, *qui* ordonne qu'à l'avenir M. Pere, *Curateur aux Successions vacantes du Fort-Dauphin*, et autres semblables Receveurs, remettront aux Adjudicataires des mémoires détaillés des frais de leurs adjudications, tant pour ce qui les concerne, que pour ce qui revient au Greffe et aux Huissiers, conformément à la taxe qui en sera faite par le Juge du Siège, à peine contre les Receveurs d'être poursuivis comme concussionnaires, et de répondre des dommages-intérêts des parties.

Du 12 Février 1746.

Arrêt du Conseil du Cap, qui défend au Commis du Greffe du Fort-Dauphin, de faire consigner à l'avenir aucune somme pour la poursuite des Procès criminels, sous les peines de droit.

Du 7 Mars 1746.

Lettre du Ministre à M. le Marquis de Larnage, touchant le droit des Officiers-Majors aux enterremens des Gouverneurs, à ceux des Officiers des Troupes, d'Administration et de Milices.

Du 21 Mars 1746.

Par la Lettre que vous m'avez écrite, le 10 Juillet dernier, au sujet du droit attribué aux Majors, de l'épée que l'on met sur le cercueil des Officiers, il paroît qu'il y a trois questions à décider sur l'exercice de ce droit à Saint-Domingue, afin de faire cesser les contestations auxquelles il a donné lieu dans cette Colonie.

La première regarde l'épée des Officiers de Milices, laquelle est disputée aux Majors des Troupes et des Quartiers, par ceux des Milices. La seconde consiste à savoir si aux enterremens des Officiers de Cavalerie, les Majors doivent se contenter de l'épée seule, et s'ils peuvent prétendre de plus, non-seulement les pistolets, mais encore le cheval de monture ; et la troisième, si le droit des Majors doit porter sur les épées des Intendans et des Commissaires de la Marine.

La régle générale sur cette matière est que l'épée appartient de droit aux Majors des Places dans lesquelles les Officiers meurent, et c'est sur le même principe que les Majors des Ports jouissent de cet attribut dans la Marine. A Saint-Domingue, la Milice fait un Corps de Troupes en régle; ses Officiers sont pourvus de Commissions et de Brevets du Roi. Suivant les Ordonnances, ils roulent, dans les occasions, avec les Officiers des Troupes. Ils sont par conséquent dans le cas de la régle générale, et ils ne doivent pas même chercher à être traités, à cet égard, sur un pied différent des Troupes du Roi.

La première question se réduit donc à savoir si l'épée d'un Officier de Milices qui meurt, appartient au Major des Troupes, ou à l'Officier de Milices qui en fait les fonctions à l'enterrement. La régle générale sur ce point est encore en faveur des Majors des Troupes, qui sont seuls Majors des places. Et vous savez qu'aux Isles du Vent l'usage a toujours été conforme à la régle; le Major de chaque Isle y jouissant, sans difficulté, du droit de l'épée des Officiers de Milices, soit qu'il fasse l'enterrement lui-même, ou que ce soit un Officier de Milices qui en soit chargé.

Cependant, sur ce que vous avez marqué que cet usage n'a pas été constamment suivi à Saint-Domingue, et qu'il y a eu même des décisions des Gouverneurs Lieutenans-Généraux en faveur des Officiers de Milices; le Roi, à qui j'ai rendu compte de toutes vos observations, m'a ordonné de vous faire savoir que les épées mises sur les cercueils des Officiers de Milices, doivent appartenir, de même que celles des Officiers entretenus, aux Majors, Aides-Majors, ou autres Officiers des Troupes qui les suppléeront aux détails et fonctions de la Majorité, de la même manière dont cela s'est toujours pratiqué aux Isles du Vent; mais qu'au défaut d'Officiers entretenus, ainsi que dans les Quartiers où il n'y a qu'un Major-Commandant et point d'Aide-Major entretenu, S. M. veut que ces épées appartiennent à l'Aide-Major de la Milice, ou autre Officier qui, en sa place, aura été chargé du soin de faire faire l'enterrement.

Sur la seconde question, comme il est d'usage en France qu'aux enterremens des Officiers de Cavalerie, le Major a non seulement l'épée, mais encore les pistolets, S. M. desire que l'on en use de même à Saint-Domingue; mais Elle vous ordonne d'empêcher que le Major prenne le cheval de monture.

Et quant à la troisième question, il est également d'usage dans les Ports que l'épée des Intendans de la Marine, et même des Commissaires auxquels on rend les honneurs Militaires, appartienne au Major chargé de faire faire l'enterrement, comme par les Officiers d'épée, et cela doit se pratiquer de même à Saint-Domingue.

A ces trois questions, vous ajoutez une proposition par rapport aux Officiers de l'Etat-Major qui meurent, c'est de régler qu'aux enterremens des Gouverneurs Lieutenans Généraux, les Majors auront, suivant l'esprit du Réglement de la Marine, l'épée, le fusil et les pistolets; à celui des Gouverneurs-particuliers, l'épée et les pistolets seulement; et à celui des Lieutenans-de-Roi et des Majors, l'épée seulement, comme pour les autres Officiers de grades inférieurs. Le Roi a approuvé cette proposition, et veut qu'elle soit exécutée dans les occasions.

Pour copie, signé DE LARNAGE.

ARRÊTS du Conseil du Cap, qui, en infirmant une Sentence du Juge du Fort-Dauphin, sans s'arrêter aux oppositions d'un neveu et d'un cousin-germain, ordonne qu'il sera passé outre à la publication des bans, et à la célébration du mariage d'un Habitant Blanc avec une Mulâtresse libre; enjoint au Curé d'y procéder, à peine d'y être contraint par la saisie de son temporel.

Des 2 Mai et 13 Juin 1746.

ARRÊT du Conseil du Cap, qui déboute les Fermiers de plusieurs habitations de son ressort, de leurs demandes à fin de résiliation de leurs baux, ou d'une réfraction considérable sur le prix d'iceux, attendu l'interruption du commerce causée par la Guerre, sauf à juger, à l'échéance desdits Baux, s'il y a lieu à réfraction.

Du 6 Mai 1746.

Approuvé par une Lettre du Ministre, du 31 Octobre suivant.

ARRÊT du Conseil du Cap, qui condamne le nommé Claude Sauzeau, Econome du sieur Beaujeau, Habitant au Quartier Morin, au bannissement perpétuel hors de la Colonie, pour avoir, dans un accès de violence, tué, d'un coup de fusil, le Négre Pompée, appartenant audit sieur Beaujeau,

Du 6 Mai 1746.

V. les Lettres de réduction de bannissement du mois d'Octobre 1754.

ORDONNANCE des Administrateurs, qui, sur l'offre des Garçons de bonne volonté de la dépendance de Jacmel, *d'aller contre les nombreux établissemens de Négres-Marons des hauteurs des Anses-à-Pitre, ordonne qu'il sera fait des Détachemens, auxquels les Epaves et les Créoles des bois appartiendront, sauf aux mères de ces derniers à les retirer sur le pied de l'estimation, et que les autres Négres tués ou pris seront payés suivant la taxe.*

Du 10 Juin 1746.

R. au Greffe de l'Intendance, le 18.

ORDONNANCE DU ROI, touchant les Jugemens du Commerce Etranger.

Du 24 Juin 1746.

SA MAJESTÉ ayant réglé par l'article V du titre IV. de ses Lettres-Patentes du mois d'Octobre 1727, concernant le commerce Etranger aux Isles et Colonies de l'Amérique, que, &c. Elle auroit ordonné par l'article 6. du même titre, &c. Sa Majesté ayant été depuis informée que l'exécution des dispositions de ces deux articles, pouvoit être, dans certains cas, sujette à inconvéniens, par le retardement qu'elle occasionnoit, &c. S. M., après s'être fait représenter lesdites Lettres-Patentes, et dérogeant, pour ce regard seulement, auxdits articles V et VI. du titre IV. d'icelles, a ordonné et ordonne, veut et entend que, lorsque dans les séances destinées pour le Jugement des affaires concernant le Commerce étranger, il ne s'y trouvera pas le nombre de trois Conseillers de ceux par Elle nommés à cet effet, soit par maladie, absence, ou autres causes légitimes, les sieurs Gouverneurs ses Lieutenans-Généraux et les sieurs Intendans, et à leur défaut les sieurs Gouverneurs-particuliers et Commissaires-Ordonnateurs, puissent nommer, pour assister auxdites séances, tels autres Conseillers, ou à défaut de Conseillers titulaires, tels Assesseurs qu'ils jugeront à propos; qu'en l'absence, par maladie ou autres légitimes empêchemens du Procureur-Général, ils puissent pareillement nommer son Substitut; et que, dans les cas qui requerront célérité, lesdits sieurs Intendans et Commissaires-Ordonnateurs puissent convoquer des séances extraordinaires pour les Jugemens desdites affaires, en observant toujours d'y appeler les Conseillers qui doivent y assister; autorisant Sa Majesté lesdits sieurs Gouverneurs et Intendans, et Commissaires-Ordonnateurs, et leur donnant tous pouvoirs nécessaires à l'effet de ce que dessus; et voulant au surplus que, dans les cas où ils en feront usage, soit pour la convocation des Conseils extraordinaires, soit pour le remplacement desdits Juges, il soit fait mention sur les Registres du Conseil Supérieur, des motifs qui les y auront déterminés. Mande Sa Majesté, &c.

R. au Conseil de Léogane, le 24 Janvier 1747.
Et à celui du Cap, le 6 Février suivant.

ARRÊT *du Conseil du Cap, qui, en recevant un Subrogé Tuteur, anticipant sur l'appel interjeté par la mère, veuve et Tutrice, d'une délibération des parens et amis de son fils, pour la destituer de sa Tutelle, attendu sa mauvaise conduite, ordonne par provision, aux risques, périls et fortune du subrogé Tuteur, oncle maternel du pupille, que la mère sera visitée par deux Matrones, ou à défaut par deux Chirurgiens, en présence du Médecin du Roi, pour s'assurer de sa grossesse, et de l'époque où elle est devenue enceinte.*

Du 6 Juillet 1746.

ORDONNANCE

ORDONNANCE des Administrateurs, portant qu'il sera établi des Magasins et Gardes-Magasins, à la diligence du Procureur du Roi de Saint-Louis, aux embarcadères de la Roche-à-Bateau, des Côteaux, de la Chardonnière et du Cap Tiburon, avec des poids étalonnés pour peser les Indigos et autres denrées, ainsi et aux mêmes frais qu'il se pratique aux embarcadères d'Aquin, de l'Abacou, de l'Etron-de-Porc et du Port-Salut.

Du premier Août 1746.

R. au Greffe de l'Intendance, le lendemain.

ARRÊT du Conseil du Cap, qui condamne un Boulanger de la même ville à être admonesté, et en 50 liv. d'aumône envers la Providence, pour avoir commis des excès et violences envers ses Négres, avec défenses de récidiver, sous peine de punition corporelle, et injonction de traiter humainement ses deux Esclaves qui lui seront remis.

Du 7 Septembre 1746.

ARRÊT du Conseil de Léogane, qui ordonne la construction d'un Pont sur le grand fossé au bord de la mer à Léogane, et nomme M. de Motmans, Conseiller, Commissaire pour passer le marché et recevoir l'ouvrage, qui sera payé sur la caisse du droit de deux pour cent.

Du 10 Septembre 1746.

ORDONNANCE *des Administrateurs, qui, en interprétant celle du 22 Septembre 1739, dispense les Entrepreneurs du Quai de la Ville du Cap, de faire excaver le Morne des Capucins dans toute son étendue; les garde néanmoins dans la propriété de la partie qui se trouvera applanie à la fin de l'entreprise, et permet à toutes personnes d'excaver le surplus.*

Du 8 Octobre 1746.

R. au Greffe de l'Intendance, le 10.
Et à celui de la Subdélégation, le 3 *Février* 1749.

ORDONNANCE *des Administrateurs, qui réunit à la Paroisse d'Aquin, une partie du Fond des Négres, &c.*

Du 10 Octobre 1746.

V. l'Ordonnance du 18 *du même mois.*

ORDONNANCE *des Administrateurs, qui déclare incessible le terrein appelé* les Sources puantes *au Cul-de-Sac, attendu le bois et la roche qui s'y trouvent en abondance, et dont ce Quartier a besoin; déclare nulles, en conséquence, toutes les concessions qui en ont été obtenues, à l'exception de celle du sieur Ricard, qui demeure réduite à* 400 *pas en carré.*

Du 11 Octobre 1746.

R. au Greffe de l'Intendance, le même jour.

ORDONNANCE des Administrateurs, qui réunit à la Jurisdiction de Saint-Louis, la partie du Fond des Négres et de l'Azile déjà jointe, à la Paroisse d'Aquin.

Du 18 Octobre 1746.

CHARLES Brunier, Marquis de Larnage, &c.
Simon-Pierre Maillart, &c.

Le bien du service et la convenance de plusieurs Habitans, Nous ayant portés à rendre, le 10 de ce mois, une Ordonnance par laquelle Nous avons, tant pour le spirituel que pour le temporel, réuni la partie du Fond des Négres nommée *la Colline à Mangou*, et celle de l'Azile dite le Fourq, à la Paroisse d'Aquin, de laquelle elles sont plus proches que du Quartier de Nippes, et déclaré compris dans cette réunion, les Habitans situés au Nord et au Sud de la rivière Serpente, et renfermés entre la rivière du Rochelois et la ravine des trois Palmistes, qui serviront de bornes à l'Est; et que la rivière à Mahot jusqu'à sa jonction avec celle des Pins, serviroit pareillement de bornes à l'Ouest. Par une suite naturelle et dans les mêmes vues, il Nous paroît convenable de réunir aussi à la Jurisdiction de Saint-Louis, dont dépend la Paroisse d'Aquin, les habitations de la Colline à Mangou, et du Quartier du Fourq: A ces causes, Nous, en vertu du pouvoir à Nous donné par Sa Majesté, avons ordonné et ordonnons qu'à l'avenir et du jour de la publication des présentes, tous les Habitans compris dans les bornes ci-dessus énoncées, seront désormais de la Jurisdiction de Saint-Louis; en conséquence voulons que les demandes qui pourront être formées judiciairement contre-eux, soient portées esdite Jurisdiction, et que tous les actes judiciaires à faire dans les Quartiers de la Colline à Mangou et du Fourq, le soient par les Officiers de ladite Jurisdiction; faisons défenses à ceux de la Jurisdiction du Petit-Goave, de prendre à l'avenir connoissance desdites demandes, et de s'immiscer dans aucun desdites actes judiciaires, à peine de nullité. Seront les présentes lues, publiées esdites Jurisdictions, Audience tenante, &c. Donné au Fort-Royal, &c.

R. au Siége Royal du Petit-Goave, le 22 du même mois.

ORDRE DU ROI, portant que les Quartiers de Plaisance et du Pilate seront distraits du commandement du Port-de-Paix, dont ils sont trop éloignés, pour être réunis au commandement du Cap.

Du 26 Octobre 1746.

ORDONNANCE DU ROI, qui confirme purement et simplement celle rendue le 2 Juillet 1745, par les Administrateurs, portant que les Négres fugitifs arrêtés, seront, faute de réclamation dans un mois, vendus comme épaves.

Du 26 Octobre 1746.

R. au Conseil du Cap, le 4 Novembre 1748.

Et à celui de Léogane, le 8 du même mois.

V. l'Ordonnance du 2 Juillet 1745.

ARRÊT du Conseil d'Etat, qui défend d'informer d'aucun crime prescrit par laps de tems.

Du 19 Novembre 1746.

LE ROI ayant été informé que le sieur Marquis de Larnage et le sieur Maillart, auroient nommé le sieur Lalande Dalcourt à un office d'Assesseur au Conseil Supérieur du Cap; que ledit sieur s'étant pourvu pour être installé, information préalablement faite de ses vie, mœurs et religion, il seroit intervenu, le 3 Janvier 1746, un premier Arrêt, par lequel ledit Conseil auroit ordonné qu'avant faire droit, la procédure criminelle faite contre lui, au sujet de l'homicide par lui commis, il y a environ 26 ans, à l'encontre du nommé Duhamel, seroit apportée au Conseil par le Greffier de la Jurisdiction, et sur le certificat du Commis du Greffe de ladite Jurisdiction, portant qu'il a fait des recherches, et qu'il n'a trouvé aucuns vestiges de procédure criminelle contre le sieur de Lalande Dalcourt; ledit Conseil auroit rendu le 4 du même mois de Janvier, un second Arrêt, par lequel il auroit ordonné qu'à la Requête du Procureur-Général de Sa Majesté, il seroit informé pardevant le sieur Hirel, Conseiller, des vie, mœurs et religion dudit sieur Dalcourt, et notamment dudit homicide; et qu'ayant été procédé en conséquence, ledit Conseil auroit rendu, le 10 du même mois, un troisième Arrêt, par lequel il auroit débouté ledit sieur Dalcourt de sa demande en réception; et Sa Majesté s'étant fait représenter en son Conseil, lesdits Arrêts, ladite information et ledit certificat, Elle auroit reconnu, d'un côté, que c'est contre toutes les régles que ledit Conseil Supérieur auroit ordonné qu'il seroit informé dudit homicide, dont le crime se trouvoit prescrit par le laps de tems; et d'un autre, qu'il ne résulte rien de ladite information contre les vie, mœurs et religion dudit sieur Dalcourt; et Sa Majesté voulant expliquer ses intentions: Oui le rapport, LE ROI étant en son Conseil, sans s'arrêter ni avoir égard auxdits Arrêts du Conseil Supérieur du Cap, que Sa Majesté a cassés et annullés, en ce qui concerne ledit homicide, avec défenses audit Conseil Supérieur d'en rendre de semblables, pour raison d'aucun crime prescrit par le laps du tems; a ordonné et ordonne que ledit sieur Lalande Dalcourt, sera reçu et installé audit office d'Assesseur audit Conseil Supérieur, en vertu de ladite Commission desdits sieurs Marquis de Larnage et Maillart, laquelle Sa Majesté, en tant que de besoin, a confirmée et confirme. Mande Sa Majesté, &c.

R. au Conseil du Cap, le 4 Novembre 1748.

ORDRE DU ROI, touchant l'enregistrement des Titres de Noblesse.

Du 9 Décembre 1746.

Nos amés et féaux: Je vous ai déjà fait savoir que mon intention est que vous ne procédiez à l'enregistrement d'aucun de mes Edits, Déclarations, Arrêts, Ordonnances, Lettres de Grace, Rémission ou Abolition, Lettres d'Anoblissement ou autres concernant la noblesse, Lettres de naturalité, ni autres expéditions de mon Sceau et de mon Conseil d'Etat, qu'après que le sieur Gouverneur mon Lieutenant-Général, et le sieur Intendant, vous auront expliqué que je le desire ou le trouve bon. Comme je suis informé, que mes Conseils Supérieurs des Colonies sont encore plus exposés à être surpris, malgré toute l'attention que je suis persuadé qu'ils apportent dans l'examen des titres qui sont présentés par les particuliers qui veulent jouir des priviléges de la noblesse, attendu la difficulté, et, pour ainsi dire, l'impossibilité où peuvent se trouver lesdits Conseils, de faire les vérifications nécessaires dans une matière si susceptible d'abus : Je vous fais cette Lettre pour vous dire que je veux et entend que vous ne procédiez à l'enregistrement d'aucun titre de cette espèce, que lorsqu'il vous apparoîtra d'une permission expresse de ma part, que je n'accorderai que sur le compte qui me sera rendu desdits titres par mon Secrétaire d'Etat ayant le département de la Marine et des Colonies, auquel ils seront remis à cet effet par les particuliers qui voudront les faire enregistrer dans mes Conseils Supérieurs séans au Cap et à Léogane, pour jouir des priviléges de la noblesse dans ma Colonie de Saint-Domingue ; vous vous conformerez à ce qui est de mes intentions à cet égard : si n'y faites faute ; car tel est notre plaisir, &c.

R. au Conseil du Cap, le 4 Novembre 1748.
Et à celui de Léogane, le 8 du même mois.

Brevet de Don du Droit de Péage sur la Rivière du haut du Cap pendant 20 ans, en faveur du sieur de Laporte, Premier Commis des Bureaux des Colonies.

Du 16 Décembre 1746.

Déclaration du Roi, concernant les crimes qui se commettent par les Vénéfices et Poisons.

Du 30 Décembre 1746.

Louis, &c. Sur ce qui Nous auroit été représenté, qu'au préjudice des dispositions que Nous avons faites pour la punition des crimes qui se commettent par le vénéfice et le poison, il se trouvoit dans nos Colonies des Isles du Vent de l'Amérique, principalement parmi les Négres Esclaves, des personnes assez méchantes pour se servir desdits vénéfices et poisons, au détriment de la vie de nos Sujets desdites Colonies ; qu'il arrivoit, parmi les bestiaux attachés aux habitations desdites Isles, et même parmi les Esclaves, de fréquentes mortalités, qu'on ne pouvoit attribuer qu'à l'abus que faisoient quelques Esclaves de la connoissance qu'ils ont de la propriété de certaines plantes et herbes dont ils composoient des poudres et drogues, qu'ils distribuoient pour guérir des maladies; que parmi ces remèdes, il s'en trouvoit effectivement de salutaires; mais qu'à la faveur de la distribution qu'ils en faisoient, ils composoient aussi des poisons dont ils se servoient pour faire périr un grand nombre de Négres et de bestiaux, ensorte que la vie des hommes étoit souvent en danger, et que les Habitans de nos Colonies étoient exposés à des pertes considérables; Nous aurions, par un Edit du mois de Février 1724, et par une Déclaration du premier Février 1743, fait les dispositions que Nous aurions jugé nécessaires pour arrêter le cours de ces crimes; et étant informé qu'il s'en commet de la même espèce dans nos Isles sous le Vent, Nous avons cru devoir donner à nos Sujets qui y sont établis, les mêmes marques d'attention et de protection que Nous avons données à nos Sujets des Isles du Vent, en établissant, en leur faveur, les mêmes dispositions sur cette matière: A ces causes, &c. voulons et Nous plaît ce qui suit:

Art. I. Toutes personnes, de quelque qualité et condition qu'elles soient, qui sont établies et qui s'établiront dans nos Colonies des Isles sous le Vent de l'Amérique, Négres-Esclaves, et autres qui seront convaincues de s'être servi de vénéfice et de poison, soit que la mort s'en soit ensuivie ou non, comme aussi ceux qui seroient convaincus d'avoir composé ou distribué du poison pour empoisonner, seront punis de mort, et parce que ces sortes de crimes sont non-seulement les plus détestables....... à nos Procureurs-Généraux des Conseils Supérieurs des Isles sous le Vent, à leurs Substituts ou Procureurs pour Nous des Jurisdictions ordinaires desdites Isles, et en cas d'absence, au premier Officier public des lieux, à peine..... (*V. l'article* 4 *de l'Edit du mois de Juillet* 1682.)

Art. II et III. *Ce sont les art.* 5 *et* 6 *de l'Edit du mois de Juillet* 1682.

Art. IV. A l'égard de l'Arsenic....... et les Maréchaux qui demeureront sur les habitations, ils rapporteront des certificats........ Merciers et autres Marchands demeurans dans lesdits villages et habitations, seront tenus de remettre incessamment ce qu'ils auront desdits minéraux, entre les mains des anciens Marchands Epiciers, ou Apothicaires des Villes et Bourgs plus prochains des lieux..... (*V. l'article* 7 *de l'Édit de Juillet* 1682.)

Art. V, VI et VII. *Ce sont les art.* 8, 9 *et* 10 *de l'Edit de Juillet* 1682.

Art. VIII. Faisons très-expresses défenses à toutes personnes, de quelque qualité, profession et condition qu'elles soient, excepté aux Médecins et Apothicaires approuvés, d'avoir aucuns laboratoires....... (*V. l'article* 11 *de l'Édit de Juillet* 1682.)......... et fait déclaration en conséquence devant l'Intendant desdites Isles.

Art. IX. Ne pourront les Distillateurs et Vendeurs d'eau-de-vie, faire d'autres distillations que celle de l'eau-de-vie et de l'esprit-de-vin, sauf à choisir entre-eux le nombre..... (*V. la fin de l'art.* 11 *de l'Edit du mois de Juillet* 1682.)

Art. X. Défendons pareillement à tous Esclaves, de l'un et de l'autre sexe, de composer et distribuer aucuns remèdes en poudre, ou en quelqu'autre forme que ce puisse être, et d'entreprendre la guérison d'aucune maladie, à l'exception néanmoins de la morsure des serpens, à peine de punition afflictive, même de mort si le cas le requiert; voulons même que les Esclaves qui, sous prétexte de faire des remèdes pour la morsure des serpens, en auroient composé ou distribué qui n'y seroient pas propres, et qui ne pourroient servir que pour guérir d'autres maux, soient condamnés aux peines portées par le présent article. Si donnons en mandement à nos amés et féaux les Gens tenans nos Conseils Supérieurs séans au Petit-Goave et au Cap, &c.

R. au Conseil de Léogane, le 16 *Septembre* 1748.
Et à celui du Cap, le 4 *Novembre suivant.*

Arrêt du Conseil de Léogane, portant qu'il sera fait, aux dépens de la caisse publique, un service pour M. le Marquis de Larnage, dans l'Eglise Paroissiale de Léogane, le 12 *du même mois, auquel* le Conseil assistera en corps de Cour, sans tirer à conséquence.

Du 3 Janvier 1747.

Arrêt

ARRÊT du Conseil de Léogane, portant Réglement pour les Causes mises au Rôle.

Du 25 Janvier 1747.

LE CONSEIL a ordonné et ordonne que les causes qui sont portées par appel devant la Cour, seront appelées à tour de rôles, qui auront été arrêtés à l'entrée de la première séance par le Président, savoir :

Le premier, qui sera composé des causes de la Jurisdiction de la Grande-Anse ; le second, de celles de la Jurisdiction de Saint-Louis ; le troisième, de celles de la Jurisdiction de Saint-Marc ; le quatrième, de celles de la Jurisdiction de Jacmel ; le cinquième, de celles de la Jurisdiction du Petit-Goave ; et le sixième et dernier, de celles de la Jurisdiction de Léogane ; le tout cependant sans préjudicier aux Audiences qui pourroient être accordées sur placets présentés au Président pour les causes portées au rôle. Ne sera accordé aucun défaut congé, à moins que la cause n'ait été mise au rôle, à la diligence de l'une ou de l'autre des parties. Ordonne que le présent Arrêt sera envoyé dans tous les Siéges, &c.

ARRÊT du Conseil de Léogane, qui ordonne l'exécution de ceux des 21 Janvier 1727 et 12 Mai 1745, concernant les comptes à rendre par les Marguilliers.

Du 25 Janvier 1747.

ARRÊT de Réglement du Conseil de Léogane, concernant les droits Curiaux.

Du 25 Janvier 1747.

CEjourd'hui, le Procureur Général du Roi est entré, et a dit &c. Sur quoi la matière mise en délibération, M. Caignet, Conseiller séant, et Commissaire nommé pour l'inspection de la caisse des droits Curiaux, a donné lecture d'un projet par lui dressé, et LE CONSEIL a ordonné et ordonne ce qui suit:

ART. I. Il sera levé 30 sols par tête de Négre, &c.

ART. II. La perception en sera faite par le Marguillier, suivant l'Arrêt du 19 Septembre 1744.

ART. III. Les lettres ou paquets qui contiendront les recensemens et quittances, seront adressées par le Receveur au Curé de chaque Paroisse, pour les remettre au Marguillier, &c.

ART. IV. Quinzaine après la réception, celui à qui ils auront été remis, en donnera avis au Receveur-Général, &c.

ART. V. Celui ou ceux chargés du recouvrement, conformément à l'art. X. du Réglement de réunion, donneront avis des décès quinzaine après audit Receveur, sous peine d'être responsables de la totalité du recouvrement.

ART. VI. Dans le cas où le chargé de la recette ne pourroit écrire, celui qu'il préposera sera fondé de sa procuration spéciale pardevant Notaire, dont restera minute et expédition en forme, qui sera envoyée au Receveur.

ART. VII. Les Marguilliers ou préposés dans les Paroisses où la poste ne va point, indiqueront audit Receveur, l'adresse d'une personne domiciliée dans un Quartier où il y a poste établie, &c.

ART. VIII. Il sera envoyé audit Receveur, tous les deux mois, et quinzaine avant l'ouverture de chaque séance du Conseil, un compte courant de recette et dépense, avec pièces originales au soutien de la dépense, ou tout au moins duplicata original de la quittance des sieurs Curés, et état des défaillans à payer, conformément aux articles IV et V. du Réglement de réunion, et sous les peines y portées pour la première fois, et dans le cas de récidive, d'être déchus en outre de la commission de trois pour cent attribués par ledit Réglement, réversibles au profit de la caisse, et applicables à ses dépenses.

ART. IX. Ledit Receveur dressera un bref-état de caisse, et le présentera à chaque séance avec lesdits comptes, et l'état des défaillans en original au soutien, à chaque séance du Conseil, à peine de destitution, d'être déclaré déchu de sa commission sur l'effectif de la recette, et même de plus grande peine, s'il y échoit.

ART. X. A la réserve des pensions des sieurs Curés, des Sacristains et Chantres, qui ne pourront être payées qu'en argent, ainsi que toutes les autres dépenses de la caisse, il ne pourra être fait, par les Marguilliers, aucun paiement que sur les mandats du Receveur; défenses à eux de contrevenir au présent article, sous tel prétexte que ce soit, même sous celui de compensation, à peine de payer en leur propre et privé nom, les dettes dont se trouveront redevables à la caisse les porteurs d'Arrêts ou leurs auteurs, en outre d'être déchus de leur commission de trois pour cent pour la première fois, et même de radiation dans leur compte, s'il y échoit.

ART. XI. Un mois après la publication du présent Réglement, les Procureurs aux vacances dans chaque Quartier du ressort, enverront au Commissaire de la caisse, sous l'adresse dudit Receveur, une liste des noms de ceux dont ils ont géré et gèrent encore les successions, comme aussi du nom et de la demeure des héritiers ou ayans-causes à qui ils ont rendu compte, et continueront de faire le même envoi de six en six mois, par rapport aux successions qui tomberont aux vacances, à peine de restitution, comme aussi d'être responsables, en leur propre et privé nom, des sommes que se trouveront devoir ceux qu'ils auroient omis de porter dans leurs listes.

ART. XII. Lesdits Procureurs aux vacances, Exécuteurs-Testamentaires, et autres gérant successions, acquitteront, par préférence à toutes autres créances privilégiées ou non, les sommes que ceux dont ils gèrent les successions devront à la caisse; et le présent Arrêt sera enregistré dans tous les Siéges, &c.

A été arrêté par la Cour qu'il sera passé en bonne dépense au Receveur-Général 600 liv. pour le Secrétaire du Commissaire de la caisse et autres menus frais, sans quittance.

ORDONNANCE *du Commandant et de l'Ordonnateur du Cap, portant que les 75 Négocians ou Habitans de la Ville du Cap, et les 19 Capitaines de Navires qui ont volontairement souscrit à l'armement et équippement d'une Galère abandonnée pour escorter et protéger les Barques, Chaloupes et autres embarcations contre les Anglois, qui les enlèvent journellement sur la côte, payeront*, ainsi que les 67 Capitaines non souscripteurs, dont les Vaisseaux sont actuellement dans la rade, *incessamment et sans délai, entre les mains du sieur Pierre Millot, Negociant au Cap, chacun 185 liv. pour leur cote-part dans les frais dudit armement.*

Du 16 Février 1747.

Approuvée par une Lettre du Ministre, du 14 Septembre suivant.

ARRÊT du Conseil de Léogane, portant Réglement pour les Geoliers.

Du 20 Mars 1747.

LA COUR faisant droit sur la remontrance du Procureur-Général du Roi, et dérogeant, en tant que besoin seroit, à son Réglement concernant les Geoliers, du 17 Juillet 1738, a ordonné et ordonne ce qui suit, savoir :

ART. I. Ne sera payé pour les prisonniers Libres qui coucheront sur les lits-de-camp, aucun droit d'entrée ni de sortie, mais seulement 20 sols par jour pour gîte et nourriture au pain et à l'eau, et 1 liv. 17 s. 6 deniers s'ils sont nourris au pain et à la viande.

ART. II. Ceux qui voudront coucher dans les chambres et lits que le Geolier fournira, 30 sols pour l'entrée et 30 sols pour la sortie, et 15 s. par jour s'ils couchent seuls, et chacun 10 sols s'ils couchent deux dans le même lit, leur fournissant par le Geolier des draps blancs, de 15 jours en 15 jours.

ART. III. Les prisonniers à la pension ou table des Geoliers, et seuls dans un lit, 7 liv. par jour, et 5 sols de moins s'ils couchent deux dans le même lit ; ils seront servis par les domestiques du Geolier, qui sera tenu de leur fournir des draps blancs de quinzaine en quinzaine, et une chandelle des 10 à la livre par jour pour chaque chambre, et de l'eau, sans qu'il puisse faire payer aucun droit d'entrée ni de sortie, ni rien exiger pour ses domestiques.

ART. IV. Ceux qui voudront être seuls dans une chambre, payeront 20 sols de plus par jour.

ART. V. Il sera permis aux prisonniers de se faire porter à manger de dehors, et si le Geolier leur fournit l'ustensile, il lui sera payé 15 sols par jour.

ART. VI. *C'est le 16e du Réglement du Conseil du Cap, du 12 Septembre 1740, excepté qu'ici l'amende n'est que de 10 liv.*

ART. VII. *C'est le 17e du Réglement du Conseil du Cap, du 12 Septembre 1740.*

ART. VIII. Les Geoliers pourront recevoir 3 liv. pour l'écrou des prisonniers appelans et la décharge des Conducteurs, et pour l'écrou des autres prisonniers 45 sols ; et 30 sols pour chaque recommandation, moyennant un extrait de l'un et de l'autre délivré à la partie, et 30 f. pour chaque extrait levé dans la suite.

Art. IX. Pour les décharges des écrous, pour celles des recommandations et pour les extraits qu'ils en délivreront dans la suite, 30 sols.

Art. X. Leur fait défenses de prendre plus d'un droit d'écrou, recommandation, décharge, quoiqu'il y ait plusieurs prisonniers, lorsqu'ils seront arrêtés, recommandés ou élargis par même Jugement ou pour même cause.

Art. XI. Leur défend aussi de recevoir plus de 15 sols pour chaque quittance, des sommes qui seront mises entre leurs mains pour les alimens d'un ou plusieurs prisonniers, arrêtés pour même cause et par même Jugement, quand même la consignation seroit faite pour un ou plusieurs mois, et pour le certificat du décès des prisonniers et tous autres certificats; à l'exception de ceux de cessation de paiement des alimens qu'ils seront tenus de délivrer gratuitement, et à la première réquisition qui leur en sera faite par les prisonniers.

Art. XII. Pour les prisonniers Esclaves accusés de crime, fugitifs ou saisis, 15 sols par jour pour gîte et nourriture à la cassave ou autres vivres du pays, sans aucuns droits d'entrée ni de sortie.

Art. XIII. Ils pourront recevoir pour l'écrou des prisonniers Esclaves saisis, 45 sols, et 22 sols 6 deniers pour chaque recommandation, moyennant un extrait de l'un et de l'autre délivré à la partie, et 22 f. 6 deniers pour chaque extrait levé dans la suite : seront tenus de délivrer gratuitement les extraits des écrous des Négres accusés de crime.

Art. XIV. Fait défenses auxdits Geoliers, de refuser l'élargissement des Esclaves fugitifs pour leurs droits, nourriture et autres frais, mais se contenteront de l'obligation des Maîtres desdits Esclaves, laquelle ne pourra leur être refusée pour se pourvoir sur leurs biens.

Art. XV. Il leur sera payé 15 sols pour l'inscription du nom de l'Esclave fugitif conduit dans les prisons.

Art. XVI. Leur fait défenses de prendre aucuns autres plus grands droits que ceux mentionnés ci-dessus.

Art. XVII. Leur enjoint d'écrire de leur main...... (*V. l'art. 30 du Réglement du Conseil du Cap, du 12 Septembre 1740.*)......... à peine d'interdiction pendant trois mois pour la première contravention, et d'être destitués de leur emploi en cas de récidive, sans que lesdites peines puissent être modérées.

Art. XVIII. Il sera payé aux Geoliers, pour la nourriture des Négres malades, 30 sols par jour, à la charge par eux de rapporter certificat du Chirurgien-Major; et sera le présent Arrêt lu, publié et affiché, &c.

Arrêt du Conseil d'Etat, touchant le rang de M. Pillat père, Conseiller honoraire du Conseil du Cap.

Du 8 Avril 1747.

Le Roi étant informé qu'à l'occasion de la charge de Conseiller honoraire au Conseil Supérieur du Cap, que Sa Majesté a bien voulu accorder au sieur Pillat père, Conseiller titulaire audit Conseil, le sieur Juchereau, autre Conseiller titulaire, quoique moins ancien dans le grade, auroit prétendu prendre séance avant ledit sieur Pillat, sous prétexte que, par les Provisions à lui expédiées de ladite charge de Conseiller honoraire, il est dit qu'il aura entrée, séance et voix délibérative, des jour et date desdites Provisions, & que ledit Conseil Supérieur auroit en effet ordonné, par Arrêt du 4 Novembre 1745, que ledit sieur Pillat n'auroit séance que du jour et date desdites Provisions; et S. M. ne voulant pas laisser subsister un pareil Arrêt, dont l'exécution seroit également contraire à ses intentions et à l'usage suivi, en pareil cas, dans toutes les Cours: Oui le rapport, le Roi étant en son Conseil, sans s'arrêter audit Arrêt, qui demeurera comme nul et non-avenu, a ordonné et ordonne que ledit sieur Pillat reprendra dans ledit Conseil Supérieur du Cap, le rang qu'il avoit parmi les Conseillers d'icelui avant lesdites Lettres de Conseiller honoraire, lesquelles sortiront leur plein et entier effet, sans qu'au surplus ledit sieur Pillat puisse prétendre décaniser dans ledit Conseil en aucuns cas. Mande Sa Majesté au sieur Gouverneur Lieutenant-Général ou Commandant en chef, et au sieur Intendant, &c.

R. au Conseil du Cap, le 4 Novembre 1748.

PROVISIONS de Gouverneur Lieutenant-Général, pour M. le Chevalier de Conflans.

Du premier Mai 1747.

LOUIS, &c. Le Gouvernement-général de nos Isles sous le Vent étant vacant...... A ces causes..... composer et accommoder tous les différends qui pourroient être nés et à naître dans lesdites Isles entre les Habitans, en laissant néanmoins un libre cours à la Justice; assiéger et prendre des places .... faire et laisser jouir dudit état et charge, comme si Nous eussions pris et reçu de lui le serment en tel cas requis et accoutumé, duquel Nous l'avons dispensé et dispensons..... voulons que, par le Garde de notre Trésor Royal, &c.

Le Duc de Penthièvre, Amiral de France, &c.

R. au Conseil du Cap, le 12 Août 1748.
Et à celui de Léogane, le 9 Septembre suivant.

Pour ce que Nous n'avons pas rapporté de ces Provisions, voyez celles de M. le Marquis de Châteaumorant, du premier Janvier 1716, en observant cependant que Sa Majesté n'a pas recommandé à M. le Chevalier de Conflans, d'exiger un nouveau serment des Habitans.

EXTRAIT du Mémoire du Roi, sur les Receveurs de l'Octroi et les Curateurs aux Successions vacantes.

Du 16 Juillet 1747.

A l'égard des Receveurs de l'Octroi........, (*V. le Mémoire du Roi, du* 10 *Juin* 1736.) ... .. que du consentement des sieurs Chevalier de Conflans et Maillart.

R. au Conseil du Port-au-Prince, le 15 Janvier 1755.

LETTRE du Ministre aux Administrateurs, portant que l'intention de S. M. avoit été de comprendre dans le Don fait à M. de Laporte, la totalité de l'objet du bail fait au sieur Perrin, des passages du Cap, de la Petite-Anse et de Limonade, et qu'en conséquence il a été expédié un second Brevet, qui ajoute au premier le Don du passage de Limonade.

Du premier Août 1747.

R. au Conseil du Cap, le 14 Juin 1749.

ORDONNANCE DU ROI, concernant les Substitutions.

Du mois d'Août 1747.

R. au Parlement de Paris, le 27 Mars 1748.

Les dispositions de cette Ordonnance, non enregistrée à Saint-Domingue, y sont cependant adoptées à certains égards. Il en sera question dans un autre lieu.

LETTRES-PATENTES, qui autorisent les Administrateurs à faire exécuter provisoirement, sauf l'appel, les Jugemens par eux rendus, en vertu de la Déclaration du 17 Juillet 1743, sur les concessions, réunions de terreins au Domaine et contestations sur icelles, et sauf encore à n'ordonner l'exécution provisoire qu'à la charge de donner bonne et suffisante caution par la partie en faveur de laquelle ils auront été rendus.

Du premier Octobre 1747.

R. au Conseil de Léogane, le 16 Septembre 1748.
Et à celui du Cap, le 4 Novembre suivant.

ARRÊT

ARRÊT du Conseil de Léogane, qui ordonne à tous les Marguilliers depuis 1727, de rendre sans délai, aux Conseillers-Commissaires qu'il nomme, leurs comptes de la masse Curiale; autorisant lesdits Commissaires à rendre toutes ordonnances préparatoires, et à décerner des exécutoires sur les reliquats, pour raison de l'exécution desquels exécutoires, le Receveur-Général se pourvoira pardevant les Administrateurs, à l'effet d'obtenir des ordres de contrainte; l'Arrêt duement publié et affiché aux portes des Eglises.

Du 28 Novembre 1747.

ARRÊT du Conseil de Léogane, qui ordonne une levée de 30 sols par tête de Négres, pour Droits suppliciés.

Du 3 Février 1748.

PROCÉDURE tenue au Conseil de Léogane, sur la plainte à lui portée par M. Maillart, Intendant, contre M. Bineau, Major pour le Roi à Léogane, touchant des Imputations graves faites par ce dernier, contre l'Administration de M. l'Intendant.

Du 3 Février au 17 Juillet 1748.

Nous croyons que les détails de cette affaire intéressante, appartiennent plus particulièrement à la partie Historique, à laquelle nous les renvoyons.

DÉCLARATION DU ROI, portant, 1°. d'après l'offre de M. l'Amiral, que son dixième sur les Prises demeurera suspendu durant toute la guerre; 2°. qu'il sera accordé des gratifications aux Equipages preneurs, suivant le nombre et le calibre des canons des Bâtimens pris; 3°. qu'il sera accordé de pareilles gratifications aux Vaisseaux de Sa Majesté, outre le tiers de la valeur des Prises.

Du 5 Mars 1748.

R. au Conseil de Léogane, le 16 Septembre 1748
Et à celui du Cap, le 4 Novembre suivant.
V. le Code des Prises, Tome premier, page 458.

LETTRE des Administrateurs au Sénéchal de Saint-Marc; 1°. pour suspendre le cours des affaires Judiciaires, attendu la présence de l'ennemi sur la côte; 2°. pour employer les Huissiers à porter les paquets de l'Etat-Major; et 3°. pour lui annoncer qu'on commandera à chaque privilégié, que la nature de ses fonctions retient dans son Quartier, un Négre à cheval pour porter aussi lesdits paquets, &c.

Du 19 Mars 1748.

Déposée au Siége Royal de Saint-Marc, le premier Juillet suivant.

ARRÊT du Conseil du Cap, qui enjoint aux Notaires, Curés et aux Greffiers, de tenir leurs Actes et Registres prêts à être transportés en cas d'attaque, et suspend les poursuites judiciaires.

Du 3 Avril 1748.

VU par le Conseil, la remontrance à lui faite par Me l'Héritier, Substitut du Procureur-Général du Roi, que quelques critiques qu'ayent paru les circonstances de nos affaires depuis la déclaration de Guerre avec la nation Britannique, l'état de la Colonie s'étoit néanmoins conservé tel, qu'elle n'en avoit reçu jusqu'à présent aucun changement ni altération tant soit peu digne de considération ; que les entreprises que viennent de faire nos ennemis sur la Partie du Sud, celles dont les Quartiers de l'Ouest sont menacés, ne permettoient pas d'espérer que nous devions toujours jouir de la même tranquillité, et étoient une espèce de prélude qui, nous avertissant de nous disposer à une défense généreuse pour la conservation de nos vies et de nos fortunes, obligeoient ledit Conseil de prendre les précautions les plus sages, et de veiller à ce qu'au cas d'incursion de l'ennemi dans les Quartiers, les actes publics, titres et papiers qui intéressent l'Etat et la fortune des Citoyens, soient conservés et garantis de tous accidens ; que les secours qu'en cas d'attaque chaque Quartier doivent réciproquement se procurer, ont engagé M. le Général à demander un Détachement pour les Quartiers attaqués ou menacés ; qu'il n'est point de citoyen qui, en cette occasion, n'ait montré son zèle pour la cause commune ; que plusieurs étoient partis sans avoir eu le temps de mettre ordre à leurs affaires les plus intéressantes ; qu'il ne seroit pas juste que, tandis qu'ils sont absens pour le salut de la Colonie, ils fussent ici exposés à recevoir le moindre préjudice à leurs intérêts, ce qui arriveroit nécessairement s'il étoit loisible de les poursuivre en Jugement, &c. ; et oui le rapport de M. Fournier de la Chapelle, Conseiller ; la matière mise en délibération, et tout considéré : LE CONSEIL enjoint à tous Greffiers et Notaires, de tenir en état leurs minutes, répertoires, et tous actes généralement quelconques qui auront été passés chez eux, ou dont ils sont dépositaires, et d'avoir de grands sacs prêts pour y pouvoir enfermer lesdits actes et papiers ; enjoint pareillement aux Curés et Missionnaires desservant les Cures, de tenir en même état leurs Registres des Baptêmes, morts et mariages de l'année courante, et les doubles des Registres des années précédentes, si fait n'a été ; ordonne qu'en cas d'attaque de l'ennemi, lesdits Registres, minutes et papiers, après avoir été enfermés dans lesdits sacs qui seront par eux ficelés, cachetés et étiquetés de leur marque, seront portés, savoir, par les Curés et Notaires des Villes, au Greffe de la Jurisdiction de leur demeure, pour delà être transportés, suivant les ordres qui seront donnés par MM. les Gouverneur et Commandans, dans le réduit qui sera par eux indiqué ; et les autres Registres et minutes des Notaires et Curés de campagne, seront pareillement par eux portés directement dans le même réduit ; en conséquence, ledit Conseil a autorisé et autorise lesdits Curés, Greffiers et Notaires au déplacement de tous lesdits actes, Registres et papiers dont ils sont dépositaires ; ordonne qu'il sera sursis à toutes poursuites contre ceux qui sont pour le présent absens pour le service de la Colonie, et même pour les affaires dont peuvent être chargés les Procureurs qui sont commandés et absens pour la même cause; et sera le présent Arrêt envoyé ès-Jurisdictions du ressort, pour y être enregistré, publié et affiché, &c.

LETTRE des Administrateurs aux Officiers de la Jurisdiction et de l'Amirauté du Cap, pour suspendre les Audiences et le cours des affaires dans les deux Siéges, attendu les ouvrages des Habitans pour la défense de la Colonie.

Du 26 Avril 1748.

Déposée au Siége Royal du Cap, le lendemain.

ARRÊT du Conseil d'Etat, qui évoque à lui la Plainte et la Procédure instruite au Conseil de Léogane, touchant les imputations faites à M. Maillart sur son Administration, par M. Bineau, Major à Léogane.

Du premier Juin 1748.

Nous renvoyons les détails de cette affaire à la partie Historique.

LETTRE DU ROI à M. l'Amiral, touchant la cessation des hostilités contre les Vaisseaux Hollandois.

Du 12 Juin 1748.

R. au Conseil de Léogane, le 16 Octobre 1748.
Et à celui du Cap, le 4 Novembre suivant.

LETTRE de M. l'Intendant au Juge de Saint-Marc, pour rétablir le cours des affaires interrompu par la présence de l'ennemi.

Du 21 Juin 1748.

Déposée au Siége de Saint-Marc, le premier Juillet suivant.

ORDRE DU ROI, qui autorise M. le Normand, à son retour de la Louisianne, à reprendre les fonctions de Premier Conseiller des deux Conseils.

Du 2 Septembre 1748.

R. au Conseil de Léogane, le 16 Novembre 1748.
Et à celui du Cap, le 6 Décembre suivant.

ORDRE du Gouverneur-Général, portant défenses au Conseil de Léogane, de continuer une Procédure encommencée par cette Cour, sur la remontrance du Procureur-Général, à l'occasion de bruits répandus contre l'honneur et la réputation de M. l'Intendant.

Du 20 Novembre 1748.

LE Chevalier de Conflans, &c.

Etant informé que, sous différens bruits qui se sont répandus dans le public contre l'honneur et la réputation de M. Maillart, Intendant de cette Colonie, le Procureur-Général ou son Substitut au Conseil du Petit-Goave, séant à Léogane, auroit donné sa remontrance à la Cour pour faire informer contre ceux qui ont tenu des propos malins et inconsidérés ; et qu'en conséquence, il auroit été donné différentes assignations, ce qui excède le pouvoir du Conseil, qui n'a aucun droit de s'attribuer, de propos délibéré, la défense des imputations faites contre les Généraux et les Intendans ; à quoi étant nécessaire de remédier : Nous, attendu que la conduite du Conseil est contraire à l'autorité qui Nous a été confiée, lui faisons défenses de recevoir à l'avenir de pareilles plaintes, et au Procureur-Général ou à son Substitut, de donner des remontrances de cette espèce; leur faisons très-expresses inhibitions et défenses de continuer la procédure commencée; voulons que le commencement de cette procédure nous soit remis, pour nous faire connoître les auteurs des bruits qui se sont répandus contre l'honneur et la probité de M. Maillart, pour être par Nous punis suivant l'exigence du cas. Mandons au Procureur-Général du Conseil ou à son Substitut, de faire connoître nos intentions à la Cour, et de nous rendre compte de ce qui aura été délibéré; et sera la présente enregistrée. Donné en notre Hôtel à Léogane, le 20 Novembre 1748. *Signé*, DE CONFLANS.

V. la Lettre du Ministre, du 6 Mars 1749.

ORDONNANCE DU ROI, *pour la publication de la Paix entre la France, l'Empire et l'Angleterre.*

Du premier Février 1749.

R. au Conseil du Cap, le 14 Juin suivant.

JUGEMENT *des Administrateurs, qui fait défenses à M. de Carbon, Procureur-Général au Conseil du Cap, et à la dame son épouse, de toucher à l'avenir à l'estacade servant à la prise d'eau des Intéressés aux Moulins du Quartier de la Petite-Anse; et attendu la voie de fait de ladite dame, dont il a pris le fait et cause, le condamne à payer le coût de la réparation de ladite estacade, suivant l'état qui en sera arrêté par M. Samson, Commissaire de la Marine, en outre à 2,000 liv. de dommages-intérêts, applicables, du consentement des Intéressés, à la Maison de Providence.*

Du 3 Février 1749.

ORDONNANCE *des Administrateurs, qui défend, 1°. de rien acheter au marché de Léogane pour revendre avant neuf heures sonnées du matin, à peine de confiscation, de 10 liv. d'amende pour la première fois, et de plus grande en cas de récidive; 2°. d'accaparer les vivres sur le grand chemin, à peine aussi de confiscation, et d'une amende double de la précédente; 3°. de laisser dans la voie publique rien qui l'embarrasse, et d'y souffrir des animaux, à peine de 10 liv. d'amende, lesquelles amendes et confiscations seront applicables, un tiers à l'Hôpital Royal, et les deux autres tiers aux Inspecteurs de Police qui seront commis; l'Ordonnance dûement publiée et affichée, à la réquisition du Procureur du Roi du Siége de Léogane.*

Du 5 Février 1749.

ORDONNANCE *des Administrateurs, qui,* sur les représentations faites par le sieur de Castelveyre, Directeur de la Maison de Providence établie au Cap, *accorde*, sous le bon plaisir du Roi, à cette Maison, en faveur de ses Négres, une exemption générale des corvées et travaux publics, et au Directeur pareillement exemption de guet, gardes et corvées publiques.

Du 8 Février 1749.

R. au Siége du Cap, le 22 Mars suivant.
Et à la Subdélégation, le 13 Mars 1750.

EXTRAIT *de la Lettre du Ministre à M. le Chevalier de Conflans, qui approuve l'usage d'envoyer, de la part des Gouverneurs-Généraux de Saint-Domingue, lors de leur arrivée, complimenter les Gouverneurs des Isles Etrangères Voisines.*

Du 24 Février 1749.

J'AI reçu avec votre Lettre du 22 Novembre dernier, les copies, tant de celles que vous avez écrites aux Gouverneurs de la Havane et de Saint-Yago de Cuba, au Gouverneur et au Commandant de l'Escadre de la Jamaïque, que des ordres et instructions donnés à M. Mithon, que vous avez envoyé en cette dernière Isle.

Le Roi a approuvé que vous ayiez ainsi prévenu les Commandans des Colonies Espagnoles et Angloises, sur votre arrivée dans le Gouvernement que S. M. a bien voulu vous confier. Vous savez que son intention est que vous fassiez tout ce que la gloire et les intérêts de la nation permettront, pour entretenir une correspondance convenable avec les uns et les autres.

ORDONNANCE *des Administrateurs, qui, d'après les offres des sieurs Clerisse et Grandjean, Négocians au Cap, de fournir gratuitement les bois nécessaires à la construction des Eglises du Cap et du Fort-Dauphin, et des Bâtimens des Religieuses du Cap, leur permet d'en introduire dans la Colonie une pareille quantité, pour y être vendue pour leur compte, et de charger de sirops & de guildives, les Bâtimens qui porteront lesdits bois.*

Du 26 Février 1749.

R. au Greffe de la Subdélégation, le 10 Mars suivant.

EXTRAIT *de la Lettre du Ministre à M. le Chevalier de Conflans, sur l'autorité des Gouverneurs-Généraux par rapport aux Arrêts des Conseils, et à la représentation des Registres de ces Cours.*

Du 6 Mars 1749.

VOUS avez porté aussi trop loin l'autorité de votre place à plusieurs égards, dans l'affaire occasionnée par les écarts où étoit tombé le sieur Coutard sur le compte de M. Maillart. Il est sans difficulté que le Conseil Supérieur n'est point Juge de la conduite de l'Intendant; mais vous n'êtes pas plus en droit que lui de vous en arroger la connoissance. Sur ce principe, la défense que vous aviez faite au Conseil Supérieur, de suivre la procédure qu'il avoit commencée sur cette affaire, étoit en régle, et même fondée sur l'Arrêt rendu au Conseil d'Etat, dans l'affaire de M. Maillart contre le sieur Bineau; mais vous ne deviez pas, comme vous l'avez l'avez fait, par le même ordre portant cette défense, vous établir Juge vous-même; c'est en cela que vous avez d'abord excédé votre pouvoir. En défendant au Conseil Supérieur de passer outre sur cette procédure, il falloit de votre côté vous contenter de vous assurer de la personne du sieur Coutard, jusqu'à ce que M. Maillart fût en état de prendre le parti, soit de s'en rapporter à vous pour la punition de ce particulier, soit d'en demander justice au Roi.

Vous avez excédé bien davantage votre pouvoir, en faisant rayer et biffer de votre seule autorité, l'Arrêt du Conseil Supérieur, et en faisant mettre à la marge une note, dont vous ne me marquez pas les termes. Il n'appartient qu'au Roi seul d'annuller les Arrêts des Cours Supérieures; c'est un droit que S. M. ne communique, et ne peut communiquer à aucun de ses Officiers; et tout le pouvoir des Gouverneurs Lieutenans-Généraux et des Intendans des Colonies, contre les Arrêts des Conseils Supérieurs, se borne à en suspendre l'exécution jusqu'aux ordres du Roi, lorsqu'ils les jugent contraires au bien public ou au service de S. M.; d'ailleurs, en cassant Elle-même des Arrêts de ses Cours Supérieures, Elle ne se détermine à les faire rayer et biffer qu'avec beaucoup de discrétion, et pour des cas très-graves. Ainsi, content d'avoir arrêté la procédure du Conseil Supérieur, vous deviez-vous en tenir là vous-même, pour ne pas tomber dans une entreprise qui est également attentoire à la propre autorité du Roi, contraire à l'honneur et au maintien de la Justice, et humiliante pour le Conseil Supérieur. Quelque persuadée que soit S. M. de la pureté des motifs qui vous ont fait agir en cette occasion, Elle ne sauroit se dispenser de désapprouver authentiquement une entreprise d'une si dangereuse conséquence, et Elle m'a ordonné de vous prévenir qu'Elle n'en laissera pas subsister le monument dans les Registres du Conseil Supérieur, quand même il ne feroit pas sur cela les représentations qu'il est en droit de faire. C'est pour pouvoir donner ses ordres à cet effet, qu'Elle desire que vous m'envoyiez copie de l'ordre que vous avez donné pour faire biffer l'Arrêt, et de la note que vous avez fait mettre à la marge; mais au reste, cela sera accompagné de tous les ménagemens qui seront praticables à votre égard.

S. M. n'entend pas que vous vous mettiez dans l'usage de vous faire rapporter, à la fin des séances du Conseil Supérieur, son Registre plumitif. Outre que cette précaution n'est pas nécessaire pour que vous soyez informé s'il se passe dans ces séances quelque chose de contraire aux intérêts du Roi et au bon ordre, il est de régle que les Registres des Conseils Supérieurs ne peuvent être ainsi déplacés, sans un ordre exprès du Roi; et ce ne seroit que dans des affaires grâves, qui ne pourroient pas souffrir de retardement, et que vous ne pourriez pas vérifier autrement, que S. M. pourroit trouver bon que vous vous fissiez rapporter ces Registres.

Telles sont les régles sur cette matière; le Roi est persuadé, sur les assurances que je lui en ai données, que vous vous y conformerez à l'avenir. En contenant les Conseils Supérieurs dans les bornes du pouvoir que Sa Majesté leur a confié pour la distribution de la justice; vous devez aussi leur en laisser le libre exercice, et sur-tout prendre garde de rien faire qui puisse avilir cette portion intéressante de l'Autorité.

V. l'Ordonnance du 20 Novembre 1748.

ORDONNANCE des Administrateurs, confirmative des arrangemens pris par les Habitans de l'Artibonite avec le sieur Ricord, Capitaine de Port, commandant l'Artillerie au Quartier du Cul de Sac, pour l'arrosage dudit Quartier de l'Artibonite.

Du 16 Mars 1749.

R. au Greffe de l'Intendance, le 22.

Nous parlerons dans un autre lieu de cette Ordonnance.

ARRÊT du Conseil de Léogane, qui ordonne une levée de 45 sols par tête de Négres pour les Droits suppliciés.

Du 19 Mars 1749.

ARRÊT du Conseil d'Etat, qui, en révoquant ceux des 20 Avril 1744, et 19 Juin 1745, ordonne l'exécution de l'article II. des Lettres-Patentes de 1717, pour le retour des Navires des Isles, aux Ports d'où ils sont partis.

Du 26 Mars 1749.

Lettre des Administrateurs au Procureur-Général en fonctions du Conseil du Cap, portant que le Capitaine de Port est justiciable de l'Amirauté et du Conseil.

Du 7 Avril 1749.

M., le sieur Mercier, comme intéressé dans le Brigantin le Triton de la Rochelle, et fondé de la procuration d'un Capitaine Collet, qui le commande, s'est pourvu devant Nous pour raison des dommages qu'il réclame contre le sieur Sicard, Capitaine de Port, à l'occasion de l'échouement dudit Brigantin, qu'il impute à sa négligence et au refus qu'il a fait d'aller à bord; l'affaire avait été portée devant les Officiers de l'Amirauté, et ensuite sur l'appel au Conseil; le sieur Sicard, qui n'avoit pas défendu en cause principale, a formé son déclinatoire en cause d'appel, et conclu subsidiairement, afin que le sieur Collet fût débouté de sa demande; ces deux chefs de conclusions ne sont pas trop conformes à la régle, et Nous l'avons observé par le courier dernier; il falloit nécessairement que le sieur Sicard se renfermât dans l'un des deux chefs; M. de Conflans vous a répondu sur cela, et il vous a marqué qu'on ne devoit considérer le sieur Sicard que comme un Pilote lamaneur, et qu'en cette qualité, il étoit justiciable de l'Amirauté et du Conseil, qu'il devoit pareillement faire enregistrer sa commission en vertu de laquelle il perçoit des droits; il a ajouté que c'étoit au Conseil à décider la question d'entre lui et le sieur Collet; il vous a, à cet égard, fait quelques observations, afin de déterminer la Cour à modifier la peine du dédommagement, qui ne paroît pas bien légitime, parce que, d'un côté, l'art. 4. du titre 3. Liv. 4. de l'Ordonnance de la Marine que vous citez, ne prononce pas une peine bien grave contre les Pilotes lamaneurs; que d'un autre côté, le sieur Sicard étoit gissant dans son lit et qu'il paroît enfin que c'est le sieur Collet qui s'est résolu lui-même, sans être absolument pressé, de donner dans la passe; il auroit au surplus dû envoyer son canot à terre, pour demander le secours qu'il dit qu'on lui a refusé, et c'est à quoi il a manqué; c'est dans toutes ces circonstances qu'il s'agissoit de décider la question, et M. de Conflans l'avoit soumise au Conseil, M. Maillart y avoit donné son consentement; mais Nous pensions alors qu'il n'avoit point été rendu Arrêt sur le déclinatoire proposé par le sieur Sicard, Nous venons tout maintenant de vérifier le contraire, et Nous voyons qu'il n'est pas possible que le Conseil puisse reprendre l'instance, n'étant pas praticable qu'il casse lui-même son Arrêt; il faut donc absolument que Nous fassions droit aux parties; en conséquence, Nous avons rendu une Ordonnance d'instruction au pied de la Requête du sieur Mercier, et c'est ce que Nous avions à vous apprendre, afin que le Conseil ne fasse rien sur l'objet dont est question; il en sera tout autrement dans les cas semblables qui arriveront dorénavant. Vous ferez connoître nos intentions à la Cour, et vous déposerez au Greffe, même à celui de l'Amirauté, copie de notre Lettre, et de celle qui a été écrite en particulier par M. de Conflans. Nous sommes parfaitement, M., vos &c. *Signés*, CONFLANS et MAILLART.

Je certifie la présente copie. Au Cap, ce 8 Mai 1743. Signé, L'HÉRITIER.

ORDONNANCE *des Administrateurs, qui permet l'établissement d'un Bourg au Dondon.*

Du 9 Avril 1749.

SUPPLIENT très-humblement les Habitans du Dondon, et ont l'honneur de vous représenter qu'en 1742, ils achetèrent du sieur Garaud un terrein, à l'effet d'y faire construire une Eglise, un Presbytère et un Bourg; mais le peu de terrein qu'ils ont acquis, suffit à peine pour bâtir l'Eglise et le Presbytère, de sorte qu'il reste très-peu pour le Bourg; cependant il s'est formé, au grand contentement des Habitans dudit Quartier, quelques établissemens près l'alignement de l'Eglise, le long du grand chemin, par des Marchands qui, par leurs soins à s'assortir des marchandises et ustensiles nécessaires à l'Habitant, sont d'un grand secours à ceux qui commencent à s'y établir, même à ceux qui y sont déjà établis, &c. *Ladite Requête signée de 47 Habitans.*

Permis aux Supplians de former un Bourg au Quartier du Dondon, sur le terrein du sieur Bacconnois, ou autre qui sera jugé convenable, pour raison duquel ils conviendront de gré à gré avec le propriétaire, sinon et à faute de ce, le prix de chaque emplacement sera réglé par MM. de Chastenoye et Samson, Gouverneur et Ordonnateur au Cap, que Nous prions de tenir la main à l'établissement dont il s'agit. Sera la présente, ainsi que la Requête des Supplians, enregistrées au Greffe de la Subdélégation. Donné à Léogane, &c. *Signés*, DE CONFLANS et MAILLART.

R. à la Subdélégation, le 23 du même mois.

ORDONNANCE *des Administrateurs, qui, attendu que les circonstances de la dernière Guerre ont été les mêmes que celles qui donnèrent lieu au Réglement fait le 11 Avril 1714, par MM. de Blenac et de Mithon, sur les paiemens en denrées; ordonne, sous le bon plaisir du Roi, qu'à la diligence des Procureurs-Généraux des Conseils Supérieurs, ledit Réglement sera enregistré ès-Cours Supérieures et Inférieures, pour être exécuté.*

Du 14 Avril 1749.

R. au Conseil du Cap, le 5 Mai suivant.

ORDONNANCE *des Administrateurs, portant, 1°. que le Médecin du Roi entretenu au Petit-Goave, résidera désormais à Léogane; 2°. qu'il visitera chaque jour l'Hôpital, où il réglera tout ce qui a trait aux Malades, sans que le Supérieur de la Charité, ni ses Subordonnés, puissent en renvoyer aucun qui n'ait le billet de sortie du Médecin; 3°. que le Chirurgien-Major pour le Roi fera aussi des visites, et agira subordonnément au Médecin; 4°. que les Pères de la Charité auront soin de séparer les convalescens des autres malades; et 5°. que le Médecin et le Chirurgien du Roi, rendront compte aux Administrateurs, toutes les semaines, du nombre des convalescens, des malades et des morts, ainsi que des traitemens, et des autres parties de leurs fonctions.*

Du 14 Avril 1749.

R. au Greffe de l'Intendance, le 16.

ARRÊT du Conseil du Cap, qui juge qu'un Conseiller doit opiner dans une Cause, quoiqu'il y ait précédemment conclu, en faisant les fonctions de Procureur-Général.

Du 9 Mai 1749.

CEJOURD'HUI, M. de Juchereau, Conseiller, ayant représenté que le 4 Novembre 1748, lorsqu'il auroit été question du rapport de l'affaire du sieur de......, il auroit exposé à la Cour que l'ayant poursuivie, en qualité de Procureur-Général, dont il faisoit les fonctions en 1742 et 1743, aujourd'hui que M. Carbon, Procureur-Général, auroit repris l'exercice de ses fonctions, il croyoit qu'il ne pouvoit point connoître, en qualité de Conseiller et Juge, d'une affaire dont il avoit poursuivi l'instruction en qualité de Procureur-Général; et sur ce, il auroit demandé à la Cour qu'il lui fût permis de se retirer; sur quoi M. de Juchereau s'étant retiré, la Cour en auroit délibéré, et auroit arrêté que M. de Juchereau demeureroit Juge en cette affaire, de quoi ne fut point alors fait Arrêt.

Ce jour, mondit sieur de Juchereau auroit fait même représentation, auroit pareillement demandé à ne point rester Juge par les mêmes raisons; mais la Cour ayant persévéré dans le même Réglement, et arrêté qu'il demeureroit Juge, mondit sieur de Juchereau auroit requis qu'il lui fût donné acte de la remontrance et réquisition qu'il auroit faite, tant ledit jour 4 Novembre 1748, que cejourd'hui, de quoi lui auroit été octroyé acte.

ORDONNANCE des Administrateurs, portant Tarif des Droits du Greffier de l'Intendance.

Du 2 Juin 1749.

LE Comte de Conflans, &c.

Simon-Pierre Maillart, &c.

Le sieur Delangle, notre Greffier, Nous ayant, à diverses fois, représenté que l'usage seul autorise la perception des droits attachés à son office, et qu'il desireroit qu'il Nous plût les fixer par un Réglement stable; à quoi étant nécessaire de pourvoir, Nous avons ordonné et ordonnons:

Que l'enregistrement d'une concession ordinaire sera taxé, 6 liv.

Pour celui d'une concession générale, depuis 30 liv. jusqu'à 60 liv. relativement à la quantité de titres visés en icelle.

Pour celui d'une liberté, ... 12 liv.

Pour celui d'une concession, ... 12 liv.

Pour celui de toute Ordonnance qui ne contiendra qu'une rôle ordinaire, ... 6 liv.

Et par chaque rôle que se trouvera contenir de plus ladite Ordonnance, ... 6 liv.

Pour celui de tout acte, de même qu'en l'article précédent.

Pour celui des permissions pour l'introduction ou l'envoi des Bâtimens, 12 liv.

S'il y a Requête, ... 24 liv.

Pour un acte de voyage, ... 6 liv.

Pour secondes expéditions des actes ci-dessus, la même somme que pour l'enregistrement d'iceux.

Pour les Jugemens par Nous rendus, la somme portée par la taxe, qui en sera faite en la manière accoutumée.

Pour secondes expéditions desdits Jugemens, un quart de la taxe d'iceux.

Pour recherches d'actes, dont la date sera exactement indiquée, 3 liv.

Lorsqu'elle ne le sera pas, si ledit acte se trouve dans une heure, 6 l.

Par chaque heure qui sera en outre employée à ladite recherche, 3 l.

Sera le présent Réglement enregistré au Greffe de l'Intendance. Donné à Léogane, &c.

R. au Greffe de l'Intendance, le 11 *du meme mois.*

ORDONNANCE *des Administrateurs, qui ordonne l'exécution du projet, formé dès* 1743, *d'établir la Ville du Port-au-Prince; en conséquence ordonne,* 1°. *la réunion des deux Paroisses du Cul-de-Sac et du Trou-Bordet, pour former celle du Port-au-Prince;* 2°. *que M. de la Caze, Commandant pour le Roi, ira, sans retardement, résider audit lieu du Port-au-Prince, dans la maison de l'habitation Rodot, ainsi que le Curé, le Notaire et les Boucheries;* 4°. *que la Sucrerie de ladite habitation servira de Paroisse en attendant;* 5°. *à cause de l'éloignement où se trouveroient les Habitans qui sont situés de l'autre côté de la grande Rivière, qu'il sera construit une Eglise convenable à la Croix des Bouquets (au*

Curé de laquelle il sera fourni quatre pouces d'eau en carré de la grande Rivière) de manière que les Habitans situés au-delà de la Rivière du Lamantin, et tous ceux qui sont en deçà de la grande Rivière du Cul-de-Sac, seront de la Paroisse du Port-au Prince, et les Habitans au-delà de ladite grande Rivière, de la Paroisse de la Croix-des-Bouquets; 5°. que ces derniers Habitans seront tenus d'acquitter au Port-au-Prince, les droits Royaux et publics; et 6°. qu'il n'y aura à la Croix-des-Bouquets de Logemens particuliers que pour un Chirurgien, un Machoquet ou Charron, un Sellier et un Cabaretier, qui tiendra aussi la Boulangerie, et un étal de Boucherie, entretenu par les Fermiers.

Du 13 Juin 1749.

R. au Greffe de l'Intendance, le 16.

ARRÊT du Conseil du Cap, portant qu'il sera pris 6000 liv. sur la caisse des Suppliciés, pour les frais des rejouissances de la Paix.

Du 14 Juin 1749.

ORDONNANCE des Administrateurs, qui homologue un Tarif pour les Pilotes de la Partie du Sud.

Du premier Juillet 1749.

1°. IL conviendroit d'avoir un Pillote résident à la Pointe à Pascal, qui découvre plus au large; ce Pilote serviroit pour l'entrée de tous les Bâtimens dans les différens ports de cette partie, au desir des Capitaines.

2°. Qu'il y eût un deuxième Pilote résident aux Cayes: celui-ci seroit préposé pour la sortie de tous Bâtimens mouillés dans les différens Ports sous le Vent de la Pointe à Pascal.

3°. Chacun desdits Pilotes dans son district, sera obligé de mettre des balises sur les hauts-fonds et ressifs aux entrées de chaque passe, dont il s'assurera des sondes de chacune desdites passes.

4°. Ils seront en outre chacun obligés d'entretenir à leurs dépens un Canot

Canot armé de 4 nages, afin d'être toujours prêts à se rendre à bord de chaque Bâtiment qui se présentera.

5°. Il sera payé au Pilote, pour l'entrée et sortie du Port de Saint-Louis seulement, 40 liv. pour l'entrée, et 100 liv. pour la sortie jusqu'à l'Ouest de l'Isle-à-Vache, suivant l'usage et ancien Réglement de MM. les Général et Intendant, du 11 Avril 1742, pour tout Bâtiment.

6°. Il sera pareillement payé audit Pilote, pour l'entrée du port des Cayes ou Château-d'un, de chaque Vaisseau, depuis 100 jusqu'à 200 tonneaux, à les prendre depuis la Caye d'Orange, 60 liv.; et lorsqu'il ne prendra lesdits Bâtimens qu'au Vent desdits Ports, que 40 liv.; et pour la sortie de cesdits Bâtimens, et les conduire à l'Ouest de l'Isle-à-Vache, 80 livres.

7°. Tous les Bâtimens qui seront au-dessus de 200 tonneaux, pour leur entrée, à prendre comme dessus à la Caye d'Orange, et les conduire dans lesdits ports des Cayes ou Château-d'un, 80 liv.; et lorsqu'il ne prendra cesdits Bâtimens qu'à l'entrée desdits ports ou rades, 60 liv.; et pour la sortie et les conduire à l'Ouest de l'Isle-à-Vache, 100 liv.

8°. Ceux desdits Bâtimens mouillés dans les susdits ports, qui desireroient en sortir pour aller mouiller des uns aux autres, pour aller de Saint-Louis aux Cayes, ou des Cayes à Saint-Louis, seront réputés comme sortis, et le Pilote en sera payé conformément au présent Tarif.

9°. Attendu que la baye des Flamands se rencontre au milieu des deux principaux ports de Saint-Louis et des Cayes, le Pilote ne pourra rien exiger pour les y avoir mouillés pour finir leur entier chargement; bien entendu que le Pilote ne sera point forcé de rester à bord dudit Navire, tout autant qu'il y séjournera; mais il sera obligé de retourner à bord à la première réquisition du Capitaine, pour continuer sa route jusqu'à l'Ouest de l'Isle-à-Vache, ce qui ne sera réputé qu'une sortie.

10°. Tout Bâtiment, comme Brigantin, Senault, Bateau, qui se présentera venant du large hors les ports de cette Colonie, comme Côte d'Espagne et Isles circonvoisines, payera audit Pilote 30 liv. pour l'entrée dans lesdits ports; et pour la sortie, s'il requiert ledit Pilote, celle de 40 liv. pour Saint-Louis, et 50 liv. pour la sortie des autres ports.

11°. Tout Capitaine qui sera mouillé dans la rade d'Aquin, et qui requierera le Pilote pour en sortir, il lui sera payé pour le conduire dans Saint-Louis, 80 liv.; et si ledit Capitaine desire venir aux autres ports susdits, la somme de 100 livres.

12°. Si quelqu'un des Navires mouillés dans le port des Cayes ou Château-d'un, requéroit le Pilote pour le conduire à la baye des Flamands ou Saint-Louis pour carenner, il lui payera, pour tout Bâtiment, la somme de 60 liv.; et son retour, s'il desiroit revenir dans le port d'où il seroit sorti, seroit réputé comme une entrée.

13°. Toute Barque, Goëlette servant à l'usage des Capitaines qui traiteront dans cette Colonie, seront réputés caboteurs, et point tenus à prendre de Pilote, ni même les petits Bâtimens qui voudront aller traiter le long de la côte, sortant desdits ports mentionnés dans le présent, pour faciliter leur vente; si toutefois ils requierent le Pilote pour sortir, ils seront sujets à payer, ainsi qu'il est porté au 6e article.

Vu le Tarif ci-dessus, nous l'avons homologué et homologuons pour être exécuté suivant sa forme et teneur, et conformément à notre Ordonnance de ce jour premier Juillet 1749. *Signé*, DE CONFLANS et MAILLART.

R. au Greffe de l'Intendance, le 8 du même mois.

V. l'Ordonnance du 30 Septembre 1772.

COMMISSION d'Intendant par Interim, pour M. de Laporte Lalanne.

Du premier Juillet 1749.

LOUIS, &c. Ayant jugé à propos d'accorder au sieur Maillart la permission de revenir en France, pour y reprendre le service de la Marine dans les Ports de notre Royaume, Nous avons fait choix de vous ......: pour, en votre qualité de Commissaire-Général de la Marine, faire les fonctions d'Intendant, de Justice, Police et Finances, en nos Isles sous le Vent de l'Amérique, telles que ledit sieur Maillart et ses prédécesseurs Intendans les ont fait ou dû faire, jouir des mêmes pouvoirs, droits, honneurs, autorités, prérogatives, rang et séance, tant aux Conseils Supérieurs établis auxdites Isles, que dans les Eglises et aux cérémonies publiques; vous trouver aux Conseils de Guerre, &c.

R. au Conseil de Léogane, le 7 Janvier 1751.

Et à celui du Cap, le premier Février suivant.

Cette Commission est au surplus semblable à celle de M. Mithon de Senneville, du 9 Août 1718.

LETTRE du Ministre à MM. de Conflans et Maillart, touchant le pouvoir du Préfet sur sa Mission.

Du 11 Juillet 1749.

LE P. Jouin, Provincial de la Province de Saint-Louis, de l'Ordre de Saint-Dominique, et Supérieur de la Mission de cet Ordre à Saint-Domingue, a représenté au Roi que, par le Réglement qui fut arrêté par le chapitre de cette Province, lorsqu'en 1739 il fut chargé de cette Mission, il fut réglé, 1°. que la Cure de Léogane seroit inséparable de la Supériorité particulière de la Mission, et que tous les nouveaux Missionnaires se rendroient d'abord dans cette Cure, qui seroit comme un Séminaire pour eux, afin que le Supérieur pût connoître leurs talens, s'assurer de leurs caractères, et leur donner des instructions relatives aux emplois auxquels ils pourroient être destinés : 2°. que tous les Missionnaires pourroient être placés ou déplacés, selon la sagesse du Supérieur, et suivant les besoins qui naîtroient pour les divers endroits de la Mission : Qu'au préjudice de ce Réglement, qui fut dans le tems approuvé du Roi, et communiqué au Gouverneur et à l'Intendant de la Colonie, il y a quelques Habitans, et même quelques Missionnaires qui prétendent que les Cures devroient être regardées comme titulaires, de manière qu'il ne fût point au pouvoir du Supérieur de changer les Religieux qui en seroient chargés.

Sur le compte que j'ai rendu au Roi de ces représentations, S. M. m'a ordonné de vous marquer de sa part que son intention est que le Réglement sur lequel elles sont fondées, soit maintenu, et que vous donniez au Supérieur de la Mission, les secours d'autorité dont il pourra avoir besoin pour cela. Il seroit en effet très-dangereux d'y donner atteinte, sur-tout par rapport à la mutation des Religieux chargés de la desserte des Paroisses. Le pouvoir de les changer est commun à tous les Supérieurs des Missions des différens Ordres établis aux Isles ; l'expérience n'a que trop fait connoître combien il est nécessaire pour contenir la plupart de ces Religieux, non-seulement par rapport à la subordination et à l'obéissance qu'ils doivent à leurs Supérieurs, mais encore dans leur conduite à l'égard de leurs Paroissiens et du public. Les Gouverneurs et Intendans se trouveroient eux-mêmes souvent fort embarrassés, pour arrêter de certains écarts de la part des Curés, et prévenir le scandale, s'ils n'avoient pas la facilité d'en débarraser les Colonies par la voie de l'autorité des Supérieurs des Missions. Il n'est pas à présumer, d'un autre côté, que ces Supérieurs changent sans raison des Curés qui se conduiront bien dans leurs Paroisses, et dont les Habitans seront contens : et en tous cas, s'ils abusoient de leur autorité à cet égard, il seroit aisé d'y faire remédier par les Supérieurs de France ; et l'inconvénient qu'il pourroit y avoir en cela, n'approcheroit pas de ceux qui résulteroient de la fixation des Cures. Ainsi, il ne doit point en être question, et le Roi desire que vous vous en expliquiez de manière à dissiper toutes les idées qui pourroient s'en être répandues.

Le Père Jouin a représenté aussi que le Supérieur de la Mission avoit éprouvé quelquefois des difficultés par rapport aux pécules que laissent les Missionnaires qui meurent dans la Colonie ; ces sortes de pécules appartiennent à la Mission, et vous devez tenir la main à ce qu'elle n'en soit point privée dans les occasions qui s'en présenteront.

ORDONNANCE *des Administrateurs, qui, sur la remontrance du Procureur du Roi du Petit-Goave, ordonne qu'il sera établi deux Archers de Police, pour, conformément à l'art. XXIX. du Réglement de S. M. du 31 Juillet 1743, sur les ordres dudit Procureur du Roi, exécuter tout ce qui aura rapport à la police particulière dans la dépendance de la Jurisdiction, lesquels prêteront serment au Siége, et seront revêtus d'une bandoulière, leur attribuant, suivant ledit Réglement de 1743, les amendes, l'exemption de toutes corvées personnelles et de quatre Négres, et encore celle de Tutelle et Curatelle, avec injonction au Prévôt de la Maréchaussée, de donner main-forte à ladite Police, à la première réquisition du Procureur du Roi.*

Du 18 Juillet 1749.

R. au Greffe de l'Intendance, le 21.

ORDONNANCE des Administrateurs sur les Bals des Gens de Couleur.

Du 21 Juillet 1749.

LE Chevalier de Conflans, &c.

Simon Pierre Maillart, &c.

Le sieur de Sartre, Procureur du Roi du Cap, Nous ayant remontré que dans les assemblées qui se tiennent chez les Mulâtresses et Négresses libres, il y va des Blancs et des Esclaves, déguisés de façon à n'être pas connus, lesquels, la plupart du tems, sont armés de pistolets, sabres et épées; à quoi étant nécessaire de remédier : Nous avons ordonné et ordonnons à l'Inspecteur de Police, de faire, avec les Brigades destinées à la Police, d'exactes patrouilles, pour empêcher ces sortes d'abus, et de saisir tous les masques, soit Blancs ou Négres qui se trouvent armés ou sans armes dans les bals des Mulâtresses ou Négresses libres, de les mettre en prison sans aucune distinction ; condamnons les Blancs et les Libres qui seront arrêtés, chacun en 24 liv. d'amende, et les Esclaves en 6 liv., qui seront payées par leurs Maîtres, indépendamment des frais de geole, lesquelles amendes seront appliquées au profit de ceux qui seront employés à cet objet de la police ; enjoignons à la Maréchaussée de faire de pareilles perquisitions et recherches, à la charge d'en rendre compte au Commandant de la place et au Procureur du Roi. Prions M. de Chastenoye de tenir la main à l'exécution ; et sera la présente enregistrée au Greffe de la Juridiction du Cap, lue, publiée et affichée par-tout où besoin sera. Donné à Léogane, &c.

Publiée au Cap, le 10 Août 1749.

ORDONNANCE des Administrateurs, qui autorise le sieur Milcent à établir un Bac sur la Rivière de l'Artibonite, dans le Quartier du Mirebalais, auquel sera payé, pour le passage de toute personne qui ne sera pas de la Paroisse, à pied, 15 sols, et à cheval 22 s. 6 deniers; et pour celles de la Paroisse, 7 s. 6 den. à pied, et à cheval 15 s.; à la charge, 1°. de payer le terrein qu'il prendra sur les deux rives, au propriétaire, sur estimation; 2°. de se conformer aux Réglemens de Police dans l'exercice du droit de Cabaret exclusif, à lui accordé pour ledit lieu, et de payer le droit acquis au Fermier; et 3°. d'abandonner, après les 12 années de son Bail, le Bac tout gréé, le terrein et les Bâtimens par lui construits, à celui qui sera désigné par les Administrateurs.

Du 8 Août 1749.

R. au Greffe de l'Intendance, le 12.

EXTRAIT de la Lettre du Ministre à M. le Chevalier de Conflans, sur les Surséances par lui accordées.

Du 13 Août 1749.

ON prétend que vous vous êtes mis dans l'usage d'accorder aux débiteurs condamnés qui s'adressent à vous, des termes de 2, 3, 4 et 5 ans pour s'acquitter; que vous réglez ces termes à proportion que les sommes dûes sont plus ou moins fortes, sans distinguer la nature ni l'ancienneté des dettes; et que, par la signification que ces débiteurs font faire de vos Ordonnances, les créanciers se trouvent arrêtés dans l'exécution des condamnations qu'ils ont obtenues.

Je suis bien éloigné de révoquer en doute la pureté des motifs qui vous font agir dans ces sortes d'affaires, et je vous rends certainement toute la justice que vous pouvez desirer sur cela; mais vos opérations ne sauroient être approuvées, et si quelqu'une des parties intéressées prenoit la voie juridique, pour se pourvoir contre ces Ordonnances de surséance, le Roi ne pourroit se dispenser de les casser. En premier lieu, elles excèdent votre pouvoir. Loin qu'il s'étende, par rapport aux Jugemens de la justice ordinaire, sur les affaires des particuliers jusqu'à en arrêter l'exécution, il se borne au contraire à les faire exécuter par main-forte. En second lieu, elles sont sujettes à beaucoup d'inconvéniens. D'un côté, de pareilles facilités pour des débiteurs, ne sont que trop propres à entretenir leur mauvaise volonté. D'un autre, parmi les particuliers qui ont obtenu des condamnations contre leurs débiteurs, il peut s'en trouver qui soient eux-mêmes condamnés pour des dettes passives, et qui n'osent cependant demander des surséances, de peur de perdre leur crédit, tels que les Négocians qui sont dans ce cas.

Vous devez donc vous abstenir à l'avenir de rendre de pareilles Ordonnances, et vous en tenir exactement aux maximes qui réglent l'étendue de votre autorité, et l'usage que vous en devez faire. Toute la droiture de vos intentions ne sauroit vous justifier, si vous vous écartiez de nouveau de ces maximes.

ORDONNANCE des Administrateurs, qui enjoint, 1°. à tout concessionnaire dans la ville de Saint-Marc, depuis plus d'un an, de faire bâtir sous trois mois, à peine de réunion; 2°. aux anciens concessionnaires, dont les Bâtimens sont tombés, d'entourer leurs terreins en maçonnerie, aussi sous trois mois, et d'y édifier dans un an, à peine de réunion, qui sera prononcée sur la simple remontrance du Procureur du Roi, nonobstant tous priviléges de minorité et autres; et 3°. déclare responsables les Administrateurs et les Tuteurs envers leurs commettans et pupilles, de l'inexécution de l'Ordonnance.

Du 18 Août 1749.

R. au Conseil de Léogane, le 13 Janvier 1750.

ARRÊT du Conseil du Cap, qui ordonne que la veuve Duval, postulant sa réception en qualité d'Accoucheuse, sera préalablement examinée sur les accouchemens, par un Médecin et deux Chirurgiens.

Du 8 Octobre 1749.

La réception eut lieu d'après l'examen, le 6 Novembre suivant.

ORDONNANCE *du Juge de Saint-Marc, pour mettre les Huissiers de son Siége en bourse commune.*

Du 8 Octobre 1749.

ARRÊT *du Conseil du Cap, qui déboute le sieur Merey de sa demande afin d'enregistrement de ses Lettres de grand Messager juré de l'Université de Paris, pour la Ville et Evêché de Maestrecht, à l'effet de jouir dans la Colonie des privilèges et exemptions y attachés.*

Du 10 Octobre 1749.

PROVISIONS *de Gouverneur de la Partie de l'Ouest, et Ordre pour commander dans celle du Sud, accordés à M. le Marquis de Vaudreuil.*

Du premier Novembre 1749.

R. au Conseil de Léogane, le 23 Mars 1750.

Les Provisions sont conformes à celles de Gouverneur du Cap, données à M. de Chastenoye fils, le même jour.

L'ordre est conçu dans les termes ordinaires.

PROVISIONS de Commandant-Général des Isles sous le Vent, pour M. le Marquis de Vaudreuil.

Du premier Novembre 1749.

LOUIS, &c. Par nos Lettres de Provisions de cejourd'hui, Nous avons commis, ordonné et établi le sieur Marquis de Vaudreuil, Gouverneur pour Nous dans la Partie de l'Ouest de notre Colonie de Saint-Domingue; et voulant donner une marque encore plus distinguée de la confiance que Nous avons en son zèle, sa capacité, sa valeur et son expérience, en le mettant à portée de Nous rendre tous les services que Nous avons lieu d'attendre de ses talens, et des connoissances particulières qu'il a acquises dans les divers emplois qu'il a remplis à notre satisfaction dans toutes les parties de ladite Colonie; Nous nous sommes déterminés à lui en confier le commandement général, au défaut et en l'absence du Gouverneur notre Lieutenant-Général de nos Isles sous le Vent de l'Amérique, et sous ses ordres en sa présence. A ces causes, Nous avons ledit sieur Marquis de Vaudreuil établi et établissons pour, sous notre autre autorité, et au défaut ou en l'absence de Saint-Domingue, du Gouverneur notre Lieutenant-Général dans nos Isles sous le Vent de l'Amérique, avoir le commandement sur tous les Gouverneurs particuliers et Lieutenans que Nous y avons établis, même sur les Officiers des Conseils Supérieurs, et tous autres; commander aussi à tous nos Sujets Ecclésiastiques, Nobles, Gens de Guerre et autres y demeurans, de quelque condition qu'ils soient; maintenir les peuples desdites Isles en paix, repos et tranquillité, les défendre de tout son pouvoir; ordonner et faire exécuter tout ce qu'il jugera devoir et pouvoir faire pour la conservation desdites Isles, sous notre autorité et sous notre obéissance, et généralement faire et ordonner tout ce que pourroit faire le Gouverneur notre Lieutenant-Général, s'il y étoit, et aux mêmes honneurs, pouvoirs, autorité, prééminence, droits, fruits, revenus et émolumens que lui, et aux gages et appointemens qui lui seront ordonnés par nos états; voulons pareillement, entendons et ordonnons que ledit sieur Marquis de Vaudreuil ait le commandement dans toute l'étendue desdites Isles, en présence du Gouverneur notre Lieutenant-Général, et qu'audit cas, il ne puisse exercer ledit commandement que sous l'autorité et sous les ordres dudit sieur Gouverneur notre Lieutenant-Général, et qu'il ne jouisse des mêmes honneurs que lui, que dans l'étendue des Gouvernemens particuliers, où ledit sieur Gouverneur notre Lieutenant-Général ne se trouvera pas présent, le tout tant qu'il Nous plaira. Si donnons en mandement à tous nos Gouverneurs Lieutenans-Généraux desdites Isles sous les Vent, aux Officiers des Conseils Supérieurs qui y sont établis, et à tous autres nos Officiers et Sujets qu'il appartiendra, chacun en droit soi, qu'ils ayent à reconnoître et obéir audit sieur Marquis de Vaudreuil en ladite qualité de Commandant-Général, en la manière et dans les cas ci-dessus exprimés; voulons que, par les Gardes de notre Trésor-Royal.......... et empêchemens à ce contraire; car tel est notre plaisir, &c.

R. au Conseil de Léogane, le 23 Mars 1750.
Et à celui du Cap, le 27 Juillet suivant.

PROVISIONS de Gouverneur de l'Isle de la Tortue et du Cap, pour M. de Chastenoye fils.

Du premier Novembre 1749.

R. au Conseil du Cap, le 4 Janvier 1751.

V. celles de M. de Pouançay, du 16 Mars 1676, dont celles-ci diffèrent cependant en ce que M. de Chastenoye est nommé Gouverneur dans l'Isle de la Tortue et dans le Quartier du Cap et autres en dépendans, et ce pour tant qu'il plaira à S. M.

BREVET qui conserve à M. de Chastenoye père, les honneurs de Lieutenant au Gouvernement-Général.

Du premier Novembre 1749.

R. au Conseil du Cap, le 4 Janvier 1751.

LETTRE DU ROI aux Administrateurs, pour établir au Port-au-Prince la Capitale des Isles sous le Vent.

Du 26 Novembre 1749.

MONS. le Chevalier de Conflans, et Mons. Maillart. Les représentations qui m'ont été faites sur les inconvéniens qui se trouvent dans l'établissement du Fort-Royal du Petit-Goave, sur-tout par rapport au mauvais air, m'ayant fait connoître que ce poste ne peut pas convenir pour y placer la capitale de ma Colonie ; j'ai pris la résolution de faire établir cette capitale au Port-au-Prince, où, selon le compte qui m'en a été rendu, doivent se trouver réunis tous les avantages que l'on peut desirer pour un établissement de cette espèce, tant par la situation qui est dans le centre de la Colonie, et à portée d'un commerce très-considérable, que par la commodité du Port, la salubrité de l'air, la bonne qualité des eaux qui s'y trouvent, et la facilité des fortifications du côté de la mer et de la terre ; mon intention est donc que, conformément et en exécution des ordres particuliers et détaillés que je vous fais donner, vous travailliez aux dispositions nécessaires pour que ce projet d'établissement de la Capitale au Port-au-Prince, puisse être exécuté le plus promptement et le plus solidement qu'il sera possible ; et comme il se trouve des fortifications assez considérables déjà faites au Fort-Royal du Petit-Goave, je veux qu'on les laisse subsister, et qu'elles soient entretenues jusqu'à ce que le Port au-Prince en ait de suffisantes, parce que si, contre mon attente, et les mesures que mon amour pour la paix et pour mes peuples, m'a fait prendre, la guerre survenoit auparavant, ces fortifications pourront toujours servir utilement, et je donnerai dans la suite mes ordres pour les réductions que je jugerai à propos d'y faire faire, lorsque le nouvel établissement aura été mis en état de défense. Sur ce je prie Dieu, &c.

ORDRE DU ROI, *qui accorde à M. le Normand, devenu Intendant de Rochefort, l'exemption, pendant cinq ans, de tous Droits et Corvées pour tous les Négres attachés à son habitation du Limbé, ainsi que l'exemption de tout service pour le Procureur et pour l'Econome principal, à condition que, pendant ce délai de cinq ans, l'habitation ne cessera pas d'appartenir à M. le Normand, par mort ou autrement.*

Du 26 Novembre 1749.

R. au Conseil du Cap, le premier Juillet 1750.

ÉDIT, *portant création de deux offices de Trésoriers-Généraux, l'un ancien et l'autre alternatif de la Marine, et de deux offices de Trésoriers-Généraux, l'un ancien et l'autre alternatif des Colonies.*

Du mois de Novembre 1749.

ORDRE *de M. l'Intendant au Greffier du Siége Royal du Cap, de remettre à celui de la Subdélégation toutes les minutes des Procès-Verbaux d'arpentage.*

Du 2 Décembre 1749.

R. au Siége Royal du Cap, le 15.

ORDONNANCE *du Gouverneur-Général, portant que le Quartier Morin et celui de la grande Rivière, auront désormais chacun une Compagnie de Dragons-Milices, independante l'une de l'autre.*

Du 10 Décembre 1749.

Fin du troisième Volume.

TABLE

CHRONOLOGIQUE

Des Loix et Constitutions des Colonies Françoises de l'Amérique sous le Vent, contenues dans le Tome troisième.

6. Arrêt

Arrêt

Lettres

Arrêt

Fin de la Table Chronologique du Tome troisième.

INDEX
ALPHABÉTIQUE
Des Matières contenues dans le Tome troisième.

Nota. *Les Chiffres indiquent les Pages.*

B.

C.

D.

District,

E.

L.

M.

N

O

P

Q

S

T

V

FIN des Matières contenues dans le Tome troisième.

APPROBATION.

J'AI lu par ordre de Monseigneur le Garde des Sceaux, le Recueil des *Loix et Constitutions des Colonies Françoises de l'Amérique sous le Vent*; *par M. Moreau de Saint Méry*. Je n'y ai rien trouvé qui m'ait paru pouvoir en empêcher l'impression. A Paris ce 3 Septembre 1784.

CADET DE SAINEVILLE.

Achevé d'imprimer, pour la premiere fois, le 12 Décembre 1785, chez MICHEL LAMBERT, rue de la Harpe, près Saint-Côme.

Nota. *Le Privilège du Roi se trouve à la fin du premier Volume.*

www.ingramcontent.com/pod-product-compliance
Lightning Source LLC
LaVergne TN
LVHW020955300926
849160LV00007B/152
9782019538545